Proteção ao Meio Ambiente no Brasil

Proteção ao Meio Ambiente no Brasil

PASSADO, PRESENTE E FUTURO
ESTUDOS EM HOMENAGEM A PATRÍCIA IGLECIAS

2023

Coordenadores

Patrícia Iglecias
Fernanda Abreu Tanure
Jorge Gouveia
Caroline Jorge Santos

ALMEDINA

PROTEÇÃO AO MEIO AMBIENTE NO BRASIL
PASSADO, PRESENTE E FUTURO:
ESTUDOS EM HOMENAGEM A PATRÍCIA IGLECIAS

COORDENADORES: Patrícia Iglecias, Fernanda Abreu Tanure, Jorge Gouveia e Caroline Jorge Santos
DIRETOR ALMEDINA BRASIL: Rodrigo Mentz
EDITORA JURÍDICA: Manuella Santos de Castro
EDITOR DE DESENVOLVIMENTO: Aurélio Cesar Nogueira
ASSISTENTES EDITORIAIS: Larissa Nogueira e Letícia Gabriella Batista
ESTAGIÁRIA DE PRODUÇÃO: Laura Roberti

DIAGRAMAÇÃO: Almedina

DESIGN DE CAPA: FBA
ISBN: 9786556278100
Abril, 2023

Dados Internacionais de Catalogação na Publicação (CIP)
(Câmara Brasileira do Livro, SP, Brasil)

Proteção ao meio ambiente no Brasil : passado, presente e futuro:
estudos em homenagem a Patrícia Iglecias / coordenação Patrícia Iglecias... [et al.].
São Paulo : Almedina, 2023.

Outros organizadores: Fernanda Abreu Tanure, JorgeGouveia, Caroline Jorge Santos
ISBN 978-65-5627-810-0

1. Biodiversidade – Brasil 2. Degradação ambiental3. Impacto ambiental – Brasil
4. Meio ambiente – Brasil 5. Proteção ambiental I. Iglecias, Patrícia.
II. Tanure,Fernanda Abreu. III. Gouveia, Jorge. IV. Santos, Caroline Jorge

23-144698 CDD-304.2

Índices para catálogo sistemático:

1. Meio ambiente : Política ambiental 304.2

Eliane de Freitas Leite – Bibliotecária – CRB 8/8415

Este livro segue as regras do novo Acordo Ortográfico da Língua Portuguesa (1990).

EDITORA: Almedina Brasil
Rua José Maria Lisboa, 860, Conj. 131 e 132, Jardim Paulista | 01423-001 São Paulo | Brasil
www.almedina.com.br

SOBRE OS COORDENADORES

Patrícia Iglecias
Advogada. Professora Associada da Faculdade de Direito e Superintendente de Gestão Ambiental da USP. Foi Secretária Estadual do Meio Ambiente/SP e Diretora-Presidente da CETESB – Companhia Ambiental do Estado de São Paulo.

Fernanda Abreu Tanure
Advogada. Mestranda em Direito Civil pela Faculdade de Direito da USP. Pós-Graduada em Direito Ambiental e Gestão Estratégica da Sustentabilidade pela PUC-SP. Graduada em Direito pela Universidade Católica do Salvador – UCSAL. Membro Relator da Primeira Turma de Ética Profissional – Tribunal Deontológico da OAB/SP. Gerente do Departamento Jurídico da CETESB – Companhia Ambiental do Estado de São Paulo.

Jorge Luiz Nobre Gouveia
Químico Industrial pela Universidade Federal da Paraíba (UFPB). Doutor em Ciências pelo Instituto de Pesquisas Energéticas e Nucleares (IPEN). Mestre em Saúde Pública pela USP. Gerente do Departamento de Desenvolvimento Estratégico e Institucional da CETESB – Companhia Ambiental do Estado de São Paulo, tendo ocupado o cargo de Gerente do Setor de Atendimento a Emergências Químicas.

Caroline Marques Leal Jorge Santos
Advogada. Mestre e doutoranda em Direito Civil pela Faculdade de Direito da USP. Pesquisadora do GEAMA/USP, foi Chefe de Gabinete da CETESB – Companhia Ambiental do Estado de São Paulo, assessora da Secretaria de Meio Ambiente – SP, titular da Câmara Técnica de Assuntos Jurídicos do CONAMA e representante de São Paulo junto à ABEMA. Professora de direito ambiental em diversos cursos de extensão.

SOBRE OS AUTORES

Admilson Clayton Barbosa
Biólogo. Doutor em Planejamento e Uso de Recursos Naturais (UFSCar). Mestre em Ciências Ambientais (UNITAU) e MBA em gestão ambiental e sustentabilidade (UFSCar) e Administração Empresarial (FGV). Gerente de Meio Ambiente e Patrimônio Imobiliário na EMAE – Empresa Metropolitana de Águas e Energia S.A.

Adriana Maira Rocha Goulart Pinto
Engenheira ambiental pela Universidade Federal de Itajubá. Mestre em Tecnologia pelo Centro Estadual de Educação Tecnológica Paula Souza. Gerente de Divisão de Apoio Técnico da CETESB – Companhia Ambiental do Estado de São Paulo.

Ana Paula Pereira Carvalho
Engenheira Ambiental. Doutora em Ciências Ambientais pela UFSCar. Mestrado em Geotecnia pela EESC/USP. Pós-doutoranda no Programa USP Sustentabilidade. Atua na área de gestão de bacias hidrográficas e recursos hídricos, geoprocessamento, zoneamento ambiental e mapeamento geoambiental.

Anderson Pioli
Engenheiro Mecânico pela Universidade Paulista. Mestre em Tecnologia Nuclear pelo Instituto de Pesquisas Energéticas e Nucleares (IPEN). Especialista em Gestão Ambiental pela CETESB – Companhia Ambiental

do Estado de São Paulo. Atualmente exerce a função de Engenheiro no Setor de Atendimento a Emergências na CETESB – Companhia Ambiental do Estado de São Paulo.

André Silva Oliveira
Engenheiro Ambiental pela USP. Especialista em Gerenciamento e Remediação de Áreas Contaminadas pelo SENAC. Gerente do Departamento de Gestão e Revitalização de Áreas Contaminadas da CETESB – Companhia Ambiental do Estado de São Paulo.

André Vivan de Souza
Advogado. Sócio do escritório Pinheiro Neto Advogados na área Ambiental. LLM em Direito pela Universidade de Heidelberg, com dissertação em Instrumentos Cooperativos para Implementação do Regime de Mudanças Climáticas e pesquisa no Max Planck Institut de Direito Internacional Público e Direito Público Comparado.

Andrea Lucchesi
Economista. Graduada e Doutora em Economia pela USP. Professora da Escola de Artes, Ciências e Humanidades da USP. Membro do World Economic Forum Expert Network desde 2019. Visiting scholar na Universidade de Birmingham, UK (2012).

Antônio Augusto Melo Malard
Engenheiro Civil (UFMG). Doutor em Engenharia Química (UNICAMP). Mestre em Sustentabilidade Socioeconômica (UFOP). Pós-graduado em Tecnologia Ambiental (UFMG). Professor de Pós-graduação na PUC Minas. Atuou no SISEMA de Minas Gerais quando exerceu os cargos de Subsecretário de Regularização Ambiental da SEMAD e Diretor Geral do IEF entre 2017 e 2021. Sócio na Alger Consultoria Socioambiental

António Guerner Dias
Professor da Faculdade de Ciências da Universidade do Porto, Portugal. Membro da Comissão de Acompanhamento do Mestrado em Ciências e Tecnologia do Ambiente. Pesquisador sobre temáticas ambientais, em particular as relacionadas com as alterações climáticas e gestão de recursos naturais.

Antonio Luiz Lima de Queiroz
Engenheiro Agrônomo pela Escola Superior de Agricultura "Luiz de Queiroz" da USP. Bacharel em Direito pela Faculdade de Direito da USP. Assistente Executivo da Presidência da CETESB – Companhia Ambiental do Estado de São Paulo.

Carlos Ibsen Vianna Lacava
Meteorologista pela Universidade Federal de Pelotas. Mestre em Meteorologia pela Universidade Federal da Paraíba e MBA em Gestão em Tecnologias Ambientais pela USP. Gerente na área de emissões veiculares da CETESB – Companhia Ambiental do Estado de São Paulo.

Carlos Roberto dos Santos
Engenheiro. Doutor em Ciências pela USP. Mestre em saúde pública pela USP. Especialista em administração industrial pela USP. Professor nos cursos de pós-graduação da ESC – Escola Superior da CETESB e da ESALQ – Escola Superior de Agricultura "Luiz de Queiroz" (USP – Piracicaba). Diretor de Engenharia e Qualidade Ambiental na CETESB – Companhia Ambiental do Estado de São Paulo, tendo ocupado o cargo de Diretor-Presidente.

Carolina Cristina Fernandes
Professora, pesquisadora e consultora. Doutora pela FEA/USP. Mestre pela FEA/USP. Bolsista de Pós-doutorado do Programa USP Sustentabilidade da Superintendência de Gestão Ambiental – USPSUSTEN no Instituto de Física Aplicada. Especialização em gestão socioambiental para sustentabilidade pela FIA/USP. Graduação em administração pela UNESP.

Caroline Medeiros Rocha Frasson
Pesquisadora. Bacharel em Direito pela UFPA. Mestre em Direito do Estado e Doutora em Direito Ambiental pela Faculdade de Direito da Universidade de São Paulo. Consultora do Oxford Sustainable Law Programme e atua no terceiro setor.

Célia Regina Buono Palis Poeta
Engenheira Química e especialista em Engenharia de Segurança, Sanitária e Ambiental pela FAAP. Especialista em Engenharia Ambiental e Saúde

Pública pela Faculdade de Saúde Pública da USP. Assessora da Diretoria de Controle e Licenciamento Ambiental da CETESB – Companhia Ambiental do Estado de São Paulo.

Christiano Jorge Santos
Desembargador do Tribunal de Justiça do Estado de São Paulo. Doutor e Mestre em Direito Penal pela PUC-SP. Professor de Direito Penal da Faculdade de Direito da PUC-SP (graduação e pós-graduação stricto sensu). Professor da Escola Paulista da Magistratura, da Escola Superior do Ministério Público de São Paulo, dentre outros cursos de especialização. Autor de livros e artigos jurídicos.

Cinthia Hialys Koziura Magri
Advogada. Especialista em Direito Penal pela Escola Superior do Ministério Público do Estado de São Paulo e em Direito Penal Empresarial pela FGV – Fundação Getúlio Vargas, com enfoque em crimes ambientais. Bacharel em Direto pela Universidade Presbiteriana Mackenzie. Gerente da Divisão de Contencioso Geral da CETESB – Companhia Ambiental do Estado de São Paulo.

Claudia Condé Lamparelii
Bióloga com Bacharelado e Licenciatura pela USP. Doutora em Saúde Pública na área de Saúde Ambiental pela USP. Mestre em Ecologia pela USP. Gerente do Setor de Águas Litorâneas da CETESB – Companhia Ambiental do Estado de São Paulo.

Cristiano Kenji Iwai
Engenheiro Civil. Doutor em Ciências pela FSP/USP. Mestre em Engenharia Industrial pela FEB/UNESP. Assistente Executivo da Diretoria de Controle e Licenciamento Ambiental da CETESB – Companhia Ambiental do Estado de São Paulo.

Daniela Dayrell Franca
Farmacêutica-Bioquímica. Mestre em Toxicologia e Análises Toxicológicas pela USP. Farmacêutica na CETESB – Companhia Ambiental do Estado de São Paulo.

Deborah Arnsdorff Roubicek
Bióloga. Doutora em Toxicologia pela Faculdade de Ciências Farmacêuticas da USP, Mestre em Biologia/Genética pelo Instituto de Biociências da USP, bacharel e licenciada em Ciências Biológicas pelo mesmo Instituto. Gerente da Divisão de Toxicologia Humana e Saúde Ambiental da CETESB – Companhia Ambiental do Estado de São Paulo.

Delton Winter de Carvalho
Advogado. Sócio fundador do Délton Carvalho | Advocacia Ambiental. Professor de Direito Ambiental no Programa de Pós-Graduação em Direito da Universidade do Vale do Rio dos Sinos – Unisinos. Pós-Doutor University of California, Berkeley, CA, USA. Líder do Grupo de Pesquisa Direito, Risco e Ecocomplexidade (CNPq). Membro afiliado convidado do CLX – Climate Litigation Accelerator da NYU – New York University. Professor Visitante na Berkeley School of Law.

Elton Gloeden
Geólogo. Mestre e Doutor em Hidrogeologia pelo Instituto de Geociências da USP. Gerente do Departamento de Gerenciamento de Áreas Contaminadas da CETESB – Companhia Ambiental do Estado de São Paulo, Coordenador do Grupo Gestor de Áreas Contaminadas Críticas e Conselheiro do Fundo Estadual para Prevenção e Remediação de Áreas Contaminadas – FEPRAC.

Fabiana Alves Cagnon
Geóloga. Mestre em hidrogeologia pela USP. Atua como consultora, assessora técnica em processos administrativos e judiciais e perita judicial em projetos para indústrias, comércios e grandes obras no Brasil e no exterior.

Fernanda da Rocha Brando
Bióloga. Professora Livre Docente do Departamento de Biologia da USP em Ribeirão Preto. Assessora Técnica da Superintendência de Gestão Ambiental da USP. Doutora e mestre em Educação para a Ciência. Especialista em Gestão Ambiental. Atua na formação interdisciplinar de biólogos e produção de recursos didáticos em temas como Política, Gestão e Educação Ambiental.

Fernando Campos Scaff

Advogado. Professor Titular da Faculdade de Direito da USP – Largo São Francisco.

Fernando Facury Scaff

Advogado. Sócio do escritório Silveira, Athias, Soriano de Mello, Bentes, Lobato & Scaff Advogados. Professor Titular de Direito Financeiro da Faculdade de Direito da USP.

Gabriel de Jesus Tedesco Wedy

Juiz Federal. Pós-doutor, doutor e mestre em Direito pela PUC-RS. Membro do Grupo de Trabalho Observatório do Meio Ambiente e das Mudanças Climáticas do Poder Judiciário do CNJ. Professor no programa de pós-graduação e na Escola de Direito da Universidade do Vale do Rio dos Sinos (Unisinos) e na Escola Superior da Magistratura Federal (Esmafe). Membro da IUCN World Commission on Environmental Law (WCEL).

Germano Luiz Gomes Vieira

Advogado. Sócio Fundador da Alger Consultoria Socioambiental. Mestre em Direito Público e Internacional (UCP Porto/Portugal). Pós-graduado em Educação Ambiental. Professor universitário. Atuou como servidor público efetivo na Secretaria de Estado de Meio Ambiente e Desenvolvimento Sustentável, quando exerceu os cargos de Secretário de Estado e de Secretário Adjunto entre 2016 e 2020.

Gilson Alves Quináglia

Químico. Doutor em Química pela USP. Mestre em Saúde Ambiental pela Faculdade de Saúde Pública da USP. Gerente do Setor de Análises Toxicológicas da CETESB – Companhia Ambiental do Estado de São Paulo.

Gisela de Assis Martini

Bióloga. Doutora e Mestre em Ciências pela Universidade de São Paulo – USP. Bacharel em Ciências Biológicas pela Universidade Santa Cecília – Unisanta. Atualmente está vinculada ao Instituto de Química da Unicamp como pesquisadora colaboradora.

Ivan Carneiro Castanheiro

Promotor de Justiça do Estado de São Paulo. Mestre em Direito pela PUC-SP. Professor de Direito Ambiental e Urbanístico na ESMP-SP e de Direito Ambiental, Administrativo e Constitucional na UNIP. Membro do Conselho Consultivo do Projeto "Conexão Água" (MPF). Coordenador do 17º Núcleo da ESMP-SP. Diretor de Publicações da ABRAMPA – Associação Brasileira dos Membros do Ministério Público de Meio Ambiente.

João Luiz Potenza

Arquiteto. Graduado na Faculdade de Arquitetura e Urbanismo DA Universidade Presbiteriana Mackenzie. Coordenador do SIGOR – Sistema Estadual de Gerenciamento Online de Resíduos Sólidos. Assistente Executivo da Presidência e Gerente do Departamento de Políticas Públicas de Resíduos Sólidos e Eficiência de Recursos Naturais da CETESB – Companhia Ambiental do Estado de São Paulo.

João Vicente de Assunção

Engenheiro Químico e Sanitarista. Doutor e Livre Docente em Saúde Pública/Saúde Ambiental pela USP. Mestre em Higiene/Poluição do Ar pela Universidade de Pittsburgh – USA. Professor Colaborador Sênior da Faculdade de Saúde Pública da USP, Departamento de Saúde Ambiental.

José Carlos de Moura Xavier

Doutor e Mestre em ciências pelo Instituto Tecnológico de Aeronáutica (ITA). Graduado em Engenharia Química pela Escola Politécnica da USP e em Farmácia e Bioquímica pela USP. Engenheiro da CETESB – Companhia Ambiental do Estado de São Paulo.

José Eduardo Bevilacqua

Doutor e Mestre na área de Química Ambiental pelo Instituto de Química da USP. Bacharel em Química pela USP – Campus Ribeirão Preto. Assistente Executivo da Diretoria de Avaliação de Impacto Ambiental da CETESB – Companhia Ambiental do Estado de São Paulo.

Kelly de Souza Barbosa

Advogada. Doutora em Direito pela Universidade do Vale do Rio dos Sinos. Mestre em Direitos Coletivos e Cidadania pela Universidade de Ribeirão

Preto. Especialista em Direito Processual Civil e Processo Cautelar pela Universidade Cândido Mendes e Instituto Prominas. Bacharel em Direito pela Universidade do Estado de Minas Gerais.

Lia Helena Monteiro de Lima Demange
Advogada. Doutora em Ciência pelo Programa de Pós-Graduação em Ciência Ambiental da USP. Mestre em Direito Ambiental pela Pace University. Bacharel em Direito pela USP. Gerente da Divisão de Logística Reversa e Gestão de Resíduos Sólidos da CETESB – Companhia Ambiental do Estado de São Paulo.

Ligia Cristina Gonçalves de Siqueira
Engenheira química. Mestre em Saúde Pública. Doutora em Ciências e Pós-doutorado em Saúde Ambiental pela Faculdade de Saúde Pública da USP, com pós-graduação em Engenharia do Controle da Poluição na UNISANTA e especialização na Alemanha em Tratamento e Disposição de Resíduos Sólidos pela CDG (Carl Duisberg Gesselschaft). Engenheira química na CETESB – Companhia Ambiental do Estado de São Paulo.

Marcio Augusto Maia Medeiros
Advogado. Mestrando em Direito, Políticas Públicas e Desenvolvimento Regional pela Centro Universitário do Estado do Pará – CESUPA. Pós-graduado em Direito Civil e Processo Civil pela Fundação Getúlio Vargas (FGV). Pós-graduado em Direito Ambiental e Urbanístico pelo IBMEC. Bacharel em Direito pela Universidade da Amazônia – UNAMA.

Marcio Rea
Administrador. Pós-graduado em Gestão Empresarial pela Fundação Getúlio Vargas. Harvard Negociation Project, pela Harvard University. Graduado em Administração de Empresas, com extensão universitária na área de energia. Diretor-Presidente da EMAE – Empresa Metropolitana de Águas e Energia S.A. e da Pirapora Energia S.A. Membro do Conselho de Administração da EMAE e da Pirapora Energia S.A.

Maria Inês Zanoli Sato
Biomédica. Doutora em Ciências (Microbiologia) pela USP. Mestre em Microbiologia e Imunologia pela Escola Paulista de Medicina. Gerente de

Laboratórios de Análises Ambientais na CETESB – Companhia Ambiental do Estado de São Paulo.

Maria Yumiko Tominaga
Doutora em Ciências na área de Química Analítica pelo IQ-USP. Mestre em Farmácia na área de Toxicologia e Análises Toxicológicas pela FCF-USP. Graduada em Farmácia e Bioquímica pela FCF-USP. Gerente da Divisão de Análises Físico-Químicas na CETESB – Companhia Ambiental do Estado de São Paulo.

Marta Condé Lamparelli
Doutora na Área de Ecologia pela USP. Mestre em Ecologia e Recursos Naturais pela UFSCar. Bióloga pela USP. Gerente da Divisão de Análises Hidrobiológicas na CETESB – Companhia Ambiental do Estado de São Paulo.

Nelson Menegon
Mestre na área de Hidráulica Ambiental pela USP. Graduado em Engenharia Química pela Escola Politécnica da USP. Assistente Executivo da Diretoria de Engenharia e Qualidade Ambiental da CETESB – Companhia Ambiental do Estado de São Paulo.

Nina Lys de Abreu Nunes
Bióloga. Pós-doutoranda do Programa USP Sustentabilidade da Superintendência de Gestão Ambiental da USP. Doutora em Políticas Públicas, Estratégias e Desenvolvimento. Mestre em Botânica. Atua na área de análise e avaliação de políticas públicas ambientais, análises de custo-efetividade e análises espaciais, como modelagem de distribuição de espécies.

Odaléia Telles Marcondes Machado Queiroz
Pós-doutorado em ciências ambientais e turismo na UNL – Universidade Nova de Lisboa. Doutora em Ciências da engenharia ambiental EESC USP. Mestre em Geociências e meio ambiente – UNESP. Graduação em Turismo, Geografia e Pedagogia. Docente/pesquisadora da USP, Campus de Piracicaba, ESALQ Escola Superior de Agricultura Luiz de Queiroz, Departamento de Economia, Administração e Sociologia.

Osvaldo Shigueru Nakao
Engenheiro. Docente da Escola Politécnica da USP. Doutor, Mestre e Bacharel em Engenharia Civil pela USP. Licenciado em Matemática pelo Centro Universitário de Brasília. Foi membro do Conselho Curador da Fundação de Apoio à USP, Chefe de Gabinete da Reitoria, Superintendente do Espaço Físico e Prefeito do Campus da USP.

Patricia da Silva Trentin
Química pela Universidade Presbiteriana Mackenzie. Mestre em Química Ambiental pela USP. Gerente da Divisão de Metrologia e Calibração na CETESB – Companhia Ambiental do Estado de São Paulo.

Paula Carvalho Pereda
Economista. Graduada e doutora em Economia pela USP. Professora Associada do Departamento de Economia da USP. Foi pesquisadora visitante da Yale University entre 2018 e 2019.

Paula Gianotti Duarte Gonçalves
Advogada. Integrante do escritório Pinheiro Neto Advogados. Bacharel em Direito pela PUC-SP.

Paulo Artaxo
Professor do Instituto de Física da USP. Membro do IPCC – Painel Intergovernamental de Mudanças Climáticas da ONU, e desenvolveu sua carreira trabalhando com meio ambiente amazônico e mudanças climáticas globais. É membro da Academia Brasileira de Ciências (ABC), da World Academy of Sciences (TWAS) e é vice-presidente da Academia de Ciências do Estado de São Paulo (ACIESP).

Pedro Luiz Côrtes
Professor Titular do Instituto de Energia e Ambiente e da Escola de Comunicações e Artes da USP, Brasil. Professor Convidado da Faculdade de Ciências da Universidade do Porto, Portugal. Trabalha com políticas públicas relacionadas às mudanças climáticas e divulgação de informações científicas de caráter ambiental.

Rafael Barreiro Chaves

Ecólogo. Especialista Ambiental da Secretaria do Meio Ambiente do Estado de São Paulo desde 2009, com foco em restauração de ecossistemas e ciência aplicada. Vice-Diretor do Projeto BIOTA Síntese. Conselheiro da Sociedade Brasileira de Restauração Ecológica e do Pacto pela Restauração da Mata Atlântica. Doutorando em Ecologia pela USP. Graduação em Ecologia pela UNESP.

Rafael Martins Costa Moreira

Juiz Federal. Mestre e Doutor em Direito pela PUC-RS. Visiting Researcher na Universidade de Heidelberg (2019). Graduação em Ciências Jurídicas e Sociais pela PUC-RS. Ex-presidente da Associação dos Juízes Federais do Rio Grande do Sul (AJUFERGS – biênio 2020-2022).

Ricardo Hirata

Professor Titular do Instituto de Geociências da USP, Professor Visitante da Chang'an University (China) e Ex-Diretor do CEPAS|USP (Centro de Pesquisas de Águas Subterrâneas). Trabalhou em mais de 30 países em pesquisa e assessoria a governos e Nações Unidas, incluindo Banco Mundial (GWMATE), UNESCO, OMS/OPAS e IAEA.

Rodrigo Jorge Moraes

Advogado. Doutor e Mestre em Direitos Difusos e Coletivos com concentração em Direito Ambiental pela PUC-SP. Especialista em Direito Processual Civil pela PUC-SP e Especialista em Direito Ambiental pela USP. Revisor da Revista Sostenibilidad: Económica, Social y Ambiental da Universitat d'Alacant. Professor de Direito Ambiental no Curso de Pós-Graduação em Direito Ambiental da COGEAE/PUC-SP.

Rosana Tomita

Engenheira Química, doutora e mestre em Engenharia Química pela Escola Politécnica da USP. Especialista em Gestão e Tecnologias Ambientais pela Escola Politécnica da USP. Assessora da Diretoria de Controle e Licenciamento Ambiental da CETESB – Companhia Ambiental do Estado de São Paulo.

Sérgio Almeida Pacca
Doutor em Energy and Resources pela University of California, Berkeley. Graduado em Ciências Sociais pela Faculdade de Filosofia Letras e Ciências Humanas (USP) e em Agronomia pela Escola Superior de Agricultura Luiz de Queiroz (USP). Professor associado do curso de graduação em Gestão Ambiental da Escola de Artes, Ciências e Humanidades (EACH) da USP. Membro da Sociedade Internacional de Ecologia Industrial.

Tamara Maria Gomes
Engenheira Agrônoma. Professora Livre Docente da Faculdade de Zootecnia e Engenharia de Alimentos da USP, campus Pirassununga/SP. Assessora Técnica da Superintendência de Gestão Ambiental/USP, com representação na Coordenação do Programa USP Sustentabilidade para pós-doutores.

Thaís de Biasi Cuevas
Arquiteta e Urbanista. Doutoranda em Ciências e Tecnologia do Ambiente na Faculdade de Ciências da Universidade do Porto, Portugal. Mestre em gestão ambiental e sustentabilidade. Consultora nas áreas de ESG, sustentabilidade e gestão integrada.

Thais Diniz Oliveira
PhD em Economia Aplicada pelo Institute of Technology Sligo (IT Sligo, Irlanda). Pós-doutorado no Departamento de Economia da USP e faz parte do programa USP Susten, da Superintendência de Gestão Ambiental da USP. Atuou como consultora em projetos da UNCTAD e Banco Mundial, e foi pesquisadora de pós-doutorado no Centre International de Recherche sur l'Environnement et le Développement (CIRED, França).

Thiago Augusto Ortega Pietrobon
Biólogo e doutor pela UNESP. Presidente da Câmara Ambiental de Refrigeração da CETESB – Companhia Ambiental do Estado de São Paulo e membro do CA Mudanças Climáticas, DDS-FIESP, GT-OZONIO. Diretor da Ecosuporte.

Tiago Trentinella
Advogado. Professor. Doutor em Direito pela Faculdade de Direito da Universidade de Osaka, Japão. Especialista em Direito Ambiental.

Pós-doutorando na Faculdade de Direito, USP. Sócio do escritório Rusch Advogados.

Vanderlei Borsari
Tecnólogo. Doutor em ciências e Mestre em Saúde Pública pela USP. Tecnólogo Mecânico pela Faculdade de Tecnologia de São Paulo – Fatec.

Vanessa Carolina Fernandes Ferrari
Juíza no Tribunal de Justiça do Estado de São Paulo. Doutoranda em Direito pela Universidade São Paulo (USP). Bacharel em Direito pela PUC-SP. Professora de Direito Ambiental da Escola Paulista da Magistratura – EPM e de cursos preparatórios para concursos.

NOTA BIOBIBLIOGRÁFICA

DA ECO-92 À COP 27

> "Todos têm direito ao meio ambiente ecologicamente equilibrado, bem de uso comum do povo e essencial à sadia qualidade de vida, impondo-se ao Poder Público e à coletividade o dever de defendê-lo e preservá-lo para as presentes e futuras gerações."
>
> (*caput* do artigo *225 da Constituição Federal*)

Na época eu ainda não sabia, mas a essência da ideia que se materializa com a publicação do livro ***Proteção ambiental no Brasil*** começou a nascer 30 anos atrás, no fim de uma tarde dourada pelo pôr do sol sobre as águas do rio Araguaia, na ilha do Bananal. Era janeiro de 1992 e eu acabara de me formar em direito. O fato de estar ali naquele exato momento não foi fruto de mero acaso. Vivi uma experiência intensa que me ajudou a entender melhor alguns aspectos fundamentais do ambiente natural e da natureza da comunidade humana. Santuário ecológico, com rica biodiversidade, em faixa de transição entre os biomas da Amazônia e do Cerrado e com presença de espécies do Pantanal, a ilha do Bananal, no Tocantins, é um lugar único. Ainda que esse primeiro grande encontro com a natureza a mim tenha impactado profundamente, não fui até lá atraída por toda essa exuberância de vida.

Eu fazia parte de um grupo de jovens voluntários, organizado pela igreja adventista que frequento, que levava serviços médicos e odontológicos às populações locais, principalmente aos carajás. Nem sou da área da saúde; fui com a missão de contar histórias para as crianças, com conteúdo didático sobre cuidados de higiene. De repente, eu me vi também fazendo uma série de outras coisas, como auxiliar no trabalho da dentista e ajudando em tudo o mais que fosse necessário. Durante aquele mês que passamos por lá, às vezes dormimos na própria lancha em que nos deslocávamos de uma comunidade a outra. Perceber *in loco*, e ao mesmo tempo, o valor do ambiente natural e a dinâmica do grupo de pessoas que o habita foi uma experiência que produziu resultados perenes em minha vida e forma de pensar.

Naquele ano de 1992 eu ainda pouco sabia sobre a grande transformação de consciência ambiental que estava em curso. O fato é que, em síntese, o pensamento trazido pelas discussões da Eco-92, no Rio de Janeiro – que acompanhei com interesse, mesmo que à distância –, foi um ponto de mudança, que ajudou a construir na sociedade global uma percepção mais ampla de que o sistema climático planetário é todo interligado, da necessidade de aliar o desenvolvimento socioeconômico à preservação da natureza e ao uso sustentável dos recursos naturais e, para citar um ponto essencial destacado pelo ministro Herman Benjamin, do STJ, reconhecer que a democracia é o único regime que permite a proteção efetiva do meio ambiente.

Agora, olhando em retrospecto os 30 anos que se passaram desde a Eco-92 até a COP 27, do Rio de Janeiro a Sharm El-Sheikh, no Egito, parece nítida a existência de uma linha de evolução que o direito ambiental e os mecanismos de proteção ambiental experimentaram nesse período. Em grande medida, é exatamente disso que tratam muitos dos artigos selecionados para esta obra. A você que me lê, peço a permissão para incluir nesta singela apresentação algumas notas biográficas que contextualizam a perspectiva de quem vem testemunhando a conquista de tais avanços tanto sob o ponto de vista da pesquisa acadêmica quanto na própria operação do direito, na labuta diária em prol da proteção do meio ambiente. Acredito que o olhar da professora livre-docente da Faculdade de Direito da Universidade de São Paulo (USP), também dirigente da mesma universidade na área ambiental e a experiência como secretária estadual do Meio Ambiente e primeira e única mulher a presidir a CETESB – Companhia

Ambiental do Estado de São Paulo – se complementam na dinâmica de teoria e prática expressa nas páginas deste livro.

O espírito do tempo

O efeito daqueles dias passados às margens do Araguaia foi marcante também pelo contraste com minha experiência anterior, de infância e juventude vividas em ambiente exclusivamente urbano. O tradicional bairro paulistano da Mooca, com sua forte presença de imigrantes italianos – uma das nacionalidades de origem de nossa família, que também inclui espanhóis, poloneses e portugueses –, foi por muito tempo o centro do meu mundo. Sempre estudei no colégio São Judas Tadeu; desde meus seis anos, já como oradora do pré-primário, até o fim do ensino médio, do qual saí para cursar direito no Mackenzie. Em todo esse período, minha personalidade foi marcada sobretudo pela influência feminina, pela ética no trabalho e pela perspectiva do cuidado com o outro, características que, acredito, têm nutrido meu pensamento e minha prática também no que diz respeito à proteção ambiental e à sua gestão.

Um dos maiores privilégios que tive em minha vida foi a infância com grande presença de mulheres fortes, minha avó materna, tia, prima e minha mãe, empoderadas e com protagonismo na dinâmica da família. Minha mãe teve uma carreira profissional de sucesso. Os exemplos da fibra feminina e do valor do trabalho sempre foram eloquentes. Até meu pai vem de uma família com quatro irmãs. Eu mesma cresci como a mais velha de três irmãs, assumindo muitas vezes a responsabilidade de cuidar delas, uma oito e a outra doze anos mais jovem. Assim, Noemia, Iara, Cristina, Ivanide, Elaine e Liliane estiveram e estarão sempre comigo. Acredito que esse olhar feminino, com perspectiva de cuidado, se somou à experiência com o trabalho de assistência social que minha mãe conduzia nas obras da igreja, onde aprendemos a conviver com pessoas que vinham de realidades muito distintas da nossa, uma experiência que contribuiu muito para o desenvolvimento da minha consciência social.

Juntou-se a essa disposição um enorme interesse por aprendizado em várias áreas. Durante a minha faculdade, em algumas épocas cheguei a fazer três estágios simultaneamente, tamanha era a ânsia por saber (e, não fugindo dos idealismos próprios da juventude, querer construir um mundo melhor). Eu trabalhava no escritório experimental da OAB, onde tive a oportunidade de entender as implicações jurídicas das dificuldades diuturnas da população carente. Essa parte social é muito forte para mim; valorizo muito esse trabalho. Também fazia estágio voluntário no Ministério Público, complementando esse viés social que me é tão caro. A terceira atividade simultânea era no escritório do meu pai, também professor universitário, que é e sempre foi inspiração para mim, além de ser o maior incentivador da minha carreira.

Durante a minha graduação talvez nenhum outro tema tenha motivado tantas conversas entre os estudantes quanto a ampla proclamação de direitos que ecoava da Constituição Federal promulgada em 1988. Algumas das mais importantes revoluções no mundo do direito aconteceram exatamente quando eu estava fazendo faculdade. E a Constituição Cidadã, como ficou conhecida, impactou profundamente os direitos individuais e, assim também, minha vida, fazendo com que eu rumasse para o direito privado. Sou, inclusive, professora do Departamento de Direito Civil da USP. Sempre fui muito focada no direito civil, especialmente o direito voltado para novas temáticas e que nos faz questionar: Como efetivamente proteger o consumidor? Como, no contexto dos anos 90, abordar a questão ambiental a partir dos institutos advindos do direito romano ?

Eram essas as principais indagações que me inquietavam ao preparar uma proposta de pesquisa de mestrado na Faculdade de Direito da USP, em 1993. Mas ainda não estava inclinada especificamente para o direito ambiental até o dia em que fiz uma primeira entrevista com o professor Carlos Alberto Bittar. O Código de Defesa do Consumidor era recente, e contei a ele sobre minha ideia de escrever sobre o assunto. "Olha, tem muitas coisas escritas sobre esse tema", ele disse. "Então vá pesquisar algo novo."

Fui para a biblioteca de direito civil da faculdade, da São Francisco, e fiquei pesquisando fichas (aquela coisa antiga mesmo). Já havia visto de tudo quando me deparei com a obra *Responsabilidade civil por danos ao meio ambiente* (1983), de Helita Barreira Custódio. Naquele momento, com o livro ainda em mãos, soube que encontrara o meu tema. Retomei aquelas questões com as quais tinha entrado em contato em 1992 e escrevi um projeto sobre responsabilidade civil ambiental. A Constituição Federal é também um marco na garantia dos direitos socioambientais. Consolidando as conquistas iniciadas pela Política Nacional do Meio Ambiente, ela abriu caminho para que os diplomas que lhe seguiram, incluindo o Código Civil de 2002, reforçassem o caráter integral da proteção ao meio ambiente e o regime de responsabilidade objetiva para o dano ambiental.

Com esse projeto consegui a única vaga então disponível para mestrado em direito civil, sob orientação do Professor Carlos Alberto Bittar, na Faculdade de Direito da USP. Sou muito grata ao professor Bittar por sua orientação inicial. Ele, infelizmente, faleceu antes da conclusão da pesquisa e passei a receber a orientação do professor Álvaro Villaça Azevedo, mas mantive a estrutura inicial do projeto em respeito ao professor Bittar. O trabalho resultou no meu primeiro livro, *Responsabilidade civil por dano ao meio ambiente*, publicado em 2002.

Foi escrevendo minha dissertação que me envolvi em definitivo com a pesquisa na área ambiental. Na sua realização, percebi que herdamos toda a problemática gerada pela tecnologia ou pela falta dela nos séculos passados, o que possibilitou a destruição sem medida da natureza, a contaminação dos alimentos e a poluição dos mananciais, entre outros problemas. Relembro aqui algumas conclusões que permanecem atuais quase 30 anos depois. A proximidade do esgotamento de recursos, com a degradação das estruturas que mantêm a Terra, tem gerado a "consciência ecológica" e o fortalecimento de medidas globais para a proteção do meio ambiente. Nesse sentido, o desenvolvimento da teoria da responsabilidade civil por dano ao meio ambiente tem muito a contribuir, não só mediante as tutelas repressiva e reparadora, como, principalmente, mediante a tutela preventiva. Ressaltava à época – e continuo ressaltando agora – a importância da educação ambiental como uma das mais eficazes formas de prevenção.

Olhando em retrospecto, pode parecer que o objeto de estudo estava lá o tempo todo e que eu vivia só para isso, como num estereótipo de cientista *workaholic*. Mas gosto de lembrar do aspecto humano que permeia a atividade dos pesquisadores e de suas famílias, para quem a assim chamada vida pessoal continua acontecendo todos os dias. No meio do mestrado tive meus dois filhos, Nícolas e Laura, e ainda trabalhava como assessora no Tribunal de Justiça, na área de direito público. Por sorte, a minha mãe já estava aposentada e pôde dar mais atenção às crianças, que, como eu, tiveram o privilégio de contar com a presença da avó na vida delas.

Sou grata por tudo o que aprendi no tribunal, onde trabalhei cerca de dez anos, e especialmente por um conselho que ouvi lá e que foi determinante para minha carreira. Quando o TJ criou a Câmara de Meio

Ambiente, fui falar com o corregedor-geral, desembargador Gilberto Passos de Freitas – pessoa que aprecio muito e com quem tenho amizade até hoje –, para pedir uma oportunidade para trabalhar como assessora na câmara. Na reunião, ele disse: "Mas, minha filha, você não pode ficar aqui no tribunal. Você tem que sair, seu currículo é muito bom. Não tem cabimento ficar aqui". Isso me impulsionou a realmente sair do tribunal, caminhar para a advocacia e prestar o concurso da USP para docente. O meio ambiente se tornou uma paixão para mim e tema das minhas aulas, seja em disciplina própria, como na FMU onde lecionei durante oito anos, seja no bojo do direito civil, como na FD-USP.

Assim, primeiro como discente pós-graduanda e depois como docente, a academia permitiu que eu me aprofundasse no assunto que escolhi e, que de uma certa forma, me escolheu. Por isso sempre destaquei a importância da criação de espaços para formação de novos profissionais. No caso do direito ambiental um dos grandes percursores desse tema é o ministro Herman Benjamin, do STJ, já citado, que criou o Instituto O Direito por um Planeta Verde. O instituto surgiu pouco antes de eu passar a me dedicar mais fortemente às questões ambientais e já faço parte dele desde aquela época, primeiro só acompanhando todos os seus eventos e depois assumindo funções em sua organização. E isso foi muito importante para mim. Tive a oportunidade de dizer isso ao ministro recentemente, quando nos encontramos em Oslo, na Noruega, durante evento internacional sobre direito ambiental. Desde o período em que fui secretária de Meio Ambiente de São Paulo, ou mesmo antes, sempre destaquei a importância de um instituto como esse para formar novos profissionais, que foi o meu caso. E hoje grande parte das pessoas que têm uma atuação mais forte na área jurídica ambiental passou por formação no Planeta Verde.

Sempre dei muito valor às dúvidas como ponto de partida para a compreensão da realidade. Questiono, logo existo. Sou uma pessoa assim. Isso me ajudou como docente, porque para internalizar o conhecimento a transmitir às outras pessoas tudo precisa estar muito claro para o professor. Eu me exercitei muito nesse processo. Desde quando entrei na São Francisco até o dia em que prestei concurso, trabalhei com vários professores de direito civil sempre como monitora, ajudando em aulas e tudo o mais. Esperei dez anos até abrir um concurso para poder ingressar de fato na carreira. Foi um período de longo aprendizado. As diversas teses sobre as quais me debrucei nas pesquisas vieram sempre de dúvidas que tinha.

Quando terminei meu primeiro livro sobre a responsabilidade por dano ao meio ambiente, ainda fiquei com uma questão que não me saía da cabeça: como é que se dá exatamente o nexo de causalidade nos casos de danos ao meio ambiente? Então, no doutorado já fui para esse ponto. No período de mestrado, conheci a professora Teresa Ancona Lopez, que passaria a ser minha orientadora no doutorado, concluído em 2007 e fonte de inspiração. Sua metodologia de ensino exerceu forte influência na minha formação como docente. Até hoje cito muitas das frases da professora Teresa.

Fruto dessa fase foi o livro *Meio ambiente e responsabilidade civil do proprietário: análise do nexo causal* (2008), que se tornou uma referência porque faz um estudo aprofundado e propõe uma nova forma de pensar o tema. "A grande contribuição da tese, seu coração, é o estudo do nexo causal na responsabilização do proprietário e as dificuldades de seu estabelecimento nessa matéria, devido aos múltiplos fatores, causas e concausas, que sempre estão presentes nas hipóteses de dano ambiental. Trata do tema com ousadia e pioneirismo", destacou a professora Teresa Ancona Lopez no prefácio da obra.

O livro mais reverenciado de minha carreira, até o momento, é a tese de livre-docência que resultou na obra pioneira *Resíduos sólidos e responsabilidade civil pós-consumo*, publicada em 2011. E que até hoje é referência na área. Foi mais um trabalho que surgiu da necessidade de deixar claros certos pontos, antes de mais nada, para meu próprio entendimento. Em 2009, já havia prestado o concurso e ingressei como docente da faculdade. Naquele mesmo ano fiz um parecer relativo à destinação de embalagens PET para uma associação que representa grande parte dos fabricantes de bebidas e acompanhei de perto o surgimento da discussão em torno da chamada responsabilidade pós-consumo e da logística reversa.

Em 2010, quando comecei a escrever a tese de livre-docência, resolvi abordar esse tema. Ainda não havia uma lei sobre o assunto, apenas um projeto de lei que ficou quase 20 anos tramitando. Pensei comigo: "Bom, não importa, vou escrever sobre o projeto e como deveria ser então a logística reversa e essa responsabilidade". E quando estava prestes a entregar, no prazo final da faculdade, o Congresso acabou votando e aprovando a lei. Assim, consegui ter o primeiro livro na área jurídica a tratar da Política

Nacional de Resíduos Sólidos (PNRS). É um livro inovador, em que faço uma primeira análise dessa legislação sem ter outras bases, outros autores que eventualmente já tivessem feito qualquer análise anterior.

Essa obra significa um novo patamar no trabalho de pesquisa que vinha fazendo, utilizando os conceitos provenientes dos livros anteriores, mas com o aprofundamento para uma lógica diferente, trazida pela PNRS. Guardo com carinho as lembranças do dia de lançamento desse livro. O tapete vermelho, as cortinas azuis de veludo, os grandes quadros com retratos a óleo e com molduras douradas de grandes mestres da velha e sempre nova academia de direito, traços pomposos característicos da Sala Visconde de São Leopoldo, na São Francisco, tudo isso encoberto por tantos alunos, ao lado de familiares e amigos, que os exemplares ali disponíveis não foram suficientes. A editora teve de buscar mais exemplares. Foi um momento único e especial. Estavam presentes muitos ex-alunos, alguns deles vindos da UNICID e da FMU, faculdades onde dei aulas antes do concurso para docente da Faculdade de Direito da USP.

Direito ambiental ganha maior amplitude

A Constituição de 1988 fala da proteção de direitos coletivos e difusos, algo não previsto em constituições anteriores, como a própria inserção do "meio ambiente" a ser protegido para as presentes e futuras gerações. Fomos protagonistas desse tema. Não se pode deixar de ressaltar o espaço dado ao meio ambiente, em grande parte mérito do trabalho de constituintes como Fabio Feldmann e outros. Mas é preciso também lembrar que há uma grande diferença entre a proteção conferida por um texto de lei, ainda que da Lei Maior, e aquela implementada no dia a dia. É o que o professor Fábio Konder Comparato observa: saímos de uma visão de um governo de leis para um governo de políticas. A norma está ali, mas é preciso transformá-la numa realidade.

Então, quais são as políticas públicas para implementar e ter resultados? E para isso é preciso pensar fora da caixa. Em muitos casos, faz-se necessária uma certa dose de coragem para alcançar o resultado idealizado pela lei. Foi esse o caso de uma resolução publicada por mim sob o comando da Secretaria de Meio Ambiente do Estado de São Paulo. Em poucas palavras, a conhecida Resolução SMA n. 45/2015, que impede que um fabricante renove ou obtenha licença ambiental caso não faça a logística reversa. A despeito das críticas, a resolução segue em vigor e serviu de modelo para outros estados, significando um avanço na política pública de resíduos sólidos brasileira.

Olhando para o período entre a Eco-92 e a COP 27, fica claro que o direito ambiental ganhou amplitude. Inicialmente havia uma visão um tanto restrita ao ambiente natural, limitando-se o direito ambiental aos aspectos da fauna e da flora, sem considerar a multiplicidade do vocábulo e a magnitude dos desafios que sua proteção foi impondo até o contexto atual.

Somente depois se desenvolveu uma visão com uma conexão maior com a qualidade de vida no ambiente urbano, por exemplo. Nesse período, a discussão sobre ambiente também deixou de ser um assunto exclusivo de ambientalistas para se tornar um tema que foi para o centro dos negócios. No bojo da tão em voga *agenda ESG*, toda empresa deve olhar para as questões ambientais. Recentemente, ao conduzir eventos de São Paulo na COP 27, no Egito, foi possível ver o quanto as empresas estão engajadas nessa agenda, o que se refletiu no sucesso do Acordo Ambiental São Paulo. Lançado pela CETESB em novembro de 2019, com o objetivo de incentivar empresas, entidades e municípios paulistas a assumirem compromissos voluntários de redução de emissão dos gases de efeito estufa, a iniciativa que contou com 55 aderentes no seu lançamento, já tem mais de 1.600 instituições comprometidas a buscar soluções inovadoras rumo à economia de baixo carbono.

Concebi o Acordo Ambiental São Paulo partindo do pressuposto de que é preciso somar energia e esforços para a redução dos GEE, melhoria da eficiência hídrica e energética, e ampliação das ações de responsabilidade socioambiental, estimulando o setor produtivo e os municípios a agirem com mais eficiência e menor intensidade de emissões de carbono.

Como se vê, novos temas permitiram que o meio ambiente ocupasse a centralidade das atividades econômicas, mesmo na advocacia. Hoje vemos a advocacia ambiental muito focada nas análises prévias, na construção de soluções que sejam mais efetivas para o desenvolvimento das atividades econômicas, em especial, industriais e empresariais modeladas para atender exigências de normas e padrões ambientais. A eficiência no processo produtivo e a necessidade de proteger a imagem da empresa impulsionaram tal mudança de perspectiva. Tenho certeza de que a formação e a atuação na universidade me ajudaram muito nessa nova abordagem. Sendo professora do Departamento de Direito Civil, uma área que estuda propriedade, posse, responsabilidade civil, contratos e outros institutos pude estabelecer a conexão entre temas tão tradicionais sob essa perspectiva ambiental.

É muito comum que os operadores do direito que atuam na perspectiva jurídica da área ambiental sejam muito voltados à parte principiológica. A meu ver, uma boa atuação também tem a ver com o bom conhecimento desses institutos clássicos do direito civil, o estudo de suas fontes. Mas o atual estágio de degradação ambiental exige muitas vezes uma reinterpretação das origens à luz dos novos problemas criados pela sociedade pós-moderna. Na livre docência, por exemplo, estabeleci uma lógica própria para os resíduos enquanto bens ambientais. Em outras palavras, entendo que determinada pessoa seja "dona" de algo, mas essa perspectiva de proprietária de determinado bem permite que faça o que quiser dele desde que respeite a sua condição simultânea de bem ambiental, de titularidade de todos como interesse difuso. Nesse caso, ela só poderá desfazer-se de algo por meio de uma destinação/disposição corretas. Trata-se de uma evolução na medida em que aprendemos que o patrimônio deve ter sempre um titular determinado, mas nas questões ambientais a proteção volta-se às futuras gerações, ou seja, há um compromisso intergeracional, pois parte dos titulares sequer nasceu.

Há um compromisso intergeracional, de forma que alguém que ainda não nasceu é o titular do bem. Então, é preciso manter o bem em condições para as futuras gerações. Portanto, podemos hoje impor novas obrigações, de fazer ou de não fazer ao proprietário, que não poderá simplesmente descartar os resíduos. Assim como esse, há muitos temas interessantes, ainda em construção, para os quais não há soluções absolutas.

Na secretaria e na USP

Em 2014, quando o doutor Geraldo Alckmin estava fazendo a seleção para decidir os nomes do próximo secretariado, eu não tinha contato nenhum com política, nem com a secretaria, nada. Também nunca fui filiada a nenhum partido político. Assim, fui escolhida para comandar a Pasta Ambiental simplesmente como um quadro técnico. À época, muitos me alertaram que não seria o melhor momento, pois o estado enfrentava uma severa crise hídrica.

Como sou extremamente movida a desafios, encarei como uma oportunidade. E, foi nesse contexto, que pudemos construir e dar visibilidade ao **Programa Nascentes**, coordenado à época por Caroline Marques Leal Jorge Santos, aluna de destaque no Largo São Francisco, cujo crescimento venho acompanhando desde a graduação até hoje no seu doutoramento, que aceitou o desafio de coorganizar este livro. Também minha chefe de gabinete na CETESB.

Idealizei o Programa Nascentes para otimizar os benefícios ambientais advindos de investimentos públicos e privados e reduzir o custo social do cumprimento da legislação ambiental. Assim, viabiliza-se o apoio aos produtores rurais a restaurarem suas áreas, seja para conservação de suas funções ecológicas, seja para o uso econômico de espécies nativas, ao mesmo tempo em que se mostra uma alternativa segura para empresas cumprirem suas obrigações ambientais, simplificando a compensação que poderia transformar-se num entrave no licenciamento.

Assim, naquele contexto da crise hídrica, tive a ideia de "plantar" água, aliando a proteção da biodiversidade à segurança hídrica, e hoje podemos todos colher seus frutos: mais de 26 mil hectares e 44 milhões de mudas plantadas, na maior iniciativa de recuperação de vegetação nativa já lançada.

Atuei como Secretária do Meio Ambiente do Estado de São Paulo em 2015 e 2016. Uma semana depois que deixei o cargo, ainda traçando o que iria fazer em seguida, fui procurada pelo então reitor da USP, professor Marco Antonio Zago, com quem ainda não tivera contato. Ele me chamou e disse: "Patrícia, a política não está preparada para pessoas como você, mas a universidade está e precisa muito. Quero que assuma a área ambiental da USP". Aceitei e, em uma semana, assumi a superintendência de gestão ambiental. Tive a felicidade de trabalhar com ele durante dois anos, até o fim de sua gestão. Hoje o professor Marco Antonio Zago preside a Fapesp e é sem dúvida uma das pessoas que mais admiro. E, posteriormente, também com o professor Vahan Agopyan, buscando sempre que a USP pudesse avançar na implementação das políticas ambientais.

Em janeiro de 2019 assumi a presidência da CETESB, convidada pelo então governador João Doria, onde pude imprimir um projeto de quatro anos voltado para a eficiência no licenciamento e portas abertas para buscar as melhores alternativas para o crescimento sustentável do estado.

Simultaneamente, a partir de 2022, assumi novamente a direção da Superintendência de Gestão Ambiental da USP, quando o atual reitor Carlos Gilberto Carlotti Júnior adotou a sustentabilidade como um dos temas centrais da gestão reitoral. Sua visão estratégica, em conjunto com a real relevância que a temática ambiental vem assumindo, nos permitiu lançar o Programa USP Susten, de pós-doutoramento, voltado não apenas para pesquisa, mas também para atender os anseios da sociedade pós-moderna. Foi também uma oportunidade exitosa de fazer essas conexões com impacto muito positivo entre os setores público, privado e a academia. Olhando para o que propõem os Objetivos de Desenvolvimento Sustentável da ONU, é possível vislumbrar a enorme importância que se dá, com razão, ao potencial das parcerias para sua implementação, de que trata justamente o objetivo 17. Sempre defendi que quem está na academia, na teoria, também pode pensar no desenvolvimento de soluções capazes de se tornarem políticas públicas concretas. Dessa forma, o que é bom para o pesquisador pode ser ainda melhor para a sociedade.

Outra grata surpresa para o Docente é atuar na formação das novas gerações de pesquisadores e pensadores. Tenho acompanhado muitos alunos nesta longa jornada. Mas não posso deixar de mencionar como é gratificante ver a minha filha, Laura, seguindo essa linha não apenas com o curso de graduação em gestão ambiental na USP, mas em especial pelo seu engajamento pessoal nessa temática. E assim, no ano passado fui convidada pela minha filha para integrar um projeto da ESALQ voltado para atender mulheres em situação de vulnerabilidade. Um orgulho! Também é muito bom ver meu filho, Nícolas, seguindo a sua vocação e, por isso, retornando aos bancos da academia, para ser tornar o primeiro médico da família. Sem dúvida, um curso que requer muito esforço, dedicação e, em especial, vocação. Sempre disse para ambos: façam aquilo que realmente gostam, pois nos bons e nos maus dias terão que cumprir suas atividades.

Visão multidisciplinar

É no contexto dessas experiências acadêmica, advocatícia e administrativa que se define de forma mais precisa a ideia de fazer este livro sobre a proteção ambiental no Brasil. Conversando com colegas na CETESB, cheguei à conclusão de que na organização da obra poderia levar em conta que meus 30 anos de profissão, um marco pessoal, coincidem com os 30 anos da Eco-92, um marco histórico para o direito ambiental, importante tanto da perspectiva internacional quanto do ponto de vista brasileiro. Por isso escolhi escrever esta apresentação como uma nota biobibliográfica.

Com a valiosa contribuição dos meus colegas Fernanda Abreu Tanure, Jorge Gouveia e Caroline Marques Leal Jorge Santos, aos quais agradeço imensamente pelo grande esforço e dedicação para organizarmos o livro com 40 artigos, produzidos por 69 autores, que cobrem estas cinco seções: Clima e questões globais; Gestão e legislação ambiental; Proteção à biodiversidade e aos recursos naturais; Diagnóstico e monitoramento da qualidade ambiental; e Controle ambiental. Tenho um respeito muito grande pelas pessoas que compõem a CETESB. Conheci muitos deles ainda enquanto Secretária do Meio Ambiente e a admiração pelo talento e o profissionalismo de todo o corpo técnico só aumentou quando comecei a comandar a Companhia.

E é por isso que muitos dos autores deste livro são técnicos da CETESB. Como estamos no estado mais rico da federação, aqui tivemos mais investimentos em recursos técnicos e humanos, que nos permitem estar à frente de outros estados no que diz respeito aos avanços e aprendizados na área de proteção ambiental. E isso nos traz muita responsabilidade. Podemos ajudar os outros estados em muitas questões, como na gestão da qualidade do ar, da destinação e gerenciamento dos resíduos, na redução de queima da palha da cana-de-açúcar e em muitos outros aspectos. Assim, mais do que registrar mecanismos de proteção ambiental que evoluíram no período de 30 anos, este livro também aponta perspectivas para o futuro, sugerindo a continuidade de políticas bem-sucedidas. Assim, esta obra é também um compilado da experiência e do aprendizado do estado de São Paulo, que pode ser visto como uma contribuição às políticas nacionais.

Vale destacar que o corpo técnico da CETESB, muito bem-preparado, com acesso a cursos de pós-graduação e de atualização, é também um exemplo para as estruturas de Estado e para a valorização do servidor público concursado em geral, que muitas vezes não tem recebido o devido reconhecimento neste país. Ressalto ainda o caráter multidisciplinar desta obra, que conecta o direito a várias outras áreas do conhecimento ao incluir textos de advogados, engenheiros, economistas, biólogos, meteorologistas, químicos, geólogos, e outros profissionais.

Recentemente, um jornalista me trouxe uma questão relevante, lembrando que o Brasil está no centro das questões ambientais por causa de seu potencial de influência, seja na emissão de carbono ou na redução dessa emissão. Lembrou dessa interdependência global, com a umidade da floresta amazônica tendo impacto na fertilidade agrícola do Rio

Grande do Sul ou do sul dos Estados Unidos. E me perguntou se o direito ambiental, tal qual existe hoje, será suficiente para impedir uma catástrofe. A minha resposta foi peremptória. Não acho que o direito seja suficiente. O direito tem e vai continuar tendo o seu papel, mas o operador do direito não pode resignar-se apenas com o seu domínio teórico. Necessita do conhecimento das outras áreas, para, vamos dizer, apoderando-se desse conhecimento, poder buscar as melhores alternativas dentro da lógica jurídica.

Tem de trabalhar cada vez mais para a construção de um conceito mais multidisciplinar mesmo, porque não é unicamente com a lei que se resolverão os problemas. Por essa razão mencionei o texto do professor Comparato sobre a mudança de um governo de leis para um governo de políticas. E essas políticas têm um sólido suporte técnico no estado de São Paulo. Por isso valorizo tanto o trabalho daqueles que fazem a CETESB ser o modelo de agência que ela é, e vocês poderão constatar isso ao longo deste livro. Também contamos com artigos de professores e profissionais que são referência em sua área de atuação.

Há muitas lições de casa que precisam ser feitas na área ambiental neste contexto atual. E o Brasil passa a ter um protagonismo muito grande pela importância, obviamente, de seus recursos naturais, sua biodiversidade e potencial para o mercado de carbono, tanto regulado quanto voluntário, entre outros temas.

O futuro que queremos

É possível fazer o setor produtivo avançar junto com a política pública. Em outubro de 2022, apresentei em Oslo, na Noruega, durante o IUCN World Commission on Environmental Law, um grande *case* que é um dos maiores exemplos de que é possível avançar com a política pública com a participação dos setores produtivos.

Em síntese, é o seguinte: em 2007, o estado de São Paulo havia autorizado a queima de 1 milhão de hectares para a colheita da cana-de-açúcar. Em 2022 essa área havia sido reduzida em mais de 99%. E isso foi sendo construído junto com o setor. Em busca de melhores alternativas, atualmente a queima autorizada chega a apenas 6 mil hectares, o que representa menos de 0,1% da área cultivada. Cuida-se de algo muito significativo.

A redução foi tão expressiva que fui procurada por representantes da Indonésia, país que tem características naturais muito semelhantes às nossas. E já tínhamos levado essa pauta para vários outros países. Apresentamos na China, nos Emirados Árabes, na Guatemala, na Argentina, justamente divulgando essa forma mais eficiente de produção, em que o setor produtivo avança junto com a política pública. De fato, é fundamental qualificar o debate sobre a proteção ambiental. Para isso, é essencial dar ao tema a centralidade que ele merece. Nos últimos tempos, o que se viu foi uma lógica dos extremos. Como se a proteção ao ambiente e a atividade econômica fossem inconciliáveis. É preciso buscar um ponto de equilíbrio no qual, para desenvolver uma atividade, é preciso observar também os aspectos socioambientais.

O setor sucroenergético, novamente, foi um que entendeu muito bem esse recado. Tanto é que restaurou mais de 100 mil hectares de matas ciliares, protegendo as nascentes. Até por uma questão de autopreservação, pois se não tiver uma boa condição ambiental, vai prejudicar sua própria cultura e seu processo produtivo. É preciso abordar tais temas sem extremismos e oferecendo informações adequadas para a sociedade. Precisamos melhorar muito essa interface com a sociedade, promover ações mais participativas, com informação que gere conhecimento, em que as pessoas possam formar sua opinião a partir de dados reais e fidedignos. E, mais uma vez, cito como exemplo os artigos que estão reunidos neste livro.

A qualidade da informação científica que chega ao conhecimento da sociedade está diretamente ligada ao futuro da proteção ao meio ambiente. O futuro que quero é poder olhar para o artigo 225 da Constituição, que prevê o direito ao meio ambiente ecologicamente equilibrado, e vislumbrar a sua aplicação ampla e prática, por exemplo no que se refere à justiça climática. Da minha experiência recente como presidente da CETESB, é necessária uma visão ampla para alternativas e orientação dos setores produtivos, de forma que os órgãos ambientais entendam o seu papel de indutores do crescimento econômico com respeito às normas ambientais. Isso é plenamente factível. Os últimos quatro anos foram os mais eficientes em número de análises do órgão ambiental paulista.

Não nego que possa haver um pouco de utopia nesse pensamento, mas é preciso enxergar um mundo ideal para construir caminhos para esse futuro. Há muitos exemplos de que podemos e devemos mudar para melhor. Essa é a minha visão. Se houver várias pessoas com essa visão, com certeza é possível melhorar muito. É uma construção de pessoas. Grandes revoluções já aconteceram; acredito que hoje as próprias pessoas possam ser a revolução informando-se, tomando consciência e tornando-se agentes da mudança. Não interessa se a ação é grande ou pequena, você pode fazer algo que faça a diferença.

PATRÍCIA IGLECIAS

SUMÁRIO

I.
CLIMA E QUESTÕES GLOBAIS

1. A ERA DA LITIGÂNCIA CLIMÁTICA: OS ÚLTIMOS 30 ANOS DE DISCUSSÕES SOBRE O CLIMA
Rodrigo Jorge Moraes 45

2. IMPACTOS DAS MUDANÇAS CLIMÁTICAS NO AMBIENTE URBANO
Pedro Luiz Côrtes, Thaís de Biasi Cuevas, António Guerner Dias 69

3. LITIGÂNCIA CLIMÁTICA COMO ESTRATÉGIA JURISDICIONAL AO AQUECIMENTO GLOBAL ANTROPOGÊNICO E MUDANÇAS CLIMÁTICAS
Delton Winter de Carvalho, Kelly de Souza Barbosa 85

4. LITIGÂNCIA JUDICIAL AMBIENTAL E CLIMÁTICA DESDE A RIO 92: 30 ANOS DE EVOLUÇÃO
Gabriel Wedy, Rafael Martins Costa Moreira 113

5. MECANISMOS DE PRECIFICAÇÃO DE CARBONO: DESAFIOS E OPORTUNIDADES PARA O BRASIL
Paula C. Pereda, Andrea Lucchesi, Thais Diniz Oliveira 141

6. O FUNDO AMAZÔNIA, A LITIGÂNCIA CLIMÁTICA E A *CUPINIZAÇÃO NORMATIVA*
Fernando Facury Scaff, Caroline Medeiros Rocha Frasson 161

7. OS CINQUENTA ANOS DA CONFERÊNCIA DA ONU EM ESTOCOLMO E A VANGUARDA DA CETESB RUMO À ECONOMIA DE BAIXO CARBONO
Sérgio Almeida Pacca 181

8. POLÍTICAS PÚBLICAS ASSOCIADAS AO DESMATAMENTO DA AMAZÔNIA: HISTÓRICO E PERSPECTIVAS FUTURAS
Carolina C. Fernandes, Paulo Artaxo 201

9. PROTEÇÃO DA CAMADA DE OZÔNIO: CONVENÇÃO DE VIENA E PROTOCOLO DE MONTREAL
Thiago Pietrobon 225

10. REFLEXÕES SOBRE A GERAÇÃO DE CRÉDITOS DE CARBONO POR POVOS INDÍGENAS
André Vivan de Souza, Paula Gianotti Duarte Gonçalves 249

11. REFLEXÕES SOBRE DESENVOLVIMENTO SUSTENTÁVEL DOS PRIMÓRDIOS À AGENDA 2030
Cinthia Hialys Koziura Magri 267

II.
GESTÃO E LEGISLAÇÃO AMBIENTAL

12. A EVOLUÇÃO DO CONTROLE AMBIENTAL NO ESTADO DE SÃO PAULO: LICENCIAMENTO E FISCALIZAÇÃO
Fernanda Abreu Tanure 289

13. A EVOLUÇÃO DO LICENCIAMENTO AMBIENTAL DE FONTES POTENCIAIS DE POLUIÇÃO NO ESTADO DE SÃO PAULO E PERSPECTIVAS FUTURAS
Célia Regina Buono Palis Poeta, Cristiano Kenji Iwai, Rosana Kazuko Tomita 315

14. A INTRODUÇÃO DOS CURSOS DE GESTÃO AMBIENTAL (BACHARELADO) NO ENSINO SUPERIOR BRASILEIRO
Odaléia Telles Marcondes Machado Queiroz 333

15. AS ÁREAS CONSOLIDADAS, A FUNÇÃO SOCIAL E A IRRETROATIVIDADE DA LEI NO CÓDIGO FLORESTAL BRASILEIRO
Fernando Campos Scaff 345

16. DESAFIOS ÉTICOS E JURÍDICOS DO CICLO DE VIDA DA INTELIGÊNCIA ARTIFICIAL NA TUTELA AMBIENTAL
Vanessa Ferrari 359

17. EVOLUÇÃO URBANO-AMBIENTAL NO BRASIL
Ivan Carneiro Castanheiro 385

18. HISTÓRIA DO ORDENAMENTO JURÍDICO AMBIENTAL
Caroline Marques Leal Jorge Santos, Christiano Jorge Santos 423

19. O LICENCIAMENTO AMBIENTAL BRASILEIRO E PERSPECTIVAS PARA SEU APRIMORAMENTO
Germano Luiz Gomes Vieira, Antônio Augusto Melo Malard 433

III.
PROTEÇÃO À BIODIVERSIDADE E AOS RECURSOS NATURAIS

20. 30 ANOS DE TRANSFORMAÇÃO NA GESTÃO E OCUPAÇÃO DO RIO PINHEIROS: CONFLITOS SOCIOAMBIENTAIS E PROPOSTAS DE MELHORIAS
Marcio Rea, Admilson Clayton Barbosa 459

21. A GESTÃO E O USO DOS RECURSOS HÍDRICOS NA AGRICULTURA BRASILEIRA: HISTÓRIA, DESAFIOS E AVANÇOS
Tamara Maria Gomes, Ana Paula Pereira Carvalho 481

22. A RESTAURAÇÃO DE ECOSSISTEMAS NO CENTRO DAS POLÍTICAS PÚBLICAS
Rafael Barreiro Chaves 505

23. COMPENSAÇÃO AMBIENTAL NO ESTADO DO PARÁ: UMA ANÁLISE DO DECRETO ESTADUAL 2.033/2009 À LUZ DA LEGISLAÇÃO FEDERAL
Márcio Augusto Maia Medeiros 523

24. CRITÉRIOS PARA COMPENSAÇÃO POR SUPRESSÃO DE VEGETAÇÃO – O MODELO DO ESTADO DE SÃO PAULO
Antonio Luiz Lima de Queiroz 537

25. EVOLUÇÃO DA PROTEÇÃO DE ÁREAS DE PRESERVAÇÃO PERMANENTE DE CURSOS D'ÁGUA
Adriana Maira Rocha Goulart Pinto 557

26. VINTE ANOS DA POLÍTICA NACIONAL DA BIODIVERSIDADE: O QUE ESPERAR?
Nina Lys de Abreu Nunes, Fernanda da Rocha Brando 575

IV.
DIAGNÓSTICO E MONITORAMENTO DA QUALIDADE AMBIENTAL

27. A "REVOLUÇÃO SILENCIOSA" DAS ÁGUAS SUBTERRÂNEAS NO ESTADO DE SÃO PAULO
Ricardo Hirata 597

28. CONTAMINANTES EMERGENTES: OCORRÊNCIA E ABORDAGENS REGULATÓRIAS DE INTERFERENTES ENDÓCRINOS NAS ÁGUAS DO ESTADO DE SÃO PAULO
Gilson Alves Quináglia, Daniela Dayrell França, Gisela de Assis Martini, Caroline Marques Leal Jorge Santos 615

29. DESAFIOS ANALÍTICOS NO DIAGNÓSTICO, MONITORAMENTO E FISCALIZAÇÃO DA QUALIDADE AMBIENTAL NO ESTADO DE SÃO PAULO – EVOLUÇÃO TEMPORAL E TENDÊNCIAS FUTURAS
Maria Inês Zanoli Sato, Deborah Arnsdorff Roubicek, Maria Yumiko Tominaga, Patricia da Silva Trentin, Marta Condé Lamparelli 635

30. FISCALIZAÇÃO, PERÍCIA E AUDITORIA COMO FERRAMENTAS DE GESTÃO AMBIENTAL
Carlos Roberto dos Santos 665

31. GESTÃO DA QUALIDADE DAS ÁGUAS COSTEIRAS
Claudia Condé Lamparelli 677

32. RIO PINHEIROS – PASSADO, PRESENTE E FUTURO
Nelson Menegon Junior, José Eduardo Bevilacqua 703

V.
CONTROLE AMBIENTAL

33. ACIDENTES TECNOLÓGICOS NO ESTADO DE SÃO PAULO: UMA ANÁLISE A PARTIR DE ACIDENTES COM ÊNFASE NA PREVENÇÃO E RESPOSTA NO PERÍODO DE 1992-2022
Jorge Luiz Nobre Gouveia, Anderson Pioli, José Carlos de Moura Xavier 715

34. CÓDIGO DE BARRAS PELA RECICLAGEM! A CONTRIBUIÇÃO DO "PROJETO RECICLA" PARA A LOGÍSTICA REVERSA DE EMBALAGENS
Tiago Trentinella 733

35. CONTROLE DA POLUIÇÃO VEICULAR – ASPECTOS HISTÓRICOS E PERSPECTIVAS
Carlos Ibsen Vianna Lacava, Vanderlei Borsari 745

36. EMISSÕES ATMOSFÉRICAS – DA HISTÓRIA RUMO A UM FUTURO MAIS SUSTENTÁVEL
Ligia Cristina Gonçalves de Siqueira, João Vicente de Assunção 763

37. IMPLANTAÇÃO DE UM CAMPUS UNIVERSITÁRIO EM UMA ÁREA DEGRADADA
Osvaldo Shigueru Nakao, Fabiana Alves Cagnon 789

38. LOGÍSTICA REVERSA NA POLÍTICA NACIONAL DE RESÍDUOS SÓLIDOS
Lia Helena Demange 813

39. O GERENCIAMENTO DE ÁREAS CONTAMINADAS NO ESTADO DE SÃO PAULO – HISTÓRICO E DESAFIOS
Elton Gloeden, Fernanda Abreu Tanure, André Silva Oliveira 833

40. RESULTADOS DA GESTÃO DE RESÍDUOS SÓLIDOS PELA IMPLANTAÇÃO DO SIGOR – SISTEMA ESTADUAL DE GERENCIAMENTO ONLINE DE RESÍDUOS SÓLIDOS
João Luiz Potenza, Lia Helena Monteiro de Lima Demange 855

I.

CLIMA E QUESTÕES GLOBAIS

1. A ERA DA LITIGÂNCIA CLIMÁTICA: OS ÚLTIMOS 30 ANOS DE DISCUSSÕES SOBRE O CLIMA

RODRIGO JORGE MORAES

Introdução

Não há mais qualquer dúvida de que o Planeta Terra está sofrendo com os impactos advindos das mudanças climáticas.

Não somente pelo que pode ser observado a olhos nus, a exemplo da ocorrência de fenômenos naturais mais intensos, constantes e fora de seu tempo, mas mediante constatações científicas que comprovam tal realidade e apontam para a necessidade imediata de mitigação das fontes de emissão de Gases de Efeito Estufa (GEE) em escala global.[1]

Ademais, estudos científicos demonstram que as alterações negativas do clima estão relacionadas com as atividades humanas e seu modo de consumo e de vida.[2]

Portanto, é chegado o momento de pensar em meios de mitigação, de diminuição das emissões de GEE, de adaptação dos meios de produção e consumo com o objetivo de reduzir as vulnerabilidades e as fragilidades expostas aos efeitos das mudanças climáticas. Há que prevenir de um lado e reparar de outro, enfim, é imprescindível promover um esforço em escala global na busca de uma efetiva gestão do meio ambiente e, em especial, dos riscos climáticos.

[1] Disponível em: https://www.ipcc.ch/report/ar6/wg3/. Acesso em: 18 out. 2022.

[2] Disponível em: https://www.ipcc.ch/report/ar6/wg2/resources/press/press-release/. Acesso em: 18 out. 2022.

Neste sentido, impõe-se uma grande alteração de comportamento social em escala planetária, uma vez que as questões climáticas não respeitam fronteiras físicas ou temporais, tampouco jurisdições.

Vale dizer, as questões climáticas são a expressão mais genuína que se pode relacionar aos direitos ou interesses meta ou transindividuais, de modo que as regras de gestão devem ser pensadas e articuladas na qualidade de um direito universal, aderente e globalmente concatenadas entre si.

Ainda cumpre ressaltar que as questões climáticas, ou melhor, esse grande esforço planetário que vem se construindo, especialmente nos últimos 30 anos, têm apresentado uma interessante e importante característica, que é a de humanizar e coletivizar a problemática em prol de soluções técnicas, científicas e jurídicas. É a coletivização da problemática para impor alterações de comportamentos e conscientização da busca de novos caminhos e soluções.

Notadamente nas últimas três décadas, como se verá a diante, houve uma considerável implementação de normas jurídicas, de acordos, de pactos internacionais, de políticas relacionadas às questões climáticas, ligadas ao meio ambiente, aos direitos humanos, aos direitos intergeracionais, as quais passaram a fornecer meios e instrumentos para a execução da salvaguarda pretendida do meio ambiente e combate às mudanças climáticas.

Nesse caminhar, outro fato importante a ser destacado é o aumento expressivo e crescente de demandas[3] judiciais espalhadas pelo mundo, em

[3] "Climate change litigation continues to grow in importance year-on-year as a way of either advancing or delaying effective action on climate change. In 2022, the Intergovernmental Panel on Climate Change (IPCC) recognised the role of litigation in affecting 'the outcome and ambition of climate governance'.
The latest edition of our annual report on global trends in climate change litigation takes stock of developments over the period May 2021 to May 2022, and draws on a number of recent case studies from around the world. It also identifies areas where climate litigation cases are likely to increase in the future.
The goal in these reports is to help readers understand the ways in which the law is being used as a tool to advance a variety of often inconsistent climate-related agendas. Legal practitioners may use the law to advance climate action, or, less frequently, seek to challenge the way in which climate policy is designed or implemented or to deter policymakers from implementing more restrictive measures on private parties responsible for greenhouse gas emissions" (Disponível em: https://www.lse.ac.uk/granthaminstitute/publication/global-trends-in-climate-change--litigation-2022/. Acesso em: 18 out. 2022).

especial no Norte Global, cujos pedidos se relacionam direta ou indiretamente com as questões climáticas, o que nos leva à conclusão de que estamos vivendo na *Era da Litigância Climática*.

E, por incrível que pareça, essa litigância climática tem se mostrado como o maior e mais amplo veículo ou ferramenta de participação popular para a tutela do meio ambiente planetário, notadamente no que diz respeito às questões do clima.

Dessarte, ainda mais curioso de ressaltar é a característica de que tais demandas são ofertados em diferentes partes do mundo, em grande número por jovens, de forma individual ou em grupo, bem como por Organizações Não Governamentais (ONGs), todos eles conscientes de seus papéis na sociedade.

Apenas a título de exemplo, em Portugal, após os grandes incêndios de 2017 que devastaram grandes áreas do país, seis jovens, como André Oliveira de 13 anos, sua irmã Sofia de 16 anos, acompanhados por Mariana Agostinho de apenas 9 anos, Claudia Agostinho de 22 anos, Catarina Mota de 20 anos e Martin de 18 anos,[4] representados pela ONG Britânica Global Legal Action Network (Glan),[5] processaram 27 países da comunidade europeia além do Reino Unido, Noruega, Suíça, Rússia, Ucrânia e Turquia com base em leis relacionadas aos direitos humanos, diante das emissões de GEE e do impacto causado na vida das pessoas.

Na Alemanha, em 2021, Luisa Neubauer, uma das jovens líderes do movimento Fridays For Future, processou o governo alemão sob a alegação de ausência de compromissos e políticas públicas de combate à crise climática, o que levou o Supremo Tribunal da Alemanha a ordenar que o governo apresentasse medidas mais específicas e detalhadas sobre suas metas de redução de GEE. Também reconheceu o Tribunal que a lei climática alemã de 2019 não seria suficiente para diminuir e eliminar as emissões de GEE e, por consequência, insuficiente para restringir as mudanças do clima. Como resposta, o Governo alemão comprometeu-se a uma atenuação de 65% das emissões de GEE no país até o ano de 2030 e caminhar para o carbono zero até o ano de 2045.[6]

[4] Disponível em: https://youth4climatejustice.org/. Acesso em: 18 out. 2022.

[5] Disponível em: https://www.glanlaw.org/. Acesso em: 18 out. 2022.

[6] Disponível em: https://umsoplaneta.globo.com/clima/noticia/2021/05/12/jovens-levam-a-crise-climatica-para-os-tribunais-e-dao-licao-em-governos.ghtml. Acesso em: 18 out. 2022.

Na Holanda, o Tribunal Distrital de Haia, em decisão histórica, determinou que a petroleira anglo-holandesa Shell reduza de forma rápida suas emissões de Dióxido de Carbono (CO_2) até 2030, em 45% comparado aos níveis de 2019. A ação, conhecida como "O povo contra a Shell", foi proposta pela ONG Milieudefensie (Amigos da Terra) sob a principal alegação de que a empresa não adotava suficientemente as medidas e compromissos do Acordo de Paris para o combate às mudanças climáticas.[7]

No Paquistão, o agricultor Asghar Leghari processou o Governo Federal e o Governo Regional de Punjab sob a justificativa de inércia e tratamento inadequado das questões ligadas às mudanças climáticas. Embora o Governo Federal do Paquistão tenha aprovado em 2012 a Lei Nacional de Mudanças Climáticas, bem como o Marco de Implementação da Política de Mudanças Climáticas para o período de 2014 a 2030, o autor alegou que a falta de implementação da Política Nacional violou os arts. 9.º e 14 da Constituição do Paquistão, que reconhecem, respectivamente, o direito constitucional à vida e o direito ao meio ambiente saudável e limpo à dignidade humana. Em decisão histórica, o Tribunal admitiu a insuficiência das medidas adotadas pelo Governo conforme argumentado na inicial e, entre outras medidas, determinou a criação de uma Comissão de Mudança Climática para monitorar a implantação de uma política nacional no país de combate às alterações do clima.[8]

Em Filipinas, o caso "Carbon Majors Petition" promoveu o debate e a investigação sobre 47 empresas dos setores do petróleo, gás, carvão e cimento por violações aos direitos humanos e dos impactos negativos sobre as mudanças climáticas em razão das emissões de GEE. A Comissão Filipina de Direitos Humanos (CHR) concluiu possuir competência para analisar o caso e que as empresas têm responsabilidade civil e criminal sobre seus atos.[9]

[7] Disponível em: https://www.dn.pt/internacional/decisao-historica-tribunal-holandes--obriga-shell-a-reduzir-as-emissoes-de-co2-em-45-ate-2030-13773590.html; https://www.oc.eco.br/tribunal-manda-shell-cortar-45-das-emissoes-ate-2030/. Acesso em: 18 out. 2022.

[8] Disponível em: https://jusclima2030.jfrs.jus.br/caso-similar/asghar-leghari-x-federacao--do-paquistao-paquistao/. Acesso em: 18 out. 2022.

[9] Disponível em: https://www.ejiltalk.org/the-philippines-human-rights-commission-and--the-carbon-majors-petition/; https://blogs.law.columbia.edu/climatechange/2018/03/08/

Em 2018, o Estado de Nova York processou a Exxon Mobil, empresa mundialmente conhecida pelas atividades nos setores do petróleo e gás, sob a alegação de que a gigante petroleira enganou seus acionistas por meio de informações incorretas e que não retratavam fielmente os riscos correlacionados a sua atividade acerca das mudanças climáticas.[10]

No final de 2021, acionistas do Commonwealth Bank ajuizaram a ação Abrahams vs. Commonwealth Bank of Austrália sob a alegação de que a instituição não teria avaliado corretamente tampouco divulgado os riscos de negócios ligados às alterações climáticas, pleiteando ainda acesso a documentos que embasaram as decisões da instituição para financiar projetos de petróleo e gás com o objetivo de auferirem se as diretrizes estavam ou não alinhadas com os compromissos por eles assumidos e em consonância com o Acordo de Paris.[11]

No Brasil, tal realidade não tem se mostrado diferente. Jovens integrantes de movimentos como *Engajamundo* e *Fridays for Future Brasil* têm acionado o Poder Judiciário com pedidos ligados às mudanças climáticas. Um exemplo é a Ação Popular 5008035-37.2021.4.03.6100[12] movida contra a União Federal pelas chamadas "pedaladas climáticas" e que visa a anulação da nova Contribuições Nacionalmente Determinadas (*NDC* – em inglês) apresentada pelo Governo brasileiro. Sobre o mesmo tema há a ADO 59, que discute acerca da suspensão do Fundo Amazônia.[13]

Outro exemplo é a Arguição de Descumprimento de Preceito Fundamental (ADPF) 708 sobre o contingenciamento do Fundo Clima[14]

update-on-the-carbon-majors-petition-the-role-of-the-philippine-commission-on-human--rights/. Acesso em: 18 out. 2022.

[10] Disponível em: https://conexaoplaneta.com.br/blog/nova-york-processa-a-gigante-do--petroleo-exxon-por-enganar-investidores-sobre-clima/. Acesso em: 18 out. 2022.

[11] Disponível em: https://blognewgen.com.br/panorama-da-litigancia-climatica-no-brasil/. Acesso em: 18 out. 2022.

[12] Disponível em: https://pje1g.trf3.jus.br/pje/ConsultaPublica/DetalheProcessoConsulta Publica/listView.seam?ca=29929814783e737ebcbf0e32c5ad2a41845d08a807f9fbba. Acesso em: 19 out. 2022.

[13] Disponível em: https://portal.stf.jus.br/processos/detalhe.asp?incidente=5930766. Acesso em: 19 out. 2022

[14] Disponível em: https://portal.stf.jus.br/processos/detalhe.asp?incidente=5951856. Acesso em: 19 out. 2022.

e a Ação Civil Pública 1009665-60.2020.4.01.3200 ofertada contra a União Federal e o IBAMA perante o TRF da 1.ª Região que, com fundamento na Política Nacional de Mudanças Climáticas (PNMC), tratou da autorização para exportação de madeira nativa.[15]

Outras demandas foram ofertadas para impedir a 17.ª rodada de licitações de blocos realizadas pela Agência Nacional do Petróleo, Gás Natural e Biocombustíveis (ANP) na área de Fernando de Noronha e Atol das Rocas.

Também o Laboratório do Observatório do Clima ofertou Ação Civil Pública 1027282-96.2021.4.01.3200 contra a União e o Ministério do Meio Ambiente requerendo a atualização do Plano Nacional sobre Mudanças Climáticas diante da emergencial redução de GEE e das conclusões do *Intergovernmental Panel on Climate Change* (IPCC – em português: Painel Intergovernamental de Mudanças Climáticas).[16]

Por derradeiro, há que se destacar o caso da sentença que confirmou a liminar proferida na Ação Civil Pública 5030786.95.2021.4.04.7100 da 9.ª Vara Federal de Porto Alegre, a qual determinou que o IBAMA inclua diretrizes climáticas no licenciamento de termelétricas no Rio Grande do Sul.[17]

Muito além dos casos supracitados, existem outras inúmeras ações judiciais e processos administrativos, pelos quais são demandadas pessoas físicas e jurídicas de direito público e privado, nacionais e estrangeiras, cujo objeto da demanda está relacionado com a questão climática espalhada por todas as partes do planeta, a demonstrar, repise-se, que estamos vivenciando o que se pode chamar de Era da Litigância Climática.[18]

[15] Disponível em: https://www.oc.eco.br/wp-content/uploads/2020/06/1009665-60.2020.4.01.3200-compactado_compressed.pdf. Acesso em: 19 out. 2022.

[16] Disponível em: http://climatecasechart.com/climate-change-litigation/wp-content/uploads/sites/16/non-us-case-documents/2021/20211104_Acao-Civil-Publica-No-1027282-96.2021.4.01.3200_order.pdf. Acesso em: 19 out. 2022.

[17] Disponível em: https://eproc.jfrs.jus.br/eprocV2/controlador.php?acao=acessar_documento_publico&doc=711630449919617037025070238312&evento=40400088&key=f793b00b3cf66de0a5c45d5691e21b82dc8045f0a7705738464bc06196dcb066&hash=faf9d608b6407053dfa8dec67a1470ee. Acesso em: 17 out. 2022.

[18] Disponível em: http://www.editora.puc-rio.br/media/Litigancia%20climatica%20no%20Brasil_ebook.pdf; http://climatecasechart.com/. Acesso em: 18 out. 2022.

Assim, tudo isso leva ao entendimento de que a questão climática está na ordem do dia e ainda com perspectivas de crescimento das demandas jurídicas e administrativas, cujo objeto se relaciona direta ou indiretamente com a tutela do clima. Isso posto, é de se esperar que conceitos basilares do direito sejam revisitados, assim como o Estado-juiz também deverá enfrentar novos desafios para se estruturar e dar resposta a essa nova realidade da *Era da Litigância Climática*.

1. Os movimentos internacionais e nacionais de tutela do clima

Mudanças climáticas foram definidas pelo art. 1.º, § 2.º, da Convenção-Quadro das Nações Unidas sobre mudanças climáticas (UNFCCC)[19] como "uma mudança de clima que possa ser direta ou indiretamente atribuída à atividade humana que altere a composição da atmosfera mundial e que se some àquela provocada pela variabilidade climática natural observada ao longo de períodos comparáveis".

Assim, cientes da necessidade de promover uma ação global contra as evidências da rápida alteração negativa do meio ambiente, 113 países do mundo todo reuniram-se em Estocolmo em 1972, evento que deu início a um movimento organizado e global com o objetivo de discutir os problemas ambientais e combater as mudanças climáticas.[20]

Na conferência de Estocolmo foram firmados 26 princípios ordenadores e direcionadores a serem perseguidos pelos países-membros com o escopo de implementar mudanças efetivas, bem como mitigar as consequências danosas contra o clima terrestre, além de ter sido criado o Programa das Nações Unidas para o Meio Ambiente (PNUMA).

Para tanto, foram separados em grupos distintos países desenvolvidos de um lado e os em desenvolvimento de outro, criando mecanismos de cooperação entre eles em busca de seus objetivos, além de estabelecer formas de controle mais rígidas aos países desenvolvidos pela contribuição negativa já executada ao longo dos anos, dando início ao Princípio da Responsabilidade Comum, porém diferenciada de acordo

19 UNFCCC – United Nations Framework Convention on Climate Change. Disponível em: www.unfccc.int. Acesso em: 19 out. 2022.

20 Disponível em: https://cetesb.sp.gov.br/proclima/conferencias-internacionais-sobre-o-meio-ambiente/estocolmo/. Acesso em: 19 out. 2022.

com a responsabilidade de cada país pelas emissões de GEE ao longo da história.[21]

Em 1987, foi elaborado o Relatório Brundtland, também chamado de "Nosso Futuro Comum", fruto da Comissão Mundial sobre o Meio Ambiente estabelecida pelo PNUMA onde foi conceituado o *Princípio do Desenvolvimento* como o desenvolvimento que atende às necessidades do presente sem comprometer as gerações futuras em atenderem também suas próprias necessidades.[22]

Importante destacar que em 1988 foi criado o IPCC, órgão das Nações Unidas destinado a verificar, por meio de estudos científicos sobre o clima, a interferência do homem nas questões climáticas.[23]

Posteriormente, em 1992, na cidade do Rio de Janeiro,[24] ocorreu a Conferência das Nações Unidas sobre Meio Ambiente e Desenvolvimento, conhecida como ECO-92, cuja marca de destaque foi proporcionar mundialmente maior visibilidade ao Princípio do Desenvolvimento Sustentável[25] definido no denominado Relatório Brundtland, além de reafirmar os princípios da Conferência de Estocolmo e estabelecer estratégias e meios de gestão com o objetivo de combater a degradação do meio ambiente e de promover o desenvolvimento sustentável.

Mas não foi só. Na ECO-92 houve a assinatura da Convenção-Quadro das Nações Unidas sobre Mudanças do Clima[26] e da Convenção sobre

[21] CASARA, Ana Cristina. *Direito ambiental do clima e créditos de carbono.* Curitiba: Juruá, 2009. p. 73.

[22] Disponível em: https://brasil.un.org/pt-br/91223-onu-e-o-meio-ambiente; https://sustainabledevelopment.un.org/content/documents/5987our-common-future.pdf. Acesso em: 19 out. 2022.

[23] Disponível em: https://www.ipcc.ch/; https://unfccc.int/topics/science/workstreams/cooperation-with-the-ipcc/background-cooperation-with-the-ipcc. Acesso em: 19 out. 2022.

[24] Disponível em: http://www.fgv.br/cpdoc/acervo/dicionarios/verbete-tematico/conferencia-do-rio. Acesso em: 19 out. 2022.

[25] "O desenvolvimento sustentável, considerado um dos princípios do direito ambiental contido na Carta Magna de 1988, constitui pedra basilar do sistema político-jurídico dos Estados civilizados, adotado internacionalmente como fruto da necessidade de uma ecologia equilibrada e de indicativos do caminho adequado para a proteção ambiental, em conformidade com a realidade social e os valores culturais de cada Estado" (CASARA, Ana Cristina. *Direito ambiental do clima e créditos de carbono.* Curitiba: Juruá, 2009. p. 39).

[26] Disponível em: www.unfccc.int. Acesso em: 19 out. 2022.

a Diversidade Biológica,[27] além da assinatura da Declaração do Rio de Janeiro sobre Meio Ambiente e Desenvolvimento,[28] a Declaração de Princípios sobre as Florestas[29] e ainda a Agenda 21.[30]

Em dezembro de 1997, na Conferência das Partes 03 (COP 3), foi adotado o Protocolo de Quioto, que entrou em vigência internacional em 16 de fevereiro de 2005 e estabeleceu metas e compromissos de redução de emissões de GEE para os países desenvolvidos, os quais se comprometeram a diminuir, entre os anos 2008 a 2012, suas emissões de GEE em 5% inferiores aos níveis emitidos em 1990. Para tanto, foram pensados instrumentos de flexibilização com o objetivo de auxiliar nessa tarefa de redução. São eles: o comércio de emissões; implantação conjunta; e o mecanismo de desenvolvimento limpo (MDL).[31]

Posteriormente, durante a Conferência das Partes 07 (COP 7), ocorrida em 2001, foi assinado o Acordo de Marrakesh em que foram tomadas importantes decisões[32] que marcaram a evolução do mercado de carbono na época, trouxeram mais segurança jurídica ao "estabelecerem regras e procedimentos claros sobre a geração e titularidade de créditos de carbono", bem como "regulamentaram a Implementação Conjunta e o Comércio de Emissões" e "reforçaram os princípios e objetivos do Protocolo para regulamentar, de maneira pormenorizada, as atividades de projeto de MDL".[33]

Em 2007, por ocasião da COP 13, foi aprovado o Plano de Ação de Bali, resultado do processo de negociações para o segundo período dos compromissos assumidos em Quioto. No referido Plano, não houve

27 Disponível em: https://www.gov.br/mma/pt-br/assuntos/biodiversidade/convencao-sobre-diversidade-biologica. Acesso em: 19 out. 2022.

28 Disponível em: https://cetesb.sp.gov.br/proclima/wp-content/uploads/sites/36/2013/12/declaracao_rio_ma.pdf. Acesso em: 19 out. 2022.

29 Disponível em: http://www.educadores.diaadia.pr.gov.br/arquivos/File/pdf/a21_florestas.pdf. Acesso em: 19 out. 2022.

30 Disponível em: https://sustainabledevelopment.un.org/content/documents/Agenda21.pdf. Acesso em: 19 out. 2022.

31 SABBAG, Bruno Kerlakian. *O protocolo de Quioto e seus créditos de carbono.* 2 ed. São Paulo: LTr, 2009. p. 33-37.

32 Cf. Decisão 17/CP.7 ratificada pela COP/MOP1 (Decisão 3/CMP.1); Decisão 15/CP.7 ratificada pela decisão 2/CMP.1.

33 SABBAG, Bruno Kerlakian. *O protocolo de Quioto e seus créditos de carbono.* 2 ed. São Paulo: LTr, 2009. p. 37.

fixação de metas de redução de emissões de GEE, mas foram estabelecidas condições para futuras negociações para a COP 15 em Copenhague, além de terem sido criadas as Ações de Mitigação Nacionalmente Apropriadas (NAMAs) no âmbito da convenção. Ainda na COP 13, foi implementado o Fundo de Adaptações, com o estabelecimento de diretrizes para o financiamento e desenvolvimento de tecnologias mais limpas para os países em desenvolvimento.[34]

Posteriormente, entre os anos de 2008 e 2012, ocorreu o primeiro período de compromissos assumidos pelo Protocolo de Quioto, pelo qual os países participantes tinham a obrigação de reduzir suas emissões de GEE em, pelo menos, 5,2% em relação aos níveis medidos em 1990. No entanto, tal meta jamais foi atingida como o esperado.

Após o insucesso do atingimento das metas previstas pelo Protocolo de Quioto, durante a COP 21 ocorrida em 2015, 195 países discutiram e chegaram ao *Acordo de Paris*,[35] cujo objetivo é combater o aquecimento global por meio da redução das emissões de GEE para limitar o aumento da temperatura planetária a 2ºC em comparação aos níveis pré-industriais. Para tanto, os países signatários criaram suas NDC, ou seja, seus respectivos compromissos em colaborar com a efetividade das metas de redução de emissões de GEE global.[36]

Por fim, entre os dias 6 e 16 de junho de 2022, negociadores representantes dos países-membros da Convenção do Clima das Nações Unidas (UNFCCC) encontraram-se em Bonn, na Alemanha, para as negociações intermediárias da COP 27, a qual ocorreu em novembro no Egito, e terminou com consideráveis avanços no sentido de ser direcionar maior auxílio aos países que apresentam maiores vulnerabilidades e mais susceptíveis aos danos advindos das mudanças climáticas.

2. Litigância climática

Nos últimos anos, tem se notado o aumento dos casos de litigância climática mediante a propositura de ações judiciais e de procedimentos

[34] Disponível em: https://cetesb.sp.gov.br/proclima/conferencia-das-partes-cop/cop-13--mop-3-bali-indonesia-dezembro-de-2007/. Acesso em: 19 out. 2022.

[35] Disponível em: https://brasil.un.org/pt-br/node/88191. Acesso em: 19 out. 2022.

[36] Disponível em: https://www.wwf.org.br/?77471/Acordo-de-Paris-completa-cinco-anos-com-licoes-aprendidas. Acesso em: 19 out. 2022.

administrativos ligados direta ou indiretamente ao tema, maioria delas buscando a responsabilização de governos e empresas pelas mudanças do clima. Tais demandas pretendem, em geral, obrigá-los a efetivamente adotarem posturas adequadas de mitigação e de combate às mudanças climáticas.[37]

Nesse compasso, a justiça climática visa adversar as alterações negativas causadas pelo homem ao longo da história, em especial após a Revolução Industrial que introduziu um modelo social e de consumo insustentável e causador, em última análise, de severas alterações no clima, a exemplo de chuvas imprevisíveis, tufões e furacões, enchentes, desertificação, tsunamis, colheitas perdidas, incêndios e outros efeitos negativos atualmente perceptíveis e comprovados cientificamente.

Nesse caminhar, os litígios climáticos buscam pressionar governos e entidades privadas a adotarem medidas reparadoras e mitigadoras, bem como a assumirem compromissos com a sociedade e com o planeta. Pretendem ainda a revisão dos meios, processos e procedimentos de produção, corte da emissão de GEE, além do abandono das fontes não renováveis de energia e adoção das fontes ambientalmente adequadas.

O estudo *Global Trends In Climate Litigation: 2021 Snapshot*, publicado em maio de 2021, apontou que o número de litígios climáticos mais que dobrou em relação ao ano de 2015, ultrapassando 1.000 casos nos últimos seis anos,[38] o que nos faz concluir que estamos vivendo na *Era da Litigância Climática*, na qual os fenômenos ligados ao clima incorporaram-se como fatos e fundamentos das ações judiciais, ou seja, passaram a fazer parte da *causa de pedir* e do *pedido*, do objeto da demanda de forma *autônoma*.

Importante destacar que as questões climáticas não respeitam jurisdição ou quaisquer fronteiras. Trata-se de fatos globais, cujo efeito sobre o clima não está relacionado com algum fenômeno individualmente

[37] Nos termos do art. 2.º, VIII, da Lei 12.187/2009, "mudança do clima: mudança de clima que possa ser direta ou indiretamente atribuída à atividade humana que altere a composição da atmosfera mundial e que se some àquela provocada pela variabilidade climática natural observada ao longo de períodos comparáveis".

[38] Disponível em: https://www.c40knowledgehub.org/s/article/Global-trends-in-climate-change-litigation-2021-snapshot?language=en_US&gclid=CjwKCAjwwL6aBhBlEiwADycBIB2ktXK8z7DT4qdfYqDOG5qI4334a2JwGHs0HTWRLvGqDGxF8x4J-xoCgzMQAvD_BwE. Acesso em: 19 out. 2022.

considerado, a exemplo da falta de água, do desmatamento ou da desertificação em algumas áreas ao redor do mundo.

Tais questões, em um passado não distante, eram discutidas pontualmente pelos seus próprios efeitos e consequências isoladamente considerados. E é exatamente essa mudança de consciência e notadamente a incorporação dos fenômenos climáticos na *causa de pedir* e no *pedido*, agora de forma *autônoma* nas demandas judiciais (e administrativas), que qualificam a litigância climática como um fenômeno mundial a ser considerado nos processos e procedimentos de forma independente, a obrigar uma revisitação de muitos dos conceitos basilares do direito nacional e estrangeiro.

Importante lembrar que a *causa de pedir* reflete os fatos e os fundamentos que levaram o autor a juízo, e o *pedido* é o *objeto* ou o *bem da vida* sobre o qual se pretende a tutela jurisdicional.[39] Ambos,[40] ou seja, a *causa de pedir* (fatos e fundamentos) e o *pedido*, no campo da litigância climática, ganham *status* de *autonomia* nas demandas climáticas e, em regra, devem estar calcados basicamente no comando constitucional expresso pelo art. 225 e na Lei 12.187/2009 que instituiu no Brasil a Política Nacional sobre Mudanças do Clima.

No entanto, há que se ter muita cautela. É preciso encontrar um caminho do meio no sentido de evitar, de um lado, excessos de toda ordem, a banalização ou a inconsistência das demandas propostas e, de outro lado, não sucumbir pela falha ou ausência de salvaguarda do meio ambiente, aqui em específico da tutela do clima global.

[39] DINAMARCO, Cândido Rangel. *Instituições de direito processual civil*. 10. ed. São Paulo: Malheiros, 2020. v. I, p. 555-556.

[40] "O terceiro e último elemento é a *causa de pedir*. Ela deve ser entendida como as razões pelas quais se formula o pedido, como os 'fatos e fundamentos jurídicos do pedido', tendo o inciso III do art. 319 como referencial". "Os '*fundamentos de fato*' devem ser entendidos como a causa *remota*; os '*fundamentos de direito*', como a causa *próxima*". "O pedido de acordo com a doutrina tradicional, aceita um desdobramento: pedido *mediato* e pedido *imediato*. Pedido *mediato* é o bem da vida cuja tutela jurisdicional é desejada pelo autor. Pedido *imediato* é a providência jurisdicional solicitada ao estado-juiz, no sentido de dever ser especificada a espécie de tutela jurisdicional, que deve incidir e agir sobre o bem da vida a ser individualizado (arts. 322 a 327) na petição inicial pelo autor" (BUENO, Cassio Scarpinella. *Curso sistematizado de direito processual civil*. 10. ed. São Paulo: Saraiva, 2020. p. 308-309).

No ordenamento jurídico nacional, o Estado-juiz é provocado a se manifestar em casos concretos. O cidadão não pode ser impedido de litigar. Trata-se do direito subjetivo do amplo acesso à jurisdição garantido pela Constituição Federal.[41]

No entanto, a maior dificuldade reside exatamente no fato de que os representantes do Poder Judiciário estão limitados ao exercício do poder que lhes foi conferido nos limites de sua respectiva jurisdição, e as questões que envolvem litigância climática são planetárias.

Exatamente pelas características da litigância climática é que muitos conceitos do direito, tanto no que diz respeito à aplicação na esfera *judicial* quanto na *administrativa*, deverão ser *revisitados*, a exemplo do que se entende por *conduta, causalidade, nexo causal, impacto ambiental, impactos ambientais positivos e negativos, diretos e indiretos, danosidade, áreas afetadas*, ou, ainda, quais as fontes do direito ligadas especificamente à matéria climática, quais os instrumentos processuais e administrativos hábeis ao combate efetivo das alterações do clima.

Tais conceitos no estado da arte, em certa medida, podem não mais guardar total relação direta ou coerência quando considerados circunscritos em um cenário composto pelas questões climáticas de causas e efeitos planetários, quando observados em uma lógica impactada pela globalização climática em contraponto a uma visão limitada no tempo ou no espaço.

Isso porque a racionalidade ambiental e, em especial, as questões climáticas não podem mais ser consideradas isoladas e pontualmente, sob pena de se impor, ou melhor, de se perpetuar a ineficiência ou a insustentabilidade dos meios e dos modos de vida, de produção e de consumo, rumo à irracionalidade do desequilíbrio ambiental global.

Portanto, determinada atividade ou empreendimento, em um primeiro momento ou em algum estabelecido espaço, poderá apresentar certo impacto local, certo componente danoso em sua área de influência, mas, se considerado por uma ótica ampliada, poderá eventualmente apresentar algum benefício à sociedade e, portanto, deverá receber tratamento diferenciado ou reconfigurado.

Um bom exemplo nesse sentido é a mineração que, sem dúvida, é uma atividade altamente impactante. Nela, os impactos observáveis a

41 Art. 5.º, XXXV, da CF/1988.

olhos nus são severos. No entanto, essa atividade pode ser a responsável pela produção de lítio que abastecerá o mercado mundial de veículos elétricos que, em última análise, no balanço final, eventualmente trará mais benefícios ao meio ambiente globalmente considerado, se comparado com os efeitos negativos causados no local da atividade minerária. Outro exemplo são as usinas hidrelétricas cuja instalação é altamente impactante, mas a produção de energia limpa e renovável mostra-se mais benéfica ao meio ambiente, se comparada com os efeitos negativos suportados quando de sua instalação. Já uma supressão de vegetação, que possa parecer eventualmente muito menos impactante, se comparada com a atividade minerária ou com a instalação de uma grande hidrelétrica, na realidade pode eventualmente se mostrar altamente danosa, se considerada de forma global e, portanto, ser impedida, limitada ou absolutamente readequada mediante a imposição de outras obrigações ao interessado pelo desfloramento citado em hipótese.

Entretanto, cabe lembrar que no ordenamento brasileiro existem conceitos e instrumentos processuais e administrativos que podem ofertar parte das respostas no sentido de facilitar ou possibilitar o acesso à justiça climática.

Nesse campo, lembramos da possibilidade cautelosa da relativização do nexo causal, as presunções que recaem sobre a prova em matéria ambiental, da possibilidade de inversão e dinamização do ônus da prova, da responsabilidade objetiva e solidária do poluidor, seja ele pessoa física ou jurídica, da possibilidade de desconsideração da personalidade jurídica, das obrigações de caráter *propter rem*, a possibilidade do exercício de ações coletivas, entre as quais se destacam a ação popular e a ação civil pública, que democratizaram a tutela ambiental no País,[42] ou ainda a ação de produção antecipada de provas[43] com a nova roupagem e sistematização trazida pelo CPC/2015, fornecendo ao interessado a chance de obter qualquer tipo de prova para sua exclusiva tomada de decisões ou estratégias processuais ou administrativas.

[42] Ainda existem outros instrumentos jurídicos, tais como o mandado de segurança coletivo, mandado de injunção, ação direta de inconstitucionalidade, ação direta de inconstitucionalidade por omissão, arguição de descumprimento de preceito fundamental.

[43] Art. 381 do CPC/2015.

Outrossim, é importante assinalar que o ordenamento jurídico nacional propicia que um número indeterminado ou indeterminável de pessoas possa ser considerado como parte legítima e interessada a movimentar o Estado-juiz, objetivando a salvaguarda do meio ambiente ecologicamente equilibrado para as presentes e futuras gerações, especialmente pelas disposições constitucionais, seguidas, notadamente, pelos mecanismos processuais das Leis da Ação Popular e da Ação Civil Pública, do Código Civil, do Código de Processo Civil e do Código de Defesa do Consumidor.

Como é sabido, o art. 225 da CF/1988 afirma que todos têm o direito ao meio ambiente ecologicamente equilibrado, bem de uso comum do povo e essencial à sadia qualidade de vida, de modo a impor ao Poder Público e à coletividade o dever de defendê-lo e preservá-lo para as gerações presentes e futuras.

A Lei 4.717/1965, que trata da ação popular, garante legitimidade a qualquer cidadão[44] portador de título de eleitor[45] para pleitear a anulação ou declaração de nulidade de ato lesivo ao meio ambiente.[46]

Ademais, a Lei 7.347/1985 confere a uma série de determinadas pessoas legitimidade[47] para tutelar o meio ambiente mediante a propositura de ação civil pública, pleiteando a condenação em dinheiro ou o cumprimento de obrigação de fazer e de não fazer.[48]

Por sua vez, o art. 17 do CPC/2015 estabelece que "para postular em juízo é necessário ter interesse e legitimidade". Disso subentende-se que, para ser autor ou réu, bem como para receber uma sentença de mérito, devem estar presentes as *condições da ação,* as quais, ainda que eventualmente ausentes no início, sejam completadas no curso do processo.[49] Isso, porque o juiz não resolverá o mérito da questão quando se verificar a

[44] Art. 1.º.

[45] Art. 1.º, § 3.º.

[46] Art. 5.º, LXXIII, da CF/1988: "qualquer cidadão é parte legítima para propor ação popular que vise a anular ato lesivo ao patrimônio público ou de entidade de que o Estado participe, à moralidade administrativa, ao *meio ambiente* e ao patrimônio histórico e cultural, ficando o autor, salvo comprovada má-fé, isento de custas judiciais e do ônus da sucumbência".

[47] Arts. 1.º e 5.º.

[48] Art. 3.º.

[49] NERY JUNIOR, Nelson; NERY, Rosa Maria de Andrade. *Código de Processo Civil comentado.* 18. ed. São Paulo: Thomson Reuters Brasil, 2019. art. 17, nota n. 3, p. 126.

ausência de *legitimidade ad causam* ou de *interesse processual*, nos termos do art. 485, VI, do CPC/2015.

Cumpre destacar que a legitimidade para a causa (*ad causam*) ou legitimidade para agir, como também é conhecida, corresponde à identificação daquele que pode estar em juízo na qualidade de autor ou de réu. Sobre o tema, Cassio Scarpinella Bueno aduz:

> [...] o Estado-juiz, tão logo receba a petição inicial, deve verificar se, pela narração dos fatos com os meios de prova eventualmente já produzida, tudo indica que, no plano material, aqueles sujeitos estão mesmo relacionados na perspectiva indicada na petição inicial, com a indicação suficiente de o direito reclamado pelo autor parecer pertencer mesmo a ele, tanto quanto parecer ser o réu o causador da lesão da ameaça indicada. [...]. Nesse sentido, a legitimidade para a causa nada mais é do que a capacidade jurídica transportada do plano material para o plano do processo. A regra é que somente aquele que pode ser titular de direitos e deveres no âmbito do plano material tem legitimidade para ser parte, é dizer, para tutelar, em juízo, ativa ou passivamente, aqueles mesmos direitos e deveres.[50]

No entanto, na seara da litigância climática, quem são os legitimados para agir? Quem são os titulares do direito, do *bem da vida* a ser deduzido no processo?

A resposta está no art. 81 do CDC,[51] o qual traz ao ordenamento nacional os conceitos de interesses ou direitos difusos, coletivos e indivi-

[50] BUENO, Cassio Scarpinella. *Curso sistematizado de direito processual civil*. 10. ed. São Paulo: Saraiva, 2020. p. 297-298.

[51] "Art. 81. A defesa dos interesses e direitos dos consumidores e das vítimas poderá ser exercida em juízo individualmente, ou a título coletivo.
Parágrafo único. A defesa coletiva será exercida quando se tratar de:
I – interesses ou direitos difusos, assim entendidos, para efeitos deste código, os transindividuais, de natureza indivisível, de que sejam titulares pessoas indeterminadas e ligadas por circunstâncias de fato;
II – interesses ou direitos coletivos, assim entendidos, para efeitos deste código, os transindividuais, de natureza indivisível de que seja titular grupo, categoria ou classe de pessoas ligadas entre si ou com a parte contrária por uma relação jurídica base;
III – interesses ou direitos individuais homogêneos, assim entendidos os decorrentes de origem comum."

duais homogêneos, de modo que os titulares desse direito planetário sob a jurisdição brasileira podem ser até mesmo pessoas indetermináveis ou indeterminadas que se façam presentes nos autos de forma direta ou por representação (substituição processual).

Por sua vez, o *interesse de agir* ou *interesse processual* configura-se pela *necessidade* e *utilidade* de se socorrer do Estado-juiz em busca da proteção ao interesse substancial, conforme ensina Humberto Theodoro Júnior,[52] ou seja, não somente na obtenção de *utilidade* do processo, mas também na *necessidade* de movimentar a jurisdição em busca do bem da vida.

No que diz respeito ao *pedido,* a sistemática adotada como regra geral pelo CPC/2015 é a de que deve ser *certo* e *determinado* nos termos do *caput* dos arts. 322 e 324, ou seja, é vedada a postulação de pedidos genéricos, e as poucas *exceções* estão expressamente previstas no § 1.º do art. 324, sendo lícito, porém, formular pedidos genéricos[53] (i) nas ações universais, se o autor não puder individuar os bens demandados; *(ii) quando não for possível determinar, desde logo, as consequências do ato ou do fato*; ou (iii) quando a determinação do objeto ou do valor da condenação depender de ato que deva ser praticado pelo réu. Ademais, deverá o juiz interpretar o *pedido* de acordo com os elementos de tudo o quanto foi postulado em juízo e o princípio da boa-fé.

Portanto, tendo como fundamento autônomo a tutela climática, o simples potencial lesivo ao clima e, em última análise, ao meio ambiente ecologicamente equilibrado para as presentes e futuras gerações legitima e autoriza um número indeterminável ou indeterminado de pessoas no plano material e no plano processual a romper com a inércia do Estado-juiz em busca da salvaguarda ambiental e minimização dos impactos no clima.

Na esfera administrativa não é diferente. A componente climática tem sido instada a ser considerada especialmente nos procedimentos de licenciamento ambiental.

[52] THEODORO JÚNIOR, Humberto. *Curso de direito processual civil.* 41. ed. São Paulo: Forense, 2004. v. I. p. 55.

[53] "No sistema do CDC, nas ações coletivas para a defesa de direitos individuais homogêneos (CDC 81, par. ún. III), o pedido genérico é regra (CDC 95)" (NERY JUNIOR, Nelson; NERY, Rosa Maria de Andrade. *Código de Processo Civil comentado.* 18. ed. São Paulo: Thomson Reuters Brasil, 2019. art. 322, nota n. 2, p. 889).

Em agosto de 2021, na Ação Civil Pública 5030786-95.2021.4.04.7100, em trâmite na 9.ª Vara Federal de Porto Alegre – RS, foi determinado liminarmente que o IBAMA incluísse diretrizes relacionadas às questões envolvendo o clima no curso do licenciamento ambiental de usinas termelétricas. Portanto, entendeu-se que, nos procedimentos administrativos de licenciamento ambiental no Rio Grande do Sul, os termos de referência dos processos de licenciamento de usinas termelétricas deveriam considerar os componentes e os aspectos climáticos baseados na Lei da Política Nacional de Mudanças Climáticas,[54] bem como das diretrizes da Política Gaúcha sobre Mudanças Climáticas (PGMC),[55] em especial "quanto à necessidade de realização de Avaliação Ambiental Estratégica, nos termos do art. 9.º da referida Lei Estadual, e a necessidade de inclusão de análise de riscos à saúde humana".[56]

Após um ano, em 12 de agosto de 2022, foi proferida a paradigmática sentença,[57] cujo Dispositivo foi o seguinte:

> [...] Pelo exposto, acolho a preliminar de ilegitimidade passiva da União, rejeito a preliminar de ilegitimidade passiva da Copelmi Mineração Ltda., ratifico a concessão de tutela de urgência decidida no e43 – que determinou a anulação da audiência pública virtual realizada no dia 20 de maio de 2021, a suspensão do processo de licenciamento ambiental da UTE Nova Seival, a realização de, ao menos, três audiências públicas em substituição da anulada e a inclusão nos Termos de Referência que tratam dos processos de licenciamento de Usinas Termelétricas no Rio Grande do Sul das diretrizes legais especificadas e análise de riscos à saúde humana – e julgo procedentes os pedidos da Associação Gaúcha de Proteção ao Ambiente Natural – AGAPAN, Instituto Gaúcho de Estudos Ambientais – INGÁ, Instituto Preservar,

[54] Lei 12.187/2009.

[55] Lei 13.594/2010.

[56] Disponível em: https://eproc.jfrs.jus.br/eprocV2/controlador.php?acao=acessar_documento_publico&doc=711630449919617037025070238312&evento=40400088&key=f793b00b3cf66de0a5c45d5691e21b82dc8045f0a7705738464bc06196dcb066&hash=faf9d608b6407053dfa8dec67a1470ee. Acesso em: 17 out. 2022.

[57] Disponível em: https://eproc.jfrs.jus.br/eprocV2/controlador.php?acao=acessar_documento_publico&doc=711660326358270029378385950639&evento=40400623&key=9de6da40d001772d8be0809a63db5e0376162d4f7249142d13f769ecc0c49428&hash=2740eaddb4fef1fcdbcafd1ab6babcf7. Acesso em: 17 out. 2022.

Cooperativa Agroecológica Nacional Terra e Vida Ltda. – COONATERRA – BIONATUR e Centro de Educação Popular e Agroecologia – CEPPA, forte no art. 487, I, do CPC, para o fim de condenar os réus Instituto Brasileiro do Meio Ambiente e dos Recursos Naturais e Renováveis –IBAMA, Copelmi Mineração Ltda. e Energia da Campanha Ltda., em suas respectivas áreas de competência e atuação:

- à anulação da audiência pública virtual realizada no dia 20 de maio de 2021, objeto deste processo e da medida cautelar apresentada em 19 de maio de 2021;
- à suspensão do processo de licenciamento ambiental da UTE Nova Seival até que sejam sanados os vícios do EIA/RIMA apontados pelo IBAMA e pelos diversos pareceres técnico-científicos apresentados pelos autores;
- à realização de, ao menos, três audiências públicas em substituição da anulada, na modalidade presencial ou híbrida, considerando a viabilidade de acesso ao ato pelos interessados residentes em zona rural ou sem disponibilidade de internet, a tomar lugar nas cidades com população potencialmente afetada (Porto Alegre, Hulha Negra ou Candiota e Bagé), suspenso seu agendamento até que haja análise técnica e merital do IBAMA sobre o EIA/RIMA, o Estudo de Análise de Risco e as conclusões técnicas apresentadas pelos autores;
- à inclusão nos Termos de Referência que tratam dos processos de licenciamento de Usinas Termelétricas no Rio Grande do Sul das diretrizes legais previstas na Política Nacional sobre Mudança do Clima (PNMC), Lei n. 12.187/09 e das diretrizes da Lei Estadual n. 13.594/10 – que criou a Política Gaúcha sobre Mudanças Climáticas (PGMC) – sobretudo quanto à necessidade de realização de Avaliação Ambiental Estratégica, nos termos do art. 9.º da referida Lei Estadual, [...].

Tem-se observado, portanto, um movimento de readequação ou reenquadramento do conteúdo e das exigências nos procedimentos de licenciamento ambiental no sentido de se considerar a análise dos impactos climáticos, a *performance* da obra ou do empreendimento licenciável no bojo dos estudos ambientais.

Nesse sentido, o Instituo Água e Terra (IAT) do Estado do Paraná, pela Portaria 42/2022,[58] estabeleceu a inclusão do *Diagnóstico Climático* em Estudos de Impacto Ambiental (EIA), no âmbito do licenciamento ambiental, de acordo com a Política Estadual sobre Mudança do Clima,[59] nos termos do diagnóstico ambiental, exigido atualmente dos meios físico, biótico e socioeconômico da área do projeto (art. 1.º), sendo conceituado o *Diagnóstico Climático* como os "estudos a serem apresentados pelo setor empresarial com as informações referentes à atividade em licenciamento, suas emissões, reduções, compensações e impactos nos serviços ecossistêmicos relacionados ao clima" (art. 2.º, II).

Ademais, para se constatarem movimentos de readequação, bem como o nível de exigência no âmbito do licenciamento ambiental operado atualmente no que diz respeito à contemplação da variante climática, a citada Portaria 42/2022 do IAT[60] estabelece que o Diagnóstico Climático deverá "fundamentar-se no Inventário de Emissões de Gases de Efeito Estufa – GEE, além da análise dos impactos que potencializam as consequências das mudanças climáticas em âmbito local/regional e expressará obrigatoriamente as emissões de Escopo 1, 2 e 3, a serem estimadas com base no nível de atividade do empreendimento",[61] contrariando a regra

[58] Portaria 42, de 24 de fevereiro do 2022. Disponível em: https://celepar7.pr.gov.br/sia/atosnormativos/form_cons_ato1.asp?Codigo=5148. Acesso em: 17 out. 2022

[59] Lei 17.133/2012.

[60] Art. 5.º.

[61] "Art. 2.º, IV – Inventário de Emissões de GEE: levantamento, para fins de quantificação e contabilização, das emissões por fontes e setores, para proposição de medidas de mitigação e adaptação de gases de efeito estufa, seja em âmbito privado ou público, o qual deve considerar a seguinte classificação:
a) Escopo 1: Emissões diretas de GEE provenientes de fontes que pertencem ou são controladas pela empresa. São emissões de GEE de escopo 1, por exemplo, aquelas provenientes de: – Geração de energia, uso energético e não energético de combustíveis; – Transformações químicas e físicas em processos industriais; – Uso de GEE em produtos finais e intermediários; – Sistemas de tratamento de rejeitos; e – Frotas cativas de todos os modos de transporte.
b) Escopo 2: Emissões indiretas de GEE de eletricidade adquirida e consumida dentro dos limites organizacionais da empresa. São contabilizadas as emissões que ocorrem fisicamente no local onde a eletricidade é gerada. São emissões de GEE de um empreendimento licenciado provenientes de geração de energia elétrica adquirida de terceiros para uso próprio;
c) Escopo 3: Outras emissões indiretas de GEE. Essa categoria permite a abordagem de todas as outras emissões indiretas, ou seja, aquelas decorrentes das atividades da empresa que são

geral de que o *Escopo 3* tem sido, em diferenciadas instâncias, órgãos e setores, apenas e tão somente como de caráter voluntário.

No Estado do Rio de Janeiro, no âmbito do procedimento de licenciamento ambiental, é exigida pelo Instituto Estadual do Ambiente (INEA) a apresentação de Inventário de Emissões de Gases de Efeito Estufa,[62] bem como dispõe sobre a apresentação, a cada renovação de Licença ou nova Licença de Operação,[63] do Plano de Mitigação de Emissões de GEE,[64] e o não cumprimento dos compromissos assumidos no referido Plano de Mitigação sujeita o infrator às sanções administrativas previstas na Lei 3.467/2000.[65]

Em São Paulo, a Companhia Ambiental do Estado (CETESB), por meio da Decisão de Diretoria 035/2021/P,[66] instituiu o Inventário de Emissões de GEE, determinando que certos tipos de empreendimentos elaborem e apresentem seus Planos e respectivos Inventários de Emissões de GEE, a exemplo das atividades de produção de alumínio e de cimento; indústrias petroquímicas; refinarias de petróleo; produção de metanol; de ácido nítrico; cal; aeroportos com movimentação anual igual ou superior cinco milhões de passageiros; aterros sanitários com média anual de recebimento de resíduos sólidos urbanos igual ou superior a 400 t/dia; entre outros.[67]

Dessarte, há que salientar que a referida Decisão de Diretoria 035/2021/P da CETESB determinou que deverão ser registradas no

produzidas em fontes que não pertencem ou não são controladas pela empresa, constando, no mínimo: – Frotas contratadas para transporte (de pessoal próprio e terceirizado), de carga (aquisição de matéria-prima e insumos, e venda de produto acabado) e de rejeitos (para venda a terceiros e para descarte); e – Tratamentos de resíduos em plantas contratadas; – Viagens a negócios."

62 Resolução INEA/PRES 64, de 12 de dezembro de 2012. Disponível em: http://www.inea.rj.gov.br/cs/groups/public/documents/document/zwff/mda2/~edisp/inea_006665.pdf. Acesso em: 17 out. 2022.

63 Art. 4.º da Resolução INEA/PRES 65/2021.

64 Resolução INEA/PRES 65, de 14 de dezembro de 2012. Disponível em: http://www.inea.rj.gov.br/cs/groups/public/documents/document/zwff/mda2/~edisp/inea_006664.pdf. Acesso em: 17 out. 2022.

65 § 3.º do art. 6.º da Resolução INEA/PRES 65/2012.

66 Disponível em: https://cetesb.sp.gov.br/wp-content/uploads/2021/04/DD-035-2021-P-Criterios-para-a-elaboracao-do-inventario-de-emissoes-de-gases-de-efeito-estufa-no-Estado-de-Sao-Paulo-e-da-outras-providencias.pdf. Acesso em: 17 out. 2022.

67 Art. 3.º, I ao XXXI.

Inventário a ser apresentado para o órgão ambiental estadual as emissões de GEE de acordo com os respectivos Escopos 1, 2 e 3 preestabelecidos na mesma norma administrativa.

No entanto, importante registrar que, de forma prudente, técnica e responsável, o órgão ambiental paulista fez constar que, com relação ao *Escopo 3*, o qual contempla as emissões indiretas de GEE, a apresentação é *voluntária*, o que, no estágio atual da técnica e da disponibilidade de informações certas e apropriadas, é de compreender e aplaudir o posicionamento equilibrado da CETESB, sendo possível em um futuro mais adequado, sob o aspecto de obtenção de informações seguras e mais fidedignas, torná-lo obrigatório.[68]

Enfim, todo o exposto demonstra que na era da litigância climática a componente ligada ao clima e suas alterações está sendo amplamente incorporada de forma independente e autônoma às demandas judiciais e, na seara administrativa, redimensionando muitos dos estudos, sempre com o específico e direto objetivo de tutela do meio ambiente e, em especial, da tutela do clima.

[68] "Artigo 5.º Deverão ser registradas no inventário entregue à CETESB as emissões de acordo com os seguintes escopos:
Escopo 1 – Emissões diretas de GEE:
- Queima de combustíveis para geração de energia e vapor;
- Outros processos que emitam GEE;
- Transporte de pessoas, materiais, produtos ou resíduos, em veículos do empreendimento;
- Emissões fugitivas ou evaporativas.

Escopo 2 – Emissões indiretas de GEE;
- Emissões de eletricidade adquirida e consumida pela empresa.

Escopo 3 – Emissões indiretas de GEE:
- Emissões do transporte de bens e serviços adquiridos ou vendidos por frota terceirizada igual ou superior a 300 veículos.

Parágrafo primeiro – Para fins desta Decisão de Diretoria, entende-se por emissões diretas de GEE, no escopo 1, aquelas provenientes de fontes pertencentes ou que são controladas pelos empreendimentos; emissões indiretas de GEE, no escopo 2, entende-se aquelas provenientes da aquisição de energia elétrica e térmica, consumida pelo empreendimento, e emissões indiretas de GEE, no escopo 3, aquelas provenientes de atividades realizadas por empresas terceirizadas.
Parágrafo segundo – O fornecimento das emissões referentes ao escopo 3 possui caráter voluntário."

Conclusões

A ciência tem demonstrado que as alterações negativas do clima estão relacionadas com as atividades humanas, especialmente após a Revolução Industrial, que alterou drasticamente o meio e o modo de vida da sociedade, tornando-se impositiva e urgente a efetiva implementação da mudança desse quadro contrário ao meio ambiente sadio e ecologicamente equilibrado para as presentes e futuras gerações.

Portanto, há a necessidade premente da implementação de mecanismos e instrumentos voltados ao combate das mudanças climáticas, notadamente com relação à redução das emissões de GEE. Mas não é só. Esse novo cenário impõe ainda, considerando que as questões ligadas ao clima não respeitam fronteiras físicas tampouco temporais, uma revisitação de muitos dos conceitos hoje adotados na seara da salvaguarda ambiental, tais como danos diretos e indiretos, de impactos negativos e positivos, áreas de influência, nexo de causalidade, entre outros.

Isso porque, por exemplo, um empreendimento ou uma atividade que, à primeira vista, possa parecer altamente impactante e proibitiva quando pontualmente considerada, em verdade, inserida em um cenário global e com a adoção de medidas específicas, pode eventualmente apresentar, no cômputo final, um balanço positivo. Assim, muitos dos conceitos adotados atualmente nos processos judiciais ou em procedimentos administrativos, a exemplo do licenciamento ambiental, deverão levar em conta que a componente climática é global, o que impõe uma visão estratégica ampliada por suas próprias características e repercussões planetárias.

Outra característica interessante a ser ressaltada é a de que os litígios climáticos, ou seja, aqueles em que o *pedido* e a *causa de pedir* consideram a componente climática, são, em grande parte, inicializados por jovens e por ONGs em diversas partes do mundo e que a quantidade de litígios relacionados ao clima aumentou expressivamente após 2015, e ainda permanece em uma crescente, o que nos possibilita concluir que estamos vivenciando a *Era da Litigância Climática*, em que conceitos, posturas e estruturas públicas e privadas deverão ser reordenados.

Por derradeiro, no Brasil, por uma visão sistêmica do ordenamento jurídico nacional, é possível afirmar que existem meios e instrumentos adequados e consistentes dispostos a quem queira fazer uso deles em busca da tutela do meio ambiente, da salvaguarda do clima, de modo a concluir pela viabilidade de introduzir de forma direta, autônoma (sob um aspecto estratégico e global) os contornos da litigância climática no País.

Referências

BUENO, Cassio Scarpinella. *Curso sistematizado de direito processual civil.* 10. ed. São Paulo: Saraiva, 2020.

CASARA, Ana Cristina. *Direito ambiental do clima e créditos de carbono.* Curitiba: Juruá, 2009.

DINAMARCO, Cândido Rangel. *Instituições de direito processual civil.* 10. ed. São Paulo: Malheiros, 2020. v. I.

NERY JUNIOR, Nelson; NERY, Rosa Maria de Andrade. *Código de Processo Civil comentado.* 18. ed. São Paulo: Thomson Reuters Brasil, 2019.

SABBAG, Bruno Kerlakian. *O protocolo de Quioto e seus créditos de carbono.* 2 ed. São Paulo: LTr, 2009.

THEODORO JÚNIOR, Humberto. *Curso de direito processual civil.* 41. ed. São Paulo: Forense, 2004. v. I.

2. IMPACTOS DAS MUDANÇAS CLIMÁTICAS NO AMBIENTE URBANO

Pedro Luiz Côrtes
Thaís de Biasi Cuevas
António Guerner Dias

Introdução

As cidades são sistemas socioecológicos que, constantemente, enfrentam desafios como o combate à insegurança alimentar, a geração de empregos, o fornecimento de serviços básicos e a gestão de resíduos, além de situações caóticas, causadas por guerras ou desastres. Um desafio específico que aflige os meios urbanos é o impacto gerado pelas mudanças climáticas (ADHIKARI, KOIRALA, *et al.*, 2022; JAGGANATH, 2022; MORAIS-DA-SILVA, VILLAR, *et al.*, 2022). Considerando os mais recentes modelos climáticos, a probabilidade de ocorrência de eventos climáticos extremos nos próximos anos é significativamente alta.

Estudos mostram que os cenários climáticos apontam para uma tendência de aumento da temperatura média global, bem como eventos extremos como ondas de calor (LIU, YU, *et al.*, 2022; RIDDER, UKKOLA, *et al.*, 2022), secas e incêndios florestais (FOUNDA, KATAVOUTAS, *et al.*, 2022; RAZAVI, MOTLAGH, *et al.*, 2022), cheias (EINI, RAHMATI, *et al.*, 2022; STEINHAUSEN, PAPROTNY, *et al.*, 2022; STEIROU, GERLITZ, *et al.*, 2022) e também o aumento dos níveis de poluição atmosférica (CASTELHANO, PEDROSO, *et al.*, 2022; COKER, BURALLI, *et al.*, 2022; KRECL, OUKAWA, *et al.*, 2022).

Os impactos das mudanças climáticas devem ter consequências sérias nas próximas décadas. Nas cidades, os efeitos serão mais severos. Estudos apontaram que mudanças no clima ocorrem devido a intervenção humana. Por outro lado, verificou-se também a existência de flutuações climáticas independentes da ação antrópica. O incremento da temperatura média mundial pode resultar em drásticas alterações nos padrões de precipitação pluvial, como o aumento significativo das chuvas e inundações frequentes em áreas específicas, acompanhadas simultaneamente pela redução importante das precipitações e secas severas em outras regiões (HOFFMAN, SHANDAS e PENDLETON, 2020; LAI, LIU, *et al.*, 2019; MANOLI, FATICHI, *et al.*, 2019; NGUYEN, NGO, *et al.*, 2019; BAI, DAWSON, *et al.*, 2018).

Ademais, a combinação entre as mudanças climáticas globais e o aumento da urbanização resultam em problemas ambientais, tais como climas extremos e baixa qualidade do ar (SANTAMOURIS, 2020; VICEDO-CABRERA, SERA, *et al.*, 2020; BAI, DAWSON, *et al.*, 2018). O fenômeno das ilhas de calor também é conhecido: as áreas urbanas possuem temperaturas mais elevadas em comparação com áreas rurais adjacentes (LAI, LIU, *et al.*, 2019; MANOLI, FATICHI, *et al.*, 2019; PATZ, CAMPBELL-LENDRUM, *et al.*, 2005; ZHAO, LEE, *et al.*, 2014). A intensidade da ilha de calor está relacionada com a morfologia urbana e também com o tamanho da cidade. O processo de urbanização é resultado da transformação das superfícies naturais, alterando a paisagem urbana e consequentemente, o microclima. Alguns fatores que impactam neste processo e potencializam tais anomalias térmicas são a redução da vegetação, mudança nos regimes hídricos e aumento da poluição (COKER, BURALLI, *et al.*, 2022). Um fator agravante neste cenário é que, no Brasil, as cidades, em geral, não incluem ações preventivas para eventos extremos ou mudanças climáticas (DI GIULIO, BEDRAN-MARTINS, *et al.*, 2018; NERY, MOURA, *et al.*, 2017).

Evidências científicas mostraram que as mudanças climáticas representam grave risco para os recursos hídricos no Brasil. Além disso, é considerável também o impacto causado na economia nacional devido à variabilidade climática. Em paralelo, foi constatado que a utilização de informações ambientais pode desempenhar um papel estratégico para a gestão urbana (SANTOS AMORIM, BEZERRA, *et al.*, 2020; LIMA, LOMBARDO e MAGAÑA, 2018; CÔRTES, TORRENTE, *et al.*, 2015).

Estudos recentes focaram no desenvolvimento de prioridades relacionadas ao urbanismo e planejamento urbano para atenuar os fatores de riscos ao microclima específicos da morfologia urbana. O mais novo paradigma é o desafio de estabelecer métodos para lidar com os inevitáveis impactos futuros nas cidades contemporâneas (SANTAMOURIS, 2020; FRANTZESKAKI, MCPHEARSON, *et al.*, 2019; RECKIEN, SALVIA, *et al.*, 2018; CASTÁN BROTO, 2017; ECKART, MCPHEE e BOLISETTI, 2017). Entretanto, a complexidade está no fato de que tal ação implica em mudanças no processo de prestação de contas para a sociedade por gestores públicos e privados, além de mudanças culturais e comportamentais (TORRES, CÔRTES e JACOBI, 2020). Em relação aos recursos hídricos, a projeção futura não é otimista. Com a tendência de aumento da população global, crescerá também a demanda de água para uso na produção alimentícia, consumo doméstico e indústria. Vale ressaltar que tal demanda já se encontra afetada pelas mudanças climáticas (GIACCHETTI, AGUIAR e CÔRTES, 2017).

Desta forma, observa-se que a infraestrutura cinza (como os piscinões) permanece como uma forma popular para mitigação de enchentes, entretanto, estudos empíricos apontam que a estrutura verde é menos vulnerável a enchentes e alagamentos. A infraestrutura verde, que incorpora elementos naturais na paisagem urbana, como parques, arborização e jardins, conta também com a gestão da captação de águas pluviais. Em paralelo, a recuperação de recursos hídricos, tais como rios, córregos, lagos e nascentes, também contribuem para o funcionamento do ecossistema e pode ser denominada como infraestrutura azul.

Ambas as infraestruturas verde e azul são mais resilientes às mudanças futuras, por contarem com estruturas naturais e processos ecológicos. Estudos apontaram que o papel da infraestrutura na redução de riscos de desastres e na adaptação às mudanças climáticas é essencial, visto que é possível intercambiar influências de forma solidária a partir do aprofundamento da análise dos aspectos da natureza e da ação humana neste processo. (METELKA, JANU e SEBEK, 2022; ROBIN, 2022; YAZAR, YORK e LARSON, 2022; CREUTZIG, FERNANDEZ, *et al.*, 2016; BROTO e BULKELEY, 2013).

A vulnerabilidade urbana a eventos extremos tem sido estudada pela perspectiva de cidades individuais. Para as cidades litorâneas, há também a preocupação com o aumento do nível do mar. Impactos severos decorrentes das mudanças climáticas estão colocando em risco o futuro de cidades litorâneas, pois muitas deles continuam a crescer sem que os seus problemas ambientais tenham sido sequer adequadamente equacionados. Ainda em relação às cidades litorâneas, a zona costeira brasileira deve receber prioridade nas ações de mitigação e adaptação às mudanças climáticas. No Rio de Janeiro, o aumento do nível do mar interfere no sistema de drenagem urbana de funcionamento já difícil, sendo que os impactos deste cenário sobre a saúde da população resultam em surtos de leptospirose nos períodos de chuvas intensas (BISARO, DE BEL, *et al.*, 2020; LIANG, JULIUS, *et al.*, 2020; IGUALT, BREUER, *et al.*, 2019; RUDD, MOORE, *et al.*, 2018; MEEROW, 2017; VITOUSEK, BARNARD, *et al.*, 2017).

Em São Paulo, as alterações nos regimes hidrológicos e nos sistemas de drenagem urbana, juntamente com a poluição dos rios, o uso inadequado do solo e a impermeabilização da bacia do Alto Tietê, resultaram em uma das regiões metropolitanas mais afetadas por problemas de enchentes e inundações. Além disso, o avanço sobre terrenos com declividade acentuada promove o aumento de riscos relativos aos deslizamentos de terra (MARENGO, ALVES, *et al.*, 2020; HADDAD e TEIXEIRA, 2015; MARENGO, VALVERDE e OBREGON, 2013). Em Cuiabá, a substituição de vegetação natural por áreas urbanizadas e impermeáveis alterou completamente as características térmicas e higrométricas da superfície (MACHADO, BIUDES, *et al.*, 2020; SILVA, ALBERNAZ-SILVEIRA e NOGUEIRA, 2014). No Semiárido brasileiro, foi constatado que a construção de caminhos resilientes visando o uso sustentável dos recursos naturais poderá contribuir para a redução dos processos de degradação ambiental e melhora da qualidade de vida. Ações de adaptação e mitigação, ambientalmente bem planejadas e executadas, apresentam grande potencial para reduzir a intensidade e os impactos das mudanças climáticas em ambiente urbano (MESQUITA, CAVALCANTE, *et al.*, 2020; ROCHA JUNIOR, DA COSTA, *et al.*, 2018; BRITO MORAIS, BEZERRA DE ARAÚJO, *et al.*, 2017).

Um mapeamento realizado no país identificou que, das 27 Unidades da Federação, apenas três, Pernambuco, Rio de Janeiro e São Paulo, discutiram e aprovaram políticas ou planos estaduais visando o enfrentamento das consequências das mudanças climáticas, bem como a redução da vulnerabilidade das populações. Este resultado mostra que a questão da adaptação das cidades brasileiras às mudanças climáticas em curso não conseguiu a relevância necessária até o momento (ANDRADE, 2017). Entretanto, se as cidades já apresentam elevados níveis de vulnerabilidade social, econômica e ambiental, além de carências de infraestrutura urbana, a tendência é de agravamento da situação devido às mudanças do clima. Levando em consideração as particularidades de cada região, é necessária a adaptação do território aos efeitos das mudanças climáticas, pois é a única alternativa de mitigar este problema, que perpassa a esfera global e repercute localmente (ESPÍNDOLA e RIBEIRO).

1. Extremos Climáticos

Uma das consequências das mudanças climáticas é a ocorrência de extremos meteorológicos, com temperaturas elevadas, chuvas torrenciais ou secas prolongadas. Mishra, Ganguly, et al. (2015), utilizando dados de 217 áreas urbanas em todo o mundo, verificaram que essas áreas enfrentaram um aumento significativo de ondas de calor entre 1973 e 2012, paralelamente a um declínio das ondas de frio. Segundo a pesquisa, aproximadamente metade das áreas urbanas estudadas teve um aumento significativo no número de dias de calor, enquanto cerca de 2/3 apresentaram aumentos na frequência de noites de calor extremo. (MISHRA, GANGULY, *et al.*, 2015). Há também impactos nos regimes pluviais. Por exemplo, sobre a cidade de São Paulo (Brasil), revisão da literatura empreendida por Marengo, Alves, *et al.* (2020) mostrou que durante os últimos setenta anos, houve um aumento significativo no volume total de chuvas da estação chuvosa (primavera e verão).

No trabalho de Marengo, Alves, *et al* (2020), os autores relatam que na década de 1950 praticamente não havia dias com chuva acima de 50 mm (chuva forte). Entretanto, os dias com totais pluviométricos acima de 50 mm vêm ocorrendo de duas a cinco vezes por ano nos últimos 10 anos. O trabalho considera que as mudanças nos extremos podem ser parcialmente devidas à variabilidade natural do clima, mas também podem estar relacionadas ao aquecimento global e/ou à urbanização. Pesquisa realizada por García-Cueto, Santillán-Soto, et al., (2019) mostra que as condições climáticas na maioria das cidades mexicanas estão mudando, com uma tendência ao aquecimento. Esse aquecimento tem sido caracterizado por aumentos significativos na temperatura máxima média anual e na temperatura mínima média anual. Houve um aumento no número anual de dias quentes e os dias frios diminuíram (GARCÍA-CUETO, SANTILLÁN-SOTO, *et al.*, 2019).

2. Saúde

As mudanças climáticas causam problemas diversos em áreas urbanas, repercutindo negativamente na saúde. As ondas de calor (FAURIE, VARGHESE, *et al.*, 2022; MASON, C KING, *et al.*, 2022; TRAN, PLA, *et al.*, 2017), a transmissão de doenças por vetores (COSTA, GOMES, *et al.*, 2022; LI e MANAGI, 2022; OCHIDA, MANGEAS, *et al.*, 2022; WANG, WEI, *et al.*, 2022), o aumento da concentração de poluentes em climas extremamente secos, em especial o ozônio e material particulado (WANG, 2021; NASSIKAS, SPANGLER, *et al.*, 2020; BALDERMANN e LORENZ, 2019; STOWELL, KIM, *et al.*, 2017), a maior exposição à doenças em caso de enchentes e inundações (SEMENZA, 2020; PATERSON, WRIGHT e HARRIS, 2018; MCIVER, CHAN, *et al.*, 2014; YOUNG, 2014; HAINES e PATZ, 2004) são alguns dos problemas relacionados às alterações climáticas em ambientes urbanos (TRÁJER, SEBESTYÉN, *et al.*, 2022).

3. Recursos Hídricos, Secas, Chuvas Torrenciais, Enchentes e Deslizamentos

A gestão de recursos hídricos frente às mudanças climáticas realça a importância de sistemas robustos de governança, buscando definir uma taxa média de retirada que não exceda a taxa média de reabastecimento do recurso. Ao obedecer a esse princípio, um recurso pode ser considerado sustentável ao longo do tempo (OSTROM, 1990). Sistemas de distribuição de água são fortemente impactados pela mudança nos regimes de chuva, o que tem alterado a taxa média de reabastecimento mencionada. Isso demanda uma readequação de sistemas ou mesmo a adoção de novos modelos (VANDERTULIP, 2016; PATON, DANDY e MAIER, 2014; TUNG, LIU, *et al.*, 2013).

Em decorrência, a segurança hídrica é fortemente impactada pelas mudanças climáticas, seja pela ocorrência de secas prolongadas (POKHREL, FELFELANI, *et al.*, 2021; AULT, 2020; AHMADALIPOUR, MORADKHANI, *et al.*, 2019; VAN DIJK, BECK, *et al.*, 2013) ou chuvas torrenciais (HALDER e SAHA, 2021; ALAHMADI e RAHMAN, 2020; BOERS, GOSWAMI, *et al.*, 2019; CHIEW, ZHENG e POTTER, 2018). Diante disso, há uma necessidade premente de investir na educação ambiental, ampliando a percepção das pessoas sobre a emergência climática (AMÉRIGO, GARCÍA e CÔRTES, 2017; CÔRTES, DIAS, *et al.*,

2016; GODOI, PASCHOALIN FILHO, *et al.*, 2016), buscando engajá-las em práticas de uso racional da água.

Também é necessário considerar fortemente as previsões climáticas, pois embora haja grande incerteza sobre as transformações impostas pelas mudanças climáticas, os modelos preditivos têm sido aprimorados, assim como a capacidade computacional (EYRING, COX, *et al.*, 2019; ESPINOZA, WALISER, *et al.*, 2018; SPINONI, VOGT, *et al.*, 2018). Além dos impactos gerados nos sistemas de abastecimento, intensos regimes pluviométricos implicam em maior possibilidade de ocorrência de enchentes e deslizamentos (BORRELLI, ROBINSON, *et al.*, 2020; HAQUE, DA SILVA, *et al.*, 2019; CHAE, PARK, *et al.*, 2017), colocando populações em risco.

Conclusões

A partir do levantamento bibliográfico realizado, é possível observar que as mudanças climáticas impactam significativamente nas cidades, de inúmeras formas. Os fenômenos naturais resultantes das alterações no clima, tais como chuvas torrenciais, ondas de calor e secas causam desastres e prejuízos em diferentes aspectos, dentre eles, ambientais, sociais e econômicos, como enchentes e alagamentos, danos em edificações, impactos na saúde pública com a propagação de doenças e interferência no abastecimento de água.

É possível constatar também que tais efeitos podem ser mitigados a partir de iniciativas que envolvem o estudo e divulgação das informações referentes ao clima e às mudanças climáticas e o planejamento urbano. Entretanto, a mitigação dos efeitos das mudanças climáticas não é tarefa fácil, pois envolve a adaptação de sistemas de gestão e da infraestrutura física, assim como a adoção de novas políticas públicas. Segundo Ostrom (1990), faltam ferramentas e modelos intelectuais que ajudem a entender a gama de problemas associados à governança e gestão dos sistemas de recursos naturais e porque algumas soluções parecem funcionar em alguns ambientes e não em outros (OSTROM, 1990).

Ostrom (1990) utiliza o modelo de Hardin (1968) em uma tentativa de superar esse problema. Este modelo preconiza que sempre que uma pessoa não pode ser excluída dos benefícios que os outros proporcionam, alguns não se sentem motivados a contribuir para o esforço conjunto, mas apenas procuram usufruir dos esforços proporcionados pelos outros.

No entanto, se todos os participantes optarem por esse caminho, o benefício coletivo não será produzido. É necessário considerar, entretanto, que essa tentação pode dominar o processo decisório e, assim, tudo terminará onde ninguém quer estar. Em todos os regimes de governança de recursos que sobreviveram por gerações, monitoramento e fiscalização são necessários para reduzir a falta de cooperação daqueles que apenas se beneficiam do esforço conjunto realizado por outros (OSTROM, 2000). Isso é fundamental na gestão de recursos hídricos, por exemplo, especialmente considerando que modelos de abastecimento baseados em uma maior previsibilidade do clima estão se mostrando insuficientes diante de novos regimes climáticos. Portanto, o uso racional da água é um imperativo que se impõe à coletividade.

Outra questão a ser observada é a escala em que uma política é aplicada. De acordo com Costanza, Low, Ostrom & Wilson (2001), sistemas de gestão que funcionam bem em determinada escala operam de forma diferente em outras escalas. Isso significa que os sistemas de gestão que produzem resultados aceitáveis podem gerar resultados disruptivos ou destrutivos quando aplicados a sistemas de nível superior ou inferior. Fenômenos multiescala são particularmente prevalentes em muitos sistemas que envolvem recursos naturais. A falha analítica em reconhecer esse fato tem levado a problemas persistentes e complexos, desconsiderando variáveis importantes como aquelas que envolvem questões ambientais e econômicas. A agregação de diversas variáveis está longe de ser um problema trivial (COSTANZA, LOW, *et al.*, 2001).

Essa perspectiva reforça a necessidade de sistemas de governança multinível, pois tendem a considerar melhor os diferentes aspectos envolvidos e múltiplas perspectivas (COSTANZA, LOW, *et al.*, 2001). A diversidade institucional pode ser tão essencial quanto a diversidade biológica (OSTROM, BURGER, *et al.*, 1999). Sociedades com longa história de interdependência com os recursos naturais devem desenvolver instituições que otimizem seu uso sem comprometer os aspectos funcionais do ecossistema ou a disponibilidade futura de produtos essenciais (BECKER e OSTROM, 1995). Quando as partes interessadas têm heterogeneidades significativas e interesses diversos, as regras podem afetar substancialmente a distribuição dos resultados. No entanto, se as partes interessadas buscam superar as diferenças transversais e compensatórias, um conjunto de regras pode permitir que elas gerem resultados mutuamente produtivos ao longo do tempo (OSTROM, 1994).

Considerando a adoção de um conjunto de regras (OSTROM, 1994) e dentro de uma visão múltipla e policêntrica (OSTROM, 2010; COSTANZA, LOW, *et al.*, 2001), a educação ambiental pode representar grande apoio na governança participativa processos. No caso específico da Região Metropolitana de São Paulo, a busca de um planejamento policêntrico, com a agregação de diferentes variáveis, deve considerar questões relacionadas à educação ambiental (AMÉRIGO, GARCÍA e CÔRTES, 2017; CÔRTES, DIAS, *et al.*, 2016; GODOI, PASCHOALIN FILHO, *et al.*, 2016), pois ela pode ajudar a mitigar os problemas decorrentes da "tragédia dos comuns" (OSTROM, 1990; HARDIN, 1968).

Banerjee et al. (2019) avaliam o papel da aprendizagem social na superação dos desafios decorrentes das formas tradicionais de participação pública. De acordo com resultados de pesquisas desenvolvidas por esses autores (BANERJEE, WANG, *et al.*, 2019), um processo de modelagem colaborativa deu voz aos stakeholders, permitindo o compartilhamento de experiências e conhecimentos ambientais. A aprendizagem social indica que os processos de aprendizagem de indivíduos e grupos permitem a aquisição de novas formas de compreender e agir sobre a realidade orientada para o enfrentamento dos problemas sociais e ambientais da atualidade, considerados um processo de mudança cultural (SORIA, BONADA, *et al.*, 2021; DUGGAN, JARRE e MURRAY, 2020; FEIST, PLUMMER e BAIRD, 2020).

A mitigação dos impactos das mudanças climáticas em ambientes urbanos requer novas formas de planejamento, assim como a utilização de robustos e amplos sistemas de governança. O planejamento indicará quais são os recursos técnicos e financeiros necessários. Uma governança multinível poderá levar a um maior envolvimento da população, engajando-a na busca por soluções. É necessário o envolvimento de todos para que as soluções sejam equânimes. Conforme mencionado por Ostrom (1994), se as partes interessadas buscam superar suas diferenças transversais, é possível que resultados mutuamente produtivos sejam gerados ao longo do tempo.

Referências

ADHIKARI, et al. Planning for Sustainable Cities in Africa: Experiences, Challenges and Prospects of Monitoring Geospatial Indicators. **Remote Sensing,** 14, n. 12, 2022.

AHMADALIPOUR, et al. Future drought risk in Africa: Integrating vulnerability, climate change, and population growth. **Science of the Total Environment,** 662, 2019. 672-686.

ALAHMADI, ; RAHMAN,. Climate change impacts on extreme rainfall frequency prediction. **Journal of Water and Climate Change,** 11, n. 4, 2020. 935-943.

AMÉRIGO, ; GARCÍA, ; CÔRTES,. Analysis of environmental attitudes and behaviors: An exploratory study with a sample of Brazilian University Students. **Ambiente e Sociedade,** 20, n. 3, 2017. 1-20.

ANDRADE, H. V. D. Mapeamento das políticas estaduais de adaptação das cidades às mudanças climáticas no Brasil. **Revista Geográfica Acadêmica**, 2017. 24-49.

AULT,. On the essentials of drought in a changing climate. **Science,** 368, n. 6488, 2020. 256-260.

BAI, et al. Six research priorities for cities and climate change. **Nature,** 555, n. 7694, 2018. 23-25.

BALDERMANN, ; LORENZ,. UV radiation in Germany: influences of ozone depletion and climate change and measures to protect the population. **Bundesgesundheitsblatt – Gesundheitsforschung – Gesundheitsschutz,** 62, n. 5, 2019. 639-645.

BANERJEE, et al. Collaborative Modeling and Social Learning in the Context of Joint Forest Management in East Sikkim, India. **Frontiers in Environmental Science**, 7, 2019.

BECKER, ; OSTROM,. Human ecology and resource sustainability: The importance of institutional diversity. **Annual Review of Ecology and Systematics,** 26, n. 1, 1995. 113-133.

BISARO, et al. Leveraging public adaptation finance through urban land reclamation: cases from Germany, the Netherlands and the Maldives. **Climatic Change,** 160, n. 4, 2020. 671-689.

BOERS, et al. Complex networks reveal global pattern of extreme-rainfall teleconnections. **Nature,** 566, n. 7744, 2019. 373-377.

BORRELLI, et al. Land use and climate change impacts on global soil erosion by water (2015-2070). **Proceedings of the National Academy of Sciences of the United States of America,** 117, n. 36, 2020. 21994-22001.

BRITO MORAIS, et al. Analysis of carbon sequestration in caatinga areas of pernambucano semiarid. **Revista Brasileira de Meteorologia,** 32, n. 4, 2017. 585-599.

BROTO, ; BULKELEY,. Maintaining climate change experiments: Urban political ecology and the everyday reconfiguration of urban infrastructure. **International Journal of Urban and Regional Research,** 37, n. 6, 2013. 1934-1948.

CASTÁN BROTO,. Urban Governance and the Politics of Climate change. **World Development,** 93, 2017. 1-15.

CASTELHANO, et al. The impact of long-term weather changes on air quality in Brazil. **Atmospheric Environment,** 283, 2022.

CHAE, B.-G. et al. Landslide prediction, monitoring and early warning: a concise review of state-of-the-art. **Geosciences Journal,** 21, n. 6, 2017. 1033-1070.

CHIEW, ; ZHENG, ; POTTER,. Rainfall-Runoff modelling considerations to predict streamflow characteristics in ungauged catchments and under climate change. **Water (Switzerland),** 10, n. 10, 2018.

COKER, et al. Association between PM2.5 and respiratory hospitalization in Rio Branco, Brazil: Demonstrating the potential of low-cost air quality sensor for epidemiologic research.. **Environmental Research,** 214, 2022.

CÔRTES, et al. Crise de abastecimento de água em São Paulo e falta de planejamento estratégico. **Estudos Avancados,** 29, n. 84, 2015. 7-26.

CÔRTES, et al. Environmental behavior: A comparative study between Brazilian and Portuguese students. **Ambiente e Sociedade,** 19, n. 3, 2016. 111-134.

COSTA, et al. Influence of hydroclimatic variability on dengue incidence in a tropical dryland area. **Acta Tropica,** 235, 2022.

COSTANZA, R. et al. **Institutions, ecosystems, and sustainability**. London: Lewis Publishers, 2001.

CREUTZIG, et al. Beyond Technology: Demand-Side Solutions for Climate Change Mitigation. **Annual Review of Environment and Resources,** 41, 2016. 173-198.

DI GIULIO, et al. Mainstreaming climate adaptation in the megacity of São Paulo, Brazil. **Cities,** 72, 2018. 237-244.

DUGGAN, ; JARRE, ; MURRAY,. Learning for change: Integrated teaching modules and situated learning for marine social-ecological systems change. **Journal of Environmental Education,** 52, n. 2, 2020. 118-132.

ECKART, ; MCPHEE, ; BOLISETTI,. Performance and implementation of low impact development – A review. **Science of the Total Environment,** 607-608, 2017. 413-432.

EINI, et al. Detecting characteristics of extreme precipitation events using regional and satellite-based precipitation gridded datasets over a region in Central Europe. **Science of the Total Environment,** 852, 2022.

ESPÍNDOLA, I. B.; RIBEIRO, W. C. Cidades e mudanças climáticas: desafios para os planos diretores municipais brasileiros. **Cadernos Metrópole**. 365-395.

ESPINOZA, et al. Global Analysis of Climate Change Projection Effects on Atmospheric Rivers. **Geophysical Research Letters,** 45, n. 9, 2018. 4299-4308.

EYRING, et al. Taking climate model evaluation to the next level. **Nature Climate Change,** 9, n. 2, 2019. 102-110.

FAURIE, et al. Association between high temperature and heatwaves with heat-related illnesses: A systematic review and meta-analysis. **Science of the Total Environment,** 852, 2022.

FEIST, ; PLUMMER, ; BAIRD,. The Inner-Workings of Collaboration in Environmental Management and Governance: A Systematic Mapping Review. **Environmental Management,** 66, n. 5, 2020. 801-815.

FOUNDA, et al. The Extreme Heat Wave of Summer 2021 in Athens (Greece): Cumulative Heat and Exposure to Heat Stress. **Sustainability (Switzerland),** 14, n. 13, 2022.

FRANTZESKAKI, et al. Nature-based solutions for urban climate change adaptation: Linking science, policy, and practice communities for evidence-based decision-making. **BioScience,** 69, n. 6, 2019. 455-466.

GARCÍA-CUETO, et al. Trends of climate change indices in some Mexican cities from 1980 to 2010. **Theoretical and Applied Climatology,** 137, n. 1-2, 2019. 775-790.

GIACCHETTI, ; AGUIAR, ; CÔRTES,. Water consumption in industries: Facing shortages. **Espacios,** 38, n. 22, 2017.

GODOI, H. B. D. et al. Attitudes, beliefs and environmental concerns of schools of high school students located in Brazil, Portugal and Spain. **Espacios**, 37, n. 20, 2016.

HADDAD, ; TEIXEIRA,. Economic impacts of natural disasters in megacities: The case of floods in São Paulo, Brazil. **Habitat International,** 45, n. P2, 2015. 106-113.

HAINES, ; PATZ,. Health Effects of Climate Change. **JAMA,** 291, n. 1, 2004. 99-103.

HALDER, ; SAHA,. Future Projection of Extreme Rainfall for Flood Management due to Climate Change in an Urban Area. **Journal of Sustainable Water in the Built Environment,** 7, n. 3, 2021.

HAQUE, et al. The human cost of global warming: Deadly landslides and their triggers (1995–2014). **Science of the Total Environment,** 682, 2019. 673-684.

HARDIN,. The tragedy of the commons. **Science,** 162, n. 3859, 1968. 1243-1248.

HOFFMAN, ; SHANDAS, ; PENDLETON,. The effects of historical housing policies on resident exposure to intra-urban heat: A study of 108 US urban areas. **Climate,** 8, n. 1, 2020.

IGUALT, et al. Effects of climate change on the urban tourist and coastal area of Viña del Mar: Survey of damage for flooding by storm surge and perception of security. **Revista 180,** 44, 2019. 120-133.

JAGGANATH,. The Transforming City: Exploring the Potential for Smart Cities and Urban Agriculture in Africa. **Oriental Anthropologist,** 22, n. 1, 2022. 24-40.

KRECL, et al. Compilation of a city-scale black carbon emission inventory: Challenges in developing countries based on a case study in Brazil. **Science of the Total Environment,** 839, 2022.

LAI, et al. A review of mitigating strategies to improve the thermal environment and thermal comfort in urban outdoor spaces. **Science of the Total Environment,** 661, 2019. 337-353.

LI, ; MANAGI,. Global malaria infection risk from climate change. **Environmental Research,** 214, 2022.

LIANG, et al. Assessing and managing design storm variability and projection uncertainty in a changing coastal environment. **Journal of Environmental Management,** 264, 2020.

LIMA, ; LOMBARDO, ; MAGAÑA,. Urban water supply and the changes in the precipitation patterns in the metropolitan area of São Paulo – Brazil. **Applied Geography,** 94, 2018. 223-229.

LIU, et al. Association between sequential extreme precipitation-heatwaves events and hospitalizations for schizophrenia: The damage amplification effects of sequential extremes. **Environmental Research,** 214, 2022.

MACHADO, et al. Impact of changes in surface cover on energy balance in a tropical city by remote sensing: A study case in Brazil. **Remote Sensing Applications: Society and Environment,** 20, 2020.

MANOLI, et al. Magnitude of urban heat islands largely explained by climate and population. **Nature,** 573, n. 7772, 2019. 55-60.

MARENGO, ; VALVERDE, ; OBREGON,. Observed and projected changes in rainfall extremes in the Metropolitan Area of São Paulo. **Climate Research,** 57, n. 1, 2013. 61-72.

MARENGO, et al. Trends in extreme rainfall and hydrogeometeorological disasters in the Metropolitan Area of São Paulo: a review. **Annals of the New York Academy of Sciences,** 1472, n. 1, 2020. 5-20.

MASON, et al. Systematic review of the impact of heatwaves on health service demand in Australia. **BMC Health Services Research,** 22, n. 1, 2022.

MCIVER, et al. Review of Climate Change and Water-Related Diseases in Cambodia and Findings from Stakeholder Knowledge Assessments. **Asia-Pacific Journal of Public Health,** 28, 2014. 49S-58S.

MEEROW,. Double exposure, infrastructure planning, and urban climate resilience in coastal megacities: A case study of Manila. **Environment and Planning A,** 49, n. 11, 2017. 2649-2672.

MESQUITA, et al. The importance of programs for family farmers in drought periods and in face of the need to adapt to climate change in the Brazilian semiarid region. **Desenvolvimento e Meio Ambiente,** 55, 2020. 599-618.

METELKA, ; JANU, ; SEBEK,. Options for adaptation of urbanized areas to climate change induced extreme rainfalls. **ISPRS Annals of the Photogrammetry, Remote Sensing and Spatial Information Sciences,** 5, n. 3, 2022. 541-547.

MISHRA, et al. Changes in observed climate extremes in global urban areas. **Environmental Research Letters,** 10, n. 2, 2015.

MORAIS-DA-SILVA, et al. The expected impact of cultivated and plant-based meats on jobs: the views of experts from Brazil, the United States and Europe. **Humanities and Social Sciences Communications,** 9, n. 1, 2022.

NASSIKAS, et al. Ozone-related asthma emergency department visits in the US in a warming climate. **Environmental Research,** 183, 2020.

NERY, et al. The City of Salvador's urban planning based on urban climate investigations. **Proceedings of 33rd PLEA International Conference: Design to Thrive, PLEA 2017,** 2, 2017. 1805-1812.

NGUYEN, et al. Implementation of a specific urban water management – Sponge City. **Science of the Total Environment,** 652, 2019. 147-162.

OCHIDA, et al. Modeling present and future climate risk of dengue outbreak, a case study in New Caledonia. **Environmental Health: A Global Access Science Source,** 21, n. 1, 2022.

OSTROM,. 6. Constituting Social Capital and Collective Action. **Journal of Theoretical Politics,** 6, n. 4, 1994. 527-562.

OSTROM,. Collective action and the evolution of social norms. **Journal of Economic Perspectives,** 14, n. 3, 2000. 137-158.

OSTROM,. Polycentric systems for coping with collective action and global environmental change. **Global Environmental Change,** 20, n. 4, 2010. 550-557.

OSTROM, E. **Governing the Commons – The Evolution of Institutions for Collective Action**. Cambridge: Cambridge University Press, 1990.

OSTROM, et al. Revisiting the commons: Local lessons, global challenges. **Science,** 284, n. 5412, 1999. 278-282.

PATERSON, ; WRIGHT, ; HARRIS,. Health risks of flood disasters. **Clinical Infectious Diseases,** 67, n. 9, 2018. 1450-1454.

PATON, ; DANDY, ; MAIER,. Integrated framework for assessing urban water supply security of systems with non-traditional sources under climate change. **Environmental Modelling and Software,** 60, 2014. 302-319.

PATZ, et al. Impact of regional climate change on human health. **Nature,** 438, n. 7066, 2005. 310-317.

POKHREL, et al. Global terrestrial water storage and drought severity under climate change. **Nature Climate Change,** 11, n. 3, 2021. 226-233.

RAZAVI, et al. Modelling the Effect of Temperature Increments on Wildfires. **Pollution,** 8, n. 1, 2022. 193-209.

RECKIEN, et al. How are cities planning to respond to climate change? Assessment of local climate plans from 885 cities in the EU-28. **Journal of Cleaner Production,** 191, 2018. 207-219.

RIDDER, et al. Increased occurrence of high impact compound events under climate change. **npj Climate and Atmospheric Science,** 5, n. 1, 2022.

ROBIN,. Rethinking the geographies of finance for urban climate action. **Transactions of the Institute of British Geographers,** 47, n. 2, 2022. 393-408.

ROCHA JUNIOR, C. A. N. D. et al. Water volume reduction increases eutrophication risk in tropical semi-arid reservoirs. **Acta Limnologica Brasiliensia**, 30, 2018.

RUDD, et al. Climate research priorities for policy-makers, practitioners, and scientists in Georgia, USA. **Environmental Management,** 62, n. 2, 2018. 190-209.

SANTAMOURIS,. Recent progress on urban overheating and heat island research. Integrated assessment of the energy, environmental, vulnerability and health impact. Synergies with the global climate change. **Energy and Buildings**, 207, 2020.

SANTOS AMORIM, J. M. B. D. et al. Multicriteria Decision Support for Selection of Alternatives Directed to Integrated Urban Water Management. **Water Resources Management**, 34, n. 13, 2020. 4253-4269.

SEMENZA,. Cascading risks of waterborne diseases from climate change. **Nature Immunology,** 21, n. 5, 2020. 484-487.

SILVA, C. J. D.; ALBERNAZ-SILVEIRA, R.; NOGUEIRA, P. S. Perceptions on climate change of the traditional community Cuiabá Mirim, Pantanal Wetland, Mato Grosso, Brazil. **Climatic Change**, 127, n. 1, 2014. 83-92.

SORIA, et al. Adapting participatory processes in temporary rivers management. **Environmental Science and Policy,** 120, 2021. 145-156.

SPINONI, et al. Will drought events become more frequent and severe in Europe?. **International Journal of Climatology,** 38, n. 4, 2018. 1718-1736.

STEINHAUSEN, et al. Drivers of future fluvial flood risk change for residential buildings in Europe. **Global Environmental Change,** 76, 2022.

STEIROU, et al. Towards seasonal forecasting of flood probabilities in Europe using climate and catchment information. **Scientific Reports,** 12, n. 1, 2022.

STOWELL, et al. The impact of climate change and emissions control on future ozone levels: Implications for human health. **Environment International,** 108, 2017. 41-50.

TORRES, ; CÔRTES, ; JACOBI,. Governing complexity and environmental justice: Lessons from the water crisis in Metropolitan São Paulo (2013-2015). **Desenvolvimento e Meio Ambiente,** 53, 2020. 61-77.

TRÁJER, et al. Indicators for climate change-driven urban health impact assessment. **Journal of Environmental Management,** 323, 2022.

TRAN, et al. Characterizing the relationship between land use land cover change and land surface temperature. **ISPRS Journal of Photogrammetry and Remote Sensing,** 124, 2017. 119-132.

TUNG, C.-P. et al. The study of integrated assessment of regional water supply capacity under climate change. **Taiwan Water Conservancy,** 61, n. 3, 2013. 1-13.

VAN DIJK, et al. The Millennium Drought in southeast Australia (2001-2009): Natural and human causes and implications for water resources, ecosystems, economy, and society. **Water Resources Research,** 49, n. 2, 2013. 1040-1057.

VANDERTULIP,. Global climate change and water reuse: DPR and IPr. Potable reuse-reliable water supply source. **WEFTEC 2016 – 89th Water Environment Federation Annual Technical Exhibition and Conference,** 6, 2016. 5623-5629.

VICEDO-CABRERA, et al. Short term association between ozone and mortality: global two stage time series study in 406 locations in 20 countries. **The BMJ**, 368, 2020.

VITOUSEK, et al. A model integrating longshore and cross-shore processes for predicting long-term shoreline response to climate change. **Journal of Geophysical Research: Earth Surface,** 122, n. 4, 2017. 782-806.

WANG,. Satellite-observed effects from ozone pollution and climate change on growing-season vegetation activity over china during 1982–2020. **Atmosphere,** 12, n. 11, 2021.

WANG, et al. Impact of extreme weather on dengue fever infection in four Asian countries: A modelling analysis. **Environment International,** 169, 2022.

YAZAR, ; YORK, ; LARSON,. Adaptation, exposure, and politics: Local extreme heat and global climate change risk perceptions in the phoenix metropolitan region, USA. **Cities,** 127, 2022.

YOUNG,. Mapping of areas vulnerable to leptospirosis based on the analysis of floods in the São Paulo Metropolitan Area. **Flooding: Risk Factors, Environmental Impacts and Management Strategies,** 2014. 35-46.

ZHAO, et al. Strong contributions of local background climate to urban heat islands. **Nature,** 511, n. 7508, 2014. 216-219.

3. LITIGÂNCIA CLIMÁTICA COMO ESTRATÉGIA JURISDICIONAL AO AQUECIMENTO GLOBAL ANTROPOGÊNICO E MUDANÇAS CLIMÁTICAS

Delton Winter de Carvalho
Kelly de Souza Barbosa

Introdução

A negação da interferência humana caótica na emissão de gases de efeito estufa e, consequente, aquecimento global, é uma mutilação da própria história. O fenômeno das mudanças climáticas deixou de ser uma constatação científica distante, para se tornar um problema cotidiano, global e catastrófico.

No recente relatório publicado pelo *Intergovernmental Panel On Climate Change* – IPCC, constatou-se que o aquecimento global de 1,5ºC pode causar alterações climáticas robustas. Cita-se o aumento da temperatura média na maioria das regiões terrestres e oceânicas (*high confidence*), extremos quentes na maioria das regiões habitadas (*high confidence*), precipitação intensa em várias regiões (*medium confidence*) e a probabilidade de déficits de seca e precipitação em algumas regiões (*medium confidence*). Ademais, aumenta os riscos para a saúde, meios de subsistência, segurança alimentar, abastecimento de água, segurança humana e crescimento econômico. Todos esses cenários tornar-se-ão ainda mais graves se a temperatura global alcançar 2ºC. (IPCC, 2018).

A questão climática exige das grandes empresas, indústrias, corporações, e, principalmente, do Poder Público (em sua função administrativa e normativa), agirem para a contenção do problema e dos efeitos negativos que ele causou, causa e causará ao meio ambiente e à humanidade. A apatia precisa impreterivelmente ser enfrentada para que o aquecimento global não alcance (e, na pior das hipóteses, ultrapasse) 1,5ºC acima dos níveis pré-industriais.

Nesse contexto, diante da omissão ou comedido ímpeto dos principais atores responsáveis pelo aquecimento global antropogênico, como a litigância climática pode contribuir para a mitigação e adaptação das mudanças climáticas?

Para perquirir e refletir sobre a problemática proposta, optou-se por utilizar a estratégia de pesquisa descritiva aliada à investigação bibliográfica (obras e artigos científicos nacionais e internacionais) e documental (tratados e convenções internacionais, relatórios técnico-científicos, precedentes jurisprudenciais, entre outros). Oportuno esclarecer que os *cases* climáticos exemplificativos abordados nesse ensaio pertencem à jurisdição norte-americana, tendo em vista o histórico, a experiência e a grande concentração de processos relacionados com essa temática nos Estados Unidos da América, os quais acabam por influenciar, direta e indiretamente, outras jurisdições e pesquisas científicas (sobretudo, do campo jurídico) ao redor do mundo.

Traçado o objetivo geral de explorar a emergente estratégia da litigância climática como instrumento impulsionador de modificações no tratamento político e jurídico das questões envolvendo o aquecimento global e as mudanças climáticas, foram desenvolvidos dois capítulos.

O primeiro capítulo foi dedicado à contextualização da relação entre a emissão de gases de efeito estufa antropogênicos (ou seja, aqueles emitidos exponencialmente pela atividade humana), o aquecimento global desgovernado, as consequentes mudanças climáticas e os impactos na humanidade.

Na sequência, abordaram-se os principais aspectos da litigância climática (objeto, partes envolvidas, repercussão, entre outros), sendo ainda apresentado, no segundo capítulo, alguns dos mais importantes *cases* norte-americanos sobre a mudança do clima e as perspectivas futuras dessa estratégia.

A litigância climática apresenta-se como uma promissora estratégia impulsionadora de mudanças enérgicas a serem empreendidas pelos principais atores responsáveis pela continuação dos níveis de aumento do aquecimento global e implementação de medidas para a mitigação e adaptação as alterações climáticas.

1. Aquecimento Global Antropogênico e Mudanças Climáticas

A biosfera é um sistema organizado, complexo e inter-relacionado que diferencia o Planeta Terra dos demais astros do sistema solar. Ela corresponde ao conjunto de ecossistemas (via de regra, são identificados a litosfera, hidrosfera e a atmosfera) onde se encontra a diversidade de seres vivos e os meios sobre os quais eles se desenvolvem e interagem. Particularmente, a atmosfera terrestre corresponde à camada de gases que envolvem a superfície do Planeta Terra, e, dentre as suas funções, está a regulação da temperatura e clima.

Para que o Planeta Terra não seja uma grande esfera de gelo, a temperatura média global de 14ºC surge pela sinergia equilibrada entre a energia da radiação solar (raios ultravioletas) que entra na atmosfera e é absorvida pela superfície terrestre e a energia calorífica liberada pela superfície terrestre aquecida (raios infravermelhos) direcionada ao espaço. Parte dela, retida na atmosfera, é novamente refletida em direção à superfície terrestre pela ação das moléculas dos gases de efeito estufa (GEE). Quanto maior a concentração de gases de efeito estufa, mais quente ficará o sistema climático. (CONTIPELLI, 2018).

Os gases de efeito estufa[1] podem ser classificados como: *(i)* naturais, produzidos pela natureza em nível equilibrado e necessário para a manutenção de calor no Planeta, por exemplo, aqueles decorrentes das erupções vulcânicas; ou *(ii)* antropogênicos, produzidos pela ação humana, por exemplo, queima de combustíveis fósseis, desmatamento, degradação ambiental, aerossóis. Ao longo dos anos, vem se verificando um aumento exponencial da temperatura média do Planeta devido à sobrecarga e concentração de gases de efeito estufa no meio ambiente, sobretudo do gás carbônico (CO_2). É o fenômeno do aquecimento global.

Com a percepção da intensificação do aquecimento global, também foi se verificando que o fenômeno estava provocando alterações negativas no clima. As mudanças climáticas causavam e, caso não sejam controladas, poderão causar, impactos negativos nos sistemas humano, econômico e natural. Podem ser citados o (a/s): aumento da temperatura média global e do nível dos mares e oceanos, derretimento das calotas polares, eventos climáticos extremos (secas, inundações, entre outros), abruptas

[1] Os principais gases de efeito estufa presentes na atmosfera são: o vapor de água (H_2O), dióxido de carbono (CO_2), óxido nitroso (N_2O), metano (CH_4) e ozônio (O_3).

mudanças no clima (ondas de calor), intensificação de incêndios; aumento da vulnerabilidade social dos mais pobres, crescimento do número de refugiados ambientais, redução da produtividade de alimentos e agricultura, destruição de propriedades costeiras, salinização da água doce, extinção de espécies, limitação ao acesso e uso de recursos naturais pela indústria, crise econômica, aumento de pragas e doenças (humanas e animais), declínio da biodiversidade, entre outros. (CARVALHO, 2017. CONVENÇÃO SOBRE MUDANÇA DO CLIMA, 1992. FARBER; CARLARNE, 2018. IPCC, 2018. OBSERVATÓRIO DO CLIMA, 2018).

Os prejuízos decorrentes das mudanças climáticas são inúmeros. Smith e Shearman citam, em fluxograma, como danos, a propriedade: perdas de imóveis, animais e propriedades; danos à propriedade nacional e pública; danos aos assentamentos a beira-mar e na costa litorânea; perda na produtividade agrícola, pesqueira e pecuária; perda dos meios de sobrevivência, deslocamentos das pessoas e pobreza. E, como danos à saúde (diretos e indiretos): mortes e doenças relacionadas com o estresse térmico, eventos climáticos extremos, proliferação microbiana, deficiência nutricional, bem como pelas alterações na geografia e sazonalidade das doenças infecciosas (risco de epidemias), entre outros riscos à saúde física e mental. (SMITH; SHEARMAN, 2006).

As razões para o aumento do aquecimento global e a ocorrência das mudanças climáticas oscilavam entre aqueles que acreditavam ser esse um fenômeno predominantemente de causas naturais, aqueles que atribuíam como principal causa a ação humana e aqueles céticos acerca da ocorrência de mudanças no clima.[2]

Os estudos sobre mudanças climáticas remontam ao século XIX, destacando a obra Teoria Analítica do Calor do matemático e cientista francês Jean Babtiste Joseph Fourier (1768-1830), nela principia a ideia de que a atmosfera exercia influência a temperatura planetária. Em 1896, o vencedor do Nobel de Química Svante Arrehenius (1859-1927)

[2] Para aprofundamento do tema vide BRASIL, Alexandre Luis Junges; BRASIL, Neusa Teresinha Massoni. O consenso científico sobre aquecimento global antropogênico: Considerações históricas e epistemológicas e reflexões para o ensino dessa temática. *Revista brasileira de pesquisa em educação em ciências*, Belo Horizonte, v. 18, n. 2, maio/ago. 2018, p. 455–491. Disponível em: <https://seer.ufmg.br/index.php/rbpec/article/view/10345>. Acesso em: 02 jan. 2019.

argumentou, em seus estudos sobre a influência do dióxido de carbono na atmosfera e as mudanças climáticas, já prevendo que o aumento da concentração desse gás poderia aumentar a temperatura do planeta. (BRASIL; BRASIL, 2018. CONTIPELLI, 2018).

No entanto, entre 1900-1940, a Teoria do Dióxido de Carbono e a relação entre a concentração desse gás e o aquecimento global perderam a sua força. Tal advertência pode ser verificada nas conclusões do físico Knut Angström de que toda a radiação infravermelha absorvida pelo gás carbônico também seria realizada pelo vapor de água. Outros cientistas também seguiram essa linha de raciocínio, desacreditando no aquecimento global em razão da alta concentração de gás carbônico. Alguns argumentavam que "o CO_2 presente na atmosfera já exerceria a sua plena capacidade de absorção de radiação, de modo que um acréscimo de CO2 não aumentaria o efeito estufa. Finalmente, outros objetavam que o CO_2 proveniente de emissões humanas ou vulcânicas seria rapidamente absorvido pelos oceanos". (BRASIL; BRASIL, 2018, p. 463-465).

Sem obstar os outros cientistas que contribuíram com pesquisas acerca da existência ou não da relação entre o aumento da concentração de gás carbônico e a elevação da temperatura média global, salienta-se o estudo do oceanógrafo Charles Keeling (1928-2005) para a medição da concentração de gás carbônico na atmosfera. O cientista realizou medições no Polo Sul e nas ilhas havaianas constatando que os oceanos não absorviam os excessos de emissão de gás carbônico (Curva de Keeling). Na década de 1980, novas pesquisas (e em maior número e uso de tecnologia e dados) surgem reforçando a influência antropogênica na temperatura mundial com a emissão de gás carbônico. No ano de 1979, a Organização Meteorológica Mundial (*World Meteorological Organization* – WMO) e o Conselho Internacional de Ciência (*International Council for Science* – ICSU) realizaram, em Genebra, a Primeira Conferência do Clima. Para organizar as pesquisas climáticas e apresentar mais segurança nas informações, a Organização Meteorológica Mundial e o Programa das Nações Unidas para o Meio Ambiente criaram o Painel Intergovernamental sobre Mudanças Climáticas (*Intergovernmental Panel on Climate Change* – IPCC). (BRASIL; BRASIL, 2018. CONTIPELLI, 2018).

Corroborando os relatórios anteriores sobre a influência significativa das emissões de gases de efeito estufa antropogênicos no aquecimento global e mudanças climáticas, o IPCC divulgou em 2018 novo relatório no qual se estimou que as atividades humanas causaram, aproximadamente, 1,0ºC de aquecimento global acima do nível pré-industrial[3], com um intervalo provável (*likely*) de 0,8ºC a 1,2ºC. Caso continue aumentando a taxa de emissões, a confiança é alta (*high confidence*) de que o aquecimento global provavelmente (*likely*) atinja 1,5ºC entre 2030 e 2052.(IPCC, 2018).

> Refletindo a tendência de aquecimento de longo prazo desde os tempos pré-industriais, a temperatura da superfície média global observada (GMST) para a década de 2006–2015 foi de 0,87ºC (*provavelmente* entre 0,75ºC e 0,99ºC) maior do que a média durante o período de 1850-1900 (*confiança muito alta*). O aquecimento global antropogênico estimado corresponde ao nível de aquecimento observado a ± 20% (faixa *provável*). O aquecimento global antropogênico estimado está aumentando atualmente a 0,2ºC (*provavelmente* entre 0,1 º C e 0,3 º C) por década devido a emissões passadas e atuais (*alta confiança*).[4] (Tradução nossa). (IPCC, 2018).

Ainda, segundo esse relatório, há alta confiança (*high confidence*) de que algumas regiões do mundo já possuem um aquecimento maior do que a média anual global, e essa alteração geralmente é maior na terra do que no oceano. Da mesma forma, existe alta confiança (*high confidence*) de que os sistemas naturais e humanos já sofreram impactos com o aquecimento global. A confiança também é alta (*high confidence*) de que os riscos para os referidos sistemas serão maiores caso o aquecimento global alcance 1,5ºC em comparação com a temperatura atual, mas, ainda assim, menores se for considerado o cenário de 2ºC acima dos níveis pré-industriais. (IPCC, 2018).

[3] Segundo o IPCC, o período pré-industrial corresponde ao período de vários séculos antes do início da atividade industrial em grande escala ocorrido por volta do ano de 1750, sendo utilizado o período de referência 1850-1900 para aproximar a temperatura média global da superfície (*Global mean surface temperature* – GMST) pré-industrial. (IPCC, 2018).

[4] Versão original: "*Reflecting the long-term warming trend since pre-industrial times, observed global mean surface temperature (GMST) for the decade 2006–2015 was 0.87ºC (likely between 0.75ºC and 0.99ºC) higher than the average over the 1850–1900 period (very high confidence). Estimated anthropogenic global warming matches the level of observed warming to within ±20% (likely range). Estimated anthropogenic global warming is currently increasing at 0.2ºC (likely between 0.1ºC and 0.3ºC) per decade due to past and ongoing emissions (high confidence)*".

Ademais, nas análises mais recentes das observações feitas no âmbito do Programa de Vigilância da Atmosfera Global (Programa VAG) e Organização Meteorológica Mundial, publicadas no Boletim sobre os gases de efeito estufa de novembro de 2018, além do aumento inesperado das emissões mundiais de CFC-11[5], verificou-se que:

> [A]s médias mundiais das frações molares em superfície calculadas a partir desta rede *in situ* para o dióxido de carbono (CO_2), o metano (CH_4) e o óxido nitroso (N_2O) alcançaram novos máximos em 2017 ao registrar 405,5 ± 0,1 ppm [partes por milhão] para o CO_2, 1859 ± 2 ppb [partes por bilhão] para o CH_4 e 329,9 ± 0,1 ppb para o N_2O, o que representa, respectivamente, 146 %, 257 % e 122 % dos níveis pré-industriais (antes de 1750).[6] (Tradução nossa). (OMM, 2018).

A constatação científica de que as mudanças climáticas têm como responsável a influência antropogênica na atmosfera, bem como os resultados e prognósticos catastróficos desse fenômeno no mundo, fizeram com que organizações internacionais, Estados-nação e indivíduos se atentassem à temática. Segundo Farber e Carlarne, o regime internacional de mudanças climáticas possui três instrumentos primários de lei

[5] "As medições da abundância atmosférica de CFC-11 (triclorofluorometano ou CCl_3F), um potente gás de efeito estufa (GEE) e substância que esgota a camada de ozônio estratosférico regulada pelo Protocolo de Montreal sobre as substâncias que destroem a camada do ozono, mostram que, desde 2012, a taxa de diminuição do CFC-11 desacelerou para cerca de dois terços em relação à década anterior. A causa mais provável deste ritmo de diminuição mais lenta é a maior quantidade de emissões ligadas à produção de CFC-11 na Ásia oriental". (Tradução nossa). (OMM, 2018).

Versão original: *"Las mediciones de la abundancia atmosférica de CFC-11 (triclorofluorometano o CCl_3F), un potente gas de efecto invernadero (GEI) y sustancia que agota la capa de ozono estratosférico regulado en el marco del Protocolo de Montreal relativo a las sustancias que agotan la capa de ozono, muestran que desde 2012 la tasa de disminución de CFC-11 se ha lentificado aproximadamente a dos terceras partes con respecto al decenio anterior. La causa más probable de este ritmo de disminución más lento es la mayor cantidad de emisiones vinculadas a la producción de CFC-11 en Asia oriental"*.

[6] Versão original: *"(...) los promedios mundiales de las fracciones molares en superficie1) calculados a partir de esta red in situ para el dióxido de carbono (CO_2), el metano (CH_4) y el óxido nitroso (N_2O), alcanzaron nuevos máximos en 2017 al registrar 405,5 ± 0,1 ppm para el CO2, 1859 ± 2 ppb3) para el CH_4 y 329,9 ± 0,1 ppb para el N_2O, lo que representa, respectivamente, el 146 %, el 257 % y el 122 % de los niveles preindustriales (antes de 1750)"*.

internacional, são eles: Convenção-Quadro das Nações Unidas sobre a Mudança do Clima, Protocolo de Quioto e Acordo de Paris. (FARBER; CARLARNE, 2018).

No ano de 1992, na cidade do Rio de Janeiro (Brasil), foi realizada a Conferência das Nações Unidas para o Meio Ambiente e o Desenvolvimento (notadamente conhecida como Rio-92, Cúpula da Terra) que reuniu 178 delegações (incluindo chefes de Estado e de Governo) de 115 países para criarem uma agenda global sobre as questões ambientais mundiais. Criada durante a Rio-92 entrou em vigor no dia 21 de março de 1994 a Convenção-Quadro das Nações Unidas sobre a Mudança do Clima[7]. Tal Convenção foi ratificada por 196 Partes (Estados) que assumiram o compromisso de estabilizarem a concentração de gases de efeito estufa antropogênicos na atmosfera, a fim de evitarem a interferência humana danosa no sistema climático do mundo. (BIATO, 2005. ONU, 2018. CONVENÇÃO SOBRE MUDANÇA DO CLIMA, 1992).

Quioto (Japão) foi o local escolhido para serem discutidas e negociadas no ano de 1997 metas mais efetivas para a redução da emissão de gases de efeito estufa a fim de combater e aliviar os impactos do aquecimento global. No ano de 2005, o Protocolo de Quioto[8] (1997) entrou em vigor após a ratificação dos 55 países que juntos produziam 55% das emissões antropogênicas mundiais. Dentre os compromissos, destacam-se a obrigação das Partes, principalmente aquelas tidas como desenvolvidas, para a redução ao menos de 5% dos níveis de emissão de gases de efeito estufa em comparação aos níveis de 1990, no período de 2008-2012, e a adoção pelos países em desenvolvimento aos Mecanismos de Desenvolvimento Limpo (MDL). (PROTOCOLO DE QUIOTO, 1997).

Em 2015, na 21ª Conferência das Partes (COP) da Convenção-Quadro das Nações Unidas sobre a Mudança Climática realizada em Paris (França),

[7] Segundo Biato na Convenção-Quadro das Nações Unidas sobre a Mudança do Clima "[a]dotou-se uma Convenção geral que estabelece princípios e instituições, e permite o início de um processo de negociação. Depois, à medida que os conhecimentos científicos fossem aprofundados, as Partes adotariam protocolos e ajustes para aperfeiçoar os procedimentos". (BIATO, 2005, p. 239).

[8] Fonseca explica em nota de rodapé que "[e]mbora os protocolos sejam aplicados para interpretar ou implementar os objetivos do acordo principal, são instrumentos ratificados separadamente. Assim, há Estados que se vinculam ao acordo principal, sem, no entanto, se vincularem aos protocolos". (FONSECA, 2007, p. 126).

foi adotado um novo acordo entre as Partes para manter o aumento da temperatura média global em menos de 2ºC acima dos níveis pré-industriais e promover esforços para limitar o aumento da temperatura a 1,5ºC. O Acordo de Paris 2015[9] também reforça a necessidade do aumento nos esforços para a mitigação[10] e adaptação[11], bem como para o financiamento climático, considerando o "princípio da igualdade e responsabilidades comuns, porém diferenciadas e respectivas capacidades, à luz das diferentes circunstâncias nacionais". (ACORDO DE PARIS, 2015).

Pesquisas científicas de distintas áreas, cientistas e organizações científicas renomadas de diversas partes do mundo, relatórios técnicos de ponta desenvolvidos sob critérios científicos rígidos e alta tecnologia, documentos internacionais e nacionais, entre outros, atestam e entram em consenso acerca da influência antropogênica no aquecimento global e nas mudanças climáticas.[12] Negar isso é desconsiderar a própria história e

[9] Os Estados Unidos da América é um dos maiores emissores de gases de efeito estufa antropogênicos do mundo. Embora tenha assinado o Acordo de Paris, no ano de 2017 o Presidente Donald Trump anunciou que o país sairia do acordo. Farber e Carlarne pontuam que a decisão não tem efeito imediato, haja vista a previsão constante no artigo 28 do Acordo de Paris e as datas da próxima eleição presidencial. Ademais, outras partes do Acordo (como China e União Europeia) assinalam que a saída do Estado norte-americano não afetará o compromisso, no entanto, é o futuro que dirá se a vitalidade do Acordo de Paris foi ou não afetada. (FARBER; CARLARNE, 2018).

[10] O IPCC define a mitigação (da mudança climática) como a intervenção humana para reduzir as emissões de gases de efeito estufa ou melhorar a forma de retirada (sumidouros, *sinks*) desses gases da atmosfera. (IPCC, 2018).

[11] O conceito de adaptação, segundo o IPCC: "Nos *sistemas humanos*, o processo de ajuste real ou esperado ao *clima* e seus efeitos, a fim de moderar danos ou explorar oportunidades benéficas. Nos sistemas naturais, o processo de ajuste ao clima atual e seus efeitos; a intervenção humana pode facilitar o ajuste ao clima esperado e seus efeitos". (Tradução nossa). (IPCC, 2018).

Versão original: "*In* human systems, *the process of adjustment to actual or expected* climate *and its effects, in order to moderate harm or exploit beneficial opportunities. In natural systems, the process of adjustment to actual climate and its effects; human intervention may facilitate adjustment to expected climate and its effects.*"

[12] A *National Aeronautics and Space Administration* (NASA), agência norte-americana responsável por projetos de exploração espacial, acompanha o entendimento científico de que os gases de efeito estufa emitidos pelas atividades humanas é uma das principais causas para as mudanças climáticas globais. Para ilustrar o consenso científico a respeito da interferência

as investigações científicas desenvolvidas ao longo dos últimos séculos e que estão em progresso[13].

Como assevera Nobre, a diferença entre a atual geração e a geração pós-guerra (momento em que houve um exponencial crescimento econômico, industrialização, exploração dos recursos naturais, aumento populacional) é a posse do conhecimento sobre as mudanças climáticas.

> E por isso a responsabilidade maior de quem está construindo agora o planeta que será deixado para nossos descendentes. Se a trajetória não for alterada, a experiência humana relegará às gerações futuras um planeta num grau incomparavelmente maior de crise ambiental em relação às condições ambientais que recebemos de nossos pais. (NOBRE, 2008, p. 14).

Todavia, a realidade demonstra que essa conscientização ainda é pequena diante da magnitude do problema e ela não deve estar concentrada apenas ao âmbito nacional ou internacional (transnacional), ou aos

antropogênica no clima mundial, a agência elenca as seguintes organizações: (a) Associações científicas norte-americanas: Academias de Ciência respectivamente: *American Association for the Advancement of Science, American Chemical Society, American Geophysical Union, American Medical Association, American Meteorological Society, American Physical Society, The Geological Society of America*; (b) Academia de ciências: *U.S. National Academy of Sciences*; (c) Agência do Governo dos EUA: *U.S. Global Change Research Program*; (d) Órgão intergovernamental: *Intergovernmental Panel on Climate Change.* (NASA, 2019).

A *Office of Planning and Research* (OPR), criada em 1970 e que integra o Escritório do Governador do Estado da Califórnia (EUA), também disponibiliza no link *http://www.opr.ca.gov/facts/list-of-scientific-organizations.html* uma lista com cerca de 200 (duzentas) organizações científicas mundiais que defendem a posição de que a ação humana interferiu no equilíbrio climático do mundo. (OPR, 2019).

Ademais recomenda-se a leitura da obra US NATIONAL ACADEMY OF SCIENCES; THE ROYAL SOCIETY. *Climate Change:* Evidence & Causes. Washington: National Academy of Sciences, 2014. Disponível em: <https://www.nap.edu/read/18730/chapter/1>. Acesso em: 27 fev. 2019.

[13] Sobre o ensino das mudanças climáticas vide BRASIL, Alexandre Luis Junges; BRASIL, Neusa Teresinha Massoni. O consenso científico sobre aquecimento global antropogênico: Considerações históricas e epistemológicas e reflexões para o ensino dessa temática. *Revista brasileira de pesquisa em educação em ciências,* Belo Horizonte, v. 18, n. 2, maio/ago. 2018, p. 455–491. Disponível em: <https://seer.ufmg.br/index.php/rbpec/article/view/10345>. Acesso em: 02 jan. 2019.

atores privados ou públicos.[14] A atuação deve ser conjunta! Logo mostra-se importante o uso de novas estratégias para impulsionar (todos) os atores a verdadeiramente controlarem a emissão antropogênica de gases de efeito estufa e implementarem medidas de mitigação e adaptação climática, por exemplo, utilizando o processo judicial.

2. Panorama da Litigância Climática

A mudança do clima causada pelas emissões antropogênicas de gases de efeito estufa impõe ao indivíduo, sociedade, organizações, entidades e, principalmente, Poder Público a releitura de seus respectivos papéis e funções na melhoria do meio ambiente e/ou contenção das interferências nefastas a existência de vida.

Bernardo alerta quanto à presença de uma certa resistência à implementação de medidas de mitigação da produção "humana" de gases de efeito estufa e adaptação aos novos cenários decorrentes da mudança climática. Ela pode ser verificada em alguns segmentos da sociedade e do setor econômico, uma vez que as medidas de mitigação e adaptação climática demandam interferências significativas nessas esferas (*v.g.* restrições ao padrão de consumo, na emissão de gases de efeito estufa), bem como podem ameaçar seus interesses (*v.g.* crescimento econômico, empregabilidade). Ademais, nota-se o comedimento na tomada de decisões drásticas por representantes eleitos aos poderes legislativo e executivo que possuem a legitimidade para a implementação dessas medidas, a fim de não desagradarem parte do eleitorado e garantir a reeleição. (BERNARDO, 2017).

Nesse contexto, para romper a inércia e/ou indiferença de certos governantes, parlamentares e empresas privadas no real enfrentamento das ações potencialmente colaboradoras do aquecimento global, nota-se que o debate vem sendo transferido ao Poder Judiciário com a emergente litigância climática (*climate change litigation*), também denominada como litigância do clima.

[14] Saint-Geniès explica que: "de qualquer forma, unidas ou fragmentadas, as soluções privadas para a crise climática nunca poderão substituir totalmente a ação pública coletiva, pois a resolução da crise climática é antes de mais nada uma questão de interesse geral. (...). Ao mesmo tempo, na ausência de uma ação pública coletiva suficientemente ambiciosa e eficaz, a contribuição das normas privadas internacionais sobre o clima parece, mais do que nunca, necessária para substituir um direito estatal cuja credibilidade frequentemente deixa a desejar". (SAINT-GENIÈS, 2016, p. 60).

A litigância climática visa impulsionar ações de controle e diminuição da emissão antropogênica de gases de efeito estufa, e demais medidas de contenção às mudanças climáticas. Pela via jurisdicional[15], os atores públicos e privados (nacionais e internacionais) que emitem (ou permitem) significativamente esses gases poluentes seriam responsabilizados e/ou constrangidos a adotarem comportamentos mais ativos para o alcance do compromisso global de redução do efeito estufa.

O Programa das Nações Unidas para o Meio Ambiente destaca como causas para o crescente reconhecimento e uso da litigância climática, como estratégia contra as mudanças climáticas, o aumento da legislação sobre o tema e o Acordo de Paris. É o que se conclui do trecho abaixo transcrito.

> Isso se deve em grande medida ao crescente número de legislação nacional que aborda a mudança climática, o que proporciona pontos de apoio para que os litigantes persigam atores governamentais e privados para que assumam suas responsabilidades e deveres de mitigar ou adaptar. Também se deve ao papel coerente que desempenha o Acordo de Paris, que coloca em um contexto global as leis e políticas nacionais e, por fim, permite que os litigantes interpretem os compromissos e ações governamentais como adequados ou inadequados.[16] (Tradução nossa). (PROGRAMA DE LAS NACIONES UNIDAS PARA EL MEDIO AMBIENTE, 2017, p. 40).

[15] Não obstante o foco desse trabalho esteja no papel do Poder Judiciário nas decisões em litígios climáticos, em estudo recente publicado pelo Programa das Nações Unidas para o Meio Ambiente em cooperação com o Sabin Center for Climate Change Law da Columbia Law School, verifica-se a ampliação da ideia de quais seriam as esferas decisionais nos *cases* climáticos, como se depreende do trecho transcrito a seguir. "Considera como 'litígio de mudança climática' aqueles casos que têm sido levados as instâncias administrativas, judiciais ou investigativas, que apresentam questões de fato ou de direito de aspectos científicos da mudança climática ou esforços de mitigação e adaptação a mudança climática". (Tradução nossa). (PROGRAMA DE LAS NACIONES UNIDAS PARA EL MEDIO AMBIENTE, 2017, p. 10).
Versão original: *"Considera como "litigios del cambio climático" aquellos casos que han sido llevados ante instancias administrativas, judiciales o investigativas, que presentan cuestiones de hecho o de derecho de aspectos científicos del cambio climático o esfuerzos de mitigación y adaptación al cambio climático".*

[16] Versão original: *"La litigación ha surgido como una característica destacada de los esfuerzos en curso para fomentar las medidas de mitigación y adaptación al cambio climático. Esto se debe en gran medida al creciente número de legislación nacional que aborda directamente el cambio climático, lo que proporciona puntos de apoyo para que los litigantes persigan que actores gubernamentales y privados*

Carvalho caracteriza a litigância climática como uma forma de governança, pois estimula alterações no comportamento das instituições públicas e privadas e na forma como as decisões são tomadas, mesmo que a ação não seja procedente. Isso porque a simples propositura da ação repercute (in) diretamente na mudança de comportamento dos envolvidos[17]; por colocar em evidência questão basilares à existência de vida no planeta, ela atrai o apelo midiático, popularizando a ação e o debate; por influenciar em outras políticas governamentais e corporativas para a adoção de medidas de redução dos impactos que suas atividades podem causar ao clima, tendo em vista a litigância em si e a expectativa de futuras demandas. (CARVALHO, 2017). Resenhando Jolene Lin, Boixareu e Calvó mencionam que, no contexto da litigância climática, os tribunais com frequência.

> [...] se vêm forçados a determinar quais questões climáticas podem ser julgadas e sobre quais devem se inibir em favor dos outros poderes do Estado. Isso precisamente porque grande parte da litigação climática surge dos limites e fracassos da política institucional como método cidadão de pressão política.[18] (Tradução nossa). (BOIXAREU; CALVÓ, 2018, p. 5-6).

Destarte, importante o alerta de Bernardo quanto aos limites do Poder Judiciário ao exercer sua função institucional no âmbito da litigância climática[19], uma vez que o Princípio da Separação dos poderes deve ser

asuman su responsabilidad y deber de mitigar o adaptar. También se debe al papel coherente que desempeña el Acuerdo de París, que coloca en un contexto global a leyes y políticas nacionales y, por ende, permite que los litigantes interpreten los compromisos y acciones gubernamentales como adecuados o inadecuados".

[17] Analogicamente vide a mudança de comportamento da indústria tabagista, com as ações de responsabilização em razão dos problemas de saúde causados pelo uso do produto (*v. g.* câncer).

[18] Versão original: *"(...) se ven forzados a determinar qué cuestiones climáticas pueden entrar a juzgar y sobre cuáles deben inhibirse en favor de otros poderes del Estado. Ello precisamente porque gran parte de la litigación climática surge de los límites y fracasos de la política institucional como método ciudadano de presión política".*

[19] Os Estados Unidos da América concentram o maior número de litígios climáticos no mundo, de modo que seus precedentes inspiram (e influenciam) as jurisdições não norte-americanas. Por certo, isso também repercute nas discussões em torno dos limites e da competência jurisdicional em matéria climática. Logo recomenda-se a leitura da monografia BOIXAREU, Isabel Vilaseca; CALVÓ, Jordi Serra. Litigación climática y separación de

respeitado na tomada de decisão. Por exemplo, "estabelecer limites as emissões obrigatórias[20] para grandes poluidores ou setores específicos da sociedade vai além de suas capacidades, e deve ser deixado para os demais poderes da república". (BERNARDO, 2017, p. 522-523). O que não obsta que o magistrado pressione os governantes e parlamentares a tomarem medidas efetivas e mais elaboradas contra as alterações climáticas e que no processo de tomada de decisão desses poderes a questão climática seja levada em consideração. Ademais, parafraseando Brian Preston, o autor explica que, mesmo quando o cidadão se sinta excluído no processo de tomada de decisão legislativa e executiva, as decisões judiciais podem criar um espaço para que o debate entre o Poder Público, sociedade civil e empresários seja feito em igualdade de condições. (BERNARDO, 2017).

A litigância climática não é uma estratégia altruísta, espontânea e sem regras. O Programa das Nações Unidas para o Meio Ambiente adverte que nos litígios de mudanças climáticas os envolvidos (partes do processo e o juiz) devem estar atentos às condições de justiciabilidade, direito de ação e separação dos poderes.[21]

Os potenciais autores da demanda climática são os indivíduos, grupos de interesse público e governos, que buscam, com a propositura da ação, *(i)* a compensação[22] pelos prejuízos que as mudanças climáticas causaram

poderes: Uma aproximación a la cuestión a través de decisiones judiciales de los Estados Unidos. *Revista Catalana de Dret Ambiental*, Catalunya, vol. IX, n. 2, 2018, p. 01-42. Disponível em: <https://revistes.urv.cat/index.php/rcda/article/view/2182/2452>. Acesso em: 26 jan. 2019.

[20] Vide o caso *Connecticut v. American Eletric Power Corporation.*

[21] Sem olvidar das particularidades dos sistemas jurídicos no mundo, o Programa das Nações Unidas para o Meio Ambiente aponta que em relação a justiciabilidade verifica-se que em comum o demandante deve ter o direito de ação (existência de uma controvérsia real e de normas que tutelam o direito envolvido) para que apresente o caso e a resolução judicial não deve violar as divisões funcionais entre os poderes legislativo, executivo e judiciário. (PROGRAMA DE LAS NACIONES UNIDAS PARA EL MEDIO AMBIENTE, 2017).

[22] Às vezes, há nas demandas climáticas que visam à compensação relação com responsabilidade civil (frisa-se extracontratual), nesse sentido, Carvalho projeta que o instituto poderá passar por inovações, como "tratamento de danos massivos, teoria das probabilidades em termos de nexo de causalidade, utilização de estudos científicos como prova indiciária, entre outros". Segundo autor, a Teoria das Probabilidades é "uma teoria da causalidade sensível às informações probabilísticas acerca das possíveis causas do dano. Há, assim, a atribuição de

ou *(ii)* a maior prevenção ou redução do aquecimento global.(SMITH; SHEARMAN, 2006). E os potenciais demandados (réus), geralmente, pertencem a um desses grupos:

> (1) entidades que queimam fóssil no processo de fornecimento de um produto ou serviço (por exemplo, fornecedores de eletricidade); (2) entidades que fornecem combustíveis fósseis (por exemplo, companhias petrolíferas); (3) entidades que criam produtos que queimam combustíveis fósseis ou emitem gases de efeito estufa (por exemplo, fabricantes de carros e frigoríficos); e (4) governos e agências que não cumpram as obrigações ambientais.[23] (Tradução nossa). (SMITH; SHEARMAN, 2006, p. 17).

Ponto fulcral envolvendo a litigância climática é o nexo causal. Nesse contexto, destaca-se a importância da prova documental e técnica, pois a litigância climática requer um conjunto probatório confiável que consiga demonstrar ou correlacionar que o demandado contribuiu, significativamente, com o aquecimento global e, por conseguinte, com os danos/prejuízos suportados ou em risco pela demandante. Por isso, esse tipo de ação tem estreita relação com pesquisas científicas, como os Relatórios do IPCC, que acompanham a influência antropogênica nas mudanças climáticas.

Conforme Banda e Fulton nota-se, nos tribunais nacionais, que os litígios climáticos estão estendendo a abordagem. A discussão vai além dos limites tradicionais do litígio ambiental (*v. g.* poluição dos recursos naturais, avaliações de impacto ambiental) a fim de incluir questões variadas relacionadas (in) diretamente com as mudanças climáticas (*v. g.* direito das gerações futuras, direito fundamental à vida, regulamentação das zonas de resiliência climática). Nesse sentido, os autores categorizam as disputas climáticas como:

profunda relevância jurídica para as prováveis consequências decorrentes de determinadas atividades, atenuando a carga probatória necessária para a caracterização da causalidade jurídica". (CARVALHO, 2017, p. 337).

[23] Versão original: "(1) *entities that burn fóssil in the course of providing a product or service (eg. electricity suppliers); (2) entities that supply fóssil fuels (eg. oil companies); (3) entities that create products that burn fóssil fuels or otherwise emit greenhouse gases (eg. car and fridge manufacturers); and (4) governments and agencies that fail to comply with environmental obligations*".

> (a) litígios envolvendo medidas de mitigação – esforços destinados a reduzir ou prevenir emissões de gases de efeito estufa (GEEs), e (b) litígios envolvendo medidas de adaptação ao clima – esforços projetados para construir resiliência e reduzir os impactos negativos das mudanças climáticas nas comunidades e ecossistemas.[24] (Tradução nossa). (BANDA; FULTON, 2017, p. 10121).

Inequívoco o estrito da matéria discutida em litígios climáticos, com aqueles caracterizados como ambientais. Dado que a litigância climática tem por cerne impulsionar os atores (nacionais e internacionais, públicos e privados) a adotarem medidas eficazes e efetivas contra o aumento da temperatura global, em razão da emissão antropogênica de gases de efeito estufa, bem como para a mitigação e adaptação às mudanças climáticas. Ou seja, há uma relação direta na obrigação dos atores em manter e preservar o meio ambiente sadio seja por imposição legal, administrativa ou judicial. Desse modo, o que diferencia uma demanda ambiental de uma demanda climática?

Conforme Smith e Sheraman há duas principais características que distinguem a litigância climática dos demais tipos de litígios, "em primeiro lugar, a cadeia causal envolvida é significativamente mais longa e complexa e, em segundo lugar, os tipos de danos causados são consideravelmente mais generalizados".[25] (Tradução nossa). (SMITH; SHEARMAN, 2006, p. 11). Logo, a causalidade se prolonga no tempo, que pode ou não ter um evento extremo (*v. g.* Furacão Katrina, branqueamento dos corais), e os prejuízos e danos causados atingem um extenso grupo de pessoas e ambiente (*v. g.* população americana, recifes de corais em Fernando de Noronha). Nesse sentido, inspirado em Robert Verchick, Carvalho adiciona como característica da litigância climática o "*distanciamento geográfico entre as atividades e os resultados lesivos*". (CARVALHO, 2017, p. 337).

[24] Versão original: "(a) *litigation involving climate mitigation measures – efforts designed to reduce or prevent emissions of greenhouse gases (GHGs), and (b) litigation involving climate adaptation measures – efforts designed to build resilience and reduce the negative impacts of climate change on communities and ecosystems*".

[25] Versão original: "*firsty, the causal chain involved is significantly longer and more complex and, secondly, the types of harm caused are considerably more widespread*".

> As dimensões difusas das mudanças climáticas e dos diversos tipos de desastres ambientais impõem a reconfiguração das tradicionais noções de tempo e espaço, sendo passível a demonstração do nexo causal sempre que houver a condição de demonstrar a *previsibilidade* e a *causa determinante*. (CARVALHO, 2017, p. 337-338).

Os Estados Unidos da América concentram o maior número de demandas judiciais em matéria climática do que em qualquer outro país e, mesmo no caso de serem contabilizadas todas essas demandas fora de sua jurisdição, elas não conseguem alcançar seu patamar quantitativo. O Banco de Dados de Litigância Climática (*Climate Change Litigation Databases*), criado em 2007 no projeto conjunto entre o Sabin Center for Climate Change Law da Columbia Law School e o escritório de advocacia internacional Arnold & Porter, contabilizou, até o mês de dezembro de 2018, 978 cases[26] envolvendo mudança climática somente nos Estados Unidos. (SABIN CENTER FOR CLIMATE CHANGE LAW, 2019).

Desde 2011, o grupo responsável pelo Banco de Dados de Litigância Climática começou também a catalogar os casos de litigância climática fora da jurisdição norte-americana e, até dezembro de 2018, verificou-se a existência de 275 *cases*. As jurisdições dos países e órgãos internacionais não norte-americanos e, respectivamente, a quantidade de cases atualmente catalogados neste estudo, são: Austrália, 97; Bélgica, 1; Canadá, 15; República Checa, 1; União Europeia, 41; Alemanha, 5; Índia, 2; Indonésia, 1; Países Baixos, 1; Nigéria, 1; Paquistão, 2; Polônia, 1; Espanha, 13; Suíça, 1; Ucrânia, 2; Áustria, 1; Brasil, 4; Colômbia, 2; Equador, 1; França, 4; Grécia, 0; Irlanda, 2; Micronésia, 1; Nova Zelândia, 17; Noruega, 1; Filipinas, 1; África do Sul, 3; Suécia, 1; Uganda, 1; Reino Unido, 47; Comitê Europeu dos Direitos Sociais, 1; Corte Interamericana de Direitos Humanos, 2; Convenção-Quadro das Nações Unidas sobre Mudança do Clima, 1; Comissão Interamericana de Direitos Humanos, 1; Tribunal Internacional de Justiça, 1. (SABIN CENTER FOR CLIMATE CHANGE LAW, 2019).

[26] Os coordenadores do projeto advertem que o termo "*cases*", na tabela de litígios climáticos, compreende ações e processos judiciais e quase-judiciais administrativos, petições de regulamentação, pedidos de reconsideração de regulamentos, avisos de intenção de processar e intimações. Ademais, um único caso pode incluir outras queixas ou petições que foram consolidadas, bem como ter inclusas outras decisões nos níveis de apelação e avaliação. (SABIN CENTER FOR CLIMATE CHANGE LAW, 2019).

Dado o exponencial número de *cases* climáticos norte-americanos, essa situação reflete a quantidade de centros de estudos de referência e prática forense sobre litígio de mudança climática. Na maioria das jurisdições não norte-americanas, elas ainda estão começando a incorporar o assunto no sistema jurídico e nas pesquisas cientificas.

Logo, sem olvidar das diferenças institucionais, legais e jurídicas entre os países, tendo em vista a experiência e a multiplicidade de abordagens, os precedentes que inspiram e instruem os processos de litigância climática e as pesquisas sobre a matéria no mundo se reportam, corriqueiramente, à jurisdição norte-americana.

Carvalho elenca como principais *cases* de litigância climática nas Cortes norte-americanas: *(i) Connecticut v. American Electric Power, (ii) Comer v. Murphy Oil; (iii) California v. General Motors Corporation.*[27] Importante advertir que referidos *cases* fazem parte de uma primeira geração de litigância climática, logo torna-se extremamente relevante compreendê-los haja vista que externalizam as discussões introdutórias desta estratégia judicial de combate ao aquecimento global. Atualmente[28], outros *cases* que se destacam são *(iv) Massachusetess v E.P.A, (v) Juliana v. United States.*

[27] Vide CARVALHO, Délton Winter de. *Gestão Jurídica Ambiental.* São Paulo: Revista dos Tribunais, 2017.
CARVALHO, Délton Winter de. Uma incursão sobre a litigância climática: entre mudança climática e responsabilidade civil. *In*: MIRANDA, Jorge; GOMES, Carla Amado (Coord.). *Diálogo Ambiental, Constitucional e Internacional.* Vol. 6. Lisboa: Faculdade de Direito de Lisboa; OH! Multimédia, 2017. p. 95-118. Disponível em: <http://www.icjp.pt/sites/default/files/publicacoes/files/ebook_dialogoambiental_6_3-18.pdf>. Acesso em: 28 jan. 2019.

[28] Embora não pertença a jurisdição norte-americana, mostra-se oportuno evidenciar o *Case Urgenda Foundation v. The State of the Netherlands, C/09/456689/HA ZA 13-1396 (24 June 2015), Hague District Court,* ou simplesmente *Urgenda Foundation v. The State of the Netherlands.* No dia 09 de outubro de 2018, o Tribunal de Apelação de Haia confirmou a decisão do Tribunal Distrital, concluindo a favor do pleito da *Urgenda Fundation,* fundação ambiental holandesa que também representava 886 indivíduos, contra o governo holandês para que ele se empenhasse mais na prevenção da mudança climática global. Ou seja, a questão não estava no reconhecimento de que o Estado precisaria empreender esforços para reduzir a emissão de gases de efeito estufa antropogênicos, mas sim no ritmo ou nível de empenho que o mesmo deveria ter nessas medidas de redução e, por conseguinte, de mitigação das mudanças climáticas. A promessa do Estado Holandês de reduzir em 17% as emissões de gases de efeito estufa antropogênicos até 2020 apresentava-se insuficiente para combater o aquecimento global. Isso porque a Corte concluiu que a meta de redução holandesa estava "abaixo do padrão considerado necessário pela ciência climática e pela política climática

No ano de 2004, 8 Estados e a cidade de Nova York ajuizaram ação contra American Electric Power, American Electric Power Service, Southern Company, TVA, Xcel Energy, Cinergy Corp., para que elas limitassem a emissão de gases de efeito estufa relativos à geração de energia elétrica pela queima de combustíveis fosseis, dado que os réus estavam contribuindo para o aquecimento global, resultando em incômodo público decorrente da mudança climática. O *case (i) Connecticut v. American Electric Power*[29] foi rejeitado, em primeira instância (2005), sob a alegação de que as reivindicações eram questões políticas que não deveriam ser resolvidas pelo judiciário. O Tribunal de Apelação do Segundo Circuito reverteu a decisão (2009) ponderando pela legitimidade dos autores e da demanda. Em 2011, a Suprema Corte norte-americana extinguiu a ação, pois entendeu que não caberia ao judiciário decidir de forma a regulamentar a emissão dos gases de efeito estufa, uma vez que tal atribuição foi destinada pelo Congresso ao EPA. (SABIN CENTER FOR CLIMATE CHANGE LAW, 2019).

Inconformados com as decisões proferidas pelo Tribunal Distrital do Distrito Sul do Mississippi (2007), Tribunal de Apelação do Quinto Circuito (2009) e Suprema Corte dos Estados Unidos (2011)que não deram procedência ao pleito, o grupo de 11 residentes e proprietários do Mississippi apresentou, no ano de 2011, uma nova ação coletiva no Tribunal Distrital, contra 11 companhias petrolíferas, 66 companhias carvoeiras e 3 companhias químicas. Muito similar a primeira ação proposta em meados de 2005, no *case (ii) Comer v. Murphy Oil*[30;31], a

internacional, o que significa que, para evitar mudanças climáticas perigosas, os países do Anexo I [do Protocolo de Quito] (incluindo os Países Baixos) devem reduzir as emissões de gases de efeito estufa em 25% a 40% para alcançar a meta de 2ºC". (Tradução nossa). (SABIN CENTER FOR CLIMATE CHANGE LAW, 2019). Assim a Corte determinou que os Países Baixos deverão limitar as emissões desses gases em pelo menos 25% abaixo dos níveis de 1990 até o final de 2020. O governo holandês anunciou que pretende recorrer da decisão. Versão original: "*below the standard deemed necessary by climate science and the international climate policy, meaning that in order to prevent dangerous climate change Annex I countries (including the Netherlands) must reduce greenhouse gas emissions by 25-40% by 2020 to realise the 2ºC target*".

[29] *Connecticut v. American Elec. Power Co. (AEP), 406* F. Supp. 2d 265, 35 ELR 20186 (S.D.N.Y. 2005).

[30] Ressalta Carvalho que esta nova demanda também é conhecida como Comer II. (CARVALHO, 2017).

[31] *Comer v. Murphy Oil USA*, No. 05-cv-436, 2007 WL 6942285 (S.D. Miss. Aug. 30, 2007).

demanda consistia em responsabilizar os réus pelos inúmeros prejuízos e danos que os demandantes tiveram com a ocorrência do furacão Katrina e das mudanças climáticas. Os demandantes alegam que os réus, no exercício de suas atividades industriais, contribuíram para o aquecimento global, refletindo a intensificação do furacão Katrina, em causas de incômodo público e privado, trespasse e negligência de ações sob a lei do Mississipi. A ação foi igualmente extinta em primeira (2012) e segunda instância (2013). (SABIN CENTER FOR CLIMATE CHANGE LAW, 2019).

O *case (iii) California v. General Motors Corporation*[32] iniciou em 2006 quando o Estado da Califórnia ajuizou a ação no Tribunal Distrital do Norte da Califórnia contra as empresas General Motors Corporation, Toyota Motor North America, Ford Motor Company, Honda North America, Chrysler Motors Corporation, Nissan North America. A demandante alega que as empresas automobilísticas eram responsáveis pelos prejuízos que o Estado e a população californiana estavam sofrendo em decorrência das mudanças climáticas, tendo em vista que os veículos produzidos pelos réus emitiam gases de efeito estufa que contribuíam substancialmente para o aquecimento global. No ano seguinte, o Tribunal entendeu por conceder a *motion* (moção) das empresas, pontuando que as formulações levantadas no pleito eram "questões políticas" e que pela doutrina constitucional da separação dos poderes, deveriam ser analisadas pelo Congresso e pelo Presidente. Como na Administração Obama, verificavam-se mudanças políticas progressivas nas questões envolvendo os gases de efeito estufa, no ano de 2009, a Procuradoria-Geral da Califórnia desistiu, voluntariamente, de recorrer da decisão judicial. (SABIN CENTER FOR CLIMATE CHANGE LAW, 2019).

Em 2007 iniciou o *case (iv) Massachusetess v Environmental Protection Agency (E.P.A)*[33], no qual 12 estados, 3 cidades, 11 organizações não-governamentais e 2 organizações privadas, peticionaram contra a *Environmental Protection Agency* (EPA). Os peticionantes alegam que a omissão da agência de proteção ambiental para regulamentação sobre os gases de efeito estufa (frisa-se, estabelecer os padrões de emissão), em conformidade com a

[32] *California v. General Motors Corp.*, No. C06-05755 MJJ, 2007 WL 2726871, 37 ELR 20239 (N.D. Cal. Sept. 17, 2007).

[33] *Massachusetts v. EPA*, 549 U.S. 497, 525-26, 37 ELR 20075 (2007).

Lei do ar limpo (*Clean Air Act*) estaria contribuindo com o aquecimento global. Considerando-se os estudos científicos que atestavam os prejuízos potenciais aos demandantes com a intensificação das mudanças climáticas (ressalta-se o aumento do nível do mar), a Suprema Corte norte-americana deu procedência em favor dos peticionantes e obrigou que a EPA regulamentasse a matéria. (SABIN CENTER FOR CLIMATE CHANGE LAW, 2019). Segundo Carvalho, "este precedente tem sido visto como uma possível mudança na percepção judicial de legitimidade, dos riscos de danos catastróficos e da causalidade, fazendo menção expressa a um padrão de probabilidade". (CARVALHO, 2017, p. 60).

Atualmente, um dos casos mais emblemáticos em solo norte-americano e fora dele é *(v) Juliana v. United States.*[34] O Tribunal Distrital de Oregon, divisão Eugene, recebeu em 2015 a petição conjunta de 21 crianças e jovens norte-americanos, da organização sem fins lucrativos Earth Guardian e das "gerações futuras" (*Future Generations*), esta representada pelo Dr. James Hansen[35]. Como parte contrária consta os Estados Unidos da América, o presidente e vários cargos e agências da administração do governo federal (gestão Barack Obama e passadas), tendo em vista o fracasso dos réus na redução das emissões de dióxido de carbono. Os peticionários alegam que os réus, ao permitirem a produção e consumo de combustíveis fosseis em níveis perigosos, prejudicaram o "sistema climático da nação", o qual é essencial para exercícios dos direitos constitucionais de vida, liberdade e propriedade. Diante disso, o pleito consiste em que o Tribunal obrigue os réus a tomarem medidas de redução da emissão de dióxido de carbono, para que as concentrações atmosféricas de gás carbônico não excedam 350 partes por milhão até 2100. O processo ainda está sob julgamento. (SABIN CENTER FOR CLIMATE CHANGE LAW, 2019).

Em estudo conjunto feito pelo Programa das Nações Unidas para o Meio Ambiente com o *Sabin Center for Climate Change Law* da *Columbia Law School*, foi verificado que pelas recentes demandas e decisões judiciais relacionadas com as alterações no clima existem 5 tendências aos propósitos perseguidos pela litigância climática, são eles:

[34] *Juliana v. United States*, No. 6:15-CV-01517-TC, 2016 WL 6661146, 46 ELR 20175 (D. Or. Nov. 10, 2016).

[35] Cientista do clima e ex-diretor do Instituto Goddard de Estudos Espaciais da NASA.

> 1) Exigir que os governos cumpram com seus compromissos legislativos e de políticas; 2) [Vincular] o impacto da extração de recursos com a mudança climática e a resiliência; 3) Estabelecer que emissões particulares são a causa imediata de impactos adversos das mudanças climáticas; 4) Estabelecer responsabilidades pelas falhas (ou esforços) de adaptação a mudança climática; 5) Aplicar a doutrina do fideicomisso público a mudança climática.[36] (Tradução nossa). (PROGRAMA DE LAS NACIONES UNIDAS PARA EL MEDIO AMBIENTE, 2017, p. 14).

Para os próximos anos, o referido estudo apontou como tendências emergentes na litigância climática: "1) um crescente número de casos relativos à população que precisa emigrar em busca de realocação temporária ou permanente fora de seu país ou região de origem, devido, pelo menos em parte, a mudança climática [refugiados ambientais]; e 2) maior número de litígios relacionados com a mudança climática no Sul mundial".[37] (Tradução nossa). (PROGRAMA DE LAS NACIONES UNIDAS PARA EL MEDIO AMBIENTE, 2017, p. 27).

Outra tendência apontada por Peel e Osofsky é a dos peticionários, em litígios climáticos, utilizarem como base argumentativa a violação aos direitos humanos[38] no contexto de mudanças climáticas e a receptividade

[36] Versão original: "1) *Exigir que los gobiernos cumplan con sus compromissos legislativos y de políticas; 2) El impacto de la extracción de recursos y su vínculo con el cambio climático y la resiliencia; 3) Establecer que emisiones particulares son la causa inmediata de impactos adversos del cambio climáticos; 4) Establecer responsabilidades por las fallas (o esfuerzos) de adaptación al cambio climático; 5) Aplicar la doctrina del fideicomiso público al cambio climático*".

[37] Versão original: "*1) un creciente numero de casos relativos a poblacion que tiene que emigrar y buscan reubicacion temporal o permanente fuera de su pais o region de origen, debido, por lo menos en parte, al cambio climatico, y 2) mayor numero de litigaciones relacionadas con el cambio climatico en el Sur mundial*".

[38] A estratégia processual argumentativa pautada na violação ao sistema climático sadio derivado do mandamento universal de proteção ao meio ambiente inserto na gama de direitos humanos fundamentais encontra desafios substanciais. Isso porque, precede à discussão *inter partes* o fato de que "a consideração do direito ao meio ambiente sadio como um direito humano, em sede global e regional, ou como um direito fundamental, pelos Estados, ainda encontra óbices de efetividade. As inter-relações entre os sistemas internos e internacionais, que deveriam sinergicamente promovê-lo, encontram obstáculos que se entrecruzam centrípeta e centrifugamente, vale dizer, da comunidade internacional para os Estados e destes para aquela". (SAMPAIO; COSTA, 2015, p. 798). Mas há de se ressaltar que "direito

dos Tribunais utilizarem tais direitos como ferramenta interpretativa na litigância climática. Não obstante os Tribunais já decidirem acerca das mudanças climáticas sob contornos de direitos humanos, o sucesso desse argumento tem sido mais elusivo (vago). (PEEL; OSOFSKY, 2018).

Todavia ao analisarem alguns *cases* climáticos nos quais foram desenvolvidos argumentos baseados em violações aos direitos humanos, os referidos autores observaram uma mudança, uma "virada", na proeminentemente alegação de os governos não levarem em consideração e, de forma adequada, a mudança do clima em suas decisões (modo mais convencional de litígio climático). Essa abordagem vem de encontro com a crescente atenção internacional na relação entre direitos humanos e mudanças climáticas (endossado no Acordo de Paris). A virada argumentativa na litigância climática, baseada na violação dos direitos humanos, impacta o direcionamento da atenção pública e política às consequências prejudiciais que as mudanças climáticas podem causar à humanidade. O que pode revelar-se, em última instância, ser uma abordagem mais expressiva para a motivação de uma ação forte à solução do problema, do que argumentos científicos e técnicos. (PEEL; OSOFSKY, 2018).

Dada a amplitude, complexidade e autoridade que a questão climática impõe, reforça-se a necessidade de os Poderes Legislativo e Executivo desempenharem com energia suas atribuições e, caso não o façam, valioso torna-se o estímulo (obrigação) propiciado pelo Poder Judiciário.

Aliás, no recente trabalho publicado por McCormick *et. al.* no qual foram analisadas decisões judiciais norte-americanas, os pesquisadores apontaram que a litigância climática pode ser uma abordagem eficaz para proteger a saúde e bem-estar humanos no contexto das mudanças climáticas e insuficiência nas ações legislativa e executiva. "Os Tribunais podem desempenhar um papel fundamental na condução da mudança, exigindo que as agências [governamentais] levem em consideração as mudanças

e política ambientais tendem a avançar, quando há o envolvimento da sociedade civil e, ao mesmo tempo, quando os Estados se propõem a colaborar mais do que a competir. Os dois fatores se estimulam reciprocamente e são os instrumentos mais eficazes para superar os óbices, as forças dissipadoras de integração dos sistemas de proteção." Esse envolvimento mútuo da sociedade civil e dos Estados nacionais na promoção e proteção do meio ambiente e sistema climático equilibrados podem ser exteriorizados, por exemplo, pela via das demandas climáticas e suas repercussões na governança (ambiental, regional e global). (SAMPAIO; COSTA, 2015, p. 798).

climáticas sob leis como do NEPA [*National Environmental Policy Act*] e leis estaduais similares".[39] (Tradução nossa). (MCCORMICK; SIMMENS; GLICKSMAN; PADDOCK; KIM; WHITED, 2018, p. S104-S108).

Portanto, a litigância climática é uma estratégia promissora para compelir os grandes causadores do aquecimento global e, principalmente, os responsáveis pela regulamentação e fiscalização das emissões de gases de efeito estufa antropogênicos a enfrentarem, efetivamente, e eficazmente as mudanças climáticas.

Conclusões

A intensificação na emissão de gases de efeito estufa pelas atividades humanas, ao longo dos séculos (tendo como marco inicial a revolução industrial), interferiu no equilíbrio da atmosfera terrestre, causando grandiosos e prolongados danos à biosfera e a própria existência digna do ser humano.

A regulamentação e fiscalização da emissão de gases de efeito estufa antropogênicos deve ser empreendido pelos Poderes Executivo e Legislativo, pois, como representantes legítimos dos interesses do povo, no âmbito de suas funções institucionais, assegurar o bem-estar coletivo não é uma escolha, mas sim uma obrigação. E, considerando todas as conquistas de direitos humanos, função social e ambiental da empresa, e compreensão da finitude dos recursos naturais, impossível que na atualidade o setor empresarial/industrial mantenha o cabresto do capitalismo selvagem.

Não obstante as experiências daqueles que já foram lesionados pelas mudanças climáticas, os relatos dos que estão sob risco e os estudos científicos praticamente unânimes sobre o aquecimento global antropogênico e o papel do Poder Público e das grandes empresas para minorar a situação, as medidas ainda se mostram pouco enérgicas para a solução do problema (frisa-se: de escala mundial e intergeracional).

Para romper com a omissão e comedimento relativos à redução da emissão de gases de efeito estufa a fim de que o aquecimento global não alcance 1,5ºC acima dos níveis pré-industriais e sejam realmente implementadas e aprimoradas medidas de mitigação e adaptação a mudança no clima (inclusive deferindo maior atenção àqueles em vulnerabilidade

[39] Versão original: "*Courts can play a key role in driving change by requiring agencies to take climate change into account under laws such as NEPA and similar state laws*".

social), a litigância climática apresenta-se como uma estratégia promissora e esperançosa.

A litigância climática é uma abordagem em ascensão no cenário internacional, mas, nos Estados Unidos da América, já apresenta uma tradição e precedentes que inspiram e influenciam os outros sistemas jurisdicionais do planeta. Diante dos impactos potencialmente irreparáveis, causados pelas mudanças climáticas, colocar o clima no centro da discussão judicial demonstra a importância e urgência com que o problema precisa ser enfrentado.

As decisões judiciais na litigância climática robustecem o papel e a responsabilidade dos atores cruciais à emissão de gases de efeito estufa antropogênicos para alterarem a lógica e o *modus operandi* descomprometido com as causas globais e perpetuação digna dos seres vivos.

A procedência do pleito em uma ação judicial climática trará resultados positivos de controle e responsabilização que extrapolam as partes envolvidas, tendo em vista a natureza pública da matéria. E, mesmo na negativa do pleito, a litigância climática repercute, politicamente, nas ações governamentais e privadas, bem como na atenção pública ao assunto, sendo um valoroso instrumento de governança e real mudança.

Agradecimento

O presente trabalho foi realizado com apoio da Coordenação de Aperfeiçoamento de Pessoal de Nível Superior – Brasil (CAPES) – Código de Financiamento 001. Programa de Excelência Acadêmica (Proex).

Referências

ACORDO DE PARIS, 2015. Disponível em: <https://nacoesunidas.org/wp-content/uploads/2016/04/Acordo-de-Paris.pdf>. Acesso em: 02 jan. 2019.

BERNARDO, Vinicius Lameira. **Mudanças climática: estratégia de litigância e o poder do judiciário no combate às causas do aquecimento global no contexto brasileiro**. *Revista de Direito Ambiental,* Porto Alegre, ano 22, vol. 88, out./dez. 2017, p. 517-548.

BANDA, Maria L.; FULTON, C. Scott. Litigating Climate Change in National Courts: Recent Trends and Developments in Global Climate Law. ***Environmental Law** Reporter,* Washington, vol. 47, jan. 2017, p. 10121-10134. Disponível em: <https://www.eli.org/sites/default/files/elr/featuredarticles/47.10121.pdf>. Acesso em: 02 jan. 2019.

BIATO, Márcia Fortuna. Convenção-Quadro das Nações Unidas sobre Mudança do Clima. ***Revista de Informação Legislativa***, Brasília, a. 42, n. 166, abr./jun. 2005, p. 233-252. Disponível em: <http://egov.ufsc.br/portal/sites/default/files/anexos/22129-22130-1-PB.pdf>. Acesso em: 26 fev. 2019.

BOIXAREU, Isabel Vilaseca; CALVÓ, Jordi Serra. Litigación climática y separación de poderes: Uma aproximación a la cuestión a través de decisiones judiciales de los Estados Unidos. ***Revista Catalana de Dret Ambiental*, Catalunya,** vol. IX, n. 2, 2018, p. 01-42. Disponível em: <https://revistes.urv.cat/index.php/rcda/article/view/2182/2452>. Acesso em: 26 jan. 2019.

BRASIL, Alexandre Luis Junges; BRASIL, Neusa Teresinha Massoni. O consenso científico sobre aquecimento global antropogênico: Considerações históricas e epistemológicas e reflexões para o ensino dessa temática. ***Revista brasileira de pesquisa em educação em ciências***, Belo Horizonte, v. 18, n. 2, maio/ago. 2018, p. 455–491. Disponível em: <https://seer.ufmg.br/index.php/rbpec/article/view/10345>. Acesso em: 02 jan. 2019.

CARVALHO, Délton Winter de. ***Gestão Jurídica Ambiental***. São Paulo: Revista dos Tribunais, 2017.

CARVALHO, Délton Winter de. Uma incursão sobre a litigância climática: entre mudança climática e responsabilidade civil. *In*: MIRANDA, Jorge; GOMES, Carla Amado (Coord.). ***Diálogo Ambiental, Constitucional e Internacional.*** Vol. 6. Lisboa: Faculdade de Direito de Lisboa; OH! Multimédia, 2017. p. 95-118. Disponível em: <http://www.icjp.pt/sites/default/files/publicacoes/files/ebook_dialogoambiental_6_3-18.pdf>. Acesso em: 28 jan. 2019.

CONTIPELLI, Ernani de Paula. Política internacional climática: do consenso científico à governança global. ***Direito e Desenvolvimento***, João Pessoa, v. 9, n. 2, ago./dez. 2018. p. 83-94. Disponível em: <https://periodicos.unipe.br/index.php/direitoedesenvolvimento/article/view/644>. Acesso em: 31 jan. 2019.

CONVENÇÃO SOBRE MUDANÇA DO CLIMA, 1992. Disponível em: <https://cetesb.sp.gov.br/proclima/wp-content/uploads/sites/36/2014/08/convencaomudancadoclima.pdf>. Acesso em: 02 jan. 2019.

FARBER, Daniel A.; CARLARNE, Cinnamon P. The International Climate Change Regime. Cap. 3. *In:* ***Climate Change Law***. St. Paul: Foundation Press, 2018.

FONSECA, Fúlvio Eduardo. A convergência entre a proteção ambiental e a proteção da pessoa humana no âmbito do direito internacional. ***Revista Brasileira de Política Internacional***, Rio de Janeiro, n. 50 (1), p. 121-138, 2007. Disponível em: <http://www.scielo.br/pdf/rbpi/v50n1/a07v50n1>. Acesso em: 26 fev. 2019.

INTERGOVERNMENTAL PANEL ON CLIMATE CHANGE (IPCC). Summary for policymakers. *In:* ***Special report:*** Global warming of 1,5ºC. Geneva (Switzerland): World Meteorology Organization, 2018. Disponível em: <https://www.ipcc.ch/sr15/chapter/summary-for-policy-makers/>. Acesso em: 29 jan. 2019.

MCCORMICK, Sabrina; SIMMENS, Samuel J.; GLICKSMAN, Robert; PADDOCK, LeRoy; KIM, Daniel; WHITED, Brittany. The Role of Health in Climate Litigation. *American Journal of Public Health*: AJPH Law & Ethics, Washington, vol. 108, n. S2, supplement 2, apr. 2018, p. S104-S108. Disponível em: <https://ajph.aphapublications.org/doi/pdf/10.2105/AJPH.2017.304206>. Acesso em: 03 jan. 2019.

NATIONAL AERONAUTICS AND SPACE ADMINISTRATION (NASA). *Scientific consensus*: Earth's climate is warming. California: Earth Science Communications Team at NASA's Jet Propulsion Laboratory; California Institute of Technology, 2019. Disponível em: <https://climate.nasa.gov/scientific-consensus/>. Acesso em: 27 fev. 2019.

NOBRE, C. A. **Mudanças climáticas e o Brasil**: Contextualização. *Parcerias Estratégicas*, Brasília, v. 27, p.7-17, 2008. Disponível em: < http://seer.cgee.org.br/index.php/parcerias_estrategicas/article/viewFile/326/320>. Acesso em: 30 jan. 2019.

PEEL, Jacqueline; OSOFSKY, Hari M. A Rights Turn in Climate Change Litigation? ***Transnational Environmental Law***, Cambridge, vol. 7, n. 1, mar. 2018, pp. 37–67. Disponível em: <https://www.cambridge.org/core/journals/transnational--environmental-law/article/rights-turn-in-climate-change-litigation/0E35456D7793968F37335429C1163EA1 >. Acesso em: 27 jan. 2019.

PROGRAMA DE LAS NACIONES UNIDAS PARA EL MEDIO AMBIENTE. ***El estado del litigio en materia de cambio climático***: una revisión global. Nairobi (Kenia): División Jurídica ONU Medio Ambiente, mayo 2017.

OBSERVATÓRIO DO CLIMA. ***Emissões de GEE no Brasil e suas implicações para políticas públicas e a contribuição brasileira para o Acordo de Paris:*** Documento de análise 2018. Brasil, SEEG, 2018. Disponível em: <http://seeg.eco.br/wp-content/uploads/2018/08/Relatorios-SEEG-2018-Sintese-FINAL-v1.pdf>. Acesso em: 31 jan. 2019.

OFFICE OF PLANNING AND RESEARCH (OPR). ***List of Worldwide Scientific Organizations.*** California, 2019. Disponível em: <http://www.opr.ca.gov/facts/list-of-scientific-organizations.html>. Acesso em: 27 fev. 2019.

ORGANIZAÇÃO DAS NAÇÕES UNIDAS (ONU). ***Protocolo de Quioto***, 1997. Disponível em: <http://mudancasclimaticas.cptec.inpe.br/~rmclima/pdfs/Protocolo_Quioto.pdf>. Acesso em: 02 jan. 2019.

ORGANIZAÇÃO DAS NAÇÕES UNIDAS (ONU). ***Conferência das Nações Unidas sobre Mudança do Clima.*** Brasil, 2018. Disponível em: <https://nacoesunidas.org/cop21/>. Acesso em: 26 fev. 2019.

ORGANIZACIÓN METEOROLÓGICA MUNDIAL (OMM). ***Boletín de la OMM sobre los gases de efecto invernadero.*** n. 14. Genebra: OMM, 22 nov. 2018. Disponível em: <https://library.wmo.int/index.php?lvl=notice_display&id=6887#.XFgD0VxKhPY>. Acesso em: 04 jan. 2019.

SABIN CENTER FOR CLIMATE CHANGE LAW. ***Climate Change Litigation Databases***. New York (EUA): Columbia Law School; Arnold & Porter Kaye Scholer LLP, 2019. Disponível em: <http://climatecasechart.com/>. Acesso em: 15 jan. 2019.

SAMPAIO, José Adércio Leite; COSTA, Beatriz Souza. As complicadas inter-relações entre os sistemas internos e internacionais de proteção do direito ao meio ambiente sadio. ***Revista de Direito Internacional***, Brasília, v. 12, n. 2, 2015 p. 785-803. Disponível em: <https://www.publicacoesacademicas.uniceub.br/rdi/article/view/3748/pdf>. Acesso em: 07 jul. 2019.

SAINT-GENIÈS, Géraud de Lassus. Direito transnacional e mudanças climáticas. ***Revista de Direito Internacional***, Brasília, v. 13, n. 3, 2016 p. 49-61. Disponível em: <https://www.publicacoesacademicas.uniceub.br/rdi/article/view/4377/pdf>. Acesso em: 07 jul. 2019.

SMITH, Joseph; SHEARMAN, David. An introduction to climate change litigation. Cap. 1. *In*: ***Climate Change Litigation***. Australia: Presidian Legal Publications, 2006.

US NATIONAL ACADEMY OF SCIENCES; THE ROYAL SOCIETY. ***Climate Change*: Evidence & Causes**. Washington: National Academy of Sciences, 2014. Disponível em: <https://www.nap.edu/read/18730/chapter/1>. Acesso em: 27 fev. 2019.

4. LITIGÂNCIA JUDICIAL AMBIENTAL E CLIMÁTICA DESDE A RIO 92: 30 ANOS DE EVOLUÇÃO

Gabriel Wedy
Rafael Martins Costa Moreira

Introdução

É inquestionável que o Judiciário avança a passos largos na intervenção sobre assuntos ambientais e climáticos. E não apenas no Brasil. O papel das cortes na aplicação do direito ambiental e na solução de conflitos ambientais tem sido amplamente estudado em diversos países. No relatório intitulado *"Environmental Courts and Tribunals – 2021: A Guide for Policy Makers"*, publicado pelo Programa das Nações Unidas para o Meio Ambiente, observou-se uma expansão na quantidade de cortes judiciais e tribunais administrativos em nível global desde 2000[1]. O acesso à justiça já havia sido reconhecido, ao lado da participação e do acesso à informação, como um dos pilares essenciais para lidar com problemas ambientais pelo Princípio 10 da Declaração do Rio de 1992.

O Brasil traçou o mesmo caminho de reforço à tutela judicial efetiva, com a previsão, no art. 5º, inc. XXXV, da Constituição de 1988, da garantia fundamental da tutela judicial efetiva e inafastável. É notável a evolução da litigância ambiental no Brasil desde 1988 e, sobretudo, desde a Conferência das Nações Unidas sobre Meio Ambiente e Desenvolvimento, realizada no Rio de Janeiro no ano de 1992. Essa evolução se verificou tanto

[1] United Nations Environment Programme. *Environmental Courts and Tribunals – 2021*: a guide for policymakers. Disponível em: file:///C:/Users/bch/Dropbox/PC/Downloads/ECT2021.pdf. Acesso em: 01 out. 2022.

em relação a quantidade de demandas ambientais, como no que concerne a extensão da matéria judicializada, à qualidade dos precedentes produzidos e à profundidade do controle judicial sobre as decisões administrativas e manifestações legislativas.

Essa tendência de ampliação da litigância judicial não se deu sem resistências e movimentos de "contrarreforma". São comuns – aqui e alhures – os embates entre os poderes políticos e as cortes, em muitos casos resultando em efetiva restrição aos poderes dos juízes. O argumento habitual dentre aqueles que repulsam a intervenção judicial redunda em objeções democráticas, políticas e econômicas: agentes não eleitos (isto é, juízes) e que, por isso, não representam a vontade popular, arvoram-se na prerrogativa de anular decisões tomadas pelo "povo", e esses mesmos agentes desprezam necessidades prementes de crescimento econômico.

O presente artigo objetiva responder a duas indagações a respeito da litigância ambiental e climática no Brasil: até onde chegamos e para onde vamos? Conclui-se que a expansão da intervenção jurisdicional é uma realidade e uma tendência inexorável. O que ainda é cedo para dizer é se há chances de retrocesso – tanto no protagonismo do Judiciário na seara ecológica como na tutela do meio ambiente e do clima.

1. A formação do Judiciário e do processo judicial no Brasil

O sistema judicial brasileiro refletiu, em sua origem nos albores da República Velha e da maior parte do Século XX, os ideais do individualismo liberal, que primava pela segurança jurídica, completude do ordenamento jurídico e previsibilidade. Foi marcado pela dogmática pandectística da Alemanha do século XIX e da doutrina italiana da primeira metade do século XX, notadamente com a chegada de Liebman[2] ao Brasil. Como referiu Mitidiero, o "Código Buzaid marca a consagração do processualismo no Brasil, relevando na sua disciplina as lições da

2 O relato da viagem de Liebman ao Brasil na primeira metade do Século XX, da fundação da Escola de São Paulo e da sua influência sobre o direito processual brasileiro e o "Código de Buzaid", pode ser consultado em: MITIDIERO, Daniel. O processualismo e a formação do Código Buzaid. *Revista de Processo*, ano 35, n. 183, p. 165-194, mai./2010; BUZAID, Alfredo. A influência de Liebman no Direito Processual Civil Brasileiro. *Revista da Faculdade de Direito da Universidade de São Paulo*, v. 72, n. 1, p. 131-152, 1977. Disponível em: file:///C:/Users/caxseg/Downloads/66795-Texto%20do%20artigo-88187-1-10-20131125.pdf. Acesso em: 30 nov. 2018.

Escola Histórico-Dogmática italiana, da qual sofreu inegável influência"[3]. A essência do Direito centrava-se na proteção dos indivíduos contra a intervenção estatal abusiva e na resolução de conflitos oriundos de direitos de propriedade, obrigacionais, contratuais e de família.

A perspectiva jurisdicional reducionista, inspirada pela restrição aos poderes dos juízes, forjada e perpetuada a partir da Revolução Francesa[4], trinfou por longos anos no sistema jurídico brasileiro. Por isso nossa legislação processual primou, por muito tempo, pela "ordinarização" do procedimento, pelas "demandas plenárias", "juízos de certeza"[5] e sentenças condenatórias, desvestidas de eficácias mandamental e executiva[6], bem como o estabelecimento de rígidos limites formais à jurisdição[7], centrada na ideia de dano e de tutela repressiva[8]. Não havia espaço para lidar com a aparência do direito, com a incerteza e com

[3] O relato da viagem de Liebman ao Brasil na primeira metade do Século XX, da fundação da Escola de São Paulo e da sua influência sobre o direito processual brasileiro e o "Código de Buzaid", pode ser consultado em: MITIDIERO, Daniel. O processualismo e a formação do Código Buzaid. *Revista de Processo,* ano 35, n. 183, p. 165-194, mai./2010; BUZAID, Alfredo. A influência de Liebman no Direito Processual Civil Brasileiro. *Revista da Faculdade de Direito da Universidade de São Paulo,* v. 72, n. 1, p. 131-152, 1977. Disponível em: file:///C:/Users/caxseg/Downloads/66795-Texto%20do%20artigo-88187-1-10-20131125.pdf. Acesso em: 30 nov. 2018

[4] Conforme observou Seabra Fagundes, a Revolução de 1789 colocou-se contrária à ingerência dos corpos judiciários nos assuntos administrativos e, assim, pretendeu "vedar aos órgãos judicantes não somente a interferência direta nos negócios da Administração. Como também a apreciação de questões que deles nascessem" (SEABRA FAGUNDES, M. *O Controle dos Atos Administrativos pelo Poder Judiciário.* At. Gustavo Binembojm. 7. ed. Rio de Janeiro: Forense, 2006. p. 150). Sobre a formação do direito administrativo e do dualismo jurisdicional na França, vide: CASSESSE, Sabino. *Derecho Administrativo*: historia y futuro. Sevilla: INAP, 2014. p. 32-46.

[5] SILVA, Ovídio Baptista da. *Processo e ideologia*: o paradigma racionalista. Rio de Janeiro: Forense, 2004. p. 27.

[6] No Brasil, somente após o advento do art. 84 do CDC e as inovações trazidas pelos arts. 461 e 461-A do CPC de 1973 é que restou conferido decisões judiciais, relacionadas às obrigações de fazer, não fazer e dar coisa certa, eficácias executiva e mandamental, de modo a dispensarem o processo autônomo para cumprimento ou execução *ex intervallo* (ZAVASKI, Teori Albino. *Comentários ao Código de Processo Civil:* do processo de execução. V. 8. 2. ed. São Paulo: Revista dos Tribunais, 2003. p. 404 e 437-9).

[7] OLIVEIRA, Carlos Alberto Álvaro de. *Do formalismo no processo civil*: proposta de um formalismo-valorativo. 4. ed. São Paulo: Saraiva, 2010. p. 197-8.

[8] MITIDIERO, Daniel. O processualismo e a formação do Código Buzaid. *Revista de Processo,* ano 35, n. 183, p. 165-194, mai./2010. p. 165.

medidas preventivas, tampouco precautórias. O processo civil formalista e racional se afastou das vicissitudes do direito material[9] e tolheu a criação de "tutelas diferenciadas"[10], salvo, excepcionalmente, para beneficiar o proprietário e o empresário[11].

A solução dos litígios, nesse contexto, deveria ser encontrada mediante mera subsunção e silogismo, centrada na figura do juiz, em procedimento adversarial. Apesar do paulatino reconhecimento de direitos econômicos, sociais e culturais de segunda dimensão, principalmente depois do segundo pós-guerra, e dos denominados "direitos de solidariedade e fraternidade" de terceira dimensão[12], destacadamente a partir da década de 1970, "o Direito tardou (e ainda tarda) a se adaptar às novas demandas sociais e aos novos conflitos"[13].

Ao longo dos séculos XIX e XX, revelou-se a inadequação do ordenamento jurídico brasileiro para enfrentar os novos desafios derivados da Revolução Industrial, da massificação do consumo e das crises ambientais e climáticas. Em artigo publicado ainda no ano de 1977, Barbosa Moreira ressaltou que tem "sabor de lugar-comum" a observação de que a estrutura clássica do processo civil "corresponde a um modelo concebido e realizado para acudir fundamentalmente a situações de conflito entre interesses individuais" e o "campo de eleição dos instrumentos tradicionais de tutela judiciária é o das relações obrigacionais, com a rotineira contraposição entre duas pessoas, uma das quais se atribui a condição de credora e reclama do suposto devedor certa prestação"[14]. É possível afirmar, na

[9] MARINONI, Luiz Guilherme. *Técnica processual e tutela dos direitos*. São Paulo: Revista dos Tribunais, 2004. p. 35-36.

[10] MARINONI, Luiz Guilherme. *Técnica processual e tutela dos direitos*. São Paulo: Revista dos Tribunais, 2004. p. 57-8 e 60.

[11] SILVA, Ovídio Baptista da. *Processo e ideologia*: o paradigma racionalista. Rio de Janeiro: Forense, 2004. p. 162; SILVA, Jaqueline Mielke. *O direito processual civil como instrumento de realização de direitos*. Porto Alegre: Verbo Jurídico, 2005. p. 206-7.

[12] SARLET, Ingo Wolfgang. *A Eficácia dos Direitos Fundamentais*: uma teoria geral dos direitos fundamentais na perspectiva constitucional. 12. ed. Porto Alegre: Livraria do Advogado, 2015. p. 47-50.

[13] MOREIRA, Rafael Martins Costa. *Acordos Ambientais e os limites do inegociável*. Londrina: Thoth, 2021. p. 44.

[14] BARBOSA MOREIRA, José Carlos. A ação popular do direito brasileiro como instrumento de tutela jurisdicional dos chamados "interesses difusos". *Temas de Direito Processual*. São Paulo: Saraiva, 1977. p. 110-123. p. 110.

esteira de Benjamin, que a inadaptação do Direito às características dos novos conflitos induziu a uma "insurreição da aldeia global contra o processo civil clássico", com a "libertação judicial do meio ambiente e do consumidor"[15]. Barbosa Moreira, da mesma forma, alertou para o crescimento de situações diversas das relações meramente interindividuais, em que se acham envolvidas coletividades mais ou menos amplas de pessoas. "Essas situações também podem e costumam servir de nascedouro a conflitos de interesses, cuja frequência e gravidade aumentam dia a dia"[16].

2. Da constitucionalização à judicialização: o meio ambiente e o clima ingressam no mundo jurídico

Foi na década de 1970 que a humanidade iniciou seu despertar para a gravidade dos impactos ambientais e climáticos, derivados da fé até então inabalável no crescimento indefinido de uma economia baseada no petróleo, no carvão e no consumo. Essa mudança de paradigma foi marcada por publicações de grande influência, como a obra *Silent Spring*, de Rachel Carson[17], e o Relatório do Clube de Roma sobre os Limites dos Crescimento[18], bem como por convenções internacionais, como a Declaração de Estocolmo de 1972, e a estruturação de uma robusta regulação ambiental, a exemplo do ordenamento norte-americano[19].

Os "desafios resultantes dos riscos do crescimento econômico insustentável, da superação dos limites planetários e da evolução industrial e tecnológica, despreocupada com as externalidades e os efeitos nocivos

[15] BENJAMIN, Antônio Herman V. A insurreição da aldeia global contra o processo civil clássico: apontamentos sobre a opressão e a libertação judiciais do meio ambiente e do consumidor. MILARÉ, Édis (coord.). *Ação civil pública – Lei 7.347/85*: reminiscências e reflexões após dez anos de aplicação. São Paulo: Revista dos Tribunais, 1995. p. 70-151.

[16] BARBOSA MOREIRA, José Carlos. A ação popular do direito brasileiro como instrumento de tutela jurisdicional dos chamados "interesses difusos". *Temas de Direito Processual*. São Paulo: Saraiva, 1977. p. 110-123. p. 110.

[17] CARSON, Rachel. *Silent Spring*. Boston/New York: Mariner Book, 2002.

[18] BAHRENS III, William W. *et al*. *The Limits to Growth*. New York: Universe Books, 1972. Disponível em: <http://collections.dartmouth.edu/published-derivatives/meadows/pdf/meadows_ltg-001.pdf>. Acesso em: 04 nov. 2015.

[19] A respeito da evolução da regulação ambiental dos Estados Unidos, vide: LEAPE, James P. *et al*. *Environmental regulation*: law, science and policy. 7. ed. New York: Wolters Kluwer Law & Business, 2013; SALZMAN, James; THOMPSON Jr., Barton H. *Environmental Law and Policy*. 5. ed. New York: Foundation Press, 2019.

cumulativos, conduziram ao reconhecimento de novos direitos, denominados de terceira dimensão"[20], ou direitos de fraternidade e solidariedade, que, na dicção de Sarlet, desprendem-se da "figura do homem-indivíduo como seu titular, destinando-se à proteção de grupos humanos (família, povo, nação), e caracterizando-se, consequentemente, como direitos de titularidade coletiva ou difusa"[21].

Na essência, encontrava-se a preocupação com a sustentabilidade, especialmente na exploração dos recursos naturais e no crescimento baseado em emissões nocivas, que culminou com a definição de desenvolvimento sustentável do Relatório Bruntland, de 1987, ao concebê-lo como aquele que atende às necessidades das gerações presentes sem comprometer a possibilidade de as futuras atenderem às suas próprias necessidades.

Foi assim que nossa Constituição Cidadã de 1988 absorveu esse caldo de preocupações globais com a sustentabilidade ambiental, social e climática, na esteira de um crescente "constitucionalismo ambiental"[22]

[20] MOREIRA, Rafael Martins Costa. *Acordos Ambientais e os limites do inegociável*. Londrina: Thoth, 2021. p. 118.

[21] SARLET, Ingo Wolfgang. *A Eficácia dos Direitos Fundamentais:* uma teoria geral dos direitos fundamentais na perspectiva constitucional. 12. ed. Porto Alegre: Livraria do Advogado, 2015. p. 48.

[22] Conforme menciona O'Gorman, 148 das 196 constituições por ele pesquisadas apresentam atualmente alguma forma de "Constitucionalismo Ambiental". Isso, contudo, não garante a efetividade da proteção ambiental (O'GORMAN, Roderic. Environmental Constitutionalism: A Comparative Study. *Transnational Environmental Law*, v. 6, n. 3, p. 435-462, 15 set. 2017). De acordo com o Primeiro Relatório Global sobre o Estado de Direito Ambiental (*Environmental Rule of Law*), publicado em 2019 pela UNEP (UN Environment Programme), desde a década de 1970, 88 países adotaram o direito constitucional a um ambiente saudável, e outros 62 países consagraram alguma forma de proteção ambiental em suas constituições – um total de 150 países, portanto, incluem direitos e/ou provisões constitucionais sobre o meio ambiente. Isso a despeito da fraca implementação das normas ambientais (UNITED NATIONS ENVIRONMENT PROGRAMME. *Environmental Rule of Law*: First Global Report. Nairobi, 2019. Disponível em: http://wedocs.unep.org/xmlui/bitstream/handle/20.500.11822/27279/Environmental_rule_of_law.pdf?sequence=1&isAllowed=y. Acesso em: 17 jul. 2019). Como menciona Morato Leite, "o próprio Direito só passou a tratar de concepções ambientais nas últimas décadas, havendo Estados que ainda consideram o ambiente a partir de concepções notadamente economicocêntricas" (MORATO LEITE, José Rubens. Sociedade de Risco e Estado. CANOTILHO, José Joaquim Gomes; MORATO LEITE, José Rubens. *Direito Constitucional Ambiental Brasileiro*. 6. ed. São Paulo: Saraiva, 2015. Edição Kindle. Posição 2911).

ou "ecológico"[23]. E o fez consagrando, pela primeira vez, um capítulo específico sobre a proteção ambiental[24].

Mas não parou por aí. A Carta da República ainda estruturou diversos direitos, garantias e princípios próprios do Estado Democrático de Direito, como a separação dos poderes, a inafastabilidade do acesso à jurisdição (CF, art. 5º, inc. XXXV), a independência do Poder Judiciário e garantias à Magistratura e às funções essenciais à Justiça. Dispôs ainda sobre as variadas competências dos ramos da Justiça, criou o Superior Tribunal de Justiça e definiu as atribuições da Suprema Corte.

A partir desse novo marco constitucional – com a constitucionalização da tutela ambiental e a estruturação do desenho atual do Judiciário brasileiro – é que se formou um terreno fecundo para o desenvolvimento da jurisprudência ambiental e climática brasileira. A evolução da litigância nessa seara iniciou com a implementação judicial das regras constitucionais e da legislação ambiental a situações concretas. Ao depois, novos marcos foram ultrapassados, como o reconhecimento da dignidade própria da vida animal, mesmo em detrimento de interesses humanos; o controle judicial de políticas públicas ambientais; a definição dos contornos dos princípios da precaução e da vedação de retrocesso; e a primazia do interesse coletivo e difuso sobre interesses particulares. Ainda, o campo de discricionariedade do legislador e do administrador, paulatinamente, foram se estreitando, não apenas em virtude da proliferação da legislação ambiental, mas também do desenvolvimento da jurisprudência ambiental.

3. Litigância ambiental e climática: evolução desde a Declaração do Rio de 1992

Após a promulgação da Lei Fundamental e a realização da Conferência das Nações Unidas sobre Meio Ambiente e Desenvolvimento de 1992 (Rio-92), testemunhou-se uma sólida e crescente evolução da litigância ambiental

[23] Fensterseifer e Sarlet preferem a expressão "Constituição Ecológica", em lugar de "Constituição Ambiental", "à luz do 'estado da arte' de desenvolvimento do Direito Constitucional contemporâneo, notadamente diante do novo paradigma constitucional ecológico com fortes traços ecocêntricos emergente a partir da última década" (FENSTERSEIFER, Tiago; SARLET, Ingo Wolfgang. *Direito Constitucional Ecológico.* 6. ed. São Paulo: Revista dos Tribunais, 2019. p. 55).

[24] SILVA, José Afonso da. *Direito Ambiental Constitucional.* 9 ed. São Paulo: Malheiros, 2011. p. 48.

e climática. Como mencionado, as primeiras decisões implementaram as novas regras positivadas na Constituição e na legislação. Destacam-se dois acórdãos do STF: um de 1989, que determinou a suspensão de decreto estadual por afronta à exigência de lei para suprimir espaços protegidos (CF, art. 225, § 1º, inc. III)[25], e outro de 1994, que aplicou a clara determinação constitucional de elaboração de estudo prévio de impacto ambiental para atividades ou empreendimentos que possam causar significativa degradação ambiental (CF, art. 225, inc. IV)[26]. De notar, ainda, decisão do STJ de 1997, que reafirmou a necessidade de anuência prévia de órgãos do SISNAMA para qualquer atividade capaz de gerar degradação ambiental, na forma do art. 10 da Lei n. 6.938/81[27].

Em quantidade, qualidade e abrangência, descortinou-se uma inegável expansão dos litígios ambientais. Dentre os fatores que conduziram a esse movimento, podemos mencionar: a abertura das cortes às novas demandas e a estruturação de varas ambientais especializadas[28]; a "descoberta" da sociedade e dos agentes públicos das ferramentas disponíveis para "judicializar" os conflitos ambientais, como a ação civil pública, a ação popular, as ações de inconstitucionalidade e os pedidos liminares; o fortalecimento do Ministério Público e sua acentuada independência, sucedido pela criação e incremento de novos órgãos e entidades, como a Defensoria Pública, a Advocacia Pública e os órgãos e agências ambientais;

[25] STF, ADIn 73 MC, j. 09/08/1989.

[26] STF, Pleno, ADI 1086 MC, Rel. Ilmar Galvão, j. 01/08/1994.

[27] ADMINISTRATIVO. MEIO AMBIENTE - OBRA POTENCIALMENTE AGRESSIVA - LICENÇA DO SISNAMA - LEI 6.938/81, ART. 10. - EM HAVENDO OBRA POTENCIALMENTE OFENSIVA AO MEIO-AMBIENTE, RESERVA-SE AOS INTEGRANTES DO SISNAMA, A COMPETENCIA PARA AVALIAR O ALEGADO POTENCIAL. - ACORDÃO FINCADO NA ASSERTIVA DE QUE A OBRA IMPUGNADA ESTA LIVRE DE AUTORIZAÇÃO DO SISNAMA, PORQUE LEVA EM CONTA OS CUIDADOS EXIGIDOS PARA A PRESERVAÇÃO DO MEIO-AMBIENTE. TAL ARESTO EFETUOU JUIZO DE VALOR, PENETRANDO A COMPETENCIA DO SISNAMA E MALTRATANDO O ARTIGO 10, DA LEI 6.938/81 (STJ, REsp n. 114.549/PR, relator Ministro Humberto Gomes de Barros, Primeira Turma, julgado em 2/10/1997).

[28] A primeira vara ambiental especializada foi instalada pela Justiça Estadual do Mato Grosso, em Cuiabá, 1997. Sobre o tema, vide: AGOSTINI, Andréia Mendonça; FREITAS, Vladimir Passos de. A especialização da jurisdição ambiental como garantia de efetividade do direito fundamental ao meio ambiente ecologicamente equilibrado. ***Revista da Ajuris***, Porto Alegre, v. 39, n. 128 p. 297-320, dez. 2012.

o avanço do direito internacional e, no plano doméstico, da legislação ambiental.

No que concerne ao plano internacional, desde, principalmente, a Conferência do Rio de 1992, mesmo ano do advento da Convenção sobre Diversidade Biológica e da Convenção-Quadro das Nações Unidas sobre a Mudança do Clima, acelerou-se a formalização de declarações, acordos, convenções e tratados em direito ambiental e climático. No ponto, ressalta-se a realização das Conferências das Partes da Convenção do Clima (COPs), iniciando com a COP1 em Berlim, tendo se destacado, com seus avanços e estagnações, o Protocolo de Quioto (COP3) de 1997, a COP15 em Copenhague no ano de 2009, o Acordo de Paris de 2015 (COP21) e as conferências que se seguiram. De notar ainda: a Convenção de Aarhus sobre acesso à informação, participação pública e acesso à justiça em matéria ambiental de 1998; o Protocolo de Cartagena sobre Biossegurança de 2000; o prosseguimento da Rio/92 (*Rio follow-up process*), com a Conferência de Joanesburgo de 2002 (Rio+10) e a Rio+20 em 2012; o Protocolo de Nagoia sobre recursos genéticos de 2010; a aprovação dos "Objetivos do Desenvolvimento Sustentável", por meio do documento "Transformando Nosso Mundo: a Agenda 2030 para o Desenvolvimento Sustentável", no mesmo ano da Encíclica "Laudato si: sobre o cuidado da casa comum", do Papa Francisco, em 2015; e o Acordo Regional de Escazú para América Latina e Caribe sobre Acesso a Informação, Participação Pública e Acesso a Justiça em Matéria Ambiental de 2018.

Na mesma linha, o legislador brasileiro (com algum atraso) produziu um robusto quadro regulatório ambiental (material e processual), desde principalmente a Lei da Política Nacional do Meio Ambiente de 1981. Desse modo, o acesso à justiça ambiental foi facilitado, com a Lei da Ação Civil Pública de 1985 e o Código do Consumidor de 1990, de modo a ampliar não apenas as vias de acesso (notadamente por meio da ação civil pública), mas também a lista de legitimados ativos e o leque de medidas processuais disponíveis. A legislação criminal ambiental também recebeu nova roupagem com a Lei n. 9.605/98, em especial por meio da previsão de responsabilidade penal de pessoas jurídicas.

Cumpre sublinhar, outrossim, as inovações no direito processual inauguradas pelo art. 84 do CDC (Lei 8.078/90) e consolidadas pelas reformas no CPC de 1973 a partir de 1994, mediante alteração do art.

461 e acréscimo do 461-A, que conferiram às decisões judiciais em que ordenadas obrigações de fazer, não fazer e dar coisa certa eficácia executiva e mandamental, de modo a dispensarem o processo autônomo para cumprimento. Esses dispositivos, igualmente, proporcionaram ao magistrado conceder a tutela específica da obrigação ou determinar providências que assegurem o resultado prático equivalente ao do adimplemento[29]. Ao Judiciário foram conferidos poderes tendentes a converter sua decisão em realidade e, assim, viabilizar a concretização dos direitos fundamentais relacionados com os fatos veiculados na demanda judicial[30].

Assim, o caminho para o desenvolvimento do litígio ambiental e climático estava pavimentado, e foi devidamente trilhado pelos juízes, tribunais e cortes superiores.

O direito ao meio ambiente ecologicamente equilibrado (CF, art. 225) teve sua fundamentalidade reconhecida pelo STF em 1995, como direito de terceira dimensão, diante da cláusula de abertura do art. 5º, § 2º da CF[31]. De forma mais explícita, em 2005, ao afirmar que todos "têm direito ao meio ambiente ecologicamente equilibrado", "um típico direito de terceira geração (ou de novíssima dimensão), que assiste a todo o gênero humano"[32]. Neste mesmo julgado, a prevalência de interesses coletivos e difusos sobre direitos individuais foi assentada pela Corte Suprema, quando salientou que a "incolumidade do meio ambiente não pode ser comprometida por interesses empresariais nem ficar dependente de motivações de índole meramente econômica"[33].

A fronteira do antropocentrismo, ao menos em sua abordagem radical, foi superada quando aplicada a regra do art. 225, § 1º, inc. VII da Carta da República, para considerar inconstitucional práticas que submetem animais à crueldade. Inicialmente, foram glosadas as práticas de "briga

[29] ZAVASKI, Teori Albino. *Comentários ao Código de Processo Civil: do processo de execução*. V. 8. 2. ed. São Paulo: Revista dos Tribunais, 2003. p. 404, 437-9; MARINONI, Luiz Guilherme. *Técnica Processual e Tutela dos Direitos*. São Paulo: Revista dos Tribunais, 2004. p. 136.

[30] MOREIRA, Rafael Martins Costa. O princípio da adstrição na jurisdição civil ambiental. *Revista de Direito Ambiental*, v. 77, p. 169-95, jan.-mar. 2015.

[31] STF, Pleno, MS 22164, Rel. Min. Celso de Mello, j. 30/10/1995.

[32] STF, Pleno, ADI 3540 MC, Rel. Min. Celso de Mello, j. 01/09/2005.

[33] STF, Pleno, ADI 3540 MC, Rel. Min. Celso de Mello, j. 01/09/2005.

de galos"[34] e "farra do boi"[35], conferindo-se primazia ao direito ambiental sobre interesses humanos culturais e econômicos. Essa abordagem restou também acolhida pelo STJ em julgado emblemático, ao referir que "pode-se falar também de limitações aos direitos fundamentais dos seres humanos com base no reconhecimento de interesses não humanos"[36].

Quando do julgamento do caso da "vaquejada", mais de quinze anos depois das primeiras decisões envolvendo a "rinha do galo" e a "farra do boi", porém, o STF encontrou um quadro de resistência maior da comunidade afetada. Em 2016, o Pretório Excelso, ao reputar inconstitucional a prática da denominada "vaquejada", sublinhou que a obrigação de o Estado garantir a todos o pleno exercício de direitos culturais, incentivando a valorização e a difusão das manifestações, não prescinde da observância do disposto no inciso VII do § 1º do art. 225 da Carta Federal, o qual veda prática que submeta os animais à crueldade[37]. Não obstante, verificou-se forte reação dentre aqueles interessados na manutenção da atividade, por fatores culturais, políticos e econômicos. Situação que desaguou em uma "reação legislativa", tendo o Congresso Nacional readmitido a prática dessa manifestação cultural após a introdução do § 7º ao art. 225 da CF pela emenda constitucional n. 96 de 2016. Essa alteração foi objeto de novo questionamento de constitucionalidade perante o STF, na ADIn 5728, com manifestação da Procuradoria-Geral da República pela inconstitucionalidade, ainda pendente de julgamento. Se a Corte, com a composição formada por ocasião do julgamento, vai ou não se manter em uma tendência "ecocêntrica" e reiterar a primazia do direito ao bem-estar animal sobre interesses humanos, ainda é prematuro afirmar.

[34] STF, Pleno, ADI 1856 MC, Rel. Min. Carlos Velloso, j. 03/09/1998; ADI 1856, Rel. Min. Celso de Mello, j. 26/05/2011; ADI 3776/RN, Pleno, Rel. Min. Cezar Peluso, j. 14/06/2007; ADI 2514/SC, Pleno, Rel. Min. Eros Grau, j. 29/06/2005. Antes da Constituição de 1988 a "rinha do galo" já era considerada prática ilegal, mas por outro fundamento: era tipificada como contravenção de maus tratos aos animais (Lei de Contravenções Penais, art. 64) e jogo de azar (STF, RE 39152, j. 3/7/58; RHC 35762, j. 23/4/58; RHC 34936, j. 30/4/57.

[35] STF, 2ª T., RE 153531, Rel. Min. Francisco Rezek, Rel. p/ Ac. Min. Marco Aurélio, j. 03/06/1997.

[36] Trecho do voto relator do acórdão proferido em: STJ, 2ª T., REsp 1797175/SP, Rel. Min. Og Fernandes, j. 21/03/2019.

[37] STF, Pleno, ADI 4983/CE, rel. Min. Marco Aurélio, j. 02/06/2016.

O protagonismo judicial na seara ambiental ganhou impulso na esteira do que se convencionou chamar de "controle jurisdicional de políticas públicas", de modo que ao Judiciário, "no caso de eventuais desvios na implementação dos direitos fundamentais pelos demais poderes", confere-se o poder de conformar a atividade legislativa e executiva às políticas públicas preferenciais, já previstas no texto constitucional[38]. O tema, que tem como base a previsão de direitos sociais prestacionais, de segunda dimensão, no bojo da Constituição, foi tratado pelo Min. Celso de Mello em decisão paradigmática na APDF 45 MC/DF, em 04/05/2005. Nela, o Ministro asseverou que "não se inclui, ordinariamente, no âmbito das funções institucionais do Poder Judiciário – e nas desta Suprema Corte, em especial – a atribuição de formular e de implementar políticas públicas". No entanto, tal incumbência, "embora em bases excepcionais, poderá atribuir-se ao Poder Judiciário, se e quando os órgãos estatais competentes, por descumprirem os encargos político-jurídicos que sobre eles incidem, vierem a comprometer, com tal comportamento, a eficácia e a integridade de direitos individuais e/ou coletivos impregnados de estatura constitucional, ainda que derivados de cláusulas revestidas de conteúdo programático". As primeiras manifestações do STF referiram-se a omissão estatal na implementação de direitos sociais como saúde e educação. Mas tal possibilidade de intervenção judicial não tardou a ser utilizada também para questionar deficiências nas políticas públicas ambientais. É dizer, a ausência ou insuficiência de implementação de deveres constitucionais de proteção ambiental passou a justificar também a atuação judicial para suprir essa hipótese de abuso por omissão.

Nessa linha, porque há um dever de implementação pelo Poder Público de medidas de proteção e preservação do equilíbrio ambiental, derivado diretamente do art. 225 da Constituição Federal, a aplicação imediata e eficácia direta dos direitos fundamentais, sobretudo do direito ao meio ambiente ecologicamente equilibrado e do direito ao futuro[39], tal como

[38] GRINOVER, Ada Pellegrini. O controle jurisdicional de políticas públicas. *In* GRINOVER, Ada Pellegrini; WATANABE, Kazuo (coord.). *O controle jurisdicional de políticas públicas*. Rio de Janeiro: Forense, 2011. p. 177.

[39] FREITAS, Juarez. *Sustentabilidade*: direito ao futuro. 4. ed. Belo Horizonte: Forum, 2019.

estabelece o art. 5º, § 1º, da Constituição Federal, também vincula[40] os poderes públicos – Executivo, Legislativo e Judiciário – o que legitima o controle judicial não apenas das ações, como também das omissões administrativas e legislativas. A propósito, ao admitir o controle judicial de políticas públicas ambientais, por exemplo, o STF considerou possível determinação judicial para o Poder Público fazer obras para impedir a poluição de um rio.[41] Em outro caso, o STJ impôs ao administrador público municipal a prestação continuada do serviço de coleta de lixo[42].

Também foram (e ainda são) objeto de debates e desenvolvimento na jurisprudência dos tribunais superiores os contornos dos princípios da precaução e da vedação ao retrocesso. Quanto à precaução, ao menos desde sua previsão pelo Princípio 15 da Declaração do Rio de Janeiro de 1992 e consolidação na doutrina jusambientalista[43] e na própria legislação brasileira[44], tal princípio tem norteado importantes manifestações

[40] Sobre a problemática da vinculação dos poderes públicos aos direitos fundamentais, como ligada ao tema da eficácia e aplicabilidade, ressaltando que o art. 5º, § 1º da CF "diz respeito a todas as normas de direitos fundamentais, independentemente de sua função (direitos a prestações ou direitos de defesa) e da forma de sua positivação, consultar: SARLET, Ingo Wolfgang. *A Eficácia dos Direitos Fundamentais:* uma teoria geral dos direitos fundamentais na perspectiva constitucional. 12. ed. Porto Alegre: Livraria do Advogado, 2015. p. 382-392.

[41] "Esta Corte já firmou a orientação de que é dever do Poder Público e da sociedade a defesa de um meio ambiente ecologicamente equilibrado para a presente e as futuras gerações, sendo esse um direito transindividual garantido pela Constituição Federal, a qual comete ao Ministério Público a sua proteção. 2. O Poder Judiciário, em situações excepcionais, pode determinar que a Administração pública adote medidas assecuratórias de direitos constitucionalmente reconhecidos como essenciais sem que isso configure violação do princípio da separação de poderes. 3. Agravo regimental não provido" (STF, 1ª T., RE 417408 AgR, Rel. Min. Dias Toffoli, j. 20/03/2012).

[42] STJ, REsp 575.998/MG, Rel. Min. Luiz Fux, 1ª T., j. 07/10/2004.

[43] Para uma análise abrangente do princípio da precaução, essencial a leitura de: WEDY, Gabriel. *O princípio constitucional da precaução*: como instrumento de tutela do meio ambiente e da saúde pública. 3. ed. Belo Horizonte: Forum, 2020.

[44] O legislador brasileiro já acolheu o princípio da precaução. Assim: as ações da política nacional de mudança do clima são guiadas pelo princípio da precaução (Lei n. 12.187/09, art. 3º); o manejo, disposição e destinação de resíduos sólidos deve evitar riscos à saúde pública e à segurança, com apoio do princípio da precaução (Lei n. 12.305/10, art. 3º, incs. VII e VIII; art. 6º, inc. I); na proteção e na utilização do bioma Mata Atlântica deve ser observado, dentre outros, o princípio da precaução (Lei n. 11.428/06, art. 6º, par. ún.); o mesmo se aplica em relação ao manejo de organismos geneticamente modificados (Lei n. 11.105/05, art. 1º).

jurisprudenciais. Conquanto não esteja expresso na Carta Magna, foi utilizado em 2009 para fundamentar a decisão do STF que proibiu a importação de pneus usados, ao considerá-lo como "acolhido constitucionalmente, harmonizado com os demais princípios da ordem social e econômica"[45]. O STJ, no mesmo ano, com fundamento no princípio da precaução, afastou, "como regra geral, a queima de palha da cana-de-açúcar, sobretudo por haver instrumentos e tecnologias que podem substituir essa prática, sem inviabilizar a atividade econômica". Assentou caber à "autoridade ambiental estadual expedir autorizações – específicas, excepcionais, individualizadas e por prazo certo – para uso de fogo, nos termos legais, sem a perda da exigência de elaboração, às expensas dos empreendedores, de Estudo Prévio de Impacto Ambiental, na hipótese de prática massificada, e do dever de reparar eventuais danos (patrimoniais e morais, individuais e coletivos) causados às pessoas e ao meio ambiente, com base no princípio poluidor-pagador"[46].

Posteriormente, em demanda envolvendo a exposição humana a campos eletromagnéticos, o STF entendeu que o "princípio da precaução não prescindiria de outros elementos considerados essenciais para uma adequada decisão estatal, a serem observados sempre que estiver envolvida a gestão de riscos: a) a proporcionalidade entre as medidas adotadas e o nível de proteção escolhido; b) a não discriminação na aplicação das medidas; e, c) a coerência das medidas que se pretende tomar com as já adotadas em situações similares ou que utilizem abordagens similares". Assim, a "existência de riscos decorrentes de incertezas científicas não deveria produzir uma paralisia estatal ou da sociedade", e "a aplicação do princípio não poderia gerar como resultados temores infundados". Por sua vez, "o eventual controle pelo Poder Judiciário quanto à legalidade e à legitimidade na aplicação desse princípio haveria de ser realizado com prudência, com um controle mínimo, diante das incertezas que

[45] STF, Pleno, ADPF 101, Rel. Min. Cármen Lúcia, j. 24/06/2009.

[46] STJ, 2ª T., REsp n. 965.078/SP, Rel. Min. Herman Benjamin, j. 20/8/2009.Para uma minuciosa e aprofundada análise sobre o tema responsabilidade civil e mudanças climáticas é essencial a leitura do texto seguinte: LEMOS, Patricia Faga Iglecias. Mudanças climáticas e responsabilidade civil por dano ao meio ambiente. In: Direito e mudanças climáticas [recurso eletrônico]: responsabilidade civil e mudanças climáticas / organizado por Paula Lavratti e Vanêsca Buzelato Prestes. – São Paulo: Instituto O Direito por um Planeta Verde, 2010. – (Direito e Mudanças Climáticas; 2).

reinam no campo científico"[47]. Com isso, afastou-se a Suprema Corte de uma perspectiva forte e radical do princípio da precaução, exigindo a proporcionalidade das medidas a serem adotadas quando diante de riscos incertos e verossímeis.

De todo modo, o princípio da precaução mantém sua força normativa na jurisprudência do STF, que o aplicou para, *v.g.*, manter a suspensão de atividade de mineração em município no qual existentes comunidades indígenas[48], e exigir aprovação das autoridades sanitárias e ambientais competentes e a comprovação científica da eficácia da medida como condições prévias e inafastáveis para o combate ao mosquito *Aedes Aegypti* por meio de dispersão por aeronaves[49].

O princípio da vedação ao retrocesso ecológico e o correlato dever estatal de progressividade no regime jurídico ecológico[50] são igualmente fontes de controvérsia e ancoraram decisões dos tribunais superiores. O STJ, ao relacionar a vedação ao retrocesso com o princípio da melhoria da qualidade ambiental (Lei n. 6.938/81, art. 2º), já decidiu pela irretroatividade das normas menos protetivas do novo Código Florestal[51], bem como pela irrelevância, para fins de responsabilidade ambiental, de um imóvel se localizar em área já deteriorada[52].

No entanto, o STF, no julgamento de diversas ações de inconstitucionalidade intentadas contra dispositivos do Novo Código Florestal, conferiu uma interpretação mais branda ao referido princípio, ao entender que não é adequado desqualificar determinada regra legal como contrária ao comando constitucional de defesa do meio ambiente (CF, art. 225), ou mesmo sob o genérico e subjetivo rótulo de "retrocesso ambiental", ignorando as diversas nuances que permeiam o processo decisório do legislador, democraticamente investido da função de apaziguar interesses conflitantes por meio de regras gerais e objetivas. Ademais, assentou a

[47] STF, RE 627189/SP, rel. Min. Dias Toffoli, j. 8/6/2016.

[48] STF, SL 933 ED/PA, rel. Min. Ricardo Lewandowski, red. p/ o ac. Min. Marco Aurélio, j. 31/5/2017.

[49] STF, ADI 5592/DF, rel. orig. Min. Cármen Lúcia, red. p/ o ac. Min. Edson Fachin, j. 11/9/2019

[50] FENSTERSEIFER, Tiago; SARLET, Ingo Wolfgang. *Direito Constitucional Ecológico*. 6. ed. São Paulo: Revista dos Tribunais, 2019. p. 401-420.

[51] STJ, 2ª T., AgInt no REsp n. 1.688.885/SP, Rel. Min. Herman Benjamin, j. 1/9/2020.

[52] STJ, 2ª T., REsp n. 769.753/SC, Rel. Min. Herman Benjamin, j. 8/9/2009.

Suprema Corte que o princípio da vedação ao retrocesso não se sobrepõe ao princípio democrático, no desejo de transferir ao Judiciário funções inerentes aos Poderes Legislativo e Executivo, e nem justifica afastar arranjos legais mais eficientes para o desenvolvimento sustentável do país como um todo[53]. Em decisão posterior, em que reconheceu a impossibilidade de diminuição ou supressão de espaços territoriais especialmente protegidos por meio de medida provisória, o Pretório Excelso assentou que, conquanto a aplicação do princípio da proibição do retrocesso socioambiental não possa engessar a ação legislativa e administrativa, sendo forçoso admitir certa margem de discricionariedade às autoridades públicas em matéria ambiental, não pode ser atingido o núcleo essencial do direito fundamental ao meio ambiente ecologicamente equilibrado.[54]

Mais recentemente, a Corte se valeu dos princípios da precaução e da proibição de retrocesso para impor limites à desregulação ambiental pelo CONAMA, ao afirmar que a revogação de resoluções desse Conselho, como normas operacionais fixadoras de parâmetros mensuráveis necessários ao cumprimento da legislação ambiental, sem sua substituição ou atualização, compromete a observância da Constituição Federal, da legislação vigente e de compromissos internacionais[55].

O protagonismo crescente do Poder Judiciário, que se manifestou não apenas na implementação da Constituição e das leis, como também na interpretação, definição e evolução do próprio conteúdo das normas ambientais, desenvolveu-se na mesma medida em que se reduziu a discricionariedade da Administração Pública e do Legislador. Como bem registrou Enterría, a história da redução das imunidades dos governantes, e da constante resistência da Administração ao controle judicial pleno de seus atos, mediante criação de redutos isentos à fiscalização, representa, em geral, a história mesma do Direito Administrativo[56]. Nessa perspectiva, os tribunais têm ampliado o campo do controle e restringido a esfera da

[53] STF, Pleno, ADC 42/DF, ADI 4901/DF, ADI 4902/DF, ADI 4903/DF e ADI 4937/DF, Rel. Min. Luiz Fux, j. 28/02/2018, informativo n. 892.

[54] STF, Pleno, ADI 4717/DF, Rel. Min. Cármen Lúcia, j. 05/04/2018, informativo n. 896.

[55] STF, ADPF 747/DF e 749/DF, Re. Min. Rosa Weber, j. 13/12/2021; ADPF 748/DF, Re. Min. Rosa Weber, j. 20/5/2022.

[56] ENTERRÍA, Eduardo García de. *La lucha contra las inmunidades del Poder en el derecho administrativo*. Madrid: Civitas, 1993. p. 22.

liberdade e da discricionariedade das ações e omissões administrativas e legislativas.

Essa tendência de ampliação do controle judicial, porém, não se verificou de forma harmônica e invariável, nem deixou de sofrer críticas e resistências. Em demanda ajuizada para questionar o projeto de transposição do Rio São Francisco, o STF, já no ano de 2007, manteve a realização da obra, ao entender que o "meio ambiente não é incompatível com projetos de desenvolvimento econômico e social que cuidem de preservá-lo como patrimônio da humanidade", e que dizer "sim ou não à transposição não compete ao Juiz, que se limita a examinar os aspectos normativos, no caso, para proteger o meio ambiente"[57].

Essa postura mais deferencial às escolhas políticas foi acolhida pela Suprema Corte, principalmente, nas ações constitucionais envolvendo o novo Código Florestal. De fato, a maioria das disposições da Lei n. 12.651/12 foram mantidas, tendo o Min. Luiz Fux, relator, afirmado que, no dilema entre preservação de recursos naturais para as gerações futuras e atendimento das carências da geração atual, é preciso realizar escolhas trágicas pelas instâncias democráticas, e "não pela convicção dos juízes, por mais bem-intencionados que sejam". Acrescentou ainda que, "em regra, a formulação de políticas públicas ocorrerá em um cenário de incerteza, não competindo ao Judiciário, nessas situações, substituir as escolhas dos demais órgãos do Estado pelas suas próprias escolhas"[58].

A mesma deferência, contudo, não foi esposada no julgamento de processos listados na denominada "pauta verde" do STF[59], em 2022. Sobre

[57] STF, Pleno, ACO 876 MC-AgR, Rel. Min. Menezes Direito, . 19/12/2007.

[58] STF, Pleno, ADI 4901, 4902, 4903, 4937, adc 42/df, Rel. Min. Luiz Fux, j. 28/2/18.

[59] A chamada "pauta verde" do STF envolveu os seguintes casos relacionados à litigância ambiental e climática, alguns já julgados: **ADPF 651**, contra o Decreto 10.224/2020, que, ao regulamentar a lei que institui o Fundo Nacional do Meio Ambiente (Lei 7.797/1989), exclui a participação da sociedade civil do seu conselho deliberativo; **ADI 6148,** que questiona a Resolução Conama 491/2018 ao argumento de não regulamentar de forma eficaz e adequada os padrões de qualidade do ar; **ADPF 735**, contra o Decreto n. 10.341/2020 e a Portaria 1.804/2020 do Ministério da Defesa, que teriam retirado a autonomia do IBAMA como agente de fiscalização, ao atribuir a coordenação da chamada "Operação Verde Brasil 2" ao Ministério da Defesa; **ADO 54**, em que se alega omissão inconstitucional do Presidente da República e do Ministro do Meio Ambiente em coibir o avanço do desmatamento na Amazônia; **ADO 59**, pela qual se alega a omissão da União em relação à paralisação do Fundo Amazônia e do Fundo Nacional sobre Mudança do Clima; **ADPF 760,** contra supostos atos da União

a destinação de recursos ao Fundo Nacional sobre Mudança do Clima, a Corte entendeu que o "Poder Executivo tem o dever constitucional de fazer funcionar e alocar anualmente os recursos do Fundo Clima, para fins de mitigação das mudanças climáticas, estando vedado seu contingenciamento, em razão do dever constitucional de tutela ao meio ambiente (CF, art. 225), de direitos e compromissos internacionais assumidos pelo Brasil (CF, art. 5º, § 2º), bem como do princípio constitucional da separação dos poderes"[60]. Mais que isso, reconheceu-se que os tratados sobre direito ambiental (o que inclui os acordos sobre o clima) constituem espécie do gênero tratados de direitos humanos e desfrutam, por essa razão, de status supranacional. Também traçou limites importantes à simplificação do licenciamento ambiental, ao decidir pela inconstitucionalidade da concessão automática de licença ambiental para o funcionamento de empresas que exerçam atividades de risco médio, bem assim pela invalidade da vedação à coleta adicional, pelos órgãos competentes, de dados que não tenham sido disponibilizados previamente[61]. O movimento de "desregulação" ambiental promovido pelo CONAMA, que revogou três resoluções (Res. 284/01, 302 e 303/02), também restou rejeitado pelo STF, ao asseverar que tal conduta conduz a estado de "anomia e descontrole regulatório"[62].

Portanto, sem a pretensão de esgotar a análise das decisões da Suprema Corte e dos demais tribunais sobre o tema (tarefa, de todo modo, inviável de ser cumprida neste breve artigo), é possível concluir, primeiramente que se admite alguma deferência às escolhas técnicas e políticas, participativas e ponderadas do Congresso Nacional e do Executivo, como se verificou na aprovação do Código Florestal. Entretanto, o STF e o Judiciário em geral têm colocado em xeque a discricionariedade do Legislador e do Administrador, confrontando as atividades administrativas e a criação

em relação à execução de plano efetivo de prevenção ao desmatamento na Amazônia; **ADI 6808,** que questiona alterações, por meio de medida provisória, em lei sobre a Rede Nacional para a Simplificação do Registro e da Legalização de Empresas e Negócios (Redesim), a qual prevê a concessão automática, sem análise humana, de alvará de funcionamento e licenças, inclusive ambientais, para empresas enquadradas em atividade de grau de risco médio, além de impossibilitar que os órgãos de licenciamento solicitem informações adicionais.

[60] STF, ADPF 708/DF, relator Min. Roberto Barroso, j. 1º/7/2022.

[61] STF, ADI 6808/DF, Rel. Min. Cármen Lúcia, j. 28/4/2022.

[62] STF, ADPF 747, 748, 749.

legislativa com os deveres constitucionais de proteção ambiental e, inclusive, com os compromissos internacionais assumidos pelo País.

4. Novas fronteiras e novos desafios

Em que pese os evidentes avanços na litigância ambiental brasileira, novas fronteiras ainda precisam ser cruzadas pelo direito e pela jurisprudência.

O País deverá enfrentar o fenômeno, ainda em desenvolvimento, dos litígios climáticos, assim concebidos aqueles cujo objetivo é "pressionar o Estado Legislador, Estado Administrador e os entes particulares a cumprirem, mediante provocação do Estado Juiz, o compromisso mundial no sentido de garantir um clima adequado com o corte de emissões de gases de efeito estufa e o incentivo à produção das energias renováveis"[63].

O Programa das Nações Unidas para o Meio Ambiente (*UN Environment Programme* ou *UNEP*), em renovada parceria com o *Sabin Center for Climate Change Law* da *Columbia Law School*, lançou, recentemente, importante relatório sobre o estado da litigância climática global, denominado *Global Climate Change Litigation Report – 2020 Status Review*[64], o qual atualiza e inova em relação ao último e pioneiro relatório de 2017, *The Status of Climate Change Litigation – A Global Review*[65]. Como destacou Inger Andersen, Diretora Executiva da UNEP, o novo relatório, ao fornecer uma visão geral do estado atual dos litígios climáticos em todo o mundo, atualiza o relatório de 2017 e constata um sensível incremento em demandas desse tipo. Em 2017, houve 884 casos de conflitos climáticos em 24 países. Em 2020, o número quase duplicou, com pelo menos 1.550 ações ajuizadas em 38 países. Para Andersen, esta onda crescente de casos tem conduzido a mudanças necessárias na política climática. O relatório mostra como os litígios nessa seara estão a obrigar os governos e os empresários a buscar

63 WEDY, Gabriel. *Litígios Climáticos*: de acordo com o Direito Brasileiro, Norte-Americano e Alemão. 2. ed. Belo Horizonte: Forum, 2023.

64 UNITED NATIONS ENVIRONMENT PROGRAMME – UNEP. *Global Climate Litigation Report*: 2020 Status Review. Disponível em: https://wedocs.unep.org/bitstream/handle/20.500.11822/34818/GCLR.pdf?sequence=1&isAllowed=y. Acesso em: 15 mar. 2021.

65 UNITED NATIONS ENVIRONMENT PROGRAMME – UNEP. *The Status of Climate Litigation*: a Global Review, mai. 2017. Disponível em: https://wedocs.unep.org/bitstream/handle/20.500.11822/20767/climate-change-litigation.pdf?sequence=1&isAllowed=y. Acesso em: 15 mar. 2021.

objetivos mais ambiciosos de mitigação e de adaptação às alterações climáticas e enfatiza que os impactos do aquecimento global ultrapassarão de longe a devastação atual causada pela pandemia do novo coronavírus[66].

No Brasil, a par de diversas ações judiciais em trâmite perante varas estaduais e federais, o STF já julgou a ADPF 708, ao considerar inconstitucional o contingenciamento de recursos destinados ao Fundo Clima. Também já decidiu na ADO 59, ao determinar à União que adote, no prazo de 60 dias, as providências administrativas necessárias para a reativação do Fundo Amazônia, sem novas paralisações. Ainda não se pronunciou na ADPF 760, mais abrangente que as anteriores, contra supostos atos da União em relação à execução de plano efetivo de prevenção ao desmatamento na Amazônia. De conseguinte, o futuro da litigância climática no País ainda será escrito, especialmente a partir de precedentes do STF e STJ, sobretudo os contornos do "controle judicial de políticas públicas climáticas"[67].

No contexto processual, métodos de solução de conflitos, de implementação de ordens judiciais e de reformulação de instituições deficientes ainda são objeto de evolução e discussão. Registre-se aqui o desenvolvimento do denominado "processo civil estrutural". Nessa nova concepção de processo, o "Judiciário estaria legitimado a promover alterações em instituições existentes por meio de providências necessárias a assegurar a concretização de suas decisões e a efetividade dos direitos fundamentais reconhecidos"[68]. De acordo com Jobim, as medidas estruturantes propiciam ao tribunal criar condições para que sua decisão se torne efetiva no plano concreto, especialmente quando se confronta com o paradigma então dominante na sociedade[69]. Segundo o autor, transformar "a realidade social é um dos grandes alicerces das medidas estruturantes, o que se coaduna com os ideais defendidos nos artigos iniciais da Constituição"[70].

[66] UNITED NATIONS ENVIRONMENT PROGRAMME – UNEP. *Global Climate Litigation* Report, *op. cit.*, p. 2.

[67] MOREIRA, Rafael Martins Costa; WEDY, Gabriel. O controle judicial de políticas públicas climáticas. *In:* CAFRUNE, Marcelo; DERMANN, Marina; MALDONADO, Emiliano (org.). *Direitos da natureza, extrativismo e litigância climática.* Rio Grande: FURG, 2022. p. 241-269.

[68] MOREIRA, Rafael Martins Costa. *Acordos Ambientais e os limites do inegociável.* Londrina: Thoth, 2021. p. 57.

[69] JOBIM, Marco Félix. *Medidas Estruturantes*: da Suprema Corte Estadunidense ao Supremo Tribunal Federal. Porto Alegre: Livraria do Advogado, 2013. Edição Kindle. Posição 9327.

[70] *Op. cit.*, posição 5605-5617.

Não há espaço neste estudo para maior aprofundamento sobre o tema. De todo modo, convém frisar que o enfrentamento de crises ambientais e climáticas por meio de processos estruturais apresenta-se promissor, quando a finalidade é corrigir violações sistêmicas a direitos fundamentais, causadas, permitidas ou perpetuadas pelo modo como funcionam determinadas instituições, públicas ou privadas[71]. A par da utilização de instrumentos processuais já existentes em nossa legislação, relacionados aos poderes conferidos aos juízes tendentes a converter sua decisão em realidade e, assim, viabilizar a concretização dos direitos fundamentais, a exemplo do art. 139, inc. IV, e art. 497, do Novo CPC, ainda tramita no Congresso Nacional o Projeto de Lei n. 8058/14, como tentativa de regular, de forma coerente, o controle e intervenção em políticas públicas pelo Poder Judiciário. Todavia, as possibilidades e limites da intervenção jurisdicional por meio de processos estruturais ainda está sujeita a debates e definições, e encontra resistências nada desprezíveis.

Sobre as resistências ao desenvolvimento da litigância ambiental e climática, estão alinhadas ao recente movimento de "contrarreforma, que pretende restringir o alcance dos controles que, a duras penas, foram impostos ao longo do tempo"[72]. As críticas ao ativismo judicial, inclusive no campo ambiental e climático, redundam basicamente em objeções de ordem democrática (os juízes não foram eleitos para decidir sobre políticas públicas), política (os juízes pretendem substituir a vontade política pelas suas próprias ideologias) e econômica (as limitações ditadas pelos juízes prejudicam o crescimento econômico e a geração de empregos). Expressões como "juristocracia", "supremocracia", "ditadura da toga" e "governo dos juízes"[73] são comumente utilizadas, muitas vezes de forma

[71] Litígio estrutural é conceituado como o litígio coletivo decorrente do modo como uma estrutura burocrática, de natureza pública ou privada, opera. "O funcionamento da estrutura é que causa, permite ou perpetua a violação que dá origem ao litígio coletivo" (VITORELLI, Edilson. *Processo Civil Estrutural*: Teoria e Prática. Salvador: JusPodivm, 2020. p. 52).

[72] VITORELLI, Edilson. *Processo Civil Estrutural*: Teoria e Prática. Salvador: JusPodivm, 2020. p. 100.

[73] Tais expressões foram utilizadas, p. ex., em: HIRSCHL, Ran. *Towards Juristocracy*: the origins and consequences of the new constitutionalism. Cambridge: Harvard University Press, 2007; VIEIRA, Oscar Vilhena. Supremocracia. *Revista Direito GV*, v. 8, p. 441-464, 2008. A propósito desse discurso, vide: VITORELLI, Edilson. *Processo Civil Estrutural*: Teoria e Prática. Salvador: JusPodivm, 2020. p. 91-95.

exagerada, por aqueles que censuram, sobretudo, o emprego de princípios e valores abstratos[74] para, supostamente, suplantar regras válidas ou interferir em decisões discricionárias.

Esse movimento já encontrou eco no Parlamento. Embora com motivações variadas, é o que se demonstrou com a aprovação da Lei de Abuso de Autoridade (Lei n. 13.869/19), as alterações da Lei de Introdução às Normas do Direito Brasileiro (LINDB) pela Lei n. 13.655/18, e o próprio CPC de 2015, especialmente no tocante às exigências de fundamentação das decisões judiciais (art. 489, §§ 1º e 2º). Não se desprezam as virtudes de, ao menos, parte desses diplomas legais. O problema se situa na aversão quase ideológica aos controles em geral, e ao controle judicial em particular, inclusive no âmbito do direito ambiental e climático.

Prosseguindo em relação às críticas ao chamado "ativismo judicial", em que pese as distorções normalmente conferidas à expressão, não se olvida que os juízes não são, sempre e necessariamente, melhores que outros agentes públicos na tomada de decisão. Como observou Edincott, o Estado de Direito não demanda que juízes interfiram sempre nas decisões administrativas, sobretudo em caso de interferência excessiva ao alvitre exclusivo do julgador. Por isso que o "princípio da deferência" ou da "cortesia" (*comity*) é também uma exigência do Estado de Direito (*"comity is a requirement of the rule of law"*)[75].

A questão que se coloca, e carece de limites precisos, gravita sobre as possibilidades da intervenção judicial em decisões (ações ou omissões) com impactos ambientais climáticos, e o espaço de discricionariedade dos poderes políticos e administrativos nessa seara. A controvérsia, aliás, está no cerne dos litígios climáticos, notadamente daqueles em que se exige do poder público a implementação de medidas positivas para proteção climática e atendimento às regras e acordos internacionais relacionados aos limites de emissões.

Acerca da deferência judicial às decisões administrativas e seus contornos, consoante já se concluiu em outro estudo, no Brasil a primazia da jurisdição inviabiliza a imunidade de qualquer comportamento

[74] Tal crítica é encontra, v.g., em: SUNDFELD, Carlos Ari. *Direito Administrativo para Céticos*. São Paulo: Malheiros, 2012.

[75] ENDICOTT, Timothy. *Administrative Law*. 4. ed. Oxford: Oxford Universtity Press. 2018. p. 19-22.

administrativo. "Sejam atos, normativos ou não, sejam contratos ou, ainda, procedimentos, descabe fazer distinção quanto à amplitude e profundidade do controle jurisdicional. Em outras palavras, não cabe admitir uma 'deferência cega' ou acrítica às ações administrativas pelos magistrados"[76]. A deferência recai sobre decisão administrativa devidamente motivada, e é pela motivação que a Administração Pública demonstra que sua ação ou omissão não viola o sistema jurídico e merece deferência.

A discussão conduz ainda ao debate sobre a conduta adequada do juiz ambiental, ao mesmo tempo vinculado aos direitos fundamentais (e a conferir máxima efetividade aos mesmos), bem assim ao dever de imparcialidade. Sem a intenção de se deter demasiadamente nesse assunto tão relevante, é certo que o juiz não poderá, em primeiro lugar, afastar-se da imparcialidade que justifica a existência mesmo de um Judiciário independente. Por outro lado, o magistrado brasileiro, uma vez colocado a seu julgamento um conflito ambiental e climático, tem de efetivar a legislação, as normas constitucionais e os direitos fundamentais. É preciso, pois, assumir, nas palavras de Fensterseifer e Sarlet, uma "governança judicial ecológica", para que juízes e Cortes se coloquem como "verdadeiros guardiões da vida futura (humana e não humana) e do direito fundamental de todos a viver em um ambiente sadio e equilibrado"[77]. Um juiz que tenha em perspectiva a proteção da vida, "ante os enormes problemas da atualidade, em termos de ameaça ou efetiva degradação da natureza", e que, por isso, pode ele mesmo vir a "sofrer os reflexos da própria decisão"[78]. Ou ainda, de acordo com Voigt, o Judiciário assume particular responsabilidade de assegurar um exame equilibrado entre os "poderosos" e os "não tão poderosos" ou mesmo aqueles "interesses sem voz", isto é, interesses dos ainda não nascidos, dos sistemas ecológicos e dos mais pobres.[79] Os juízes, assim, podem, em certas circunstâncias, defender melhor valores

[76] MOREIRA, Rafael Martins Costa. *Direito Administrativo e Sustentabilidade*: o novo controle judicial da Administração Pública. Belo Horizonte: Forum, 2017. p. 102-131.

[77] FENSTERSEIFER, Tiago; SARLET, Ingo Wolfgang. *Direito Constitucional Ecológico*. 6. ed. São Paulo: Revista dos Tribunais, 2019. p. 557.

[78] JUCOVSKY, Vera Lúcia Rocha Souza. O papel do juiz na defesa do meio ambiente. *Revista de Direito Ambiental*, v. 19, p. 51-52, jul.-set. 2000.

[79] VOIGT, Christina. *Sustainable Development as a Principle of International Law*: resolving conflicts between climate measures and WTO law. Leiden: Martinus Nijhoff Publishers, 2009. p. 184.

comuns, globais e de longo prazo, contra interesses governamentais e econômicos de curto prazo. Os magistrados, pois, tornam-se garantidores do desenvolvimento sustentável[80].

Conclusões

Em conclusão, é adequado afirmar que diversos países, e o Brasil em particular, experimentaram um incontestável avanço da judicialização do ambiente e do clima desde a Declaração do Rio de 1992. Esse avanço se deu na esteira da evolução da própria noção de conflitos jurídicos – do bilateral ao multilateral; do individual ao difuso; do intrageracional ao intergeracional; do antropocêntrico ao ecocêntrico. Proporcionou-se, com isso, um desenvolvimento jurisprudencial do direito ambiental e climático, não sem controvérsias, progressos e retrocessos.

A partir, notadamente, do novo Texto Constitucional de 1998, com a constitucionalização da tutela ambiental e a estruturação do desenho atual do Judiciário brasileiro, foi possível o desenvolvimento da jurisprudência ambiental e climática brasileira. A evolução da litigância nessa seara iniciou com a implementação judicial das regras constitucionais e da legislação ambiental a situações concretas, e o reconhecimento da fundamentalidade do direito ao meio ambiente ecologicamente equilibrado e da primazia do interesse coletivo e difuso sobre interesses particulares. Ao depois, novos marcos foram ultrapassados, como o reconhecimento da dignidade própria da vida animal, mesmo em detrimento de interesses humanos; o controle judicial de políticas públicas ambientais; a definição dos contornos dos princípios da precaução e da vedação de retrocesso; e a admissão de um controle de convencionalidade com base em acordos ambientais e climáticos (como o Acordo de Paris). Ainda, o campo de discricionariedade do legislador e do administrador, paulatinamente, foram se estreitando, não apenas em virtude da proliferação da legislação ambiental, mas também do desenvolvimento da jurisprudência ambiental.

Não se nega a existência de críticas a esse protagonismo judicial, inclusive no campo ambiental e climático, que redundam basicamente em objeções de ordem democrática, política e econômica. Críticas que têm

[80] VOIGT, Christina. *Sustainable Development as a Principle of International Law*: resolving conflicts between climate measures and WTO law. Leiden: Martinus Nijhoff Publishers, 2009. p. 185.

encontrado eco na legislação brasileira. É importante, porém, que esse movimento de "contrarreforma" não deságue para um enfraquecimento e uma deficiência desproporcional dos diversos controles, em especial do jurisdicional, nem tampouco a uma supressão de garantias da magistratura, ou a um aviltamento da legislação e dos órgãos de proteção ao meio ambiente.

Os magistrados brasileiros e a "governança judicial ecológica" são essenciais para a efetivação do direito fundamental ao meio ambiente ecologicamente equilibrado e a um clima sadio e estável. Sem a garantia de efetividade, não há direitos propriamente, mas mera promessa inconsequente. Sem um Judiciário independente e imparcial, os direitos ecológicos e climáticos podem cair no vazio das promessas, sem intenção de cumpri-las.

Referências

AGOSTINI, Andréia Mendonça; FREITAS, Vladimir Passos de. **A especialização da jurisdição ambiental como garantia de efetividade do direito fundamental ao meio ambiente ecologicamente equilibrado.** ***Revista da Ajuris***, Porto Alegre, v. 39, n. 128 p. 297-320, dez. 2012.

BAHRENS III, William W. *et al.* ***The Limits to Growth.*** New York: Universe Books, 1972. Disponível em: <http://collections.dartmouth.edu/published-derivatives/meadows/pdf/meadows_ltg-001.pdf>. Acesso em: 04 nov. 2015.

BARBOSA MOREIRA, José Carlos. **A ação popular do direito brasileiro como instrumento de tutela jurisdicional dos chamados "interesses difusos".** *Temas de Direito Processual.* São Paulo: Saraiva, 1977. p. 110-123.

BENJAMIN, Antônio Herman V. **A insurreição da aldeia global contra o processo civil clássico: apontamentos sobre a opressão e a libertação judiciais do meio ambiente e do consumidor.** *In*: MILARÉ, Édis (coord.). *Ação civil pública – Lei 7.347/85*: reminiscências e reflexões após dez anos de aplicação. São Paulo: Revista dos Tribunais, 1995. p. 70-151.

BUZAID, Alfredo. **A influência de Liebman no Direito Processual Civil Brasileiro.** *Revista da Faculdade de Direito da Universidade de São Paulo*, v. 72, n. 1, p. 131-152, 1977. Disponível em: file:///C:/Users/caxseg/Downloads/66795-Texto%20do%20artigo-88187-1-10-20131125.pdf. Acesso em: 30 nov. 2018.

CARSON, Rachel. ***Silent Spring.*** Boston/New York: Mariner Book, 2002.

CASSESSE, Sabino. ***Derecho Administrativo***: historia y futuro. Sevilla: INAP, 2014.

ENDICOTT, Timothy. ***Administrative Law.*** 4. ed. Oxford: Oxford Universtity Press. 2018.

ENTERRÍA, Eduardo García de. ***La lucha contra las inmunidades del Poder en el derecho administrativo***. Madrid: Civitas, 1993.

FENSTERSEIFER, Tiago; SARLET, Ingo Wolfgang. ***Direito Constitucional Ecológico.*** 6. ed. São Paulo: Revista dos Tribunais, 2019.

FREITAS, Juarez. ***Sustentabilidade:*** direito ao futuro. 4. ed. Belo Horizonte: Forum, 2019.

GRINOVER, Ada Pellegrini. O controle jurisdicional de políticas públicas. *In* GRINOVER, Ada Pellegrini; WATANABE, Kazuo (coord.). ***O controle jurisdicional de políticas públicas.*** Rio de Janeiro: Forense, 2011.

HIRSCHL, Ran. ***Towards Juristocracy***: the origins and consequences of the new constitutionalism. Cambridge: Harvard University Press, 2007.

JOBIM, Marco Félix. ***Medidas Estruturantes***: da Suprema Corte Estadunidense ao Supremo Tribunal Federal. Porto Alegre: Livraria do Advogado, 2013. Edição Kindle.

JUCOVSKY, Vera Lúcia Rocha Souza. O papel do juiz na defesa do meio ambiente. *Revista de* ***Direito Ambiental***, v. 19, p. 51-52, jul.-set. 2000.

LEAPE, James P. *et al*. ***Environmental regulation***: law, science and policy. 7. ed. New York: Wolters Kluwer Law & Business, 2013.

LEMOS, Patricia Faga Iglecias. **Mudanças climáticas e responsabilidade civil por dano ao meio ambiente.** In: Direito e mudanças climáticas [recurso eletrônico]: responsabilidade civil e mudanças climáticas / organizado por Paula Lavratti e Vanêsca Buzelato Prestes. – São Paulo: Instituto O Direito por um Planeta Verde, 2010. – (Direito e Mudanças Climáticas; 2).

MITIDIERO, Daniel. **O processualismo e a formação do Código Buzaid.** *Revista de Processo*, ano 35, n. 183, p. 165-194, mai./2010.

MARINONI, Luiz Guilherme. ***Técnica processual e tutela dos direitos.*** São Paulo: Revista dos Tribunais, 2004.

MORATO LEITE, José Rubens. Sociedade de Risco e Estado. CANOTILHO, José Joaquim Gomes; MORATO LEITE, José Rubens. ***Direito Constitucional Ambiental Brasileiro***. 6. ed. São Paulo: Saraiva, 2015. Edição Kindle.

MOREIRA, Rafael Martins Costa. ***Acordos Ambientais e os limites do inegociável.*** Londrina: Thoth, 2021.

MOREIRA, Rafael Martins Costa. ***Direito Administrativo e Sustentabilidade***: o novo controle judicial da Administração Pública. Belo Horizonte: Forum, 2017.

MOREIRA, Rafael Martins Costa. **O princípio da adstrição na jurisdição civil ambiental**. *Revista de Direito Ambiental*, v. 77, p. 169-95, jan.-mar. 2015.

MOREIRA, Rafael Martins Costa; WEDY, Gabriel. O controle judicial de políticas públicas climáticas. *In:* CAFRUNE, Marcelo; DERMANN, Marina; MALDONADO, Emiliano (org.). ***Direitos da natureza, extrativismo e litigância climática.*** Rio Grande: FURG, 2022. p. 241-269

O'GORMAN, Roderic. Environmental Constitutionalism: A Comparative Study. ***Transnational Environmental Law***, v. 6, n. 3, p. 435-462, 15 set. 2017.

OLIVEIRA, Carlos Alberto Álvaro de. ***Do formalismo no processo civil***: proposta de um formalismo-valorativo. 4. ed. São Paulo: Saraiva, 2010.

SALZMAN, James; THOMPSON Jr., Barton H. ***Environmental Law and Policy***. 5. ed. New York: Foundation Press, 2019.

SARLET, Ingo Wolfgang. ***A Eficácia dos Direitos Fundamentais***: uma teoria geral dos direitos fundamentais na perspectiva constitucional. 12. ed. Porto Alegre: Livraria do Advogado, 2015.

SEABRA FAGUNDES, M. ***O Controle dos Atos Administrativos pelo Poder Judiciário***. At. Gustavo Binembojm. 7. ed. Rio de Janeiro: Forense, 2006.

SILVA, Jaqueline Mielke. ***O direito processual civil como instrumento de realização de direitos***. Porto Alegre: Verbo Jurídico, 2005.

SILVA, José Afonso da. ***Direito Ambiental Constitucional***. 9 ed. São Paulo: Malheiros, 2011.

SILVA, Ovídio Baptista da. ***Processo e ideologia***: o paradigma racionalista. Rio de Janeiro: Forense, 2004.

SUNDFELD, Carlos Ari. ***Direito Administrativo para Céticos***. São Paulo: Malheiros, 2012.

UNITED NATIONS ENVIRONMENT PROGRAMME. ***Environmental Courts and Tribunals*** – *2021*: a guide for policymakers. Disponível em: file:///C:/Users/bch/Dropbox/PC/Downloads/ECT2021.pdf. Acesso em: 01 out. 2022.

UNITED NATIONS ENVIRONMENT PROGRAMME. ***Environmental Rule of Law***: First Global Report. Nairobi, 2019. Disponível em: http://wedocs.unep.org/xmlui/bitstream/handle/20.500.11822/27279/Environmental_rule_of_law.pdf?sequence=1&isAllowed=y. Acesso em: 17 jul. 2019.

UNITED NATIONS ENVIRONMENT PROGRAMME – UNEP. ***Global Climate Litigation Report***: 2020 Status Review. Disponível em: https://wedocs.unep.org/bitstream/handle/20.500.11822/34818/GCLR.pdf?sequence=1&isAllowed=y. Acesso em: 15 mar. 2021.

UNITED NATIONS ENVIRONMENT PROGRAMME – UNEP. ***The Status of Climate Litigation***: a Global Review, mai. 2017. Disponível em: https://wedocs.unep.org/bitstream/handle/20.500.11822/20767/climate-change-litigation.pdf?sequence=1&isAllowed=y. Acesso em: 15 mar. 2021.

VIEIRA, Oscar Vilhena. Supremocracia. ***Revista Direito GV***, v. 8, p. 441-464, 2008.

VITORELLI, Edilson. ***Processo Civil Estrutural***: Teoria e Prática. Salvador: JusPodivm, 2020.

VOIGT, Christina. ***Sustainable Development as a Principle of International Law***: resolving conflicts between climate measures and WTO law. Leiden: Martinus Nijhoff Publishers, 2009.

WEDY, Gabriel. ***Litígios Climáticos***: de acordo com o Direito Brasileiro, Norte-Americano e Alemão. Salvador: Juspodivm, 2019.

WEDY, Gabriel. ***O princípio constitucional da precaução***: como instrumento de tutela do meio ambiente e da saúde pública. 3. ed. Belo Horizonte: Forum, 2020.

ZAVASKI, Teori Albino. ***Comentários ao Código de Processo Civil:*** do processo de execução. V. 8. 2. ed. São Paulo: Revista dos Tribunais, 2003.

5. MECANISMOS DE PRECIFICAÇÃO DE CARBONO: DESAFIOS E OPORTUNIDADES PARA O BRASIL

Paula Carvalho Pereda

Andrea Lucchesi

Thais Diniz Oliveira

Introdução

Sabemos que as mudanças climáticas são um dos maiores desafios da atualidade. O aumento rápido das emissões e a subsequente concentração de gases do efeito estufa (GEE) aceleram tais mudanças. Sabemos, também, que os efeitos negativos de um clima mais quente e com mais eventos extremos são heterogêneos entre os países (e mesmo dentro dos países). Enquanto países com maior extensão litorânea já estão sofrendo (Sinay e Carter, 2020) e sofrerão ainda mais com o esperado aumento do nível do mar (Neumann et al, 2015), países de baixa latitude sentirão mais fortemente os efeitos negativos dos aumentos de temperatura (Bathiany *et al, 2018;* Herold *et al,* 2017). A Figura 1 mostra a distribuição espacial dos riscos de mortalidade esperada em 2100 considerando dois cenários de mudanças climáticas (SSP3-RCP4.5, mais otimista, e o SSP3-RCP8,5, mais pessimista), estimado por Carleton et al (2022). Embora efeitos maiores sejam esperados no longo prazo, a intensidade dos efeitos de eventos extremos já é sentida em diversos países do globo.

Muito se discute, também, sobre a responsabilidade (passada, presente e futura) pela concentração de gases de efeito estufa na atmosfera, em especial no âmbito dos acordos multilaterais do clima (Josephson, 2017; Maguire *2013*). Os países desenvolvidos foram responsáveis por emitir entre 54 e 62%" e entre 1850 e 2010 (Wei *et al, 2012*; den Elzen *et al.* 2013;

FIGURA 1. **Risco de mortalidade atribuído ao clima em 2100, cenários RCP4.5 e RCP8.5**

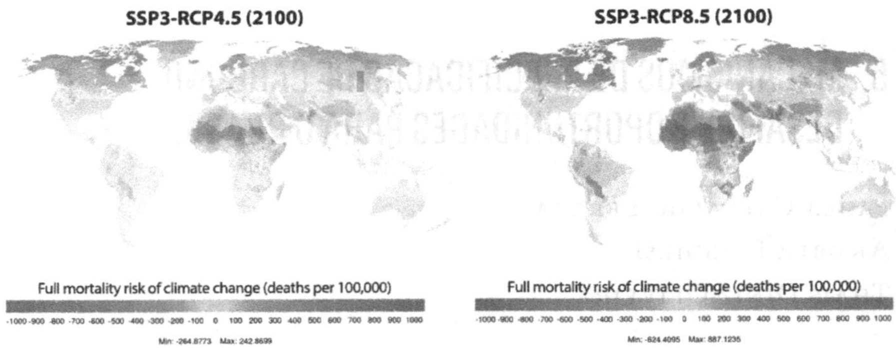

Fonte: *Carleton et al (2022)*

Ward and Mahowald, 2014). No entanto, a configuração espacial futura das emissões deve se alterar, sendo esperado que os países em desenvolvimento (liderados por China e Índia) ultrapassem os países ricos a partir de 2030 (Ward and Mahowald, 2014).

Do ponto de vista econômico, as emissões nos níveis atuais representam um exemplo clássico de externalidade negativa, uma vez que a quantidade emitida está acima do socialmente ótimo – a quantidade de poluição que a sociedade escolheria caso todos os custos e benefícios fossem considerados. Isto porque os custos causados pela poluição e pelas mudanças climáticas não estão contabilizados pelos agentes econômicos (equilíbrio configurado por Q^P e P^P, conforme a Figura 2 mostra), gerando quantidades privadas de produção (Q^P) acima das quantidades sociais ótimas (Q^S).

Considerando a falha de mercado exemplificada acima, para o atingimento de um equilíbrio socialmente ótimo, e correção de tal falha de mercado, é importante internalizar os custos externos das emissões (equilíbrio configurado por Q^S e P^S). Mudanças de preços são os instrumentos econômicos mais efetivos para o restabelecimento da eficiência nos mercados (Hepburn, 2006). No contexto das mudanças climáticas,

FIGURA 2. **Ilustração de equilíbrios de mercado privado (P) e socialmente ótimo (S) na produção de um bem.**

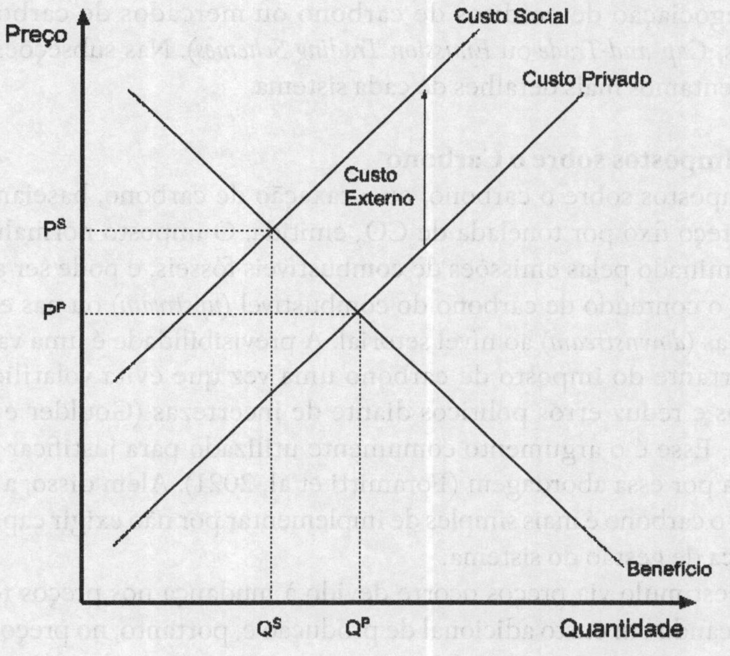

estes instrumentos são conhecidos como precificação de carbono[1]. Assim, os custos associados às mudanças do clima são incorporados nas decisões dos agentes. A Seção 2 apresenta os tipos de mecanismos de precificação de carbono que existem. As vantagens e desafios de cada mecanismo são tratados nas Seções 3 e 4, respectivamente. Ao fim, apresentamos a política climática atual do Brasil e os caminhos e oportunidades subsequentes (Seção 5), seguidos de uma seção de considerações finais (Seção 6).

[1] A precificação de carbono pode englobar outros Gases do Efeito Estufa (GEE), como o metano ou nitrogênio, os quais são transformados em uma unidade de medida que tem como referência o potencial de aquecimento de um determinado gás (*Global Warming Potential*, GWP, em inglês) em relação ao carbono.

1. Mecanismos de Precificação de Carbono

Há dois tipos principais de mecanismos de precificação de carbono[2]: (i) impostos sobre o carbono (em inglês, *carbon tax*) e (ii) as abordagens de negociação de créditos de carbono ou mercados de carbono (em inglês, *Cap-and-Trade* ou *Emission Trading Schemes*). Nas subseções abaixo apresentamos mais detalhes de cada sistema.

1.1. Impostos sobre o Carbono

Os impostos sobre o carbono, ou a taxação de carbono, baseiam-se em um preço fixo por tonelada de CO_2 emitida. O imposto normalmente é determinado pelas emissões de combustíveis fósseis, e pode ser aplicado sobre o conteúdo de carbono do combustível (*upstream*) ou nas emissões geradas (*downstream*) ao nível setorial. A previsibilidade é uma vantagem importante do imposto de carbono uma vez que evita volatilidade de preços e reduz erros políticos diante de incertezas (Goulder e Schein, 2013). Esse é o argumento comumente utilizado para justificar a preferência por essa abordagem (Foramitti et al, 2021). Além disso, a taxação sobre o carbono é mais simples de implementar por não exigir capacitação técnica de gestão do sistema.

O estímulo via preços ocorre devido à mudança nos preços relativos, implicando em custo adicional de produção e, portanto, no preço final de produtos cujo processo produtivo seja intensivo em emissões (como vimos na Figura 2). Desse modo, a política incentiva a busca por alternativas que sejam mais eficientes, seja através da adoção de energias renováveis ou de tecnologias de baixo carbono. Outra característica importante refere-se à necessidade de mecanismos de compensação, tanto por conta dessa mudança de preços relativos quanto pela perda de competitividade internacional que um imposto local sobre carbono poderia gerar (no caso de um determinado país adotar e seus parceiros comerciais não). Uma das principais formas de conter efeitos adversos dessa política climática é através do uso das receitas provenientes da precificação para fins diversos,

[2] Outros mecanismos de mercado também podem ser usados para atingir objetivos de baixo carbono, como no caso dos subsídios. Embora seja uma maneira de garantir a redução de custos, por exemplo, de fontes de energia menos intensivas em emissões, há subsídios aplicados sobre combustíveis fósseis e que acabam comprometendo o atingimento das metas de mitigação.

principalmente para aumentar o bem-estar das famílias (e reduzir desigualdades) (Fried et al, 2021) e por questões de viabilidade política (Beiser-McGrath and Bernauer, 2019).

Atualmente, países como Irlanda, Finlândia, Japão, México, Chile, África do Sul e Canada (na região de British Columbia) já adotam impostos sobre carbono (Figura 3). Dados do Banco Mundial (2022) revelam que, em 2021, o valor do imposto variou de US$ 2 a US$ 137 por tonelada de CO_2. Apesar dos seus efeitos adversos, subsídios aos combustíveis fósseis ainda figuram entre as políticas com maior abrangência mundial. No entanto, a existência de subsídios aos combustíveis fósseis é uma distorção de mercado que ameaça uma transição energética mais rápida (Timperley, *2021;* Erickson *et al, 2020).* Em 2015, tais subsídios totalizavam US$5,3 trilhões ou 6,5% do Produto Interno Bruto (PIB) global (Coady et al, *2017*), com o carvão sendo o maior beneficiado. A remoção dos subsídios aos combustíveis fósseis reduziria as emissões de carbono globais entre 0,5 e 2 giga-toneladas (Gt) até 2030 (Jewell et al, *2018*). Para tentar acelerar os esforços de mitigação das emissões, mais de 190 países se comprometeram a acelerar a eliminação dos subsídios aos combustíveis fósseis durante a 26ª Conferência das Partes (COP 26, para a sigla em inglês) – a cúpula internacional do clima – que aconteceu em Glasgow em 2021.

1.2. Mercados de Crédito de Carbono

Os mercados de crédito de carbono, ou sistemas *cap-and-trade,* funcionam de forma diferente. Primeiro, é importante que haja a definição de limites fixos de emissões para os agentes econômicos (que podem ser setoriais, por exemplo). As firmas que emitem menos dos que os seus limites permitidos podem vender seus créditos de carbono. Ao adotar um limite mandatório de emissões, é criada uma escassez de permissões que atua como um incentivo de preços para a redução de emissões pelos agentes regulados. Quanto mais estrito o nível de emissões permitido, menor a oferta de permissões no mercado, e maior tende a ser o preço do carbono. A custo-efetividade da política reside na possibilidade de comercializar permissões, gerando eficiências econômicas (Oliveira et al, 2021a). Assim, o preço da tonelada emitida é obtido via mercado, diferentemente do que ocorre quando um imposto fixo sobre carbono é estabelecido.

Nestes mercados, é necessário estabelecer um agente regulatório tanto para definir quanto para observar o cumprimento das regras. Cabe especificamente ao agente regulatório a distribuição das permissões e eventuais ajustes de elementos do sistema, como os limites de emissão. A decisão quanto à estrutura do mercado é fundamental para garantir uma política climática custo-efetiva e com integridade ambiental. Objetivos de mitigação bem definidos garantem que as metas climáticas sejam atingidas, mas a maneira com que ocorrem depende da abrangência setorial e regional, do método de distribuição das permissões (se gratuita ou através de leilões), da adoção ou não de mecanismos de flexibilidade temporal (que permitem poupar permissões geradas em um período de cumprimento para uso em outros períodos, por exemplo), dentre outros fatores. O sistema cujo desenho é mais apropriado para o contexto em que o mercado está inserido tende a ter uma aceitação pública maior. Acordos *bottom-up* de cooperação climática também podem ser estabelecidos através da junção de dois ou mais mercados de carbono regulados (*Oliveira et al, 2021)*.

Diversos países e regiões do mundo já adotam este tipo de mecanismo, tais como China, Europa, e a nível subnacional, Califórnia (Estados Unidos) (Figura 3). De acordo com o relatório mais recente do Banco

FIGURA 3. **Mapa de impostos de carbono (*carbon taxes*) e mercados de crédito de carbono (*ETSs*) implementados ou em discussão, 2022.**

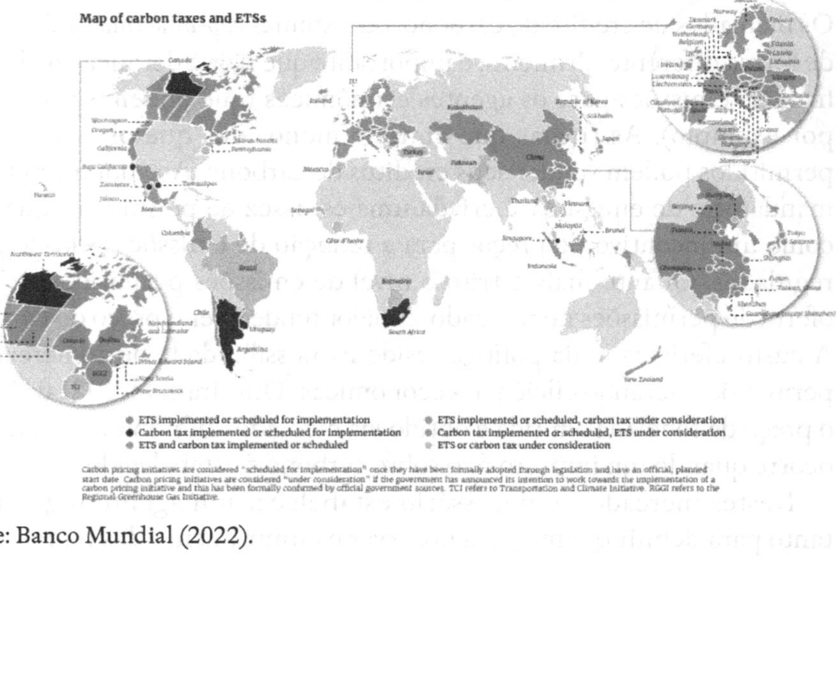

Fonte: Banco Mundial (2022).

Mundial (2022), há 34 mercados de carbono implementados. Esse número pode crescer nos próximos anos uma vez que mais de 90 países declaram interessem em participar de mercados como esse para fins de mitigação e suas emissões (IETA, 2016). No entanto, a cobertura global das emissões ainda é limitada, representando aproximadamente 23% do total de GEE, o que é menos ambicioso do que deveria ser (Narassimhan et al., *2017*). Mercados de carbono também estão ganhando papel de destaque nas discussões em fóruns climáticos internacionais devido aos arranjos que foram criados, principalmente no Acordo de Paris, na tentativa de implementá-los globalmente.

2. Vantagens dos Mecanismos de Precificação de Carbono

Em ambos os mecanismos de precificação de carbono discutidos na Seção 2, há incentivos para a redução das emissões de gases do efeito estufa e, portanto, são caminhos importantes para o atingimento do Acordo de Paris. Mecanismos de precificação de carbono são, também, tipos de intervenções mais flexíveis do que políticas de comando e controle, que impõem padrões tecnológicos, operacionais e/ou limites estritos para emissão de poluentes (água, solo ou atmosfera), como a adoção de equipamentos de controle de poluição em fábricas, regulamentação da utilização de pesticidas na agricultura, proibição de produção de produtos de baixa eficiência energética, estabelecimento de quotas para pesca ou desmatamento, entre outros. Em algumas circunstâncias, as políticas de comando e controle impõem padrões de tecnologia ou medidas de desempenho (por exemplo, emissões por unidade de produção) que só podem ser atendidas por meio de medidas corretivas do tipo fim-de-linha (*end-of-pipe* em inglês) que, apesar de potencialmente reduzirem as emissões de poluentes, são, por muitas vezes, menos custo efetivas por unidade de emissão reduzida.

Por outro lado, os instrumentos econômicos, como os mecanismos de precificação de carbono, permitem maior autonomia em termos de adequação de tecnologia, tempo e processos produtivos. De maneira importante, a mudança de preços relativos entre os produtos mais e menos intensivos em emissões, gerada pelos mecanismos de precificação de carbono, estimula o desenvolvimento de novas tecnologias de baixo carbono. Nesse sentido, se bem desenhados, os instrumentos econômicos podem incentivar as empresas a empreender esforços de redução de emissões que sejam de seu próprio interesse e que atendam coletivamente às metas políticas (Jaffe et al, *2003*).

Em particular, o imposto sobre o carbono também gera o conhecido "dividendo duplo". Isto porque impostos ambientais podem reduzir a poluição (primeiro dividendo) além de reduzir os custos econômicos associados ao sistema tributário por meio da utilização das receitas geradas em comparação com outros impostos que distorcem o sistema tributário (segundo dividendo) (Goulder, *1995*).

De maneira semelhante, a tributação do carbono também gera a chamada "reciclagem de receitas" (ou *revenue recycling* em inglês) que se refere a mecanismos pelos quais a renda gerada a partir da tributação de carbono é destinada e devolvida à sociedade local ou ainda é direcionada para países menos desenvolvidos como medida compensatória.

3. Desafios dos Mecanismos de Precificação de Carbono

Como vimos, no que tange às mudanças climáticas, mecanismos de precificação de carbono são preferíveis em relação a mecanismos de comando e controle. Apesar das vantagens apresentadas, há diversos desafios que podem se tornar uma barreira à sua implementação no âmbito nacional e até mesmo global. Um dos principais desafios para a implementação de mecanismos de precificação de carbono é a falta de cooperação internacional. Como mencionado anteriormente, a heterogeneidade na fonte das emissões e dos efeitos nocivos das mudanças climáticas tornam a cooperação internacional bastante complexa. Há incentivos claros para que, por exemplo, países que não implementam nenhuma ação específica, mas que mesmo assim se beneficiam da menor emissão gerada após a adoção de políticas de mitigação pelos seus vizinhos. Este problema é chamado na economia de "problema do carona" (em inglês, *free rider*). Nordhaus (*2015*) propõe a formação do que ele chama de "clubes climáticos"[3], que são acordos de cooperação internacional para lidar com esse problema e com a "fuga" de emissões para regiões sem políticas de mitigação.

Os acordos da COP26 sobre as regras para mercados internacionais de carbono podem ajudar a pavimentar a colaboração entre os países a partir do comércio internacional. Essa estratégia se dá dentro de um contexto

[3] A ideia é que uma tarifa seja imposta aos países não-participantes, de modo que os incentive a entrar para o clube.

de decisões multilaterais entre países. Outra maneira de avançar na cooperação climática é através de acordos *bottom-up* de integração entre diferentes mercados de carbono (*linkage*, termo em inglês), formando um sistema maior. Experiências de negociação tanto em acordos multilaterais quanto de integração de mercados de carbono apontam para grandes desafios políticos de se desenhar sistemas de precificação de maneira conjunta. Ainda assim, motivadas pela preocupação ambiental, novas formas de cooperação internacional têm emergido. Uma das discussões que também tem avançado nesta agenda é sobre ajustes de fronteira (*Carbon Border Adjustments*, em inglês) (Banco Mundial, 2022).

Há ainda importantes desafios políticos que envolvem a implementação de mecanismos de precificação. Dentre eles, Sterner e Köhlin (2015) citam o lobby de stakeholders ligados à indústria de combustíveis fósseis e a oposição política devido ao aumento dos preços. Outro desafio importante refere-se à contabilização das emissões como base para o cálculo do imposto ou para o estabelecimento dos créditos. Regras transparentes e robustas de mensuração das emissões são fundamentais para assegurar que a política climática seja efetiva. Além disso, a mensuração das emissões permite mobilizar investimentos do setor privado (um indicador da existência de práticas ambientais, sociais e de governança – ESG, em inglês). Em um mercado de carbono regulado, é exigido que os setores envolvidos elaborem inventários de emissão. Muitas empresas, porém, têm dificuldades de contabilizar suas emissões, devido à falta de conhecimento sobre as abordagens existentes assim como ao acesso limitado a ferramentas de contabilização. A principal preocupação encontrada refere-se às discrepâncias nas técnicas de contabilização uma vez que podem dificultar a comparação entre empresas e setores de modo geral (Warwick e Ng, *2012*), mas também expressar um desempenho equivocado (He et al, 2021). Logo, o desafio é obter dados confiáveis a partir do uso de abordagens de mensuração (GHG *protocol* para emissões de escopo[4] 1 e 2 e análise de ciclo de vida ou insumo-produto para emissões de escopo 3, por exemplo).

[4] Emissões de escopo 1 correspondem às emissões geradas a partir das operações da empresa enquanto as emissões do escopo 2 são provenientes da energia elétrica adquirida para o uso da empresa. Por fim, emissões do escopo 3, as quais não são obrigatórias, são aquelas que acontecem na cadeia de valor da empresa, ou seja, estão ligadas às suas operações.

Outro problema caracterizado na literatura é o diferencial temporal entre os efeitos catastróficos esperados por conta das mudanças climáticas (que podem ser considerados de médio e longo prazos) e a necessidade de investimentos de curto prazo para a mitigação das mudanças climáticas. Este descasamento temporal é bastante discutido na teoria econômica, com contribuições importantes sobre o diferencial geracional dos problemas, dos tipos de taxa de desconto que devem ser utilizadas nos modelos inter-temporais[5] (Stern, 2007; Heal, 2009; Nordhaus, 2007 e 2013b, Arrow et al. 2014; e Köberle, 2019).

Vale também ressaltar que a pandemia de COVID-19 trouxe novos desafios. Enquanto observamos uma redução das emissões globais de curto prazo por conta da menor atividade econômica derivada das políticas de combate à pandemia (Kumar et al, 2022), por outro lado a pandemia deixou o legado de inflação global de alimentos e de energia, o que torna ainda mais complexa politicamente a proposição de um mecanismo de precificação de carbono que possa onerar as famílias.

Outro ponto bastante debatido na literatura global e, em específico, para o Brasil, refere-se aos potenciais problemas de equidade resultante da adoção de um mecanismo de precificação de carbono. Moz-Christofoletti e Pereda (2021) e Garrafa et al (2021) mostram que impostos sobre carbono e mercados de crédito de carbono, respectivamente, poderiam ter um impacto negativo mais acentuado sobre famílias mais pobres. Isto porque os maiores preços associados a bens energéticos representam uma parte maior do orçamento das famílias mais pobres. Este problema, chamado de (in) justiça ambiental, deve ser considerado no momento de desenho de políticas ambientais.

4. Política Climática no Brasil

4.1. Breve histórico da política ambiental no Brasil

A Lei n. 6.938 de 1981 marca a implementação da Política Nacional do Meio Ambiente e a criação do Sistema Nacional do Meio Ambiente (SISNAMA), incluindo a criação do Conama (Conselho nacional do meio ambiente), órgão consultivo, e posteriormente incorporando o IBAMA (1989, Instituto Brasileiro do Meio Ambiente e dos Recursos Naturais

[5] Por exemplo as taxas de desconto geracionais, que levam em consideração o bem estar das gerações futuras.

Renováveis)[6] e o ICMBio (2007, Instituto Chico Mendes de Conservação da Biodiversidade)[7], como órgãos executores. Tal política estabeleceu como objetivo principal a preservação, melhoria e recuperação da qualidade ambiental propícia à vida, visando assegurar o desenvolvimento socioeconômico do país. Tinha como instrumentos, em grande parte vigentes até hoje, o estabelecimento de: padrões de qualidade ambiental, zoneamento ambiental, avaliação de impacto ambiental e licenciamento e determinação de atividades poluidoras, entre outros. Por sua vez, o SISNAMA foi estruturado para englobar os órgãos e entidades da União, estados e municípios, bem como as fundações, responsáveis pela proteção e melhoria da qualidade ambiental.

Antes disso, houve a criação em 1973 da Secretaria Especial do Meio Ambiente (SEMA, Decreto 7.303/1973)[8], no âmbito do Ministério do Interior, e iniciativas isoladas nas décadas de 30 e 60[9], como o código das águas de 1934 ou o código florestal de 1965 (Lucchesi, 2013).

Em 1988 o artigo 225 da Constituição Federal definiu o "meio ambiente ecologicamente equilibrado" como um bem público cujo direito de uso é garantido e como necessário para qualidade de vida. O artigo também atribui ao Estado diversas funções, entre elas: preservação e restauração do equilíbrio ecológico, da diversidade e da integridade do patrimônio genético; delimitação das áreas de preservação; controle de substâncias danosas à vida e ao meio ambiente; estabelecimento da educação ambiental; e criação de condições fiscais favoráveis para os biocombustíveis, em comparação aos combustíveis fósseis[10]. Incorpora também a obrigatoriedade da

[6] Criado pela Lei 7.735/1989 centralizando diversas secretarias. Foi alterada múltiplas vezes posteriormente, mais recentemente em 2007, quando foram mudados o regime e as capacidades do órgão e, em 2013, com alteração de cargos e indenizações.

[7] Criado pela Lei 11.516/2007.

[8] No âmbito estadual, a CETESB (Companhia Ambiental do Estado de São Paulo) foi criada em 1968 no estado de São Paulo e FEEMA (Fundação Estadual de Engenharia do Meio Ambiente) no estado do Rio de Janeiro em 1975.

[9] Como por exemplo, o Código das águas em 1934 (Decreto 24.463/1934), Código florestal de 1965 (Lei 4.771/1965, revogada pela Lei 12.251/2012) e Proteção à fauna em 1967 (Lei 5.197/1967, revogando decreto-lei 5.894 de 1943), entre outros.

[10] O Artigo 170 da Constituição Federal de 1988 (inc. VI) não trata especificamente sobre preservação do meio ambiente, sendo um artigo sobre os princípios sob os quais a ordem econômica deve operar para garantir a dignidade humana; no sexto inciso, ele define a defesa do meio ambiente como um desses princípios.

recuperação dos danos ambientais para agentes exploradores de recursos minerais e estende a aplicabilidade de sanções a pessoas jurídicas, além de físicas. Define como patrimônios nacionais a Floresta Amazônica, a Mata Atlântica, a Serra do Mar, o Pantanal Mato-Grossense e a Zona Costeira.

Por sua vez, o Ministério do Meio Ambiente foi criado em 1992 e em 1998 a Lei 9.604 codificou o crime ambiental, sanções penais e as condições de apreensão, derivadas de condutas lesivas ao meio ambiente.

De maneira geral, pode-se perceber que até meados dos anos 2000 a política ambiental brasileira deu maior enfoque para medidas corretivas de comando e controle em detrimento da utilização de instrumentos econômicos, observados em inciativas esparsas a nível estadual (como o ICMS ecológico[11]). Mais recentemente, a lei 14.119/2021 definiu os conceitos e diretrizes de implantação da Política Nacional de Pagamento por Serviços Ambientais (PNPSA) e o Programa Federal de Pagamento por Serviços Ambientais (PFPSA).

Especificamente em relação ao clima, a Lei 12.187/2009 instituiu a Política Nacional sobre Mudança do Clima (PNMC), um ambicioso plano para defender os biomas brasileiros e reduzir as emissões. Ela é fundamentada em 10 princípios que: reconhecem os biomas como patrimônios públicos que devem receber as respectivas proteções legais e o acompanhamento do Estado; preveem a fiscalização do uso de recursos naturais, como solo, subsolo e recursos hídricos; incentivam a pesquisa de métodos que visam proteger os recursos ambientais; e, propõe a educação ambiental para todos os níveis de ensino. Também há uma exceção criada por meio de concessões às comunidades locais que vivem em áreas designadas para proteção, que podem ser feitas para desenvolvimento sustentável ou agroextrativismo.

Posteriormente, o Senado aprovou o PL 6539/2019, modificando a Lei 12.187/2009 para incluir os compromissos assumidos pelo Brasil no Acordo de Paris (2015). O Acordo estabeleceu metas para redução de

[11] O ICMS Ecológico determina critérios ambientais para redistribuição do ICMS (Imposto sobre Circulação de Mercadorias e Serviços) aos municípios, possibilitando aos mesmos ter acesso a parcelas maiores, desde que atendam aos critérios de preservação ambiental pré-estabelecidos em leis estaduais. O estado do Paraná foi pioneiro na adoção do ICMS ecológico em 1991, que posteriormente foi adotado por diversos outros estados.

emissão de gases de efeito estufa visando manter o aumento da temperatura média global abaixo de 2ºC em relação aos níveis pré-industriais[12]. O estabelecimento de metas pelo Brasil (as chamadas NDCs[13]) pode ser considerado como o primeiro avanço brasileiro importante em relação à política climática.

Avanços importantes também foram observados a partir da Portaria Mapa 471/2022 e, em especial, a partir do Decreto 11075/2022.

A Portaria Mapa 471/2022 estabeleceu uma nova etapa, entre 2020-2030, que prevê a ampliação de práticas agropecuárias sustentáveis, com alto potencial de mitigação das emissões de gases do efeito estufa, através do Plano Setorial para Adaptação à Mudança do Clima e Baixa Emissão de Carbono na Agropecuária (o chamado Plano ABC+), sob a responsabilidade do Ministério da Agricultura. Para tanto, estabelece oito metas relacionadas à ampliação de recuperação de pastagens degradadas, técnicas de plantio direto, sistemas de integração, florestas plantadas, bio-insumos, sistemas irrigados, tratamento de dejetos animais e terminação intensiva de bovinos, visando reduzir a emissão de carbono até 2030.

Já o Decreto 11075/2022 é responsável pela criação do Sistema Nacional de Redução de Emissões de Gases de Efeito Estufa (SINARE) que deve funcionar como órgão centralizador para o registro de "emissões, remoções, reduções e compensações de gases de efeito estufa e de atos de comércio, de transferências, de transações e de aposentadoria de créditos certificados de redução de emissões" (Decreto 11075, Brasil, 2022). As regras e padrões de funcionamento do SINARE, tais como o padrão de certificação, a implementação do sistema e o credenciamento de certificadoras estariam a cargo dos Ministérios do Meio Ambiente e da Economia. Também formaliza os procedimentos para a elaboração dos Planos Setoriais de Mitigação das Mudanças Climáticas, já previstos na PNMC de 2009, delegando os planos setoriais aos Ministérios do Meio Ambiente, da Economia, e ao respectivo ministério setorial, quando houver. O decreto permite também tratamento diferenciado para certos agentes.

[12] Posteriormente revisto para abaixo de 1,5ºC em relação aos níveis pré-industriais.

[13] Do inglês, ***Nationally Determined Contributions*** **(NDCs)**. Em português, a expressão pode ser traduzida como "Contribuição Nacionalmente Determinada".

4.2. Caminhos e Oportunidades

O Projeto de Lei 528/2021 institui o Mercado Brasileiro de Redução de Emissões (MBRE), que regula a compra e venda de créditos de carbono, originalmente desenhado de forma semelhante a um sistema *cap-and-trade*, e fixa um prazo de 5 (cinco) anos para sua implementação. A criação do MBRE havia sido citada na Lei 12.187/2009, porém esta não estabelecia nenhuma especificação ou estrutura para o mercado. O projeto de lei está parado no Congresso, mas precisaria de alterações importantes no sentido de estabelecer regras claras para o seu funcionamento. Além disso, emendas ao projeto original propõem alterar o objetivo inicial de ser criar um sistema *cap-and-trade* para transacionar créditos de carbono no Brasil. Isso porque grande parte da discussão sobre mercado de carbono no Brasil se concentra no que se conhece por mercado de carbono voluntário.

Diferente de um mercado de carbono regulado, de caráter mandatório e com créditos gerados a partir da redução de emissões (licença para poluir), os créditos de carbono nos mercados voluntários derivam de projetos que, na maioria das vezes, evitam ou removem emissões segundo um padrão de certificação internacional. Tais créditos podem ser entendidos como formas de compensar as emissões (daí o termo *offset*, em inglês) das empresas que se propõem voluntariamente a colaborar com os esforços globais de descarbonização. Apesar desses esforços não poderem ser usados para atingir as metas nacionais de mitigação das emissões, estes envolvem co-benefícios importantes em termos de impactos socioeconômicos positivos, de biodiversidade, entre outros. No Brasil, este é o único mecanismo de precificação de carbono em operação.

No mesmo sentido, o artigo 7º do decreto 11.075/2022 estabelece que o MBRE irá atuar como instrumento de operacionalização dos planos setoriais de mitigação mediante a transação dos créditos certificados de redução de emissões, porém ainda carece de regulamentação de pontos importantes, como a definição de parâmetros para os setores regulados e instituição de instrumentos de governança.

Apesar disso, a publicação do decreto sinaliza o avanço do tema na pauta do Congresso e pode ser entendido como mais um passo para a concretização de um mercado regulado de carbono no Brasil e consequente apropriação do potencial brasileiro de geração de créditos de carbono.

De qualquer forma, algumas recomendações são importantes para o funcionamento adequado de mercados regulados de carbono: (i) definição clara de limites de emissão por setor; (ii) regras claras definidas em lei (e não através de um decreto) para garantir segurança jurídica; (iii) distinção entre mercado voluntário e regulado; (iv) adoção de mecanismos de compensação para grupos de menor renda; e (v) no caso brasileiro deve-se incluir o setor florestal e sua significativa capacidade de recuperação e preservação de florestas e expertise em manejos conservacionistas como apontado em Lucchesi et al (2019). Adicionalmente, a captura de carbono e possíveis ganhos monetários advindos da comercialização de créditos de carbono, não devem ser entendidos como uma atividade fim, mas sim como consequência da adoção de práticas sustentáveis a longo prazo.

Por fim, embora a discussão de política climática no Brasil esteja mais focada nos mecanismos de crédito de carbono, os impostos sobre o carbono não estão fora do debate. Diversos trabalhos discutem sua importância na geração dos dividendos duplos (Pereda et al, 2020; Moz-Christofoletti e Pereda, 2021), além de estes serem mais efetivos para atingir uma meta específica de redução de emissão, conforme discutimos anteriormente.

Conclusões

O Brasil é um país de dimensões continentais com características muito particulares na questão ambiental. Na contramão de diversos outros países do mundo, o Brasil possui uma participação baixa de emissões do setor de energia (18% do total de emissões de 2020, SEEG), uma vez que a matriz energética brasileira tem grande participação de energias renováveis. Segundo a experiência internacional, mecanismos de precificação de carbono geralmente regulam as atividades produtivas de setores de energia e indústrias intensivas em emissões. Nesses países, a matriz energética tende a ter uma maior participação de combustíveis fósseis e, portanto, oferece maior possibilidade de abatimento de emissões nos setores envolvidos.

No caso do Brasil, o debate acerca de um mercado de carbono nesses moldes ainda é muito incipiente, principalmente devido ao seu potencial significativo de sequestro de carbono. Temos no país a maior floresta tropical do mundo, a Amazônia Brasileira, que pode ser considerada um grande estoque mundial de carbono. Soluções baseadas na natureza têm sido tratadas como opções custo-efetivas para atingir metas climáticas de longo prazo (IPCC, 2018), mas depender dessas estratégias de mitigação pode prejudicar a capacidade de limitar o aquecimento global abaixo de

1.5ºC e 2ºC (Oliveira et al, 2021b). Por isso, é necessário um portfólio diversificado de políticas, com metas mais ambiciosas e regras rígidas de cumprimento.

Neste sentido, demos os primeiros passos assumindo metas ambiciosas de redução das emissões até 2030 (redução de 43%) e até 2050 e, também, introduzindo a discussão de mercados voluntários de crédito de carbono no país. Ainda podemos avançar mais, e aproveitar a estrutura que está sendo criada para um mercado de carbono *top-down* global dentro do contexto do Acordo de Paris para desenvolver as bases necessárias de implementação à nível nacional. Seguindo essa tendência de agenda política, as empresas também estão mais inclinadas a engajar nesses mercados por questões de responsabilidade corporativa e de oportunidades de mercado. A adoção da agenda ESG por muitas empresas tem sido um importante mecanismo de cumprimento das metas.

Vimos neste capítulo que os mecanismos de precificação de carbono são uma ferramenta poderosa para guiar a economia para um caminho de baixo carbono. No entanto, é importante lembrar que devemos, também, discutir mecanismos de compensação para que a solução climática seja mais eficiência e igualitária. Embora os desafios ainda sejam grandes, é possível enxergar um caminho a ser percorrido.

Referências

Banco Mundial (2022). **State and Trends of Carbon Pricing 2022**. World Bank, Washington, DC.

Baranzini, A., Van den Bergh, J. C., Carattini, S., Howarth, R. B., Padilla, E., & Roca, J. (2017). **Carbon pricing in climate policy: seven reasons, complementary instruments, and political economy considerations**. Wiley Interdisciplinary Reviews: Climate Change, 8(4), e462.

Bathiany, S., Dakos, V., Scheffer, M., & Lenton, T. M. (2018). **Climate models predict increasing temperature variability in poor countries**. Science advances, 4(5), eaar5809.

Beiser-McGrath, L. F., & Bernauer, T. (2019). **Could revenue recycling make effective carbon taxation politically feasible?**. Science advances, 5(9), eaax3323.

Carleton, T., Jina, A., Delgado, M., Greenstone, M., Houser, T., Hsiang, S., ... & Zhang, A. T. (2022). **Valuing the global mortality consequences of climate change accounting for adaptation costs and benefits.** The Quarterly Journal of Economics, 137(4), 2037-2105.

Coady, D., Parry, I., Sears, L., & Shang, B. (2017). **How large are global fossil fuel subsidies?**. World development, 91, 11-27.

Den Elzen, M. G., Olivier, J. G., Höhne, N., & Janssens-Maenhout, G. (2013). **Countries' contributions to climate change: effect of accounting for all greenhouse gases, recent trends, basic needs and technological progress**. Climatic Change, 121(2), 397-412.

Erickson, P., van Asselt, H., Koplow, D., Lazarus, M., Newell, P., Oreskes, N., & Supran, G. (2020). **Why fossil fuel producer subsidies matter**. Nature, 578(7793), E1-E4.

Foramitti, J., Savin, I., & van den Bergh, J. C. (2021). **Regulation at the source? Comparing upstream and downstream climate policies.** Technological Forecasting and Social Change, 172, 121060.

Fried, S., Novan, K. M., & Peterman, W. (2021). **The macro effects of climate policy uncertainty**.

Goulder, L. H., & Schein, A. R. (2013). **Carbon taxes versus cap and trade: a critical review**. Climate Change Economics, 4(03), 1350010.

Goulder, L. H. (1995). **Environmental taxation and the double dividend: a reader's guide.** *International tax and public finance*, *2*(2), 157-183.

He, R., Luo, L., Shamsuddin, A., & Tang, Q. (2022). **Corporate carbon accounting: a literature review of carbon accounting research from the Kyoto Protocol to the Paris** Agreement. Accounting & Finance, 62(1), 261-298.

Heal, G. (2009). **The economics of climate change: a post-stern perspective**. Climatic change, 96(3), 275-297.

Hepburn, C. (2006). **Regulation by prices, quantities, or both: a review of instrument choice**. Oxford review of economic policy, 22(2), 226-247.

Herold, N., Alexander, L., Green, D., & Donat, M. (2017). **Greater increases in temperature extremes in low versus high income countries.** Environmental Research Letters, 12(3), 034007.

IETA. (2016). 2016 GHG Market Report. **International Emissions Trading Association.**

IPCC. (2018). Global warming of 1.5ºC. **An IPCC Special report on the impacts of global warming of 1.5ºC above pre-industrial levels and related global greenhouse gas emission pathways, in the context of strengthening the global response to the threat of climate change.** *Sustainable development, and efforts to eradicate poverty*. Intergovernmental Panel on Climate Change.

Jaffe, A. B., Newell, R. G. and Stavins, R. N. (2003). **Technology change and the environment**. In: Mäler, K. G. and Vincent, J. R. (eds.), Handbook of Environmental Economics, vol 1, Elsevier Press: Amsterdam.

Jewell, J., McCollum, D., Emmerling, J., Bertram, C., Gernaat, D. E., Krey, V., ... & Riahi, K. (2018). **Limited emission reductions from fuel subsidy removal except in energy-exporting regions**. Nature, 554(7691), 229-233.

Josephson, P. (2017). **Common but differentiated responsibilities in the climate change regime**: historic evaluation and future outlooks.

Köberle, A. C. (2019). **The value of BECCS in IAMS: A review.** Current Sustainable/Renewable Energy Reports, 6(4), 107–115.

Kumar, A., Singh, P., Raizada, P., & Hussain, C. M. (2022). **Impact of COVID-19 on greenhouse gases emissions: A critical review**. Science of The Total Environment, 806, 150349.

Lucchesi, A., Pereda, P. C., Ussami, K., Christofoletti, M. A., Gusson, E., & Cunha, G. C. (2019). **Economic evaluation of massive restoration in Brazil: How to achieve the iNDC-Brazil target.** International Journal of Global Environmental Issues, v.18. p.41-70, 2019.

Lucchesi, A. (2013). **Environmental Innovation: evidence from Brazilian manufacturing firms**. Doctoral thesis. Faculty of Economics, Administration and Accounting, University of Sao Paulo, Brazil.

Maguire, R. (2013). **The role of common but differentiated responsibility in the 2020 climate regime.** CCLR, 260.

Moz-Christofoletti, M. A., & Pereda, P. C. (2021). **Winners and losers: the distributional impacts of a carbon tax in Brazil.** Ecological Economics, 183, 106945.

Narassimhan, E., Gallagher, K. S., Koester, S., & Alejo, J. R. (2017). **Carbon pricing in practice: a review of the evidence**. Climate Policy Lab: Medford, MA, USA.

Neumann, B., Vafeidis, A. T., Zimmermann, J., & Nicholls, R. J. (2015). **Future coastal population growth and exposure to sea-level rise and coastal flooding-a global assessment.** PloS one, 10(3), e0118571.

Nordhaus, W. (2007). **Critical assumptions in the Stern review on climate change.** Science, 317(5835), 201-202.

Nordhaus, W. (2013). **The climate casino: Risk, uncertainty, and economics for a warming world**. Yale University Press.

Nordhaus, W. (2015). **Climate clubs: Overcoming free-riding in international climate policy.** American Economic Review, 105(4), 1339-70.

Nordhaus, W. (2019). Climate change**: The ultimate challenge for economics**. American Economic Review, 109(6), 1991-2014.

Oliveira, T. D., Gurgel, A. C., & Tonry, S. (2021a). **Potential trading partners of a Brazilian emissions trading scheme: The effects of linking with a developed region (Europe) and two developing regions** (Latin America and China). Technological Forecasting and Social Change, 171, 120947.

Oliveira, T., Brunelle, T., Guenet, B., Ciais, P., Leblanc, F., & Guivarch, C. (2021b). **A mixed-effect model approach for assessing land-based mitigation in integrated assessment models: A regional perspective.** Global Change Biology, 27(19), 4671-4685.

Pereda, P. C., Lucchesi, A., Garcia, C. P., & Palialol, B. T. (2019). **Neutral carbon tax and environmental targets in Brazil.** Economic Systems Research, 31(1), 70-91.

Sinay, L., & Carter, R. W. (2020). **Climate change adaptation options for coastal communities and local governments**. Climate, 8(1), 7.

Stern, N., & Stern, N. H. (2007). **The economics of climate change: the Stern review.** Cambridge University press.

Sterner, T., & Köhlin, G. (2015). Pricing carbon: **The challenges.** Towards a workable and effective climate regime, 251.

Timperley, J. (2021). **How to fix the broken promises of climate finance**. Nature, 400-402.

Ward, D. S., & Mahowald, N. M. (2014). **Contributions of developed and developing countries to global climate forcing and surface temperature change**. Environmental Research Letters, 9(7), 074008.

Warwick, P., and C. Ng, (2012). **The 'cost' of climate change: how carbon emissions allowances are accounted for amongst European Union companies,** Australian Accounting Review 22, 54–67.

Wei, T., Yang, S., Moore, J. C., Shi, P., Cui, X., Duan, Q.,. & Dong, W. (2012). **Developed and developing world responsibilities for historical climate change and CO2 mitigation.** Proceedings of the National Academy of Sciences, 109(32), 12911-12915.

6. O FUNDO AMAZÔNIA, A LITIGÂNCIA CLIMÁTICA E A *CUPINIZAÇÃO NORMATIVA*

FERNANDO FACURY SCAFF
CAROLINE MEDEIROS ROCHA FRASSON

Introdução

A percepção da comunidade internacional em relação à imagem projetada pelo Brasil é extremamente importante para fins de influência política, respeito dos pares, e, sobretudo, em razão dos impactos financeiros e econômicos. E um dos pontos que tem contribuído atualmente para a deterioração da imagem brasileira é a questão ambiental (The Economist, 2021) (Grieger, 2020).

Após a redemocratização e, parcialmente, em resposta às demandas externas, o Brasil iniciou um processo de tutela do meio ambiente com a promulgação da Lei n. 6.938/91, referente à Política Nacional do Meio Ambiente (PNMA); com a criação, em 1984, do Conselho Nacional do Meio Ambiente (Conama); e, em 1988, da Constituição do Brasil (CF/88), que dedica vários dispositivos (arts. 5, LXXIII; 23, VI; 24, VI; 129, III; 186, II; e 170, IV), e o capítulo VI para a tutela do meio ambiente (art. 225), convergindo para uma estrutura institucional que possibilita a criação de políticas públicas ambientais.

O *caput* do artigo 225 faz uma caracterização de direitos e deveres ao afirmar que o meio ambiente é um bem de uso comum do povo e impõe ao Poder Público e à coletividade o dever de defendê-lo e preservá-lo para as futuras gerações. Já nos parágrafos e incisos consecutivos, ele determina deveres especiais, tanto para o Poder Público, quanto para particulares. Há ainda enunciados normativos que devem ser entendidos como princípios específicos, como, por exemplo, o princípio do poluidor-pagador, no art. 225, §§ 2º e 3º.

A inclusão do direito ao meio ambiente ecologicamente equilibrado tornou a questão ambiental matéria constitucionalmente protegida, o que teve dois efeitos: o primeiro foi que normas infraconstitucionais que viessem a ser promulgadas em contradição ficassem sujeitas ao controle de constitucionalidade. Desta forma, a inclusão desse direito funciona como uma proibição direcionada ao Poder Legislativo e ao Poder Executivo para a edição de normas contrárias aos ditames do art. 225 e demais. Em segundo lugar, ela permite a criação de uma estrutura infraconstitucional para proteção desse direito, conectando as ações do Conama e do Ministério do Meio Ambiente (MMA) à Constituição e, consequentemente, ao controle constitucional.

O cenário acima diz respeito às circunstâncias domésticas da proteção ao direito ao meio ambiente. Internacionalmente, convergem quanto à tutela ambiental os acordos climáticos, realizados desde a Conferência Eco92, passando pelo Protocolo de Quioto e culminando com o Acordo de Paris[1] e seus derivados, como o recente Pacto de Glasgow, incrementando anualmente a pressão contra o aumento dos impactos negativos sobre o clima e a implementação de políticas de redução de gases de efeito estufa (GEE).

Para o Acordo de Paris, o objetivo central é limitar o aquecimento global a menos de 2ºC e com esforços para se manter abaixo de 1.5ºC em relação aos níveis pré-industriais. Contudo, o sucesso do acordo é dependente das somas das NDCs de todos os países[2], as quais deve representar uma redução de cerca de 55% das emissões até 2030, em comparação com o que foi acordado em 2015 (UNEP, 2020).

O quinhão do Brasil nessa matemática do clima resta, principalmente, nas emissões por mudança no uso e ocupação do solo, em especial, do desmatamento que ocorre na Amazônia. Nesse sentido, gera preocupação

[1] O Acordo foi adotado por 195 países que se comprometem individualmente a manter esforços progressivos de redução de emissões Gases de Efeito Estufa – GEEs por meio das Contribuições Nacionalmente Determinadas – NDC.

[2] Esse esforço é chamado de Global Stocktake, no qual uma força tarefa analisa os compromissos climáticos de cada País, a fim de medir os avanços e caminhos ainda a percorrer para o alcance das metas de Paris.

o aumento paulatino dos níveis de desmatamento, a partir de 2012, sendo que a partir de 2019 os desmatamentos disparam alcançando os piores níveis desde 2006 (INPE, 2022).

A fim de demonstrar compromisso com o problema, o Brasil apresentou em março de 2022 uma revisão da sua Contribuição Nacionalmente Determinada (NDC, em inglês). Em documento anexo à NDC, o Brasil expressa a intenção de eliminar desmatamento ilegal até 2028 (Brasil, 2022). Contudo, em termos de valor total, a atual NDC ainda possui, virtualmente, a mesma ambição daquelas submetidas em ocasiões passadas, fazendo com que a NDC brasileira continue a ser criticada por ser insuficiente (Climate Action Tracker, 2022).

A conjuntura do aumento do nível de desmatamento e insuficiente compromisso climático perante a comunidade internacional têm gerado prejuízos para o Brasil em termos de investimentos e desenvolvimento econômico, como demonstrado pela estagnação do acordo econômico entre o Brasil e a União Europeia e a dificuldade nos trâmites de entrada na Organização para a Cooperação e Desenvolvimento Econômico (OCDE). Esse cenário é agravado quando compromissos climáticos passados, tais como o Fundo do Clima e o Fundo Amazônia são negligenciados, contribuindo para a transformação do Brasil de um país verde e amarelo para um país marrom.

1. O Fundo Amazônia: contexto histórico e governança

No remoto ano de 2004 o Brasil adicionou mais de 27 mil km2 de floresta desmatada às áreas degradadas. Esse foi um dos maiores índices então registrados pelo Instituto Nacional de Pesquisa Espacial (INPE, 2022). O Brasil seguia sendo pressionado pela comunidade internacional quanto à conservação do bioma amazônico. Neste cenário, o Governo Federal estabeleceu o Plano de Prevenção e Controle do Desmatamento na Amazônia (PPCDAm), cujo principal objetivo era coordenar ações interministeriais para o combate do desmatamento. O PPCDam incorporava ações em quatro eixos de atuação: fomento a atividades produtivas sustentáveis; monitoramento e controle ambiental; ordenamento fundiário e territorial; e instrumentos normativos e econômicos (Kadri, et al., 2020).

Uma das primeiras medidas foi o fortalecimento das ações de fiscalização, por meio da participação do IBAMA, Polícia Federal e Forças

Armadas trabalhando em conjunto para conter os focos de desmate. Nesse âmbito, o Instituto Nacional de Pesquisa Espacial (INPE) desenvolveu o Sistema de Detecção de Desmatamento em Tempo Real (DETER), o qual produz alertas de desmatamento em tempo real, possibilitando que ações de comando e controle fossem direcionadas e eficazes. Este, aliado ao Programa de Cálculo do Desflorestamento em da Amazônia (PRODES), proveram instrumentos importantes de controle e combate ao desmatamento.

Ademais, a política de criação de unidades de conservação (UC) e demarcação de terras indígenas (TI) também contribuiu para o controle de atividades de desmatamento. Estudos recentes indicam que a grande parte de terras destinadas a essas atividades servem como sumidouros de carbono e são menos prováveis de tornarem-se emissores (World Resources Institute; Climate Focus, 2022).

A partir de 2007 houve uma política restritiva de créditos (Decreto n. 6.321/07) voltada para os municípios com alto índice de desmatamento, o que foi positivo, permitindo que os Municípios situados no bioma amazônico fossem inseridos nesse rol a qualquer tempo[3].

Paralelamente, o setor produtivo institucionalizado passou a adotar políticas responsáveis com o meio ambiente, ensejando acordos privados que, a partir de 2008, juntamente com o PPCDAm inauguravam uma nova fase na política ambiental, capitaneando iniciativas para rastrear e certificar a suas cadeias produtivas.

A Associação Brasileira de Óleos Vegetais (Abiove) e a Associação Nacional dos Exportadores de Cereais (Anec) se comprometeram a não

[3] Art. 14. O Ministério do Meio Ambiente editará e atualizará periodicamente lista de Municípios com desmatamento monitorado e sob controle, desde que o Município, cumulativamente, cumpra os seguintes requisitos: I – possua oitenta por cento de seu território, excetuadas as unidades de conservação de domínio público e terras indígenas homologadas, com imóveis rurais devidamente monitorados na forma e de acordo com critérios técnicos fixados em instrução normativa específica do INCRA, nos termos do art. 4º deste Decreto; e II – mantenha taxa de desmatamento anual abaixo do limite estabelecido em portaria do Ministério do Meio Ambiente. § 1º A União priorizará em seus planos, programas e projetos voltados à Região Amazônica os Municípios constantes da lista referida neste artigo para fins de incentivos econômicos e fiscais, visando a produção florestal, agroextrativista e agropecuária sustentáveis. § 2º Qualquer Município situado no Bioma Amazônia poderá integrar a lista referida no *caput*.

comercializar soja proveniente de áreas que tivessem sido desmatadas dentro da Amazônia Legal, pacto que ficou conhecido como Moratória da Soja. Em 2009, parcela dos frigoríficos que trabalham na Amazônia foram envolvidos pelo Ministério Público Federal e assinaram um Termo de Ajuste de Conduta (TAC), comprometendo-se a não comprar carne bovina de produtores associados ao desmatamento[4].

Assim, a combinação de políticas de comando e controle, restrição de crédito e práticas sociais responsáveis se mostrou muito eficiente, tornando-se referência global no controle de desmatamento de florestas tropicais, chegando a ter um efeito cumulativo no desmatamento na Amazônia de diminuição de 83% em 2012, restando em menos de 4.600km^2 por ano.

O sucesso do PPCDam[5] e a queda do desmatamento (Marcovitch, 2013) permitiram que, ainda em 2007, o Ministério do Meio Ambiente capitaneasse negociações na 13ª Conferência das Partes da Convenção-Quadro

[4] Visando de coibir ilegalidades relacionada à cadeia da carne, a partir de 2009 proprietários de frigoríficos passaram a firmar com o MPF, Termos de Ajustamento de Conduta (Tac), se comprometendo a não adquirir gado bovino de fazendas localizadas em áreas protegidas, (como Terras Indígenas e Unidades de Conservação), desmatadas, embargadas, ou que utilizassem mão de obra análoga à escravidão. Ainda, como resultado de uma campanha do Greenpeace, os quatro maiores frigoríficos atuantes na Amazônia à época – JBS, Marfrig, Minerva e Bertin – assinaram o Compromisso Público da Pecuária (CPP), um protocolo voluntário no qual se comprometeram, além de não comprar gado oriundo de áreas desmatadas, a iniciar o controle dos fornecedores indiretos, iniciativa que não estava contemplada pelo Tac (Barreto & Gibbs, 2015).
A partir de tais compromissos, seus signatários deveriam comprovar a conformidade de seus fornecedores com os requisitos socioambientais. Para realizar tal monitoramento, os três maiores frigoríficos (JBS, Marfrig e Minerva) junto com as três maiores redes de varejo (Grupo Pão de Açúcar, Walmart e Carrefour) definiram o Protocolo Harmonizado de Monitoramento, fornecendo o passo a passo para a análise dos fornecedores. A partir de 2020, tal protocolo passou a ser obrigatório a todas as empresas signatárias do TAC (Garcia-Drigo, Souza, & Piatto, 2021).

[5] Plano de Ação para a Prevenção e Controle do Desmatamento na Amazônia Legal (PPCDAm) foi descontinuado e substituído pelo Plano Nacional para Controle de Desmatamento Ilegal e Recuperação da Vegetação Nativa (PNCDIRVN). Em resposta às críticas, a AGU arguiu que a substituição dos planos foi devido ao esgotamento do PPCDAm, sendo que o novo plano abarcaria o PPCDAm, o Plano de Ação para Prevenção e Controle do Desmatamento no Cerrado (PPCerrado) e o Plano Nacional de Recuperação da Vegetação Nativa (Planaveg) (Supremo Tribunal Federal, 2022).

das Nações Unidas sobre Mudança Climática (UNFCCC) com governos estrangeiros, em especial a Alemanha e a Noruega, para a instituição de uma iniciativa de financiamento de ações de Redução de Emissões Provenientes do Desmatamento e da Degradação Florestal (REDD+) (BNDES, 2022).

Foi nesse contexto que foi promulgado o Decreto n. 6.527, em 2008, que estabelece o Fundo Amazônia. A partir de sua criação, o Fundo passou a colaborar com a implementação da própria política que o viabilizou: o PPCDam.

Nos termos do Decreto n. 6.527/08, cabe ao Banco Nacional de Desenvolvimento Econômico e Social (BNDES) a gestão do Fundo Amazônia, que possui como finalidade captar doações para investimentos não reembolsáveis em ações de (1) prevenção, (2) monitoramento, (3) combate ao desmatamento, (4) promoção da conservação e (5) promoção do uso sustentável das florestas no bioma amazônico. Não obstante, os recursos do Fundo ainda podem ser utilizados (6) no desenvolvimento de sistemas de monitoramento e controle do desmatamento em outros biomas brasileiros e (7) em outros países tropicais até o limite de 20% do total captado (BNDES, 2022).

O Fundo foi criado nos moldes estabelecidos pela Lei 4.320/64 que considera como *fundo especial* o produto de receitas especificadas que, por lei, se vinculam à realização de determinados objetivos ou serviços. O peculiar desse Fundo é que não previa recursos orçamentários oriundos do governo brasileiro, apenas geridos por ele, através do BNDES.

Uma das principais doações foi realizada pelo governo da Noruega, ocasião em que foi veiculado certo otimismo no sentido de que se iniciava um processo de pagamentos por serviços ambientais, por meio da remuneração internacional via fundos contributivos, no qual países com renda superior deveriam remunerar países em desenvolvimento ou menos desenvolvidos, à título de doação, pela conservação florestal (Marcovitch, 2013).

Nesse sentido, a iniciativa poderia ser classificada como uma tentativa de precificação de serviços ecossistêmicos, no qual montantes seriam liberados conforme algumas variáveis, sendo elas: i) redução nas emissões de carbono oriundas de desmatamento, em toneladas de carbono; ii) taxa de desmatamento média em hectares; iii) taxa de desmatamento anual no período; e iv) toneladas de carbono por hectare de floresta (BNDES, 2022).

Vale ressaltar que os aportes ao Fundo são doações, ou seja, financiamentos a fundo perdido, em razão de serviços ambientais já realizados (queda do desmatamento) que são geridos inteira e soberanamente pelo Brasil, por meio do BNDES.

Originalmente a governança do Fundo Amazônia era composta por dois comitês.

O primeiro era o Comitê Orientador do Fundo Amazônia (COFA), formado por oito representantes do Governo Federal, representantes dos nove governos estaduais da região amazônica e seis representantes da sociedade civil, sendo o órgão responsável pela determinação das diretrizes e acompanhamento dos resultados obtidos pelo fundo (Decreto 6.257/08, art. 4º). A definição dessas diretrizes e dos focos de atuação bianuais comporiam os fundamentos para o aporte dos recursos do Fundo (BNDES, 2022).

O segundo era o Comitê Técnico do Fundo Amazônia (CTFA), composto por especialistas, sendo encarregado de atestar as reduções de emissões de Gases de Efeito Estufa (GEE) decorrentes do desmatamento que eram calculadas pelo Ministério do Meio Ambiente, sendo uma etapa essencial para a liberação de recursos do Fundo[6].

O Fundo ainda exigia a realização de auditorias independentes e internacionalmente reconhecidas, a fim de assegurar a transparência necessária para a captação, aplicação e monitoramento dos recursos, cabendo ao BNDES emitir relatórios periódicos, sendo as informações relevantes disponibilizadas no site: http://www.fundoamazonia.gov.br/pt/home/.

[6] Decreto nº 6.527/2008. artigo 3º: O Fundo Amazônia contará com um Comitê Técnico – CTFA com a atribuição de atestar a ED calculada pelo Ministério do Meio Ambiente, devendo para tanto avaliar: I – a metodologia de cálculo da área de desmatamento; e II – a quantidade de carbono por hectare utilizada no cálculo das emissões.

FIGURA 1: **Estrutura da governança do Fundo Amazônia**

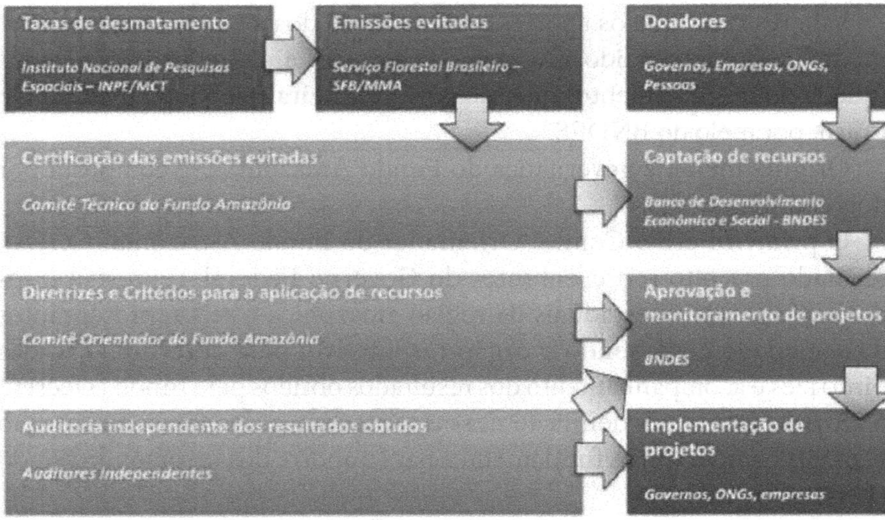

Fonte: (Marcovitch, 2013)

Havia críticas a essa estrutura, dentre as quais, a morosidade devido ao número reduzido de reuniões do COFA, os critérios burocráticos de acessibilidade dos recursos assumidos pelo BNDES e a subutilização do CTFA. Outra crítica comum era referente ao tipo de despesa que poderia ser custeada pelo Fundo Amazônia. Nesse sentido, ressalta-se que a perspectiva dos doadores era (e ainda é) demasiadamente restritiva, ao não abarcar a inclusão de uma miríade de problemas urbanos e rurais, além dos florestais, que impactam desproporcionalmente as metrópoles e populações amazônicas e contribuem para a crise climática, tais como infraestrutura deficiente, saneamento e tratamento de esgoto, energia, conectividade, entre outros. É importante que os valores provenientes do Fundo Amazônia sejam aplicados de forma potencial, a fim de proporcionar uma transição econômica justa para as populações amazônicas.

Contudo, apesar dos entraves, o Fundo acumulava saldo positivo entre processos bem-sucedidos e experiências com pouco impacto, o que indicava uma possibilidade de avanços no financiamento do desenvolvimento sustentável na região amazônica (Marcovitch, 2013) (Kadri, et al., 2020).

Mais recentemente, a partir de 2019, ocorreu na prática a suspensão das atividades do Fundo. O Decreto nº 9.759/19[7] – que estabelece regras para colegiados da administração pública federal – paralisou os dois comitês.

O golpe final no Fundo Amazônia ocorreu através da revogação do art. 2º do Decreto 6.527/08 pelo Decreto nº 10.144/19, impossibilitando a captação de recursos para a formação do Fundo, pois tal norma autorizava o BNDES a proceder às captações de doações e emitir diploma de reconhecimento de contribuição aos doadores do Fundo Amazônia.

Posteriormente, em 2020, através do Decreto 10.223, foram revogados os artigos do Decreto 6.527/08 que criavam o COFA e o CTFA, ficando acéfala a governança do Fundo Amazônia, e, com isso, paralisando suas atividades, limitando-se a gerir apenas os projetos já contratados.

Além disso, ocorreu um relevante impeditivo factual. A elevação significativa das taxas de desmatamento (INPE, 2022)[8], prejudicou a captação de recursos para o Fundo, eis que as doações são condicionadas à redução das emissões de carbono derivadas da mudança do uso e ocupação do solo, em especial, desmatamento.

Em consequência, o Fundo não recebeu doações em 2019 e 2020, decorrente das alterações realizadas na sua estrutura de governança, sem prévio consenso dos doadores do Fundo.

Nesse sentido, seja porque o Brasil precisa demonstrar queda dos índices de desmatamento; seja em razão da ausência de dispositivo legal que regulamente novas doações e, de fato, gerir os recursos; ou mesmo pela ausência de governança, o Fundo Amazônia está impossibilitado de cumprir sua finalidade desde 2019.

2. A recente judicialização constitucional do meio ambiente no Brasil

Em paralelo ao desmonte do Fundo Amazônia, a judicialização da ecologia tem sido a tônica nessa quadra histórica.

[7] Decreto nº 9.759/2019. Extingue e estabelece diretrizes, regras e limitações para colegiados da administração pública federal. "Art. 1º Este Decreto extingue e estabelece diretrizes, regras e limitações para colegiados da administração pública federal direta, autárquica e fundacional."

[8] A taxa de desmatamento registrada em 2021 é maior em 15 anos, sendo menor apenas do que a taxa registrada em 2006.

Em março de 2022, o Supremo Tribunal Federal deu início ao julgamento do que foi denominado "Pacote Verde". Consiste um uma série de ações constitucionais sobre questões ambientais, nas quais um dos argumentos é o *Estado de Coisas Inconstitucional na Gestão Ambiental*.

A primeira ação a ter o seu julgamento iniciado foi a Ação por Descumprimento de Preceito Fundamental (ADPF) n. 760 que questiona o aumento do desmatamento ilegal na Amazônia e a Ação Direta de Inconstitucionalidade por Omissão (ADO) n. 54 contra a omissão na tarefa de combater o desmatamento na Amazônia.

Na ocasião, a ministra relatora Cármen Lúcia aludiu ao fato de que o processo de revogações de normas infralegais e exclusões de programas, tais como o PPCDam geram um efeito de desregulação em matéria ambiental que impacta diretamente nas políticas públicas empregadas, eis que o arcabouço normativo que as sustentavam esvaece-se. A ministra usa o termo "*cupinização*" normativa[9] para ilustrar uma das causas dos resultados pós-2019, não só quanto ao desmatamento, mas quanto a toda tutela do meio ambiente.

Desta forma, o edifício institucional parece hígido, mas as bases de sua atuação são inviabilizadas por uma série de procedimentos, muitas vezes de baixa hierarquia normativa, que visam obstar o regular funcionamento do mecanismo de controle. Isto é válido não só quanto ao desmatamento, mas quanto a toda tutela do meio ambiente. Ela afirma que os entraves burocrático-normativos[10] impedem o cumprimento da finalidade de preservação das florestas e dos mananciais, das reservas, da proteção das matas, da garantia de direitos de todos à existência digna e saudável.

O voto levanta argumentos recorrentes, tais como a proteção ao meio ambiente, contudo inova ao inserir riscos atuais, como o alcance do "*ponto de não retorno*" em referência ao bioma Amazônico, no qual, se a floresta perder sua cobertura original, o bioma perde a capacidade de se autorregenerar, levando a descaracterização da região.

[9] Segundo a ministra, a "cupinização democrática" corrói as instituições. "São os cupins do autoritarismo, do populismo, de interesses pessoais, da ineficiência administrativa, tudo isso junto a construir um quadro que faz com que não se tenha o cumprimento garantido da matéria constitucional devidamente assegurada" (Fonte Notícias STF 31 de março de 2022).

[10] Trata-se aqui tanto da formulação da política orçamentária, seu empenho e liquidação (burocrático), quanto o processo de desregulação infralegal (normativo).

A paralisação do Fundo Amazônia foi mencionada no voto da relatora na ADPF n. 760 como argumento complementar ao quadro de inexecução orçamentária por ela descrito. Contudo, afirma que na ADPF em questão posta "*é que recursos financeiros de cerca de 2,8 bilhões de reais estariam sem destinação após a extinção do CTFA e COFA pelo Decreto n. 9.759/2019. Demonstrado está nos autos a inconstitucionalidade pelo descumprimento da norma do § 10 do art. 165 da Constituição do Brasil e, ainda, decorrência também deste comportamento a ilegitimidade constitucional da não prestação dos serviços de proteção ambiental, obrigação do Estado*".

Ressalta-se que até o presente momento a Procuradoria Geral da República não emitiu parecer escrito sobre a matéria, apesar de seguidamente instado a fazê-lo pela ministra Relatora[11]. Após a apresentação do voto da relatora da ADPF 760, a ministra Cármen Lúcia, em 06 de abril de 2022, o julgamento foi suspenso em razão do pedido de vista do ministro André Mendonça.

Além dessas duas ações, o próprio voto da ministra menciona outras ações em controle concentrado e abstrato que reiteram questionamento similares em matéria ambiental que estão em trâmite no STF. Essas ações e outras devem ser consideradas em uma análise mais detalhada da posição recente do Supremo sobre meio ambiente. Dentre elas, menciona-se:

- Ação por Descumprimento de Preceito Fundamental (ADPF) n. 651 contra decretos presidenciais que alteraram a composição de órgãos públicos ambientais, incluindo o Fundo Nacional de Mudanças Climáticas (FNMA)[12].
- ADPF 735 contra o Decreto 10.341/2020 e a Portaria 1.804/2020 do Ministério da Defesa, que teriam retirado a autonomia do Ibama

[11] No início da sessão, o procurador-geral da República, Augusto Aras, defendeu o equilíbrio entre preservação ambiental e desenvolvimento econômico. Na sua opinião, as ações não contestam a validade de nenhuma lei federal, e a ADPF não é a via correta para "passar a limpo" todas as ações estatais na proteção da Amazônia. Aras sustentou que questões sobre meio ambiente são de alta especialização técnica e comportam diferentes opções políticas. Assim, para cada questão existem múltiplas respostas, cabendo aos poderes públicos a escolha de políticas públicas que melhor se aproximem da resposta adequada para as demandas, especialmente as ambientais, em razão da sua complexidade. (Fonte STF Notícias 31/03/2022)

[12] Ação julgada procedente para declarar inconstitucional Decreto que extinguiu a participação da sociedade civil na composição do FNMA.

como agente de fiscalização, ao atribuir a coordenação da Operação Verde Brasil 2 – ação de combate ao desmatamento na Amazônia – ao Ministério da Defesa[13].

- A ADPF n. 746 que tem como objeto omissão quanto aos deveres de proteção dos biomas do Pantanal e Amazônia[14];
- ADPF n. 747 julgada procedente pelo Plenário em 14/12/2021, para declarar a inconstitucionalidade da Resolução CONAMA nº 500/2020, com a imediata restauração da vigência e eficácia das Resoluções CONAMA n. 284/2001, 302/2002 e 303/2002);
- Ação Direta de Inconstitucionalidade (ADI) 6148 contra Resolução do Conselho Nacional do Meio Ambiente (CONAMA) sobre padrões de qualidade do ar[15];
- ADI n. 6808 contra ato normativo que prevê concessão automática de alvará de funcionamento e licenças, inclusive ambientais, para empresas enquadradas em atividade de grau de risco médio, além de impossibilitar que os órgãos de licenciamento solicitem informações adicionais[16].

Dentre estas destaca-se a ADO n. 60, em razão da conexão entre os temas. A ADO, a qual foi reautuada para ADPF 708, foi movida contra a omissão da União no que tange a paralisação do Fundo Nacional sobre Mudança do Clima (Fundo Clima), principal mecanismo de financiamento de projetos para mitigar as mudanças climáticas. Ação de relatoria do ministro Luís Roberto Barroso, trata da alteração da composição do seu Comitê Gestor e excluía representantes da comunidade científica, da sociedade civil indicada pelo Fórum Brasileiro de Mudanças do Clima, dos trabalhadores rurais e urbanos e dos estados e municípios.

[13] Pendente de julgamento.

[14] Pendente de julgamento.

[15] Ação julgada improcedente, contudo o Supremo Tribunal Federal determinou que o CONAMA edite nova norma, levando em consideração padrões da Organização Mundial de Saúde. Caso o ato normativo não seja editado, após prazo concedido pelo STF, passarão a vigorar os parâmetros estabelecidos pela Organização Mundial da Saúde enquanto perdurar a omissão administrativa na edição da nova Resolução.

[16] Ação julgada parcialmente procedente para dar interpretação conforme ao art. 6º-A e ao inc. III do art. 11-A da Lei n. 14.195/2021, para excluir a aplicação desses artigos às licenças em matéria ambiental.

Em decorrência das mudanças normativas realizadas, esse Fundo também ficou inoperante em 2019, uma vez que não houve a designação de novos membros para o Comitê Gestor pela União. Na ação é relatado que havia R$ 8 milhões não reembolsáveis a serem aplicados em estudos, projetos e empreendimentos, todavia, somente R$ 718 mil foram empenhados sem notícia de liquidação. No que tangue os valores reembolsáveis, estes geridos pelo BNDES, eram de R$ 543 milhões em 2019, dos quais R$ 348,7 milhões foram empenhados, porém o aporte não se concretizou, não havendo novo aporte de recursos a partir de janeiro de 2019.

Em julho de 2022, a ação foi julgada procedente, por maioria, para: i) reconhecer a omissão da União, em razão da ausência de novas alocações referentes ao ano de 2019; ii) determinar que a União se abstenha de se omitir quanto ao funcionamento do Fundo do Clima ou em destinar seus recursos; e iii) vedar o contingenciamento de receitas cujo destino seria o Fundo. Restou vencido somente o ministro Nunes Marques. No mais, foi fixada a seguinte tese:

> O Poder Executivo tem o dever constitucional de fazer funcionar e alocar anualmente os recursos do Fundo Clima, para fins de mitigação das mudanças climáticas, estando vedado seu contingenciamento, em razão do dever constitucional de tutela ao meio ambiente (CF, art. 225), de direitos e compromissos internacionais assumidos pelo Brasil (CF, art. 5º, par. 2º), bem como do princípio constitucional da separação dos poderes (CF, art. 2º c/c art. 9º, par. 2º, LRF)

Todas as ações mencionadas tratam incidentalmente do Fundo Amazônia, algumas em maior ou menor grau, grande parte em razão da relação intrínseca entre o Fundo e o desmatamento. Contudo, a Ação Direta de Inconstitucionalidade por Omissão (ADO) n. 59 foi especificamente proposta contra omissão da União em relação à paralisação do Fundo Amazônia e do Fundo do Clima. A petição inicial da ADO n. 59[17] requer a determinação de que à União:

[17] Proposta pelo Partido Socialista Brasileiro, Partido Democrático Trabalhista, Partido Verde, Partido Socialismo e Liberdade; Partido dos Trabalhadores e Rede Sustentabilidade, a ação está pendente de julgamento.

1. tome as medidas administrativas necessárias para o reativar o funcio-namento do Fundo, permitindo a captação de recursos por: órgãos e entidades da administração pública direta e indireta (federal e estadual e municipal); fundações de direito privado (incluídas as fundações de apoio); associações civis; empresas privadas; cooperativas; governo central do país beneficiário e instituições multilaterais, conforme previsto em seu próprio sítio eletrônico;
2. efetue regularmente o repasse dos recursos financeiros dos projetos já aprovados, conforme valores, cronograma e demais condições estabelecidas nos contratos de apoio financeiro firmados;
3. realize a avaliação dos projetos que se encontram nas fases de consulta ou de análise, no prazo de 90 dias, com base nas regras aplicáveis à época em que foram protocolados e, em caso de aprovação, passe a efetuar os repasses financeiros;
4. realize a avaliação regular de novos projetos que venham a ser protocolados para apoio do Fundo, com base no Decreto nº 6.527, de 2008 e nas Diretrizes e Critérios para Aplicação dos Recursos e Focos de Atuação estabelecidos pelo COFA.
5. se abstenha de, através de novas condutas omissivas, paralisar o funcionamento do Fundo, e se abstenha de utilizar os recursos disponíveis no Fundo para outros fins se não aqueles previstos no art. 1º, do Decreto nº 6.527, de 2008, e respeite os procedimentos de acesso aos recursos estabelecidos no decreto supramencionado e nas Diretrizes e Critérios para Aplicação dos Recursos e Focos de Atuação estabelecidos pelo COFA anteriormente à desestruturação indevida desse órgão colegiado.
6. ademais, requer a determinação de que o gerenciamento dos valores liberados seja exercido por instância colegiada que tenha a participação de representante dos entes federativos interessados nos projetos apoiados pelo Fundo e de representantes da sociedade civil interessada, com acompanhamento da 4ª Câmara de Coordenação e Revisão do Ministério Público Federal (Meio Ambiente e Patrimônio Cultural) – já que houve a extinção do Comitê Orientador até então existente promovida pelo Decreto n.º 10.223, de 2020.

De relatoria da ministra Rosa Weber, a ADO 59 foi objeto de audiências públicas que ocorreram em 2020 e foram acompanhados pelos ministros Luís Roberto Barroso, Edson Fachin e Cármen Lúcia.

Em seu voto, a ministra Rosa Weber, determina a que a União adote providências administrativas necessárias para a reativação do fundo em 60 dias e se abstenha de realizar novas paralisações, bem como invalidando os decretos que alteraram o formato do Fundo, restabelecendo o modelo original. A relatora indicou a existência de um quadro de incapacidade institucional, afirmando que:

> a necessidade do emprego das Forças Armadas revela justamente essa incapacidade institucional do Ministério do Meio Ambiente e dos órgãos responsáveis, como o Ibama, em implementar a política pública nacional de combate ao desmatamento e à degradação na Amazônia Legal.

No mais, expôs que, ao seu ver, houve um desgaste da política ambiental brasileira, sendo que as circunstâncias nos estados da Amazônia são reflexos de um quadro de insuficiência regulatória, fiscalizatória e da ausência de incentivos governamentais indiretos. Expressou ainda que "*essa conjuntura se agravou sobremaneira a partir de 2019, como demonstram os dados oficiais*" (Supremo Tribunal Federal, 2022).

De acordo com a relatora, o governo federal foi omisso, eis que as extinções dos Comitê Orientador e Técnico, além das outras alterações regulamentares, impediram a atuação do Fundo em novos projetos. Desta forma, a Ministra argumentou ter havido omissão da União em relação aos deveres constitucionais de proteção da Amazônia, conforme consta em seu voto: "*o problema da omissão inconstitucional, que procurei desenhar, reside no comportamento comissivo do administrador que instaurou um marco normativo desestruturante do antecedente, sem as salvaguardas jurídicas para manutenção do quadro mínimo dos deveres e direitos ao meio ambiente equilibrado*" (Conectas, 2022). Ademais, entendeu que o desmantelamento de uma política financeira bem-sucedida no combate à degradação ambiental, e na ausência de uma alternativa equivalente, viola o princípio da proibição do retrocesso.

Em concordância, o Ministro André Mendonça votou no sentido de que os decretos que alteraram o formato do fundo são inconstitucionais, eis que as mudanças subtraíram a capacidade do fundo de captar recursos e aprovar financiamento de novos projetos (Supremo Tribunal Federal, 2022).

Por fim, a ADO foi julgada procedente em novembro de 2022 para declarar inconstitucionais os decretos de 2019 que extinguiram os comitês técnicos mencionados e determinar que Governo Federal reative o fundo no prazo de 60 dias. O voto da relatora foi acompanhado pelos Ministros André Mendonça, Alexandre de Moraes, Edson Fachin, Luís Roberto Barroso, Luiz Fux, Dias Toffoli, Cármen Lúcia, Ricardo Lewandowski e Gilmar Mendes. Restou vencido o Ministro Nunes Marques, pois, para ele, as alterações são válidas, uma vez que o governo não eliminou o Fundo Amazônia, limitando-se a exercer uma escolha política para a gerência do Fundo.

Em conclusão, o termo *"cupinização"* normativa utilizado no voto da relatora na ADPF n. 760, amolda-se perfeitamente ao procedimento que levou a paralização do Fundo Amazônia, levando a inviabilidade da atuação do Fundo sem enfrentar o ônus político de sua revogação. Neste sentido o ocorrido com o Fundo Amazônia é uma clara representação do processo de inibição regulatória pós-2019.

Ao analisar a ADO n. 59 e a ADPF n. 708, ressalta-se, em primeiro lugar, a atual circunstância dos litígios climáticos e ambientais perante o Supremo Tribunal Federal tem expandido, mesmo que ainda seja voltada ao cumprimento de normas já existentes, e não ao estabelecimento de novos marcos ambientais-constitucionais. Em segundo lugar, há paralelos a ser traçados entre a ADO n. 59 e a ADPF n. 708 que podem indicar um posicionamento da Corte quanto à matéria. Ambas as ações tratam de fundos voltados para a propulsionar a ambição climática do Brasil, os quais foram descontinuados em razão de desregulações infralegais proferidas a partir de 2019. Estes fundos restam paralisados, seja pela impossibilidade de aprovação de novos projetos, seja pela vedação de novas captações. Entretanto, possuem alocados recursos consideráveis, urgentes e necessários para a mitigação das mudanças climáticas, com o combate ao desmatamento, e para a adaptação aos seus efeitos adversos.

Conclusões: A *cupinização* normativa e os recursos financeiros para o meio ambiente

É significativa a expressão *cupinização* normativa cunhada pela ministra Cármen Lúcia em seu voto na ADPF 760, pois lacera por dentro da estrutura legal todo o modelo de governança na utilização dos recursos financeiros.

O Fundo Amazônia está vivo, porém paralisado, em face de terem sido revogados os dois órgãos que o geriam, bem como inviabilizadas novas doações. Nesse sentido, o Fundo Nacional de Mudança do Clima também está sendo vítima do mesmo mal, desde o esvaziamento de representantes da sociedade civil de seu Comitê Gestor, e a paralização decisória que acomete as ações em favor do meio ambiente por parte do governo federal desde 2019. Espera-se que retorne a funcionar a partir da decisão do STF e da mudança de governo operada após as eleições gerais de outubro de 2022.

Outras inciativas estão sendo normativamente *cupinizadas*, com respostas judiciais de baixa eficácia. Com isso, os recursos financeiros antes existentes para o combate à degradação ambiental no Brasil permanecem sem utilização, e a captação de novos recursos ficam inviabilizados.

Todavia, iniciativas como o Fundo Amazônia e o Fundo do Clima tem o potencial de alavancar investimentos em territórios e trajetórias negligenciados pelo poder público até então. Com aportes de outros países, as jurisdições de biomas, como o da Bacia Amazônica, têm uma oportunidade de criar um complexo normativo financiador de serviços ecossistêmicos diversos (Nusdeo, 2012) (Nusdeo, 2016), que inclui captura e armazenamento de carbono. Nesse âmbito, os Fundos têm um importante papel a desempenhar, contudo, é importante ressaltar que eles são apenas um dos elementos que compõe o mosaico, cabendo ao poder público, iniciativa privada, comunidade internacional, mercado financeiro e sociedade atuar em prol da superação da crise climática.

Muitas vezes uma imagem traduz melhor o que se deseja dizer. Usando a literatura brasileira pode-se melhor compreender a situação. Mário de Andrade, autor de *Macunaíma*, o herói sem nenhum caráter, disse que *"muita saúva e pouca saúde os males do Brasil são"*. Atualizando, pode-se dizer que *muitos cupins e pouca responsabilidade, os males ambientais do Brasil são*, tantos são os direitos assegurados, inclusive no âmbito constitucional, que estão sendo pouco a pouco carcomidos pelos cupins que se disseminam no meio jurídico-ambiental nacional contemporâneo.

Referências

BNDES. (2022). Fundo Amazônia: Relatório de Atividades 2021. Brasilia: Departamento de Comunicação do Gabinete da Presidência.

Brasil. (2020). Intended Nationally Determined Contribuition. Fonte: www4.unfccc.int/sites/NDCStaging/Pages/Party.aspx?party=BRA

Brasil. (2022). Nationally Determined Contribution. Fonte: https://www4.unfccc.int/sites/ndcstaging/PublishedDocuments/Brazil%20First/Updated%20-%20First%20NDC%20-%20%20FINAL%20-%20PDF.pdf

Climate Action Tracker. (2022). Brazil. Fonte: https://climateactiontracker.org/countries/brazil/

Conectas. (28 de Outubro de 2022). STF forma maioria para obrigar governo federal a reativar Fundo Amazônia. Fonte: Conectas Direitos Humanos: https://www.conectas.org/noticias/stf-forma-maioria-para-obrigar-governo-federal-a-reativar-fundo-amazonia/

Grieger, G. (2020). Amazon deforestation and EU-Mercosur deal. European Parlament. Fonte: https://www.europarl.europa.eu/RegData/etudes/ATAG/2020/659311/EPRS_ATA(2020)659311_EN.pdf

INPE. (15 de 04 de 2022). Terra Brasilis. Fonte: INPE: http://terrabrasilis.dpi.inpe.br/app/dashboard/deforestation/biomes/legal_amazon/rates

Kadri, N. M., Skaf, A. A., Freitas, M. B., Soeiro, D. R., Anache, B., Budi, J., & Hoeflinger, T. (2020). Fundo Amazônia: financiamento climático em prol da conservação e do desenvolvimento sustentável da Amazônia. Comissão Econômica para a América Latina e o Caribe (CEPAL). Fonte: https://archivo.cepal.org/pdfs/bigpushambiental/Caso97-FinanciamentoClimaticoemProldaConservacao.pdf

Marcovitch, J. (2013). Fundo Amazônia: Uma Experiência de Cooperação Internacional e Gestão Brasileira. São Paulo. Fonte: https://mudarfuturo.fea.usp.br/wp-content/uploads/2014/01/EAD-5953-2013-Trabalho-final-200114.pdf

Nusdeo, A. M. (2012). Pagamento por serviços ambientais: sustentabilidade e disciplina jurídica. São Paulo: Atlas SA.

Nusdeo, A. M. (2016). Pagamentos por serviços ambientais. Direito ambiental e sustentabilidade.

Supremo Tribunal Federal. (06 de abril de 2022). Desmatamento: ministra Cármen Lúcia vota por exigir plano da União para fiscalização ambiental. Fonte: Supremo Tribunal Federal: https://portal.stf.jus.br/noticias/verNoticiaDetalhe.asp?idConteudo=484966&ori=1

Supremo Tribunal Federal. (29 de Outubro de 2022). Fundo Amazônia: ministra Rosa Weber diz que Constituição veda retrocesso em proteção ambiental. Fonte: Portal STF: https://portal.stf.jus.br/noticias/verNoticiaDetalhe.asp?idConteudo=496131&ori=1

Supremo Tribunal Federal. (26 de Outubro de 2022). Rosa Wber vota para que governo reative Fundo Amazônia em 60 dias. Fonte: Portal STF: https://portal.stf.jus.br/noticias/verNoticiaDetalhe.asp?idConteudo=496461&ori=1

The Economist. (2021). Brazil under Bolsonaro. Fonte: https://www.economist.com/films/2021/06/11/brazil-under-bolsonaro

UNEP. (2020). Emissions gap Report 2020. Fonte: https://www.unep.org/emissions-gap-report-2020

World Resources Institute; Climate Focus. (2022). Sink or swim: How Indigenous and community lands can make or break nationally determined contributions. Forest Declaration Assessment (publisher) & Climate Focus (coordinator and editor). Fonte: https://forestdeclaration.org/wp-content/uploads/2022/03/Sink-or-swim-IPLC-lands-and-NDCs.pdf

7. OS CINQUENTA ANOS DA CONFERÊNCIA DA ONU EM ESTOCOLMO E A VANGUARDA DA CETESB RUMO À ECONOMIA DE BAIXO CARBONO

Sérgio Almeida Pacca

Introdução – Antecedentes históricos

A primeira Conferência da Organização das Nações Unidas sobre o Ambiente Humano (CNUAH) completou cinquenta anos em 2022. Foi uma trajetória tortuosa que buscou conciliar desenvolvimento e ambiente, por meio de normas e governança, envolvendo atores distintos e posições polarizadas (Haas, 2022). A CNUAH estabeleceu o Programa das Nações Unidas para o Meio Ambiente (PNUMA) e inaugurou uma era de governança ambiental internacional, com a institucionalização da ciência para a governança ambiental e a difusão de instituições internacionais, nacionais e regionais, responsáveis pela proteção ambiental.

No Brasil, a estruturação do sistema federal de gestão ambiental foi parcialmente motivada por pressões internacionais na esteira da Conferência de Estocolmo, em 1972, e ações de agências de fomento financeiro, como o Banco Interamericano de Desenvolvimento (BID) e o Banco Mundial. De fato, para grandes obras, financiadas com recursos externos, muitas vezes eram necessários estudos ambientais (Fernandes et al 2021). Tais exigências motivaram a criação de órgãos ambientais na estrutura de governança nacional. Na esfera federal, a Secretaria Especial do Meio Ambiente (SEMA) foi criada em 1973, no âmbito do Ministério do Interior.

Entretanto, na época, já existiam movimentos regionais, visando a criação de instituições locais. De fato, a primeira agência ambiental latino-americana foi a Comissão Intermunicipal de Controle da Poluição das Águas e do Ar, criada em 1960, que envolvia os municípios de Santo André, São Bernardo do Campo, São Caetano do Sul e Mauá. Vale a pena destacar que, em 1959 foi inaugurada nessa região a primeira fábrica de automóveis, fabricados no Brasil. A região foi o berço da indústria automobilística no país e durante várias décadas, as principais montadoras se localizavam lá. Em 1968, a comissão intermunicipal foi transformada no Centro Tecnológico de Saneamento Básico (CETESB), que em 2009 foi transformado na nova CETESB (CETESB 2022). Portanto, é possível afirmar que o nascimento e o desenvolvimento da CETESB estão relacionados com o desenvolvimento da indústria no país.

Na esfera federal, a SEMA, apoiada por cientistas, professores, pesquisadores e profissionais de diversas áreas e regiões do Brasil, elaborou uma proposta que serviu de base para a Política Nacional do Meio Ambiente, promulgada em 1981, pela Lei Federal 6.938/81. Essa política criou o Sistema Nacional do Meio Ambiente (SISNAMA) (Fernandes et al 2021). O SISNAMA engloba órgãos nacionais nas diversas esferas de poder e busca compatibilizar a atuação de todos em prol de questões ambientais. Este sistema já denota uma gestão ambiental em múltiplas escalas, até mesmo porque, existem questões ambientais que se manifestam em escalas distintas. Um problema de poluição atmosférica nas cidades causa impactos locais, enquanto a emissão de CO2 contribui para a mudança climática global, aquecendo o planeta Terra, alterando o clima globalmente e provocando impactos diversos, em regiões diferentes.

Na escala global, novos grupos se organizavam em torno das questões ambientais e a mudança climática global despontou como um tema deveras atraente. O Painel Intergovernamental sobre Mudanças Climáticas (IPCC) foi criado em 1988 e publicou o seu primeiro relatório científico em 1990. Desde o início, o papel do IPCC era sintetizar os avanços científicos sobre o tema da mudança climática global. O IPCC não produz conhecimento, mas sintetiza o estado da arte sobre o aquecimento global e este conjunto serve de balizador para as políticas globais acerca do tema.

Em 1992, com o apoio de líderes de todo o mundo, a ONU realizou a Cúpula da Terra do Rio – oficialmente chamada de Conferência das Nações Unidas sobre Meio Ambiente e Desenvolvimento (UNCED) – para apoiar a cooperação dos estados membros nos temas sustentabilidade e proteção do ambiente global. A Cúpula estabeleceu a Convenção-Quadro das Nações Unidas sobre Mudança Climática (UNFCCC), que entrou em vigor no dia 21 de março de 1994, para abrigar as negociações visando a redução das emissões globais dos gases de efeito estufa (GEE) (Maslin 2020). Os GEE já eram considerados a principal causa antropogênica do aquecimento global e o que mais se destacava era o CO2, que era liberado pela queima dos combustíveis fósseis.

1. Acordos internacionais para redução das emissões de GEE

Desde a entrada em vigor da UNFCCC, as nações (partes que assinaram a convenção) vêm se reunindo anualmente para avançar as negociações, buscando reduzir as emissões de GEE. Já na terceira Conferência das Partes (COP), em 1997, houve a proposição de um acordo para limitar as emissões dos países desenvolvidos, incluindo os países da Europa ocidental, os EUA e o Japão (Anexo I). O acordo, conhecido como Protocolo de Quioto, entrou em vigor em 2005, com a ratificação da Rússia e determinava a redução das emissões dos países do Anexo I em pelo menos 5%, em relação às emissões existentes em 1990, entre 2008 e 2012 (Kreienkamp, 2019).

Com a entrada em vigor do Protocolo de Quioto, os negociadores da UNFCCC já iniciaram a busca por novas alternativas para avançar ainda mais na redução das emissões de GEE, haja visto que o período estabelecido para as reduções findava em 2012 e que as reduções alcançadas ainda eram tímidas em relação ao balanço de emissões e o aumento de concentração dos GEE na atmosfera. Uma das alternativas era um segundo período de compromisso sob o próprio Protocolo de Quioto e a outra era um novo acordo sob a égide da UNFCCC.

Contudo, havia uma dificuldade considerável em se estender, ou até mesmo em se inspirar no Protocolo de Quioto, para propor um novo acordo climático global. A questão das responsabilidades diferenciadas deixava fora do compromisso de limitar as emissões de GEE países como Brasil, China, Índia, África do Sul e outros países em desenvolvimento. Se por um lado, países em desenvolvimento eram pouco significativos em termos de emissão, países como a China, que atualmente é o país que mais emite GEE, eram muito significativos. Assim, os países desenvolvidos, que compunham o grupo do Anexo I do Protocolo de Quioto, que eram os únicos com metas de redução de emissão de GEE prescritas, pressionaram para um outro tipo de acordo mais abrangente em relação às responsabilidades de todos os países.

Havia muita esperança com relação à COP-15 em Copenhagen, para que nela fosse estabelecido um novo acordo buscando a redução das emissões, contudo a conferência resultou em uma declaração meramente política e foi considerada um fracasso em termos de avanços na redução das emissões (Kreienkamp, 2019). O modelo de metas prescritas de forma centralizada, seguindo a lógica do Protocolo de Quioto, havia se exaurido.

O acordo de Copenhagen (COP-15) marcou a ascensão de uma política climática mais fragmentada e descentralizada, na qual contribuições voluntárias de redução de carbono são apresentadas pelos países em substituição às metas de redução de emissão obrigatórias negociadas no quadro da ONU (Bäckstrand and Lövbrand, 2019). O período pós COP-15 também questionou a divisão de responsabilidades, no tocante à redução das emissões de GEE, entre os países desenvolvidos e os países em desenvolvimento.

A COP-21, realizada em Paris, inaugurou uma nova abordagem híbrida para a governança climática global, na qual a proposição de metas voluntárias de redução de emissão pelos países se apoia em um sistema centralizado de supervisão, que verifica a evolução das metas individuais e contabiliza o avanço global em busca da redução das emissões de GEE. Este sistema de verificação, bem como, diversas metodologias de cálculo de emissões evitadas, foram amplamente desenvolvidos para apoiar as ações implementadas a partir do Protocolo de Quioto. Inclusive em países fora do Anexo I, do Protocolo de Quioto, houve um grande avanço na identificação de projetos visando a mitigação climática e a contabilização das emissões por meio de projetos do Mecanismo de Desenvolvimento Limpo (MDL), que visavam gerar e comercializar créditos de carbono, de projetos desenvolvidos em países como o Brasil, com países europeus do Anexo I. Desta forma as emissões evitadas seriam contabilizadas em países desenvolvidos, do Anexo I, e a receita pela venda dos créditos ficaria em países em desenvolvimento, como no Brasil e outros, que não integravam o Anexo I.

A adoção do Acordo de Paris em 2015 marcou um grande avanço diplomático, que representou uma mudança definitiva em relação ao Protocolo de Quioto e consagrou uma nova lógica da política climática internacional, que combina elementos *bottom-up* e *top-down*. No início da COP-21 o componente *bottom-up* já estava garantido, uma vez que praticamente todas as nações haviam apresentado suas metas de redução de GEE voluntárias. Assim, um dos principais focos da COP-21 foi a negociação de mecanismos de transparência e contabilidade das reduções efetivas para garantir a implementação e galvanizar metas ainda mais ambiciosas. Após duas semanas de negociações intensas, as partes adotaram o primeiro tratado universal sobre o clima, refletindo o consenso global sobre a necessidade de limitar o aumento da temperatura global a menos de 2ºC acima dos níveis pré-industriais (Kreienkamp, 2019). Esta ambição é o que governa as metas voluntárias, que são propostas por cada uma das entidades que participam do Acordo de Paris.

Ao contrário do Protocolo de Quioto, o Acordo de Paris não inclui nenhum mecanismo de aplicação rígido. Em vez disso, coloca em vigor vários processos de revisão, incluindo um inventário global periódico, para avaliar o progresso individual e coletivo e aumentar a ambição. O acordo também introduz uma abordagem mais variada e vai além da dicotomia estática da Convenção e do Protocolo de Quioto, reconhecendo que os países desenvolvidos devem continuar a liderar a redução das emissões de GEE e mobilizar o financiamento climático e outras formas de apoio aos países em desenvolvimento (Sarawesi 2016). Além da contribuição nacional, o novo ambiente contempla iniciativas subnacionais e corporativas e, atualmente se configura na abordagem mais realista para limitar o aquecimento a 1,5-2ºC, considerando as temperaturas do período pré-industrial. No entanto, o sucesso do Acordo de Paris depende de aumentos significativos ao longo do tempo nas ambições visando a redução das emissões. Por enquanto, o acordo não passa de uma "nota promissória", com promessas de mitigação insuficientes para limitar o aquecimento global a 2ºC (Kreienkamp, 2019).

2. Ações visando a redução na emissão de GEE no Brasil

Em 2015, o governo brasileiro apresentou as metas voluntárias de redução que estabelecem uma redução de 37% para 2025 e 43% para 2030, ambas as metas são relativas aos níveis de emissão em 2005. Tais metas voluntárias representam 1,3 e 1,2 giga toneladas de CO2 equivalente (CO2e) evitadas, que seriam emitidas, respectivamente, em 2025 e 2030 (Brasil 2015). Em 2016, foram emitidos no Brasil 1,47 GtCO2e (MCTI 2021).

O alcance das metas voluntariamente determinadas traz implicações econômicas e sociais não apenas no nível federal, mas também nos níveis subnacionais (estadual e municipal). Uma gama de instrumentos, tais como impostos de carbono ou cap-and-trade, que institui um mercado de carbono com limite e negociação de créditos para a emissão de GEE, ou uma combinação de tais medidas pode ser utilizada para a redução de emissões de GEE. Sendo que estes mecanismos podem ser aplicados em escalas setoriais e regionais, até mesmos subnacionais. Não obstante, os mercados internacionais e instrumentos construídos em torno do Mecanismo de Desenvolvimento Limpo (MDL) do Protocolo de Quioto e/ou outros mercados de carbono também podem ser uma forma de reduzir as emissões.

A aplicação de instrumentos visando a mitigação climática demanda informações a respeito dos setores de maior emissão de CO2, o perfil das empresas destes setores e uma expectativa de comportamento no futuro (cenários). O Estado de São Paulo (SP) é responsável por um terço do produto interno bruto do Brasil e aproximadamente metade (46,3%) provém do setor industrial. O nível de renda per capita no Estado de São Paulo é 1,5 vezes maior do que a média nacional. A relevância do estado reflete também na sua importância com relação às emissões de GEE, sendo responsável por 26,4% das emissões nacionais provenientes de processos industriais, 24,3% das emissões de energia, 22,8% das emissões inventariadas de resíduos sólidos e 7,2% das emissões da agropecuária (CETESB, 2011). Portanto, se considerarmos o potencial de mitigação de emissões industriais brasileiras, devemos avaliar o potencial neste estado.

A figura 1 apresenta as emissões por tipo para o Brasil e para o estado de São Paulo em 2005. Trata-se do ano base para a promoção de contribuições voluntárias para a redução de emissões, no âmbito do Acordo de Paris. Enquanto existe um grande destaque para as emissões do uso da terra, da mudança do uso da terra e florestas (LULUCF) no âmbito do inventário nacional, no caso das emissões territoriais do Estado de São Paulo, o destaque é para as emissões da conversão de energia e para as emissões dos processos industriais, que chamam a atenção pela sua pouca relevância nacional e significativa relevância regional. A fatia, em preto, correspondente às emissões do Estado de São Paulo correspondente a 6% das emissões brasileiras. Já as emissões de energia e indústria correspondem, respectivamente, a 50% e 15% das emissões do Estado de São Paulo.

FIGURA 1: **Emissões por tipo de setor para o Brasil e para o Estado de São Paulo em 2005 (MCTI 2021)**

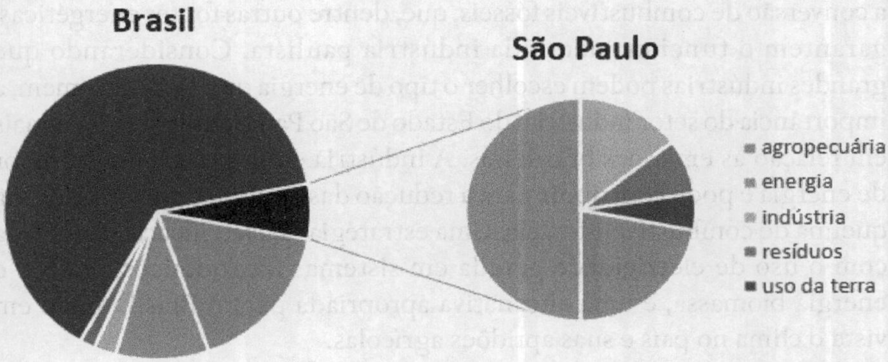

Portanto, as estratégias para reduzir as emissões na escala regional, como por exemplo, no Estado de São Paulo, devem ser distintas das estratégias na escala nacional, onde as emissões relacionadas com o uso da terra são preponderantes.

No Estado de São Paulo, a Lei 13.798/2009 instituiu a Política Estadual de Mudanças Climáticas (PEMC), e o Decreto Nº 55.947/2010 estabelece que os setores e subsetores da economia paulista devem ser organizados pelo seu grau de contribuição e potencial de redução das emissões. Assim, os resultados de curto, médio e longo prazo devem ser estimados por meio de análises de custo-benefício das ações visando a mitigação climática. Nesse sentido, é necessária a identificação das principais empresas em cada setor econômico que possam vir a participar destes mecanismos, fazendo com que este possa vir a contribuir com as metas nacionais de redução das emissões de GEE.

3. As emissões de GEE da indústria nas escalas global e regional

O Estado de São Paulo, sempre foi um precursor em questões ambientais. A CETESB foi a primeira agência ambiental da América Latina e em 2011, foi publicado o 1º Inventário de Emissões Antrópicas de Gases de Efeito Estufa, Diretos e Indiretos, do Estado de São Paulo pela CETESB. O Inventário destaca que em 2005, o Estado de São Paulo emitiu 140 milhões de toneladas de CO2 equivalente (Mt de CO2e), sendo que 64% destas emissões (88 Mt de CO2e) correspondem a emissões de CO2 (CETESB, 2011). As emissões de CO2 estão diretamente relacionadas com a conversão de combustíveis fósseis, que, dentre outras fontes energéticas, garantem o funcionamento da indústria paulista. Considerando que grandes indústrias podem escolher o tipo de energia que elas consomem, a importância do setor industrial do Estado de São Paulo aumenta ainda mais em relação às emissões brasileiras. A indústria é um grande consumidor de energia e pode contribuir para a redução das emissões provenientes da queima de combustíveis fósseis. Uma estratégia de eletrificação associada com o uso de eletricidade gerada em sistemas fotovoltaicos, eólicos e energia biomassa, é uma alternativa apropriada para o Brasil, tendo em vista o clima no país e suas aptidões agrícolas.

As emissões de GEE da indústria mundial têm origem na queima de combustíveis, em processos industriais, no consumo de produtos e na geração de resíduos. Em 2019, as emissões da indústria mundial representaram 14,1 GtCO2e ou 24% das emissões antropogênicas diretas. Contudo, se as emissões da geração de eletricidade e produção de calor, consumidos pela indústria, são adicionados, a indústria foi responsável pela emissão de 20 GtCO2e ou 34% das emissões globais (IPCC 2022).

Considerando o objetivo do Acordo de Paris, a indústria mundial deveria chegar a um patamar de emissões líquidas neutras, nas próximas décadas, o que é bastante desafiador (IPCC 2022). A busca pela eficiência energética permanece relevante como parte de um futuro de baixo carbono para a indústria. A redução na demanda de materiais, o seu uso eficiente e a estratégias visando a economia circular, podem reduzir a pressão pela produção primária, baseada na extração de recursos naturais. As opções para reduzir as emissões passam pela escolha de vetores energéticos e insumos materiais com emissões neutras de GEE e pela adoção da captura e posterior armazenamento do carbono (CCS – Carbon Capture and Storage). Esta tecnologia, de CCS é, em última instância, a solução para a redução das emissões de setores nos quais as emissões de processos industriais, independentes da queima de combustíveis fósseis, são relevantes.

A partir da relevância da indústria paulista e da pertinência de ações subnacionais no âmbito do acordo de Paris, a CETESB, sob os auspícios do

Banco Interamericano de Desenvolvimento (BID) promoveu um Estudo de Baixo Carbono para a Indústria do Estado de São Paulo de 2014 a 2030. O período de análise do estudo coaduna com o período correspondente às metas voluntárias brasileiras. A cooperação técnica buscou oferecer uma visão informada sobre o volume de investimentos necessários e a demanda por financiamentos necessários para a implementação dos diferentes cenários de mitigação e das principais estratégias industriais, apoiando a priorização e a competitividade das ações de mitigação identificadas. A coleta de dados sobre os setores de maior emissão, sua análise e discussão são importantes para servir de base para decisões relativas ao desenvolvimento de instrumentos para a redução de emissões de gases de efeito estufa.

O objetivo do estudo foi analisar as tendências das emissões da indústria paulista, em quatro setores chave da indústria (química, cal, cimento e siderurgia), com a descrição de um cenário de referência que foi construído com base na análise de especialistas e das associações das empresas que representam os setores selecionados. Para cada um dos cenários foram identificados os principais drivers que impactam a produção e a consequente emissão de gases do efeito estufa.

A indústria química produz uma gama variada de produtos que são utilizados em diversas aplicações. Os produtos variam de plásticos e borrachas até fertilizantes, solventes e produtos químicos especiais para a indústria de alimentos e farmacêutica. As tecnologias e as mudanças que possibilitam a descarbonização da produção de produtos químicos são específicas para processos individuais (IPCC 2022). Apesar do avanço com a eficiência energética no setor químico, uma fração significativa das emissões de GEE é causada pela demanda de calor e vapor na produção de substâncias químicas primarias. Atualmente, a energia é convertida a partir de combustíveis fósseis, que podem ser substituídos por bioenergia ou eletricidade gerada a partir de fontes renováveis de energia (solar, eólica, biomassa, hidrelétrica). A indústria química apresenta um grande potencial para a eletrificação a partir de tecnologias atualmente disponíveis, associadas a fontes de energia renováveis, indicando um potencial de redução rápida nas emissões de GEE.

A produção de amônia é responsável por 30% das emissões de CO2 da indústria química mundial (IPCC 2022). A amônia é produzida a partir da reação entre o nitrogênio e o hidrogênio, sendo que este é, geralmente, produzido pela reforma do gás natural, que é um processo intensivo em emissões de CO2. A produção do hidrogênio a partir da eletrólise, utilizando energia renovável, e a captura do CO2 liberado pelo processo de reforma do gás natural, são alternativas de baixo carbono.

O setor de cimento é tido como um setor no qual as possibilidades de redução de emissão de GEE são limitadas. O cimento é utilizado como uma cola para unir areia e agregados na fabricação de concreto, que é a substância industrializada mais consumida do mundo. A produção de cimento tem crescido mais rapidamente do que a população mundial desde a metade do século XX. Apesar dos avanços da eficiência energética nas últimas décadas, as emissões da fabricação do cimento são 14-17% das emissões diretas de GEE (IPCC 2022). Geralmente, 40% dessas emissões estão relacionadas com a produção de calor e 60% estão relacionadas com a decomposição química do calcário, que se transforma em clínquer, o ingrediente básico para a produção do cimento. Assim, é impossível zerar as emissões da fabricação do cimento. Nesse sentido, a captura e o armazenamento do CO2 é uma estratégia importante para a neutralização total das emissões de CO2 da fabricação do cimento. Não obstante, alternativas, que possam reduzir o consumo de clínquer, podem alcançar redução significativa na emissão de GEE do cimento.

O setor siderúrgico mundial foi responsável pela emissão de 3,7 a 4,1 GtCO2e em 2019, o que correspondia a 20% das emissões industriais diretas (IPCC 2022). A produção do setor siderúrgico pode ser dividida em produção primária a partir do minério de ferro e produção secundária, a partir da sucata de ferro. A principal rota global de produção utiliza o alto forno, alimentado por minério de ferro e coque de carvão mineral, enquanto o forno de arco elétrico é um processo menos intensivo no consumo de energia para fundir a sucata em novos produtos siderúrgicos. Em 2019, a rota de alto forno foi responsável por 73% da produção global de aço, sendo que 26% eram produzidos em fornos de arco elétrico e 5,6% eram produzidos por redução direta, que ainda é um processo pouco explorado atualmente, mas com potencial de reduzir as emissões de GEE. A redução na emissão de GEE da indústria siderúrgica demanda o uso de fontes de energia e insumos livres do carbono ou a adoção da captura e armazenagem geológica do dióxido de carbono (IPCC 2022). A eficiência energética é capaz de reduzir o consumo de um alto forno tradicional em cerca de 15%, mas ainda seriam necessárias outras tecnologias para zerar as emissões líquidas do setor siderúrgico mundial.

No âmbito do cenário regional, para o Estado de São Paulo, foram consideradas as emissões de GEE de processos industriais e do consumo de energia. Para o período analisado, de 2014 a 2030, as emissões advindas de processos industriais, da queima de combustíveis e da geração de eletricidade no Estado de São Paulo, foram respectivamente 45%, 23% e 32% (CETESB 2019). Portanto, 55% das emissões, no Estado de São Paulo, estão relacionadas com a conversão de energia e 45% estão relacionadas com processos industriais.

4. O Estudo de Baixo Carbono para a Indústria Paulista

As emissões estimadas pelo Estudo de Baixo Carbono para a Indústria do Estado de São Paulo dos setores químico, siderúrgico, cimento e cal, em 2014 foram, respectivamente 10,6; 8,0; 3,5 e 0,6 milhões de toneladas de CO2e (CETESB, 2019).

Os especialistas envolvidos identificaram medidas que pudessem reduzir as emissões de GEE em cada um dos setores analisados e, a partir disso, foi construído um cenário de baixo carbono. Em relação às projeções do cenário de referência, em 2030, poderiam ser evitadas 34% das emissões de GEE.

FIGURA 2: Gráfico de cunhas apresentando as reduções das emissões, em cada setor analisado, em toneladas de CO2e (CETESB 2019).

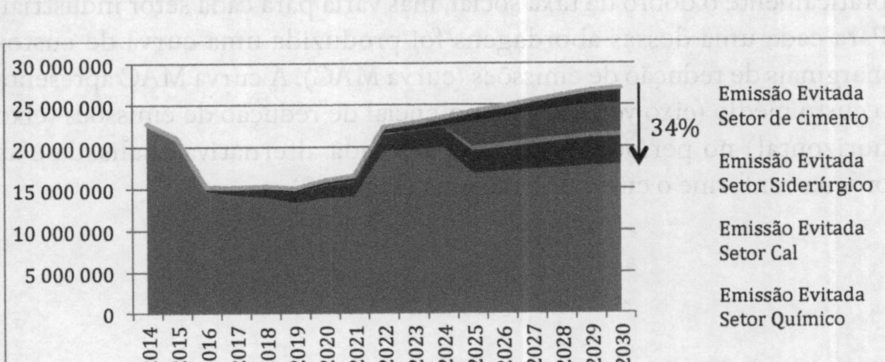

A comparação entre o cenário de referência e o cenário de baixo carbono possibilitou a determinação dos custos marginais de redução de emissões (*marginal abatement cost* – MAC) para cada uma das medidas. Esta informação pode ser utilizada para determinar o preço médio das emissões evitadas a partir de um limite nas emissões de GEE.

Geralmente, os estudos que desenvolveram trajetórias de redução de emissões de GEE, utilizam uma análise de custo-efetividade (*cost effectiveness*), que compara os custos de diferentes estratégias de mitigação projetadas para atender a uma meta específica de redução de emissões (IPCC 2022). A unidade base desse tipo de análise é o custo de uma tonelada evitada de emissões de CO2e. Apenas algumas avaliações com a precificação do carbono em 2021 apresentaram preços acima de US$ 40 por tCO2, e todos eles foram realizados na Europa. A maioria dos sistemas de precificação de carbono, consideram apenas uma parte do total de emissões em uma jurisdição, de modo que o preço médio do carbono é, geralmente, maior do que o preço médio do carbono, quando se considera toda a economia (IPCC 2022).

Para o cálculo do custo marginal de redução de emissões, realizado pela equipe do Estudo de Baixo Carbono da Indústria do Estado de São Paulo, foram aplicadas duas abordagens. Uma delas considerou uma taxa de desconto anual única para todos os setores industriais. Nesse caso adotou-se o valor de 8% ao ano, que reflete a taxa de longo prazo aplicada pelo Banco Nacional de Desenvolvimento Social (BNDES). Uma outra abordagem considerou a taxa de atratividade buscada em cada setor industrial para viabilizar seus novos investimentos. Esta taxa de atratividade é praticamente o dobro da taxa social, mas varia para cada setor industrial. Para cada uma dessas abordagens foi produzida uma curva de custos marginais de redução de emissões (curva MAC). A curva MAC apresenta o custo médio (eixo vertical) e o potencial de redução de emissões (eixo horizontal) no período analisado para cada alternativa analisada e as ordena conforme o custo de cada uma (Figura 3).

Figura 3: Curva MAC e as 17 medidas consideradas com seus respectivos potenciais e custos, considerando uma taxa de desconto anual de 8% (CETESB 2019)

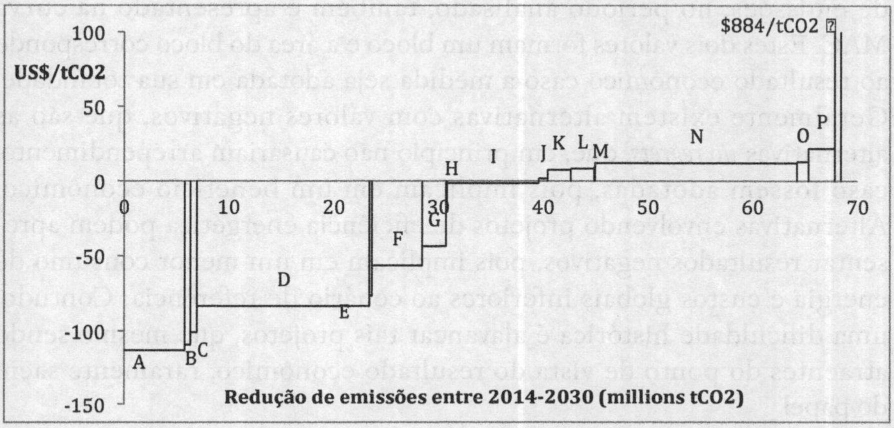

	opções de redução	custo marginal de redução das emissões (US$/tCO2)	potencial de redução das emissões (milhões de tCO2)
A	Motores mais eficientes	-113,02	5,77
B	LED	-109,26	0,57
C	Pré-aquecimento e alimentação contínua	-100,97	0,61
D	Cogeração	-83,64	16,46
E	Forno de corrente contínua	-76,86	0,27
F	Substituição de GN por lenha de reflorestamento	-56,51	4,79
G	Substituição de OC por lenha de reflorestamento	-43,70	2,28
H	Amônia	-20,34	0,06
I	Filler no cimento	-1,51	8,77
J	Ácido nítrico	1,51	0,84
K	Pellets	7,53	2,21
L	Combustível derivado de resíduo (CDR)	8,29	2,21
M	Forno Maerz com biomassa torrificada	9,04	0,13
N	TGRBF-MDEA	12,06	19,27
O	Forno Maerz com biomassa in natura	12,81	1,09
P	CCS	21,85	2,54
Q	Bioeteno	884,60	0,54

A Curva MAC organiza as medidas de redução de emissão, com base no valor da tonelada evitada em ordem crescente. O potencial de redução de emissões, no período analisado, também é apresentado na curva MAC. Estes dois valores formam um bloco e a área do bloco corresponde ao resultado econômico caso a medida seja adotada em sua totalidade. Geralmente existem alternativas com valores negativos, que são as alternativas *no regrets*, que, em princípio não causariam arrependimento, caso fossem adotadas, pois implicam em um benefício econômico. Alternativas envolvendo projetos de eficiência energética podem apresentar resultados negativos, pois implicam em um menor consumo de energia e custos globais inferiores ao cenário de referência. Contudo, uma dificuldade histórica é alavancar tais projetos, que mesmo sendo atraentes do ponto de vista do resultado econômico, raramente saem do papel

As alternativas A, B, C, D, E, M e O são alternativas que buscam aumentar a eficiência energética, incluindo a alternativa D, cogeração. A cogeração envolve o aproveitamento do calor da queima do gás natural que seria dissipado no ambiente para a produção de eletricidade. Portanto, mantendo o nível de consumo de gás natural pela indústria, seria possível produzir eletricidade, além de utilizar o calor para viabilizar os processos industriais. O potencial de redução de emissões por meio da cogeração é de 16,46 milhões de toneladas de CO2. As medidas F, G, K e L representam a troca de combustíveis por biomassa. Quando a biomassa é produzida de forma sustentável, o crescimento da planta absorve CO2. Este fluxo compensa as emissões da queima da biomassa, fazendo com que este combustível seja neutro em emissões de CO2. A medida Q implica no uso de um insumo derivado da biomassa renovável (etanol da cana-de-açúcar) como um material que substitui o insumo produzido a partir do petróleo. Nesse caso, o carbono incorporado no bioeteno foi absorvido da atmosfera pela fotossíntese da cana-de-açúcar, que foi utilizada para produzir o etanol. A alternativa I, busca substituir o clínquer, que é o principal ingrediente para a fabricação do cimento, altamente intensivo em emissões de CO2, por um ingrediente menos intensivo em emissões de CO2. De certa forma, as alternativas Q e I representam o uso de insumos menos intensivos em emissões para reduzir as emissões dos produtos. As alternativas N e P envolvem a captura do CO2 emitido pela indústria para a sua posterior compressão e armazenamento em reservatórios geológicos.

Apesar de se tratar de uma tecnologia dominada, o CCS ainda foi pouco desenvolvido em larga escala.

A curva MAC é uma ferramenta relevante para a precificação do carbono. A partir da curva MAC, e possível estipular uma meta de redução de emissões e utilizar uma média dos blocos situados à esquerda da meta, para determinar o preço médio das emissões evitadas por tonelada de CO2.

As estimativas das emissões, para o cálculo do potencial de redução de emissões e do custo das emissões evitadas, são realizadas a partir das diretrizes metodológicas do Painel Intergovernamental de Mudanças Climáticas (IPCC). A cooperação técnica entre o BID e a CETESB resultou na publicação de quinze relatórios, nos quais são apresentadas em detalhes as premissas utilizadas para os cálculos dos resultados. Ao todo, dezessete medidas foram identificadas e analisadas, sendo que nove apresentaram custo negativo, ou seja, a adoção delas em detrimento do cenário de referência traria um resultado econômico positivo. Considerando as premissas adotadas no estudo, todas as medidas para os quatro setores avaliados teriam o potencial de mitigar 68,4 milhões de toneladas de CO_2 até o ano de 2030. O custo médio das medidas seria um resultado negativo de US$25,45/tCO2e. Já considerando a contribuição do estado, tendo em vista a meta de redução de 43% e as emissões dos setores de energia e de processos industriais em 2005 no estado de SP, teríamos um custo negativo de US$63,03/tCO2e.

Uma inovação no Estudo de Baixo Carbono para a Indústria do Estado de São Paulo, foi uma análise realizada para o setor da construção civil que quantificou as emissões evitadas por medidas que buscaram a racionalização no uso do cimento. Esta análise pela ótica da demanda de um produto altamente intensivo em emissões de CO2, considerou as emissões do cimento (clínquer) que são produzidos fora do território paulista. As medidas consideradas para redução de emissões pelo lado da demanda incluíram: o uso de concreto usinado, de misturadores para produzir o concreto nas usinas e de argamassa industrializada. Além disso, foi possível expandir o uso de filler em substituição ao clínquer, pois houve um aumento na massa de cimento considerada no estudo. A redução das emissões pelo uso do *filler*, considerando o cimento consumido no estado, tem um potencial de redução de emissões três vezes maior do que o potencial considerando somente o cimento produzido no estado. Com isso, o potencial de redução de emissões global dobrou, passando para 144 milhões de toneladas de CO2e (CETESB 2018). Essas medidas adotadas no setor da construção civil são exemplos de medidas de desmaterialização que buscam reduzir as emissões por meio de ações que reduzam o consumo de insumos intensivos em emissões de CO2. Um exemplo desse tipo é a redução do cimento e, consequentemente, do clínquer, na construção civil. A figura 4 apresenta a curva com os custos e os potenciais de redução de emissão, de acordo com esta abordagem. A média do custo, considerando a implementação de todas as medidas apresentadas na curva é um valor negativo de $22,30. Portanto é possível aumentar significativamente o potencial de redução de emissões alterando minimamente o custo médio da tonelada de CO2 evitada.

FIGURA 4: **Curva MAC e as 18 medidas consideradas com seus respectivos potenciais e custos, considerando uma taxa de desconto anual de 8% (CETESB 2018).**

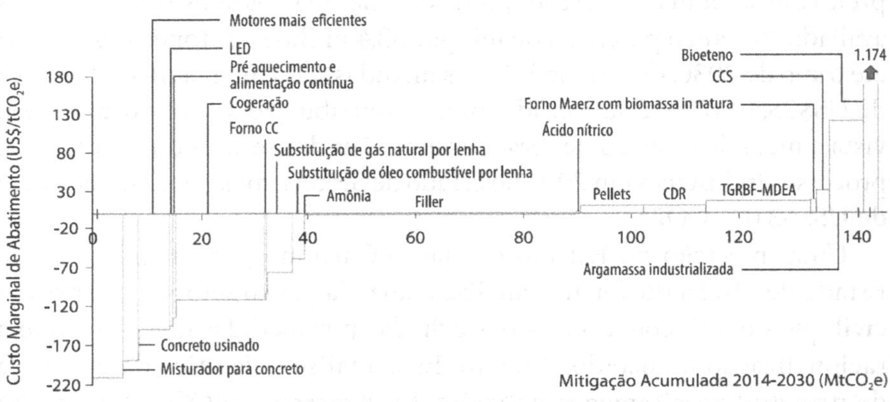

Conclusões

A história ambiental, a partir da segunda metade do século XX, fortaleceu um sistema de governança no qual agentes subnacionais apoiam a solução de questões globais. A mudança climática, e a governança global visando contornar este grave problema, é um exemplo desse tipo. O último acordo climático vigente, o Acordo de Paris, foi concebido para acomodar contribuições voluntárias de entidades nacionais, setoriais e subnacionais. Nesse sentido é relevante a realização de análises visando determinar o potencial de redução da emissão de gases de efeito estufa e os custos relacionados com as diversas opções existentes para setores específicos e unidades políticas subnacionais. O perfil das emissões regionais ou setoriais pode ser diametralmente diferente do perfil das emissões nacionais, como é o caso do Brasil e do Estado de São Paulo. Uma análise desse tipo pode ordenar as opções de menor custo para avançar gradualmente rumo a um futuro de baixo carbono, por meio de metas quantitativas, cada vez mais ambiciosas. Este tipo de análise informa os tomadores de decisão sobre o custo e o tipo de medidas necessárias para atingir uma meta pré-estabelecida de redução de emissões. O conhecimento do preço médio do carbono para tornar projetos de redução de emissão efetivos em um certo horizonte de análise, pode contribuir para a escolha de políticas públicas para atingir as metas de emissão, como, por exemplo, um mercado regional ou setorial de carbono.

O Estudo de Baixo Carbono para a Indústria do Estado de São Paulo realizou um diagnóstico da situação ambiental e econômica dos setores industriais mais significativos, em termos de emissão de GEE no Estado de São Paulo, e apresenta uma proposta de estratégia de atuação inserida na governança ambiental inaugurada pelo Acordo de Paris, que reconhece as ações subnacionais e setoriais. O Estudo mostra que é possível reduzir 34% das emissões em 2030, em relação ao cenário de referência e várias alternativas apresentam custos negativos. Os estados devem considerar as emissões pela ótica do consumo para a busca de alternativas de desmaterialização, que levem a redução no consumo de produtos intensivos em carbono, que são produzidos em outros estados, como foi exemplificado no Estudo de Baixo Carbono para a Indústria do Estado de São Paulo para o caso do cimento usado na construção civil. Como demonstramos, a evolução da governança ambiental remonta à reunião de Estocolmo, que foi um marco nesta arena, e assim esta cooperação técnica entre a CETESB e o BID é mais um resultado na história ambiental trilhada no Estado de São Paulo, que pode ser reproduzida em outros estados e municípios brasileiros, contribuindo para a avaliação de políticas públicas e medidas práticas para a redução das emissões de CO2 e o engajamento de entidades subnacionais em apoio ao Acordo de Paris.

Referências

Bäckstrand, Karin, e Eva Lövbrand. 2019. "The Road to Paris: Contending Climate Governance Discourses in the Post-Copenhagen Era". Journal of Environmental Policy & Planning 21 (5): 519–32. https://doi.org/10.1080/1523908X.2016.1150777.

BRAZIL. 2015. "FEDERATIVE REPUBLIC OF BRAZIL INTENDED NATIONALLY DETERMINED CONTRIBUTION TOWARDS ACHIEVING THE OBJECTIVE OF THE UNITED NATIONS FRAMEWORK CONVENTION ON CLIMATE CHANGE". https://www4.unfccc.int/sites/submissions/INDC/Published%20Documents/Brazil/1/BRAZIL%20iNDC%20english%20FINAL.pdf.

CETESB 2018. Estudo de baixo carbono para a indústria no estado de São Paulo de 2014 a 2030 [recurso eletrônico]: relatório síntese / CETESB, BID. 1.ed. atual. – São Paulo: CETESB, 2018. https://cetesb.sp.gov.br/proclima/wp-content/uploads/sites/36/2018/09/SINTESE-PUBLICA%C3%87%C3%83O_on-line.pdf

CETESB 2019. Estudo de Baixo Carbono para a Indústria do Estado de São Paulo de 2014 a 2030 – Relatório Síntese. Sumário Executivo. 2ª Edição. https://cetesb.sp.gov.br/proclima/estudo-de-baixo-carbono-para-a-industria-do-estado-de-sao-paulo-de-2014-a-2030-2/

CETESB. 2022. "CETESB Companhia Ambiental do Estado São Paulo; Institucional; Histórico". CETESB Companhia Ambiental do Estado São Paulo. 2022. https://cetesb.sp.gov.br/historico/.

Haas, Peter M. 2022. "Stockholm + 50: A Look Ahead in International Environmental Politics+". Environmental Policy and Law 52 (1): 3–11. https://doi.org/10.3233/EPL-219018.

Fernandes, Valdir, Cleverson Vitorio Andreoli, Gilda Collet Bruna, e Arlindo Philippi Jr. 2021. "History and Evolution of the Environmental Management System in Brazil". Historia Ambiental Latinoamericana y Caribeña (HALAC) revista de la Solcha 11 (2): 275–310. https://doi.org/10.32991/2237-2717.2021v11i2.p275-310.

IPCC, 2022: Climate Change 2022: Mitigation of Climate Change. Contribution of Working Group III to the Sixth Assessment Report of the Intergovernmental Panel on Climate Change [P.R. Shukla, J. Skea, R. Slade, A. Al Khourdajie, R. van Diemen, D. McCollum, M. Pathak, S. Some, P. Vyas, R. Fradera, M. Belkacemi, A. Hasija, G. Lisboa, S. Luz, J. Malley, (eds.)]. Cambridge University Press, Cambridge, UK and New York, NY, USA. doi: 10.1017/9781009157926

Kreienkamp, Julia. 2019. "The Long Road to Paris: The History of the Global Climate Change Regime". Global Governance Institute Policy Brief Series. University College London. https://www.ucl.ac.uk/global-governance/sites/global-governance/files/the_long_road_to_paris_the_history_of_the_global_climate_change_regime.pdf.

Maslin, Mark A. 2020. "The Road from Rio to Glasgow: A Short History of the Climate Change Negotiations". Scottish Geographical Journal 136 (1–4): 5–12. https://doi.org/10.1080/14702541.2020.1853873.

MCTI. 2021. "Emissões". Ministério da Ciência, Tecnologia e Inovações. SIRENE Emissões. 2021. https://www.gov.br/mcti/pt-br/acompanhe-o-mcti/sirene/emissoes.

Sarawesi, A. (2016). The Paris Agreement: a new beginning? Journal of Energy & Natural Resources Law, 34(1), pp. 16-26.

8. POLÍTICAS PÚBLICAS ASSOCIADAS AO DESMATAMENTO DA AMAZÔNIA: HISTÓRICO E PERSPECTIVAS FUTURAS

Carolina C. Fernandes
Paulo Artaxo

Introdução

A Amazônia é um ecossistema crítico para a manutenção do clima global e regional, em especial na questão do ciclo do carbono, ciclo hidrológico e manutenção da biodiversidade. (Artaxo *et al.*, 2022, Lovejoy e Nobre, 2018). O desmatamento na Amazônia não derruba somente árvores, ele também destrói a biodiversidade, desorganiza o regime de chuvas, desequilibra o microclima local e o clima global, aprofunda as desigualdades sociais, agrava a violência e não gera prosperidade, como se vê pelos indicadores socioeconômicos da região, inferiores aos do restante do Brasil. (Instituto Arapyaú, 2022). As ações associadas ao desmatamento vão em direção oposta à implementação dos Objetivos do Desenvolvimento Sustentáveis (ODS) da Organização das Nações Unidas (ONU), dos quais o Brasil é um dos signatários.

O maior desafio quando fazemos análises das políticas de preservação da Amazônia e no cumprimento de acordos internacionais é a complexa elaboração e implementação de políticas públicas voltadas à Amazônia. Ou seja, sair do diagnóstico e formulação e partir para a execução real das políticas transformando-as em estratégias e resultados (Fernandes, 2019). Diante de tantos desafios enfrentados pela sociedade, as mudanças climáticas constituem hoje um dos maiores, com implicações socioeconômicas muito importantes. A mitigação de emissões de gases de efeito estufa é tarefa essencial para todos os países signatários do Acordo de Paris

(Artaxo *et al.*, 2019), e a Amazônia é um caso muito especial, pois além do desmatamento, a degradação florestal está alterando profundamente a ciclagem de carbono na Amazônia (Artaxo *et al.*, 2021).

Sempre presente como uma das lideranças globais nas questões ambientais e climáticas, o Brasil vem perdendo ao longo dos últimos 6 anos, seu protagonismo e deixando de ter relevância nos fóruns de decisão sobre a agenda climática. Isso se deve ao constante aumento do desmatamento da maior floresta tropical úmida do mundo, a Amazônia, e à drástica mudança de posicionamento governamental nas questões ambientais de 2016 a 2022. Mesmo com uma base legal bastante consolidada e com uma das políticas ambientais mais robustas apresentadas, falta a implementação efetiva dessas políticas para que o Brasil cumpra seus compromissos assumidos.

O Brasil é o sétimo maior emissor de gases de efeito estufa (GEE) do planeta, e o quarto em emissões per capita (UNEP 2022). Historicamente, desde a revolução industrial, o Brasil é o sexto maior emissor global de GEE, o que faz de nosso país um dos maiores responsáveis pela crise climática. O nosso perfil de emissões é completamente diferente dos países desenvolvidos, pois 49% de nossas emissões de gases de efeito estufa estão associados ao uso da terra, mudança no uso da terra e florestas (*land use, land use change and forestry* – LULUCF). De matriz de atividades econômicas baseada no agronegócio e sem o uso de tecnologias avançadas na pecuária e em parte do agronegócio, o país depende economicamente da exportação de *commodities*. Entretanto, se as estimativas dos modelos climáticos do IPCC (IPCC 2021), se tornarem realidade, o Brasil central e a parte leste da Amazônia vão se tornar mais secos, com menores taxas de precipitação, o que pode diminuir a produtividade agrícola, e com isso, o Brasil perder competitividade na produção de alimentos.

Para Lovejoy e Nobre (2018), o ciclo hidrológico da Amazônia é fundamental para o bem-estar no Brasil e na América Latina, é ele o responsável pela chuva de inverno, principalmente no Brasil, Uruguai, Paraguai e Argentina. Para os autores, "o sistema amazônico está prestes a atingir um ponto de inflexão" e que nesse cenário, as regiões Central, Sul e Leste da Amazônia passariam a registrar precipitação reduzida e ter estação seca mais longa. Além disso, a cobertura vegetal das regiões Sul e Leste poderiam se tornar semelhantes à de savanas (Lovejoy & Nobre, 2018). Essa redução nas chuvas seria prejudicial para todos os países que compartilham o bioma, uma vez que eles, em sua maioria, são economicamente dependentes de recursos naturais e ecossistêmicos (Fernandes, 2019).

Fundamentais no tema mudanças do clima, a conservação de florestas tropicais e do meio ambiente transcendeu as questões ambientais e passou ser determinante também em questões sociais e econômicas. Dessa forma, urge a implementação da base legal ambiental regulatória, como forma de (i) combate às mudanças do clima e ao desmatamento na Amazônia; (ii) preservação da biodiversidade e (iii) manutenção da matriz econômica brasileira.

É importante enfatizar que o Brasil tem vantagens estratégicas importantes na questão climática, e para isso, podemos citar 4 vantagens: 1) Nenhum outro país tem a possibilidade de reduzir 49% de suas emissões, zerando o desmatamento, em poucos anos, com custos extremamente baixos, e com benefícios sociais e econômicos enormes. 2) O Brasil tem um dos maiores potenciais de geração de energia solar e eólica do planeta, ainda praticamente inexplorado. 3) O Brasil tem o maior programa de biocombustíveis veiculares do planeta, e 4) Possibilidade de captura de carbono através da recuperação de florestas que nenhum outro país possui, com geração de renda através dos mercados de carbono. Entretanto, também temos vulnerabilidades importantes: Uma economia excessivamente dependente da produção agrícola que é impactada pelas mudanças do clima. Um sistema de geração de hidroeletricidade que depende de chuvas, e vulnerável a secas. Temos 8.500 Km de áreas costeiras, vulneráveis ao aumento do nível do mar. Os potenciais impactos destas vulnerabilidades devem ser minimizados com políticas públicas, e devemos explorar mais nossas vantagens estratégicas.

Cabe a esta análise demonstrar como foi consolidada a política ambiental brasileira, analisar o que vem acontecendo e quais as expectativas para o futuro em relação ao desmatamento da Amazônia. Isso porque, será a partir da análise e execução das políticas públicas mapeadas e sua implementação, que o Brasil poderá alcançar justiça social e desenvolvimento, cumprindo os acordos firmando e retornando para as mesas de tomadas de decisões globais, abandonando a condição periférica em que o país atualmente se encontra.

1. A trajetória da política ambiental brasileira

Como visto, o cumprimento de acordos internacionais é fundamental para o combate as mudanças do clima e para a sustentabilidade econômica do Brasil e nesse contexto a preservação da floresta amazônica é imprescindível. Sendo assim, a prioridade é sair do campo das discussões e partir para a implementação das políticas existentes. Um exemplo bastante relevante nesse sentido é a Lei de Preservação da Vegetação Nativa, o antigo Código Florestal; apesar da Lei já existir desde 1934, o Brasil ainda não saiu do campo das discussões para sua efetiva implementação.

O Quadro 1 vem no sentido de demonstrar como a trajetória de políticas ambientais brasileiras já é bastante consolidada. No contexto brasileiro, Moura (2016) apresenta uma revisão abrangente da Política Ambiental Federal no Brasil e, portanto, das alternativas que orientam as estratégias e ações de preservação ambiental no país (Fernandes, 2019).

Quadro 1: **Trajetória da Política Ambiental Federal no Brasil[1].**

Legislação	Ementa
Período – décadas de 1930 a 1960	
Lei nº 4.771/1965	Institui o novo Código Florestal.
Lei nº 5.197/1967	Dispõe sobre a proteção à fauna e dá outras providências.
Período – década de 1970	
Lei nº 6.225/1975	Dispõe sobre discriminação, pelo Ministério da Agricultura, de regiões para execução obrigatória de planos de proteção ao solo e de combate à erosão e dá outras providências.
Decreto-Lei nº 1.413/1975	Dispõe sobre o controle da poluição do meio ambiente provocada por atividades industriais.

[1] O Quadro 1 busca destacar alguns dos principais marcos legais da legislação federal na temática ambiental. Cabe mencionar, no entanto, que existem diversas outras normas sobre temas correlatos, como ordenamento urbano e desenvolvimento regional, bem como sobre gestão de desastres naturais, com forte interface com a questão ambiental, no que se refere ao uso do solo e à gestão do território. (nota: Moura, 2016)

Período – década de 1980	
Lei nº 6.803/1980	Dispõe sobre a Política Nacional do Meio Ambiente, seus fins e mecanismos de formulação e aplicação, e dá outras providências.
Lei nº 6.938/1981	Dispõe sobre a Política Nacional do Meio Ambiente, seus fins e mecanismos de formulação e aplicação, e dá outras providências.
Lei nº 6.902/1981	Dispõe sobre a criação de Estações Ecológicas, Áreas de Proteção Ambiental e dá outras providências.
Lei nº 7.347/1985	Disciplina a ação civil pública de responsabilidade por danos causados ao meio ambiente, ao consumidor, a bens e direitos de valor artístico, estético, histórico, turístico e paisagístico e dá outras providências.
Lei nº 7.805/1989	Regulamenta as atividades garimpeiras, tornando obrigatória a licença ambiental prévia e passíveis de suspensão as atividades de pesquisa ou lavra que causarem danos ao meio ambiente.
Lei nº 7.797/1989	Cria o Fundo Nacional do Meio Ambiente (FNMA).
Período – década de 1990	
Lei nº 8.171/1991	"Dispõe sobre a política agrícola. (Inclui a proteção do meio ambiente entre seus objetivos e como um de seus instrumentos) ".
Lei nº 9.433/1997	Institui a Política Nacional de Recursos Hídricos e cria o Sistema Nacional de Gerenciamento de Recursos Hídricos.
Lei nº 9.605/1998	Dispõe sobre as sanções penais e administrativas derivadas de condutas e atividades lesivas ao meio ambiente, e dá outras providências.
Lei nº 9.795/1999	Dispõe sobre a educação ambiental e institui a Política Nacional de Educação Ambiental.
Período – 2000 a 2012	
Lei nº 9.985/2000	Institui o Sistema Nacional de Unidades de Conservação da Natureza (SNUC).

"Medida Provisória nº 2.186-16/2001"	Dispõe sobre o acesso ao patrimônio genético, a proteção e o acesso ao conhecimento tradicional associado, a repartição de benefícios e o acesso à tecnologia e transferência de tecnologia para sua conservação e utilização.
Lei nº 10.650/2003	Dispõe sobre o acesso público aos dados e às informações existentes nos órgãos e entidades integrantes do Sisnama.
Lei nº 11.284/2006	Dispõe sobre a gestão de florestas públicas para a produção sustentável; institui, na estrutura do MMA, o Serviço Florestal Brasileiro (SFB); cria o Fundo Nacional de Desenvolvimento Florestal (FNDF).
Lei nº 11.460/2007	"Dispõe sobre o plantio de organismos geneticamente modificados em unidades de conservação (UCs)."
Lei nº 11.828/2008	Trata de medidas tributárias aplicáveis a doações destinadas a prevenção, monitoramento e combate ao desmatamento.
Lei nº 12.114/2009	Cria o Fundo Nacional sobre Mudança do Clima.
Lei nº 12.187/2009	Institui a Política Nacional sobre Mudança do Clima (PNMC).
Lei nº 11.959/2009	Dispõe sobre a Política Nacional de Desenvolvimento Sustentável da Aquicultura e da Pesca.
Lei Complementar nº 140/2011	Fixa normas para a cooperação entre a União, os estados, o Distrito Federal e os municípios nas ações administrativas decorrentes do exercício da competência comum relativa à proteção do meio ambiente.
Lei nº 12.512/2011	Institui o Programa de Apoio à Conservação Ambiental e o Programa de Fomento às Atividades Produtivas Rurais.
Lei nº 12.651/2012	Dispõe sobre a proteção da vegetação nativa (revogou o antigo Código Florestal, Lei nº 4.771/1965)

Fonte: adaptado de Moura, 2016.

Vale ressaltar, a importância da efetiva implementação da legislação para o combate a degradação ambiental. É notório que nos últimos anos, mesmo com toda a robustez das políticas ambientais brasileiras, o que aconteceu foi um aumento do desmatamento e das emissões de GEE. Um exemplo bastante expressivo em relação a necessidade dessa implementação é o Plano de Ação para Prevenção e Controle do Desmatamento na Amazônia Legal (PPCDAm). Mesmo necessitando de aprimoramentos para a promoção de atividades sustentáveis na região, trouxe resultados significativos para a contenção do desmatamento na Amazônia Legal no período de 2004 a 2012 (Figura 1). Observamos que o Brasil demonstrou que é possível reduzir o desmatamento, inclusive no período em que o agronegócio brasileiro mais cresceu em nosso país.

FIGURA 1: **Taxas Anuais de Desmatamento da Amazônia Legal de 1977 a 2021 em Km²/ano.**

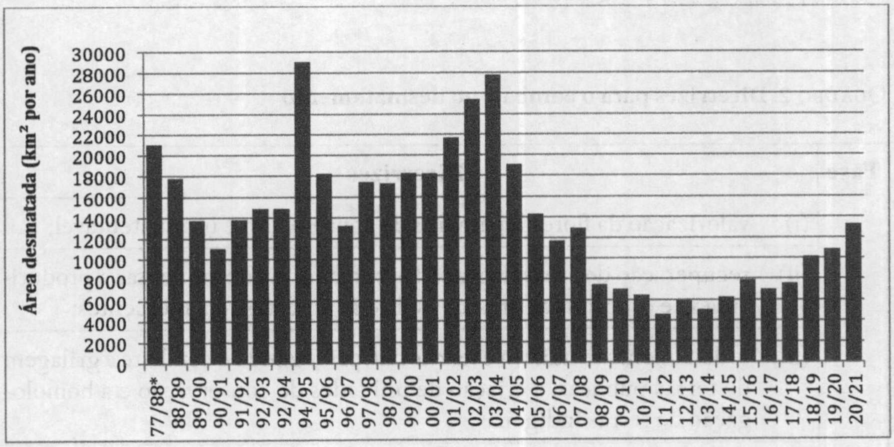

Fonte: INPE-PRODES, 2022.

O Ministério do Meio Ambiente (2017) define que o PPCDAm, criado em 2004, tem como objetivo reduzir de forma contínua o desmatamento e criar as condições para a transição para um modelo de desenvolvimento sustentável na Amazônia Legal, sendo que um dos principais desafios iniciais do plano foi integrar o combate ao desmatamento nas políticas de Estado brasileiras.

Considerado um processo complexo, devido aos múltiplos interesses envolvidos, o desmatamento não pode ser tratado de maneira isolada pelos órgãos ambientais. Coordenado pela Casa Civil até março de 2013, e a partir de então pelo Ministério do Meio Ambiente, o Plano é executado por mais de uma dezena de ministérios. A complexidade e a transversalidade do desafio de combate ao desmatamento exigiram esforços coordenados de diversos setores do Governo Federal. (MMA, 2017)

O PPCDAm foi estruturado em torno de três eixos temáticos: (i) ordenamento fundiário e territorial, (ii) monitoramento e controle ambiental e (iii) fomento às atividades produtivas sustentáveis. Ao longo de 3 fases de execução (2004 a 2008; 2009 a 2011; e 2012 a 2015) o Plano foi a principal ferramenta para a redução drástica na taxa de desmatamento na Amazônia, medida pelo Projeto PRODES (MMA, 2017) no período de 2003 a 2011. Sendo as diretrizes para o combate ao desmatamento de cada uma dessas fases apresentadas no Quadro 2:

Quadro 2: **Diretrizes para o combate ao desmatamento**

Fase	Diretrizes	
I	(i)	valorização da floresta para fins de conservação e uso sustentável;
	(ii)	recuperação de áreas degradadas como forma de aumentar a produtividade e diminuir as pressões sobre as florestas remanescentes;
	(iii)	ordenamento fundiário e territorial, priorizando o combate à grilagem de terras públicas, a criação de unidades de conservação e a homologação de terras indígenas;
	(iv)	aprimoramento dos instrumentos de monitoramento, licenciamento e fiscalização do desmatamento;
	(v)	fomento às atividades de uso sustentável dos recursos florestais e/ou uso intensivo de áreas agrícolas;
	(vi)	gestão descentralizada e compartilhada de políticas públicas entre a União, estados e municípios; e
	(vii)	participação ativa dos diferentes setores interessados da sociedade amazônica na gestão das políticas relacionadas à prevenção e controle do desmatamento.

II	(i)	valorização da floresta para fins de conservação da biodiversidade, manejo florestal de produtos madeireiros e não madeireiros e a prestação de serviços ambientais;
	(ii)	incentivos para a melhor utilização de áreas já desmatadas, contemplando inovação tecnológica e sistemas sustentáveis de produção;
	(iii)	apoiar processos de certificação e valorização dos produtos da biodiversidade e de agregação de valor a esses produtos e a produtos oriundos de atividades locais;
	(iv)	modelos alternativos de reforma agrária adequados à Amazônia, e a criação e consolidação de unidades de conservação e terras indígenas;
	(v)	adoção de um estilo de gestão descentralizada e compartilhada de políticas públicas, por meio de parcerias entre a União, estados e municípios;
	(vi)	estímulo à participação ativa dos diferentes setores da sociedade amazônica interessados na gestão das políticas relacionadas à prevenção e controle do desmatamento;
	(vii)	incentivo à implementação do Cadastro Ambiental Rural (CAR); e
	(viii)	dar visibilidade à realização das ações do Plano, por meio da divulgação das informações envolvendo as assessorias de comunicação dos Ministérios e da Presidência da República.
III	(i)	adoção de um estilo de gestão descentralizada e compartilhada de políticas públicas, por meio de parcerias entre a União, Estados e municípios, contemplando a sua integração com incentivos à prevenção de danos ambientais e ao fomento de sistemas sustentáveis de produção;
	(ii)	estímulo à participação ativa dos diferentes setores da sociedade amazônica interessados na gestão das políticas relacionadas à prevenção e controle do desmatamento, como meio para aumentar a qualidade de sua implementação, com transparência, controle social e apropriação política;
	(iii)	apoiar a implementação dos Planos Estaduais de Prevenção e Controle do Desmatamento na Amazônia Brasileira;
	(iv)	ampliar e incentivar os pactos setoriais como forma de firmar o comprometimento de entidades dos setores produtivo (soja, madeira, carvão vegetal), visando à preservação e conservação das florestas; e
	(v)	dar visibilidade à realização das ações do Plano.

Fonte: Adaptado de Mello, 2015.

Por meio das diretrizes apresentadas, é possível analisar o sucesso de cada eixo temático nas três fases de execução. O MMA (2017) afirma que em cada fase teve resultados mais significativos em torno de eixos próprios. Na primeira fase, o eixo Ordenamento Fundiário e Territorial proporcionou os resultados mais significativos, foram criados mais de 25 milhões de hectares de Unidades de Conservação federais e houve homologação de 10 milhões de hectares de Terras Indígenas.

Na segunda fase, o eixo Monitoramento e Controle foi o grande responsável pela queda das taxas de desmatamento. A queda se deu principalmente devido à eficiência do sistema de monitoramento em tempo real do DETER e à agilidade das ações integradas de fiscalização do desmatamento e combate ao crime organizado, realizadas pelo IBAMA, pelas Polícias Federal e Rodoviária Federal, pela Força Nacional de Segurança Pública e apoiadas pelo Exército Brasileiro (MMA, 2017).

Já na terceira fase, com o desmatamento mais baixo e "pulverizado" ao longo do território, o desafio foi o aprimoramento das técnicas para monitoramento e controle ambiental e potencializada a destinação de terras públicas federais, dentre outras ações (MMA, 2017).

Mello (2015), elenca os fatores basais para a redução do desmatamento entre os anos de 2005 e 2013:

(i) A ausência de incentivos para desmatar grandes áreas ("desmatamento no atacado") devido a baixos preços de *commodities* de soja e carne de boi e taxas cambiais desfavoráveis entre 2005 e 2007;
(ii) A promulgação do Decreto 6321/07 e da Resolução 3545/08 do Banco Central, quando do aumento dos preços das *commodities* de soja e carne de boi;
(iii) A criação e expansão de áreas protegidas no âmbito do PPCDAm; e
(iv) O aprimoramento do monitoramento e das medidas de fiscalização na região a partir da utilização de dados gerados pelo Sistema DETER, também no âmbito do PPCDAm.

Analisando tais fatores, fica explícita a importância do PPCDAm nesse contexto. No entanto com a troca de governos em 2016 e a descontinuidade do Plano, o desmatamento voltou crescer no Brasil, colocando em risco inclusive acordos internacionais como o Acordo União Europeia – Mercosul. Outra grande perda foi o Fundo Amazônia, cuja expectativa é que retorne com a posse do novo presidente eleito em 2022. Para Mello (2015), é fundamental, para assegurar os ganhos alcançados até 2013, o desenvolvimento de novas medidas e o aprimoramento daquelas já existentes para o combate ao desmatamento e degradação florestal.

Outros fatores de sucesso em relação ao controle do desmatamento estão alinhados diretamente a matriz econômica brasileira, através da exportação de *commodities*. Sendo assim, uma das maneiras de conter a degradação ambiental nessas áreas, além de retomar o PPCDAm, seria a implementação de soluções já existentes. A criação de lideranças, estratégias e controle para a efetiva implementação seria o primeiro passo para o cumprimento de acordos internacionais como o Acordo de Paris (Fernandes, 2019).

1.1. Soluções já existentes

1.1.1. Código Florestal – CAR e PRA

Foi durante o durante o período republicano que o ordenamento jurídico do Brasil contou com a codificação florestal; antes constituída por leis esparsas (Ahrens, 2005), o primeiro Código Florestal brasileiro foi criado em 1934, decorrente do uso intensivo das florestas nacionais pela agricultura. E, em decorrência da grande dificuldade da efetiva implementação do código de 1934, surge o Código Florestal de 1965 (*Idem*), cujos principais objetivos eram a manutenção dos solos, da água e da continuidade de suprimento e a estabilidade dos mercados de lenha e madeira.

A Lei nº. 12.651, de 25 de maio de 2012, mais conhecida como Novo Código Florestal, "estabelece normas gerais sobre a proteção da vegetação, áreas de Preservação Permanente (APP) e as áreas de Reserva Legal (RL); a exploração florestal, o suprimento de matéria-prima florestal, o controle da origem dos produtos florestais e o controle e prevenção dos incêndios florestais, e prevê instrumentos econômicos e financeiros para o alcance de seus objetivos" (Brasil, 2012).

Decorrentes do Código Florestal vem o Cadastro Ambiental Rural (CAR) e o Programa de Regularização Ambiental (PRA). O CAR "é um instrumento fundamental para auxiliar no processo de regularização ambiental de propriedades e posses rurais. Consiste no levantamento de informações georreferenciadas do imóvel, com delimitação das APPs, RL, remanescentes de vegetação nativa, área rural consolidada, áreas de interesse social e de utilidade pública, com o objetivo de traçar um mapa digital a partir do qual são calculados os valores das áreas para diagnóstico ambiental" (MMA, 2018a).

Brancalion *et al.* (2016) afirmam que as informações obtidas por meio do CAR permitem que o poder público produza um quadro abrangente de como as propriedades rurais no Brasil se encontram perante a legislação ambiental. O CAR também subsidia programas de incentivo ao cumprimento da lei, como atividades de controle, monitoramento e fiscalização (*Idem*).

Já o PRA "trata da regularização das APPs, RL e de Uso Restrito (UR) mediante recuperação, recomposição, regeneração ou compensação. Os proprietários ou possuidores de imóveis rurais deverão realizar o PRA após o preenchimento do CAR. O decreto complementa as regras necessárias à implantação do CAR, o que dará início ao processo de recuperação ambiental rural previsto na Lei 12.651/2012, atual Código Florestal." (MMA, 2018b). "A adesão a esse programa proporciona vantagens, como a suspensão de multas e a possibilidade de consolidar (isto é, legalizar) atividades agrossilvipastoris e infraestrutura em APPs". (Brancalion *et al.*, 2016).

O Código Florestal tem sido pauta em vários ambientes, sendo bastante referenciado e discutido quando o assunto é a preservação e recuperação/restauração do meio ambiente. Datado de 15 de setembro de 1965, vem sofrendo constantes alterações. Sua última alteração, que ainda vem sendo implementada, ocorreu em 2012, com a substituição do Código Florestal de 1965 pela Lei de Proteção da Vegetação Nativa (LPVN), popularmente conhecida como Novo Código Florestal. Os maiores retrocessos nessa mudança, segundo Brancalion *et al.* (2016) foram três: (i) a remoção da proteção de áreas ambientalmente sensíveis; (ii) a anistia das multas aplicadas anteriormente à lei; e (iii) a permissão de manter atividades de agropecuária e infraestrutura em áreas protegidas, sem a necessidade de recuperação total da vegetação nativa.

Somente com essas três mudanças no Novo Código Florestal, apontadas como retrocesso por Brancalion *et al.* (2016), já se coloca em risco algumas das metas estabelecidas na pelo Brasil no Acordo de Paris. As mais atingidas são a de fortalecimento do Código Florestal nos âmbitos municipal, estadual e nacional, uma vez que a própria legislação já está sendo enfraquecida com as mudanças que vem sofrendo ao longo dos anos, em benefício da bancada rural. E outra meta bastante prejudicada seria a de recuperação e restauração florestal, já que as propriedades ficam isentas dessa tarefa quando praticam a atividade agropecuária ou possuem alguma infraestrutura, mesmo que em área protegida. Sparovek *et al.* (2010) afirmam que o código não vem sendo cumprido. Para os autores, "nos 278 milhões de hectares ocupados pelo setor agropecuário no Brasil, pelo menos 83 milhões estão em situação de não conformidade com o Código Florestal e teriam que ser recuperados".

No entanto, apesar desses retrocessos, a LPVN é fundamental para a preservação das floretas e essencial para recuperar as que foram eliminadas de áreas protegidas e, assim, garantir os serviços ecossistêmicos, indispensáveis tanto para o desenvolvimento agrícola quanto para as populações que vivem nas cidades e no campo (Brancalion *et al.*, 2016). Para a Coalizão Brasil Clima, Florestas e Agricultura (2016), a implementação do Código Florestal representa, no contexto global, uma grande oportunidade para o Brasil liderar a remoção de carbono da atmosfera, trazendo benefícios adicionais, como a preservação da biodiversidade, proteção das bacias hidrográficas, aumentar a segurança alimentar, conservação de solos e geração de emprego e renda para a sociedade brasileira.

Para Sparovek *et al.* (2010), o Código Florestal preserva as florestas por meio da proibição do desmatamento nas propriedades rurais privadas de APPs e das RL, que constituem uma porcentagem entre 20 e 80% da propriedade que não pode ser desmatada, dependendo da região. Mas, apesar de o governo ter um plano nacional para apoiar a implementação da LPVN, se esse plano de implementação não for adequadamente incorporado às políticas agrícolas, que tem fomentado a produção agrícola, pecuária e florestal sem sustentabilidade ambiental, ela será ineficiente (Brancalion *et al.*, 2016).

1.1.2. Plano Nacional de Recuperação da Vegetação Nativa – Planaveg

Durante a 23ª Conferência do Clima, em Bonn, na Alemanha, o governo brasileiro anunciou o Plano Nacional de Recuperação de Vegetação Nativa (Planaveg), que tem como objetivo recuperar, pelo menos, doze milhões de hectares de vegetação nativa até 2030 (Brasil, 2017).

O Planaveg visa ampliar e fortalecer políticas públicas, incentivos financeiros, mercados, tecnologias de recuperação, boas práticas agropecuárias e outras medidas necessárias para a recuperação da vegetação nativa, principalmente em áreas de APP e RL, mas também em áreas degradadas com baixa produtividade agrícola (MMA, 2014; Brancalion *et al.*, 2016). Para Brancalion *et al.* (2016), trata-se de um plano inovador no contexto ambiental, que foi elaborado de forma participativa, necessário para a restauração de 12,5 milhões de hectares de vegetação nativa nos próximos vinte anos, conforme comprometido na NDC brasileira do Acordo de Paris.

No Planaveg (MMA, 2014), além dos benefícios ambientais, a recuperação de áreas degradadas pode gerar benefícios econômicos e sociais, como a manutenção dos serviços ecossistêmicos e a geração de riqueza e postos de trabalho e renda em toda a cadeia produtiva da recuperação da vegetação nativa. Os benefícios podem ser de ordem econômica – estabelecimento da cadeia produtiva de recuperação, prejuízos evitados e criação de novos empregos –, social – redução da pobreza e aumento de renda e segurança alimentar – e, por fim, ambiental – solos, biodiversidade, mudança climática e água. Sendo assim, os ganhos do Brasil, se conseguir cumprir a meta de recuperar doze milhões de hectares de áreas degradadas, vão além do acordo firmando em Paris e podem contribuir para o seu desenvolvimento socioeconômico e geração de riqueza.

Brancalion *et al.* (2016) afirmam que, para ter sucesso, o Planaveg depende de um arranjo multissetorial no governo, envolvendo, por exemplo, os Ministérios da Agricultura e da Fazenda, para prover de apoio financeiro para que as medidas propostas no plano sejam implantadas. Dessa maneira, fica inferido que a meta está diretamente relacionada à solução de restaurar e recuperar áreas degradas.

2. Resultados

Qualquer abordagem sobre preservação de florestas, recuperação de solos e mudanças do clima terá, necessariamente, que atribuir centralidade ao papel da Amazônia, como bioma único, apesar de geograficamente localizado em oito países. Isto quer dizer que o enfrentamento de seus desafios no contexto das mudanças climáticas exige uma estratégia convergente dos Estados que compartilham sua imensa biodiversidade, gigantescos estoques de carbono, benefícios ecossistêmicos e os riscos inerentes à sua grandeza. (Marcovitch & Fernandes, 2019)

Para Moutinho (2009) o Brasil terá que mudar a lógica econômica vigente, promovendo o desenvolvimento econômico e social sob bases mais sustentáveis, caso queira fazer uma rápida e significativa contribuição a mitigação da mudança climática global através da redução do desmatamento e recuperação de áreas degradadas.

Apesar de o país ter muito de sua economia baseada nos recursos naturais e aproveitamento de serviços ecossistêmicos, pouco é feito para a preservação ambiental. Se tratando de uma base econômica dependente da agropecuária, o Brasil tem o compromisso e a necessidade de preservar o meio ambiente e de estruturar uma economia baseada na sustentabilidade. Com potencial para ser liderança nas questões ambientais e climáticas, por ser detentor da maior floresta tropical úmida do mundo, responsável pela regulação hídrica e climática da América Latina e com impactos no clima global, o Brasil não faz jus à sua capacidade. O país ainda investe pouco em pesquisa e desenvolvimento, que seria uma estratégia para implementar as políticas públicas e impulsionar a base econômica, migrando de um país exportador de *commodities* para um país desenvolvedor de tecnologias e com economia sofisticada e de maior valor agregado em sua pauta de exportações.

Como visto, apesar de descontinuado, o PPCDAm contribuiu de maneira fundamental para a redução do desmatamento na Amazônia, além de ter estabelecido um marco integrador no combate ao desmatamento ilegal na região. (MMA, 2017)[2]. A ABAG (2021), afirma que a Amazônia representa mais do que a garantia de ar puro. A associação ressalta que a Amazônia também permite estimular o desenvolvimento da bioeconomia, em parceria com o agronegócio, uma verdadeira transformação do sistema de produção mundial, aliando o tripé da sustentabilidade de maneira plena. Sendo assim seria possível reunir biomas e florestas conservadas, diminuindo os impactos decorrentes das mudanças climáticas, com crescimento econômico e social regional e nacional (ABAG, 2021).

[2] http://redd.mma.gov.br/pt/acompanhamento-e-a-analise-de-impacto-das-politicas-publicas/ppcdam

3. Situação atual e panorama futuro

O Brasil assumiu compromissos de forte reduções de emissões de GEE em sua NDC do Acordo de Paris, e nos compromissos assinados na COP-26, em Glasgow. O Brasil se compromete com a meta de reduzir as emissões de gases de efeito estufa em 37% até 2025 e em 43% até 2030, ambas em comparação às emissões de 2005. A NDC brasileira tem o compromisso de chegar à neutralidade de carbono em 2050. Também se compromete a zerar o desmatamento da Amazônia até 2030, e de reduzir em 30% as emissões de metano até 2030.

Diante dos compromissos assumido, cabe ao país, com a oportunidade de um novo governo em janeiro de 2023, implementar políticas públicas com vistas ao cumprimento da redução de emissões. Visto ao longo do capítulo, o Brasil possui iniciativas de sucesso que podem ser retomadas como o PPCDAm e soluções já existentes como as apresentadas (i) LPVN e (ii) Planaveg, além de alternativas como o Plano ABC e o RenovaBio.

Como é conhecido, o Brasil sempre teve histórico de protagonismo nos debates internacionais sobre mudança do clima. Para o Observatório do Clima (2022), isso se reflete em legislação e políticas públicas com conteúdo relevante que, embora apresente dificuldades de implementação, vinham conseguindo avançar nesse campo, como pode ficou claro durante a fase de execução do PPCDAm nos anos de 2004 a 2015. No arcabouço regulatório, o Observatório do Clima (2022) cita: (i) a Lei nº 12.114, de 9 de dezembro de 2009 (Lei do Fundo Nacional sobre Mudança do Clima–Fundo Clima), (ii) a Lei nº 12.187, de 19 de dezembro de 2009 (Lei da Política Nacional sobre Mudança do Clima) e (iii) o Decreto nº 9.758, de 22 de novembro de 2018, que consolida os atos regulamentares nesse tema.

Contudo, apesar de todo o respaldo legal que o Brasil apresenta, ainda assim o país perdeu a posição de liderança nas questões ambientais e climáticas. Isso porque ainda falta uma estratégia de implementação, guiada por lideranças capacitadas e capaz de monitorar a aplicação dessas leis. Mesmo com os significativos resultados do PPCDAm, com a alternância de governo, o plano foi descontinuado. Fernandes (2019) sugere que para o cumprimento do Acordo de Paris e a preservação da Amazônia, e consequente retomada de liderança brasileira nas mesas de decisões globais, seja criada uma Agência Reguladora das Mudanças do Clima (ARMC). A agência poderá ter entre seus atores a Presidência da República e a Casa Civil da Presidência.

Fernandes (2019) declara que cabe a esta articulação multinível de âmbito nacional (i) motivar, promovendo a disseminação da legislação em vigor, destacando seus benefícios; (ii) facilitar, gerando as condições ambientais, de mercado e de políticas públicas; (iii) implementar, valorizando as lideranças regionais e locais, os incentivos e recursos para a recuperação e os bons resultados, à guisa de exemplos que inspirem iniciativas semelhantes.

A missão da ARMC seria: (i) a implementação da CND por meio da (ii) efetiva utilização de soluções já existentes, (iii) aliando a preservação do meio ambiente ao desenvolvimento do país, assegurando o bem-estar desta e das próximas gerações. Sua atuação seria guiada pelos fundamentos, objetivos, diretrizes e instrumentos da PNMC. À ARMC caberá, dentre outros: (i) articular e esclarecer a compatibilização entre o cumprimento do Acordo de Paris e o desenvolvimento econômico-social; (ii) assegurar a redução das emissões antrópicas de gases de efeito estufa em relação às fontes apresentadas na CND brasileira; (iii) preservar e conservar o meio ambiente, assegurando a biodiversidade e os serviços ecossistêmicos; (iv) garantir a restauração, a recuperação e o reflorestamento da cobertura vegetal em áreas degradadas e/ou alteradas como único meio de remoção de gases de efeito estufa da atmosfera; (v) implementar soluções já existentes como meio de proporcionar o cumprimento do Acordo de Paris.

Da mesma maneira, o documento 100 primeiros dias de governo: propostas para uma agenda integrada da Amazônia (Instituto Arapyaú, 2022), sugere a criação de uma Secretaria de Estado de Emergências Climáticas diretamente vinculada à Presidência da República. Com a governança estabelecida, o próximo passo seria a criação de estratégias para definir propostas de execução do arcabouço legal brasileiro. Para o Instituto Talanoa (2022), é necessário que haja a revogação ou revisão de 401 atos do Poder Executivo Federal (2019 – 2022), para a reconstituição da agenda climática e ambiental brasileira. O Instituto define um roteiro com vinte e oito ações para esse processo de reconstrução (Quadro 3).

Quadro 3: **O roteiro da Reconstrução.**

1.	Restaurar participação e controle social
2.	Descupinização institucional
3.	Aumentar transparência pública
4.	Retomar garantia dos direitos indígenas
5.	Instituir estratégia de gestão de conflitos socioambientais
6.	Evitar colapso socioambiental da Amazônia
7.	Fortalecer ações de comando e controle
8.	Aperfeiçoar licenciamento ambiental
9.	Eliminar grilagem de terras públicas e consolidar informações fundiárias
10.	Acelerar regularização ambiental das propriedades privadas
11.	Retomar implementação da Política Nacional de Mudança do Clima
12.	Reativar fundos climáticos e alocar recursos estrategicamente
13.	Regular o Mercado Brasileiro de Redução de Emissões
14.	Recuperar credibilidade e implementar a NDC Brasileira
15.	Rever programas inadequados e inefetivos de gestão das Unidades de Conservação
16.	Avaliar concessões de áreas protegidas e realizar parcerias mais sólidas com o setor privado
17.	Fortalecer conservação de espécies ameaçadas
18.	Regulamentar a lei de pagamentos por serviços ambientais e rever projetos relacionados
19.	Combater o racismo ambiental
20.	Integrar agendas de oceano e clima
21.	Antecipar transição justa do carvão mineral sem novos estímulos e subsídios
22.	Devolver energia nuclear à competência da pasta de Minas e Energia
23.	Amenizar efeitos deletérios de normas embutidas na privatização da Eletrobras
24.	Eliminar poços de "fracking"
25.	Adotar política preventiva de desastres e gestão de riscos climáticos
26.	Adotar política robusta de transição da agropecuária para carbono-zero
27.	Adequar critérios de liberação de agrotóxicos aos mais avançados padrões internacionais
28.	Preencher vazios normativos

Fonte: Talanoa (2022)

Já as propostas para o próximo governo consolidadas pela rede de organizações do Observatório do Clima, apresentadas no documento "Brasil 2045 – Construindo uma potência ambiental, volume 1 – Propostas para a Política Ambiental Brasileira em 2023–2024" (Observatório do Clima, 2022) destacam os seguintes pontos como prioritários: (i) correção da NDC brasileira e, destaque-se, sua integração com a Convenção sobre a Diversidade Biológica (CDB); (ii) a implementação do Plano Nacional sobre Mudança do Clima com a abrangência prevista na legislação e os ajustes necessários em razão do cenário de crise climática apontado pelo relatório AR6 do IPCC11; e (iii) revisão da governança da política climática com olhar para a transversalidade e a integração com as políticas setoriais.

Conclusões

Ao atingir os objetivos propostos com a criação da governança para o cumprimento de acordos internacionais como o Acordo de Paris, espera-se estabelecer um quadro integrado das políticas públicas brasileiras, abrangendo áreas estratégicas como (i) energia, (ii) meio ambiente, incluindo desmatamento e (iii) agropecuária. A partir do mapeamento e das análises dessas políticas, busca-se contribuir com ações viáveis que possam levar o país ao cumprimento de seus compromissos de reduções de emissões de gases de efeito estufa e colocá-lo no caminho da sustentabilidade.

A partir da revisão realizada, foram identificadas cinco diretrizes para o efetivo cumprimento do Acordo de Paris:

1. Identificar, estruturar e analisar as políticas públicas nos setores de energia, desmatamento e agricultura, estabelecendo suas relações com os compromissos de redução de emissão dos gases de efeito estufa;
2. Reunir experiências que possam inspirar a construção de planos de ação de implementação de políticas públicas com a finalidade de redução de emissão de gases de efeito estufa, caracterizando variáveis econômicas, sociais e ambientais;
3. Compor um portfólio de iniciativas, destacando oportunidades e ameaças na atuação das iniciativas mapeadas no contexto do alcance dos compromissos assumidos e da construção de um caminho mais sustentável para o Brasil;

4. Traçar um perfil de soluções já utilizadas atualmente e propor estrutura que assegure a integração e a implementação de políticas públicas de caráter nacional que favoreçam o cumprimento dos acordos assumidos;
5. Estimular (i) inovações, incluindo as soluções baseadas na natureza e a bioeconomia, (ii) geração de emprego e renda, (iii) aumentar a segurança alimentar e (iv) a produção de produtos de maior valor agregado.

Conclui-se, portanto, que o arcabouço legal brasileiro é bastante robusto e capaz de auxiliar no cumprimento de nossos compromissos internacionais. O exemplo do sucesso do PPCDAm tem que ser utilizado como iniciativa a ser seguida. O estabelecimento de uma governança capaz de incluir lideranças capacitadas, estratégias bem definidas e indicadores para o monitoramento pode auxiliar na retomada do PPCDAm, além de contribuir com a implementação de soluções já existentes como a LPVN, o Planaveg, o Plano ABC e o RenovaBio de modo integrado, otimizando os resultados de cada iniciativa. As mudanças climáticas e a necessidade de redução de emissões e aumento da eficiência energética podem ser vistas como oportunidades importantes para nosso país.

A partir de janeiro de 2023, esperamos que o Brasil implemente políticas que nos permitam alcançar os 17 ODS, reduzindo a pobreza, eliminando a fome e com isso construir uma sociedade sustentável, social e economicamente. Isso é possível, e temos todos os elementos para esta transformação do país. Não será feita rapidamente, mas o Brasil vai redirecionar seus grandes recursos humanos e naturais na construção de uma sociedade mais justa e sustentável.

Referências

ABAG (2021). **Agronegócio é o pulsar que alimenta o Brasil**. Disponível em: https://abag.com.br/agronegocio-e-o-pulsar-que-alimenta-o-brasil/. Acesso em 14 de out de 2021.

ARTAXO, P, HANSSON, H-C, *et al.*, **Tropical and Boreal Forest – Atmosphere Interactions: A Review**. TELLUS B: **Chemical and Physical Meteorology**, 74(2022), 24–163. DOI: https://doi.org/10.16993/tellusb.34 . 2022.

ARTAXO P, *et al.*, (Eds). **Amazon Assessment Report 2021**. United Nations Sustainable Development Solutions Network, New York, USA. Available from https://www.theamazonwewant.org/spa-reports/. ISBN 9781734808001. DOI: 10.55161/VKMN1905.

ARTAXO, P., **Working together for Amazonia**. Editorial Science Magazine, Vol. 363, Issue 6425, doi: 10.1126/science.aaw6986, 2019.

BRANCALION, P. H. S.; GARCIA, L. C.; LOYOLA, R.; RODRIGUES, R. R.; PILLAR, V. D.; LEWINSOHN, T. M. **Análise crítica da Lei de Proteção da Vegetação Nativa (2012), que substituiu o antigo Código Florestal: atualizações e ações em curso**. In: Natureza & Conservação, v. 14, s. 1, abr. 2016, pp. e1-e16. Disponível em: https://www. sciencedirect.com/science/article/pii/S1679007316300032?via%3Dihub. Acesso em: 15 ago. 2018.

BRASIL, Governo do. **Governo lança Plano Nacional de Recuperação da Vegetação Nativa**. In: Governo do Brasil, 16 nov. 2017. Disponível em: http://www.brasil.gov.br/meio-ambiente/2017/11/governo-lanca-plano-nacional-de-recuperacao-da--vegetacao-nativa. Acesso em: 30 abr. 2018.

_______. "Lei nº. 12.651, de 25 de maio de 2012. Dispõe sobre a proteção da vegetação nativa". In: Presidência da República – Casa Civil, 25 maio 2012. Disponível em: http://www.planalto.gov.br/ccivil_03/_Ato2011-2014/2012/Lei/L12651.htm. Acesso em: 23 mar. 2018.

COALIZÃO BRASIL CLIMA, FLORESTAS E AGRICULTURA. **Carta de apoio à execução do Plano Nacional de Recuperação da Vegetação Nativa, o Planaveg**. In: Coalizão Brasil Clima, Florestas e Agricultura, 26 ago. 2016. Disponível em: http://www.coalizaobr.com.br/ home/index.php/posicionamentos/item/430-carta-da-coalizao-brasil-em-apoio-a-pronta-execucao-do-plano--nacional-de-recuperacao-da-vegetacao-nativa-o-planaveg. Acesso em: 30 abr. 2018.

DAVIDSON, E., A., ALESSANDRO C. A., P. ARTAXO, J. K. BALCH, I. F. BROWN, M. C. BUSTAMANTE, M. T. COE, R. S. DEFRIES, M. KELLER, M. LONGO, J. W. MUNGER, W. SCHROEDER, B. S. SOARES-FILHO, C. M. SOUZA JR., S. C. WOFSY. **The Amazon Basin in Transition**. Nature, 481, 321-328, 2012.

FERNANDES, C. C. (2019). **Governança ambiental para a recuperação florestal: um estudo para o bioma Amazônia**. Tese de Doutorado, Faculdade de Economia, Administração e Contabilidade, Universidade de São Paulo, São Paulo. doi:10.11606/T.12.2019.tde-18102019-175723. Recuperado em 2022-06-15, de www.teses.usp.br

INSTITUTO ARAPYAÚ, (2022). **Uma Concertação pela Amazônia (Org.). 100 primeiros dias de governo: propostas para uma agenda integrada das Amazônias**. Disponível em: https://concertacaoamazonia.com.br/?gclid=CjwKCAjw8JKbBhBYEiwAs3sxN4j78NWArUM7d8LXlXnhb3nGKmXmEt-jVRi5hWVi4BU2EGewVBOtRRoCDYkQAvD_BwE. São Paulo. Acesso em: 03 nov. 2022.

INSTITUTO NACIONAL DE PESQUISAS ESPACIAIS. **Sistema PRODES.** Disponível em: <http://www.obt.inpe.br/prodes/ >. Acesso em: 02 nov. 2022.

IPCC (2021). **Sixth Assessment Report Climate Change 2021: The Physical Science Basis, the Working Group I Contribution to the Sixth Assessment Report.**

LOVEJOY, T. E.; NOBRE, C. **Amazon tipping point.** In: Science Advances, v. 4, n. 2, fev. 2018.

MARCOVITCH, J. Fernandes, C. C. **O bioma Amazônia e os Acordos de Paris.** *In:* 1º. CONGRESSO DE GESTÃO DA AMAZÔNIA, 2018, Manaus. ANAIS AMAS, 2018.

MELLO, N. G. R. (2016). **Análise dos fatores responsáveis pela redução de desmatamento na Amazônia Legal entre os anos de 2005 e 2013.** Dissertação de Mestrado, Instituto de Energia e Ambiente, Universidade de São Paulo, São Paulo. doi:10.11606/D.106.2016.tde-29032016-093859. Recuperado em 2022-11-05, de www.teses.usp.br

MELLO, Natália Girão Rodrigues de; ARTAXO, Paulo. **Evolução do Plano de Ação para Prevenção e Controle do Desmatamento na Amazônia Legal.** Revista do Instituto de Estudos Brasileiros, Brasil, n. 66, p. 108-129, abr. 2017

MINISTÉRIO DO MEIO AMBIENTE (MMA). **Cadastro Ambiental Rural.** *In:* Ministério do Meio Ambiente, (2018a). Disponível em: http://www.mma.gov.br/desenvolvimento-rural/cada stro-ambiental-rural. Acesso em: 28 mar. 2018.

MINISTÉRIO DO MEIO AMBIENTE (MMA). **PPCDAm.** *In:* Ministério do Meio Ambiente, (2017). Disponível em: http://redd.mma.gov.br/pt/acompanhamento-e-a-analise-de-impacto-das-politicas-publicas/ppcdam. Acesso em: 02 nov. 2022.

_______. **Decreto regulamenta programa de regularização ambiental.** *In:* Ministério do Meio Ambiente, (2018b). Disponível em: http://www.mma.gov.br/informma/item/10107-decre to-regulamenta-programa-de-regulariza%C3%A7%C3%A3o-ambiental. Acesso em: 28 mar. 2018.

_______. **Plano Nacional de Recuperação da Vegetação Nativa: versão preliminar.** Brasília: Ministério do Meio Ambiente, 2014. Disponível em: http://www.mma.gov.br/images/ arquivo/80049/Planaveg/PLANAVEG_20-11-14.pdf. Acesso em: 27 mar. 2018.

MOURA, A.M. M. de (org.). (2016). **Governança ambiental no Brasil: instituições, atores e políticas públicas.** Brasília: Ipea, 2016. Disponível em: http://repositorio.ipea.gov.br/bitstream/11058/6800/1/Governan%C3%A7a%20ambiental%20no%20Brasil.pdf. Acesso em: 28 nov. 2019.

MOUTINHO, P. (2009). **Desmatamento na Amazônia: desafios para reduzir as emissões de gases de efeito estufa do Brasil.** Disponível em: http://www. ipam.org. br/biblioteca>. Acesso em, 5(2009), 2-3.

NOBRE, C.A., *et al.*, (eds.) Science Panel for the Amazon (2021). **Executive Summary of the Amazon Assessment Report 2021**. United Nations Sustainable Development Solutions Network, New York, USA. DOI: 10.55161/RWSX6527, ISBN 9781734808001. 48 pg.

OBSERVATÓRIO DO CLIMA (2022). **Brasil 2045 – Construindo uma potência ambiental, volume 1 – Propostas para a Política Ambiental Brasileira em 2023–2024**. Disponível em: < https://www.oc.eco.br/wp-content/uploads/2022/05/2045%E2%80%94VF.pdf>. Acesso em 03 nov. 2022.

SPAROVEK, G.; BARRETTO, A.; KLUG, I.; BERNDES, G. **Considerações sobre o Código Florestal brasileiro**. *In*: Laboratório de Ecologia da Paisagem e Conservação, Kamloops, 1 jun. 2010. Disponível em: http://ecologia.ib.usp.br/lepac/codigo_florestal/Sparovek_etal_ 2010.pdf. Acesso em: 15 ago. 2018.

TALANOA, (2022). **Reconstrução: 401 atos do Poder Executivo Federal (2019 – 222) a serem revogados ou revisados para a reconstituição da agenda climática e ambiental brasileira**. Instituto Talanoa, 2022. 169 pag. Disponível em: https://www.institutotalanoa.org/_files/ugd/fbc302_02079d07c198440495 0d5b0dd09728db.pdf. Acesso 04 nov. 2022.

UNEP – **Emission gap report**, www.unep.org, 2022.

WRI (2021). **Mudanças climáticas alarmantes: veja 5 grandes resultados do relatório do IPCC**. Disponível em: https://wribrasil.org.br/pt/blog/clima/ipcc-relatorio-mudancas-climaticas-2021?gclid=CjwKCAjwzaSLBhBJEiwAJSR okmGSnp39KmOBXc65cAB-F6Nvrk3w-ebAjLyUMKuB8h24ZdKseMMLpho-CFG4QAvD_BwE. Acesso em 15 out 2021.

9. PROTEÇÃO DA CAMADA DE OZÔNIO: CONVENÇÃO DE VIENA E PROTOCOLO DE MONTREAL

Thiago Pietrobon

Introdução. Como o mundo se uniu para recuperar a camada de ozônio?

Durante a década de 1970, cientistas provaram a relação entre alguns produtos químicos sintetizados pelo homem e a redução da camada de ozônio estratosférico, conferindo aos pesquisadores Mario Molina, do México, Paul Crutzen, da Holanda e o norte-americano Frank Sherwood Rowland o prêmio Nobel de química em 1995. Mas foi o descobrimento de áreas no hemisfério sul no início da década de 1980, com grande redução dos níveis de ozônio (O3), conhecido até hoje como "Buraco na camada de ozônio", que alertou o mundo para a existência de substâncias que destroem o ozônio estratosférico.

Em 1985, na Áustria, várias nações se reuniram para debater os impactos que poderiam ser causados com a destruição da camada de ozônio. A Convenção de Viena para a Proteção da Camada de Ozônio foi criada em resposta, definindo os princípios relacionados à disposição da comunidade internacional em promover mecanismos de proteção à camada de ozônio estratosférico. Esta foi a primeira convenção de qualquer tipo a ser assinada por todos os países envolvidos (Partes), entrando em vigor em 1988 e alcançando a ratificação universal em 2009[1].

[1] https://www.unep.org/news-and-stories/press-release/montreal-protocol-celebrates-landmark-achievement-universal

Reunindo-se, até hoje, as Partes promovem a cooperação entre as nações por meio do intercâmbio de informações sobre os efeitos das atividades humanas sobre a camada de ozônio, com o principal objetivo de que os formuladores de políticas adotassem (e ainda adotem) medidas jurídico-administrativas para combater as atividades responsáveis pela destruição da camada de ozônio. No entanto, a Convenção não exigia que os países tomassem medidas de controle para proteger a camada de ozônio. Assim protocolos, suas emendas e ajustes, passaram a ser negociados, para providências específicas.

Dois anos após a primeira evidência do buraco de ozônio antártico ter sido publicada, as Partes, em setembro de 1987, chegam ao consenso para o Protocolo de Montreal sobre Substâncias que Destroem a Camada de Ozônio. O Protocolo de Montreal passou a vigorar em janeiro de 1989 e é a base legal para o esforço mundial de proteção à camada de ozônio através de controles sobe a produção, consumo e uso de substâncias destruidoras de ozônio. Este foi o primeiro e, até agora, único acordo ambiental da Organização das Nações Unidas (ONU) a ser ratificado por todos os países do mundo.

Originalmente, o protocolo limitava a produção e o consumo de oito substâncias destruidoras de ozônio (SDO), definidas como "substâncias controladas". Ao longo do tempo, ajustes e emendas foram produzidas e nos encontros de Londres e Copenhague em 1990 e 1992, os controles foram fortalecidos e ampliados para incluir na lista não mais 5, mas sim 15 clorofluorcarbonos (CFC), três Halons, 34 hidrobromofluorcarbonetos (HBFC), tetracloreto de carbono (CTC) e o metil clorofórmio. Um cronograma de redução a longo prazo, também levando à eliminação completa, foi acordado para 40 hidroclorofluorcarbonos (HCFC). A lista foi ampliada, incluindo o brometo de metila, no 7º Encontro das Partes e, finalmente na 28º Reunião das Partes, em Ruanda, a Emenda de Kigali foi firmada, em 15 de outubro de 2016, incluindo as substâncias a base de hidrofluorocarbonetos (HFC). Estes HFCs foram – e ainda são – usados como substitutos para um lote de substâncias que destroem o ozônio eliminado pelo Protocolo original de Montreal. Embora os HFCs não ataquem a camada de ozônio, hoje os reconhecemos também como gases de efeito estufa e, portanto, contribuintes para as mudanças climáticas. Esta decisão das Partes coloca o Protocolo de Montreal também como uma agenda climática mundial.

1. A estratégia e mecanismos criados

Como vimos, o Protocolo de Montreal apresenta um mecanismo de controle flexível permitindo alterações de suas cláusulas por meio dos ajustes e emendas, seguindo orientação técnico-científica dos painéis assessores *Technology and economic assessment panel* (TEAP), *Scientific assessment panel* (SAP) e o *Environmental assessment panel* (EAP).

Na estratégia definida, as Parte com consumo anual de SDOs menor que 300g per capta na data de entrada em vigor do Protocolo, foram classificados como países ou partes do artigo 5 (A5) do Protocolo (Países em desenvolvimento), tendo direito a acessar o Fundo Multilateral para a Implementação do Protocolo de Montreal[2]. Cerca de um terço dos aderentes foi enquadrado como países desenvolvidos e dois terços como países em desenvolvimento. O Brasil está na categoria de A5. Esta característica do Protocolo está sendo questionada[3], mais recentemente, pois mais de 30 anos após seu início, a realidade de alguns países do grupo A5 já é bem diferente.

As Partes do Protocolo de Montreal concordam que os países em desenvolvimento precisariam de assistência técnica e financeira para eliminar SDOs e, para isso, estabeleceram o Fundo Multilateral (FML), em 1990 na reunião das Partes em Londres, como mecanismo financeiro de apoio as Partes do A5 nos seus esforços de redução e eliminação. Seu orçamento até 2020 já havia ultrapassado os USD 4 bilhões, transferidos à programas nacionais de 64 países, cobrindo custos incrementais para capacitação e transferência de tecnologia, de acordo com regras de eligibilidade aprovadas pelo Comitê Executivo do Fundo (ExCom).

O Fundo Multilateral é administrado pelo ExCom, constituído de representantes de 14 Partes do Protocolo de Montreal, com igual representação de países desenvolvidos e em desenvolvimento. Sua secretaria fica em Montreal e as reuniões ocorrem 2 a 3 vezes ao ano. Em 2022 o Brasil passou a ocupar uma das cadeiras no ExCom, representando os países da América do Sul[4].

[2] https://ozone.unep.org/treaties/montreal-protocol

[3] https://www.ecacool.com/en/news/end_china_developing_country_status/

[4] http://www.multilateralfund.org/aboutMLF/executivecommittee/Shared%20Documents/2022%20Primer.pdf

http://www.multilateralfund.org/InformationandMedia/Brochures%20published%20by%20the%20Secretariat/MLFleaflet.pdf

Outro aspecto importante da estratégia foram as Partes do Protocolo concordarem em reduzir e eliminar o uso de SDO antes que substitutos e tecnologias alternativas estivessem completamente disponíveis. Esta foi uma estratégia bem-sucedida e o risco de entraves mostrou-se menor que defendido por seus críticos. Indústrias e fabricantes já desenvolveram substâncias alternativas e tecnologias para quase todos os antigos usos de SDO e muitos países encontram-se mais avançados em direção a completa eliminação de SDO que o projetado em suas metas.

Os prazos e metas também são distintos entre as partes. Reconhecendo a necessidade de desenvolvimento econômico dos países em desenvolvimento e seu relativo baixo uso histórico de CFCs, o Protocolo de Montreal concedeu a estes países um "período de carência" de dez anos para início dos cronogramas de redução e eliminação exigidos, em relação aos países desenvolvidos. Estes prazos serão abordados mais a frente neste capítulo.

De acordo com os cronogramas para controle e eliminação das SDOs pelas Partes do A5, o Brasil já alcançou a eliminação total de CFCs, halons, tetracloreto de carbono (CTC) e brometo de metila na agricultura (com exceção de uso para quarentena e pré-embarque).

2. Implementação do Protocolo de Montreal no Brasil

O Brasil é signatário do Protocolo (Decreto nº 99.280, de 06 de junho de 1990), e ratificou todas as suas emendas (Londres 1990, Copenhage 1992, Montreal 1997, Pekim 1999), estando atualmente no fim do tramite para ratificação da Emenda de Kigali de 2016 (já aprovado na Câmara dos Deputados e Senado Federal, passará a ter validade, em relação ao direito interno, com a publicação de decreto presidencial, e no direito internacional após ser realizado o depósito da carta de aceitação na ONU)[5].

Mesmo antes da adesão do Brasil ao Protocolo de Montreal, o tema já era debatido e trabalhado por aqui. A portaria 01/1988, da Secretaria Nacional de Vigilância Sanitária – órgão extinto em abril de 1999 com a criação da Agência Nacional de Vigilância Sanitária (ANVISA) – regulamentava informações em rótulos de embalagens de aerossóis livres de CFC. Posteriormente, com a Portaria 534/1988, do Ministério da Saúde, foram proibidas a fabricação e a comercialização de produtos cosméticos,

[5] https://treaties.un.org/Pages/ViewDetails.aspx?src=IND&mtdsg_no=XXVII-2-f&chapter=27&clang=_en

de higiene, de uso sanitário doméstico e perfumes sob a forma de aerossóis que contivessem CFC. Estes foram os primeiros passos do Brasil no sentido de eliminação de SDOs.

Em 1991, o Governo Federal criou o Grupo de Trabalho do Ozônio – GTO, por meio da Portaria Interministerial 929/1991, abrindo o diálogo para a implementação do Protocolo de Montreal no País. O grupo estabeleceu diretrizes e coordenou sua implementação, elaborando o Programa Brasileiro para Eliminação da Produção e do Consumo das Substâncias que Destroem a Camada de Ozônio (PBCO) e analisando projetos quando a aptidão para que o Brasil pudesse pleitear recursos do FML.

O PBCO foi quem estabeleceu a eliminação gradativa do uso de SDOs no País, aprovado pelo ComEx em julho de 1994 e regulamentado nacionalmente Resolução Nº 13 do Conselho Nacional de Meio Ambiente (CONAMA) em 1995. Foi esta resolução que proibiu, a partir de 1º de janeiro de 2001, o uso das substâncias controladas pelo Protocolo, entre elas os CFCs, nos equipamentos, produtos ou sistemas novos.

Ainda em 1995, o Governo Brasileiro instituiu o Comitê-Executivo Interministerial para Proteção da Camada de Ozônio (PROZON), com os Ministérios do Meio Ambiente (MMA), como coordenador, da Agricultura, das Relações Exteriores, do Desenvolvimento, Indústria e Comércio, do Planejamento, Orçamento e Gestão, da Ciência e Tecnologia e da Saúde.

Para reforçar o trabalho de eliminação das SDOs, o Brasil revogou a Resolução CONAMA 13/1995 e adotou Resolução CONAMA 267/2000, que além da proibição de uso de CFC, instituiu o controle da importação por meio de cotas para o setor de manutenção de equipamentos e usos essenciais, como fabricação de medicamentos, com reduções graduais. Os dados oficiais sobre importações e exportações, desde então, são controlados por meio do Cadastro Técnico Federal (CTF), do Instituto Brasileiro do Meio Ambiente e dos Recursos Naturais Renováveis (IBAMA).

Para eliminar os CFC remanescentes e gerenciar seu passivo, em julho de 2002 o Governo Brasileiro apresentou ao ComEx o Plano Nacional para a Eliminação de CFC (PNC).

O PNC priorizava o banimento de substâncias como CFC-11, CFC-12, CFC-113, CFC-114 e CFC-115, até janeiro de 2010, com foco em duas ações: seguir com a implementação dos projetos de conversão industrial e o gerenciamento do passivo de CFC com a instalação de Centrais de

Regeneração e Análise (CRA), treinamento de refrigeristas e distribuição de equipamentos para recolhimento de CFC para regeneração[6].

Em setembro de 2007, o Protocolo de Montreal iniciou uma nova fase voltada para a eliminação da produção e do consumo dos hidroclorofluorcarbonos (HCFCs). As Partes decidiram – por meio da Decisão XIX/6 – antecipar os prazos de eliminação dessas substâncias prevendo o congelamento do consumo em 2013 com redução gradual até a completa eliminação do consumo em 2040. É criado, assim, o Programa Brasileiro de Eliminação dos HCFCs (PBH), que estabeleceu as a eliminação em 3 etapas.

A Etapa I, aprovada na 64ª reunião do ExCom, realizada em 2011, estabeleceu as diretrizes, objetivos e metas específicas para a redução do consumo de 220,3 toneladas de Potencial de Destruição do Ozônio (t PDO) de HCFCs até o ano de 2015, focando na conversão industrial, assistência técnica e ações regulatórias nos setores de Espuma de PU (poliuretano) e RAC (refrigeração e ar-condicionado).

A Etapa II do PBH, aprovada na 75ª Reunião do ExCom, em novembro de 2015, agregou as ações voltadas à eliminação progressiva de 464,06 t PDO de HCFCs por meio de atividades de conversão industrial, assistência técnica, capacitação e ações regulatórias nos setores de Espumas de PU e RAC, até 2023. Mais detalhadamente, a estratégia brasileira para eliminação dos HCFCs na Etapa II foi:

- Eliminar o consumo de HCFC-141b e HCFC-22 no setor de manufatura de espumas, por meio de projetos de conversão industrial abrangendo todos os subsetores de poliuretano rígido e por ação regulatória pertinente;
- Reduzir o consumo de HCFC-22 no setor de manufatura de equipamento de refrigeração e ar-condicionado, por meio de projetos de conversão industrial e assistência técnica;
- Reduzir o consumo de HCFC-22 no setor de serviços de refrigeração e ar-condicionado, por meio de assistência técnica, treinamento e capacitação em boas práticas e manutenção de equipamentos visando a contenção de vazamentos;

[6] Relatório de 2007 do Plano Nacional de Eliminação dos CFC's. Coordenação de Ozônio, Ministério do Meio Ambiente

- Introduzir o uso seguro e eficiente de fluidos refrigerantes alternativos de zero PDO e de baixo GWP.

Atualmente em elaboração, a Etapa III do PBH deverá abordar as ações e a estratégia global necessárias à eliminação do consumo de 97,5% de HCFCs até 2030, em relação a linha de base inicial, principalmente no setor de serviços – maior consumo – e em subsetores ainda não contemplados nas fases anteriores (aplicações farmacêuticas, extinção de incêndio, solventes de limpeza).

O PBH é coordenado pelo Ministério do Meio Ambiente (MMA), por meio da Secretaria de Clima e Relações Internacionais (SCRI), e conta com o apoio IBAMA e demais Ministérios que integram o Comitê Executivo Interministerial para a Proteção da Camada de Ozônio. A sua execução é apoiada pelo Programa das Nações Unidas para o Desenvolvimento (PNUD), como agência líder, que estabeleceu uma Unidade de Implementação e Monitoramento (UIM) para prestar assistência técnica e operacional especializada para execução de ações aprovadas pelo ComEx do FML. Como agências cooperadoras na implementação temos ainda a Organização das Nações Unidas para o Desenvolvimento Industrial (UNIDO) e a Cooperação Alemã para o Desenvolvimento Sustentável por meio da Deutsche Gesellschaft für Internationale Zusammenarbeit (GIZ) GmbH.

O Brasil já captou do Fundo Multilateral cerca de USD 150 milhões a fundo perdido, para implementação destes programas, investidos nos diagnósticos, na adaptação e troca de tecnologia de mais de mil empresas (grandes, médias, pequenas e micro) e na capacitação de milhares de técnicos no setor de serviços de refrigeração e produção de espumas para isolamento térmico, entre outros[7].

A tabela 01 apresenta os dispositivos legais aprovados no Brasil para implementação do Protocolo de Montreal, desde o início da agenda brasileira de proteção da camada de ozônio.

[7] https://www.gov.br/mma/pt-br/assuntos/climaozoniodesertificacao/camada-de-ozonio/acoes-brasileiras-para-protecao-da-camada-de-ozonio

TABELA 01: **Regulamentos nacionais.**

Ano	Dispositivo	Órgão	Objeto
1988	Portaria MS nº 534 de 30/09/1988	Ministério da Saúde	Proíbe a fabricação de produtos cosméticos, de higiene, perfumes e saneantes domissanitário aerossóis que contenham propelentes à base de CFC.
1989	Portaria MS nº 647 de 30/07/1989	Ministério da Saúde	Especifica as substâncias do grupo dos cloro-fluorcarbonos (CFC's) e mantém os prazos estabelecidos, concernentes à proibição de fabricação e comercialização de produtos cosméticos, de higiene, perfumes e saneantes domissanitários, sob forma de aerossóis contendo os CFC's relacionados.
1990	Decreto nº 99.280 de 06/06/1990	Presidência da República	Promulga a Convenção de Viena para a Proteção da Camada de Ozônio e do Protocolo de Montreal sobre Substâncias que Destroem a Camada de Ozônio.
1991	Decreto nº 181 de 24/07/1991	Presidência da República	Promulga os Ajustes ao Protocolo de Montreal sobre Substâncias que Destroem a Camada de Ozônio, de 1987.
1991	Portaria nº 929 de 04 outubro	Interministerial	Cria o Grupo de Trabalho do Ozônio (GTO): composto por órgãos do Governo e por Entidades da iniciativa privada que agia como comitê técnico consultivo sobre ações para a Proteção da Camada de Ozônio
1992	Decreto Legislativo nº 32 de 16/06/1992	Câmara dos deputados	Aprova o texto das Emendas ao Protocolo de Montreal sobre Substâncias que destroem a Camada de Ozônio, adotadas em Londres, a 29 de junho de 1990.
1995	Portaria nº 29 de 02/05/1995	IBAMA	Dispõe que toda empresa que produza, importe, exporte, comercialize ou utilize substâncias controladas, deve estar cadastrada junto ao IBAMA.
1995	Resolução CONAMA nº 13 de 13/12/1995	CONAMA	Resolve que toda empresa que produza, importe, exporte, comercialize ou utilize substâncias controladas, em quantidade superior a 1 (uma) tonelada anual, deverá estar cadastrada junto ao IBAMA

1996	Comunicado DECEX nº 7 de 15/08/1996		Normatiza as operações de exportação e importação de determinadas substâncias destruidoras do ozônio – SDO, ficando proibidas as operações de importação e exportação com países não-signatários do Protocolo de Montreal
1998	Decreto nº 2.679 de 17/07/1998	Presidência da República	Promulga as Emendas ao Protocolo de Montreal sobre Substâncias que Destroem a Camada de Ozônio, assinadas em Copenhague, em 25 de novembro de 1992.
1998	Decreto nº 2.699 de 30/07/1998	Presidência da República	Promulga a Emenda ao Protocolo de Montreal sobre Substâncias que destroem a Camada de Ozônio, assinada em Londres, em 29 de junho de 1990.
1998	Decreto nº 2.783 de 17/09/1998	Presidência da República	Dispõe sobre proibição de aquisição de produtos ou equipamentos que contenham ou façam uso das Substâncias que Destroem a Camada de Ozônio – SDO
1999	Instrução Normativa nº 1 de 29/01/1999	IBAMA	Dispõe sobre empresa que importe, comercialize e/ou utilize "halons", que deverá se cadastrar junto ao Instituto Brasileiro do Meio Ambiente e dos Recursos Naturais Renováveis – IBAMA
2000	Resolução CONAMA nº 267 de 14/09/2000	CONAMA	Dispõe sobre a proibição no Brasil, da utilização das substâncias controladas especificadas nos Anexos A e B do Protocolo de Montreal sobre substâncias que destroem a Camada de Ozônio
2002	Instrução Normativa Conjunta nº 1 de 10/09/2002	MAPA, ANVISA e IBAMA	Dispõe sobre a proibição e prazos para o uso de brometo de metila para expurgos em cereais e grãos armazenados e no tratamento pós-colheita das culturas
2002	Instrução Normativa SDA nº 45 de 26/07/2002	SDA	Dispõe sobre a utilização e destinação correta de brometo de metila, ficando mantidos os usos autorizados para procedimentos fitossanitários, quarentenários e de pré-embarque, entre outras providências.
2003	Decreto S/N de 06/03/2003	Presidência da República	Cria o Comitê Executivo Interministerial para a Proteção da Camada de Ozônio – PROZON, com a finalidade de estabelecer diretrizes e coordenar as ações relativas à proteção da camada de ozônio.

2003	Portaria MMA de 19/09/2003	MMA	Institui o Grupo de Trabalho, no âmbito da Secretaria de Qualidade Ambiental nos Assentamentos Humanos-SQA, com a finalidade de: contribuir para a implementação de ações de proteção à Camada de Ozônio
2003	Resolução nº 340 de 25/09/2003	CONAMA	Dispõe sobre a utilização de cilindros para o vazamento de gases que destroem a Camada de Ozônio, e dá outras providências.
2004	Instrução Normativa nº 37 de 29/06/2004 (revogada pela IN Ibama nº 05/2018)	IBAMA	Atualiza e aperfeiçoa o sistema vigente de cadastramento das empresas que operam com substâncias controladas pelo Protocolo de Montreal. Obrigatoriedade de registro no Cadastro Técnico Federal de Atividades Potencialmente Poluidoras (CTF/APP) das empresas utilizadoras de SDOs.
2004	Decreto 5.280 de 22/11/2004	Presidência da República	Promulga os textos das Emendas ao Protocolo de Montreal sobre Substâncias que Destroem a Camada de Ozônio, aprovadas em Montreal, em 17 de setembro de 1997, ao término da Nona Reunião das Partes, e, em Pequim, em 3 de dezembro de 1999, por ocasião da Décima Primeira Reunião das Partes.
2005	Portaria MMA nº 121 de 12/05/2005	MMA	Estabelece critérios para a elegibilidade de empresas de serviços de manutenção de ar-condicionado automotivos candidatas ao recebimento de equipamentos de coleta e reciclagem de disclorodifluormetano (CFC-12) entre outras providências.
2004	Portaria MMA nº 158 de 25/06/2004	MMA	Estabelece critérios para a seleção dos candidatos ao treinamento em boas práticas de refrigeração.
2005	Portaria MMA nº 159 de 03/06/2005	MMA	Altera critérios para a seleção dos candidatos ao treinamento em boas práticas de refrigeração.
2006	Portaria MMA nº 200 de 28/06/2006	MMA	Estabelece critérios de elegibilidade visando o recebimento de equipamento para substituição do brometo de metila por tecnologias/substâncias alternativas no setor agrícola, previstos no Projeto Supressão Total do Brometo de Metila usado em Flores, Plantas Ornamentais, Cultivo de Morango e Outros Usos.

2006	Instrução Normativa nº 96/2006 (revogada pela IN º 31/2009)	IBAMA	Institui o Certificado de Regularidade trimestral, cuja emissão condiciona a prestação de serviços pelo Ibama.
2008	Decreto 6.514 de 22/07/2008	Presidência da República	Dispõe sobre as infrações e sanções administrativas ao meio ambiente, estabelece o processo administrativo federal para apuração destas infrações, e dá outras providências. Dispõe sobre o controle das importações referentes ao Anexo C, Grupo I dos Hidroclorofluorcarbonos – HCFC's e misturas contendo HCFC's, em atendimento a Decisão XIX/6 do Protocolo de Montreal
2008	Resolução RDC nº 88 de 25/11/2008	ANVISA	Dispõe sobre a adequação dos medicamentos que contém clorofluorcarbonos.
2008	Instrução Normativa nº 207 de 19/11/2008	IBAMA	Dispõe sobre o controle das importações referentes ao Anexo C, Grupo I dos Hidroclorofluorcarbonos – HCFC's e misturas contendo HCFC's, em atendimento a Decisão XIX/6 do Protocolo de Montreal, e dá outras providências.
2009	Instrução Normativa nº 31/2009 (revogada parcialmente)	IBAMA	Obriga o registro de pessoas físicas e jurídicas descritas no anexo I no Cadastro Técnico Federal de Instrumentos de Defesa Ambiental.
2010	Portaria nº 10/2010	Secex	Dispõe sobre as operações de comércio exterior. Determina, entre outros pontos, que a inscrição no Registro de Exportadores e Importadores deve ser realizada no ato da primeira operação de importação em qualquer ponto conectado ao Siscomex.
2010	Portarias nº 41 de 25/02/2010; nº 75 de 30/03/2010; nº 319 de 30/08/2010	MMA	Institui (e alteram) o Grupo de Trabalho-GT HCFC's, no âmbito da Secretaria de Mudanças Climáticas e Qualidade Ambiental.
2010	Resolução nº 3.896 de 17/08/2010	BNDES	Institui, no âmbito do Banco Nacional de Desenvolvimento Econômico e Social (BNDES), o Programa para Redução da Emissão de Gases de Efeito Estufa na Agricultura (Programa ABC).

2011	Portaria nº 23/2011	Secex	Consolida as normas e procedimentos aplicáveis às operações de comércio exterior. Trata de: Habilitação para operar no Siscomex; Registro de Exportadores e Importadores; Licenciamento das Importações; de aspectos comerciais.
2012	Portaria nº 212 de 20/12/2012	MMA	Institui, no âmbito do Plano Nacional sobre Mudança do Clima, o Programa Brasileiro de Eliminação dos HCFCs (PBH).
2012	Instrução Normativa nº 14 de 20/12/2012 (revogada pela IN Ibama nº 04/2018)	IBAMA	Dispõe sobre o controle das importações de Hidroclorofluorcarbonos (HCFCs) e de misturas contendo HCFCs, em atendimento à Decisão XIX/6 do Protocolo de Montreal, e dá outras providências.
2015	Instrução Normativa Conjunta nº 2, de 14 de dezembro de 2015	MAPA, IBAMA e ANVISA	Regulamenta o uso de Brometo de Metila no Brasil exclusivamente em tratamento fitossanitário com fins quarentenários nas operações de importação e exportação
2018	Instrução Normativa nº 04 de 14/02/2018	IBAMA	Regula o controle das importações de Hidroclorofluorcarbonos – HCFC e de misturas contendo HCFC, em atendimento à Decisão XIX/6 do Protocolo de Montreal, e dá outras providências.
2018	Instrução Normativa nº 05 de 14/02/2018	IBAMA	Regulamenta o controle ambiental do exercício de atividades potencialmente poluidoras referentes às substâncias sujeitas a controle e eliminação conforme o Protocolo de Montreal.

3. Experiências subnacionais brasileiras

A implementação do Protocolo de Montreal é de competência do Governo Federal, mas vem sendo marcante a atuação de governos subnacionais nesta agenda.

Tanto a Convenção de Viena, como o Protocolo de Montreal, serviram como base para que o Estado de São Paulo, através da Secretaria de Estado do Meio Ambiente, estabelecesse o Programa Estadual de Prevenção a Destruição da Camada de Ozônio (PROZONESP), em 1995, coordenado pela Companhia de Tecnologia de Saneamento Ambiental (CETESB, atualmente Companhia Ambiental do Estado de São Paulo), que teve como seus principais objetivos a comunicação direta com os setores produtivos e de infraestrutura do estado, possibilitando a continuidade de transferência de conhecimento entre os setores público e privado no controle e na eliminação do consumo de Substâncias que Destroem a Camada de Ozônio – SDOs (SMA, 1997).

Em 1997 era promulgado o primeiro regulamento estadual que versava sobre o tema. O Decreto 41.629 de 10/03/1997 dispunha sobre proteção do meio ambiente e do consumidor relacionada ao uso do CFC, sobre medidas de capacitação tecnológica e sobre vedação de aquisição pelos órgãos e entidades da Administração Pública Estadual direta e indireta, de produtos e equipamentos contendo substâncias que destroem a Camada de Ozônio, controladas pelo Protocolo de Montreal. Nota-se que, desde muito cedo, o princípio de "Compras Verdes" pelo Estado tem sido aplicado.

Em 1998 foi constituído o Grupo Ozônio, tendo como objetivo básico à orientação do mercado de refrigeração e ar-condicionado, e usuários em geral, contando com o apoio do MMA, IBAMA, CETESB, Serviço Nacional de Aprendizagem Industrial (SENAI) e Associação Brasileira de Refrigeração, Ar-Condicionado, Ventilação e Aquecimento (ABRAVA).

Por forte atuação estadual, tivemos a instalação e entrada em operação do banco de Halons e de um equipamento de reciclagem desse gás, que hoje está sob a responsabilidade do IBAMA, bem como a instalação em São Paulo de 3 das 6 Centrais de Regeneração e Análise de Gases Refrigerantes (CRAs) do Brasil.

Durante a realização do 13º Seminário de Comemoração do Dia Internacional de Proteção da Camada de Ozônio, realizado em 25 de setembro de 2008 em Campinas, foi constituída a Câmara Ambiental do Setor de Refrigeração, Ar-Condicionado, Aquecimento e Ventilação da CETESB. Com a missão de dar continuidade ao processo de informação ao setor para eliminar a produção e o consumo dos SDOs além de ter carácter consultivo na elaboração de instruções técnicas necessárias ao setor no estado.

Mais recentemente, sob a gestão da Dra. Patrícia Iglecias, as Câmaras Ambientais da CETESB amplificaram este mecanismo de diálogo entre Governo e entidades empresariais, debatendo os avanços na legislação ambiental estadual em São Paulo.

As Câmaras Ambientais do Estado de São Paulo são hoje fóruns colegiados, constituídos no âmbito da CETESB, compostas por representantes da Companhia e por entidades vinculadas aos setores produtivos e de infraestrutura do Estado de São Paulo. Apresentam como meta promover a melhoria da qualidade ambiental por meio da interação entre o poder público e os setores envolvidos.

A abertura de canais de comunicação que possibilitem a interação entre o governo e a sociedade civil, no que diz respeito à gestão ambiental, passa a ter caráter estratégico no caminho do desenvolvimento sustentável almejado pelo Estado de São Paulo e isso se reflete no setor de refrigeração que passam de apenas fiscalizados pelo Estado para participantes da elaboração e proposição de estratégias e instrumentos que promovem a melhoria da qualidade ambiental e desenvolvimento do Estado de São Paulo.

Como competência da Câmara Ambiental de Refrigeração, assim como das demais 11 Câmaras instaladas, temos:

- avaliar e propor normas, procedimentos e instrumentos relativos à Gestão Ambiental, bem como alterações naquelas existentes;
- propor inovações e aperfeiçoamentos na legislação ambiental em vigor;
- contribuir para o estabelecimento de programa de comunicação com vistas a difundir as normas, procedimentos, legislação e instrumentos relativos à gestão ambiental;
- promover a capacitação de recursos humanos nos temas relativos à gestão ambiental;
- propor diretrizes e articular ações destinadas a incentivar a utilização econômica e ambientalmente sustentável dos recursos naturais, o uso racional da água, mediante sua conservação e reuso, a minimização, a reciclagem, o tratamento e a disposição final adequada de resíduos sólidos, líquidos e gasosos, o aperfeiçoamento de métodos e de tecnologias empregadas na produção e no controle de poluição com o objetivo de torná-los ambientalmente eficazes, o gerenciamento de passivos ambientais, contemplando sua identificação, diagnóstico e medidas mitigadoras, a prevenção e redução da ocorrência de acidentes, a participação dos setores no Sistema de Gestão de Recursos Hídricos, a comunicação dos setores com a

sociedade, para a divulgação de suas atividades, o estabelecimento de instrumentos e critérios de mensuração dos ganhos ambientais, buscando consolidar indicadores de qualidade ambiental e a redução das emissões de gases de efeito estufa;

- divulgar, orientar, esclarecer e incentivar o consumo sustentável, visando à introdução de critérios de ordem ambiental na aquisição de bens e serviços; e
- tratar de outros assuntos relativos às questões ambientais.

A Câmara Ambiental de Refrigeração teve em sua criação, como primeiro presidente, o Sr. Paulo Neulaender. Após reativação da câmara em 2015, foi reconduzido, assim como Josilene Ferrer (Secretária Executiva) e Lisindo Roberto Coppoli, conforme Resolução CETESB 056/2021, de 02 de dezembro de 2021. Atualmente é presidida pelo Dr. Thiago Pietrobon e, ocupando a vice-presidência, o Sr. Leonardo Cozac, que trouxeram a câmara para pautas mais atuais a logística reversa de embalagens do setor, destinação ambientalmente correta dos fluidos refrigerantes, relação das ações de proteção da camada de ozônio com as mudanças climáticas e o mercado de carbono em formação, fiscalização e mecanismos legais de controle, exemplos internacionais de regulação e compras sustentáveis, tendências e exigências técnicas, bem como na qualidade do ar interior em todos os ambientes de uso público e coletivo, qualidade da água dos sistemas hidrônicos com resfriadores de líquidos (chiller) e torres de resfriamento.

Entre 1988 e 1994, diversos estados aprovaram suas leis restringindo o uso de CFCs embalagens descartáveis. No Rio de Janeiro também observamos uma legislação mais restritiva que proíbe as emissões, torna o recolhimento obrigatório e estabelece prazos para controles sobre fabricantes e usuários, a partir de 1995. Mais recentemente, entre 2010 e 2016 uma segunda onda de leis estaduais, agora pautadas nas mudanças climáticas, propões ações de redução e controle de HCFCs.

Neste contexto da atuação subnacional há grande relevância do impacto que a carência para execução das metas, entre os países desenvolvidos e os em desenvolvimento, vem sendo seguida. No mundo globalizado e competitivo de hoje, por mais que permita mais tempo para transição, esta diferença confere um atraso tecnológico, redução de acesso aos maiores mercados consumidores e um grave risco de dumping tecnológico, o que tem motivado fortemente o movimento subnacional de aceleração e facilitação para implementação das mudanças, especialmente nos estados mais industrializados.

4. Resultados do Protocolo de Montreal no Brasil e no Mundo

Detectado pela primeira vez em 1985, o fenômeno que ficou conhecido como buraco na camada de ozônio antártico se forma durante o final do inverno do Hemisfério Sul, à medida que os raios solares catalisam reações envolvendo formas quimicamente ativas de cloro e bromo, que destroem moléculas de ozônio na estratosfera. Monitorado pela equipe de cientistas da Ozone Watch[8], da NASA, o buraco tem demonstrado tendência de redução, com oscilações anuais por interferências devido as variações climáticas.

Desde que foi ratificado, muitos produtos conhecidamente com potencial de destruição do ozônio já foram banidos. A tabela 02 apresenta a situação atual e futura de cada um dos produtos controlados no Brasil.

TABELA 02. **Resultados e projeções.**

<table>
<tr><th>Ano</th><th>Substâncias</th><th>Impacto</th><th>Observações</th></tr>
<tr><td>1992-1999</td><td>CFC-11 / 12 TCA</td><td>1.086,4 t PDO</td><td rowspan="4">Proibidos: Resolução Conama nº 267, de 14 de setembro de 2000.</td></tr>
<tr><td>1992-2001</td><td>CFC-11 / CFC-113</td><td>5.508,0 t PDO</td></tr>
<tr><td>1998-2007</td><td>CFC-11</td><td>611,48 t PDO</td></tr>
<tr><td>2002-2010</td><td>CFCs</td><td>9.260,10 t PDO</td></tr>
<tr><td>2000</td><td>Halons / CFC-12</td><td>21,30 t PDO</td><td>Restrito: apenas para Halon regenerado, com anuência prévia do Ibama, conforme Resolução Conama nº 267/2000.</td></tr>
</table>

[8] https://www.nasa.gov/feature/goddard/2017/warm-air-helped-make-2017-ozone-hole-smallest-since-1988

<table>
<tr><td>2000</td><td>Metilclorofórmio
HBFCs
Bromoclorometano</td><td colspan="2">–</td><td>Proibidos: Resolução Conama nº 267/2000.</td></tr>
<tr><td>2005</td><td>Brometo de metila</td><td colspan="2">218,60 t PDO</td><td>Restrito: para uso em tratamento fitossanitário com fins quarentenários, com anuência do Ibama, IN nº 02/2015.</td></tr>
<tr><td>2008</td><td>CTC</td><td colspan="2">498,70 t PDO</td><td>Proibidos: Resolução Conama nº 267/2000.</td></tr>
<tr><td>2009</td><td>Destinação SDOs</td><td colspan="2">Infraestrutura</td><td></td></tr>
<tr><td>2010-2013</td><td>HCFC-141b</td><td colspan="2">7,99 t PDO</td><td></td></tr>
<tr><td>2013-2014</td><td rowspan="8">HCFC</td><td rowspan="2">Etapa I:</td><td>Congelamento no máximo anual de 1.327,3t PDO</td><td rowspan="8">Permitida apenas para empresas que possuem cotas de importação, com anuência prévia do Ibama, conforme IN 4/2018.
HCFC 141b proibido para aplicação no setor de espuma a partir de 2020 (IN 4/2018).
Novas instruções normativas aguardadas para 2023, regulamentando a etapa III</td></tr>
<tr><td>2015-2019</td><td>Redução de 16,6% (220,3t PDO/ano)</td></tr>
<tr><td>2020</td><td rowspan="2">Etapa II</td><td>Redução de 39,3% (521,2,3t PDO/ano)</td></tr>
<tr><td>2021-24</td><td>Redução de 51,6% (684,36t PDO/ano)</td></tr>
<tr><td>2025-2029</td><td rowspan="3">Etapa III</td><td>Redução de 67,5% (895,9t PDO/ano)</td></tr>
<tr><td>2030-2039</td><td>Redução de 97,5% (1.294,1t PDO/ano)</td></tr>
<tr><td>2040</td><td>Eliminação (1.327,3t PDO/ano)</td></tr>
</table>

2024-2045	HFC	Congelamento do consumo em 1 Jan 2024, com base na média de 2020-2022 (linha de base) Redução de 10% em 2029 (em relação a linha de base) Redução de 30% em 2035 Redução de 50% em 2040 Redução de 80% em 2045 (impacto na redução do potencial de aquecimento global)	Permitida para empresas que cumpram legislação ambiental vigente e com anuência prévia do IBAMA Após a ratificação da Emenda de Kigali, norma interna deverá implementar o controle de importação conforme metas do Protocolo.

Para calcular o resultado anual, os dados de consumo nacional são obtidos pelo resultado da subtração das importações pelas exportações, uma vez que o Brasil não produz nenhuma SDO. Assim, o controle de importação, pelo IBAMA, por meio das cotas de importação tem sido um mecanismo assertivo no resultado, mas são os esforços dos Programas Brasileiros de Eliminação que permitem os resultados abaixo da meta de importação permitida. Os projetos estão efetivamente colaborando para capacitação de técnicos e estímulo às empresas para as adaptações necessárias.

O Acordo Associado, documento de entendimento entre o Governo do Brasil e o Comitê Executivo do Fundo Multilateral para Implementação do Protocolo de Montreal[9], de (julho/2011) e suas respectivas atualizações[10]

[9] Agreement Between the Government of the Federative Republic of Brazil and the Executive Committee of the Multilateral Fund for the Reduction in Consumption of Hydrochlorofluorocarbons in Accordance with Stage II of the HCFC Phase-Out Management Plan

[10] Updated Agreement Between the Government of the Federative Republic of Brazil and the Executive Committee of the Multilateral Fund for the Reduction in Consumption of Hydrochlorofluorocarbons in Accordance with Stage II of the HCFC Phase-Out Management Plan

(novembro/2015 e dezembro/2021), estabelecem as bases para verificação do cumprimento das metas (Multilateral Found, 2022). Historicamente o Brasil vem superando as metas de redução desde 2015. Em 2021, último ano completo medido, o consumo foi de 490,93 toneladas PDO, perfazendo uma redução de 63,01%, referente ao valor inicial de 1.327,30 toneladas (linha de base), bem acima dos 51,6% pactuados entre o Governo do Brasil e o ExCom.

Para Etapa III do Programa Brasileiro de Eliminação de HCFCs, objetiva-se abordar as ações e as estratégias necessárias à eliminação do consumo remanescente de HCFCs até 2030, principalmente no setor de serviços e em subsetores ainda não contemplados. Os desafios são consideráveis, pois o mercado brasileiro ainda não identifica a troca do HCFC-141b e a adaptação por outras substâncias como vantajosa economicamente em termos de valor do produto final. Também que há dificuldades em calibragem e ajustes de processos para que os produtos finais mantenham a qualidade esperada. No setor de serviços o desafio é chegar a todos e todas, com informação e capacitação. A pandemia da COVID-19 ampliou a informalidade no setor de manutenção e retardou investimentos em renovação e *retrofit*. E os setores ainda não diagnosticados pelas etapas anteriores, constituindo usos específicos, apenas de menor contribuição quanto a demanda, podem apresentar maiores desafios para completa eliminação (setores farmacêuticos, de extinção de incêndios e como solventes de limpeza).

5. Emenda de Kigali ao Protocolo de Montreal: entrada na agenda climática

A última grande emenda ao Protocolo de Montreal ocorreu em outubro de 2016 em Kigali, Ruanda, incluindo os HFCs na lista de produtos controlados. A novidade aqui é que esta emenda coloca o Protocolo de Montreal alinhado à agenda climática global, uma vez que os HFCs não destroem a camada de ozônio, mas enquanto substitutos dos produtos de alto OPD, não poderiam ser incentivados, pelo alto potencial de aquecimento global (GWP). Assim, esta emenda exige uma redução progressiva de 80% (do CO2 equivalente) para os próximos 30 anos, na produção e consumo de 18 HFCs de alto GWP.

Estimativas sugerem que emissões evitadas por meio desta emenda, até 2100, chegarão a 420 Giga toneladas de CO2 equivalente (CO2 e), evitando a elevação de até 0,4ºC na temperatura média global até o final do século.

Os debates acerca desta emenda trazem as oportunidades de que novas tecnologias trarão economia de energia, beneficiando o país e o consumidor, porém nem todos os mercados têm acesso às alternativas de baixo GWP, seja pelo custo, seja pela geografia da produção e consumo. O risco de dumping[11] tecnológico também está em discussão atualmente.

Assim como vimos com os HCFCs, a emenda traz medidas escalonadas para redução dos HFCs (prazos para países industrializados em parêntesis):

Linha de base: média de 2020-2022 (2011-2013)
Congelamento do consumo em 1 Jan 2024
Redução de 10% em 2029 (1 Jan 2019)
Redução de 30% em 2035 (1 Jan 2024)
Redução de 50% em 2040 (1 Jan 2029)
Redução de 80% em 2045 (80% em 1 Jan 2034 e 85% em 1 Jan 2036)

Apesar de todo atraso na ratificação pelo Brasil, o processo já se encontra bem avançado e sem impedimentos, sendo importante para manutenção das relações comerciais com os países signatários. A partir de 2033, as Partes que ratificaram a Emenda de Kigali não poderão comercializar HFCs com países que não ratificaram. Até 01/05/2022, 132 países já haviam ratificado, incluindo os 2 maiores mercados consumidores do mundo – China e Estados Unidos da América (EUA). O Governo americano inclusive aumentou recursos ao Fundo Multilateral em 2022, sinalizando suas intenções de apoio.

Cabe agora ao Brasil elaborar e aplicar um novo Programa Brasileiro de Eliminação, com estratégias já consolidadas, mas também com desafios novos, impostos pelas condições político-econômicas mundiais pós-pandemia e guerra e com a sobreposição de Programas, onde a solução do primeiro será o objeto de redução do segundo.

[11] Dumping é uma prática comercial que consiste em uma ou mais empresas de um país venderem seus produtos, mercadorias ou serviços por preços extraordinariamente abaixo de seu valor justo para outro país. Neste caso os produtos obsoletos ou fora da meta para um país desenvolvido seria vendido nos paises em desenvolvimento (cujo prazo para implementação das metas tem uma carência), retardando a mudança tecnológica necessária e acumulando o passivo nos paises em desenvolvimento.

Conclusões. O futuro da proteção da camada de ozônio (e das mudanças do clima)

A proteção da camada de ozônio tem sido uma história de conquistas notáveis. Descobertas científicas e o reconhecimento da importância da ciência na tomada de decisões; decisões e acordos globais, consensuais – a união entre ciência e política, capaz de mudar o mundo; Ações mensuráveis, replicáveis, escalonáveis, consagrada e; o diálogo contínuo, ao longo de mais de 3 décadas.

Mas 3 décadas também é tempo suficiente para que o mundo esteja bem diferente hoje. A previsão de apoio aos países em desenvolvimento, acordado inicialmente, já embasa discussões que podem atrasar o andamento de toda agenda. É o caso do questionamento do Senado Americano sobre o suporte fornecido pelo FML à China, uma vez que hoje esta já é a segunda maior economia do mundo, mas acaba ficando com boa parte do apoio fornecido aos países em desenvolvimento. Além de conferir uma vantagem considerada injusta, por eles, poderia estar havendo atrasos na conversão tecnológica de países que realmente precisam do suporte técnico-econômico.

Ir além da proteção da camada de ozônio também está no futuro do Protocolo de Montreal. As mais recentes decisões das partes levam aos Painéis Assessores as demandas por Forças tarefas para Eficiência Energética nos processos de transição. Assim, um novo campo de oportunidades se abre na implementação dos Programas, com benefícios diretos para o consumidor final.

O Protocolo de Montreal já é o responsável por cerca de US$ 1,8 trilhão em benefícios para a saúde global (US$ 1,109 trilhão somente para câncer de pele) e quase US$ 460 bilhões em danos evitados à agricultura, pesca e materiais (ambas estimativas cumulativas de 1987 a 2060). Outras estimativas sugerem que com a Emenda de Kigali sozinha representa mais de 10 anos das emissões anuais atuais de CO2e devido às atividades humanas, o que evitará até 0,4ºC de aquecimento global até o final do século[12].

Porém, frente aos desafios globais atuais, evidências sobre a necessidade de ajustes na ambição dos resultados para manter o clima global dentro de variáveis aceitáveis já recaem sobre o Protocolo de Montreal e, especialmente, à Emenda de Kigali (Purohit, et al. 2022).

[12] https://ozone.unep.org/facts-and-figures-ozone-protection

Sendo um bem-sucedido mecanismo de ação, é de se esperar que tal estrutura pudesse ser também aproveitada para as outras agendas ambientais globais. Assim, o futuro da proteção da camada de ozônio certamente se aproximará das "urgências climáticas" como as pautas de justiça climática, refugiados climáticos e até da litigância climática, onde a inação passa a ser responsabilizada.

As discussões sobre à responsabilidade dos governos na esfera climática já alcançou o poder judiciário em vários países. Há o exemplo da Holanda[13], no caso da Fundação Urgenda contra o Governo Holandês, onde o Tribunal de Apelação de Haia, em 2018, confirmou a decisão do Tribunal Distrital, concluindo que, ao não reduzir as emissões de gases de efeito estufa em pelo menos 25% até o final de 2020, o governo holandês estaria violando seu dever de cuidado sob os artigos 2.º e 8.º da CEDH, decisão esta mantida pelo Supremo Tribunal dos Países Baixos em 2019.

Na Alemanha[14], em 2021, Tribunal Constitucional Federal Alemão acatou a ação de um grupo de jovens da Alemanha, Bangladesh e Nepal, apoiado por associações ambientalistas, contra o Estado, argumentando que o plano de reduzir as emissões em 55% até 2030, baseado nos níveis de 1990, não era suficiente para permanecer dentro do limite de temperatura de 1,5ºC, violando direitos fundamentais sob a constituição alemã,

Não só países, mas os precedentes entre empresas já podem ser vistos. A decisão de uma corte holandesa determinou a uma multinacional do setor de óleo e gás que reduzisse suas emissões em, ao menos, 45% até 2030. Apesar de ter rejeitado o primeiro pedido, esta entendeu que embora os atos não pudessem ser considerados ilícitos, o conglomerado possuía sim a obrigação de reduzir suas emissões, acolhendo o segundo pedido e determinando que as emissões fossem reduzidas. Apesar de ainda ser passível de recurso, instrumentos internacionais sem efeito jurídico vinculante direto para as empresas, como o Acordo de Paris e os Princípios Orientadores sobre Empresas e Direitos Humanos da ONU (UNGPs), foram utilizados para orientar a interpretação do código civil holandês quanto ao dever de cuidar e de respeito aos direitos humanos, dando um caráter histórico para decisão.

[13] http://climatecasechart.com/non-us-case/urgenda-foundation-v-kingdom-of-the--netherlands/

[14] http://climatecasechart.com/non-us-case/neubauer-et-al-v-germany/

Assim, não há como falar em futuro, sem aceitar que a responsabilidade e o papel das empresas e governos nas ações relacionadas com o meio ambiente ganham precedentes importantes e passam para uma nova dimensão. Compromissos e ações passam a ser esperados e demandados, não apenas de governos, mas de empresas também.

Referências

CETESB. PROZONESP, 2003. Página do Programa Estadual de Prevenção à Destruição da Camada de Ozônio. Disponível em: https://cetesb.sp.gov.br/prozonesp. Acesso em: 04 out. 2022.

CETESB. Câmaras Ambientais, 2022. Página das Câmaras Ambientais da CETESB. Disponível em: https://cetesb.sp.gov.br/camaras-ambientais/camaras-ambientais-em-atividade/camara-ambiental-do-setor-de-refrigeracao-ar-condicionado-aquecimento-e-ventilacao/ Acesso em: 04 out. 2022.

COLUMBIA UNIVERSITY. Global Climate Change Litigation, 2022. Banco de dados sobre litigancia climática global. Disponível em: http://climatecasechart.com/non-us-climate-change-litigation/. Acesso em: 04 out. 2022.

MMA. Programa Brasileiro de Eliminação dos HCFCs – PBH. 2022. Conteúdos sobre o programa brasileiro. https://www.gov.br/mma/pt-br/assuntos/climaozoniodesertificacao/camada-de-ozonio/acoes-brasileiras-para-protecao--da-camada-de-ozonio. Acesso em: 04 out. 2022.

Multilateral Fund. Secretariat of the Multilateral Fund for the Implementation of the Montreal Protocol, 2022. Conteúdos oficiais do Fundo Multilateral. Disponível em: http://www.multilateralfund.org/default.aspx. Acesso em: 04 out. 2022.

NASA. National Aeronautics and Space Administration. NASA Ozone Watch. 2022. Divulgação dos resultados do monitoramento da camada de ozônio.https://ozonewatch.gsfc.nasa.gov/SH.html Acesso em: 04 out. 2022.

Protocolo de Montreal. Protocolo de Montreal Brasil, 2017. Página do Protocolo de Montreal no Brasil, coordenado pelo MMA. Disponível em: https://www.protocolodemontreal.org.br/site/. Acesso em: 04 out. 2022.

UN Environment Program. Ozone Secretariat, 2020. Conteúdos oficiais do Protocolo de Montreal. Disponível em: https://ozone.unep.org/treaties/montreal-protocol. Acesso em: 04 out. 2022.

UN treaty collection. Amendment to the Montreal Protocol on Substances that Deplete the Ozone Layer, 2022. Atualização de todos os tratados da ONU. Disponível em: https://treaties.un.org/Pages/ViewDetails.aspx?src=IND&mtdsg_no=XXVII-2-f&chapter=27&clang=_en. Acesso em: 04 out. 2022.

Purohit, P. et al. (2022) Achieving Paris climate goals calls for increasing ambition of the Kigali Amendment. Nature Climate Change. Publicado on line em 10/03/2022.

Secretaria de Estado do Meio Ambiente (SMA), 1997. Entendendo o Meio Ambiente / Convenção de Viena para proteção da camada de ozônio e Protocolo de Montreal sobre substâncias que destroem a camada de ozônio. Volume V.

10. REFLEXÕES SOBRE A GERAÇÃO DE CRÉDITOS DE CARBONO POR POVOS INDÍGENAS

André Vivan de Souza
Paula Gianotti Duarte Gonçalves

Introdução

A redução das emissões de gases de efeito estufa e a minimização das mudanças climáticas voltaram a ser pauta da agenda multilateral e dos governos nacionais após o período mais crítico da pandemia. Pelo menos em relação às intenções declaradas pelos atores globais, a pauta climática vem ocupando uma posição prioritária da agenda internacional geopolítica, dos estados e seus governos, da iniciativa privada e da sociedade civil.

Tal priorização pôde ser observada pela grande expectativa gerada antes da vigésima 26ª Conferência das Partes da Convenção Quadro sobre Mudança do Clima (COP-26), realizada ao final de 2021, e pela continuidade do assunto após este grande evento.

Por ser um tema global, juridicamente definido como *common concern of mankind*[1], os efeitos e desdobramentos podem ser sentidos não apenas por um maior ativismo de governos, em termos regulatórios, e certas corporações, que propõem ou reafirmam compromissos de reduzir os impactos de seus negócios sobre as mudanças climáticas, mas também na demanda acentuada por créditos de carbono voltados a compensar emissões de reduções de pessoas físicas e jurídicas em suas atividades.

Diferentemente de outros temas ambientais de importância global, os compromissos com as medidas de mitigação das mudanças climáticas têm uma característica marcante de não se limitarem aos estados.

As obrigações assumidas no âmbito internacional, seja por internalização da legislação nos respectivos estados, seja por assunção voluntária de compromissos, irradia e se estende também aos indivíduos e organizações, criando não apenas os compromissos, mas as oportunidades para os "credores", isto é, titulares de atividades que não contribuem para a emissão de gases de efeito estufa (GEEs).

Se há efetivamente uma mobilização global, ainda que limitada em diversos âmbitos, mas, ainda assim global, é natural que todos, de alguma forma, participem dos esforços de redução de emissões de GEEs. Um desafio tão importante e de magnitude tão grande requer que todos atuem para enfrentá-lo.

As terras indígenas brasileiras e seus povos são muito importantes neste contexto de esforços generalizados para mitigação das mudanças climáticas. Extensas áreas, em geral cobertas por vegetação nativa, cuidadas e manejadas pelos povos que nela habitam, certamente desempenham um papel fundamental para impedir o desmatamento e manter o equilíbrio ambiental.

Mas esses cuidado e manejo têm seus custos. E não há razão para que os indivíduos que os exerçam também não sejam beneficiados pelos recursos originados a partir de projetos de geração de créditos de carbono, se houver comprovada redução do desmatamento, restauração florestal ou uso do solo e recursos naturais por estes mesmos indivíduos que estão, ao mesmo tempo, impedindo a emissão, reduzindo a emissão ou capturando GEEs em suas terras.

1. Regulamentação do mercado de carbono no Brasil no momento

Para finalidade deste artigo, a exposição da base jurídica aplicável se limitará aos dispositivos normativos primários que direta e efetivamente tratem da legalidade dos projetos que levem à geração de créditos de carbono em terras indígenas pelos povos indígenas.

1.1. Convenção-Quadro sobre Mudança do Clima e o Protocolo de Quioto

O fundamento de direito internacional para o mercado de carbono como instrumento voltado à implementação de obrigações relacionadas às mudanças climáticas está lançado na própria Convenção. Por se tratar de uma Convenção-Quadro, serve apenas como um ponto de partida para futuras negociações e acordos, os quais devem observar os nortes e princípios nela estabelecidos[1].

Embora a Convenção seja uma norma do tipo "quadro" e o Artigo 4º preveja obrigações programáticas voltadas a preparo de inventário de emissões, comunicação, estabelecimento de políticas relacionadas aos esforços de mitigação das climáticas, entre outras, ela lança o marco para que os países criem o ambiente jurídico necessário para metas, programas e medidas.

Presente, a partir da Convenção, a necessária base jurídica para o desenvolvimento de um sistema de ação internacional contra o aquecimento global, os Estados, cientes de que as obrigações da Convenção não seriam suficientes para se atingir o seu objetivo final[2], iniciaram as negociações para o que, ao final da terceira Conferência das Partes em 1997, realizada na cidade de Quioto, seria o texto do Protocolo de Quioto[3].

O Protocolo de Quioto tem como objetivo, a teor do Artigo 3º, parágrafo 1º, a redução de 5% das emissões globais de GEEs, com base no ano de 1990, por parte dos países do Anexo I da Convenção[4] no período entre 2008 e 2012. Dentre uma série de outras obrigações assumidas pelos países desenvolvidos, estes se obrigaram a metas individuais de redução, constantes do Anexo B do Protocolo.

Também com o advento do Protocolo de Quioto, estabeleceu-se de forma objetiva e positiva os mecanismos de flexibilização das metas. Por meio destes mecanismos, as Partes podem se valer instrumentos de mercado, como o comércio de direito de emissões, implementação conjunta de projetos e o mecanismo de desenvolvimento limpo. Os dois primeiros são destinados apenas aos países com metas de emissões do Anexo I, enquanto o mecanismo de desenvolvimento limpo permite a utilização de reduções de emissões ou sequestro de GEEs por projetos em países em desenvolvimento, como o Brasil, para cumprimento de parte das metas pelos países do Anexo I.

Enquanto as empresas localizadas em países com metas adquirem os créditos de carbono gerados no território de um país em desenvolvimento

[1] BOISSON DE CHAZOURNES, Laurence, **The United Nations Framework Convention on Climate Change: On the Road Towards Sustainable Development**, in: Rüdiger Wolfrum (ed.), Enforcing environmental standards: economic mechanisms as viable means? (1996), p. 287.

e abatem parte de suas obrigações de redução de emissões de GEEs, o país hospedeiro do projeto se beneficia da atividade em si. A ideia deste tipo de comércio de emissões, como o próprio nome do mecanismo indica, é fomentar o desenvolvimento de atividades menos impactantes nos países emergentes onde as reduções de emissões tendem a ter uma relação custo-benefício mais favorável.

Os principais requisitos estabelecidos para o mecanismo de desenvolvimento limpo são: (a) Participação voluntária aprovada por cada Parte envolvida; (b) Benefícios reais, mensuráveis e de longo prazo relacionados com a mitigação da mudança do clima; e (c) Reduções de emissões que sejam adicionais as que ocorreriam na ausência da atividade certificada de projeto.

Além de outras atualizações normativas, o período de compromissos estabelecidos pelo Protocolo de Quioto foi estendido pela emenda de Doha para 2020. Isso prolongou também o mecanismo de desenvolvimento limpo como instrumento de flexibilização de atingimento de metas e geração de mercado para créditos de carbono.

Esta base normativa foi um marco muito importante para a criação do mercado de créditos de carbono tanto em sua modalidade compulsória (para os mencionados países constantes do Anexo I) quanto para o mercado voluntário, que se desenvolveu em paralelo.

1.2. O Acordo de Paris e as NDCs

Após um período de frustrações acerca de novos compromissos e questionamento acerca da efetividade das ações até então implementadas pelos Estados, as negociações internacionais assumiram um papel protagonista na busca por um novo acordo climático. Este foi o momento da COP-21, realizada em 2015 em Paris, na qual foi negociado o Acordo de Paris, que articula compromisso ratificado pelas 195 Partes da UNFCCC e pela União Europeia. O Acordo de Paris sucede os compromissos do Protocolo de Quioto e emenda de Doha.

Em 2015, antes da COP-21 que aprovou o Acordo de Paris, os países apresentaram as suas *intended Nationally Determined Contributions* (iNDCs), ou pretendidas Contribuições Nacionalmente Determinadas, identificadas como pretendidas por terem sido propostas antes da aprovação do Acordo. Logo após a ratificação do Acordo em setembro de 2016, as iNDCs automaticamente foram assumidas como Nationally

Determined Contributions (NDCs), ou seja, Contribuições Nacionalmente Determinadas.

As NDCs referem-se aos compromissos criados por cada Parte do Acordo de Paris para cumprir a meta global de redução de emissão nacional e mitigação dos impactos climáticos e estão previstas no parágrafo 2º do Artigo 4 do Acordo de Paris[2]. Em suas NDCs, os países comunicam as ações que tomarão para reduzir suas emissões de gases de efeito estufa, a fim de atingir as metas do Acordo de Paris. Ou seja, assumem um papel norteador dos desafios para o cumprimento das metas localmente e, assim, sugerem tendências gerais, adaptações e novas oportunidades na busca do cumprimento das metas acordadas em Paris. As NDCs são também uma importante referência para o mercado de carbono, pois criam uma demanda oficial para reduções de emissões diretas (nas próprias fontes de GEEs) ou indiretas (aproveitando créditos de outras atividades para compensar as fontes).

Em 12 de setembro de 2016, o Brasil concluiu o processo de ratificação do Acordo de Paris após a aprovação pelo Congresso Nacional, e o instrumento foi entregue em 21 de setembro de 2016 às Nações Unidas. Assim, desde essa data, a iNDC brasileira deixou de ser pretendida e passou a ser NDC. A atual NDC teve na sua elaboração o envolvimento de diferentes atores – governo, setor privado, academia e organizações não governamentais, ratificada pelo Brasil na COP-26. Tomando 2005 como ano-base, o Brasil se comprometeu a reduzir suas emissões em 37% até 2025 e em 50% até 2030[3]. Para o alcance das metas de redução de emissões de GEE no cenário nacional e global, são apresentadas as principais tendências na gestão de carbono que colocam em evidência inúmeros desafios, mas também as oportunidades do desenvolvimento do mercado de carbono nos diversos setores da economia nacional e global.

Questão com destaque e interesse especial para os cenários público e privado brasileiros, o mercado de carbono foi tema central da COP-26, em

[2] "Cada parte deve preparar, comunicar e manter sucessivas contribuições nacionalmente determinadas que pretende alcançar. As Partes devem adotar medidas de mitigação domésticas, com o fim de alcançar os objetivos daquelas contribuições".

[3] Federative Republic of Brazil, Paris Agreement, Nationally Determined Contribution (NDC). Disponível em: <NDC revisada inglês FINAL – PDF (unfccc.int)>. Acesso em 13.10.2022.

que, após anos de negociações, foi possível estabelecer os fundamentos da regulamentação, ou "livro de regras", do Artigo 6º do Acordo de Paris. Esse famoso, mas, por vezes, mal compreendido artigo, regulamenta três mecanismos de cooperação voluntária internacional na implementação das NDCs pelas Partes. Dentre eles, encontram-se dois referentes a mercado de carbono (Artigos 6.2. e 6.4), ou seja, mecanismos que preveem a possibilidade de transferência de créditos associados aos resultados de mitigação de emissões de gases de efeito estufa obtidos por um projeto localizado em um país para outro país. Um terceiro mecanismo (Artigo 6.8) prevê a possibilidade geral de abordagens de cooperação não mercadológicas.

O texto do referido Artigo 6º deixa claro o intuito primordial de tais mecanismos de cooperação, qual seja, o de que as partes, na implementação de suas NDCs, atinjam maior ambição climática em suas ações de mitigação e adaptação e promovam o desenvolvimento sustentável e a integridade ambiental. A intenção de alinhar a implementação do artigo a esse objetivo é questão que também permeou as amplas discussões prévias e ao longo da COP-26 sobre o tema.

1.3. O mercado voluntário

Em paralelo à formação dos tratados internacionais, desenvolveu-se também o chamado mercado voluntário. O caráter voluntário deste mercado é caracterizado (i) pela criação de standards e metodologias não mandatórias, porque advindas de instituições privadas; e (ii) por incluírem atividades cujo exercício não eram inicialmente consideradas esforços reconhecidos no âmbito da Convenção-Quadro e do Protocolo de Quioto.

Os principais exemplos ainda existentes são o Verified Carbon Standard, hoje gerido pela VERRA, e o Gold Standard. Há diversos outros padrões setoriais ou mais específicos em atividade, enquanto outros surgiram e perderam importância ao longo dos últimos anos.

Apesar de diferentes em sua natureza, tanto os créditos de sistemas mandatórios quanto os créditos do mercado voluntário acabam se influenciando e se espelhando em termos procedimentais e técnicos (quantificação, verificação independente, ferramentas de demonstração de cenário de linha de base, etc.). O maior exemplo é o conceito de adicionalidade, utilizado como requisito pelo Protocolo de Quioto e pelos principais standards voluntários.

A principal vantagem do mercado voluntário é a maior admissão de tipos de projetos e o desenvolvimento de metodologias mais facilmente. Há uma variedade maior de projetos passíveis de verificação de reduções de emissões. Os mercados voluntários em geral são mais adequados a projetos de conservação de vegetação nativa e com participação comunitária. São marcados por transações bilaterais, em oposição a um mercado de balcão, e sem um sistema de registro oficial nacional ou internacional. Por outro lado, a falta de regulamentação centralizada também tem suas desvantagens em relação à segurança, reconhecimento, precificação, pulverização dos esforços, em especial.[4]

A diferença entre o mercado regido nos termos da Convenção-Quadro e das legislações nacionais, de um lado, e o mercado voluntário, de outro, vem perdendo a relevância com o tempo. À medida que os países e até mesmo certos estados federados possibilitam a utilização de certos créditos verificados segundo as normas de VERRA, Gold Standard e outros, não há necessariamente exclusividade na utilização dos créditos originados a partir do Protocolo de Quioto e, eventualmente, do Acordo de Paris, como os únicos créditos a serem admitidos para contabilização das reduções de emissões ou sequestro/captura de GEEs.

O próprio Decreto Federal nº 11.075/2022, mencionado a seguir, caminha neste sentido ao reconhecer o crédito de carbono (e também de metano, devido ao mais recente compromisso específico para redução de emissão deste GEE) como "ativo financeiro, ambiental, transferível e representativo de redução ou remoção de uma tonelada de dióxido de carbono equivalente, que tenha sido reconhecido e emitido como crédito no mercado voluntário ou regulado".

Este reconhecimento normativo é um elemento importante para a finalidade deste artigo, pois, até o momento, os projetos mais comuns envolvendo comunidades tradicionais, como os povos indígenas, são justamente aqueles baseados nos padrões no mercado voluntário.

[4] BAYON, Ricardo; HAWN, Amanda; HAMILTON, Katherine. **Voluntary Carbon Markets – An International Business Guide to What They Are and How They Word**, Earthscan: London, Sterling, p. 11-13.

1.4. A Política Nacional sobre Mudança do Clima

Instrumentos econômicos, o que inclui a possibilidade de comercialização de créditos de carbono, também foram internalizados pela Política Nacional de Mudança do Clima, artigo 6º da Lei nº 12.187/2009: "X – os mecanismos financeiros e econômicos referentes à mitigação da mudança do clima e à adaptação aos efeitos da mudança do clima que existam no âmbito da Convenção-Quadro das Nações Unidas sobre Mudança do Clima e do Protocolo de Quioto; XI – os mecanismos financeiros e econômicos, no âmbito nacional, referentes à mitigação e à adaptação à mudança do clima".

Apesar da inclusão destes instrumentos como parte da Política Nacional, não houve avanço na regulamentação de um mercado nacional mandatório de emissões que permitisse tanto a comercialização de direitos de emissão, quanto de créditos gerados para compensação de metas de redução de emissões de GEEs.

Da mesma forma como ocorreu no âmbito internacional, a criação de um mercado nacional depende da existência de metas de reduções de emissões de GEEs e da criação do Mercado Brasileiro de Redução de Emissões – MBRE, nos termos do artigo 9º da Lei nº 12.187/2009. Nenhuma proposta legislativa, até hoje, foi aprovada para colocar em funcionamento o mercado nacional. O Projeto de Lei cuja tramitação mais tem repercutido está na Câmara dos Deputados sob o nº 528/2021. Conforme regras previstas na proposta, os créditos de carbono serão vinculados a projetos de redução ou remoção de emissões, que serão quantificadas e convertidas em títulos, passíveis de negociação com governos, empresas ou pessoas físicas, com ou sem metas de redução de emissões (mercado voluntário).

Mais recentemente, o Decreto Federal nº 11.075/2022 procurou avançar o tema incrementar o marco regulatório relativo ao assunto, ainda que de forma limitada, considerando a impossibilidade constitucional de se suprir a Lei faltante por meio de um Decreto.

O artigo 3º do Decreto nº 11.075/2022 prevê o preparo de Planos Setoriais de Mitigação das Mudanças Climáticas, cuja finalidade seria, em síntese, estabelecer "metas gradativas de redução de emissões antrópicas e remoções por sumidouros de gases de efeito estufa, mensuráveis e verificáveis, consideradas as especificidades dos agentes setoriais". Os Planos Setoriais são instrumentos importantes para operacionalizar as metas das

NDCs brasileiras e também para criar a demanda interna necessária para um mercado de carbono nacional.

Com a implementação destes Planos e a eventual aprovação do MBRE futuramente, o mercado de carbono tende a ganhar escala e importância, o que tornará ainda mais importante reconhecer e contabilizar os esforços de povos indígenas para a mitigação das mudanças climáticas.

2. Projetos de geração de crédito de carbono em terras indígenas

As terras indígenas brasileiras abarcam grande parte do território brasileiro. Não são poucas as exceções, mas, essencialmente na Amazônia, são grandes extensões de terras predominantemente cobertas por vegetação nativa e mantidas pelos próprios povos indígenas. Evidentemente, não são terras livres de ameaças externas e também exploração insustentável em certos casos.

Mas é justamente por esse contexto de pressões sociais e econômicas sobre as características naturais e meios de uso tradicionais destas áreas que surge a oportunidade de povos indígenas ganharem um papel de destaque na preservação de florestas e, com isso, se beneficiarem de mecanismos de redução emissões de gases de efeito estufa, tais como o mercado de carbono.

Já na COP-26, lideranças indígenas demonstraram sua intenção de utilizar parte dos recursos que financiarão o combate à crise climática para garantia de seus direitos[5].

Não se pode negar que a contribuição de povos indígenas e suas terras para a redução das emissões globais não é só uma realidade, como também algo a ser incentivado, sobretudo considerando a extensão e conservação das terras indígenas. Segundo o MapBiomas[6], apenas 1,6% do desmatamento entre 1985 e 2020 ocorreu em terras indígenas, que representam aproximadamente 14% do território nacional, ocupando uma área de mais de 1 milhão de quilômetros quadrados.

[5] Indígenas querem participar do mercado de carbono por seu papel na preservação da Amazônia. Disponível em: < Indígenas querem participar do mercado de carbono por seu papel na preservação da Amazônia – InfoAmazonia>. Acesso em: 11.10.2022.

[6] Mapbiomas Brasil. Acesso em 12.10.2022.

No Brasil, já há estudos publicados pela Empresa Brasileira de Pesquisa Agropecuária – Embrapa, um em 2021 e outro em 2022[7], pelos quais foi constatado o potencial da geração de crédito de carbono nas Terras Indígenas Kaxinawá Nova Olinda e Poyanawa, respectivamente, localizadas no Estado do Acre[8]. Com base no estudo, houve uma redução significativa do nível de desmatamento na Terra Indígena Poyanawa nos últimos 5 anos, em razão de mudanças nas práticas de uso da terra nas aldeias, por meio da priorização do desenvolvimento de atividades agrícolas em áreas já alteradas e do investimento na recomposição de áreas degradadas e implantação de quintais florestais.

Segundo o pesquisador Eufran Amaral, coordenador do estudo e chefe-geral da Embrapa no Estado do Acre, "são ações que reforçam a cultura local, aumentam e diversificam a produção agroflorestal e conservam o meio ambiente, gerando um ciclo de retroalimentação. Dessa forma, também contribuem para o alcance de metas estaduais de redução de gases de efeito estufa, uma vez que garantem a manutenção da floresta"[9]. Isso se confirma pelas propostas contidas no Plano de Gestão Territorial e Ambiental da Terra Indígena Poyanawa[10], associadas ao reflorestamento de açudes e recomposição da mata ciliar para proteção das águas.

Com isso, estima-se que, até 2025, a média de emissões evitadas na Terra Indígena Poyanawa será de 6.381 toneladas de CO_2 por ano. Com base em padrões de negociação do mercado global de créditos de carbono, isso seria equivalente a US$ 38.286,00 (ou US$ 6 por tonelada de CO_2) ou R$ 200.000,00 por ano. Para um período de 20 anos (2006 a 2025), os pesquisadores estimam um ganho de pelo menos R$ 3,9 milhões pelo desmatamento evitado.

[7] Study reveals Indigenous Land's potential to generate carbon credits. Disponível em: < Study reveals Indigenous Land's potential to generate carbon credits – Portal Embrapa>. Acesso em 12.10.2022.

[8] Terra Indígena no Acre pode começar a gerar créditos de carbono. Disponível em: <Terra Indígena no Acre pode começar a gerar créditos de carbono – 09/09/2021 – UOL ECOA>. Acesso em 11.10. 2022.

[9] Estudo revela potencial de terra indígena para gerar créditos de carbono. Disponível em: <Estudo revela potencial de terra indígena para gerar créditos de carbono – Forbes>. Acesso em 13.10.2022.

[10] PGTA-Poyanawa.pdf (cpiacre.org.br). Acesso em 14.10.2022.

Essas reduções de emissões, se incorporadas em modalidades de projetos de agricultura, manejo do solo e silvicultura, verificadas por partes independentes com base em metodologias tecnicamente reconhecidas, podem resultar em créditos de carbono, cuja comercialização gerará remuneração direta às comunidades responsáveis por estes benefícios.

2.1. Regulamentação aplicável ao desenvolvimento de projetos de créditos de carbono em Terras Indígenas

Até o presente momento, não há regulamentação específica disciplinando a geração de créditos de carbono em terras indígenas no Brasil, razão pela qual não há um procedimento específico formalmente previsto em lei que vincule a estruturação de projetos de carbono em terras indígenas. Ainda assim, há regras especiais dedicadas à proteção indígena que não podem ser deixadas de lado.

A Constituição Federal contém capítulo integralmente dedicado à proteção indígena. A proteção das terras indígenas está expressamente prevista no *caput* e no parágrafo 2º do artigo 231 do Texto Constitucional, que asseguram aos índios "os direitos originários sobre as terras que tradicionalmente ocupam, competindo à União demarcá-las, proteger e fazer respeitar todos os seus bens". Além da demarcação e da proteção das terras indígenas, é dever da União assegurar o usufruto pelos índios das riquezas do solo, dos rios e dos lagos existentes em suas terras. É precisamente o usufruto exclusivo – que somente se materializa no interior de terra indígena – que impõe o consentimento prévio dos indígenas acerca de toda e qualquer atividade que venha a ser desenvolvida em seu território.

O Estatuto do Índio, instituído pela Lei Federal nº 6.001/1973, estabelece a competência da União para a tutela dos indígenas isolados (também denominados autônomos) ou em vias de integração[11]. Essa competência é efetivada pela atuação da Fundação Nacional do Índio (FUNAI), órgão competente para adoção de políticas de proteção de índios (artigo 1º, Lei

[11] Art 4º. Os índios são considerados:
I – Isolados – Quando vivem em grupos desconhecidos ou de que se possuem poucos e vagos informes através de contatos eventuais com elementos da comunhão nacional;
II – Em vias de integração – Quando, em contato intermitente ou permanente com grupos estranhos, conservam menor ou maior parte das condições de sua vida nativa, mas aceitam algumas práticas e modos de existência comuns aos demais setores da comunhão nacional, da qual vão necessitando cada vez mais para o próprio sustento;

Federal nº 5.371/1967) e para exercer os poderes de assistência jurídica inerentes à tutela dos indígenas.

A Convenção nº 169 sobre Povos Indígenas e Tribais da Organização Internacional do Trabalho – OIT, promulgada no Brasil pelo Decreto nº 5.051/2004, expressamente assegura a participação dos povos indígenas em discussões sobre medidas que sejam de seu interesse, ou seja, que tenham o potencial de atingir suas "vidas, crenças, instituições e bem-estar espiritual, bem como as terras que ocupam ou utilizam de alguma forma, e de controlar, na medida do possível, o seu próprio desenvolvimento econômico, social e cultural" (artigo 7º, parágrafo 1º). O parágrafo 1º do artigo 6º da Convenção nº 169 dispõe "ao aplicar as disposições da presente Convenção, os governos deverão consultar os povos interessados, mediante procedimentos apropriados e, particularmente, através de suas instituições representativas, cada vez que sejam previstas medidas legislativas ou administrativas suscetíveis de afetá-los diretamente".

Nota-se que as regras acima tratam do procedimento de consulta prévia e informada, que deve ser respeitado para viabilizar qualquer tipo de intervenção em terras indígenas, seja ela interna ou externa. Contudo, não existe no ordenamento jurídico uma regra universal para o procedimento de consulta prévia. Cada povo indígena detém autonomia para elaborar protocolos com diretrizes próprias, com orientações sobre como deve ser feito o procedimento de consulta prévia, quem deverá estar presente nas discussões, como é o procedimento para a tomada de decisões internas e qual o momento adequado para formalizar a consulta. Na página de documentos e publicações do site do Ministério Público Federal (MPF), alguns dos protocolos existentes estão disponíveis para consulta pública[12].

Alguns protocolos apontam a FUNAI como primeiro contato no procedimento de consulta prévia, ao passo que outros indicam que as instituições representativas dos povos indígenas devem ser contatadas antes de qualquer órgão governamental. Mesmo nos casos em que não

III – Integrados – Quando incorporados à comunhão nacional e reconhecidos no pleno exercício dos direitos civis, ainda que conservem usos, costumes e tradições característicos da sua cultura (Lei Federal nº 6.001/1973).

[12] Protocolo de Consulta Prévia. Disponível em: < Protocolo de Consulta Prévia – 6ª Câmara – Populações Indígenas e Comunidades Tradicionais (mpf.mp.br)>. Acesso em 11.10.2022.

esteja indicada como primeiro contato, a FUNAI poderá participar e intervir durante todo o procedimento de consulta.

Os povos indígenas também deverão estar devidamente representados por instituições específicas, que são, usualmente, associações constituídas para a promoção de assistência social, cultural, representação política ou jurídica e defesa dos interesses coletivos dos povos indígenas a elas associados. Não cabe à lei definir a estrutura política e a autoridade representativa da comunidade indígena. Caberá à própria comunidade indígena definir como pretende ser ouvida e quem fará a sua representação. O Estatuto do Índio, que não prevê uma forma específica a respeito de como a comunidade indígena deve ser representada, dispõe, em seu artigo 6º, que "serão respeitados os usos, costumes e tradições das comunidades indígenas e seus efeitos, nas relações de família, na ordem de sucessão, no regime de propriedade e nos atos ou negócios realizados entre índios, salvo se optarem pela aplicação do direito comum".

Além da FUNAI e da associação representante dos indígenas, alguns protocolos possibilitam a participação de outros interlocutores, tais como o MPF. Ademais, o envolvimento da associação não dispensa a necessidade da oitiva dos chefes das aldeias, caciques e dos próprios indígenas. A ideia não é que a totalidade dos indígenas membros da comunidade anuam ao projeto objeto do procedimento de consulta, mas que todos estejam cientes sobre o projeto e as peculiaridades envolvidas.

Deve-se considerar, contudo, que há uma grande variedade de tribos indígenas ocupando a mesma terra, o que significa que comumente há diversas associações representando povos distintos que, a despeito de ocuparem a mesma terra, possuem costumes, línguas, etnias e crenças distintas e possivelmente diretrizes para procedimentos de consulta prévia distintas. Nesse cenário, ainda que o procedimento de consulta seja o mesmo, todas as associações existentes na mesma terra indígena deverão ser envolvidas e todas as aldeias precisam ser consultadas e todos os seus membros cientes do projeto, o que torna o procedimento muito mais complexo e moroso, razão pela qual, a princípio, áreas menores com menos povos e aldeias indígenas tendem a facilitar e encurtar o procedimento.

Visto que as regras não são uniformes, não há um modelo específico de documento que deve ser elaborado para apresentar o projeto às associações e à FUNAI no âmbito do procedimento de consulta prévia. Seguindo a linha dos documentos usualmente apresentados no âmbito de processos de licenciamento ambiental de empreendimentos com potencial de causar impactos a terras indígenas, deverão ser aceitos – salvo por disposição expressa em contrário – estudos com dados gerais do projeto e das comunidades indígenas potencialmente afetadas, além de eventuais impactos socioambientais decorrentes do projeto. Trata-se de documento de alta complexidade técnica, que deve ser elaborado por uma equipe multidisciplinar especializada, composta na maioria dos casos por antropólogos, biólogos e engenheiros florestais.

É muito importante que sejam mantidas discussões participativas, com transparência, livre de pressões e flexíveis para atender os costumes e diversidade dos povos indígenas e que tais discussões estejam aliadas à apresentação de documentos de linguagem simples e clara, de modo que a estrutura do projeto seja facilmente compreendida. Isso deveria evitar questionamentos sobre a validade do projeto como um todo, tal como ocorreu recentemente em projeto questionado pelo MPF[13].

O projeto consiste na venda de tokens de áreas de floresta situadas na terra indígena Seruini/Baixo Tumiã, ocupada pelo povo indígena Apurinã, no Município de Pauini, Estado do Amazonas. A demarcação da referida TI, contudo, ainda não foi declarada, estando seu processo de demarcação ainda em andamento[14]. Em procedimento administrativo instaurado para investigar o projeto, após denúncia do povo indígena Apurinã sobre possível interesse na exploração de castanhais localizados na terra indígena, com abertura de pista de pouso e estrada. O MPF notificou a empresa para apresentar esclarecimentos em 15 dias, especificamente informações sobre o tipo de exploração pretendida, autorização para negociação da FUNAI e a comprovação de que foi realizada consulta prévia ao povo indígena Apurinã e eventuais outros potencialmente afetados pelo projeto situados na região.

Independentemente do mérito deste conflito jurídico, os fatos noticiados demonstram a importância de percorrer a necessária diligência sobre a propriedade e posse das terras envolvidas e se adotar os instrumentos

[13] MPF aciona empresa que vende ativos digitais (NFTs) de áreas da Amazônia. Disponível em: < MPF aciona empresa que vende ativos digitais (NFTs) de áreas da Amazônia – Procuradoria da República no Amazonas>. Acesso em 10.10.2022.

[14] Terra Indígena Baixo Seruini/Baixo Tumiã. Disponível em: <https://terrasindigenas.org.br/pt-br/terras-indigenas/5271>. Acesso em 10.10.2022.

que permitam a comprovação de que a comunidade que exerce os direitos sobre a área foi consultada e anui ao projeto.

2.2. Projeto piloto de geração créditos de carbono em terra indígena no Brasil

No Brasil, há um projeto piloto que pode inspirar o avanço do desenvolvimento de projetos de carbono em terras indígenas, confirmando não só a viabilidade da estruturação de um projeto desta magnitude em terras indígenas, mas também sendo um parâmetro concreto para antecipar os desafios a serem enfrentados, sobretudo considerando os diversos stakeholders envolvidos.

Em 2012, o então presidente da FUNAI, Márcio Meira, declarou a invalidade de contratos firmados entre comunidades indígenas e empresas estrangeiras em projetos de geração de créditos de carbono, diante da ausência de normas que regulamentassem o mercado de carbono na época, a despeito de reconhecer a positividade da "proposta de compensar financeiramente as populações tradicionais pela preservação das florestas existentes em suas terras"[15].

Muito embora não tenha havido nova manifestação formal da FUNAI desde então, o mercado de carbono foi regulamentado e, diante do aumento das discussões e demandas por iniciativas para a redução de emissões, há uma certa pressão política interna e externa para que seja envolvido um leque maior de interlocutores em projetos associados às mudanças climáticas, tais como pequenos agricultores, povos indígenas e comunidades tradicionais.

Um ano depois da FUNAI ter declarado a invalidade dos contratos de crédito de carbono, o grupo indígena Suruí, representado pela Associação Metareilá do Povo Indígena Suruí, iniciou o Projeto Suruí, primeiro projeto de venda de créditos de carbono do mundo estruturado por uma população indígena e verificado no âmbito da VERRA (Projeto nº 1.118[16]). A despeito de ter sido encerrado em 2017, em razão da impossibilidade de

[15] Contratos entre empresas internacionais e comunidades indígenas são ilegais. Disponível em: <Contratos entre empresas internacionais e comunidades indígenas são ilegais (correio-braziliense.com.br)>. Acesso em 11.10.2022.

[16] Disponível em: <https://registry.verra.org/app/projectDetail/VCS/1118>. Acesso em 9.10.2022.

conter o aumento do desmatamento sobre a área do projeto, serviu e ainda serve como base para reforçar a viabilidade da estruturação de projetos sustentáveis em terras indígenas e a importância de se destinar recursos a terras indígenas sob pressão de desmatamento.

De acordo com o Descritivo do Projeto apresentado ao VCS em 2013, a FUNAI esteve envolvida na estruturação do projeto, junto com o Ministério do Meio Ambiente (MMA) e a Advocacia Geral da União (AGU).

Além da participação da FUNAI e por mais que o projeto tenha sido proposto por iniciativa da Associação Metareilá do Povo Indígena Suruí, o procedimento de consulta prévia não foi dispensado, embora tenha sido descrito como tendo ocorrido de forma "mais natural", por meio da "assinatura de termo de compromisso firmado pelas quatro tribos do povo Suruí". O processo foi conduzido pela Associação Metareilá, envolvendo "diversas reuniões e workshops para explicar os objetivos do projeto, a construção proposta e a base de participação, plano de investimento", tendo os riscos sido "reportados e discutidos previamente, em diálogo claro e transparente entre comunidades indígenas e participantes do projeto que decidiram ir adiante mediante assinatura de memorando de entendimentos"[17].

Mesmo diante de todo este cenário de consulta prévia, em auditoria conduzida para verificação do projeto, foram realizadas diversas entrevistas com representantes do povo Suruí, restando caracterizado um desconhecimento sobre informações básicas do projeto por parte dos entrevistados[18]. Ainda que seja algo mais difícil de se colocar em prática, a prévia experiência do Projeto Suruí, neste aspecto, reforça a necessidade

[17] Descritivo do Projeto, p. 28. Disponível em: <https://registry.verra.org/app/projectDetail/VCS/1118>. Acesso em 9.10.2022.

[18] Apesar dos esforços do proponente em comunicar melhor as ações do projeto, as entrevistas ainda sim acabaram por caracterizar o desconhecimento por parte significativa dos entrevistados em relação a questões essenciais, tais como:
1. O status de implementação do projeto e os resultados do monitoramento;
2. O funcionamento dos mecanismos financeiros e as contas do projeto, o montante total de recursos disponível e as formas de acessá-lo;
3. Os mecanismos de reinvindicação e resolução de disputas existentes, bem como as formas possíveis de contribuição quando no período reservado a comentários públicos sobre a documentação do projeto, no website do CCB (p. 39 do no Relatório de Avaliação para Verificação

do envolvimento de todos os indígenas que ocupam as terras indígenas utilizadas em eventual projeto de carbono e a adoção de uma linguagem simples, que deixe claro a que o projeto se refere.

Conclusões

A Constituição Federal e as leis brasileiras conferem autonomia aos povos indígenas para participar de atividades e projetos voltados à mitigação das mudanças climáticas a partir de suas terras.

No Brasil, há uma grande variedade de povos indígenas de diferentes etnias, que ocupam terras extensas, com grande potencial de geração de crédito de carbono. Daí surge não só a possibilidade, mas a necessidade de incentivar que essas terras sejam aproveitadas para demonstração da redução do desmatamento e, como consequência, para geração de créditos de carbono, em prol do desenvolvimento sustentável e em benefício econômico dos povos indígenas, como titulares dos créditos.

A despeito da ausência de regulamentação específica associada à geração de crédito de carbono em áreas situadas em terras indígenas, atualmente há normas constitucionais e infraconstitucionais que devem ser observadas para tornar a estruturação de um projeto de carbono viável sob a perspectiva jurídica, resguardado principalmente o procedimento de consulta prévia, conduzido de forma clara e transparente, sobretudo considerando a complexidade técnica de projetos para geração de créditos de carbono.

Por outro lado, as atuais normas internacionais e o recente reconhecimento normativo de créditos de carbono de mercado voluntário indicam que não há razão para que os povos indígenas não possam participar e implementar este tipo de projeto em suas terras, em especial se recursos são necessários para manter seus modos tradicionais de vida e, consequentemente, a cobertura vegetal destas áreas.

Os problemas enfrentados em alguns projetos devem ser continuamente estudados para que possam ser superados e, enfim, aqueles que efetivamente preservam a vegetação possam ser beneficiados pelos instrumentos econômicos disponíveis.

do Projeto, disponível em: https://registry.verra.org/app/projectDetail/VCS/1118). Acesso em 9.10.2022.

11. REFLEXÕES SOBRE DESENVOLVIMENTO SUSTENTÁVEL DOS PRIMÓRDIOS À AGENDA 2030

Cinthia Hialys Koziura Magri

Introdução

O conceito de desenvolvimento sustentável foi proposto num documento de 1980, da IUC (União Internacional para Conservação da Natureza – sigla em inglês), intitulado "A Estratégia Global para a Conservação".

Contudo, os antecedentes da questão remontam à década anterior, a partir do documento *"The Limits to Grouth"*, de 1972, elaborado pelo MIT (*Massachussets Institute of Tencology*), sob os auspícios do Clube de Roma, entidade supranacional criada em 1968 por membros da elite científica, econômica e política do planeta.

Naquele estudo, com base em projeções para o século XXI, defendiam os cientistas da organização a tese de que o crescimento econômico mundial, anunciado no pós-guerra como caminho para a redenção da pobreza, entraria em colapso muito antes da consecução daquele objetivo, devido à combinação perversa do crescimento populacional com o esgotamento dos recursos naturais – água, energia e matérias-primas – sem os quais a sociedade industrial não pode subsistir.

A tese, classificada de pessimista e neomalthusiana, encontrou pronta oposição, sobretudo de teóricos marxistas, que argumentavam que a escassez de recursos naturais, em especial os chamados não renováveis, advém de uma limitação tecnológica – logo, de acessibilidade – para sua obtenção. Exemplificando: as jazidas de hidrocarbonetos fósseis em xistos betuminosos são abundantíssimas, mas não se dispõe de tecnologia barata para o seu aproveitamento; contudo, à medida que diminuem as reservas de petróleo, o preço dessa *commodity* se eleva, o que torna viável o investimento em novas tecnologias, gerando acessibilidade daquele minério e causando aumento da oferta, que fará novamente baixarem os preços.

Trata-se ao revés, de uma visão de otimismo excessivo, embora não deixe de fazer certo sentido, bastando citar o exemplo do pré-sal brasileiro, cuja prospecção a mais de sete mil metros de profundidade era impensável há cinco décadas, e há dez anos tornou-se a grande promessa de emancipação econômica para o país.

Presentemente, embora o Brasil seja autossuficiente na produção de petróleo, ainda está longe de assumir um papel de fornecedor mundial de peso, de modo a gerar receita suficiente para alavancar a economia.

Contudo, a desfazer parcialmente essa visão, não só novas tecnologias emergiram desde então, mas também novos problemas globais, a evidenciar de modo dramático as incertezas e os riscos do crescimento econômico, que não mais pode ser enxergado como uma progressão linear estendida ao infinito.

1. A evolução das metas do desenvolvimento sustentável ao longo das Conferências Internacionais sobre Meio Ambiente

Em resposta ao desafio posto pela percepção do problema, entidades internacionais, sob a égide da ONU – Organização das Nações Unidas, mobilizaram os meios de comunicação, a sociedade civil, a comunidade científica e organizações políticas, patrocinando simpósios e conferências que resultaram numa série de propostas.

Nas últimas cinco décadas, vários eventos marcaram a evolução do conceito de desenvolvimento sustentável. O Brasil participou deles todos, inclusive, por duas vezes. como estado anfitrião, tendo subscrito todos os acordos internacionais deles oriundos.

1.1. Cúpula da Terra, Estocolmo 1972

Em 1972 tem lugar em Estocolmo, na Cúpula da Terra, a Conferência sobre o Meio Ambiente Humano das Nações Unidas, onde, pela primeira vez, as questões ambientais ganham um foro mundial.

Naquela ocasião, o tema "meio ambiente", ainda era muito incipiente. Em meio à Guerra Fria e tratando-se de tema ainda desprestigiado, teve pouca participação da sociedade civil e cobertura comedida da imprensa mundial. Como reflexo, contou com a presença de apenas dois chefes de

Estado: Olof Palme, primeiro-ministro sueco – e, portanto, anfitrião – e Indira Gandhi, primeira-ministra da Índia.

Ainda assim, Estocolmo propiciou a criação do Programa das Nações Unidas sobre Meio Ambiente (PNUMA, com sede em Nairóbi, Quênia) e a assinatura da Declaração de Estocolmo, com vinte e seis princípios em questões de caráter político-ambiental, e o Plano de Ação para o Meio Ambiente Humano. Dentre os vinte e seis princípios tratados, alguns eram um claro reflexo da época, como por exemplo a "eliminação completa das armas de destruição em massa, como bombas nucleares", já outros, traziam em si a base do desenvolvimento sustentável, como, por exemplo, a "gestão racional dos recursos naturais em benefício de toda a população".

1.2. Relatório "Nosso Futuro Comum" – 1987

Em 1983 foi criada, pela Assembléia Geral da ONU, a Comissão Mundial sobre o Meio Ambiente e Desenvolvimento – CMMAD, que foi presidida por Gro Harlem Brundtland, na época primeira-ministra da Noruega e Mansour Khalid, primeiro-ministro do Sudão.

A comissão foi criada, naquele ano, após uma avaliação dos 10 (dez) anos da Conferência de Estocolmo, com o objetivo de promover audiências em todo o mundo e produzir um resultado formal das discussões.

Em 1987, o trabalho executado por essa Comissão resultou no documento *"Our Common Future"* ("Nosso Futuro Comum") ou, como é bastante conhecido, *Relatório Brundtland*, que apresentou um novo olhar sobre o desenvolvimento, definindo-o como o processo que **"satisfaz as necessidades presentes, sem comprometer a capacidade das gerações futuras de suprir suas próprias necessidades"**, formalizando, pela primeira vez, o conceito de desenvolvimento sustentável.

1.3. Cúpula da Terra – Rio-92

Em 1992, no Rio de Janeiro, a segunda Cúpula da Terra, a Eco-92 ou Rio-92 – Conferência das Nações Unidas sobre o Meio Ambiente e o Desenvolvimento – produz a Agenda 21, conjunto de diretrizes ambientais para o século vindouro, e são aprovadas a Convenção sobre Alterações Climáticas, a Declaração do Rio – Convenção sobre Diversidade Biológica, e a Declaração de Princípios sobre Florestas.

Ao contrário do ocorrido 20 anos antes, em Estocolmo, a Rio-92 teve lugar em meio ao aprofundamento dos problemas ambientais em escala global. Temas como desmatamento, poluição em suas diversas formas, extinção de espécies animais, efeitos da atividade antrópica na atmosfera terrestre, eram recorrentes. Em flagrante contraste com a perspectiva política de 1972, cento e catorze chefes de Estado e de Governo compareceram para debater questões ambientais, proporem formas de financiamento e assinarem documentos, com destaque, como dito acima, para a Agenda 21, considerada a bula para o novo século.

A Rio-92 foi, até então, a maior conferência sobre meio ambiente do século e colocou, definitivamente, a questão ambiental no centro do debate internacional.

1.4. Protocolo de Kyoto – 1997

Cinco anos depois, em 1997, no Japão, da 3ª Conferência das Nações Unidas sobre as Alterações Climáticas nasce o Protocolo de Kyoto, que se tornou o primeiro tratado internacional para controle da emissão de gases de efeito estufa na atmosfera. Entre as metas, o protocolo estabelecia a redução de 5,2%, em relação a 1990, na emissão de gases do efeito estufa, principalmente por parte dos países industrializados, no período compreendido entre 2008 e 2012. O protocolo também estimulava a criação de formas de desenvolvimento sustentável para preservação do meio ambiente.

Ao ser adotado, o Protocolo de Kyoto foi assinado por 84 países. Os Estados Unidos, um dos países que mais emitem gases poluentes no mundo, abandonaram o Protocolo em 2001 sob a justificativa de que cumprir as metas estabelecidas comprometeria seu desenvolvimento econômico.

Com o Protocolo de Kyoto, cresceu a possibilidade de o carbono tornar-se moeda de troca, uma vez que países assinantes do acordo puderam começar a comprar e vender créditos de carbono, obtidos em negociações internacionais. Dessa forma, países poluidores passaram a ter a possibilidade de obter créditos de carbono de países com emissão reduzida de CO_2[1]. Dentre os países que mais negociam esses créditos estão os da União Europeia e o Japão.

[1] O dióxido de carbono ou gás carbônico é um produto químico formado por dois átomos de oxigênio e um átomo de carbono (CO_2), encontrado naturalmente na atmosfera, produzido pela respiração dos animais e pela queima de qualquer matéria orgânica.

1.5. Conferência Mundial de Johanesburgo – Rio+10 – 2002

Em 2002, a Conferência Mundial sobre o Desenvolvimento Sustentável (Rio+10), em Johanesburgo, reafirma o desenvolvimento sustentável como o elemento central da agenda internacional e recebe novo impulso a ação mundial de proteção do meio ambiente. Nela foram estabelecidos os pilares da sustentabilidade, que são três: desenvolvimento social, desenvolvimento econômico e proteção ambiental.

A Rio+10 contou com a presença de líderes de 189 países, além de centenas de organizações não governamentais (ONGs) e representantes da sociedade civil, avaliando o progresso dos acordos estabelecidos na Rio-92, em confronto com as metas da Agenda 21.

Porém, a Rio+10 destacou-se principalmente por abranger em seus debates os aspectos sociais e a qualidade de vida das pessoas, o que incluía discutir a erradicação da pobreza, o uso consciente da água, o manejo dos recursos naturais e o desenvolvimento sustentável.

1.6. Cúpula de Bali – 2007

A Conferência das Nações Unidas sobre as Mudanças Climáticas de 2007 (COP 13), ou Cúpula de Bali, buscava criar um sucessor do Protocolo de Kyoto, com metas mais ambiciosas para a redução das emissões de carbono.

Representantes de 190 países discutiram as bases das negociações, a serem desenvolvidas entre 2008 e 2009, para o estabelecimento de um novo acordo que substituísse o Protocolo de Kyoto, quando terminasse a primeira fase do tratado, em 2012.

Além disso, o encontro em Bali também tocou em temas como a redução do desmatamento e a ajuda financeira a nações pobres para que elas pudessem enfrentar os problemas gerados pelas mudanças climáticas, estabelecendo políticas que aproximassem as posições defendidas pelos países signatários que, por terem situações econômicas muito diferentes, também sofrem de formas muito dessemelhantes as consequências do aquecimento global do planeta.

1.7. Declaração de Gaia – 2009

Em 2009, o Fórum Internacional do Condomínio da Terra, realizado em Gaia, junto à Serra da Estrela, em Portugal, contou com a participação de dezenas de personalidades de diferentes países, entre ambientalistas, economistas, especialistas em direito internacional, professores universitários e dirigentes de organizações de defesa do patrimônio natural da Terra, com o intuito de discutir o relacionamento da humanidade com o planeta que habita.

Desse encontro surgiu a "Declaração de Gaia" documento que implanta o "Condomínio da Terra".

A referida declaração sustenta que há "bens indivisíveis" no planeta – a atmosfera, a hidrosfera e a biodiversidade –, bens esses que circulam de forma global e devem ser tratados como "patrimônio comum", a ser gerido em conjunto, como se o planeta constituísse um condomínio.

Os subscritores defenderam, ainda, que a manutenção dos ecossistemas deveria ser entendida como uma atividade econômica e que "os cidadãos têm direito equitativo de utilização dos bens comuns do planeta".

A Declaração de Gaia foi uma importante campanha global para a preservação do planeta, estrategicamente lançada na cidade portuguesa de Gaia, que tem o nome da deusa grega da Terra, visando propor uma articulação entre a economia e o direito e entre estes e o funcionamento global do planeta.

1.8. Conferência das Nações Unidas sobre Desenvolvimento Sustentável – Rio+20 – 2012

Em 2012, em comemoração ao vigésimo aniversário da Rio-92, a Conferência das Nações Unidas sobre Desenvolvimento Sustentável (Rio+20), sediada novamente no Rio de Janeiro, teve como pauta "desenvolvimento sustentável e economia verde", bem como a erradicação da pobreza e a implantação de uma estrutura institucional para o desenvolvimento sustentável.

A Rio+20 deixou como legado a Carta do Rio, com o título de "O Futuro que Queremos". Essa conferência, com a participação de representantes de 193 países e a presença de mais de 100 chefes de Estado e de Governo, superou em número de delegações oficiais a Rio-92, tornando-se a maior cimeira de todos os tempos.

1.9. Acordo de Paris – 2015

O Acordo de Paris, sucessor do Protocolo de Kyoto, realizado em 2015 durante a 21ª Conferência das Nações Unidas sobre as Mudanças Climáticas (COP 21), teve como foco a redução das emissões de gases de efeito estufa, com o escopo de conter o incremento da temperatura média do planeta abaixo de 2ºC até o final do século 21, tendo sido aprovado por 196 países.

Cada país signatário estabeleceu metas de redução de emissão de gases de efeito estufa (GEE), chamadas de Contribuição Nacionalmente Determinada (NDC, na sigla em inglês), tendo o Brasil se comprometido a reduzir as suas emissões de gases do efeito estufa em 37% até 2025 e em 43% até 2030, reflorestar até 12 milhões de hectares para conter o aquecimento global, melhorar a infraestrutura dos transportes, usar energias limpas nas indústrias, aumentar a participação de bioenergias na matriz energética brasileira, dentre outros propósitos.

A interação desses objetivos com o desenvolvimento sustentável resulta da redução do consumo de hidrocarbonetos fósseis e do incentivo ao reflorestamento de áreas degradadas, ações essas tendentes a compensar os efeitos colaterais negativos do crescimento econômico.

Nesse encontro nasceu a Agenda 2030, acordo firmado pelos 193 Estados-membros da ONU – Organização das Nações Unidas, estabelecendo 17 objetivos para o desenvolvimento sustentável e 169 metas para erradicação da pobreza, promoção de vida digna a todos dentro das condições oferecidas pelo nosso planeta, sem comprometer a qualidade de vida das próximas gerações. Vale destacar que esses objetivos e metas são integrados e abrangem as três dimensões do desenvolvimento sustentável – social, ambiental e econômica –, podendo ser colocados em prática por governos, sociedade civil, setor privado e pelos cidadãos, individualmente. Em que pese não constituir programa exclusivamente estatal, a agenda 2030 tornou-se a principal referência na formulação e implementação de políticas públicas para governos em todo o mundo.

1.10. Pacto de Glasgow – 2021

Em 2021, foi realizada a Conferência das Nações Unidas sobre as Mudanças Climáticas (COP26), em Glasgow, na Escócia, que teve como objetivo detalhar as estratégias para que se alcancem as metas da COP21 (Acordo de Paris).

Realizada depois de 20 meses de pandemia, após ser adiada em 2020, Glasgow manteve viva a meta de contenção do aumento da temperatura média do planeta em 1,5º C. Além do compromisso oficial, também foram assinados na Escócia uma série de compromissos independentes que podem vir a contribuir para a redução de emissões e limitação das mudanças climáticas.

Os líderes dos países signatários também se comprometeram em aumentar os esforços de conservação florestal e de ecossistemas terrestres, acelerando sua recuperação e facilitando o comércio sustentável.

O Pacto de Glasgow também foi pioneiro em encorajar a redução de subsídios aos combustíveis fósseis ineficientes, reconhecendo a necessidade de apoio para uma transição justa.

Os países signatários também foram encorajados a usarem marcos temporais comuns mais curtos, de cinco anos, para os seus compromissos climáticos. O alinhamento das metas das NDCs[2] em ciclos, ajuda a acompanhar de forma mais eficiente o progresso da ação climática.

No entanto, o Pacto não estabeleceu penalidades para os países que descumprirem as metas.

Nota-se, assim, nos últimos cinquenta anos, desde a realização da primeira conferência ambiental mundial em Estocolmo, a presença constante da sustentabilidade como tema de simpósios internacionais, sendo o ano de 2022 o marco histórico de meio século do início dessa discussão e de trinta anos da Rio-92, momento em que o tema ganhou maior visibilidade, fazendo com que as questões que envolvem o futuro do planeta fossem mais debatidas, trazendo, com isso, ganho de consciência sobre o esgotamento dos recursos naturais e, consequentemente, sobre a finitude da própria humanidade, como será adiante demonstrado.

2. Desenvolvimento sustentável x desenvolvimento econômico

A definição mais corrente de sustentabilidade, derivada do Relatório Brundtland, como já dito anteriormente, fala no uso dos recursos naturais de molde a "suprir as necessidades da geração presente sem afetar a possibilidade das gerações futuras de suprir as suas". O conceito busca um compromisso para solver o conflito, surgido já na conferência de Estocolmo, entre desenvolvimentistas e ambientalistas.

Sustentabilidade seria, assim, antes uma atitude que um projeto, mais um processo que uma meta, um compromisso de equilíbrio entre o homem

[2] NDC é uma sigla em inglês para Contribuição Nacionalmente Determinada que envolve compromissos voluntários criados por países signatários do Acordo de Paris.

e o meio ambiente. Isto implica considerar os aspectos ambientais, sociais, culturais e econômicos do desenvolvimento como inextricavelmente ligados à qualidade de vida no presente e no futuro.

Para esse escopo, com o objetivo de preparar o mundo para o século XXI, a Agenda 21, emanada da Cúpula do Rio, traçou uma série de diretrizes, a serem adotadas global, nacional e localmente, podendo ser entendida como instrumento de planejamento para a construção, nos diversos países, de sociedades sustentáveis, compatibilizando a eficiência econômica com a proteção ambiental e a justiça social.

Como toda norma internacional, para ganhar eficácia no âmbito dos estados soberanos, a Agenda 21 teve de ser incorporada ao direito interno, conforme os trâmites do processo legislativo brasileiro. Para tanto se procedeu, a partir de 1999, a uma ampla consulta popular, envolvendo mais de 40.000 pessoas e centenas de audiências públicas em todo o país. Disto resultou, em 2002, o documento "Agenda 21 Brasileira", que, a partir de 2003, entrou em fase de implementação, sintetizada em 21 objetivos, agrupados em cinco temas.

Pela sua própria amplitude, constituía documento de natureza programática, destinado antes a ser um repertório inspirador de legislações particulares – municipais, estaduais e nacionais.

O mesmo se dá, ainda de modo mais marcante, no que se refere à Agenda 2030. Todas as análises referem-se a ela como ambiciosa, por propor metas ousadas e extremamente amplas, que extrapolam a dimensão ambiental, para abranger a quase totalidade dos aspectos da vida humana no planeta.

Como já dito anteriormente, ela é composta por 17 objetivos e 169 metas globais que reúnem, além dos aspectos ambientais, os sociais e a qualidade de vida das pessoas, como por exemplo, a erradicação da pobreza, fome zero e agricultura sustentável, educação de qualidade, trabalho digno e crescimento econômico, a redução da desigualdade (incluindo a de gênero), o acesso à justiça para todos, tornando, assim, o mundo, um espaço justo e equilibrado.

As metas e objetivos são enormes e o lapso de tempo para que o mundo faça todas essas transformações é exíguo: contando de agora, oito anos.

É certo que a Agenda 2030 foi implantada há sete anos, quando da realização do Acordo de Paris, mas também é certo que muito pouco foi feito para o atingimento desses propósitos, pelos países signatários do supracitado acordo, desde então. Com isso não será de causar surpresa se tais metas, assim como sucedido com a Agenda 21, não venham a ser alcançadas no prazo proposto.

Trata-se, aliás, de uma constante. Ao longo dessa série de conferências internacionais, as metas propostas em cada etapa consistentemente não eram atingidas por ocasião da etapa seguinte, que por sua vez propunha objetivos ainda mais ambiciosos.

Isto não significa um fracasso na evolução do tratamento público da questão ambiental no mundo. Ao contrário, é inegável o progresso do tema, desde uma quase marginalidade em 1972 até a presente situação de relevância primordial nas políticas de todos os países.

No entanto, é preciso mais esforço. Principalmente porque, aparentemente, algumas metas podem soar como contraditórias.

Como promover, por exemplo, o crescimento econômico sustentável (uma das metas da Agenda 2030) de forma igualitária, quando as 20 maiores economias do mundo – lembrando que o Brasil, considerado como país em desenvolvimento, ocupa a 13ª posição – são detentoras de 80% do PIB[3] mundial[4]?

Não há dúvidas, portanto, de que a importância do crescimento econômico tem pesos diferentes para países ricos e para países pobres. Para os países ricos o crescimento econômico visa ampliar o padrão interno de consumo. Já para os países pobres, esse crescimento tem como objetivo fazer com que a população saia do mapa da fome.

Tais diferenças também surgem quando se trata de traduzir em ações concretas, no mundo real, o elenco de diretrizes estabelecidas pela Agenda 2030. Embora uma delas seja reduzir a zero a fome no mundo, o Brasil, que é uma potência agrícola, tornou-se exemplo negativo, sendo fortemente atacado internacionalmente, em razão do setor de agronegócio ser alegadamente nocivo à preservação do meio ambiente.

Contudo, a agropecuária brasileira, considerados os resultados, tem uma pegada ambiental proporcionalmente modesta, uma vez que é responsável pelo fornecimento de alimentos a até de 1,6 bilhão de

[3] Produto Interno Bruto (PIB)

[4] Disponível em: https://www.dicionariofinanceiro.com/maiores-economias-do-mundo/. Acesso em: 15 out. 2022.

pessoas em todo o planeta[5]. Dentre os seus insumos – por exemplo, a água – o consumo do setor é em 93% suprido pela chuva, que de outra forma escoaria ao fim para o mar, sendo, portanto, um equívoco dizer que o agronegócio é responsável pela maior parcela de uso, desperdício e esgotamento das fontes hídricas, conforme esclarece o professor doutor do Departamento de Engenharia de Biossistemas da Esalq/USP, Fernando Campos Mendonça[6].

Apenas a título de comparação, a produção de uma única peça de calças jeans consome cerca de 5.200 litros de água, muito mais do que os 3.000 litros necessários a todas as necessidades básicas de uma pessoa durante um mês[7].

O mesmo poder-se-ia dizer no confronto global entre a produção agrícola e a industrial, considerando-se, ademais, que aquela gera comida e esta, em grande medida, produtos e embalagens descartáveis e não naturalmente recicláveis – sem falar da política de obsolescência programada dos bens de consumo[8] – cujo impacto ambiental é incomensurável. E, no entanto, não há uma campanha de descrédito mundial contra os países industriais que adotam tal prática.

"Desenvolvimento sustentável" soa, assim, para muitos, como um discurso hipócrita, na medida em que objetiva impor limites de crescimento para o mundo em desenvolvimento, enquanto os atuais países de

[5] Disponível em: https://www.jornaldocomercio.com/_conteudo/agro/2020/10/761466-brasil-produz-comida-para-alimentar-ate-1-6-bilhao-de-pessoas.html. Acesso em: 15 out. 2022.

[6] Disponível em: https://blog.mbauspesalq.com/2021/05/06/entenda-sobre-o-uso-de--agua-no-agronegocio/?gclid=CjwKCAjwtKmaBhBMEiwAyINuwNsWIaY0-qmfNdpqxrlCoCKGJz-3J6B2WI_QOVA8zGuhAeYhFUyY9BoCe5MQAvD_BwE. Acesso em: 15 out. 2022.

[7] Disponível em: https://piaui.folha.uol.com.br/fabricacao-de-uma-calca-jeans-no-brasil-consome-mais-agua-que-uma-pessoa-durante-um-mes/. Acesso em: 15 out. 2022.

[8] Obsolescência programada é uma estratégia proposital, adotada por um fabricante, com o intuito de desenvolver, fabricar, distribuir e vender um produto de forma que o mesmo se torne obsoleto ou não funcional, forçando o consumidor a comprar um de nova geração. A obsolescência programada foi criada na década de 1920, pelo então presidente da General Motors, Alfred P. Sloan, visando atrair os consumidores a fazerem constantes substituições, tendo como apelo a mudança anual de modelos e acessórios de seus veículos. Conhecida como "descartalização", a obsolescência programada é nociva ao meio ambiente, sendo considerada uma estratégia não sustentável.

primeiro mundo, tendo poluído e continuando a poluir o planeta, posam de advogados da Terra, e ao mesmo tempo criam barreiras ao enriquecimento de países cuja dívida pública é, muitas vezes, maior do que o seu PIB.

No entanto, em que pesem as críticas feitas ao Brasil em relação à pegada ambiental resultante do agronegócio, há dez anos, era comum falar-se dele como exemplo de sustentabilidade no aproveitamento de "fontes de energia limpa", entendendo-se como tais, principalmente, a hidroeletricidade e o etanol. Mas seria mesmo assim?

Bem examinados, os impactos ambientais das hidrelétricas, sobretudo das megausinas, como Tucuruí e Itaipu, são devastadores. As grandes barragens inundam milhares de quilômetros quadrados de várzeas, eliminando ecossistemas únicos, dos banhados às matas ciliares; transformam centenas de quilômetros de rios, de ambientes lóticos em lênticos, destruindo sítios de reprodução de fauna e exterminando as espécies de peixes de piracema; deslocam populações ribeirinhas, extinguindo sua cultura e inviabilizando o seu modo de vida; suprimem extensas áreas agrícolas, diminuindo a oferta de alimentos. E essas perdas não são consideradas no custo da energia, de resto já dos mais altos do mundo em nosso país. São "externalidades negativas"[9] que se transferem para o conjunto da sociedade.

Outro tanto se pode dizer do etanol. A opção pelo álcool combustível não se fez, no período militar, por amor à ecologia, mas para enfrentar a crise do petróleo, tornando o país menos dependente do fornecimento externo de combustíveis. Seguindo a lógica do mercado, a cultura da cana ocupou as melhores regiões agrícolas do País – as terras roxas de São Paulo (e depois do Paraná e Minas) –, reintroduzindo a monocultura e o latifúndio, havia muito superados no estado bandeirante, deslocando as famílias do campo e inchando as periferias das cidades interioranas, submetidas, ademais, à poluição das queimadas periódicas.

Também nunca se fez um completo balanço energético do álcool, sabidamente menos eficiente que a gasolina, para computar o dispêndio de energia de todo o processo produtivo. Quanta energia se dispende – quantos quilowatts e quantos quilojoules – em diesel, fertilizantes, eletricidade e trabalho, para produzir um litro de álcool? Será que todo

[9] Externalidades são componentes dos custos de produção não computados nos preços, segundo economista inglês A. C. Pigou (1920).

o processo atende aos quatro requisitos básicos da sustentabilidade: é ecologicamente correto, é economicamente viável, é socialmente justo e, por fim, é culturalmente aceito? Talvez a resposta seja surpreendente.

O mesmo questionamento poder-se-ia fazer com respeito às novas fontes ostentadas como vitrines da energia limpa: a solar e a eólica. À parte a sua insuficiência técnica, pois só podem gerar de modo intermitente, segundo a disponibilidade de vento e luz solar, nunca se fez um estudo de seus impactos diretos e indiretos no ambiente.

Qual a pegada ambiental dos processos de operação, utilização e disposição final dos equipamentos de geração? Pois os geradores solares e eólicos são construídos com matérias primas sofisticadas, que têm de ser mineradas, processadas e fabricadas, o que não se faz sem emissão de carbono e outros resíduos; ocupam vastas áreas de terreno durante o seu funcionamento; exigem manutenção permanente; e ao fim de sua vida útil terão de ser desmantelados e dispostos no meio ambiente. Tudo isto deveria ser considerado para uma comparação isenta com outras fontes, inclusive a nuclear, cujo maior óbice é o alto grau de risco, em razão da lesividade duradoura de seus resíduos.

Vê-se, assim, que os bons propósitos, primeiro da Agenda 21, e agora da Agenda 2030, além de outros documentos programáticos, não chegam a esconder um dilema e um impasse: a oposição, aparentemente insuperável, entre desenvolvimento e conservação, e ao mesmo tempo um paradoxo: ao que consta, apenas em países desenvolvidos o meio ambiente passa a ser objeto de preocupação popular e de políticas públicas. "A pior poluição é a da pobreza", dizia um ministro brasileiro[10] à época da Conferência de Estocolmo.

Todavia, no esforço para superar a pobreza, segundo o modelo implantado com a Revolução Industrial – o único bem-sucedido até o momento –, sofrem a natureza e o planeta.

É exemplar o caso da China, que, entre as décadas de 1980 e 2010, experimentou uma explosão de crescimento, multiplicando por oito o seu PIB *per capita*, arrancando da pobreza trezentos milhões de pessoas. Ainda que na última década tivesse havido uma desaceleração do crescimento chinês – primeiro em razão da crise do mercado imobiliário, e mais recentemente em razão da pandemia – e a meta de crescimento para 2022

[10] João Paulo dos Reis Velloso.

tenha sido a menor registrada na última década: 5,5%[11], o incremento do PIB ainda é praticamente o dobro do previsto no Brasil, que, no mesmo período, será de 2,8%[12]. Mas, mesmo diante dessa diminuição no ritmo do seu crescimento, a China superou nos últimos anos, em muito, os PIBs da Alemanha e do Japão, tornando-se a segunda maior economia do mundo, e tendendo a alcançar o primeiro lugar em poucos anos. Vale frisar, no entanto, que, em decorrência dessa evolução exponencial, uma nuvem perene de poluição, visível do espaço, paira sinistramente sobre o país, tornado em voracíssimo consumidor de recursos naturais[13].

Aliás, a tal propósito, vale referir declaração de Sha Zukang, Secretário-Geral da ONU para a conferência Rio+20: "Se Brasil, China e Índia decidirem copiar o estilo de vida dos desenvolvidos, serão necessários cinco planetas Terra"[14]. É evidente que, ao menos a China já fez a sua opção.

Permanece, pois, a contradição aparente entre desenvolvimento e conservação, parecendo ilusório propor, na mesma agenda, a erradicação da pobreza e da fome, que exigem o crescimento da atividade industrial e agropecuária, a par com o desmatamento zero e a proscrição, a prazo fixo, das máquinas a combustão interna.

A proposta de resgatar as populações da pobreza precede de duas décadas as preocupações ambientais.

Na década de cinquenta, o economista americano Walt Rostow[15] elaborou uma teoria do desenvolvimento segundo a qual os países subdesenvolvidos apenas superariam seu atraso se alcançassem uma taxa de investimento líquido produtivo de 10% da renda nacional. Com isso, num determinado momento, suas economias atingiriam o chamado *take-off*

[11] Disponível em: https://exame.com/economia/china-anuncia-menor-meta-para-crescimento-do-pib-em-decadas/. Acesso em: 15 out. 2022.

[12] Disponível em: https://www.gov.br/economia/pt-br/assuntos/noticias/2022/outubro/fmi-amplia-projecao-do-crescimento-do-pib-brasileiro-para-2-8-em-2022. Acesso em: 15 out. 2022.

[13] Disponível em: https://g1.globo.com/globo-news/conta-corrente/videos/t/todos-os-videos/v/diminuicao-no-crescimento-da-china-e-natural-diz-presidente-da-vale/1873131/>. Acesso em: 25.mar.2012.

[14] Veja, edição 2260, 14.03.2012, p. 61.

[15] Walt Whitman Rostow (1916-2003).

point (ponto de decolagem), após o qual o desenvolvimento tornar-se-ia autossustentado[16].

A teoria pode ou não ser verdadeira, mas o que se observa presentemente é que os chamados "países emergentes", entre os quais o Brasil, desde então, alcançaram níveis de crescimento médio anual do PIB acima da média mundial. A China sozinha, como vimos, cresceu a taxas próximas a dez por cento ao ano durante várias décadas, o que a levou ao posto de segunda economia do mundo, e a bater recordes de consumo de matérias-primas, energia e *commodities*, e, por via reflexa, vem sustentando o balanço de pagamentos do Brasil, grande fornecedor desses insumos.

Por outro lado, as nações desenvolvidas, de economias maduras, crescem a taxas mais modestas, embora os Estados Unidos e a União Europeia enfrentem, presentemente, graves crises, ainda não superadas, que ameaçam reduzir milhões de pessoas à pobreza, em pleno primeiro mundo.

Isto leva a conjeturar que deve haver um ponto crítico no crescimento econômico, acima do qual as sociedades prosperam, e abaixo do qual decaem, como um avião – para usar a figura de Rostow –, que, para decolar e manter-se em voo, precisa alcançar certa velocidade mínima.

Sucede que crescimento significa investimento em infraestrutura – estradas, portos, usinas de energia, refinarias, mineração, agricultura – e incremento da exploração dos recursos naturais – solo, subsolo, água, florestas –, tudo com o inevitável aumento da poluição e da pressão de demanda sobre nosso exaurido planeta.

Na natureza, pelo contrário, os ecossistemas funcionam em fino equilíbrio, com reciclagem total de nutrientes em circuito fechado e aportes mínimos de energia, que em última análise sempre provém do Sol.

Consequentemente "desenvolvimento sustentável" soa quase como uma contradição em termos, se não uma impossibilidade. Desenvolvimento implica crescimento, e o equilíbrio natural é estático. O "ótimo de Pareto[17]" econômico exige um pico de produtividade com um mínimo

[16] Disponível em: https://kumbukilah.blogspot.com/search?q=teoria+do+desenvolvimento. Acesso em: 12 out.2022.

[17] Vilfredo Pareto, economista italiano (1848-1923).

de investimento, tudo ao contrário do equilíbrio de trocas mínimas dos sistemas naturais, que são circuitos fechados, enquanto que os sistemas econômicos são circuitos abertos.

Em outras palavras, na natureza, os seres vivos – plantas e animais – trocam entre si e com o meio físico nutrientes e energia, em ciclos que podem ser muito extensos, mas cuja soma final é zero, ou quase: a produtividade primária de um ecossistema dado não cresce com o tempo, embora possam ocorrer variações sazonais na disponibilidade de nutrientes, no aporte de energia e na geração de biomassa.

Quando, porém, o homem interfere, inventando, por exemplo, a agricultura comercial, além de simplificar drasticamente a biodiversidade, ele retira para si um "lucro", removendo do circuito elementos que não voltam a integrar as cadeias tróficas. Esses elementos têm de ser repostos, por meio de fertilizantes químicos ou biológicos, que são, por sua vez retirados de outros ecossistemas. E, para que o crescimento econômico se mantenha, a produtividade deve crescer continuamente, com o aprimoramento técnico e novos aportes de substâncias e energia.

No setor secundário da economia ocorre processo semelhante: os produtos industriais resultam da transformação de insumos materiais e energéticos – muitos deles não renováveis – extraídos do meio ambiente, com a agravante de que os rejeitos da produção (as já mencionadas externalidades negativas) e os mesmos produtos, ao fim de sua vida útil, são dispostos no meio ambiente como lixo, que, por definição, não é reciclado pelos processos naturais.

Como a conta não fecha, os "salvadores" do planeta, sem abrir mão dos seus ganhos de renda e conforto, pretendem que as nações retardatárias da Revolução Industrial convertam-se em "reservas naturais" para as futuras gerações. Tal preocupação é absolutamente necessária, no entanto, é preciso que o conceito de "futuras gerações" não seja tratado da mesma forma que o conceito de "mundo", que distingue o primeiro e o terceiro, sendo que e a distância entre eles é gigantesca. Enquanto nos Estados Unidos a renda *per capita*[18], em 2022, foi de US$ 76 mil – contra US$ 20 mil

[18] Renda per capita é o Produto Interno Bruto (PIB) de um país dividido pelo número de seus habitantes.

da renda média mundial[19], na Somália, em 2018, a renda *per capita* foi de US$ 527[20].

As coletividades humanas que se mantêm em equilíbrio estático com o ambiente – as chamadas "comunidades tradicionais" – são aquelas de baixa densidade populacional, baixo desenvolvimento tecnológico e baixo IDH (Índice de Desenvolvimento Humano). Mas, num mundo de economia globalizada, não pode haver a ilusão de que esses grupos irão manter-se à margem do progresso socioeconômico, num pretenso estado de comunhão idílica com a natureza. Todo ser humano, de qualquer cultura, época ou lugar, anseia por melhorar as próprias condições de vida. Tão logo travem contato com as benesses da modernidade, os grupos mais primitivos desejarão delas usufruir, e é justo que assim seja, pois a humanidade é uma só família.

Daí por que a nova divisão global de classes, proposta por certo fundamentalismo ecológico, e sintetizada no slogan "*farms here, forests there*"[21], que há mais de duas décadas preconiza o congelamento daquelas "populações tradicionais" em dioramas antropológicos, para desfrute dos turistas do primeiro mundo, consubstancia-se ao fim e ao cabo num projeto de desenvolvimento insustentável.

Isto porque, para que vastas regiões dos trópicos sejam excluídas dos processos produtivos, tendo seus habitantes como única compensação um sobrepreço artificial nos produtos do extrativismo "ecológico", a implicação necessária é de que continue a haver um abismo de renda entre os produtores primários artesanais e os consumidores politicamente corretos e ambientalmente conscientes, dispostos a arcar com o subsídio ao atraso.

A realização do desenvolvimento sustentável levará à redescoberta do que as civilizações antigas sempre souberam: que tudo no mundo se

[19] Disponível em: https://www.ecodebate.com.br/2022/08/17/populacao-dos-estados-unidos-de-1950-a-2100/#:~:text=A%20renda%20per%20capita%20dos,mil%20da%20renda%20m%C3%A9dia%20mundial. Acesso em: 15 out. 2022.

[20] Disponível em: https://anba.com.br/somalia-deve-crescer-mais-em-2019/. Acesso em 15 out. 2022.

[21] Moto da ONG americana *"Avoided Deforestation Partners"*, que preconiza concentrar a produção agrícola nos EUA, relagando ao Brasil e outros países tropicais o papel de reservas florestais do planeta. Disponível em: <http://saladalareira.blogspot.com.br/2010/07/farms-here-forests-there.html>. Acesso em: 12 out. 2022.

processa em ciclos de expansão e retração, de crescimento e declínio, de caducidade e renovação. O mito positivista do progresso indefinido tem um encontro marcado com a realidade. Nisto acerta a profecia pessimista do Clube de Roma, acima referida, embora falhe nas conclusões e nas respostas à crise.

O problema do esgotamento dos recursos naturais se recoloca não mais como a extinção de matérias-primas não renováveis num planeta finito, mas do colapso dos ciclos naturais de reprodução dos recursos renováveis, por conta de sua exploração abusiva.

Conclusões: o futuro do desenvolvimento sustentável

Em que pesem as críticas à maneira como as propostas de sustentabilidade vêm sendo incorporadas pela comunidade internacional, e aplicadas nas últimas décadas, vale reforçar que discutir esse tema, em nível mundial, e ter reconhecida a sua importância, é um enorme progresso em relação aos seus primórdios, na década de 1970, quando ocorreu a primeira conferência mundial sobre meio ambiente, em Estocolmo.

O estabelecimento de metas a serem atingidas – bem como a ampliação delas ao longo do tempo – é essencial, devendo ser cobrado o seu cumprimento. No entanto, não se deve esperar que um planeta sustentável surja, exclusivamente, a partir de ações do Estado – lembrando que cada qual tem interesses que, muitas vezes, se sobrepõem aos interesses coletivos – e, tampouco, criar a ilusão de que o mundo mudará, significativamente, em prazo tão exíguo.

A Agenda 2030, cujas propostas permanecem em curso, conforme visto, mais do que um programa governamental, é uma oportunidade para que a sociedade civil, o setor privado e os cidadãos, individualmente, se envolvam nas propostas e assumam, para si, responsabilidades quanto às maneiras de tornar o meio ambiente sustentável.

A educação ainda é o melhor instrumento para transformar pessoas e, consequentemente, o mundo. A educação ambiental, portanto, é essencial para a compreensão do assunto e para mudanças de atitude em relação ao tema. O consumo consciente, e a preocupação com a pegada ambiental que cada um está deixando no planeta, pode ser o início de um movimento que altere o estilo de vida da humanidade. Esse movimento, pode, inclusive, tornar-se mais eficiente se for feito de maneira invertida: dos cidadãos para os governantes, dos consumidores para os produtores.

Até que ponto o estabelecimento de diretrizes internacionais para que governos determinem metas para que as indústrias tornem-se sustentáveis é mais eficaz do que a objeção do consumidor a um produto que não seja *eco friendly*?

É comum que empresas façam reposicionamento de marca, ou *rebranding*[22], sinalizando o seu amadurecimento e a sua coerência com novas tendências de mercado. E isso vem se tornando comum, tendo em vista que cada vez mais os consumidores, reconhecendo a falta de autoridade dos governos e instituições, fazem com que marcas que apostam em sustentabilidade ganhem relevância e credibilidade.

Não é à toa que o mundo corporativo tem dado tanta importância ao ESG nos negócios. A sigla, que significa *Environmental, Social and Governance* ou, traduzido, Ambiental, Social e Governança, está diretamente ligada à sustentabilidade e é a prova de que a forma de consumir vem mudando e que as empresas precisam se adaptar para continuarem relevantes.

Esse conjunto de práticas ambientais, sociais e de governança (ESG) contribui para tomadas de decisão de investimentos sustentáveis e responsáveis e ajuda a avaliar e encorajar empresas a melhorar suas performances de investimentos no longo prazo.

No Brasil, a sustentabilidade e a responsabilidade com o meio em que as pessoas vivem tornaram-se pilar do desenvolvimento corporativo, por meio da Rio-92.

Trinta anos depois, em 2022, a consultoria *Walk The Talk by La Maison* divulgou uma pesquisa que aponta que 94% dos brasileiros esperam que as empresas façam algo sobre ESG, mas, quando questionados, apenas 17% acreditam que as corporações efetivamente tomem atitudes em prol do meio ambiente[23]. Há, portanto, uma lacuna significativa, a ser preenchida, entre a expectativa do consumidor e a realidade.

[22] O *branding* é a gestão estratégica de uma marca, o fator intangível capaz de diferenciar uma empresa das demais. O *rebranding*, por sua vez, é a releitura de uma marca ou sua completa reconstrução. Consiste em identificar o ecossistema da companhia (os fatores que se relacionam direta ou indiretamente com ela), descobrir e destacar a sua essência, pautando-a em conceitos que fazem sentido e são valorizados pelo público, e, então, contextualizar essas ideias e promovê-las.

[23] Disponível em: https://valorinveste.globo.com/mercados/renda-variavel/empresas/noticia/2022/06/15/estudo-mostra-quais-sao-as-empresas-campeas-em-esg-do-brasil-na-opiniao-de-consumidores.ghtml. Acesso em 15 out. 2022.

A pesquisa mostrou também que os consumidores brasileiros esperam que as empresas cuidem da natureza: seja modificando produtos e serviços para se tornarem melhores do ponto de vista ambiental, seja não fazendo testes em animais ou, ainda, produzindo embalagens que sejam melhores para o meio ambiente.

Essa mudança de pensamento por parte do consumidor tem um impacto relevante na maneira como as empresas passam a investir no negócio. Segundo pesquisa interna da XP Investimentos[24], com cerca de 30 mil investidores, mais de 70% deles possuem interesse pelo tema e disponibilidade para alocar entre 10% e 50% de seu capital para o setor ESG. De acordo com o *Inside ESG Tech Report*, no Brasil, 740 startups apresentam soluções em ESG. Desse número, 267 ocupam a categoria social; 257 a ambiental; e 216 a de governança corporativa. Em 2020, em cada setor, foram investidos, respectivamente, US$ 699,8 milhões, US$ 81,8 milhões e US$ 209,6 milhões. Embora na categoria ambiental o investimento ainda é seja significativamente menor que nas demais, segundo levantamento da *Bloomberg*, atualmente, o mercado de ESG está estimado, globalmente, em mais de US$ 30 trilhões e espera-se que, até 2025, o setor movimente US$ 53 trilhões[25]. Empresas que aproveitam essa demanda para incorporar o conjunto de práticas ambientais, sociais e de governança como prioridade em seus produtos, ganhar representatividade de negócio mais sólida, com foco no longo prazo.

Isso demonstra que o futuro do desenvolvimento sustentável não só é viável, mas está paulatinamente sendo construído. No entanto, talvez, as respostas que devemos buscar não sejam puramente técnicas, nem políticas, sem, contudo, excluí-las. Mas algo mais se requer: do velho e sempre novo depósito da espiritualidade humana é que devem emergir os rebentos de "Nosso Futuro Comum".

[24] A XP Investimentos é uma das maiores instituições financeiras do Brasil, concentrando diversas marcas do mercado financeiro e atuando em diversos segmentos e países.

[25] Disponível em: https://www.meioemensagem.com.br/home/arquivo/noticias/2021/07/21/esg-ate-2025-o-setor-deve-valer-globalmente-us-53-trilhoes.html?gclid=EAIaIQobChMI45Keye_s-gIVvhvUAR20owqyEAAYAyAAEgLwnfD_BwE. Acesso em 18 out. 2022.

II.

GESTÃO E LEGISLAÇÃO AMBIENTAL

12. A EVOLUÇÃO DO CONTROLE AMBIENTAL NO ESTADO DE SÃO PAULO: LICENCIAMENTO E FISCALIZAÇÃO

FERNANDA ABREU TANURE

Introdução

O estado de São Paulo foi pioneiro na atuação da Polícia Militar em prol da proteção ambiental, iniciada em 1943, sendo uma das primeiras da América do Sul. Também inovou no licenciamento, por meio da Lei Estadual nº 997, de 31.5.1976, que, nos termos do seu artigo 1º, instituiu "um sistema de prevenção e controle da poluição do meio ambiente".

Somente cinco anos depois foi instituída a Política Nacional de Meio Ambiente (PNMA), por meio da Lei Federal nº 6.938, de 31.8.1981. Essa lei continua em vigor e tem o licenciamento como o principal instrumento preventivo de controle da poluição e a fiscalização como meio mais utilizado para averiguar o cumprimento das normas e exigências ambientais.

A história de proteção ambiental do estado de São Paulo está intimamente ligada à CETESB – Companhia Ambiental do Estado de São Paulo (CETESB), o órgão paulista de controle da poluição. Ele é o responsável pela agenda da gestão ambiental dentro da ótica da sustentabilidade, monitoramento, licenciamento e fiscalização do Estado, que possui visibilidade e reconhecimento nacional e internacional.

A Organização das Nações Unidades (ONU) possui apenas 16 centros de referência em questões ambientais em todo o planeta. A CETESB é um deles e atua colaborando com os seus 184 países integrantes.

A CETESB também é uma das cinco instituições da Organização Mundial de Saúde (OMS) para questões de abastecimento de água e saneamento. Também é o órgão de referência e consultoria do Programa das Nações Unidas para o Desenvolvimento (Pnud) para questões ligadas a resíduos perigosos na América Latina.

A CETESB celebra constantemente acordos de cooperação técnica com diversos Municípios e Estados brasileiros, promovendo treinamentos e capacitações de modo a difundir os conhecimentos gerados pela experiência adquirida e somar esforços na proteção ambiental.

Ainda que a sistemática atual da proteção ambiental não se limite ao licenciamento e à fiscalização, este estudo apresenta como o controle ambiental se operacionaliza no estado de São Paulo, tratando das principais formas de licenciamento, e suas peculiaridades, bem como do compartilhamento da competência fiscalizadora entre a CETESB e a Polícia Militar.

1. O licenciamento ambiental

O licenciamento ambiental é o ato administrativo pelo qual o órgão competente estabelece as regras, condições, restrições e medidas de controle que deverão ser obedecidas pelo empreendedor, quando as suas atividades forem consideradas efetiva ou potencialmente poluidoras, ou quando se tratar de atividades que de qualquer forma possam causar degradação.

O licenciamento pode ser efetivado em fases, conforme estabelece o artigo 8º da Resolução nº 237/1997, emitida pelo Conselho Nacional de Meio Ambiente (Conama).

Assim, dependendo do ramo de atividade, o empreendedor obtém primeiramente a Licença Prévia, depois a Licença de Instalação, e, na fase final do empreendimento, para que seja possível obter a autorização para funcionamento, é concedida a Licença de Operação.

A Licença Prévia (LP) é aquela concedida na fase do planejamento do empreendimento ou da atividade. É ela que aprova a sua localização e concepção, atestando a viabilidade ambiental e estabelecendo os requisitos básicos e exigências técnicas a serem atendidas nas próximas fases.

Já a Licença de Instalação (LI) é aquela que autoriza a implantação do empreendimento ou de uma determinada atividade de acordo com as especificações constantes dos planos, programas e projetos aprovados, incluindo as medidas de controle ambiental e demais exigências técnicas necessárias.

Por fim, a Licença de Operação (LO) é aquela que autoriza o funcionamento da atividade mediante o cumprimento integral das exigências técnicas contidas na Licença de Instalação (LI). Via de regra, para empreendimentos e atividades que possuem fonte de poluição ativa, a LO deve ser periodicamente renovada.

Cabe ao órgão licenciador estabelecer os prazos de validade de cada licença ambiental, devendo também determinar se tais licenças devem ser expedidas de forma isolada ou conjuntamente.

1.1. A CETESB e o licenciamento ambiental no estado de São Paulo

O licenciamento ambiental no estado de São Paulo foi implantado de forma dispersa.

A CETESB foi criada pelo Decreto Estadual nº 50.079, de 24.7.1968, com a denominação inicial de Centro Tecnológico de Saneamento Básico. Cinco anos depois, por meio da Lei Estadual nº 118, de 29.6.1973, tornou-se uma sociedade por ações, na qualidade de órgão delegado pelo Governo do Estado de São Paulo, passando a se denominar CETESB – Companhia Estadual de Tecnologia de Saneamento Básico e de Controle de Poluição das Águas[1].

Com a edição da Lei Estadual nº 997/1976 e seu regulamento aprovado pelo Decreto Estadual nº 8468/1976, a CETESB passou a ser o órgão responsável pelo controle de fontes de poluição.

Ao longo do tempo, outros órgãos passaram a compartilhar a proteção ambiental.

Os pedidos para a supressão de vegetação nativa eram avaliados pelo Departamento Estadual de Proteção de Recursos Naturais (DEPRN)[2], incialmente ligado à Secretaria da Agricultura e posteriormente transferido para a Secretaria do Meio Ambiente[3] (SMA), criada em 1986.

[1] O anagrama CETESB foi mantido como parte integrante do seu nome, apesar das alterações em suas atribuições.

[2] Originalmente Divisão de Proteção de Recursos Naturais (DPRN), ligado à Coordenadoria da Pesquisa de Recursos Naturais (CPRN) na Secretaria da Agricultura – Decreto Estadual 11.138, de 3.2.1978.

[3] Posteriormente denominada Secretaria de Infraestrutura e Meio Ambiente (Sima), atual Secretaria de Meio Ambiente, Infraestrutura e Logística (Semil).

Ligado à SMA também funcionava o Departamento de Uso do Solo Metropolitano (Dusm), responsável pela análise dos pedidos de ocupação em áreas de proteção de mananciais legalmente definidas.

Já o licenciamento dos empreendimentos com avaliação de impacto ambiental, sujeitos a apresentação de Estudos de Impacto Ambiental (EIA), era realizado pelo Departamento de Avaliação de Impacto Ambiental (Daia), também ligado à então SMA.

Posteriormente, com a edição da Lei Estadual nº 13.542, de 7.8.2009, todas as atribuições dos três órgãos citados foram incorporadas à da CETESB, que passou a ser denominada CETESB – Companhia Ambiental do Estado de São Paulo. Tornou-se, então, a única responsável pelo licenciamento ambiental paulista, não apenas licenciando e fiscalizando as chamadas fontes de poluição, mas também procedendo ao licenciamento de atividades potencialmente poluidoras e utilizadoras de recursos naturais, bem como autorizando a supressão ou a intervenção de vegetação em área de preservação permanente ou ambientalmente protegida sob qualquer outra forma.

Importante notar que "fonte de poluição" não pode ser somente considerada como aquela em que há emissão de poluentes, pois é necessário levar em conta a PNMA, publicada posteriormente à lei estadual, que traz em seu artigo 3º, como conceito de poluição justamente a degradação da qualidade ambiental, ou seja, "a alteração adversa das características do meio ambiente". Assim, também devem ser consideradas fontes de poluição a impermeabilização do solo, a supressão de vegetação, entre outras atividades que não procedem necessariamente a "emissão de poluentes".

Para recepcionar essas novas atribuições a CETESB passou a se estruturar da seguinte forma: Presidência, Diretoria de Gestão Corporativa, responsável pelos assuntos institucionais, e três diretorias técnicas. A Diretoria de Engenharia e Qualidade Ambiental é responsável pelo monitoramento da qualidade ambiental. A Diretoria de Controle e Licenciamento Ambiental, pelo licenciamento ambiental ordinário, capilarizada em 46 agências pelo território estadual. A Diretoria de Avaliação de Impacto Ambiental herdou do extinto Daia a competência expressa em seu nome.

Para unificar o procedimento de licenciamento no âmbito da CETESB, foi publicada a Decisão de Diretoria nº 081/2022/P, com as alterações trazidas pela Decisão de Diretoria nº 085/2022/P.

Como principais aspectos, tal norma estabelece:

i. a autoridade licenciadora competente para determinado tipo de atividade ou empreendimento;
ii. a vinculação da autoridade licenciadora para a emissão das respectivas autorizações de supressão de vegetação, autorização de intervenção em área de preservação permanente e/ou autorização de supressão de árvores isoladas;
iii. a autoridade julgadora de eventual recurso como superior hierárquico em relação à autoridade licenciadora; e,
iv. o prazo recursal de 15 dias corridos, nos termos da Lei Estadual nº 10.177, de 30.12.1998.

Uma peculiaridade no estado de São Paulo é a figura da Licença de Operação a Título Precário (LOTP), a qual apresenta caráter excepcional e sua emissão é autorizada, pelo prazo máximo de 180 dias, quando o funcionamento/operação se faz necessário para a realização de testes da eficiência do sistema de controle de poluição, mediante devida fundamentação (artigo 2º, §2º, do Decreto Estadual nº 47.400, de 4.12.2002).

Esse é o contexto em que foram instituídos os tipos de licenciamento ambiental, descritos a seguir com as suas peculiaridades.

1.2. Licenciamento ordinário

A emissão das licenças ambientais tem fundamento legal no artigo 5º, *caput* e §1º, da Lei Estadual nº 997/1976, delegando-se ao seu regulamento a enumeração de quais seriam as "fontes de poluição" licenciáveis pelo estado de São Paulo.

O Decreto Estadual nº 8.468, de 8.9.1976, por sua vez, aprovou o regulamento da Lei Estadual nº 997/1976. Nesses 46 anos seu texto sofreu 25 atualizações[4], de modo a permitir sua constante atualização e plena aplicabilidade.

[4] Decreto nº 10.229, de 29 de agosto de 1977; Decreto nº 11.720, de 16 de junho de 1978; Decreto nº 12.045, de 08 de agosto de 1978; Decreto nº 15.425, de 23 de julho de 1980; Decreto nº 16.266, de 02 de dezembro de 1980; Decreto nº 17.299, de 07 de julho de 1981; Decreto nº 18.386, de 22 de janeiro de 1982; Decreto nº 23.128, de 19 de dezembro de 1984; Decreto nº 27.399, de 24 de setembro de 1987; Decreto nº 28.313, de 04 de abril de 1988;

O artigo 57 de referido regulamento estabelece quais seriam as fontes de poluição licenciáveis no Estado, constando de seu Anexo 5 a listagem de atividades e seus respectivos valores do fator de complexidade.

O fator de complexidade (W) previsto nas fórmulas de cálculo do preço do licenciamento ambiental, possui ligação direta com o prazo de validade das licenças ambientais[5], da seguinte forma:

Fator de Complexidade	Validade
4, 4,5 e 5	2 anos
3 e 3,5	3 anos
2 e 2,5	4 anos
1, 1,5 e empreendimentos que não possuem fator de complexidade na listagem do Anexo 5	5 anos

Conforme expressamente previsto no artigo 8º da Decisão de Diretoria nº 81/2022/P, em qualquer fase do processo de licenciamento ambiental, é possível que a Autoridade Licenciadora proceda à solicitação de apoio técnico de especialistas de qualquer uma das Diretorias técnicas envolvendo diligências a serem realizadas, como por exemplo:

i. vistorias na área do empreendimento pelo técnico responsável pelo processo, sendo este vinculado à agência ambiental, coordenada pela Diretoria de Controle e Licenciamento Ambiental;
ii. coletas e análises de efluentes realizadas pelos técnicos vinculados à Diretoria de Engenharia e Qualidade Ambiental e operacionalizadas por seus laboratórios especializados;

Decreto nº 28.429, de 27 de maio de 1988; Decreto nº 29.027, de 18 de outubro de 1988; Decreto nº 39.551, de 18 de novembro de 1994; Decreto nº 43.594, de 27 de outubro de 1998; Decreto nº 47.397, de 04 de dezembro de 2002; Decreto nº 48.523, de 2 de março de 2004; Decreto nº 50.753, de 28 de abril de 2006; Decreto nº 52.469, de 12 de dezembro de 2007; Decreto nº 53.205, de 3 de julho de 2008; Decreto nº 54.487, de 26 de junho de 2009; Decreto nº 55.091, de 30 de novembro de 2009; Decreto no 59.113, de 23 de abril de 2013; Decreto nº 62.973, de 28 de novembro de 2017; Decreto nº 63.296, de 21 de março de 2018; e, Decreto nº 64.512, de 3 de outubro de 2019.

[5] Artigo 71 do Decreto Estadual nº 8.468/1976.

iii. amostragens de material particulado pelas chaminés das indústrias, a serem realizadas pela Diretoria de Avaliação de Impacto Ambiental e operacionalizadas por seus laboratórios especializados; ou,

iv. vistorias para medição e avaliação de ruído e vibração, com posterior emissão dos respectivos relatórios de avaliação, a serem realizadas pela Diretoria de Avaliação de Impacto Ambiental.

No momento da renovação da licença de operação é avaliada a necessidade de exigir alteração nos procedimentos de controle da poluição em função de eventual inovação tecnológica que permita maior proteção ao meio ambiente.

1.2.1. Ampliação da validade da Licença de Operação

Uma peculiaridade no licenciamento ambiental paulista, que vem ao encontro das melhores práticas ambientais, sociais e de governança (ESG), é o incentivo ao uso de sistemas de gestão e auditorias ambientais.

Caso seja comprovada eficiência dos sistemas de gestão e auditoria ambientais dos empreendimentos e atividades, o prazo de validade da licença de operação pode ser ampliado em até 1/3 a critério da CETESB, como prevê o artigo 2º, §5º, do Decreto Estadual nº 47.400/2002.

1.2.2. Gerenciamento de áreas contaminadas

Dentro do processo de licenciamento ambiental, caso seja identificada uma contaminação ou uma possível contaminação do solo ou da água subterrânea, a Agência Ambiental abre uma pasta administrativa vinculada ao processo e a encaminha para o Departamento de Áreas Contaminadas para que seja iniciado o procedimento de Gerenciamento de Áreas Contaminadas (GAC) com as devidas investigações de praxe.

Destaque-se que o GAC pode se dar no âmbito do licenciamento ou, quando a contaminação se encontra em área que não possui fonte de poluição licenciável pela CETESB, o GAC ocorre de modo autônomo em procedimento próprio para tanto.

Assim, a possibilidade de gerenciamento da contaminação dentro do licenciamento permite uma otimização de esforços por meio do contato direto entre os responsáveis pelo licenciamento ambiental (Autoridade

Licenciadora) e os agentes especialistas da área de apoio (Departamento de Áreas Contaminadas).

1.2.3. Logística reversa

Outra peculiaridade é a exigência da comprovação do cumprimento das metas de logística reversa como condição para a continuidade do processo licenciamento ambiental.

A Resolução SMA nº 45, de 23.6.2015, definiu as diretrizes para o aprimoramento, implementação e operacionalização da responsabilidade pós-consumo no Estado de São Paulo, conforme dispõe o artigo 53 da Lei Estadual nº 12.300, de 16.3.2006, e o artigo 19 do Decreto Estadual nº 54.645, de 5.8.2009.

Ela obriga os fabricantes, importadores, distribuidores e comerciantes dos produtos que, por suas características, exijam ou possam exigir sistemas especiais para acondicionamento, armazenamento, coleta, transporte, tratamento ou destinação final, a estruturar e implementar sistemas de logística reversa, mediante retorno dos produtos e embalagens após o uso pelo consumidor. E deixa claro que isso deve ser feito de forma independente do serviço público de limpeza urbana e de manejo dos resíduos sólidos, de modo a evitar danos ao meio ambiente e à saúde pública, mesmo após o consumo desses itens.

A Decisão de Diretoria nº 127/2021/P, de 16.12.2021, estabeleceu o "Procedimento para a demonstração do cumprimento da logística reversa no âmbito do licenciamento ambiental, em atendimento à Resolução SMA 45, de 23 de junho de 2015 e dá outras providências".

Dessa forma, para aqueles que constam da Resolução SMA nº 45/2015 como responsáveis pela implantação da logística reversa, o licenciamento somente é aprovado caso haja efetiva comprovação do adimplemento da obrigação nos termos da Diretoria nº 127/2021/P.

1.3. Licenciamento com avaliação de impacto ambiental

O licenciamento com avaliação de impacto ambiental é o processo administrativo que visa a emissão de licença de atividades e empreendimentos com análise de estudos específicos para avaliação dos impactos, nos termos das Resoluções Conama nº 01/1986 e nº 237/1997, da Resolução SMA nº 49/2014 e da Decisão de Diretoria nº 153/2014/I.

A CETESB estabelece três tipos de estudos de avaliação de impacto ambiental a depender do grau de impacto a ser gerado pela atividade ou empreendimento, quais sejam: o Estudo Ambiental Simplificado (EAS), o Relatório Ambiental Preliminar (RAP) e o Estudo de Impacto Ambiental (EIA).

O EAS é o estudo mais simplificado, o RAP é o intermediário, e o EIA é aquele destinado a atividades e empreendimentos potencialmente causadores de significativa degradação do meio ambiente. Consiste em estudo técnico e científico elaborado por equipe multidisciplinar que, além de oferecer instrumentos para a análise da viabilidade ambiental, avalia sistematicamente as suas consequências e propõe medidas mitigadoras e/ou compensatórias com vistas a sua implantação e operação.

Caso o empreendedor não tenha certeza sobre o tipo de estudo a ser apresentado, é possível solicitar um Parecer Técnico por meio de uma Consulta Prévia (CP).

Para o caso de licenciamento por EIA, o procedimento se inicia com apresentação, pelo empreendedor, do Termo de Referência (TR) elaborado com base em manual de instrução disponibilizado na página eletrônica oficial da CETESB. Ali estão detalhadas as diretrizes e critérios gerais para a elaboração de EIA e de seu respectivo Relatório de Impacto Ambiental (Rima). A CETESB, então, se manifesta por meio de Parecer Técnico, emitindo considerações específicas para a elaboração do EIA/Rima.

Além de todo o trabalho de análise, envolvendo uma grande atividade de vistoria dos locais, normalmente de grandes dimensões, como os lagos de hidrelétricas, ou extensão, a exemplo de rodovias, o processo de licenciamento por EIA prevê ainda a realização de audiências públicas – o que implica na necessidade da dedicação de uma grande equipe de técnicos por longos períodos.

Outra peculiaridade desse tipo de licenciamento é a necessidade de aprovação da viabilidade ambiental do empreendimento pelo Conselho de Estadual do Meio Ambiente (Consema), nos termos da Resolução SMA nº 49/2014.

Somente após a aprovação pelo Consema é emitida a Licença Prévia pela CETESB.

De modo a ilustrar as nuances desse tipo de licenciamento, apresenta-se o esquema abaixo:

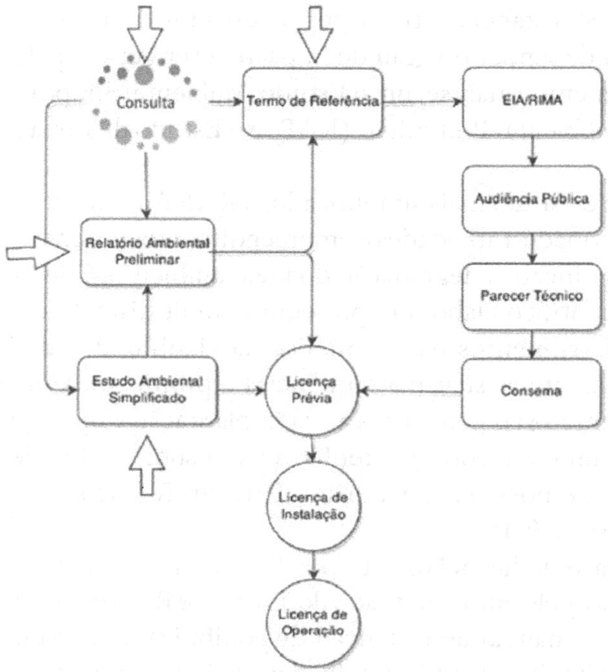

Esse tipo de licenciamento passou a ser de atribuição da CETESB em 2009, como visto em tópico anterior, e hoje é conduzido por sua Diretoria de Avaliação de Impacto Ambiental. Justamente em razão dessa alteração, não havia um procedimento estabelecido na CETESB para a condução desses casos.

A citada Decisão de Diretoria nº 81/2022/P estabeleceu a autoridade licenciadora para cada tipo de avaliação de impacto: cabe à Gerência dos Setores o licenciamento mediante apresentação de EAS; o licenciamento por RAP, a Consulta Prévia e a emissão do Termo de Referência são de competência da Gerência das Divisões; e a Gerência de Departamento é responsável pelo licenciamento por EIA.

Estão expressamente definidas quem são as autoridades julgadoras de eventuais recursos contra as decisões de indeferimento de pedido de licença. Para a análise do recurso são indicadas as autoridades hierárquicas superiores de cada autoridade licenciadora responsável pela decisão objeto de contestação.

O esquema abaixo ilustra as competências de cada autoridade em função do tipo de estudo aplicável à atividade ou empreendimento:

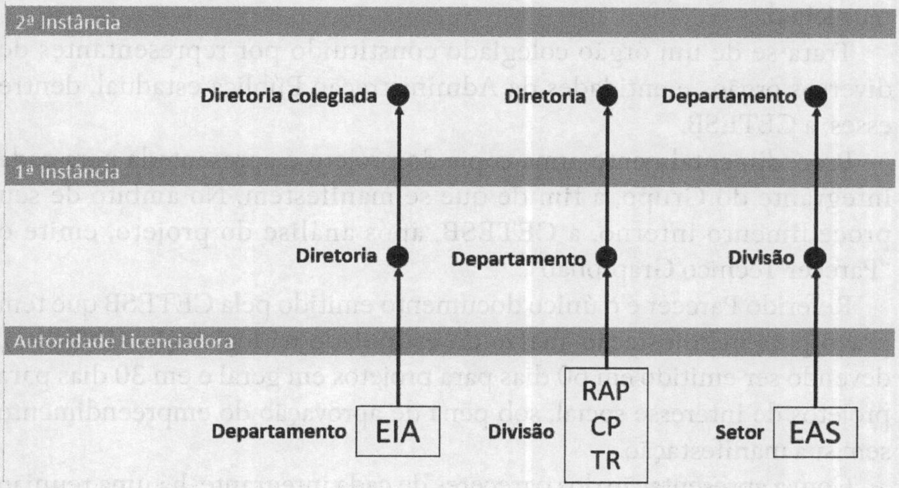

À critério da autoridade licenciadora, é possível que, após a emissão de licença com avaliação de impacto ambiental, o prosseguimento das demais fases do licenciamento se dê de forma ordinária, no âmbito da Diretoria de Controle e Licenciamento Ambiental.

1.4. Licenciamento perante o Grupo de Análise e Aprovação de Projetos Habitacionais

No estado de São Paulo, o licenciamento dos parcelamentos de solo não industriais tem diversas peculiaridades e, por isso, não segue o rito tradicional de licenciamento com a obtenção de Licença Prévia, Licença de Instalação e Licença de Operação.

A LP e a LI são substituídas concomitantemente por um único documento emitido por um grupo formado por diversas entidades, o Grupo de Análise e Aprovação de Projetos Habitacionais do Estado de São Paulo (Graprohab).

O Graprohab foi criado por meio do Decreto Estadual nº 33.499, de 10.6.1991, e reestruturado mais recentemente pelo Decreto Estadual nº 66.960, de 8.7.2022. Os objetivos do Grupo são centralizar e agilizar a análise de projetos de empreendimentos habitacionais de parcelamento do solo e condomínios edilícios localizados em área urbana, de expansão urbana ou de urbanização específica, assim definidas por legislação municipal.

Trata-se de um órgão colegiado constituído por representantes de diversos órgãos e entidades da Administração Pública estadual, dentre esses, a CETESB.

Procedimentalmente, uma cópia do projeto é apresentada para cada integrante do Grupo, a fim de que se manifestem. No âmbito de seu procedimento interno, a CETESB, após análise do projeto, emite o "Parecer Técnico Graprohab".

Referido Parecer é o único documento emitido pela CETESB que tem prazo para manifestação abaixo do estipulado na legislação (180 dias), devendo ser emitido em 60 dias para projetos em geral e em 30 dias para projetos de interesse social, sob pena de aprovação do empreendimento sem sua manifestação.

Com a apresentação dos pareceres de cada integrante, há uma reunião do Grupo para deliberação de cada empreendimento. Vale ressaltar que a aprovação final do projeto analisado depende de unanimidade expressa e favorável de todos os integrantes do Grupo, emitindo-se o "Certificado de Aprovação do Graprohab".

Referido Certificado é válido por 4 (quatro) anos, prorrogável excepcionalmente por igual período, mediante solicitação fundamentada do interessado, desde que inalterados os pressupostos técnicos e fáticos, contados da data de sua expedição para que o empreendedor protocole o pedido de aprovação final do projeto na Prefeitura.

Após a emissão do "Certificado de Aprovação do Graprohab", o empreendedor somente necessitará obter a Licença de Operação, previamente à ocupação do empreendimento (artigo 58-A, §1º, do Decreto Estadual nº 8.468/1976).

Nessa fase do licenciamento, é obrigatória a vistoria prévia, conforme artigo 69-B do Decreto Estadual nº 8.468/1976 combinado com o artigo 2º da Lei Federal nº 6.766/1979, a fim de que seja constatado se o empreendedor cumpriu ou não com todas as determinações constantes do "Certificado de Aprovação do Graprohab".

Caso o projeto tenha sido implantado em desconformidade com o quanto aprovado pelo Graprohab, a CETESB indefere a solicitação de

Licença de Operação, sendo necessário que o empreendedor apresente uma solicitação de modificação de projeto perante o Graprohab, passando mais uma vez pela análise de todos os órgãos que integram o colegiado.

Para os empreendimentos de parcelamento de solo, não há previsão de renovação da licença de operação, encerrando-se a atuação da CETESB em relação a esse tipo de empreendimento com a emissão da LO.

Importante notar que, nos autos da ADI nº 6602, o Supremo Tribunal Federal, em decorrência da declaração de inconstitucionalidade, em controle concentrado, do inciso VII do artigo 180 da Constituição do Estado, determinou que as áreas verdes urbanas, que outrora não poderiam sofrer alteração após a sua averbação na matrícula do imóvel, podem ser alteradas mediante solicitação perante a Prefeitura, com a condição de que sejam garantidos os índices urbanísticos que possibilitem a adequada drenagem urbana, nos termos da Resolução Sima nº 80, de 16.10.2020.

Caso a área verde urbana seja também uma área de preservação permanente (APP), ela somente poderá ser alterada nas hipóteses previstas na Lei Federal nº 12.651, de 25.5.2012.

E, na hipótese de a área verde urbana ter sido criada para garantir a preservação da vegetação nativa de mata atlântica ou cerrado, na forma prevista na Lei Federal nº 11.428, de 22.12.2006 (Lei da Mata Atlântica), e na Lei Estadual nº 13.550, de 2.06.2009 (Lei do Cerrado), não pode haver alteração.

Importante frisar que, embora do ponto de vista da legislação federal, uma "área verde urbana" não seja composta exclusivamente por cobertura vegetal, mas também por construções como complexos recreativos e esportivos, inseridas no conceito de "área de sistema de lazer" – e que a maior parte dos Municípios não faça diferenciação entre ambas –, no estado de São Paulo, desde a edição da Resolução SMA nº 72, de 2017, substituída pela Resolução SIMA nº 80/2020, esta distinção passou a ter fundamental importância, sendo possível categorizá-las da seguinte forma:

i. área verde: é uma área de mata existente ou revegetada, incluindo áreas de reserva legal e de preservação permanente, recoberta de vegetação nativa, e, caso a área definida como sendo área verde não esteja coberta de vegetação, deverá ser revegetada; e,

ii. sistema de lazer: é uma área destinada ao uso público para lazer, como, por exemplo, praças, parques etc. Tais áreas podem conter trechos impermeáveis ou semipermeáveis, como quadras, anfiteatros, pistas de skate, em que a vegetação, é utilizada com propósito paisagístico.

Também é importante ressaltar que, em decorrência da alteração havida em 2009 nas atribuições da CETESB, a sua análise não mais se limita a área dos lotes, mas verifica-se a integralidade da área, além do entorno em que essa se insere, avaliando inclusive os efeitos fora da área da propriedade, aqueles sinergéticos na região (adensamento populacional, aumento do trânsito, capacidade da rede sanitária, entre outros aspectos).

Uma situação especifica ocorre com os parcelamentos de solo em áreas maiores que 100 hectares, uma vez que constam do rol previsto na Resolução Conama nº 1/1986 de empreendimentos que necessitam de estudo ambiental de significativo impacto.

Além desses, os empreendimentos de interesse social maiores que 70 hectares, conforme previsto na Resolução SMA nº 54, de 19.12.2007; e os empreendimentos não contíguos à área urbana maiores que 70 hectares e, no litoral, maiores que 20 hectares, conforme Resolução SMA nº 68, de 22.9.2009, também devem passar por consulta na Diretoria de Avaliação de Impacto Ambiental, para determinação do tipo de estudo de impacto ambiental que deverá ser apresentado para o licenciamento.

Apenas em tais casos, há a necessidade de emissão de Licença Prévia pela CETESB para os empreendimentos de parcelamento do solo, mediante avaliação do estudo solicitado em referência ao tipo de impacto ambiental.

Após tal emissão, o empreendedor seguirá o curso procedimental, entrando com processo de licenciamento junto ao Graprohab, para obtenção do Certificado de Aprovação Graprohab e, após, a Licença de Operação junto à CETESB.

1.5. Licenciamento em áreas de proteção e recuperação às áreas de mananciais

Desde 1975 o estado de São Paulo possui regras próprias visando a proteção ambiental das áreas de mananciais[6].

[6] https://jornaldaadvocacia.oabsp.org.br/wp-content/uploads/2021/12/E-BOOK-Construcao-de-Consenso-final-1.pdf Acesso em 28.9.2022, pg. 12-18.

Inicialmente, as Áreas de Proteção aos Mananciais (APM) se restringiam à Região Metropolitana da Grande São Paulo (RMSP), tratadas nas seguintes normas: *(i)* a Lei Estadual nº 898, de 18.12.1975, que disciplina o uso do solo para a proteção dos mananciais, cursos e reservatórios de água e demais recursos hídricos de interesse dessa região; *(ii)* a Lei Estadual nº 1.172, de 17.11.1976, que delimita as áreas de proteção relativas aos mananciais, cursos e reservatórios de água, a que se refere a Lei Estadual nº 898/1975, estabelecendo normas de uso e ocupação do solo; e, *(iii)* o Decreto Estadual nº 9.714, de 19.4.1977, que regulamenta as Leis Estaduais acima e define como se dá o regramento, com base em cartografia da extinta Empresa Paulista de Planejamento Metropolitano (Emplasa), em estudo de um zoneamento que leva em consideração a máxima utilização do solo, compatível com a capacidade assimiladora dos mananciais em função das densidades demográficas.

Após essa primeira regulamentação, adveio a Lei Estadual nº 9.866/1997, que recebeu como alcunha a "Lei-Mãe", instituindo uma política estadual, deixando de tratar apenas da RMSP. Tal norma determina que as bacias hidrográficas, isoladas ou conjuntamente, estabeleçam diretrizes e normas ambientais e urbanísticas de interesse regional com base em suas peculiaridades, estabelecendo que, enquanto não houver norma específica nas APM da RMSP, devem continuar a ser aplicadas as Leis Estaduais nº 898/1975 e nº 1172/1976.

A partir do estabelecimento dessas normas, iniciou-se a proteção aos mananciais referente às 18 bacias hidrográficas de interesse para captação de água para o abastecimento público da RMSP.

Nesse cenário, passou-se a ter as APM, as quais ainda não possuem lei específica e, assim, se subsomem à "Lei-Mãe"[7], e as Áreas de Proteção e Recuperação dos Mananciais (APRM), sendo aquelas estabelecidas por leis próprias. A grande diferença entre elas é que a segunda busca não

[7] Lei Estadual nº 9.866, de 28.11.1997:
Artigo 45 – Na Região Metropolitana da Grande São Paulo, até que sejam promulgadas as leis específicas das APRMs, ficam mantidas as disposições das Leis nºs 898, de 18 de dezembro de 1975, e 1.172, de 17 de novembro de 1976, com exceção do inciso XIX da Lei n. 898, de 18 de dezembro de 1975, incluída pela Lei n. 7.384, de 24 de junho de 1991, que ficará expressamente revogada a partir da data da publicação desta lei.

apenas a proteção dos mananciais, mas também a recuperação desses, visando, portanto, um ganho ambiental.

Atualmente, existem 5 (cinco) APRM estabelecidas no estado de São Paulo:

i. Área de Proteção e Recuperação dos Mananciais da Bacia Hidrográfica do Guarapiranga (APRM-G), definida pela Lei Estadual nº 12.233, de 16.1.2006, regulamentada pelo Decreto Estadual nº 51.686, de 22.3.2007;
ii. Área de Proteção e Recuperação dos Mananciais da Bacia Hidrográfica do Reservatório Billings (APRM-B), definida pela Lei Estadual nº 13.579, de 13.7.2009, regulamentada pelo Decreto Estadual nº 55.342, de 13.1.2010;
iii. Área de Proteção e Recuperação dos Mananciais do Alto Juquery (APRM-AJ), definida pela Lei Estadual nº 15.790, de 16.4.2015, regulamentada pelo Decreto Estadual nº 62.062, de 27.6.2016;
iv. Área de Proteção e Recuperação dos Mananciais do Alto Tietê Cabeceiras APRM-ATC), definida pela Lei Estadual nº 15.913, de 2.10.2015, regulamentada pelo Decreto Estadual nº 62.061, de 27.6.2016; e,
v. Área de Proteção e Recuperação dos Mananciais do Alto Cotia (APRM-AC), definida pela Lei Estadual nº 16.568, de 10.11.2017.

Assim, a intervenção em APM e APRM possui algumas peculiaridades, uma vez que a CETESB fará o controle tendo como principais questões *(i)* a coleta, o afastamento e o tratamento dos efluentes; *(ii)* a coleta e a disposição de resíduos sólidos; *(iii)* a garantia de permeabilidade do solo (drenagem); *(iv)* a manutenção das margens que protegem as áreas de preservação permanente definidas na Lei Federal nº 12.651, de 25.05.2012, e os reservatórios utilizados para fins de abastecimento; e, *(v)* a preservação das florestas urbanas.

Existem duas situações distintas, uma em que os empreendimentos ou atividades não são passíveis de licenciamento, mas que, por força de referida legislação específica, estão sujeitas ao licenciamento especial apenas para obtenção do Alvará de Licença, são elas: construções para *(i)* uso residencial; *(ii)* uso comercial; *(iii)* uso destinado a prestação de serviços; *(iv)* uso industrial; *(v)* uso institucional; e *(vi)* obras públicas.

A outra situação é quando os empreendimentos ou atividades são passíveis de licenciamento ambiental perante a CETESB, em que esse acompanhará o licenciamento especial de APM/APRM.

Nesse caso, nos termos do artigo 16 da Decisão de Diretoria nº 81/2022/P, a Licença Prévia deve ser emitida concomitantemente com a Declaração para Vinculação, sendo exigida a sua averbação da matrícula do imóvel e o Alvará de Licença será emitido juntamente com a Licença de Instalação.

Nos casos em que as Licenças Prévias e de Instalação são emitidas concomitantemente, deve ser previamente emitida a Declaração para Vinculação e, após a apresentação da respectiva averbação na matrícula do imóvel, emite-se o Alvará de Licença com as referidas licenças ambientais e as autorizações.

1.6. Licenciamento pelo Via Rápida Ambiental

O licenciamento simplificado e informatizado de atividades e empreendimentos que potencialmente acarretam baixo impacto ambiental foi instituído pelo Decreto Estadual nº 60.329, de 02.04.2014.

As atividades e os empreendimentos sujeitos ao licenciamento simplificado e os requisitos para tal procedimento foram definidos pela Deliberação Normativa Consema nº 01, de 30.4.2019.

Essa Deliberação definiu também as solicitações de supressão de vegetação nativa, corte de árvores isoladas e intervenção em área de preservação permanente que podem ser autorizadas no mesmo procedimento.

Pela referida norma, poderão ser licenciados pela CETESB, nos termos dos Decretos Estaduais nº 8.468/1976 e nº 47.400/2002, com redação do Decreto Estadual nº 62.973, de 28.11.2017, e do Decreto Estadual nº 60.329/2014, as seguintes atividades:

i. as atividades industriais constantes do item I do Anexo Único, desde que atendam, adicional e simultaneamente, às condições estabelecidas no item II do mesmo anexo, ambos da Deliberação Normativa Consema nº 01/2019;

ii. a instalação e a operação de estações elevatórias de esgoto com vazão inferior ou igual a 50 l/s, desde que atendido o disposto no parágrafo único[8] do artigo 2º da Deliberação Normativa Consema nº 01/2019;

iii. a supressão de vegetação nativa, o corte de árvores isoladas e a intervenção em área de preservação permanente nas hipóteses descritas no item III do Anexo Único da Deliberação Normativa Consema nº 01/2019.

Para atendimento do disposto na legislação citada, a CETESB disponibilizou a ferramenta Via Rápida Ambiental (VRA), por meio da qual o empreendedor pode obter sua Licença ou Autorização de forma automática, auto declaratória e sem custos.

O VRA substituiu o Sistema de Licenciamento Simplificado (Silis), ampliando o rol de atividades de baixo impacto, definidas pela Deliberação Normativa Consema nº 01/2019.

Com isso, reduziu-se o espectro de empreendimentos submetidos ao licenciamento tradicional, permitindo que seja dada maior atenção aos empreendimentos com efetivo impacto no meio ambiente.

Destaca-se que a CETESB promove a fiscalização ambiental das atividades e dos empreendimentos cadastrados no VRA por amostragem e, caso seja constatada alguma irregularidade, inicia-se os procedimentos sancionatórios.

Caso seja constatado que a atividade ou empreendimento apresentou informações falsas a fim de se enquadrar no licenciamento ambiental via VRA, tal conduta é objeto de ação corretiva da CETESB, sendo passível de aplicação de penalidade de multa, por funcionamento ilegal e apresentação de informação falsa ao órgão licenciador, além de serem caracterizados como crimes ambientais previstos nos artigos 60 e 69-A da Lei Federal nº 9.605/1998.

1.7. Municipalização do licenciamento ambiental

O estado de São Paulo, como forma de cooperação com os Municípios, vem promovendo, desde 2009 a municipalização do licenciamento ambiental.

[8] Parágrafo único – As estações elevatórias de esgoto com vazão inferior ou igual a 50 l/s devem atender às condições mínimas de projeto estabelecidas na Norma Técnica NBR 12.208 – Projeto de Estações Elevatórias de Esgoto Sanitário na sua versão mais atual, ou a que vier a substituí-la.

Assim, a CETESB, que por competência supletiva promovia o licenciamento de atividades de impacto local, passou a dar treinamento e capacitação aos Municípios para que esses, paulatinamente, procedessem ao licenciamento das atividades e empreendimentos de sua competência.

Em um breve histórico, o Consema, por sua competência normativa, publicou a Deliberação Consema nº 33, de 22.9.2009, que estabelecia as Diretrizes para a Descentralização do Licenciamento Ambiental e listava os empreendimentos e atividades de impacto local, cuja competência licenciadora recaía sobre os Municípios.

Após a publicação da Lei Complementar nº 140, de 8.12.2011, que regulamentou o artigo 23 da Constituição Federal, fixando normas para a cooperação entre os entes federativos para o exercício da competência comum relativa à proteção do meio ambiente, essa forma de descentralização foi fortalecida.

A Deliberação Normativa Consema nº 1, de 23.4.2014, revogou a Deliberação Consema nº 33/2009, estabelecendo as classes de impacto ambiental local em baixo, médio e alto, conforme natureza, porte e potencial poluidor.

Posteriormente, adveio a Deliberação Normativa Consema nº 1, de 13.11.2018, atualmente em vigor, estabelecendo que compete ao Município o licenciamento de empreendimentos e de atividades executados em seu território que causem ou possam causar impacto ambiental de âmbito local, conforme tipologia e classificação, fixadas considerando-se os critérios de porte, potencial poluidor e natureza das atividades ou dos empreendimentos sujeitos ao licenciamento.

O impacto local foi conceituado como aquele impacto ambiental direto que não ultrapassar o território do Município.

A fim de dar a devida publicidade aos atos de habilitação, o Consema publica em sua página eletrônica oficial[9] e no Diário Oficial do Estado a lista dos Municípios aptos a realizar o licenciamento ambiental, com indicação da "Aptidão de Acordo com a Classificação do Impacto Ambiental Local", ou seja, estabelecendo-se, com isso, o grau de complexidade passível de licenciamento pelo Município habilitado.

[9] https://www.infraestruturameioambiente.sp.gov.br/consema/licenciamento-ambiental-municipal/. Acessado em 27.9.2022.

De se notar que foram habilitados 7 (sete) Municípios em 2018; 56 (cinquenta e seis) em 2019; 4 (quatro) em 2020; 6 (seis) em 2021; e 5 (cinco) em 2022, totalizando 74 Municípios habilitados pelo Consema.

Em decorrência do pressuposto lógico de que quem pode mais, pode menos, os Municípios habilitados para o licenciamento de atividades ou empreendimentos de alto ou médio impacto poderão realizar também, o licenciamento de atividades ou empreendimentos enquadrados nas classes de menor potencial impacto ambiental.

A par do licenciamento em decorrência da habilitação pelo Consema, a aprovação de algumas obras, atividades e empreendimento é de competência natural do Município, como, por exemplo, oficinas de funilaria e pintura, restaurantes, igrejas etc. O licenciamento desses tipos de atividades ou empreendimentos não era feito pela CETESB, sendo historicamente executado pelo próprio Município.

Não é demais ressaltar que, de acordo com a Lei Complementar nº 140/2011, o órgão licenciador é o competente para, prioritariamente, realizar a fiscalização de tais atividades.

Sendo assim, os Municípios habilitados possuem a competência fiscalizatória originária para autuarem os empreendimentos e atividades por eles licenciados. Manteve-se a obrigação de autuação pela CETESB apenas para os casos previstos no §2º do artigo 17 de referida Lei Complementar que determina que para os "casos de iminência ou ocorrência de degradação da qualidade ambiental, o ente federativo que tiver conhecimento do fato deverá determinar medidas para evitá-la, fazer cessá-la ou mitigá-la".

E, caso o Município e o Estado autuem o infrator, pela forma disciplinada na Lei Complementar nº 140/2011, prevalecerá o auto de infração do ente fiscalizador.

2. A fiscalização ambiental no estado de São Paulo

Diferentemente do licenciamento, em que exclusivamente a CETESB atua como órgão executor do poder de polícia preventivo, a fiscalização ambiental é compartilhada entre a CETESB e a Polícia Militar

2.1. A fiscalização ambiental executada pela Polícia Militar do Estado de São Paulo

A atuação da Polícia Militar Ambiental se iniciou em 1943, sendo uma das primeiras da América do Sul. A então Polícia Florestal do Estado de São

Paulo foi criada pelo Decreto-lei nº 13.487, de 28.7.1943[10], e regulamentada pelo Decreto nº 19.008-A/49[11], a qual era diretamente subordinada à Diretoria do Serviço Florestal, da Secretaria da Agricultura

Por força do Decreto Estadual de 9.2.1971[12], o Corpo de Policiamento Florestal passou a ser denominado de Corpo de Policiamento de Recursos Naturais (CPRN) e a ser subordinado a Secretaria da Segurança Pública.

Em 1975, passou a se chamar Policiamento Florestal e de Mananciais e, em 1986, passou a desenvolver atividades em parceria com a Secretaria do Meio Ambiente[13].

Em 2001, houve a ampliação das atribuições, fortalecendo a atuação da Polícia, alterando-se novamente sua denominação para Policiamento Ambiental da Polícia Militar do Estado de São Paulo.

Atualmente, a Coordenadoria de Fiscalização e Biodiversidade (CFB), da Sima, coordena a atuação do Policiamento Ambiental da Polícia Militar, cuja parceria é instrumentalizada por meio de um acordo de cooperação técnica com a Secretaria de Segurança Pública.

A atuação da Polícia Militar possui fundamento legal no Decreto Estadual nº 64.456, de 10.9.2019[14], prevendo a lavratura de Auto de Infração Ambiental (AIA) nos casos em que for identificado o cometimento de infrações ambientais previstas na Lei Federal nº 9.605, de 12.2.1998, e no Decreto Federal nº 6.514, de 22.7.2008, aplicando-se as respectivas sanções.

A Resolução Sima nº 5, de 18.1.2021, por sua vez, dispõe sobre as condutas infracionais ao meio ambiente e suas respectivas sanções administrativas, com valoração das penalidades de multa, em regulamentação em âmbito estadual à Lei Federal nº 9.605, de 12.02.2008, ao Decreto

[10] https://www.al.sp.gov.br/repositorio/legislacao/decreto.lei/1943/decreto.lei-13487-28.07.1943.html

[11] https://www.al.sp.gov.br/repositorio/legislacao/decreto/1949/decreto-19008A-14.12.1949.html

[12] https://www.al.sp.gov.br/repositorio/legislacao/decreto/1971/decreto-0A-09.02.1971.html

[13] https://www.policiamilitar.sp.gov.br/unidades/ambiental/historico.html

[14] Artigo 2º – Este capítulo dispõe sobre o procedimento administrativo para apuração de infrações ambientais, ressalvados os procedimentos específicos adotados pela CETESB – Companhia Ambiental do Estado de São Paulo.

Federal nº 6.514, de 22.7.2008, bem como à Lei Estadual nº 9.509, de 20.3.1997, e ao Decreto Estadual nº 64.456, de 10.9.2019.

No procedimento administrativo sancionatório da Polícia Militar é previsto o Atendimento Ambiental, destinado à resolução consensual das pendências ambientais do autuado decorrentes da lavratura do AIA.

Caso seja frustrada a tentativa de conciliação, inicia-se o prazo para defesa e recurso.

Há ainda a possibilidade de ser firmado, a qualquer tempo[15], o Termo de Compromisso de Recuperação Ambiental (TCRA), constituindo instrumento com força de título executivo extrajudicial, destinado à formalização de medidas de reparação de dano ambiental, de regularização de infração, de limitação significativa de degradação causada e de prevenção contra novas degradações.

Significa dizer que o TCRA terá por objeto a redução do valor da multa aplicada, as medidas de reparação do dano e o compromisso de cessação da atividade que gerou a lavratura do AIA.

O processo administrativo encerra-se com a celebração do TCRA ou pelo pagamento da multa, cujos valores serão recolhidos ao Fundo Especial de Despesa para a Preservação da Biodiversidade e dos Recursos Naturais (FPBRN).

2.2. A fiscalização ambiental executada pela CETESB

Já com relação à atuação da CETESB, um complexo sistema normativo é utilizado na lavratura de seus Autos de Infração e Imposição de Advertência (AIIPA), Multa (AIIPM), Multa Diária (AIIPMD) e Embargo (AIIPE)[16].

Para os casos de infrações relativas a poluição (ar, água, solo, poluição sonora e vibração), logística reversa e licenciamento sem avaliação de impacto ambiental, a CETESB utiliza a Lei Estadual nº 997/1976 e seu respectivo regulamento aprovado pelo Decreto Estadual nº 8.468/1976.

Nos casos de infrações relativas a licenciamento com avaliação de impacto ambiental, episódios de poluição previstos na legislação federal, mananciais, apresentação de informações falsas e degradação a recursos

[15] A celebração de TCRA implica renúncia ao direito de recorrer administrativamente.

[16] Os Autos de Infração e Imposição de Penalidade de Interdição são lavrados pela Secretária de Meio Ambiente, Infraestrutura e Logística.

naturais, utiliza-se a Lei Federal nº 9.605/1998 e o Decreto Federal nº 6.514/2008.

E, ainda, para casos de descumprimento das regras de Gerenciamento de Áreas Contaminadas (GAC), utiliza-se a Lei Estadual nº 13.577/2009 e Decreto Estadual nº 59.263/2013.

De modo a compatibilizar todo esse arcabouço normativo e atender à Lei Estadual nº 10.177/1998, a CETESB publicou as seguintes decisões de diretoria:

i. Decisão de Diretoria nº 127/2019/C/I, de 5.12.2019, que aprova a Instrução Técnica nº 30, que dispõe sobre critérios de valoração das multas aplicadas pela CETESB[17], uma vez que a Lei Estadual nº 997/1976 prevê a aplicação de no máximo 10.000 vezes o valor Ufesp[18] e a Lei Federal nº 9.605/1998 prevê R$ 50.000.000,00 (cinquenta milhões de reais); e,

ii. Decisão de Diretoria nº 55/2020/P, de 29.5.2020, estabelecendo os procedimentos que devem ser seguidos no âmbito dos processos administrativos sancionatórios para apuração de infrações administrativas por condutas e atividades lesivas ao meio ambiente, decorrentes de aplicação de penalidade de advertência, multa simples, multa diária e embargo.

Por força da Decisão de Diretoria nº 55/2020/P, estabeleceu-se os agentes autuantes, as autoridades julgadoras, os prazos de defesa e recurso, bem como os prazos para pagamento com desconto de 30%[19] ou parcelamento do débito em até 60 vezes.

Em referida norma, restou delimitado o momento de ocorrência do trânsito em julgado administrativo, sendo o 21º dia no caso de não

17 A Lei Estadual nº 13.577/2009 prevê o limite máximo de 4 milhões de vezes o valor da Ufesp, o que totalizaria R$ 127.880.000,00. Porém, há a limitação do valor previsto na Lei Federal nº 9.605/1998.

18 Unidade Fiscal do Estado de São Paulo (Ufesp) para o período de 1º de janeiro a 31 de dezembro de 22, é de R$ 31,97 (trinta e um reais e noventa e sete centavos). Totalizando assim R$ 319.700,00 (trezentos e dezenove mil e setecentos reais).

19 Não há descontos em multa decorrentes de autos de infração com fundamento na Lei Estadual nº 13.577/2009 e no Decreto Estadual nº 59.263/2013, por ausência de expressa previsão legal.

interposição de recurso contra a lavratura do auto de infração ou da decisão de 1ª instância, e o 16º dia da decisão de última instância.

Também restou definido que, após o trânsito em julgado, tem início a aplicação de juros de mora em 1% ao mês.

2.3. Pontos de convergência nos procedimentos corretivos da Polícia Militar e da CETESB

Para ambos os procedimentos acima expostos, caso não haja o adimplemento do débito decorrente da penalidade de multa, promove-se a inscrição do respectivo débito na dívida ativa do Estado e do autuado no Cadastro Informativo dos Créditos não Quitados de órgãos e entidades estaduais (Cadin Estadual).

Após a inscrição do débito na dívida ativa, a gestão da dívida e o ajuizamento da ação de execução fiscal fica a cargo da Procuradoria Geral do Estado (PGE), nos termos do artigo 99, inciso VI, da Constituição do Estado de São Paulo.

Há de se notar que o artigo 3º do Decreto Estadual nº 55.087, de 27.11.2009, prevê um recurso especial ao Consema, no prazo de 10 dias, nos casos de aplicação da penalidade de multa superior a 7.500 vezes o valor da Ufesp cumulativamente à aplicação da penalidade de interdição.

Em relação à prescrição, em razão da ausência de previsão expressa no corpo normativo estadual e o âmbito de aplicação exclusivamente federal das normas que dispõem sobre o tema (Lei Federal nº 9.873/1999 e Decreto Federal nº 6.514/2008), tanto a prescrição punitiva[20] como a intercorrente[21] são inaplicáveis às autuações lavradas pela Polícia Militar e pela CETESB.

Contudo, é possível aplicar, no âmbito do processo administrativo estadual, a prescrição da execução, sendo essa de cinco anos após o término do processo administrativo sancionador até o efetivo ajuizamento da ação de execução fiscal pela PGE com fundamento na Súmula nº 467 do Superior Tribunal de Justiça.

[20] Sendo essa de 5 anos entre a constatação da infração e instauração do processo administrativo.

[21] Sendo essa de 3 anos de paralisação no curso do processo administrativo.

Conclusões

O estado de São Paulo foi pioneiro na aplicação de instrumentos de controle ambiental no Brasil e na América Latina, estando bem avançado na consolidação de um complexo e abundante arcabouço normativo de proteção ambiental.

Em razão da construção histórica desse sistema normativo, a legislação atual apresenta diversas peculiaridades do licenciamento ambiental paulista, trazendo procedimentos distintos para diversos tipos de atividade ou empreendimento, a depender de sua localização, porte ou mesmo tipologia.

A unificação do licenciamento na CETESB representou um ganho para a sociedade em geral, uma vez que fortaleceu o órgão ambiental e otimizou o trabalho dos empreendedores.

Já o compartilhamento da competência fiscalizatória entre a CETESB e a Polícia Militar Ambienta permitiu um maior alcance do contingente humano para averiguar o cumprimento das normas e exigências ambientais.

Assim, a evolução da proteção ambiental no estado de São Paulo acabou culminando em um modelo único, especialmente no que tange à existência da CETESB, na qualidade de empresa pública atuando em nome do Estado por delegação prescrita lei.

Não se pode deixar de registar que o sucesso da atuação da CETESB tem grande influência da certa autonomia que tal órgão possui, principalmente de ordem financeira e de capital humano, ainda mais fortalecido pelo advento da Lei Federal nº 13.303/2016, bem como pela valorização institucional de sua equipe técnica e dos procedimentos estabelecidos.

E, por fim, quanto mais estruturado e independente for o órgão ambiental, pautado em atuação técnica, maior será a proteção ambiental.

13. A EVOLUÇÃO DO LICENCIAMENTO AMBIENTAL DE FONTES POTENCIAIS DE POLUIÇÃO NO ESTADO DE SÃO PAULO E PERSPECTIVAS FUTURAS

Célia Regina Buono Palis Poeta
Cristiano Kenji Iwai
Rosana Kazuko Tomita

Introdução

O estado de São Paulo, por meio da CETESB, sempre foi pioneiro no licenciamento ambiental, tendo iniciado o procedimento de licenciamento em 1976, a partir do regulamento da Lei 997 (São Paulo, 1976a), por meio do Decreto nº 8.468 (São Paulo, 1976b), em setembro de 1976.

No decorrer dos anos houve o aprimoramento contínuo do procedimento de licenciamento ambiental, como instrumento preventivo de proteção do meio ambiente, compatibilizando a preservação com o desenvolvimento econômico e social sustentável, o qual está diretamente relacionado à própria história da CETESB.

Nesse sentido o presente trabalho visa apresentar o histórico do licenciamento ambiental no Estado, relacionando a evolução quanto aos aspectos normativos, ambientais e tecnológicos, bem como, a visão dos autores em relação ao futuro, em face, principalmente, dos novos instrumentos previstos.

1. O histórico e a evolução do Licenciamento Ambiental no estado de São Paulo

A preocupação com a poluição no Brasil vem desde a época da monarquia, em 1847, na Vila de Serra Negra “Proibia o lançamento em praças e vias públicas de quaisquer "imundices" e lavagem de roupas ou quaisquer objetos sujos, acima das bicas".

Em Vila de Brotas, em 1865, "Proibia a derrubada, escavações ou extrações de materiais em terrenos que houvesse nascentes".

Destaca-se que em 1870 o código de Postura de Santos, preocupado com a poluição do mar e do ar, proibiu o lançamento de "imundices" na praia e, com relação ao ar, somente permitia a instalação de curtumes, fábrica de sabão, de azeite e de fogos de artificio em locais distantes, definidos pela Câmara, de modo que os vapores não prejudicassem a salubridade da atmosfera. Além da multa aplicada ao infrator havia a necessidade de transferir o seu estabelecimento.

1.1. Industrialização

No cenário industrial paulista, a região do ABC começou a se destacar economicamente principalmente devido às fábricas atraídas pela estrada de ferro São Paulo Railway (estrada de ferro Santos/Jundiaí, implantada em 1867 e duplicada em 1901), que ligava a capital paulista ao porto de Santos.

A ferrovia trouxe facilidade, além de grande economia no transporte de produtos e matérias-primas, dava vazão aos produtos agrícolas do interior para o Porto de Santos, principalmente o café, produzido em larga escala na Província de São Paulo. Fator esse de atração para instalação de novas indústrias na região e assim o processo de industrialização em São Paulo ocorre de forma não planejada.

O rio Tamanduateí também teve grande importância na história do Estado, pois às suas margens, além da ferrovia, foram implantadas as primeiras indústrias do ABC e, em função do uso indiscriminado das suas águas, surgiram grandes problemas de poluição.

A preocupação com a questão da poluição surgiu de forma mais intensa por volta de 1940. Nesse ano foi promulgado o Decreto Estadual nº 10.890 (São Paulo, 1940), que criou a Comissão de Investigação da Poluição das Águas do Estado e a autorização prévia para lançamento de efluentes.

Existiram várias tentativas para regular o crescimento industrial e o controle da poluição, em face dos vários episódios críticos nas décadas de 50, 60 e 70.

A Lei Estadual nº 860/1950 (São Paulo, 1950), "estabeleceu normas tendentes a evitar a contaminação e poluição das águas, litorâneas ou interiores, correntes ou dormentes", proibiu o lançamento de efluentes de esgoto e de resíduos, domésticos e industriais nas águas litorâneas e interiores, estabeleceu padrões para lançamento e a necessidade de autorização prévia para o lançamento de efluentes e instituiu a penalidade de multa para os infratores.

Em 1953 a Lei Estadual nº 2.182 (São Paulo, 1953), definiu o que era poluição das águas, atribuiu a aprovação de planos e projetos ao Departamento de Obras Sanitárias, da Secretaria de Viação e Obras Públicas, à Secretaria da Saúde Pública e da Assistência Social e à Secretaria da Agricultura a fiscalização da poluição das águas, além de criar junto à Secretaria de Viação e Obras Públicas, o Conselho Estadual de Controle de Poluição das Águas – CECPA, composta por representantes dessas instituições (Decreto Estadual nº 24.806, de 1955).

A situação crítica de poluição das águas no Rio Tamanduateí se agravou com a instalação da Refinaria de Petróleo em Capuava, distrito de Mauá, município de Santo André, em 1955.

Em 1960, por iniciativa municipal e com a participação do CECPA – Conselho Estadual de Controle das Poluição das Águas, de indústrias como Rhodia Indústrias Químicas, IRF Matarazzo, Refinaria entre outras, criou-se um grupo de trabalho e depois uma Comissão Industrial de Controle de Poluição das Águas da bacia do Tamanduateí – CICPAT (representantes dos municípios de São Caetano, Santo André, São Bernardo e Mauá).

Além dos problemas de poluição das águas também surgiram problemas de poluição do ar e em 1957 foi promulgada a Lei Estadual nº 3.798 (São Paulo, 1957), que dispõe sobre o lançamento, na atmosfera, de resíduos gasosos de origem industrial ou de qualquer outra fonte de emissão e dá outras providências, define poluição e atribui a Secretaria da Saúde Pública e da Assistência Social, por meio de seus órgãos especializados, o estudo e pesquisas de laboratório, informações técnicas sobre poluição atmosférica e seu controle, a execução das normas para o controle da poluição atmosférica e aplicação das penalidades previstas na lei.

Em resumo, os Órgãos envolvidos na fiscalização da poluição eram a Secretaria da Saúde, Secretaria da Agricultura e Secretaria de Obras.

A Lei Estadual nº 10.107/1968 (São Paulo, 1968a), criou o Fundo Estadual de Saneamento Básico, FESB, com a atribuição de "Promover ou colaborar no desenvolvimento de programas de abastecimento de água e sistemas de esgotos no estado de São Paulo, na realização de levantamentos, controles e ensaios de laboratórios, pesquisas, estudos e preparação de pessoal técnico especializado, como também na promoção de empréstimos para a execução de obras e serviços relacionados com a melhoria das condições sanitárias de cidades e regiões".

O Decreto Estadual nº 50.079/1968 (São Paulo, 1968b), criou o Centro Tecnológico de Saneamento Básico – CETESB, integrado ao FESB, com a atribuição de "Realizar exames de laboratórios, estudos, pesquisas, ensaios e treinamento de pessoal no campo da engenharia sanitária.

Em 1970 por meio do Decreto Estadual nº 232 (São Paulo, 1970), foi criada a Superintendência de Saneamento Ambiental – SUSAM, para exercer o controle da poluição atmosférica, efetuar o combate de vetores biológicos visando o controle ou erradicação de endemias, propor normas técnicas, entre outras atribuições.

1.2. A criação da CETESB

A Lei Estadual nº 118/73 (São Paulo, 1973), autorizou a constituição de uma sociedade por ações, sob a denominação de CETESB – Companhia Estadual de Tecnologia de Saneamento Básico e de Controle da Poluição das Águas, vinculada à Secretaria dos Serviços e Obras Públicas e estabeleceu que o governo do Estado, por intermédio do Departamento de Águas e Energia Elétrica, manteria sempre a maioria absoluta das ações.

Em 16 de abril de 1975 o Decreto Estadual nº 5.993 (São Paulo, 1975) alterou a denominação da Companhia Estadual de Saneamento Básico e de Controle da Poluição das Águas – CETESB, que passou a denominar-se Companhia Estadual de Tecnologia de Saneamento Básico e de Defesa do Meio Ambiente, conservando a sigla CETESB.

Em 31 de maio de 1976 foi promulgada a Lei Estadual nº 997 (São Paulo, 1976a), que "Dispõe sobre a instituição do sistema de prevenção e controle da poluição do meio ambiente na forma prevista nessa lei e pela Lei Estadual nº 118/73 e pelo Decreto Estadual nº 5.993/75".

A Lei Estadual nº 997/76 (São Paulo, 1976a) teve seu regulamento aprovado pelo Decreto Estadual nº 8.468, de 08.09.76 (São Paulo, 1976b), que dispõe sobre a prevenção e controle da poluição, define a CETESB como órgão para aplicar o disposto na Lei, cria a licença para a atividade industrial, estabelece critérios para o licenciamento, além de outras atribuições também estabelecidas nesse regulamento. No primeiro momento estabelece as licenças de instalação e licença de funcionamento.

1.3. Licenciamento de fontes de poluição

A partir da aprovação do regulamento da Lei Estadual nº 997/76 (São Paulo, 1976a), por meio do Decreto Estadual nº 8.468/76 (São Paulo, 1976b), as novas fontes de poluição constantes de listagem (taxativa) nesse regulamento estavam sujeitas ao licenciamento, por meio das licenças de instalação e de funcionamento, assim como, as ampliações e alterações dessas fontes.

Já as fontes de poluição existentes na data da publicação do regulamento da Lei que seriam sujeitas ao licenciamento, porém, por serem anteriores, foram convocadas inicialmente pelo Órgão Ambiental para obtenção de Registro, por meio de apresentação de documentos comprovando a sua anterioridade, bem como informações sobre produção, fluxograma de processo, layout, relação de equipamentos, entre outras. Esses empreendimentos posteriormente foram objeto de licença de funcionamento, com objetivo de se adequarem as normas ambientais.

A análise dos processos referentes à Licença de Instalação e posteriormente a Licença de Funcionamento, bem como as ações corretivas das fontes existentes, eram realizadas por diferentes equipes da CETESB.

Em função das equipes serem compostas por técnicos originários dos órgãos específicos que tratavam da questão referente à poluição do ar ou à poluição das águas, a análise dos processos era realizada por mais de um técnico, com emissão de pareceres específicos.

O enfoque era voltado para as atividades emissoras de poluentes nas águas, no ar ou no solo (muito timidamente), especialmente indústrias de qualquer porte ou natureza.

Somavam-se a elas os loteamentos, as atividades minerárias, os serviços de saneamento (estações de tratamento de esgotos, aterros sanitários etc.) os serviços de saúde (hospitais e similares) e algumas outras atividades de serviços.

Com a contratação, em 1978, de novos técnicos e o estabelecimento e adequação de procedimentos, a análise do processo de licenciamento, antes fragmentada, com relação aos meios ar, águas e solo, passou a ser realizada por um único técnico, porém, ainda, em equipes separadas para cada fase da licença e das ações corretivas. Essas equipes ficavam situadas na sede da CETESB no município de São Paulo.

A análise das fontes de poluição como um todo, tanto preventivamente nas duas fases do licenciamento, instalação e funcionamento e ações corretivas pela mesma área/técnico foi realizada a partir do processo de descentralização da CETESB, em 1984, quando foram criadas as Agências Ambientais.

Esse processo de descentralização permitiu um avanço significativo com relação à avaliação das fontes de poluição, que passaram a ser analisadas de forma integrada e, por estar a equipe técnica localizada na área de sua atuação, trouxe um melhor conhecimento da região, otimização dos recursos e maior agilidade do órgão ambiental, contribuindo para uma melhoria ambiental e no atendimento à população.

Com relação ao licenciamento ambiental, a CETESB continuou a emitir as licenças de Instalação e de Funcionamento, sem prazo e sem renovação, até 2002, quando foi promulgado o Decreto Estadual nº 47.397 (São Paulo, 2002), que alterou o Regulamento da Lei nº 997/76 (São Paulo, 1976a), adequando o procedimento de licenciamento à Política Nacional de Meio Ambiente, instituída pela Lei Federal nº 6.938/81 (Brasil, 1981) e a Resolução CONAMA nº 237/97 (Brasil, 1997), introduzindo a Licença Prévia, o prazos de validade das licenças e a renovação da Licença de Operação.

1.4. Unificação do Licenciamento Ambiental

O licenciamento ambiental no estado de São Paulo envolvia diversos órgãos e entidades vinculadas à Secretaria do Meio Ambiente, quais sejam, a CETESB, responsável pelo licenciamento ambiental de fontes de poluição, e os Departamentos ligados à CPRN – Coordenadoria de Licenciamento Ambiental e Proteção dos Recursos Naturais, a saber, o DAIA – Departamento de Avaliação de Impacto Ambiental, responsável pelo licenciamento com avaliação de impacto ambiental, o DEPRN – Departamento Estadual de Proteção dos Recursos Naturais, responsável pela avaliação das autorizações florestais e o DUSM – Departamento de Licenciamento e Fiscalização do Uso do Solo Metropolitano, responsável pela emissão dos Alvarás em Áreas de Proteção aos Mananciais – APMs.

Considerando a necessidade de agilizar os procedimentos do licenciamento ambiental e de otimizar os recursos do Estado para o desempenho dessa atribuição com qualidade e eficiência, em 16 de maio de 2007, foi publicada a Resolução SMA nº 22 (São Paulo, 2007), a qual tratava sobre a execução do Projeto Ambiental Estratégico "Licenciamento Ambiental Unificado", visando integrar e unificar o licenciamento ambiental no estado de São Paulo.

Em 08 de maio de 2009 foi publicada a Lei Estadual 13.542 (São Paulo, 2009), a qual entrou em vigor em 07 de agosto de 2009 e que alterou o artigo 2º da Lei Estadual nº 118/1973 (São Paulo, 1973), criando a "Nova CETESB". A empresa passou a denominar-se Companhia Ambiental do Estado de São Paulo, ganhando novas atribuições, passando a ser a única porta de entrada para os pedidos de licenciamento ambiental, que, conforme citado, eram expedidas por quatro diferentes áreas do Sistema Estadual de Meio Ambiente. Além de manter a função de órgão fiscalizador e licenciador de atividades consideradas potencialmente poluidoras, a CETESB passou a licenciar atividades que impliquem o corte de vegetação e intervenções em áreas consideradas de preservação permanente e ambientalmente protegidas.

À época foram criadas 56 Agências Ambientais Unificadas visando agilizar e melhorar os serviços prestados à população, ocupando melhor e mais eficientemente todo o espaço do território paulista. Além disso, a proposta era de transformar a CETESB, substituindo o antigo modelo de comando e controle das fontes de poluição pela agenda da gestão ambiental, sob a ótica da sustentabilidade.

Passados mais de 13 anos do processo de unificação do licenciamento na estrutura da CETESB, temos que, de fato, se tornou mais ágil a expedição de documentos, além de se ter uma análise integrada dos aspectos ambientais, refletindo em ganhos a sociedade e ao meio ambiente.

1.5. Municipalização do licenciamento ambiental

Considerando o disposto no artigo 6º da Resolução CONAMA 237/97 (Brasil, 1997), bem como o Decreto Estadual nº 43.505/98 (São Paulo, 1998) e o Regulamento da Lei Estadual 997/76 (São Paulo, 1976a), aprovado pelo Decreto Estadual nº 8.468/76 (São Paulo, 1976b), com a redação dada pelo Decreto Estadual nº 47.397/02 (São Paulo, 2002), a Secretaria de Estado do Meio Ambiente – SMA e a CETESB firmaram, em 31/07/2003, o primeiro convênio com o município de Santo André e o Serviço Municipal de Saneamento Ambiental – SEMASA, órgão da prefeitura local, visando repassar as atribuições de fiscalização e licenciamento ambiental de obras e empreendimentos de impacto local.

À época, para a celebração dos convênios era exigida a criação de um conselho municipal de meio ambiente, quadro de funcionários capacitados para a função e uma legislação municipal específica. As atividades passíveis de licenciamento no âmbito municipal eram estabelecidas no Decreto Estadual nº 47.397/02 (São Paulo, 2002) e foram incluídas também outras atividades, antes exclusivas de outros órgãos da Secretaria do Meio Ambiente.

Desta forma que a descentralização do licenciamento ambiental avançou inicialmente no estado de São Paulo, permitindo a gestão compartilhada da questão ambiental, e liberando os técnicos da CETESB para cuidar de processos mais complexos e que demandavam maior tempo de análise, uma vez que os licenciamentos de empreendimentos de pequeno porte representavam cerca de 70% do total de pedidos de licenças.

Entretanto, há época, houve alguns questionamentos quanto à delegação das atribuições da CETESB por convênio, apesar da previsão legal, gerando processos judiciais, sendo que alguns inclusive levaram a suspensão de convênios.

Com a publicação de Lei Complementar 140, de 08 de dezembro de 2011 (Brasil, 2011), houve um aclaramento em relação às atribuições dos entes federativos quanto as ações administrativas decorrentes do exercício da competência comum relativa à proteção do meio ambiente, ao controle da poluição e à preservação das florestas, da fauna e da flora.

Assim, por meio da Deliberação Normativa CONSEMA nº 01/2014 (São Paulo, 2014b) foram estabelecidas as diretrizes para o licenciamento ambiental municipal de empreendimentos ou atividades de potencial impacto local, posteriormente revogada e substituída pela Deliberação Normativa CONSEMA nº 01/2018 (São Paulo, 2018), atualmente vigente.

Cabe ao Conselho Estadual do Meio Ambiente – CONSEMA divulgar a lista dos municípios aptos a realizar o licenciamento ambiental, conferindo-se publicidade e sistematização ao licenciamento ambiental no Estado. Atualmente, conforme listagem publicada, 75 municípios são habilitados.

Destaca-se que, mesmo no exercício de sua competência supletiva, a CETESB sempre considera o posicionamento dos municípios em relação ao uso e ocupação do solo, bem como aos aspectos ambientais, por meio da solicitação de apresentação de certidões e manifestação do órgão ambiental local nos processos de licenciamento ambiental.

Por fim, entende-se a municipalização do licenciamento ambiental como um importante passo para o aprimoramento do exercício das atribuições dos diversos entes federativos, considerando principalmente as vantagens do município em exercer uma competência relacionada às atividades de menor impacto, em nível local, na qual se conheçam mais detalhadamente as necessidades e realidades do lugar.

1.6. Informatização do Licenciamento Ambiental no estado de São Paulo

No início do licenciamento ambiental no estado de São Paulo, em 1976, as atividades da CETESB, incluindo o licenciamento e a fiscalização de fontes de poluição, eram sustentadas pela utilização de computadores de grande porte, não existindo os computadores pessoais. Assim sendo, pode-se afirmar que as primeiras licenças emitidas foram datilografadas. Têm-se registros de que cerca de 79.000 pedidos de licença foram analisados e seu documento de conclusão expedido à máquina de escrever.

Com o advento dos computadores pessoais e da rede corporativa na CETESB, foi implantado no final de 1998 o Sistema de Fontes de Poluição – SIPOL, atualmente ainda em utilização. O SIPOL empregou todo o potencial de tecnologia da época para dar aos responsáveis pelo processamento das informações a rapidez, a segurança e a precisão necessárias no trato dos trabalhos de licenciamento, aplicação de sanções administrativas e inventário de fontes de poluição. Como resultado, o SIPOL gera certificados de licenciamento, autos de infração e permite o acesso à base de dados de inventário dos empreendimentos licenciados (GOMES, 1998), além de disponibilizar os autos de inspeções realizadas nos empreendimentos. As licenças passaram a ser impressas, continuando a ser assinadas manualmente.

Associada a um pedido de licenciamento, o SIPOL exige o cadastramento do Memorial de Caracterização do Empreendimento – MCE, que consiste no memorial descritivo da atividade a ser implantada, contendo informações de matéria-prima, combustíveis utilizados, produtos, fontes de poluição, emissão atmosférica, efluentes líquidos e geração de resíduos. O interessado do licenciamento ambiental retirava na Agência Ambiental o formulário em papel do MCE, preenchia manualmente e entregava pessoalmente na Agência Ambiental, juntamente com os demais documentos necessários à análise do seu pedido de licenciamento. Os técnicos da CETESB, por sua vez, transcreviam no sistema os dados do MCE.

A implantação do SIPOL representou um marco, em termos de disponibilidade de informações ambientais no estado de São Paulo e de organização de informações por empreendimento licenciado e/ou fiscalizado. No período de 1999 a 2002, a média anual de pedidos de licença foi de cerca de 15.800 solicitações.

A promulgação do Decreto Estadual nº 47.397, de 04 de dezembro de 2002 (São Paulo, 2002), introduziu a licença prévia e a necessidade de renovação da Licença de Operação, deliberando que as fontes de poluição fossem convocadas pela CETESB para renovar a respectiva licença. Esse marco no licenciamento ambiental do Estado de São Paulo, incluindo novas modalidades de licenças, inevitavelmente implicaria no aumento da quantidade de pedidos de licenciamento, podendo tornar a análise do processo de licenciamento moroso. Dessa forma, essa alteração de procedimento no licenciamento ambiental foi acompanhada da substituição do MCE em papel pelo MCE em meio magnético, análogo ao que ocorreu com a declaração de imposto de renda, dispensando a necessidade de um funcionário digitar os dados de caracterização do empreendimento no SIPOL. A previsão se concretizou, em 2004 foram protocolizados cerca de 21.800 pedidos de licença, representando um crescimento de mais de 30% em relação aos pedidos de 2002.

Nesse cenário, de crescente aumento dos pedidos de licença, para evitar a morosidade e o acúmulo de processos de licenciamento à espera de análise, surgiu a necessidade de simplificar e desburocratizar o licenciamento ambiental. Conforme § 1º do artigo 12 da Resolução CONAMA 237/97 (Brasil, 1997), para atividades e empreendimentos de pequeno potencial de impacto ambiental, o órgão ambiental poderá estabelecer procedimentos simplificados que deverão ser aprovados pelo respectivo Conselho de Meio Ambiente.

Balizado nesse princípio, em 2006 a CETESB implementou o Sistema de Licenciamento Simplificado – SILIS, um sistema informatizado, para internet, calcado na certificação digital, por meio do qual empreendimentos de baixo potencial poluidor podiam obter o seu licenciamento ambiental, utilizando um procedimento simplificado. Esse procedimento simplificado consistia na solicitação do licenciamento, via internet, encaminhamento dos documentos pelos Correios (opcionalmente o interessado podia entregar a documentação diretamente na Agência Ambienta) e, após análise, a concessão da licença. Por meio do SILIS, os documentos Licença Prévia, Licença de Instalação e Licença de Operação eram concedidos com a emissão de apenas um único documento (denominado LPIO), contendo assinatura digital, certificada pela Imprensa Oficial do Estado de São

Paulo – IMESP, que poderia ser impresso e sua autenticidade verificada na página da CETESB na internet. O SILIS também foi utilizado para renovar a Licença de Operação pelos empreendimentos de baixo potencial poluidor.

No final de 2007, a tecnologia utilizada para a emissão de documentos do SILIS, fundamentada na certificação digital, foi estendida para as demais licenças ambientais. Assim, as licenças não precisariam ser convertidas em papel e assinadas. Além da redução dos custos com papéis especiais de segurança, essa inovação garantiu maior transparência nos atos da CETESB, uma vez que as licenças ficaram disponíveis para *download* e verificação de sua autenticidade em seu *site*.

Com a publicação e a entrada em vigor da Lei Estadual 13.542/2009 (São Paulo, 2009), visando a atender a nova realidade da CETESB e da unificação do licenciamento ambiental no estado de São Paulo foi desenvolvido um novo sistema-*web*, o Portal de Licenciamento Ambiental – PLA. Esse sistema disponibilizou ao cidadão todos os serviços de licenciamento ambiental, incluindo o SILIS, via internet, permitindo o seu acesso a qualquer momento. Ao final do preenchimento, o novo sistema passou a fornecer a ficha de compensação com o valor do custo de análise e a lista de documentos necessários, que eram apresentadas, pessoalmente, na respectiva Agência Ambiental.

A inovação introduzida pelo PLA foi que atividades isentas de licenciamento ambiental e que necessitavam comprovar essa condição, passaram a obter de forma automática, sem necessidade de comparecer à Agência Ambiental, o documento Declaração de Atividade Isenta de Licenciamento – DAIL, atestando a dispensa do licenciamento ambiental. Esse documento, como os outros, também é emitido com certificação digital, possibilitando a consulta de sua autenticidade.

Em 29/12/2017, um novo serviço foi introduzido no PLA, o Via Rápida Ambiental – VRA, que viabilizou o licenciamento ambiental simplificado e informatizado de atividades e empreendimentos que potencialmente acarretam baixo impacto ambiental, conforme instituído pelo Decreto Estadual nº 60.329/2014 (São Paulo, 2014a). As atividades e empreendimentos passíveis desse licenciamento simplificado foram definidos, inicialmente, na Deliberação CONSEMA Normativa 02/2014 (São Paulo, 2014c), posteriormente alterada pela Deliberação CONSEMA Normativa 01/2016 (São Paulo, 2016) e pela Deliberação CONSEMA

Normativa 01/2019 (São Paulo, 2019). Essa Deliberação definiu também as solicitações de supressão de vegetação nativa, corte de árvores nativas isoladas e intervenção em área de preservação permanente que podem ser autorizadas no mesmo procedimento simplificado (CETESB, 2017).

No que se refere ao licenciamento de fontes de poluição, o VRA substituiu o SILIS. O diferencial do VRA é que possibilitou ao interessado obter tanto a licença como a autorização de forma automática (emitida na hora), auto declaratória (questionário respondido pelo interessado e analisado pelo sistema) e sem custo.

Simultaneamente à evolução nos procedimentos e sistemas inerentes ao licenciamento ambiental, o Sistema Ambiental Paulista, incluindo a CETESB, iniciou em 2017 o projeto de informatização/virtualização dos processos, substituindo os processos físicos, em papel, pelos eletrônicos/digitais – surgiu o sistema e-ambiente. Com a implantação desse sistema, ao finalizar o pedido de licenciamento no PLA, o interessado passou a receber um *link* para acessar o seu processo digital e protocolar os documentos do seu pedido a qualquer hora, sem a necessidade de se deslocar para uma Agência Ambiental. Outras vantagens percebidas com a implantação do processo digital foram: economia de recursos (pincipalmente papel); redução de risco de extravio do processo ou documento; possibilidade de análise simultânea do processo por vários técnicos da CETESB ou mesmo de outros órgãos envolvidos no licenciamento, conferindo maior agilidade; transparência no andamento dos processos; celeridade na comunicação com o interessado; disponibilidade de acesso/consulta 24 horas por dia, facilitando, por exemplo, a interposição de recurso a um parecer desfavorável a licença etc.

2. Perspectivas para o Licenciamento Ambiental

Após a aprovação na Câmara dos Deputados, encontra-se em tramitação no Senado Federal o Projeto de Lei 2.159, de 2021 (Senado Federal, 2021), que dispõe sobre o licenciamento ambiental. Conforme descrito em seu artigo primeiro, esta Lei, denominada Lei Geral do Licenciamento Ambiental, estabelece normas gerais para o licenciamento de atividade ou de empreendimento utilizador de recursos ambientais, efetiva ou potencialmente poluidor ou capaz, sob qualquer forma, de causar degradação do meio ambiente.

O projeto flexibiliza o licenciamento ambiental, simplifica alguns processos e cria uma modalidade de autodeclaração, denominada Licença por Adesão de Compromisso (LAC), além do licenciamento simplificado chamado de "bifásico" e de "fase única" denominada Licença Ambiental Única (LAU).

Conforme previsto no referido projeto, a regularização de atividade ou de empreendimento que, na data da publicação da Lei, estiver operando sem licença ambiental válida ocorre pela expedição de Licença de Operação Corretiva – LOC, a qual poderá ocorrer por adesão e compromisso ou por termo de compromisso entre a autoridade licenciadora e o empreendedor. Quando solicitada a LOC espontaneamente, o cumprimento de todas as exigências necessárias à sua expedição extinguirá a punibilidade do crime previsto no art. 60 da Lei Federal nº 9.605, de 12 de fevereiro de 1998 (Brasil, 1998).

Além disso, estabelece que sistemas e estações de tratamento de água e de esgoto sanitário, pátios de compostagem de resíduos orgânicos, usinas de reciclagem de resíduos da construção civil, obras de manutenção em estradas e portos, de distribuição de energia elétrica com baixa tensão, obras que sejam consideradas de porte insignificante pela autoridade licenciadora, entre outras atividades, não precisarão de licença ambiental.

Como se verifica, resumidamente, o projeto, na forma como está atualmente, apresenta uma série de inovações e simplificações que podem impactar negativamente o controle preventivo das fontes potenciais de poluição e de degradação ambiental, inclusive com o enfraquecimento da participação pública na tomada de decisões ambientais, bem como, com o enfraquecimento dos órgãos ambientais.

Considerando a sua complexidade e amplitude, o procedimento de licenciamento ambiental está amparado e regulamentado de forma esparsa, em diversos instrumentos legais e normativos nas diversas esferas administrativas, trazendo certa insegurança técnica e jurídica. Nesse sentido uma legislação específica se mostra importante para nortear o licenciamento como um importante instrumento de planejamento e gestão ambiental. Entretanto, esta deve ser amplamente discutida, envolvendo os órgãos ambientais, inclusive com a participação social, de forma a atingir o objetivo principal do licenciamento, relacionado à manutenção da qualidade do meio ambiente e a proteção da saúde pública.

No que diz respeito à inovação tecnológica, o estado de São Paulo ainda necessita de aprimoramento. Atualmente, o andamento de um processo de licenciamento pode envolver quatro sistemas, quais sejam SIPOL, um sistema criado na década de 90; o Portal de Licenciamento Ambiental, que unificou todos os serviços de licenciamento atendidos pelas Agências Ambientais da CETESB; o e-ambiente, que substituiu os processos físicos e o SIGAM, sistema herdado dos antigos DEPRN e DUSM para analisar e emitir autorizações e alvarás. É notório que a unificação do licenciamento em 2009 não foi acompanhada de uma unificação dos sistemas. Assim sendo, almeja-se o desenvolvimento de um sistema único de licenciamento que englobe todas as funções necessárias para avaliar um processo de licenciamento ambiental, que poderá proporcionar a redução no tempo de análise, a melhoria da eficiência nas ações preventivas e corretivas, a agilidade e aumento da confiabilidade na obtenção de informações.

Conclusões

O licenciamento ambiental é uma importante ferramenta para o controle preventivo das fontes potenciais de poluição, estabelecendo condições para a viabilidade, implantação e operação dos empreendimentos, visando garantir o equilíbrio entre a conservação do meio ambiente e o desenvolvimento econômico e social. É com esse foco que a CETESB tem atuado e aprimorado suas ações ao longo de sua história.

Um dos pilares de atuação da recente gestão da Companhia se pautou no licenciamento e eficiência, visando a melhoria e dinamização das ações realizadas pela CETESB. Assim a Diretoria de Controle e Licenciamento Ambiental tem centrado esforços para a redução do estoque de solicitações e do tempo de análise, por meio da informatização, treinamentos, atualização das orientações e procedimentos, entre outras ações, tendo obtido resultados históricos e mantendo a excelência técnica pela qual a Companhia é reconhecida. Desta forma, nos últimos três anos, foram emitidas mais de 167 mil licenças.

Finalmente, verifica-se uma busca contínua para melhoria desse instrumento de gestão ambiental, de forma a contribuir para a manutenção da qualidade ambiental e da proteção à saúde pública no estado de São Paulo.

Referências

BRASIL. Lei nº 6938, de 31 de agosto de 1981. **Dispõe sobre a Política Nacional do Meio Ambiente, seus fins e mecanismos de formulação e aplicação, e dá outras providências.** Brasília, DF, 1981. Disponível em: http://www.planalto.gov.br/ccivil_03/leis/l6938.htm. Acesso em: 04 out 2022.

Brasil. Resolução nº 237, de 19 de dezembro de 1997. **Dispõe sobre a revisão e complementação dos procedimentos e critérios utilizados para o licenciamento ambiental.** Brasil: Conselho Nacional do Meio Ambiente – CONAMA, 1997. Disponível em: http://conama.mma.gov.br/?option= com_sisconama&task=arquivo.download&id=237. Acesso em: 24 set 2022.

Brasil. Lei nº 9.605, de 12 de fevereiro de 1998. **Dispõe sobre as sanções penais e administrativas derivadas de condutas e atividades lesivas ao meio ambiente, e dá outras providências**. Brasília, DF, 1981. Disponível em: http://www.planalto.gov.br/ccivil_03/leis/l9605.htm. Acesso em: 04 out 2022.

Brasil. Lei Complementar nº 140, de 8 de dezembro de 2011. **Fixa normas, nos termos dos incisos III, VI e VII do caput e do parágrafo único do art. 23 da Constituição Federal, para a cooperação entre a União, os Estados, o Distrito Federal e os Municípios nas ações administrativas decorrentes do exercício da competência comum relativas à proteção das paisagens naturais notáveis, à proteção do meio ambiente, ao combate à poluição em qualquer de suas formas e à preservação das florestas, da fauna e da flora; e altera a Lei no 6.938, de 31 de agosto de 1981.** República Federativa do Brasil. Brasília, 2011. Disponível em: http://www.planalto.gov.br/ccivil_03/leis/lcp/lcp140.htm. Acesso em: 21 set 2022.

CETESB Livro 50 anos de história e estórias. Disponível em: https://indd.adobe.com/view/1305bc27-46ce-408a-8416-d9ff9c05efe1. Acesso em: 04 out 2022.

CETESB entrega o sistema Via Rápida Ambiental. CETESB, 2017. Disponível em: https://cetesb.sp.gov.br/blog/2017/12/21/cetesb-entrega-o-sistema-via-rapido-ambiental/. Acesso em 21 set 2022.

GOMES, I.A. SIPOL – **Sistema de Fontes de Poluição: Manual do Usuário.** São Paulo: CETESB – Companhia de Tecnologia de Saneamento Ambiental, 1998. 396p.

São Paulo. Decreto nº 10.890, de 10 de janeiro de 1940. **Institui a Comissão de Investigações da Poluição das Águas do Estado.** São Paulo: Governo do estado de São Paulo, 1940. Disponível em:
https://www.al.sp.gov.br/repositorio/legislacao/decreto/1940/decreto-10890-10.01.1940.html. Acesso em 04 out 2022.

São Paulo. Lei nº 860, de 24 de novembro de 1950. **Estabelece normas tendentes a evitar a contaminação e poluição das águas, litorâneas ou interiores, correntes ou dormentes.** São Paulo: Governo de estado de São Paulo, 1953. Disponível em:

https://www.al.sp.gov.br/repositorio/legislacao/lei/1950/lei-860-24.11.1950.html, Acesso em: 04 out 2022.

São Paulo. Lei nº 2.182, de 27 de julho de 1953. **Estabelece normas tendentes a evitar a contaminação e poluição das águas litorâneas ou interiores, correntes ou dormentes, e dá outras providências.** São Paulo: Governo do estado de São Paulo, 1953. Disponível em: https://www.al.sp.gov.br/repositorio/legislacao/lei/1953/lei-2182-23.07.1953.html Acesso em: 04 out 2022.

São Paulo. Lei nº 3.798, de 05 de fevereiro de 1957. **Dispõe sobre o lançamento, na atmosfera, de resíduos gasosos de origem industrial ou de qualquer outra fonte de emissão e dá outras providências.** São Paulo: Governo do estado de São Paulo, 1957. Disponível em: https://www.al.sp.gov.br/repositorio/legislacao/lei/1957/lei-3798-05.02.1957.html Acesso em: 04 out 2022.

São Paulo. Lei nº 10.107, de 08 de maio de 1968. **Dispõe sobre a criação do Fundo Estadual de Saneamento Básico e dá outras providências.** São Paulo: Governo de estado de São Paulo, 1968a. Disponível em: https://www.al.sp.gov.br/repositorio/legislacao/lei/1968/original-lei-10107-08.05.1968.html. Acesso em: 04 out 2022.

São Paulo. Decreto nº 50.079, de 24 de maio de 1968. **Dispõe sobre a constituição do Centro Tecnológico de Saneamento Básico, prevista na Lei Estadual nº 10.107, de 8 de maio de 1968, e dá outras providências.** São Paulo: Governo de estado de São Paulo, 1968b. Disponível em: https://www.al.sp.gov.br/repositorio/legislacao/decreto/1968/decreto-50079-24.07.1968.html Acesso em: 04 out 2022.

São Paulo. Decreto nº 232, de 17 de abril de 1970. **Dispõe sobre a criação, como entidade autárquica, da Superintendência de Saneamento Ambiental – SUSAM.** São Paulo: Governo de estado de São Paulo, 1970. Disponível em: https://www.al.sp.gov.br/repositorio/legislacao/decreto.lei/1970/decreto.lei-232-17.04.1970.html Acesso em: 04 out 2022.

São Paulo. Lei nº 118, de 29 de junho de 1973. **Autoriza a constituição de uma sociedade por ações, sob a denominação de CETESB – Companhia Estadual de Tecnologia de Saneamento Básico e de Controle de Poluição das Águas, e dá providências correlatas.** São Paulo, 1973. Disponível em: https://www.al.sp.gov.br/repositorio/legislacao/lei/1973/alteracao-lei-118-29.06.1973.html. Acesso em: 24 set 2022.

São Paulo. Decreto Estadual nº 5.993, de 16 de abril de 1975. **Altera a denominação e as atribuições da CETESB – Companhia Estadual de Tecnologia de Saneamento Básico e de Controle de Poluição das Águas e dá providências correlatas.** São Paulo: Governo do estado de São Paulo, 1975. Disponível em: https://www.al.sp.gov.br/repositorio/legislacao/decreto/1975/decreto-5993-16.04.1975.html. Acesso em: 04 out 2022.

São Paulo. Lei nº 997, de 31 de maio de 1976, que **dispõe sobre a prevenção e o controle da poluição do meio ambiente.** São Paulo: Governo do estado de São Paulo, 1976a. Disponível em: https://www.al.sp.gov.br/repositorio/legislacao/lei/1976/lei-997-31.05.1976.html Acesso em: 24 set 2022.

São Paulo. Decreto nº 8.468, de 08 de setembro de 1976. **Aprova o Regulamento da Lei nº 997, de 31 de maio de 1976, que dispõe sobre a prevenção e o controle da poluição do meio ambiente.** São Paulo: Governo do estado de São Paulo, 1976b. Disponível em: https://www.al.sp.gov.br/repositorio/legislacao/decreto/1976/decreto-8468-08.09.1976.html. Acesso em: 24 set 2022.

São Paulo. Decreto nº 43.505, de 01 de outubro de 1998. **Autoriza o Secretário do Meio Ambiente a celebrar convênios com Municípios Paulistas, visando à fiscalização e ao licenciamento ambiental.** São Paulo: Governo do estado de São Paulo, 1998. Disponível em: https://www.al.sp.gov.br/repositorio/legislacao/decreto/1998/decreto-43505-01.10.1998.html. Acesso em 01 out 2022.

São Paulo. Decreto nº 47.397, de 04 de setembro de 2002. **Dá nova redação ao título V e ao anexo 5 e acrescenta os anexos 9 e 10 ao regulamento da Lei nº 997, de 31 de maio de 1976, aprovado pelo Decreto nº 8.468, de 8 de setembro de 1976, que dispõe sobre a prevenção e o controle da poluição do meio ambiente.** São Paulo: Governo do estado de São Paulo, 2002. Disponível em: https://www.al.sp.gov.br/repositorio/legislacao/decreto/2002/decreto-47397-04.12.2002.html. Acesso em: 24 set 2022.

São Paulo. Resolução SMA nº 22, de 16 de maio de 2007. **Dispõe sobre a execução do Projeto Ambiental Estratégico "Licenciamento Ambiental Unificado", que visa integrar e unificar o licenciamento ambiental no Estado de São Paulo, altera procedimentos para o licenciamento das atividades que especifica e dá outras providências.** São Paulo: Secretaria do Meio Ambiente, 2007. Disponível em: https://www.cetesb.sp.gov.br/licenciamento/documentos/2007_Res_SMA_22.pdf. Acesso em 24 set 2022.

São Paulo. Lei nº 13.542, de 08 de maio de 2009. **Altera a denominação da CETESB – Companhia de Tecnologia de Saneamento Ambiental e dá nova redação aos artigos 2º e 10 da Lei n. 118, de 29 de junho de 1973.** São Paulo: Governo do estado de São Paulo, 2009. Disponível em: https://www.al.sp.gov.br/repositorio/legislacao/lei/2009/lei-13542-08.05.2009.html. Acesso em 24 set 2022.

São Paulo. Decreto nº 60.329, de 02 de abril de 2014. **Dispõe sobre o licenciamento ambiental simplificado e informatizado de atividades e empreendimentos de baixo impacto ambiental e dá providências correlatas.** São Paulo: Governo do estado de São Paulo, 2014a. Disponível em: https://www.al.sp.gov.br/repositorio/legislacao/decreto/2014/decreto-60329-02.04.2014.html. Acesso em 24 set 2022.

São Paulo. Deliberação CONSEMA Normativa 01, de 23 de abril de 2014. **Fixa tipologia para o exercício da competência municipal, no âmbito do licenciamento**

ambiental, dos empreendimentos e atividades de potencial impacto local, nos termos do Art. 9º, inciso XIV, alínea "a", da Lei Complementar Federal 140/2011. São Paulo: Conselho Estadual de Meio Ambiente – CONSEMA, 2014b. Disponível em: http://arquivos.ambiente.sp.gov.br/consema/2014/01/DelNormativa01.pdf. Acesso em 24 set 2022.

São Paulo. Deliberação CONSEMA Normativa 02, de 23 de abril de 2014. **Define as atividades e empreendimentos de baixo impacto ambiental passiveis de licenciamento por procedimento simplificado e informatizado, bem como autorizações.** São Paulo: Conselho Estadual de Meio Ambiente – CONSEMA, 2014c. Disponível em: https://smastr16.blob.core.windows.net/consema/2014/01/DelNormativa02.pdf. Acesso em 24 set 2022.

São Paulo. Deliberação CONSEMA Normativa 01, de 18 de outubro de 2016. **Aprova relatório da CT Processante e de Normatização acerca da Proposta de Simplificação dos Procedimentos de Licenciamento Ambiental de Estações Elevatórias de Esgoto.** São Paulo: Conselho Estadual de Meio Ambiente – CONSEMA, 2016. Disponível em: https://smastr16.blob.core.windows.net/ consema/2016/01/Delibera%C3%A7%C3%A3o-CONSEMA-Normativa-01-2016.pdf. Acesso em 24 set 2022.

São Paulo. Deliberação CONSEMA Normativa 01, de 13 de novembro de 2018. **Fixa tipologia para o licenciamento ambiental municipal de empreendimentos e atividades que causem ou possam causar impacto ambiental de âmbito local, nos termos do Art. 9º, inciso XIV, alínea "a", da Lei Complementar Federal nº 140/2011.** São Paulo: Conselho Estadual de Meio Ambiente – CONSEMA, 2014b. Disponível em: https://cetesb.sp.gov.br/licenciamentoambiental/wp-content/uploads/sites/32/2019/05/Delibera%C3%A7%C3%A3o-Consema-n%C2%BA-01-2018.pdf. Acesso em 24 set 2022.

São Paulo. Deliberação CONSEMA Normativa 01, de 30 de abril de 2019. **Define as atividades e empreendimentos de baixo impacto ambiental passiveis de licenciamento por procedimento simplificado e informatizado, bem como autorizações.** São Paulo: Conselho Estadual de Meio Ambiente – CONSEMA, 2019. Disponível em: https://smastr16.blob.core.windows.net/ consema/2019/05/delnorm01-licenciamento-simplificado.pdf. Acesso em 24 set 2022.

Senado Federal, Projeto de Lei nº 2159, DE 2021. **Dispõe sobre o licenciamento ambiental; regulamenta o inciso IV do § 1º do art. 225 da Constituição Federal; altera as Leis nºs 9.605, de 12 de fevereiro de 1998, e 9.985, de 18 de julho de 2000; revoga dispositivo da Lei nº 7.661, de 16 de maio de 1988; e dá outras providências, 2021.** Disponível em: https://www25.senado.leg.br/web/atividade/materias/-/materia/148785. Acesso em 25 set 2022.

14. A INTRODUÇÃO DOS CURSOS DE GESTÃO AMBIENTAL (BACHARELADO) NO ENSINO SUPERIOR BRASILEIRO

Odaléia Telles Marcondes Machado Queiroz

Introdução

A sociedade se envolve com problemas ambientais há milênios, mas desde meados do século XX as iniciativas para discussão sobre o tema se multiplicaram.

> O tema do meio ambiente começou a ser tratado oficialmente pela ONU apenas na década de 1970, destacando-se as questões ambientais e a influência do homem sobre a natureza. Oficialmente, a primeira reunião sobre essa temática realizada pela ONU ocorreu na Suécia, em 1972, quando se organizou a "Conferência das Nações Unidas sobre o Ambiente Humano", momento em que se discutiu, pela primeira vez, a questão dos impactos das ações do homem sobre o planeta... No ano de 1992, ocorreu na cidade do Rio de Janeiro a Conferência das Nações Unidas sobre o Meio Ambiente e Desenvolvimento, também conhecida como Rio-92 ou Eco-92. Neste evento, organizado conjuntamente pela ONU e pelo governo brasileiro, pela primeira vez colocou-se a temática ambiental no centro dos debates, ao se estabelecer um conjunto de acordos políticos com metas e objetivos que deveriam ser seguidas nos decênios seguintes por todos os países signatários do documento final da referida conferência (BESKOW e MATTEI, 2012, p. 4).

Outros encontros internacionais sobre a questão ocorreram, sendo a Rio+20 em 2012 uma das conferências fundamentais para uma reafirmação dos compromissos assumidos anteriormente, principalmente estabelecendo-se que desenvolvimento sustentável envolve o econômico, o social e o ambiental em conjunto. Medidas urgentes para conter as mudanças climáticas e aquecimento global, emissões de gases de efeito estufa foram discutidas e estabelecidas no evento.

Dessa forma, pode-se afirmar que desde os anos de 1960 e 1970, período pós Segunda Guerra Mundial, observa-se no mundo uma série de mudanças econômicas, sociais e o início dos grandes debates sobre a problemática ambiental, sendo que, gradativamente, o assunto foi incorporado em diversas áreas do saber.

Neste contexto, foram criados os cursos de bacharelado em Gestão Ambiental nas duas décadas iniciais do século XXI, nascendo em resposta à uma necessidade do mercado de trabalho que exige solução para questões, cada vez mais, difíceis e alarmantes. Tais cursos voltam-se para formação de profissionais com um perfil interdisciplinar, com concepção holística direcionada para resolver, ou, pelo menos minimizar, demandas ambientais contemporâneas.

É um grande desafio criar cursos que promovam uma leitura crítica da realidade e propiciem a construção de conhecimentos e investigações científicas que se relacionem à sustentabilidade.

O ponto de partida é a definição de uma matriz curricular inovadora, com metas amplas direcionadas para tecnologia da informação e comunicação, buscando ultrapassar a fragmentação nas diferentes áreas do conhecimento, chegado a um saber interdisciplinar (MASETTO, 2011).

> Partimos de uma concepção de currículo no ensino superior como um conjunto de conhecimentos, saberes, competências, habilidades, experiências, vivências e valores organizados de forma integrada visando a formação de profissionais competentes e cidadãos, para uma sociedade contextualizada num determinado tempo e espaço histórico, político, econômico e social.
>
> A noção de currículo apresentada dessa forma é bem abrangente porque engloba a organização da aprendizagem na área cognitiva, e em outros aspectos fundamentais da pessoa humana e do profissional: saberes, competências, habilidades, valores, atitudes e ainda mais: ela mantém a ideia de que as aprendizagens sejam adquiridas, mediante práticas e atividades planejadas intencionalmente para que elas aconteçam de forma efetiva (MASETTO, 2011, p. 4).

1. O curso de Gestão Ambiental da USP/ESALQ

O projeto aqui analisado é o do curso de bacharelado em Gestão Ambiental da USP (Universidade de São Paulo), campus de Piracicaba, ESALQ (Escola Superior de Agricultura Luiz de Queiroz), criado em 2002, portando completando 20 anos em 2022, tendo formado 17 turmas até 2021. É importante destacar que este curso da ESALQ foi o primeiro bacharelado em Gestão Ambiental criado no Brasil, inspiração e exemplo para muitos outros que surgiram nos últimos anos. O curso surgiu em uma universidade pública paulista, uma instituição social com reconhecimento público de sua legitimidade e de suas atribuições, que possui autonomia do saber (CHAUI, 2003).

Antes de discutir sobre o curso, é fundamental apresentar a ESALQ como lócus de surgimento de várias formações em nível superior, considerada uma das melhores Escolas de Agricultura existente desde 1901. A partir de 1934, passou a integrar a Universidade de São Paulo (USP) como unidade fundadora. Em 1972 foi criado o curso de Engenharia Florestal, em 1998, o curso de Ciências Econômicas, e em 2001 o curso de Ciências dos Alimentos no período noturno. No ano seguinte, em 2002, foram instituídos mais dois cursos noturnos, Ciências Biológicas e Gestão Ambiental e, em 2013, foi criado o curso de Administração. Observa-se assim que atualmente, a ESALQ oferece diversos cursos de graduação e de pós-graduação com excelência acadêmica e tecnológica formando profissionais em Ciências Agrárias, Ambientais, Econômicas, Administrativas e Sociais.

Os programas de pós-graduação começaram em 1964 com cursos de mestrado e em 1970 com cursos de doutorado. A ESALQ destaca-se também em proporcionar uma multiplicidade de equipamentos em laboratórios em seus departamentos voltados para o desenvolvimento de tecnologias na agricultura, pesquisas em mudanças climáticas, aquecimento global, mitigação de gases de efeito estufa, biotecnologia, manejo do solo e da água, geoprocessamento, e questões ambientais em seus aspectos quanti-qualitativos, bem como, investigações científicas em economia e administração. Enfim, as possibilidades de crescimento acadêmico e formação abrangente são inúmeras na ESALQ.

Com o objetivo principal de formar profissionais habilitados para trabalharem nos meios natural, social, político, econômico e cultural com visões ampla e competente, foi criado o curso de Gestão Ambiental da ESALQ em 2002.

> A proposta de criação do curso de graduação em Gestão Ambiental visou estabelecer no campus "Luiz de Queiroz" da USP, em Piracicaba, a formação de profissionais com forte embasamento nas áreas de Administração, Ciências Humanas e Ciências do Ambiente. A primeira turma para o Bacharelado em Gestão Ambiental ingressou na ESALQ/USP no ano letivo de 2002.
>
> O principal objetivo do Bacharelado em Gestão Ambiental da ESALQ/USP é propiciar uma formação humanística e sistêmica que habilite o profissional formado a compreender os meios natural, social, político, econômico e cultural nos quais está inserido e a tomar decisões em um mundo diversificado e interdependente. A sua formação profissional é voltada para a administração e procura questionar e transformar processos organizacionais no sentido da sustentabilidade ambiental. Em termos gerais, a sua atuação se concentra nas relações dos seres humanos com o ambiente e visa reduzir a degradação ambiental, buscando manter viáveis os sistemas ecológicos dos quais dependem a vida e a produção. O curso forma profissionais para atuar na administração, na gestão e no desenvolvimento de organizações, projetos e atividades específicas da prática profissional no campo da gestão ambiental. As principais práticas nesse campo da gestão ambiental envolvem o planejamento, a organização e a orientação de instituições que se propõem a alcançar metas ambientais específicas (USP. ESALQ. PPP PROJETO POLÍTICO PEDAGÓGICO DO CURSO DE BACHARELADO EM GESTÃO AMBIENTAL, 2019, p.3 e 4).

Os gestores ambientais formados na ESALQ são preparados para atuação em gestão e desenvolvimento de organizações, associando o social e o econômico, visando a sustentabilidade ambiental.

De acordo com o PPP do curso Gestão Ambiental (2019), as competências e habilidades do Gestor Ambiental, resumidamente, dizem respeito à resolução de problemas socioambientais observados quando da apropriação dos recursos naturais escassos com incentivo ao uso de metodologias participativas e éticas, absorvendo as dimensões da sustentabilidade na realidade. Destaca-se que as principais funções do gestor ambiental são relacionadas a sua capacidade de atuar com diplomacia integrando grupos interdisciplinares, percebendo os contextos históricos e socioeconômicos com perspicácia para avaliar projetos e planos relacionados às inúmeras questões ambientais do mundo contemporâneo.

Basicamente, a formação do Gestor Ambiental da ESALQ envolve estudos de aspectos físicos, biológicos e sociais do ambiente na fase inicial do curso, para, posteriormente, aprofundar em áreas mais específicas.

> A formação do Bacharel em Gestão Ambiental é interdisciplinar, multidisciplinar e transdisciplinar, congregando diversas áreas do conhecimento. Essas áreas, apesar da inerente transversalidade de escopo, são aqui divididas em três principais eixos de formação: Gestão/Administração e Economia; Ciências Humanas e Sociais Aplicadas; Ciências Ambientais e da Terra (USP. ESALQ. PPP PROJETO POLÍTICO PEDAGÓGICO DO CURSO DE BACHARELADO EM GESTÃO AMBIENTAL, 2019, p. 8).

Os conteúdos vistos em cada um destes eixos são multifacetados, principal característica do curso, tendo ferramentas fundamentais em Administração Financeira, de Material, Mercadológica, Produção, Recursos Humanos, Orçamentos, Organização e Métodos; em Ciências Humanas e Sociais Aplicadas como Antropologia, Sociologia, Economia, Contabilidade, Direito, História ambiental, Políticas públicas ambientais, Metodologia Científica, Educação Ambiental, Gestão turística de ambientes naturais; em Ciências Ambientais e da Terra como Bioquímica, Microbiologia, Botânica, Zoologia, Genética, Ecologia e Conservação da Natureza, Geociências e hidrogeoquímica, Hidrologia, Geoprocessamento, Química, Cálculo, Estatística, Poluição de Ecossistemas, Recursos Energéticos e Ambientais e Edafologia.

A estrutura curricular do curso analisado prima em oferecer as bases teóricas gerais sobre ciência e construção do conhecimento na área ambiental, visando a compreensão do mundo contemporâneo e suas diferentes organizações e modelos de negócios, bem como, as diversas estratégias de apropriação de recursos naturais. Os propósitos fundamentais do curso são voltados para se trabalhar a consciência sobre as dimensões da sustentabilidade e gestão dos conflitos na esfera ambiental.

A tabela 1 apresenta a distribuição da carga horária do curso.

Tabela 1. **Carga horária (e créditos) do curso de Gestão Ambiental da ESALQ/USP.**

Carga Horária	Aula	Trabalho subtotal	Subtotal
Obrigatória	2.145/ 143 créditos	810h/ 27 créditos	2.955h/ 170 créditos
Optativa	90/ 6 créditos	0	90/ 6 créditos
Total	2.235 h/ 149 créditos	810/ 27 créditos	3.045 h/ 176 créditos

Fonte: USP. ESALQ. PPP Projeto Político Pedagógico do Curso de Bacharelado em Gestão Ambiental, 2019

A partir da leitura da estrutura anteriormente mencionada, pode-se afirmar que a introdução do curso de bacharelado em Gestão Ambiental na USP/ESALQ, certamente, colaborou para intensificar ações relacionadas aos aspectos ambientais, estimulando estudos e pesquisas da área do saber, fortalecendo o papel da Universidade em produzir ciência de qualidade.

A formação em Gestão Ambiental no nível de graduação é voltada, notadamente, para uma concepção cidadã profissional abraçando diversas dimensões específicas, sendo iniciada com uma fase propedêutica e introdutória, direcionando-se para outra etapa que apresenta temas estruturantes da área com uso de técnicas imprescindíveis para o futuro especialista.

As disciplinas do curso são oferecidas anualmente e distribuídas semestralmente.

As principais áreas de atuação do Gestor Ambiental formado na ESALQ são: Gestão estratégica em Organizações públicas e privadas, ONGs (Organizações não Governamentais); Planejamento de ambientes naturais e construídos, incluindo áreas rurais e urbanas; Gestão de impactos ambientais; Gestão Ambiental de resíduos e da energia; Pesquisa em Gestão Ambiental; Educação em Gestão Ambiental; Certificação e auditoria ambiental; Manejo e Recuperação de áreas degradadas; Gestão turística de paisagens naturais. Pode-se acrescentar a esses setores mencionados, a área de Educação que vem atraindo egressos do curso de Gestão Ambiental, principalmente cursos técnicos relacionados ao meio ambiente, ensino médio. Quando foi criado em 2002, a área da Educação não era foco do curso de Gestão Ambiental, mas há quase uma década, a realidade mudou e a atuação deste profissional ampliou-se, voltando-se para o lecionamento no ensino técnico. A possibilidade de se criar um curso específico de Licenciatura em Gestão Ambiental na ESALQ já foi, superficialmente, discutida entre os alunos e docentes do curso, mas, devido aos inúmeros entraves burocráticos, o tema vem sendo postergado.

A seguir, a tabela 2 apresenta as disciplinas obrigatórias e optativas do curso de Gestão Ambiental, distribuídas por departamento da ESALQ e CENA.

Tabela 2. **Disciplinas obrigatórias e optativas do curso de Gestão Ambiental, por departamento da ESALQ e CENA.**

Centro/Departamento	Disciplinas Obrigatórias	Disciplinas Optativas
Economia, Administração e Sociologia	17	18
Ciências Florestais – LCF	6	9
Ciências Exatas – LCE	3	2
Engenharia de Biossistemas – LEB	3	2
Genética – LGN	2	2
Ciência do Solo – LSO	2	0
Ciências Biológicas – LCB	1	6
Fitopatologia e Nematologia – LFN	2	0
Disciplina Interdepartamental	1	6
Centro de Energia Nuclear na Agricultura – CENA	7	10
Total	**44**	**55**

Fonte: USP. ESALQ. PPP Projeto Político Pedagógico do Curso de Bacharelado em Gestão Ambiental, 2019.

A tabela 2 evidencia o quanto o curso de Gestão Ambiental aqui analisado é multidisciplinar, tendo características únicas no contexto do campus da ESALQ, estabelecendo-se como uma reunião de diferentes departamentos com áreas do saber diversas, interligadas. A intenção é que se favoreça o relacionamento entre as disciplinas chegando ao interdisciplinar.

> A preocupação com o estímulo da interdisciplinaridade no ensino está consubstanciada no parecer normativo 776/97, da Câmara de Educação Superior, que estabelece os objetivos, princípios e diretrizes a serem seguidos pelas instituições de ensino superior quando da elaboração dos seus projetos pedagógicos e currículos de cursos superiores (RECH; SANTOS e VIEIRA, 2007.p. 32).

Observa-se que partindo da abordagem multidisciplinar para chegar ao interdisciplinar e transdisciplinar, a implementação do curso de Gestão Ambiental aqui analisado teve um caminho complexo e cheio de desafios. De acordo com Morin (2007), complexidade diz respeito ao que é tecido junto e que deve ser enlaçado, distanciando-se da fragmentação. Dessa forma, ao visualizar a tabela 2 é possível perceber as dificuldades em administrar um bacharelado inovador e composto por conjuntos de áreas distintas, cada uma com sua identidade e método de análise da realidade, em um amálgama em conexão que busca estabelecer uma outra área científica coerente, que usa aptidões de várias disciplinas distintas, ligando seus elementos.

A **Matriz Curricular do curso de Gestão Ambiental da ESALQ** passou por alguns ajustes entre 2002 e os dias atuais, oferecendo uma gama de disciplinas em um período mínimo de quatro anos, com uma estrutura focada em ciências biológicas, ciências exatas e ciências humanas, bem como, em Administração e Ambiente. Estágios são obrigatórios focados em aprimorar a formação dos discentes. Além das disciplinas obrigatórias, inúmeras outras optativas são disponibilizadas aos alunos, complementando a formação do futuro profissional.

2. Estrutura curricular do curso

Disciplinas Obrigatórias

1º Período
CEN0140 Geociência Ambiental
LCB0109 Botânica Geral
LCE0130 Cálculo Diferencial e Integral
LES0111 Introdução à Gestão Ambiental
LES0113 Introdução às Ciências Sociais
LES0144 Introdução à Economia

2º Período
CEN0107 Energia e Biosfera
CEN0120 Princípios de Bioquímica
LCE0180 Química Ambiental
LCE2112 Estatística Aplicada às Ciências Sociais e Ambientais
LES0107 Teoria Geral da Administração
LFN0125 Microbiologia Ambiental
LFN0233 Zoologia e Ambiente

3º Período
CEN0148 Ecologia de Sistemas
LES0150 História dos Movimentos Socioambientais Contemporâneos
LES0237 Sociedade, Cultura e Natureza
LES0250 Contabilidade Voltada à Gestão Ambiental
LES0611 Instituições de Direito
LSO0257 Fundamentos de Ciência do Solo

4º Período
CEN0212 Poluição dos Ecossistemas Terrestres, Aquáticos e Atmosféricos
LCF0577 Gestão da Biodiversidade
LEB0210 Geoprocessamento
LEB0360 Hidrologia
LES0177 História Social e Ambiental do Brasil
LES0687 Economia dos Recursos Naturais e Ambientais

5º Período
CEN0150 Hidrogeoquímica de Bacias Hidrográficas
LCF0270 Educação Ambiental
LEB0244 Recursos Energéticos e Ambiente
LES0110 Administração Financeira Aplicada à Gestão Ambiental
LES0217 Administração de Recursos Humanos
LES0248 Organização e Métodos

6º Período
LCF0280 Métodos Quantitativos para a Gestão Ambiental
LCF0300 Gestão Ambiental Urbana
LES0218 Fundamentos de Marketing
LGN0479 Genética e Questões Socioambientais
LSO0360 Recuperação de Áreas Degradadas

7º Período
LCF0694 Auditoria e Certificação Ambiental
LCF1697 Gestão de Impactos Ambientais
LES0175 Elaboração e Análise de Projetos Ambientais e Sociais
LES0303 Gestão Turística de Ambientes Naturais
LGN0321 Ecologia Evolutiva Humana

8º Período
0110444 Trabalho de Conclusão de Curso de Gestão Ambiental
CEN0190 Uso de Técnicas de Geoprocessamento em Estudos Ambientais
LES0614 Direito Ambiental

Conclusões

Os cursos de Gestão Ambiental foram criados nos últimos 20 anos, sofrendo adequações com objetivo de melhor preparar os estudantes que no mundo atual buscam solução para os problemas ambientais. Assim, pondera-se que o papel da USP ao criar o primeiro bacharelado da área na ESALQ é de extrema importância na formação em ensino superior, considerando-se que a gestão ambiental é a "condução, direção e controle do uso dos recursos naturais, dos riscos ambientais [CONAMA, Resolução nº 306/2002).

O curso de bacharelado de Gestão Ambiental da ESALQ é reconhecido pelo Conselho Estadual de Educação, já recebeu visita de especialistas, tendo sido, sempre, muito bem avaliado, recebendo nota máxima.

Enfim, depois de duas décadas de funcionamento do curso da ESALQ e de outras instituições, de grande sucesso dos egressos que atuam, de maneira ampla, em prefeituras municipais, órgãos estaduais, ONGs e empresas, as forças são direcionadas para a necessária regulamentação da profissão de Gestor Ambiental, garantindo o pleno exercício dessa profissão fundamental nos dias de hoje.

Referências

BESKOW, E. e MATTEI,L. Notas sobre a trajetória da questão ambiental e principais temas em debate na Conferência Rio + 20. **Revista NECAT** – Ano 1, nº 2, p. 4-12, Jul-Dez de 2012.

CHAUÍ, M. A universidade pública sob nova perspectiva. **Revista Brasileira de Educação.** Set /Out /Nov /Dez 2003 No 24.

CONAMA Conselho Nacional de Meio Ambiente. **Resolução** n 306/2002.

MASETTO, M. T. Inovação curricular no ensino superior. **Revista e-curriculum,** São Paulo, v.7 n.2 AGOSTO 2011. http://revistas.pucsp.br/index.php/curriculum

MORIN. E. **Desafios da transdisciplinaridade e da complexidade.** In: AUDY, J. L. N. e MOROSINI, M. C. (Orgs). Inovação e Interdisciplinaridade na Universidade. Porto Alegre: EDIPUCRS, 2007.

RECH, I.J.; SANTOS, L. C. dos. e VIEIRA, I. P. Interdisciplinaridade: Um Estudo das Grades Curriculares dos Cursos de Graduação das Instituições de Ensino Superior que Oferecem Cursos de Graduação e Mestrado em Contabilidade. **Sociedade, Contabilidade e Gestão**. Rio de Janeiro, v. 2, n. 2, segundo semestre de 2007.

USP. ESALQ. **Projeto político pedagógico do curso de bacharelado em gestão ambiental**. 2019.

15. AS ÁREAS CONSOLIDADAS, A FUNÇÃO SOCIAL E A IRRETROATIVIDADE DA LEI NO CÓDIGO FLORESTAL BRASILEIRO

Fernando Campos Scaff

Introdução

A doutrina, de modo majoritário, costuma qualificar o Direito Agrário como uma disciplina especializada, situada no âmbito do Direito Privado, baseada na liberdade de contratar e de empresa.

Isso se faz de acordo com aquela grande divisão que tem, como contraponto, o Direito Público, que trata daquelas situações nas quais uma das partes é necessariamente a União, os Estados, os Municípios, os entes a eles vinculados, bem como, daquelas nas quais prevalecem de modo evidente os interesses do Estado ou da sociedade sobre aqueles da pessoa individualmente considerada.

Essa classificação ainda conserva a sua utilidade, especialmente para fins didáticos e sobretudo no tocante à submissão de determinados institutos – tais como aqueles da empresa, do estabelecimento e dos contratos – aos princípios gerais que devam, então, orientar essa disciplina jurídica.

Contudo, há também aqueles que sustentam que o Direito Agrário tem, por assim dizer, uma natureza que é, na verdade, *transversal*. Com essa imagem, procuram colocar em relevo outros elementos que qualificam esse ramo jurídico de maneira igualmente relevante.

Assim, sob esta perspectiva, é também sublinhado o interesse público que não deixa de se manifestar, por exemplo, em tipos específicos de desapropriação, de tributação e, em especial, quanto ao cumprimento da função social da propriedade agrária.

Sob qualquer uma das óticas que se adote, todavia, é certo que a especialidade do Direito Agrário também se afirma sob a perspectiva da *função social* que lhe é bastante cara.

Esclareça-se, desde logo, que quando se recorre ao uso dessa expressão, a *função social*, há sempre o risco se mencionar algo de conteúdo exageradamente abstrato, ainda que assim o façam, com grande frequência, juízes, promotores e advogados.

Não sem razão, Lodovico Barassi, ainda na primeira metade do século passado, declarava o seu inconformismo com a profusão do uso vulgarizado e meramente retórico dessa expressão, concluindo que o seu emprego, dessa maneira, o havia levado à condição de um mero "lugar comum"[1].

Contudo, não parece que isso ocorra do mesmo modo no âmbito do Direito Agrário. Pelo contrário, a definição que veio a ser adotada pelo nosso ordenamento jurídico leva a uma outra forma de abordagem, muito mais analítica e, assim, de concretização mais evidente.

De fato, no tocante aos imóveis rurais, o Estatuto da Terra definia – já no ano de 1964 e em seu artigo 2º, parágrafo 1º – que a função social da propriedade rural seria cumprida integralmente quando, de modo **simultâneo** (o destaque é nosso), "favorece o bem-estar dos proprietários e dos trabalhadores que nela labutam, assim como de suas famílias"; "mantém níveis satisfatórios de produtividade"; "assegura a conservação dos recursos naturais", e "observa as disposições legais que regulam as justas relações de trabalho entre os que a possuem e a cultivam".

Sendo assim, encontramos neste texto legal a identificação de três finalidades que devem coexistir em um imóvel rural para que, então, a consecução efetiva da função social possa se dar, quais sejam: uma finalidade **econômica**, outra **social** e uma terceira, de caráter **ambiental**.

Voltaremos a essas noções ao longo deste texto, relacionando-as com outra definição bastante repetida atualmente. Todavia, o que é necessário destacar neste momento é a perspectiva, adotada pelo legislador da época – e que foi em sua essência posteriormente acolhida quando da formulação do artigo 186 da Constituição Federal –, no sentido de compreender que a função social de um imóvel rural será cumprida apenas e tão-somente com a coordenação completa desses três objetivos e sem que se possa prescindir de nenhum deles.

[1] Conf. *La Proprietà nel Nuovo Códice Civile*. Milão Dott. A. Giuffrè, 1943, pág. 77.

Essa conclusão se traduz, na prática, pela formulação de diversas leis que, cada uma ao seu modo, procuram garantir a realização de tais objetivos sob um arranjo que deverá ser necessariamente harmônico, conjunto e coordenado.

Especificamente no que se refere à mencionada finalidade ambiental, existem no nosso direito positivo regras para a sua consecução há bastante tempo, como veremos a seguir.

1. A Legislação Brasileira e a Defesa Ambiental

De um modo mais sistemático e específico, a proteção florestal foi tratada pela legislação do Brasil a partir de 1921, embora já houvesse, desde muito antes, esforços dirigidos à conservação das nossas matas.

Com efeito, as limitações ao direito de exploração florestal, no tocante a certos tipos de madeiras do Brasil, existiam desde a época da dominação portuguesa. Por exemplo, o assim denominado "Regimento sobre o Pau-Brasil", de 12 de dezembro de 1605, estabelecia que árvores dessa espécie pertenceriam com exclusividade à Coroa portuguesa e, assim, sem as devidas autorizações, não poderiam ser cortadas.

Já na República, estabeleceram-se limitações quanto aos direitos de propriedade sobre as florestas particulares, as quais se fundavam na justificativa de que constituiriam elas "bens de interesse comum a todos os habitantes do país", conforme disposto no artigo 1º do Decreto nº 23.793 de 23 de janeiro de 1934.

Assim, o conceito de "reserva florestal" surgiu no ordenamento brasileiro pela primeira vez no Código Florestal do ano de 1934, lei que tinha por objetivo sistematizar e garantir a preservação e conservação das florestas nacionais, fossem elas públicas ou particulares. As florestas eram então classificadas como sendo "protetoras", "remanescentes", "modelo" e de "rendimento". As pertencentes às duas primeiras categorias eram consideradas inalienáveis e de conservação obrigatória e perene.

O artigo 23 daquele anterior Código Florestal também proibia que os proprietários eliminassem mais do que três quartas partes das matas, salvo nos casos em que se tratasse de florestas plantadas e assim formadas artificialmente pelos agricultores. Para efeitos desse cálculo, considerava-se apenas a área de propriedade ocupada por florestas e não a área total do imóvel rural.

Já em 1965 surgia, então, um novo Código Florestal, o que se fez pela Lei nº 4.771 que, em linhas gerais, seguiu a orientação do antigo Decreto de 1934.

Por ele foram consolidadas as noções acerca das áreas nas quais não deveriam ser realizadas atividades agrárias clássicas – a agricultura e a pecuária –, com o objetivo explícito de proteger a vegetação nativa e de evitar a consequente erosão do solo.

Quanto às florestas de domínio privado, estas não estavam sujeitas ao regime de utilização limitada e, ressalvadas as áreas de preservação permanente, eram suscetíveis de exploração, obedecidas as restrições estabelecidas em lei, especificamente nas alíneas do artigo 16[2].

Desse modo, o Código Florestal de 1965 consolidou os conceitos legais das "áreas de preservação permanente" e das "reservas legais" como espaços territoriais de proteção ambiental. Assim, enquanto as primeiras se referem a áreas que devam ser protegidas em função da sua localização e das características, as outras correspondem a uma fração do território de cada imóvel rural que deverá ser conservado com vegetação nativa, garantindo desse modo a manutenção das características próprias de fauna e flora típicas do território nacional[3].

Após o início da vigência do Código Florestal de 1965, ocorreram diversas alterações nas regras nele presentes, tais como aquelas contidas na Lei 5.106, de 2 de setembro de 1966, que dispôs sobre os incentivos fiscais destinados aos empreendimentos florestais e que facultou o abatimento, para fins de recolhimento de imposto de renda, das importâncias destinadas a florestamento e reflorestamento, excluindo do cálculo do rendimento tributável o valor das reservas florestais; a Lei 5.868 de 12 de dezembro de 1972, que criou o Sistema Nacional de Cadastro Rural e retirou da base de cálculo do imposto sobre a propriedade rural territorial as áreas de preservação permanente onde existissem florestas formadas ou em formação e as áreas reflorestadas com essências nativas; a Lei 5.870, de 26 de março de 1973, que acrescentou como modalidade de contravenção penal no rol existente no Código de 1965 a transformação de madeiras de

[2] Conferir, neste sentido, o artigo 16 da Lei n. 4.771, de 15 de setembro de 1965.

[3] A. M. DE O. NUSDEO, *Áreas de Preservação Permanente e Reservas Legais – Uma Análise das Motivações para a sua Efetiva Conservação, in* G. J. P. DE FIGUEIREDO *et. al*, org., *Código Florestal: 45 Anos; Estudos e Reflexões,* Curitiba, Letra da Lei, 2010, p. 115.

lei em carvão; a Lei 6.535, de 15 de junho de 1978, que acrescentou nas áreas de preservação permanente as áreas metropolitanas assim definidas em lei, e a Lei 7.803, de 18 de julho de 1989, que conceituou o instituto da reserva legal e alterou as restrições à exploração de florestas de domínio privado, instituindo como área de reserva legal 20% de cada propriedade e que deveria ser averbada na matrícula do imóvel, incorporando o bioma "cerrado"[4].

Posteriormente, a Medida Provisória 1.511, de 26 de junho de 1996, aumentou o percentual da área de reserva florestal legal de 50% para 80% nas propriedades onde a cobertura vegetal se constituir de florestas na Região Norte e no norte da Região Centro-Oeste do Brasil.

A partir da Medida Provisória 1.956-50, de maio de 2000, a reserva legal passou a considerar também outras formas de vegetação nativa, além das florestas e cerrado[5]. Além disso, pelo seu artigo 1º, foi aumentada para 80% a área a ser preservada como reserva legal naqueles imóveis rurais situados em área de floresta localizada na Amazônia Legal.

O atual Código Florestal, criado pela Lei nº 12.651/2012, determinou, por sua vez, como percentuais de reserva legal os seguintes: a) na Amazônia Legal: 80% nas áreas de florestas, 35% do imóvel situado em área de cerrado e 20% do imóvel situado em campos gerais, e b) nas demais regiões do país: o equivalente a 20% da área do imóvel.

No tocante à possibilidade de compensação entre as áreas de reserva legal e de preservação permanente, a legislação se mostrou, ao longo do tempo, deveras hesitante. A Medida Provisória nº 1.736, de 14 de dezembro de 1998, determinou que as áreas de preservação permanente seriam computadas no cálculo da reserva legal. Além disso, introduziu a figura da "compensação da reserva legal" que permitia ao proprietário de uma área de reserva legal já desmatada e comprometida pelo uso econômico com alguma atividade agropecuária a compensação com áreas existentes em outras propriedades, desde que com o mesmo ecossistema e localizadas no mesmo Estado, e uma vez contando com a aprovação do órgão federal competente do meio-ambiente.

[4] Conforme previsto no artigo 1º da Lei nº 7.803/89 que incluiu o §3º ao artigo 16 da Lei n. 4.771, de 15 de setembro de 1965

[5] Conforme o artigo 1º da MP 1.956-50/00 que alterou a redação do *caput* do artigo 16 da Lei n. 4.771, de 15 de setembro de 1965.

No mesmo sentido, a Medida Provisória nº 1.956-49, de 9 de dezembro de 1999, reintroduziu a determinação relativa à recomposição da reserva legal. Permitiu-se, além disso, que se incluíssem as áreas de preservação permanente existentes na propriedade rural no cômputo da reserva florestal legal.

Essa disciplina foi modificada com a Medida Provisória nº 1.956-50 que excluiu a determinação de se considerar as áreas de preservação permanente no cômputo da reserva florestal legal. Por outro lado, por ela foi reintroduzida a previsão de compensação de reserva legal, visando facilitar o enfrentamento, pelos proprietários, dos custos que o cumprimento da lei poderia exigir nas atividades de replantio, ou ainda, compensar parte do custo de oportunidade pela impossibilidade de destinação econômica de sua propriedade.

O artigo 44, inciso III, do Código Florestal, alterado pela referida Medida Provisória nº 1.956-50, permitiu ao proprietário ou possuidor de imóvel rural em que não se conservasse área de reserva legal, ou então, em que esta existisse em proporção inferior à exigida pela lei, a possibilidade de efetuar a sua regularização mediante a compensação por outra área equivalente em importância ecológica e extensão, desde que pertencesse ao mesmo ecossistema e estivesse localizada na mesma microbacia.

Assim, foram previstas as seguintes possibilidades de compensação da reserva legal: a aquisição pelo proprietário de uma área aprovada pela autoridade competente para fins de compensação; o arrendamento da área sob o regime da reserva legal ou servidão florestal e, por fim, a aquisição de cotas de reserva florestal representativas de vegetação em áreas sob o regime de servidão florestal, reserva legal ou reserva particular de patrimônio natural.[6]

Em dezembro de 2000, com a adoção da Medida Provisória nº 2.080-58, o cômputo das áreas relativas à vegetação nativa existente em área de preservação permanente no cálculo da reserva legal voltou a ser admitido, desde que não implicasse em conversão de novas áreas para o uso alternativo do solo e quando a soma da vegetação nativa em áreas de preservação permanente e reserva legal não excedesse os seguintes percentuais: a) 80% da propriedade rural localizada na Amazônia Legal; b) 50% da propriedade localizada nas demais regiões do país; e c) 25% das

[6] Cf. A. M. de O. Nusdeo, *Áreas de Preservação cit.* (nota 6 supra), p 124.

pequenas propriedades de cinquenta hectares no polígono das secas ou a leste do Meridiano de 44ºW do Estado do Maranhão, ou 25% das pequenas propriedades de trinta hectares localizadas nas demais regiões do país.

Já pela Lei nº 12.651/12 a contagem de todas as áreas de preservação permanente conservadas – ou em recuperação – passou a ser admitida para a aferição do percentual das reservas legais, desde que não ocorram novos desmatamentos de áreas na propriedade[7].

Além da legislação federal, com a promulgação da Constituição Federal de 1988 – que atribuiu à União e Estados competência concorrente para legislar em matéria ambiental –, houve a criação de leis estaduais específicas para regulamentar a reserva florestal legal em suas regiões.

Constata-se, pois, que a legislação florestal não se manteve inalterada ao longo dos anos, tendo sido, pelo contrário, grande a sucessão de regras que procuraram disciplinar as questões vinculadas à cobertura florestal brasileira.

Por outro lado, não se pode – e nem se deve – analisar as motivações para tal produção legislativa apenas sob uma classe de valores. Tal como já afirmado, o atendimento da função social dos imóveis agrários não se resolve sob uma perspectiva única. Pelo contrário, ela se encontra na busca do equilíbrio que, neste caso, congrega aquelas outras duas finalidades já referidas, uma de ordem social, outra de ordem econômica. Aqui está, segundo nos parece, o cerne da questão. A ele voltaremos em nossas conclusões.

2. O sentido do artigo 68 da Lei nº 12.651/12, o Atual *Código Florestal*

Mediante longo e debatido processo legislativo, veio à luz a Lei nº 12.651, de 25 de maio de 2012, o atual *Código Florestal Brasileiro.*

É uma lei que tem por objeto regular matérias que, ao longo do tempo criaram, de modo peculiar, posições extremadas e injustificadamente avessas a qualquer forma de harmonização.

Dentre as suas regras mais importantes, há o seu artigo 68, cujo enunciado é o seguinte:

> Art. 68. Os proprietários ou possuidores dos imóveis rurais que realizaram a supressão da vegetação nativa respeitando os percentuais de Reserva Legal

[7] Conf. artigo 15 da Lei nº 12.651 de 25 de maio de 2012.

previstos pela legislação em vigor à época em que ocorreu a supressão são dispensados de promover a recomposição, compensação ou regeneração para os percentuais exigidos nesta Lei.

§1º Os proprietários ou possuidores de imóveis rurais poderão provar essas situações consolidadas por documentos tais como a descrição de fatos históricos de ocupação da região, registros de comercialização, dados agropecuários da atividade, contratos e documentos bancários relativos à produção, e por todos os outros meios de prova em direito admitidos.

§2º Os proprietários ou possuidores de imóveis rurais, na Amazônia Legal, e seus herdeiros necessários que possuam índice de Reserva Legal maior do que 50% (cinquenta por cento) de cobertura vegetal e não realizaram a supressão da vegetação nos percentuais previstos pela legislação em vigor à época poderão utilizar a área excedente de Reserva Legal também para fins de constituição de servidão ambiental, Cota de Reserva Ambiental – CRA e outros instrumentos congêneres previstos nesta Lei.

Para a correta interpretação deste artigo deve-se ter em mente o sistema já consolidado em nosso ordenamento jurídico quanto à interpretação de fatos jurídicos pregressos, realizados sob o império das leis vigentes à época e que foram substituídas por outras regras.

Nesse sentido, deve ser reafirmado o princípio que orienta a aplicação das leis no tempo: quando uma delas entra em vigor, ainda que revogando ou modificando outra, os seus efeitos incidem, ordinariamente, para os momentos posteriores ao instante do surgimento dessa mesma lei.

Admitem-se, é certo, exceções a esse princípio.

A razão para isso é que dois valores igualmente caros podem aqui se contrapor: o primeiro, relativo ao *progresso social.* O outro, que diz respeito à *segurança* e à *estabilidade social.*

De fato, há de se presumir que novas leis tragam vantagens sobre as anteriores, fruto da nossa impressão de que a Humanidade evolui e, com ela, as regras que a orientam.

Contudo, é fácil também reconhecer que não podemos viver sob a sorte do que ainda não conhecemos. Na verdade, agimos usualmente de uma melhor maneira quando seguimos regras legítimas que nos foram ensinadas, com as quais nos acostumamos e que, assim, conduziram num dado momento as nossas ações.

Para resolver tais dilemas é que se criaram normas de interpretação que compõem aquilo que se denomina o *direito intertemporal*, cuja finalidade é exatamente a de orientar na conciliação desses dois valores entre si e quando confrontados com um caso concreto, quais sejam o progresso social, de um lado, e a validade das relações jurídicas consolidadas, de outro.

Entre tais valores, todavia, parece-me correto dizer que os ordenamentos jurídicos costumam privilegiar o segundo deles. Sua importância é, de fato, tão evidente que seria o princípio da irretroatividade das leis "*o ponto de partida para a fixação dos conceitos fundamentais do direito intertemporal*", como afirmava Caio Mario da Silva Pereira[8].

Com efeito, ao pensarmos em algumas situações nas quais a lei pudesse produzir os seus efeitos para o passado, podemos desde logo vislumbrar o grau de insegurança a que estaríamos submetidos, o que serve a justificar a importância desse princípio da irretroatividade das leis.

Assim, seria retroativa uma norma que punisse atos cometidos antes da sua entrada em vigor; também seria retroativa uma norma que modificasse a disciplina de relações já exauridas; ademais, seria retroativa uma norma que, modificando a disciplina de relações em curso, não ainda encerradas, acabasse por reduzir os direitos legitimamente pleiteados[9].

A mera antevisão dessas possibilidades nos faz intuir as injustiças profundas a que poderiam levar.

Portanto, conclui-se que os casos admissíveis para a retroatividade das leis são efetivas *exceções* nos ordenamentos jurídicos dos povos civilizados. Seus melhores exemplos encontram-se, de fato, no Direito Penal – no tocante à aplicação de penas menos severas ou pela descriminalização de alguma conduta, criadas por lei posterior e aplicadas em benefício da pena já imposta ao condenado –, ou para normas de índole tributária, no tocante à concessão de isenções ou reduções de impostos, por exemplo.

Também sanções de natureza administrativa podem beneficiar os eventuais infratores de um tratamento menos gravoso, decorrente de uma nova norma legal que assim permita.

[8] Instituições de Direito Civil, vol. 1. 12ª ed., Rio de Janeiro : Forense, pág. 100.

[9] Conf. Riccardo Guastini. La Fonti Del Diritto e L'Interpretazione. Milão: Giuffrè, 1993, pág. 280.

Mesmo para aqueles que admitem que a regra seria, pelo contrário, a da *retroatividade* da lei – como Silvio Rodrigues[10] e Goffredo Telles Júnior[11] –, tal afirmação é feita sempre destacando a grande extensão das salvaguardas estabelecidas pela própria lei para que se evite o cometimento de injustiças.

Com efeito, a norma para a aplicação das leis no tempo foi originalmente fixada pelo Decreto-Lei 4.667, de 4 de setembro de 1942, posteriormente alterado pela Lei 12.376 de 2010 e que atualmente se denomina *Lei de Introdução às Normas do Direito Brasileiro*. O artigo 6º desse texto legal estabeleceu a fórmula consagrada em nosso sistema jurídico e que determina que "a lei em vigor terá efeito imediato e geral, respeitados o ato jurídico perfeito, o direito adquirido e a coisa julgada", enunciado que ganhou nova estatura ao ser reproduzido pelo artigo 5º, inciso XXXVI, da Constituição Federal.

Ora, qual é o sentido do referido artigo 68 do atual Código Florestal?

Parece claro que o que se buscou com tal regra foi a reafirmação da ideia da irretroatividade das leis – ou da retroatividade, com a ressalva do respeito ao direito adquirido, ao ato jurídico perfeito e à coisa julgada – no tocante àqueles proprietários que, sob o império da lei vigente à época, desenvolveram as suas atividades agrárias lícitas e, para isso, suprimiram vegetação nativa tal como se permitia à época.

Tivéssemos uma convicção maior acerca dos verdadeiros direitos fundamentais previstos em nossa Constituição Federal em cláusulas pétreas, uma norma como essa pareceria dispensável, uma vez que bastaria ao intérprete recorrer aos princípios de hermenêutica acima mencionados.

Mas o fato é que assim não se passam as coisas e o legislador, seguramente movido por um sentido de precaução e de prudência, decidiu explicitar a incidência da norma geral sobre um caso concreto, o que fez no tocante às matas que foram legalmente suprimidas em algum momento no passado.

Sob esse plano geral, o artigo 68 da Lei 12.651, de 25 de maio de 2012, é constitucional e legal.

E quanto ao outro plano que mencionamos acima, qual seja aquele por assim dizer *específico*, referente aos imóveis agrários?

[10] Direito Civil, vol. 1. 15ª ed. São Paulo: Saraiva, 1985, pág. 30.

[11] Iniciação na ciência do direito. São Paulo: Saraiva, 2011, pág. 198.

Também sob tal perspectiva, não pode haver dúvidas de se afirmar a mesma constitucionalidade e legalidade da regra contida no artigo 68 do Código Florestal Brasileiro[12].

Para tanto, vale mais uma vez recordar o conceito consolidado em nosso ordenamento jurídico da *função social dos imóveis rurais*, referido logo no início deste artigo.

Como mencionado então, a função social de um bem agrário será cumprida quando as suas finalidades econômicas, sociais e ambientais forem atingidas de forma concomitante e indissociável.

Não há, pois, a prevalência de uma dessas finalidades sobre as demais. A preservação ambiental não prepondera sobre as relações sociais e trabalhistas, e ambas não suplantam a necessária produção de riqueza a ser desenvolvida na empresa agrária que tem no imóvel elemento que compõe o seu estabelecimento.

Assim não quis o legislador do Estatuto da Terra, como assim também não quis o constituinte. Ambos agiram bem.

De fato, aquele conceito antigo de *função social* é hoje, sob uma determinada perspectiva, similar ao que se reconhece hoje como *desenvolvimento sustentável*.

Sendo assim, tanto sob a ótica da garantia ao respeito ao ato jurídico perfeito daqueles que, licitamente suprimiram vegetação de seus imóveis sob as regras legais vigentes à época, como sob aquela outra que reconhece no desenvolvimento sustentável e na função social o conjunto dos três valores em um mesmo plano de importância – e que almeja garantir o

[12] Essa constitucionalidade foi reconhecida pelo Supremo Tribunal Federal, o que se fez na AÇÃO DIRETA DE INCONSTITUCIONALIDADE 4.901 DISTRITO FEDERAL, tendo constado da ementa do acórdão especificamente o seguinte: (...) *(n) Art. 68 (Dispensa de os proprietários que realizaram supressão de vegetação nativa respeitando os percentuais da legislação revogada se adaptarem às regras mais restritivas do novo Código Florestal): A aplicação da norma sob a regra *tempus regit actum* para fins de definição do percentual de área de Reserva Legal encarta regra de transição com vistas à preservação da segurança jurídica (art. 5º, *caput*, da Constituição). O benefício legal para possuidores e proprietários que preservaram a vegetação de seus imóveis em percentuais superiores ao exigido pela legislação anterior, consistente na possibilidade de constituir servidão ambiental, Cota de Reserva Ambiental e outros instrumentos congêneres, traduz formato de política pública inserido na esfera de ADI 4901 / DF discricionariedade do legislador; CONCLUSÃO: Declaração de constitucionalidade do artigo 68 do Código Florestal".

equilíbrio entre todos eles –, a norma contida no artigo 68 do Código Florestal qualifica-se como constitucional e plenamente lícita, conforme princípios jurídicos consolidados no ordenamento nacional.

3. A questão do ônus da prova e o parágrafo 1º do artigo 68 do Código Florestal

O parágrafo primeiro do artigo 68 da Lei nº 12.651/12, o Código Florestal, tem a seguinte redação:

> §1º Os proprietários ou possuidores de imóveis rurais poderão provar essas situações consolidadas por documentos tais como a descrição de fatos históricos de ocupação da região, registros de comercialização, dados agropecuários da atividade, contratos e documentos bancários relativos à produção, e por todos os outros meios de prova em direito admitidos.

Primeiramente, chama a atenção o verbo empregado neste texto, ou seja, "(...) ***poderão provar*** *essas situações consolidadas (...)*" (destaque nosso).

Claramente, esse texto estabelece uma *faculdade* e não uma imposição. Com efeito, as restrições à atividade agrária são aquelas que tenham sido expressamente previstas em lei, não havendo de se falar em interpretação extensiva, de acordo com os princípios já referidos acerca da função social da propriedade agrária.

Desse modo, ao empregar a locução "poderá provar", o legislador reconheceu que essa situação admite comprovação de modos variados. Contudo, mais do que isso, não atribuiu ao proprietário ou ao possuidor tal ônus de produzir a prova que o exonere de responsabilização, por assim dizer, *presumida*. Para tanto, o verbo a se empregar no artigo de lei teria de ser, então, ***"deverá"***, o que de fato levaria a uma efetiva arbitrariedade.

É lição básica aquela de que as restrições aos direitos individuais decorrem da contrariedade à lei, às normas de ordem pública e aos chamados bons costumes. A liberdade é, portanto, a *regra* e a restrição de direitos a *exceção*, como afirma o antigo brocardo ***exceptiones sunt strictissimae interpretationis***, ou seja, *"as exceções devem ser interpretadas de modo estrito"*.

Ora, a recomposição da vegetação nativa corresponde a um encargo atribuído ao proprietário ou ao possuidor e que decorre, muitas vezes, da ação de outras pessoas que lhes precederam na posse de determinado imóvel rural. Esse encargo, realizado em prol da coletividade das pessoas é, assim, assumido individualmente, mas não pode ser imposto de modo retroativo, como consta do próprio texto da Constituição Federal, acima examinado, bem como das regras específicas contidas no *Código Florestal*, também analisadas neste artigo.

Portanto, tratando-se de restrição de direito de propriedade ou de posse, deverá caber o ônus de provar o encargo da recomposição vegetal em desacordo aos percentuais mínimos previstos de área vigentes à época àquele que venha alegar a realização da supressão, seja o Estado, o *parquet* ou qualquer parte com interesse legítimo nessa questão.

Conclusões

O atual Código Florestal significou o resultado do esforço de atualização das regras ambientais brasileiras, adequando-as com os conceitos da função social da propriedade e do desenvolvimento sustentável.

Nele não se vê qualquer incompatibilidade entre a visão nele adotada quanto à recomposição das reservas legais com os planos gerais e especiais de preservação do meio ambiente, produção eficiente e respeito às regras sociais que, em conjunto e de modo harmônico e não excludente, devem qualificar o exercício da propriedade sobre imóveis rurais no Brasil.

Não se pode, pois, como regra de interpretação, presumir a impossibilidade de coexistência desses valores.

Não se deve, ademais, eleger qualquer um deles como superior ou mesmo suficiente, por si só. É isso o que parecem defender os adeptos do suposto princípio da "proibição de retrocesso" pelo que, em linhas gerais, se buscaria impedir que pretensos avanços na preservação ambiental fossem posteriormente revistos e harmonizados com outras finalidades igualmente importantes dos imóveis rurais.

Essa visão, na verdade, não se coaduna com os cânones maiores de nosso ordenamento jurídico. Pelo contrário, ela é a própria antítese do conceito de *função social* e de *desenvolvimento sustentável*, pois ataca frontalmente a igualdade e coordenação dos valores sociais, econômicos e ambientais que são o cerne das finalidades valorizadas pelo nosso ordenamento jurídico e que estão inscritos com todas as letras em nosso texto constitucional.

Portanto, as supressões de vegetação ocorridas antes de 1934 estão consolidadas e não deverão impor recomposição vegetal aos seus atuais proprietários ou possuidores.

Já aquelas realizadas no período de 1934 até 1965 deverão ser recompostas até o limite de 25% das ***matas*** existentes, o que deve merecer conceituação técnica e de natureza agronômica.

No período posterior a 1965, o texto estabelecia os percentuais máximos de supressão vegetal em relação às áreas de florestas, ou seja, limitados a esse tipo de plantas.

A partir de 1989 e, novamente, em 1996, a proteção legal à vegetação foi expandida ao cerrado, de acordo com novos percentuais estabelecidos pelas respectivas leis. Apenas em 2000 a proteção foi estendida aos outros biomas que, desde então, passaram a ser considerados para efeitos de recomposição vegetal.

Quanto ao ônus de demonstrar o período da supressão vegetal excessiva, este deverá caber àquele que alega a obrigação de recomposição, de acordo com os princípios que dão fundamento aos conceitos da função social da propriedade e do desenvolvimento sustentável.

De todo modo, a regra contida no artigo 68 do Código Florestal nada mais fez do que ratificar norma que, há muito tempo, está presente no ordenamento jurídico brasileiro, exercendo um papel fundamental ao garantir, em especial, o respeito ao ato jurídico perfeito e ao direito adquirido.

16. DESAFIOS ÉTICOS E JURÍDICOS DO CICLO DE VIDA DA INTELIGÊNCIA ARTIFICIAL NA TUTELA AMBIENTAL

Vanessa Ferrari

Introdução

Desde os primórdios, uma característica humana fundamental, a capacidade de aprender, move a evolução da humanidade, fazendo da habilidade de inventar e inovar aquilo que especialmente nos distingue de outros animais.

Quando uma nova forma de perceber o mundo desencadeia alterações profundas nas estruturas sociais e econômicas, estabelecem-se as revoluções, que marcam mudança radical, e se solidificam, paulatinamente. A humanidade assistiu a isso com a primeira alteração da maneira de viver, quando passou da busca de alimentos para o sistema de agricultura, com implicações sobre o direito de propriedade e sobre a domesticação dos animais.[1] A transição da força muscular para a energia mecânica marca nova importante alteração nas estruturais sociais e econômicas, estabelecendo a Revolução Industrial, identificada a partir do ano de 1760 por quatro importantes transformações.[2]

[1] O período neolítico, compreendido entre 8 mil a.C. a 5 mil a.C., é marcado pelo fenômeno ao qual se cunhou a denominação de Revolução Agrícola, combinando à força dos homens a força dos animais. As inovações da época, como o fogo e as ferramentas rústicas somadas à força dos animais, permitiram melhora na produção de alimentos, com crescimento da população, e assentamentos humanos maiores, já que os deslocamentos em busca de água e alimentos eram menores, dando ensejo mais tarde à urbanização e ao surgimento das cidades. Por deixarem de ser nômades, as tribos se concentraram em torno da atividade agrícola, marcando o que se denominou de Revolução Urbana.

[2] A primeira revolução industrial ocorreu entre 1760 e 1840 e foi estruturada pela construção de ferrovias e a máquina a vapor, trazendo na produção mecânica a sua marca. A segunda

Neste caminhar, atualmente, os avanços da tecnologia, com caráter disruptivo, inauguram, pouco a pouco, aquilo que os estudiosos denominam como Quarta Revolução Industrial: a Revolução Tecnológica (JUNIOR, 2021). Os computadores de uso pessoal, a Internet das Coisas, a Inteligência Artificial e os modelos de aprendizado de máquina (*machine learning*), bem como as redes neurais (*deep learning*), indicando a aptidão da máquina de aprendizado a partir das suas próprias experiências, revelam, por meio dessa revolução, seu grande poder transformador da sociedade.

As tecnologias disruptivas provocam períodos de destruição criativa[3] (SCHUMPETER, 1949), trazendo a substituição de práticas de longa data por outras mais inovadoras. Não por acaso, afirma-se estarmos vivenciando uma nova era: a Era Digital. A máquina a vapor, a eletricidade e o computador tiveram a capacidade de transformar a sociedade e, por conta disso, são reconhecidas como GPT (*General Purpose Technology*) (TRATJENBERG, 2020) ou, para nós, Tecnologia de Uso Geral. A Inteligência Artificial (IA) soma-se a essa lista de artefatos e é denominada como a Tecnologia de Uso Geral do século XXI.

Como assistimos em relação à máquina a vapor, à eletricidade e ao computador, esses períodos de ruptura exigiram da sociedade um olhar atento, a fim de compreender o valor atribuído ao artefato, suas benesses e desafios, e a melhor forma de regulamentá-lo. Fato é que afeitos a desafios modernos complexos, transfronteiriços e de natureza diversa, que vão dos impasses energéticos decorrentes da Guerra na Ucrânia, às consequências da pandemia COVID-19, passando pelos maiores índices de fome no mundo[4] e o agravamento das mudanças climáticas (IPCC, 2021), a

revolução industrial, iniciada no final do século XIX, se estabelece com o advento da eletricidade e da linha de montagem, tendo na produção em massa seu diferencial. A terceira revolução industrial, com início na década de 1960, foi impulsionada pelo desenvolvimento dos semicondutores, da computação e da internet.

[3] A destruição criativa foi descrita pela primeira vez pelo economista austríaco Joseph Schumpeter, em 1942, que sugeriu que o capital nunca era estacionário. Para descrever esse processo, Schumpeter definiu a destruição criativa como o processo de mutação industrial com a substituição de práticas ou procedimentos de longa data por práticas mais inovadoras e disruptivas nos mercados capitalistas.

[4] Relatório da ONU aponta que agravamento da fome mundial foi acelerado pela pandemia e guerra na Ucrânia, que aprofundou a crise de alimentos; outras formas de insegurança alimentar atingem 29,3% da população mundial. (UNIDAS, 2022)

Inteligência Artificial parece preencher um campo do imaginário humano de fáceis soluções para problemas complexos.

Em uma lógica simplista e maniqueísta, a utilização da tecnologia é afirmada por vezes como um inimigo do planeta; em outros momentos, acredita-se na incrível capacidade de feitos fantásticos. No entanto, como artefato que é, pode assumir diferentes papéis, a depender do engenho humano, revelando desde já alternativas na tutela ambiental.

Exemplos dos benefícios da IA na proteção do meio ambiente se avolumam. Redes elétricas inteligentes, para redução de perdas no transporte; economia de insumos de energia e de agrotóxicos, ou monitoramento de florestas, mares e águas, na tutela da biodiversidade, são artefatos noticiados recentemente.

Menos noticiado talvez sejam os impactos ambientais gerados pela utilização dessa Inteligência Artificial, como, por exemplo, a emissão de gases de efeitos estufa pela energia computacional e dos hardwares usados para o treinamento, desenvolvimento e a execução dos algoritmos da Inteligência Artificial ou os resíduos sólidos gerados pelo arsenal eletrônico empregado.

Relembrando o preâmbulo da Declaração do Meio Ambiente Humano de Estocolmo, que nesse ano completou 50 anos, desde 1972 éramos advertidos de que:

> em larga e tortuosa evolução da raça humana neste planeta chegou-se a uma etapa em que, graças à rápida aceleração da ciência e da tecnologia, o homem adquiriu o poder de transformar, de inúmeras maneiras e em uma escala sem precedentes, tudo que o cerca. (DECLARAÇÃO DE ESTOCOLOMO, 1972)

Constatação confirmada nas últimas décadas, graças à Ciência e à Tecnologia, o homem adquiriu o poder de transformar o que o cerca e somente o engenho humano, permeado por boa-fé e amparado em boa governança, pode melhorar e salvaguardar a qualidade de vida de milhões de pessoas, bem como do equilíbrio sistêmico do nosso Planeta.

Relembrando os ensinamentos de Iglecias (2021, p. 645), de que "o Direito não é uma ciência estática e sua evolução tem sido marcada por grandes estudiosos que, à frente do seu tempo, puderam buscar soluções para os problemas da sociedade", busca-se à semelhança do percurso trilhado com singular maestria pela homenageada, trazer norte para os desafios da Inteligência Artificial na tutela ambiental.

Diante destas perspectivas de avanços e riscos, verificaremos nos diplomas internacionais e brasileiros de que forma a preocupação ambiental tem sido considerada ao disporem sobre o tema Inteligência Artificial. Antes, visitaremos o emprego dessa tecnologia e os alertas acerca dos riscos de um uso desregrado.

1. Inteligência Artificial: conceito e emprego na tutela ambiental

1.1. Considerações acerca da Inteligência Artificial

Longe de haver consenso acerca do conceito de Inteligência Artificial, algumas definições trabalham com a ideia de engenharia de artefatos que podem fazer coisas que exigiriam inteligência se as fizéssemos, mas com maior eficiência e eficácia. Muitos estudiosos se debruçam sobre o conceito, que apresenta de início, na definição de inteligência, um debate inconclusivo.

Fato é que não existe uma definição consensual de Inteligência Artificial e vale nesse contexto a citação do conceito apresentado pela Organização para a Cooperação e Desenvolvimento Econômico – OCDE, em documento do qual o Brasil é signatário, de que:

> um sistema de IA é um sistema baseado em máquinas que é capaz de influenciar o meio ambiente produzindo uma saída (previsões, recomendações ou decisões) para um determinado conjunto de objetivos. Ele usa dados e entradas baseados em máquinas e/ou humanos para (i) perceber ambientes reais e/ou virtuais; (ii) abstrair essas percepções em modelos através da análise de forma automatizada (por exemplo, com aprendizado de máquina) ou manualmente; e (iii) usar inferência de modelo para formular opções para resultados. Os sistemas de IA são projetados para operar com diferentes níveis de autonomia. (OECD, 2019)

Também para que se tenha clareza acerca do conceito de ciclo de vida da IA, entende-se como:

> as fases do ciclo de vida do sistema de IA envolvem: i) 'design, dados e modelos'; que é uma sequência dependente do contexto que abrange planejamento e design, coleta e processamento de dados, bem como construção

de modelos; ii) 'verificação e validação'; iii) 'implantação'; e iv) 'operação e monitoramento'. Essas fases ocorrem muitas vezes de forma iterativa e não são necessariamente sequenciais. A decisão de retirar um sistema de IA da operação pode ocorrer a qualquer momento durante a fase de operação e monitoramento. (OECD, 2019)

Para além da árdua tarefa de identificar a diversidade de conceitos, os desafios que a Inteligência Artificial traz são múltiplos e de diferentes ordens, abrangendo desde o futuro de empregos executados por mão-de-obra menos qualificada até discussões éticas no combate a vieses involuntários presentes nos algoritmos, a despeito da grande possibilidade de melhoria da qualidade de vida do homem e do Planeta Terra.

Vivendo um novo despertar, no qual os computadores e avanços digitais desempenham pela força mental o que o motor a vapor e artefatos afins fizeram pela força bruta (BRYNJOLFSSON, 2014) elencamos exemplos positivos do emprego da IA, bem como chamamos atenção para os impactos ambientais gerados ao longo do ciclo de vida da IA.

1.2. Emprego da Inteligência Artificial na tutela da biodiversidade[5]

O estudo da biodiversidade tem por premissa o conhecimento das espécies e a compreensão do ambiente. Nesse sentido, o trabalho de observação é fundamental, mas está longe de ser um trabalho simples, em especial considerando o número de agentes necessários e as grandes áreas territoriais, sem contar com as de difícil acesso e permanência. Mais do que isso, sabe-se que milhões de espécies animais, vegetais e fungos continuam desconhecidos para todos nós.

Nesse cenário, a Inteligência Artificial tem auxiliado a tutela da biodiversidade em razão da capacidade de recolher dados, em grande escala, através de imagens de satélite. Com um grande conjunto de dados é possível treinar os modelos. Esses dados podem ser analisados utilizando redes neurais semelhantes às usadas no sistema de reconhecimento facial, permitindo por meio de algoritmos, identificar padrões para classificações, por exemplo, de determinadas espécies ou mesmo de eventos naturais como furacões.

[5] Exemplos extraídos conforme ACTUIA (2020)

Exemplo dessa tarefa é a *ONG Global Forest Watch* (GFW), que oferece dados atualizados, tecnologia e ferramentas para auxiliar pessoas na proteção de florestas (WATCH, 2022). A *Global Forest Watch* (GFW) consiste em uma plataforma *online* que fornece dados e ferramentas para o monitoramento de florestas. Usando tecnologia de ponta, o GFW permite que qualquer pessoa acesse informações quase em tempo real sobre onde e como as florestas estão mudando em todo o mundo (Sobre, 2022).

Nessa linha, buscando acelerar a partilha de dados, foi anunciado em abril de 2020, pela Microsoft, o projeto *Planetary Computer*, possuindo extenso catálogo de dados de monitoramento ambiental (COMPUTER, 2022), referente a diversas temáticas, como qualidade do ar; biodiversidade; biomassa e vegetação; clima; demografia; fogo; infraestrutura; cobertura da terra entre outros correlatos.

Os exemplos não se exaurem. Dados de satélite também são fornecidos pelo programa europeu de monitorização da Terra Copernicus (EARTH, 2022), que fornece serviços em seis frentes: atmosfera; meio marinho; meio terrestre; alterações climáticas; segurança e emergências. Com base nesses dados, vários projetos são realizados, incluindo H2020 *DeepCube*, financiado pela União Europeia, que por meio de Inteligência Artificial, pretende resolver problemas de alto impacto ambiental e social, abordando temáticas relativas à previsão de impactos da seca na África[6], bem como a migração induzida pelo clima; previsão de risco de incêndio no Mediterrâneo; detecção e alerta global de agitação vulcânica problemas urgentes causados pelas alterações climáticas na Europa e Mediterrâneo. Todos esses recursos permitem filtrar os dados que são relevantes para que ferramentas de previsão, de apoio à decisão e de monitorização sejam utilizadas para proteção da biodiversidade, inclusive analisar e prever os efeitos do aquecimento global sobre a degradação das linhas costeiras e sobre a migração das espécies.

[6] *"O DeepCube – com o uso da Inteligência Artificial em Dados de Observação da Terra Grande – tem como objetivo atender às principais necessidades científicas, como a previsão de efeitos de longo prazo da seca e do calor, a previsão de impactos localizados dadas informações meteorológicas em escala grosseira, a combinação de abordagens físicas e Machine Learning para modelar o impacto da seca espátula-temporal, bem como a definição de fatores espaciais que produzem suscetibilidade de impacto versus resiliência à seca meteorológica e ondas de calor, com base na análise de dados históricos multivariados."* (CUBE, 2022)

No ambiente marinho, a Inteligência Artificial também traz grandes benefícios, por meio de satélites e algoritmos, lidando com o constante risco à biodiversidade em razão do transporte, da pesca intensiva e da poluição gerada pelo homem. O *OceanMind* (OCEANMIND, 2022), organização sem fins lucrativos, analisa o que acontece nos oceanos em tempo real, identificando comportamentos suspeitos.

Nessa linha também funciona o *Google AI* que desenvolveu uma rede neural profunda que pode seguir, monitorar e observar o comportamento das orcas. Esse modelo de aprendizagem de máquinas foi treinado em quase 1.800 horas de gravação de áudio subaquáticas e foi capaz de identificar 68.000 sons diferentes, incluindo os sons das orcas. Com isso, foi possível automatizar a detecção de sons do animal no Mar Salish, no Pacífico Norte, alertando os barcos da presença das espécies e eventual mudança do rumo, evitando colisões entre os navios e os cetáceos. Também na prevenção de colisões entre navios mercantes e os cetáceos está o projeto *Whale Safe*, no qual investigadores de várias universidades e organizações americanas desenvolveram em conjunto uma ferramenta e um sistema de alerta baseado na *web* para alertar os barcos para a presença de baleias e reduzir sua velocidade, evitando colisões fatais.[7]

Outro projeto que merece destaque foi lançado pela Microsoft, em dezembro de 2017, denominado *Microsoft AI for Earth*, destinado à conservação do frágil ecossistema da Baía de Chesapeake, ao longo das costas de Washington e Baltimore. Esta baía está sujeita à poluição intensa decorrente de derrame de produtos químicos da indústria; produtos químicos e pesticidas utilizados na agricultura, emergindo ainda considerável devastação fruto do desenvolvimento de áreas urbanas.

Tantos relatos positivos bem demonstram o potencial gigantesco que a Inteligência Artificial representa na tutela ambiental em relação à ação climática, à vida marinha e à vida terrestre. No entanto, não se devem perder de vista os impactos que podem ser gerados caso não seja devidamente regulado o uso do artefato.

[7] Os microfones foram instalados no fundo do mar para detectar as canções das baleias. Quando um sinal é detectado, é transmitido para uma boia e a um satélite que depois o transmite para navios na proximidade. A espécie é identificada utilizando um sistema de Inteligência Artificial.

1.3. O outro lado do emprego da Inteligência Artificial: os impactos ambientais

A despeito dos incríveis relatos sobre Inteligência Artificial e seu poder de realização de tarefas que seriam penosas ou impossíveis de serem processadas pela mente humana, há impactos ambientais já experimentados pela adoção desse artefato, conforme estudos relatam (MARTINEAU, 2020). Artigo científico publicado em 2020 (VINUESA) revela evidências de impactos positivos e negativos nos 17 ODS (Objetivos de Desenvolvimento Sustentável) e 169 metas a esses atreladas, reconhecidas pela Agenda 2030 da ONU.

O estudo dividiu-se em três principais áreas dos ODS: Sociedade, Economia e Meio Ambiente. Na visão geral, estima-se[8] que a IA pode funcionar como capacitador em 134 metas, o que equivale a 79% do conjunto delas, por meio de aperfeiçoamento tecnológico, permitindo superação de limitações atuais. No entanto, 59 metas (35%) podem sofrer impactos negativos.

O estudo indica os ODS atrelados diretamente ao meio ambiente como os relativos à ação climática, à vida marinha e à vida terrestre (ODS 13, 14 e 15). Em relação a esse grupo, são identificadas 25 (vinte e cinco) metas para as quais a IA poderia atuar como capacitadora de melhorias[9], o que equivale dizer cerca de 93% do conjunto, e cerca de 30%, ou seja, 8 (oito) metas, nas quais a IA poderia trazer impactos negativos, conforme se observa da figura.

[8] O artigo esclarece que apesar do estudo ter sido capaz de identificar o percentual de metas afetadas positiva e negativamente pela Inteligência Artificial, os estudos foram conduzidos em ambientes laboratoriais controlados com base em conjunto de dados limitados, de modo que a definição dessas métricas no mundo real permanece como um grande desafio.

[9] Há evidências de que os avanços da IA vão auxiliar na compreensão da mudança climática, apoiando sistemas de baixo carbono e integração de energia renovável, bem como na prevenção e redução da poluição marinha e no combate à desertificação e à restauração de solos degradados.

FIG. 1: **Avaliação detalhada do impacto da IA nos ODS no grupo do Meio Ambiente (VINUESA, 2020, p. 4 (fig. 4)).**

From: The role of artificial intelligence in achieving the Sustainable Development Goals

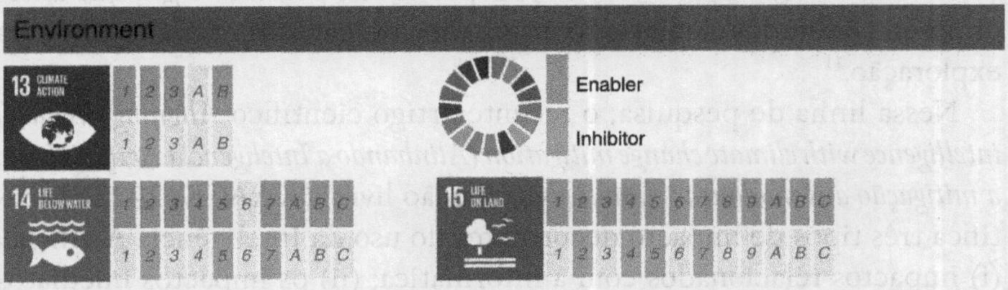

Documented evidence of positive or negative impact of AI on the achievement of each of the targets from SDGs 13, 14, and 15 (https://www.un.org/sustainabledevelopment/). The interpretation of the blocks and colors is as in Fig. 2. (The content of of this figure has not been reviewed by the United Nations and does not reflect its views).

Os impactos negativos concentram-se no fato de que a tecnologia de IA demanda instalações com alta necessidade de energia, produzindo elevada pegada de carbono[10]. Estima-se que o setor de tecnologia seja responsável por 2 a 3% das emissões globais de gases de efeito estufa. Por exemplo, *data centers* que mineram a criptomoeda Bitcoin consumiram até 0,3% da eletricidade mundial em 2019 (IEA, 2022), o que em um comparativo equivale sozinho à eletricidade da Bélgica, em igual período. Por isso, destaca-se a preocupação com os sistemas de resfriamento, com emprego de energias renováveis para contenção do aumento da demanda de eletricidade.

Demais disso, conjectura-se que maior acesso à informação pode conduzir a uma exploração excessiva dos recursos, merecendo essa área de pesquisa a atenção dos pesquisadores.

A exploração inadequada de recursos foi objeto de relatório do Greenpeace Reports, ao relatar como as empresas de tecnologia têm auxiliado grandes lucros do petróleo em detrimento da tutela climática (GREENPEACE, 2020). Isso porque a *cloud computing* e o software de IA

[10] Em estudo produzido em 2020 por pesquisadores da Universidade de Massachusetts de Amherst estimaram que o treinamento de um grande modelo de aprendizagem profunda produz 626.000 quilos de dióxido de carbono com emissão equivalente às emissões de cinco carros, ao longo de toda vida.

ajudam na descoberta, extração, distribuição, refinação, e comercialização de petróleo e gás. Como exemplo, as inovações tecnológicas desde a fratura hidráulica à perfuração horizontal ajudaram a impulsionar o *boom* do xisto americano, e como resultado, depósitos de petróleo e gás que antes eram considerados demasiado arriscados ou caros foram abertos para exploração.[11]

Nessa linha de pesquisa, o recente artigo científico *Aligning artificial intelligence with climate change mitigation (Alinhando a Inteligência Artificial com a mitigação das mudanças climáticas,* tradução livre) (KAACK, 2022), identifica três tipos de impacto decorrentes do uso da Inteligência Artificial: (i) impactos relacionados com a informática; (ii) os impactos imediatos das aplicações de *Machine Learning* (ML) e (iii) as mudanças induzidas por *Machine Learning* (ML) em nível de sistema.

Em relação aos impactos relacionados à informática, esses abrangem a energia computacional e dos hardwares usados para o treinamento, desenvolvimento e a execução dos algoritmos da IA. São considerados os centros que armazenam os dados e os equipamentos necessários para o funcionamento da IA. Nesse local, as fases do ciclo de vida de um modelo de ML são desenvolvidas, a partir de *inputs*, com o treinamento de muitas variantes de modelos, em diferentes conjuntos de dados, para conceber uma variante que funcione melhor na configuração do problema. Fato é que para cada uma dessas fases do ciclo de vida do modelo de ML há energia gasta, que a despeito de ser maior ou menor a depender da fase, será repetida na ordem de bilhões de vezes ao dia.

Vale consignar que na hipótese de o *Data Center* estar localizado em uma região na qual a fonte de energia é derivada de combustíveis não renováveis, como petróleo ou carvão mineral, a pegada de carbono da Inteligência Artificial será mais impactante. Neste sentido, vale destacar estudo recente da Universidade de Cambrigde (CAMBRIDGE, 2022),

[11] O relatório do Greenpeace aponta que apesar da queda no preço do petróleo, a BloombergNEF prevê que os gastos das companhias petrolíferas em *cloud computing* e análises avançadas aumentem de 2,5 mil milhões de dólares em 2020 para 15,7 mil milhões até 2030, com ênfase especial na exploração e produção. Observa-se que as facilidades advindas do emprego desse artefato tornam mais fácil às companhias petrolíferas encontrar e produzir petróleo. No entanto, retornando aos impactos gerados pelo emprego da tecnologia, nenhum dado publicado pelas empresas tecnológicas faz menção à pegada ecológica, em razão do carbono emitido.

indicando aumento da participação de fontes não renováveis na mineração da bitcoin, que pode estar ligado à realocação das operações que saíram da China para outros países, como o Cazaquistão, com matrizes elétricas mais poluentes (EXAME, 2022).

O segundo aspecto referido (KAACK, 2022), os impactos imediatos das aplicações de *Machine Learning*, relaciona-se à aplicação dessas tecnologias, ou seja, à forma pela qual a Inteligência Artificial vai ser encaminhada para uso no mercado.

Como mencionado anteriormente, como uma nova Tecnologia de Uso Geral, o artefato não é bom ou mau, em si, mas dependerá das consequências do seu emprego, podendo ser utilizado para otimizar processos de restauração e proteção ambiental, com reflexos positivos nas emissões de gases poluentes ou, com reflexos negativos, na aceleração de exploração de combustíveis fósseis, aumentando as emissões, como já referido em relação ao xisto americano. O estudo destaca também que aprimoramento de técnicas da pecuária pode fazer com que a pegada de carbono da Inteligência Artificial seja grande, porquanto a pecuária é responsável por 50% das emissões de gases de efeito estufa.

Por fim, o estudo indica um terceiro impacto relativo às mudanças induzidas por ML em nível de sistema, buscando relacionar os impactos causados pela forma que os indivíduos se comportam diante do uso das Inteligências Artificiais. Como exemplo, menciona-se a distribuição da publicidade, tendo em vista os anúncios publicitários recebidos via celular ou computador. Por meio desses, os mecanismos de IA coletam dados expostos pela pessoa na *internet* e, a partir deles, os algoritmos disponibilizam os anúncios que estão de acordo com a sua vontade.

Para que se tenha a exata noção dos prejuízos ambientais gerados a partir dessas ofertas, interessante estudo (LEMOS, 2020) debruçou-se sobre as cadeias de desinformação – notícias falsas e *clickbait* – relacionadas com o derramamento de petróleo de 2019 ao longo da costa Nordeste do Brasil, comparando, a partir de uma mesma ordem de equivalência, a quantidade de barris derramados pelo desastre ambiental com a quantidade equivalente pelo consumo de energia para reprodução de desinformação e de conteúdo jornalístico. O estudo relaciona as quantidades de energia consumidas ao número de *tweets*, ou a uma simples pesquisa no Google, identificando para ambas a grandeza equivalente de 0,2 g de CO^2 emitido para a atmosfera. Estima-se que mais de 500 milhões de tweets por dia de manhã sejam responsáveis por cerca de 13,39 toneladas métricas de CO^2 emitidas a cada 24 horas (DANIELLE, 2018). O estudo prossegue comparando a pegada de carbono gerada pelas *fakes news*, com as notícias de conteúdo jornalístico e o derramamento de petróleo ocorrido no Brasil, ao longo da costa do Nordeste (PENA, 2020).

A conclusão verificada no estudo é alarmante, porquanto ao se comparar o número de barris derramados efetivamente na costa brasileira com métricas similares calculadas pela emissão de gases de efeito estufa por conta da energia gasta com as notícias falsas e com as matérias de caráter jornalístico, constata-se que para cada barril de desinformação, aproximadamente 3,37 barris de petróleo foram queimados para veiculação de conteúdo jornalístico.[12] O estudo ainda afirma que a métrica de barris derramados pela desinformação de dois milhões de usuários sobre a catástrofe ambiental equivale quase ao dobro do petróleo derramado na costa do Piauí. É possível dizer que a partir da desinformação produzida pelas mídias digitais, houve o derramamento de óleo na costa brasileira em termos de danos ambientais.

Em linhas gerais, os impactos ambientais decorrentes do emprego da Inteligência Artificial apresentam duas principais áreas de preocupação ambiental: a demanda de energia pelo uso dos sistemas a ela atrelados e o estímulo à exploração de recursos naturais que poderá gerar ainda maior impacto ambiental. Diante destas perspectivas de avanços e riscos, verificaremos nos diplomas internacionais e no sistema jurídico brasileiro de que forma o meio ambiente tem sido considerado nos Planos Estratégicos sobre Inteligência Artificial, enfatizando se houve atenção aos impactos gerados pelo ciclo de vida da IA.

2. Diplomas internacionais e os planejamentos estratégicos sobre Inteligência Artificial em relação ao meio ambiente

2.1. Considerações iniciais

As potencialidades da Inteligência Artificial movimentam o cenário internacional em busca de desenvolvimento da tecnologia. China, EUA, Alemanha, Canadá, Japão e a Comunidade Europeia integram uma

[12] Cerca de 3,30 barris de petróleo foram usados para disseminar 475 notícias falsas e vídeos *clickbait*, enquanto 11,15 barris foram necessários para tornar visíveis 116 vídeos com conteúdo jornalístico.

corrida das potências para desenvolvimento e aplicação dos sistemas de Inteligência Artificial. Quase todos os diplomas internacionais sobre o tema repetem afirmações de que a Inteligência Artificial tem e terá um grande impacto na forma que as pessoas vivem e trabalham e esse fato norteia a estratégia das grandes potências.

Nesse cenário, em 2017, o secretário-geral da ONU, António Guterres, declarava que a Inteligência Artificial tinha o potencial de *acelerar o progresso na direção de uma vida digna, em paz e prosperidade para todas as pessoas* (UNIDAS, 2017). Em 2018, o Canadá publicava uma das primeiras estratégias nacionais de Inteligência Artificial, abrindo caminho para que mais de 30 países publicassem documentos com o mesmo propósito. Em 2019, os Estados Unidos inauguram o seu *Ai.gov*, com a *Executive Order 13850 – United States national strategy on artificial intelligence,* com a afirmativa de que tudo se transformará pelo impacto da IA e que estamos na Era da Inteligência Artificial. (PEIXOTO, 2020)

Em busca de um instrumento normativo global, Audrey Azoulay, Diretora-Geral da UNESCO, lançou, em 2018, o projeto de enquadramento ético para a utilização da Inteligência Artificial. Em 2021, três anos mais tarde, em face da mobilização de peritos de todo o mundo e de intensas negociações internacionais, foi possível que os 193 Estados-membros da UNESCO aprovassem a Recomendação Internacional sobre a Ética da Inteligência Artificial, instrumento normativo com o gigante desafio de colocar a Inteligência Artificial a serviço da humanidade.

2.2. Planejamento estratégico de Inteligência Ambiental e tutela ambiental

Antes e sem prejuízo desse importante primeiro referencial global da Unesco, diversos países imiscuíram-se na tarefa de traçar estratégias relativas à Inteligência Artificial. Nota-se que as pesquisas em IA movimentam três núcleos centrais: governos, indústria e academia e, em todos os núcleos, os parâmetros ético-normativos são objeto de discussão. Cada vez mais toma-se a Inteligência Artificial como um ativo e por essa razão vários documentos e reflexões afirmam a expressão "Era da Inteligência Artificial", reforçando a ideia de que estamos diante de uma nova Tecnologia de Uso Geral.

Nesse contexto, muito tem sido debatido acerca de preocupações relativas aos direitos da personalidade; à possibilidade de substituição da mão-de-obra, levando muitos trabalhadores ao desemprego; à responsabilidade civil por discriminação algoritmia ou danos decorrentes da ação autônoma de máquinas. A despeito da relevância de todos os temas, o foco que aqui se pretende botar luz diz respeito à preocupação em torno do equilíbrio sistêmico ambiental, em razão dos custos ambientais gerados pelo ciclo de vida da IA identificando quais documentos apresentaram expressamente essa preocupação.

Isso porque notam-se particularidades no viés estratégico dos países, valendo destacar, por exemplo, em relação aos EUA uma abordagem mais econômica, cuja estratégia volta-se ao desenvolvimento e à competição. Observa-se que, em outubro de 2016, o governo Obama publicou o documento *Preparing for the Future of Artificial Intelligence*, dispondo de forma abrangente sobre a estratégia de IA. Em outubro de 2019, a Fundação Nacional de Ciência anunciou um programa para promover pesquisas de inovação de longo prazo e em larga escala. Em janeiro de 2020, a Casa Branca publicou princípios regulatórios para o desenvolvimento da IA no setor privado com forte foco em IA confiável. Desde agosto de 2021, o Departamento de Estado dos EUA resumiu campos centrais de ação para o uso da IA.

A China também evidencia viés eminentemente econômico, buscando a liderança global em curto espaço de tempo. Gigante no desenvolvimento da Inteligência Artificial, apresentou por meio de seu Ministério da Indústria e Tecnologia da Informação uma estratégia nacional de Inteligência Artificial sob o título *Um Plano de Desenvolvimento de Inteligência Artificial de Próxima Geração,* tendo por meta de longo prazo ser líder global em inovação em IA até 2030[13].

Com um viés estratégico mais holístico, é exemplo a Alemanha. Diferente da posição americana e chinesa, observa-se a estratégia alemã (Nationale KI-Strategie) (BUNDESREGIERUNG, 2022), adotando uma visão holística no seu planejamento estratégico, buscando envolver

[13] *"O governo chinês considera a Inteligência Artificial uma indústria chave do futuro. Com um roteiro abrangente e a junção de todas as forças, ele busca metas claras de política econômica. Até 2020: Alcançar os EUA no campo da Inteligência Artificial; até 2025: Alcançar maiores avanços e liderar em aplicações individuais de IA e até 2030: Liderança global na pesquisa, desenvolvimento e aplicação da IA. A indústria nacional de IA (valor de mercado direcionado: 130 bilhões de euros) contribui muito para a criação de valor do país."* (BUNDESREGIERUNG, 2022)

diversos aspectos e setores. Em novembro de 2018, o Governo Federal apresentou uma estratégia nacional, cujo objetivo é estabelecer a "*IA Made in Germany*" como marca internacional. Dentre os objetivos políticos, destaca-se, para além do intento de se tornar um líder global para a pesquisa, desenvolvimento e aplicação de Inteligência Artificial, o desenvolvimento responsável e orientado ao bem-estar público e uso de IA, bem como o desenvolvimento de soluções de IA como contribuição para o meio ambiente e proteção climática.

Por conta dessa visão holística, verifica-se expressa menção à iniciativa de financiamento "Faróis de IA para Meio Ambiente, Clima, Natureza e Recursos" (tradução livre), que tem por objetivo apoiar projetos de inovação digital-ecológica para a resolução de desafios ecológicos por meio da Inteligência Artificial (BUNDESREGIERUNG, 2022). No entanto, não se identifica no conjunto de atividades elencadas no Planejamento Estratégico alemão expressa preocupação aos impactos gerados pelo ciclo de vida do IA, existindo dentre os 12 campos de ação apenas menção à necessidade de adaptação do marco regulatório, a fim de garantir proteção contra distorções, discriminação e outros usos abusivos.

Por outro lado, ao final de 2018, o Canadá, por intermédio da *Montreal Declaration for a Responsible Development of Artificial Intelligence* (MONTREAL, 2018), produziu documento fundamentado no reconhecimento de princípios voltados à concretização de interesses individuais e coletivos. *Trata-se, portanto, de um documento com visão ética e estratégica da IA, fundamentado na sustentabilidade, inclusão e equidade para IA* (PEIXOTO, 2020, p. 105).

A preocupação ambiental em relação ao ciclo de vida da IA foi expressamente levada em conta, ao dispor sobre o Princípio do Desenvolvimento Sustentável, prevendo que a infraestrutura digital, como *datas centers,* deve visar maior eficiência energética para mitigação de gases de efeito estufa, bem como gerar menor quantidade de resíduos elétricos e eletrônicos, prevendo ainda procedimentos de manutenção, reparação e reciclagem de acordo com os ditames de uma economia circular. Também foi chamada a atenção para extração de recursos do meio ambiente, buscando minimizar o impacto nos ecossistemas, combatendo o desperdício de recursos naturais e bens produzidos, reduzindo a poluição global.

Preocupação com eficiência energética e redução do consumo de espaço de supercomputadores também aparece na estratégia japonesa.

Para promover a inteligência artificial no Japão, o Conselho Estratégico de Tecnologia de IA foi fundado em abril de 2016. Em março de 2017, foi publicada a Estratégia de Tecnologia de Inteligência Artificial, cujos objetivos e medidas apoiam a visão da sociedade superinteligente "Sociedade 5.0". Outros trabalhos de estratégia relacionados à IA no Japão incluem o Roteiro de Industrialização, a Estratégia Integrada de Inovação e a Nova Estratégia robô. Mereceram atenção dentre as atividades a serem incentivadas melhorar a eficiência energética e reduzir o consumo de espaço de supercomputadores (BUNDESREGIERUNG, 2022), demonstrando com isso atenção à questão dos impactos ambientais pelo uso da IA.

Em relação à União Europeia, em abril de 2018, a Comissão Europeia publicou uma agenda para promover a Inteligência Artificial na Europa. Isso foi seguido na primavera de 2020 pelo *White Paper on Artificial Intelligence (*Livro Branco Sobre Inteligência Artificial) (EUROPEIA, 2020), que colocou em discussão um quadro de IA confiável baseado na excelência e confiança. Com base nisso, o Plano Coordenado de IA, publicado em abril de 2021, pretende representar o próximo passo da UE em direção à liderança global no campo da IA confiável. Ao mesmo tempo, a Comissão da UE publicou um projeto para regulamentar sistemas de IA de risco (COMMISSION, 2021).

A Comunidade Europeia dentre as diretrizes para concretização de uma IA de confiança para a EU afirma a sustentabilidade e respeito ao meio ambiente, o impacto social, a sociedade e a democracia. Conforme se extrai do Livro Branco sobre Inteligência Artificial, o impacto dos sistemas de IA deve ser considerado não apenas numa perspectiva individual, mas também na perspectiva da sociedade na realização dos Objetivos de Desenvolvimento Sustentável e no apoio ao processo democrático e aos direitos sociais.

Para além, a regulamentação dos sistemas de IA em conformidade com o seu risco – dividido em risco inaceitável; risco elevado e risco mínimo, em uma hierarquização dos riscos – apesar de aparentemente não regulamentar de forma expressa os impactos ambientais decorrentes do ciclo de vida da IA, parece permitir espaço para delimitar sistema de gestão de riscos (conforme art. 9º do Regulamento (EUR-LEX, 2021)).

Vale destacar que as propostas recentes relativas ao Pacto Ecológico Europeu (EUROPEU, 2021) colocam a Europa na vanguarda da resposta aos desafios climáticos e ambientais e as tecnologias digitais como a IA são um fator fundamental para a realização dos objetivos do Pacto Ecológico. Deste modo, por conta da importância crescente da IA, o impacto ambiental dos sistemas de IA deve ser devidamente considerado ao longo de todo o seu ciclo de vida e em toda a cadeia de abastecimento, como por exemplo no treino de algoritmos e no armazenamento de dados.

2.3. UNESCO: "Recomendação Internacional sobre a Ética da Inteligência Artificial"

Na condição de primeiro instrumento normativo global, a "Recomendação Internacional sobre a Ética da Inteligência Artificial", aprovada na 41ª Conferência-Geral da UNESCO em 2021, é resultado de um processo de dois anos que envolveu dezenas de consultas públicas e o trabalho de vários especialistas, culminando no primeiro instrumento global de definição de padrões sobre a ética da Inteligência Artificial.

Trata-se de instrumento normativo que visa colocar a Inteligência Artificial (IA) a serviço da humanidade, não apenas enunciando valores e princípios, mas também focando na aplicação prática por meio de recomendações. Além disso, busca proteger os direitos humanos, estimular o diálogo e promover o acesso equitativo aos avanços tecnológicos.

O documento aborda dilemas éticos contemporâneos da IA, como a transparência, a privacidade de dados e questões ligadas à desigualdade de acesso aos seus benefícios. Dentre as matérias atinentes à área política, uma foi destinada ao meio ambiente e ecossistemas, estabelecendo premissas na condução do uso da Inteligência Artificial em relação ao meio ambiente.

São três as proposições destacadas em relação à matéria, que apresentam recomendações aos Estados-membros. A primeira delas destaca a necessidade de AVALIAÇÃO DOS IMPACTOS AMBIENTAIS DIRETOS E INDIRETOS NO CICLO DE VIDA DOS SISTEMAS DE INTELIGÊNCIA ARTIFICIAL, indicando aos Estados-membros e às empresas que avaliem o impacto ambiental direto e indireto, ao longo do ciclo de vida dos sistemas de IA, incluindo – mas não se limitando – a sua pegada de carbono, consumo de energia e impacto ambiental da extração de matérias-primas para apoiar a fabricação de tecnologias de IA, e reduzir o impacto ambiental dos sistemas de IA e das infraestruturas de dados.

A segunda recomendação prescreve INCENTIVOS PARA O DESENVOLVIMENTO E ADOÇÃO DE SOLUÇÕES ÉTICAS ALIMENTADAS POR INTELIGÊNCIA ARTIFICIAL, indicando aos Estados-membros que apliquem incentivos, quando necessário e apropriado, para garantir o desenvolvimento e a adoção de soluções éticas e baseadas em direitos, alimentadas por IA, para a resiliência ao risco de desastres; o monitoramento, proteção e regeneração do meio ambiente e dos ecossistemas; e a preservação do planeta. Esses sistemas de IA devem envolver a participação das comunidades locais e indígenas em todo o ciclo de vida dos sistemas de IA, bem como devem apoiar abordagens do tipo economia circular e padrões de consumo e produção sustentáveis.[14]

Por fim, a terceira recomendação aborda a ESCOLHA DE MÉTODOS DE IA EFICIENTES EM TERMOS DE DADOS, ENERGIA E RECURSOS, a fim de que os Estados-membros escolham métodos de IA, considerando o potencial caráter de uso intensivo de dados ou recursos de alguns deles, assim como o respectivo impacto sobre o meio ambiente. Os Estados-membros devem assegurar que os atores de IA, em consonância com o princípio da proporcionalidade, deem preferência a métodos de IA eficientes em termos de dados, energia e recursos. Devem ser desenvolvidos requisitos para garantir que evidências adequadas estejam disponíveis para mostrar que um aplicativo de IA terá o efeito pretendido, ou que as salvaguardas que acompanham tal aplicativo podem apoiar a justificativa para seu uso. Se isso não puder ser feito, deve ser favorecido o princípio da precaução e, em casos em que existem impactos desproporcionalmente negativos ao meio ambiente, a IA não deve ser usada.

Pode-se constatar que as recomendações trazidas pela UNESCO giram em torno dos principais impactos ambientais negativos que os

[14] Alguns exemplos incluem o uso de sistemas de IA, quando for necessário e apropriado, para: (a) apoiar a proteção, o monitoramento e a gestão de recursos naturais; (b) apoiar a previsão, a prevenção, o controle e a mitigação de problemas relacionados ao clima; (c) apoiar um ecossistema alimentar mais eficiente e sustentável; (d) apoiar a aceleração do acesso e da adoção em massa de energias sustentáveis; (e) habilitar e promover a integração de infraestruturas sustentáveis, modelos de negócios sustentáveis e financiamento sustentável para o desenvolvimento sustentável; e (f) detectar poluentes ou prever os níveis de poluição e, assim, ajudar as partes interessadas relevantes a identificar, planejar e colocar em prática intervenções direcionadas para prevenir e reduzir a poluição e exposição.

pesquisadores têm sinalizado, envolvendo o gasto energético computacional e dos hardwares usados para o treinamento, desenvolvimento e a execução dos algoritmos da IA, bem como de que modo o conhecimento gerado a partir da IA propulsionará a exploração de recursos naturais.

A existência de um documento global releva grande importância no cenário mundial, colocando em destaque aspectos que verificamos muitas vezes deixados à margem. Ao que parece, muitos países se mostram altamente estimulados a extrair as benesses da IA, mas pouco preocupados em regrar os impactos associados a esta nova tecnologia.

3. Arcabouço jurídico brasileiro

A Constituição Federal de 1988, reconhecida por ser a primeira constituição brasileira a expressamente destinar um capítulo ao meio ambiente, consagrou o meio ambiente ecologicamente equilibrado como direito fundamental[15]. Expressões como Constituição Ambiental, Constituição Ecológica e Constituição Verde são utilizadas para se referir a nossa Carta Magna de 1988. Desta, o Poder Público recebeu o encargo constitucional de gestor do direito fundamental ao meio ambiente ecologicamente equilibrado, elemento essencial à dignidade da pessoa humana, e com caráter intergeracional, exigindo do Poder Público e da sociedade o desafio de implementá-lo para as presentes e futuras gerações.

Para a tutela desse meio ambiente ecologicamente equilibrado foram trazidas atribuições inderrogáveis ao Poder Público, que, dentre essas, tem o dever constitucional de controlar a produção, a comercialização e o emprego de técnicas, métodos e substâncias que comportem risco para a vida, a qualidade de vida e o meio ambiente (inciso V) e exigir, na forma da lei, para instalação de obra ou atividade potencialmente causadora de significativa degradação do meio ambiente, estudo prévio de impacto ambiental, a que se dará publicidade (inciso IV).

A Carta Magna, com as alterações da Emenda Constitucional 85/2015, também estabeleceu que o Estado promoverá e incentivará o desenvolvimento científico, a pesquisa, a capacitação científica e tecnológica e a inovação, destacando que a pesquisa científica básica e tecnológica

[15] Art. 225. *Todos têm direito ao meio ambiente ecologicamente equilibrado, bem de uso comum do povo e essencial à sadia qualidade de vida, impondo-se ao Poder Público e à coletividade o dever de defendê-lo e preservá-lo para as presentes e futuras gerações.*

receberá tratamento prioritário do Estado[16]. Previu-se a possibilidade de os entes federados firmarem instrumentos de cooperação com órgãos, entidades públicas e com entidades privadas, podendo inclusive compartilhar recursos humanos especializados.

Nota-se que a atuação do Estado foi reforçada na promoção da inovação e na adoção de políticas públicas destinadas à promoção do desenvolvimento científico e tecnológico, encontrando nesse arcabouço fundamento constitucional a atual Política Nacional de Inovação, fundamentada no Decreto nº 10.534, de 28 de outubro de 2020, em vista da Lei nº 10.973/2004, que disciplina incentivos à inovação e pesquisa científica e tecnológica no ambiente produtivo e da Lei nº 13.243/2016, que disciplina sobre estímulos ao desenvolvimento científico, à pesquisa, à capacitação científica e tecnológica e à inovação.

Antes mesmo da Constituição Federal de 1988, a Política Nacional do Meio Ambiente (Lei nº 6.938/81) já indicava atenção ao tema, valorizando o desenvolvimento da tecnologia ao prescrever especial atenção a incentivos ao estudo e à pesquisa de tecnologias orientadas para o uso racional e a proteção dos recursos ambientais (art. 2º, VI), assim como à difusão de tecnologias de manejo do meio ambiente (art. 4º, V).

No entanto, Ciência, Tecnologia e Inovação, em território brasileiro, carecem de maiores investimentos e mostram-se em processo de retrocesso (ARBIX, 2022), à semelhança da tutela do meio ambiente ecologicamente equilibrado.

3.1. Estratégia brasileira de Inteligência Artificial

Fundamentada no Decreto nº 10.534, de 28 de outubro de 2020, conforme a apresentação do documento, a Estratégia Brasileira de Inteligência Artificial - EBIA(BRASIL, 2021) assume o papel de nortear as ações do Estado brasileiro em prol do desenvolvimento das ações, em suas várias vertentes, que estimulem a pesquisa, inovação e desenvolvimento de soluções em Inteligência Artificial, bem como, seu uso consciente, ético e em prol de um futuro melhor.

[16] Art. 218. *O Estado promoverá e incentivará o desenvolvimento científico, a pesquisa, a capacitação científica e tecnológica e a inovação. § 1º A pesquisa científica básica e tecnológica receberá tratamento prioritário do Estado, tendo em vista o bem público e o progresso da ciência, tecnologia e inovação.*

A estratégia brasileira está alinhada às diretrizes da OCDE e fundamentada em cinco princípios: (i) a IA deve beneficiar as pessoas e o planeta para crescimento inclusivo, desenvolvimento sustentável e bem-estar; (ii) a tecnologia deve respeitar as leis, os direitos humanos e os valores democráticos; (iii) deve haver transparência e explicabilidade; (iv) deve haver robustez, segurança e proteção, com gestão e avaliação dos riscos dos sistemas de Inteligência Artificial durante a sua vida útil e (v) responsabilização ou a prestação de contas (*accountability*).

Observa-se, a despeito do primeiro fundamento fazer menção ao desenvolvimento sustentável e ao bem-estar, a ausência de abordagem específica acerca dos impactos ambientais gerados ao longo do ciclo de vida da IA, com expressa referência à demanda de energia pelo uso dos sistemas atrelados a IA e ao estímulo à exploração de recursos naturais que poderá gerar ainda maior impacto ambiental.

Vale consignar que o sistema pátrio ainda carece de normativa legal sobre a matéria de IA contando apenas com Projeto de Lei nº 21/2020 (DEPUTADOS, 2020), em discussão no Poder Legislativo, que traça princípios, em sua maioria reconhecidos, desde 2019, pelo documento da Organização para a Cooperação e Desenvolvimento Econômico – OCDE, do qual o Brasil, juntamente com mais de 40 países, é signatário. Demais disso, o artigo 3º do projeto deixa em aberto na interpretação da lei a análise de outras variáveis, consignando que:

> na interpretação desta Lei serão levados em conta, além dos fundamentos, objetivos e princípios previstos, a relevância da Inteligência Artificial para a inovação, o aumento da competitividade, o crescimento econômico sustentável e inclusivo e a promoção do desenvolvimento humano e social.

De qualquer forma, os ditames constitucionais acerca da tutela ambiental, na estrutura constitucional contemplada, fornecem elementos para que essa variável possa ser considerada caso a IA represente risco para a vida, a qualidade de vida e o meio ambiente, bem como seja potencialmente causadora de significativa degradação ambiental.

Conclusões

A criatividade humana, ao longo da história, permitiu o desenvolvimento de novas tecnologias, como a disruptiva Inteligência Artificial. Assistimos em relação à máquina a vapor, à eletricidade e ao computador que esses períodos de ruptura exigem da sociedade um olhar atento, a fim de compreender o valor atribuído ao artefato, suas benesses e desafios, e a melhor forma de regulamentá-lo.

Revisitando o conceito do saudoso Miguel Reale, da teoria tridimensional do Direito, parece que, a partir de todas as nuances trazidas pelo artefato IA, estamos diante de uma complexa dinâmica que bem conjuga as dimensões de fato, valor e norma. Os fatos atinentes ao emprego da IA se fazem cada vez mais presentes, exigindo da sociedade a precisa valoração do bem, para que a norma possa adequadamente regulamentar seu uso e estimulá-lo em proveito do equilíbrio ambiental.

As benesses da IA estão positivamente mapeadas e os países detentores de tecnologia se apressam a utilizá-la como um ativo. Por outro lado, poucos têm se atentado (ou se mostram interessados) aos impactos negativos que o uso desregrado dos sistemas pode gerar em termos de impactos ambientais. Da emissão de gases de efeito estufa à estimulação de uso anormal dos recursos e a produção não sustentável de resíduos sólidos, ganha importância a recomendação global da Unesco sobre o tema.

Nosso sistema jurídico ainda carece de disciplina específica, a semelhança de outros países, mas os ditames constitucionais nos permitem desde já introduzir essa variável na hipótese de riscos para a vida, a qualidade de vida e o meio ambiente, bem como às atividades potencialmente causadoras de significativa degradação ambiental.

Não se pode perder de vista que se há grande potencial para que a Inteligência Artificial sirva para melhorar questões ambientais, o seu ciclo de vida precisa também ter características ecológicas. O casamento entre o verde, representativo do meio ambiente e o azul, representativo das tecnologias digitais, consagra como destaca Floridi (2020) um *New Marriage,* defendendo-se que a Inteligência Artificial é uma tecnologia que pode ser uma força poderosa para o bem, permitindo que o ser humano compreenda e preveja mais e melhor os desafios globais.

Referências

ACTUIA, L. M. D. L. A. L'IA, au service de la biodiversité. In: COMPIÈGNE, I. **Quand l'Intelligence Artificiel vient au secours de la nature**. 1. ed. Paris: Net Square Digital, v. 2, 2020. Cap. V, p. França.

ARBIX, G. Folha de São Paulo. **Ciência e inovação podem mudar rumos do país, mas precisam parar de regredir**, 2022. Disponível em: <https://www1.folha.uol.com.br/colunas/mathias-alencastro/2022/07/ciencia-e-inovacao-podem-mudar-rumos-do-pais-mas-precisam-parar-de-regredir.shtml?pwgt=kzbjk5cg9n2i90cjyndvg0ihgcuk3e455l98vhquhs3itcea&utm_source=whatsapp&utm_medium=social&utm_campaign=com>. Acesso em: 03 outubro 2022.

BECK, U. **Sociedade de risco: rumo a uma outra modernidade**. Tradução de Sebastião Nascimento. São Paulo: [s.n.], 2010.

BRASIL. Constituição Federal, 1988. Disponível em: <https://www.planalto.gov.br/ccivil_03/Constituicao/Constituicao.htm>.

BRASIL. Estratégia Brasileira de Inteligência Artificial – EBIA, 2021. Disponível em: <https://www.gov.br/mcti/pt-br/acompanhe-o-mcti/transformacaodigital/arquivosinteligenciaartificial/ebia-diagramacao_4-979_2021.pdf >. Acesso em: 03 outubro 2022.

BRYNJOLFSSON, E. E. M. A. **A segunda era das máquinas.** [S.l.]: Alta Books Editora, 2014.

BUNDESREGIERUNG, D. KI Nationale Strategie für Künstliche Intelligenz, 2022. Disponivel em: <https://www.ki-strategie-deutschland.de/home.html#:~:text=O%20governo%20chin%C3%AAs%20considera%20a%20intelig%C3%AAncia%20artificial%20uma%20ind%C3%BAstria%20chave%20do%20futuro.%20Com%20um%20roteiro%20abrangente%20e%20a%20jun%C3%A7%C3%A3o%20de%20todas%20>. Acesso em: 03 Outubro 2022.

CAMBRIDGE, U. O. **A deep dive into Bitcoin's environmental impact**, 2022. Disponível em: <https://www.jbs.cam.ac.uk/insight/2022/a-deep-dive-into-bitcoins-environmental-impact/ >. Acesso em: 28 Setembro 2022.

COMMISSION, E. **Proposal for a Regulation laying down harmonised rules on artificial intelligence**, 2021. Disponível em: <https://digital-strategy.ec.europa.eu/en/library/proposal-regulation-laying-down-harmonised-rules-artificial-intelligence>. Acesso em: 04 Outubro 2022.

COMPUTER, P. Datya Catalog, 2022. Disponível em: <https://planetarycomputer.microsoft.com/catalog >. Acesso em: 21 Setembro 2022.

CUBE, D. **Forecasting localized extreme drought and heat impacts in Africa**, 2022. Disponível em: <https://deepcube-h2020.eu/use-cases/forecasting-localized-extreme-drought-and-heat-impacts-in-africa/ >. Acesso em: 21 Setembro 2022.

DANIELLE. CreditAngel. **The Carbon Footprint of the Internet**, 2018. Disponível em: <https://www.creditangel.co.uk/blog/consumption-and-carbon-footprint-of-the-internet >. Acesso em: 03 Outubro 2022.

DECLARAÇÃO DE ESTOCOLOMO, 1972. Disponível em: <https://brasil2049.com/a-declaracao-de-estocolmo-sobre-o-meio-ambiente-humano-1972/>. Acesso em: 07 jul 2022.

DEPUTADOS, C. D. Projeto de Lei nº 21, 2020. Disponível em: <https://www.camara.leg.br/proposicoesWeb/prop_mostrarintegra;jsessionid=node01jr87sikqosd3h91sguvk4kft166347.node0?codteor=1853928&filename=PL+21/2020 >. Acesso em: 03 Outubro 2022.

EARTH, C. E. E. **Programme of the European Union**, 2022. Disponível em: <https://www.copernicus.eu/pt-pt>. Acesso em: 21 Setembro 2022.

EUR-LEX. Proposta de REGULAMENTO DO PARLAMENTO EUROPEU E DO CONSELHO QUE ESTABELECE REGRAS HARMONIZADAS EM MATÉRIA DE INTELIGÊNCIA ARTIFICIAL (REGULAMENTO INTELIGÊNCIA ARTIFICIAL) E ALTERA DETERMINADOS ATOS LEGISLATIVOS DA UNIÃO, 2021. Disponível em: <https://eur-lex.europa.eu/legal-content/PT/TXT/?uri=CELEX:52021PC0206>. Acesso em: 03 Outubro 2022.

EUROPEIA, U. **White Paper on Artificial Intelligence**, 2020. Disponível em: <https://ec.europa.eu/info/sites/default/files/commission-white-paper-artificial-intelligence-feb2020_de.pdf>. Acesso em: 04 Outubro 2022.

EUROPEU, C. **Pacto Ecológico EuropeuPacto Ecológico Europeu**, 2021. Disponível em: <https://www.consilium.europa.eu/pt/policies/green-deal/#:~:text=O%20Pacto%20Ecol%C3%B3gico%20Europeu%20%C3%A9%20um%20pacote%20de,e%20pr%C3%B3spera%2C%20com%20uma%20economia%20moderna%20e%20competitiva>. Acesso em: 03 Outubro 2022.

EXAME. Emissões de gases de efeito estufa ligadas ao bitcoin caíram 14,1% em 2022. **Future of Money**, 2022. Disponível em: <https://exame.com/future-of-money/emissoes-de-gases-de-efeito-estufa-ligadas-ao-bitcoin-cairam-141-em-2022-aponta-estudo>. Acesso em: 28 Setembro 2022.

FLORIDI, L. SSRN. **The Green and the Blue:** A New Political Ontology for a Mature Information Society, 2020. Disponível em: <https://ssrn.com/abstract=3831094 or http://dx.doi.org/10.2139/ssrn.3831094>.

GREENPEACE. GREENPEACE Reports. **Oil in the Cloud**, 2020. Disponível em: <https://www.greenpeace.org/usa/reports/oil-in-the-cloud/>. Acesso em: 03 Outubro 2022.

IEA. Data Centres and Data Transmission Networks, 2022. Disponível em: <https://www.iea.org/reports/data-centres-and-data-transmission-networks#recommended-actions>. Acesso em: 04 Outubro 2022.

IGLECIAS, P. **A Responsabilidade pós-consumo no contexto da pandemia da covid-19: contribuições para a gestão de resíduos sólidos**. In: SIMÃO, J. F.; PAVINATTO, T. **Liber Amicorum Teresa Ancona Lopez:** Estudos sobre Responsabilidade Civil. [S.l.]: Grupo Almedina, 2021.

IPCC. IPCC SISTH ASSESSMENT REPORT, 2021. Disponível em: <https://www.ipcc.ch/report/ar6/wg3/>. Acesso em: 07 jul 2022.

JUNIOR, J. L. D. M. F. **A evolução da Inteligência Artificial em breve retrospectiva**. In: MAFALDA MIRANDA BARBOSA, F. B. N. M. C. S. J. L. D. M. F. J. **DIREITO DIGITAL E INTELIGÊNCIA ARTIFICIAL Diálogos Entre Brasil e Europa**. 1ª. ed. São Paulo: Foco, 2021. Cap. 1, p. 31-70.

KAACK, L. H. . D. P. L. . S. E. E. A. Aligning artificial intelligence with climate change mitigation. **Nat. Clim. Chang**, 2022. Disponível em: <https://www.nature.com/articles/s41558-022-01377-7#citeas>. Acesso em: 03 Outubro 2022.

LEMOS, A. B. E. D. S. J. G. Media, Culture & Society. **Fake news as fake politics:** the digital materialities of YouTube misinformation videos about Brazilian oil spill catástrofe, 2020.

MARTINEAU, K. MIT News – Massachusetts Institute of Technology. **Shrinking deep learning's carbon footprint**, 2020. Disponível em: <https://news.mit.edu/2020/shrinking-deep-learning-carbon-footprint-0807>. Acesso em: 03 Outubro 2022.

MONTREAL. **Montreal Declaration for a responsible development of AI**, 2018. Disponivel em: <https://monoskop.org/images/d/d2/Montreal_Declaration_for_a_Responsible_Development_of_Artificial_Intelligence_2018.pdf#:~:text=The%20Montr%C3%A9al%20Declaration%20is%20addressed%20to%20any%20person%2C,be%20able%20to%20alert%20public%20opinion%20when%20ne>. Acesso em: 03 outubro 2022.

OCEANMIND. **OceanMind is a non-profit organisation that powers enforcement and compliance to protect the world's oceans**, 2022. Disponível em: <https://oceanmind.global/>. Acesso em: 21 Setembro 2022.

OECD. **Legal Instruments**, 2019. Disponível em: <https://legalinstruments.oecd.org/en/instruments/OECD-LEGAL-0449 >. Acesso em: 03 Outubro 2022.

PEIXOTO, F. H. **Inteligência Artificial e Direito:** Convergência Ética e Estratégica. 1ª. ed. Curitiba: Alteridade, v. V, 2020.

PENA, P. G. L. E. A. Derramamento de óleo bruto na costa brasileira em 2019: emergência em saúde pública em questão. **Cadernos de Saúde Pública [online]**, 2020. Disponível em: <https://www.scielo.br/j/csp/a/RdpV54PDWjxktvSjhJRCvTP/#ModalArticles>. Acesso em: 03 Outubro 2022.

SCHUMPETER, J. A. **Capitalismo, Socialismo e Democracia**. Connecticut: LeBooks, 1942.

SMITH, M. et al. The reinvention of politics: Ulrich Beck and reflexive modernity. **Environmental Politics**, v. 8, n. 3, p. 169-173, 1999. Disponível em: <https://tandfonline.com/doi/abs/10.1080/09644019908414487>. Acesso em: 4 jul 2022.

TRAJTENBERG, M. AI as the next GPT: a Political-Economy Perspective, jan 2018.

UNIDAS, N. ONU quer que Inteligência Artificial combata desafios da humanidade. **ONU News Perspectiva Global Reportagens Humanas**, 2017. Disponível em: <https://news.un.org/pt/story/2017/06/1587941>. Acesso em: 03 Outubro 2022.

_________. Fome cresce no mundo e atinge 9,8% da população global. **ONU News**, 2022. Disponível em: <https://news.un.org/pt/story/2022/07/1794722>. Acesso em: 03 Outubro 2022.

_________. O impacto global da guerra na Ucrânia. **Centro Regional de Informação para a Europa Ocidental**, 2022. Disponivel em: <https://unric.org/pt/o-impacto-global-da-guerra-na-ucrania/>. Acesso em: 02 outubro 2022.

_________. Nações Unidas. **ONU News Perspectiva Global Reportagens Humanas**. Disponível em: <https://news.un.org/pt/story/2022/07/1794722>. Acesso em: 07 setembro 2022.

VINUESA, R. . A. H. . L. I. E. A. The role of artificial intelligence in achieving the Sustainable Development Goals. **Nature Communacations**, 2020. Disponível em: <https://www.nature.com/articles/s41467-019-14108-y#citeas>.

WATCH, G. F. **Monitoramento de Florestas Projetado para a Ação**, 2022. Disponível em: <https://www.globalforestwatch.org/>. Acesso em: 02 Outubro 2022.

_________. Sobre, 2022. Disponível em: <https://www.globalforestwatch.org/about/>. Acesso em: 03 Outubro 2022.

17. EVOLUÇÃO URBANO-AMBIENTAL NO BRASIL

Ivan Carneiro Castanheiro

Introdução

A evolução do Direito Urbanístico no Brasil, em certa medida, coincide com a evolução do Direito Ambiental.

Um dos objetivos do presente trabalho é mostrar a íntima relação existente entre meio ambiente e urbanismo, levando ao leitor um panorama das interações da gestão do meio ambiente na área urbana ao longo do tempo. Aliado à integração, real e/ou ideal, entre as várias políticas públicas executadas nos diversos recortes territoriais brasileiros, diante das competências legislativas e administrativas dos Municípios e dos Estados-membros. Com peculiaridades no âmbito das regiões metropolitanas e aglomerações urbanas, bem como suas interações (diálogo das fontes) com o Plano de Desenvolvimento Urbano Integrado (PDUI), Política Nacional de Recursos Hídricos e Planos de Bacias Hidrográficas, Lei de Regularização Fundiária Urbana (REURB), Novo Marco Legal do Saneamento Básico (NMLSB), Política Nacional de Mudanças Climática (resiliência das cidades), dentre outras.

Trataremos dos elementos do meio ambiente (água, ar, solo, flora e fauna), doutrinariamente considerado como meio ambiente natural, interagindo o meio ambiente artificial (as cidades, construídas pelo homem[1]).

[1] Aproximadamente 85% da população brasileira vive na zona urbana, percentual que chega 93% na região sudeste. Disponível em <https://educa.ibge.gov.br/jovens/conheca-o-brasil/populacao/18313-populacao-rural-e-urbana.html#:~:text=De%20acordo%20com%20dados%20da,brasileiros%20vivem%20em%20%C3%A1reas%20rurais> . Acesso em 08.0ut.2022.

Por fim, a título de sugestões, apontaremos possíveis soluções ou ações mitigatórias em termos de políticas públicas, no sentido de trazer saúde, bem-estar, qualidade de vida e segurança física e jurídica aos citadinos, pois somente assim se fará com que as cidades cumpram com funções sociais, especialmente em tempos em que já ocorrem, com tendência de agravamento, os efeitos negativos das mudanças climáticas.

1. Evolução da legislação urbano-ambiental: aspectos importantes

No decorrer da urbanização no Brasil, houve vários diplomas legais. Diversos deles ainda vigentes. Alguns foram revogados ou derrogados, outros não recepcionados pela nova ordem constitucional.

Num primeiro momento, demonstraremos, em ordem cronológica, a evolução legislativa (principais normas) e sua aplicação prática na questão urbano-ambiental, até chegarmos aos dias atuais, bem como aos desafios a serem enfrentados em tempos de mudanças climáticas.

A figura do loteamento mereceu inicial disciplina pelo DecretoLei 58, de 10 de dezembro de 1937, que foi revogado parcialmente pela Lei nº 6.766/79, a denominada Lei Lehmann, esta ainda plenamente vigente, como adiante se verá.

O Decreto nº 3.079, de 15 de setembro de 1938, por sua vez, regulamentou o Decreto-Lei nº 58/37, versando sobre o loteamento e a venda de terrenos para pagamento em prestações, de maneira a exigir prévio registro para a comercialização, bem como estabelecendo rol de documentos para a efetivação desse registro.

Posteriormente, o Decreto-Lei 271, de 28 de fevereiro de 1967, versou sobre loteamento urbano, responsabilidade do loteador e concessão de uso e espaço aéreo e deu outras providências. O art. 3º, equiparou loteamento à incorporação imobiliária da Lei 4.591/64 (loteamento fechado). O segundo dispositivo, previsto no artigo 7º, com redação alterada pela Lei 11.471/2007, dispôs sobre a concessão de terrenos públicos ou particulares, gratuita ou remunerada, para fins de regularização fundiária.

Sobre a importância do Decreto-Lei 271/67, até então a única disciplina na área do parcelamento era a do Decreto-Lei 58/37, o qual tinha como foco somente a comercialização do lote, excluídas as questões urbanísticas.

Conforme anotou João Pedro Lamana Paiva, com a promulgação da Lei 6.766/79, houve a revogação parcial do Decreto-Lei 271/67, o qual disciplinava os loteamentos convencionais, isto é, aqueles em que se constituíam ou se aproveitavam do sistema viário oficial da cidade (artigos 1º, 2º e 4º a 6º do Decreto 271/67). Os demais dispositivos continuariam em vigor, na opinião do autor, da qual respeitosamente discordamos, por entendermos os denominados *"condomínios especiais"* ou "loteamentos fechados", eram uma burla à lei federal. Entretanto, neste trabalho não entraremos nesta polêmica, por falta de espaço para desenvolver o tema.

Passaremos a uma breve abordagem das principais normas.

1.1. Lei 6.766/79 – Lei Lehmann – Lei do Parcelamento do Solo (LPS)

A Lei 6. 766, de 19/12/1979 dispôs sobre o *Parcelamento do Solo Urbano*, sendo a *lei básica* para ser seguida no retalhamento de glebas destinadas à produção de lotes para fins de moradia. Ela possui várias vertentes ambientais, algumas das quais mencionaremos na sequência.

O loteamento pode ser assim ser apresentado:

> caracteriza-se pela subdivisão da gleba em lotes destinados à edificação, com abertura de vias públicas de circulação, ou prolongamento, modificação ou ampliação das vias públicas existentes, bem como com a implantação de equipamentos comunitários públicos como praças, parques, play ground etc., todos transmudados em bens públicos de uso comum do povo mediante o registro do loteamento.[2]

No art. 4º, § 2º, a Lei 6.766/79 disciplina os equipamentos *comunitários* como sendo os equipamentos públicos de educação, cultura, saúde, lazer e similares.

Por outro lado, as áreas institucionais, aquelas destinadas a sistemas de circulação, à implantação de equipamentos urbanos e comunitários, bem como a espaços livres de uso público e as áreas verdes, não são passíveis de alteração ou supressão (art. 17 da Lei 6.766/79).

Ainda sobre as áreas institucionais, objeto de proteção urbano-ambiental na Lei Lehmann, como vimos, é de se registrar que no artigo 76 da Agenda 21, da Conferência das Nações Unidas sobre Meio Ambiente

2 ERPEN, Décio Antônio; PAIVA, João Pedro Lamana; MEZZARI, Mario Pazutti. Condomínio Horizontal de Lotes: Edificação de Livre Escolha do Condômino, p. 3. Disponível em <http://registrodeimoveis1zona.com.br/?p=242 – 05-09-15Condomínio>. Acesso em 05 set. 2015.

e Desenvolvimento (CNUMAD), em 1992, no Rio de Janeiro/RJ, também conhecida por ECO-92, consta:

> Para garantir uma oferta de terras aproveitáveis, os Governos, em todos os níveis apropriados e de acordo com seus marcos legais, devem: (f) Fazer uso integral da infra-estrutura existente nas áreas urbanas, estimulando a melhor densidade de ocupação do solo disponível, de acordo com sua capacidade de absorção, ao mesmo tempo garantindo a provisão adequada de parques, áreas comuns e de recreação e porções de terras para jardinagem doméstica, quando for pertinente.

A Lei Lehmann, como costuma ser chamada, foi alterada após a Constituição pela Lei 9.785/99, modificando o modelo de parcelamento do solo urbano, ao considerar de interesse público e social os parcelamentos populares, vinculados a programas habitacionais de iniciativa dos Municípios. Também introduziu "*uma flexibilidade dos índices urbanísticos, fortalecendo o papel dos Municípios e dando-lhes poderes para fixar as suas próprias diretrizes locais, atendendo, assim, aos preceitos postos pela Constituição Federal de 1988*".[3]

1.2. Plano Diretor Municipal

O Plano Diretor Municipal, também denominado de Plano de Desenvolvimento Urbano Integrado, dentre outras denominações, é obrigatório para as cidades com mais de 20.000 habitantes, conforme preceitua a Constituição federal, no artigo 182, § 1º, bem como o art. 39 do Estatuto da Cidade. Igualmente há essa obrigatoriedade em regiões metropolitanas e aglomerações urbanas, bem como onde se pretenda utilizar do instrumento do Imposto Predial e Territorial Urbano Progressivo (art. 182, § 4º, II). Da mesma, será compulsório para áreas de influência de empreendimentos ou atividades com significativo impacto ambiental de âmbito regional ou nacional ou áreas constantes do cadastro nacional de municípios com áreas suscetíveis à ocorrência de deslizamentos de grande impacto, inundações bruscas ou processos geológicos ou hidrológicos correlatos (art. 41 do EC).

[3] HORN, Daniel Colombo Gentil. O parcelamento do solo urbano em questão: experiências alternativas ao esgotamento de um modelo e perspectivas na nova ordem jurídico-urbanística, p. 15.

A importância do plano diretor é tanta que a Carta Magna previu que a propriedade urbana somente cumprirá com sua função social quando atender às exigências fundamentais que devem estar expressas no plano diretor (art. 182, § 2º). Determina que a política de desenvolvimento urbano deverá ser executada pelo poder público municipal, com diretrizes fixadas em lei e com o objetivo de ordenar o pleno desenvolvimento das funções sociais da cidade, bem como garantir o bem-estar de seus habitantes.

Evidentemente que será no plano diretor, regulamentado pela Lei 10.257/01 (arts. 39 a 42-B) que estarão tais diretrizes e objetivos principais para o desenvolvimento do território municipal como um todo e não apenas da zona urbana.

1.3. Constituição federal e cidades: competências dos entes federativos

Inicialmente, é de se tecer considerações sobre as competências legislativas e administrativas dos entes federativos, na Constituição federal, no tocante às questões urbanísticas e ambientais.

É de ser frisada a proeminência do Município para disciplinar as questões urbanísticas, visto que se trata de assunto de alto interesse local (art. 30, I, da CF c.c. o art. 32, § 1º da CF). O Município e o Distrito Federal foram os entes federativos incumbidos pelo constituinte para a promoção, no que couber, do adequado ordenamento territorial, mediante planejamento e controle do uso, do parcelamento e da ocupação do solo urbano (art. 30, VIII).

Por outro lado, conforme artigo 30, inciso II, essa normatização não pode contrariar as diretrizes gerais estabelecidas pela União (art. 24, I e § 1º), as quais podem e devem ser complementadas pelos Estados-membros e Distrito Federal diante das peculiaridades e vicissitudes regionais (art. 24, §§ 2º ao 4º).

Como bem ressalta José Afonso da Silva, as normas urbanísticas municipais são as mais características, porque é nos Municípios que se manifesta a atividade urbanística na sua forma mais concreta e dinâmica. Por tais razões, as competências da União e dos Estados esbarram na competência própria que a Constituição reservou aos Municípios. Estes, por outro lado, precisam conformar sua atuação urbanística aos ditames, diretrizes e objetivos gerais do desenvolvimento urbano estabelecidos pela União e às regras genéricas de coordenação expedidas pelo Estado.[4]

Entretanto, se o Município situar-se em região metropolitana ou aglomeração urbana, suas competências em matérias ambientais e urbanísticas com repercussão regional, denominadas pela legislação de "funções públicas de interesse comum" são reduzidas, visto que as decisões e deliberações devem ser tomadas conjuntamente com os demais Municípios e com o respectivo Estado, por força do art. 25, § 3º, da Carta Magna, bem como com a sociedade civil, segundo as diretrizes do Plano de Desenvolvimento Urbano Integrado – PDUI (art. 12 da Lei 13.089/15) e não mais exclusivamente com as previsões do seu Plano Diretor, o qual terá ser ajustado ao PDUI naquilo que lhe for contrário (art. 10, § 3º da Lei 13.089/15). Voltaremos ao assunto em tópico próprio.

1.4. Lei 9.605/98 (Lei dos Crimes Ambientais)

Referido diploma legal estabeleceu as sanções penais e administrativas derivadas de condutas e atividades lesivas ao meio ambiente, em especial quanto aos delitos decorrentes da degradação de vegetação (arts. 38 a 40 e 38 a 50 da Lei 9.605/98); a conduta de dar causa à poluição de qualquer natureza, em níveis tais que resultem ou possam resultar em danos à saúde humana, ou que provoquem a mortandade de animais ou a destruição significativa da flora (art. 54); licenciamento de obras ou atividades de forma irregular ou clandestinas (art. 60), prevendo responsabilidades específicas para o servidor público (artigos 66 e 67) e para o empreendedor (artigos 68 a 69-A), bem como para a pessoa jurídica, seus diretores e gerentes (como por exemplo a empresa responsável pelo empreendimento imobiliário – art. 3º).

Registra-se que em casos de ilegalidades no parcelamento de solo, também utilizando o direito penal como forma de evitar ou reprimir crimes de graves consequência para os citadinos (85% da população brasileira), a Lei 6.766/79 previu crimes específicos (artigos 50 a 52).

1.5. Lei 10.257/01 – Estatuto da Cidade

A Lei 10.257/00 regulamenta os artigos 182 e 183 da Constituição Federal, bem como estabeleceu as diretrizes gerais da política urbana, dando outras

[4] Direito Urbanístico Brasileiro, p. 65.

providências, sendo considerada (no gênero feminino, por se tratar de lei) pela doutrina como um conjunto de normas gerais editadas no âmbito da competência concorrente da União (art. 24, I, da CF).

O Estatuto da Cidade foi pontualmente alterado pela Lei 12.608/12, a qual incluiu os artigos 42-A e 42-B, todos com grande repercussão na questão ambiental na área urbana ou destinada para fins urbanos.

O Estatuto da Cidade também estabeleceu extenso rol de diretrizes gerais da política urbana (art. 2º), prevendo diversos instrumentos de planejamento e incentivos tributários para que as cidades cumpram com suas funções socais, além de institutos jurídicos (art. 4º).

Por isso mesmo consta textualmente de que ele *"estabelece normas de ordem pública e interesse social que regulam o uso da propriedade urbana em prol do bem coletivo, da segurança e do bem-estar dos cidadãos, bem como do equilíbrio ambiental"*.

Nesse contexto, o art. 42-A, inciso V, previu que o Plano Diretor deverá, quando de sua revisão, trazer diretrizes para a regularização fundiária de assentamentos urbanos irregulares, se houver, observadas a norma então vigente (Lei 11.977/09 – atual Lei 13.465/17). De maneira salutar, determinou que o Plano Diretor seja compatível com os planos de recursos hídricos (art. 42-A, § 2º).

Também foi prevista a necessidade de identificação e diretrizes para a preservação e ocupação das áreas verdes municipais, quando for o caso, com vistas à redução da impermeabilização das cidades, sendo esta novidade salutarmente advinda da Lei 12.983/14, instituindo o inciso VI ao art. 42-A.

Pela Lei 12.608/12, houve a inclusão do art. 42-B, com grande repercussão para o meio rural (ampliação do perímetro urbano), trazendo vários requisitos para projeto específico, a ser instituído por lei, tais como definições de diretrizes para infraestrutura, sistema viário, equipamentos e instalações públicas, urbanas e sociais; definições de diretrizes e instrumentos específicos para proteção ambiental e do patrimônio histórico e cultural.

1.6. Lei 11.977/09 – Antiga Lei de Reurb

Tal lei, hoje revogada pela Lei 13.465/17, como já dito, criou o Programa Minha Casa, Minha Vida – PMCMV, bem como dispôs sobre a regularização fundiária de assentamentos localizados em áreas urbanas.

Nosso direito objetivo já possuía, antes da Lei 11.977/09, previsão normativa para a regularização fundiária urbana na Lei nº 6.766/79 (art. 38 e seguintes).

Já naquela ocasião, tivemos a oportunidade de apresentar algumas propostas objetivando dar maior segurança, sustentabilidade urbano-ambiental, as quais continuam válidas em grande parte. Dentre elas podem ser mencionadas:

a) Que o projeto de regularização visando atender aos requisitos do art. 51 da Lei 11.977/09 fosse subscrito por profissionais com formação multidisciplinar, tais como arquiteto-urbanista, engenheiro, assistente social, geólogo, advogado. Reduziram-se as chances de equívocos ou direcionamento de estudos tendentes a apontar simples melhorias ambientais propiciadoras de intervenção em área de preservação permanente (art. 54, § 1º), sem atendimento aos interesses difusos da comunidade quanto à ordem urbanística;
b) manutenção da proporcionalidade das áreas institucionais em relação ao tamanho da área a ser regularizada e à densidade populacional, contemplando esta questão no Projeto de Regularização Fundiária, em consonância com o artigo 4º, inciso I, da Lei 6.766/79 e art. 51, incisos II e III da Lei 11.977/09, visando ao bem-estar, saúde e dignidade da população beneficiada, se necessário com desapropriações de áreas destinadas a uso público por parte do Município, conforme previsão dos artigos 40 e 44 da Lei 6.766/79, amparada pelo art. 5º, inciso XXIV, da Carta Magna;
c) Como regra, deveria ocorrer a relocação de pessoas em área de preservação permanente e áreas de risco, com garantia ao direito de moradia digna (art. 58, § 3º, "in fine", da Lei 11.977/09; arts. 6º e 1º, III, da CF), o direito à vida com segurança para a integridade física (art. 5º, "caput", da CF) e preservação das áreas ambientalmente protegidas (art. 225, § 1º, III, da CF), de maneira a se dar efetividade ao princípio do desenvolvimento sustentável (art. 170, "caput", incisos III, V e VI, da CF). Nos locais onde houvesse a relocação de pessoas ocupantes de áreas de preservação permanente, sempre que possível e na forma da legislação vigente, buscar o auxílio na fiscalização pela comunidade para a preservação ambiental do local, implantando-se áreas verdes alternadas com equipamentos de lazer,

visando evitar novas ocupações para fins de moradias, pois haveria uma sensação de pertencimento dessas áreas pela população residente.[5]

1.7. Lei 12.187/09 – Política Nacional Sobre Mudança do Clima – PNMC

Conforme bem observam Julián Mora Aliseda e Francisco Javier Castellano Álvarez:

> Os efeitos ambientais da cidade no ambiente físico em que está situada sempre existiram, são inegáveis e evidentes; cronologicamente, esses efeitos começam a ter sintomas de gravidade e características insustentáveis da Revolução Industrial, que é quando se produz uma massiva e repentina acumulação de pessoas nas cidades. Esse marco histórico marca o início de alguns dos problemas que, ainda hoje, embora de maneiras diferentes, afligem nossas cidades[6]

Conforme se pode deduzir das definições abaixo, a Política Nacional sobre Mudança do Clima – PNMC, instituída pela Lei 12.187/09, não poderá ser implementada de forma eficiente sem se prescindir de profundas mudanças na política urbano-ambiental, quer quanto às regras de uso de ocupação do solo, quer quanto à forma de sua gestão, inclusive nos aspectos relacionados com os passivos urbanísticos e ambientais, estes objeto da Lei de Regularização Fundiária Urbana (Lei 13.465/17). Vejamos as elucidativas definições do mencionado diploma legal:

> Art 2º Para os fins previstos nesta Lei, entende-se por:
>
> I – adaptação: iniciativas e medidas para reduzir a vulnerabilidade dos sistemas naturais e humanos frente aos efeitos atuais e esperados da mudança do clima;

[5] CASTANHEIRO, Ivan Carneiro. Regularização Fundiária Urbana: fundamentos, aspectos práticos e propostas. In: Regularização Fundiária NALINI, José Renato; LEVY, Wilson (Coord.). Rev. Atual. e Ampl. Rio de Janeiro: Forense, 2013, p. 50–51.

[6] Reflexiones sobre la sostenibilidad del medio urbano. Observatorio Medioambiental, [S.l.], p.403-408, 01 jan. 2002, p. 403 – trecho, "apud", LOCATELLI, Paulo Antonio. Mudanças Climáticas e Planejamento Urbano: a atuação do Ministério Público. In: GAIO, Alexandre (org). A Política Nacional de Mudanças Climáticas em Ação: a atuação do Ministério Público. Belo Horizonte: ABRAMPA, 2021. P. 284.

II – efeitos adversos da mudança do clima: mudanças no meio físico ou biota resultantes da mudança do clima que tenham efeitos deletérios significativos sobre a composição, resiliência ou produtividade de ecossistemas naturais e manejados, sobre o funcionamento de sistemas socioeconômicos ou sobre a saúde e o bem-estar humanos;

III – emissões: liberação de gases de efeito estufa ou seus precursores na atmosfera numa área específica e num período determinado;

IV – fonte: processo ou atividade que libere na atmosfera gás de efeito estufa, aerossol ou precursor de gás de efeito estufa;

V – gases de efeito estufa: constituintes gasosos, naturais ou antrópicos, que, na atmosfera, absorvem e reemitem radiação infravermelha;

VI – impacto: os efeitos da mudança do clima nos sistemas humanos e naturais;

VII – mitigação: mudanças e substituições tecnológicas que reduzam o uso de recursos e as emissões por unidade de produção, bem como a implementação de medidas que reduzam as emissões de gases de efeito estufa e aumentem os sumidouros;

VIII – mudança do clima: mudança de clima que possa ser direta ou indiretamente atribuída à atividade humana que altere a composição da atmosfera mundial e que se some àquela provocada pela variabilidade climática natural observada ao longo de períodos comparáveis;

IX – sumidouro: processo, atividade ou mecanismo que remova da atmosfera gás de efeito estufa, aerossol ou precursor de gás de efeito estufa; e

X – vulnerabilidade: grau de suscetibilidade e incapacidade de um sistema, em função de sua sensibilidade, capacidade de adaptação, e do caráter, magnitude e taxa de mudança e variação do clima a que está exposto, de lidar com os efeitos adversos da mudança do clima, entre os quais a variabilidade climática e os eventos extremos.

Facilmente perceptível que nossas cidades, salvo raras exceções, não estão preparadas para ser resilientes[7] aos eventos climáticos extremos, como bruscas variações de temperaturas, secas e enchentes, agravamento

[7] A campanha "Construindo Cidades Resilientes" define "Cidade Resiliente" como sendo aquela que "tem capacidade de resistir, absorver e se recuperar de forma eficiente os efeitos de um desastre e, de maneira organizada, prevenir que vidas e bens sejam perdidos". Disponível em < https://portal.londrina.pr.gov.br/cidade-resiliente#:~:text=A%20campanha%20

da qualidade do ar, sendo fonte de emissão de GEE, até em razão da grande concentração de pessoas (85% da população) e de fontes de poluição (veículos e indústrias) que emitem gases do efeito estufa (GEE), os quais provocam o aquecimento global.

Deve-se registrar que:

> [...] apesar de grande parte das emissões brasileiras de gases de efeito estufa originarem-se de áreas rurais, a tendência é de que as emissões nacionais passem, cada vez mais, a originar-se do desenvolvimento das cidades, que demandam cada vez mais energia, aproximando o Brasil das curvas de emissões dos chamados países desenvolvidos. Já é o caso de grandes cidades brasileiras, como São Paulo e Rio de Janeiro, que são grandes emissoras de GEE em razão dos setores de energia e resíduos"
>
> Em uma perspectiva global, as cidades já são responsáveis pelo consumo de 2/3 de toda a energia produzida no mundo e pela emissão de 70% dos GEE (URBAN CLIMATE CHANGE RESEARCH NETWORK, 2018). Esse cálculo abrange não apenas as emissões decorrentes dos limites administrativos das cidades, mas também as emissões oriundas de processos externos destinados aos ambientes urbanos, como é o caso da produção de energia, por exemplo (IPCC, 2022b).[8]

Como ainda será visto no decorrer deste trabalho, os efeitos adversos das mudanças climáticas já são sentidos. Em 70% das cidades, em nível mundial, ocorrem ondas de calor extremo, redução de disponibilidade hídrica, redução na produção alimentícia, bem como no aumento do nível do mar e inundações costeiras (URBAN CLIMATE CHANGE RESEARCH NETWORK, 2018). Até 2050, há previsão de que os gastos com combates a inundações, alagamentos e secas relacionadas às mudanças climáticas impactarão milhões de pessoas e representarão um custo na

define%20%22Cidade%20Resiliente,vidas%20e%20bens%20sejam%20perdidos> . Acesso em 01.out.2022

8 FERREIRA, Vivian M. [et al.]. Manual de litigância climática [livro eletrônico] : estratégias de defesa do clima estável para o Ministério Público. [et al.] . – Belo Horizonte, MG : Abrampa, 2022, p. 75.
Para mais aspectos relacionados a cidades e água, ver: https://storymaps.arcgis.com/stories/75508f9fac8c43bda366ae-545fb60ec8> .

ordem de US$ 194 bilhões, as quais já emitem 70% de GEE e consomem 2/3 de toda a energia produzida.[9]

1.8. Lei 12.651/12 – Código Florestal

A Lei 12.651/12 instituiu o denominado "Novo Código" Florestal, dispondo sobre a proteção da vegetação nativa urbana e rural (art. 1-A, IV; art. 3º, VI; art. 3º, IX, "d"; art. 3º, XX; art. 3º, XXVI; art. 4º, "caput"; art. 4º, § 10; art. 5º; art. 8º, §§ 2º e 3º; art. 19; art. 25; arts. 64 e 65) altera as Leis 6.938/81 (Lei de Política Nacional do Meio Ambiente) e 11.428/06 (Bioma Mata Atlântica, pela qual há maiores restrições ao parcelamento de solo onde há vegetação nativa, conforme art. 35 da Lei 12.651/12), bem como revoga a Lei 4.771/65 (antigo Código Florestal).

É no Código Florestal que encontramos diversas disposições que, em princípio, imagina-se sejam aplicáveis apenas ao campo, mas não são, tais como áreas verdes, conceitos e dimensões de área de preservação permanente, reserva legal, sendo que estas, quando do parcelamento da gleba para fins urbanos, serão convertidas em áreas verdes.

O "Código Florestal" conceitua as áreas verdes em seu art. 3º, inciso XX, nos seguintes termos:

> XX – área verde urbana: espaços, públicos ou privados, com predomínio de vegetação, preferencialmente nativa, natural ou recuperada, previstos no Plano Diretor, nas Leis de Zoneamento Urbano e Uso do Solo do Município, indisponíveis para construção de moradias, destinados aos propósitos de recreação, lazer, melhoria da qualidade ambiental urbana, proteção dos recursos hídricos, manutenção ou melhoria paisagística, proteção de bens e manifestações culturais;

Quanto à disciplina das áreas verdes nos parcelamentos do solo, observa José Afonso da Silva existir uma grande preocupação do direito urbanístico com sua criação e preservação. Elas estão tornando-se elementos urbanísticos vitais. Vão adquirindo um regime jurídico especial, distinguindo-se dos espaços livres e de outras áreas *"non aedificandi"*.

[9] FERREIRA, Vivian M. [et al.]. Manual de litigância climática [livro eletrônico] : estratégias de defesa do clima estável para o Ministério Público. [et al.] . – Belo Horizonte, MG : Abrampa, 2022, p. 75.

Admitem certos tipos de construção, de proporção reduzidíssima, mas *"o que caracteriza as áreas verdes é a existência de vegetação contínua, amplamente livre de edificações, ainda que recortada de caminhos, vielas, brinquedos infantis e outros meios de passeio e divertimentos leves, quando tais áreas se destinem ao uso público."*[10]. Em seguida, com propriedade, pontifica o sempre festejado constitucionalista das arcadas:

> [...] nem toda a área urbana arborizada entra no conceito de 'áreas verdes'. Nestas, o verde, a vegetação, destinada, em regra, a recreação e ao lazer, constitui o aspecto básico do conceito – o que significa que onde isso não ocorrer teremos arborização, mas não área verde, como é o caso de uma avenida ou uma alameda arborizada, porque, aqui, a vegetação é acessória, ainda que seja muito importante, visto que também cumpre aquela finalidade de equilíbrio ambiental, além de servir de ornamentação da paisagem urbana e de sombreamento a via pública.[11]

1.9. Lei 13.089/15 – Estatuto da Metrópole

Denominada de Estatuto da Metrópole, a Lei 13.089/15 estabelece diretrizes gerais para o planejamento, gestão e execução das funções públicas de interesse comum em regiões metropolitanas e aglomerações urbanas instituídas pelos Estados, na forma do art. 25, § 3º da Carga Magna, bem como estabelece normas gerais sobre o Plano de Desenvolvimento Urbano Integrado (PDUI), também disciplinando instrumentos de governança interfederativa, podendo ser aplicada a microrregiões "no que couber" (art. 1º, § 1º).

O diploma ainda prevê que deve o Ministério Público acompanhar a elaboração do PDUI e fiscalizar sua aplicação (art. 12, § 2º, III).

No caso do estado de São Paulo[12], há normas da Constituição do Estado, como a maior parte das Constituições Estaduais, trazendo, de uma maneira geral, dispositivos de observância obrigatória em regiões

[10] Direito urbanístico brasileiro, p. 278.

[11] Op. cit., p. 278-79.

[12] Onde temos nossa atividade profissional, atuando na Região Metropolitana de Piracicaba (21 Municípios das Bacias Hidrográficas do PCJ-Piracicaba, no âmbito do Núcleo PCJ-Piracicaba, do Grupo de Atuação Especial de Defesa do Meio Ambiente, com atribuições urbanísticas e ambientais de potenciais impactos predominantemente regionais).

metropolitanas e aglomerações urbanas. Há dispositivos disciplinando questões regionais de meio ambiente natural, artificial e cultural, bem como de regularização fundiária, com o escopo de dar um padrão mínimo ao planejamento regional no uso e ocupação do solo. Nesse sentido, na Constituição Paulista, de 05/10/89, temos os seguintes dispositivos: art. 34, art. 154, art. 155, parágrafo único, art. 180, art. 181, art. 180, VII, art. 183, art. 193, XVII, art. 208, art. 209, art. 215, art. 216 e art. 260, IV.

1.10. Lei 13.465/17 – Regularização Fundiária Urbana (REURB)

A novel lei de regularização fundiária rural e urbana, nos aspectos de interesse para o presente capítulo, alterou normas sobre licitação (Lei 8.666/93), registros públicos (Lei 6.015/73), Código Civil (Lei 10.406/02), Código de Processo Civil (Lei 13.105/15), antiga lei de Reurb (Lei 11.977/09), Lei de Parcelamento do Solo (Lei 6.766/79) Estatuto da Cidade (Lei 10.257/01) e Código Florestal (12.651/12).

São objetivos da REURB (Art. 10 da Lei 13.465/17) a serem observados por todos os entes federativos e os respectivos órgãos da administração indireta:

> I – identificar os núcleos urbanos informais que devam ser regularizados, organizá-los e assegurar a prestação de serviços públicos aos seus ocupantes, de modo a melhorar as condições urbanísticas e ambientais em relação à situação de ocupação informal anterior;
>
> II – criar unidades imobiliárias compatíveis com o ordenamento territorial urbano e constituir sobre elas direitos reais em favor dos seus ocupantes;
>
> III – ampliar o acesso a terra urbanizada pela população de baixa renda, de modo a priorizar a permanência dos ocupantes nos próprios núcleos urbanos informais regularizados;
>
> IV – promover a integração social e a geração de emprego e renda;
>
> V – estimular a resolução extrajudicial de conflitos, em reforço à consensualidade e à cooperação entre Estado e sociedade;
>
> VI – garantir o direito social à moradia digna e às condições de vida adequadas;
>
> VII – garantir a efetivação da função social da propriedade;
>
> VIII – ordenar o pleno desenvolvimento das funções sociais da cidade e garantir o bem-estar de seus habitantes;

IX – concretizar o princípio constitucional da eficiência na ocupação e no uso do solo;

X – prevenir e desestimular a formação de novos núcleos urbanos informais;

XI – conceder direitos reais, preferencialmente em nome da mulher;

XII – franquear participação dos interessados nas etapas do processo de regularização fundiária.

Pelo rol de objetivos acima, fica patente a importância da regularização fundiária urbana, como forma de fazer com que as cidades sejam espaços de bem-estar, de saúde, de dignidade, de preservação dos recursos naturais, eliminando passivos urbanísticos e ambientais, com correções das deficiências estruturais fundamentais, de maneira a contribuir para cidades mais resilientes e adaptáveis aos efeitos das mudanças climáticas, até para buscar a segurança física e tranquilidade psíquica de seus habitantes.

Para um núcleo urbano informal vir a ser regularizado deve prever uma infraestrutura mínima, a ser implantada antes, durante ou depois da regularização formal, denominada pelo art. 36, § 1º, da Lei 13.465/17, de "infraestrutura essencial", devendo constar do projeto urbanístico a ser aprovado, pelo menos, os seguintes equipamentos públicos:

I – sistema de abastecimento de água potável, coletivo ou individual;

II – sistema de coleta e tratamento do esgotamento sanitário, coletivo ou individual;

III – rede de energia elétrica domiciliar;

IV – soluções de drenagem, quando necessário; e

V – outros equipamentos a serem definidos pelos Municípios em função das necessidades locais e características regionais.

Ainda que a lei em foco tenha flexibilizado bastante os requisitos para a regularização fundiária urbana de um núcleo habitacional, se comparado com as exigências de aprovação de um novo parcelamento de solo, conforme se percebe das disposições acima, não foram dispensadas as obras de saneamento básico, como forma de um razoável grau de proteção ambiental, com simultânea proteção da saúde pública. Até porque a cada dólar investido em saneamento básico o retorno será de cinco dólares[13], sendo investimento e não gasto a aplicação de recursos financeiros na regularização fundiária urbana. O Ministério do Desenvolvimento Regional estima em 50% o número de imóveis irregulares nas cidades, ou 60 milhões de domicílios, sendo que 30 milhões deles não têm sequer escrituras, tendo como consequência o crescimento desordenado, infraestrutura urbana precária e perdas econômicas (*"ao abrir caminho para a sonegação fiscal, fazendo com que a União, estados e municípios deixem de arrecadar bilhões em tributos, como Imposto Predial e Territorial Urbano (IPTU), Imposto sobre a Transmissão de Bens Imóveis (ITBI) e Imposto de Renda (IR)"*).[14]

1.11. Leis 11.445/07 e 14.026/20: Novo Marco Legal do Saneamento

O saneamento básico possui vários componentes, também denominados de vertentes, conforme preceitua o art. 3º da Lei 11.445/07, com a redação que lhe deu a Lei 14.026/20, assim redigido:

> I – saneamento básico: conjunto de serviços públicos, infraestruturas e instalações operacionais de:
>
> a) abastecimento de água potável: constituído pelas atividades e pela disponibilização e manutenção de infraestruturas e instalações operacionais necessárias ao abastecimento público de água potável, desde a captação até as ligações prediais e seus instrumentos de medição;
>
> b) esgotamento sanitário: constituído pelas atividades e pela disponibilização e manutenção de infraestruturas e instalações operacionais necessárias à coleta, ao transporte, ao tratamento e à disposição final adequados dos esgotos sanitários, desde as ligações prediais até sua destinação final para produção de água de reúso ou seu lançamento de forma adequada no meio ambiente;
>
> c) limpeza urbana e manejo de resíduos sólidos: constituídos pelas atividades e pela disponibilização e manutenção de infraestruturas e instalações operacionais de coleta, varrição manual e mecanizada, asseio e conservação urbana, transporte, transbordo, tratamento e destinação final

[13] Antônio Guterres. Secretário-Geral da ONU. Disponível em < https://brasil.un.org/pt-br/159303-36-bilhoes-de-pessoas-vivem-sem-saneamento-seguro>. Acesso em 18.set.2022

[14] 50% dos imóveis no país são irregulares. Disponível em https://www.correiobraziliense.com.br/app/noticia/brasil/2019/07/28/interna-brasil,774205/50-dos-imoveis-no-pais-sao-irregulares.shtml. Acesso em 08.out.2022

ambientalmente adequada dos resíduos sólidos domiciliares e dos resíduos de limpeza urbana; e

d) drenagem e manejo das águas pluviais urbanas: constituídos pelas atividades, pela infraestrutura e pelas instalações operacionais de drenagem de águas pluviais, transporte, detenção ou retenção para o amortecimento de vazões de cheias, tratamento e disposição final das águas pluviais drenadas, contempladas a limpeza e a fiscalização preventiva das redes.

A universalização do saneamento básico, com 99% de abastecimento público e 90% com cobertura de serviços de coleta, afastamento, tratamento e destinação adequada de esgoto, deverá ocorrer até 31/12/33. Caso os estudos demonstrem a inviabilidade econômico-financeira da universalização até essa data, por descumprimento à condicionante da modicidade tarifária, mesmo após o agrupamento de Municípios de diferentes portes (regionalização do saneamento básico – art. 2º, XIV; art. 3º, VI), poderá haver dilação para o cumprimento das metas até 1º de janeiro de 2040 (art. 11-B, § 9º). Mas essa prorrogação deverá contar com a anuência prévia da respectiva agência reguladora.

A ausência ou precariedade da infraestrutura de saneamento básico (água, esgoto, resíduos e drenagem) nos núcleos urbanos informais constitui focos importantes de reprodução do mosquito "aedes aegypti", transmissor da dengue, zika e Chikungunya, bem como fator dificultador de combate a novas pandemias, sendo deveras importante, para efeito de política de saúde pública, que tais obras sejam implantadas dentro das metas de universalização do saneamento.

Os serviços de saneamento básico adequados também são importantes fatores de resiliência das cidades aos efeitos das mudanças climáticas pois, na medida em que as instalações de micro e macrodrenagem forem implantadas, evitar-se-ão ou amenizar-se-ão os efeitos das enchentes, inundações e/ou alagamentos ocasionados pelos eventos climáticos extremos, com suas graves consequências econômicas, sociais, ambientais, à saúde e às vidas humanas.

2. Premissas e proposições para enfrentamento dos desafios urbano-ambientais no Brasil

Em nível mundial, vale registrar que *"Em 2019, 55% da população global vivia em centros urbanos (URBAN CLIMATE CHANGE RESEARCH NETWORK,*

2018). A previsão é que tal número se aproxime de 60% em 2030 e de 65% em 2050."[15]

Na questão urbana, pensamos que a dignidade humana deve ser buscada por meio da luta incessante pela melhoria da qualidade de vida das pessoas, pelo seu bem-estar, pelo direito à moradia em condições adequadas, pela obtenção do saneamento básico de forma integral (nas vertentes d´água para abastecimento público, sistema de esgotamento sanitário, limpeza urbana e manejo adequado de resíduos sólidos, bem como drenagem urbana e manejo de águas pluviais urbanas).

Indispensável a busca de melhoria da qualidade do ar, quer pelo combate à poluição advinda das indústrias durante o processo produtivo, quer pelas emissões veiculares, estas decorrentes da mobilidade urbana e transportes de cargas, tornando-se importante a articulação com a Lei 12.587/12, que institui as diretrizes da Política Nacional de Mobilidade Urbana, prevendo como princípio o *"desenvolvimento sustentável das cidades, nas dimensões socioeconômicas e ambientais"* (art. 5º, II), tendo como uma das diretrizes e objetivos a *"mitigação dos custos ambientais, sociais e econômicos dos deslocamentos de pessoas e cargas na cidade"* (art. 6º, IV e art. 7º, IV).

O princípio do desenvolvimento sustentável, que significa atender as necessidades das presentes gerações sem comprometer as necessidades das futuras, somente ocorrerá com a preservação do meio ambiente. Nas palavras da culta professora das arcadas, Patrícia Faga Iglecias Lemos: *"Esse princípio tem reflexos na atividade econômica e nas relações sociais. O crescimento da produção diante da demanda e a possível causação de sobrecarga aos recursos naturais são temas de grande relevo quando se analisa a tutela ambiental e a responsabilidade pós-consumo."*[16]

Em outra oportunidade, leciona a festejada jurista que:

> O princípio do desenvolvimento sustentável, deve ser entendido em consonância com os demais princípios de proteção ambiental. O bem que propicia o desenvolvimento econômico, social, cultural, político é o mesmo

[15] FERREIRA, Vivian M. [et al.]. Manual de litigância climática [livro eletrônico] : estratégias de defesa do clima estável para o Ministério Público. [et al.] . – Belo Horizonte, MG : Abrampa, 2022, p. 75.

[16] LEMOS, Patrícia Flagra Iglecias. Resíduos sólidos e responsabilidade civil pós-consumo. São Paulo, editora Revista dos Tribunais, p. 49.

que importa para a manutenção da sadia qualidade de vida. Por isso, não tem sentido que o desenvolvimento se dê de forma desordenada, causando dano ao meio ambiente"[17]

A água superficial e subterrânea (recursos hídricos) deve estar dentro dos padrões das Resoluções 357 e 430 do CONAMA (Conselho Nacional do Meio Ambiente), bem como a água destinada ao abastecimento público, uma das vertentes do saneamento básico. Ainda no quesito abastecimento, a água deve ser de acesso universal (pelo menos 99% da população abastecida pelo sistema público) e sem intermitência do abastecimento, gerando efeitos de ordem consumerista e na saúde pública, sendo necessário ter os padrões de conformidade da Portaria 2.914/11, alterada pela Portaria 888/21 (anexo V), ambos do Ministério da Saúde. Quanto ao esgoto, deve haver pelo menos 90% com cobertura de coleta, com afastamento, adequado tratamento e destinação final, sem provocar o desenquadramento dos corpos d´água que irão abastecer às cidades situadas à jusante da Estação de Tratamento de Esgoto (ETE).

Não se olvide que um sistema de esgotamento sanitário adequado também traz benefícios à saúde pública, evitando a ocorrência de doenças de veiculação hídrica.[18]

Paulo Antônio Locatelli, valendo-se de lições de Carlos Nélson F. Dos Santos, Bill Gates e Renato Nalini, com propriedade, constata que:

> É possível que as energias, anteriormente gastas em projetos imediatos e, obrigatoriamente, individualistas, comecem a ser canalizadas em demandas por um meio urbano que só pode melhorar por meio de ações coletivas, de interesse geral. Nessa ótica, Bill Gates afirma que as cidades precisam mudar a maneira como crescem, pois à medida que se expandem, muitas serão erguidas sobre várzeas, florestas e áreas alagáveis que poderiam absorver

[17] LEMOS, Patrícia Flagra Iglecias. Meio ambiente e responsabilidade civil do proprietário: análise do nexo causal. São Paulo : Ed. RT, 2.008, p. 59-60.

[18] "aquelas causadas pela presença de microrganismos patogênicos (bactérias, como a Salmonella, vírus, como o rotavírus, e parasitas como a Giardia lamblia) na água utilizada para diferentes usos". Disponível em <https://cetesb.sp.gov.br/laboratorios/atendimento-a-emergencia/surtos-de-doencas-de-veiculacao-hidrica/#:~:text=Doen%C3%A7as%20de%20veicula%C3%A7%C3%A3o%20h%C3%ADdrica%20s%C3%A3o,%C3%A1gua%20utilizada%20para%20diferentes%20usos.>. Acesso em 08.out.2022.

> transbordamentos durante uma tempestade ou servir como reservatórios de água durante uma seca. Alerta que as cidades costeiras serão as mais atingidas e centenas de milhões de pessoas poderão ser expulsas de suas casas quando o nível do mar subir agravando as ressacas. O custo das mudanças climáticas nesses locais pode chegar a mais de um trilhão de dólares anuais. Isso apenas agravará os problemas que a maioria das cidades já enfrenta – pobreza, falta de moradia, saúde, educação. O autor indica que, para uma cidade ser resiliente ao clima, são necessários "planejadores urbanos" com dados atualizados sobre os riscos e acesso às projeções de modelos computacionais que preveem o impacto das alterações do clima, para a adoção de decisões acertadas. Essa é a questão a ser enfrentada diante da expansão urbana, que tem se realizado desenfreadamente sob a forma de ocupações ilegais. A ordenação deve ir além da adequação da propriedade individual e contemplar verdadeiramente os espaços coletivos, priorizando as áreas públicas e a proteção ambiental. Fazer disso um hábito tanto produzirá melhoria no bem-estar quanto contribuirá para a manutenção da vida".[19]

Também será importante que nos planejamentos de ações preventivas, conforme artigo 42-B, do Estatuto da Cidade, incluído pela Lei 12.608/12, haja relocação de pessoas que ocupem área de riscos de desastres. Esses levantamentos podem e devem ser efetuados por meio de cartografia geotécnica[20], como instrumento para levantamento dos riscos associados

[19] Mudanças Climáticas e Planejamento Urbano: a atuação do Ministério Público. In: GAIO, Alexandre (org.). A Política Nacional de Mudanças Climáticas em Ação: a atuação do Ministério Público. Belo Horizonte: ABRAMPA, 2021, p. 285-286.

[20] Conforme ressalta Paulo Antônio Locatelli: "Reconheceu-se, outrossim, a cartografia geotécnica como o principal instrumento para a compreensão dos riscos associados aos processos de deslizamentos, inundações e geológicos correlatos, com vistas ao ordenamento territorial por meio de três tipos de cartas e respectivas escalas de análise, muitas vezes decorrentes das alterações climáticas. Tanto a carta de suscetibilidade quanto a carta geotécnica de aptidão à urbanização e o mapeamento de risco compõem o acervo mínimo para análise. Enquanto a primeira trata da possibilidade de ocorrência dos processos geológico-geotécnicos e hidrológicos, a segunda expõe as potencialidades, detalhando e indicando o uso urbano adequado do solo em respeito ao meio físico. O mapeamento de risco, por sua vez, representa os locais afetados por ameaças e o grau de risco, apontando as intervenções cabíveis e as realocações necessárias" Mudanças Climáticas e Planejamento Urbano: a atuação do Ministério Público. In: GAIO, Alexandre (org.). A Política Nacional de Mudanças Climáticas em Ação: a atuação do Ministério Público. Belo Horizonte: ABRAMPA, 2021, p. 289.

a processos de deslizamento, inundações, dentre outros, decorrentes dos efeitos das mudanças climáticas.

O diagnóstico socioambiental adequado será instrumento fundamental para o enfrentamento dos desafios impostos pelas mudanças climáticas. Deverá ele:

> prognosticar as medidas adequadas à melhoria da habitabilidade, à administração, correção ou eliminação de risco e à recuperação de áreas degradadas e daquelas não passíveis de regularização. Assim, será possível estipular as melhores alternativas técnicas para a permanência das ocupações, o que implica o máximo de recuperação e uso sustentável das APPs.[21]

As cidades precisam ser resilientes, com acesso facilitado (mobilidade urbana, por meio de sistema viário bem planejado ou readequado) e próximo aos serviços públicos de saúde, educação, lazer e ao trabalho, bem como ter saneamento básico, gestão das áreas de risco, controle adequado do uso do solo, por meio de comando e controle. Nesse sentido, temos um cipoal de legislação, como exposto, merecendo menção as seguintes observações constantes do Manual de Litigância Climática da ABRAMPA (Associação Brasileira dos Membros do Ministério Público de Meio Ambiente):

> "No campo ambiental, podemos citar alguns diplomas, como ... a Lei nº 10.257/01 (Estatuto da Cidade) e a Lei nº 12.587/12 (Política Nacional de Mobilidade Urbana) garantem o direito a cidades sustentáveis e servem de amparo à construção de cidades com baixas pegadas de carbono, menos poluentes e mais resilientes. A regulação sobre resíduos sólidos e saneamento básico é, também, fundamental para o alcance de metas climáticas e para a mitigação dos GEE."[22]

É nesse contexto urbano, onde vive 85% da população brasileira, que temos grandes desafios, enquanto seres humanos, cidadãos e/ou

[21] LOCATELLI, Paulo Antonio. Mudanças Climáticas e Planejamento Urbano: a atuação do Ministério Público. In: GAIO, Alexandre (org.). A Política Nacional de Mudanças Climáticas em Ação: a atuação do Ministério Público. Belo Horizonte: ABRAMPA, 2021, p. 290.

[22] FERREIRA, Vivian M. [et al.]. Manual de litigância climática [livro eletrônico] : estratégias de defesa do clima estável para o Ministério Público. [et al.] . – Belo Horizonte, MG : Abrampa, 2022, p. 33.

profissionais da área técnica ou da área jurídica. Celso Antonio Pacheco Fiorillo, ao falar do princípio da ubiquidade, ressalta que:

> O objeto da proteção do meio ambiente, localizado no epicentro dos direitos humanos, deve ser levado em consideração toda vez que uma política, atuação, legislação sobre qualquer tema, atividade, obra etc., tiver que ser criada e desenvolvida. Isso porque, na medida em que possui como ponto cardeal da tutela constitucional a vida e a qualidade de vida, tudo o que se pretende fazer, criar ou desenvolver deve antes passar por uma consulta ambiental, enfim, para saber se há ou não a possibilidade de que o meio ambiente seja degradado.[23]

A concretização da dignidade humana, no meio urbano, estará tanto quanto mais próxima na medida em que o urbanismo conseguir êxito na complexa e desafiadora tarefa de integrar os meios físicos, sociais e ambientais, em um espaço cada vez mais adensado.

Caberá ao poder público desenvolver políticas habitacionais e de regularização fundiária urbana como parte da estratégia para reduzir a ocorrência de áreas de ocupação irregular, vulneráveis e desprovidas de necessária infraestrutura. Será necessário produzir melhoria das condições ambientais e urbanísticas, com o controle e acompanhamento do crescimento urbano.

Ressalta Roberto Braga que essas políticas públicas terão duplas funções, ou seja, evitará a ocupação de áreas frágeis, justamente aquelas que se expõem de maneira mais dramática aos efeitos das mudanças climáticas, bem como irá adequar a expansão urbana. O provisionamento de infraestrutura e equipamentos urbanos terá potencial para aumentar a resiliência dessas zonas urbanas.[24]

Preocupa-nos, sobremaneira, o advento da Lei 14.285/21, a qual modificou o Código Florestal (Lei 12.651/12), alterando critérios de área consolidada (art. 1º-A, parágrafo único, XXVI), bem como possibilitando que as metragens mínimas de área a ser preservada ao longo

[23] Curso de direito ambiental brasileiro. 10ª edição, revista e atualizada., São Paulo: Saraiva, 2009, p. 60.

[24] Mudanças climáticas e planejamento urbano: uma análise do estatuto da cidade. In: ENCONTRO NACIONAL DA ANPPAS, 6, 2012, Belém. Anais. Belém: Anppas, 2012. p. 6-7

dos cursos d´água perenes ou intermitentes possam ser alteradas para menor pelos Municípios (art. 4º, § 10), ainda que devam ser observadas as diretrizes do plano de recursos hídricos, do plano de bacia, do plano de drenagem ou do plano de saneamento básico. Essa flexibilização nas regras vai na contramão da necessidade de preservar as ocupações e as pessoas ali residentes dos efeitos negativos das mudanças climáticas, que tendem a agravar a frequência e a intensidade dos eventos climáticos extremos. No caso, as enchentes, inundações, alagamentos, deslizamentos, desmoronamentos etc, pois tais áreas são consideradas frágeis, bem como merecem proteção ambiental mais enérgica pela relevância das funções que exercem, ou seja *"preservar os recursos hídricos, a paisagem, a estabilidade geológica e a biodiversidade, facilitar o fluxo gênico de fauna e flora, proteger o solo e assegurar o bem-estar das populações humanas"* (art. 3º, II, da Lei 12.651/12).

Importante, para o adequado ordenamento urbano ou sua regularização, lançar mão dos princípios e diretrizes insertos na Carta Magna ou na legislação infraconstitucional. Em outro trabalho, consignamos:

> Nesse diapasão, caberá ao operador do direito considerar que mesmo as normas programáticas, aquelas pendentes de regulamentação pelo legislador ordinário, em relação as quais parte da doutrina entende tenham elas sido destinadas ao legislador e por isso não possuírem nenhuma aplicabilidade imediata, atribuir-lhes, sim, aplicabilidade imediata, ainda que em âmbito restrito, de maneira a entendê-las como impeditivas ao retrocesso ambiental e urbanístico, dessa forma evitando-se que nos distanciemos cada mais do ideal de uma sociedade justa, com redução de todo tipo de desigualdade, passando pelo universal acesso aos bens naturais, à moradia de qualidade, com infraestrutura suficiente e saneamento básico adequado[25]. Nesse contexto, deverá ser evitada qualquer interpretação jurídica que não tenha relação com a eliminação das desigualdades locais, regionais e/ou nacionais,

[25] Nesse sentido, de se registrar a Proposta de Emenda Constitucional (PEC Nº 07/2016), em tramitação no Senado Federal, para alteração do art. 6º, visando incluir o acesso ao saneamento básico entre os direitos e garantias fundamentais dos cidadãos, cuja ementa é a seguinte: "Dá nova redação ao art. 6º da Constituição Federal, que trata dos direitos sociais, para introduzir o direito humano ao acesso à terra e à água como um dos direitos fundamentais".

com a eliminação da pobreza e com o bem-estar geral das presentes e futuras gerações.[26]

Para vencer o histórico crescente de desigualdade social e econômica, os instrumentos urbanísticos e ambientais, bem como e principalmente seus princípios explícitos e implícitos, devem ser utilizados como aliados de primeira ordem, na busca da concretização dos direitos humanos, dos quais não estão excluídos, obviamente, aqueles decorrentes das questões ambientais e urbanísticas, muito pelo contrário. Nesse sentido, já afirmamos:

> ... será por meio do zoneamento, com respeito ao Plano Diretor, ao Estatuto da Cidade e a seus instrumentos, em especial o EIA (Estudo de Impacto Ambiental), o EIV (Estudo de Impacto de Vizinhança), a participação popular, que se poderá encontrar os parâmetros adequados para essas mudanças de paradigmas no desenvolvimento urbano brasileiro. Assim, poder-se-ão predominar mais as razões técnicas e o regramento jurídico objetivo e menos os escusos objetivos econômicos e/ou políticos dos dirigentes públicos e membros do Poder Legislativo. Na medida em que se obtiver êxito nesses objetivos, estar-se-á dando concretude aos Direitos Fundamentais, por meio da consecução das funções sociais da cidade, alinhavadas nos artigos 182 e 183 da Constituição Federal, complementadas pelos demais dispositivos aqui já mencionados.[27]

Consigna José Eduardo de Souza Pimentel que, atualmente, há consenso no mundo jurídico de que os princípios constitucionais são normas e, como tal, conformam a atuação estatal. O sistema constitucional é composto de regras e princípios. As regras são estabelecidas em termos precisos, conferindo segurança à aplicação do direito, embora não sejam suficientes para solucionar os conflitos de interesse de uma sociedade pluralista. Para as regras fazerem face aos inúmeros problemas do mundo real e dinâmico seria necessário que existissem à exaustão, objetivando abarcar *"o conjunto de problemas possíveis". Entretanto, os princípios são pensamentos diretores de um*

[26] CASTANHEIRO, Ivan Carneiro. Direito urbanístico e direito à moradia. In: VITORELLI, Edilson. Manual de Direitos Difusos, Salvador: Juspodivm, 2ª ed. 2019, p. 926.

[27] Op. Cit., p. 927.

sistema normativo, formando orientações de caráter geral, "das quais se extrai a racionalidade íntima das normas sistêmicas. Formam a base de uma Constituição, de uma lei ou de uma instituição jurídica."[28]

Os princípios estabelecem uma razão (fundamento) direcionando o intérprete numa direção, mas não reclamam uma decisão específica, única. *"Também não são eles considerados revogados por não ter aplicação no caso concreto em virtude de conflito com outro princípio, devido à importância e/ou peso que cada um tem, os quais são maiores que as regras."*[29]

Luiz Antonio Rizzatto Nunes, ao explicar a importância dos princípios na interpretação *"conforme a Constituição"*, ressalta que a interpretação: "[...] busca apontar as opções valorativas básicas do Texto Máximo, os princípios tornam-se importantíssimos no trabalho do intérprete, não só porque são, de fato, superiores às normas, ainda que constitucionais, mas especialmente porque, ao contrário das normas, que se chocarem geram antinomias, eles são compatibilizáveis.[30]

Será somente com a acurada análise e interpretação sistêmica da legislação pertinente, com prevalência dos princípios às regras, nos termos preconizados pela doutrina e melhor jurisprudência, que poderemos enfrentar, com algum êxito, os hodiernos problemas vividos no meio urbano. Estes são intensos e conflituosos, dificultando o convívio harmônico de classes sociais, com conflitos de interesses de toda ordem não previstos em regras específicas, tais como os imobiliários, ambientais, industriais, dentre outros, prevalecendo ou tendo como pano de fundo, quase sempre a vertente política e/ou econômica.

É importante que as soluções sejam consensuais, como conciliação, mediação, inquéritos e processos estruturais, construídas no âmbito de uma ampla negociação com envolvimento de todos os atores que possuam interesses em conflito, bem como dos órgãos públicos com atribuições nos temas em discussão, até porque, assim sendo, haverá maior disposição em

[28] O princípio da dignidade da pessoa humana no processo penal. In: MIRANDA, Jorge; SILVA, Marco Antônio Marques (Coords.). Tratado luso-brasileiro da dignidade humana. São Paulo: Quartier Latin, 2008, p. 638.

[29] CASTANHEIRO, Ivan Carneiro. Planos de saúde e dignidade da pessoa humana. Dissertação (Mestrado em Direito das Reações Sociais). Pontifícia Universidade Católica de São Paulo, ano 2005, fl. 42.

[30] O princípio Constitucional da Dignidade da pessoa humana: Doutrina e Jurisprudência, p. 33.

cumprir com o ajustado do que quando a solução vem imposta pelo Poder Judiciário em decisão judicial. Sobre a(s) solução(ões) de conflitos coletivos convém mencionar que:

> Nessa conjuntura de verdadeira 'crise do Judiciário', os meios consensuais de solução de conflitos são concebidos com a missão de se firmarem como um novo paradigma jurídico, não somente desafogando a justiça e conferindo maior agilidade, informalidade e efetividade aos direitos pretendidos pelas partes, mas também e, principalmente, promovendo pacificação social, ante a possiblidade de alcançarem soluções consensuadas, a partir de entendimentos mútuos e dialéticos[31]

Nesse diapasão, necessário reafirmar dentre os princípios da ordem econômica, conforme art. 170 da Carta Magna, estão a função social da propriedade (via ordenamento urbano para *"o pleno desenvolvimento das funções sociais da cidade e garantir o bem- estar de seus habitantes"* – art. 182, caput" – com atendimento às *"exigências fundamentais de ordenação da cidade expressas no plano diretor"* – art. 182, § 2º), a defesa do consumidor, a redução das desigualdades sociais e regionais, em especial o princípio da *"defesa do meio ambiente, inclusive mediante tratamento diferenciado conforme o impacto ambiental dos produtos e serviços e de seus processos de elaboração e prestação"*. Qualquer interpretação ou aplicação da lei fora dessas balizas não será recepcionada pelo ordenamento jurídico, não estando conforme a Constituição.

Como precisa observação, Patrícia Faga Iglecias Lemos:

> A propriedade afasta-se de sua abrangência clássica como direito absoluto, e a Constituição Federal de 1988 impõe o cumprimento de sua função social quando dispõe a utilização de bem não mais de forma individualista, mas em consonância com os interesses da sociedade, e ao prever a proteção ao meio ambiente no art. 225 também reconhece uma função ambiental à propriedade, sendo o mesmo raciocínio válido para a posse.[32]

[31] CASTANHEIRO, Ivan Carneiro; OLIVEIRA, Andreia Mara; SALVADOR, Aline Valéria Archangelo. Conciliação e mediação virtual em tempos de pandemia. In: STEFANI Marcos; ALMEIDA, Gregório Assagra de (Coords). O Direito em épocas extraordinárias. Belo Horizonte : D`Plácido, 2020, p. 823.

[32] Resíduos sólidos e responsabilidade civil pós-consumo. São Paulo, editora Revista dos Tribunais, p. 74.

Concordamos, inteiramente, com Celso Antonio Pacheco Fiorillo, quando este afirma que proteção geral ao meio ambiente advém de se dar um tratamento jurídico aprofundado aos demais temas relacionados diretamente com as cidades, tornando-se impossível desvincular os conceitos de direito à sadia qualidade de vida, da satisfação aos valores da dignidade da pessoa humana e da própria vida. Acrescenta o renomado jurista que a proteção geral ao meio ambiente, diretamente prevista no artigo 225 da Constituição Federal, também se dá por meio da tutela mediata dos artigos 182 e 183[33]. Estes, como sabemos, tratam da política urbana, reforçando a proximidade de ambos os temas, como vimos afirmando ao longo deste trabalho. Na sequência, registro o ilustre Professor, referindo-se ao Estatuto da Cidade:

> As diretrizes gerais (Capítulo I), os instrumentos da política urbana (capítulo II), Plano Diretor (capítulo III) e a própria gestão democrática da cidade (capítulo IV), todos do Estatuto da Cidade, sempre devem se adequar ao direito ambiental constitucional brasileiro. Eles terão de ser interpretados de acordo com direito positivo em vigor, quando estiverem em sintonia com os fundamentos constitucionais da dignidade da pessoa humana, adaptados à ordem jurídica do capitalismo (art. primeiro, incisos III e IV).[34]

O hoje Desembargador do Egrégio Tribunal de Justiça do Estado de São Paulo, Fernando Reverendo Vidal Akaoui, registrou que o Superior Tribunal de Justiça, demonstrando coerência interna, tem firmado *"convencimento no sentido de que quando o ato administrativo tem reflexo na garantia de direitos fundamentais, não há como invocar a discricionariedade administrativa como fundamento da escusa, pois não está o administrador autorizado a lançar mão de critérios de conveniência e oportunidade na sua decisão, que está vinculada"*. Registra, em apoio às observações, o v. acórdão proferido no Recurso

[33] Estudo prévio de impacto de vizinhança previsto no Estatuto da Cidade (Lei 10.257/01) e sua adequação ao Direito Ambiental constitucional brasileiro. In: DISSINGER, Marisa Rocha Teixeira. Temas de Direito Urbanístico 5. São Paulo: Imprensa Oficial do Estado: Ministério Público do Estado de São Paulo, 2007, p. 78

[34] Op. cit., p. 74-75.

Especial 429570-GO, de 11/11/2003, do qual foi relatora a eminente Ministra Eliana Calmon[35], cuja ementa tem o seguinte teor:

> ADMINISTRATIVO E PROCESSO CIVIL - AÇÃO CIVIL PÚBLICA - OBRAS DE RECUPERAÇÃO EM PROL DO MEIO AMBIENTE - ATO ADMINISTRATIVO DISCRICIONÁRIO.
>
> 1. Na atualidade, a Administração pública está submetida ao império da lei, inclusive quanto à conveniência e oportunidade do ato administrativo.
>
> 2. Comprovado tecnicamente ser imprescindível, para o meio ambiente, a realização de obras de recuperação do solo, tem o Ministério Público legitimidade para exigi-la.
>
> 3. O Poder Judiciário não mais se limita a examinar os aspectos extrínsecos da administração, pois pode analisar, ainda, as razões de conveniência e oportunidade, uma vez que essas razões devem observar critérios de moralidade e razoabilidade.
>
> 4. Outorga de tutela específica para que a Administração destine do orçamento verba própria para cumpri-la.
>
> 5. Recurso especial provido.

Observa Maria Celeste Cordeiro dos Santos ser preciso respeito pelos valores éticos e sociais da pessoa e da família, em lições aplicáveis quase que na totalidade ao objeto de nosso trabalho:

> [...] desde o artigo 1º, inciso III que nos fala da dignidade humana como fundamento; da construção de uma sociedade livre, justa e solidária (artigo 3º, inciso I); de promoção do bem de todos sem discriminação de qualquer ordem (artigo 3º, inciso IV); de prevalência dos direitos humanos (artigo 4º, inciso II); da cooperação entre os povos para o progresso da humanidade (artigo 4º, inciso IX); do direito à vida (artigo 5º caput); da não submissão a tratamento desumano ou degradante (artigo 5º, inciso III); da inviolabilidade de consciência e crença (artigo 5º, inciso IV); da livre expressão da atividade científica (artigo 5º, inciso IX, que deve ser entendido juntamente com o artigo 221, VI); do sigilo profissional (artigo 5º, inciso XIV); da coibição do

[35] O Superior Tribunal de Justiça e os atos decorrentes da Administração Ambiental. In: SOARES JÚNIOR, Jarbas; ALVARENGA, Luciano José (coords). Direito Ambiental do STJ. Belo Horizonte: Del Rey, 2010, p. 91.

racismo (artigo 5º XLII); no Capítulo II; Dos Direitos Sociais, do direito à saúde (artigo 6º, caput), da proteção à maternidade e a infância, da assistência aos desamparados (idem); do patrimônio genético e do meio ambiente (Título VIII, da Ordem Social, Cap. VI, artigo 225, II), entre outros.[36] (grifo nosso).

No âmbito dos princípios de maior envergadura para a urbanificação ambientalmente sustentável, a qual pode e deve estar em constante evolução, podem ser citados os seguintes:

a) princípio de que Urbanismo é uma função pública, fornecendo ao Direito Urbanístico a característica de instrumento normativo, por meio do qual o poder público atua no domínio privado e no meio social, regulando a realidade do interesse coletivo, sem prejuízo da aplicação do princípio da legalidade;
b) Princípio da conformação da propriedade urbana, pelas normas de ordenação urbanística, tratando-se de princípio conexo ao anterior;
c) Princípio da coesão dinâmica das normas urbanísticas, cuja eficácia baseia-se principalmente no conjunto normativo (procedimento), antes que em normas isoladas;
d) Princípio da afetação das mais-valias ao custo da urbanificação: os proprietários de terreno devem satisfazer aos gastos da urbanificação, nos limites dos benefícios auferidos, como compensação pela melhoria das condições de edificabilidade derivada para seus lotes;
e) Princípio da justa distribuição dos benefícios e ônus derivados da atuação urbanística.[37]

O último relatório do Painel Intergovernamental para a Mudança de Clima (IPCC)[38], relativo aos impactos, adaptação e vulnerabilidade, destaca que:

> Em ambientes urbanos, as mudanças climáticas observadas causaram impactos na saúde humana, nos meios de subsistência e em infraestrutura

[36] O equilíbrio do pêndulo: a bioética e a lei: implicações médico-legais. São Paulo: Ícone: Editora, 1998, p. 18.

[37] SILVA, José Afonso da. Direito Urbanístico Brasileiro, São Paulo : Malheiros,2.008, p. 45.

[38] Em inglês: IPCC (Intergovernmental Panel on Climate Change).

> chave (alta confiabilidade). Múltiplos perigos climáticos e não climáticos impactam cidades, assentamentos e infraestrutura e, às vezes, coincidem, ampliando os danos (alta confiabilidade). Extremos de calor, incluindo ondas de calor, intensificaram-se nas cidades (alta confiabilidade), onde também agravaram eventos de poluição do ar (média confiabilidade) e limitaram o funcionamento de infraestrutura chave (alta confiabilidade). Impactos observados se concentram entre residentes urbanos economicamente e socialmente marginalizados, como em assentamentos informais (alta confiabilidade). Infraestrutura, incluindo transporte, água, saneamento e sistemas de energia foram comprometidos por eventos extremos e inicialmente lentos, resultando em perdas econômicas, interrupções de serviços e impactos ao bem-estar (alta confiabilidade).[39]

Para que a propriedade cumpra com sua função social, seja ela urbana ou rural, terá de ser explorada de uma forma a utilizar racionalmente os recursos naturais, preservando-se o meio ambiente (art. 5º, inciso XXIII, c/c art. 186, III, da CF e art. 1.228, § 1º do Código Civil[40]). Nesse sentido, anote-se que nesta matéria *"as limitações de proteção ambiental, sob os aspectos de controle de poluição e de preservação dos recursos naturais, objetivam assegurar a sobrevivência da vida humana em condições ideais de alimentação, saúde e bem-estar, e elas devem ser exigidas a qualquer custo, sob pena de comprometimento irreversível das condições da vida das gerações futuras".*[41]

Conforme bem destacado no Relatório do IPCC, serão necessárias medidas estruturantes para redução dos riscos de inundações com incremento da vegetação na área urbana, com manutenções de sistemas fluviais naturais, restaurações de rios, direcionando-se financiamentos

[39] FERREIRA, Vivian M. [et al.]. Manual de litigância climática [livro eletrônico] : estratégias de defesa do clima estável para o Ministério Público. [et al.] . – Belo Horizonte, MG : Abrampa, 2022, p. 76.

[40] "Art. 1.228 do NCC. O proprietário tem a faculdade de usar, gozar e dispor da coisa, e o direito de reavê-la do poder de quem quer que injustamente a possua ou detenha.
§ 1º. O direito de propriedade deve ser exercido em consonância com as suas finalidades econômicas e sociais e de modo que sejam preservados, de conformidade com o estabelecido em lei especial, a flora, a fauna, as belezas naturais, o equilíbrio ecológico e o patrimônio histórico e artístico, bem como evitada a poluição do ar e das águas."

[41] Decisões Administrativas da Corregedoria Geral da Justiça de São Paulo, RT, 1989, nº 66, p. 111.

para a estrutura física em assentamentos informais, de maneira a reduzir custos das adaptações urbanas às mudanças climáticas.[42]

No campo de novos empreendimentos, sejam urbanos ou industriais, importante serem incorporados critérios de Avaliação Ambiental Estratégica (AAE) e Avaliação Ambiental Integrada (AAI), com análise dos impactos cumulativos (interação entre impactos, potencializando ou alterando consequências).[43]

Em resumo e novamente com o culto e atuante Procurador de Justiça do Ministério Público de Santa Catarina, Paulo Antônio Locatelli, observamos ser necessário que as cidades efetivamente cumpram as disposições do Estatuto da Cidade, no sentido de correção de distorções do uso e ocupação do solo, via regularização fundiária urbana (REURB – art. 2º XIV da Lei 10.257/01 e Lei 13.465/17), passando a adotar padrões de produção e de consumo de bens e serviços compatíveis com o limite da sustentabilidade urbano-ambiental, bem como social e econômica do território do município, abrangendo sua área de influência. Nesse sentido, também são as disposições do art. 2º, IV e VIII da Lei 10.257/01.

Em relação a novos parcelamentos de solo, com posteriores edificações, deverão ser previstos sistemas operacionais com padrões construtivos e aportes tecnológicos destinados à redução dos impactos ambientais, com economia de recursos naturais (art. 2º, XVII da Lei 10.257/01. Dessa forma, serão minimizados os efeitos das mudanças climáticas no ambiente urbano, com adaptação das cidades aos impactos negativos das mudanças climáticas[44], contribuindo para que as cidades sejam resilientes.

Conclusões

É no ambiente urbano que vive cerca de 85% da população brasileira, onde ocorre grande parte da dinâmica social, econômica, ambiental etc.

[42] Relatório IPCCb. Disponível em: <https://www.ipcc.ch/report/ar6/wg2/downloads/report/IPCC_AR6_WGII_SummaryForPolicymakers.pdf>. Acesso em 12.out. 2022, p. 25.

[43] LOCATELLI, Paulo Antonio. Mudanças Climáticas e Planejamento Urbano: a atuação do Ministério Público. In: GAIO, Alexandre (org.). A Política Nacional de Mudanças Climáticas em Ação: a atuação do Ministério Público. Belo Horizonte: ABRAMPA, 2021, p. 296.

[44] Mudanças Climáticas e Planejamento Urbano: a atuação do Ministério Público. In: GAIO, Alexandre (org.). A Política Nacional de Mudanças Climáticas em Ação: a atuação do Ministério Público. Belo Horizonte: ABRAMPA, 2021, p. 288.

Portanto, há enorme complexidade para a gestão integrada das diversas facetas do ser humano, não sendo diferente com as políticas públicas afetas a tais áreas, no tocante aos instrumentos jurídicos e administrativos a serem utilizados para harmonizar e solucionar inúmeros conflitos de interesses que surgem nesse contexto.

Os conflitos urbanos são mais complexos e enfrentam maior resistência na cedência recíproca que os conflitos ambientais a serem geridos e superados na zona rural.

Para alcançar segurança física dos citadinos, bem como seu bem-estar e saúde, será preciso lançar mão de inúmeros instrumentos jurídicos, quer da área ambiental, quer da área urbanística propriamente dita, quer do Direito Administrativo e demais ramos do Direito, seja ele público ou privado, efetivamente promovendo-se o diálogo das fontes legislativas e a multidisciplinariedade da ciência. Mas se deve utilizar, especialmente, e em caráter prioritário, das disposições constitucionais inovadoras trazidas pelo constituinte em 1988 (art. 5º, XXIII; art. 170, 182/183 e 225), com prevalência dos princípios às regras, desapegando-se de vetustos instrumentos jurídicos de Direito Privado, grande parte deles anteriores à Carta Magna e ao atual Código Civil. Portanto, não recepcionados pela nossa lei maior.

Embora não prevista na Lei 13.465/17, nos procedimentos de regularização fundiária urbana, seria de todo conveniente, para maior eficiência na estruturação da ordem urbanística e ambiental, resiliência das cidades às mudanças climáticas, maior segurança dos registros públicos e do comércio dos lotes regularizados, houvesse única oportunidade de manifestação ao Promotor de Justiça de Habitação e Urbanismo da Comarca no procedimento administrativo de Reurb que tramita no Município, antes da emissão da Certidão de Regularização Fundiária (CRF) e de seu respectivo ingresso no Registro Imobiliário. Com tal manifestação em defesa da ordem jurídica, do regime democrático e dos interesses sociais indisponíveis (art. 127, "caput", da CF), poder-se-iam sanar eventuais incongruências ou omissões no projeto de regularização fundiária (art. 35) e no projeto urbanístico (art. 36). De registrar que tanto o meio ambiente como o urbanismo são considerados Direitos e Interesses Difusos pelo art. 129, III da Constituição Federal, bem como pelo art. 1º, I, III, IV e VI da Lei 7.347/85 (Lei da Ação Civil Pública), não se justificando que o Ministério Público possua legitimidade para defender esses supremos interesses sociais em juízo, mas não o possa na seara administrativa. Entretanto, infelizmente, foi expressamente dispensada tal exigência, sob o pretexto de agilização e simplificação do procedimento (art. 42 da Lei 13.465/17).

Também não estão previstos no art. 36, § 1º, da Lei 13.465/17, como infraestrutura essencial para fins de regularização fundiária urbana, os serviços de limpeza urbana e manejo de resíduos sólidos. Entretanto, importante que os Municípios classifiquem tais serviços como essenciais para fins de regularização, com fulcro no art. 36, "caput", inciso IX, bem como no art. 10, VI, da Lei 7.783/89, seguindo os princípios e diretrizes da Lei 12.305/10, bem como forma de combate aos efeitos das mudanças climáticas. Com uma política de resíduos sólidos inclusiva, reutilização e reaproveitamento desses resíduos por meio dos catadores, bem como destinação adequadas dos rejeitos, haverá redução de emissões atmosféricas, bem como economia de energia e de recursos naturais.

Devem sempre ser concatenados diretrizes e princípios das leis relativas aos Planos de Bacias Hidrográfica, Planos de Resíduos Sólidos (nacional, estadual e municipal), Planos Municipal de Saneamento Básico, Estatuto da Cidade, Plano Diretor, Lei da Política Nacional sobre Mudança do Clima – PNMC, Normas de Cooperação entre os entes federativos quanto às competências administrativas (Licenciamento Ambiental, em especial), Política Nacional de Mobilidade Urbana, Estatuto da Metrópole e seu Plano de Desenvolvimento Urbano Integrado, dentre outros, sempre à luz dos princípios constitucionais dos artigos 5º, XXIII; 170; 182/183 e 225 da Constituição Federal, bem como de outros princípios jurídicos e da Lei de Introdução às Normas do Direito Brasileiro (LINDB – Decreto Lei 4.657/42, alterado pela Lei 12.376/10).

É necessário que nesse frequente e indispensável diálogo de fontes normativas, se dê absoluta supremacia aos princípios sobre as regras, sendo eles importantíssimas ferramentas jurídicas, no objetivo frequente e irrenunciável de harmonizar o Direito Ambiental com o Direito Urbanístico, trazendo desenvolvimento sustentável e resiliência das cidades às mudanças climáticas.

Conquanto imprescindível o papel dos princípios na interpretação e na aplicação do direito, sendo que no ambiental e urbanístico não poderia ser diferente, é importante registrar não ser possível prescindir das regras, diante da maior generalidade, abstração e flexibilidade dos princípios, o que acabaria por gerar insegurança jurídica. Salutar que para determinadas situações haja regras específicas, deixando para os princípios jurídicos direcionar o intérprete na busca de um melhor resultado, baseado no supra princípio da dignidade humana, dos valores sociais, da saúde, do bem-estar, do desenvolvimento sustentável, ou seja, em tudo o quanto importante para a qualidade de vida do citadino, sem esquecer a característica, em certa medida, biocêntrica do meio ambiente, mesmo prevalecendo a vertente antropocêntrica.

Nessa linha de raciocínio, para que as cidades sejam mais saudáveis, seguras e aprazíveis a seus habitantes, mesmo em momentos de flexibilização das normas de convívio em sociedade e proteção da natureza, em razão das regras facilitadoras da regularização fundiária urbana, tal como previsto na Lei 13.465/2017, não se pode deixar de observar muitos dos princípios urbanísticos e ambientais. Somente assim será possível se viabilizar uma regularização urbana digna dos princípios do art. 9º, § 1º, pois: *"Os poderes públicos formularão e desenvolverão no espaço urbano as políticas de suas competências de acordo com os princípios de sustentabilidade econômica, social e ambiental e ordenação territorial, buscando a ocupação do solo de maneira eficiente, combinando seu uso de forma funcional"*.

Dentre as áreas com maior fragilidade às inundações e alagamentos estão as áreas de preservação permanente (APP), onde somente poderá haver regularização de ocupações caso demonstradas melhoria na sustentabilidade urbano-ambiental em relação à situação anterior, nos termos do art. 64 do Código Florestal (áreas de interesse social, predominantemente ocupadas por população de baixa renda – REURB-S) e art. 65 (áreas de interesse específico, predominantemente ocupadas por população de renda média ou alta – REURB-E).

Será necessária a revegetação das áreas de preservação permanente, com as mínimas metragens protetoras do art. 4º do "Código Florestal", pois elas são *"área protegida, coberta ou não por vegetação nativa, com a função ambiental de preservar os recursos hídricos, a paisagem, a estabilidade geológica e a biodiversidade, facilitar o fluxo gênico de fauna e flora, proteger o solo e assegurar o bem-estar das populações humanas"* (art. 3º, II, da Lei 12.651/12). Não deve existir a possibilidade de redução das metragens pelos Municípios, conforme atualmente permite o art. 4º, § 10, da Lei 12.651/12, cuja constitucionalidade da Lei 14.285/21 está sendo discutida na ADI 7.146-DF, perante o Supremo Tribunal Federal.

Deve-se adotar todas as providências ao alcance do planejamento urbano, visando superar os passivos urbano-ambientais, especialmente via REURB, bem como exigir, nos novos parcelamentos de solo, condicionantes aos empreendedores para que nos projetos e obras de infraestrutura estejam presentes ações destinadas a controlar inundações (via macrodrenagem), alagamentos (via microdrenagem) saneamento (água, esgoto e manejo de resíduos sólidos), gestão de recursos hídricos, prevenção de deslizamentos e proteção costeira, com eventual relocação de pessoas e/ou criação de barreiras contra inundações decorrentes da elevação do nível do mar ocasionado pelos efeitos das mudanças climáticas.

As emissões de poluentes nas cidades, até em decorrência da concentração de indústrias e do fato de 85% da população brasileira residir em zona urbana, possui alto potencial de influenciar nas mudanças climáticas, como de fato o fazem. Necessário lançar mão de alternativas de transporte (ciclovias e combustíveis menos poluentes); melhoria da mobilidade urbana, com a consequente redução da queima de combustíveis fósseis; melhor gestão do consumo de energia, com utilização de lâmpadas e equipamentos de controle de poluição (ECP) dotados da melhor tecnologia disponível (mtd); construções de edificações com tecnologias e métodos modernos de economia de água; aproveitamento de energias e alguns tipos de resíduos não contaminantes; aumento da reciclagem de resíduos; melhorias na coleta e tratamento de efluentes domésticos e industriais. Tais providências e medidas, certa e necessariamente, deverão contribuir para tornar as cidades mais resilientes aos efeitos das mudanças climáticas e mais adequadas às funções de cunho socioambiental que constitucionalmente devem desempenhar.

Referências

AKAOUI, Fernando Reverendo Vidal. O Superior Tribunal de Justiça e os atos decorrentes da Administração Ambiental. In: SOARES JÚNIOR, Jarbas; ALVARENGA, Luciano José (coords). Direito Ambiental do STJ. Belo Horizonte: Del Rey, 2010.

BRAGA, Roberto. Mudanças climáticas e planejamento urbano: uma análise do estatuto da cidade. In: ENCONTRO NACIONAL DA ANPPAS, 6, 2012, Belém. Anais. Belém: Anppas, 2012.

CASTANHEIRO, Ivan Carneiro; OLIVEIRA, Andreia Mara de; SALVADOR, Aline Valéria Archangelo. Conciliação e mediação virtual em tempos de pandemia. In: STEFANI Marcos; ALMEIDA, Gregório Assagra de (Coords). O Direito em épocas extraordinárias. Belo Horizonte : D`Plácido, 2020.

CASTANHEIRO, Ivan Carneiro. Direito urbanístico e direito à moradia. In: VITORELLI, Edilson. Manual de Direitos Difusos,2ª ed., Salvador: Juspodivm, 2019.

________. Planos de saúde e dignidade da pessoa humana. Dissertação (Mestrado em Direito das Reações Sociais). Pontifícia Universidade Católica de São Paulo, ano 2005.

________. Regularização Fundiária Urbana: fundamentos, aspectos práticos e propostas. In: Regularização Fundiária NALINI, José Renato; LEVY, Wilson (Coord.). Rev. Atual. e Ampl. Rio de Janeiro: Forense, 2013.

CETESB. Surtos de doenças de veiculação hídrica. Disponível em <https://cetesb.sp.gov.br/laboratorios/atendimento-a-emergencia/surtos-de-doencas-de-veiculacao-hidrica/#:~:text=Doen%C3%A7as%20de%20veicula%C3%A7%C3%A3o%20h%C3%ADdrica%20s%C3%A3o,%C3%A1gua%20utilizada%20para%20diferentes%20usos.>. Acesso em 08.out.2022.

Correio Braziliense. 50% dos imóveis no país são irregulares. Disponível em https://www.correiobraziliense.com.br/app/noticia/brasil/2019/07/28/interna-brasil,774205/50-dos-imoveis-no-pais-sao-irregulares.shtml. Acesso em 08.out.2022.

ERPEN, Décio Antônio; PAIVA, João Pedro Lamana; MEZZARI, Mario Pazutti. Condomínio Horizontal de Lotes: Edificação de Livre Escolha do Condômino, p. 3. Disponível em <http://registrodeimoveis1zona.com.br/?p=242 – 05-09-15Condomínio>. Acesso em 05 set. 2015.

FERREIRA, Vivian M. [et al.]. Manual de litigância climática [livro eletrônico] : estratégias de defesa do clima estável para o Ministério Público. [et al.] . – Belo Horizonte, MG : Abrampa, 2022.

FIORILLO, Celso Antônio Pacheco. Curso de direito ambiental brasileiro. 10ª edição, revista e atualizada., São Paulo: Saraiva, 2009.

________. Estudo prévio de impacto de vizinhança previsto no Estatuto da Cidade (Lei 10.257/01) e sua adequação ao Direito Ambiental constitucional brasileiro. In: DISSINGER, Marisa Rocha Teixeira. Temas de Direito Urbanístico 5. São Paulo: Imprensa Oficial do Estado: Ministério Público do Estado de São Paulo, 2007.

IBGE. Conheça o Brasil. Disponível em <https://educa.ibge.gov.br/jovens/conheca-o-brasil/populacao/18313-populacao-rural-e-urbana.html#:~:text=De%20acordo%20com%20dados%20da,brasileiros%20vivem%20em%20%C3%A1reas%20rurais> . Acesso em 08.0ut.2022.

LEMOS, Patrícia Flagra Iglecias. Meio ambiente e responsabilidade civil do proprietário: análise do nexo causal. São Paulo : Ed. RT, 2.008.

__________. Resíduos sólidos e responsabilidade civil pós-consumo. São Paulo, editora Revista dos Tribunais, p.74

LOCATELLI, Paulo Antonio. Mudanças Climáticas e Planejamento Urbano: a atuação do Ministério Público. In: GAIO, Alexandre (org.). A Política Nacional de Mudanças Climáticas em Ação: a atuação do Ministério Público. Belo Horizonte: ABRAMPA, 2021.

MUKAI, Toshio. Direito urbano-ambiental brasileiro. São Paulo: Dialética, 2002.

NUNES, Rizzatto. O princípio constitucional da dignidade da pessoa humana: doutrina e jurisprudência. São Paulo: Saraiva, 2002.

Organização das Nações Unidas (ONU), BRASIL. Objetivos do Desenvolvimento Sustentável. Disponível em <https://brasil.un.org/pt-br/159303-36-bilhoes-de--pessoas-vivem-sem-saneamento-seguro>. Acesso em18.set.2022.

PIMENTEL, José Eduardo de Souza. O princípio da dignidade da pessoa humana no processo penal. In: MIRANDA, Jorge; SILVA, Marco Antônio Marques (Coords.). Tratado luso-brasileiro da dignidade humana. São Paulo: Quartier Latin, 2008.

PREFEITURA DE LONDRINA. Construindo Cidades Resilientes: Minha Cidade está se Preparando. Disponível em <https://portal.londrina.pr.gov.br/cidade-resiliente#:~:text=A%20campanha%20define%20%22Cidade%20Resiliente,vidas%20e%20bens%20sejam%20perdidos> . Acesso em 01.out.2022.

SANTOS, Maria Celeste Cordeiro dos. O equilíbrio do pêndulo: a bioética e a lei: implicações médico-legais. São Paulo: Ícone: Editora, 1998.

SILVA, José Afonso da. Direito Urbanístico Brasileiro, São Paulo : Malheiros, 2.008.

SOUZA, José Eduardo de. O princípio da dignidade da pessoa humana no processo penal. In: MIRANDA, Jorge; SILVA, Marco Antônio Marques (Coords.). Tratado luso-brasileiro da dignidade humana. São Paulo: Quartier Latin, 2008.

18. HISTÓRIA DO ORDENAMENTO JURÍDICO AMBIENTAL

CAROLINE MARQUES LEAL JORGE SANTOS
CHRISTIANO JORGE SANTOS

Introdução

Diferentemente de outros ramos jurídicos, o passado do direito ambiental não remonta à construção do homem em sociedade[1], mas sim à destruição da sociedade pelo homem.

Com efeito, "no momento em que os povos entram na história, a maior parte das instituições civis existem já, nomeadamente o casamento, o poder paternal e ou maternal sobre os filhos, a propriedade (pelo menos mobiliária), a sucessão, a doação, diversos contratos tais como a troca e o empréstimo".[2]

Assim poder-se-ia dizer também das figuras típicas penais, tais como o homicídio e o roubo. Nesse sentido, Franz von Liszt asseverou: "Podemos, pois, assinalar a pena como um fato histórico primitivo, e não erraremos, se virmos justamente no Direito Penal a primeira e a mais velha camada da história da evolução do Direito, e considerarmos o injusto como a alavanca tanto do Direito como da moral."[3]

[1] Nesse sentido, Francesco Carnelutti assevera que o direito nasce da necessidade dos homens de superar o caos. CARNELUTTI, Francesco. *Como nasce o direito*. Tradução de Roger Vinícius da Silva Costa. São Paulo: Editora Pillares, 2015. p. 35.

[2] GILISSEN, John. *Introdução histórica ao direito*. 8. ed. Tradução de António Manuel Hespanha e Manuel Luís Macaísta Malheiros. Lisboa: Calouste Gulbenkian, 2016. p. 36.

[3] LISZT, Franz von. *Tratado de direito penal alemão*. Tradução e comentários de José Higino Duarte Pereira; atualização e notas Ricardo Rodrigues Gama. Campinas, SP: Russel, 2003. v. 1, p. 74.

Discussões à parte sobre a precedência de cada disciplina, fato é que o direito remonta à pré-história[4], sendo sua origem insofismavelmente vinculada ao fenômeno social[5]. É, por conseguinte, a necessidade de uma convivência ordenada[6] que ditará o curso de sua evolução.

No bojo dessa análise retrospectiva do homem não se pode ignorar o papel central da exploração do meio ou de seus produtos primários para a formação das grandes civilizações, da Antiguidade até o atual mundo pós-moderno. Não por outra razão, a dominação desses elementos forjou as condições necessárias para superação da pré-história, assinalando seu último período, a Idade dos Metais.

Logo, a temática ambiental encontra-se presente na legislação há tempos, o que se reflete, *e.g.*, na existência de um "direito florestal" na Babilônia já em 1900 a.C., ou de uma norma acerca da poluição de águas no código hitita, escrito entre 1380 e 1346 a.C., além da primeira reserva natural instituída pelo faraó Akhenaton[7]. Todavia, essa natureza como objeto do direito guarda muito pouco em comum com aquilo que se conhece por direito ambiental[8], uma vez que o escopo normativo cingia-se

[4] GILISSEN, John. *Introdução histórica ao direito, cit.*, p. 31. Como esclarece o autor: "Marx e Engels consideram, sob influência do pensamento de Hegel, que o direito está ligado ao Estado e afirmam que não há direito nos grupos sociais que não atingiram o estágio de organização estatal. Mas, sob a influência dos trabalhos de etnólogos e dos sociólogos, admite-se agora em geral que os costumes dos povos sem escrita têm um caráter jurídico porque existem aí meios de constrangimento para assegurar o respeito das regras de comportamento." (Ibidem, p. 36).

[5] A propósito, António Manuel Hespanha afirma que "a própria produção do direito (dos valores jurídicos, dos textos jurídicos) é, ela mesma, um processo social." (HESPANHA, António Manuel: *Cultura jurídica europeia*: síntese de um milénio. Coimbra: Almedina, 2012. p. 26).

[6] Para Miguel Reale, "podemos, pois, dizer, sem maiores indagações, que o Direito corresponde à exigência essencial e indeclinável de uma convivência ordenada, pois nenhuma sociedade poderia subsistir sem um mínimo de ordem, de direção e solidariedade" (REALE, Miguel. *Lições preliminares de direito.* 27. ed. São Paulo: Saraiva, 2002. p. 2).

[7] OST, François, *A natureza à margem da lei*: a ecologia à prova do direito. Tradução de Joana Chaves. Lisboa: Instituto Piaget, 1995, p. 32.

[8] Em geral são utilizadas como sinônimas as expressões "direito ambiental" e "direito do meio ambiente". "Acentuam autores portugueses que a expressão 'meio ambiente' embora seja 'bem sonante', não é, contudo, a mais correta, isto porque envolve em si mesma um pleonasmo. O que acontece é que 'ambiente' e 'meio' são sinônimos porque 'meio' é precisamente aquilo que envolve, ou seja, o 'ambiente'." (MACHADO, Paulo Affonso Leme. Direito ambiental brasileiro. 25. ed. rev., ampl. e atual. São Paulo: Malheiros, 2017. p. 49).

ao melhor emprego dos recursos naturais nas atividades cotidianas, ou seja, a conservação ambiental é marcadamente instrumental, e não um valor.

Mas o que por milênios foi uma relação de aproveitamento supostamente equilibrada, sofreu uma primeira grande mudança com o advento do racionalismo e do individualismo no século XVII, substratos filosóficos para a completa dominação da natureza sob o ponto de vista de sua exploração.

Em meados dos séculos XVIII e XIX sobrevém uma segunda grande mudança com a Revolução Industrial, que possibilitou a utilização e a degradação da natureza em larga escala, ao alterar os padrões de produção e, consequentemente, de consumo, que se tornaram interdependentes e, como consequência, passaram a exigir (de ambos) um crescimento exponencial.

Desse modo, o crescimento contínuo de um mercado de massa respaldado numa cultura de instrumentalização da natureza resultou num expressivo decréscimo dos recursos naturais e, na mesma proporção, no acréscimo considerável da degradação ambiental.

1. Passado

No entanto, foi apenas em 1972, no seio da Conferência de Estocolmo, que a temática ganhou protagonismo internacional, a partir de estudos[9] que prognosticavam um possível colapso da economia mundial em função dos níveis cada vez maiores de apropriação da natureza. O resultado das discussões deixou clara a correlação entre escassez e degradação, de um lado, e a premência, progressivamente internalizada pelos mais diversos países, de positivação das normas sobre a natureza.

Na prática, como esclarece Patrícia Iglecias, "a partir do século XX, o homem começa a perceber os problemas relacionados ao mau uso dos recursos ambientais". Portanto, a "proteção do meio ambiente tem por base uma questão muito simples: as necessidades ilimitadas do homem na busca de bens da natureza, que são limitados"[10].

[9] Em especial aqueles capitaneados pelo Clube de Roma e, mais especificamente, seu primeiro relatório intitulado *Os limites do crescimento*.

[10] LEMOS, Patrícia Faga Iglecias. *Meio ambiente e responsabilidade civil do proprietário*: análise do nexo causal. 2. ed. rev., atual. e ampl. São Paulo: Revista dos Tribunais, 2012, p. 100.

Destarte, o direito ambiental é corolário dessa nova relação do homem com a natureza e da inevitabilidade de se estabelecer uma regulação normativa para proteger-se o meio ambiente, ainda que não tenha havido um completo rompimento com o paradigma antropocentrista[11].

Em outras palavras, é a partir do reconhecimento da nova realidade fática dos danos ambientais, a qual não se pode juridicamente ignorar, que se torna possível compreender a estruturação de um direito ambiental.

Nelson Nery Junior relembra que "a taxionomia do direito ambiental como ramo autônomo e independente do Direito" surge em 1984 na primeira edição do tratado de direito ambiental de Michel Prieur[12], e identifica na matéria quatro características distintivas, quais sejam: i) objeto e ii) finalidades próprias, iii) estrutura lógica e iv) técnica original[13].

[11] Vale ressaltar que até hoje o tratamento constitucional brasileiro dado ao tema reflete a visão antropocêntrica ou, segundo alguns autores, um antropocentrismo alargado, que imprime certa autonomia ao meio ambiente na medida em que este passa a ser requisito para a sobrevivência do próprio homem. O antropocentrismo alargado pode ser assim definido: "Em resumo, é a visão de que todos os deveres morais que temos em relação ao meio ambiente são derivados de nossos deveres diretos para com os habitantes humanos. O propósito prático da ética ambiental, eles sustentam, é fornecer os fundamentos morais para políticas sociais visando a proteger o meio ambiente e remediar a degradação ambiental." (BRENNAN, Andrew; LO, Yeuk-Sze. Environmental ethics. In: The Stanford Encyclopedia of Philosophy. (Winter 2016 Edition), Edward N. Zalta (Ed.). Disponível em: <https://plato.stanford.edu/archives/win2016/entries/ethics-environmental/>. Acesso em: 18 set. 2022 – nossa tradução). No original: "Briefly, this is the view that all the moral duties we have towards the environment are derived from our direct duties to its human inhabitants. The practical purpose of environmental ethics, they maintain, is to provide moral grounds for social policies aimed at protecting the earth's environment and remedying environmental degradation."

[12] "Se em 1976 nós nos perguntamos sobre a localização do direito ambiental, se seria uma simples reunião de direitos, sem especificação, podemos hoje considerar que o direito ambiental tornou-se um direito adulto em que se encontram traços particulares." (PRIEUR, Michel. *Droit de l'environnement.* 4e éd. Paris: Dalloz, 2001. p. 14 – nossa tradução). No original: *"Si en 1976 nous nous interrogions sur la place du droit de l'environnement, simple droit de regroupement sans spécificité on peaut aujord'hui considérer que le droit de l'environnment est devenu un droit adulte dont on peut rechercher les traits particuliers."*

[13] NERY JUNIOR, Nelson. Autonomia do direito ambiental. In: D'ISEP, Clarissa Ferreira Macedo; NERY JÚNIOR. Nelson; MEDAUAR, Odete (Coords.). Políticas públicas ambientais: estudos em homenagem ao professor Michel Prieur. São Paulo: Revista dos Tribunais, 2009, p. 207 – 209.

Não obstante, a despeito de sua consolidação como disciplina própria, não perdeu ela sua vinculação com o direito comum, perpassando os diferentes ramos, tais como o civil e o penal, para esquadrinhá-los sob uma perspectiva ecológica.

2. Presente

Construída, então, nas últimas décadas, a nova disciplina angariou um protagonismo ímpar, dada a emergência da crise ambiental, e passou não apenas a refletir as inseguranças da sociedade contemporânea em seus conceitos, mas também a reproduzi-las em seus instrumentos.

Isso porque, se como dito, a natureza não é propriamente um objeto novo para o direito, a forma de protegê-la é, sendo a produção jurídica incapaz de acompanhar a velocidade com que o homem destrói o seu próprio meio.

Com isso, a disciplina ambiental passou a lidar com o desafio de tentar regrar a desregrada sociedade pós-moderna, almejando debalde engendrar respostas no ritmo de surgimento dos problemas. Assim, caminha na contramão da evolução do direito que, ao buscar a eliminação das incertezas, encontrou seu ápice no processo de codificação.

A esse respeito, pode-se dizer que a sistematização jurídica foi uma reação ao casuísmo, possível graças ao estágio de maturidade científica atingido em fins da Idade Moderna[14]. Os códigos simbolizaram por séculos a estabilidade do direito e a força da lei.

[14] Ao casuísmo da legislação vigente será proposto um modelo legal sistemático e abrangente, organizado conforme a lógica dedutiva, capaz de conferir cientificidade e previsibilidade (LOPES, José Reinaldo de Lima; QUEIROZ, Rafael Mafei Rabelo; ACCA, Thiago dos Santos, *Curso de história do direito*. 3. ed. Rio de Janeiro: Forense; São Paulo: Método, 2013, p. 212). Complementarmente, pode-se dizer que: "A bem da verdade, podemos, por exemplo, falar do ordenamento jurídico na Roma Antiga, mas o *sistema* do Direito Romano é uma criação do século XIX. A célebre codificação de Justiniano, o *Corpus Juris Civilis*, não só não era um sistema, no sentido que lhe empresta a dogmática atual, como também sequer a expressão era, então, conhecida (a palavra introduz-se no pensamento jurídico só no século XVI e torna-se um termo técnico no século XVIII, com grande repercussão no século XIX até nossos dias)." (FERRAZ JUNIOR, Tercio Sampaio, *Introdução ao estudo do direito*: técnica, decisão, dominação. 4. ed. rev. e ampl. São Paulo: Atlas, 2003, p. 178).

Entretanto, a conjuntura que marcou a unificação do direito ruiu com a chamada sociedade de risco[15] em face da dificuldade de disciplinar comportamentos e situações, *a priori*, arriscados[16]. Nas palavras de Ulrich Beck, na "globalidade da contaminação", os "sistemas jurídicos não dão conta das situações de fato", ou seja, a legislação positivada deixou de refletir a segurança de outrora.[17]

Daí porque foi o princípio da precaução introduzido no direito por meio da disciplina ambiental e logo se tornou um de seus mais importantes guias, ao propor uma reflexão não sobre o que o homem ainda é capaz de fazer, e sim quanto mais a natureza será capaz de suportar.[18]

Positivado inicialmente[19] na conferência que ficou conhecida como ECO 92, a precaução, contida no princípio 15 da Declaração do Rio de Janeiro, prevê: "Quando houver ameaça de danos graves ou irreversíveis, a ausência de certeza científica absoluta não será utilizada como razão para o adiamento de medidas economicamente viáveis para prevenir a degradação ambiental."[20]

[15] O termo *sociedade de risco* foi cunhado pelo sociólogo alemão Ulrich Beck a partir de obra homônima publicada em 1986, em grande medida influenciada pelo desastre de Chernobyl.

[16] Nas palavras de Zygmunt Bauman, "O que mais amedronta é a ubiquidade dos medos; eles podem vazar de qualquer canto ou fresta de nossos lares e de nosso planeta. Das ruas escuras ou das telas luminosas dos televisores. De nossos quartos e de nossas cozinhas. De nossos locais de trabalho e do metrô que tomamos para ir e voltar. De pessoas que encontramos e de pessoas que não conseguimos perceber. De algo que ingerimos e de algo com o qual nossos corpos entraram em contato. Do que chamamos "natureza" [...] ou de outras pessoas (prontas, como dificilmente antes em nossa memória, a devastar nosso lares e empregos ameaçando destruir nossos corpos com a súbita abundância de atrocidades terroristas, crimes violentos, agressões sexuais, comida envenenada, água ou ar poluídos)." BAUMAN, Zygmunt, *Medo líquido*. Tradução de Carlos Alberto Medeiros. Rio de Janeiro: Zahar, 2008, p. 11.

[17] BECK, Ulrich, *Sociedade de risco*: rumo a uma outra modernidade. 2. ed., reimpr. Tradução de Sebastião Nascimento. São Paulo: Editora 34, 2013, p. 10.

[18] JONAS, Hans, *O princípio responsabilidade*: ensaio de uma ética para a civilização tecnológica. Tradução de Marijane Lisboa e Luiz Barros Montez. Rio de Janeiro: Contraponto; Editora PUC-Rio, 2006, p. 301.

[19] O conceito de prevenção, no entanto, já havia sido previsto na Convenção de Basileia sobre o Controle de Movimentos Transfronteiriços de Resíduos Perigosos e seu Depósito, de 1989.

[20] ORGANIZAÇÃO DAS NAÇÕES UNIDAS SOBRE MEIO AMBIENTE E DESENVOLVIMENTO. *Declaração do Rio sobre Meio Ambiente e Desenvolvimento*. Rio de Janeiro, 3 a 14 de junho de 1992. Disponível em: <http://www.onu.org.br/rio20/img/2012/01/rio92.pdf>. Acesso em: 18 set. 2022.

Além da precaução, os limites do conhecimento humano tornam necessário um modelo normativo menos burocrático, pautado numa estrutura infralegal naturalmente mais apta a alterações, o que dificulta a perspectiva de compilação das normas ambientais sob a égide de um código.

Ademais, o ordenamento jurídico ambiental não se caracteriza como um sistema autopoiético[21]; ao contrário, trata-se de disciplina interdependente de outros saberes, o que torna inevitável a primazia de normas abertas, cujo conteúdo possa ser preenchido ou completado externamente ao próprio direito ou por meio de normas infralegais.

Diferentemente, portanto, de outras disciplinas que conservam um mesmo cerne desde o surgimento do homem (como o direito civil e a propriedade, ou o direito penal e o homicídio), o direito ambiental, ao incorporar a inconstância dos dilemas planetários, transforma-se diuturnamente, impondo um verdadeiro "quebra-cabeças" à técnica legislativa.

3. Futuro

O resultado dessas especificidades do direito ambiental é uma miríade de normas provenientes dos mais diversos órgãos e de diferentes hierarquias, em completa desarmonia e inconstância, o que dificulta conhecer o direito vigente e, consequentemente, aplicá-lo.

Considerando, porém, que na ausência de segurança material aspira-se por segurança jurídica, o "desordenamento" ambiental afasta-se do ideal da justiça. Nesse panorama, manter uma conformação imediatista pode resultar na anomia. Por outro lado, questiona-se se a busca pela higidez do sistema poderá redundar num engessamento da proteção ambiental, dando azo à criação de uma outra sorte de injustiças.

Em face de "mares nunca dantes navegados" e sem saber qual caminho seguir, o direito ambiental parece ter quedado à deriva, correndo o risco

[21] Do grego *autopoiesis* (*autos* = por si próprio e *poiesis* = criação, produção). A propósito, cf. FEBBRAJO, Alberto, LIMA, Fernando Rister de Sousa. Autopoiese. *Enciclopédia jurídica da PUC-SP*. Celso Fernandes Campilongo, Alvaro de Azevedo Gonzaga e André Luiz Freire (coords.). Tomo: Teoria Geral e Filosofia do Direito. Celso Fernandes Campilongo, Alvaro de Azevedo Gonzaga, André Luiz Freire (coord. de tomo). 1. ed. São Paulo: Pontifícia Universidade Católica de São Paulo, 2017. Disponível em: <https://enciclopediajuridica.pucsp.br/verbete/152/edicao-1/autopoiese>. Acesso em: 18 set. 2022.

de talvez levar com ele o futuro do ser humano e de todos os demais seres que comungam seus destinos.

A julgar pelo caminho até então percorrido, é forçoso reconhecer a imprescindibilidade de mudanças, uma vez que as ferramentas utilizadas para enfrentar o cenário de incertezas fabricadas conduziram a uma incompleta proteção ambiental. Em síntese, novos problemas exigem novas soluções.

E para não repetir os erros do passado, é preciso admitir que o atual grau de degradação ambiental é resultado direto da relação de dominação que o ser humano e seus pares estabeleceram sobre a natureza, materializada nas ações e, principalmente, nas omissões rotineiras de cada indivíduo.

Uma vez que os danos ambientais estão umbilicalmente afetos à condição do homem, tais reflexões levam à inegável necessidade de modificações valorativas profundas na relação excogitada, conduzindo à adoção de uma postura preventiva como regra de conduta.

Nas palavras de Hans Jonas, "necessitamos de uma nova ciência que saiba lidar com a enorme complexidade das interdependências. A incerteza poderá ser o nosso destino permanente o que acarreta consequências morais".[22]

> A vida está aí, com todo o espetáculo de novas situações jurídicas, a desafiar e a exigir soluções sem desmantelo da harmonia social. Os velhos conceitos dogmáticos se transformam, se adaptam, se objetivam e novas concepções surgem para a solução dos problemas que a vida nos impõe. Pelo homem surge e vive o direito.[23]

Por fim, o futuro do direito ambiental passa pelo reconhecimento de uma dupla complementariedade: a do próprio conhecimento jurídico e a de seu principal objeto, a espécie humana. Assim, mais do que um ajuste de rota, o *statu quo* demanda do ordenamento ambiental verdadeira revolução científica[24] jurídica que, no entanto, longe está de parecer à vista.

[22] JONAS, Hans, *O princípio responsabilidade*: ensaio de uma ética para a civilização tecnológica, cit., p. 307.

[23] LIMA, Alvino. *Culpa e risco*. 2. ed. rev. e atual pelo prof. Ovidio Rocha Barros Sandoval. São Paulo: Revista dos Tribunais, 1998. (RT Clássicos), p. 334-335.

[24] O termo é considerado a partir do conceito de Kuhn, que o define como "episódios de desenvolvimento não cumulativo, nos quais um paradigma mais antigo é total ou parcialmente substituído por um novo, incompatível com o anterior" (KUHN, Thomas S. *A Estrutura*

Conclusões

Sendo o direito um fenômeno essencialmente social, surgido espontaneamente a partir da formação das primeiras comunidades, pode-se concluir que a conformação de uma realidade na qual a exploração do meio e a própria continuidade da espécie encontram-se em xeque – conduz à inevitabilidade de um singular aparato jurídico a ele consentâneo.

Com efeito, se o direito nasce com o alvorecer da sociedade, o direito ambiental estrutura-se para evitar o seu ocaso. Para tanto, urge a construção de um ordenamento jurídico do meio ambiente técnica e valorativamente inovador, capaz de equilibrar o anseio por ordem inerente ao ser humano com a tangibilidade do caos por ele criada.

Mas se há algo certo nesses tempos de incerteza é a inexistência de atalhos, tampouco de respostas fáceis. Assim, enquanto pairam dúvidas sobre as mudanças necessárias para um ordenamento jurídico ambiental efetivo, caminha-se com a inexorável convicção de que o modelo normativo até então utilizado deixou de ser adequado às velozes transformações dos tempos atuais e às novidades que os avanços tecnológicos tornaram uma constante. Prevenção e eficiência são palavras-chave desta realidade mutante e devem ser tidas como alicerces de um porvir do mundo jurídico, para que se dê conta da regulação necessária à preservação de um meio ambiente sadio para as futuras gerações.

Referências

BAUMAN, Zygmunt. *Medo líquido*. **Tradução de Carlos Alberto Medeiros**. Rio de Janeiro: Zahar, 2008.

BECK, Ulrich. ***Sociedade de risco*: rumo a uma outra modernidade.** 2. ed., reimpr. Tradução de Sebastião Nascimento. São Paulo: Editora 34, 2013.

BRENNAN, Andrew; LO, Yeuk-Sze. Environmental ethics. In: ***The Stanford Encyclopedia of Philosophy***. (Winter 2016 edition), Edward N. Zalta (Ed.). Disponível em: <https://plato.stanford.edu/archives/win2016/entries/ethics-environmental/>. Acesso em: 18 set. 2022.

CARNELUTTI, Francesco. ***Como nasce o direito***. Tradução de Roger Vinícius da Silva Costa. São Paulo: Editora Pillares, 2015.

FEBBRAJO, Alberto, LIMA, Fernando Rister de Sousa. Autopoiese. ***Enciclopédia jurídica da PUC-SP***. Celso Fernandes Campilongo, Alvaro de Azevedo Gonzaga

das revoluções científicas. Tradução de Beatriz Vianna Boeira e Nelson Boeira. 10. ed. São Paulo: Perspectiva, 2011. p. 125).

e André Luiz Freire (coords.). Tomo: Teoria Geral e Filosofia do Direito. Celso Fernandes Campilongo, Alvaro de Azevedo Gonzaga, André Luiz Freire (coord. de tomo). 1. ed. São Paulo: Pontifícia Universidade Católica de São Paulo, 2017. Disponível em: <https://enciclopediajuridica.pucsp.br/verbete/152/edicao-1/autopoiese>. Acesso em: 18 set. 2022.

FERRAZ JUNIOR, Tercio Sampaio. ***Introdução ao estudo do direito*: técnica, decisão, dominação.** 4. ed. rev. e ampl São Paulo: Atlas, 2003.

GILISSEN, John. ***Introdução histórica ao direito***. 8. ed. Tradução de António Manuel Hespanha e Manuel Luís Macaísta Malheiros. Lisboa: Calouste Gulbenkian, 2016.

HESPANHA, António Manuel. ***Cultura jurídica europeia***: síntese de um milénio. Coimbra: Almedina, 2012.

JONAS, Hans. ***O princípio responsabilidade***: ensaio de uma ética para a civilização tecnológica. Tradução de Marijane Lisboa e Luiz Barros Montez. Rio de Janeiro: Contraponto; Editora PUC-Rio, 2006.

KUHN, Thomas S. ***A estrutura das revoluções científicas***. Tradução de Beatriz Vianna Boeira e Nelson Boeira. 10. ed. São Paulo: Perspectiva, 2011.

LEMOS, Patrícia Faga Iglecias. ***Meio ambiente e responsabilidade civil do proprietário***: análise do nexo causal. 2. ed. rev., atual. e ampl. São Paulo: Revista dos Tribunais, 2012.

LIMA, Alvino. ***Culpa e risco***. 2. ed. rev. e atual pelo prof. Ovidio Rocha Barros Sandoval. São Paulo: Revista dos Tribunais, 1998. (RT Clássicos).

LISZT, Franz von. ***Tratado de direito penal alemão.*** Tradução e comentários de José Higino Duarte Pereira; atualização e notas Ricardo Rodrigues Gama. Campinas, SP: Russel, 2003. v. 1.

LOPES, José Reinaldo de Lima; QUEIROZ, Rafael Mafei Rabelo; ACCA, Thiago dos Santos. ***Curso de história do direito***. 3. ed. Rio de Janeiro: Forense; São Paulo: Método, 2013.

MACHADO, Paulo Affonso Leme. ***Direito ambiental brasileiro***. 25. ed. rev., ampl. e atual. São Paulo: Malheiros, 2017.

NERY JUNIOR, Nelson. Autonomia do direito ambiental. In: D'ISEP, Clarissa Ferreira Macedo; NERY JÚNIOR. Nelson; MEDAUAR, Odete (Coords.). ***Políticas públicas ambientais***: estudos em homenagem ao professor Michel Prieur. São Paulo: Revista dos Tribunais, 2009. p. 194-218.

ORGANIZAÇÃO DAS NAÇÕES UNIDAS SOBRE MEIO AMBIENTE E DESENVOLVIMENTO. ***Declaração do Rio sobre Meio Ambiente e Desenvolvimento.*** Rio de Janeiro, 3 a 14 de junho de 1992. Disponível em: <http://www.onu.org.br/rio20/img/2012/01/rio92.pdf>. Acesso em: 18 set. 2022.

OST, François. ***A natureza à margem da lei***: a ecologia à prova do direito. Tradução de Joana Chaves. Lisboa: Instituto Piaget, 1995.

PRIEUR, Michel. ***Droit de l'environnement.*** 4e éd. Paris: Dalloz, 2001.

REALE, Miguel. ***Lições preliminares de direito***. 27. ed. São Paulo: Saraiva, 2002.

19. O LICENCIAMENTO AMBIENTAL BRASILEIRO E PERSPECTIVAS PARA SEU APRIMORAMENTO

GERMANO LUIZ GOMES VIEIRA
ANTÔNIO AUGUSTO MELO MALARD

Introdução

O licenciamento ambiental no Brasil configura-se como um dos mais importantes instrumentos da Política Nacional de Meio Ambiente – PNMA (Lei nº 6.938/1981), sendo obrigatório para empreendimentos e atividades utilizadoras de recursos naturais, efetiva ou potencialmente poluidoras ou que possam causar impactos ambientais, efetivos ou potenciais.

Entretanto o licenciamento deve ser visto como uma das ferramentas de gestão ambiental e não somente como a única ou a mais aplicada, como infelizmente de modo geral observa-se na prática. Além disso, não pode ser encarado como o mecanismo apropriado para o alcance da solução dos mais diversos problemas do nosso cotidiano.

Mesmo sendo uma ferramenta que vem se consolidando nas últimas quatro décadas, ainda é necessário aprimorar seus procedimentos, otimizando o arcabouço normativo extremamente vasto no Brasil, e principalmente, regulamentando-o de uma vez por todas, por meio da tão esperada "Lei Geral do Licenciamento".

A partir do momento em que o país tiver procedimentos de licenciamento ambiental mais precisos, menos burocráticos e cartoriais e principalmente mais céleres, os órgãos ambientais poderão se dedicar a outras ações tão ou mais importantes que o licenciamento. Agendas essenciais tais como das mudanças climáticas, do combate ao desmatamento, da universalização ao saneamento básico, muitas vezes são colocadas em segundo plano, haja vista o contexto conflituoso apresentado pelo licenciamento ambiental no país acabar ocupando a maior parte do tempo e da estrutura dos órgãos ambientais.

As secretarias de estado de meio ambiente, autarquias e fundações a elas vinculadas deixaram de ser secretarias de meio ambiente e tornaram-se secretarias de licenciamento. Uma pauta que consome energia e aparta. O país está perdendo o bonde da história com oportunidades de se trabalhar mais amplamente com o meio ambiente. Em todo planeta, a corrida para desenvolver uma economia de baixo carbono já começou e o agronegócio, a biotecnologia e as energias renováveis são peças-chave. O Brasil tem uma oportunidade única de virar líder mundial dessa nova bioeconomia. Mesmo assim, as discussões sobre política ambiental têm evidenciado que se continua enxergando o licenciamento ambiental como um fim em si mesmo, a panaceia para as mazelas brasileiras e o remédio de diversas dívidas históricas relacionadas a falta de planejamento nas mais diversas áreas.

Esse artigo tem como objetivo apresentar uma breve contextualização e histórico do licenciamento ambiental no país, destacando os gargalos, desafios e oportunidades para o aprimoramento desse procedimento de forma a trazer maior segurança técnica e jurídica para todos os envolvidos e acima de tudo, um desenvolvimento sustentável.

1. Desenvolvimento e discussão

1.1. Contextualização do licenciamento ambiental no Brasil

A obrigatoriedade do licenciamento ambiental foi instituída, de forma genérica, pela Lei nº 6.938/1981, em seu artigo 10º:

> Art. 10º. A construção, instalação, ampliação e funcionamento de estabelecimentos e atividades utilizadores de recursos ambientais, efetiva ou potencialmente poluidores ou capazes, sob qualquer forma, de causar degradação ambiental dependerão de prévio licenciamento ambiental

Nessa época se iniciava a criação dos órgãos ambientais no Brasil, sendo muitos ainda vinculados a outras pastas como de Ciência e Tecnologia, Agricultura etc. Não havia, ainda, um ministério de meio ambiente, autônomo para coordenação da política ambiental. Alguns estados editaram suas Políticas Estaduais de Meio Ambiente anteriormente a publicação da Lei Federal, mas ainda engatinhavam nos procedimentos para regularização ambiental de empreendimentos ou atividades potencialmente poluidoras.

O Decreto Federal nº 88.351/1983 que regulamentou a PNMA traz um capítulo específico sobre licenciamento ambiental, entretanto de forma muito genérica, em que pese algumas definições importantes, tais como a definição de um modelo trifásico de licenciamento para o país, por meio da emissão de três atos administrativos: Licenças Prévia – LP, de Instalação – LI e de Operação – LO. Indubitavelmente, esta previsão acabou por nortear o modelo de licenciamento ambiental brasileiro, seja aquele executado pela união, por meio do Instituto Brasileiro do Meio Ambiente e dos Recursos Naturais Renováveis – IBAMA, seja aquele executado pelos estados, através de seus órgãos competentes.

Diversas iniciativas de legisladores estaduais ou dos órgãos competentes acabaram esbarrando nessa definição, trazendo insegurança técnica e jurídica. Inovações relacionadas a implantação de outros modelos de licenciamento como o modelo único, concomitante ou simplificado acabavam, quando não tolhidos em sua origem, gerando uma série de questionamentos quando a reforma não era bem conduzida.

Já em 1986, a partir do Decreto Federal nº 88.351/1983, o Conselho Nacional de Meio Ambiente – CONAMA publicou sua primeira resolução, com critérios e diretrizes gerais para uso e implementação da Avaliação de Impacto Ambiental – AIA. A Resolução CONAMA nº 01/1986 estabeleceu as atividades passíveis de elaboração de Estudo de Impacto Ambiental – EIA, assim como seu conteúdo mínimo a ser apresentado ao órgão ambiental.

A partir daí uma série de confusões conceituais começaram a surgir. Uma delas diz respeito a uma absurda correlação necessária entre a necessidade de elaboração do EIA/RIMA com o modelo trifásico de licenciamento.

Tanto o licenciamento ambiental quanto a avaliação de impactos ambientais são instrumentos da PNMA.[1] Apesar de serem instrumentos

[1] Art 9º – São instrumentos da Política Nacional do Meio Ambiente: I – o estabelecimento de padrões de qualidade ambiental; II – o zoneamento Ambiental; III – a avaliação de impactos ambientais; IV – o licenciamento e a revisão de atividades efetiva ou potencialmente poluidoras; (...). Art. 9, Lei 6.938/1981.

que se correlacionam intrinsicamente, são ferramentas autônomas, com procedimentos específicos em cada uma delas.

O licenciamento ambiental é o procedimento administrativo destinado a licenciar atividades ou empreendimentos utilizadores de recursos ambientais, efetiva ou potencialmente poluidores ou capazes, sob qualquer forma, de causar degradação ambiental.

Por sua vez, a AIA é o procedimento que reúne um aglomerado de etapas que pretendem assegurar uma avaliação sistemática dos possíveis impactos socioambientais e econômicos que uma determinada atividade possa gerar além de permitir ao público o conhecimento dos impactos e ainda contribuir com os responsáveis, do projeto, na tomada de decisão. Ela também possibilita uma avaliação e monitoramento nas etapas de instalação e operação de modo que se possa constatar o desempenho socioambiental da atividade em questão.

Verifica-se que ambos os procedimentos são instrumentos da PNMA, e são intrinsicamente correlacionados. São manifestações concretas dos princípios da prevenção e precaução. Enquanto o licenciamento busca sequenciar uma série de etapas administrativas para a emissão de atos administrativos, a AIA tem por escopo fundamentar esses atos, subsidiá-los, de modo que a decisão tenha não apenas contornos de políticas públicas, mas também lastro de tecnicidade.

A AIA pode se manifestar em diversos momentos e em diversas etapas do pré-licenciamento e do licenciamento ambiental em si, em várias de suas modalidades, a exemplo através dos estudos ambientais e das consultas públicas. Um exemplo de estudos ambientais, aquele que ganhou mais notoriedade, é o EIA.

Dada a tamanha importância ao controle dos empreendimentos de significativo impacto ambiental, o estudo prévio de impacto ambiental também se fez presente na Constituição Federal de 1988 para instalação de obra ou atividade potencialmente causadora de significativa degradação do meio ambiente. Entretanto a Constituição estabeleceu que se daria mediante lei, o que não foi efetivado até hoje.

O licenciamento no Brasil continua sendo conduzido em sua maioria por meio de normas infralegais, trazendo grande insegurança jurídica e consequentemente a judicialização de processos de licenciamento, assim como das próprias normas e procedimentos instaurados pelos órgãos ambientais.

Protagonistas de várias discussões estão às normas do Conselho Nacional de Meio Ambiente – Conama. Em 1997, o colegiado publicou a Resolução nº 237/1997 que dispõe sobre procedimentos para obtenção de licenciamento ambiental. E, junto com a Resolução nº 01/1986, e por omissão legislativa, acabaram se tornando as principais normas norteadoras do licenciamento no Brasil.

De fato, uma esperança de maior segurança técnica e jurídica veio com a publicação da Lei Complementar nº 140/2011 que trouxe as competências dos entes federativos no âmbito do procedimento de licenciamento ambiental. O item 2.2 abordará com maior detalhamento a municipalização do licenciamento, importante inovação trazida nesse marco legislativo.

Segundo levantamento realizado pela Confederação Nacional das Indústrias – CNI, em 2013 existiam cerca de 28 mil normas expedidas pela união e pelos estados referentes ao licenciamento ambiental, faltando a mais importante de todas: a lei geral de licenciamento (MILARÉ, 2016). Hoje estima-se que existam mais dezenas de milhares de normas em vigor.

Em relação a "Lei Geral do Licenciamento", seu projeto de lei tramita no Congresso Nacional desde 2004 (PL 3.729/2004). Em 2021 a Câmara de Deputados aprovou o texto base que atualmente está no Senado Federal. O referido projeto traz importantes inovações além de pontos sutis que tem gerado bastante debate, sendo bem provável que ocorram muitas alterações no texto no âmbito das discussões no Senado.

Porém, passados mais de quarenta anos da publicação da PNMA, há uma enorme lacuna relativamente ao licenciamento ambiental, ferramenta essencial para trazer essa segurança jurídica a todos envolvidos no processo, além de dar tratamento diferenciado a empreendimentos de baixo potencial poluidor àqueles de significativo potencial poluidor. São bilhões de investimento no país além de segurança ambiental para o povo brasileiro e sustentabilidade no uso de nossos recursos naturais.

1.2. Municipalização do licenciamento ambiental

Com o objetivo de promover uma descentralização democrática, harmônica das políticas e ações administrativas ambientais, com vistas a evitar a sobreposição de atuação entre os entes federativos, eliminando conflitos de atribuições e garantindo uma atuação administrativa eficiente, foi cumprido o dever constitucional do artigo 23, parágrafo único, da

Constituição Federal, com a edição da Lei Complementar nº 140/2011. Segundo a lei, tanto a união quanto os estados e municípios possuem competência de atuação no licenciamento ambiental, entretanto os empreendimentos devem ser licenciados por um único ente federativo.

A referida lei preencheu um vazio existente no que tange à regulamentação por norma complementar da competência comum para o licenciamento e autorização ambiental, bem como da cooperação entre união, estados, Distrito Federal e municípios para a proteção do meio ambiente.[2] Mas ainda assim, torna-se fundamental a existência de uma lei mais específica e geral sobre o licenciamento ambiental.

Anteriormente, a Lei 6.938/1981 em seu artigo 10, havia estabelecido a delegação para competência para licenciar pelo órgão estadual, integrante do Sistema Nacional de Meio Ambiente – SISNAMA, trazendo a possibilidade do licenciamento na esfera nacional, ao contrário dos municípios que não foram contemplados.

Já a Constituição trouxe a competência para os municípios legislarem sobre assuntos de interesses locais e suplementares a legislação federal e estadual. Mas de forma a trazer uma maior segurança jurídica e entendimentos mais claros sobre as competências comuns dos entes federativos, a Lei Complementar nº 140/2011 significou um grande avanço para o alcance da regionalização e municipalização do licenciamento.

Antes da edição da Lei Complementar, muitos municípios já executavam o licenciamento ambiental, mas após seu advento houve um comando claro sobre a sua competência originária e em quais casos poder-se-ia licenciar.

O artigo 9º da referida lei trouxe expressamente como ação dos municípios a promoção do licenciamento ambiental que causem ou possam causar impacto ambiental de âmbito local, conforme tipologia definida pelos Conselhos Estaduais de Meio Ambiente, considerados os critérios de porte, potencial poluidor e natureza da atividade.

Nesse sentido, os Estados passaram a estabelecer as tipologias que seriam passíveis de licenciamento municipal. A Tabela 1 apresenta o quantitativo de municípios por estados que executam o licenciamento ambiental. Observa-se que alguns estados estão bastante avançados, tendo 100% ou próximo a isso de municípios que executam o licenciamento

[2] Vide art. 23, parágrafo único, da Constituição da República Federativa do Brasil, de 1988.

enquanto outros estão iniciando esse procedimento. Mas é comum a todos os estados a percepção da necessidade da municipalização com regras e procedimentos adequados, haja vista ser atualmente inviável uma centralização nos órgãos estaduais, além de incompatível com o estabelecido na Lei Complementar.

TABELA 1: **Municípios aptos a licenciar no Brasil.**

Estado	Nº de municípios	Nº de municípios aptos a licenciar	%
Alagoas	102	9	8.82%
Amapá	16	12	66.66%
Bahia	417	338	81.05%
Ceara	184	85	46.19%
Espírito Santo	78	78	100%
Goiás	246	137	55.69%
Mato Grosso	141	48	34.04%
Mato Grosso do Sul	79	17	21.51%
Minas Gerais	853	183	21.45%
Pará	144	61	42.36%
Paraná	399	5	1.25%
Pernambuco	185	33	17.83%
Piauí	224	8	3.27%
Rio de Janeiro	92	66	71.73%
Rio Grande do Sul	497	494	99.39%
Roraima	15	11	73.33%
Santa Catarina	295	116	39.32%
São Paulo	645	74	11.47%

Fonte: Sítios eletrônicos dos órgãos ambientais. Endereços disponibilizados nas referências bibliográficas.

Obs.: Não foram encontrados dados dos estados Acre, Amazonas, Maranhão, Paraíba, Rio Grande do Norte, Rondônia, Sergipe e Tocantins, assim como do Distrito Federal.

Muito ainda se questiona sobre a competência técnica dos municípios realizarem o licenciamento ambiental, mas cabe ressaltar que tal questionamento já ocorreu de forma muita efusiva aos estados. Atualmente pode-se dizer que boa parte dos municípios no Brasil ainda não têm capacidade e competência técnica para executar o licenciamento ambiental. Em Minas Gerais, por exemplo, cerca de 80% dos Municípios têm uma população inferior a vinte mil habitantes, o que por si só já prejudica a adesão ao licenciamento municipal, porém, abre a possibilidade de atuarem mediante consórcios.

A criação de consórcios municipais possibilita agrupar vários pequenos municípios e, portanto, ter-se uma estrutura e recursos humanos e financeiros mais robustos para executarem o licenciamento. Atualmente existem diversos consórcios com competência de execução do licenciamento ambiental em prática no país.

É preciso de fato reconhecer que os municípios são o ente federativo com maior possibilidade de eficiência na condução de um licenciamento ambiental de atividades de impacto local, pois detém um conhecimento muito acurado do seu território, portanto em grande vantagem em comparação aos estados e a união.

Além disso, visando a eficiência processual, não faz sentido os estados analisarem licenciamentos de empreendimentos de baixo potencial poluidor, de forma a permitir uma concentração de esforços em processos considerados mais complexos.

A título de exemplificação, atualmente muitos estados ainda têm grandes passivos de processos de licenciamento com prazos legais de análise vencidos há bastante tempo. A Tabela 2 apresenta os números de processos em análise em alguns estados conforme consulta realizada no Portal Nacional de Licenciamento Ambiental – PNLA. Os demais estados e o Distrito Federal não possuem informações cadastradas no PNLA.

Conforme pode-se observar existem milhares de processos de licenciamento em tramitação nos órgãos, o que acarreta muitos anos de espera para que um empreendedor possa ter uma resposta final sobre a viabilidade e autorização para construir e operar. Ou seja, existem bilhões de reais em investimentos travados e outros tantos milhares de empregos aguardando para serem gerados.

Essa longa espera pode ser minimizada com a aplicação dos procedimentos de licenciamento simplificado para um número considerável de casos, o que poderia desengavetar investimentos em todo o país.

Entretanto mesmo quando observamos apenas os processos que não são definidos como simplificados (descritos na tabela como licenciamento convencional, ou seja, aqueles que são instruídos com estudos ambientais mais robustos, tais como Relatório de Controle Ambiental RCA, EIA etc.) ainda há grandes números de processos para serem analisados e finalizados.

Por isso, apenas com procedimentos mais otimizados, que serão abordados no item 2.3, além de órgãos ambientais mais estruturados, será possível reduzir esses passivos. Esse é o grande desafio dos órgãos ambientais. É imperioso alertar que os municípios devem se estruturar e fazê-lo adequadamente para que não aconteça com eles o que ocorreu com os estados anos atrás.

TABELA 2: **Processos de licenciamento ambiental em análise nos órgãos ambientais estaduais brasileiros.**

Estado/Órgão Licenciador	Licenciamento Convencional	Licenciamento Simplificado
AC – IMAC	8.439	1.762
CE – SEMACE	24.386	805
MA – SEMA	734	121
MG – SEMAD	855	7.471
PB – SUDEMA	5.244	555
RN – IDEMA	1.182	207
SC – FATMA	26.690	1.475
SE – ADEMA	40	13
SP – CETESB	7.295	1
Total	**74.865**	**12.410**

Fonte: Portal Nacional de Licenciamento Ambiental

Conforme estabelecido pela Lei Complementar 140/2011, cabe ainda aos estados atuarem de maneira supletiva ou subsidiária aos municípios. Nesse último caso, torna-se fundamental a oferta de capacitações, cursos e orientações para que os municípios, principalmente no início de sua atuação, possam executar o licenciamento de maneira mais eficiente.

Uma grande preocupação apresentada por muitos especialistas na temática refere-se a necessidade de uma padronização mínima de procedimentos, haja vista, que regras muito diferenciadas podem trazer grande competitividade de atratividade econômica de empreendimentos para determinados territórios, algo que já acontece com os estados e também com os municípios. Nesse sentido, é fundamental que se tenham determinados parâmetros de equilíbrio dos procedimentos por cada um dos entes federativos, respeitados, no entanto, a peculiaridade de cada região.

Mas fato é, que não somente os órgãos ambientais municipais, mas também os demais órgãos do SISNAMA necessitam urgente de uma melhor estrutura, com condições mais adequadas de trabalho, seja de ambiente ocupacional, de equipamentos, veículos, sistemas eletrônicos etc. Falta vocação e inovação para modernização de regras, respeito ao conhecimento produzido, investimento forte em tecnologias e estrutura, entendimento sobre as competências e finalidades do licenciamento, dentre outros fatores.

Além disso urge uma necessidade de equipes maiores, além de uma remuneração mais condizente com a responsabilidade e especificidade dos trabalhos executados. Somente com órgãos mais robustos e respeitados pela sociedade e por outros poderes da união é que haverá um ambiente institucional sadio que certamente acarretará maior celeridade e racionalidade na tramitação dos processos de licenciamento com a devida segurança técnica e jurídica.

1.3. Desburocratização do licenciamento ambiental

Muitos consideram o licenciamento ambiental como um grande entrave ao desenvolvimento econômico, o que em muitas vezes, infelizmente é a realidade, tendo em vista prazos extremamente longos para a finalização de um processo no órgão ambiental. Importante mencionar que o licenciamento, quando aplicado de maneira eficiente e célere, pode contribuir bastante para o desenvolvimento do país.

O arcabouço legal ambiental referente ao licenciamento no Brasil traz diretrizes e regramentos bastante importantes para o conhecimento do território e uma avaliação dos impactos ambientais e subsídios para apresentação de estudos e análise do processo sendo este um consenso apesar de divergências quanto a ser mais ou menos rigoroso do que deveria.

Os procedimentos de licenciamento ambiental diferem-se entre os estados, união e municípios, mas de modo geral adotam-se as licenças LP, LI e LO, conforme estabelecido no Decreto Federal nº 88.351/1983. Em termos de nomenclatura das modalidades de licenciamento há um determinado padrão, porém há diferenças consideráveis sobre atividades licenciadas, estudos exigidos, autoridade decisória, valores de taxas e emolumentos, entre outros aspectos.

Até alguns anos atrás tinha-se como modelo adotado, a necessidade de licenciamento para praticamente todas as atividades econômicas, chegando-se ao ponto de haver licenciamento de padaria, lava-jato etc. Com o amadurecimento principalmente dos órgãos ambientais subnacionais, grande parte das atividades passou a ser considerada não passível de licenciamento, haja vista não possuir potencial de danos ao meio ambiente ou serem de baixo potencial poluidor.

Ressalta-se que mesmo dispensadas do licenciamento ambiental, tais atividades podem necessitar de outras autorizações, tais como outorga do direito de uso de recursos hídricos, autorização para supressão de vegetação etc.

Além das atividades e empreendimentos dispensados do licenciamento, muitas outras atividades de baixo potencial poluidor e porte pequeno são objeto hoje do licenciamento simplificado, seja por cadastro, adesão e compromisso ou com alguma outra nomenclatura. Nessas situações se espera do usuário a apresentação de informações básicas para instrução do processo, sendo em muitas vezes apresentado um responsável técnico ou compromisso para o cumprimento das normas ambientais.

Nesse sentido cabe dizer que independente de se ter ou não um compromisso dessa natureza firmado, além da apresentação do responsável técnico, já é uma obrigação para empreendimentos que tenham potencial de causar algum dano ambiental, atender as legislações pertinentes, assim como ser orientado ou ter um responsável técnico legal para responder pelas medidas de controle/mitigadoras ambientais.

Infelizmente no Brasil ainda se enxerga com muita cautela as competências e atribuições de muitos profissionais, assim como das empresas. Quando se "simplifica" um licenciamento de um pequeno empreendimento de insignificativo potencial poluidor, não significa que o mesmo não precise ter os devidos controles e cumprir com as obrigações ambientais, que devem ser atestadas e acompanhadas pelo responsável técnico. A título de exemplo, para a construção de um edifício, os órgãos públicos não avaliam os projetos estruturais e, portanto, assume-se e presume-se que o profissional habilitado e responsável pelo projeto é competente para tal.

De maneira geral, faltam mais ações de monitoramento e fiscalização e principalmente de punição mais severas para empreendimentos e responsáveis técnicos em caso de danos ambientais e de descumprimento de premissas estabelecidas para os empreendimentos passíveis de licenciamento ambiental simplificado. É necessário punir exemplarmente a clandestinidade e a irresponsabilidade que causam danos ambientais para que se evite uma falsa e equivocada demonização da atividade econômica em nosso país.

Tanto para as licenças simplificadas, quanto para as licenças de empreendimentos de significativo impacto ambiental são necessárias ações de monitoramento do pós-licenciamento. De nada adianta ter regras e procedimentos bem definidos para a análise e decisão das licenças se não houver ações concretas de acompanhamento das licenças emitidas, que devem ir muito além da fiscalização de campo. Essa ação é importante, mas deve ser conjugada com outras medidas ou até substituída, face a carência de pessoas nos órgãos ambientais. O acompanhamento do pós-licença deve ser utilizado para avaliar a eficácia dos procedimentos adotados no licenciamento, entre eles, do licenciamento simplificado.

Existem discussões acaloradas sobre a otimização do processo de licenciamento, principalmente por meio das modalidades de licenciamento simplificado. Por outro lado, é certa a necessidade de diferenciações de procedimentos licenciatórios entre tipologias, porte e levando-se em consideração a localização de um determinado empreendimento. A conjugação desses fatores permite analisar de forma diferente realidades distintas. Não se pode tratar da mesma forma uma mineração de grande porte com barragem de rejeitos localizada em uma zona de amortecimento de uma Unidade de Conservação, com uma unidade de tratamento de resíduos localizada em um distrito industrial, em uma localidade ausente de fragilidades ambientais.

Nesse sentido alguns estados têm adotado também o critério locacional como parâmetro para definição da modalidade de licenciamento, assim como para exigir estudos específicos relacionados a identificação de um determinado atributo ambiental.

O estado de Minas Gerais adota esse mecanismo, de forma pioneira, desde 2017, por meio da Deliberação Normativa COPAM nº 217/2017, que somente foi possível de ser edificado através da coimplementação da Infraestrutura de Dados Especiais – IDE SISEMA.

Trata-se de uma plataforma gratuita e online com dados geoespaciais oriundos das atividades, programas e projetos ambientais e de recursos hídricos desenvolvidos pelo Sistema de Meio Ambiente de Minas Gerais – SISEMA. Por meio dela tem-se uma visualização dos atributos ambientais e antrópicos assim como restrições ambientais legalmente instituídas (SISEMA, 2021).

Por conta do conhecimento mais acurado do território torna-se possível a otimização do processo de licenciamento, seja transformando-o em um procedimento mais simplificado em alguns casos, assim como direcionando determinado tipo de estudo para o caso específico.

Nesse sentido, diversos EIA têm informações demasiadas que não são consideradas importantes pelos analistas ambientais dos órgãos públicos e por isso tornam-se dados meramente burocráticos que não auxiliam na tomada de decisão. Isso também se deve a desatualização de muitos Termos de Referência, sendo encontrados nos órgãos ambientais alguns com cerca de vinte anos de vigência.

Necessário mencionar que os estudos de impacto ambiental foram previamente definidos para muitas tipologias, sendo a maioria, sem limites de corte a depender do porte, em uma época onde não existiam informações sobre os territórios ou existiam poucos dados para subsidiar uma análise de licenciamento. Felizmente, hoje o cenário é bem mais interessante, apesar do país ainda ter que avançar bastante no diagnóstico e espacialização dos atributos ambientais. Sendo assim, torna-se descabido exigir EIA de todas as atividades elencadas na Resolução Conama nº 01/1986.

Os EIA muitas vezes apresentam diagnósticos de milhares de páginas, sendo boa parte delas desnecessárias para uma avaliação da viabilidade do empreendimento. E em geral esses estudos direcionam infelizmente poucas informações em seu ponto mais importante, a avaliação de impacto ambiental. Com os mecanismos atualmente existentes, de conhecimento do território, pode-se, portanto, direcionar os estudos para a análise das fragilidades ambientais, sociais e econômicas encontradas na área de estudo.

Vários estados não adotam em sua totalidade a lista de atividades sujeitas a apresentação de EIA trazida na Resolução Conama nº 01/1986, com amparo legal principalmente da Resolução Conama nº 237/1997 que em seu artigo 3º definiu que cabe ao órgão ambiental competente estabelecer os estudos ambientais pertinentes para atividades que considere não serem potencialmente causadoras de significativa degradação ao meio ambiente.

Com o advento da Lei Geral do Licenciamento espera-se que não exista uma lista fechada de atividades passíveis de EIA, passando a ser avaliado por cada ente federativo a incidência dos estudos a depender principalmente do potencial poluidor e fragilidades ambientais identificadas na área proposta do licenciamento ambiental.

A adoção da Avaliação Ambiental Integrada – AAI e da Avaliação Ambiental Estratégica – AAE, configuram como importantes instrumentos de planejamento e conhecimento do território que podem contribuir para a simplificação de procedimentos no licenciamento. Nos países do G7 que utilizam com maior ênfase a AAE, por exemplo, observou-se uma redução na solicitação de estudos aos empreendimentos no âmbito do licenciamento, conforme estudo realizado pela CNI em 2020, denominado "O licenciamento ambiental nos países do G7". Daí a importância de cada vez mais o Brasil utilizar das ferramentas de AAI e AAE, que dentre os inúmeros benefícios, está o de dar maior consistência e subsídios para a regularização ambiental.

Outro ponto bastante debatido quanto aos procedimentos de licenciamento ambiental refere-se ao modelo clássico denominado trifásico, ou seja, quando separadamente são emitidas as licenças LP, LI e LO. Importante mencionar que mesmo no licenciamento realizado em uma única fase, todos os estudos pertinentes ao modelo trifásico devem ser apresentados, sendo estabelecidas condições para o empreendimento em cada uma das fases. Ou seja, todos os ritos do processo são realizados, sendo a única diferença a realização de uma discussão e análise em uma única fase.

Tem-se com esse modelo uma grande eficiência processual, além de possibilitar uma análise mais clara pelos órgãos e por todos *stakeholders* do processo, já que além dos estudos de viabilidade já podem ser avaliados concomitantemente os projetos e programas de controle ambiental.

Pode-se dizer que se existe um ator do processo que pode ser prejudicado por este modelo, ele é o empreendedor, pois em caso de constatação de inviabilidade do empreendimento, que no modelo trifásico ocorreria na LP, ele teria arcado somente com os custos e taxas dos estudos de viabilidade ambiental. Caso o processo ocorresse em uma única fase, ele teria também os custos de análise e de estudos correspondentes aos projetos e programas ambientais aplicáveis na fase de LI.

Conforme a CNI (2020), o Canadá, os Estados Unidos, o Japão, a Alemanha, a França e a Itália, adotam a licença em fase única, sendo que no Reino Unido existem manifestações em duas fases (CNI, 2020). Sendo assim, pode-se dizer que esse é um caminho natural que também vem sendo realizado no Brasil.

Os processos de licenciamento ambiental no Brasil podem demorar anos e em diversos casos mais de uma década. Trazer celeridade é fundamental, contudo, deve-se garantir a qualidade técnica. Mas não é minimamente razoável processos se arrastarem por tanto tempo.

A título de exemplificação, no Canadá e na Itália, os processos de licenciamento levam até dois anos para empreendimentos sem EIA, e de quatro a cinco anos, quando instruídos com EIA. No Japão, a média é de dois anos para empreendimentos de impactos mais significativos. No Reino Unido, o prazo para processos com EIA é de cerca de um ano. Nos Estados Unidos, esse prazo é de até dois meses, quando não há EIA, e de até seis meses, nos casos de empreendimentos com EIA. Na Alemanha, a média é de sete meses para o licenciamento de empreendimentos em geral, podendo ser um prazo maior no caso de empreendimentos mais complexos. Na França, o prazo é de 18 meses para os casos com EIA e de nove meses para processos mais simples (CNI, 2020).

Conforme estudo desenvolvido pela Federação das Indústrias do estado de Minas Gerais – FIEMG (CAVALCANTI, 2019), verificou-se que os estados de Goiás, Paraná, Rio Grande do Sul e Mato Grosso são os que apresentam maiores restrições e burocracias no licenciamento ambiental, juntamente com a união, sendo os estados da Bahia, Pernambuco, Rio de Janeiro, Santa Catarina e Mato Grosso do Sul considerados os menos burocráticos. Coincidentemente esses estados apresentam por meio de normas prazos legais de análise de processos menores que os dispostos de doze meses para processos instruídos com EIA e seis meses para os demais processos, conforme legislação federal.

A Tabela 3 apresenta os prazos médios para emissão de licenças ambientais em alguns estados. Importante registrar que atualmente todos os estados possuem uma previsão normativa de licença ambiental simplificada ou por adesão e compromisso.

Tabela 3: **Prazo médio de análise para emissão de licença ambiental em alguns estados brasileiros.**

Estado	Prazo de emissão da licença (dias)
ES	20,2
MG	51,4
PE	130,2
PR	152,3
SC	172,1
SP	186,1
MT	294,1
GO	348,3
RS	379,1
MS	391,3
PA	395,2

Fonte: Adaptado de CAVALCANTI, 2019.

Em alguns estados as licenças ambientais, após avaliação e parecer do órgão ambiental, são encaminhadas para análise e julgamento de conselhos ambientais. Os estados de Minas Gerais, Pernambuco, Espírito Santo, São Paulo, Distrito Federal, Mato Grosso e Mato Grosso do Sul seguem esse procedimento para algumas modalidades de licenciamento trazendo para a etapa decisória mais discussões entre diversos atores do processo, entre eles, da sociedade civil. A Figura 1 apresenta as etapas do licenciamento ambiental, que podem sofrer alterações entre órgãos ambientais e em decorrência da complexidade da modalidade da licença. Por exemplo, as audiências públicas são aplicáveis para os processos de licenciamento instruídos com EIA e somente são realizadas, caso algum dos legitimados do processo a solicite. Da mesma forma para processos de licenciamento simplificados em geral não ocorrem as vistorias técnicas, em princípio.

FIGURA 1: **Fluxograma com as etapas do licenciamento ambiental no Brasil.**

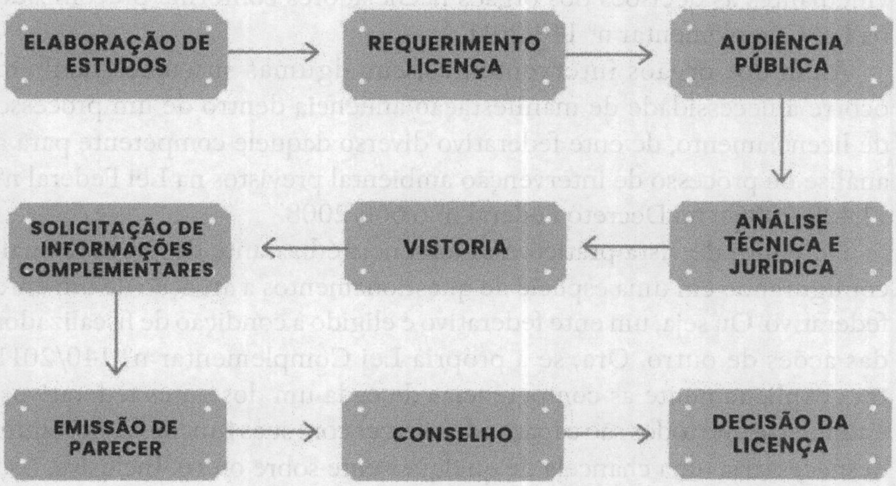

Importante registrar que rigor técnico e legislações próprias para o licenciamento não podem se confundir com burocracia. Muitas vezes quando se tem processos complexos de autorização para supressão de vegetação ou licenciamento ambiental, os mesmos se emperram nos órgãos ambientais demorando muito para serem concluídos. Há diversos casos de processos que estão nos órgãos há mais de dez anos, certamente com diretrizes que já foram alteradas. Com certeza isso acaba levando parte dos usuários para a ilegalidade, por não conseguirem ficar tanto tempo a espera de empreender.

Uma questão bastante importante na tramitação dos processos de licenciamento refere-se a manifestação de órgãos intervenientes. É inegável que em um determinado empreendimento seja necessária a análise e manifestação de diversos órgãos, entretanto não se pode, ou pelo menos, não deveria, haver uma vinculação dessas manifestações de órgãos não integrantes do SISNAMA com o licenciamento ambiental. O licenciamento ambiental não pode ser o centralizador de todas as manifestações dos mais diversos órgãos.

Embora submetidos ao um único ente licenciador, projetos e estudos acabam passando por várias instâncias, sejam federais, estaduais ou municipais, cada qual com sua competência e especialização. Entretanto, é importante mencionar que as manifestações desses órgãos não são vinculantes às decisões dos órgãos licenciadores conforme preconizado na Lei Complementar nº 140/2011.

Além dos órgãos intervenientes, em algumas situações também ocorre a necessidade de manifestação/anuência dentro de um processo de licenciamento, de ente federativo diverso daquele competente para a análise de processo de intervenção ambiental previstos na Lei Federal nº 11.428/2006 e no Decreto Federal nº 6.660/2008.

Do ponto de vista prático essa anuência é bastante desproporcional, configurando em uma espécie de questionamentos a atuação de um ente federativo. Ou seja, um ente federativo é eligido à condição de fiscalizador das ações de outro. Ora, se a própria Lei Complementar nº 140/2011 traz explicitamente as competências de cada um dos entes federativos, entende-se que todos são capazes de exercer com suas funções e, portanto, desnecessária uma chancela de qualquer ente sobre outro. Inclusive, isso seria inconstitucional, porém acontece. E cabe aos órgãos de controle tal qual o Ministério Público averiguar irregularidades que possam ocorrer em processos de intervenção no bioma Mata Atlântica (MALARD & SIQUEIRA, 2020).

Sob o aspecto da eficiência, a anuência também se apresenta desproporcional, onerando o poder público que exerce o mesmo papel em duas oportunidades, já que dois entes federativos analisam sob a mesma ótica um determinado processo de intervenção ambiental. Nesse sentido, os recursos financeiros e humanos utilizados pelo ente responsável pela emissão da anuência poderiam ser aplicados para outros fins.

Por fim, um problema bastante comum no licenciamento ambiental no Brasil refere-se às inúmeras solicitações de informações e de condicionantes que não guardam relação direta com o rito do processo. É inerente ao procedimento de licenciamento ambiental durante sua análise técnica, a discricionariedade, o esclarecimento de dúvidas para a tomada de decisão. Entretanto deve-se atentar para os limites estabelecidos.

No estado de Minas Gerais, por exemplo, a Deliberação Normativa COPAM nº 217/2017 traz um importante comando quanto ao estabelecimento de condicionantes nas licenças ambientais. Estas devem seguir a seguinte ordem de prioridade: I – evitar os impactos ambientais negativos; II – mitigar os impactos ambientais negativos; III – compensar os impactos ambientais negativos não mitigáveis, na impossibilidade de evitá-los; IV – garantir o cumprimento das compensações estabelecidas na legislação vigente. Ainda registra em seu artigo 28 que as condicionantes devem ser acompanhadas de fundamentação técnica que apontem a relação direta com os impactos ambientais da atividade ou empreendimento.

Comandos assim trazem uma grande contribuição para a racionalidade tão almejada no licenciamento e segurança para quem esteja fazendo o investimento.

Da mesma forma, durante a análise do processo, por muitas vezes acabam sendo solicitadas informações complementares descabidas pelo órgão ambiental, não previstas em nenhuma norma ou procedimento. Conforme Gonçalves & Silva (2020), recentes produções legislativas tais como a Lei Nacional da Liberdade Econômica (Lei nº 13.874/2019) e a Lei Nacional nº 13.869/2019 trazem previsões com o intuito de coibir tais abusos, exigindo a observação dos gestores públicos para o princípio da legalidade, impondo a necessidade de solicitação ao usuário apenas daquilo que as normas exigem, sob pena de inconformidade no exercício do mister público.

Conclusões

Houve uma grande evolução no país referente aos procedimentos do licenciamento ambiental, entretanto ainda há muito a avançar: buscar a desburocratização, celeridade e segurança na busca do desenvolvimento sustentável com o menor risco possível de danos ambientais.

Desburocratizar deve indicar modernização, tirar amarras cartoriais que não influenciam na análise técnica dos processos. Desburocratizar é entender a complexidade dos empreendimentos e atividades (estrada, matadouro, siderurgia, beneficiamento de minério, lavra mineral, por exemplo) e definir a eles os estudos ambientais que são adequados e pertinentes, bem como se o licenciamento será mais ou menos complexo. A burocracia, esta sim, é um mal perigoso. Uma linha direta à clandestinidade e, via de consequência, a danos ambientais.

Felizmente, muitas ferramentas em vigor já contribuem para a desburocratização, tais como a adoção do licenciamento em uma única fase, a inserção do critério locacional como parâmetro para definição da modalidade do licenciamento, a adoção de modelos autodeclaratórios quando cabível, a desvinculação da atuação de órgãos intervenientes, a adoção da geotecnologia com informações atestadas por autoridades públicas, a aplicabilidade de estudos específicos em função dos atributos ambientais encontrados no território, a criação de um modelo de trabalho no serviço público com foco na produtividade e resultados, proteção jurídica para sua avaliação técnica, entre outros.

A tão sonhada Lei Geral do Licenciamento poderá abranger esses pontos e, portanto, trazer uma enorme eficiência processual, mas é preciso muita cautela para não banalizar essa desburocratização do licenciamento, ou seja, empreendimentos de significativo impacto ambiental precisam continuar tendo tratamento diferenciado dos demais, no entanto, com mecanismos que façam com que seus processos também não se arrastem por anos até sua conclusão.

Modernizar a legislação ambiental, nesse momento, não é descartar tudo o que foi construído, mas se apoderar de sua origem e propósito, adaptá-la e transformá-la para uma nova realidade, atendendo a novos contornos da vida social e econômica nacionais.

É preciso elaborar planos, programas e políticas governamentais inserindo neles a variável ambiental desde a etapa inicial de concepção. Momento este onde as políticas ambientais, sociais e de desenvolvimento econômico são consideradas concomitantemente, em um primeiro estágio de planejamento. Sustentabilidade! As regras devem ser claras, para orientar tanto a produção quanto a preservação.

Importante registrar que pode-se ter a norma mais rigorosa e protetiva possível, e de fato o Brasil é bastante reconhecido internacionalmente pelo rigor normativo e protagonismo mundial histórico na questão ambiental. Entretanto, caso não haja ferramentas disponíveis para o monitoramento do pós-licença, de nada adianta as regras impostas ou pelo menos não surge os efeitos esperados.

Nesse sentido, o licenciamento ambiental pode contribuir bastante para a minimização dos impactos causados por empreendimentos e atividades, mas com certeza, sozinho, e da maneira que ainda tem sido executado, não provocará o resultado desejado pela sociedade.

Referências

BRASIL. Constituição da República Federativa do Brasil de 1988 de 22 de setembro de 1988, Out. 1988.

_______. Decreto Federal nº 88.351, de 1 de junho de 1983. Regulamenta a Lei nº 6.938, de 31 de agosto de 1981, e a Lei nº 6.902, de 27 de abril de 1981, que dispõem, respectivamente, sobre a Política Nacional do Meio Ambiente e sobre a criação de Estações Ecológicas e Áreas de Proteção Ambiental, e dá outras providências. Jun. 1983.

______. *Decreto nº 6.660 de 21 de novembro de 2008*. Regulamenta dispositivos da Lei nº 11.428, de 22 de dezembro de 2006, que dispõe sobre a utilização e proteção da vegetação nativa do Bioma Mata Atlântica. Nov. 2008.

_______. Lei Nacional nº 13.869, de 5 de setembro de 2019. Dispõe sobre os crimes de abuso de autoridade; Congresso Nacional. Set. 2019.

_______. Lei Nacional nº 13.874, de 20 de setembro de 2019. Institui a Declaração de Direitos de Liberdade Econômica. Congresso Nacional. Set. 2019.

_______.*Lei Complementar nº 140 de 8 de dezembro de 2011*. Fixa normas, nos termos dos incisos III, VI e VII do caput e do parágrafo único do art. 23 da Constituição Federal, para a cooperação entre a União, os Estados, o Distrito Federal e os Municípios nas ações administrativas decorrentes do exercício da competência comum relativas à proteção das paisagens naturais notáveis, à proteção do meio ambiente, ao combate à poluição em qualquer de suas formas e à preservação das florestas, da fauna e da flora; e altera a Lei nº 6.938, de 31 de agosto de 1981. Dez. 2011.

CAVALCANTI, T. R. Comparativo entre a legislação ambiental de Minas Gerais e a de outros estados e união. Disponível em:< https://www7.fiemg.com.br/publicacoes-internas/legislacaoambiental>, 2019.

CONSELHO NACIONAL DO MEIO AMBIENTE [CONAMA]. Resolução CONAMA nº 01, de 23 de jan. 1986. Estabelece os critérios básicos e as diretrizes gerais para uso e implementação da Avaliação de Impacto Ambiental como um dos instrumentos da Política Nacional do Meio Ambiente, fevereiro, 1986.

_______. Resolução CONAMA nº 237, de 19 de dez. 1997. Dispõe sobre conceitos, sujeição, e procedimento para obtenção de Licenciamento Ambiental, e dá outras providências, dezembro, 1997.

CONFEDERAÇÃO NACIONAL DA INDÚSTRIA – CNI. O licenciamento ambiental nos países do G7 / Confederação Nacional da Indústria. – Brasília – CNI, 2020. 201 p. – il. ISBN 978-65-86075-08-3

GONÇALVES, D. S. ; SILVA, R. F. T. . A necessária reestruturação do processo de licenciamento ambiental. In: II Encontro Virtual do CONPEDI, 2020. Direito e Sustentabilidade I. Florianópolis: CONPEDI, 2020. v. I. p. 83-102.

MALARD A.A.M.; SIQUEIRA, A. R. ***Avaliação da anuência entre entes federativos em processos de intervenção ambiental no bioma Mata Atlântica***. SION, A.O,

FRANÇA, L.G. (coords.) Direito Ambiental Aplicado ao Setor Elétrico. Editora Del Rey, 2020.

MILARÉ, L.T. O Licenciamento Ambiental: Contribuições para um marco legislativo à luz do pacto federativo ecológico instituído pela Lei Complementar 140/2011. São Paulo: Pontifícia Universidade Católica de São Paulo, 2016. 319 p. Tese (Doutorado em Direito das Relações Sociais).

MINAS GERAIS. Deliberação Normativa COPAM, nº 217, de 06 de dezembro de 2017. Conselho Estadual de Política Ambiental do Estado de Minas Gerais. Dez. 2017.

MINISTÉRIO DO MEIO AMBIENTE. Portal Nacional do Licenciamento Ambiental. Disponível em: http://pnla.mma.gov.br/pesquisa-de-licenciamento-ambiental. Acesso em: 24/09/2022.

SISEMA. Infraestrutura de Dados Espaciais do Sistema Estadual de Meio Ambiente e Recursos Hídricos. Belo Horizonte: IDE-SISEMA, 2021. Disponível em: idesisema.meioambiente.mg.gov.br. Acesso em: 23/09/2022.

IMA. Instituto do Meio Ambiente de Alagoas. Belo Horizonte: IMA, 2022. Disponível em: http://www.ima.al.gov.br. Acesso em: 25/09/2022

SEMA. Secretaria de Estado de Meio Ambiente. Belo Horizonte, SEMA 2022. Disponível em: https://sema.portal.ap.gov.br. Acesso em: 25/09/2022

INEMA. Instituto do Meio Ambiente e Recursos Hídricos. Belo Horizonte, INEMA 2022. Disponível em: http://www.inema.ba.gov.br. Acesso em: 25/09/2022

SEMACE. Superintendência Estadual do Meio Ambiente. Belo Horizonte, SEMACE 2022. Disponível em: https://www.semace.ce.gov.br. Acesso em: 25/09/2022

IEMA. Instituto de Meio Ambiente e Recursos Hídricos. Belo Horizonte, IEMA 2022. Disponível em: https://iema.es.gov.br. Acesso em: 25/09/2022

SEMAD. Secretaria Estadual de Meio Ambiente e Desenvolvimento Sustentável de Goiás. Belo Horizonte, SEMAD 2022. Disponível em: https://www.meioambiente.go.gov.br. Acesso em: 25/09/2022

IMASUL. Instituto de Meio Ambiente de Mato Grosso Do Sul. Belo Horizonte, IMASUL 2022. Disponível em: https://www.imasul.ms.gov.br. Acesso em: 25/09/2022

SEMA. Secretaria de Estado de Meio Ambiente de Mato Grosso. Belo Horizonte, SEMA 2022. Disponível em: http://sema.mt.gov.br. Acesso em: 25/09/2022

SEMA. Secretaria de Estado de Meio Ambiente e Sustentabilidade do Pará. Belo Horizonte, SEMA 2022. Disponível em: https://www.semas.pa.gov.br. Acesso em: 25/09/2022

CPRH. Agencia Estadual de Meio Ambiente de Pernambuco. Belo Horizonte, CPRH 2022. Disponível em: http://www.cprh.pe.gov.br. Acesso em: 25/09/2022

SEMAR. Secretaria de Estado do Meio Ambiente e Recursos Hídricos do Piauí. Belo Horizonte, SEMAR 2022. Disponível em: http://www.semar.pi.gov.br. Acesso em: 25/09/2022

IAP. Instituto Água de Terra. Belo Horizonte, IAP 2022. Disponível em: https://www.iat.pr.gov.br. Acesso em: 25/09/2022

INEA. Instituto Estadual de Meio Ambiente. Belo Horizonte, INEA 2022. Disponível em: http://www.inea.rj.gov.br. Acesso em: 25/09/2022

SEDAM. Secretaria de Estado do Desenvolvimento Ambiental. Belo Horizonte, SEDAM 2022. Disponível em: https://www.sedam.ro.gov.br. Acesso em: 25/09/2022

FEPAM. Fundação Estadual de Proteção Ambiental. Belo Horizonte, FEPAM 2022. Disponível em: http://www.fepam.rs.gov.br. Acesso em: 25/09/2022

IMA – Instituto do Meio Ambiente de Santa Catarina. Belo Horizonte, IMA 2022. Disponível em: https://www.ima.sc.gov.br. Acesso em: 25/09/2022

CETESB. Companhia Ambiental do Estado de São Paulo. Belo Horizonte, 2022. Disponível em: https://cetesb.sp.gov.br. Acesso em: 25/09/2022

III.

PROTEÇÃO À BIODIVERSIDADE E AOS RECURSOS NATURAIS

20. 30 ANOS DE TRANSFORMAÇÃO NA GESTÃO E OCUPAÇÃO DO RIO PINHEIROS: CONFLITOS SOCIOAMBIENTAIS E PROPOSTAS DE MELHORIAS

Marcio Rea

Admilson Clayton Barbosa

Introdução

O crescimento das cidades é um desafio constante para o ordenamento socioambiental e para sustentabilidade e, à medida que o tempo passa, cresce também a necessidade de evolução e adaptação das infraestruturas existentes, bem como o atendimento a demandas nos processos de controle e fiscalização ambiental.

O Rio Pinheiros, localizado na cidade de São Paulo e inserido na Unidade de Gerenciamento de Recursos Hídricos denominada UGHRI 6 (Alto Tietê), com seus 25 km de extensão, sofreu intervenções severas e foi transformado em um canal artificial, que ao longo de anos convive com os maiores conflitos socioambientais dentro dessa metrópole, decorrentes da pressão antrópica, geradora de grandes desafios para sua recuperação ambiental e adaptação sociocultural.

A mudança causada pela urbanização e sua consequente alteração no uso e ocupação do solo, traz consigo uma série de modificações no ambiente, como o aumento do escoamento superficial, desequilíbrio na retenção e infiltração da água no solo, proporcionando altos picos de descargas hídricas e inundações, como é observado na região do Rio Pinheiros (PEREIRA et al. 2021). Como resultado dessas alterações, há um aumento significativo do aporte de compostos químicos e materiais transportados pela água, como matéria orgânica rica em nutrientes, como o fósforo e nitrogênio, presentes na composição de esgoto, além de resíduos sólidos minerais, que são lançados no sistema de drenagem e são carreados pelos córregos e rios (WOLFF et al., 2016).

Nesse cenário, este artigo tem como objetivo demonstrar as ações e conflitos acerca da gestão socioambiental que envolve o Rio Pinheiros, porque esse corpo d'água serve de representação singular do olhar e tratamento que a sociedade do século passado tinha e dava ao meio ambiente, mas que, nos últimos 30 anos, passou de uma condição de degradação e atendimento exclusivo do setor elétrico para evoluir e ser um ambiente adaptado à realidade urbana, com a retomada de algumas condições ambientais importantes e de uso estratégico para a segurança hidráulica e para resiliência hídrica da Região Metropolitana de São Paulo (RMSP).

A evolução dos processos de licenciamento, controle ambiental sistemático e as adaptações da gestão do espaço refletem, no Rio Pinheiros, o empoderamento da sociedade civil e uso mais sustentável de suas margens, fato que coincidentemente segue, desde o grande marco da Cúpula da Terra, Rio 92 – que neste ano de 2022, completou 30 anos.

Alguns marcos temporais significativos para melhoria das condições do Rio Pinheiros aconteceram, por força de lei maior, conhecimento sobre a história e função que este rio exerce, não só para cidade de São Paulo, mas também para Região Metropolitana, aponta para uma nova forma de lidar com antigos conflitos e buscar soluções mais harmoniosas, onde a sociedade deve ser o maior beneficiário.

1. Histórico do Rio Pinheiros

O Rio Pinheiros é uma das peças principais de um Sistema hidroenergético, que compõe o Complexo Pinheiros-Billings, que está encravado na Região Metropolitana de São Paulo sob a vertente do sistema natural de drenagem, que era composto por uma teia de rios e córregos que faziam de sua várzea um grande sistema áreas úmidas e de drenagem (BARBOSA, 2020). Esse complexo sistema hídrico foi projetado pelo engenheiro Asa White Billings na década de 1920, para o aproveitamento hidroenergético das águas do planalto paulistano com a geração de eletricidade no município de Cubatão na Baixada Santista (ACKERMAN, 1953).

A primeira inciativa de aproveitamento hídrico para geração de hidroeletricidade na RMSP aconteceu no próprio rio Tietê, em Santana de Parnaíba, com a construção, pela Light, da hidrelétrica de Parnaíba, entre 1889 e 1901, posteriormente renomeada como Edgard de Souza, em homenagem ao então diretor da empresa (DELPHINO, 2019)

Entre os anos de 1924 e 1925, a cidade de São Paulo sofreu um período de forte escassez de água, que reduziu a vazão do rio Tietê, dentre outros rios paulistas. Diante da necessidade de expansão energética, o Engenheiro Billings e sua equipe desenvolveram um projeto ambicioso para época, o Projeto Serra. Ele consistia na formação do reservatório no planalto paulistano e depois a inédita e revolucionária reversão das águas dos rios próximos à capital Paulista, direcionando parte das águas do rio Tietê para o rio Jurubatuba, que após sua retificação passou a ser chamado de rio Pinheiros ou Canal Pinheiros (DELPHINO, 2019).

Na época, o aproveitamento energético acontecia nos rios de vertente marítima da Serra do Mar, modelo usado pelo engenheiro. Asa W. Billings como forma de replicar a experiência da hidrelétrica de Itatinga, localizada na Serra do Mar no município de Bertioga. Segundo Ackerman (1953), a ideia era promissora e despertou o interesse para concepção do Projeto Serra, que surgiu na década de 1920, a partir do grupo técnico liderado pelo Billings, como proposta que tinha como usos primordiais a geração de energia e o controle de cheias na calha do rio Pinheiros, um dos principais afluentes do rio Tietê nessa região, uma vez que a regularização do Guarapiranga era incapaz de evitar as cheias frequentes causadas pelo outro formador do rio Pinheiros, o rio Grande (ACKERMAN, 1953).

Assim, a partir de obras hidráulicas que promoveram a reversão das águas do rio Tietê para o então formado reservatório Billings, para geração de energia elétrica na Usina de Henry Borden no município de Cubatão, essas obras possuem três grandes etapas, sendo elas:

a) Primeira etapa do Projeto Serra: construção da barragem e dos diques que formariam o reservatório do rio das Pedras, junto à vertente marítima da Serra do Mar, na cota 733 metros a partir da região de planalto (ACKERMAN, 1953), com previsão de realização do aproveitamento hidráulico por gravidade, desde o planalto a Baixada Santista (Figura 1). Para dar suporte ao Projeto, obras adicionais foram realizadas para comunicar outros reservatórios, como exemplo a dragagem do canal em um pequeno afluente da margem esquerda do Rio Grande para permitir que, parte de sua vazão fluísse em direção sul até atingir o reservatório do rio das

Pedras (ACKERMAN, 1953). Com isso o avanço e magnitude da degradação ambiental era inerente à dimensão da obra.

FIGURA 1. **Perfil esquemático do Sistema de Concessão do Projeto Serra, construído entre 1928 e 1944.**

Fonte: Ackerman (1953).

As vazões revertidas nessa primeira etapa foram suficientes para a instalação de duas unidades geradoras de eletricidade de 35 MW no município de Cubatão, onde se propunha construir uma casa de força.

b) Segunda etapa: formação do reservatório do Rio Grande, composto por duas grandes barragens – a barragem do Rio Grande, onde está localizada a Usina Elevatória de Pedreira, na zona sul da Capital Paulista, e o chamado *"Summit Control"*, no município de São Bernardo do Campo, junto ao canal que levaria as águas até o rio das Pedras, que é composto por oito diques em terra para minimizar o espalhamento do reservatório na acidentada topografia da transição entre a Serra do Mar e o Planalto Paulista (ACKERMAN, 1953).

c) Na terceira etapa do Projeto Serra: enchimento do reservatório do Rio Grande, que compreendia a retificação do rio Pinheiros para a reversão do fluxo do rio Tietê e também o uso das águas do reservatório Guarapiranga em direção ao "lago novo de Santo Amaro", como também era chamado o reservatório do Rio Grande. No decorrer da evolução do Projeto, houve grande volume de escavação em rocha no trecho mais a montante do rio Pinheiros, assim como a sua retificação e consequente perda de seus meandros (Figura 2).

FIGURA 2. **Retificação do rio Pinheiros.**

Fonte: Ackerman (1953).

A terceira etapa pode ser considerada a mais severa do ponto de vista ambiental, porque alterou profundamente a hidrografia da região de planalto para o atendimento do Projeto, com significativas alterações das características físicas e químicas da água, além da perda de biodiversidade. Consequentemente, favoreceu a indução do eixo de crescimento e industrialização da Capital do Estado de São Paulo e dos municípios do ABC Paulista, que se beneficiaram do protejo, tanto do ponto de vista energético, quanto do crescimento econômico e populacional, uma vez que as regras e conceitos baseados na legislação ambiental não eram considerados para tomada de decisão ou atendimento de padrões construtivos (BARBOSA, 2020).

A retificação do Rio Pinheiros serviu, na época, para reduzir os custos da gestão dos volumes de água a ser revertido, o esquema foi novamente alterado, optando-se pela construção de um canal em dois níveis, instalando-se uma estação de bombeamento intermediária junto à foz do córrego da Traição, afluente da margem direita original do rio Pinheiros, onde está a Usina de Traição, hoje renomeada de Usina São Paulo, (Figura 3), que divide o antigo rio em dois canais: o Canal Superior, à

Figura 3. Usina Elevatória de Traição na década de 1940.

Fonte: Acervo da Fundação Energia e Saneamento (2018).

montante e Canal Inferior, à jusante, sentido Rio Tietê. Esta alteração permitiu a elevação das vazões a serem revertidas em 5,5 metros, deixando a estação de bombeamento junto ao Rio Grande, então já chamada de Pedreira (Figura 4), com o recalque dos 24,5 metros faltantes para manter o nível planejado do novo reservatório (ACKERMAN, 1953).

FIGURA 4. **Usina Elevatória de Pedreira, na parte superior o reservatório Billings, na Inferior o Canal Pinheiros, 2018.**

Fonte: Acervo do autor (2019).

A nova configuração do sistema de drenagem (Figura 5) demandou a alteração de outros afluentes do Rio Pinheiros, dentre eles dois importantes tributários, o córrego do Cordeiro e o córrego Águas Espraiadas, que foram unidos por um canal paralelo, mas abaixo da cota e levados em baixa declividade até o córrego da Traição, onde passaram a desaguar por gravidade.

A Usina São Paulo, antiga Elevatória de Traição, tem como finalidade o bombeamento das águas do canal Pinheiros Inferior e do rio Tietê, através da água retida pela barragem Edgard de Souza, para o canal Pinheiros

FIGURA 5. **Rebaixamento do leito do rio Pinheiros durante sua construção.**

Fonte: Acervo da Fundação Energia e Saneamento (2018).

Superior. O nível de água da Estação Elevatória de Traição faz com que o seu remanso se estenda por todo trecho superior do canal Pinheiros, alcançando a tomada de água da Estação Elevatória de Pedreira, situada junto à barragem do Rio Grande, de onde a água é finalmente recalcada para o reservatório Billings.

Esse sistema foi concebido na época para manter os níveis operacionais do reservatório Billings, com a exclusividade de geração de energia elétrica na Usina de Henry Borden em Cubatão (Figura 6), inaugurada em 10 de outubro de 1926. Embora não haja dados precisos, há rumores de que a Usina foi construída entre 15 e 18 meses, num tempo de execução considerado muito curto para a época, pois, além da obra civil, foi necessário desmatar toda vegetação da encosta, onde foram instalados os diques e a barragem de rio das Pedras, para o aproveitamento hidráulico dos 720 m de queda, entre a região de planalto até o município de Cubatão na Baixada Santista. (DELPHINO, 2019).

FIGURA 6. **Usina de Henry Borden na década de 1950.**

Fonte: Acervo da Fundação Energia e Saneamento (2018).

Naquele contexto, as questões ambientais inerentes à transposição de bacias, retificação de rios, construção de edificações e estruturas de barragens e diques não eram preocupações a serem consideradas, mas foi diante de um cenário com grande impacto ambiental que o estado de São Paulo, em especial a Baixada Santista e a Região Metropolitana, formou-se e se consolidou como polo industrial e de desenvolvimento econômico.

Contudo, segundo Rutkowski e Oliveira (1999), o Complexo Pinheiros/Billings é um grande marco da gestão de recursos hídricos na RMSP, porque altera a dinâmica natural da hidrografia da região de planalto paulista e cria um grande reservatório que conecta sete municípios da Região Metropolitana de São Paulo e a Baixada Santista.

Assim, no decorrer dos anos seguintes, esse crescimento econômico e populacional passou a receber a contribuição dos efluentes domésticos e industriais no leito dos rios Tietê e Pinheiros, trazendo novos impactos negativos aos ecossistemas existentes na região, resultando em um acelerado processo de eutrofização no reservatório, comprometendo o lazer, pesca e até o abastecimento público (MATSUZAKI, 2007), uma nova finalidade para os Reservatórios Billings e Guarapiranga.

Além disso, com a conectividade dos sistemas de abastecimento, associada a um saneamento deficitário, o processo de urbanização da região sul da cidade de São Paulo e das cidades do ABCD Paulista, (drenadas pelo também impactado rio Tamanduateí), gerou-se um agravamento da piora da qualidade das águas do Rio Pinheiros e do reservatório Billings, uma vez que, além do lançamento de esgotos, também ocorreram o desmatamento acelerado do entorno e a ocupação intensa de seus arredores por atividades e moradias irregulares, sem qualquer regramento ambiental.

Hoje o Rio Pinheiros tem a função primordial de desempenhar o controle de cheias da cidade de São Paulo, pois com a perda de suas áreas de várzea, o controle da sua vazão precisou atender a regras operativas que estão alinhadas com os volumes de chuva e a capacidade de drenagem da cidade de São Paulo.

2. Os impactos ambientais sofridos pelo Rio Pinheiros

No início da década de 1980, de acordo com Cardoso-Silva et al. (2014), por conta dos sérios problemas de eutrofização e as consequentes florações de cianobactérias, o braço Rio Grande do reservatório Billings foi totalmente isolado por meio da construção de uma barragem que impedisse a mistura das águas desse braço a do restante da represa, a fim de manter a qualidade da água em níveis adequados para o abastecimento público.

O crescimento populacional associado à falta de conhecimento das consequências das alterações ambientais produzidas pela expansão urbana e, ainda, a priorização de decisões políticas que atendessem às demandas de abastecimento público da cidade de São Paulo e da Região do ABC paulista, relegaram a um segundo plano a finalidade de geração de energia do sistema Billings/Guarapiranga.

Iniciaram-se, então, grandes discussões sobre poluição das águas paulistas, fomentando os mais diversos conflitos de interesses, tanto da sociedade civil, quanto do setor elétrico paulista (CAPOBIANCO, WHATELY, 2002; PENTEADO, ALMEIDA, BENASSI, 2017).

Na década de 1990, a opinião pública, estimulada pelas discussões da sobre a temática ambiental, tônica principal da Rio 92, ganhou força e espaço para demonstrar o impacto negativo do sistema de reversão das águas do rio Tietê para o rio Pinheiros, que resultava no armazenamento de água em péssimas condições no reservatório Billings, um dos mais importantes para o abastecimento da RMSP. Nesse período, o sistema de geração de eletricidade passou a ser o grande vilão e poluidor das águas de abastecimento da cidade de São Paulo e dos municípios do ABC Paulista, pois a falta de saneamento e a diferença estrutural dos municípios, no que tange o saneamento, era um problema que culminava nos rios e córregos da RMSP.

Naquele momento, o contexto pelo qual o sistema energético "Complexo Pinheiros/Billings" havia sido construído, sem considerar o objetivo da sua formação e finalidade inicial, foi pouco explorado estrategicamente, pois era a oportunidade da sociedade civil organizada negociar a transformação do cenário de caos ambiental, a partir da reversão dos ganhos da geração de energia elétrica e do abastecimento de água, para tratamento das águas do sistema sem comprometer a produção da geração de energia e a distribuição de água para população.

Embora, ao longo das três últimas décadas, tenham sido discutidas muitas propostas técnicas para reduzir os impactos negativos desse bombeamento de água, do rio Tietê para o Canal Pinheiros e, posteriormente, para o reservatório Billings (CARMO, TAGNIN, 2001), apenas uma delas foi colocada em prática: um sistema protótipo denominado de Sistema de Flotação, cujo objetivo foi subsidiar um Estudo de Impacto Ambiental para justificar sua implantação permanente. Os testes foram concluídos em 2009 e demonstrou grande eficiência na remoção de sólidos (BARROS *et al.*, 2009), porém com necessidade de aprimoramento para aumentar a eficiência.

Durante o período de testes, foram bombeados de maneira contínua 10 m^3/s do rio Tietê para o Canal Pinheiros, a água era tratada e bombeada para o reservatório Billings (DELPHINO, 2019).

O esquema unifilar do Sistema Pinheiros-Billings, demonstrado na Figura 7, representa, na sua porção superior, o rio Tietê, naturalmente escoando para o interior de São Paulo. A estrutura de Retiro permite que o Canal Pinheiros possa seguir seu curso naturalmente como tributário do Tietê, indicado pela seta azul, ou possa ser revertido por um sistema de bombeamento para o reservatório Billings, indicado pelas setas vermelhas.

FIGURA 7. **Esquema Unifilar do Sistema Pinheiros-Billings.**

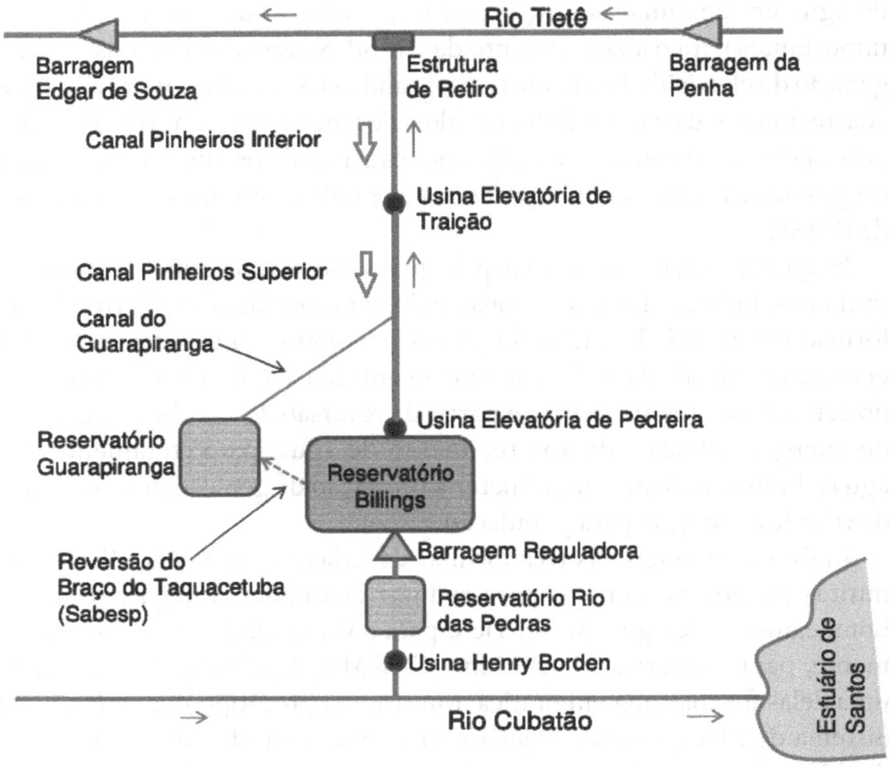

Fonte: Barros et al. (2009).

A reversão de águas implica em potencial mudança da qualidade das águas de uma bacia ou sub-bacia hidrográfica. Por isso, no próximo capítulo será feita a compilação de dados da qualidade das águas das bacias hidrográficas do Alto Tietê, Baixada Santista e do Sorocaba Médio Tietê que podem ser afetados pelo Sistema Pinheiros-Billings.

3. Os 30 anos de restrições à sistemática de bombeamento do Sistema Pinheiros-Billings e Projetos de melhoria ambiental implantados

A Empresa Metropolitana de Águas e Energia S.A. (EMAE), concessionária de serviços públicos de geração de energia elétrica, é a atual herdeira do sistema hidroenergético concebido pela *The São Paulo Tramway, Light and Power Company (Light)*, atual proprietária do reservatório e responsável pela operação do Sistema Pinheiros-Billings, que, na linha de sucessão, recebeu o sistema em 1998 da empresa Eletricidade de São Paulo S.A (Eletropaulo).

Desde 1992, foi reduzida de forma drástica a capacidade máxima de produção de energia na Usina Henry Borden (UHB), que tem potencial para gerar até 889 MW de energia elétrica. Em decorrência da poluição dos rios da RMSP, veiculada pelo rio Pinheiros para o reservatório Billings, essa geração nominal média caiu para 127 MW, isto é, uma redução de 85,71% de sua capacidade, devido à proibição de reversão constante das águas do rio Tietê e Pinheiros, para o atendimento das determinações do Artigo 46 do Ato das Disposições Transitórias da Constituição do Estado de São Paulo (ELETROPAULO, 1992; PAGOTO *et al.*, 2001).

Nesse ato, os governos do Estado de São Paulo e o Município tinham o prazo de três anos para a adoção de medidas efetivas para impedir o bombeamento de águas servidas, dejetos e outras substâncias poluentes para a represa. Mas essas medidas de despoluição do rio Tietê e Pinheiros, a força "motriz" da geração e energia elétrica na UHB, não foram adotadas. Portanto, por pressão da sociedade civil organizada, o governo de São Paulo precisou buscar alternativas de controle de poluição e das inundações na cidade de São Paulo.

Assim, em consonância com os termos estabelecidos na Constituição Estadual de 1989, em 1992, por meio da Resolução Conjunta SMA-SES-03, estabeleceu-se que "[...] fica suspenso, por tempo indeterminado, o bombeamento das águas do rio Pinheiros para a represa Billings" (art. 1º) (SÃO PAULO, 1992).

O texto normativo, definido em 1992, é enfático no uso prioritário das águas do reservatório para atender às necessidades humanas de abastecimento público (PADIAL; POMPÊO; MOSCHINI-CARLOS, 2009), conforme cita: "O Reservatório Billings, embora comporte multiplicidade de usos, está prioritariamente vocacionado para o abastecimento público de água, pela sua capacidade, vazão, altitude e proximidade dos centros consumidores".

Dois anos depois, a Resolução Conjunta SMA-SES-03/92 foi alterada, restringindo as condições emergenciais para a reversão das águas. Em 1996, sofreu a primeira atualização, por meio da Resolução Conjunta

SEE-SMA-SRHSO-1, com critérios mais objetivos quanto à operação do Complexo Pinheiros-Billings e com a necessidade de adequação operacional, devido às recorrentes cheias na cidade de São Paulo.

A Resolução Conjunta SEE-SMA-SRHSO-1/96 não representou, na prática, a alteração das vazões recalcadas, pelo sistema de bombeamento, para o reservatório Billings, desde a regulamentação das restrições constitucionais em 1992 (PADIAL; POMPÊO; MOSCHINI-CARLOS, 2009).

O não cumprimento do lançamento de águas em padrões de qualidade adequados para o abastecimento não era suficiente para atender aos anseios da sociedade civil organizada, que buscou, na época, o impedimento total do bombeamento realizado pelo Sistema Pinheiros-Billings, mesmo em situação de controle de cheias, mantendo, assim, uma situação de animosidade com o Estado e a empresa gestora do sistema, Eletropaulo, aquecendo os conflitos regionais e setoriais que militavam sobre o tema água e energia.

A partir de 1992, marcou o início da Operação Ambiental do Complexo Pinheiros/Billings, caracterizada pela limitação ao uso da água e à prioridade ao abastecimento público. O impedimento do bombeamento das águas poluídas dos rios Tietê e Pinheiros para a Billings teve o objetivo de buscar a melhoria das condições sanitárias do reservatório para o uso múltiplo, ou seja, uma forma de contemplar outras atividades que não eram somente o abastecimento e a geração de energia, incorporando práticas de recreação, lazer e náuticas.

O marco mais importante em termos legais, para a melhoria da qualidade das águas da bacia hidrográfica que comporta o Sistema Pinheiros-Billings, é a Lei Estadual nº 13.579/09, conhecida como a Lei Específica da Billings, que define Área de Proteção e Recuperação dos Mananciais da Bacia Hidrográfica do reservatório Billings (APRM-B), com metas mais claras e com melhores embasamentos técnicos para sua construção. Foi elaborada com a participação de diversos atores, dentre eles membros do Estado, da Sociedade Civil e dos usuários da água (SÃO PAULO, 2009), sendo um marco importante da democracia na gestão da água do reservatório Billings.

No que se refere à evolução dos marcos legais para a gestão dos recursos hídricos que compõe o Sistema Pinheiros-Billings, onde são determinados os procedimentos a serem adotados em casos de emergência na operação do sistema hidráulico da bacia do Alto Tietê e bacias a ela interligadas, cabe destacar a Resolução Conjunta SMA-SSE–02 (SÃO PAULO, 2010), de 19 de fevereiro de 2010, que estabelece:

> Art. 1º – Os órgãos responsáveis pela operação do sistema hídrico da bacia do Alto Tietê e das bacias a ela interligadas ficam autorizados a proceder ao bombeamento das águas do rio Pinheiros para a Represa Billings, quando ocorrerem as seguintes situações de emergência:
>
> I – sobrelevação de 20 a 30 cm do nível d'água do rio Tietê, a montante da Barragem Móvel, ou no Canal Pinheiros Inferior, de forma que seja iniciado o bombeamento: a) ao ser atingida a sobrelevação mínima de 20 cm, com registro de chuvas maiores que 20 mm pelo Radar Meteorológico de São Paulo, operado pelo DAEE; b) ao ser atingida a sobrelevação mínima de 30 cm, com qualquer registro de chuvas pelo referido radar;
>
> II – sobrelevação mínima de 30 cm do nível d'água do Canal Pinheiros Superior;
>
> III – descarga do Reservatório do Guarapiranga para o Canal Pinheiros Superior para controle de cheias desse reservatório [...].
>
> Art. 2º – Os Secretários de Estado do Meio Ambiente e Saneamento e Energia poderão, conjuntamente, determinar a retomada do bombeamento das águas do rio Pinheiros para a Represa Billings, nas seguintes situações:
>
> I – queda da cota na tomada d'água da Usina Henry Borden a níveis insuficientes para assegurar o fornecimento de energia elétrica em situações emergenciais;
>
> II – formação de espumas surfactantes no rio Tietê, a jusante de Edgard de Souza, que venham a extravasar o espelho d'água;
>
> III – formação de "bloom" de algas nos corpos hídricos da Região Metropolitana de São Paulo e Médio Tietê, comprometendo sua qualidade para fins de abastecimento público.

Essa Resolução é importante para destacar o uso prioritário do reservatório Billings para o abastecimento público de água e sua função estratégica na geração de energia elétrica, na Usina de Henry Borden. Destaca-se, ainda, a importância das regras operativas, postas de maneira clara e pública, evitando as catástrofes geradas em decorrência das chuvas na RMSP.

Com base no Relatório CT-INFRA-001/2011, da Comissão de Infraestrutura: Energia, Recursos Hídricos, Saneamento e Sistemas de

Transporte, que apresenta as conclusões da Comissão Temática referentes às tarefas atribuídas pela Deliberação CONSEMA 11/2010 (SÃO PAULO, 2011), foi possível buscar informações sobre as principais atividades desenvolvidas para melhoria da qualidade das águas dos rios Pinheiros e Tietê, favorecendo, assim, a retomada do bombeamento constante de águas para o reservatório Billings.

O Projeto Billings foi instituído a partir do Decreto Estadual nº 41.716, de 16/04/1997, e foi elaborado por um grupo de secretarias estaduais de São Paulo, Meio Ambiente, Energia, Recursos Hídricos, Saneamento e Obras, para esclarecer as ações necessárias ao aproveitamento primário das águas da Billings para o abastecimento da população (CARMO; TAGNIN, 2011).

Tinha como principal meta a busca de alternativas conjuntas para melhorar a qualidade das águas da Bacia Hidrográfica do Rio Pinheiros e do Billings, visando ao abastecimento público e à redução da intensidade e da frequência do bombeamento até que fossem sanadas as fontes de poluição e retomada a qualidade ambiental e a gestão integrada da operação de controle de cheias e uso do reservatório Billings (CARMO; TAGNIN, 2011).

Dentre as atribuições do Projeto Billings, estavam as propostas de estudo de novas tecnologias, chamadas à época de ecotecnologias, para o tratamento das águas do rio Pinheiros, dentre elas:

a) tratamento com adição de peróxido de hidrogênio;
b) tratamento por oxigenação;
c) tratamento por ozonização;
d) tratamento biológico com adição de cepas de bactérias;
e) tratamento físico;
f) tratamento primário avançado (TPA).

A implantação do protótipo de tratamento do Rio Pinheiros pela técnica de flotação foi uma alternativa aplicada em 2007, segundo Barros *et al.* (2009). Trata-se de um método físico-químico de tratamento da água no próprio rio, que teve como objetivo clarificar uma corrente líquida por meio da utilização de ar dissolvido, transportando os sólidos suspensos presentes na corrente líquida para a superfície, de onde são removidos para destinação final.

Por meio de injeção de produtos químicos, as partículas suspensas se aglomeram na forma de flocos, os quais são impelidos para cima com a ajuda de microbolhas de ar (VILELA, 2009), formando uma camada emulsificada de lodo que é recolhida antes que ela volte a decantar no fundo do leito do rio.

É importante salientar que o teste ocorreu com um fluxo de 10 m^3/s. Os dados recolhidos deveriam compor um EIA/RIMA, que tinha o objetivo implantar um sistema de tratamento que pudesse tratar de 50 m^3/s para aumentar a geração de energia elétrica em Henry Borden e melhorar as condições da qualidade da água do reservatório Billings, podendo, ainda, gerar uma energia média adicional de 280 MW (BARROS et al., 2009; VILELA, 2009).

O processo do teste foi encerrado em 2009 e não teve continuidade por ser considerado inadequado pelo Ministério Público de São Paulo. Essa conclusão se deu pelo fato de que a eficiência obtida do sistema de flotação para a remoção de fósforo foi de 91%, considerada não segura pelos peritos da instituição, para a aplicação contínua de volumes iguais ou maiores, uma vez que essa concentração de fósforo indicava que a água estaria sendo transferida de um ambiente de classe inferior para um corpo receptor de melhor classificação de qualidade.

O Projeto Pomar Urbano foi implantado pela Secretaria de Estado do Meio Ambiente no ano de 1999 em parceria com a EMAE, proprietária da área, e contou com apoio técnico de diversas instituições vinculadas ao governo do Estado de São Paulo, como o Instituto Florestal, Instituto Geológico, Instituto de Botânica, Departamento de Projetos da Paisagem, Coordenadoria de Proteção de Recursos Naturais, Coordenadoria de Educação Ambiental, CETESB e Fundação Florestal, com o propósito de avaliar tecnicamente as condições do solo, fauna, flora das margens, bem como das águas do rio. Assim, estabeleceram-se as espécies que melhor se adaptariam nesse ambiente, além das espécies nativas. Esse trabalho impulsionou a qualidade e efetividade do Projeto.

O Projeto dividiu as duas margens do rio Pinheiros em trechos de 1000m e definiu a busca de empresas parceiras para o estabelecimento de contratos para implantação do projeto paisagístico proposto e manutenção da área dentro das diretrizes e supervisão da Coordenadoria de Parques Urbanos da Secretaria de Estado do Meio Ambiente.

Assim, o projeto contemplou 32 trechos para a implantação de vegetação ao longo da marginal do Canal Pinheiros. Atualmente 5 trechos possuem empresas parceiras que efetuam a manutenção periódica de sua área, 17 trechos estão disponíveis para parceiros assumirem a manutenção e 10 trechos necessitam de parceiros para implantação do projeto e manutenção periódica do trecho. Hoje a configuração da Secretaria de Infraestrutura e Meio Ambiente (SIMA) mudou e busca parceiros, por meio de chamadas públicas, para manutenção do espaço.

Através de chamadas públicas da SIMA, com subsídios da EMAE, foi concebido e implantado o Parque Bruno Covas, integrando ações de revitalização das margens do Canal Pinheiros, de forma a possibilitar seu uso pela sociedade, requalificar suas margens em consonância com as ações contempladas no projeto Pomar Urbano, promovendo a realização de atividades ao ar livre, com a criação de espaços para práticas esportivas, artísticas, culturais, socioambientais, de turismo e lazer, bem como de recuperação ambiental e paisagística.

Os espaços e atividades previstos priorizam a adoção de práticas e técnicas que contemplem conceitos de sustentabilidade, relacionadas à eficiência energética, redução da geração de resíduos, melhoria do bem-estar e saúde da população, recuperação da qualidade das águas, geração de empregos, inovação, arquitetura sustentável, utilização de materiais renováveis e fomento da educação ambiental, principalmente para o público infanto-juvenil.

Ao todo estão previstos mais de 17 km de extensão entre a Ponte Cidade Jardim e a Estrutura de Retiro nas duas etapas de implantação do projeto, que contemplam áreas de convivência, ciclovias, paisagismo, playground, áreas de lazer e piquenique. O Parque conta atualmente com um mirante e uma passarela flutuante sobre o Rio Pinheiros. Em suas margens, está localizada a ciclovia, cuja pista recebe mais de 100 mil pessoas/mês, aberta diariamente. O acesso ao local pode ser feito em seis pontos ao longo das margens: pela Rua Miguel Yunes, entre as estações Jurubatuba e Autódromo, Estação Jurubatuba, Passarela da EMAE, junto à estação Vila Olímpia, Estação Santo Amaro, Passarela Parque do Povo e Ponte Cidade Universitária.

O Programa Novo Rio Pinheiros, foi lançado em 2019 e é uma iniciativa do Governo do Estado de São Paulo. Busca promover uma grande ação de saneamento básico na área da sub-bacia, para reduzir o esgoto lançado nos afluentes do Pinheiros. Foram conectadas a rede de esgoto mais de 538 mil imóveis à rede de esgoto, desde então, evitando que a carga orgânica desses locais chegasse ao rio e possibilitando que mais de 1,8 milhão de pessoas contassem com esgoto tratado (SABESP, 2022)

Paralelamente a esse trabalho, foram removidas mais de 73,6 mil toneladas de lixo, constituído, entre outros materiais, por garrafas pet, bicicletas, pneus e plásticos que são jogados diretamente nas águas que escoam para o rio. Deve-se mencionar, ainda, o trabalho de desassoreamento da calha do rio Pinheiros removeu mais 737 mil m^3 de sedimentos do fundo do rio durante a implantação do Programa.

Conclusões

Nos últimos 30 anos, em que se verificaram inúmeros conflitos socioambientais com o uso e as modificações do rio Pinheiros, pode se observar que o regramento ambiental impulsionado pelos esforços da sociedade civil, produziu resultados positivos sobre a gestão da água e do território que se constituiu no seu entorno.

As ações para melhoria da qualidade da água e a inserção de áreas de lazer no entorno do rio trouxeram benefícios e usuários para um ambiente que antes era utilizado apenas para servir ao sistema de geração de energia. Isso pode servir de exemplo para outras áreas urbanas que também sofrem com a forte pressão antrópica, transformar os desafios da gestão socioambiental em oportunidades para devolver às cidades um ambiente mais favorável à saúde e ao convívio da sociedade, esteticamente mais interessante e com perspectivas mais sustentáveis e em harmonia com o espaço urbano.

Referências

ACKERMAN, A. J. **Billings and Water Power in Brazil/ A Short Biography of Asa White Kenny Billings** – Hydroelectric Engineer. Madison, Wisconsin: Published by the Autor. Co-publisher New York, NY: American Society of Civil Engineers, 1953. 128 p.

BARBOSA, A. C. **A gestão dos recursos hídricos na Região Metropolitana de São Paulo com ênfase no Complexo Pinheiros-Billings**. 2020, 195f. Tese (Doutorado em Planejamento e Uso de Recursos Naturais Renováveis – PPGPUR) – Universidade Federal de São Carlos, Campus Sorocaba, Sorocaba, 2020.

BARROS, M. T. L. et al. Recuperação da qualidade da água do reservatório Billings com o sistema de flotação do rio Pinheiros. In: SIMPÓSIO BRASILEIRO DE RECURSOS HÍDRICOS, 18. 2009, Campo Grande. **Anais...** Campo Grande: Associação Brasileira de Recursos Hídricos, 2009. p. 1-20. Disponível em: https://abrh.s3.sa-east-1.amazonaws.com/Sumarios/110/d5f8b85641142eaeb985fe3a2680f016_28b800acb657b901c4966a92c970f0e2.pdf . Acesso em 23 out. 2022.

CAPOBIANCO, J. P. R.; WHATELY, M. Billings 2000: ameaças e perspectivas para o maior reservatório de água da Regiã'o Metropolitana de São Paulo. *In*: **Billings 2000**: ameaças e perspectivas para o maior reservatório de agua da Região Metropolitana de São Paulo. Instituto Socioambiental, 2002.

CARDOSO-SILVA, S.; NISHIMURA, P. Y.; PADIAL, P. R.; MARIANI, C. F.; MOSCHINI-CARLOS, V.; POMPÊO, M. L. M. Compartimentalização e qualidade da água: o caso da Represa Billings. **Bioikos – Título não-corrente,** *[S. l.]*, v. 28, n. 1, 2014. Disponível em: https://seer.sis.puc-campinas.edu.br/bioikos/article/view/2522 . Acesso em: 23 out. 2022.

CARMO, R. L.; TAGNIN, R. 2001. Uso Múltiplo da água e múltiplos conflitos em contextos urbanos: o caso do reservatório Billings. *In:* ANAIS DO IX ENCONTRO NACIONAL DA ANPUR. Rio de Janeiro: **ANPUR**. 3, p. 1276-1286.

DELPHINO, P. Engenheiro Billings e o desenvolvimento do sistema de energia brasileiro. **Revista Engenharia**, n. 641, p. 58-69, 2019.

ELETROPAULO. **Vida, Morte, Vida do Tietê** – a história de um rio de São Paulo. 1992. v. II. São Paulo, Eletropaulo, 1992. v. II. (Coleção Memória).

MATSUZAKI, M. **Transposição das águas do braço Taquacetuba da represa Billings para a represa Guarapiranga: aspectos relacionados à qualidade de água para abastecimento.** 2007. 181 f. Tese (Doutorado em Saúde Ambiental). Faculdade de Saúde Pública da Universidade de São Paulo, 2007.

PADIAL, P. R.; POMPÊO, M.; MOSCHINI-CARLOS, V. Heterogeneidade espacial e temporal da qualidade da água no reservatório Rio das Pedras (Complexo Billings, São Paulo). **Ambi-Agua**, Taubaté, v. 4, n. 3, p. 35-53, 2009.

PAGOTO A. *et al.* **Uso e ocupação do solo no eixo do Pinheiros, Billings e Usina de Henry Borden: Repercussões Socioambientais no período de 1970 a 2000.** 2001. Monografia (Especialização em Gestão Ambiental) – Faculdade de Arquitetura e Urbanismo e da Faculdade de Saúde Pública da USP, São Paulo, 2001.

PENTEADO, C. L. C.; ALMEIDA, D. L.; BENASSI, R. F.. Conflitos hídricos na gestão dos reservatórios Billings e Barra Bonita. **Estudos Avançados.** São Paulo, v. 31, n. 89, p. 299-322, abr. 2017 . Disponível em http://www.scielo.br/scielo.php?script=sci_arttext&pid=S0103-40142017000100299&lng=pt&nrm=iso . Acesso em 28 jul. 2020.

PEREIRA, MARIA CRISTINA SANTANA; MARTINS, JOSÉ RODOLFO SCARATI; NOGUEIRA, FÁBIO FERREIRA; MAGALHÃES, ARIEL ALI BENTO ; SILVA, FÁBIO PAIVA DA . Melhoria da qualidade da água de rios urbanos: novos paradigmas a explorar – Bacia hidrográfica do rio Pinheiros em São Paulo. **Engenharia Sanitária e Ambiental**. v. 26, p. 577-590, 2021.

RUTKOWSKI, E. W.; DE OLIVEIRA, E. G. A gestão das águas paulistanas. *In:* RUTKOWSKI, E. **Bacia Hidrográfica e Bacia Ambiental**. São Paulo. Sabesp, 1999.

SABESP. **Muito Além da Água**. Ed. 1. Março de 2022. 30 p. Disponível em: https://site.sabesp.com.br/site/uploads/file/asabesp_doctos/muito_alem_agua.pdf. Acesso em 22/out/2022.

SÃO PAULO (Estado). Resolução Conjunta SMA / SSE no. 3, de 04 de setembro de 1992. Trata de procedimentos a serem adotados em casos de emergência na operação do sistema hídrico da bacia do Alto Tietê e bacias a ela interligadas. Diário Oficial do Estado de São Paulo. SP, 04 set. 1992.

SÃO PAULO. (Estado). **Resolução Conjunta SMA / SSE-002**, de 19 de fevereiro de 2010. Trata de procedimentos a serem adotados em casos de emergência na operação do sistema hídrico da bacia do Alto Tietê e bacias a ela interligadas. Diário Oficial do Estado de São Paulo. SP, 19 fev. 2010. Seção 1, p. 112.

SÃO PAULO (Estado). Lei nº. 13.579, de 13 de julho de 2009. Define a Área de Proteção e Recuperação dos Mananciais da Bacia Hidrográfica do reservatório Billings, APRM-B, e dá outras providências correlatas. **Diário Oficial do Estado de São Paulo**, 14 jul. 2009. Seção I, p. 1.

SÃO PAULO (Estado). **Relatório CT-INFRA-001/2011**: Comissão de Infraestrutura: Energia, Recursos Hídricos, Saneamento e Sistemas de Transporte. Apresenta as conclusões da Comissão Temática referentes às tarefas atribuídas pela Deliberação CONSEMA nº 11/2010 e informa ao Plenário do Conselho ter encerrado as tarefas arroladas no relatório, de 04 de mar. de 2011. Estado de São Paulo. p. 115.

SÃO PAULO (Estado). **Resolução Conjunta SMA/SSE-002 de 19 de fevereiro de 2010**. **DOE**, 20 fev.2010. Disponível em: https://www.imprensaoficial.com.br/DO/BuscaDO2001Documento_11_4.aspx?link=%2f2010%2fexecutivo%2520secao%2520i%2ffevereiro%2f20%2fpag_0112_9P6UJOLCA4JL3e71CUSCHM0I97T.pdf&pagina=112&data=20/02/2010&caderno=Executivo%20I&paginaordenacao=100112 . Seção I. p. 112

SCHUTZER, J.G.; SANTOS, F. P. ; LOTUFO, J. O., AMARAL, R.T.S. As margens do Novo Rio Pinheiros: entre o discurso ambiental e a segregação urbana. In: Seminário Internacional de Estudos Urbanos e Interdisciplinaridade, 2021, São Paulo. Cadernos de Estudos Urbanos Instituto das Cidades Universidade Federal de São Paulo (Unifesp), Volume 5 – Urbanização Crítica. São Paulo: Instituto das Cidades, Universidade Federal de São Paulo, 2021. v. 5. p. 94-105.

VILELA, P. A. D. **Reuso de água do rio Pinheiros como elemento de recuperação da represa Billings**. 2009 148 f.. Tese (Doutorado em Saúde Pública) – Faculdade de Saúde Pública da USP, São Paulo, 2009.

WOLFF, D.B.; GONÇALVES, I.H.; GASTALDINI, M.D.C.C.; SOUZA, M.M. Resíduos sólidos em um Sistema de drenagem urbana no município de Santa Maria (RS). **Engenharia Sanitária e Ambiental**, v. 21, n. 1, p. 151-158, 2016. https://doi.org/10.1590/S1413-41520201600100132089

21. A GESTÃO E O USO DOS RECURSOS HÍDRICOS NA AGRICULTURA BRASILEIRA: HISTÓRIA, DESAFIOS E AVANÇOS

Tamara Maria Gomes
Ana Paula Pereira Carvalho

Introdução

Os principais desafios enfrentados para a conservação dos recursos hídricos, em escala global, são decorrentes da excessiva exploração das águas doces, pela agricultura (HASHEMI et al., 2022), a qual é responsável por aproximadamente 70% da demanda mundial, tendo o maior percentual representado pela irrigação (WWAP, 2018).

A eficiência no uso dos recursos hídricos em diversos setores deve estar pautada na agenda de qualquer país (NANDAN; VINOD, 2022). A gestão sustentável dos recursos naturais se enquadra em um dos grandes desafios da atualidade, principalmente pelo aumento da população mundial, agravada pela crise climática. Neste contexto, a água é um elemento indispensável para diversos usos, como a irrigação, mas também, nos processos das indústrias alimentícias, do saneamento básico e do setor energético (MATSURA; GOMES, 2020).

Em especial, a água destinada para a irrigação traz inúmeros benefícios, tais como o aumento da produtividade das culturas, da qualidade dos produtos, a redução dos impactos oriundos das mudanças climáticas, o aumento e a estabilidade da oferta de alimentos, garantindo a segurança alimentar e nutricional (ANA, 2021).

Em regiões de escassez hídrica, principalmente por conta das condições climáticas, nota-se com maior frequência, adoções de práticas que minimizem a pressão sobre os recursos hídricos, como o reúso da água para a irrigação, sendo uma das metas do 6º Objetivo de Desenvolvimento Sustentável (ODS) proposto pela Organização das Nações Unidas para atingir a Agenda 2030.

O reúso da água na agricultura, pode ainda, ser uma alternativa para complementar o tratamento de efluentes, principalmente em países em desenvolvimento, com alto déficit em saneamento. Tal prática, apresenta baixo custo e diminui o volume consumido, por águas de melhor qualidade. Além disso, essas águas apresentam nutrientes que auxiliam no crescimento das culturas agrícolas. Porém, para serem utilizadas devem incialmente ser tratadas e analisadas, para evitar riscos à saúde (YOUNAS; YOUNAS, 2022), às plantas, ao solo, às águas subterrâneas e ao ar. O reúso das águas é visto como uma sugestão orientada para impulsionar a economia circular (UNGUREANU; VLĂDUŢ; VOICU, 2020).

A base para a gestão dos recursos hídricos está pautada na legislação que contêm parâmetros que orientem às políticas específicas (ARAÚJO et al., 2015). A implementação da Política Nacional dos Recursos Hídricos (PNRH) (Lei nº 9.433/1997) foi considerada o ponto chave para nortear a gestão das águas no Brasil, baseada no modelo francês de gestão ambiental. Após a promulgação da PNRH, ocorreram outros avanços com a instituição de novas legislações, que abordam mesmo que de forma imparcial a gestão dos recursos hídricos. No entanto, os arcabouços legais ainda devem ser efetivamente revistos e atualizados para as realidades existentes, assegurando o uso sustentável dos recursos.

De acordo com Setti et al. (2000), uma gestão eficiente deve ser constituída por uma política, que apresente o estabelecimento de diretrizes, bem como um modelo de gerenciamento, que constitua a organização legal e institucional. Além, de um sistema de gerenciamento, que apresente os instrumentos para auxiliar o planejamento do uso, controle e proteção das águas.

Diante disso, se faz necessário que as legislações brasileiras avancem em práticas mais conservacionistas que assegurem o uso eficiente dos recursos hídricos para todos os setores, e não fique restrita somente a regulamentação do uso. No cenário, em que a agricultura brasileira é provedora de grande parte do Produto Interno Bruto (PIB) do país é fundamental que novos instrumentos e diretrizes sejam introduzidas para garantir a sustentabilidade desta cadeia produtiva.

1. Evolução histórica da gestão dos recursos hídricos no Brasil

Após a conferência de Estocolmo, aconteceu a Cúpula da Terra, realizada no Rio de Janeiro em 1992, intitulada de ECO-92 ou RIO-92, momento da criação da Agenda 21 (Figura 1). Este documento foi assinado por 179 países, apresentando propostas de mudanças rumo ao desenvolvimento sustentável para o século XXI.

FIGURA 1 – **Evolução da gestão dos recursos hídricos no Brasil, a partir da RIO-92.**

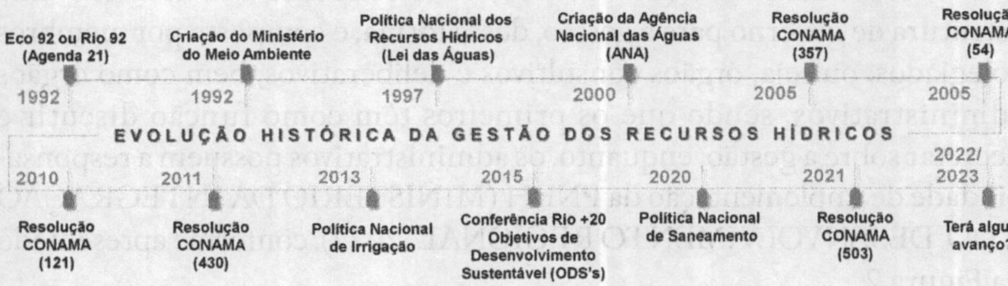

Na segunda seção da Agenda, o foco de um dos seus capítulos se enquadrou na proteção da qualidade dos recursos de água doce, envolvendo sete áreas de programas, sendo: "Desenvolvimento e manejo integrado dos recursos hídricos; Avaliação dos recursos hídricos; Proteção dos recursos hídricos, da qualidade da água e dos ecossistemas aquáticos; Abastecimento de água potável e saneamento; A água e o desenvolvimento urbano sustentável; Água para a produção de alimentos e desenvolvimento rural sustentáveis; e os Impactos da mudança do clima sobre os recursos hídricos" (BRASIL, 1995).

Com relação a água para a produção de alimentos e o desenvolvimento sustentável nas áreas rurais, a Agenda 21 apresentou diferentes atividades, dentre estas, o uso eficiente, o manejo da qualidade da água e dos recursos hídricos escassos, bem como os programas de desenvolvimento dos recursos hídricos (BRASIL, 1995). Desde então, o país começou a considerar com maior cuidado a utilização dos recursos hídricos na agricultura, elencando a necessidade do uso racional da água em regiões onde o recurso é limitado, além de promover e intensificar o reúso das águas residuárias nas áreas agrícolas.

Em novembro de 1992, criou-se o Ministério do Meio Ambiente no país, com a finalidade de formulação e implementação de políticas públicas para a proteção ambiental e o uso dos recursos naturais de maneira sustentável. Em seguida, o país avançou mais um pouco quanto ao percurso de gestão dos recursos hídricos, após cinco anos da elaboração da Agenda 21, foi implementada a Política Nacional dos Recursos Hídricos – PNRH promulgada pela Lei Federal 9.433/1997, também conhecida como "Lei das Águas" (BRASIL, 1997).

A PNRH é considerada um marco para o gerenciamento dos recursos hídricos, uma vez que, instituiu o Sistema Nacional de Gerenciamento de Recursos Hídricos (SINGREH). O SINGREH consiste em uma estrutura de governo para a gestão, dessa forma, é composta por membros colegiados, ou seja, órgãos consultivos e deliberativos, bem como órgãos administrativos, sendo que os primeiros têm como função discutir e decretar sobre a gestão, enquanto, os administrativos possuem a responsabilidade de implementação da PNRH (MINISTÉRIO DA INTEGRAÇÃO E DO DESENVOLVIMENTO REGIONAL, 2022), conforme apresentado na Figura 2.

Figura 2 – **Estrutura do Sistema Nacional de Gerenciamento de Recursos Hídricos (SINGREH). Fonte: Adaptado de BRASIL (2014).**

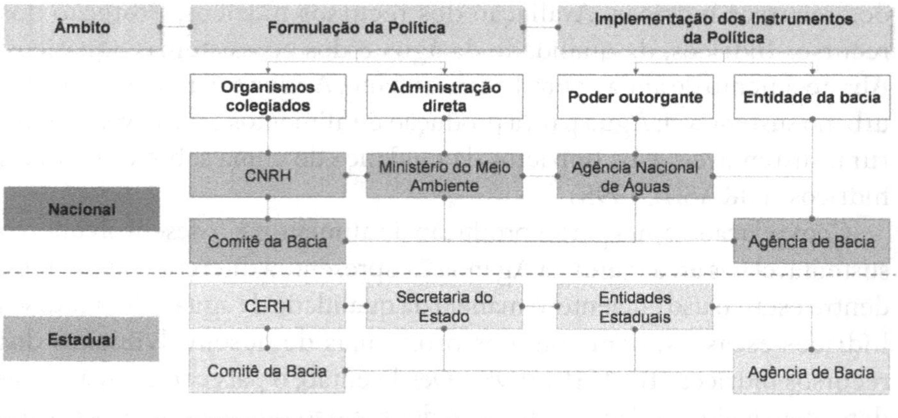

Fonte: Adaptado de BRASIL (2014).

Após a consolidação do SINGREH, no ano 2000, ocorreu uma reforma institucional por meio da Lei 9.984 com a criação da Agência Nacional de Águas (ANA), atualmente denominada como Agência Nacional de

Águas e Saneamento Básico, tendo como finalidade a implementação dos instrumentos dispostos na PNRH, como: o plano de recursos hídricos; o enquadramento dos corpos de águas; a outorga dos direitos de uso; a cobrança pelo uso; a compensação a municípios; e o sistema de informações sobre os recursos hídricos (BRASIL, 1997).

Em 2005, foi constituída pelo Conselho Nacional de Meio Ambiente a Resolução 357, que compreende sobre a classificação dos corpos hídricos e diretrizes para o enquadramento. A partir desta Resolução, teve início o estabelecimento das condições e dos padrões de lançamentos dos efluentes. Esta Resolução foi alterada para as Resoluções CONAMA 393/2007, 397/2008, 410/2009, 430/2011, estas também mantiveram o foco nos padrões de lançamentos dos efluentes nos corpos receptores.

Ainda no ano de 2005 foi instituída a Resolução CONAMA 54, que mencionou e definiu o termo "reúso da água", como sendo a utilização de águas residuárias. Esta resolução avançou no estabelecimento das modalidades, diretrizes e critérios gerais para o reúso direto não potável de água, contudo, sem elencar as devidas finalidades. Após 5 anos, foi publicada a Resolução CONAMA 121 que envolve o estabelecimento de diretrizes e critérios para o reúso direto de águas residuárias, com finalidade específica para a prática agrícola e florestal. Ambas as resoluções não apresentam os procedimentos para a realização de tal prática, fazendo com que o órgão ambiental competente do estado fique com esta atribuição.

Quanto a legislação no contexto da agricultura irrigada, no ano de 2013, foi instituída a Política Nacional de Irrigação (PNI) (Lei 12.787/2013), a qual estabeleceu vários conceitos, princípios, objetivos, instrumentos, e normas para a execução de projetos de irrigação no Brasil. No entanto, também a PNI não aborda a possibilidade de fontes alternativas de água para irrigação, somente enfatiza como um de seus princípios, o uso e o manejo sustentável dos solos e dos recursos hídricos (BRASIL, 2013).

No ano de 2015, foram revisados e reavaliados os Objetivos de Desenvolvimento do Milênio, com isso, considerou-se uma nova agenda para o ano de 2030, definindo 17 Objetivos de Desenvolvimento Sustentável (ODS). Dentre esses objetivos, o ODS 2 abrange a temática sobre a irradicação da fome e a agricultura sustentável, sendo necessário a adoção de sistemas de produção agrícola sustentáveis e práticas agrícolas resilientes. O ODS 6 também envolve a agricultura sustentável, uma vez que sugere o reúso da água para fins de irrigação (ONU, 2022). Observa-se que estes objetivos têm forte integração para o melhoramento da gestão dos recursos hídricos no país.

Em 2020, foi constituída a Política Nacional de Saneamento (Lei nº 14.026), que menciona o reúso de efluentes de fonte doméstica, podendo ser considerado uma questão satisfatória para diminuir a pressão no uso dos recursos hídricos, mesmo que essa política esteja pautada exclusivamente na atualização da legislação do saneamento básico do país (BRASIL, 2020).

Em novembro de 2021, foi publicada a Resolução CONAMA nº 503 considerada a atual norma que determina critérios e procedimentos para o reúso da água em sistemas de fertirrigação de efluentes gerados pelas indústrias de alimentos, bebidas, laticínios, frigoríficos e graxarias (BRASIL, 2021). Esta resolução enfatiza ainda a realização da determinação da taxa de aplicação do efluente, e também destaca a necessidade de caracterização e monitoramento do solo, demonstrando a preocupação com a preservação da qualidade deste recurso e também das águas subterrâneas e superficiais.

No decorrer da trajetória sobre os recursos hídricos, é possível perceber que os organismos internacionais antecedem a necessidade de uma gestão sustentável da água, frente ao desenvolvimento das atividades urbanas e rurais, mas no Brasil esse processo tem se mostrado consideravelmente mais lento, visto que a primeira legislação no tocante ao reúso da água com procedimentos definidos para realização de tal prática, surge somente após 30 anos da RIO-92.

2. Disponibilidade e demanda hídrica da agricultura no território brasileiro

No território brasileiro, escoam aproximadamente 255 mil m^3/s de água. Porém, cerca de 80% desse total situa-se na Bacia Amazônica. Além disso, apenas uma parcela dessa quantidade de água permanece nos rios nos meses de estiagem, sendo ainda menor nos anos que apresentam alterações no ciclo hidrológico, pela seca (ANA, 2021).

Cerca de 30% da vazão média está disponível nos rios mais de 95% dos dias, sendo aproximadamente 63 mil m^3/s na Bacia Amazônica e 13 mil m^3/s nas demais bacias. Essa estimativa se altera nas diferentes regiões, devido ao regime de chuvas e as propriedades do solo. Como exemplo, alguns rios existentes na Bacia do Paraná podem manter mais de 40%

da vazão média mais de 95% do tempo (Q95), enquanto, em Bacias do Semiárido, como no Piancó Piranhas-Açu, os rios apresentam tendência de secar nos períodos de estiagem (ANA, 2021).

A Tabela 1 apresenta a vazão média e a vazão Q95 das 64 Unidades de Gerenciamento de Recursos Hídricos (UGRH) em m³/s.

TABELA 1 – **Vazão média e Q95 das Unidades de Gerenciamento dos Recursos Hídricos (UGRH).**

UGRH	Vazão Média (m³/s)	Q95* (m³/s)	UGRH	Vazão Média (m³/s)	Q95* (m³/s)
Lagoa Mirim/Chuí	1202	188	Córrego da Mata	3,4	-
Uruguai	4904	504	Parnaíba	972	312
Mampituba	45	12,8	Gurupi	516	110
Iguaçu	1560	404	Oiapoque	889	110
Bacias Interestaduais do Litoral SC/PR	15,2	3,7	Jari	1184	147
Ribeira do Iguape	403	172	Tocantins-Araguaia	14849	3084
Paraná	10879	4081	Xingu e Interbacias Xingu-Tapajós	9104	1321
Paranapanema	1598	533	Tapajós e Interbacias Tapajós-Madeira	14554	4653
PCJ	223	73	Bacias Interestaduais Margem Esquerda do Amazonas	3666	846
Paraíba do Sul	928	366	Madeira e Interbacias Madeira-Purus	34425	8065
Bacias Interestaduais do Litoral SP/RJ	23	4,3	Negro	27154	9465
Grande	2220	744	Purus e Interbacias Purus-Juruá	13790	3187
Itabapoana	76	24	Juruá e Interbacias Juruá-Jutaí	5653	960
Paraguai	4404	1538	Javari e Interbacias Javari-Juruá	9421	3022
Paranaíba	3432	1259	Bacias Transf. da Margem Esquerda do Solimões	28290	9533

Doce	1132	339	Bacias Litorâneas Estaduais do RS	2405	310
São Mateus	95	13,4	Bacias Litorâneas Estaduais de SC	886	254
Itaúnas/Riacho Doce	33	8	Bacias Litorâneas Estaduais do PR	133	30
Mucuri	98	17,1	Bacias Litorâneas Estaduais de SP	84	11,6
Jequitinhonha	436	79	Bacias Litorâneas Estaduais do RJ	274	52
Bacias Interestaduais do Litoral BA/MG	225	66	Bacias Litorâneas Estaduais do ES	231	75
Verde Grande	44	3,2	Bacias Litorâneas Estaduais da BA	484	60
Pardo	77	7,8	Bacias Litorâneas Estaduais de SE	2,1	0,3
Real	10,1	1,2	Bacias Litorâneas Estaduais de AL	21	2,2
Vaza-Barris	18,3	2,1	Bacias Litorâneas Estaduais de PE	58	2,1
Sergipe	4,1	0,5	Bacias Litorâneas Estaduais da PB	53	0,7
São Francisco	2878	821	Bacias Litorâneas Estaduais do RN	33	0,4
Mundaú/Paraíba	20	1,3	Bacias Litorâneas Estaduais do CE	411	-
Bacias Interestaduais do Litoral AL/PE	0,2	-	Bacias Litorâneas Estaduais do MA	1803	113
Bacias Interestaduais do Litoral PE/PB	8,4	0,2	Bacias Litorâneas Estaduais do PA	1050	217
Bacias Interestaduais do Litoral PB/RN	39	0,4	Bacias Litorâneas E staduais do AP	3666	366
Piancó-Piranhas-Açu	111	-	Bacias Estaduais Afluentes do rio Amazonas no PA	5681	527

Fonte: Adaptado da ANA (2021).

* Q95 corresponde ao valor mínimo de vazão que deve ser assegurado em 95% do tempo considerado.

Ao analisar a demanda hídrica, é possível observar o aumento gradativo em decorrência do abastecimento das cidades, do setor industrial e da agricultura irrigada. Os dados dos Censos Agropecuários realizados pelo Instituto Brasileiro de Geografia e Estatística (IBGE) entre os anos de 1960 a 2017 registraram o intenso crescimento da atividade agrícola no Brasil (ANA, 2021), que apresenta propensão para manter a evolução nos próximos anos, pois a extensão das áreas irrigadas é uma das estratégias do país para aumentar a produção agrícola, porém esse crescimento é dificultado pela política hídrica (MULTSCH et al., 2020).

Desde os anos 60, a área irrigada tem sido elevada às taxas médias superiores a 4% ao ano, evoluindo de 462 mil hectares a mais de 1 milhão de hectares após quinze anos. O uso dos recursos hídricos para a irrigação no país se tornou mais significativo entre os anos de 1970 e 1980, pelo crescimento da agricultura para locais com características edafoclimáticas menos favoráveis, engajadas por políticas de desenvolvimento regionais, com financiamento público. Na década de 90, as áreas que demandaram água para a irrigação abrangeram 3 milhões de hectares (ANA, 2021).

Nos últimos 20 anos, o uso da água para irrigação cresceu de 640 m^3/s para 965 m^3/s, representando em 2020, aproximadamente a metade da quantidade total retirada pelos usos consuntivos (ANA, 2021). No momento, o país apresenta 8,5 milhões de hectares aprovisionados para irrigação, onde 65% das águas são provenientes dos mananciais e os 35% restantes são promovidos pela fertirrigação com água de reúso, representado em sua totalidade pela aplicação da vinhaça, subproduto da produção de etanol, no cultivo da cana-de-açúcar (ANA, 2021).

As Figuras 3 e 4 apresentam respectivamente, a classificação dos municípios brasileiros quanto às culturas e os métodos utilizados na agricultura irrigada.

FIGURA 3 – **Classificação dos munícipios quanto às culturas utilizadas na agricultura irrigada.**

Fonte: Adaptado da ANA (2021).

FIGURA 4 – **Classificação dos munícipios quanto aos métodos utilizados na agricultura irrigada.**

Fonte: Adaptado da ANA (2021).

As mudanças climáticas vêm afetando tendencialmente o uso de água, acelerando a retirada para agropecuária e agroindústria. Por exemplo, a demanda para a irrigação pode apresentar um crescimento de 15% em 2040, com relação à demanda estimada, baseada no clima médio atual (Figura 5). Em áreas cuja irrigação é mecanizada, exceto nas regiões onde se planta arroz sob inundação, pode haver um aumento da demanda em 20% considerando um cenário mais crítico, reflexo das alterações no clima (ANA, 2021).

FIGURA 5 – **Evolução do uso da água para a irrigação no território brasileiro, estimativa para 2040, considerando o impacto das mudanças climáticas*.**

Fonte: Adaptado da ANA (2021). Atualizado em novembro de 2021.

A Figura 6 apresenta o percentual de áreas irrigadas por regiões no Brasil. Os estados do país que se destacaram em ocupação por áreas irrigadas nos últimos anos foram São Paulo, Minas Gerais, Tocantins, Bahia, Rio Grande do Sul e Goiás (ANA, 2021).

FIGURA 6 – **Percentual de área irrigada por regiões no Brasil.**

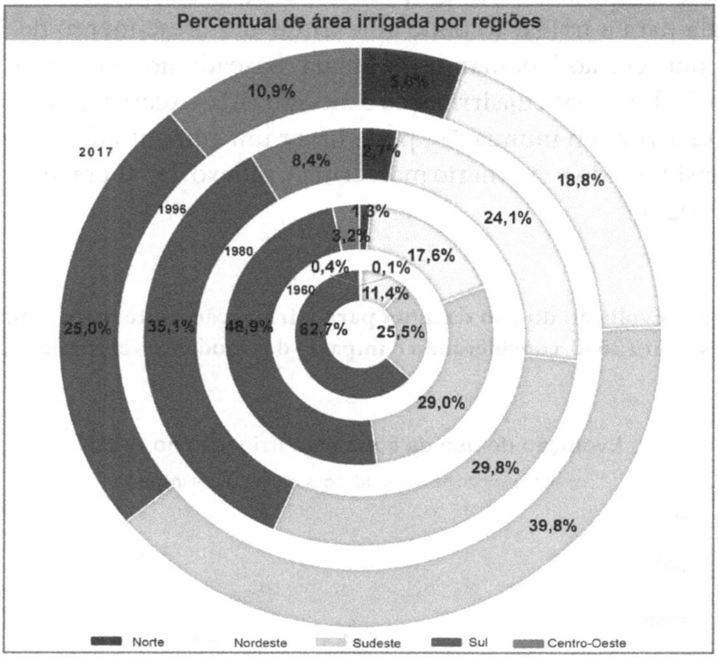

Fonte: Adaptado da ANA (2021).

Vale ressaltar, a demanda de água para a irrigação pode modificar dependendo da espécie vegetal, das práticas de cultivo, das propriedades do solo e das condições climáticas. Além disso, a eficiência da aplicação de água, pelos sistemas de irrigação adotados apresentam influência direta no consumo da água (BERBEL; GUTIERREZ-MARTIN; EXPÓSITO, 2018; WWAP, 2018). Neste contexto, se faz necessário o estudo da demanda hídrica na agricultura para o uso racional dos recursos hídricos, principalmente em regiões que apresentam baixa oferta hídrica e que não dispõe de recursos financeiros para investir em equipamentos eficientes de irrigação (CARVALHO, 2022).

Os desperdícios de água na irrigação podem ocorrer pelo uso de métodos de irrigação que proporcionam perdas de até 60% da água captada, como pode ser o caso da água aplicada por superfície.

A título de exemplo, a Tabela 2 apresenta os valores do déficit de retirada para a cultura de cana-de-açúcar no Estado de São Paulo, considerando a Eficiência do Uso da Água (EUA) entre 60% a 90%, no decorrer dos meses, obtidos pela plataforma "Coeficientes Técnicos de Agricultura Irrigada". Observa-se que a necessidade de irrigação aumenta em função do método de irrigação utilizado.

TABELA 2 – **Déficit de retirada para a cultura da cana-de-açúcar no Estado de São Paulo, considerando a eficiência do uso da água em 60%, 70%, 80% e 90%.**

Meses	Déficit de retirada (l/s/ha)			
	EUA* (60%)	EUA (70%)	EUA (80%)	EUA (90%)
Janeiro	-	-	-	-
Fevereiro	0,020	0,018	0,017	0,016
Março	0,077	0,071	0,066	0,060
Abril	0,187	0,173	0,160	0,147
Maio	0,141	0,131	0,121	0,111
Junho	0,154	0,143	0,132	0,121
Julho	0,232	0,216	0,199	0,182
Agosto	0,344	0,320	0,295	0,271
Setembro	0,294	0,273	0,252	0,231
Outubro	0,192	0,178	0,165	0,151
Novembro	0,156	0,145	0,133	0,122
Dezembro	0,038	0,036	0,033	0,030

Fonte: Adaptado da ANA (2021). EUA – Eficiência do Uso da Água.

Os dados aqui apresentados mostram o crescimento significativo do consumo da água para a agricultura irrigada, que pode ser agravado pela crise climática, a adoção de tecnológicas e de manejos adequados, são imprescindíveis para garantir a eficiência no uso da água, na irrigação e assim, reduzir a pressão sobre os recursos hídricos, garantido as produtividades das culturas.

3. Perspectivas e desafios para o uso racional dos recursos hídricos

A gestão dos recursos hídricos é de extrema importância para garantir a segurança hídrica no país, pois proporciona meios para melhorar o planejamento, diminuindo as disputas pelos setores usuários. No entanto, um dos desafios está relacionado com o avanço nas atividades de fiscalização e monitoramento dos recursos hídricos, com a capacitação e o aumento do corpo técnico dos órgãos responsáveis.

A fase de fiscalização permite a correção de forma mais rápida e eficiente de fatores que interferem na qualidade e quantidade dos recursos hídricos. Também, a fase de monitoramento compreende em uma etapa essencial, pois permite o levantamento de dados, a realização de análises, bem como fornece informações diretas para o melhoramento das políticas públicas. Além disso, essas etapas permitem verificar se os instrumentos dispostos na PNRH estão sendo cumpridos efetivamente, como é o caso da cobrança pelo uso da água (estabelecida no artigo 5º do Inciso IV da PNRH), que vem sendo implementada de forma vagarosa nas bacias hidrográficas brasileiras.

Além dessas fases (fiscalização e monitoramento), são necessários sistemas de cadastramento dos usuários, para aquisição de um banco de dados que permita identificar a geolocalização, a finalidade de uso dos recursos hídricos, a vazão captada no corpo hídrico, a vazão de lançamento do efluente tratado quando necessário, registro sobre adoção do reúso de água, além da utilização de sistemas que contribuem para a redução da demanda por água, em todo o território brasileiro, e não apenas em rios federais. Importante mencionar que estas informações devem estar sempre atualizadas para evitar incoerências entre o usuário e o órgão responsável, evitando autuações indevidas pelas partes fiscalizadas.

A cobrança pelo uso da água foi iniciada nos rios de domínio da União, mais especificamente nas bacias hidrográficas do Rio Paraíba do Sul, dos Rios Piracicaba, Capivari e Jundiaí (PCJ) e do Rio São Francisco. No Estado de São Paulo em 2007, iniciou-se a implementação deste instrumento, sendo precursores os comitês da bacia hidrográfica do Rio Paraíba do Sul, e das bacias hidrográficas do PCJ (JOHN; MARCONDES, 2010), sendo modelos para outras regiões do país.

A cobrança pelo uso da água é um dos desafios a serem implementados considerando a diversidade territorial, pois depende da coleta e organização dos dados de cada usuário dos diversos setores, assim como da fiscalização. É um importante instrumento de retorno financeiro à bacia hidrográfica, cujos recursos podem ser direcionados para ações de melhorias dos recursos hídricos, tanto nos quesitos de quantidade, quanto de qualidade das águas superficiais e subterrâneas.

A título de exemplo, na bacia hidrográfica dos Rios PCJ, a aplicação dos recursos financeiros provenientes da cobrança PCJ Federal e do Fundo Estadual de Recursos Hídricos (FEHIDRO) forneceu melhorias significativas na bacia. Na Tabela 3 estão apresentados os programas que envolveram a utilização dos recursos financeiros arrecadados, com temas como, educação ambiental, reflorestamento, controle das perdas físicas na distribuição da água, tratamento de esgoto, dentre outros.

Tabela 3 – **Investimentos executados com recursos da cobrança pelo uso dos recursos hídricos nas Bacias PCJ e do FEHIDRO, referente ao período de janeiro de 1994 até julho de 2017.**

Fonte	Programa	Nº de projetos	Valor Pleiteado (R$)	Contrapartida (R$)	Total (R$)
FEHIDRO (1994-2017)	Controle de perdas	47	34.282.080,26	11.037.477,16	45.319.557,42
	Educação ambiental	16	1.917.345,43	624.191,06	2.541.536,49
	Reflorestamento	16	2.363.238,60	1.001.982,60	3.365.221,20
	Tratamento de esgoto	111	26.250.031,79	29.761.451,66	56.011.483,45
	Uso racional dos recursos hídricos	2	2.485.409,55	1.621.016,28	4.106.425,83
	Outras ações	91	18.706.678,92	6.169.029,45	24.875.708,37
	Total (FEHIDRO)	**283**	**86.004.784,55**	**50.215.148,21**	**136.219.932,76**
Federal (2006-2017)	Ações de apoio à gestão	23	8.578.309,44	0,00	8.578.309,44
	Controle de perdas	57	95.178.635,37	38.996.219,89	134.174.855,26
	Educação ambiental	0	0,00	0,00	0,00
	RAP-PCJ	69	35.076.050,16	0,00	35.076.050,16
	Reflorestamento	1	338.787,00	17.574,05	356.361,05
	Tratamento de esgoto	57	55.748.264,54	50.218.145,75	105.966.410,29
	Outras ações	21	6.668.726,20	2.241.424,25	8.910.150,45
	Total (Cobrança Federal)	**228**	**201.588.772,71**	**91.473.363,94**	**293.062.136,65**

Paulista (2007-2017)	Base de dados, cadastros, estudos e levantamentos	35	10.391.358,40	1.363.219,67	11.754.578,07
	Tratamento de esgoto	86	141.196.703,76	46.684.765,94	187.674.032,08
	Controle de perdas	42	49.652.518,81	14.551.050,93	64.203.569,74
	Outras ações	11	3.895.811,01	933.032,59	4.828.843,60
	Total (Cobrança Paulista)	**174**	**205.136.391,98**	**63.532.069,13**	**268.461.023,49**
Mineira (2010-2017)	Outras ações	1	800.000,00	0,00	800.000,00
	Total (Cobrança Mineira)	**1**	**800.000,00**	**0,00**	**800.000,00**
Total Bacias PCJ (1994-2017)		**686**	**493.529.949,24**	**205.220.581,28**	**698.543.092,90**

Fonte: Adaptado do Consórcio Profill-Rhama (2020).

Com relação aos valores cobrados dos setores das bacias hidrográficas dos rios PCJ referente à porção paulista no ano de 2020, o setor de abastecimento público se destacou atingindo quase 11 milhões de reais. Em seguida, as maiores quantias cobradas foram das indústrias e transposição de água para o Sistema Cantareira que abastece parte da população da região metropolitana da cidade de São Paulo, correspondendo a 3,78 e 3,23 milhões de reais, respectivamente. O setor que menos contribuiu nas bacias do Rios PCJ foi o rural (Figura 7) (AGÊNCIA DAS BACIAS PCJ, 2022). É importante destacar que no setor rural o volume captado para cobrança está relacionado para dessedentação humana e animal, e não inclui irrigação.

Embora a bacia do PCJ tenha forte componente de ocupação urbana, fazendo com que o consumo de água seja concentrado no abastecimento humano e industrial, a vazão de retirada para fins de irrigação no ano de 2020 foi de 1,26 m^3 s-1, ou seja, aproximadamente 39.191.040 m^3 ano-1 (ANA, 2021). Neste caso, a cobrança não foi aplicada, mostrando a dificuldade de ampliação da gestão, o que acaba penalizando a conservação dos recursos hídricos.

Por outro lado, a força da agricultura brasileira, reconhecida internacionalmente pela exportação das *commodities*, traz a irrigação no centro das discussões no parlamento brasileiro, pois a Câmara dos Deputados

Figura 7 – **Valor cobrado total dos setores das bacias hidrográficas dos Rios PCJ, referente ao ano de 2020.**

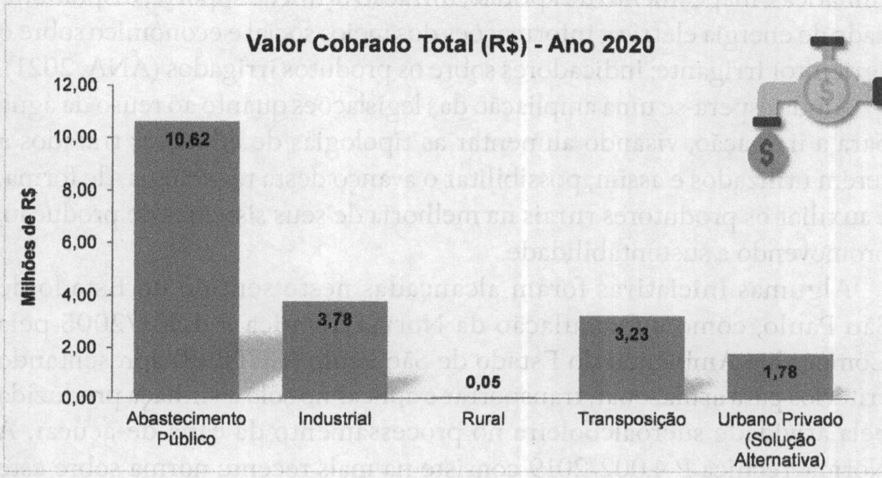

Fonte: Agência das Bacias PCJ (2022).

contempla 2.277 proposições sobre a irrigação abrangendo todos estados do país, sendo que, 827 estão em trâmite. Deste total, 92,5% foram apresentadas depois da edição da Lei Federal nº 12.787/2013 (PNI), e 36 delas referem-se ao ano de 2020 (DOURADO NETO et al., 2022).

Dessa forma, ressalta-se que a agricultura é um setor de grande importância para o desenvolvimento do país, porém muitas ações devem ser começadas de forma imediata para garantir a capacidade suporte dos recursos naturais.

A PNI indica a associação de alguns de seus instrumentos com os da PNRH, no entanto, poucos desses foram regulamentados ou implementados. Contudo, apesar dessa situação, ainda existe a possibilidade da PNI se ampliar considerando os resultados e experiências da PNRH (ANA, 2021).

Outro desafio a ser alcançado é a implementação do Sistema Nacional de Informações sobre Irrigação (SINIR), pois esse instrumento não obteve o avanço desejado, embora apresente grande importância para a gestão dos recursos hídricos, uma vez que as informações principais que o constituem são: áreas com irrigação; culturas exploradas; métodos de irrigação; detalhamento dos recursos hídricos; informações hidrológicas e climáticas; mapeamento de aptidão; infraestrutura de suporte; disponibilidade de energia elétrica; informações dos meios social e econômico sobre o agricultor irrigante; indicadores sobre os produtos irrigados (ANA, 2021).

Ainda espera-se uma ampliação das legislações quanto ao reúso da água para a irrigação, visando aumentar as tipologias de efluentes tratados a serem utilizados e assim, possibilitar o avanço desta tecnologia, de forma, a auxiliar os produtores rurais na melhoria de seus sistemas de produção, promovendo a sustentabilidade.

Algumas iniciativas foram alcançadas neste sentido no Estado de São Paulo, como a formulação da Norma Técnica P 4.231/2005 pela Companhia Ambiental do Estado de São Paulo (CETESB) apresentando critérios para armazenar, transportar e aplicar no solo a vinhaça produzida pela atividade sucroalcooleira no processamento da cana-de-açúcar. A Norma Técnica P 4.002/2019 consiste na mais recente norma sobre este assunto desenvolvida pela CETESB, apresentando o estabelecimento dos critérios e procedimentos para armazenar, transportar e aplicar no solo os efluentes líquidos e lodos fluidos produzidos no processamento de citros no Estado de São Paulo.

Até o momento, se considera um conjunto seleto de legislações sobre o reúso da água na agricultura. Outra norma a ser formulada deverá envolver os padrões de reúso dos efluentes domésticos no processo de irrigação. Pois, a utilização desses efluentes é comumente utilizada, porém, não se tem um documento legal que viabiliza a sua utilização. Portanto, além da formulação de uma lei específica, se faz necessária a elaboração de procedimentos designados a proteção da saúde e a conservação dos ecossistemas atingidos, assim como, uma estrutura de gerenciamento de risco, considerando os efeitos em longo período (SILVA et al., 2022).

Conclusões

Há 30 anos, desde a Rio-92 as normas brasileiras sobre o uso dos recursos hídricos vêm sendo aprimoradas, mas de forma bastante lenta. Visto que, as demandas pelo uso das águas crescem pelo aumento populacional e os volumes apresentam instabilidades de manutenção, pela crise climática.

Neste cenário, a agricultura brasileira provedora de grande parte do produto interno bruto do país, é o setor que exerce maior pressão sobre os recursos hídricos. A agricultura irrigada, embora seja responsável por possibilitar melhorias na produtividade e qualidade dos cultivos, cresce por volta de 4% ao ano, esse contínuo crescimento, ameaça ainda mais a disponibilidade hídrica de determinadas regiões brasileiras.

O ponto de inflexão dessa curva de crescimento da agricultura irrigada, deve ser antecedido por normas e procedimentos que visem práticas sustentáveis para conservação dos recursos naturais. Junto, deve-se investir nas atividades de fiscalização e monitoramento dos recursos hídricos, com a capacitação e o aumento do corpo técnico dos órgãos responsáveis, assim como sistemas de cadastramento dos usuários, para elaboração de um banco de dados que possa caracterizar o uso dos recursos hídricos e acompanhar a sua evolução, para a tomada de decisão no momento adequado.

Ao considerarmos as perspectivas para esse setor, é importante destacar a ampliação da cobrança pelo uso da água, realizado pelos comitês das bacias hidrográficas, recurso que deve voltar para melhorar a quantidade e qualidade dos rios daquela unidade. Nessa cobrança é importante que seja avaliado abranger o setor da irrigação, principalmente os projetos de grande extensão, já que estes são os grandes consumidores. Nesse mesmo raciocínio, fomentar iniciativas de pagamentos aos produtores rurais que prestam serviços ambientais, como a conservação e ampliação das áreas de florestas dentro das propriedades, aplicando o princípio de "o poluidor-pagador e o protetor-recebedor".

E para finalizar, outro ponto de destaque a ser considerado como importante avanço na conservação dos recursos hídricos, frente a agricultura brasileira, é a implementação da prática do reúso da água, por meio de políticas públicas, que possibilitem a ampliação das tipologias das águas residuárias e esteja articulada com a redução do déficit em saneamento.

Dessa forma, o Brasil estará avançando para atingir os objetivos de desenvolvimento sustentável, visando diretamente a produção de alimento baseada em uma agricultura sustentável pela conservação dos recursos naturais, entre estes a água.

Referências

AGÊNCIA DAS BACIAS PCJ. **Cadastros de Usuários em Cobrança Estadual Paulista** referente ao ano de 2020. Banco de Dados da Coordenação de Cobranças de Água das Bacias PCJ. 2022.

AGÊNCIA NACIONAL DE ÁGUAS (ANA). **Coeficientes Técnicos de Agricultura Irrigada.** 2019. Disponível em: < https://app.powerbi.com/view?r=eyJrIjoiYWM-0NDMzNmYtNTYxZC00ZThjLWIyYjctM2NlMDVjZTQxOWI3IiwidCI6ImUwYmI0MDEyLTgxMGItNDY5YS04YjRkLTY2N2ZjZDFiYWY4OCJ9>. Acesso em: 26 set. 2022.

AGÊNCIA NACIONAL DE ÁGUAS E SANEAMENTO BÁSICO (ANA). **Atlas Irrigação. Uso da água na agricultura irrigada.** Agência Nacional de Águas e Saneamento Básico. 2.ed. Brasília: ANA, 2021. 130p.

_______. **Conjuntura dos Recursos Hídricos no Brasil – 2021**: Relatório Pleno. 2021. Agência Nacional de Águas e Saneamento Básico. Disponível em: https://relatorio-conjuntura-ana2021.webflow.io/. Acesso em: 19 jan. 2022.

ARAÚJO, R. S. et al. Water resource management: A comparative evaluation of Brazil, Rio de Janeiro, the European Union, and Portugal. **Science of the Total Environment**, v. 511, p. 815–828, 2015.

BERBEL, J.; GUTIERREZ-MARÍN, C.; EXPÓSITO, A. Microeconomic analysis of irrigation efficiency improvement in water use and water consumption. **Agricultural Water Management**, v. 203, n. February, p. 423–429, 2018.

BRASIL. Agenda 21 – Conferência das Nações Unidas sobre Meio Ambiente e Desenvolvimento. **Conferência das Nações Unidas sobre o Meio Ambiente e Desenvolvimento (1992: Rio de Janeiro)**, p. 471, 1995.

_______. **Lei nº 9.433, de 8 de janeiro de 1997. Institui a Política Nacional de Recursos Hídricos, cria o Sistema Nacional de Gerenciamento de Recursos Hídricos, regulamenta o inciso XIX do art. 21 da Constituição Federal, e altera o art. 1º da Lei nº 8.001, de 13 de março de 1990, que modificou a Lei nº 7.990, de 28 de dezembro de 1989.** Diário Oficial da República Federativa do Brasil, Brasília, DF, 09/01/1997. Disponível em: http://www.planalto.gov.br/ccivil_03/leis/L9433.htm. Acesso em: 14/09/2022.

_______. **Lei nº 9.984, de 17 de julho de 2000. Dispõe sobre a criação da Agência Nacional de Águas – ANA, entidade federal de implementação da Política Nacional de Recursos Hídricos e de coordenação do Sistema Nacional de Gerenciamento de Recursos Hídricos, e dá outras providências.** Diário Oficial da República Federativa do Brasil, DF, 18/07/2000. Disponível em: http://www.planalto.gov.br/ccivil_03/leis/L9984.htm. Acessado em: 14/09/2022.

_______. Lei nº 12.778, de 11 de janeiro de 2013. **Dispõe sobre a Política Nacional de Irrigação; altera o art. 25 da Lei nº 10.438, de 26 de abril de 2002; revoga as Leis nºs 6.662, de 25 de junho de 1979, 8.657, de 21 de maio de 1993, e os Decretos-Lei nºs 2.032, de 9 de junho de 1983, e 2.369, de 11 de novembro de 1987; e dá outras providências.** Diário Oficial da República Federativa do Brasil, DF, 11/01/2013. Disponível em: http://www.planalto.gov.br/ccivil_03/_ato2011-2014/2013/lei/l12787.htm. Acessado em: 26/09/2022.

_______. Ministério do Meio Ambiente (MMA). **Conjunto de normas legais**: recursos hídricos. 8. ed. Brasília: MMA, 2014. 684 p.

A pedido das autoras, adicionar as referências:

_______. Ministério do Meio Ambiente (MMA). Conselho Nacional do Meio Ambiente (CONAMA). Resolução CONAMA Nº 357, de 17/03/2005. Dispõe sobre a classificação dos corpos de água e diretrizes ambientais para o seu enquadramento, bem como estabelece as condições e padrões de lançamento de efluentes, e dá outras providências.

_______. Ministério do Meio Ambiente (MMA). Conselho Nacional do Meio Ambiente (CONAMA). Resolução CONAMA Nº 54, de 28/11/2005. Estabelece modalidades, diretrizes e critérios gerais para a prática de reúso direto não potável de água, e dá outras providências.

_______. Ministério do Meio Ambiente (MMA). Conselho Nacional do Meio Ambiente (CONAMA). Resolução CONAMA Nº 393, de 08/08/2007. Dispõe sobre o descarte contínuo de água de processo ou de produção em plataformas marítimas de petróleo e gás natural, e dá outras providências.

_______. Ministério do Meio Ambiente (MMA). Conselho Nacional do Meio Ambiente (CONAMA). Resolução CONAMA Nº 397, de 03/04/2008. Dispõe sobre a classificação dos corpos de água e diretrizes ambientais para o seu enquadramento, bem como estabelece as condições e padrões de lançamento de efluentes.

_______. Ministério do Meio Ambiente (MMA). Conselho Nacional do Meio Ambiente (CONAMA). Resolução CONAMA Nº 410, de 04/05/2009. Prorroga o prazo para complementação das condições e padrões de lançamento de efluentes, previsto no art. 44 da Resolução nº 357, de 17 de março de 2005, e no art. 3º da Resolução nº 397, de 3 de abril de 2008.

_______. Ministério do Meio Ambiente (MMA). Conselho Nacional do Meio Ambiente (CONAMA). Resolução CONAMA Nº 121, de 16/12/2010. Estabelece diretrizes e critérios para a prática de reúso direto não potável de água na modalidade agrícola e florestal, definida na Resolução CNRH no 54.

_______. Ministério do Meio Ambiente (MMA). Conselho Nacional do Meio Ambiente (CONAMA). Resolução CONAMA Nº 430, de 13/05/2011. Dispõe sobre as condições e padrões de lançamento de efluentes, complementa e altera a Resolução Nº 357, de 17 de março de 2005, do Conselho Nacional do Meio Ambiente-CONAMA.

_______. Ministério do Meio Ambiente (MMA). Conselho Nacional do Meio Ambiente (CONAMA). Resolução CONAMA Nº 503, de 14/12/2021. Define critérios e procedimentos para o reúso em sistemas de fertirrigação de efluentes provenientes de indústrias de alimentos, bebidas, laticínios, frigoríficos e graxarias.

CARVALHO, A. P. P. **Determinação da demanda hídrica efetiva e potencial em sub-bacias hidrográficas do Rio Piracicaba (SP) para fins de planejamento e gestão dos recursos hídricos**. 2022. 297 f. Tese (Doutorado) – Ciências Ambientais, Universidade Federal de São Carlos, São Carlos, 2022.

CETESB – COMPANHIA AMBIENTAL DO ESTADO DE SÃO PAULO, CETESB. Vinhaça Critérios e procedimentos para aplicação no solo agrícola P4.231. São Paulo, 3. Ed., 15p., 2005.

CETESB – COMPANHIA AMBIENTAL DO ESTADO DE SÃO PAULO, CETESB. Efluentes e lodos fluidos de indústrias cítricas – Critérios e procedimentos para aplicação no solo agrícola P4.002. São Paulo, 2. Ed., 25p., 2019.

CONSÓRCIO PROFILL-RHAMA. Relatório Final – Plano de Recursos Hídricos das Bacias Hidrográficas dos Rios Piracicaba, Capivari e Jundiaí 2020-2035. p. 758, 2020.

DOURADO-NETO, D.; PAOLINELLI, A.; MANTOVANI, E. C. A irrigação no Brasil: sua importância em normas, princípios legais e breve retrospectiva histórico--legislativa. In: PAOLINELLI, A.; DOURADO-NETO, D.; MANTOVANI, E. C. **Agricultura irrigada no Brasil:** História e Economia. Piracicaba: ESALQ, 2022. Cap. 1. p. 3-13.

HASHEMI, S. et al. Science of the Total Environment Assessing agro-environmental sustainability of intensive agricultural systems. **Science of the Total Environment**, v. 831, n. March, p. 154994, 2022.

JOHN, L.; MARCONDES, P. **O Valor da Água – Primeiros resultados da cobrança nas Bacias PCJ**. São Paulo: Camirim Editoria, 2010.

MATSURA, E. E.; GOMES, T. M. Água de reúso na agricultura irrigada. In: PAOLINELLI, A.; DOURADO-NETO, D.; MANTOVANI, E. C. **Agricultura irrigada no Brasil**: Recursos Hídricos e Sustentabilidade. Piracicaba: ESALQ, 2022. Cap. 3. p. 45-61.

MINISTÉRIO DA INTEGRAÇÃO E DO DESENVOLVIMENTO REGIONAL. Sistema Nacional de Gerenciamento de Recursos Hídricos. 2022. Disponível em: https://www.gov.br/mdr/pt-br/assuntos/seguranca-hidrica/cnrh/cnrh/sistema--nacional-de-gerenciamento-de-recursos-hidricos. Acesso em: 16/09/2022.

MULTSCH, S. et al. Assessment of potential implications of agricultural irrigation policy on surface water scarcity in Brazil. **Hydrology and Earth System Sciences**, v. 24, n. 1, p. 307–324, 2020.

NANDAN, D.; VINOD, S. Assessment of irrigation requirement and scheduling under canal command area of Upper Ganga Canal using CropWat model. **Modeling Earth Systems and Environment**, v. 8, n. 2, p. 1863–1873, 2022.

ORGANIZAÇÃO DAS NAÇÕES UNIDAS (ONU). **Os Objetivos de Desenvolvimento Sustentável no Brasil.** Disponível em: <https://brasil.un.org/pt-br/sdgs>. Acesso em: 27/09/2022.

SETTI, A. A.; LIMA, J. E. F. W.; CHAVES, A. G. de M.; PEREIRA, I. de C. **Introdução ao gerenciamento de recursos hídricos**. Brasília: Agência Nacional de Energia Elétrica, Superintendência de Estudos e Informações Hidrológicas, 2000.

SILVA, P. C. C.; SILVA, P. V. S. R.; COVA, A. M. W; SILVA, M. G. da; SANTOS, T. S. dos; PAZ, V. P da S.; GHEYI, H. R. Utilização de efluentes domésticos em agricultura irrigada. In: PAOLINELLI, A.; DOURADO-NETO, D.; MANTOVANI, E. C. **Agricultura irrigada no Brasil**: Recursos Hídricos e Sustentabilidade. Piracicaba: ESALQ, 2022. Cap. 13. p. 215-230.

UNGUREANU, N.; VLĂDUŢ, V.; & VOICU, G. Water scarcity and wastewater reuse in crop irrigation. **Sustainability**, v. 12, n. 21, 2020.

WWAP (United Nations World Water Assessment Programme)/UN-Water. 2018. The United Nations World Water Development Report 2018: Nature-Based Solutions for Water. Paris, UNESCO.

YOUNAS, H.; YOUNAS, F. Wastewater Application in Agriculture-A Review. **Water, Air, and Soil Pollution**, v. 233, n. 8, 2022.

22. A RESTAURAÇÃO DE ECOSSISTEMAS NO CENTRO DAS POLÍTICAS PÚBLICAS

RAFAEL BARREIRO CHAVES

Introdução – A Década da Restauração

Em 1º de março de 2019, a Assembleia Geral das Nações Unidas declara o período de 2021 a 2030 como a Década da Restauração de Ecossistemas. Em outras palavras, a principal organização mundial multilateral nos dá conta de que temos dez anos para salvar o planeta, redirecionando o motor civilizatório da atual trajetória de degradação para outra na direção oposta: da restauração ecológica. Não há registros de que algo semelhante tenha ocorrido em qualquer momento da existência humana: uma geração que deliberadamente lograsse entregar aos seus descendentes um planeta com ecossistemas mais íntegros do que aqueles que recebera de seus antepassados.

Com essa medida, podemos dimensionar o tamanho do desafio. Como se não bastasse, a linha de base que se apresenta não nos é nada favorável. O atual ritmo de perda de biodiversidade é o mais acelerado dos últimos 65 milhões de anos, só encontrando paralelo na grande extinção dos dinossauros no período Cretáceo. Sobretudo após a revolução industrial, perdemos um terço de florestas que tínhamos há 10.000 anos (Ellis, 2020).

Neste cenário, a preocupação em preservar os fragmentos que nos restam de vegetação nativa, predominante nas origens do movimento ambientalista, precisou ser suplementada por uma camada fundamental: a restauração ecossistêmica. Diante de paisagens amplamente fragmentadas, conservar o que temos não é mais o suficiente, mas urge restaurar parte do que foi preteritamente degradado, de modo a salvaguardar a viabilidade genética da biota no presente e no futuro.

Mas a geração restauração (assim denominada pela ONU) não se limita a buscar a restauração dos ecossistemas unicamente para garantir o direito inerente de existência das espécies animais e vegetais ao redor do globo, muito embora já possuísse suficiente legitimidade para tal. O faz, de modo marcante, para assegurar a persistência do provimento de suficientes serviços ecossistêmicos para a saúde e qualidade de vida de todos os seres humanos.

A restauração é um bom investimento por diversos ângulos: a) é uma solução para problemas globais, sendo que a restauração de 15% das áreas degradadas do mundo poderia evitar a extinção de 60% das espécies ameaçadas e sequestrar 30% de todo o CO2 emitido na atmosfera desde a revolução industrial (Strassburg *et al.* 2020); b) traz benefícios diretos à população, sendo que um único dólar investido na restauração pode gerar até 30 dólares em serviços ecossistêmicos (UNEP, 2021); c) Aumenta a produtividade agrícola, sendo que o valor estimado apenas para o serviço de polinização em cultivos no Brasil é de R$ 94 bilhões (Metzger *et al.* 2022); d) gera empregos, sendo que podem ser gerados 2,5 milhões de empregos diretos caso se cumpra a meta de restaurar 12 milhões de hectares até 2030, favorecendo a inclusão de comunidades vulneráveis e atenuando problemas sociais decorrentes do êxodo rural (Brancalion *et al.* 2022); e) contribui para a segurança hídrica, alimentar, saúde e qualidade de vida das pessoas.

Em suma, a boa notícia é que as soluções baseadas na natureza beneficiam simultaneamente os ecossistemas e as pessoas, especialmente quando ampliamos a lente demasiado focada no presente para alcançar também as futuras gerações.

1. Desenvolvimento

1.1. A Restauração na Constituição Federal

Seguindo o enfoque deste livro voltado especialmente ao período dos últimos 30 anos no Brasil, é fundamental tratar da presença do tema da restauração de ecossistemas em nossa Carta Magna.

O *caput* do artigo 225 da Constituição Federal de 1988, amplamente conhecido por todos aqueles que se interessam pela temática ambiental no país, enuncia que “Todos têm direito ao meio ambiente ecologicamente equilibrado, bem de uso comum do povo e essencial à sadia qualidade de vida, impondo-se ao Poder Público e à coletividade o dever de defendê-lo e preservá-lo para as presentes e futuras gerações."

Temos, neste conciso texto: a) o meio ambiente como direito de todos, no presente e no futuro; b) o equilíbrio ecológico como característica inerente ao meio ambiente enquanto objeto de direito; e c) a conexão essencial entre meio ambiente e qualidade de vida, que posteriormente seria destrinchada no âmbito dos serviços que os ecossistemas provêm às pessoas.

Ora, se o caput concentra sua mensagem na defesa e na preservação do ambiente, o inciso I do primeiro parágrafo prontamente acrescenta a necessidade de se "preservar e restaurar os processos ecológicos essenciais e prover o manejo ecológico das espécies e ecossistemas" para que seja assegurada a efetividade do direito descrito no *caput*. Não apenas se caracteriza a temática da restauração no texto constitucional, como também se incumbe ao Poder Público a obrigação de ser o garantidor de tal efetividade.

Cabe, portanto, colocarmo-nos a necessária pergunta: quais políticas públicas garantem a efetividade do direito ao meio ambiente ecologicamente equilibrado por meio da restauração de ecossistemas?

Buscaremos, neste capítulo, responder a esta pergunta, apontando para avanços recentes e perspectivas acerca dos caminhos que ainda precisamos trilhar.

1.2. Comando e Controle

Para compreender as políticas públicas para a restauração ecológica existentes no país, convém as segmentar em dois eixos principais: a) políticas de comando e controle, aquelas que implicam obrigatoriedade de cumprimento; b) políticas de incentivo, aquelas que buscam induzir práticas benéficas. Abordaremos primeiramente as políticas de comando e controle, aquelas mais bem estabelecidas na legislação, antes de nos debruçarmos sobre as políticas de incentivo, em franca ascensão e com potencial promissor para o futuro.

A principal estreia da restauração no âmbito das políticas públicas de comando e controle antecede a própria Constituição Federal, e se estabelece por meio da Política Nacional do Meio Ambiente (Lei Federal 6.938/1981). Por meio desta Política, os danos ambientais previstos decorrentes dos grandes empreendimentos passaram a requerer compensação na forma de medidas de restauração. A restauração, neste contexto, não neutraliza o impacto causado, mas busca compensar parte de seus efeitos negativos para o ambiente e para as pessoas. Temos como exemplo da restauração decorrente de licenciamento ambiental uma usina hidrelétrica que, por inundar determinada área anteriormente coberta por vegetação campestre em cerrado, requer a restauração de vegetação campestre em cerrado em outra área (Figura 1).

FIGURA 1. **Vegetação campestre em cerrado, em processo de restauração, na Estação Ecológica de Santa Bárbara – SP (2017).**

Foto: Rafael Barreiro Chaves

Para além dos impactos associados a atividades antrópicas legalmente asseguradas, também se enquadram nas medidas de comando e controle os impactos decorrentes de atividades humanas vedadas por lei. A principal lei que regra a vedação aos danos ambientais não autorizados e as consequências em caso de descumprimento é a Lei de Crimes Ambientais

(Lei Federal 9.605/1998). Temos como exemplo da reparação de dano um incêndio florestal ocasionado por queima de área agricultável pelo proprietário de imóvel rural, que por ter praticado crime ambiental estará sujeito a penas como restrição de direitos e multa, mas também terá a obrigação de restaurar a floresta na mesma área que foi atingida pelo fogo.

Em termos das maiores extensões de área abrangidas, a principal lei brasileira que exige a restauração dos ecossistemas é a Lei 12.651/2012, que inclui aplicabilidade ao licenciamento e à reparação de danos de modo amplo, mas abrange sobretudo a adequação dos imóveis rurais (que aqui trataremos como tipo específico de reparação de danos, uma vez que busca recompor vegetação que existia previamente, mas foi danificada, tornando a área irregular perante a lei). Denominada Lei de Proteção da Vegetação Nativa, a 12.651/2012 exige que uma porção mínima de cada imóvel rural, denominada Reserva Legal, seja mantida coberta por vegetação nativa, cabendo restauração quando esta área estiver degradada. Exige, ainda, que Áreas de Preservação Permanente, sobretudos aquelas adjacentes aos corpos d'água, tenham a vegetação recomposta quando esta estiver degradada ou alterada. Os principais mecanismos da lei para esse fim são o Programa de Regularização Ambiental (PRA) e o Projeto de Recomposição de Áreas Degradadas e Alteradas (PRADA).

Diversas outras leis acrescentaram maiores camadas aos mecanismos fundadores do comando e controle associado à restauração. No entanto, os principais eixos seguiram sendo a compensação por impactos previsto no processo de licenciamento ambiental e a reparação de danos decorrentes de infração ambiental.

1.3. Políticas de Incentivo

Complementarmente aos mecanismos de comando e controle, temos as políticas que preveem formas de incentivo a práticas associadas à restauração de ecossistemas. O Pagamento por Serviços Ambientais (PSA) é um dos principais mecanismos desta modalidade, e foi implementado incialmente no Brasil na esteira da agenda climática, como ferramenta para recompensar quem contribua com a estocagem de carbono, para posteriormente se estabelecer como política nacional própria.

Em São Paulo, a Política Estadual de Mudanças Climáticas (Lei Estadual 13.798/2009 e Decreto Estadual 55.947/2010) foi o marco legal fundador do PSA para restauração, enquanto no Brasil a Lei Federal 12.114/2009, que criou o Fundo Nacional sobre Mudança do Clima, previu a aplicação de recursos do fundo para o Pagamento por Serviços Ambientais. Mais recentemente, a Lei Federal 14.119/2021 instituiu a Política Nacional de Pagamento por Serviços Ambientais, que vai além da mitigação das mudanças do clima, integrando-se também a outras políticas nacionais (PNMA, PNB, PNRH, PNEA). São Paulo também instituiu uma política própria para o PSA no estado, por meio do Decreto Estadual 66.549/2022, e diversos municípios lançaram políticas municipais nesse tema.

Outro mecanismo de incentivo à restauração é a Cota de Reserva Ambiental, título nominativo representativo de área com vegetação nativa instituído pela já mencionada Lei 12.651/2012 e que incentiva que proprietários rurais detentores de excedente de área vegetada com relação ao mínimo exigido por lei sejam remunerados por quem detém, por outro lado, déficit de vegetação.

O direcionamento de repasse de tributos a municípios também pode se constituir como um mecanismo relevante de incentivo. Recentemente, o estado de São Paulo instituiu, por meio da Lei 17.348/2021, o ICMS Ambiental, que passou a destinar um volume importante de recursos do Imposto sobre Operações relativas à Circulação de Mercadorias aos municípios que atingirem cobertura por vegetação nativa superior a 30%, com especial estímulo ao incremento de vegetação em áreas de proteção ambiental (APA) e de mananciais (APRM). Dessa forma, os municípios com baixa cobertura vegetal ou com áreas degradadas em APA ou APRM são incentivados a restaurar seus ecossistemas e, assim, incrementar seus recursos financeiros.

Incentivos a entes públicos e privados para exercerem atividades em benefício da sociedade são uma prática conhecida no Brasil. Se no passado o mesmo argumento foi utilizado para estimular a expansão agrícola em direção ao interior do país em nome do desenvolvimento e da segurança alimentar, a responsabilidade do estado no século 21, diante das graves ameaças ao clima e à biodiversidade é justamente viabilizar que se consolidem mecanismos consistentes para incentivo para proteção e restauração dos nossos ecossistemas.

Os mecanismos de incentivo estão amparados sobretudo no princípio do protetor-recebedor, mais recente do que os tradicionais princípios do poluidor-pagador e do usuário-pagador que balizam o direito ambiental desde a Política Nacional do Meio Ambiente, vigente há mais de 40 anos.

No entanto, se por um lado o fato do princípio do protetor-recebedor ser mais recente traz maiores dúvidas sobre a jurisprudência a ele relacionada, por outro o caminho para o qual ele aponta pode ser muito mais amplo do que hoje se supõe, possuindo o potencial de consolidar mecanismos sólidos para assegurar o meio ambiente ecologicamente equilibrado como direito de todos.

2. Resultados

2.1. Monitoramento, efetividade e os indicadores de resultado

Independentemente de a restauração ter sido motivada por políticas de comando e controle ou de incentivo, o objetivo final compartilhado é o de que as ações implementadas em campo sejam bem-sucedidas em restabelecer o ecossistema em sua estrutura, composição e funcionalidade, ou seja, que a restauração dê certo.

Não obstante, nenhuma das leis acima mencionadas delimita, de modo objetivo, quando o compromisso de restauração de um ecossistema pode ser considerado cumprido. E é compreensível que assim seja. Em um país de dimensões continentais como o Brasil, a pluralidade de biomas dificulta enormemente qualquer definição centralizada sobre quais parâmetros devem ser utilizados para atestar a recomposição da vegetação. Não por acaso, a definição destes critérios vem ocorrendo principalmente por meio de normativas técnicas estaduais.

São Paulo foi o primeira a implementar uma norma desta natureza. Com a participação de centenas de profissionais da universidade, estado, empresas e sociedade civil, foram realizados, ao longo de 5 anos, workshops e reuniões para: a) compilar o estado da arte quanto à melhor forma de aferir o sucesso da restauração; b) estimular novas pesquisas onde havia lacunas de conhecimento; e c) selecionar os indicadores mais simples e acessíveis dentre aqueles validados pela ciência.

Deste processo participativo baseado em evidências, resultou a publicação da Resolução SMA 32/2014, a primeira no Brasil a estabelecer com critérios claros e transparentes o resultado esperado para que os compromissos de recomposição da vegetação possam ser considerados cumpridos. Surgiam os indicadores ecológicos da restauração na esfera das políticas públicas (Chaves *et al.* 2015).

Tendo oferecido nova solução para um problema antigo, os indicadores foram celebrados pela equipe técnica do Sistema Ambiental Paulista, que passaria a ter amparo técnico para algo que antes era discricionário e arriscado: atestar o cumprimento de um compromisso de restauração. Os empreendedores, proprietários e detentores de passivo de recomposição da vegetação em geral, beneficiando-se da maior clareza e transparência sobre os critérios técnicos de cumprimento, encontravam agora um ambiente de maior segurança jurídica. Os restauradores não eram mais demandados a plantar e replantar mudas, o que chegava a ocorrer uma dezena vezes quando havia alta mortalidade, mas sim a apresentar um ecossistema restaurado. O foco na eficácia, paralelamente, configurou estímulo para o uso de técnicas mais eficientes e com melhor custo-benefício, um tema que ganhou força no debate acadêmico (Brancalion *et al.* 2016).

Neste contexto, disseminou-se o uso dos indicadores também no contexto das iniciativas voluntárias de restauração, que igualmente buscam a eficiência na aplicação dos recursos e por vezes incluem mecanismos de prestação de contas a apoiadores e financiadores, e evidentemente se interessam pela aferição dos resultados. Até porque os indicadores são utilizados para aferição final de eficácia, mas sobretudo para monitoramento do ecossistema ao longo de todo o processo de restauração, permitindo a adoção de ações corretivas quando necessário e a consequente adequação de trajetória antes que seja tarde demais. Em São Paulo, tal monitoramento é realizado desde 2015, diretamente pelos restauradores, com o apoio de uma plataforma digital denominada Sistema Informatizado de Apoio à Restauração Ecológica (SARE).

Paralelamente, seguiram sendo realizadas pesquisas para compreender melhor a eficácia dessa política nos primeiros anos de sua implementação, e artigos recentes reiteram que os três indicadores consolidados na política ambiental paulista seguem sendo a forma mais simples e objetiva de demonstrar a restauração dos nossos ecossistemas (Viani *et al.* 2017, Massi *et al.* 2022).

Tais indicadores ecológicos, no entanto, se tiveram seu início nas políticas paulistas, hoje são uma realidade no conjunto do território nacional. Um levantamento recente (Lima, 2020) encontrou que estados das regiões Norte, Nordeste, Centro-Oeste e Sudeste já haviam implementado normativas estabelecendo indicadores de resultado e assim conferindo maior segurança aos compromissos de restauração. O Paraná não entrou no levantamento, mas ainda em 2020 lançou sua normativa (Portaria IAT

170/2020) para a recuperação de áreas degradadas, e completa o mapa de estados dotados de indicadores de resultado que agora abrangem todas as regiões brasileiras. No ano seguinte, o estado de São Paulo publicaria ainda seu Manual Técnico orientativo para os projetos no âmbito do Programa de Regularização Ambiental, reforçando a importância dos indicadores e simplificando sua comunicação e uso pelo pequeno produtor rural.

A experiência bem-sucedida dos indicadores adotados em São Paulo e no Brasil foi amplamente apresentada ao público internacional (Figura 2), tornando-se representativa da saudável interface entre ciência e política pública e um caso conhecido entre os pesquisadores e profissionais da restauração.

FIGURA 2. **O autor apresenta os indicadores e sistema de monitoramento da restauração adotados em São Paulo na conferência internacional *Working across sectors to halt deforestation and increase forest área*, realizada em 2018, na sede da FAO/Roma-IT.**

Foto: ©FAO/Roberto Cenciarelli.

2.2. Metas de Restauração globais, nacionais e subnacionais

Desde a Rio-92, com a assinatura da Convenção-Quadro das Nações Unidas sobre a Mudança do Clima, e mais consistentemente a partir do Protocolo de Quioto em 1997, as metas de redução das emissões de Gases do Efeito Estufa na atmosfera são uma realidade no contexto internacional multilateral, integrando os textos das Conferências das Partes e sinalizando crescente compromisso dos países signatários nesta matéria.

Por outro lado, muito embora a Convenção da Diversidade Biológica tenha sido assinada igualmente na Rio-92, metas de restauração só vieram a ser estabelecidas a partir de 2010, por ocasião da COP10 de Aichi-Nagoya. Nela, as partes estabeleceram que os países deveriam recuperar ao menos 15% de seus ecossistemas degradados, contribuindo para a mitigação e adaptação à mudança do clima e para o combate à desertificação.

Começaria a era das metas de restauração.

No entanto, esta primeira tentativa de se estabelecer um compromisso mais sólido com a restauração de ecossistemas, embora tenha sido uma etapa fundamental, não foi suficiente para mobilizar corações e mentes em torno desta agenda. A dificuldade em se estabelecer exatamente quanta área degradada há em cada país para que 15% pudessem ser restaurados constituía um dificultador para a mensuração e acompanhamento do progresso na consecução da meta. Além disso, não foi criado um sistema de monitoramento global, e uma maior articulação dos meios de implementação era necessária.

Neste sentido, iniciativas globais complementares foram importantes para pavimentar o caminho dos compromissos de restauração. A principal delas foi o Desafio de Bonn, lançado em 2011 pela IUCN, governo da Alemanha e Parceria Global pela Restauração de Paisagens e Florestas, um esforço global para restaurar 150 milhões de hectares até 2020 e 350 milhões de hectares até 2030. Além de ter agregado articulações complementares com organizações não governamentais e governos subnacionais aos compromissos consolidados pelas nações nas Metas de Aichi, o Desafio de Bonn inovou ao estabelecer um quantitativo palpável de área tangível para o direcionamento da ação coletiva.

A partir de 2011, o mundo passa a ter um número de hectares a restaurar.

A Desafio de Bonn conta ainda com grupos de cooperação regional entre países e organizações comprometidos com a restauração, tendo a

Iniciativa 20x20 como a primeira delas (2014), com o objetivo de restaurar 20 milhões de hectares até 2020 e 50 milhões de hectares até 2030 especificamente na América Latina e Caribe.

Os três governos subnacionais a aderirem à Iniciativa 20x20, em 2015, foram dos estados de São Paulo[1], Espírito Santo e Mato Grosso, posteriormente seguidos pelo governo brasileiro, em 2016. O Brasil chegou inclusive a estabelecer formalmente a meta de 12 milhões de hectares em restauração até 2030 por meio do estabelecimento de sua NDC (do inglês: Contribuição Nacionalmente Determinada) no âmbito do Acordo de Paris em 2015, outro importante marco no contexto das metas internacionais para a restauração de ecossistemas. Posteriormente, o compromisso brasileiro foi detalhado no Plano Nacional de Recuperação da Vegetação Nativa (Planaveg), construído com ampla participação da sociedade civil ao longo de 4 anos até a sua publicação em 2017.

Muito embora este plano não tenha chegado a ser implementado nos 5 anos subsequentes, estados como o Espírito Santo e São Paulo implementaram programas bem-sucedidos de restauração de ecossistemas, sendo que detalharemos aqui o caso paulista.

2.3. Programa Nascentes – a restauração subnacional em novo patamar

Para além do advento das metas globais de restauração nos anos 2010, fatores domésticos também foram relevantes para o fortalecimento da articulação política em torno desta agenda no estado de São Paulo na segunda metade da década. Em 2014, uma grave crise hídrica acometeu a região sudeste do país, trazendo à tona a necessidade de investimentos em infraestrutura verde, apostando em Soluções Baseadas na Natureza, em complemento à mais tradicional infraestrutura cinza, baseada em intervenções de engenharia civil atreladas aos sistemas de reservatórios e abastecimento público.

Para isso, foi lançado em 2015 o Programa Nascentes, com o objetivo de otimizar investimentos públicos e privados para implantação de projetos de restauração ecológica no estado (Figura 3), associando segurança

[1] A meta de São Paulo foi anunciada pela então Secretária do Meio Ambiente, Patrícia Iglecias, na COP21 em Paris: https://www.infraestruturameioambiente.sp.gov.br/2015/12/sao-paulo-adere-a-iniciativa-20x20/

hídrica e conservação da biodiversidade. O Programa foi notadamente bem-sucedido, tendo cumprido sua meta em março de 2020, ultrapassando 20 mil hectares em restauração (Governo do Estado de São Paulo, 2020).

FIGURA 3. **Mata Atlântica em restauração no Parque Estadual do Rio do Peixe (ao fundo). À frente, área ocupada pelas gramíneas exóticas braquiária e colonião, que são substituídas por espécies nativas durante o processo de restauração. O Parque Estadual do Rio do Peixe foi uma das diversas Unidades de Conservação paulistas contempladas por projetos do Programa Nascentes (2016).**

Foto: Rafael Barreiro Chaves.

No entanto, para além da meta, vale destacar a articulação política inter-secretarias sem precedentes no Brasil para esta matéria, reunindo à mesma mesa 12 secretarias de estado em um programa de governo para a restauração ecológica. O que antes era um tema interno à Secretaria do Meio Ambiente, foi alçado a assunto estratégico com atribuições compartilhadas entre as secretarias de Governo, Casa Civil, Meio Ambiente, Saneamento e Recursos Hídricos, Agricultura e Abastecimento,

Desenvolvimento Econômico, Ciência, Tecnologia e Inovação, Segurança Pública, Planejamento e Gestão, Administração Penitenciária, Energia e Mineração, Educação, e Justiça e Defesa da Cidadania.

Considerando o enorme potencial dos benefícios que as Soluções Baseadas na Natureza podem oferecer à sociedade, adotar programas de governo transversais como este, de modo contínuo e integrado, consiste em uma promissora e desejável iniciativa coordenada para enfrentar as graves ameaças das mudanças climáticas e da destruição de ecossistemas à vida de todos, sobretudo de populações vulneráveis.

2.4. Programa RefloresstaSP – consolidando a restauração na agenda climática

Em continuidade às importantes articulações estabelecidas no âmbito do Programa Nascentes, o estado de São Paulo anunciou, na COP26 em Glasgow (2021), o Programa RefloresstaSP. Com a ambiciosa meta de restaurar 1,5 milhão de hectares até 2050, este programa se insere de modo mais abrangente no Plano de Ação Climática do estado, bem como nas campanhas *Race to Zero* e *Race to Resilience* da ONU, por meio da qual São Paulo se comprometeu a atingir a neutralidade climática dentro de 30 anos.

O RefloresstaSP prevê mecanismos estruturados de incentivo à restauração voluntária, para além da restauração exigida por lei. O estado reconhece, assim, a necessidade não apenas do cumprimento legal, como também do apoio àqueles que desejam restaurar por outras motivações, como o acesso ao mercado de créditos de carbono e o incremento na provisão de serviços ecossistêmicos atrelados à produção agrícola, como polinização, e à saúde, como o controle de vetores de doenças. O novo programa mantém, dessa forma, os avanços logrados pelo Programa Nascentes em relação à segurança hídrica e à biodiversidade, enquanto busca amplificar o alcance dos benefícios diretos e indiretos da restauração de ecossistemas para a população.

Mas a inovação a ser aqui destacada é a contribuição que este programa tem recebido de um projeto denominado Biota Síntese – Núcleo de Análise e Síntese de Soluções Baseadas na Natureza. Iniciado em 2022, este projeto financiado pela FAPESP, que conta com a colaboração de dezenas de instituições e uma centena de pesquisadores, visa à co-criação de políticas públicas por meio de reuniões de síntese informadas pelo melhor conhecimento científico disponível, pautadas na construtiva interação entre agentes do governo, academia e sociedade civil. Institucionaliza-se, assim, um mecanismo para a maior aderência da política pública às necessidades da sociedade, aproveitando-se do que a academia tem a oferecer na expansão da fronteira do conhecimento. A partir das *Contribuições ao Plano de Ação Climática do Estado de São Paulo* (Metzger *et al.* 2022) o Projeto Biota Síntese sistematizou 7 prioridades estratégicas para internalizar em definitivo a restauração ecológica na agenda de mitigação e adaptação às mudanças climáticas.

3. Discussão – Perspectivas futuras

Se por um lado vimos a primeira meta global de restauração chegar na esteira da agenda da biodiversidade, por meio das Metas de Aichi, a alvorada da Década da Restauração sem dúvidas se dá sob os auspícios da agenda das mudanças climáticas. Neste início dos anos 20, somos testemunhas da escalada dos preços dos créditos de carbono, ainda em estágio inicial, e do interesse de grandes grupos de investimento em implementar milhões de hectares de projetos de restauração.

Enquanto a pandemia de COVID-19 impunha severas privações e restrições de circulação à espécie humana, o mundo testemunhou o quanto a redução involuntária nas emissões em poucos dias permitiu que a vista dos sobreviventes alcançasse um horizonte que antes desconheciam. Para alguns, reflexo fugaz do ar mais limpo e mais respirável. Para outros, promessa de um futuro no qual a retomada do desenvolvimento se dê em bases permanentemente sustentáveis. Um futuro que só pode existir na medida em que levarmos a sério as Soluções Baseadas na Natureza.

E se 2020 ficará conhecido como o ano da pandemia, ele também marca a meteórica ascensão do ESG (sigla para *Envoronmental, Social and Governance*) como baliza fundamental para o mundo corporativo. Este conceito nos mostra que a responsabilidade ambiental não apenas gera valor para a sociedade, como gera valor de mercado para as empresas que adotam estes princípios. Os anos 20 apontam para a necessidade de as grandes empresas rastrearem suas cadeias de produção de modo a garantir que não compactuam com práticas ambiental e socialmente nocivas. Os consumidores estão cada vez mais exigentes, e querem apoiar as companhias ativamente responsáveis. Vivemos um tempo no qual o custo reputacional se consolida como um motivador fundamental para a preservação e a restauração de ecossistemas.

O mundo clama por compromissos sólidos de mitigação e adaptação às mudanças climáticas. E se trata de um mundo que não espera mais que apenas o poder público protagonize a mudança. Pelo contrário, a mudança não ocorrerá sem a determinante participação do setor privado e de toda a coletividade.

Agora que possuímos inúmeras comprovações de que restaurar ecossistemas vai muito além do benefício às plantas e animais que vão se restabelecer nesta floresta, neste campo, neste cerrado, beneficiando sobretudo a espécie humana que depende dos serviços provenientes do ecossistema restaurado, seremos capazes de nos comunicar com aqueles que mantém ligados os motores da degradação e da destruição?

As mesmas organizações multissetoriais para a restauração que foram importantes palcos para o fortalecimento e o avanço das políticas públicas apresentadas neste capítulo, poderão ser constituir como fóruns determinantes para este processo de capacitação e comunicação com a sociedade. Podemos citar, como exemplos, a Sociedade Brasileira de Restauração Ecológica (Isernhagen *et al.* 2017) e o Pacto pela Restauração da Mata Atlântica (Calmon *et al.* 2011).

Só assim, com participação e fiscalização ativas dos diversos setores e da sociedade civil, poderemos garantir que não apenas sejam entregues os milhões de hectares prometidos para a restauração (quantidade, implementada em campo), mas também que os ecossistemas brasileiros possuam os atributos necessários (qualidade, monitorada por indicadores) para fornecer os serviços ecossistêmicos que a população tanto necessita para sua saúde e qualidade de vida.

Conclusões

Muito se passou desde que o constituinte determinou ao poder público, corretamente, a responsabilidade em restaurar os processos ecológicos essenciais. Sem dúvida, as políticas públicas que construímos desde então nos oferecem mais ferramentas para que esta determinação de fato se reverta na forma da garantia de um meio ambiente ecologicamente equilibrado para todos. Contamos com mais mecanismos de comando e controle e um espectro mais amplo de incentivos à restauração dos ecossistemas. Possuímos indicadores ecológicos para atestar a qualidade do ecossistema restaurado, bem como melhores satélites para monitorar a quantidade de hectares em restauração. Sabemos que os povos indígenas e comunidades tradicionais devem protagonizar e ser ouvidos neste processo. Testemunhamos um maior interesse tanto do setor privado quanto da sociedade civil organizada. A principal articuladora de políticas públicas em escala global, a Organização das Nações Unidas, elegeu a restauração como prioridade de toda uma Década.

Sim, há motivos para acreditar que é possível, mas nunca que será fácil.

Os incentivos nocivos, como subsídios a combustíveis fósseis, seguem desproporcionalmente elevados, as projeções climáticas seguem apontando para uma elevação superior a 2 graus Celsius na temperatura global ao final do século e o ritmo de extinções de espécies e de perda de serviços ecossistêmicos segue avassalador.

Apenas compreendendo que se trata do desafio de uma geração, poderemos enfrentá-lo com responsabilidade.

Restaurar tornou-se, afinal, determinante para a sobrevivência humana. Que possamos compreender esta necessidade antes que termine a Década da Restauração. Que esta compreensão possa se refletir em ação concreta. Que possamos ouvir a juventude que clama por um futuro, e nos tornarmos a primeira geração a entregar à seguinte um planeta com ecossistemas mais saudáveis do que recebemos.

Que possamos realizar o sonho de entregar pessoalmente este novo mundo, com um abraço, aos nossos filhos e netos. E que a humanidade seja digna de merecer este novo mundo possível.

Referências

BRANCALION PHS, SCHWEIZER D, GAUDARE U, MANGUEIRA JR, LAMONATO F, FARAH FT, NAVE AG, & RODRIGUES RR (2016). **Balancing economic costs and ecological outcomes of passive and active restoration in agricultural landscapes: the case of Brazil**. BIOTROPICA 48(6): 856–867

BRANCALION PHS, DE SIQUEIRA LP, AMAZONAS NT, RIZEK MB, MENDES AF, SANTIAMI EL, RODRIGUES RR, CALMON M, BENINI R, TYMUS JR, HOLL KD, CHAVES RB (2022). **Ecosystem restoration job creation potential in Brazil. People and Nature**. https://doi.org/10.1002/pan3.10370.

CALMON M, BRANCALION PHS, PAESE A, ARONSON J, CASTRO P, SILVA SC, & RODRIGUES RR (2011). **Emerging threats and opportunities for**

large-scale ecological restoration in the Atlantic Forest of Brazil. Restoration Ecology, 19(2), 154-158. doi: 10.1111/j.1526-100X.2011.00772.

CHAVES RB, DURIGAN G, BRANCALION PHS, ARONSON J (2015). **On the need of legal frameworks for assessing restoration projects success: new perspectives from São Paulo state** (Brazil). **Restoration Ecology**, 23(6): 754-759.

ELLIS EC, BEUSEN AH, & GOLDEWIJK KK (2020). **Anthropogenic Biomes: 10,000 BCE to 2015 CE. Land**, 9(5), 129.

GOVERNO DO ESTADO DE SÃO PAULO. **Programa Nascentes – 5 anos de sucesso**. Cetesb: São Paulo, 2020

ISERNHAGEN I, MORAES LFD, ENGEL VL (2017). **The Rise of the Brazilian Network for Ecological Restoration (REBRE): What Brazilian Restorationists Have Learned from Networking. Restoration Ecology** v.25, n.2, p.172-177.

LIMA, R (coord.). **Os indicadores de resultado na restauração da vegetação nativa** [livro eletrônico]. São Paulo: Agroicone, 2020. ISBN 978-65-992253-0-7

MASSI KG, CHAVES RB, TAMBOSI LR (2022). **Simple indicators are good proxies for ecological complexity when assessing Atlantic Forest restoration success. Restoration Ecology**. Vol. 30, No. 3, e13520. doi: 10.1111/rec.13520.

METZGER JP, CHAVES RB, SPAROVEK G, *et al.* (2022) **Contribuições ao Plano de Ação Climática do Estado de São Paulo**. São Paulo: BIOTA Síntese.

UNEP – United Nations Environment Programme (2021). **Becoming #Generation Restoration: Ecosystem restoration for people, nature and climate.** Nairobi.

STRASSBURG BBN, IRIBARREM A, BEYER HL, CORDEIRO CL, CROUZEILLES R, JAKOVAC CC, BRAGA JUNQUEIRA A, LACERDA E, LATAWIEC AE, BALMFORD A, BROOKS TM, BUTCHART SHM, CHAZDON RL, ERB KH, BRANCALION P, BUCHANAN G, COOPER D, DÍAZ S, DONALD PF, KAPOS V, LECLÈRE D, MILES L, OBERSTEINER M, PLUTZAR C, SCARAMUZZA CAM, SCARANO FR, VISCONTI P (2020). **Global priority areas for ecosystem restoration. Nature**, 586 (7831), pp. 724-729. DOI: 10.1038/s41586-020-2784-9

VIANI RAG, HOLL KD, PADOVEZI A, STRASSBURG BBN, FARAH FT, GARCIA LC, CHAVES RB, RODRIGUES RR, BRANCALION PHS (2017). **Protocol for monitoring tropical forest restoration: perspectives from the AtlanticForest Restoration Pact in Brazil. Tropical Conservation Science**, 10: 1940082917697265.

23. COMPENSAÇÃO AMBIENTAL NO ESTADO DO PARÁ: UMA ANÁLISE DO DECRETO ESTADUAL 2.033/2009 À LUZ DA LEGISLAÇÃO FEDERAL

Márcio Augusto Maia Medeiros

Introdução

Ao considerar o meio ambiente como patrimônio público (MILARÉ, 2007, p. 113), bem de uso comum do povo e, portanto, de todos e de ninguém em especial, a Constituição da República de 1988 determinou em seu artigo 225, *caput*, que a sua utilização deve ser feita de maneira coletiva e com parcimônia.

Compete a toda coletividade e ao Poder Público o dever de defender e preservar o meio ambiente para a presente e futuras gerações, sendo que ao Poder Público compete ainda o controle da produção, da comercialização e do emprego de técnicas, métodos e substâncias que comportem risco para a vida, a qualidade de vida e o meio ambiente, conformando a ordem econômica, a garantia do desenvolvimento e do pleno emprego, de acordo com artigo 170, incisos IV e VIII, da Constituição Federal.

Prevenir, neutralizar ou eliminar possíveis fontes geradoras de degradação ambiental constitui o objetivo maior da tutela do meio ambiente para garantia da sadia qualidade de vida. Sabemos, no entanto, que eliminar a totalidade dos impactos ambientais negativos decorrentes das atividades econômicas é impossível de alcançar.

MACHADO (2016, p. 224) sintetiza e desenvolve bem os elementos da ponderação dos aspectos ambientais, sociais e econômicos, ressaltando que:

> "[...] A função do procedimento de avaliação não é influenciar as decisões administrativas sistematicamente a favor das considerações ambientais, em detrimento das vantagens econômicas e sociais suscetíveis de advirem de um projeto. [...] uma base séria de informação, de modo a poder pesar os interesses em jogo, quando da tomada de decisão, inclusive aqueles do ambiente, tendo em vista uma finalidade superior".

Nesse contexto de riscos globais (mudanças climáticas, extinção de espécimes, dentre outras), bem como a satisfação de novas necessidades em termos de qualidade de vida dos seres humanos, este artigo visa analisar o instituto da compensação ambiental, abordando a discrepância do Decreto nº 2.033/2009 do estado do Pará frente ao Decreto Federal nº 6.848/2009, que regulamentou o artigo 36, da Lei 9.985/2000, no que diz respeito ao teto para a compensação ambiental dos custos totais previstos para a implantação do empreendimento.

Busca-se contextualizar o princípio do desenvolvimento sustentável, como meta a ser perseguida e implementada, e a compensação ambiental como mecanismo de atingimento desse desenvolvimento nas dimensões do princípio da solidariedade geracional e da preservação do ecossistema atingido, com uma abordagem da natureza jurídica no licenciamento ambiental de empreendimentos de significativo impacto, evitando a privatização dos lucros e a socialização das perdas, sendo a compensação ambiental voltada para a preservação de ambientes, biomas e/ou ecossistemas, preferencialmente, semelhantes ao impactado.

Desenvolvimento Sustentável e a Compensação Ambiental

Ao considerar o meio ambiente como bem de uso comum do povo e, portanto, de todos e de ninguém em especial, a Carta Política de 1988 estabeleceu (§ 1º, inciso V, do artigo 225) que "Todos têm direito ao meio ambiente ecologicamente equilibrado" e impôs competir ao Poder Público e a toda coletividade o dever de defendê-la e preservá-la para as presentes e futuras gerações.

O conceito de desenvolvimento sustentável (*Sustainable Development* ou *Nachhaltige Entwicklung*) foi introduzido na década de 60 pelo pesquisador Dennis L. Meadows na "Tese dos Limites do Crescimento" (BARBIERE, 2007), pelo Clube de Roma.

Na Comissão Mundial sobre Meio Ambiente e Desenvolvimento (CMMAD), de 1987, concluiu-se que do ponto de vista ambiental, que:

> [...] o Planeta chegou quase ao ponto de não retorno. Se fosse uma empresa, estaria à beira da falência, pois dilapida seu capital, que são os recursos naturais, como se eles fossem eternos. O poder de autopurificação do meio ambiente está chegando ao limite [...] (MILARÉ, 2007, p. 34).

Trata-se de direito de terceira geração, de solidariedade, através do controle da produção, da comercialização e do emprego de técnicas, métodos e substâncias que comportem risco para a vida, a qualidade de vida e o meio ambiente, conformando a ordem econômica, a garantia do desenvolvimento e do pleno emprego.

Assim, faz-se necessário conciliar o progresso com o desenvolvimento, para garantir os provimentos e a justiça social para as gerações futuras. Por meio do conceito de desenvolvimento sustentável se busca com relativa frequência afrontar e questionar a efetividade do modelo de crescimento econômico tradicional (FONSECA, 2015), modelo esse medido por meio da variação do Produto Interno Bruto (PIB), que não considera os impactos ambientais (MARTINEZ-ALLER, 2007).

Em 1992, na primeira Conferência das Nações Unidas sobre Meio Ambiente e Desenvolvimento na cidade do Rio de Janeiro, se demonstrou um grande interesse da comunidade mundial pelo futuro do planeta Terra (CAVALCANTI, 1994, p. 17).

Na Agenda 21 encontra-se o seguinte termo:

> A humanidade de hoje tem a habilidade de desenvolver-se de uma forma sustentável, entretanto é preciso garantir as necessidades do presente sem comprometer as habilidades das futuras gerações em encontrar suas próprias necessidades.

O desenvolvimento sustentável encontra sua validade e consideração quando atinge suas metas, quais sejam: educação ambiental, satisfação das necessidades básicas da população, solidariedade para com as próximas gerações, conscientização da necessidade de preservação dos recursos naturais, elaboração de um sistema socioeconômico justo e que atenda principalmente os níveis menos favorecidos da população (SACHS, 2009, p. 60).

Neste sentido, a compensação ambiental é um instrumento relacionado com a impossibilidade de mitigação do impacto ambiental, imposto aos empreendedores que causem significativo impacto ambiental, como uma compensação também para os ecossistemas afetados pelo empreendimento. Pode ser caracterizado como metas de solidariedade para as próximas gerações e preservação de áreas voltadas à conservação da biodiversidade, dentro da perspectiva do desenvolvimento sustentável.

O inciso III, § 1º, do artigo 225, da CF/88, assegura o direito fundamental ao meio ambiente ecologicamente equilibrado cabendo ao Poder Público:

> [...] definir, em todas as unidades da Federação, espaços territoriais e seus componentes a serem especialmente protegidos, sendo a sua alteração e a supressão permitidas somente através de lei, vedada qualquer utilização que comprometa a integridade dos atributos que justifiquem sua proteção.

No Brasil, a compensação ambiental é prevista no artigo 36, da Lei 9.985/2000, conhecida como Lei do Sistema Nacional de Unidades de Conservação, que disciplinou sobre a criação de Unidades de Conservação e outros aspectos da compensação ambiental.

Assim dispõe o artigo 36, da Lei 9.985/2000:

> Art. 36. Nos casos de licenciamento ambiental de empreendimentos de significativo impacto ambiental, assim considerado pelo órgão ambiental competente, com fundamento em estudo de impacto ambiental e respectivo relatório – EIA/RIMA, o empreendedor é obrigado a apoiar a implantação e manutenção de unidade de conservação do Grupo de Proteção Integral, de acordo com o disposto neste artigo e no regulamento desta Lei.
>
> §1º O montante de recursos a ser destinado pelo empreendedor para esta finalidade não pode ser inferior a meio por cento dos custos totais previstos para a implantação do empreendimento, sendo o percentual fixado pelo órgão ambiental licenciador, de acordo com o grau de impacto ambiental causado pelo empreendimento.

A Lei 9.985/2000 foi regulamentada pelo Decreto nº 4.340, de 22 de agosto de 2002.

É no licenciamento ambiental de empreendimentos de significativo impacto ambiental que a compensação ocorre, sendo paga na fase de Licença Prévia (LP) ou até a Licença de Instalação (LI), não sendo outro o entendimento doutrinário (DIRLEY, 2010, pág. 1227-1229):

> Haverá, assim, duas situações a se considerar para a constatação da significação do impacto. A primeira diz respeito àquelas atividades e obras elencadas pela legislação como produtoras de impacto significativo. Nesse caso, milita uma presunção absoluta (*juris et juris*) da gravidade do impacto, devendo o Poder Público exigir o EIA/RIMA. A segunda, modo inverso, compreende as obras e atividades não previstas na legislação, deixando ao poder discricionário – mas não irresponsável ou arbitrário – do órgão de gestão ambiental exigir ou não, o mencionado estudo, sujeitando-se a decisão final, é óbvio, ao controle judicial. Sem embargo disso, no que toca a esta última situação, é fundamental esclarecer que a Carta Política, deveras preocupada com o bem jurídico meio ambiente, para assegurar a efetividade do direito ao meio ambiente ecologicamente equilibrado, determina ao Poder Público exigir, na forma da lei, para a instalação de obra ou atividade potencialmente causadora de significativa degradação do meio ambiente, estudo prévio de impacto ambiental, a que se dará publicidade. Verdadeiramente, já se disse, a Carta Magna somente impõe ao Poder Público a exigência do EIA, nas obras ou atividade que, potencialmente, causem significativa degradação ambiental. A verdade é que, ao mencionar a expressão potencialmente, a Constituição se contenta, para o reclamo do EIA, que a atividade ou a obra possa causar aquela degradação significativa. Que haja, apenas, uma probabilidade de ocorrer circunstância. Nesse caso, havendo dúvida, mínima que seja, deve o Poder Público exigir o mencionado estudo prévio de impacto ambiental.

O EIA/RIMA é elemento essencial para a execução do cálculo da compensação, uma vez que contêm as informações necessárias ao cálculo do grau de impacto nos ecossistemas, mediante uma pesquisa adequada e aprofundada, sobre os danos causados e as opções de Unidades de Conservação beneficiadas e/ou criadas.

Desse modo, o instituto da compensação ambiental, nos termos do artigo 36 da Lei nº 9.985/00, conforme a interpretação dada pela Corte Suprema, restringe-se aqueles danos previstos no EIA/RIMA que sejam absolutamente necessários e inevitáveis para instalação do empreendimento.

A compensação ambiental é um parâmetro percentual, um valor mínimo não inferior a 0,5% (meio por cento) dos custos totais previstos para a implantação do empreendimento (artigo 36, § 2º, da Lei do SNUC). O percentual poderia até ser maior, conforme a quantificação apontada pelo órgão ambiental competente, de acordo com o grau de impacto ambiental causado pela atividade licenciada.

A compensação ambiental seria o pagamento de benefícios ambientais à sociedade em detrimento das degradações que comprovadamente causará. O que objetivamente se configura como uma internalização de custos ambientais, ainda que indiretos, uma vez que a compensação nem sempre objetivará a área afetada do empreendimento compensador.

Coube ao STF na ADI nº 3.378-6 DF, definir que na instituição da Lei 9.985/2000 criou-se um compartilhamento dos custos relativos às medidas institucionais e as de prevenção, que se fazem necessárias diante de uma atividade ambientalmente danosa. À luz do artigo 36 e seus parágrafos 1º, 2º e 3º da Lei nº 9.985/00, vê-se que todos os empreendimentos de relevante impacto ambiental estão sujeitos a compensação-compartilhamento.

Como destaca BECHARA (2007, pág. 190-191):

> A compensação ambiental é o instrumento que impõe aos empreendimentos causadores de impactos ambientais significativos e não mitigáveis/não elimináveis para melhor tecnologia conhecida no momento, o dever de apoiar, com recursos financeiros, a criação e implantação de unidades de conservação de proteção integral, como forma de contrabalançar os danos ambientais resultantes de tais atividades econômicas e industriais. O objetivo da compensação ambiental é, grosso modo, compensar a perda inevitável com um ganho ambiental desejável. Assim, a atividade que afeta o equilíbrio ambiental em uma ponta, melhora sua condição em outra. Naturalmente, esse mecanismo não quer afrontar, diminuir ou substituir o princípio da prevenção, que preconiza a eliminação pela tecnologia disponível, dos possíveis impactos ambientais negativos de uma obra ou atividade. Por isso, que ninguém entenda que a compensação ambiental foi criada para autorizar toda a sorte de poluição e impactos negativos ao meio ambiente. Como Paulo Affonso Leme Machado, defendemos que o pagamento a ser feito pelo empreendedor não é um salvo-conduto para poluir ou para danificar o meio-ambiente. Equivale dizer que a compensação ambiental não existe para dispensar o empreendedor de tomar todas as medidas possíveis para mitigar

ou eliminar os impactos negativos de sua atividade, haja vista que, mais uma vez nas palavras de Paulo Affonso Leme Machado, no momento em que é admitida a inevitabilidade de um certo grau de dano, passa-se a examinar como é possível minorá-lo ou mitigá-lo, sendo que sempre que os danos forem mitigáveis, cabe à administração definir medidas capazes de reduzi-los ao mínimo indispensável. Daí se conclui que, para se aplicar a compensação ambiental é preciso constatar a impossibilidade técnica ou social de extirpação dos possíveis impactos ambientais negativos pois, enquanto houver a possibilidade de eliminação de tais impactos, em cumprimento ao princípio da prevenção, a eliminação terá que ser promovida. Aquilo que não puder ser eliminado, será compensado.

Após a decisão do STF na ADI 3.378-6, fora aprovado o Decreto Federal nº 6.848/2009, alterando o Decreto Regulamentador da compensação ambiental (Decreto nº 4.340/2002) quanto as diretrizes e ao modo de seu cálculo do índice de valoração para a compensação ambiental. Os investimentos dos empreendedores direcionados a diminuir ou evitar lesões ao meio ambiente não poderão ser considerados no cálculo da compensação. O cálculo da compensação passou a ser objetivo, de acordo com os critérios introduzidos pelo Decreto nº 6.848/2009, estabelecendo que o valor corresponderá ao produto do grau de impacto – que pode variar entre 0% (zero por cento) e 0,5% (meio por cento) – com o valor de referência, que consiste no somatório dos investimentos necessários para a implantação do empreendimento, contrariando a declaração de inconstitucionalidade pelo STF, da vinculação do cálculo da compensação do SNUC aos custos e investimentos de implantação dos empreendimentos.

O STF não tratou da aplicação de percentual prefixado, e mínimo, sobre os custos totais do empreendimento, entendendo que:

> Não cabe à Corte fixar os critérios objetivos para o cálculo da compensação ambiental da Lei do SNUC. Esse papel foi atribuído aos poderes democraticamente eleitos, observada a premissa constitucional estabelecida no acórdão (ADI 3378 ED/ DF).

O método de valoração permaneceu no Decreto nº 6.848/2009, que estabeleceu 0,5% (meio por cento) como teto, valor máximo, da compensação ambiental.

Através do Decreto Estadual nº 2.033/2009, o estado do Pará cuidou da cobrança da compensação ambiental, e no seu preâmbulo fez-se referência expressa à Lei nº 9.985/2000 e ao Decreto Federal nº 4.340/2002, com as alterações do Decreto Federal nº 5.566/2005:

> considerando o disposto no artigo 36 da Lei Federal nº 9.985, de 18 de julho de 2000, que institui o Sistema Nacional de Unidades de Conservação da Natureza – SNUC, regulamentado pelo Decreto Federal nº 4.340, de 22 de agosto de 2002, alterado pelo Decreto Federal nº 5.566, de 26 de outubro de 2005 (PARÁ, 2009).

Há um claro contraste entre o Decreto Estadual nº 2.033/2009 e o Decreto Federal nº 6.848/2009, no que diz respeito ao teto do percentual de gradação de impacto ambiental, prevendo um percentual acima do teto estabelecido em nível nacional (0,5%), discrepando flagrantemente a legislação paraense, com a legislação geral federal (artigo 24, § 4º, da Constituição de 1988).

Se não houver normas gerais da União tratando sobre determinado tema ou procedimento, os Estados possuem competência legislativa plena. É isso que preveem os parágrafos do artigo 24, da Constituição Federal/88:

> Artigo 24 (...)
>
> § 1º No âmbito da legislação concorrente, a competência da União limitar-se-á a estabelecer normas gerais.
>
> § 2º A competência da União para legislar sobre normas gerais não exclui a competência suplementar dos Estados.
>
> § 3º Inexistindo lei federal sobre normas gerais, os Estados exercerão a competência legislativa plena, para atender a suas peculiaridades.
>
> § 4º A superveniência de lei federal sobre normas gerais suspende a eficácia da lei estadual, no que lhe for contrário.

Havendo legislação federal, os Estados-membros podem legislar sobre procedimentos naquilo que não contrariar as normas gerais da União. Neste sentido, às normas gerais da legislação federal sobre compensação, somaram-se inúmeras outras leis estaduais e municipais tratando da compensação ambiental nos empreendimentos de significativo impacto, criando um emaranhado de normas com significativas discrepâncias entre si.

A dúvida a respeito do percentual para a compensação ambiental foi sanada com a previsão de teto de 0,5% (meio por cento), estabelecida pelo Decreto Regulamentador da Lei do SNUC (Decreto Federal nº 6.848/ 2009). Ao órgão ambiental estadual caberia a discricionariedade para definir o percentual no intervalo de 0 a 0,5% (zero a meio por cento), por ser a Lei do SNUC e o seu Decreto regulamentador normas nacionais e, portanto, aplicadas a todos os entes federativos.

Após a decisão do STF e da publicação do Decreto Federal nº 6.848/ 2009, todas as normas posteriores foram publicadas no sentido de se fixar o percentual máximo de 0,5% (meio por cento). O disposto no Decreto Estadual do Pará nº 2033/2009 choca-se com a legislação nacional, aplicável a todos os entes federativos, sobre a compensação ambiental.

Os Estados, de acordo com a competência concorrente constitucional para legislar sobre questões ambientais, poderão definir critérios para o cálculo do percentual da compensação ambiental, mas desde que respeitem os limites das normas de aplicabilidade nacional.

O STF já se manifestou em questões de competência concorrente:

> [...] Se por um lado, a norma geral não pode impedir o exercício da competência estadual de suplementar as matérias arroladas no artigo 24, por outro lado, não se pode admitir que a legislação estadual possa adentrar a competência da União e disciplinar a matéria de forma contrária à norma geral federal, desvirtuando o mínimo de unidade normativa almejado pela Constituição Federal. A inobservância dos limites constitucionalmente impostos ao exercício da competência concorrente implica a inconstitucionalidade formal da lei (STF – ADI 3356, Rel. Min. Dias Toffoli, j. 30.11.2017).

Não cabe alegar a aplicação do princípio (implícito) da norma mais restritiva, tido como uma regra de precedência lógica, estabelecendo que em caso de conflitos de fontes o juiz deve aplicar de modo prevalente a que tutela, de modo mais restritivo, a intervenção econômica ou social no ambiente (MACHADO, p. 395-458).

As normais gerais, expedidas pela União, nem sempre são apenas um patamar mínimo de proteção, mas podem ser o próprio espaço de admissibilidade de uma conduta, valendo, neste sentido, reproduzir os ensinamentos de NETO (1988, p. 133):

> Normas gerais são declarações principiológicas que cabe à União editar, no uso de sua competência concorrente limitada, restrita ao estabelecimento de diretrizes nacionais sobre certos assuntos, que deverão ser respeitadas pelos Estados-Membros na feitura de suas legislações, através de normas específicas e particularizantes que as detalharão, de modo que possam ser aplicadas, direta e imediatamente, às relações e situações concretas a que se destinam em seus respectivos âmbitos políticos.

Além de tratar-se de competência constitucional (BIM, p. 203-245), a cobrança de um percentual maior que o estabelecido em norma federal de caráter geral, afronta à padronização de certos temas (artigo 24, § 1º).

Conclusões

Todo empreendimento apto a gerar significativo impacto ambiental é obrigado a compensar a sociedade e o meio ambiente como um todo, pelo uso autorizado de recursos naturais, nos termos do artigo 36 da Lei nº 9.985/00.

A compensação ambiental foi um meio criado pela lei para não deixar as Unidades de Conservação à mercê apenas de dotações orçamentárias dos entes federados, sendo uma compensação genérica, que independe da existência de um dano ambiental específico, pois sua cobrança se baseia no simples fato de a atividade ser efetiva ou potencialmente de significativo impacto ambiental.

Essa obrigação gerou controvérsias e foi objeto de Ação Direta de Inconstitucionalidade (ADI 3.378) perante o STF. Em decisão de 2008, o Tribunal entendeu que (a) é constitucional a cobrança da Compensação Ambiental, e que (b) é inconstitucional o critério no qual ela se baseava, qual seja, o "percentual não inferior a 0.5% dos custos totais previstos para a implantação do empreendimento".

Segundo o Pleno do STF, a compensação ambiental constitui um "mecanismo de assunção partilhada de responsabilidade social – e, pois, não apenas ambiental stricto sensu – pelos custos ambientais derivados da atividade econômica".

A Lei do SNUC e seu Decreto Regulamentador são normas de aplicabilidade nacional (artigo 24, da Constituição Federal/88) e, portanto, o teto para a compensação ambiental é de 0,5% (meio por cento) do total dos custos totais previstos para a implantação do empreendimento.

O fato do Decreto nº 2.033/2009 do estado do Pará estabelecer o teto para a compensação ambiental dos custos totais previstos para a implantação do empreendimento em até 2% (dois por cento), superior ao previsto no Decreto Federal, gera insegurança jurídica, mas pode ser declarada inconstitucional através de ADI ou ADPF?

O Decreto Estadual tem característica essencialmente abstrata e primária, com coeficiente mínimo de normatividade, generalidade e abstração, não regulamentando nenhuma lei, mas contrariando frontalmente a Lei Federal nº 9.985, de 18 de julho de 2000, e o seu Decreto Regulamentador (Decreto Federal nº 6.848/2009, em 15 de maio de 2009), razão pela qual seria viável a propositura de ADI para ver declarada a sua inconstitucionalidade por afronta ao artigo 24 e seguintes, da Constituição Federal/88.

Não obstante, entendendo-se que o Decreto nº 2.033/2009 é meramente regulamentador, e a ADPF seria o meio inidôneo para processar a questão controvertida de norma secundária e de caráter tipicamente regulamentar, que descumpre o preceito fundamental de divisão de competência (artigo 24, da CF/88), quanto as normas gerais de competência da União.

É nesse sentido a opinião de Leonardo Greco (1992, p. 146):

> Normas gerais não são apenas linhas gerais, princípios ou critérios básicos a serem observados pela legislação suplementar dos Estados. Normas gerais contrapõem-se a normas particulares. A União, nessas matérias, pode legislar com maior ou menor amplitude, conforme queira impor a todo o País uma legislação mais ou menos uniforme. O que a União não pode é legislar sobre assuntos particulares da esfera de interesses ou de peculiaridades dos Estados. Normas gerais são normas uniformes, isonômicas, aplicáveis a todos os cidadãos e a todos os Estados.

A respeito da conceituação de normas gerais, RODRIGUES (1996), afirma que:

> [...] desempenham o papel de um denominador normativo, um *minimum* de uniformidade de cada regulamentação, a partir do qual o poder legislativo territorial poderá procurar a via que julgue a mais correta, levadas em conta circunstâncias especiais de seu território regional e singularidades e especificidades de seus problemas particulares.

Não resta dúvida de que o Decreto nº 2.033/2009 do estado do Pará, ao estabelecer o teto para a compensação ambiental dos custos totais previstos para a implantação do empreendimento em até 2% (dois por cento), superior ao previsto no Decreto Federal, é inconstitucional e pode vir a ser declarada através de ADI – se entendido como um decreto autônomo – ou via ADPF por afrontar preceito fundamental contido no artigo 24, da Constituição Federal de 1988.

Não há base legal ou constitucional para que se argumente ser o Decreto Estadual nº 2.033/2009, norma mais restritiva, pois a ordem jurídica se organiza em uma escala hierárquica, dispondo a Constituição Federal nos artigos 23 e 24 sobre a competência dos diversos organismos políticos e administrativos que formam o Estado.

De acordo com o princípio do desenvolvimento sustentável, todos os empreendimentos que gerem significativos impactos ambientais, devem se adequar aos padrões e exigências ambientais vigentes, e arcar com o pagamento da compensação ambiental como compartilhamento dos custos relativos às medidas institucionais e as de prevenção, que se fazem necessárias diante de uma atividade ambientalmente danosa, associando a compensação ambiental ao princípio do usuário-pagador.

No entanto, não podem os Estados usurpar a competência privativa da União, prevista no artigo 24, da Constituição Federal de 1988, para estabelecer valores, a título de compensação ambiental, em patamares distintos daqueles definidos como geral, de âmbito nacional.

Neste sentido, considera-se que o Decreto nº 2.033/2009 é claramente inconstitucional por afronta ao artigo 24, da Constituição Federal de 1988, sendo viável a adoção, pelos legitimados (artigo 103, da Constituição Federal/88), da ADI (Decreto genérico) ou ADPF, por desconformidade com a Lei 9.985/2000 e seu Decreto Regulamentador Federal nº 6.848/2009, em 15 de maio de 2009.

Referências

BECHARA, Erika. **Uma contribuição ao aprimoramento do instituto da compensação ambiental previsto na Lei 9.985/2000.** São Paulo: PUC-SP, Dissertação de Doutoramento, 2007.

BIM, Eduardo Fortunado. **Licenciamento Ambiental**, 4ª edição, Belo Horizonte: Fórum, 2018.

MACHADO, Paulo Affonso Leme. **Direito Ambiental Brasileiro**. São Paulo: Malheiros, 24. ed., rev., amp. e atual., 2016.

MEIRELLES, Hely Lopes; BURLE FILHO, José Emmanuel; e BURLE, Carla Rosado. **Direito administrativo brasileiro**. São Paulo: Malheiros, 42 ed., atual. até a Emenda Constitucional 90 de 15/09/2015, 2015.

MILARÉ, Édis. **Princípios fundamentais do Direito do Ambiente**. São Paulo: Revista dos Tribunais – Doutrinas Essenciais de Direito Ambiental, vol. 1, DTR\1998\474, 2011.

MEADOWS, Donella H. *et al.* **Limites do crescimento**: um relatório para o projeto do Clube de Roma sobre o dilema da humanidade. São Paulo: Perspectiva, 1973.

MELLO, N. A. **Políticas territoriais na Amazônia**. São Paulo: Annablume, 1ª Edição, 2006.

MENDES. G. O princípio da proporcionalidade na jurisprudência do Supremo Tribunal Federal: novas leituras. **Revista Diálogo Jurídico**, ano 1, v. 1, 2001. Disponível em: <http://www.direitopublico.com.br/pdf_5/DIALOGO-JURÍDICO-05AGOSTO-2001-GILMAR-MENDES.pdf>. Acesso em: 17 fev. 2022.

MILARÉ, Édis. **Direito do Ambiente**. 5. ed. São Paulo: Revista dos Tribunais, 2007.

MILARÉ, Édis, **Direito do Ambiente**, Editora Revista dos Tribunais, 6ª edição, 2009.

MOREIRA NETO, Diogo de Figueiredo. **Competência Concorrente Limitada. O problema da Conceituação das Normas Gerais**, Revista de Informação Legislativa, Brasília, a.25, nº 100, out/dez 1988.

______; ARTIGAS, Priscila Santos. **Compensação ambiental: questões controvertidas.** Revista de direito ambiental, n. 43, Ano 11, jul./set., São Paulo: Revista dos Tribunais, 2006.

SACHS, Ignacy. **Caminhos para o desenvolvimento sustentável**. Rio de Janeiro: Garamond, 2009.

SOARES, Sinara. **Revista dos Tribunais – Revista de Direito Ambiental**, vol. 69/2013, DTR\2013\1859, p. 299-313, 2013, pp. 3-4.

STEIGLEDER, Annelise Monteiro. **Responsabilidade civil ambiental: as dimensões do dano ambiental no direito brasileiro**. Porto Alegre: Livraria do Advogado, 2. ed., rev., atual. e amp., 2011.

RODRIGUES, Tomás –Ramon Fernandez. Environnement dans la Constitution Espagnole et dans la Doctrine du Tribunal Constitutionnel. **Revue Juridique de l Environnement**. nº 3, p. 187/95 *apud* LEME MACHADO, Paulo Affonso. Competência Comum, Concorrente e Supletiva em Matéria de Meio Ambiente *in* Revista de Informação Legislativa, Brasília, a.33, nº 131, jul/set 1996.

______. ARTIGAS, Priscila Santos. **Compensação ambiental: questões controvertidas.** São Paulo: Revista dos Tribunais – Doutrinas Essenciais de Direito Ambiental, vol. 2, DTR\2006\412, 2011.

BRASIL, 2012. **Ministério do Meio Ambiente.** Disponível em <http://www.mma.gov.br/> Acesso em: 17 fev. 2022.

______, 2012. **Ministério do Meio Ambiente. Agenda 21**. Disponível em < http://www.mma.gov.br/responsabilidade-socioambiental/agenda-21> Acesso em: 17 fev. 2022.

______, 2012. **Presidência da República Federativa do Brasil: Legislação Federal.** Disponível em <http://www2.planalto.gov.br/presidencia/legislacao> Acesso em: 17 fev. 2022.

PARÁ. Palácio do Governo. **Decreto Estadual nº 2033, de 21 de dezembro de 2009**. Disponível em: <http://www.sema.pa.gov.br/wpcontent/uploads/2014/11/L9985_SNUC_Planalto.pdf>. Acesso em: 17 fev. 2022.

PARÁ. Secretaria de Estado de Meio Ambiente. **Instrução Normativa [SEMAS] nº 005, de 11 de julho de 2014**. Estabelece procedimentos para o cálculo de gradação de impacto ambiental, para fins de compensação ambiental, nos casos de licenciamento de empreendimentos de significativo impacto ambiental... Disponível em: <http://www.sema.pa.gov.br/wp-content/uploads/2014/11/IN_Calculo_Versao_FINAL_ok_CCA_APROVADA_Publica da.pdf>. Acesso em: 17 fev. 2022.

PARÁ. Secretaria de Meio Ambiente e Sustentabilidade. Câmara de Compensação Ambiental (CCA). **O que é Câmara de Compensação Ambiental?** 2007. Disponível em: <https://www.semas.pa.gov.br/legislacao/camara-de-compensacao-ambientaldo-para/o-que-e-compensacao-ambiental/>. Acesso em: 17 fev. 2022.

SUPREMO TRIBUNAL FEDERAL. **Ação Direta de Inconstitucionalidade 3378 Distrito Federal**. Constitucionalidade da compensação devida pela implantação de empreendimentos de significativo impacto ambiental. Brasília, DF, 09/04/2018. Disponível em: <https://stf.jusbrasil.com.br/jurisprudencia/753457/acao-direta--deinconstitucionalidade-adi-3378-df/inteiro-teor-100469644>. Acesso em: 17 fev. 2022.

24. CRITÉRIOS PARA COMPENSAÇÃO POR SUPRESSÃO DE VEGETAÇÃO – O MODELO DO ESTADO DE SÃO PAULO

Antonio Luiz Lima de Queiroz

Introdução

A proteção à vegetação nativa no Brasil se inicia em 23 de janeiro de 1934, com a edição do Decreto nº 23.793, que criou o Código Florestal.

O conjunto normativo de proteção à vegetação foi sendo ampliado ao longo do tempo, com a edição do Novo Código Florestal, instituído pela Lei Federal nº 4.771, em 15 de setembro de 1965, do Decreto nº 750, em 10 de fevereiro de 1993, da Lei da Mata Atlântica em 22 de dezembro de 2006, da Lei Estadual do Cerrado em 2 de junho de 2009 e da Lei de proteção à vegetação nativa em 25 de maio de 2012.

Inicialmente, a legislação limitou-se a apontar situações em que o corte da vegetação não poderia ser autorizado, em função de sua localização ou de suas características.

Posteriormente, passou a ser exigida uma medida de compensação, a ser efetivada pela preservação de uma área vegetada ou por recomposição da vegetação, como condição para a concessão da autorização de corte.

A exigência da compensação traz uma questão relevante à tona: como avaliar do ponto de vista da relevância ambiental a área suprimida e a área proposta como compensação?

Para ser efetiva, a compensação deve ser feita de tal maneira que a área de compensação tenha relevância ambiental igual ou maior do que a área cujo corte foi autorizado, de modo que não haja prejuízo à qualidade ambiental.

Esse problema foi enfrentado pelos órgãos do Sistema Ambiental Estadual, resultando na edição de uma série de normas que buscaram estabelecer parâmetros para o cálculo da importância ambiental de áreas, de modo a possibilitar a comparação entre a área de supressão e a área apresentada como compensação, bem como determinar um procedimento para definir padrões de compensação a serem exigidos no processo de licenciamento.

1. Histórico da legislação protetiva à vegetação nativa

O Decreto Federal nº 23.793/34, que criou o Código Florestal, estabeleceu a proteção às florestas nativas, determinando que as florestas existentes no território nacional, consideradas em conjunto, constituíam bem de interesse comum, criando limitações para a supressão das assim chamadas florestas protetoras e remanescentes. Nas propriedades privadas, o Código determinava a vedação ao corte de mais de três quartos da vegetação de porte florestal existente no imóvel.

> Artigo 23. Nenhum proprietário de terras cobertas de mattas poderá abater mais de tres quartas partes da vegetação existente, salvo o disposto nos arts. 24, 31 e 52.

Apesar de prever a necessidade de autorização para certas atividades e exigir a comunicação à autoridade florestal antes do início da operação de desmate, o Código Florestal de 1934 não exigia qualquer medida de compensação pela supressão efetuada, limitando-se, a norma, a definir os casos em que as florestas ou árvores não poderiam ser cortadas.

Em 1965 é editado o "Novo Código Florestal", a Lei Federal nº 4.771/1965, com o objetivo de atualizar as disposições do Código de 1934. A nova lei definia florestas e demais formas de vegetação que seriam consideradas de preservação permanente, e vedava o seu corte a não ser em casos de utilidade pública ou interesse social.

Nos imóveis privados o Novo Código Florestal alterava a limitação de corte das florestas, determinando que deveria ser mantida a cobertura arbórea em 20% da área do imóvel, para as propriedades localizadas nas regiões Leste Meridional, Sul e Centro-Oeste.

Assim como o Código de 1934, a lei de 1965 determinou apenas restrições para a supressão da vegetação, estabelecendo as situações em que o corte não poderia ser feito, mas não criava qualquer medida para fazer uma compensação pela vegetação suprimida.

As leis nº 7.511, de 7 de julho de 1986, e nº 7.803, de 15 de agosto de 1989, trouxeram alterações no texto do Novo Código Florestal, mas não modificaram a postura de limitar a ação de proteção à definição de situações em que o corte seria restrito ou proibido.

Em 1990 surge a primeira norma a proteger de forma específica uma determinada tipologia de vegetação. O Decreto Federal nº 99.547, de 25 de setembro de 1990, proibiu, por prazo indeterminado, a supressão e a exploração da mata atlântica, instituindo uma vedação genérica ao corte da vegetação.

Para regulamentar de modo mais eficiente a proteção, dispondo de modo mais detalhado sobre a proteção e as possiblidades de corte da vegetação, considerando a existência de situações em que seria inevitável a supressão de vegetação para obras de utilidade pública, tais como rodovias, hidrelétricas e linhas de transmissão, e para regulamentar a supressão da vegetação em áreas urbanas, é proposto em 1992 o Projeto de Lei nº 3.285, de 1992 (nº 107/03 no Senado Federal).

Entretanto, em face da proibição absoluta imposta pelo Decreto Federal nº 99.547/1990, não era possível aguardar a tramitação do projeto de lei, tornando-se necessária a edição de um novo decreto, prevendo minimamente situações excepcionais nas quais a supressão de vegetação de mata atlântica poderia ser autorizada.

É assim editado, em 10 de fevereiro de 1993, o Decreto Federal nº 750, que regeria os procedimentos para proteção da vegetação da mata atlântica até a edição da Lei Federal nº 11.428, em 22 de dezembro de 2006, cuja promulgação ocorreu mais de 14 anos após a apresentação do PL nº 3.285 que lhe deu origem.

O Decreto nº 750/1993 tratou da proteção da vegetação de mata atlântica de modo similar ao dado no Novo Código Florestal, estabelecendo situações em que o corte seria admitido e casos em que seria vedada a supressão.

Da mesma forma que a Lei nº 4.771/1965, o decreto determinou que a supressão da vegetação de mata atlântica poderia ocorrer nos casos de utilidade pública e interesse social, estabelecendo também a possibilidade de corte da vegetação para o parcelamento do solo urbano e para edificações com fins urbanos, desde que não fossem verificadas situações que determinariam a impossibilidade de concessão da autorização.

Novamente a norma estabelecia restrições para o corte, mas não previa qualquer medida para compensar o corte realizado.

Para normatizar a aplicação do Decreto nº 750/1993 no estado de São Paulo, em especial no que ser referia à possibilidade de ser autorizada a supressão de vegetação de mata atlântica para parcelamento do solo urbano ou para edificação com fins urbanos, são editadas duas resoluções conjuntas da Secretaria do Meio Ambiente do Estado com o IBAMA.

A Resolução Conjunta SMA IBAMA nº 2, de 12 de maio de 1994, posteriormente alterada pela Resolução Conjunta SMA IBAMA nº 5, de 4 de novembro de 1996, teve por objetivo definir os procedimentos para concessão da autorização para supressão de vegetação de mata atlântica no ambiente urbano.

A necessidade de regulamentação da matéria decorria do fato de que no estado de São Paulo existem grandes núcleos urbanos próximos de regiões recobertas com vegetação de mata atlântica, a começar pela capital do estado, cuja região metropolitana se limita com grandes maciços de vegetação de mata atlântica ao norte e ao sul da área urbana.

As resoluções conjuntas trouxeram a definição do conceito de área verde, determinando que a supressão da vegetação somente poderia ser autorizada se fosse constituída uma área verde, para garantir a preservação de parte da vegetação.

> Artigo 2º – Para efeitos desta Resolução, consideram-se áreas verdes, aquelas com cobertura vegetal de porte arbustivo arbóreo, não impermeabilizáveis, visando a contribuir para a melhoria da qualidade de vida urbana, permitindo seu uso para atividades de lazer.

A necessidade de estabelecimento da área verde valia tanto para os projetos de parcelamento do solo, quanto para os lotes nos quais fosse pedida autorização para supressão de vegetação com a finalidade de construção de residência ou edificação com fins urbanos.

Acompanhando as disposições do decreto federal, as normativas estaduais se preocuparam em vedar o corte de parte da vegetação e em garantir a conservação dessa parcela de vegetação que não poderia ser suprimida, por meio da constituição de áreas verdes que deveriam ser definidas nos projetos de parcelamento ou averbadas na matrícula do imóvel, mas não previa qualquer medida de compensação pela vegetação suprimida.

Uma primeira disposição relacionada com exigência de plantio, como condição para a concessão de autorização para supressão de vegetação, surge na Resolução conjunta SMA IBAMA nº 5/1996, com o dispositivo prevendo a necessidade de replantio da vegetação nativa, quando não houvesse condição para a manutenção da vegetação nos limites do lote:

> Parágrafo 1º – Para lotes ou terrenos maiores que 1.000 m2, a supressão somente poderá ser autorizada mediante averbação de área verde a margem da matrícula do imóvel no Cartório de Registro de Imóveis, cuja extensão nunca deverá ser inferior a 20% da área do lote ou terreno e cujo local deverá ser aprovado pelo órgão competente, além de obedecer o disposto no Artigo 2º dessa Resolução.
>
> I – Não havendo condição técnica para a manutenção da vegetação original remanescente da área a averbar, nos limites do lote ou terreno, deverá ser efetuado o replantio com vegetação do Domínio Atlântico.

Porém, ainda assim, remanescia como obrigação principal a exigência de preservação de parte da vegetação, cabendo a exigência de replantio apenas quando não houvesse possibilidade de efetivar a preservação exigida.

Entre 22 de agosto de 1996 e 24 de março de 2001 são editadas 67 medidas provisórias alterando a redação da Lei Federal nº 4.771/1965, sendo que a última dessas medidas provisórias, a MP nº 2166-67, vigorou com força de lei até a edição da Lei Federal nº 12.651/2012.

A questão da compensação pela supressão de vegetação autorizada foi objeto dessas alterações, passando a ser prevista de forma explicita a necessidade do estabelecimento de medidas mitigadoras e compensatórias para a emissão de autorização para supressão da vegetação em determinadas situações:

> Artigo 4º
>
> § 4º O órgão ambiental competente indicará, previamente à emissão da autorização para a supressão de vegetação em área de preservação permanente, as medidas mitigadoras e compensatórias que deverão ser adotadas pelo empreendedor. (Incluído pela Medida Provisória nº 2.166-67, de 2001)

> Artigo 37-A
>
> § 4º Nas áreas passíveis de uso alternativo do solo, a supressão da vegetação que abrigue espécie ameaçada de extinção, dependerá da adoção de medidas compensatórias e mitigadoras que assegurem a conservação da espécie. (Incluído pela Medida Provisória nº 2.166-67, de 2001)

Entretanto não se definiu, com maior detalhamento, como estabelecer tais medidas de mitigação e compensação.

Do ponto de vista prático, o Departamento Estadual de Proteção de Recursos Naturais, responsável pela emissão das autorizações para intervenção em áreas de preservação permanente até 2009, tinha por prática exigir a recomposição do restante das áreas de preservação permanente do imóvel, que não tivessem sido afetadas pela intervenção autorizada.

Em 28 de março de 2006 é editada a Resolução CONAMA nº 369, complementando as hipóteses em que a obra ou empreendimento poderia ser classificada como de utilidade pública e interesse social, para permitir a autorização para intervenção em áreas de preservação permanente.

A resolução trouxe também o regramento para permitir intervenções de baixo impacto nas áreas de preservação permanente, hipótese incorporada à lei com a edição da Medida Provisória nº 2.166-67, porém não regulamentada até a edição da resolução.

A Resolução CONAMA nº 369/2006 trouxe uma inovação ao procedimento de concessão de autorização para intervenção em áreas de preservação permanente ao definir medida de mitigação ou compensação, consistente na recuperação de áreas de preservação permanente, instituindo assim a obrigação de recomposição da vegetação como condição para a emissão de autorização:

> Artigo 5º – O órgão ambiental competente estabelecerá, previamente à emissão da autorização para a intervenção ou supressão de vegetação em APP, as medidas ecológicas, de caráter mitigador e compensatório, previstas no § 4º, do art. 4º, da Lei nº 4.771, de 1965, que deverão ser adotadas pelo requerente.
>
> § 1º Para os empreendimentos e atividades sujeitos ao licenciamento ambiental, as medidas ecológicas, de caráter mitigador e compensatório, previstas neste artigo, serão definidas no âmbito do referido processo

de licenciamento, sem prejuízo, quando for o caso, do cumprimento das disposições do Artigo 36, da Lei nº 9.985, de 18 de julho de 2000.

§ 2º As medidas de caráter compensatório de que trata este artigo consistem na efetiva recuperação ou recomposição de APP e deverão ocorrer na mesma sub-bacia hidrográfica, e prioritariamente:

I – na área de influência do empreendimento, ou

II – nas cabeceiras dos rios.

Porém permanecia indefinida a dimensão da área de preservação permanente que deveria ser recuperada como condição para a emissão da autorização. No caso de intervenção em um imóvel específico, o órgão ambiental estadual manteve seu procedimento de exigir a recomposição das áreas de preservação permanente não afetadas pela intervenção, mas no caso de obras públicas, como implantação de rodovias, a compensação continuava sem uma dimensão definida, sendo avaliada caso a caso.

É com a edição da Lei Federal nº 11.428, em 22 de dezembro de 2006, que se estabelece uma correlação entre a área em que se autorizará a supressão de vegetação e a área de compensação a ser exigida para a mitigação do impacto causado pelo corte.

O Artigo 17 da lei estabeleceu que a autorização para corte da vegetação de mata atlântica nos estágios médio e avançado de regeneração estaria condicionada à conservação, ou à recomposição (reposição florestal) em área de igual tamanho da área autorizada.

Além disso, o Artigo 32 da lei, que trata especificamente da atividade de mineração, exige como medida de compensação que seja feita a restauração de área de igual tamanho da área do empreendimento, e não apenas da área de supressão.

A partir da edição da Lei da Mata Atlântica surge a preocupação com o outro bioma de ocorrência no Estado, o cerrado, que não goza de proteção específica na legislação federal.

Devido à essa falta de proteção específica, a restrição imposta para o corte da mata atlântica acabou por aumentar ainda mais a pressão sobre o cerrado, já que a única restrição aplicável para o corte dessa tipologia de vegetação seria a necessidade de constituição da reserva legal no imóvel rural, com a preservação da vegetação em 20% da área do imóvel.

Para assegurar a proteção ao cerrado, é editada, em 2 de junho de 2009, a Lei Estadual nº 13.550 que dispõe sobre utilização e proteção à vegetação de cerrado.

A Lei nº 13.550/2009 segue, em linhas gerais, as disposições da Lei da Mata Atlântica, estabelecendo vedações ao corte em determinadas condições, e determinando a necessidade de compensação da vegetação suprimida, quando esse corte puder ser autorizado.

Surge assim, com a edição dessas duas leis, a figura da compensação por plantio, definida em função do tamanho da área vegetada a ser suprimida, ou do tamanho do próprio empreendimento, como no caso da supressão de mata atlântica para a finalidade de mineração.

Porém, um grande conjunto de pedidos de autorizações continua sem uma regra clara que defina que compensação deve ser exigida, entre elas as solicitações para supressão de vegetação em estágio inicial de regeneração de mata atlântica, que deve ser autorizada pelo Estado, mas para a qual a lei não define uma compensação específica. Sem falar nas intervenções em áreas de preservação permanente desprovidas de vegetação, para as quais tampouco há regramento definindo como deve ser exigida a compensação.

2. A evolução das exigências de compensação por supressão de vegetação ou intervenção em áreas de preservação permanente no estado de São Paulo

No estado de São Paulo a atribuição para emissão de autorizações florestais foi inicialmente dada à Divisão de Proteção de Recursos Naturais – DPRN, da Secretaria da Agricultura, criada pelo Decreto nº 11.138, de 3 de fevereiro de 1978. Posteriormente, em 24 de março de 1986, é criado o Sistema Estadual de Meio Ambiente com a edição do Decreto Estadual nº 24.932, e criada, também, a Secretaria do Meio Ambiente, para onde é transferida a Divisão de Proteção de Recursos Naturais, agora com a denominação de Departamento Estadual de Proteção de Recursos Naturais – DEPRN.

Posteriormente, com a edição da Lei Estadual nº 13.542, em 8 de maio de 2009, as atribuições do DEPRN foram transferidas para a CETESB, que passou a ser a agência ambiental do Estado, assumindo, além de sua atribuição original de controle das fontes de poluição, a responsabilidade pela emissão das autorizações florestais.

A partir de 1978, a concessão de autorização para supressão de vegetação pelo DPRN estava condicionada à comprovação da destinação para conservação de área correspondente a 20% da área do imóvel rural, em atendimento à restrição de corte imposta pela Lei nº 4771/1965.

A partir de 1994, além da comprovação da preservação da vegetação em 20% da área do imóvel rural, na área que passou a ser denominada "Reserva Legal", com a edição da Lei Federal nº 7.803/1989, passou a ser exigida a averbação da área verde em imóveis urbanos, quando era autorizada a supressão de vegetação de mata atlântica, na forma prevista na Resolução Conjunta SMA IBAMA nº 2/1994.

Além dessas exigências, era obrigatório no processo de licenciamento a recuperação de áreas de preservação permanente, em especial as áreas ao longo dos cursos d'água e ao redor de nascentes, dentro da lógica de que essas seriam áreas prioritárias para a preservação do meio ambiente, considerando as disposições genéricas dadas pela Lei Federal nº 6. 938/1981, em seus artigos 2º e 4º, definindo-se as áreas a serem recuperadas em cada processo de licenciamento.

Com a edição da Lei Federal nº 11.428/2006 surge não só uma exigência geral de compensação de área equivalente à área de vegetação a ser suprimida, como também uma preocupação de que a compensação fosse feita em área com as mesmas características ecológicas da área suprimida.

> Artigo 17 – O corte ou a supressão de vegetação primária ou secundária nos estágios médio ou avançado de regeneração do Bioma Mata Atlântica, autorizados por esta Lei, ficam condicionados à compensação ambiental, na forma da destinação de área equivalente à extensão da área desmatada, com as mesmas características ecológicas, na mesma bacia hidrográfica, sempre que possível na mesma microbacia hidrográfica, e, nos casos previstos nos artigos 30 e 31, ambos desta Lei, em áreas localizadas no mesmo Município ou região metropolitana.
>
> § 1º Verificada pelo órgão ambiental a impossibilidade da compensação ambiental, prevista no caput deste artigo, será exigida a reposição florestal, com espécies nativas, em área equivalente à desmatada, na mesma bacia hidrográfica, sempre que possível na mesma microbacia hidrográfica.

Apesar da referência às áreas com a mesma característica ecológica aparecer no caput do Artigo 17 da lei, entendeu-se que seria necessário também observar um critério de equivalência ecológica em relevância ambiental da área, para o local onde fosse feita a restauração da vegetação para o cumprimento da compensação, na forma prevista no parágrafo 1º do mesmo artigo 17.

Surge assim a questão de como comparar duas áreas do ponto de vista das características ecológicas.

É claro que uma primeira leitura aponta a necessidade de que a compensação seja feita em áreas do domínio da Mata Atlântica, uma vez que uma equivalência ecológica principia por encontrar áreas de compensação em local de ocorrência do mesmo bioma da vegetação que está sendo cortada, mas essa identidade é apenas uma parte das características ecológicas.

Para se avaliar corretamente uma equivalência em relação às características ecológicas, torna-se necessário avaliar também o papel que aquela vegetação representa na conservação da biodiversidade, na preservação dos recursos hídricos, na proteção do solo, em todas as inter-relações, enfim que a vegetação tem com o meio ambiente.

Nesse sentido surge uma primeira normativa estadual buscando estabelecer um critério de comparação entre a importância ambiental da área que se pretende suprimir e a área onde se propõe realizar a compensação exigida pela lei.

A criação dessa norma partiu do princípio de que somente valorando de forma adequada a vegetação a ser cortada é que seria possível estabelecer a dimensão da área a ser recomposta, de modo que essa área pudesse compensar de forma efetiva a vegetação a ser suprimida.

O instrumento utilizado para o estabelecimento da área de compensação na Resolução SMA nº 15, de 13 de março de 2008, foi o resultado obtido pela equipe de pesquisadores do Projeto Biota FAPESP, expresso nos mapas "Áreas prioritárias para incremento da conectividade" e "Áreas prioritárias para criação de Unidades de Conservação".

O Projeto Biota Fapesp identificou as áreas prioritárias para incremento da conectividade, classificando-as em uma escala de 1 a 8. Considerando que a conectividade entre os fragmentos de vegetação é medida fundamental para assegurar o fluxo gênico de fauna e flora, garantindo assim a diversidade genética e a conservação da biodiversidade, a Resolução SMA nº 15/2008 determinou que, quanto mais importante para conectividade fosse a área onde se solicitava a supressão, maior deveria ser a compensação exigida.

> Artigo 4º – A concessão de autorização para supressão de vegetação, considerando as escalas de classificação presentes no mapa "Áreas prioritárias para incremento da conectividade", deverá atender os seguintes critérios:

I. Dentro da escala de 6 a 8 deverá ser compensada área equivalente a 6 (seis) vezes a área autorizada.

II. Dentro da escala de 3 a 5 deverá ser compensada área equivalente a 2 (duas) vezes a área autorizada.

III. Dentro da escala de 1 a 2 deverá ser seguida a legislação florestal em vigor.

Artigo 5º – A compensação de que trata o Artigo 4º deverá ser implantada apenas mediante recuperação de áreas degradadas.

Essa primeira abordagem para avaliar de forma mais precisa a compensação que deveria ser exigida sofreu pequenos ajustes em sua redação com a edição das Resoluções nº 85/2008 e nº 86/2009, porém sem grandes alterações nas diretrizes de cálculo.

A norma determinava no parágrafo 1º de seu Artigo 4º que a compensação deveria ser feita de preferência nas áreas prioritárias para manutenção e implantação da conectividade com classificação de 5 a 8, com prioridade para a recuperação das áreas de preservação permanente, e para os locais que possibilitassem a interligação de fragmentos florestais remanescentes.

Mapa de conectividade referido nas resoluções SMA nº 15/2008, nº 85/2008 e nº 86/2009.

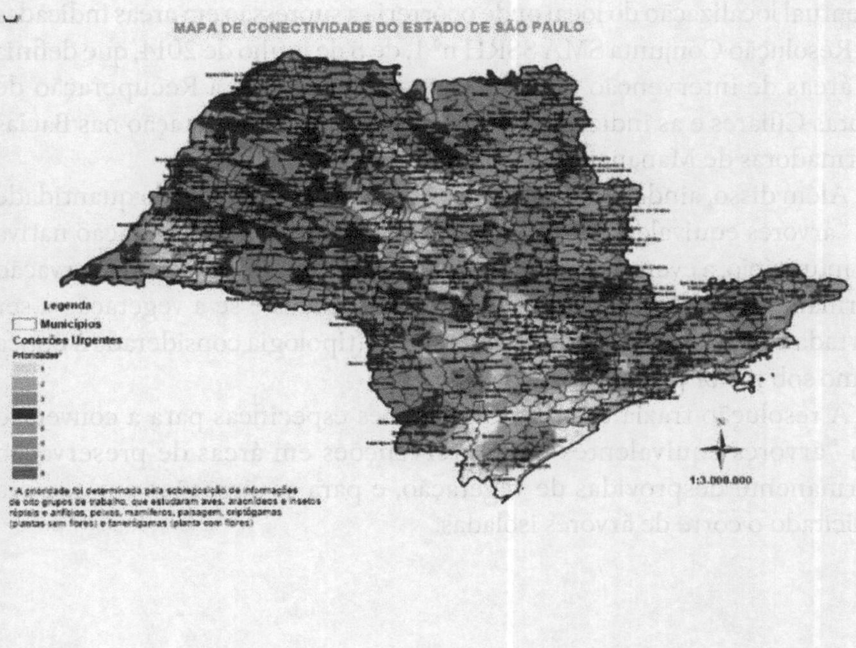

Ou seja, não só se estabeleceu um modo de quantificar a compensação a ser realizada considerando a importância do fragmento a ser suprimido, como se buscava direcionar, ainda que na forma de uma indicação, os locais a serem priorizados para a realização dessa compensação.

Porém a Resolução SMA nº 86/2009 não cobria todas as situações em que era exigida uma compensação, uma vez que não se aplicava para os casos de intervenção em áreas de preservação permanente desprovidas de vegetação ou para os pedidos de corte de árvores isoladas.

Buscando corrigir essas lacunas foi editada em 2 de setembro de 2014 a Resolução SMA nº 70, posteriormente alterada pela Resolução SMA nº 72, de 22 de outubro de 2015.

Essas resoluções trouxeram o conceito de "arvore equivalente" que permitia que a área a ser suprimida e a área proposta para compensação fossem avaliadas com o uso de uma mesma unidade.

Para converter uma área para a qual se pedia a supressão em um valor em "árvores equivalentes" era necessário avaliar não só a classe de importância do local definida pelo Projeto Biota FAPESP, mas também considerar o estágio sucessional da vegetação, a existência de pontos de captação de água para abastecimento público, a existência de áreas de vulnerabilidade do aquífero, e sua inserção ou não em área urbana.

Também se determinava como fator a ser considerado na avaliação, a eventual localização do local onde ocorreria a supressão em áreas indicadas na Resolução Conjunta SMA SSRH nº 1, de 5 de junho de 2014, que definia as áreas de intervenção do Programa de Incentivos à Recuperação de Matas Ciliares e as indicadas para recomposição de Vegetação nas Bacias Formadoras de Mananciais de Água.

Além disso, ainda deveriam ser considerados no cálculo da quantidade de "árvores equivalentes" o percentual de cobertura de vegetação nativa do município, a eventual inserção do local de corte em área de preservação permanente, a ocorrência de espécies ameaçadas e se a vegetação a ser cortada se constituía de floresta estacional (tipologia considerada à época como sob maior pressão de ocupação).

A resolução trazia também disposições especificas para a conversão em "árvores equivalentes" das intervenções em áreas de preservação permanente desprovidas de vegetação, e para as situações em que era solicitado o corte de árvores isoladas.

Já com relação ao local ofertado para realização da compensação, seu valor em "árvores equivalentes" deveria ser calculado considerando a classe de importância do local onde seria feita a recomposição de vegetação de acordo com o mapa do Projeto Biota FAPESP, a existência de pontos de captação de água para abastecimento público, a existência de áreas de vulnerabilidade do aquífero e ainda se essa área a ser restaurada estava inserida em unidade de conservação, ou se fazia parte das áreas definidas no Programa de Incentivos à Recuperação de Matas Ciliares e as indicadas para recomposição de Vegetação nas Bacias Formadoras de Mananciais de Água.

Feita a conversão em "árvores equivalentes" da área a ser suprimida, a compensação ofertada deveria ser igualmente convertida em "árvores equivalentes", devendo os dois valores serem iguais para que fosse aceita a proposta de compensação.

Nota-se que se buscou ampliar o rol de aspectos a serem considerados para determinar a relevância ambiental, tanto da área de corte quanto da área de compensação ofertada, principalmente com a incorporação de uma avaliação da questão hidrológica, além da avaliação relativa à biodiversidade e à conectividade.

A Resolução SMA nº 72/2015 não revogou a resolução SMA nº 86/2009. As duas metodologias poderiam ser utilizadas, dispondo o Artigo 6º da Resolução SMA nº 72/2015 que, nos casos em que essa fosse utilizada, não deveriam ser aplicados os critérios da Resolução SMA nº 86/2009.

A vigência conjunta das duas resoluções com metodologias diferentes se justificava justamente porque estava em processo a verificação de qual método seria mais adequado para o cálculo da compensação devida pela supressão de vegetação nativa.

A Resolução nº 72/2015 trazia como vantagem a possiblidade de ser utilizada para todas as autorizações emitidas, tanto para a supressão de vegetação quanto para as intervenções em áreas de preservação permanente e para os pedidos de supressão de exemplares arbóreos isolados.

Já a Resolução SMA nº 86/2009 era de aplicação mais simples, uma vez que bastava localizar a área de supressão no mapa, identificando sua classe, para determinar a compensação devida, sem a necessidade dos cálculos de conversão exigidos para aplicação da Resolução SMA nº 72/2015.

Entretanto, ambas as metodologias apresentavam problemas. O mapa de áreas prioritárias para incremento da conectividade não cobre todo o território do Estado, havendo espaços em branco, sem definição de uma classe de prioridade.

Outro problema encontrado na aplicação da Resolução nº SMA 86/2009 diz respeito à falta de uma definição precisa dos limites de cada classe de prioridade apontada no mapa.

Em função da escala utilizada na elaboração do mapa, terrenos localizados nas zonas fronteiriças entre duas classes de prioridade podem ser classificados em ambas, o que gerava conflitos entre o interessado e o órgão licenciador, em face da diferença no tamanho da compensação exigida dependendo de qual classe de prioridade fosse considerada.

Já com relação às dificuldades para a utilização do conceito de árvore equivalente trazido pela Resolução SMA nº 72/2015, o principal problema se relacionava com a complexidade do procedimento necessário para a definição da quantidade de árvores equivalentes que representaria a importância da área a ser suprimida, considerando a grande quantidade de fatores a serem considerados nesse cálculo.

Além disso, a indicação da existência de pontos de captação de água para abastecimento humano também assumia um caráter muito subjetivo, uma vez eu não havia na resolução uma definição clara de que distância da área de supressão deveria ser considerada para a identificação dos eventuais pontos de captação.

Tais dificuldades na aplicação das duas resoluções geraram a necessidade de aprimoramento do procedimento de valoração, o que foi feito, resultando na edição da Resolução SMA nº 7/2017, vigente até hoje, que define as regras para determinação da compensação a ser exigida nos processos de licenciamento que envolvem supressão de vegetação, intervenção em áreas de preservação permanente desprovidas de vegetação e corte de árvores isoladas.

A Resolução nº 7/2017 incorporou as variáveis de conectividade e hidrologia presentes nas resoluções anteriores, considerando para a valoração ambiental das áreas do Estado o mapa do programa Biota FAPESP, as indicações de vulnerabilidade hídrica e a existência de pontos de captação para abastecimento humano, porém apresenta o resultado de uma forma mais clara, facilitando a determinação da compensação devida.

O mapa do Estado produzido para a resolução SMA nº 7/2017 divide o território paulista em classes de prioridade para restauração, baixa, média, alta ou muito alta, mas faz essa definição estabelecendo uma classe de importância para cada município.

Mapa de prioridade da resolução SMA 07/2017 – definição da classe de prioridade abrange o município como um todo.

Assim, a definição da classe de importância de um município considerando as classes de prioridade do Projeto Biota FAPESP e as questões hidrológicas é apresentada para aplicação em toda a área de cada município, o que soluciona os conflitos anteriormente existentes de definição da classe de prioridade no mapa das áreas prioritárias para incremento da conectividade.

Mas o grande diferencial da Resolução SMA nº 7/2017 diz respeito à instituição de procedimentos para direcionar a compensação para as áreas de maior prioridade para restauração, considerando o Estado como um todo.

A primeira disposição nesse sentido diz respeito à obrigação de que a compensação seja feita em área localizada em município com prioridade para restauração igual ou maior do que a prioridade do município onde ocorrerá a supressão.

Corte de vegetação em município com baixa prioridade pode ser compensado em qualquer parte do estado[1]; quando o corte se dá em município com média prioridade, não pode ser compensado em áreas localizada em municípios com baixa prioridade; supressão feita em municípios com alta prioridade somente pode ser compensada em municípios com alta ou muito alta prioridade e o corte em municípios de muito alta prioridade somente pode ser compensados em municípios com muito alta prioridade.

Por meio dessa disposição evita-se que a compensação pelo corte de vegetação em uma área com maior relevância ambiental seja feita em um local com menor importância do ponto de vista dos atributos ambientais relacionados com a conservação da biodiversidade e da preservação dos recursos hídricos.

O outro mecanismo previsto na resolução para estimular a restauração nos locais considerados de maior prioridade para restauração é a redução da área de compensação exigida.

Nesse ponto é preciso esclarecer que a compensação por supressão de vegetação exigida pela legislação estadual supera em muito a compensação prevista na Lei da Mata Atlântica.

Enquanto a Lei Federal 11.428/2006 exige a compensação de área equivalente à área suprimida, e mesmo assim, apenas para a supressão de vegetação nos estágios médio e avançado de regeneração, não exigindo qualquer compensação quando se trata de supressão de vegetação em estágio inicial.

Já no Estado de São Paulo, a exigência de compensação se aplica tanto para os pedidos de autorização para corte da vegetação de mata atlântica, inclusive quando se trata de supressão de vegetação em estágio inicial, quanto para as autorizações para cote de vegetação de cerrado e também para as intervenções em áreas de preservação permanente desprovidas de vegetação.

O tamanho da área de compensação a ser exigida para emissão dessas autorizações no Estado de São Paulo varia de 1,2 vezes a área objeto da autorização, para uma intervenção em uma área de preservação permanente desprovida de vegetação nativa, até 7 vezes a área autorizada

[1] No caso da autorização de corte de vegetação de mata atlântica em estágio médio ou avançado de regeneração deve ser observada concomitantemente a exigência de que a compensação seja feita na mesma bacia hidrográfica.

no caso de autorização para supressão de vegetação em estágio avançado, localizada em área de preservação permanente.

A área exigida como compensação, calculada com base nos critérios da Resolução 7/2017, será reduzida quando a compensação for feita em área com prioridade maior do que aquela onde será realizada a supressão[23].

A aplicação dessa disposição torna vantajoso ao interessado no licenciamento cumprir a exigência de compensação em áreas mais relevantes do ponto de vista ambiental, fazendo com que a exigência de compensação possa se constituir em uma ferramenta de política pública de melhoria ambiental, na medida em que se aproveita o mecanismo de compensação para promover a recuperação das áreas de maior relevância ambiental.

Conclusões

O procedimento de licenciamento ambiental, implementado no Brasil pela Lei Federal 6938 de 31 de agosto de 1981, regulamentada pelo Decreto Federal 99274 de 6 de junho de 1990, tem por objetivo avaliar os pedidos de implantação de obras ou atividades potencialmente causadoras de degradação ambiental ou utilizadoras de recursos naturais, definindo nesse processo medidas de mitigação e compensação dos impactos causados.

Em especial quando se trata da supressão de vegetação nativa essa questão assume uma enorme importância dada a variedade de serviços ambientais prestados pela vegetação nativa ao meio ambiente, incluindo a proteção do solo, sequestro de carbono, preservação da biodiversidade, influência benéfica no microclima, entre outros.

Exigir uma compensação em área de dimensão equivalente a que foi suprimida certamente não é suficiente, sendo necessário avaliar se a compensação que se exige realmente tem a capacidade de mitigar de forma efetiva os impactos da supressão.

Como foi visto, mais até do que fazer uma mitigação efetiva, o mecanismo da compensação pela supressão pode se constituir em uma estratégia para promover melhoria do meio ambiente.

[23] A redução somente será aplicável até o limite estabelecido na legislação específica, seja a Lei da Mata Atlântica, seja a Lei do Cerrado.

Ao longo dos últimos 14 anos houve no Estado de São Paulo uma notável evolução nos critérios para determinação da compensação exigida no licenciamento.

Mas não se pode considerar que esse é um trabalho finalizado. O meio ambiente é dinâmico e a definição das áreas prioritárias para conservação deve passar necessariamente por revisões periódicas, não só em função de serem recuperadas algumas dessas áreas por meio do cumprimento das compensações do licenciamento, como também por conta das alterações naquilo que se considera como prioritário em matéria ambiental.

Novos desafios relacionados com o combate às mudanças climáticas, sequestro de carbono, pagamento por serviços ambientais já estão colocados. Cabe aos órgãos licenciadores incorporarem, essas novas variáveis em seu procedimento de licenciamento de modo que as condições colocadas nas licenças ambientais e nas autorizações mais do que mitigar impactos contribuam efetivamente para a melhoria do meio ambiente.

Referências

Brasil. Resoluções SMA nº 85/2008, nº 86/2009, nº 70/2014, nº 72/2015 e nº 07/2017 disponíveis em: https://www.infraestruturameioambiente.sp.gov.br/legislacao/norma/resolucoes-sma/ acesso em 06 out 2022

Brasil. Resoluções SMA IBAMA nº 02/1994, 05/1996 disponíveis em: https://www.infraestruturameioambiente.sp.gov.br/legislacao/norma/resolucoes-sma/ acesso em 06 out 2022

Brasil. Lei Estadual nº 13.550/2009, **Dispõe sobre a utilização e proteção da vegetação nativa do Bioma Cerrado no Estado**, disponível em https://www.al.sp.gov.br/repositorio/legislacao/lei/2009/lei-13550-02.06.2009.html acesso em 06 out 2022

Brasil. Lei nº 11.428, de 22 de dezembro de 2006, **Dispõe sobre a utilização e proteção da vegetação nativa do Bioma Mata Atlântica**, disponível em http://www.planalto.gov.br/ccivil_03/_ato2004-2006/2006/lei/l11428.htm acesso em 06 out 2022

Brasil. Decreto Federal nº 23.793, de 23 de janeiro de 1934, **Aprova o código florestal que com esse baixa**, disponível em http://www. http://www.planalto.gov.br/ccivil_03/decreto/1930-1949/d23793.htm acesso em 06 out 2022

Brasil. Lei Federal nº 4771, de 15 de setembro de 1965, que **institui o novo Código Florestal**, disponível em: http://www.planalto.gov.br/ccivil_03/leis/l4771.htm acesso em 06 out 2022

Brasil. Lei Federal nº 7.511, de 7 de julho de 1986, **Altera dispositivos da Lei nº 4.771, de 15 de setembro de 1965, que institui o novo Código Florestal**, disponível em http://www.planalto.gov.br/ccivil_03/leis/l7511.htm acesso em 06 out 2022

Brasil. Lei Federal nº 7.803, de 18 de julho de 1989, **Altera a redação da Lei nº 4.771, de 15 de setembro de 1965**, disponível em http://www.planalto.gov.br/ccivil_03/leis/l7803.htm acesso em 06 out 2022

Brasil. Lei Federal nº 6.938, de 31 de agosto de 1981, **Dispõe sobre a Política Nacional do Meio Ambiente, seus fins e mecanismos de formulação e aplicação**, disponível em www.http://.planalto.gov.br/ccivil_03/leis/l6938.htm acesso em 06 out 2022

Brasil. Lei Federal nº 12.651, de 25 de maio de 2012, **Dispõe sobre a proteção da vegetação nativa**, disponível em http://www.planalto.gov.br/ccivil_03/_ato2011-2014/2012/lei/l12651.htm acesso em 06 out 2022

25. EVOLUÇÃO DA PROTEÇÃO DE ÁREAS DE PRESERVAÇÃO PERMANENTE DE CURSOS D'ÁGUA

Adriana Maira Rocha Goulart Pinto

Introdução

O crescimento da taxa de desmatamento das florestas e as consequências deste impacto no clima e na biodiversidade do planeta tem alertado, de modo geral, a população mundial. A exploração desordenada afeta negativamente a qualidade e a disponibilidade dos recursos naturais, principalmente os recursos hídricos.

Nesse sentido, em busca de uma ocupação sustentável, vem o desenvolvimento da legislação ambiental com o estabelecimento de diretrizes que devem ser cumpridas pela sociedade.

Em 1934 foi editado o Decreto nº 23.793, que criou o Código Florestal, determinando que as florestas existentes no Brasil constituíam bem de interesse comum a todos, devendo o direito de propriedade ser exercido com as limitações legais estabelecidas.

O Código de 1934 estabeleceu os conceitos de florestas de proteção, florestas remanescentes, florestas modelo e florestas de rendimento, em uma primeira tentativa de trazer regras para garantir uma preservação mínima das florestas brasileiras. As florestas protetoras e as remanescentes eram consideradas de conservação perene.

Em 1965 foi editada a Lei Federal nº 4.771, que institui o novo Código Florestal, trazendo duas formas importantes de conservação e preservação das florestas e espaços territoriais: a definição das florestas e demais formas de vegetação consideradas de preservação permanente e as Reservas Legais.

Posteriormente, com a edição da Medida Provisória nº 1956-50, em 26 de maio de 2000[1], o conceito de florestas e demais formas de vegetação consideradas de preservação permanente foi ampliado, com a criação do conceito de Área de Preservação Permanente – APP, definida como sendo uma área protegida, coberta ou não por vegetação com determinadas funções ambientais.

O Código Florestal e suas posteriores alterações destacam-se como uma das mais importantes normas para disciplinar o uso e ocupação do solo, fazendo restrições que impõem limitações ao exercício do direito de propriedade, em vista da preservação das florestas consideradas bens de interesse comum a todos. No Brasil, por muitos anos na época do regime militar, prevaleceu o entendimento de que o país deveria desenvolver-se a qualquer custo, isto porque as nações em desenvolvimento não poderiam desviar recursos para proteger o meio ambiente (MILARÉ, 2009).

Em 2012 foi editada a Lei Federal nº 12.651 que revogou a Lei Federal nº 4.771, de 1965. A nova normativa, que se encontra vigente, chamada popularmente de Novo Código Florestal, ainda que a lei anterior já fosse assim denominada, mantem os institutos de Reserva Legal e Área de Preservação Permanente, como importantes instrumentos de preservação, porém com certa flexibilização quando comparada com a lei revogada, em especial com relação aos imóveis rurais.

As APPs merecem atenção especial em razão da sua importância ecológica, na prestação de serviços ambientais, tais como: proteção dos recursos hídricos e do solo, regulação do clima, garantia da qualidade do ar e manutenção da biodiversidade. Porém a população em geral, não apenas os produtores rurais como se pensava antigamente, não está cumprindo a legislação no tocante à preservação dessas áreas ambientalmente protegidas. Mattos et al (2007) conclui, em sua pesquisa para estimar o valor monetário das APPs da microbacia do ribeirão São Bartolomeu no município de Viçosa-MG, que a população conhece pouco sobre o Código Florestal e as funções das APPs, mas elas têm consciência da importância de sua preservação e recuperação.

[1] Essa medida provisória foi reeditada por diversas vezes, até a edição da MP 2122-67 em 24 de agosto de 2001, vigorando essa última com força de lei até a edição da Lei Federal 12651/2012.

Nesse cenário, este artigo tem como objetivo estudar a evolução dos diplomas legais que disciplinam a questão das APPs, em especial dos cursos d'água nas áreas urbanas.

1. Histórico da previsão legal das áreas de preservação permanente

O primeiro Código Florestal Brasileiro surgiu em 1934 com o advento do Decreto Federal nº 23.793. Ele foi editado na época em que o país passava por intensos desmatamentos em função da implantação das atividades de cafeicultura e cana-de-açúcar. O referido diploma legal considerava as florestas como de interesse comum a todos os brasileiros, uma vez que estas possuem a capacidade de proteção dos recursos hídricos e dos solos. Criou a classificação das florestas como sendo Protetoras, Remanescentes, Modelo e de Rendimento, limitando seu uso de acordo com sua denominação (SOUZA, 2009).

O Código Florestal de 1965, Lei Federal nº 4.771, extinguiu a classificação das florestas, porém institui o conceito de Florestas de Preservação Permanente, posteriormente alterado para Áreas de Preservação Permanente, Parques Nacionais, Estaduais e Municipais, bem como a Reserva Legal[2].

De acordo com o inciso II do artigo 1º do Código Florestal, incluído pela Medida Provisória nº 2166-67, de 2001, Área de Preservação Permanente é:

> Área de preservação permanente: área protegida nos termos dos artigos 2º e 3º desta Lei, coberta ou não por vegetação nativa, com a função ambiental de preservar os recursos hídricos, a paisagem, a estabilidade geológica, a biodiversidade, o fluxo gênico de fauna e flora, proteger o solo e assegurar o bem-estar das populações humanas.

Esse conceito nasce da importância de se preservar certos espaços territoriais brasileiros, tais como as margens de cursos d'água, lagos, lagoas, reservatórios, nascentes, topo de morros, encostas, restingas, entre outras. A definição legal denota a intenção do legislador de dar proteção às florestas e demais formas de vegetação, mas também aos

[2] O termo "reserva legal" foi introduzido na Lei nº 4.771/65 com a edição da Lei Federal nº 7.803/89, porém desde a sua edição a lei limitava a supressão de vegetação no imóvel rural, exigindo que 20% de sua área permanecesse com cobertura arbórea.

locais ou formações geológicas em que tais áreas estão inseridas, independentemente da presença de vegetação nativa. Se a floresta perecer ou for retirada, a área de APP não deixará de ser protegida e não perderá sua vocação florestal (MILARE, 2009).

A Lei Federal nº 12.651 de 2012, em seu inciso II do artigo 3, mantém o conceito das APPs como sendo áreas cobertas ou não por vegetação nativa, com a função ambiental de preservar os recursos hídricos, a paisagem, a estabilidade geológica, a biodiversidade, o fluxo gênico de fauna e flora, proteger o solo e assegurar o bem-estar das populações humanas. O artigo 4 da mesma lei determina as situações locacionais consideradas como APPs:

> Art. 4º Considera-se Área de Preservação Permanente, em zonas rurais ou urbanas, para os efeitos desta Lei:
>
> I – as faixas marginais de qualquer curso d'água natural perene e intermitente, excluídos os efêmeros, desde a borda da calha do leito regular, em largura mínima de: (Incluído pela Lei nº 12.727, de 2012).
>
> a) 30 (trinta) metros, para os cursos d'água de menos de 10 (dez) metros de largura;
>
> b) 50 (cinquenta) metros, para os cursos d'água que tenham de 10 (dez) a 50 (cinquenta) metros de largura;
>
> c) 100 (cem) metros, para os cursos d'água que tenham de 50 (cinquenta) a 200 (duzentos) metros de largura;
>
> d) 200 (duzentos) metros, para os cursos d'água que tenham de 200 (duzentos) a 600 (seiscentos) metros de largura;
>
> e) 500 (quinhentos) metros, para os cursos d'água que tenham largura superior a 600 (seiscentos) metros;
>
> II – as áreas no entorno dos lagos e lagoas naturais, em faixa com largura mínima de:
>
> a) 100 (cem) metros, em zonas rurais, exceto para o corpo d'água com até 20 (vinte) hectares de superfície, cuja faixa marginal será de 50 (cinquenta) metros;
>
> b) 30 (trinta) metros, em zonas urbanas;
>
> III – as áreas no entorno dos reservatórios d'água artificiais, decorrentes de barramento ou represamento de cursos d'água naturais, na faixa definida na licença ambiental do empreendimento; (Incluído pela Lei nº 12.727, de 2012). (Vide ADC Nº 42) (Vide ADIN Nº 4.903)

> IV – as áreas no entorno das nascentes e dos olhos d'água perenes, qualquer que seja sua situação topográfica, no raio mínimo de 50 (cinquenta) metros; (Redação dada pela Lei nº 12.727, de 2012). (Vide ADIN Nº 4.903)
>
> V – as encostas ou partes destas com declividade superior a 45º, equivalente a 100% (cem por cento) na linha de maior declive;
>
> VI – as restingas, como fixadoras de dunas ou estabilizadoras de mangues;
>
> VII – os manguezais, em toda a sua extensão;
>
> VIII – as bordas dos tabuleiros ou chapadas, até a linha de ruptura do relevo, em faixa nunca inferior a 100 (cem) metros em projeções horizontais;
>
> IX – no topo de morros, montes, montanhas e serras, com altura mínima de 100 (cem) metros e inclinação média maior que 25º, as áreas delimitadas a partir da curva de nível correspondente a 2/3 (dois terços) da altura mínima da elevação sempre em relação à base, sendo esta definida pelo plano horizontal determinado por planície ou espelho d'água adjacente ou, nos relevos ondulados, pela cota do ponto de sela mais próximo da elevação;
>
> X – as áreas em altitude superior a 1.800 (mil e oitocentos) metros, qualquer que seja a vegetação;
>
> XI – em veredas, a faixa marginal, em projeção horizontal, com largura mínima de 50 (cinquenta) metros, a partir do espaço permanentemente brejoso e encharcado. (Redação dada pela Lei nº 12.727, de 2012).

No que se refere à dominialidade, de acordo com a legislação, as APPs são instituídas sem se considerar a titularidade do bem, ou seja, público ou privado. Além disso, o proprietário do imóvel não tem direito a indenização, nem pode pedir ressarcimento por desapropriação indireta. O direito de propriedade está garantido pela Constituição Federal de 1988, que, entretanto, também afirma que a propriedade deverá atender a sua função social. Uma vez que o legislador constituinte diz ainda que a ordem econômica deve observar os princípios da função social da propriedade e da defesa do meio ambiente, o respeito às APPs não conflita com o direito de propriedade (MACHADO, 2009).

Embora o legislador deixe claro que a proteção das APPs é independente da presença de vegetação nativa, para Magalhães e Ferreira (2000) apud Souza (2007) não se pode desconsiderar a importância da cobertura vegetal nessas áreas, que são sensíveis, frágeis e conferem proteção não somente ao solo, mas também a fauna existente. Os benefícios desses ecossistemas estão diretamente relacionados com o conceito das funções ambientais estabelecidas em lei, ou seja, a capacidade das APPs fornecerem bens e serviços para a população humana.

Em que pese a legislação estabelecer várias tipologias de APPs, este artigo dará ênfase nas APPs de cursos d'água, situação de ocorrência muito comum nas propriedades, devido a riqueza hídrica brasileira.

2. Área de Preservação Permanente gerada por cursos d'água

Como descrito acima, a APP é delimitada ao longo de todo curso d'água natural, perene ou intermitente. Manter as APPs de cursos d'água, com sua mata ciliar, é necessário para manutenção dos serviços ambientais indispensáveis para a qualidade de vida da sociedade, incluindo os aspectos econômicos das propriedades produtivas.

Costa (2008) em sua tese de doutorado menciona que as matas ciliares servem de suporte para o processo de infiltração as águas pluviais no solo, permitindo a recarga dos reservatórios subterrâneos. A conservação da água, da vegetação e do solo é essencial para a sustentação da própria vida humana e manutenção da biodiversidade.

Em relação à faixa de proteção para margens de cursos d'água, o texto original do artigo 2º do Código Florestal editado em 1965 preceitua:

> Art. 2º Consideram-se de preservação permanente, pelo só efeito desta Lei, as florestas e demais formas de vegetação natural situadas:
>
> a) ao longo dos rios ou de outro qualquer curso d'água, em faixa marginal cuja largura mínima será:
>
> 1. de 5 (cinco) metros para os rios de menos de 10 (dez) metros de largura;
>
> 2. igual à metade da largura dos cursos que meçam de 10 (dez) a 200 (duzentos) metros de distância entre as margens;
>
> 3. de 100 (cem) metros para todos os cursos cuja largura seja superior a 200 (duzentos) metros.

Com o advento da Lei Federal nº 7.511, de 7 de julho de 1986, a qual alterou dispositivos na Lei Federal nº 4.771, de 1965, a faixa de proteção das APPs foram alteradas, conforme descrito abaixo:

> Art. 2º:
>
> (...)
>
> 1. de 30 (trinta) metros para os rios de menos de 10 (dez) metros de largura;

> 2. de 50 (cinqüenta) metros para os cursos d'água que tenham de 10 (dez) a 50 (cinqüenta) metros de largura;
>
> 3. de 100 (cem) metros para os cursos d'água que meçam entre 50 (cinqüenta) e 100 (cem) metros de largura;
>
> 4. de 150 (cento e cinqüenta) metros para os cursos d'água que possuam entre 100 (cem) e 200 (duzentos) metros de largura; igual à distância entre as margens para os cursos d'água com largura superior a 200 (duzentos) metros
>
> (...).

Na época houve um enorme ganho ambiental em termos de proteção legal para as faixas marginais de cursos d'água, porém ainda persistiam dúvidas onde se iniciaria a faixa marginal. Desta forma, a Lei Federal nº 7.803, de 18 de junho de 1989, veio regulamentar essa questão e revogou a Lei Federal nº 7.511, passando as APPs de corpos d'água serem estabelecidas da seguinte forma:

> Art. 2º
>
> (...)
>
> a) ao longo dos rios ou de qualquer curso d'água desde o seu nível mais alto em faixa marginal cuja largura mínima seja:
>
> 1) de 30 (trinta) metros para os cursos d'água de menos de 10 (dez) metros de largura;
>
> 2) de 50 (cinqüenta) metros para os cursos d'água que tenham de 10 (dez) a 50 (cinqüenta) metros de largura;
>
> 3) de 100 (cem) metros para os cursos d'água que tenham de 50 (cinqüenta) a 200 (duzentos) metros de largura;
>
> 4) de 200 (duzentos) metros para os cursos d'água que tenham de 200 (duzentos) a 600 (seiscentos) metros de largura;
>
> 5) de 500 (quinhentos) metros para os cursos d'água que tenham largura superior a 600 (seiscentos) metros;
>
> (...)
>
> Parágrafo único. No caso de áreas urbanas, assim entendidas as compreendidas nos perímetros urbanos definidos por lei municipal, e nas regiões metropolitanas e aglomerações urbanas, em todo o território abrangido, observar-se-á o disposto nos respectivos planos diretores e leis de uso do solo, respeitados os princípios e limites a que se refere este artigo."

Observa-se que as APPs deveriam ser medidas a partir do leito maior sazonal dos cursos d'água, ou seja, considerando a cota maior de inundação em casos de cheias. O correto posicionamento da APP a partir do leito maior sazonal do curso d'água foi um importante marco na proteção das áreas encharcadas, várzeas, que abrigam espécies endêmicas e desempenham funções insubstituíveis, ainda que em determinado período do ano.

Porém, com a edição da Lei Federal nº 12.651, de 2012, as APPs de cursos d'água passaram a ser tomadas a partir da borda da calha do leito regular, situação que a depender da extensão das áreas úmidas e várzeas, as APPs não mais as protegem de modo integral:

> Art. 4º Considera-se Área de Preservação Permanente, em zonas rurais ou urbanas, para os efeitos desta Lei:
>
> I – as faixas marginais de qualquer curso d'água natural perene e intermitente, excluídos os efêmeros, desde a borda da calha do leito regular, em largura mínima de: (Incluído pela Lei nº 12.727, de 2012).
>
> a) 30 (trinta) metros, para os cursos d'água de menos de 10 (dez) metros de largura;
>
> b) 50 (cinquenta) metros, para os cursos d'água que tenham de 10 (dez) a 50 (cinquenta) metros de largura;
>
> c) 100 (cem) metros, para os cursos d'água que tenham de 50 (cinquenta) a 200 (duzentos) metros de largura;
>
> d) 200 (duzentos) metros, para os cursos d'água que tenham de 200 (duzentos) a 600 (seiscentos) metros de largura;
>
> e) 500 (quinhentos) metros, para os cursos d'água que tenham largura superior a 600 (seiscentos) metros;
>
> (...)

Nos casos em que a extensão da várzea é maior que a largura da faixa de APP do rio, a delimitação da APP a partir da borda da calha do leito regular deixará parte da várzea fora dessa área protegida.

Ressalta-se que a própria lei trouxe a definição de calha do leito regular, cuja borda delimita o ponto a partir do qual deve ser medida a faixa de APP. No inciso XIX do artigo 3º da Lei Federal nº 12.651, de 2012, é definida calha do leito regular como sendo a calha por onde correm regularmente as águas do curso d'água durante o ano. Com esse conceito, ao considerar a calha onde correm as águas durante o ano, o legislador eliminou as situações excepcionais de cheias em épocas chuvosas.

A tabela 1 apresenta, resumidamente, as alterações dos limites a serem respeitados como preservação permanente para cursos d'água ocorridos ao longo dos anos, em função da promulgação de novos diplomas legais.

TABELA 1: **Alterações dos limites das APPs de cursos d'água.**

Largura do curso d'água em metros	**Largura da Área de Preservação Permanente em metros**			
	15.09.65[1] e 08.07.86[2] (contados da faixa marginal)	**08.07.86[2] e 20.07.89[3] (a contar da faixa marginal)**	**20.07.89[3] e 25.05.12[4] (a contar do leito maior sazonal)**	**25.05.12[4] até hoje (a contar da borda da calha do leito regular)**
Até 10	5	30	30	30
Entre 10 e 50	Metade da largura do curso d'água	50	50	50
Entre 50 e 100	Metade da largura do curso d'água	100	100	100
Entre 100 e 150	Metade da largura do curso d'água	150	100	100
Entre 150 e 200	Metade da largura do curso d'água	150	100	100
Entre 200 e 600	100	Igual a largura do curso d'água	200	200
Acima de 600			500	500

1 Data da publicação da Lei Federal nº 4.771/1965.
2 Data da publicação da Lei Federal nº 7.511/1986.
3 Data da publicação da Lei Federal nº 7.803/1989.
4 Data da publicação da Lei Federal nº 12.651/2012.

Da forma como a lei define as dimensões das APPs no seu artigo 4º, não restam dúvidas que essas se aplicam para as zonas urbanas e rurais, não havendo distinção entre elas no que se refere à sua metragem.

Porém, a Lei Federal nº 12.651, de 2012, trouxe um novo conceito para os imóveis rurais, a área rural consolidada, como sendo área de imóvel rural com ocupação antrópica preexistente a 22 de julho de 2008, com edificações, benfeitorias ou atividades agrossilvipastoris. O objetivo do legislador ao definir as áreas rurais consolidadas foi permitir a continuidade dessas atividades em APP, conforme estabelecido no artigo 61-A da Lei Federal nº 12.651, de 2012, mediante adesão ao Programa Regularização Ambiental – PRA. Embora o local não deixe de ser APP, o proprietário rural tem a possibilidade de manter sua atividade econômica, desde que preexistente a 22 de julho de 2008, data da promulgação do Decreto Federal nº 6.514, que regulamentou a Lei de Crimes Ambientais – Lei Federal nº 9.605, de 1998.

Assim como no ambiente rural, nos centros urbanos também há uma série de ocupações consolidadas, possivelmente anteriores até ao primeiro Código Florestal de 1934; contudo o legislador não abordou nenhuma situação de excepcionalidade para as áreas urbanas. A aplicação da Lei Federal nº 12.651, de 2012, no ambiente urbano é bastante conflituosa, pois o crescimento das cidades sempre esteve ligado à existência e disponibilidade de água, desenvolvendo-se as ocupações ao longo dos rios.

Embora a legislação defina a APP como sendo um espaço coberto ou não por vegetação nativa, também prevê que esse espaço protegido deve cumprir com as funções ambientais descritas na própria norma. Enfrentando nesse momento a questão técnica das APPs, ao analisar o conceito da APP e de suas funções ambientais, nas áreas urbanas consolidadas, com um misto de ocupações que muitas vezes ocorreram antes mesmo da promulgação da lei, pode surgir uma discussão a respeito da eficácia da manutenção da proteção legal quando a área em questão já deixou de exercer qualquer função ambiental, em decorrência das intervenções consolidadas.

Nesse contexto é de extrema importância que essa questão venha a ser discutida nos municípios, incorporando o tema na elaboração do Plano Diretor, para que as cidades possam se desenvolver de maneira sustentável e compatível com a sua realidade.

Recentemente, em 29 de dezembro 2021, foi publicada a Lei Federal nº 14.285, que alterou a Lei Federal nº 12.651, de 2012, para dispor de modo específico sobre as APPs no entorno de cursos d'água em áreas urbanas consolidadas. Essa lei alterou o parágrafo 10 do artigo 4 da Lei Federal nº 12.651, que passou a vigorar com a seguinte redação:

> § 10. Em áreas urbanas consolidadas, ouvidos os conselhos estaduais, municipais ou distrital de meio ambiente, lei municipal ou distrital poderá definir faixas marginais distintas daquelas estabelecidas no inciso I do caput deste artigo, com regras que estabeleçam:
>
> I – a não ocupação de áreas com risco de desastres;
>
> II – a observância das diretrizes do plano de recursos hídricos, do plano de bacia, do plano de drenagem ou do plano de saneamento básico, se houver; e
>
> III – a previsão de que as atividades ou os empreendimentos a serem instalados nas áreas de preservação permanente urbanas devem observar os casos de utilidade pública, de interesse social ou de baixo impacto ambiental fixados nesta Lei.

Com a edição da Lei Federal nº 14.285, os municípios passam a ter poder para legislar e fixar diferentes dimensões das APPs nas margens dos cursos d'água em áreas urbanas consolidadas.

Espera-se que nessa toada os municípios planejem seu ambiente urbano, incluindo a manutenção das funções ambientais compatíveis com o uso dessas áreas, considerando os aspectos econômicos, sociais e culturais, não perdendo de vista os aspectos ecológicos. Sabe-se que a conservação das APPs urbanas favorece a mitigação dos efeitos extremos das chuvas, prevenindo acidentes. Além disso, melhoram o microclima dos centros urbanos, protegem a qualidade e quantidade dos recursos hídricos.

3. Intervenção em Área de Preservação Permanente

Apesar do estabelecimento da APP como uma área protegida, a própria legislação trouxe casos em que é permitida a intervenção ou supressão de vegetação nativa nesses locais.

A primeira norma que permitiu o uso das APPs foi o parágrafo 1º, do artigo 3º da redação original do Novo Código Florestal de 1965:

> § 1º A supressão total ou parcial de florestas de preservação permanente só será admitida com prévia autorização do Poder Executivo Federal, quando for necessária à execução de obras, planos, atividades ou projetos de utilidade pública ou interesse social.

Posteriormente, o dispositivo foi alterado pela Medida Provisória nº 2.166-67, de 2001, que definiu o que deveria ser considerado como utilidade pública ou interesse social para fins de ser autorizada a intervenção em APP e deu nova redação ao dispositivo que passou a constituir o artigo 4º da lei:

> Art. 4º A supressão de vegetação em área de preservação permanente somente poderá ser autorizada em caso de utilidade pública ou de interesse social, devidamente caracterizados e motivados em procedimento administrativo próprio, quando inexistir alternativa técnica e locacional ao empreendimento proposto.

Foi publicada a Resolução CONAMA nº 369, de 2006, que dispõe sobre os casos excepcionais, de utilidade pública, interesse social ou baixo impacto ambiental, que possibilitam a intervenção ou supressão de vegetação em APP.

Com a edição da MP nº 2166-67 e da Resolução nº CONAMA nº 369/2006, passou a existir um conjunto de diretrizes para permitir a análise dos pedidos de intervenção em APP. Além de trazer novas regras para casos de utilidade pública e interesse social, a Resolução CONAMA nº 369/2006 trouxe a definição de obras de baixo impacto ambiental, a possibilidade de regularização fundiária sustentável e a possibilidade de implantação de áreas verdes públicas, como novas hipóteses em que seriam admissíveis a intervenção em APP.

Atualmente vige a Lei Federal nº 12.651, de 2012, que estabelece os casos excepcionais de utilidade pública, interesse social e baixo impacto ambiental, que possibilitam a intervenção ou supressão de vegetação nativa em APP:

> VIII – utilidade pública:
>
> a) as atividades de segurança nacional e proteção sanitária;
>
> b) as obras de infraestrutura destinadas às concessões e aos serviços públicos de transporte, sistema viário, inclusive aquele necessário aos parcelamentos de solo urbano aprovados pelos municípios, saneamento, energia, telecomunicações, radiodifusão, bem como mineração, exceto, neste último caso, a extração de areia, argila, saibro e cascalho;
>
> c) atividades e obras de defesa civil;
>
> d) atividades que comprovadamente proporcionem melhorias na proteção das funções ambientais referidas no inciso II deste artigo;

e) outras atividades similares devidamente caracterizadas e motivadas em procedimento administrativo próprio, quando inexistir alternativa técnica e locacional ao empreendimento proposto, definidas em ato do Chefe do Poder Executivo federal;

IX – interesse social:

a) as atividades imprescindíveis à proteção da integridade da vegetação nativa, tais como prevenção, combate e controle do fogo, controle da erosão, erradicação de invasoras e proteção de plantios com espécies nativas;

b) a exploração agroflorestal sustentável praticada na pequena propriedade ou posse rural familiar ou por povos e comunidades tradicionais, desde que não descaracterize a cobertura vegetal existente e não prejudique a função ambiental da área;

c) a implantação de infraestrutura pública destinada a esportes, lazer e atividades educacionais e culturais ao ar livre em áreas urbanas e rurais consolidadas, observadas as condições estabelecidas nesta Lei;

d) a regularização fundiária de assentamentos humanos ocupados predominantemente por população de baixa renda em áreas urbanas consolidadas, observadas as condições estabelecidas na Lei nº 11.977, de 7 de julho de 2009;

e) implantação de instalações necessárias à captação e condução de água e de efluentes tratados para projetos cujos recursos hídricos são partes integrantes e essenciais da atividade;

f) as atividades de pesquisa e extração de areia, argila, saibro e cascalho, outorgadas pela autoridade competente;

g) outras atividades similares devidamente caracterizadas e motivadas em procedimento administrativo próprio, quando inexistir alternativa técnica e locacional à atividade proposta, definidas em ato do Chefe do Poder Executivo Federal;

X – atividades eventuais ou de baixo impacto ambiental:

a) abertura de pequenas vias de acesso interno e suas pontes e pontilhões, quando necessárias à travessia de um curso d'água, ao acesso de pessoas e animais para a obtenção de água ou à retirada de produtos oriundos das atividades de manejo agroflorestal sustentável;

b) implantação de instalações necessárias à captação e condução de água e efluentes tratados, desde que comprovada a outorga do direito de uso da água, quando couber;

c) implantação de trilhas para o desenvolvimento do ecoturismo;

d) construção de rampa de lançamento de barcos e pequeno ancoradouro;

e) construção de moradia de agricultores familiares, remanescentes de comunidades quilombolas e outras populações extrativistas e tradicionais em áreas rurais, onde o abastecimento de água se dê pelo esforço próprio dos moradores;

f) construção e manutenção de cercas na propriedade;

g) pesquisa científica relativa a recursos ambientais, respeitados outros requisitos previstos na legislação aplicável;

h) coleta de produtos não madeireiros para fins de subsistência e produção de mudas, como sementes, castanhas e frutos, respeitada a legislação específica de acesso a recursos genéticos;

i) plantio de espécies nativas produtoras de frutos, sementes, castanhas e outros produtos vegetais, desde que não implique supressão da vegetação existente nem prejudique a função ambiental da área;

j) exploração agroflorestal e manejo florestal sustentável, comunitário e familiar, incluindo a extração de produtos florestais não madeireiros, desde que não descaracterizem a cobertura vegetal nativa existente nem prejudiquem a função ambiental da área;

k) outras ações ou atividades similares, reconhecidas como eventuais e de baixo impacto ambiental em ato do Conselho Nacional do Meio Ambiente – CONAMA ou dos Conselhos Estaduais de Meio Ambiente.

Para a realização de atividades de utilidade pública, interesse social e baixo impacto ambiental, se faz necessária a instrução de um processo administrativo junto ao órgão ambiental competente, devendo comprovar a necessidade da intervenção em APP para a implantação da atividade pretendida, bem como a comprovação de que essa atividade se enquadra nos casos previstos na lei que admitem a intervenção. O interessado em executar a obra deverá ainda cumprir as medidas compensatórias definidas pelo órgão ambiental.

4. Discussão sobre as Áreas de Preservação Permanente nas áreas urbanas

Passados dez anos de vigência da Lei Federal nº 12.651, de 2012, ainda há controvérsias quanto à sua aplicação, sendo que essa norma não superou os conflitos preexistentes no que tange as APPs em áreas urbanas. Persistem muitas dúvidas e indefinições na interpretação da legislação, em alguns casos não se chega a um entendimento consensual dos aplicadores das normas.

A quantidade de normas e a frequência em que são publicadas, muitas vezes podem trazer insegurança jurídica e dúvidas na aplicação.

Embora a lei federal vigente trate da mesma forma as APPs dos ambientes urbanos e rurais, na definição desses espaços é de extrema importância a avaliação de suas funções ambientais que estão estabelecidas na própria lei, em especial nos ambientes urbanos.

Nas áreas urbanas as ocupações ao longo do tempo vêm aumentando, demonstrando uma carência do planejamento urbano. Em tese, as cidades deveriam ter observado todas as normas que regulam as APPs ao longo dos anos, o que na prática não aconteceu na maioria dos municípios brasileiros. Essa realidade é associada à problemas sociais e graves prejuízos ambientais, com ocupação de áreas frágeis sujeitas à inundações e deslizamentos, por exemplo.

Há uma expectativa com a publicação da Lei Federal nº 14.285, de 2021, de que os municípios possam publicar normativas próprias sobre o tema, adequando sua realidade de uso e ocupação do solo com o desenvolvimento sustentável, buscando recuperar, na medida do possível, as APPs de cursos d'água que exercem suas funções ambientais no ambiente urbano e que podem variar devido às características de cada cidade. Na prática, nas áreas urbanas consolidadas temos uma mescla de ocupações regulares e irregulares, e isso precisa ser levado em consideração no planejamento urbano em escala local, juntamente com a análise das funções ambientais das APPs.

Conclusões

As APPs surgiram da preocupação em proteger certas áreas capazes de fornecer bens e serviços ambientais essenciais à população humana.

O desenvolvimento de uma legislação ambiental abrangente e a sua correta implementação são de extrema importância para garantir a conservação ambiental de ambientes sensíveis, como as APPs, em especial as geradas a partir de cursos d'água, tipologia muito comum dada a quantidade de recursos hídricos no território brasileiro.

A Lei Federal vigente prevê a preservação de faixas marginais ao longo dos cursos d'água com extensão determinada com base na largura do rio, independente da presença de vegetação nativa e da área se localizar em zona rural ou urbana.

O tratamento legal dado às APPs sofreu uma série de alterações desde a edição do Código Florestal e, ainda hoje, continua em discussão. A lei trata da mesma forma APPs em ambientes muito diversos. Não se desenvolveu um procedimento que relacione o grau de proteção ou o tamanho da área protegida, ao local onde a APP se encontra ou às funções ambientais que ela desempenha ou possa desempenhar.

Na prática o que se observa é que, nas APPs geradas por cursos d'água inseridos nos espaços urbanos, a proteção estabelecida na lei muitas vezes não foi respeitada, acarretando problemas sociais e ambientais.

Com a publicação da Lei Federal nº 14.285, de 2021, passa a existir a possibilidade de o município definir as dimensões das APPs nas áreas urbanas consolidadas para cursos d'água, de modo a tornar a proteção legal compatível com a realidade encontrada no ambiente densamente urbanizado.

Nesse sentido, com relação as APPs de curso d'água em áreas urbanas, é fundamental que se criem instrumentos que permitam a correta avaliação de suas funções ambientais nas diferentes situações, de modo a estabelecer a proteção mais adequada em cada caso.

Referências

BRASIL. Decreto Federal nº 23.793, de 23 de janeiro de 1934. **Dispõe sobre a aprovação do Código Florestal de 1934**. Disponível em <http://www.planalto.gov.br> Acesso em 01 out 2022.

BRASIL. Lei Federal nº 4.771, de 15 de setembro de 1965. **Institui o Código Florestal Brasileiro**. Disponível em <http://www.planalto.gov.br> Acesso em 01 out 2022.

BRASIL. Lei Federal nº 7.511, de 7 de julho de 1986. **Altera dispositivos da Lei nº 4.771, de 15 de setembro de 1965, que institui o novo Código Florestal**. Disponível em <http://www.planalto.gov.br> Acesso em 01 out 2022.

BRASIL. Lei Federal nº 7.803, de 18 de julho de 1989. **Altera a redação da Lei nº 4.771, de 15 de setembro de 1965, e revoga as Leis nº 6.535, de 15 de junho de 1978, e nº 7.511, de 7 de julho de 1986**. Disponível em <http://www.planalto.gov.br> Acesso em 02 out. 2022.

BRASIL. Lei Federal nº 12. 651, de 25 de maio de 2012. **Dispõe sobre a vegetação nativa; revoga as Leis nº 4771, de 1965, nº 7754 de 1989 e a Medida Provisória**

nº 2.166-67, de 2001. Disponível em <http://www.planalto.gov.br> Acesso em 02 out 2022.

BRASIL. Medida Provisória nº 2.166-67, de 24 de agosto de 2001. **Altera os artigos 1, 4, 14, 16 e 44, e acresce dispositivos à Lei nº 4.771, de 15 de setembro de 1965, que institui o Código Florestal, bem como altera o artigo 10 da Lei nº 9.393, de 19 de dezembro de 1996, que dispõe sobre o Imposto sobre a Propriedade Territorial Rural – ITR, e dá outras providências.** Disponível em <http://www.planalto.gov.br> Acesso em 04 out 2022.

BRASIL. Lei Federal nº 14.285, de 29 de dezembro de 2021. **Altera as Leis nº 12651,de 2012, nº 11952,de 2009, e nº 6766, de 1979.** Disponível em <http://www.planalto.gov.br> Acesso em 02 out 2022.

BRASIL. Resolução CONAMA nº 369, de 28 de março de 2006. **Dispõe sobre os casos excepcionais, de utilidade pública, interesse social ou baixo impacto ambiental, que possibilitam a intervenção ou supressão de vegetação em Área de Preservação Permanente-APP.** Disponível em < http://www.mma.gov.br> Acesso em 04 de out de 2022.

COSTA, F. P. S. **Área Legais de Preservação (APP e RL) no Município de Engenheiro Coelho-SP: distribuição espacial e situação sócio-economica visando um plano de intervenção.** Piracicaba, SP. Tese Doutorado. Universidade de São Paulo, 2008.

MACHADO, P. A. L. **Direito Ambiental Brasileiro**. 17 Ed. São Paulo, Malheiros Editores, 2009.

MAGALHÃES, C. S.; FERREIRA, R. M. A. **Áreas de Preservação Permanente em uma microbacia**. Informe Agropecuário, Belo Horizonte, v. 21, n. 207, p. 33-39, nov/dez. 2000 apud SOUZA, A. G. **Adequação Legal dos Processos Administrativos Autorizativos para Intervenção em Áreas de Preservação Permanente**. Lavras, MG. Dissertação Mestrado. Universidade Federal de Lavras, 2007.

MATTOS, A. D. M. et al. **Valoração Ambiental de Áreas de Preservação Permanente da Microbacia do Ribeirão São Bartolomeu no Município de Viçosa, MG**. Revista Árvore, Viçosa, MG, v. 31, n. 2, p. 347-353, março-abril. 2007.

MILARÉ, E. **Direito do Ambiente: doutrina, jurisprudência, glossário.** 6ª Ed. São Paulo, Revista dos Tribunais, 2009.

SOUZA, G. B. M. **Dimensionamento e Uso das Áreas de Preservação Permanente: Análise Técnica e Jurídica**. Viçosa, MG. Dissertação Mestrado. Universidade Federal de Viçosa, 2009.

26. VINTE ANOS DA POLÍTICA NACIONAL DA BIODIVERSIDADE: O QUE ESPERAR?

NINA LYS DE ABREU NUNES
FERNANDA DA ROCHA BRANDO

Introdução

A biodiversidade[1] configura-se como a característica mais singular do planeta Terra por apresentar condições necessárias para a existência do fenômeno da vida (DIAS, 2021). A biodiversidade atual do planeta soma 3,5 bilhões de anos de história evolutiva e é o resultado da interação entre as espécies e destas com o ambiente (NUNES, 2019).

A diversidade biológica está distribuída de maneira heterogênea ao redor do mundo e é influenciada pelas diferentes condições – fatores abióticos que influenciam no funcionamento dos seres vivos, por exemplo, temperatura, precipitação – e pelos recursos disponíveis no ambiente, ou seja, tudo que é consumido de alguma forma por algum

[1] Biodiversidade conceitua-se pela quantificação da variedade e da variabilidade de organismos vivos em uma determinada área. Pode ser classificada em três níveis de organização biológica: diversidade genética, diversidade de espécies e diversidade de ecossistemas. A palavra "biodiversidade" foi sugerida como uma alternativa à expressão "diversidade biológica" pelo entomologista Edward O. Wilson, em 1988 (LEWINSOHN, 2001). No século XX, o termo ampliou sua designação, passando a se referir à riqueza de diferentes categorias biológicas, à variedade de ambientes da vida e aos processos ecológicos que os mantém organizados. "Diversidade biológica" passou a significar a variabilidade de organismos vivos de todas as origens, compreendendo, entre outros, os ecossistemas terrestres, marinhos e outros ecossistemas aquáticos e os complexos ecológicos de que fazem parte. Abrange ainda a diversidade dentro de espécies, entre espécies e de ecossistemas.

organismo – por exemplo alimento, luz, água (BEGON et al. 2007). Nesses mosaicos heterogêneos de biodiversidade podem ser reconhecidos padrões, por apresentarem características em comum, como é o caso dos biomas, das regiões fitogeográficas e dos tipos florestais (ODUM, 2007). A compreensão dos padrões de distribuição se faz necessária para a tomada de decisão a respeito das prioridades de conservação (NUNES, 2019).

A biodiversidade constitui o pilar da civilização humana, crucial para o bom funcionamento dos serviços ecossistêmicos. A qualidade ambiental dos ecossistemas, por sua vez, determina a sua capacidade funcional – o que ela pode efetivamente fornecer em termos de bem-estar humano (FISHER et al., 2009). Sustenta o fluxo de bens e serviços importantes para os seres humanos, como, por exemplo, ar puro para respirar, polinização das culturas agrícolas, reprodução de peixes, entre outras. Manter a biodiversidade requer o envolvimento de diferentes áreas do conhecimento, com as suas respectivas aplicações e impactos (CASTRO, 2011).

Extinções em massa são caracterizadas por momentos em que a Terra perde mais de três quartos de suas espécies num curto intervalo geologicamente, como aconteceu por cinco vezes nos últimos 540 milhões de anos (BARNOSKY et al., 2011). Estudos confirmam que as taxas atuais de extinção estão muito altas e sugerem que uma sexta extinção em massa está em andamento, destacando a necessidade de estratégias eficazes de conservação da biodiversidade (NOVACEK; CLELAND, 2001; JABLONSK, 1994; RAO, 1982; BAMBACH, 2006).

A referida sexta extinção em massa ameaça a integridade da biosfera e enuncia uma nova era geológica, o Antropoceno (CRUTZEN, 2006). As mudanças planetárias causadas pelos seres humanos tornaram-se menos hospitaleiras, dificultando a sobrevivência do próprio ser humano. Somente observando-se os limites planetários[2] as situações alarmantes

[2] Os limites planetários são: 1) mudanças climáticas, verificadas por meio da concentração de carbono na atmosfera; 2) mudanças na integridade da biosfera, aferidas pelas variáveis de controle da diversidade genética (taxas de extinção) e da diversidade funcional (taxa de ecossistemas); 3) buraco na camada de ozônio, medido pela concentração de O_3 na estratosfera; 4) acidificação dos oceanos, constatada pela concentração do íon carbonato; 5) mudanças nos ciclos biogeoquímicos da Terra, expressas na concentração de nitrogênio e de fósforo; 6) mudança no uso da terra, avaliada pela supressão florestal (tropical, boreal e temperada); 7) uso de água doce, examinada mediante o consumo e retirada dos rios; 8) concentração de

poderão ser revertidas. Os dados vêm sendo apresentados aos tomadores de decisão que devem analisar a urgência do assunto para discussão das políticas ambientais em âmbito internacional.

Estamos diante de um objeto sensível – as questões ambientais são multidimensionais, interconectadas e dinâmicas, preocupando e ameaçando os interesses gerais da humanidade (PAEHLKE, 2005). Dessa forma, vêm sendo cada vez mais consideradas extremamente complexas e sérias. Trata-se de um paradoxo, pois, embora ainda não se tenha conhecimento e informação suficientes sobre os seus impactos, compreende-se a necessidade de ação urgente.

Detentor da maior diversidade biológica do mundo, o Brasil assumiu compromissos internacionais relativos à sua conservação, que resultaram na implementação da Política Nacional da Biodiversidade no Brasil, cujos eixos temáticos são: a) conhecimento da biodiversidade; b) conservação da biodiversidade; c) utilização sustentável dos componentes da biodiversidade; d) monitoramento, avaliação, prevenção e mitigação de impactos sobre a biodiversidade; e e) acesso aos recursos genéticos e aos conhecimentos tradicionais associados, bem como o compartilhamento de benefícios.

Neste capítulo" serão analisados os eventos históricos que culminaram na elaboração e na implementação da Política Nacional da Biodiversidade no Brasil, assim como, serão apresentadas as estratégias importantes para conhecer, conservar e usar de forma sustentável a biodiversidade, tendo em vista uma repartição justa e equitativa de seus benefícios.

1. Convenções globais e a governança da biodiversidade

As convenções globais ambientais anunciam uma nova forma de governança impulsionada pela comunidade científica. Na busca para compreender quais foram as ações planetárias para conter a perda da biodiversidade encontram-se acordos internacionais firmados em reuniões envolvendo diversos países.

As referidas convenções possuem efeito normativo limitado, ou seja, não estão vinculadas a sanções, pois inexiste autoridade máxima global para

aerossol na atmosfera; e 9) introdução de poluentes (*novel entities*), que ainda não apresentam uma variável a ser acompanhada (RÖCKSTROM et al., 2009; STEFFEN et al., 2015).

impô-las. Ao contrário, são adotadas voluntariamente pelos Estados-nação, como meio para cooperar no alcance de metas de cunho global. Esses tipos de normas são flexíveis e permitem interpretações e aplicações adaptadas às necessidades das partes constituintes de um acordo internacional ou, ainda, estão submetidas às recomendações de uma agência internacional de autorregulação (NASSER, 2006).

Uma das primeiras reuniões com a temática ambiental foi realizada em 1968, a Conferência Intergovernamental de Especialistas sobre as Bases Científicas para o Uso Racional e a Conservação dos Recursos da Biosfera, conhecida como Conferência da Biosfera[3]. Anos depois, em 1972, o meio ambiente voltou a ser discutido na Conferência das Nações Unidas sobre o Ambiente Humano, em Estocolmo, na Suécia.

Temas como a perda da biodiversidade passariam então a ser internacionalizados, de modo a tentar promover uma governança ambiental internacional capaz de resultar em acordos que garantissem os interesses comuns pertinentes aos recursos naturais (BARROS, 2011). A multiplicidade de acordos, deflagrados em diferentes momentos, denotava a crescente importância da preocupação ambiental. Contudo, também poderia induzir à pulverização das ações (BURSZTYN; BURSZTYN, 2013).

Em 1983, a Organização das Nações Unidas (ONU) criou a Comissão Mundial do Meio Ambiente e do Desenvolvimento, que publicou, quatro anos depois, o Relatório intitulado "Nosso Futuro Comum", recomendando a criação das convenções do clima e da biodiversidade como principais ações imediatas, identificando o conceito de desenvolvimento sustentável como meta. Outro marco decisivo foi a Conferência das Nações Unidas sobre Meio Ambiente e Desenvolvimento (CNUMAD), realizada na cidade do Rio de Janeiro, em 1992. A Rio-92 instituiu a Convenção-Quadro das Nações Unidas sobre Mudança do Clima, a Convenção sobre Diversidade Biológica (CDB) e a Convenção das Nações Unidas de Combate à Desertificação, assinadas por líderes de mais de cem países.

[3] Organizada sob a égide da Organização das Nações Unidas para a Educação, a Ciência e a Cultura (UNESCO), em parceria com a Organização Mundial da Saúde (OMS), com a Organização das Nações Unidas para Agricultura e Alimentação (FAO) e com a ONU, tendo recebido apoio da União Internacional para a Conservação da Natureza (IUCN, no acrônimo em inglês) e do Conselho Internacional de Ciência (CIC).

Na Rio-92, também foram propostos formalmente 27 princípios fundamentais, entre os quais o Princípio da Prevenção, o Princípio da Participação e o Princípio da Precaução (RIO DECLARATION ON ENVIRONMENT AND DEVELOPMENT, 1992). Este último princípio afirma que a ausência de certeza científica formal e o potencial risco de dano sério ou irreversível suscitam a adoção de medidas preventivas.

A CDB foi criada com o objetivo de propor planos de ações planetárias para conter a contínua perda da biodiversidade e de promover seu uso sustentável e a repartição de seus benefícios. É composta por texto aprovado pelos países signatários e ensejou as Conferências das Partes da CDB (COP). Nessas Conferências, países e organizações internacionais e nacionais promovem uma troca de experiências. Durante as reuniões, acontece o Segmento Ministerial da COP, oportunidade em que ministros do meio ambiente demonstram os respectivos avanços, ideias e desafios da implementação da CDB (BERTOLDI; BARON, 2014), cujo ambiente de decisões são tomadas e publicadas com caráter normativo.

Atualmente, a CDB congrega 198 países e institucionalizou a preocupação com a biodiversidade. As primeiras reuniões, de caráter regulatório, determinaram as regras para os mecanismos de atuação e os financiamentos. Ficaram estabelecidos o Dia Internacional da Biodiversidade (22 de maio) e a obrigatoriedade de relatórios por parte dos países. Ao longo dessas reuniões adotaram-se, ainda, protocolos, como o Protocolo de Cartagena[4] sobre Biossegurança e o Protocolo de Nagoya[5] sobre Acesso

[4] O Protocolo de Cartagena sobre Biossegurança é um tratado ambiental que faz parte da CDB. O documento foi aprovado em janeiro de 2000 e entrou em vigor em setembro do ano seguinte. O Brasil confirmou sua adesão em novembro de 2003. O Protocolo começou a vigorar no país em fevereiro de 2004. Atualmente, fazem parte mais de 130 países. O principal objetivo é contribuir para assegurar um nível de proteção adequado em relação à transferência, manipulação e uso dos organismos vivos modificados geneticamente, os chamados OVMs. Essas modificações são feitas por meio de modernas técnicas de biotecnologia. Especialistas preocupam-se com os efeitos adversos desses procedimentos para a conservação e o uso sustentável da diversidade biológica, especialmente em relação à saúde humana. Fonte: Agência Senado.

[5] Decreto Legislativo nº 136, de 2020 Aprova o texto do Protocolo de Nagoia sobre Acesso a Recursos Genéticos e Repartição Justa e Equitativa dos Benefícios Derivados de sua Utilização à CDB concluído durante a COP-10, e assinado pelo Brasil no dia 2 de fevereiro de 2011, em Nova York. Fonte: https://www.in.gov.br/en/web/dou/-/decreto-legislativo-271715400

a Recursos Genéticos e Repartição de Benefícios decorrentes da sua utilização.

Na COP-2, em 1995, foi lançado o *Global Biodiversity Outlook* (GBO), que resume o estado da diversidade biológica e lista os passos tomados pela comunidade global para assegurar que ela seja conservada e usada de forma sustentável, bem como, garantir que os benefícios advindos do uso dos recursos genéticos sejam equitativamente distribuídos. Atualmente, existem quatro edições do GBO.

Em maio de 2002, em Haia, na Holanda, por ocasião da COP-6, a CDB lançou o Plano Estratégico 2002-2010, conhecido como Metas de 2010 (Decisão VI/26), objetivando uma redução significativa das taxas de perda da biodiversidade nos níveis global, regional e nacional, como contribuição para a redução da pobreza e em benefício de todas as formas de vida na Terra. Tais metas foram apresentadas na Cúpula Mundial para o Desenvolvimento Sustentável, Rio+10, realizada em agosto de 2002, em Johanesburgo, África do Sul.

Posteriormente, em 2004, a COP-7 aprovou o Plano Estratégico: avaliação futura de progresso (Decisão VII/30), dotado de metas e indicadores globais para orientar e monitorar a implementação das Metas da CDB para 2010, com um conjunto de 21 metas globais. A Decisão VIII/15 adotada na COP-8, realizada em Curitiba, Paraná, em março de 2006, atualizou e complementou as metas e indicadores.

O Plano Estratégico da CDB para 2010 (Decisões VI/26, VII/30 e VIII/15) foi criado para guiar a implementação da Convenção em níveis nacional, regional e global. Seu prazo foi estendido posteriormente para 2020, com atualização das metas.

A CDB, no documento *Year in Review* (2010), constatou que, mesmo com todos os esforços, não houve redução na taxa de perda da biodiversidade, com exceção de algumas poucas e limitadas populações. Observou, ainda, a contínua queda na abundância de espécies e o aumento significativo do número de espécies ameaçadas. Acrescentou que as cinco principais pressões que acarretam perda da biodiversidade mantiveram-se constantes ou foram intensificadas. Prosseguiu com o registro de que apenas um por cento dos oceanos estava protegido, enquanto 15% da superfície terrestre achavam-se resguardados, com a ressalva de que muitas áreas ditas protegidas eram alvo de desmatamento e degradação e grande parte apresentava baixa efetividade em seu manejo. Como tais áreas são fragmentos de um ecossistema natural, elas precisariam ser geridas de forma planejada. Por fim, a CDB denunciou a extensa fragmentação de florestas e rios.

Em 2010, durante a COP-10, realizada na cidade de Nagoya, Província de Aichi, Japão, foi aprovado o Plano Estratégico de Biodiversidade para o período de 2011 a 2020, conhecido como as Metas de Aichi, focada na realização de uma avaliação do estado geral da diversidade biológica, em nível global, fixando ações para deter sua perda. O plano serve de base para as estratégias da ONU e para todos os outros parceiros envolvidos na gestão da biodiversidade e desenvolvimento de políticas e o Brasil teve um papel decisivo na definição e aprovação das 20 Metas de Aichi.

As Metas estão organizadas em cinco grandes objetivos estratégicos: (A) tratar das causas da perda de biodiversidade, conscientizando governos e sociedades; (B) reduzir as pressões diretas sobre a biodiversidade e promover seu uso sustentável; (C) melhorar a situação da biodiversidade, através da salvaguarda de ecossistemas, espécies e diversidade genética; (D) estender a todos os benefícios da biodiversidade e dos serviços ecossistêmicos; e (E) aumentar a implantação, por meio de planejamento participativo, da gestão de conhecimento e da capacitação.

2. Políticas Nacionais e a biodiversidade: o caso da República Federativa do Brasil

O Brasil assumiu um papel de destaque no cenário internacional (MITTERMEIER et al., 2010), em razão de ter hospedado a Rio-92 e de coordenar os esforços das demais partes como signatário dos acordos ambientais resultantes da Conferência, cujos compromissos vêm sendo implantados gradualmente nas políticas públicas, que seguem legislação e arranjos administrativos específicos.Verifica-se que a efetividade das ações adotadas para a implementação das convenções é tarefa complexa, haja vista que cada uma traz um conjunto próprio de diretrizes, objetivos e metas, além de demandar ações dos diferentes entes federativos (BRASIL, 2015).

No Brasil, a competência para celebrar tratados internacionais é da presidência da República. Os acordos são negociados pelo Ministério das Relações Exteriores (MRE), com auxílio de outros órgãos governamentais. O processo se desdobra na seguinte sequência: assinatura pelo Executivo, ratificação pelo Congresso Nacional e entrada em vigor. No âmbito internacional, os principais acordos ambientais multilaterais criam uma estrutura própria, com um secretariado permanente para acompanhar as atividades relativas ao acordo, além da organização de reuniões periódicas entre os países.

O Brasil foi o primeiro país a assinar a CDB durante a CNUMAD, em 1992[6]. Dois anos depois, o Congresso Nacional aprovou e ratificou seu texto por meio do Decreto Legislativo nº 2, de 3 de fevereiro de 1994. O Congresso tem a prerrogativa de aprovar a CDB, de acordo com a Constituição da República Federativa do Brasil de 1988[7], e cabe ao Ministério do Meio Ambiente (MMA) implementá-la.

Os acordos assumidos nas convenções globais, geralmente, se transformam em ações mediante políticas públicas. As políticas públicas são instrumentos adotados pelos governantes para prover bens e serviços. Os instrumentos incluem leis, convênios, contratos, regulamentações, decretos, criação de moedas ou abonos, entre outros.

As definições de política não são elementares, abarcando sugestões de que ela pode ser definida como um conjunto de ação ou inação (HECLO, 1972) ou consistir numa rede de decisões e ações que alocam valores (EASTON, 1953). Há autores que reforçam que ela é um conjunto de decisões inter-relacionadas, relativas à seleção de metas e aos meios para alcançá-las dentro de uma situação específica (JENKINS, 1978). Para Hill (2005), o conceito de política demonstra como é difícil tratá-la como um fenômeno muito específico e concreto, podendo ser identificado como um

[6] A conferência para adoção do texto da CDB reuniu-se na sede do Programa das Nações Unidas para o Meio Ambiente (PNUMA), em Nairóbi, Quênia, em 1992, com a presença de todos os signatários da ONU. O texto foi elaborado por um grupo de trabalho *ad hoc* de especialistas em diversidade biológica, em reuniões técnicas transcorridas entre novembro de 1988 e maio de 1992, com base na recomendação da Comissão Brundtland. Finalizado o Relatório Final, o Conselho Administrativo do PNUMA instituiu o grupo de trabalho *ad hoc* de jurisconsultos e especialistas para negociar um instrumento internacional legal para a conservação e a utilização racional da diversidade biológica. Este grupo passou a se chamar Comitê de Negociação Intergovernamental (INC, no acrônimo em inglês) para a CDB, tendo sido responsável por encontros de negociação, cuja definição aconteceu em Nairóbi, de 11 a 22 de maio de 1992.

[7] "Estão sujeitos à aprovação do Congresso Nacional quaisquer atos que possam resultar em revisão da referida Convenção, bem como ajustes complementares que, nos termos do artigo 49, inciso I, da Constituição Federal, acarretem encargos ou compromissos gravosos ao patrimônio nacional."

grupo de decisões, ou até mesmo como orientações. Dye (1992) conceitua a política pública como uma decisão puramente caracterizada por uma conduta consistente, sendo tudo aquilo que o governo escolhe fazer ou não (CAVALCANTE, 2007a).

As políticas ambientais são definidas como um conjunto de metas e instrumentos destinados a reduzir os impactos negativos da ação antrópica sobre o meio ambiente (LUSTOSA et al., 2010). No Brasil, são constituídas pelo envolvimento simultâneo de várias jurisdições político-administrativas na gestão de processos ambientais, pela transversalidade e pela pluralidade de atores e de organizações (CHACUR et al., 2016).

A formulação de políticas ambientais é impactada por diversos fatores, a saber: a) os problemas ambientais são complexos e de difícil compreensão em sua totalidade; b) muitos bens ambientais (tais como água, ar, oceanos) constituem propriedade comum, o que dificulta geri-los adequadamente, já que não há o incentivo individual para a proteção do recurso natural que a propriedade privada confere; c) um quadro temporal de longo prazo para a percepção dos problemas ambientais e respectivo equacionamento; d) os problemas ambientais atingem áreas remotas, distantes do seu foco original; e) os problemas possivelmente se originam de múltiplas fontes (difusas), o que fragiliza o processo de responsabilização; f) os danos ambientais são incertos e, muitas vezes, dependem de suporte científico para que suas causas sejam conhecidas e as soluções detectadas; g) a possibilidade de os problemas, apesar de apontados pelos cientistas, não serem percebidos pelos formuladores de políticas, até que se agravem, retardando ou impossibilitando a ação preventiva); h) os problemas envolvem atores (*stakeholders*) com crenças, objetivos e interesses conflitantes; e i) as causas e os respectivos efeitos dos problemas ambientais são desigualmente distribuídos entre os grupos afetados (MICKWITZ, 2003).

Implementada a partir de 2002 no Brasil, a Política Nacional da Biodiversidade (PNB) foi encarregada de traçar as diretrizes nacionais, em consonância com a CDB. Seu objetivo geral é a promoção integrada da conservação da biodiversidade e da utilização sustentável de seus componentes, com a repartição justa e equitativa dos benefícios derivados da utilização dos recursos genéticos, de componentes do patrimônio genético e dos conhecimentos tradicionais que lhes estão associados. O Decreto Nº 4.339, de 22 de agosto de 2002, institui os princípios e diretrizes para a implementação da Política Nacional da Biodiversidade com a participação dos governos federal, distrital, estaduais e municipais, e da sociedade civil.

A PNB rege-se por diretrizes gerais[8], princípios[9] e está dividida em sete componentes[10], derivados da CDB e da Declaração do Rio, ambas de 1992, e materializados na Constituição e na legislação nacional. A política é aplicada em áreas de jurisdição nacional, com a expectativa, porém, de que seus efeitos extrapolem tais limites.

[8] As diretrizes gerais da PNB são: I estabelecer cooperação com outras nações; II integrar esforços em planos, programas e políticas setoriais ou intersetoriais; III realizar investimentos substanciais; IV conter a perda da biodiversidade; V visar à sustentabilidade; VI gerir, de forma descentralizada, os ecossistemas; VII usar práticas gerenciais adaptativas e assegurar a cooperação intersetorial; VIII recorrer a escalas espaciais e temporais apropriadas; e IX criar condições de acesso aos recursos genéticos. (Ver anexo I)

[9] Os princípios da PNB são: I – a diversidade biológica tem valor intrínseco; II – as nações têm direito soberano; III – as nações são responsáveis pela conservação; IV – os países desenvolvidos obrigam-se a aportar recursos financeiros para atender as necessidades relativas à biodiversidade dos países em desenvolvimento; V – todos têm direito ao meio ambiente equilibrado (bem de uso comum); VI – manejo dos solos, das águas e dos recursos biológicos são uma questão de escolha da sociedade; VII – a biodiversidade é essencial para a evolução e a manutenção dos sistemas necessários à vida da biosfera; VIII – o poder público determinará medida de custos para evitar a degradação ambiental; IX – a internalização dos custos ambientais (Princípio Poluidor Pagador); X – a obrigatoriedade de estudos prévios de impacto ambiental; XI – o homem como parte da natureza; XII – importância da manutenção da diversidade cultural no uso sustentável da biodiversidade; XIII – regulamentação do acesso ao conhecimento tradicional associado à biodiversidade; XIV – valor de uso direto e indireto da biodiversidade; XV – a conservação e a utilização sustentável da biodiversidade devem contribuir para o desenvolvimento econômico e social e para a erradicação da pobreza; XVI – os ecossistemas devem ser entendidos e manejados em um contexto econômico; XVII – interesse na pesquisa, na conservação *ex situ* e na agregação de valor; XVIII – as ações nacionais devem ter sinergias com os acordos internacionais; e XIX – as ações terão caráter integrado, descentralizado e participativo, permitindo que todos os setores da sociedade brasileira tenham, efetivamente, acesso aos benefícios gerados por sua utilização.

[10] Componente 1 – Conhecimento da Biodiversidade; Componente 2 – Conservação da Biodiversidade; Componente 3 – Utilização Sustentável dos Componentes da Biodiversidade; Componente 5 – Acesso aos Recursos Genéticos e aos Conhecimentos Tradicionais Associados e Repartição de Benefícios; Componente 6 – Educação, Sensibilização Pública, Informação e Divulgação sobre Biodiversidade; Componente 7 – Fortalecimento Jurídico e Institucional para a Gestão da Biodiversidade.

3. Programas como interfaces entre a Convenção da Diversidade Biológica e a Política Nacional da Biodiversidade

No âmbito da CDB, as estratégias das partes nacionais para conservação da biodiversidade são as seguintes: a) estabelecimento de um sistema de áreas protegidas que contemple a conservação a longo prazo da diversidade biológica; b) desenvolvimento de um programa de pesquisa para o conhecimento da biodiversidade que reflita as necessidades da conservação *in situ*; c) monitoramento do *status* de conservação da biodiversidade; e d) controle das atividades que resultem na erosão da biodiversidade, além da identificação e implementação de incentivos que levem à sua conservação. Um sistema adequado de áreas protegidas é considerado, portanto, o pilar das estratégias nacionais de conservação da diversidade biológica (IUCN, 2000).

Com a finalidade de compreender o impacto dessas estratégias no âmbito brasileiro são mostrados alguns programas federais presentes no Plano Plurianual (PPA), no período de 2000 a 2019, que apresentam interfaces com princípios da PNB e artigos da CDB.

O PPA deve fixar, de forma regionalizada, as diretrizes, os objetivos e as metas para as despesas de capital e as que delas decorrerem; além disso, determina as despesas com programas de duração continuada. Compreende o planejamento da continuidade da prestação de serviços e o aperfeiçoamento e/ou a expansão do patrimônio público, bem como o da oferta de novos serviços, resultantes de investimentos e inversões. No PPA, a atuação de governo é ordenada em programas, nos quais são descritos os projetos que vão ao encontro das diretrizes, as atividades que atendem os objetivos e estabelecem metas e indicadores para as ações públicas. Os programas podem ser finalísticos, direcionados à população, ou de apoio administrativo, que inclui despesas com pessoal ativo, manutenção dos prédios públicos e outros gastos (GARSON, 2016).

Dos 396 programas do PPA para o período 1999-2003, 50 apresentam alguma interface com os artigos da CDB. Dos 54 considerados estratégicos pelo governo, apenas quatro contemplam a CDB: GENOMA, do Ministério da Ciência e Tecnologia (MCTIC), Parques do Brasil (MMA/IBAMA), Prevenção e Combate a Desmatamento e, por último, Queimadas e Incêndios.

Na análise do PPA 2004-2007 destacam-se o programa *Conservação, Uso Sustentável e Recuperação da Biodiversidade*; o programa *Conservação e*

Recuperação dos Biomas Brasileiro; e no PPA 2008-2011 o programa temático *Biodiversidade.*

Dos 15 programas selecionados, nove encontravam-se em execução de 2008 a 2011, quatro em vigor no período de 2012 a 2015 e três entre 2016 e 2018. No PPA de 2016 a 2018, não houve continuidade do programa *Desenvolvimento Regional e Territorial*; dois programas do período 2008 a 2011 sofreram restruturações, como o *Qualidade Ambiental* e o *Conservação e Uso Sustentável da Biodiversidade.* Convém destacar que o programa *Proteção e Promoção dos Direitos dos Povos Indígenas* teve continuidade entre 2012 e 2016. A definição da CDB de áreas protegidas inclui as reservas indígenas, motivo pelo qual foi mantido na seleção de programas de conservação da biodiversidade em suas terras, considerando que as comunidades tradicionais protegem a biodiversidade *in situ* e agregam valor à agrobiodiversidade.

Em síntese, na Tabela 1 são apresentados os programas presentes no período de 2000 a 2019 do PPA.

TABELA 1 – **Programas presentes no PPA selecionados por terem objetivos compatíveis com a PNB.**

PPA 2000-2003	PPA 2004-2007	PPA 2008-2011	PPA 2012-2015	PPA 2016-2019
Amazônia Sustentável	Amazônia Sustentável			
Biodiversidade e Recursos Genéticos (Biovida)		Conservação e Recuperação dos Biomas Brasileiros	Biodiversidade	
Educação Ambiental	*			
Florestar				
Florestas Sustentáveis	**	Conservação, Manejo e Uso Sustentável da Agrobiodiversidade		
Gestão da Política do Meio Ambiente	Gestão da Política de Meio Ambiente			

Pantanal	Desenvolvimento Sustentável do Pantanal			
Parques do Brasil	Áreas Protegidas do Brasil	Áreas Protegidas do Brasil		
Prevenção e Combate a Desmatamentos, Queimadas e Incêndios Florestais	Prevenção e Combate ao Desmatamento, Queimadas e Incêndios Florestais (Florescer)	Prevenção e Combate ao Desmatamento, Queimadas e Incêndios Florestais	Florestas, Prevenção e Controle do Desmatamento e dos Incêndios	
Qualidade Ambiental		Qualidade Ambiental		Qualidade Ambiental
Zoneamento Ecológico--econômico	Zoneamento Ecológico-Econômico	Zoneamento Ecológico--Econômico	Desenvolvimento Regional e Territorial	Desenvolvimento Regional e Territorial
	Biotecnologia			
	Conservação e Uso Sustentável de Recursos Genéticos	Conservação e Uso Sustentável da Biodiversidade e dos Recursos Genéticos		
	Conservação, Uso Sustentável e Recuperação da Biodiversidade	Conservação e Uso Sustentável da Biodiversidade e dos Recursos Genéticos		Conservação e Uso Sustentável da Biodiversidade
	Proteção de Terras Indígenas	Comunidades Tradicionais	Proteção e Promoção dos Direitos dos Povos Indígenas	
	Nacional de Florestas	Nacional de Florestas		

Programas que foram incorporados como ações em outros ministérios, por exemplo:
* 0947 Apoio à Educação Ambiental nas Escolas Públicas de Educação Básica, 061 Brasil Escolarizado
** 6258 Pesquisa e Desenvolvimento de Projetos Científicos e Tecnológicos do Programa-Piloto para Proteção das Florestas Tropicais.

O programa *Amazônia Sustentável*, de promoção do desenvolvimento da Amazônia mediante o uso sustentável de seus recursos naturais, teve início em 1998, tendo sobrevivido por dois PPA's (de 2000 até 2007). Pode ter sido incorporado ao programa *Biodiversidade* por conter objetivo semelhante. *Biodiversidade e Recursos Genéticos (Biovida)*, presente de 2000 a 2003, foi sendo posteriormente absorvido por outros programas, como o *Conservação e Recuperação dos Biomas Brasileiros* e o *Biodiversidade*. O programa *Educação Ambiental* foi estendido a outros ministérios e partilha objetivos com outros programas do próprio MMA. Presentes no PPA de 2000, os programas *Expansão da Base Florestal Plantada e Manejada (Florestar)* e *Florestas Sustentáveis (Sustentar)* teriam continuidade nas ações do *Conservação, Manejo e Uso Sustentável da Biodiversidade* em todas os seus diferentes períodos. Pode-se dizer, portanto, que houve continuidade nos objetivos dos programas de conservação e de uso sustentável da biodiversidade, bem como a repartição dos benefícios e objetivos semelhantes aos da CDB.

4. Conservação da biodiversidade e visão de futuro: algumas considerações

A governança ambiental vem se apresentando como um novo paradigma para a política, e para entendê-lo ainda será necessário que se construam muitas pontes entre os saberes, diálogos entre os atores, com vistas a propor soluções coerentes com a política ambiental, multidimensional, interconectada e dinâmica, e a administração ambiental não compartimentalizada, aberta, descentralizada e flexível.

Numa administração ambiental não compartimentalizada, com abertura para diversas áreas do conhecimento, ocorreria o fortalecimento da interação entre os cidadãos e os *experts*, o que propiciaria mais competências e influências externas. Essa mudança não aboliria completamente as incertezas e as perplexidades das tomadas de decisão, mas tornaria os problemas mais visíveis e abrangeria mais atores no debate, almejando um balanço entre ciência, economia e política.

A flexibilidade sinaliza uma orientação administrativa que não se prende a uma fórmula fixa. Apresenta um novo olhar, atento às diferenças e imbuído da perseguição de metas ambientais que satisfaçam diversas escalas de atuação. Ainda não é possível, porém, prescrever esse processo. Urge um novo vocabulário, tarefa intelectual e política que mudaria a agenda dominante da prática e da investigação (PAEHLKE, 2005).

O que muda a partir da CDB é o enfoque da pesquisa sobre biodiversidade. A pesquisa passou a ser engajada à conservação, ao uso sustentável e à divisão equitativa dos benefícios (CASTRO, 2011).

Indica-se que o papel das comunidades epistêmicas em direcionar a PNB tem sido preponderante. O conhecimento pode oferecer um guia seguro para a ação política, dada a transitoriedade dos governos nacionais. O recurso à produção científica deve estar contemplado nos programas governamentais. Faz-se, ainda, necessária a atuação das agências multilaterais internacionais como propulsoras de metas e recomendações aos países e seus governos, para que progridam na conservação da biodiversidade. Há de se frisar a necessidade de programas continuados com avaliação de resultados para obtenção de avanços.

É importante assinalar o protagonismo que tiveram os representantes brasileiros nas agências multilaterais até então, o que garantiu um alinhamento às necessidades e interesses da conservação da biodiversidade local. Tendo em vista a expressão do Brasil na área ambiental e a contribuição que a conservação da sua biodiversidade pode trazer para a esfera global, esse protagonismo deve ser reconhecido e ter continuidade.

O Brasil tem se organizado para cumprir as decisões das COPs, especialmente o alinhamento ao Plano Estratégico da Convenção, à Meta 2010 e às Estratégias, Planos de Ação Nacionais de Biodiversidade e a ratificação do protocolo de Nagoya. As Metas de 2010 foram atualizadas, passando pelas Metas Aichi 2020 e, atualmente, vigora com as Metas dos Objetivos de Desenvolvimento Sustentável (ODS) e a Agenda 2030, em âmbito internacional. Constata-se também que muitas políticas e ações foram sendo compreendidas pelos cidadãos e pela sociedade civil, o que se tornou fundamental para lhes garantir sucesso.

A PNB tem um papel decisivo em reunir cientistas, gestores públicos e ONG's para estabelecer diálogos em direção ao aprimoramento das políticas públicas relacionadas com a temática da biodiversidade. Somam-se os esforços dirigidos na construção de um arcabouço jurídico e institucional para as áreas protegidas (IRVING, 2010). Essa ação transformou o país em ícone de inovação em políticas de proteção da natureza na América Latina, o que pode ser exemplificado pelo estabelecimento e regulamentação do Sistema Nacional de Unidades de Conservação da

Natureza (SNUC), pelo Plano Estratégico Nacional de Áreas Protegidas (PNAP), pela Política Nacional de Desenvolvimento Sustentável dos Povos e Comunidades Tradicionais (PNPCT) e pela Política Nacional de Gestão Territorial e Ambiental de Terras Indígenas (PNGATI). É importante enfatizar que as áreas protegidas constituem uma das principais estratégias para conter a perda da biodiversidade (STOLTON, DUDLEY, 2010).

A PNB aponta para a responsabilidade partilhada entre governo, sociedade civil e iniciativa privada em relação à conservação, uso sustentável e repartição de benefícios (RODRIGUES, 2009). A grande diversificação do SNUC é produto de uma longa negociação entre forças políticas representantes dos mais diversos interesses e culturas, típicos da pluralidade existente em nosso país (MERCADANTE, 2001). A regulamentação da PNB estabelecerá mais claramente o papel de cada instituição com relação ao seu escopo e modo de atuação, ponto fundamental para tirar da informalidade projetos já desenvolvidos por diferentes atores, como ONG's e governos estaduais (Ibidem).

A despeito das ações e dos progressos, há um contínuo declínio da biodiversidade, devido a diversos fatores, tais como: alterações no *habitat*, superexploração, poluição, espécies invasoras e mudanças climáticas. É importante relativizar os avanços proporcionados pela PNB, ilustrando a ambiguidade brasileira entre as políticas de desenvolvimento e as políticas ambientais e de conservação da biodiversidade (SCARANO et al., 2018). Persiste o desenho de políticas com caráter setorial, que tratam distintamente meio ambiente e desenvolvimento. O desafio da conservação da biodiversidade, do desenvolvimento e da inclusão da sociedade ainda está posto (PIMM; JENKINS, 2005), lembrando a importância da integração de políticas como, por exemplo, a de mudanças climáticas (SCARANO, 2018).

Ainda vale indicar sinalizações para os próximos anos. Para que se dê continuidade às conquistas, a conservação da biodiversidade requer ações orquestradas de política (programas e ações), com capacidade institucional e efetiva legislação capaz de ampará-la e de lhe dar continuidade. Assim, os próximos desafios para o Brasil consistem em: 1) envolver-se ativamente nas negociações da Agenda 2030; 2) participar de um acordo sobre aplicação das regras de *Acces and Benefit Sharing* (ABS) às sequências genéticas digitais; 3) ajudar nas negociações para criar um mecanismo multilateral global de repartição de benefícios; e 4) influenciar o aprimoramento das legislações em outros países.

Por fim, devem-se registrar as oportunidades abertas ao Brasil: 1) expandir as contas econômicas ambientais e multiplicar as finanças verdes; 2) atingir a gestão efetiva das áreas protegidas, tais como Unidades de Conservação (UC's) terras indígenas, territórios quilombolas, Áreas de Preservação Permanente (APP's) e Reservas Legais (RL's); 3) aumentar a produção e a exportação de produtos provenientes da biodiversidade com biotecnologia; 4) protagonizar a repartição de benefícios; e 5) liderar pesquisas, informação e modelagem da biodiversidade mediante iniciativas como, por exemplo, o Programa Prioritário de Bioeconomia (PPBio), o Sistema Nacional de Pesquisa em Biodiversidade (SISBIOTA), o Sistema de Informação sobre a Biodiversidade Brasileira (SIBBr), a Plataforma Brasileira de Biodiversidade e Serviços Ecossistêmicos (BPBES, no acrônimo em inglês), o Centro de Síntese em Biodiversidade e Serviços Ecossistêmicos (SinBiose), entre tantos outros.

Referências

BAMBACH, R.K. Phanerozoic biodiversity mass extinctions. **Annual Review of Earth and Planetary Sciences**, v. 134:127-155, 30 may 2006. Disponível em: <https://www.annualreviews.org/doi/abs/10.1146/annurev.earth.33.092203.122654>. Acesso em: 14 dez. 2019.

BARNOSKY, A.D. et al. Has the Earth's sixth mass extinction already arrived? **Nature**, 471, p. 51-57, 2011.

BARROS, F.H.G. **Três ensaios sobre a influência das instituições na governança ambiental**: revisitando aspectos relativos a comportamento dos agentes, crescimento econômico e políticas públicas. 2007. 164 f. Tese (Doutorado)- Faculdade de Economia, Administração, Contabilidade e Ciência da Informação e Documentação, Universidade de Brasília, Brasília. 2007.

BEGON, M.; TOWNSEND, C. R.; HARPER, J. L. **Ecologia de Individuos a Ecossistemas**. Porto Alegre: Artmed. 2007.

BERTOLDI, M.R.; BARON, L. A contribuição da Convenção sobre a Diversidade Biológica para a tutela dos conhecimentos associados à biodiversidade. In: SEMINÁRIO INTERNACIONAL DEMANDAS SOCIAIS E POLÍTICAS PÚBLICAS NA SOCIEDADE CONTEMPORÂNEA, 2014, Santa Cruz do Sul. **Anais eletrônicos**... Universidade de Santa Cruz do Sul, 2014. Disponível em: https://online.unisc.br/acadnet/anais/index.php/sidspp/article/view/11779. Acesso em: 15 dez. 2019.

BRASIL, Tribunal de Contas da União. **Visão Geral sobre a Função Gestão Ambiental**. Relatório de levantamento. Brasília, Portal TCU, 2015. Disponível em: <https://portal.tcu.gov.br/biblioteca-digital/fiscalizacao-da-funcao-gestao-ambiental.htm>. Acesso em: 11 dez. 2019.

BRASIL. Decreto n. 4.339, de 22 de agosto de 2002. Política Nacional de Biodiversidade – PNBIO.Disponível em: <http://www.planalto.gov.br/ccivil_03/decreto/2002/D4339.htm>. Acesso em: 03 mar. 2015.

BURSZTYN, M.A.; BURSZTYN, M. **Fundamentos de Política e Gestão Ambiental: caminhos para a sustentabilidade**. Rio de Janeiro: Garamond, 2013.

CASTRO, P.F.D. de. **Avaliação de impacto de programas em pesquisa de biodiversidade.** 2011. 250 f. Tese (Doutorado)-Instituto de Geociências, Universidade Estadual de Campinas, Campinas, 2011.

CAVALCANTE, P.L. **A implementação do orçamento por resultados no âmbito do Executivo Federal**: um estudo de caso. 2007. 173 f. Dissertação (Mestrado)-Instituto de Ciência Política, Universidade de Brasília, Brasília, 2007a.

CHACUR, M.R.P.; MARTINS, J.A.; NUNES, N.L. de A. Modelo de tomada da decisão, avaliação estratégica e o licenciamento ambiental da OUC Porto Maravilha/RJ. **Economic Analysis of Law Review**, v. 7, nº 2, 2016.

CRUTZEN, P.J. The "Anthropocene". In Earth System Science in the Anthropocene. Springer, Berlin, 13-18, 2006. Disponível em: < https://doi.org/10.1007/3-540-26590-2_3>. Acesso em 4 outubro de 2022.

DIAS, B. Biodiversidade, porque importa. In: KLABIN, I. **Sustentabilidade** – O Estado da arte. Rio de Janeiro: Andrea Jakobsson Estúdio Editorial, 2019.

DYE, R. **The policy analysis**. Alabama: The University of Alabama Press, 1976.

EASTON, D. **The Political System**. New York: Knopf, 1953.

FISHER, B.; TURNER, R.K.; MORLING, P. Defining and classifying ecosystem services for decision making. **Ecological Economics**, v.8, p. 643-653, 2009.

GARSON, S. Proposta de abordagem metodológica para avaliação da qualidade do gasto público em mudança do clima. In: SEMINÁRIO INTERNACIONAL GASTOS AMBIENTAIS: diretrizes metodológicas e avanços na América Latina, março de 2017, Brasília. **Anais eletrônicos...** Brasília: CEPAL, 2017. Disponível em: <http://www.cepal.org/sites/default/files/events/files/relevancia_do_gasto_ambiental_cepal.pdf>. Acesso em: 10 dez. 2019.

HECLO, H. Policy analysis. **British Journal of Political Science**, v. 2, nº 1, p. 83-108, 1972.

HILL, M. **The public policy process**. 4ª ed. London: Pearson Education, 2005.

IUCN. **IUCN Red List Categories and Criteria**. 2ª ed. IUCN Species Survival Commission: Gland, Switzerland, 2000.

JABLONSK, D. Extinctions in the fossil record. **The Royal Society Publishing**, 29 april 1994. Disponível em: <https://royalsocietypublishing.org/doi/10.1098/rstb.1994.0045>. Acesso em: 14 dez. 2019.

JENKINS, W. **Policy Analysis**: A Political and Organizational Perspective. Oxford: Blackwell. 1978.

LEWINSOHN, T.M. **A evolução do conceito de biodiversidade**. Brasil: SBPC/Labjor, 2001. Disponível em: <http://www.comciencia.br/reportagens/biodiversidade/bio09.htm>. Acesso em: 10 out. 2018.

LUSTOSA, M.C.; CANEPA, E.; YOUNG, C.E.F. Política Ambiental. In: MAY, P. H. (Org.). **Economia do Meio Ambiente**: teoria e prática. Rio de Janeiro: Editora Campus/Elsevier. 2010.

MICKWITZ, P. A Framework for Evaluating Environmental Policy Instruments: context and key concepts. **Evaluation**, v. 9, nº 4, p. 415-436, 2003.

MITTERMEIER, R.A et al. O protagonismo do Brasil no histórico acordo global de proteção à biodiversidade. **Natureza & Conservação**, 8:197-200, 2010.

NASSER, S.H. **Fontes e Normas do Direito Internacional**: Um Estudo sobre a Soft Law. 2ª ed. São Paulo: Editora Atlas, 2006.

NOVACEK, M.J.; CLELAND, E.E. The current biodiversity extinction event: Scenarios for mitigation and recovery. **PNAS**, 98(10):5466-5470, 8 may 2001. Disponível em: <https://www.pnas.org/content/98/10/5466>. Acesso em: 14 dez. 2019.

NUNES, N. L. de A.; MAY, P. Análise da Alocação Federal de Recursos para a Política Nacional da Biodiversidade: GT-5 – Sustentabilidade, Territórios e Mudança Institucional. UFRJ, 2019. Disponível em: file:///C:/Users/User/Downloads/dd_v_7_suplemento_2019-pa%CC%81ginas-229-258%20(1).pdf. Acesso em: 20 maio 2022.

NUNES, N. L. de A. Análise da política nacional da biodiversidade: estratégias de conservação da flora do brasil / Nina Lys de Abreu Nunes. – 2019. 340 p.; 31 cm. Tese (doutorado) – Universidade Federal do Rio de Janeiro, Instituto de Economia, Programa de Pós-Graduação em Políticas Públicas, Estratégias e Desenvolvimento.

ODUM, E. P. **Fundamentos de. Ecologia.** 6ª edição. Editora Cengage Learning. 2007.

PAEHLKE, R. Sustainability as a bridging concept. **Conservation Biology**, 19.1, p. 36-38, 2005.

RAO, C.R. Diversity and dissimilarity coefficients: A unified approach. **ScienceDirect**, v. 21(1):24-43, february 1982. Disponível em: <https://www.sciencedirect.com/science/article/pii/0040580982900041>. Acesso em: 14 dez. 2019.

RIO DECLARATION ON ENVIRONMENT AND DEVELOPMENT. CBD. In: THE UNITED NATIONS CONFERENCE ON ENVIRONMENT AND DEVELOPMENT, 3-14 jun. 1992, Rio. **Anais eletrônicos**... Rio de Janeiro: CBD,

1992. Disponível em: <https://www.cbd.int/doc/ref/rio-declaration.shtml>. Acesso em: 15 dez. 2019.

ROCKSTRÖM, J. et al. Future water availability for global food production: the potential of green water for increasing resilience to global change. **Water Resour. Res.**, 45, 142-143, 2009.

STEFFEN, W. et al. Planetary boundaries: Guiding human development on a changing planet. **Science**, 347, 2015.

IV.

DIAGNÓSTICO E MONITORAMENTO DA QUALIDADE AMBIENTAL

27. A "REVOLUÇÃO SILENCIOSA" DAS ÁGUAS SUBTERRÂNEAS NO ESTADO DE SÃO PAULO

RICARDO HIRATA

Introdução

As águas subterrâneas têm vivido uma verdadeira revolução nas últimas quatro décadas. Com a introdução das eletrobombas submersas, métodos mais rápidos e eficientes de perfuração de poços tubulares (vulgo artesianos) e a maior demanda por água de qualidade pela sociedade, houve uma verdadeira explosão nas obras de captação pelo Brasil após os anos 1970. Hoje, há mais de 2,5 milhões de poços tubulares pelo país, explotando mais de 557 m^3/s, o que seria suficiente para suprir toda a sua população de 220 milhões de pessoas (Hirata *et al* 2019). O Estado de São Paulo é aquele que mais extrai águas do subsolo e onde mais cidades são delas dependentes. Mais de 75% dos núcleos urbanos paulistanos são totais ou parcialmente abastecidos por aquíferos, superando a média nacional de 52%.

O vertiginoso crescimento na perfuração de poços e por conseguinte aumento da dependência do recurso hídrico subterrâneo – têm passado desapercebidos pela sociedade e pelos tomadores de decisão nestas últimas décadas. Por esse motivo, Ramon Llamas cunhou o termo "revolução silenciosa" para se referir ao fenômeno que as águas subterrâneas, de forma desapercebida, vão mudando radicalmente a maneira com que a sociedade usa o recurso hídrico, impactando a economia e o ambiente. Essa invisibilidade é ainda maior no Brasil, pois 90% dos poços servem ao abastecimento privado e mais de 80% deles são irregulares (sem pedido formal de outorga ou notificação) ou clandestinos (Hirata *et al* 2019), movendo uma economia de R$ 100 bilhões[1] (corrigidos a 2022). Tal acontecimento não é restrito ao país, a tal ponto que, no ano de 2022, as Nações Unidas instituíram que o Dia Mundial da Água fosse dedicado ao recurso hídrico subterrâneo, com o mote: "Águas Subterrâneas: tornando o invisível, visível!"

Se de um lado a sociedade tem buscado nos aquíferos a solução para a sua demanda por água, quer pela perenidade em momentos de seca, excelente qualidade natural ou pelo menor custo comparativamente aos recursos superficiais ou às águas das concessionárias, a gestão da qualidade e da quantidade evoluiu, mas ainda enfrenta grandes desafios.

Para buscar entender esses reptos, este artigo visita a história da gestão dos recursos hídricos subterrâneos nas últimas quatro décadas, pontuando os grandes desafios vencidos e aqueles que restam, e algumas ideias para o seu avanço no Estado de São Paulo. A obra também tem um viés pessoal, pois se avalia essa história na perspectiva do autor, que tem sido um espectador privilegiado dessas mudanças desde o início de sua carreira como hidrogeólogo no Departamento de Águas e Energia Elétrica (DAEE) em 1983, posteriormente na Organização Pan Americana da Saúde, Instituto Geológico do Estado de São Paulo, universidades de Waterloo (Canadá), Costa Rica, Calgary (Canadá), Chang'an (China) e de São Paulo, Banco Mundial (BIRD), no GWMATE (*Groundwater Management Advisory Team*), ademais de prestar assessorias a várias agências das Nações Unidas, incluindo o Organismo Internacional de Energia Atômica e UNESCO, governos e empresas privadas.

1. O recurso hídrico subterrâneo vai buscando seus caminhos

O DAEE teve um papel fundamental no desenvolvimento das tecnologias de poços tubulares como os conhecemos hoje. Ao longo da década de 1970, pequenas empresas de perfuração de poços foram instigadas a melhorar os projetos e as tecnologias de construção de captações subterrâneas. Tal experiência conjunta acabou por estabelecer as normas técnicas do setor. A publicação de Gerôncio Rocha e Antônio Ferrer (1982) *Manual de Operação e Manutenção de Poços* consubstanciou essas boas práticas, que subsidiaria posteriormente a criação da Norma ABNT 12.212 de Construção de Poços Tubulares em 1992 (versão atualizada da anterior

[1] Considerando o valor da água de R$ 98 bilhões/ano e o mercado de perfuração e manutenção de poços de outros R$ 2 bilhões.

NB 588 de 1990). Os autores se beneficiaram da tradução da icônica obra *Ground Water and Wells*, da Johson Screens (1972) pela CETESB (1978), sob coordenação de Idefonso Puppi da Universidade Federal do Paraná.

A perfuração dos poços trouxe informações do subsolo e dos aquíferos paulistas. Assim, entre 1972 e 1983, o Estado de São Paulo desenvolveu um programa de reconhecimento e caracterização dos recursos hídricos subterrâneos, através do DAEE (1974, 1975, 1976, 1977, 1979a,b, 1981, 1982) em consórcio com a empresa israelense Tahal. O grande animador dessa iniciativa foi Renato de la Togna, superintendente do DAEE. Tomaram a frente desta empreitada o seu diretor de Planejamento Rubem Porto, assistidos por Flávio Terra Barth, e os geólogos Ivanir Mariano e Gerôncio Rocha.

Os estudos abrangeram as regiões administrativas paulistas, e foram feitos a partir de cadastros sistemáticos de poços em campo, balanços hídricos, mapeamento geológico e reconhecimento da hidrogeoquímica em escala regional. Tal cadastro foi importante para subsidiar o programa de perfuração de poços tubulares do DAEE em atendimento aos municípios paulistas na década de 1980 (Aguiar *et al.* 1984) e serviu para auxiliar os inúmeros estudos hidrogeológicos e de contaminação por toda a comunidade de recursos hídricos e ambiental, e que hoje conforma a base do Sistema de Dados hidrogeológicos de São Paulo (SIDAS) e o atual Sistema de Outorga Eletrônica (SOE).

Neste ambiente de novas tecnologias e conhecimentos hidrogeológicos é fundada a Associação Brasileira de Águas Subterrâneas (ABAS) em 1978 e, junto à Universidade de São Paulo, o Centro de Pesquisas de Águas Subterrâneas (CEPAS|USP) em 1983, por Aldo Rebouças. Aldo foi um dos mais importantes hidrogeólogos brasileiros que trouxe a sua experiência quando à frente da SUDENE, que fez com que a região Nordeste fosse a mais desenvolvida em hidrogeologia e aquela que mais concentrava profissionais no país.

Assim, nos anos que se seguiram, Aldo, na academia, e Gerôncio, junto ao governo, foram os protagonistas do desenvolvimento estratégico dos recursos hídricos subterrâneos paulistas. Da iniciativa de Gerôncio foi a contratação da UNESP para desenvolver o Mapa Geológico (Esc. 1:250.000) para servir de base para o Mapa de Águas Subterrâneas do Estado de São Paulo – seu sonho concretizado apenas em 2005 (Rocha 2005). A tese de doutorado de Rosa Gouvêa da Silva (1983) é um dos melhores exemplos de como os estudos do DAEE frutificaram, e permitiram construir o primeiro modelo conceitual hidrogeoquímico e isotópico do Sistema Aquífero Guarani (Botucatu-Piramboia). Posteriormente foi o caso da tese de doutorado de Heraldo Campo (1993), que mapeou a geoquímica dos aquíferos paulistas. Heraldo, assim como Rosa, era funcionário do DAEE e ambos desenvolveram seus estudos de pós-graduações no CEPAS|USP.

A hidrogeologia moderna latino-americana tinha como referência o curso de aperfeiçoamento dos professores Emilio Custodio e Ramon Llamas (1976) na *Universitat Politècnica de Catalunya* em Barcelona (Espanha). O livro *Hidrología Subterránea*, escrito a partir das apostilas deste curso, foi o texto de referência dos hidrogeólogos da Região por décadas.

2. A qualidade das águas entra em cena

As décadas de 1980 e 1990 trazem a preocupação da contaminação das águas subterrâneas por atividades antrópicas. De um lado, os estudos regionais do DAEE (1975-1983) já detectavam nitrato de forma ainda pouco sistematizada nos aquíferos paulistas, de outro, nos Estados Unidos da América (EUA) e na Europa, vários trabalhos de caracterização de áreas contaminadas ganhavam espaço, mostrando novas tecnologias para estudar solos e aquíferos impactados pela atividade humana, bem como os primeiros trabalhos de remediação de aquíferos. Pioneiramente, coube à CETESB se ocupar do gerenciamento de solos e aquíferos contaminados em território paulista e hoje é sua atribuição legal.

O CEPAS|USP marca a presença dos hidrogeólogos nas questões ambientais na academia. Foi este Centro que trouxe Robert Cleary e as ideias mais modernas de hidrogeologia ao Brasil. Ele também facilitou o convênio da USP com a Universidade de Waterloo (Canadá), e permitiu aos hidrogeólogos brasileiros tomarem contato com técnicas como os poços multiníveis, geofísica aplicada à contaminação e as estratégias de monitoramento de detalhe.

No campo institucional, os estudos do DAEE dão material para se criar o "Mapa de vulnerabilidade de aquíferos do Estado de São Paulo" (Hirata *et al.* 1997), que trouxe o princípio de que é melhor proteger o recurso hídrico subterrâneo que remediá-lo e a necessidade de gerenciar a qualidade dos aquíferos a partir da identificação de áreas críticas, onde haja maior perigo de contaminação. Este conceito de perigo, que é o cruzamento da vulnerabilidade com a carga contaminante potencial, foi desenvolvido no Centro Pan Americano de Engenharia Sanitária e Ambiental (CEPIS), da Organização Pan Americana da Saúde (OPAS/OMS), pelos hidrogeólogos Stephen Foster e Ricardo Hirata, que o publicam no livro "Avaliação de risco de contaminação das águas subterrâneas" em 1988 – e atualizado posteriormente pelos mesmos autores em trabalho para o BIRD (Foster *et al* 2002) e em artigo na conceituada *Hydrogeology Journal* (Foster *et al* 2013). Tal método foi capital para programas de proteção da qualidade dos aquíferos na América Latina. O próprio conceito de vulnerabilidade e perigo serve de base para muitas legislações em países da Região, ademais do Brasil. Tanto os trabalhos de Foster e Hirata (1988) e o próprio mapeamento da vulnerabilidade dos aquíferos paulistas (Hirata *et al* 1997) foram basilares para a própria Lei Paulista 6.134 (1988) e seu Decreto 32.955 (1991), que pioneiramente definem os conceitos de proteção das águas subterrâneas no Brasil.

Na esteira desse movimento e a partir da identificação de vários casos de contaminação de solo e água subterrânea, a CETESB toma para si a empreitada de desenvolver normativas para o Gerenciamento de Áreas Contaminadas (GAC) no Estado de São Paulo. Para isso, a instituição trouxe a experiência alemã, através de um convênio com a GTZ (*Gesellschaft für Technishe Zusammenarbeit*), que ademais de treinar os seus técnicos, cria em 1999 o "Manual de Gerenciamento de Áreas Contaminadas", que forma a base para o DD.023/CE/2000 que envolve os procedimentos técnicos e administrativos para este gerenciamento.

Dois técnicos são importantes nessa construção, Rodrigo Cunha (1997) e Elton Gloeden (1999), ambos desenvolvendo seus doutorados no Instituto de Geociências da USP, com pesquisadores do CEPAS|USP. O trabalho de Rodrigo foi norteador para a definição do conceito de risco à saúde humana para áreas contaminadas, que é a base dos limites da remediação ambiental, e o de Elton, o próprio gerenciamento das áreas contaminadas. Ao longo desses anos, o processo de GAC foi se aprimorando, incorporando mecanismos de mudanças de uso do solo e outros atributos, ademais de estabelecer normativas para dar segurança jurídica a todo o processo. Hoje há milhares de áreas declaradas contaminadas e várias em estágio de remediação, muito embora se deva reconhecer que há ainda algumas dezenas de milhar de outras áreas contaminadas ainda por serem identificadas, levando-se em conta o perfil e histórico de ocupação urbana do Estado de São Paulo e o número de casos observados na Europa e nos EUA.

Nessa época, os estudos de contaminação de postos de gasolina permitiram a criação de um mercado de empresas de consultoria ambiental. Hoje há centenas delas e várias foram adquiridas ou se associaram às empresas internacionais, criando um grupo de profissionais de alto nível técnico.

Os desafios do setor ainda são grandes, sobretudo envolvendo contaminantes muito tóxicos, como os solventes clorados, em aquíferos complexos, como os fraturados profundos. Nesta linha tem destaque os trabalhos do CEPAS|USP – coordenado por Reginaldo Bertolo e associado a pesquisadores, gestores e profissionais do Ministério Público paulista e empresas de consultoria –, que estabelece um laboratório de referência nesta área. Trabalhos com novas tecnologias para a caracterização detalhada de aquíferos fraturados permitiram integrar de forma inédita a geologia estrutural e a hidráulica de aquíferos pelos pesquisadores Amélia Fernandes e Marcos Barbosa do CEPAS|USP.

Se de um lado a caracterização e o entendimento dos impactos da contaminação por fontes pontuais, ou seja, aquelas advindas de indústrias, deposição de resíduos sólidos, postos de gasolina, tenham evoluído, tem-se que reconhecer que o Estado de São Paulo ainda não buscou solucionar dois problemas igualmente graves: a contaminação difusa ou multipontuais em áreas urbanas, muitas das quais causadas pelo vazamento da rede de esgoto (Hirata *et al* 2019) ou pela grande concentração de diversas fontes industriais (Barbosa *et al* 2017); e aquelas em áreas agrícola, causada pelo excessivo uso de fertilizantes nitrogenados e agrotóxicos. O perfil agrícola de monocultura do Estado de São Paulo e os inúmeros exemplos de contaminação de aquíferos rurais na Europa, faz crer que este é um problema presente, entretanto, até o momento nenhum estudo foi realizado. Se ainda não há políticas públicas que vislumbrem a solução desses problemas, os estudos da contaminação urbana têm ocupado os pesquisadores do CEPAS|USP há pelo menos duas décadas (Hirata *et al* 2015), sobretudo com estudos na cidade-laboratório de Urânia (SP). A soma desses estudos permitiu produzir o livro "Nitrato nas águas subterrâneas no Estado de São Paulo" (Varnier *et al* 2019), que reuniu ademais pesquisadores do IPA (há época Instituto Geológico), IPT (Instituto de Pesquisas Tecnológicas), DAEE, CEPAS|USP e a iniciativa privada.

3. Por uma gestão integrada dos recursos hídricos

As experiências nacionais e mundiais têm mostrado que as soluções aos problemas dos recursos hídricos vão além do atendimento a uma demanda espacialmente pontual ou durante períodos secos. As soluções duradouras – e sustentáveis – são as que exigem uma visão mais integrada, buscam diversificar as fontes de recursos e ademais de envolver parceiros de áreas de economia, sociologia e comunicação. A isso, convencionou-se chamar de gestão integrada dos recursos hídricos (GIRH), cujo objetivo central é trazer segurança hídrica à sociedade (conectada à segurança alimentar e energética), considerando os limites do ambiente e, em uma economia injusta como a nossa, que tenha uma atenção especial aos grupos socioeconomicamente vulneráveis.

Tais ideias estão contidas (de forma mais ou menos explicitas) na Política Estadual de Recursos Hídricos (Lei 7.663/1991, anterior à Lei Federal 9.433/97) que define o Sistema de Gerenciamento de Recursos Hídricos, com a estruturação do Comitê de Bacia Hidrográfica, ente central e participativo do manejo das águas. Este normativo é fundamental para se pensar o recurso hídrico subterrâneo inserido no ciclo hidrológico, mas a sua aplicação prática é ainda incipiente, mesmo em estados como São Paulo.

A despeito de um grande esforço de lideranças no setor, incluindo José Luiz Albuquerque (IPT), José Eduardo Campos (DAEE) e Luciana Ferreira (IPA-SIMA), a importância das águas subterrâneas é pouco reconhecida pela sociedade e pelos decisores apesar de seu amplo uso. O melhor fato que expressa esse desinteresse do setor de gerenciamento hídrico é saber que apenas 2,36% (2019) de todo o recurso do FEHIDRO (Fundo Estadual de Recursos Hídricos do Estado de São Paulo) vai para as águas subterrâneas, e, deste valor, a maioria dos projetos são de simples perfuração de poços (56%) (Albuquerque e Bernardo, 2022).

As águas subterrâneas são pouco estudadas e o seu potencial para mitigar ou solucionar os problemas são enormes. A sociedade tem buscado de forma espontânea e não regulada, soluções pontuais de água através da perfuração e explotação de poços, que tem causado impactos indesejados, inclusive a superexplotação de aquíferos. É o típico fenômeno da "Tragédia dos Comuns", de Garret Hardin (1968), que diz que quando a soma de soluções individuais (perfuração de poços) causa um problema para todos (superexplotação), mas que a responsabilidade é de ninguém (Hirata *et al* 2015).

O uso privado e complementar ao abastecimento de cidades é fundamental para a sua segurança hídrica. Um exemplo é o que ocorre na Bacia Hidrográfica do Alto Tietê (BAT), onde se localiza a cidade de São Paulo (Hirata *et al* 2002). Essa região tem o abastecimento público baseado 99% em água superficial. Entretanto, os seus mais de 12 mil poços tubulares privados adicionam mais 12 m^3/s, fazendo com que o recurso subterrâneo atenda a 6-10% do total de sua demanda. O problema é mais grave, pois o sistema de abastecimento dificilmente conseguiria superar a falta dessa vazão, que é 60% suportada por poços irregulares ou clandestinos (Foster *et al* 2021, 2009, 2010).

A reviravolta no entendimento da importância das águas subterrâneas para a BAT ocorreu quando Mônica Porto, professora da Escola Politécnica da USP e na época coordenadora do Plano da Bacia Hidrográfica, contratou o CEPAS|USP para descrever o potencial das águas subterrâneas na região. A busca por uma metodologia que superasse a falta clássica de dados de poços e suas extrações levou o Centro a contatar quase todas as empresas de perfuração de poços e estimar, a partir de entrevistas, o montante de água explotada dos aquíferos (Hirata e Ferreira 2001). Posteriormente, a mesma forma de dependência também é observada em outras cidades brasileiras (Hirata *et al* 2019). Estes estudos mostram que as cidades têm que incorporar – de forma legal – o usuário privado e o autoabastecimento como parte do gerenciamento dos recursos hídricos e não somente bani-los. Ademais, em um ambiente de baixo recurso público, os poços privados são investimentos, que no Brasil representam mais de R$ 124 bilhões – ou seja, mais de 6,5 anos de investimento no setor de saneamento.

O avanço no gerenciamento de áreas contaminadas tem sido nítido. Entretanto, a forma como está montado não leva em conta o recurso como um todo, e só se preocupa com uma parte do aquífero degradado. Há inúmeras fontes potenciais de contaminação de aquífero, o que nos obriga a ter uma estratégia que otimize os recursos humanos, institucionais e econômicos escassos. É impossível (e ilógico) estudar todas as fontes potenciais de contaminação e controlá-las, exigindo uma abordagem de identificação de áreas críticas e proteção (prioritária) às fontes de água para abastecimento da população (proteção dos poços chaves ao abastecimento público) (Foster e Hirata 1988, Iritani e Ezaki 2012).

Na busca pela identificação de áreas críticas, houve o desenvolvimento do método MetQ (método dos quadrados), que permitiu estabelecer áreas de maior probabilidade de contaminação e de superexplotação, a partir de dados existentes (Hirata *et al* 2015). Este método de avaliação semiregional por exemplo reestruturou as extrações de água e o monitoramento da contaminação na região do Jurubatuba (sul da cidade de São Paulo) e considerada uma das mais complexas e intensamente contaminadas do país (Simonato *et al* 2008, Hirata *et al* 2015).

Um grupo que contribuiu para uma gestão integrada das águas subterrâneas na América Latina e em países em desenvolvimento na Ásia e África foi o GWMATE (*Groundwater Management Advisory Team*) do BIRD. O grupo era coordenado por Stephen Foster com a participação de Karin Kemper (BIRD), Hector Garduño, Ricardo Hirata, Albert Tuinhof, Marcela Nanni e se beneficiou da estrutura dos inúmeros projetos do BIRD nas áreas de água e saneamento, buscando novas formas de ver o recurso hídrico subterrâneo. Suas publicações compunham-se de estudos de caso e de reflexões baseadas na realidade e em referenciais teóricos modernos, e são ainda importantes para subsidiar as políticas de recursos hídricos, mesmo que o grupo tenha deixado de existir há mais de uma década. O GWMATE foi fundamental para o Projeto Sistema Aquífero Guarani que teve financiamento do *Global Enviromental Facility* (GEF), fundo das Nações Unidas para o ambiente, e foi colocado em prática pela Organização dos Estados Americanos, BIRD e pelos governos da Argentina, Brasil, Paraguai e Uruguai (Foster *et al* 2009). O GWMATE atuou no Brasil nas cidades nordestinas de Natal, Fortaleza e Recife, ademais de regiões como o Apodi.

A integração entre várias áreas do conhecimento é uma exigência cada vez maior em estudos de impacto e que busque não a solução pontual aos problemas afeitos às águas subterrâneas, mas aquelas mais sustentáveis e que incorporam novas tecnologias, otimizando recursos financeiros e humanos escassos. Um projeto importante foi o Coqueiral, iniciativa internacional que envolveu pesquisadores paulistas, pernambucanos e franceses, sob coordenação de Ricardo Hirata (CEPAS|USP), Suzana Montenegro (UFPE, Pernambuco) e Emmanuelle Petelet-Giraud (BRGM, França) e financiamento da FAPESP, FACEP (Fundação de Amparo à Pesquisa de Pernambuco) e ANR-França (Proc. 2011/50553-0). Foi primordial para entender a hidrogeologia o emprego de múltiplas técnicas geoquímicas e isotópicas (Cary *et al* 2015), mas também envolvendo grupo de micro e macrossociologia, que deu mais transparência às relações que a população (sobretudo pobre) tem com os órgãos de governo no enfrentamento da falta de água (Hirata e Montenegro 2018, Petelet-Girau *et al* 2017).

Outra tendência que se tem observado no enfrentamento das seguidas crises de água, intensificadas pelas mudanças climáticas globais, é o conceito de fontes múltiplas de água, apoiada no uso conjuntivo das águas superficiais e subterrâneas, soluções baseadas na natureza, alocação de água para diferentes usos, tratamento de água e recarga de aquíferos e hidroeconomia. Este é o tema de um recente projeto Temático da Fapesp, coordenado por Ricardo Hirata, Reginaldo Bertolo (CEPAS|USP), Jacinta Enzweiler (IGC, Unicamp), Edson Wendland (EESC, USP) e Luciana Martins (IPA, SIMAL), e que é o maior projeto de ciência hidrogeológica já desenvolvido no Estado de São Paulo, que superam os R$ 11 milhões: o projeto SACRE (Soluções Integradas de Água para Cidades Resilientes às Mudanças Climáticas Globais). Este projeto envolve todas as instituições de governo que tem relação com as águas subterrâneas, ademais das universidades de Waterloo (Canadá) e Hiroshima (Japão) (Proc. 2020/15434-0, 2022/00652-7). A ideia é usar todas as possíveis fontes de água superficial e subterrânea rasa e profunda, tratada ou não tratada, para atender a demanda de uma das cidades que mais tem sofrido com as crises hídricas no Estado de São Paulo, Bauru.

4. O futuro da gestão das águas subterrâneas paulistas

As águas subterrâneas geram oportunidades, ainda pouco exploradas e explotadas. É nítida a importância atual do recurso para a sociedade paulista e brasileira e os problemas associados à superexplotação e à contaminação têm ocorrência localizada. Assim, vê-se que há campo para a expansão do seu uso, tanto para o abastecimento público, como privado, no campo e na cidade.

O futuro das águas subterrâneas é controlado pelos seguintes "indutores": (i) as frequentes crises hídricas, que afetam a segurança hídrica, alimentar e ambiental; (ii) o aumento no custo da água de abastecimento público, devido à exigência de mais tratamento da água superficial, e a sua cada vez menor disponibilidade nas proximidades das cidades, inclusive com conflito entre usuários agrícolas e urbanos; (iii) a diminuição da disponibilidade de água no campo; (iv) a maior exigência por ambientes mais limpos e práticas mais sustentáveis, que exigem técnicas de limpeza e remediação de corpos hídricos superficial e subterrâneo, que encarecem a água; (v) o avanço do conhecimento técnico, que vai reduzir os custos de obtenção, extração e tratamento da água subterrânea; (vi) o melhor entendimento dos potenciais aquíferos, reduzindo as incertezas do uso do recurso hídrico subterrâneo; (v) a melhora no conhecimento e conscientização de técnicos e decisores sobre a água subterrânea, e considerá-la tão importante como as águas superficiais (quebra de preconceitos) no abastecimento público e privado; (vi) a maior aceitação por parte do usuário e dos decisores (sobretudo da vigilância sanitária) em utilizar as águas subterrâneas rasas (freática) para usos menos nobres (rega, limpeza e troca de calor) e profundas, para abastecimento privado e público, diversificando as fontes de água. Na mesma lógica está o uso de aquíferos para o polimento de processos de tratamento de águas contaminadas, através da recarga gerenciada de aquíferos; e (vii) as mudanças climáticas globais, que vão exigir sistemas de abastecimentos mais robustos e que consigam enfrentar longos períodos de estiagem e onde o gigantesco armazenamento dos aquíferos pode fazer a diferença.

Esses "indutores" pressionarão a sociedade, governos e sociedade civil organizada por soluções que envolvam mais as águas subterrâneas, fazendo com que as seguintes ações devam ser tomadas:

4.1. Sociedade

Há necessidade de um forte e sistemático programa de comunicação social para a sociedade em geral, mas também específicos para usuários das águas subterrâneas e perfuradores de poços, e de educação ambiental para escolares. Cursos, palestras, vídeos, mas também eventos, como o *Children's Groundwater Festival*, que ocorre nas cidades de Wellington e Waterloo no Canadá [http://www.wwcgf.com/], são exemplos de essa iniciativa.

4.2. Governos

Reestruturar e valorizar as instituições que trabalham com a água subterrânea, que se organizem em eixos integrados para o fomento, proteção e boas práticas de uso dos recursos hídricos subterrâneos. Neste caso, há igualmente a necessidade de contratação e formação dos seus profissionais técnicos, mas também da sensibilidade dos decisores de que os recursos hídricos subterrâneos são fundamentais e trazem novas oportunidades às soluções dos problemas de escassez de água.

4.3. Comitê de Bacia Hidrográfica e o Conselho Estadual de Recursos Hídricos

Figuras centrais na gestão das águas, onde o tema água subterrânea é ainda pouco considerado, mesmo em bacias onde esse recurso é preponderante para o abastecimento público e privado. Assim, é fundamental que haja a criação das Câmaras Técnicas de água subterrâneas (CT-AS) em todas as bacias hidrográficas paulistas, e que os seus profissionais sejam atualizados nos temas de gestão dos recursos hídricos subterrâneos. Assim, iniciativas de treinamento de longo prazo, como o "Curso de transferência de conhecimento visando a gestão em águas subterrâneas no âmbito dos Comitês de Bacia do Estado de São Paulo", desenvolvido pelo IPA, IPT, CPRM (Serviço Geológico Brasileiro), CEPAS|USP e CETESB, com verba da Fapesp [Proc. 2018/16708-6] (Fernandes *et al* 2022), sejam multiplicados pelo estado. Cabe a estas CTs-AS, assim com aquela equivalente no CERH, um papel de protagonismo nas discussões de um planejamento estratégico do setor tanto nas bacias como em todo o Estado de São Paulo.

4.4. Academia

Há necessidade de introduzir cursos de hidrogeologia na formação de profissionais universitários, hoje restrito aos de geologia. É difícil imaginar que carreiras como agronomia e engenharia ambiental, civil ou de saneamento nas universidades não tenham disciplinas regulares de hidrogeologia. Pelo óbvio, não há empreendimento rural que não use ou se beneficie das águas subterrâneas, tanto para a irrigação, como para a manutenção do ambiente sustentável. Assim, como um dos trabalhos mais importantes e comuns aos engenheiros ambientais é caracterizar e remediar aquíferos contaminados. Portanto, é necessário também a preparação de material de hidrogeologia de nível universitário dirigido a ramos de conhecimento específico. Uma iniciativa é o *Groundwater Project* de John Cherry (Universidade de Guelph, Canadá) [https://gw-project.org/] que está construindo uma enciclopédia em diversas áreas do conhecimento hidrogeológico e os disponibilizando de forma aberta a todos, sendo traduzidos em diversas línguas. De igual importância cabe à academia (incluindo as universidades e os centros de pesquisas) o desenvolvimento de ciência e técnicas para solucionar os vários problemas da sociedade envolvendo a água. A academia deve estar sintonizada com a sociedade para identificar essas necessidades e buscar o fomento junto ao governo ou à iniciativa privada para a realização de tais projetos. Igualmente, ela junto aos seus canais competentes e de representação e voz, influenciar as agências para financiar o setor de águas subterrâneas, ainda pouco apoiada no Brasil e em São Paulo.

4.5. Sociedades científicas

Fomentar os grupos científicos, como a Associação Brasileira de Águas Subterrâneas (ABAS), Associação Brasileira de Geologia de Engenharia e Ambiental (ABGE), Sociedade Brasileira de Geologia (SBG), Associação Brasileira de Recursos Hídricos (ABRH), Associação Brasileira de Engenharia Sanitária e Ambiental (ABES), Sociedade Brasileira para o Progresso da Ciência (SBPC) entre outras, que levem à sociedade e ao governo a importância da ciência hidrogeológica e a necessidade do financiamento em pesquisas para superar os grandes desafios da sociedade, e formação de profissionais.

Conclusão

Por fim, é importante que a comunidade hidrogeológica e as instituições que tratem do tema preparem-se para solucionar os problemas hídricos com as águas subterrâneas, incluindo para o Estado de São Paulo os temas: (i) aumentar a segurança hídrica de cidades e campo, a partir do melhor entendimento dos vários componentes do ciclo hidrológico, incluindo o uso conjuntivo dos recursos superficiais e subterrâneos, e o enfrentamento às mudanças climáticas globais; e (ii) reduzir a pobreza hídrica, lembrando que no Brasil há mais de 30 milhões de pessoas sem acesso a água segura e que 90% deles se utilizam de água subterrânea poços escavados, fontes e nascentes, muitos dos quais contaminados.

Agradecimentos

O autor expressa o seu agradecimento a Leonardo Capeleto de Andrade pela revisão do texto e a Fapesp pelo financiamento de projetos que subsidiaram os resultados desse trabalho (Proc. 2011/50553-0, 2013/22469-0; 2014/05697-2; 2020/15434-0; 2022/00652-7)

Referências

AGUIAR, A; ANDRADE, E.; SILVA, R.; HIRATA, R. **10 anos de experiências acumuladas na exploração de recurso hídrico subterrâneo.** In: CONGRESSO BRASILEIRO DE ÁGUAS SUBTERRÂNEAS, 1984, Fortaleza, Ceará. Anais do 3o Congresso Brasileiro de Águas Subterrâneas. FORTALEZA, CEARA: ABAS, 1984. p. 1-13.

ALBUQUERQUE, L; BERNARDO, H. 2022. **Mais de 10 anos do Plano Nacional de Recursos Hídricos – Inserção das águas subterrâneas.** Palestra na Mesa Redonda 4. Congresso Brasileiro de Águas Subterrâneas (ABAS). São Paulo.

BARBOSA, M.; BERTOLO, R.; HIRATA, R. **Method for Environmental Data Management Applied to Megasites in the State of São Paulo**, Brazil. JOURNAL OF WATER RESOURCE AND PROTECTION, v. 09, p. 322-338, 2017.

CAMPOS, H. **Caracterização e cartografia das províncias hidrogeoquímicas do Estado de São Paulo.** 117 f. Tese (Doutorado) – Instituto de Geociências, Universidade de São Paulo, São Paulo, 1993.

CARY, L; PETELET-GIRAUD, E; BERTRAND, G; KLOPPMANN, W; AQUILINA, L; MARTINS, V; HIRATA, R; MONTENEGRO, S; PAUWELS, H; CHATTON, E; FRAZEN, M; AUROUET, A. **Origins and processes of groundwater salinization in the urban coastal aquifers of Recife (Pernambuco, Brazil): A multi-isotope approach**. Science of the Total Environment, v. 530-531, p. 411-429, 2015.

CETESB. **Águas subterrâneas e poços**. 3º. Ed. (primeira tradução de 1969). CETESB. 1978. 382p.

CUNHA, R. **Avaliação de Risco em Áreas Contaminadas por Fontes Industriais Desativadas – Estudo de Caso.** IGc-USP. Tese de Doutorado. São Paulo. 1997

CUSTÓDIO, E.; LLAMAS, M. R. **Hidrologia subterrânea**. Barcelona: Ed. Omega, 1976.

DEPARTAMENTO DE ÁGUAS E ENERGIA ELÉTRICA – DAEE. **Estudo de Águas Subterrâneas – Região Administrativa 1 – Grande São Paulo**. São Paulo: DAEE, 1975. 3 v.

DEPARTAMENTO DE ÁGUAS E ENERGIA ELÉTRICA – DAEE **Estudo de águas subterrâneas, Região Administrativa 2 – Santos.** São Paulo: DAEE, 1979a. 2 v.

DEPARTAMENTO DE ÁGUAS E ENERGIA ELÉTRICA – DAEE. **Estudo de Águas Subterrâneas – Região Administrativa 3 – São José dos Campos**. São Paulo: DAEE, 1977. v. 1 e 3.

DEPARTAMENTO DE ÁGUAS E ENERGIA ELÉTRICA – DAEE. **Estudo de Águas Subterrâneas – Região Administrativa 4 – Sorocaba.** São Paulo: DAEE, 1982. 2 v.

DEPARTAMENTO DE ÁGUAS E ENERGIA ELÉTRICA – DAEE. **Estudo de Águas Subterrâneas – Região Administrativa 5 – Campinas.** São Paulo: DAEE, 1981. 2 v.

DEPARTAMENTO DE ÁGUAS E ENERGIA ELÉTRICA – DAEE. **Estudo de águas subterrâneas – Região Administrativa 6 – Ribeirão Preto**. São Paulo: DAEE, 1974. 4 v.

DEPARTAMENTO DE ÁGUAS E ENERGIA ELÉTRICA – DAEE. **Estudo de Águas Subterrâneas – Regiões Administrativas 7, 8, 9 – Bauru, São José do Rio Preto, Araçatuba**. São Paulo: DAEE, 1976. v. 1 e 2.

DEPARTAMENTO DE ÁGUAS E ENERGIA ELÉTRICA – DAEE. **Estudo de Águas Subterrâneas – Regiões Administrativas 10 e 11 – Presidente Prudente e Marilia**. São Paulo: DAEE, 1979b. v.1 e 2.

FERNANDES, A, FRANZINI, A; ALBUQUERQUE, J, BARBOSA, G. **Transferência de conhecimento em águas subterrâneas: curso de longa duração em parceria com o Comitê de Bacia Sorocaba e Médio Tietê.** Congresso Brasileiro de Águas Subterrâneas. ABAS. São Paulo. 2022.

FOSTER, S; HIRATA, R. **Groundwater pollution risk assessment: a methodology using available data**. 2. ed. LIMA: Pan American Sanitary Engineering and Environmental Science Center (CEPIS/PAHO/WHO), 1988. 91p.

FOSTER, S; HIRATA; R; VIDAL, A; SCHMIDT, G; GARDUNO, H. **The Guarani Aquifer Initiative –Towards Realistic Groundwater Management in a Transboundary Context**. GWMATE. World Bank. Sustainnable Groundwater Management. Lessons from Practice. Washington (DC). 2009, 28p.

FOSTER, S; HIRATA, R.; MISRA, S.; GARDUNO, H. **Urban groundwater use policy: balancing the benefits and risks in developing nations**. Washington, DC: The World Bank, 2010. v. 1. 36p.

FOSTER, S; PERRY, C.; HIRATA, R.; TUINHOF, A.; GARDUNO, H. **Groundwater resource accounting: critical for effective management in a changing world**. 1. ed. Washington, DC: The World Bank, 2009. v. 16. 10p.

FOSTER, S; HIRATA, R.; GOMES, D; D'ELIA, M; PARIS, M. **Groundwater quality protection: a guide for water service companies, municipal authorities and environments agencies**. 1. ed. Washington: The World Bank Group, 2002. v. 1. 103p.

FOSTER, S; HIRATA, R; CUSTODIO, E. Waterwells – **How can we make legality more attractive?** HYDROGEOLOGY JOURNAL, v. 29, p. 10-17, 2021.

GARRET, H. **The tragedy of the Commons**. Science, 162: 1243-1248. 1968.

GLOEDEN, E. **Gerenciamento de Áreas Contaminadas na Bacia Hidrográfica do Reservatório Guarapiranga**. 117 f. Tese (Doutorado) – Instituto de Geociências, Universidade de São Paulo, São Paulo, 1999.

HIRATA, R; SUHOGUSOFF, A; MARCELLINI, S; VILLAR, P; Marcellini, L. **As águas subterrâneas e sua importância ambiental e socioeconômica para o Brasil**. 1. ed. São Paulo: Instituto de Geociências, Universidade de São Paulo, 2019. v. 1. 64p.

HIRATA, R.; BASTOS, C. ROCHA, G. **Mapeamento da vulnerabilidade das águas subterrâneas no Estado de São Paulo.** 1. ed. São Paulo: Secretaria do Meio Ambiente do Estado de São Paulo, 1997. v. 2. 95p.

FOSTER, S; HIRATA, R; ANDREO, B. **The aquifer pollution vulnerability concept: aid or impediment in promoting groundwater protection?** Hydrogeology Journal, p. 737-750, 2013.

HIRATA, R; FOSTER, S; OLIVEIRA, F. **Águas Subterrâneas Urbanas no Brasil: avaliação para uma gestão sustentável.** 1. ed. São Paulo: Instituto de Geociências e FAPESP, 2015. v. 1. 112p.

HIRATA, R.; FERREIRA, L. **Os aquíferos da bacia hidrográfica do Alto Tietê: disponibilidade hídrica e vulnerabilidade à poluição.** Revista Brasileira de Geociências, São Paulo, v. 31, n.1, p. 43-50, 2001.

HIRATA, R.; FERRARI, L; FERREIRA, L; PEDE, M. **La explotación de las aguas subterráneas en la cuenca hidrográfica del Alto Tietê: crónica de una crisis anunciada.** Boletín Geológico y Minero, Madrid, v. 113, n.3, p. 273-282, 2002.

HIRATA, R; MONTENEGRO, S. **Eaux souterraines et sécurité hydrique dans la RMR.** In: Paul Cary; Armelle Giglio; Ana Melo. (Org.). Affronter le manque d'eau dans une métropole. Le cas de Recife, Brésil. 1ed.Paris: Septentrion Presses Universitaires, 2018, v. 1, p. 67-74.

IRITANI, M; EZAKI, S. **Roteiro orientativo para delimitação de áreas de proteção de poços.** Cadernos do Projeto Ambiental Estratégico Aquíferos. IG-SMA. São Paulo, 2012. 49 p.

PETELET-GIRAUD, E; CARY, L.; CARY, P; GIGLIO-JACQUEMOT, A.; BERTRAND, G.; HIRATA, R.; ALVES, L; MARTINS, V.; MELO, A; MONTENEGRO, S; CHATTON, E; FRAZEN, M.; AUROUET, A. **Multi-layered water resources, management, and uses under the impacts of Global Changes in a Southern Coastal Metropolis: when will it be already too late? Crossed analysis in Recife, NE Brazil.** ENVIRONMENTAL SCIENCE & POLICY, v. 13, p. 13, 2017.

ROCHA, G; FERRER, A. **Manual de operação e manutenção de poços.** DAEE. SOMA. São Paulo. 2 Ed. 1982. 90 p.

ROCHA, G. **Mapa de águas subterrâneas do Estado de São Paulo**: escala 1:1.000.000: nota explicativa / [coordenação geral Gerôncio Rocha]. – São Paulo: DAEE Departamento de Águas e Energia Elétrica: IG-Instituto Geológico: IPT Instituto de Pesquisas Tecnológicas do Estado de São Paulo: CPRM Serviço Geológico do Brasil, 2005.

SILVA, R. B. G. **Estudo hidroquímico e isotópico das águas subterrâneas do aqüífero Botucatu no estado de São Paulo.** 1983. 133 f. Tese (Doutorado) – Universidade de São Paulo, São Paulo, 1983.

SIMONATO, M; HIRATA, R; BERTOLO, R; LAPICIRELLA, E; CONICELLI, B; CARVALHO, A. M; ABREU, M; PILLON, A. **Delimitação de áreas de restrição e controle de captação e uso de águas subterrâneas no município de São Paulo**. 2008. Relatório Técnico.

VARNIER, C; ROCHA, G; CAMPOS, J; ALBUQUERQUE FILHO, J; Simonato, M; HIRATA, R. **Nitrato nas águas subterrâneas: desafios frente ao panorama atual**. 1. ed. São Paulo: Instituto Geológico SIMA, 2019. v. 1. 99p.

28. CONTAMINANTES EMERGENTES: OCORRÊNCIA E ABORDAGENS REGULATÓRIAS DE INTERFERENTES ENDÓCRINOS NAS ÁGUAS DO ESTADO DE SÃO PAULO

Gilson Alves Quináglia

Daniela Dayrell França

Gisela de Assis Martini

Caroline Marques Leal Jorge Santos

Introdução

Em 24 de julho de 1968 foi criado o Centro Tecnológico de Saneamento Básico, hoje CETESB – Companhia Ambiental do Estado de São Paulo. Nesta época, os ensinamentos do livro "Primavera Silenciosa" da bióloga e pesquisadora americana Rachel Carson, lançado em setembro de 1962, ecoavam pelos Estados Unidos, Brasil e pelo resto do planeta sobre o uso indiscriminado do agrotóxico DDT (Diclorodifeniltricloroetano) e sua ameaça à saúde humana e a todo o ecossistema[1]. Nessa obra, Rachel Carson alertou sobre o desaparecimento de populações de pássaros resultante da exposição ao DDT associado a problemas reprodutivos (QUINN e OTTINGER, 2008). Dentro deste contexto, este capítulo aborda a perspectiva histórica dos interferentes endócrinos (IEs) em áreas de estudos que vão desde a ecotoxicologia até a medicina. Esses compostos são conhecidos

[1] "O problema central de nossa era se tornou, por conseguinte, a contaminação do meio ambiente com substâncias de incrível potencial danoso [...]. É irônico pensar que os seres humanos possam determinar seu futuro por meio de algo aparentemente tão trivial quanto a escolha de um inseticida. Estamos correndo todo esse risco – para quê?". (CARSON, Rachel. *Primavera silenciosa*. Tradução de Claudia Sant'Anna Martins. São Paulo: Gaia, 2010, p. 24).

por interferirem nas ações dos hormônios; alguns têm origem natural, no entanto, a maioria dos IEs é de origem sintética, e foram desenvolvidos ao longo das últimas décadas. Muitas vezes tais compostos foram lançados sem conhecimento prévio desse potencial que "imita" a resposta da ação natural que ocorreria pelo hormônio. Atualmente sabe-se que essas substâncias podem causar efeitos adversos à biota e, se presentes em água potável, pode ocorrer uma exposição direta aos seres humanos. Portanto, o monitoramento da água para a presença de compostos estrogênicos se faz importante a fim de garantir a qualidade da saúde pública e ambiental (BRACK et al., 2016). A identificação de interferentes endócrinos tem sido reportada em escala mundial, e a classificação destas substâncias quanto ao seu potencial de atividade estrogênica ainda não está estabelecida. Para tanto, torna-se imprescindível a avaliação da qualidade dos corpos hídricos, uma vez que as águas superficiais recebem um grande aporte de efluentes, tanto domésticos, quanto industriais. A classe de compostos que enquadra os interferentes endócrinos não inclui apenas hormônios naturais, sintéticos ou de origem vegetal; mas também diversas substâncias contidas em produtos utilizados no cotidiano (xenoestrógenos), como por exemplo, alguns pesticidas, o bisfenol A – que esteve presente em diversos utensílios plásticos por muito tempo, além de fármacos e produtos de higiene pessoal, como o triclosan. A Figura 1 ilustra algumas fontes e rotas dos IEs no meio ambiente.

Os interferentes endócrinos têm sido foco de diversos estudos nos últimos anos, mas apesar do recente interesse nestes compostos, os efeitos de desregulação endócrina vêm sendo observados desde o início do século XX, tanto nos humanos como na biota, o que salienta a importância de se avançar no monitoramento e regulamentação dessas substâncias.

1. Interferentes endócrinos

Os contaminantes emergentes são substâncias não regulamentadas em legislações ambientais, que incluem fármacos, produtos de higiene e cuidados pessoais (PPCPs), e interferentes endócrinos (IEs), havendo a preocupação de que esses compostos possam ter um impacto na vida aquática, mesmo que em baixas concentrações (USEPA, 2008). Interferentes endócrinos, também chamados de disruptores ou desreguladores endócrinos (em inglês *endocrine disrupting chemicals* – EDC), são compostos que interferem de alguma forma na ação hormonal e assim alteram a função

Figura 1 – **Potenciais fontes e rotas de interferente endócrinos no meio ambiente.**

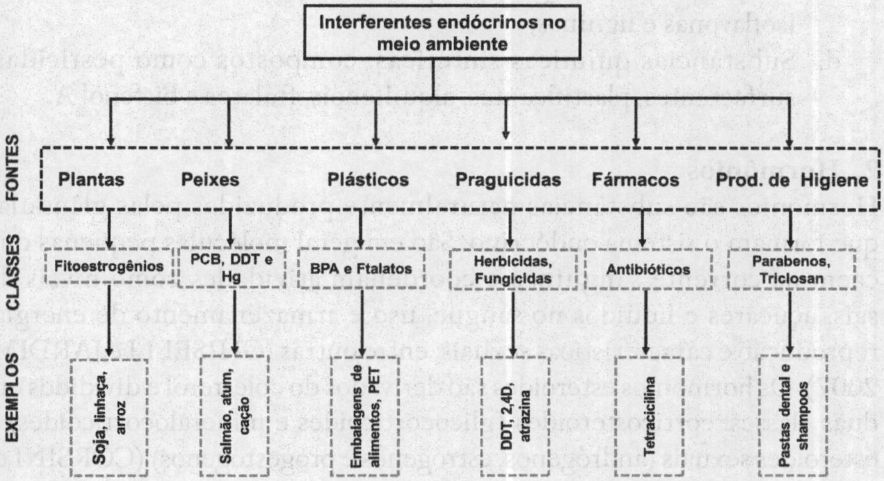

Fonte: Adaptado de BARRIOS-ESTRADA et al. (2018)

endócrina, levando a efeitos adversos na saúde humana e animal (WHO, 2012).

Os hormônios agem ligando-se a receptores específicos, localizados na membrana ou no interior das células. Após essa ligação é desencadeada uma série de reações, determinando a ação dos genes. Os interferentes endócrinos podem também se ligar ao receptor hormonal, mimetizando ou bloqueando a ação do próprio hormônio (GHISELLI e JARDIM, 2007). Os receptores mais relevantes do ponto de vista ambiental são os receptores de estrógenos (ER), de andrógenos (AR), de progestógenos (PR), e de tireoide (TR).

Os interferentes endócrinos podem ser divididos em 4 grandes classes:

a. Hormônios naturais: hormônios esteroides produzidos naturalmente pelos organismos como os estrogênios, androgênios, corticoides e progestagênios;
b. Hormônios sintéticos: fármacos desenvolvidos com o objetivo de ter uma ação hormonal como o etinilestradiol (anticoncepcional) e dexametasona (anti-inflamatório);

c. Fitoesteroides e fitoestrógenos: compostos naturalmente presentes em plantas ou fungos que possuem ação hormonal, como as isoflavonas e ligninas;
d. Substâncias químicas sintéticas: compostos como pesticidas, surfactantes, plastificantes, alquilfenóis, ftalatos e bisfenol A.

2. Hormônios

Hormônios são substâncias naturalmente produzidas pelas glândulas que formam o sistema endócrino. São em geral moléculas pequenas que caem na corrente sanguínea e coordenam atividades como níveis de sais, açúcares e líquidos no sangue, uso e armazenamento de energia, reprodução e características sexuais, entre outras (GHISELLI e JARDIM, 2007). Os hormônios esteroides são derivados do colesterol e divididos em duas classes: corticosteroides (glicocorticoides e mineralocorticoides) e esteroides sexuais (andrógenos, estrógenos e progestógenos) (CORSINI et al., 2018). A estrona (E1) e o 17β-estradiol (E2) são os hormônios de maior preocupação ambiental, uma vez que exercem os seus efeitos biológicos em concentrações mais baixas em comparação a outros esteroides, além de serem mais comumente encontrados no meio ambiente (PANTER et al., 1998; ROUTLEDGE et al., 1998).

3. Efeitos adversos

Segundo BRAND et al (2013), a presença de contaminantes em ambientes aquáticos tornou-se um tema de muita preocupação, especialmente para aqueles compostos com atividade hormonal. Desde o século passado sabe-se que os interferentes endócrinos são capazes de causar danos reprodutivos a diversas espécies de animais (peixes, pássaros e répteis), e nos últimos 20 anos os efeitos em humanos têm sido mais bem elucidados. Os efeitos adversos dos IEs são observados em cenários de exposição crônica, onde os organismos são expostos a baixas concentrações dos contaminantes por um longo período, situação tal que mais se aproxima da realidade ambiental, especialmente para espécies aquáticas. Assim, é comum que os estudos sejam realizados nesse modelo de exposição e, somando-se à capacidade desses compostos terem atividade em concentrações muito baixas (ng L^{-1}), é importante que essas concentrações sejam avaliadas.

Um relato precursor de mimetização de hormônios endógenos por certos compostos químicos foi publicado em 1930 por Walker e Janney. Um dos primeiros artigos científicos sobre hormônios em matrizes aquáticas foi escrito por TUMM-ZOLLINGER e FAIR em 1965, e mostrou naquela época que os hormônios esteroides não eram completamente removidos após o tratamento convencional de água e esgoto.

Na década de 1970, trabalhadores de uma fábrica de produtos químicos tiveram drástica diminuição do número de espermatozoides após exposição à clordecona, um produto químico utilizado como inseticida e matéria-prima para processamento de outros produtos (COHN et al., 1978).

Um dos mais conhecidos casos de infertilidade e aumento na incidência de câncer foi relacionado à exposição ao hormônio sintético DES (dietilestilbestrol), utilizado ao longo da gestação para diminuição de complicações. Tal hormônio teve seu uso descontinuado em 1971, no entanto, filhas de mulheres que fizeram uso dessa substância durante a gestação a fim de reduzir certas complicações durante a gravidez, atualmente têm maior propensão a alguns tipos de câncer e diversos problemas de fertilidade (HERBST et al. 1971). Na década de 1980 foi observada a queda reprodutiva de jacarés que viviam no Lago Apopka, Flórida – EUA; um estudo realizado por GUILLETTE e colaboradores, em 1996, mostrou que a quantidade de ovos eclodidos foi abaixo da média, e pesquisas mostraram uma morfologia anormal no ovário correlacionado ao aumento no nível de estradiol no sangue; além disso, observou-se que muitos jacarés possuíam pênis diminuto, e que os juvenis apresentaram baixa concentração de testosterona; tais efeitos foram diretamente correlacionados a altas concentrações de hormônios na região. Até o presente momento, existem dois livros essenciais para quem busca maior informação e conhecimento no que diz respeito aos desreguladores endócrinos; o livro publicado por Rachel Carson *Primavera Silenciosa* (1962) no qual o impacto ambiental negativo pelo uso indiscriminado de pesticidas é relatado, e o livro *Nosso Futuro Roubado* (1996) escrito por Theo Colborn e colaboradores, que trata da fertilidade e sobrevivência de espécies, com o desenvolvimento e aumento da exposição de IEs na vida humana e no meio ambiente.

Desde os anos 80 foi observado um aumento do número de peixes fêmeas em corpos d'água na Inglaterra, explicado pela feminilização de peixes causada pela ação de compostos orgânicos presentes na água, como o β-hexaclorociclohexano. Tal processo ocorre pela indução à produção de vitelogenina em peixes machos (WESTER e CANTON, 1986). A vitelogenina é uma glicoproteína essencial para a reprodução dos organismos, porém é naturalmente produzida apenas por fêmeas.

Ao longo das últimas duas décadas, foi mostrado o papel dos IEs na formação disforme em ovas e larvas do Mar do Norte (Europa), incidência de tumores em peixes nos EUA e além da feminilização, a masculinização de gastrópodes fêmeas em áreas costeiras causada pelo tributilestanho (TBT), fenômeno conhecido como imposex. Alguns dos IE podem bioacumular e biomagnificar nas cadeias tróficas, além de ser transportados a grandes distâncias como os PCBs, observando-se a ocorrência de danos à reprodução de ursos polares em Svalbard (GOKSØYR, 2006).

Tem sido observado declínio na população de diversos mamíferos, pássaros, répteis e organismos aquáticos ao longo das últimas 4 décadas e embora não seja possível responsabilizar apenas os IEs por isso, seus mecanismos de ação já elucidados claramente têm o potencial para causar efeitos adversos em níveis populacionais na vida selvagem (WHO/UNEP, 2012). KIDD e colaboradores (2005) demonstraram que a concentração de 5 ng L^{-1} de etinilestradiol levou à feminilização de peixes machos, impactos no desenvolvimento das gônadas em machos e fêmeas, causando quase a extinção da espécie de peixe *Pimephales promelas* do lago estudado.

Ainda, os modelos animais e evidências humanas corroboram a hipótese de que a exposição aos IEs em etapas cruciais do desenvolvimento humano, como a gestação e puberdade tem relação com o aumento da incidência de problemas reprodutivos, cânceres de influência endócrina, problemas cognitivos, infecções, asma e possivelmente obesidade e diabetes (WHO/UNEP, 2012).

Além de estar associado a um raro tipo de câncer vaginal, o DES mostrou ser capaz de causar transtorno de déficit de atenção (TDAH) em netos de mulheres que usaram a substância durante a gravidez (KIOUMOURTZOGLOU et al., 2018). O DES também pode ativar ou desativar genes associados à reprodução em ratos, potencialmente impactando a reprodução e fertilidade (LI et al., 2018). Crianças expostas a altas concentrações de PFAS tiveram impacto em seu sistema imune, levando a uma redução do efeito provocado pelas vacinas (GRANDJEAN et al., 2017).

4. Análises químicas

As análises químicas dos contaminantes emergentes são desafiadoras, pois esses compostos possuem características físico-químicas muito diferentes, estão presentes em baixas concentrações e em matrizes complexas que exigem métodos seletivos e sensíveis. Concentrações muito baixas dos IEs podem ter efeito endócrino e por isso é importante trabalhar com métodos que possuam baixos limites de quantificação. Usualmente são necessárias etapas de extração e purificação que são demoradas e trabalhosas, seguidas de análises cromatográficas acopladas à espectrometria de massas (WHO/UNEP, 2012).

Progressos significativos têm sido feitos no desenvolvimento de ferramentas analíticas avançadas como a cromatografia líquida de alta eficiência (HPLC) e cromatografia gasosa (CG) acopladas à espectrometria de massa de alta resolução (HRMS) e, recentemente, a cromatografia gasosa de pressão atmosférica (APGC) na determinação e identificação de contaminantes emergentes em amostras ambientais, consideradas verdadeiros coquetéis de poluentes dentro dos marcos regulatórios.

Embora as análises químicas para classes como pesticidas, fármacos, HPAs, metais, PCBs, dioxinas e muitos outros compostos halogenados com características persistentes estejam bem estabelecidas, para muitos outros compostos menos estudados é necessário avançar no desenvolvimento de métodos para a quantificação desses compostos, assim como na produção de padrões analíticos (WHO/UNEP, 2012). Para ajudar nesse desafio, técnicas como análise direcionada pelo efeito biológico (ADEB), uma abordagem onde química analítica é combinada a ensaios biológicos para o isolamento e identificação dos compostos presentes em uma matriz complexa que são responsáveis pelo efeito adverso observado (HOUTMAN et al., 2011).

5. Ensaios bioanalíticos

As análises químicas destinam-se a detectar e quantificar compostos individuais. Por outro lado, os bioensaios *in vitro* são ferramentas bioanalíticas que têm sido cada vez mais aplicadas e reconhecidamente adequadas na triagem de contaminantes químicos com base em sua ação biológica e avaliação de misturas complexas (BRAND et al., 2013).

Nos últimos anos os bioensaios se mostraram ferramentas promissoras na triagem para a avaliação da qualidade da água, principalmente os bioensaios *in vitro*, que respondem a compostos que atuam por modos de ação conhecidos e específicos (DIX et al., 2007; REIF et al., 2010). Os bioensaios *in vitro* são considerados métodos de rápida execução, de respostas sensíveis e de baixo custo comparados a outras ferramentas disponíveis para estimar a atividade endócrina total de compostos que atuam com o mesmo modo de ação.

Bioensaios podem avaliar uma variedade de efeitos biológicos, como massa de órgãos, proliferação celular e expressão de proteínas em diversos organismos. Ensaios *in vivo* enfrentam cada vez mais questões éticas quanto ao uso de animais, o que estimula o uso de ensaios *in vitro*. Ensaios *in vitro* incluem ensaios de interação antígeno-anticorpo, proliferação celular, gene repórter ou receptor recombinante e ensaios baseados em leveduras (HOUTMAN et al., 2011).

Diversos estudos mostraram a aplicabilidade de bioensaios *in vitro* no monitoramento da atividade estrogênica em águas superficiais, água para consumo humano, e efluentes (HILSCHEROVA et al., 2000; LEUSCH et al., 2010). Dentre os diversos bioensaios, o Yeast Estrogen Screening (YES) desenvolvido por ROUTLEDGE e SUMPTER (1996) destaca-se por ser um bioensaio baseado na interação agonista-receptor, utilizando a levedura *Saccharomyces cerevisiae* geneticamente modificada, tendo a inserção de um receptor de hormônio estrógeno humano. A resposta ocorre quando os interferentes endócrinos presentes na amostra interagem com o receptor e desencadeiam a resposta com variação na intensidade colorimétrica. Outros bioensaios amplamente utilizados são o *Bioluminescent Yeast Estrogen Screen* (BLYES), desenvolvido por SANSEVERINO et al. (2005), tendo como principal diferença em comparação ao YES, a inserção do gene luxCDABE do *Photorhabdus luminescens*, que em presença de compostos estrogênicos emite bioluminescência (WANG, 2016) e o ER-CALUX (*Estrogen Receptor Chemical Activated Luciferase gene eXpression*) que utiliza células de mamíferos (osteossarcoma humano) que também teve a inserção de genes para a produção de bioluminescência (LEGLER et al., 1999). Os resultados dos ensaios são expressos em atividade equivalente comparada a uma substância referência, no caso o hormônio natural 17β-estradiol (EEQ: equivalentes de estradiol, o mesmo que ng equivalente a estradiol por litro) (JAROŠOVÁ et al., 2015).

6. Resultados e discussão

6.1. Monitoramento de matrizes aquáticas

A CETESB iniciou em 2011 a investigação da ocorrência de atividade estrogênica nas águas subterrâneas do estado de São Paulo (QUINÁGLIA et al., 2017) com o uso do ensaio bioanalítico BLYES. Em 2013 esse trabalho foi estendido ao monitoramento das águas superficiais. Atualmente o monitoramento é realizado sistematicamente com êxito em mais de 80 pontos de monitoramento de água subterrânea e 30 de água superficial.

Atendendo à demanda da sociedade, os resultados são públicos e divulgados periodicamente em relatórios de qualidade que consolidam e interpretam esses dados, disponíveis no site da CETESB. Os dados brutos (resultados local a local) estão disponíveis na plataforma Infoáguas.

O monitoramento da presença da atividade estrogênica nas águas subterrâneas vem mostrando que os aquíferos do estado de São Paulo ainda não apresentam grande vulnerabilidade para esse parâmetro (Figura 2), onde 99% das amostras analisadas não apresentam atividade estrogênica detectável pelo ensaio BLYES (abaixo de 0,1 EEQ, que é o limite de quantificação do ensaio).

FIGURA 2 – **Atividade estrogênica apresentada entre 2011 e 2021 nas águas subterrâneas do estado de São Paulo**

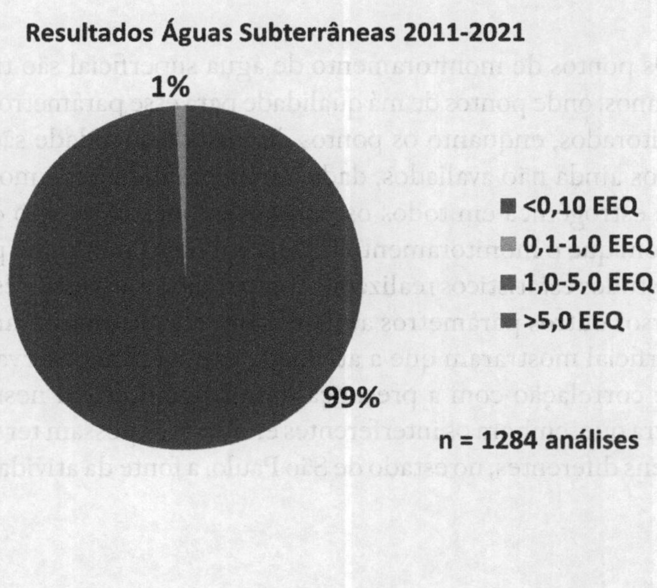

As poucas amostras que apresentaram atividade estrogênica, não apresentaram atividade sistemática, ou seja, não repetiram o resultado em campanhas de coleta posteriores. Já o cenário das águas superficiais é bastante diverso. As águas superficiais (rios e represas), sendo corpos d'água mais vulneráveis, apresentam atividade estrogênica mais intensa e frequente (Figura 3).

FIGURA 3 – **Atividade estrogênica média anual apresentada entre 2013 e 2021 nas águas superficiais do estado de São Paulo.**

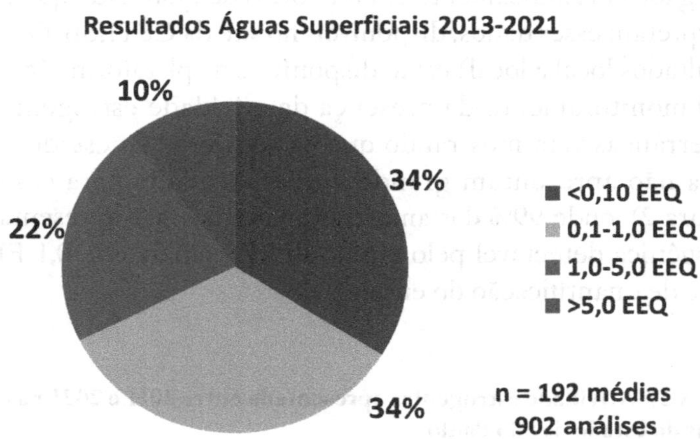

Os pontos de monitoramento de água superficial são trocados a cada dois anos, onde pontos de má qualidade para esse parâmetro seguem sendo monitorados, enquanto os pontos de melhor qualidade são trocados por pontos ainda não avaliados, dada a impossibilidade de monitorar a atividade estrogênica em todos os pontos de monitoramento do estado. Isso faz com que o monitoramento fique focado nos pontos de pior qualidade.

Estudos estatísticos realizados comparando a atividade estrogênica com diversos outros parâmetros avaliados na rede de monitoramento de água superficial mostraram que a atividade estrogênica observada apresentou forte correlação com a presença de nitrogênio total nestes locais. Isso mostra que, embora os interferentes endócrinos possam ter muitas fontes e origens diferentes, no estado de São Paulo, a fonte da atividade estrogênica tem sido a presença de esgoto doméstico, oriunda de substâncias como hormônios naturais ou sintéticos excretados por humanos.

Em 2018 a CETESB iniciou a investigação da atividade glicocorticoide utilizando o ensaio GR-CALUX (Glucocorticoid response CALUX) com o objetivo de obter dados sobre a ocorrência dessa classe de fármacos anti-inflamatórios. Os dados preliminares indicam que embora haja atividade detectável, há menos presença de glicocorticoides do que de estrógenos.

Por serem substâncias passíveis de causar efeito em baixas concentrações, o estabelecimento de concentrações seguras para a exposição a esses compostos é um grande desafio do ponto de vista científico para a avaliação de risco.

6.2. Panorama Normativo Brasileiro

Somente em 1977 surge o primeiro diploma legal brasileiro com intuito de estabelecer um parâmetro de qualidade da água para o consumo humano. A Portaria BSB n. 56, de 14 de março de 1977, consequência do Decreto federal n. 79.367, de 9 de março de 1977, conferiu ao Ministério da Saúde a competência para elaborar regras e estabelecer padrões de potabilidade (art. 1º).

Referida norma sofreu algumas revisões; a primeira foi a Portaria GM/MS n. 36, de 19 de janeiro de 1990, em seguida a Portaria GM/MS n. 1.469, de 29 de dezembro de 2000, e depois a Portaria GM/MS n. 518, de 25 de março de 2004, até chegar à Portaria GM/MS n. 2.914, de 12 de dezembro de 2011, cujo conteúdo foi repisado em 2017 pela Portaria de Consolidação GM/MS n. 5, de 28 de setembro de 2017. Atualmente encontra-se em vigor a Portaria GM/MS n. 888, de 04 de maio de 2021, que altera o Anexo XX da PDC GM/MS n. 5/2017, para dispor sobre os procedimentos de controle e de vigilância da qualidade da água para consumo humano e seu respectivo padrão de potabilidade.

Neste interregno houve uma significativa mudança nas políticas públicas ambientais, marcada pelo início da construção de um modelo normativo voltado à prevenção a partir da Lei n. 6.938, de 31 de agosto de 1981, a Política Nacional do Meio Ambiente, que deu grande destaque ao estabelecimento de critérios e padrões de qualidade ambiental, apresentado tanto como objetivo (art. 4º, inc. III), quanto como instrumento (art. 9º, inc. I).

Pouco tempo depois essa concepção profilática frente à natureza foi consolidada na Constituição Federal, resultando no dever a todos imposto de proteger o meio ambiente, combatendo todas as formas de poluição (arts. 23, inc. VI, e. 225 da CF).

Em seguida, atendendo ao mandado constitucional (art. 21, inc. XIX), foi instituído pela Lei n. 9.433, de 8 de janeiro de 1997, o Sistema Nacional de Gerenciamento de Recursos Hídricos, criando-se ademais a Política Nacional de Recursos Hídricos, que elencou, dentre seus objetivos, o de "assegurar à atual e às futuras gerações a necessária disponibilidade de água, em padrões de qualidade adequados aos respectivos usos;" (art. 2º, inc. I).

Posteriormente, a Resolução Conama n. 357, de 17 de março de 2005, alterada pelas Resoluções Conama n. 397, de 3 de abril de 2008 e n. 430, de 13 de maio de 2011, estabeleceu a classificação dos corpos de água, fornecendo as diretrizes ambientais para o seu enquadramento, bem como fixou as condições e padrões de lançamento de efluentes.

Por outro lado, o Decreto n. 5.440, de 4 de maio de 2005, estabeleceu definições e procedimentos sobre o controle de qualidade da água de sistemas de abastecimento, instituindo mecanismos e instrumentos para divulgação de informação ao consumidor sobre a qualidade da água para consumo humano. Em paralelo, a água potável foi definida como sendo aquela que atenda a certos padrões (atualmente estabelecidos pela Portaria GM/MS n. 888/2021) e que não ofereça riscos à saúde, havendo, portanto, uma dupla exigência (objetiva e difusa).

Não obstante, a despeito dessas diretrizes serem fruto de décadas de evolução (desde a Portaria BSB n. 56/77), tendo ocorrido a progressiva elevação da quantidade de parâmetros contemplados a cada revisão, vê-se ainda um grande descompasso normativo, uma vez que apenas 1%, aproximadamente, de todas as substâncias químicas conhecidas é objeto de regulação.

> Nesse sentido, Rachel Carson: Eu alego, além do mais, que deixamos essas substâncias químicas serem empregadas com pouca ou nenhuma investigação prévia do seu efeito sobre o solo, água, animais selvagens e os próprios seres humanos. As gerações futuras provavelmente não perdoarão nossa falta de preocupação prudente com a integridade do mundo natural que sustenta toda a vida (CARSON, 2010, p.28).

Ainda sob o prisma jurídico, os contaminantes emergentes constituem um desafio pela própria dificuldade da ciência para compreender o risco que eles representam.

6.3. Regulamentação dos interferentes endócrinos em águas

O programa de monitoramento das águas do estado de São Paulo adotado na CETESB quanto à atividade estrogênica destina-se a ser investigativo e não para fins de conformidade regulatória com um limite específico, como um nível máximo de contaminante ou um nível de qualidade da água. Entretanto, como ferramenta de gestão na interpretação dos dados obtidos nas campanhas anuais, o uso de valores orientadores e outros propostos em pesquisas científicas têm sido utilizados. Desde a última década, o número de publicações de valores que expressam a atividade estrogênica por meio de ensaios bioanalíticos tem aumentado e esse é o primeiro passo para que futuramente haja um consenso entre a comunidade científica e tais compostos sejam, finalmente, legislados.

Até o momento, os estrógenos naturais ou sintéticos não são regulamentados em águas superficiais ou água para consumo humano nos EUA, Europa, Brasil ou Austrália (PISMEL et al., 2021). A Austrália possui valores máximos aceitos para estrógenos em água de reuso (1,5 ng L^{-1}, 175 ng L^{-1}, 30 ng L^{-1} and 50 ng L^{-1} para 17α-etinilestradiol, 17β-estradiol, estrona e estriol respectivamente) (EPCH; NHMRC; NRMMC, 2008). Na União Europeia, em 2012, foi feita uma proposta para inclusão de 17β-estradiol e 17α-etinilestradiol com valores máximos permitidos em águas superficiais de 0,4 e 0,035 ng L^{-1}, respectivamente (EUROPEAN UNION, 2012). Entretanto, esses compostos ainda não foram considerados como poluentes prioritários regulamentados na mais recente diretiva para qualidade das águas (PISMEL et al., 2021).

No Brasil, a Associação Brasileira de Engenharia Sanitária e Ambiental (ABES) publicou o Guia de potabilidade para substâncias químicas em 2012. No princípio do estudo, 291 substâncias foram consideradas para inclusão na lista de substâncias prioritárias, sendo que após aprofundamento dos estudos, 72 substâncias foram aprovadas para inclusão na lista final. Embora estrógenos como o etinilestradiol, estradiol e estrona estivessem na lista inicial, tais compostos foram excluídos da lista final, uma vez que a avaliação da toxicidade existente ainda não permitia o estabelecimento de doses de referência para essas substâncias (UMBUZEIRO, 2012).

Em 2013, um grupo de pesquisadores utilizaram bioensaios, tais como teste Calux® (Chemically Activated Luciferase Gene Expression) para detecção da atividade estrogênica (atividade hormonal). O valor orientador derivado nesse estudo foi a atividade de 3,8 ng equivalente a 17β-estradiol/L (EEQ) para água de consumo humano (BRAND et al., 2013).

Desde então se seguiram várias outras iniciativas utilizando dados diferentes ou outros modos de cálculo para a proposta de valores orientativos baseados no efeito biológico (EBT – effect-based trigger value). ESCHER e colaboradores (2018) propuseram o valor de 0,1 EEQ, enquanto van der OOST e colaboradores (2017) calcularam 0,5 EEQ e BEEN e colaboradores (2021) derivaram o valor de 0,25 EEQ, para água para consumo humano.

Em trabalho intitulado "Política de Controle de Qualidade da Água de Reuso" publicado em 2019 pela Agência de Proteção Ambiental do estado da Califórnia, o valor recomendado foi de 3,5 ng equivalente a 17β-estradiol/L (EEQ) para água de reuso (WATERBOARDS, 2019).

6.4. Desafios e perspectivas futuras para contaminantes emergentes

A preocupação com o meio ambiente e a saúde humana por conta dos contaminantes emergentes é contínua na medida em que a cada dia o número de produtos químicos produzidos pelo homem aumenta, incluindo medicamentos por prescrição, seja para uso humano ou veterinário, produtos de cuidados pessoais, incluindo protetores solares, loções hidratantes, sabonetes e repelentes de insetos. A maioria das substâncias químicas contidas nesses produtos encontra-se em baixíssimas concentrações, e quando atingem o ambiente aquático são denominadas como substâncias traços e ultratraços, e na maioria das vezes são encontradas em forma de misturas complexas. Diante de um cenário como esse, detectar e quantificar tais contaminantes um a um por métodos químicos analíticos clássicos como os cromatográficos e espectrométricos é realmente um grande desafio para os laboratórios. A fim de contribuir com o conhecimento da presença de tais compostos no meio ambiente, a CETESB tem adotado nos últimos anos o uso de métodos bioanalíticos de triagem (*screening*) de baixa complexidade realizados *in vitro* com linhagens de células, leveduras e bactérias luminescentes para avaliar a presença de produtos químicos em seus programas de monitoramento das águas do Estado de São Paulo.

O surgimento e a prevalência de novos contaminantes abre outra perspectiva futura da CETESB com relação aos compostos químicos. Recentemente substâncias alquílicas per ou polifluoralquiladas (PFAS), fabricadas desde a década de 40, compõem um grupo de mais de 4.700 produtos químicos industriais, e todos eles compartilham uma estrutura molecular semelhante, uma cadeia de carbono e o elemento flúor em sua estrutura. Essa ligação carbono-flúor é muito forte, o que torna os PFAS extremamente difíceis de serem quebrados, sendo classificados como poluentes orgânicos persistentes (TRANG et al., 2022). Quanto à sua aplicação, segundo COPERCHINI *et. al* (2021), devido às suas propriedades tensoativas, resistência térmica e à chama, e seu baixo grau de degradação no meio ambiente, esses compostos sintéticos têm sido muito usados em inúmeros produtos, como têxteis impermeáveis e resistentes à manchas, utensílios de cozinha antiaderentes, cosméticos, espumas de combate a incêndios, entre outros. Na questão sobre a interferência endócrina, a poluição por PFAS tem alertado a comunidade científica quanto aos potenciais efeitos adversos à glândula tireoide. Os hormônios tireoidianos desempenham um papel crítico na regulação do metabolismo, e a função tireoidiana está relacionada a doenças cardiovasculares, fertilidade e neurodesenvolvimento fetal. Diante da relevância deste tema, a investigação sobre a ocorrência de PFAS nas águas do estado de São Paulo é importante para futuras tomadas de decisões na gestão dos recursos hídricos e deverá configurar um marco significativo para todo o Sistema Ambiental Paulista.

Referências

BEEN F., PRONK T., LOUISSE J., HOUTMAN C., van der VELDEN-SLOOTWEG T., van der VELDEN-SLOOTWEG R., van der OOST R., DINGEMANS M.M.L., **Development of a framework to derive effect-based trigger values to interpret CALUX data for drinking water quality. Water Research,** 193:116859, 2021. https://doi.org/10.1016/j.watres.2021.116859

BRACK W., AIT-AISSAC S., BURGESS R.M., BUSCH W., CREUSOT N., Di PAOLO C., ESCHER B.I., HEWITT L.M., HILSCHEROVA K., HOLLENDER J., HOLLER H., JONKER W., KOOL J., LAMOREE M., MUSCHKET M., NEUMANN S.,

ROSTKOWSKI P., RUTTKIES C., SCHOLLE J., SCHYMANSKI E.L., SCHULZE T., SEILER, T.B., TINDALL A.J., UMBUZEIRO G.A., VRANA B., KRAUSS M., **Effect-directed analysis supporting monitoring of aquatic environments – An in-depth overview. Science of the Total Environment,** 544:1073-1118, 2016. https://doi.org/10.1016/j.scitotenv.2015.11.102.

BRAND W., DE JONGH C.M., van der LINDEN S.C., MENNES W., PUIJKER L.M., van LEEUWEN C.J., van WEZEL A.P., SCHRIKS M., HERINGA M.B., **Trigger values for investigation of hormonal activity in drinking water and its sources using CALUX bioassays. Environ. Int.,** 55:109-18, 2013. https://doi: 10.1016/j.envint.2013.02.003.doi.org/10.1016/j.envint.2013.02.003.

CARSON, R. **Primavera silenciosa.** Tradução de Claudia Sant'Anna Martins. São Paulo: Gaia, 2010.

COHN W.J., BOYLAN J., BLANKE R.V., FARISS M.W., HOWELL J.R., GUZELIAN P.S., **Treatment of Chlordecone (Kepone) Toxicity with Cholestyramine – Results of a Controlled Clinical Trial. The New England Journal of Medicine,** 298:243-248, 1978. https://doi.org/10.1056/NEJM197802022980504

CORSINI E., RUFFO F., RACCHI M., **Steroid hormones, endocrine disrupting compounds and immunotoxicology, Current Opinion in Toxicology,** 10:69-73, 2018. https://doi.org/10.1016/j.cotox.2018.01.006.

DIX D.J., HOUCK K.A., MARTIN M.T., RICHARD M.A., SETZER R.W., KAVLOCK R.J., **The ToxCastprogram for prioritizing toxicity testing of environmental chemicals. Toxicology Science,** 95 (1), 5-12, 2007.

EPCH; NHMRC; NRMMC. Australian Guidelines for Water Recycling (Phase 2): **Augmentation of drinking water supplies.** Biotext Pty Ltd, Canberra. 174p. 2008. Disponível em: https://www.nhmrc.gov.au/about-us/publications/australian-guidelines-water-recycling, acessado em 03 de outubro de 2022.

ESCHER B.I., AÏT-AÏSSA S., BEHNISCH P.A., BRACK W., BRION F., BROUWER A., BUCHINGER S., CRAWFORD S.E., DU PASQUIER D., HAMERS T., HETTWER K., HILSCHEROVÁ K., HOLLERT H., KASE R., KIENLE C., TINDALL A.J., TUERK J., van der OOST R., VERMEIRSSEN E., NEALE P.A., **Effect-based trigger values for *in vitro* and *in vivo* bioassays performed on surface water extracts supporting the environmental quality standards (EQS) of the European Water Framework Directive. Sci.** Total Environ., 628–629, 748–765, 2018. https://doi.org/10.1016/j.scitotenv.2018.01.340 .

EUROPEAN UNION. **Proposta de Directiva do Parlamento Europeu e do Conselho em Substâncias Prioritárias na qualidade da água,** MEMO/12/59 de 31 de janeiro de 2012.Official Journal of the European Communities. 2012.

GHISELLI G., JARDIM W.F., **Interferentes endócrinos no ambiente, Química Nova,** 30(3): 695-706, 2007.

GOKSØYR A., **Endocrine disruptors in the marine environment: mechanisms of toxicity and their influence on reproductive processes in fish.** J. Toxicol.Environ. Health A, 69; 175-184, 2006. http://dx.doi.org/10.1080/15287390500259483.

GRANDJEAN P., HEILMANN C., WEIHE P., NIELSEN F., MOGENSEN U.B., TIMMERMANN A., BUDTZ-JØRGENSEN E., **Estimated exposures to perfluorinated compounds in infancy predict attenuated vaccine antibody concentrations at age 5-years.** J Immunotoxicol., (1): 188–195, 2017. https://doi.org/10.1080/1547691X.2017.1360968.

GUILLETTE L.J. JR., PICKFORD D.B., CRAIN D.A., ROONEY A.A., PERCIVAL H.F., **Reduction in penis size and plasma testosterone concentrations in juvenile alligators living in a contaminated environment. General and Comparative Endocrinology,** 101(1):32-42, ISSN 0016-6480, 1996. https://doi.org/10.1006/gcen.1996.0005.

HERBST A.L., ULFELDER H., POSKANZER D.C., **Adenocarcinoma of the vagina. Association of maternal stilbestrol therapy with tumor appearance in young women.** The New England Journal of Medicine, 284:878-81, 1971.

HILSCHEROVA K., MACHALA M., KANNAN K., BLANKENSHIP A.L., GIESY J.P., **Cell bioassays for detection of aryl hydrocarbon (AhR) and estrogen receptor (ER) mediated activity in environmental samples. Environmental Science & Pollution Research,** 7:159, 2000. https://doi.org/10.1065/espr2000.02.017

JAROŠOVÁ B., JAVŮREK J., ADAMOVSKÝ O., HILSCHEROVÁ K., **Phytoestrogens and mycoestrogens in surface waters – Their sources, occurrence, and potential contribution to estrogenic activity. Environment International,** 81:26-44, 2015. https://doi.org/10.1016/j.envint.2015.03.019.

KIDD K.A., BLANCHFIELD P.J., MILLS K.H., PALACE V.P., EVANS R.E., LAZORCHAK J.M., FLICK, R.W. **Collapse of a fish population after exposure to a synthetic estrogen, Proceedings of the National Academy of Sciences of the United States of America,** 104(21): 8897–8901, 2007. https://doi.org/10.1073/pnas.0609568104

KIOUMOURTZOGLOU M.A., COULL B.A., O'REILLY E.J., ASCHERIO A., WEISSKOPF M.G. **Association of exposure to diethylstilbestrol during pregnancy with multigenerational neurodevelopmental deficits. JAMA Pediatr,** 172(7):670–677, 2018. https://doi.org/10.1001/jamapediatrics.2018.0727.

LEUSCH F.D.L., DE JAGER C., LEVI Y., LIM R., PUIJKER L., SACHER F., TREMBLAY L.A., WILSON V.S., CHAPMAN H.F., **Comparison of five in vitro bioassays to measure estrogenic activity in environmental waters. Environmental Science Technology,** 44(10):3853–3860, 2010.

LI Y., HAMILTON K.J., WANG T., COONS L.A., JEFFERSON W.N., LI R., WANG Y., GRIMM S.A., RAMSEY J.T., LIU L., GERRISH K.E., WILLIAMS C.J., WADE P.A., KORACH K.S., DNA **Methylation and transcriptome aberrations mediated**

by ERα in mouse seminal vesicles following developmental DES exposure. Proc Natl Acad Sci USA, 115(18):E4189-E4198, 2018. https://doi.org/10.1073/pnas.1719010115. PMID:29666266

PANTER G.H., THOMPSON R.S., SUMPTER J.P., **Adverse reproductive effects in male fathead minnows (Pimephales Promelas) exposed to environmentally relevant concentrations of the natural oestrogens, oestradiol and oestrone.** Aquatic Toxicology, 42(4):243-253, 1998. https://doi.org/10.1016/S0166-445X(98)00038-1.

PISMEL F.N.A., ANDRADE R.C., BILA D.M. **Regulation of natural and synthetic estrogens in drinking water bodies: reviewing emerging solutions for an emerging problem. 2021.** Pre-print, disponível em: https://doi.org/10.21203/rs.3.rs-719233/v1, acessado em 03 de outubro de 2022.

QUINÁGLIA G.A.; FRANÇA D.D.; MARTINI G.A.; TOFFOLI F.F.; MODESTO R.P.; KUNO R.; SATO M.I.Z., **Investigação da atividade estrogênica em águas subterrâneas do estado de São Paulo.** Águas Subterrâneas 31(1):79-87, 2017.

QUINN M., OTTINGER M. **Silent Spring – the lost call.** Nat Prec (2008). https://doi.org/10.1038/npre.2008.1492.1.

REIF D.M., MARTIN M.T., TAN S.W., HOUCK K.A., JUDSON R.S., RICHARD A.M., KNUDSEN T.B., DIX D.J., KAVLOCK R.J., **Endocrine profiling and prioritization of environmental chemicals using ToxCast data. Environmental Health Perspectives,** 118(12):1714-1720, 2010. https://doi.org/10.1289/ehp.1002180

ROUTLEDGE E.J., PARKER J., ODUM J., ASHBY J., SUMPTER J.P., **Some alkyl hydroxy benzoate preservatives (parabens) are estrogenic. Toxicology and Applied Pharmacology,** 153(1):12-19, 1998. https://doi.org/10.1006/taap.1998.8544

SANSEVERINO J., GUPTA R.K., LAYTON A.C., PATTERSON S.S., RIPP S.A., SAIDAK L., SIMPSON M.L., SCHULTS T.W., SAYLER G.S., **Use of Saccharomyces cerevisiae BLYES expressing bacterial bioluminescence for rapid, sensitive detection of estrogenic compounds. Applied and Environmental Microbiology,** 71(8):4455-60, 2005. https://doi.org/10.1128/AEM.71.8.4455-4460.2005

TRANG B., YULI L., XIAO-SONG X., MOHAMED A., HOUK K. N., DICHTEL W. R. **Low-temperature mineralization of perfluorocarboxylic acids.** Science, 377(6608):839-845, 2022. https://www.science.org/doi/10.1126/science.abm8868

UMBUZEIRO G.A. **Guia de potabilidade para substâncias químicas.** Ed. Limiar, São Paulo, 2012. Disponível em https://www.abas.org/arquivos/guiapotabilidade.pdf, acessado em 03 de outubro de 2022.

USEPA – United States Environmental Protection Agency, **Aquatic life criteria for contaminants of emerging concern Part I General challenges and**

recommendations, OW/ORD Emerging Contaminants Workgroup, ACHESON, C.M., MILLS M., S. HUTCHINS S.,

MARTIN T.M., SAYLES G.D., SCHENCK K.M., YOUNG D.M., **Endocrine disrupting chemical risk management research in the USEPA's office of research and development**. American Institute of Chemical Engineers (AIChE) Annual Meeting, Philadelphia, PA, 2008.

WANG J., **Computational Perspective for Developing Bioluminescent Yeast Estrogen Screens for Environmental Toxicology,** PhD diss., University of Tennessee, 2016. http://trace.tennessee.edu/utk_graddiss/3670

Waterboards. **Water Quality Control Policy For Recycled Water.** Disponível em https://www.waterboards.ca.gov/board_decisions/adopted_orders/resolutions/2018/121118_7_final_amendment_oal.pdf. Acesso em 03 de Outubro de 2022.

WESTER P.W., CANTON J.H., **Histopathological study of Oryziaslatipes (medaka) after long-term beta-hexachlorocyclohexane exposure;** Aquatic Toxicol., 9; 21-45, 1986.

WHO/UNEP, State Of The Science Of Endocrine Disrupting Chemicals – 2012. **An assessment of the state of the science of endocrine disruptors prepared by a group of experts for the United NationsEnvironmentProgramme (UNEP) and World Health Organization (WHO),** 2013. http://www.who.int/ceh/publications/endocrine/en https://doi.org/10.1016/j.toxlet.2012.03.020

29. DESAFIOS ANALÍTICOS NO DIAGNÓSTICO, MONITORAMENTO E FISCALIZAÇÃO DA QUALIDADE AMBIENTAL NO ESTADO DE SÃO PAULO – EVOLUÇÃO TEMPORAL E TENDÊNCIAS FUTURAS

Maria Inês Zanoli Sato
Deborah Arnsdorff Roubicek
Maria Yumiko Tominaga
Patricia da Silva Trentin
Marta Condé Lamparelli

Introdução – análises ambientais

A história dos laboratórios da CETESB se confunde com a própria história da Companhia, que já possuía um setor de laboratórios quando da sua criação, no final da década de 1960. Inicialmente, os laboratórios desenvolviam apenas algumas análises de rotina para atender à legislação então vigente, focadas no saneamento e na qualidade da água para abastecimento público.

O tempo passou, as estruturas institucionais e legais na área de meio ambiente começaram a ser implementadas, a CETESB evoluiu, assim como os seus laboratórios, cujas atividades foram incrementadas, expandiram-se para o interior do estado e diversificaram suas análises. Essa evolução se deu especialmente nos últimos 30 anos, em paralelo com o aumento da relevância das questões ambientais, o que permitiu uma ampliação da capacidade do Estado em atuar de forma mais efetiva no controle da poluição e no diagnóstico da qualidade ambiental.

A estruturação e operação dos laboratórios de análises ambientais da CETESB, assim como de outras Agências Ambientais, estão pautadas no cumprimento de leis ambientais estaduais e federais, atendendo tanto a diversidade de parâmetros quanto os limites de quantificação requeridos, um desafio constante decorrente do rápido avanço dos problemas de poluição ambiental. Não menos importantes, inserem-se outras análises não regulamentadas, mas que fazem parte dos índices de qualidade utilizados pela CETESB para avaliar e monitorar as condições ambientais do Estado. Ainda, a harmonização do trabalho de rotina laboratorial com pesquisa e desenvolvimento de novas técnicas e variáveis é essencial para o estabelecimento de novas ferramentas de diagnóstico de qualidade ambiental e suporte a novas políticas públicas. Esse trabalho é fruto do aprimoramento do conhecimento e formação científica das equipes que trabalham nessas áreas, as quais estão em sintonia com desafios analíticos mundiais decorrentes do impacto cada vez maior dos poluentes no meio ambiente. Nessa conjuntura, é importante ressaltar que a CETESB tem, ao longo dos últimos 30 anos, incentivado seu corpo técnico a se capacitar continuamente. O conhecimento adquirido, seja pela participação em eventos acadêmicos nacionais e internacionais, especializações, pela produção de dissertações e teses etc., serve de alicerce para a evolução contínua das atividades de laboratório e são, em última instância, as bases científicas da melhora do diagnóstico da qualidade ambiental e atuação da Companhia para o atendimento de sua missão.

2. Microbiologia e parasitologia

Na metade do século XIX, com a descoberta do mundo microbiano e o nexo entre surtos de doenças infecciosas entéricas e água potável contaminada por esgoto, ficou claro que microrganismos poderiam transmitir doenças através de matrizes ambientais, como água de consumo humano.

O uso de bactérias presentes no esgoto como indicador da qualidade sanitária da água provavelmente remonta à década de 1880, sendo que a primeira edição do Standard Methods for Examination of Water and Wastewater, publicada em 1909, já trazia procedimento para a determinação de Coliformes, indicador bacteriológico de qualidade da água empregado ainda hoje. Entretanto, foi só em 1958 que os coliformes totais e coliformes fecais foram estabelecidos pela Organização Mundial da Saúde (OMS), na primeira edição do *"International Standards for Drinking-Water"*, como padrões de qualidade para água de consumo humano.

Quando os laboratórios do Centro Tecnológico de Saneamento Ambiental (CETESB) foram implantados, em 1968, já estavam estruturados para realização desses dois indicadores em amostras de água, mesmo antes de serem estabelecidas as legislações Federal para água de consumo humano (Portaria nº 56 / BSB de 14 de março de 1977) e a Estadual de prevenção e controle da poluição do meio ambiente (Decreto nº 8.468 de 08 de setembro de 1976).

Os indicadores microbiológicos de contaminação fecal são a base das legislações ambientais, pois indicam a presença de esgoto e consequentemente a possível presença de patógenos, considerando que a pesquisa de patógenos intestinais em amostras ambientais envolve técnicas mais complexas, demoradas e de alto custo. Dessa forma, desde a década de 1980 e início dos anos de 1990, a CETESB, além dos indicadores coliformes totais e termotolerantes (fecais), realiza em sua rotina análises para Enterococos, *Pseudomonas aeruginosa, Clostridium perfringens, Staphylococcus aureus, Candida albicans,* bacteriófagos e bactérias heterotróficas, em atendimentos às variáveis estabelecidas nas regulamentações e guias de qualidade de água superficial, recreacional, mineral, reuso e lodo de esgoto. Acompanhando o desenvolvimento tecnológico na disponibilidade de meios de cultura mais sensíveis e específicos e técnicas mais rápidas e menos complexas, principalmente para amostras de água, os laboratórios migraram da técnica de tubos múltiplos, para membrana filtrante e mais recentemente o uso de ensaios enzimáticos cromogênicos, sempre empregando técnicas padronizadas por organismos internacionais e validadas.

Desde a década de 1980 quando começou a ser registrado um aumento significativo de surtos de veiculação hídrica associados a vírus e especialmente ao protozoário *Giardia*, a pesquisa desses parasitas em águas de mananciais passou a ser uma prioridade, especialmente porque apresentam uma maior resistência no meio ambiente e, principalmente aos processos de desinfecção em relação aos indicadores bacterianos de contaminação fecal (Health Canada, 2022). Em 1989, a Agência Americana de Proteção Ambiental (USEPA) já estabelecia metas de concentrações máximas nas suas regulamentações de água de consumo humano para vírus entéricos e *Giardia,* baseadas na eficiência do processo de tratamento na remoção desses patógenos (USEPA, 1989). Essa preocupação se agravou com o surto de criptosporidiose de veiculação hídrica registrado em 1993 em Milwaukee, Wisconsin, EUA, uma vez que a água distribuída à população atendia aos padrões bacteriológicos de qualidade (CORSO et al., 2003). Esse novo cenário desencadeou uma demanda de laboratórios capacitados para a realização de análises de protozoários e a necessidade de estabelecimento de metodologias padronizadas. Consciente da importância dessa temática, a CETESB iniciou a implantação de metodologias para a realização dessas análises com consultoria de especialistas do Environment Canada e USEPA, tendo já implementado no início dos anos 2000 o método 1623 da USEPA (2001) para detecção de *Giardia* e *Cryptosporidium* em amostras de água superficiais e tratadas, bem como efluentes brutos e tratados de Estações de Tratamento de Esgoto, inclusive água de reuso. Esse trabalho tem sido de suma importância para subsidiar as Resoluções de Água de Consumo Humano e Reúso (SATO et al., 2013; HACHICH et al., 2013), bem como para a priorização de planos de contingência em mananciais altamente impactados por descarga de esgoto doméstico e animal. Na última década esse trabalho também se expandiu para a detecção dos protozoários *Toxoplasma* e *Ciclospora* em águas superficiais, uma vez que esses parasitas têm sido implicados com vários surtos de veiculação hídrica e alimentar (GALVANI et al., 2019), especialmente de alimentos contaminados a partir de irrigação por águas residuais (KAHLER et al., 2021). Nesse campo, a CETESB tem desenvolvido também uma série de pesquisas para estudar a viabilidade e infectividade desses parasitas, visando avaliar a eficiência dos processos de tratamento na remoção desses organismos.

A análise de outros parasitas, como ovos de helmintos, é uma demanda importante para atendimento aos padrões de qualidade estabelecidos para águas de reuso e lodo de esgoto ou biosólido, pois esses organismos são de difícil remoção e podem representar um risco relevante para contaminação de alimentos, aos usuários onde são aplicados esses materiais e para os aplicadores, se não estiverem adequadamente protegidos. As regulamentações internacionais sobre esse tema começaram a ser estabelecidas no final dos anos de 1980 para aplicação de águas residuárias na agricultura (WHO, 1989) e início dos anos 2000 para biosólidos/lodo de esgoto (USEPA, 2003). Apesar de neste momento ainda não existirem regulamentações nacionais estabelecidas sobre o tema, os laboratórios da CETESB prontamente se qualificaram para a análise das variáveis requeridas nessas matrizes (*E.coli, Salmonella,* vírus entéricos e ovos viáveis de helmintos), considerando a importância dessa informação para os processos de licenciamento nessa questão. As diretrizes nacionais e estaduais para o uso de resíduos líquidos e sólidos no meio ambiente começaram a ser estabelecidas nos anos 2000 e os resultados das pesquisas realizadas nos laboratórios da CETESB têm sido de suma importância para dar suporte a essas regulamentações (De FARIA et al., 2017, 2020; HACHICH et al., 2013, 2017; SATO et al., 2010).

A pesquisa de vírus entéricos (*Enterovirus, Adenovirus, Norovirus, Rotavirus* entre outros), seja para o atendimento de regulamentações (aplicação de lodo na agricultura), de emergências em situações de epidemias, ou ainda para estudos de vigilância ambiental, constituía-se em um desafio para os Laboratórios da área ambiental. Apesar dos avanços recentes verificados com o advento da COVID-19, período de consolidação a nível global da vigilância epidemiológica baseada em esgoto, tema abordado mais adiante, pouco ainda se conhece da ocorrência e distribuição desses vírus em nossas águas superficiais, recreacionais, reuso e outras matrizes ambientais. Assim como nas grandes Agências de Meio Ambiente Internacionais, a CETESB estruturou seu Laboratório de Virologia na segunda metade dos anos 1970, trabalhando com a pesquisa dos vírus do gênero *Enterovírus* em amostras de águas de mananciais, e principalmente poliovírus em amostras de esgoto bruto para verificar a circulação do poliovírus selvagem na população, período em que a poliomielite ainda não havia sido erradicada no País, o que aconteceria apenas no ano de 1993 (MARTINS et al., 1983; TAMBINI et al., 1993). Um Laboratório de Virologia requer uma infraestrutura específica e pessoal com qualificação diferenciada, pois é necessária área própria para cultivo celular, freezers com temperaturas extremamente baixas (-80 °C), nitrogênio líquido e nível mínimo de segurança tipo II. As diferenciações dos grupos e espécies de vírus que eram realizadas por soroneutralização (técnica bastante laboriosa) e ensaios imunoenzimáticos, foram modificadas com o início da aplicação da biologia molecular nos laboratórios de diagnóstico clínico e ambiental. Na segunda metade dos anos de 1980, a CETESB já havia estruturado o Laboratório para realizar a diferenciação intratípica dos vírus da Pólio pela técnica de biologia molecular, novamente de forma pioneira no Brasil e na América do Sul (MARQUES et al., 1993).

Apesar da complexidade das análises de microrganismos patogênicos em amostras ambientais, sua pesquisa e comportamento no meio ambiente são de suma importância para entender a ecologia extra-humana dos mesmos e dar suporte à vigilância epidemiológica sobre a circulação desses patógenos na população. A vigilância ambiental de patógenos baseada na análise de esgoto se iniciou na CETESB em 1974, em conjunto com a Vigilância Epidemiológica do Estado, quando se estabeleceu um monitoramento sistemático de *Vibrio cholerae* em amostras de esgoto em pontos de entrada (portos, aeroportos e estações rodoviárias) e estações de tratamento de esgoto, preocupadas com a introdução da cólera no país. Esse monitoramento se intensificou em 1978, quando foram isoladas amostras com *V.cholerae* O1 provenientes de esgoto na Baixada Santista (posteriormente identificadas pelo CDC, centro americano de controle e prevenção de enfermidades, como não toxigênicas), e durante todo o período de pandemia da cólera que assolou o país e a região das Américas no início de 1993. O Programa para a vigilância ambiental da poliomielite estabelecido em 1980 permitiu confirmar a ausência da circulação de poliovírus selvagem na população quando da certificação da erradicação da poliomielite no país, e a ausência da circulação do poliovírus Sabin 2 quando da retirada do esquema de vacinação trivalente (Sabin 1, 2, e 3) para bivalente (Sabin 1 e 3). No ano de 2014, ano da realização da Copa do Mundo no Brasil, esse programa detectou a presença de poliovírus selvagem tipo 1 (PVS1) em uma amostra do Aeroporto de Viracopos e um poliovírus derivado vacinal (VDPV tipo 2) em uma amostra do Porto de São Sebastião, o que desencadeou uma série de ações por parte da Vigilância Epidemiológica (CASSEMIRO et al., 2016; https://cetesb.sp.gov.br/blog/2014/07/01/identificado-poliovirus-selvagem-no-esgoto--do-aeroporto-de-viracopos/). Essa é, ainda, uma ferramenta no combate global à erradicação da poliomielite, pois a detecção de poliovírus selvagem ou derivado vacinal no esgoto é um alerta para a reintrodução do poliovírus em nossa região.

Nas décadas seguintes esse Laboratório se expandiu para a detecção de novos vírus entéricos (Adenovírus, Rotavírus, Norovírus, vírus da Hepatite A e E, poliomavírus) em amostras de mananciais, águas recreacionais, águas residuais e de reuso (BARBOSA et al., 2012, 2015; PRADO et al., 2018; 2021), com infraestrutura ampliada e dentro dos critérios recomendados pela USEPA para laboratórios de Biologia Molecular e OMS para detecção de pólio. Essa estrutura possibilitou uma adequação rápida para a vigilância ambiental de SARS-CoV-2 em águas residuais e águas superficiais assim que a pandemia se estabeleceu no Estado em 2020.

A experiência da CETESB na vigilância ambiental de patógenos foi de suma relevância no enfrentamento da pandemia de COVID-19, pois rapidamente o laboratório de Virologia se estruturou para a detecção e quantificação do vírus SARS-CoV-2 em regiões estratégicas do Estado, o que permitiu fornecer dados à Vigilância Epidemiológica sobre as tendências de circulação do vírus na população, subsidiando os tomadores de decisão (BARBOSA et al., 2022; https://cetesb.sp.gov.br/sars-cov-2/). Não menos importantes são os trabalhos que têm sido realizados sobre a vigilância ambiental de sorotipos de *Salmonella* e resistência antimicrobiana dessas bactérias patogênicas, *E.coli* enteropatogênicas em água e esgoto, vírus entéricos, vírus Hepatite A, genes de resistência antimicrobiana, entre outros, o que demonstra a importância da sintonia dos laboratórios ambientais com a saúde pública no enfrentamento dos agravos de saúde.

Mais recentemente a caracterização fenotípica de indicadores microbianos e bactérias patogênicas tem sido uma demanda frequente na área ambiental. Na última década, a CETESB implementou a técnica de espectrometria de massa pela técnica de MALD-TOF (*Matrix assisted laser desorption/ionization – time-of-flight*), metodologia de ponta nessa área para identificação de gênero e espécies de microrganismos de importância ambiental, e bastante aplicada na etapa final da metodologia de validação de sistemas de resíduos hospitalares, ensaios imprescindíveis para o licenciamento desses sistemas e também na identificação de microrganismos para rastreamento de fontes de contaminação (CHRIST et al., 2017).

O grande desafio dos laboratórios de microbiologia e parasitologia ambiental é a complexidade das amostras a serem analisadas, diferentemente dos laboratórios de análises clínicas que trabalham com o diagnóstico específico de um caso clínico. As amostras ambientais representam um "pool" de amostras da população, contendo uma série de substâncias tóxicas, inibidoras, que dificultam a concentração e purificação dos microrganismos presentes nessas matrizes. Outro obstáculo é a necessidade de confirmar a viabilidade e infectividade de vários desses microrganismos para determinar a virulência dos mesmos e o seu risco à saúde. O uso de técnicas de sequenciamento de última geração para um diagnóstico mais preciso dos microrganismos patogênicos e seus genótipos presentes no ambiente permitem estabelecer uma correlação mais precisa com os eventos nas áreas clínicas humana e veterinária, e trabalhar no conceito de saúde única ("*One Health*"). (*https://www.who.int/news/item/01-12-2021-tripartite-and-unep-support-ohhlep-s-definition-of-one-health*). A avaliação quantitativa de risco microbiológico (AQRM) tem sido utilizada de suporte para os tomadores de decisão tanto na área de saúde como na área ambiental, com aplicação cada vez mais ampla para priorização de ações preventivas e corretivas.

Considerando que até 26% (IC 95%: 16–38%) de todas as mortes em crianças menores de 5 anos poderiam ser evitadas, se os riscos ambientais fossem removidos (WHO, 2018) e que cerca de 830 mil das mortes associadas à água, saneamento e higiene são por doenças diarreicas causadas por patógenos entéricos (bactérias, vírus, protozoários e helmintos) (GBD *Diarrhoeal Diseases Collaborators*, 2017), o diagnóstico e monitoramento ambiental desses organismos é fundamental e imprescindível para proteção da saúde humana. Consequentemente, o desenvolvimento de pesquisas nesse campo, de forma a disponibilizar métodos e estratégias mais rápidas e sensíveis para se trabalhar dentro do conceito de saúde única, é o grande desafio do futuro para os laboratórios de análises microbiológicas e parasitológicas ambientais.

3. Análises físico-químicas

As análises físico-químicas fornecem informações das características físicas, assim como dos elementos e substâncias presentes nas amostras ambientais que podem estar associados a processos naturais ou a alterações no ambiente. As características das substâncias e as concentrações presentes e suas interações, permitem correlacionar a efeitos adversos aos ecossistemas e à saúde humana (PARRON et al., 2011).

Existem três categorias básicas de contaminantes químicos ambientais, os orgânicos, os inorgânicos e os agregados orgânicos, e cada uma dessas categorias possui várias classes de substâncias químicas. Milhares desses compostos são liberados no ambiente todos os dias. Dessa forma, quando realizamos estudos de diagnóstico e caracterização da qualidade ambiental é importante priorizar o conjunto de variáveis químicas de acordo com o tipo de estudo. Na maioria das situações essa tarefa é realizada pela seleção dos chamados poluentes prioritários, os quais são normalmente regulamentados por legislações locais, regionais e federais, que visam proteger a saúde humana e do ecossistema.

As principais fontes desses contaminantes são as atividades industriais, atividades agrícolas, tratamento de esgoto doméstico, emissões atmosféricas e atividades de produção e extração.

Os ensaios físico-químicos fornecem suporte a diversas atividades da CETESB como projetos e estudos de diagnóstico ambiental, monitoramento da qualidade ambiental, fiscalização, controle e licenciamento, além do atendimento a emergências, tais como emergências químicas e mortandade de peixes.

Na década de 1970, a CETESB efetuava ensaios físico-químicos básicos em amostras de água potável e superficial e aos poucos a gama de parâmetros químicos foi ampliada, assim como as matrizes ambientais, em atendimento às regulamentações vigentes que estão em constante atualização.

No caso dos ensaios inorgânicos, os métodos clássicos como a gravimetria, a volumetria, a colorimetria, entre outros, que demandam tempo e muitas vezes não atendem os critérios e padrões estabelecidos pelas legislações vigentes na área ambiental, vêm sendo substituídos ao longo dos últimos 30 anos por métodos instrumentais como a espectrofotometria de absorção atômica (FAAS), forno de grafite (FGAAS), com geração de hidretos (HGAAS), a espectrometria de emissão em plasma indutivo (ICP-OES), espectrometria de massa (ICP-MS), espectrometria de fluorescência atômica, cromatografia iônica, entre outros, trazendo ganhos significativos na sensibilidade analítica, atingindo níveis da ordem de grandeza de ppm, ppb ou mesmo ppt.

Na área de detecção de contaminantes orgânicos, o laboratório da CETESB foi, ao longo de sua história, se adaptando aos poucos para acompanhar as atualizações das normas e padrões de qualidade com a constante ampliação do número de contaminantes e de matrizes ambientais, assim como o atendimento a limites cada vez mais restritivos. Inicialmente, efetuava-se ensaios cromatográficos para detecção de resíduos de contaminantes orgânicos por cromatografia a gás com colunas empacotadas e detectores universais, tais como os detectores de ionização de chama e de captura de elétrons. Com a evolução da tecnologia instrumental analítica as técnicas foram se modernizando com uso de colunas capilares e cromatografia a gás de alta resolução (HRGC) e cromatografia líquida de alta performance (HPLC) e, nos últimos anos, passando a ultra performance (UPLC) e também com acoplamento de diferentes tipos de detectores para diferentes grupos de contaminantes orgânicos tais como, os detectores de massa (MS), de massa sequencial (MSMS), de massa de alta resolução (HRMS e Q-TOF), de pressão atmosférica (APGC), entre outros, e com isso possibilitar níveis de detecção de ppb, ppt ou mesmo ppq para os contaminantes orgânicos.

Juntamente com a atualização e modernização das metodologias analíticas, foram desenvolvidas técnicas que minimizaram e/ou eliminaram a geração de resíduos de laboratório, buscando ainda, sempre que possível, a automação dos procedimentos analíticos. Um exemplo deste tipo de alteração, efetuada recentemente, foi a substituição do ensaio da demanda química de oxigênio (DQO) pelo ensaio de carbono orgânico total (TOC) que eliminou a geração de resíduos tóxicos, utiliza tecnologia mais limpa e permite automação das etapas de análise, além da redução da exposição do corpo técnico a produtos químicos potencialmente perigosos. Na impossibilidade da retirada total do uso de produtos químicos tóxicos, como no caso do uso de solventes orgânicos nos ensaios cromatográficos, a alternativa encontrada pelo laboratório de química orgânica da CETESB foi a adoção de tecnologias mais limpas e redução do volume de solvente utilizado, além do tratamento dos resíduos gerados, como o reaproveitamento, após tratamento, de resíduos de solventes como cloreto de metileno, n-hexano, acetona, entre outros.

Além das substâncias listadas em legislações ambientais, outros poluentes persistentes e bioacumulativos foram incluídos nos últimos anos no monitoramento da qualidade de sedimento do Estado, como as dioxinas, furanos, bifenilas policloradas com características de dioxinas (dl-PCBs) e éteres difenílicos polibromados (PBDEs). Os laboratórios Físico-Químicos, desde 2009, colaboram em projetos internacionais para o monitoramento global de substâncias persistentes banidas pela Convenção de Estocolmo. Em 2010 teve início o monitoramento dos poluentes orgânicos persistentes (POPs) no ar ambiente para verificar tendências temporais e transporte atmosférico de POPs já banidos. Esses dados permitiram verificar a redução da concentração do pesticida endosulfan até concentrações abaixo da detecção nos dias atuais, provavelmente devido a proibição do uso, mas também a persistência de muitos pesticidas, mesmo banidos desde a década de 1980, além de PCBs, PBDEs, dioxinas e furanos no ar ambiente (TOMINAGA et al., 2016).

Atualmente, considerando os recentes desafios de contaminação ambiental, estão sendo implementados ensaios para a inclusão de novas substâncias como o metilmercúrio, substâncias per e poli fluoroalquilados (PFAS) e bifenilas polibromadas (PBB) no monitoramento da qualidade ambiental e pesquisa de novos contaminantes emergentes, como o elemento gadolínio, oriundo de exames de ressonância magnética nuclear, fármacos, produtos de higiene pessoal, agrotóxicos, entre outros. Para substâncias cujo uso ou descarte pode ocorrer esporadicamente, como no caso de agrotóxicos e outros poluentes emergentes, e para substâncias tóxicas em que não é possível a detecção sem a coleta de grandes volumes de água, está sendo implementado o uso de amostradores passivos, que permitem a coleta contínua durante longos períodos, com maior possibilidade de detecção dessas substâncias, o que seria extremamente difícil utilizando a amostragem convencional (BURGESS, 2012; MIÈGE et al., 2015; LOHMANN et al., 2017).

Apesar dos esforços no sentido de incluir novas substâncias no monitoramento da qualidade ambiental, sabemos que atualmente 15.000 novas substâncias são registradas a cada dia no Chemical Abstracts Service (CAS), em média, além de um total de 201 milhões de substâncias orgânicas e inorgânicas registradas (CAS, 2022). A indústria química é a segunda maior atividade industrial no mundo e em 2017, aproximadamente 2,3 bilhões de toneladas de substâncias químicas sintéticas foram produzidas no mundo (CRIBB, 2021). Existem grandes lacunas em nossa compreensão dos riscos da dispersão das substâncias químicas para o meio ambiente e a mistura destas e, embora existam medidas de controle da poluição por substâncias químicas, muitas vezes podem não estar sendo adotadas na velocidade necessária para evitar efeitos crônicos e agudos para a saúde humana e para o meio ambiente (NAIDU et al., 2021).

Neste sentido, é um desafio atual e futuro trabalhar no desenvolvimento de metodologias analíticas para varredura (*screening*) de compostos químicos nas amostras ambientais, em busca de substâncias que não são monitoradas na rotina, ou seja, substâncias não alvo e posterior comparação das estruturas encontradas com bibliotecas de pesquisa de estruturas químicas disponíveis, o que permitiria detectar novos e importantes contaminantes ambientais (BLETSOU et al., 2015).

Acreditamos que a integração da pesquisa de substâncias não alvo com outras técnicas bioanalíticas, em conjunto com a avaliação dos testes de toxicidade e ecotoxicidade, possa fornecer mais e melhores informações que contribuam para o aprimoramento do diagnóstico da contaminação ambiental por substâncias químicas.

4. Comunidades aquáticas e ecotoxicologia

A avaliação da qualidade de ecossistemas aquáticos pelo monitoramento tradicional, por meio de métodos físicos, químicos e microbiológicos, tem sido complementada pelo biomonitoramento ou monitoramento biológico que incorpora parâmetros relativos às comunidades aquáticas, como sua composição, sua densidade ou ainda a presença de alguns organismos indicadores, característicos de ambientes preservados ou de ambientes impactados. O biomonitoramento fornece informações acerca dos efeitos de estressores presentes nos ambientes aquáticos como, por exemplo, contaminantes químicos ou excesso de matéria orgânica, sobre o componente biológico desses ecossistemas. Essa informação é essencial para verificar o efeito de eventuais fontes de poluição e direcionar as ações preventivas e corretivas das Agências Ambientais, ou auxiliar no processo de licenciamento ambiental. (BUSS et al., 2003; BUSS et al., 2016).

As regulamentações existentes no Brasil sobre qualidade de águas superficiais e recreacionais, como a Resolução CONAMA n.º 357/2005 (BRASIL, 2005), e de consumo humano, incluem alguns parâmetros relativos às comunidades aquáticas, como as cianobactérias, produtoras de cianotoxinas, a clorofila, indicadora da presença de microalgas, e a ecotoxicidade, requerendo, portanto, que o órgão ambiental monitore essas variáveis.

Dentre esses, os ensaios ecotoxicológicos têm se tornado cada vez mais importantes na avaliação da contaminação ambiental. Os laboratórios da CETESB, na década de 1970, foram pioneiros na introdução desta ferramenta no monitoramento da qualidade das águas e dos efluentes líquidos no Brasil. Esses ensaios permitem verificar os efeitos tóxicos causados aos organismos pela interação de uma ou mais substâncias presentes em uma amostra, seja de efluentes líquidos ou de matrizes ambientais, como água e sedimento. Esses efeitos são detectados por respostas fisiológicas agudas (mortalidade) e crônicas (crescimento, reprodução, anomalias morfológicas, etc.) dos organismos-teste. (ZAGATTO & BERTOLETTI, 2008). Ao longo dos anos, a CETESB desenvolveu vários trabalhos de aprimoramento metodológico, como a comparação da sensibilidade de espécies nativas em relação às espécies utilizadas em normas técnicas internacionais e contribuiu para a padronização de metodologias, tanto por meio de Normas Técnicas CETESB, como, posteriormente, pela Associação Brasileira de Normas Técnicas (ABNT). Atualmente, diversos métodos estão padronizados no Brasil, incluindo ensaios com organismos de ambientes de água doce e marinhos, tanto da coluna d'água como dos sedimentos.

Em atendimento à Resolução CONAMA n.º 357/2005 são realizados ensaios de toxicidade crônica com *Ceriodaphnia dubia* nos pontos da Rede de Monitoramento de águas, sendo que, nos últimos 30 anos, aproximadamente 78% das amostras analisadas não apresentaram efeito tóxico, enquanto 19% demonstraram efeito crônico e 3% causaram efeito agudo aos organismos. Os efeitos tóxicos foram mais frequentes nas regiões mais industrializadas como na Grande São Paulo e na Baixada Santista (CETESB, 2020). A legislação também incluiu a avaliação ecotoxicológica dos efluentes líquidos lançados em corpos d'água, como medida de prevenção da poluição em rios e reservatórios, como as Resoluções SMA nº 03/2000 (SÃO PAULO, 2000) e CONAMA nº 430 (BRASIL, 2011).

A experiência acumulada permitiu ainda propor índices de qualidade para as comunidades biológicas (fitoplâncton, zooplâncton e bentos), bem como a avaliação da qualidade dos sedimentos, incluindo aspectos químicos e ecotoxicológicos, que também passaram a fazer parte da rotina de monitoramento dos corpos d'água no Estado de São Paulo, em consonância com as novas abordagens internacionais e nacional. (CARVALHO, 2003; KUHLMANN et al., 2005; EEA, 2018).

Para tanto, vários estudos foram conduzidos visando estabelecer o significado das avaliações das comunidades biológicas e ecotoxicológicas, buscando traduzir informações qualitativas e quantitativas em índices de qualidade ambiental. Esses índices têm o papel de simplificar a interpretação de resultados do monitoramento biológico para diferentes atores, bem como possibilitar a comparação de diagnósticos em diferentes ambientes e ao longo do tempo. Primeiramente, em complementação ao Índice de Qualidade das Águas (IQA) aplicado pela CETESB desde a década de 1970, visando sua utilização para abastecimento público, foi proposto o Índice de Qualidade da Água para a Proteção da Vida Aquática (IVA) que indica a qualidade das águas com vistas à proteção da fauna e flora dos corpos d'água (ZAGATTO et al., 1999). Esse índice inclui tanto ensaios ecotoxicológicos, como as concentrações de clorofila-a e foi incorporado na rotina da Rede de Monitoramento de Qualidade das Águas Superficiais em 2003. O IVA permite classificar as águas doces em ótimas, boas, regulares, ruins ou péssimas para a vida aquática, sendo uma informação básica para o público leigo e gerenciadores ambientais.

Nesses últimos 30 anos, em resposta ao grande problema de eutrofização dos mananciais, a regulamentação ambiental e de potabilidade incluiu novos parâmetros, exigindo uma capacitação dos laboratórios da CETESB para atender uma crescente demanda para a identificação de cianobactérias e organismos potencialmente produtores de toxinas, bem como determinar e quantificar possíveis cianotoxinas (como microcistina, cilindropermopsina, saxitoxinas), presentes na água, tanto por métodos químicos (LC/MS/MS), como por imunoensaios (ELISA). Também, nesse contexto, foi desenvolvido o Índice de Qualidade das Águas Brutas para fins de Abastecimento Público (IAP) que aprimorou essa avaliação, introduzindo o número de células de cianobactérias como variável indicadora de potencial presença de cianotoxinas.

Ao longo dos anos o conhecimento técnico foi compartilhado por meio de diversos manuais e guias, abordando amostragem, análises laboratoriais e interpretação dos dados ecotoxicológicos e de comunidades aquáticas. Um exemplo é a publicação em 2012 do "Protocolo para o Biomonitoramento com as Comunidades Bentônicas de Rios e Reservatórios do estado de São Paulo" (KUHLMANN et al., 2012) que descreve o planejamento, os métodos de amostragem e a análise das comunidades bentônicas, bem como os critérios para sua utilização em redes de monitoramento da qualidade de águas e de sedimentos de rios e reservatórios, e orienta o emprego dessas comunidades em processos de licenciamento ambiental, além de apontar as espécies mencionadas nas listas de fauna ameaçada de extinção e aquelas consideradas exóticas invasoras. Destaca-se ainda o "Manual de Controle Ecotoxicológico de Efluentes Líquidos no estado de São Paulo", cuja versão de 2013 detalha os fundamentos legais e as metodologias adequadas para atendimento às exigências da CETESB (BERTOLETTI, 2013).

Finalmente, são realizados estudos para avaliar a bioacumulação de contaminantes nos ecossistemas aquáticos, notadamente por meio da análise de amostras de tecido de peixes, fornecendo informações importantes sobre o impacto dessas substâncias no ambiente. Entretanto, com relação à ictiofauna, a maior demanda de rotina são os atendimentos às mortandades de peixes, não só de apoio às Agências Ambientais, bem como pela realização de análise necroscópica de peixes moribundos, buscando identificar as causas desses eventos.

Os grandes desafios para os programas de monitoramento são sua continuidade e a qualidade dos resultados. Além disso, com o biomonitoramento, além de infraestrutura laboratorial, metodologia padronizada e garantias de qualidade, torna-se imprescindível ter corpo técnico capacitado e atualizado que possa realizar a identificação correta dos organismos, bem como comparações espaciais e temporais, e esclarecer o significado dos indicadores escolhidos para os tomadores de decisão e público em geral.

5. Análises toxicológicas e genotoxicidade

A equipe técnica dos laboratórios da CETESB sempre esteve atenta aos avanços da ciência básica e aplicada, nacional e internacional, preocupada em buscar ferramentas para avaliação de compostos no ambiente capazes de causar efeitos adversos em organismos expostos, implantou desde a década de 1980 uma série de ensaios analíticos com essa finalidade. Assim foi sendo desenvolvido um conjunto de atividades, compreendendo uma gama de métodos analíticos para detectar e estudar biomarcadores de exposição ou efeito, e outros bioensaios, incluindo testes de toxicidade aguda com a bactéria luminescente *Vibrio fischeri*, testes de genotoxicidade com *Salmonella* Typhimurium (teste de Ames), ensaios de micronúcleo *in vitro* realizados com células de mamífero em cultura, ensaios com cepas geneticamente modificadas de *Saccharomyces cerevisiae* para avaliar a atividade estrogênica em amostras ambientais e com linhagens de células humanas em cultura, geneticamente modificadas para avaliação de contaminantes emergentes em amostras ambientais, como a presença de glicocorticóides.

Com base em dados históricos de testes de toxicidade aguda com *V.fischeri*, uma classificação de toxicidade das águas mais impactadas foi proposta em 2009, pois esse microrganismo tolera baixas concentrações de oxigênio e elevadas concentrações de amônia (BULICH et al., 1981). Esta ferramenta tem se mostrado útil para monitorar as ações de controle da poluição. Serve como triagem e tem sido utilizada na avaliação da eficiência de tratamentos dos efluentes nos tributários do Rio Pinheiros, dentro do projeto de recuperação desse corpo d'água (Projeto Novo Pinheiros).

O ensaio de mutagenicidade por *Salmonella*, implementado na CETESB no início dos anos 1980 e o ensaio de micronúcleos *in vitro*, iniciado nos anos 2000, foram incluídos na rede de monitoramento da qualidade das águas superficiais do estado de São Paulo em 1999 e 2006, respectivamente, objetivando verificar a qualidade da água que abastece estações de tratamento de água, como uma medida de precaução. Estes ensaios, considerados clássicos em avaliações da genotoxicidade e mutagenicidade de fármacos, têm sido utilizados com sucesso na área ambiental. Compostos genotóxicos são aqueles que reagem com a molécula do DNA, diretamente ou após biotransformação, produzindo alterações, que se perpetuadas nas células filhas, são denominadas mutações. As mutações gênicas são causa de algumas doenças genéticas e existem evidências substanciais de que as mutações pontuais estão envolvidas na formação de tumores em seres humanos e em animais de experimentação, daí a importância da identificação de compostos capazes de induzi-las (LOEB, LOEB, 2000).

Logo no início da implantação dos testes de genotoxicidade/mutagenicidade na rede de monitoramento, foi identificado um ponto de amostragem de um corpo hídrico sistematicamente contaminado com compostos mutagênicos. Uma investigação dirigida de potenciais fontes poluidoras apontou para uma planta industrial utilizando e lançando corantes mutagênicos no corpo d'água, o que desencadeou uma série de ações para evitar a distribuição de água contaminada para a população (UMBUZEIRO et al., 2004). Além de evidenciar a importância dessa avaliação para evitar ou mitigar a exposição da biota e da população humana a compostos com essas características (UMBUZEIRO et al., 2001; ROUBICEK et al., 2020), essa investigação também alavancou as pesquisas acadêmicas sobre corantes mutagênicos, que são objeto de várias dissertações e teses nas universidades paulistas (FERNANDES, 2016; FERRAZ, 2009; OLIVEIRA, 2005; RODRIGUES, 2010; VACCHI, 2012, 2016).

A investigação da presença de interferentes endócrinos, uma preocupação mundial mais recente, iniciou-se na CETESB com introdução do ensaio BLYES, que utiliza a levedura *Saccharomyces cereviseae*, geneticamente modificada contendo um receptor para estrógeno humano. Esse ensaio tem sido utilizado para avaliação da possível presença de agrotóxicos em águas subterrâneas e está inserido também na rede de monitoramento da qualidade das águas superficiais do estado (CETESB, 2019; QUINAGLIA et al., 2017). A utilização de células geneticamente modificadas em cultura para avaliação de contaminantes emergentes iniciou-se no fim da década de 2010, com a introdução de linhagens de células humanas em cultura contendo receptores específicos para a detecção de compostos glicocorticoides, indicadores da presença de anti-inflamatórios que são interferentes endócrinos. Nessa mesma linha, estão sendo planejados ensaios com células, também geneticamente modificadas, para a avaliação da presença de PFAS (substâncias perfluoralquiladas e polifluoralquiladas) em amostras ambientais.

A implementação de ensaios que envolvem organismos geneticamente modificados (OGM) foi acompanhada da instalação da Comissão Interna de Biossegurança da CETESB – CIBio, em 2009 e do recebimento do nosso Certificado de Qualidade em Biossegurança: CQB 286/09. De acordo com a legislação brasileira, a utilização de organismos geneticamente modificados em estudos e pesquisas requer autorização da Comissão Técnica Nacional de Biossegurança, CTNBio, do Ministério da Ciência, Tecnologia, Comunicações e Inovações. A CIBio da CETESB presta contas à CTNBio todos os anos, encaminhando um relatório anual de atividades e se responsabiliza por todos os assuntos relacionados a ensaios que envolvem OGM dentro da empresa. Assim, qualquer laboratório da Companhia que queira trabalhar com organismos dessa natureza deve solicitar instruções à CIBio, que se encarrega de obter as autorizações necessárias junto à CTNBio em Brasília.

Os laboratórios também se valem de análises químicas para avaliação de biomarcadores de exposição, identificando e quantificando contaminantes ambientais, sejam eles orgânicos ou inorgânicos, em peixes, organismos bentônicos e plantas. Um exemplo de ferramenta de biomonitoramento, é a utilização de tecido vegetal para fluoreto gasoso atmosférico. A partir de 2018, a CETESB passa a avaliar a presença de metilmercúrio, que é a forma mais tóxica desse elemento químico, em amostras de peixes para complementar a avaliação da qualidade dos ambientes aquáticos.

Dados toxicológicos e epidemiológicos dão suporte sobre os efeitos adversos à saúde associados aos contaminantes ambientais, permitindo que a CETESB avalie os níveis nocivos de exposição e possa emitir diretrizes para a produção, manuseio e gerenciamento seguros de substâncias perigosas. Uma ferramenta importante para avaliar a exposição a contaminantes perigosos é o biomonitoramento, que mostra as tendências da exposição humana que podem estar associadas a fatores ambientais. Em meados da década de 2000, um estudo com 653 doadores de sangue foi realizado para conhecer os níveis populacionais de exposição a metais. Esta pesquisa propôs valores de referência para chumbo, cádmio e mercúrio no sangue para a população adulta residente na Região Metropolitana de São Paulo (KUNO, 2009; KUNO et al., 2013). Devido à falta de dados sobre a atual exposição humana a produtos químicos ambientais no estado de São Paulo, esses valores de referência podem ser usados como comparação em estudos de avaliação de risco ou para identificar grupos populacionais em risco, devido a altos níveis de exposição a esses metais. Com intuito semelhante, um projeto está sendo desenvolvido para avaliação da contaminação de leite materno com PCBs, em consonância com a Convenção de Estocolmo para poluentes orgânicos persistentes.

Os desafios são constantes, assim como a busca de novos métodos e ferramentas mais sensíveis e modernas para melhoria do diagnóstico da qualidade ambiental, que possam prevenir e/ou mitigar os efeitos da exposição ambiental dos organismos a agentes tóxicos.

6. Gestão da qualidade nos laboratórios

A preocupação com a qualidade e confiabilidade dos resultados acompanha os laboratórios da CETESB desde a sua origem, na década de 1970. Em 1977-78, os laboratórios da outrora Companhia Estadual de Tecnologia de Saneamento Básico e Meio Ambiente já recebiam amostras de programas interlaboratoriais (comparações entre resultados de laboratórios) enviadas pela Agência Americana de Proteção Ambiental (USEPA) como subsídio para o controle de qualidade externo de ensaios como cálcio, fluoreto, cloreto, sulfato, dureza, alcalinidade, séries nitrogenada, fosforada e de sólidos, dentro do Programa Regional para o Controle de Qualidade Analítica em Laboratórios de Análises de Água e Efluentes do Centro Panamericano de Engenharia Sanitária e Ciências do Ambiente da Organização Panamericana de Saúde (CEPIS).

Em 1980, os laboratórios da CETESB já operavam de acordo com o Guia de Controle de Qualidade Analítica do Programa GEMS/WATER (*Global Environmental Monitoring System*) patrocinado pela Organização das Nações

Unidas (ONU) e coordenado por 4 organizações, a saber, Programa das Nações Unidas para o Meio Ambiente (PNUMA), Organização Mundial da Saúde (OMS), Organização Meteorológica Mundial (OMM) e Organização das Nações Unidas para a Educação, Ciência e Cultura (UNESCO). O programa tinha como objetivo principal o controle mundial da qualidade da água e tinha como um de seus componentes específicos a "adoção de metodologias uniformes e consistentes para a amostragem e análise de águas". O Guia detalhava aspectos importantes da gestão da qualidade de resultados analíticos, tais como a correta construção de curvas analíticas, noções de estatística aplicada a laboratórios como cálculos de exatidão e precisão, uso de amostras e reagentes padrão, determinação de erros sistemáticos, ensaios de recuperação e de adição padrão de analitos de interesse, uso de cartas-controle, expressão correta de resultados quando amostras são diluídas e/ou concentradas, dentre outros.

Dentro do mesmo programa, em 1983, a CETESB organizou, sediou e teve seus técnicos como instrutores, no curso geral de formação para a América Latina em "Controle de Qualidade Analítica", com a participação de oito países latino-americanos.

Em 1995 foi criado pelo Governo do Estado o Programa Permanente da Qualidade e Produtividade no Serviço Público, por meio do Decreto nº 40.536, instituído em todos os órgãos e entidades da administração pública estadual direta e indireta. Com o objetivo de garantir ao cidadão um atendimento eficaz, com redução de custos para o Estado e ganhos de produtividade, o Programa tinha como metas, dentre outras, melhorar a qualidade dos serviços prestados à comunidade, minimizar erros e desperdícios, incorporar avanços tecnológicos, padronizar e simplificar procedimentos. Neste cenário, os laboratórios de águas da CETESB iniciaram movimento de implementação do ISO Guia 25, guia orientativo internacional de sistema de gestão de qualidade para laboratórios de ensaios, que incluía aspectos de sistema de gestão e técnicos, ampliando as práticas de controle de qualidade analítica já utilizadas, trazendo elementos importantes para a emissão de resultados tecnicamente válidos e com rastreabilidade metrológica assegurada, principalmente pela implantação de uso de materiais de referência certificados e instrumentos calibrados. Além da aderência ao Guia, o objetivo dos laboratórios era a acreditação dos ensaios. A CETESB já possuía um laboratório de emissão veicular acreditado desde 1987. Acreditação é o reconhecimento formal de terceira parte da competência de um laboratório, por um órgão competente (no caso do Brasil, o Instituto Nacional de Metrologia, Qualidade e Tecnologia – INMETRO) para realizar tarefas específicas, neste caso, ensaios em matrizes ambientais. A acreditação é alcançada após a auditoria dos sistemas de gestão e qualidade laboratorial por uma equipe de avaliadores que devem assegurar que o laboratório é tecnicamente competente para realizar os ensaios incluídos no escopo de acreditação. Periodicamente, o laboratório é reavaliado pelo organismo de acreditação para garantir a continuidade da conformidade dos requisitos e verificar que o padrão de operação do laboratório está sendo mantido. Durante três anos os laboratórios receberam consultoria de peritos do Ministério do Meio Ambiente Canadense, *Environment Canada*, incluindo várias capacitações ministradas por técnicos da *Water Technology International Corporation* (WTI) do Canadá, além de participação em ensaios de proficiência por comparação interlaboratorial com amostras enviadas pela WTI para 13 laboratórios da CETESB. Neste período instituiu-se o primeiro manual de qualidade, a primeira política da qualidade laboratorial da empresa, foram promovidos vários cursos de capacitação das equipes na interpretação da Norma ministrados por técnicos da WTI, condução de auditorias externas nos laboratórios da sede e do interior, também pelos técnicos da WTI. Em 1998 houve um esforço conjunto dos laboratórios na redação de seus procedimentos, na promoção de cafés da manhã onde se discutiam questões de qualidade laboratorial, além da publicação de um jornal interno com notícias sobre o tema. Entre 1999 e 2000 foram acreditados os primeiros laboratórios de águas da CETESB (três na capital e quatro localizados no interior do estado).

Atualmente, a norma vigente é a ABNT NBR ISO/IEC 17025:2017 "Requisitos gerais para a competência de laboratórios de ensaio e calibração" e a CETESB possui 15 unidades laboratoriais acreditadas (na sede e no interior), totalizando mais de 1.300 atividades de amostragem e ensaios acreditados nas matrizes água e água residuária, ar, solo, sedimentos e matrizes biológicas (sangue, leite humano, peixes), com novos pedidos de extensão de escopo a cada ano, além de duas unidades acreditadas para ensaios veiculares e um laboratório de calibração de instrumentos (vidrarias, instrumentos operados a pistão e câmaras térmicas) integrante da Rede Brasileira de Calibração (RBC). Uma vez que o INMETRO faz parte de acordos de reconhecimento mútuo com outros organismos internacionais de acreditação, a manutenção e crescente ampliação anual de nossos escopos acreditados são uma garantia de aceitabilidade inquestionável dos resultados da CETESB em nível mundial.

A CETESB possui ainda técnicos atuantes tanto em comissões técnicas quanto como avaliadores externos da Coordenação Geral de Acreditação do INMETRO, o que promove uma contínua atualização dos requisitos de aplicação da ABNT NBR ISO/IEC 17025:2017 e das políticas de acreditação. Nas comissões técnicas, auxilia, por exemplo, no desenvolvimento de documentos orientativos sobre garantia da qualidade na amostragem e validação de métodos em ensaios biológicos, dentre outros. Tem representação institucional na Rede de Metrologia Química do INMETRO (REMEQ), parcerias com redes metrológicas estaduais, além de convênios e parcerias para a capacitação e implementação de sistemas de gestão de qualidade 17025 em outras organizações. Atua em parceria com a Agência Nacional de Águas (ANA) e com a Rede Metrológica do Rio Grande do Sul (RMRS) na promoção do Programa de Ensaio de Proficiência da Rede Nacional de Qualidade das Águas (RNQA), desde 2015, que conta com a participação de 30 organizações entre agências reguladoras estaduais no âmbito ambiental, de saneamento básico e universidades.

Logo após o processo de acreditação de seus laboratórios, a CETESB iniciou projeto para garantir a qualidade de resultados analíticos de laboratórios externos que são utilizados no exercício de suas atribuições legais de controle, monitoramento e fiscalização de atividades efetivas ou potencialmente poluidoras. Em 2006, a Secretaria do Meio Ambiente publicou a Resolução SMA-37, que entrou em vigor em 2009 e que regulamentou a aceitação pelos órgãos do SEAQUA (Sistema Estadual de Administração da Qualidade Ambiental, Proteção, Controle e Desenvolvimento do Meio Ambiente e Uso Adequado dos Recursos Naturais) somente de laudos analíticos de ensaios físico-químicos orgânicos e inorgânicos, microbiológicos, biológicos e toxicológicos emitidos por laboratórios acreditados pelo INMETRO, ou outro órgão que faça parte dos acordos de reconhecimento mútuo de que o INMETRO é integrante, pela Norma ABNT NBR ISO/IEC 17025. Em 2012, a resolução foi atualizada (Resolução SMA-90) para a inclusão da exigência de acreditação das atividades de amostragem e, em 2013, houve nova atualização (Resolução SMA-100) detalhando as matrizes ambientais de aplicação para a exigência de acreditação da amostragem. A iniciativa pioneira da CETESB de exigir o reconhecimento de competência técnica dos laboratórios do setor foi utilizada como caso de sucesso e exemplo para outras agências ambientais estaduais (Minas Gerais, Rio Grande do Sul e Paraná). De 2006 a 2022, o número de laboratórios ambientais acreditados no território nacional saltou de 40 para 500, aproximadamente 220 destes no estado de São Paulo.

A manutenção e a crescente ampliação dos ensaios acreditados de seus laboratórios, aliadas à exigência de acreditação aos laboratórios ambientais imposta pela vigente Resolução SMA-100 de 2013 e o engajamento de seus técnicos em inúmeras atividades vinculadas às questões de qualidade laboratorial, demonstram que a CETESB se mantém constantemente atenta ao estabelecimento de medidas necessárias que garantam resultados analíticos confiáveis, rastreáveis e reprodutíveis, que possam subsidiar de maneira tecnicamente consistente os processos de monitoramento, investigação e licenciamento ambiental.

Conclusões

Para viabilizar a implantação de tecnologias modernas e de ponta, foram realizados nestes últimos 30 anos, convênios com diversas instituições e organismos internacionais, tais como Kfw – Kreditanstalt für Wiederaufbau (Instituto de Crédito para Reconstrução), GTZ – Deutsche Gesellschaft für Technische Zusammenarbeit (Agência Alemã para a Cooperação Técnica), JICA – Japan International Cooperation Agency (Agência Japonesa de Cooperação Internacional) e Banco Mundial, bem como o apoio de Agências de Fomento e Pesquisa Estadual e Nacional e do Fundo Estadual de Recursos Hídricos (FEHIDRO), que permitiram, não somente a aquisição de equipamentos de ponta, mas também a modernização dos laboratórios e a capacitação do corpo técnico.

A obtenção de recursos por meio da elaboração de projetos de pesquisa e desenvolvimento tem sido uma prática constante nos laboratórios da CETESB. Esses projetos envolvem também cooperações com Universidades e Institutos de Pesquisa, tanto no Brasil, como no exterior, proporcionando o envolvimento dessas instituições com questões práticas da gestão ambiental, mas também garantindo que os técnicos dos laboratórios se mantenham atualizados quanto a práticas e metodologias. Agências de fomento, como a FAPESP, a FINEP e o CNPq, também têm sido atores importantes nessa evolução, com a participação da academia.

Dentre as várias áreas de atuação da CETESB, considerada uma das maiores agências ambientais da América Latina, cabe destacar o papel importante de agente inovador, propositor de novas tecnologias de avaliação da qualidade ambiental, que embasam seu papel pioneiro na proposição de novos atos regulatórios para o estado de São Paulo. Cabe aos técnicos dos laboratórios buscar a excelência dentro de suas atividades, bem como aprimorar e evoluir tecnicamente, de forma que estejamos sempre um passo à frente, avaliando potenciais problemas, desenvolvendo métodos que permitam avaliá-los de forma acurada e gerando dados inéditos que possibilitem a busca contínua de soluções para melhoria das condições ambientais do estado de São Paulo.

Referências

ABNT ISO/IEC GUIA 25, **Requisitos gerais para a capacitação de laboratórios de calibração e de ensaios.**

ABNT NBR ISO/IEC 17025, **Requisitos gerais para a competência de laboratórios de ensaio e calibração.**

BARBOSA M.R.F; GARCIA S.C; BONANNO V.M.S; HACHICH E.M.; SATO, M. I. Z. One year monitoring of enteric viruses in recreational waters of Sao Paulo Coast, Brazil, by Multiplex PCR. In: 3rd Food and Environmental Virology Conference, 2012, Lisboa, Portugal. FEV2012_Lisbon_Abstract Book / **Food and Environmental Virology Conference, Lisbon, Portugal, 2012 (Proceedings).** Lisboa, Portugal: Food and Environmental Virology Association – FEV Association, p. 150-153, 2012.

BARBOSA, M.R.F.; GARCIA SC; BONANNO VMS; CHRIST, A. P.; HACHICH, E. M.; SATO, M.I.Z. Prevalence of Enterovirus serotypes isolated from source waters and sewage samples in the São Paulo Metropolitan, Brazil. In: 18th International Symposium on Health-Related Water microbiology, 2015, Lisboa. **Proceedings of 18th International Symposium on Health-Related Water Microbiology.** Lisboa, Portugal: Instituto Técnico de Lisboa, v. 1, p.554-557, 2015.

BARBOSA, M.R.F., GARCIA, S.C, BRUNI, A.C, MACHADO, F.S., OLIVEIRA, R.X., MILENA, D., COSTA, A.C., LEAL, C., BRANDÃO, C.J., SILVA, R.L.O., IKO, B.Y., KONDO, V.K.M., ARAÚJO, R.S., SILVEIRA, V.B., ANDRADE, T.M., NUNES, D.R., JANINI, L.M.R., BARCONI, C. T., MARICATO, J.T.; SATO, M.I.Z. One-year surveillance of SARS-CoV-2 in wastewater from vulnerable urban communities in metropolitan São Paulo, Brazil. **J Water Health.** 20, 471-490, 2022. doi: 10.2166/wh.2022.210

BERTOLETTI, E. **Controle ecotoxicológico de efluentes líquidos no estado de São Paulo.** São Paulo : CETESB, 2013. 42 p. (Série Manuais CETESB) 2.ed.

ISBN 978-85-61405-54-0. Disponível em: https://cetesb.sp.gov.br/wp-content/uploads/2015/06/manual-controle-ecotoxicologico-2013.pdf. Acesso em out. 2022.

BLETSOU, A.A.; JEON, J.; HOLLENDER J.; ARCHONTAKI, E.; THOMAIDIS, N.S. Targeted and non-targeted liquid chromatography-mass spectrometric workflows for identification of transformation products of emerging pollutants in the aquatic environment. **Trends in Analytical Chemistry**, v.66, p.32-44, 2015.

BRASIL. Ministério do Meio Ambiente. CONAMA. Resolução nº 357, de 17 de março de 2005. **Dispõe sobre a classificação dos corpos de água e diretrizes ambientais para o seu enquadramento, bem como estabelece as condições e padrões de lançamento de efluentes, e dá outras providências.** Disponível em: https://cetesb.sp.gov.br/aguas-interiores/wp-content/uploads/sites/12/2018/01/RESOLU%C3%87%C3%83O-No-357-DE-17-DE-MAR%C3%87O-DE-2005.pdf Acesso em out. 2022.

BRASIL. Ministério do Meio Ambiente. CONAMA. Resolução nº 430, de 13 de maio de 2011 **Dispõe sobre as condições e padrões de lançamento de efluentes, complementa e altera a Resolução no 357, de 17 de março de 2005, do Conselho Nacional do Meio Ambiente – CONAMA.**https://cetesb.sp.gov.br/aguas-interiores/legislacao/resolucao-no-430-de-13-de-maio-de-2011/ Acesso em out. 2022.

BULICH, A.A., GREENE, M.W.; ISENBERG, D.L., Reliability of the bacterial luminescence assay for determination of the toxicity of pure compounds and complex effluents. In D. R. Branson and K. L. Dickson (eds.), **Aquatic Toxicology and Hazard Assessment: 4th conference**. ASTM STP 737, American Society for Testing and Materials, pp. 338-347, 1981.

BURGESS, R.M. **Guidelines for Using Passive Samplers to Monitor Organic Contaminants at Superfund Sediment Sites.** U.S. Environmental Protection Agency, Washington, DC, EPA/600/R-11/115, 2012.

BUSS, D.F.; BAPTISTA, D.F.; NESSIMIAN, J.L. Bases conceituais para a aplicação de biomonitoramento em programas de avaliação da qualidade da água de rios. **Cadernos de Saúde Pública**. Rio de Janeiro, 19(2): 465-473, mar-abr, 2003. 10.1590/S0102-311X2003000200013.

BUSS, D.F.; ROQUE, F.O.; SONODA, K.C.; MEDINA JR, P.B.; STEFANES, M.; IMBIMBO, H.R.V.; KUHLMANN, M.L.; LAMPARELLI, M.C.; OLIVEIRA, L.O.; MOLLOZZI, J., CAMPOS, M.C.S.; JUNQUEIRA, M.V.; LIGEIRO, R.; MOULTON, T.P.; HAMADA, N.; MUGNAI, BAPTISTA, D.F. Macroinvertebrados Aquáticos como Bioindicadores no Processo de Licenciamento Ambiental no Brasil. **Biodiversidade Brasileira,** 6(1): 100-113, 2016. Acesso: http://www.icmbio.gov.br/revistaeletronica/index.php/BioBR/article/view/535/458.

CARVALHO, M. do C. **Comunidade Fitoplanctônica como Instrumento de Biomonitoramento de Reservatórios no Estado de São Paulo.** Tese de Doutorado. Faculdade de Saúde Pública – USP. 130p.+ anexos. 2003. Disponível em: https://teses.usp.br/teses/disponiveis/6/6134/tde-10102006-073333/pt-br.php Acesso em out. 2022

CAS REGISTRY – American Chemical Society. Acesso: http://www.cas.org . Acesso em out./2022

CASSEMIRO, K.M.S.M., BURLANDY, F.M., BARBOSA, M.R.F., CHEN, Q., JORBA, J., HACHICH, E.M., SATO, M.I.Z., BURNS, C., DA SILVA, E.E. Molecular and Phenotypic Characterization of a Highly Evolved Type 2 Vaccine-Derived Poliovirus Isolated from Seawater in Brazil, 2014. **PLoS ONE** 11(3), e0152251, 2016. 677.https://doi.org/10.1371/journal.pone.0152251.

CETESB. **Qualidade das águas subterrâneas no estado de São Paulo 2016-2018**. CETESB, São Paulo, Brasil, 2019.

CETESB (São Paulo), **Qualidade das águas interiores no estado de São Paulo 2019** [recurso eletrônico]/ – São Paulo : CETESB, 2020. Disponível em: https://cetesb.sp.gov.br/aguas-interiores/wp-content/uploads/sites/12/2020/09/Relatorio-da-Qualidade-das-Aguas-Interiores-no-Estado-de-Sao-Paulo-2019.pdf ISBN 978-65-5577-011-7 Acesso em 24/10/2022.

CHRIST, A.P.G.; RAMOS, S.R.; CAYÔ, R.; GALES, A.C.; HACHICH, E.M.; SATO,M.I.Z. Characterization of Enterococcus species isolated from marine recreational waters by MALDI-TOF MS and Rapid ID API® 20 Strep system. **Marine Pollution Bulletin**, 118: 376-381, 2017.

CORSO P.S., KRAMER M.H., BLAIR K.A., ADDISS D.G., DAVIS J.P., HADDIX A.C. Cost of Illness in the 1993 Waterborne *Cryptosporidium* Outbreak, Milwaukee, Wisconsin. **Emerg. Infect. Dis.** 9, p. 426-431, 2003. doi: 10.3201/eid0904.020417

CRIBB, J. **Earth Detox – How and why must clean our planet.** Cambridge University Press, Cambridge, 2021. 330 p. ISBN-10 1108931081

DE FARIA, M.F.; GUERRINI, I.A.; OLIVEIRA, F.C. ; SATO, M.I.Z. ; HACHICH, ELAYSE M.; PASSOS, J.R.S. ; GOULART, L.M. L. ; SILVA, T.T. S. ; GAVA, J.L. ; FURCHES, J.C. ; JAMES, J.N. ; HARRISON, R.B. . Persistence of spp. Ova in Tropical Soil Cultivated with Eucalyptus and Fertilized with Municipal Biosolids. **Journal of Environmental Quality,** v. X, p. 1-6, 2017.

DE FARIA, M.F.; GUERRINI, I.A.; OLIVEIRA, F.C.; SATO, M.I.Z.; PASSOS, J.R.S.; JAMES, J.N.; HARRISON, R.B. Survival of thermotolerant coliforms in municipal biosolids after application in tropical soil cultivated with Eucalyptus. **Journal of Environmental Management**, v. 274, p. 111116, 2020

EEA, 2018, **European waters – Assessment of status and pressures 2018.** EEA Report, 7/2018, European Environment Agency. Luxembourg: Publications

Office of the European Union. 2018. 85p. ISBN: 978-92-9213-947-6 doi: 10.2800/303664 Disponível em: https://www.eea.europa.eu/publications/state--of-water Acesso em: out. 2022

FERNANDES, F. H. **Potencial toxicogenômico e carcinogênico de efluentes da indústria têxtil e dos corantes Disperse Red 1 e Disperse Blue 291 em roedores**. 2016. Tese (Doutorado em Ciências Biológicas, Genética), Instituto de Biociências de Botucatu, Universidade Estadual Paulista Júlio de Mesquita Filho, Botucatu, 2016.

FERRAZ, E. R. A. **Avaliação da eficiência do tratamento com fotoeletrocatálise e cloração convencional na remoção dos corantes Disperse Orange 1, Disperse Red 1 e Disperse Red 13 de amostras aquosas utilizando o teste de mutagenicidade com *Salmonella* e ensaio do cometa**. 2009. Tese (Doutorado em Toxicologia), Faculdade de Ciências Farmacêuticas de Ribeirão Preto, Universidade de São Paulo, Ribeirão Preto, 2009.

GALVANI, A.T.; CHRIST, A.P.G.; PADULA, J. A.; BARBOSA, M.R.F.; DE ARAÚJO, R.S.;SATO, M.I.Z.; RAZZOLINI, M.T.P. Real-time PCR detection of Toxoplasma gondii in surface water samples in São Paulo, Brazil. **Parasitology Research,** 118: 631-640, 2019.

GBD Diarrhoeal Diseases Collaborators. Estimates of global, regional, and national morbidity, mortality, and aetiologies of diarrhoeal diseases: a systematic analysis for the Global Burden of Disease Study 2015. **Lancet Infect Dis.,** v. 17. n. 9, p. 909-948, 2017. doi: 10.1016/S1473-3099(17)30276-1

HACHICH, E.M. ; GALVANI, A.T. ; PADULA, J. A. ; STOPPE, N.C.; GARCIA, S. C.; BONANNO, V.M. S.; BARBOSA, M.R. F. ; SATO, M.I.Z. Pathogenic parasites and enteroviruses in wastewater: support for a regulation on water reuse. **Water Science and Technology,** v. 67, p. 1512, 2013.

HACHICH, E. M. ; OLIVEIRA, F. C.; GUERRINI, I. A. ; SATO, M.I.Z. ; DE FARIA, M.F.; HARRISON, R.B. A Resolução CONAMA 375/2006, a densidade de agentes patogênicos no lodo de esgoto sanitário e os solos agrícolas: uma relação produtiva ou restritiva.. **Saneas (São Paulo),** v. 21, p. 41-44-44, 2017.

HEALTH CANADA. **GUIDANCE ON WATERBORNE PATHOGENS IN DRINKING WATER**. ISBN: 978-0-660-44488-8. 2022. https://www.canada.ca/content/dam/hc-sc/documents/services/environmental-workplace-health/reports-publications/water-quality/guidance-waterborne-pathogens-drinking--water/guidance-waterborne-pathogens-drinking-water.pdf

KAHLER, A,M, MATTIOLI, M.C., DA SILVA, A.J., HILL, V. Detection of *Cyclospora cayetanensis* in produce irrigation and wash water using large-volume sampling techniques. **Food and Waterborne Parasitology.** Vol. 22, March 2021, e00110

KUHLMANN, M.L., FORNASARO, G.J., IMBIMBO, H.R.V., OGURA, L.L. **Protocolo para o Biomonitoramento com as Comunidades Bentônicas de**

Rios e Reservatórios do Estado de São Paulo. 113 p. 2012. ISBN 978-85-61405-37-3 Disponível em: https://cetesb.sp.gov.br/aguas-interiores/wp-content/uploads/sites/12/2013/11/protocolo-biomonitoramento-2012.pdf Acesso em 24/10/2022.

KUHLMANN, M.L.; WATANABE, H.M.; BRANDIMARTE, A.L.; ANAYA, M.; GUERESCHI, R.M. Developing a protocol for the use of benthic invertebrates in São Paulo State's Reservoirs biomonitoring I habitat, sampling period, mesh size and taxonomic level. São Paulo, **Acta Limnol. Bras.,** v. 17, n. 2, p.143-153. 2005. Disponível em: http://www.ablimno.org.br/acta/pdf/acta_limnologica_contents1702E_files/Acta17(2)_04.pdf

KUNO, R. **Valores de referência para chumbo, cádmio e mercúrio em população adulta da Região Metropolitana de São Paulo**. 2009. Tese (Doutorado em Medicina Preventiva) – Faculdade de Medicina, Universidade de São Paulo, São Paulo, 2009.

KUNO, R.; ROQUETTI, M.H.; BECKER, K.; SEIWERT, M.; GOUVEIA, N. Reference values for lead, cadmium and mercury in the blood of adults from the metropolitan area of São Paulo, Brazil. **International Journal of Hygiene and Environmental Health**, v. 216, p. 243-249, 2013.

LOEB, K.R.; LOEB, L.A. Significance of multiple mutations in cancer. **Carcinogenesis**, v.21, nº 3, p.379-385, 2000.

LOHMANN, R.; MUIR, D.; ZENG, E.Y.; BAO, L.J.; ALLAN, I.J.; ARINAITWE, K.; BOOIJ, K.; HELM, P.; KASERZON, S.; MUELLER, J.F.; SHIBATA, Y.; SMEDES, F.; TSAPAKIS, M.; WONG, C.S.; YOU, J. Aquatic Global Passive Sampling (AQUA-GAPS) Revisited: First Steps toward a Network of Networks for Monitoring Organic Contaminants in the Aquatic Environment. **Environ. Sci. Technol.**, v.51, p.1060-1067, 2017.

MARQUES, E.; DA SILVA, E.E.; DOS SANTOS, V.M.; KEW, O.M.; MARTINS, M.T. Application of the polymerase chain reaction (PCR) to poliomyelitis surveillance through the analyses of sewage samples. **World J Microbiol Biotechnol**. 9(5):566-9, 1993. doi: 10.1007/BF00386295.

MARTINS, M.T.; SOARES, A.L.; MARQUES, M.; MOLINA, A.G. Human Enteric Viruses Isolated from Influents of Sewage Treatment Plants in S. Paulo, Brazil. **Water Sci Technol**, v. 15 (5): 69-73, 1983. doi: 10.2166/wst.1983.0041.

MIÈGE, C.; MAZZELA, N.; ALLAN, I.; DULIO, V.; SMEDES, F.; TIXIER, C.; VERMEIRSSEN, E.; BRANT, J.; O'TOOLE, S.; BUDZINSKI, H.; GHESTEM, J.P.; STAUB, P.F.; LARDY-FOTAN, S.; GONZALES, J.L.; COQUERY, M.; VRANA, B. Position paper on passive sampling techniques for the monitoring of contaminants in the aquatic environment – Achievements to date and perspectives. **Analytical Chemistry,** v.8, p.20-26, 2015.

NAIDU, R.; BISWAS, B.; WILLET, I.R.; CRIBB, J.; SINGH B.K.; NATHANAIL, C.P.; COULON, F.; SEMPLE, K.T.; JONES, K.C.; BARCLAY, A.; AITKEN, R.J.

Chemical Pollution: A growing peril and potential castrophic risk to humanity. **Environment International**, v.156, 106616. 2021.

OLIVEIRA, D. P. **Corantes como importante classe de contaminantes ambientais**. 2005. Tese (Doutorado em Toxicologia e Análises Toxicológicas). Faculdade de Ciências Farmacêuticas, Universidade de São Paulo. São Paulo, 2005.

OLIVEIRA, G. A. R.. **Comparação da eficiência do tratamento por fotocatálise em relação a cloração química convencional na redução da mutagenicidade de azo corantes empregando o ensaio de micronúcleos.** 2010. Dissertação (Mestrado em Toxicologia). Faculdade de Ciências Farmacêuticas, Universidade de São Paulo. São Paulo, 2010.

PARRON, L.M.; MUNIZ, D.H. de F.; PEREIRA, C.M. **Manual de procedimentos de amostragem e análise físico-química de água.** Colombo: Embrapa Florestas, 67 p., 2011.

PRADO, T.; BARBOSA, M.R.F.; ARAÚJO, R.S.; GARCIA, S.C..; MELO, A.J.; GALVANI, A.T.; BRANDÃO, C.J.; SILVA, R.L.O.; SATO, M.I.Z. Hepatitis A Outbreaks and Environmental Circulation of Genotype IA Strains in the São Paulo City, 2017-2018. **Food and Environmental Virology,** 13: 520-527, 2021. doi:10.1007/s12560-021-09497-7.

PRADO, T.; DE CASTRO, B.A.; BARBOSA, M.R.F.; GARCIA, S.C.; MORENO, L.Z.; SATO, M.I.Z. Noroviruses in raw sewage, secondary effluents and reclaimed water produced by sand-anthracite filters and membrane bioreactor/reverse osmosis system. **Science of the Total Environment,** 646: 427-439, 2018.

QUINÁGLIA, G.A.; FRANÇA, D.D.; MARTINI, G.A.; TOFFOLI, F.F.; MODESTO, PACINI, R.; KUNO, R.; SATO, M.I.Z. Investigação da atividade estrogênica em águas subterrâneas do Estado de São Paulo. **Águas Subterrâneas (São Paulo)**, v. 31, p. 79-87, 2017.

RODRIGUES, G.A. **Comparação da eficiência do tratamento por fotocatálise em relação a cloração química convencional na redução da mutagenicidade de azo corantes empregando o ensaio de micronúcleos**. 2010. Dissertação (Mestrado em Toxicologia). Faculdade de Ciências Farmacêuticas, Universidade de São Paulo. São Paulo, 2010.

ROUBICEK, D.A.; RECH, C.M.; UMBUZEIRO, G.A. Mutagenicity as a parameter in surface water monitoring programs – opportunity for water quality improvement. **Environmental and Molecular Mutagenesis**, v. 61, p. 200-2011, 2020.

SÃO PAULO (Estado). Secretaria do Meio Ambiente. **Resolução SMA n.º 003, de 22 de fevereiro de 2000.** Dispõe sobre as relações que fixam a toxicidade permissível no controle ecotoxicológico de efluentes líquidos no estado de São Paulo. Diário Oficial [do] Estado de São Paulo, Poder Executivo, São Paulo, v. 110, n. 39, 25 fev. 2000. Seção 1, p. 24. Disponível em: https://www.infraestruturameioambiente.sp.gov.br/legislacao/2022/07/resolucao-sma-003-00/ Acesso em: out. 2022.

SÃO PAULO (Estado). Secretaria do Meio Ambiente. **Resolução SMA n.º 037, de 30 de agosto de 2006.** Dispõe sobre os requisitos dos laudos analíticos submetidos aos órgãos integrantes do Sistema Estadual de Administração da Qualidade Ambiental, Controle e Desenvolvimento do Meio Ambiente e Uso Adequado dos Recursos Naturais – SEAQUA. Diário Oficial [do] Estado de São Paulo, Poder Executivo, São Paulo, n. 166, 31 ago. 2006. Disponível em: https://www.infraestruturameioambiente.sp.gov.br/legislacao/2022/07/resolucao-sma-037-06/ Acesso em: out. 2022.

SÃO PAULO (Estado). Secretaria do Meio Ambiente. **Resolução SMA n.º 090, de 13 de novembro de 2012.** Regulamenta as exigências para os resultados analíticos, incluindo-se a amostragem, objetos de apreciação pelos órgãos integrantes do Sistema Estadual de Administração da Qualidade Ambiental, Controle e Desenvolvimento do Meio Ambiente e Uso Adequado dos Recursos Naturais – SEAQUA. Diário Oficial [do] Estado de São Paulo, Poder Executivo, São Paulo, 14 nov. 2012. Seção 1, p. 66-67. Disponível em: https://www.infraestruturameioambiente.sp.gov.br/legislacao/2022/07/resolucao-sma-090-12/ Acesso em: out. 2022.

SÃO PAULO (Estado). Secretaria do Meio Ambiente. **Resolução SMA n.º 100, de 17 de outubro de 2013.** Regulamenta as exigências para os resultados analíticos, incluindo-se a amostragem, objetos de apreciação pelos órgãos integrantes do Sistema Estadual de Administração da Qualidade Ambiental, Controle e Desenvolvimento do Meio Ambiente e Uso Adequado dos Recursos Naturais – SEAQUA. Diário Oficial [do] Estado de São Paulo, Poder Executivo, São Paulo, 22 out. 2013. Seção 1, p. 41. Disponível em: https://www.infraestruturameioambiente.sp.gov.br/legislacao/2022/07/resolucao-sma-100-13/ Acesso em: out. 2022.

SATO, M. I. Z.; NARDOCCI, A. C.; HACHICH, E. M.; GONZALEZ, M. I. J. N.; LAURETTO, M. S. Avaliação de Risco por Enterovírus na Aplicação de Lodo de Esgoto na Agricultura. In: VII Simpósio Interamericano de Biossólidos, 2010, Campinas. **Anais do VII Simpósio Interamericano de Biossólidos**. Campinas: Infobios&Agroblue, 2010.

SATO, M.I.Z.; GALVANI, A.T.; PADULA, J.A.; NARDOCCI, A.C,; LAURETTO, M.S.; RAZZOLINI, M.T.P.; HACHICH, E.M. Assessing the infection risk of Giardia and *Cryptosporidium* in public drinking water delivered by surface water systems in Sao Paulo State, Brazil. **Science of the Total Environment.** 442 : 389-396, 2013.

TAMBINI, G; ANDRUS, J.K.; MARQUES, E.; BOSHELL, J.; PALLANSCH, M., DE QUADROS, G. A, OLEN K.O. Direct Detection of Wild Poliovirus Circulation by Stool Surveys of Healthy Children and Analysis of Community Wastewater. **The Journal of Infectious Diseases**, v.168 (6): 1510-1514, 1993.

TOMINAGA, M.Y.; SILVA, C.R.; MELO, J.P.; PLASCAK, D.; SOUZA, C.A.M.; SATO, M.I.Z. PCDD, PCDF, dl-PCB and organochlorine pesticides monitoring in São

Paulo city using passive air sampler as part of the Global Monitoring Plan. **Science of the Total Environment**, v.571, p. 323-331, 2016.

UMBUZEIRO, G.A.; ROUBICEK, D.A.; RECH, C. M.; SATO, M.I.Z.; CLAXTON, L.D. Investigating the sources of the mutagenic activity found in a river using the Salmonella assay and different water extraction procedures. **Chemosphere**, v. 54, p. 1589-1597, 2004.

UMBUZEIRO, G.A.; ROUBICEK, D.A.; SANCHEZ, P.S.; SATO, M.I.Z. The Salmonella mutagenicity assay in a surface water quality monitoring program based on a 20-year survey. **Mutation Research. Genetic Toxicology and Environmental Mutagenesis**, v. 491, p. 119-126, 2001.

USEPA. **Drinking Water; National Primary Drinking Water Regulations: Disinfection; Turbidity, *Giardia lamblia*, Viruses, *Legionella*, and Heterotrophic Bacteria; Final Rule**. 54 FR 27486, June 29, 1989.

USEPA. Method 1623: ***Cryptosporidium* and *Giardia* in Water by Filtration/ IMS/FA.** United States Environmental Protection, Office of Water 4603, Agency EPA-821-R-01-025, April 2001.

USEPA. *Environmental regulations and technology: Control of pathogens and vector attraction in sewage sludge*. EPA/625/R-92/013. Washington, DC. 2003.

VACCHI, F. I. **Eco/genotixicidade do corante comercial CI Disperse Red 1 e seus subprodutos clorados**. 2012. Dissertação (Mestrado em Tecnologia e Inovação). Faculdade de Tecnologia, Universidade Estadual de Campinas, Campinas, 2012.

VACCHI, F. I. **Ocorrência, genotoxicidade e risco ecotoxicológico de corantes no ambiente aquático**. 2016. Tese (Doutorado em Toxicologia). Faculdade de Ciências Farmacêuticas, Universidade de São Paulo. São Paulo, 2016.

WHO. **Health guidelines for the use of wastewater in agriculture and aquaculture**. Technical Report 778, 1989. ISBN 9241207787. https://apps.who.int/iris/handle/10665/39401

WHO. **World health statistics 2018: monitoring health for the SDGs, sustainable development goals.** ISBN 978-92-4-156558-5. © World Health Organization 2018 – https://www.who.int/gho/publications/world_health_statistics/2018/en/

ZAGATTO, P.A.; LORENZETTI, M.L.; LAMPARELLI, M.C.; SALVADOR, M.E.P.; MENEGON, Jr., N.; BERTOLETTI, E. 1999. Aperfeiçoamento de um índice de qualidade de águas. **Acta Limnologica Brasiliensia**, 11(2): 111-126, 1999. Disponível em: https://app.periodikos.com.br/journal/alb/search?q=+P.+A.+ZAGATTO Acesso em 24/10/2022.

ZAGATTO, P.A.; BERTOLETTI, E. (ed.) **Ecotoxicologia aquática. Princípios e aplicações.** São Carlos; Rima. 2.ed. 2008. 472p. ISBN-10. 8576561360

30. FISCALIZAÇÃO, PERÍCIA E AUDITORIA COMO FERRAMENTAS DE GESTÃO AMBIENTAL

CARLOS ROBERTO DOS SANTOS

Introdução

Atualmente, as ferramentas de gestão ambiental são adotadas pelas organizações com o objetivo de se obter maior competitividade, além de garantir que os processos produtivos e produtos causem menor poluição e menor degradação ao ambiente.

Pode-se destacar três principais ferramentas de avaliação, utilizadas na gestão ambiental sistemática e organizada: fiscalização, perícia e auditoria ambiental.

A fiscalização ambiental surgiu como um dos instrumentos importantes para a efetivação das políticas ambientais e apoia-se em conjunto de leis, decretos e normas que estabelecem as regras para a relação entre a sociedade e o meio ambiente, de forma a também garantir o direito de todos ao meio ambiente ecologicamente equilibrado, essencial à sadia qualidade de vida.

As ações de fiscalização envolvem desde o planejamento, o monitoramento e a ação direta de prevenção e repressão às irregularidades e atividades consideradas lesivas ao meio ambiente.

Na esfera federal, a atividade de fiscalização exercida pelo IBAMA – Instituto Brasileiro de Meio Ambiente objetiva garantir que os recursos naturais do país sejam explorados racionalmente, em consonância com as normas e regulamentos estabelecidos para a sua sustentabilidade, visando ainda diminuir impactos de origem antrópica sobre a natureza.

No estado de São Paulo, a CETESB – Companhia Ambiental do Estado de São Paulo é a agência do Governo do Estado responsável, de modo geral, pelo controle, fiscalização, monitoramento e licenciamento de atividades geradoras de poluição, com vistas à preservação e recuperação da qualidade das águas, do ar e do solo. (SMA, 2016).

Em São Paulo, ações operacionais de prevenção e repressão das infrações cometidas contra o meio ambiente, em temas específicos, também são executadas pela Polícia Militar Ambiental (PAmb), em parceria com a Coordenadoria de Fiscalização e Biodiversidade – CFB da atual Secretaria de Estado de Infraestrutura e Meio Ambiente – SIMA. (SMA, 2016).

A fiscalização, na verdade, é uma atividade imprescindível, paralela e de sustentação ao licenciamento ambiental. Suas atribuições consistem em desenvolver ações de controle e vigilância destinadas a impedir o estabelecimento ou a continuidade de atividades consideradas lesivas ao meio ambiente, ou ainda, daquelas realizadas em desconformidade com o que foi autorizado previamente.

O chamado "fiscal ambiental" segue regras operacionais inerentes à atuação dos servidores públicos da instituição que representa e, em caso de impedimento à ação de fiscalização do Órgão Ambiental, por parte dos responsáveis pela atividade fiscalizada, o agente fiscal pode se fazer acompanhar de força policial para o exercício de suas atribuições.

O agente de fiscalização é credenciado, com base em condicionantes pré-determinadas e, portanto, competente por constatar e, posteriormente, autuar a eventual infração administrativa, impondo o cumprimento da sanção com o fito de cumprir a legislação ambiental violada.

O inciso XIII do artigo 6º, do regulamento da Lei nº 997/1976, aprovado pelo Decreto Estadual nº 8.468/1976, traz como uma das atribuições do Órgão Ambiental paulista o exercício da fiscalização e aplicação das penalidades previstas neste Regulamento. (ALESP, 1976).

No estado de São Paulo, o artigo nº 77 do mesmo regulamento (ALESP, 1976) reza que no exercício da ação fiscalizadora, ficam asseguradas aos agentes credenciados na CETESB a entrada, a qualquer dia ou hora, e a permanência pelo tempo que se tornar necessário, em estabelecimentos públicos ou privados. Do mesmo modo, no artigo nº 78, está previsto que, aos agentes credenciados de fiscalização compete:

I – Efetuar vistorias em geral, levantamentos e avaliações.

II – Verificar a ocorrência de infrações e propor as respectivas penalidades.

III – Lavrar de imediato o auto de inspeção, fornecendo cópia ao interessado.

IV – Intimar por escrito as entidades poluidoras, ou potencialmente poluidoras, a prestarem esclarecimentos em local e data previamente fixados.

A Lei Complementar – LC nº 140, de 08 de dezembro de 2011, e das diversas implicações por ela trazidas às atribuições dos órgãos ambientais e à forma de conduzir o seu poder de polícia ambiental, trouxe o melhor conhecimento dos limites de atuação de cada ente federativo, na tentativa de se evitar a indesejada sobreposição das atividades, fortalecendo, contudo, o exercício da competência comum de fiscalizar as condutas lesivas ao meio ambiente. (BRASIL, 2011).

A política de descentralização do licenciamento ambiental das atividades caracterizadas como de impacto local, impõe que os municípios que realizam o licenciamento devem dispor de um sistema de monitoramento e fiscalização ambiental, que garanta o cumprimento das exigências e condicionantes das licenças expedidas.

Em outra vertente dos processos de avaliação, surge a perícia ambiental, que é considerada uma atividade realizada por profissional especialista, legalmente habilitado, cujo principal objetivo é verificar ou esclarecer determinado fato. (SAROLDI, 2009).

Trata-se de um exame de natureza especializada no sentido de concretizar uma prova e apurar a verdade, oferecendo elementos para efeito de julgamento pela justiça.

Sendo assim, pode-se evidenciar pontos característicos da perícia ambiental:

I – Caracterização, mensuração e valoração de um dano ambiental ocorrido.

II – Busca pela reparação do dano.

III – Vistoria ou exame de caráter técnico e especializado (focada em um ato).

IV – Meio de prova.

V – Perito é o auxiliar da justiça.

VI – Base em quesitos específicos requisitados por quem vai tomar a decisão.

VII – Foco em ato consumado.

VIII – Ação investigativa.

IX – Manifestação através de laudo.

X – Aponta responsáveis pela ocorrência.

As perícias ambientais são obrigatórias e, normalmente estão atreladas a alguma ação judicial, litígio ou disputa. Podem ser solicitadas por um juiz, promotor de justiça ou até mesmo por uma das partes interessadas.

São realizadas por especialistas denominados peritos. Neste caso, exige-se formação em nível universitário completo e certidão do órgão profissional em que estiverem inscritos.

Eventuais recusas, pelos indicados, para a realização das perícias, precisam ser bem justificadas e registradas.

As perícias são documentadas por meio de um laudo pericial, que normalmente é redigido de forma a responder aos quesitos formulados e se baseiam em informações do processo e respondem aos quesitos específicos. O laudo pericial é o resultado da perícia expressado com conclusões escritas e devidamente fundamentadas, por respostas objetivas aos quesitos. Neste ato, o perito aponta fatos, circunstâncias e princípios, emitindo seu parecer especializado acerca da matéria submetida ao seu exame.

Na prática, o laudo pericial é composto por cinco partes: preâmbulo ou introdução, histórico e análise dos autos, vistoria, respostas aos quesitos, conclusões e encerramento. (SAROLDI, 2009).

Como terceira ferramenta, as auditorias ambientais começaram a ser conduzidas, nos países desenvolvidos, na década de 1970. Com a ocorrência de impactos ambientais adversos, algumas companhias privadas sentiram-se na obrigação de inspecionar suas unidades industriais, no sentido de implementar programas de controle de risco e avaliar o potencial de ocorrência de acidentes ambientais. Como consequência, em 1972, surgiram os primeiros programas oficialmente chamados de Auditoria Ambiental.

As maiores exigências, no que diz respeito aos assuntos relativos ao meio ambiente, quer sejam em termos de complexidade quer sejam em termos de abrangência, resultaram na adoção mais ampla de instrumentos que procuraram assegurar as conformidades em termos de legislação. Já no final da década de 1970, apenas nos Estados Unidos da América mais de cento e cinquenta grandes empresas já possuíam um sistema interno de auditoria ambiental.

Nessa época, a auditoria ambiental passou a ser oficialmente considerada como uma ferramenta de acompanhamento a fiscalização. Em outubro de 1979, a USEPA – *United States Environmental Protection Agency*, a agência ambiental dos Estados Unidos da América, editou uma diretiva permitindo que "auditores ambientais" de entidades externas e independentes conduzissem inspeções, amostragens e análises nas empresas, comunicando os resultados aos organismos de governo.

A rápida expansão das leis de proteção ao meio ambiente nas últimas décadas, assim como as exigências de seguradoras e órgãos de financiamento, no que se refere aos passivos ambientais e ao próprio aumento da atenção da opinião pública, motivaram a realização de auditorias em grande escala.

Foi em 1986 que a agência de proteção ambiental americana emitiu sua *Declaração de Princípios de Auditoria Ambiental*, determinando a realização de auditorias ambientais como condição em pedidos de concessão de licenças ambientais.

Surgiram então normas de gestão ambiental de alcance internacional, nas quais, como uma de suas componentes, estão incluídas as normas de auditoria ambiental, dentre as quais destacam-se:

I – Carta Empresarial para o Desenvolvimento Sustentável da Câmara de Comércio Internacional (ICC).

II – Normas Britânicas – BS 7750.

III – EMAS – Comunidade Europeia – Princípios de Eco Gestão e Auditorias Ambientais.

IV – Normas ISO da série 14.000.

A auditoria passou, então, a ser reconhecida como uma ferramenta que auxilia no gerenciamento e na comunicação do desempenho de uma organização.

A USEPA, em publicação de julho de 1986, sobre Auditoria Ambiental, a define como "qualquer avaliação sistemática, documentada, periódica e objetiva, realizada por uma empresa ou entidade credenciada, dos procedimentos e práticas operacionais numa instalação relativa ao cumprimento das exigências legais pertinentes".

Para a série de normas internacionais ISO 14.000, a auditoria ambiental foi definida como "um processo de avaliação sistemático e documentado que visa obter e avaliar objetivamente as evidências que determinam se as atividades específicas, acontecimentos, condições e sistemas de gestão relativos ao meio ambiente, ou informações sobre essas questões, estão em conformidade com os critérios de auditoria e comunicar os resultados desse processo ao cliente". (ABNT, 2018).

Em 2002, o Canadá promoveu o avanço em direção da harmonização das Normas de Gestão da Qualidade e Ambiental, visando atender aos setores produtivos que reivindicavam regra única para a implantação de Sistemas de Qualidade e Ambiental.

Em 15 de agosto de 2003, a Portaria nº 319, do Ministério do Meio Ambiente, estabeleceu requisitos mínimos quanto ao credenciamento, registro, certificação, qualificação, habilitação, experiência e treinamento profissional de auditores ambientais para execução de auditorias ambientais afetos aos portos organizados, instalações portuárias, plataformas e suas instalações de apoio, dutos e refinarias, conforme disposto na Resolução CONAMA nº 306, de 5 de julho de 2002. (BRASIL, 2003).

A norma internacional ISO 19.011, por sua vez, passou a oferecer orientações para a Gestão de Programas de Auditorias, a condução de auditorias internas e externas de Sistemas de Gestão da Qualidade e Ambiental, bem como avaliar a competência dos auditores. Ela juntou em uma única norma todas as normas de auditoria da qualidade, normas ISO 10.010 partes 1, 2 e 3 e aquelas de cunho especificamente ambiental, as ISO 14.010, 14.011 e 14.012. (ABNT, 2018).

As normas Internacionais das séries ISO 9000 e ISO 14000 enfatizam a importância das auditorias como ferramenta de gestão utilizadas no monitoramento e verificação da implementação efetiva das políticas da qualidade ou ambientais de uma Organização, sendo exigidas, como requisito básico para a manutenção da certificação. (ABNT, 2015a, b).

A auditoria caracteriza-se basicamente por:

I – Averiguar preventivamente.

II – Prover exame analítico que segue o desenvolvimento das operações durante todo o ciclo.

III – Tomar como base requisitos de normas.
IV – Avaliar riscos.
V – Agir por amostragem.
VI – Apontar conformidades ou não conformidades.
VII – Recomendar melhorias.
VIII – Considerar informações existentes.

De forma geral, as auditorias não são obrigatórias e são feitas, rotineiramente, de forma voluntária. Em algumas situações, podem ser usadas como uma ferramenta de gestão para melhorar o desempenho ambiental ou sistema de gestão de uma Organização.

Para tornar-se um auditor, faz-se necessário a realização de cursos, comprovação de conhecimentos e habilidades, mas, a norma específica ISO 19011 não traz a obrigatoriedade de formação de nível superior. Entretanto, no Brasil, foi orientada a questão da formação, instituindo-se a necessidade da formação superior completa.

O auditor é um profissional contratado e remunerado para realizar a auditoria, sendo que o cliente pode ser a própria empresa ou uma empresa interessada em conhecer as não conformidades e passivos de outra empresa para eventual aquisição. (ABNT, 2003).

Quanto aos relatórios de auditoria, não há modelo pré-definido, a não ser que o cliente o exija. É comum o uso de fotos para auxiliar na explicação das não conformidades e quanto a roteiro específico, as auditorias, normalmente, dispõem de questionários, *checklists*, protocolos de legislação, mas, nenhum instrumento é obrigatório.

No processo de auditoria, são averiguados os requisitos normativos constantes do documento de referência, que é a norma internacional ISO 14001.

Nas auditorias ambientais são verificados itens relativos à política ambiental, prevenção a poluição, objetivos e metas ambientais, cumprimento a legislação atinente ao seu processo, aspectos e impactos ambientais significativos.

A Tabela 1 apresenta exemplos simplificados de atividades, aspectos e impactos ambientais correlacionados.

Tabela 1 – **Exemplos de atividades e correspondentes aspectos e impactos ambientais.**

ATIVIDADE	ASPECTO AMBIENTAL	IMPACTO AMBIENTAL
Manuseio de produtos perigosos	Risco de vazamento e acidente	Contaminação do solo e da água
Manutenção de veículos automotores a combustão interna	Emissões de gases pelo escapamento	Poluição do ar

Outra questão advinda da aplicação da norma de gestão ambiental foi a averiguação sistemática do cumprimento à legislação ambiental aplicada a atividade da organização auditada. Neste caso, a Organização auditada deve estabelecer e manter procedimentos para identificar e ter acesso à legislação ambiental e outros requisitos.

A auditoria ambiental sempre se baliza nas medições, monitoramento e avaliação de desempenho, obrigatoriamente, executados pela organização auditada, tendo como principal vantagem, agir de forma preventiva evitando-se, assim, danos ambientais decorrentes de operações inadequadas.

Fornece ainda uma garantia aos executivos da organização quanto à conformidade com relação às exigências legais e procedimentos internos de uma boa prática de gerenciamento da organização, avalia os potenciais de passivos ambientais, demonstra às partes interessadas, aí incluídos os acionistas, que o gerenciamento efetivo das obrigações ambientais da tal Organização é realizado.

1. Desenvolvimento ao longo do tempo

O processo de fiscalização, como um todo, ganhou em qualidade com a utilização de novas tecnologias, como o sensoriamento remoto, imagens de satélites, localização georreferenciada e sensores aerotransportados pois, agora, as ações são planejadas com antecedência e direcionadas aos locais detectados por esses instrumentos. Com isso, passou-se à política de fiscalização mais educativa e menos punitiva.

Etapa sequente a fase do comando e controle, surgiram as auditorias ambientais, com base em requisitos normativos pré-fixados. A norma de referência trouxe diretrizes capazes de proporcionar a avaliação sistemática de aspectos e impactos decorrentes da operação nas organizações.

Em meio a essa evolução, fora resgatada a perícia ambiental, como forma objetiva de avaliação de eventuais fatos consumados, com características investigativas para a confirmação de eventual dano, responsabilidade objetiva, quantificação e custos de recuperação.

2. Resultados

Tanto a literatura especializada, quanto a prática operacional, demonstram a importância da aplicação e manutenção das ferramentas de gestão disponibilizadas ao longo dos últimos trinta anos.

A fiscalização ambiental ainda se apresenta como ferramenta necessária, perene e obrigatória, no cumprimento da legislação ambiental afeta a região e tipo de atividade.

Se, porventura, o sistema ambiental se deparar com uma ocorrência fortuita, aplica-se a perícia ambiental para a caracterização e elucidação do caso.

A auditoria ambiental surgiu como ferramenta de cunho preventivo para a obtenção de evidências ligadas ao desempenho e aos aspectos ambientais da instituição, visando a avaliação do grau de conformidade destes com critérios definidos *a priori*.

É importante, portanto, que a auditoria ambiental seja sistemática, completa e detalhada, onde cada aspecto e área devem ser avaliadas segundo uma metodologia específica. Também deve ser plenamente documentada, de forma que os registros facilitem a resolução dos problemas encontrados e sirvam de base de comparação com auditorias futuras.

A periodicidade também é item mandatório e devem ser realizadas auditorias em intervalos regulares, buscando-se precisão científica.

3. Discussão

A escassez de recursos necessários para a fiscalização de todo o universo de empreendimentos, na maioria das vezes, inviabiliza a utilização da fiscalização como única ferramenta de gestão ambiental.

Desde meados de 1970, com a advento das primeiras normas ambientais no Brasil, as operações de comando-controle trouxeram a fiscalização ambiental como única ferramenta disponível para aferir o cumprimento dos requisitos normativos.

Se num primeiro momento a fiscalização trouxe benefícios e controle ambiental em regiões críticas, não se mostrou suficientemente eficaz para evitar reincidências ou corrigir problemas na sua origem.

Por sua vez, a perícia ambiental surgiu, em escala limitada, como ferramenta objetiva para a apuração de danos e responsabilidades decorrentes de acidentes e trouxe visão voltada à matriz de responsabilidades e na reparação do dano.

Em adição, o que se nota é que inúmeras organizações têm incluído programas de auditoria ambiental em seus relatórios anuais. Dessa forma, as auditorias ambientais passaram a significar uma vantagem nos negócios, pois melhoram a imagem pública da empresa, aumentam a conscientização e o entendimento dos riscos, reduzem a exposição de funcionários e da comunidade aos impactos ambientais provocados pelas atividades da companhia, melhoram as condições de conformidade com relação à legislação, reduzem os custos, por meio de uma operação eficiente e segura e, finalmente, diminuem a ocorrência de penalizações.

A auditoria ambiental é, portanto, reconhecida em todo mundo como uma ferramenta básica do sistema de gestão. Ela é amplamente utilizada para descrever uma série de procedimentos utilizados por organizações para a avaliação dos impactos ambientais provocados por suas atividades.

Conclusões

Na escala do tempo, as ferramentas de gestão se mostraram cada vez mais importantes no trato do bem comum. Não diferente, a área de meio ambiente foi beneficiada com a evolução dessas ferramentas.

Pode-se dizer que, nas últimas três décadas, a área ambiental experimentou o rigor do comando e controle, amparado pela fiscalização objetiva de parâmetros, que, uma vez extrapolados, culminaram com atuação na linha da correção imediata.

Em situações peculiares, a perícia ambiental foi acoplada como ferramenta investigativa para a composição das informações necessárias à atribuição de responsabilidades e reparação do dano.

Numa terceira etapa, atingiu-se a fase da avaliação de desempenho, monitoramento das variáveis de controle e cumprimento de objetivos e metas de forma planejada e preventiva, questões características da auditoria ambiental.

Fiscalização, perícia e auditoria ambiental são, portanto, reconhecidamente, ferramentas de gestão, distintas, pela natureza e aplicação, amplamente utilizadas para garantir o cumprimento do desempenho ambiental mínimo necessário.

Essas três ferramentas podem e deverão conviver harmoniosamente, de forma colaborativa, na área de meio ambiente.

Com o incremento da aplicação das práticas e metodologias relacionadas a ESG – *Environment, Social & Governance*, deverá ocorrer maior utilização das auditorias ambientais num futuro próximo.

Referências

ABNT; ISO. **NBR ISO 14015**: gestão ambiental: avaliação ambiental de locais e organizações (AALO). Rio de Janeiro, 2003.

ABNT; ISO. **NBR ISO 14001:** sistemas da gestão ambiental: requisitos com orientações para uso. Rio de Janeiro, 2015 a.

ABNT; ISO. **NBR ISO 9001**: sistemas da gestão da qualidade: requisitos. Rio de Janeiro, 2015 b.

ABNT; ISO. **NBR ISO 19011**: diretrizes para auditorias de sistema de gestão. Rio de Janeiro, 2018.

ALESP. Assembleia Legislativa do Estado de São Paulo. **Decreto nº 8.468** de 08 de setembro de 1976 – Aprova o Regulamento da Lei n.º 997, de 31 de maio de 1976, que dispõe sobre a prevenção e o controle da poluição do meio ambiente.

Disponível em: http://www.al.sp.gov.br/repositorio/legislacao/decreto/1976/decreto-8468-08.09.1976.html

BRASIL. Ministério do Meio Ambiente. Portaria nº 319, de 15 de agosto de 2003. Estabelece os requisitos mínimos quanto ao credenciamento, registro, certificação, qualificação, habilitação, experiência e treinamento profissional de auditores ambientais para execução de auditorias ambientais que especifica. **Diário Oficial da União:** República Federativa do Brasil, Poder Executivo, Brasília, DF, v. 140, n. 158, 18 ago. 2003. Seção 1, p. 83. Disponível em:

http://pesquisa.in.gov.br/imprensa/jsp/visualiza/index.jsp?data=18/08/2003&jornal=1&pagina=83&totalArquivos=328 . Acesso em: jul. 2021.

BRASIL. Presidência da República. Lei complementar nº 140 de 08 de dezembro de 2011. Fixa normas, nos termos dos incisos III, VI e VII do caput e do parágrafo único do art. 23 da Constituição Federal, para a cooperação entre a União, os Estados, o Distrito Federal e os Municípios nas ações administrativas decorrentes do exercício da competência comum relativas à proteção das paisagens naturais notáveis, à proteção do meio ambiente, ao combate à poluição em qualquer de suas formas e à preservação das florestas, da fauna e da flora; e altera a Lei nº 6.938, de

31 de agosto de 1981. **Diário Oficial da União:** República Federativa do Brasil, Poder Executivo, Brasília, DF, 09 dez. 2011. Disponível em: Lcp 140 (planalto.gov.br)

SÃO PAULO (Estado). Secretaria do Meio Ambiente. SMA – **Planos de Fiscalização Ambiental no âmbito da Coordenadoria de Fiscalização Ambiental.** Disponível em: https://www.infraestruturameioambiente.sp.gov.br/a-secretaria/coordenadorias/ Acesso em: jul. 2016.

SAROLDI, M. J. L. A. **Perícia Ambiental e suas Áreas de Atuação.** 1ª edição. Editora Lumen Juris. ISBN 9788537505359. 168 p. 2009.

31. GESTÃO DA QUALIDADE DAS ÁGUAS COSTEIRAS

Claudia Condé Lamparelli

Introdução

As águas costeiras são parte integrante da zona costeira, cujo conceito mais difundido a define como a interface onde ocorre a interação entre a terra e o oceano, mas seus limites são bastante variáveis nos documentos legais existentes. Por se tratar de uma região de transição e estar sujeita a flutuações ambientais, abriga ecossistemas sensíveis como manguezais e estuários. Assim, depreende-se que se trata de uma região bastante dinâmica e complexa em termos ambientais, seja do ponto de vista geomorfológico, de suas características físicas e químicas e da biota presente nos mesmos.

Não obstante, é uma área de alta produtividade e que provê uma série de serviços ecossistêmicos, como por exemplo, a proteção da costa. Para além dessas características, representa uma região do globo densamente ocupada, onde a maioria das grandes cidades do mundo está localizada e na qual as pressões antrópicas de diversas atividades econômicas são crescentes.

O Brasil, seguindo a tendência mundial da população em ocupar predominantemente áreas próximas ao litoral, e de acordo com o Censo Demográfico de 2010, apresenta cerca de 30% da população em municípios da zona costeira. Parte significativa dessa população está ocupada em atividades, direta ou indiretamente, ligada ao turismo, produção de petróleo e gás natural, pesca e serviços que atendem à dinâmica econômica gerada por esses municípios e outros próximos à zona costeira. (IBGE, 2011). Essa estreita faixa continental abrange 17 estados, e concentra 13 das 27 capitais brasileiras, algumas das quais, regiões metropolitanas, que são um indicador do alto nível de pressão antrópica a que seus recursos naturais estão submetidos. (MMA, 2010)

Para além de todas essas questões, no campo de regramento do uso dos recursos naturais, conflitos de competência dos vários níveis da Administração Ambiental são inevitáveis, porém ganham magnitude no gerenciamento costeiro, sobretudo pela confluência de bens e interesses que integram órbitas a dominialidade dos três entes federados (BENJAMIN, 2014).

Assim sendo, a gestão da qualidade das águas é complexa e deve, portanto, considerar todos esses aspectos e, no caso de seu monitoramento, se somam os desafios para as amostragens, assim como a representatividade de resultados, levando-se em conta o dinamismo desse ambiente e os diversos fatores intervenientes como correntes marinhas, frentes frias, marés, ondas etc. Avanços no campo dos diplomas legais e na avaliação da qualidade dessas águas tem contribuído sobremaneira para a conservação do ambiente marinho.

1. A Zona Costeira Brasileira

Os cerca de 10.800 quilômetros de costa atlântica colocam o Brasil entre os países com maiores áreas litorâneas do mundo. Essa abrangência latitudinal, com ampla variedade climática e geomorfológica, é um dos fatores principais que explicam a diversidade de espécies e de ecossistemas existentes ao longo do litoral brasileiro (MMA, 2010).

Em razão dessa grande extensão, o Brasil possui variados ambientes costeiros, com características físicas e bióticas diferentes, que interferem na gestão do uso e ocupação dessa região. Dentre os ambientes naturais mais importantes da zona costeira brasileira, destacam-se os manguezais que se estendem do Amapá à Santa Catarina; deltas, recifes, principalmente no Nordeste, além dos campos de dunas e as praias cuja extensão é uma das maiores do mundo (AB'SABER, 2005).

Os ecossistemas que compõem a zona costeira são responsáveis por ampla gama de "funções ecológicas", tais como a prevenção de inundações, a intrusão salina e da erosão costeira; a proteção contra tempestades; a reciclagem de nutrientes e substâncias poluidoras; e a provisão de *habitats* e recursos para uma variedade de espécies. Dentre os efeitos antrópicos mais significativos nessa zona, estão as atividades: portuária, petrolífera, química, aquicultura, pecuária, pesca, agricultura, turismo, desenvolvimento urbano, dentre outras, que, associada ao crescimento populacional, ocasionaram mudanças ambientais significativas (MMA, 2008).

2. Legislação pertinente à Zona Costeira e Instrumentos de Gestão

A zona costeira, segundo a Constituição Federal de 1988 (Art. 225), é patrimônio nacional e seu uso se dará por legislações específicas. Vários são os instrumentos legais que incidem sobre a zona costeira brasileira, tendo implicações na sua gestão ambiental. Eles podem ser de âmbito internacional, federal, estadual e municipal e englobam questões de qualidade ambiental e ordenamento do território em função dos usos previstos. A seguir são destacados alguns desses diplomas legais que contribuíram para essa gestão.

2.1. Convenção das Nações Unidas sobre o Direito do Mar (CNUDM)

Assinada em 10/02/1982, esta convenção internacional define os conceitos e estabelece os limites para assuntos marítimos que devem servir de orientação para os países costeiros (ONU,1982). Essa convenção foi ratificada pelo Brasil em 1988 e serviu de base para a legislação brasileira recente. Ela determina, dentre outras coisas, as características das cinco zonas marinhas definidas, conforme apresentado no Quadro 1 e na Figura 1:

QUADRO 1 – **Características das cinco zonas oceânicas definidas pela CNUDM.**

Zona	Extensão	Características legais
Mar territorial	Até 12 milhas náuticas a partir da costa ou linhas de base de cada país.	É considerada parte do território do país costeiro que tem soberania sobre esse espaço.
Zona Contígua	12 milhas adicionais a partir do mar territorial.	O país tem direito de controlar imigração, alfândega e poluição.
Zona Econômica Exclusiva	Estende-se até 200 milhas náuticas a partir da costa.	Direitos de soberania para fins de exploração e aproveitamento, conservação e gestão dos recursos naturais das águas sobrejacentes ao leito do mar, do leito do mar ao seu subsolo.

Plataforma Continental	Compreende o leito e o subsolo das áreas submarinas até a borda da margem continental. No mínimo 200 milhas náuticas até 350 milhas náuticas da costa.	O país tem direito sobre os recursos minerais dessa plataforma inclusive petróleo.
Mar aberto ou Alto mar	Zona marítima que se estende além das áreas de jurisdição nacional.	Águas Internacionais de uso comum.

Figura 1 – **Limites estabelecidos pela Convenção das Nações Unidas sobre o Direito do Mar.**

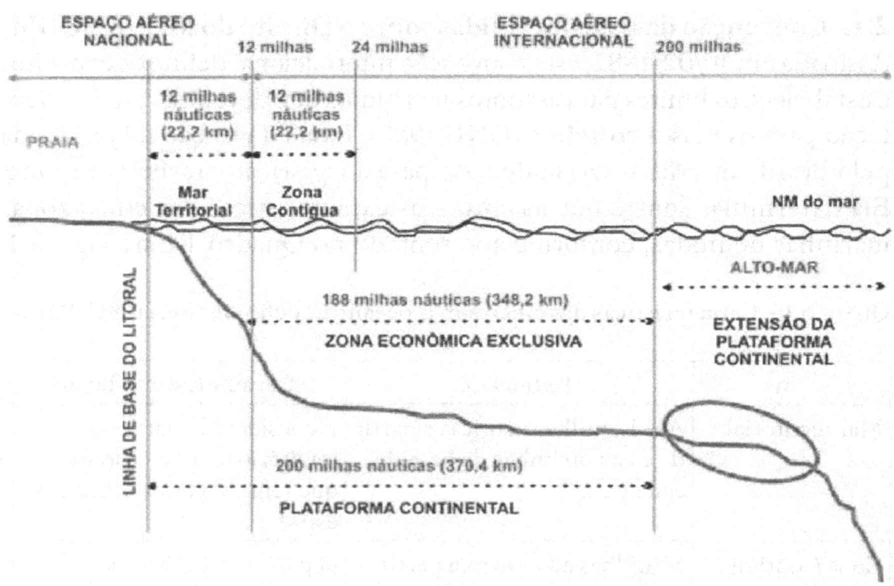

Fonte: IBGE, 2011.

Essa Convenção foi regulamentada pela Lei nº 8.617, de 1993, que dispõe sobre o mar territorial, a zona contígua, a zona econômica exclusiva e a plataforma continental brasileiros, e seus usos. Ela "nacionaliza" para o Estado brasileiro os termos da Convenção das Nações Unidas sobre o

Direito do Mar – CNUDM e delimita o nosso mar territorial a partir de uma linha de base reta, cujas coordenadas geográficas foram determinadas pelo Decreto Federal nº 8.400/2015.

2.2. Plano Nacional de Gerenciamento Costeiro (PNGC)

A Lei nº 7.661, de 1988, que dispõe sobre o gerenciamento costeiro no Brasil, define Zona Costeira como sendo "o espaço geográfico de interação do ar, do mar e da terra, incluindo seus recursos renováveis ou não, abrangendo uma faixa marítima e outra terrestre, que serão definidas pelo Plano". Nela é previsto o zoneamento de usos das diversas atividades na zona costeira, com prioridade à conservação e proteção, dentre outros, de recursos naturais, renováveis e não renováveis; recifes, parcéis e bancos de algas; ilhas costeiras e oceânicas; sistemas fluviais, estuarinos e lagunares, baías e enseadas; praias; promontórios, costões e grutas marinhas; restingas e dunas: florestas litorâneas, manguezais e pradarias submersas.

A regulamentação do PNGC foi feita pelo Decreto nº 5.300, de 2004, dispondo sobre regras de uso e ocupação da zona costeira e de gestão da orla marítima, estabelecendo as competências de cada órgão gestor nas três esferas de poder (federal, estadual e municipal). Nele são estabelecidos os limites da Zona Costeira correspondentes à faixa marítima e a faixa terrestre.

Faixa marítima: espaço que se estende por doze milhas náuticas, medido a partir das linhas de base, compreendendo, dessa forma, a totalidade do mar territorial;

Faixa terrestre: espaço compreendido pelos limites dos Municípios que sofrem influência direta dos fenômenos ocorrentes na zona costeira.

Com relação às praias, estabelece que são bens públicos de uso comum do povo, sendo assegurado, sempre, livre e franco acesso a elas e ao mar, em qualquer direção e sentido, ressalvados os trechos considerados de interesse da segurança nacional ou incluídos em áreas protegidas por legislação específica.

2.3. Plano Estadual de Gerenciamento Costeiro (PEGC)

A Lei nº 10.019/98, que dispõe sobre o gerenciamento costeiro no estado de São Paulo, define a zona costeira como: o espaço geográfico delimitado, na **área terrestre**, pelo divisor de águas de drenagem atlântica no território paulista e, **na área marinha,** até a isóbata de 23,6 metros representada nas cartas de maior escala da Diretoria de Hidrografia e Navegação do Ministério da Marinha. Engloba todos os ecossistemas e recursos naturais existentes em suas faixas terrestres, de transição e marinha. Essa área foi dividida em quatro setores: Litoral Norte, Baixada Santista, Complexo estuarino lagunar de Iguape-Cananéia e Vale do Ribeira. O sistema de gestão do PEGC deve ser elaborado em conjunto entre o estado, os municípios e sociedades civis organizadas.

2.4. Zoneamento Econômico Ecológico (ZEE)[1]

O ZEE é um instrumento de planejamento territorial que visa organizar as decisões dos agentes públicos e privados em relação aos planos, programas e projetos, entre outros, que, direta ou indiretamente utilizem recursos naturais, assegurando assim a manutenção dos ecossistemas.

O ZEE tem por objetivo identificar áreas com características físicas, biológicas e socioeconômicas semelhantes, bem como pela dinâmica e contrastes internos. Foram definidas cinco zonas e seus respectivos usos, de Z1 (mais preservada e por consequência de uso mais restritivo) até Z5 (mais degradada, que permite usos mais amplos, como por exemplo, portos).

No âmbito do estado de São Paulo, primeiramente, foi promulgado, em 2004, o Decreto Estadual nº 49.215, que dispôs sobre o ZEE do Litoral Norte. Nesse decreto foram estabelecidas as zonas de utilização terrestre e foram também definidas as zonas marinhas, divididas entre zoneamento marítimo e o de entre marés. Em novembro de 2017 foi promulgado o Decreto Estadual nº 62913 que revisou esse ZEE do Litoral Norte, revogando o decreto anterior. Na Baixada Santista, o ZEE foi regulamentado pelo Decreto Estadual nº 58.996, de março de 2013. O Complexo Estuarino-Lagunar de Iguape-Cananéia, que abrange também o município de Ilha Comprida ainda não possui um ZEE regulamentado.

[1] Fonte: http://www.ambiente.sp.gov.br/cpla/zoneamento/zoneamento-ecologico-economico/

2.5. Áreas de Proteção Ambiental Marinhas (APAs)

Em 2008 foram criadas pelo governo estadual três APAs Marinhas. O processo contou com ampla consulta pública a vários segmentos da sociedade envolvidos. O objetivo dessas áreas de proteção é compatibilizar a conservação da natureza com a utilização dos recursos naturais; valorizar as funções sociais, econômicas, culturais e ambientais das comunidades tradicionais da zona costeira, através de estímulos a alternativas adequadas ao seu uso sustentável; garantir a sustentabilidade do estoque pesqueiro em águas paulistas; e o uso ecologicamente correto e responsável do espaço marinho, especialmente das atividades turísticas. Outro passo muito importante na gestão ambiental dessas áreas foi a recente aprovação dos planos de manejo das três APAs marinhas (Quadro 2).

QUADRO 2 – **Características das APAs marinhas do estado de São Paulo.**

APA Marinha	Área (ha)	Municípios	Legislação	Plano de Manejo
Litoral Norte	316.242,45	Ubatuba, Caraguatatuba, Ilhabela, São Sebastião	Decreto Estadual nº 53.525, de 2008	Decreto Estadual nº 66.823, de 2022
Litoral Centro	449.259,70	Bertioga, Guarujá, Santos, São Vicente, Praia Grande, Mongaguá, Itanhaém, Peruíbe	Decreto Estadual nº 53.526, de 2008	Decreto Estadual nº 65.554, de 2021
Litoral Sul	357.605,53	Iguape, Cananéia, Ilha Comprida	Decreto Estadual nº 53.527, de 2008	Decreto Estadual nº 65.774, de 2021

Fonte: adaptado de http://fflorestal.sp.gov.br/unidades-de-conservacao/apas-marinhas/apas-marinhas-area-de-protecao-ambiental-marinha-conceito/

2.6. Licenciamento de Empreendimentos no ambiente marinho

No processo de Licenciamento de algumas atividades no ambiente marinho também foram regulamentadas com a promulgação de Resoluções do Conselho Nacional do Meio Ambiente (CONAMA), como no caso da maricultura com a Resolução CONAMA nº 413/2009, que dispõe sobre o licenciamento ambiental da aquicultura, e dá outras providências. No estado de São Paulo é o Decreto nº 62.243, de novembro de 2016, que dispõe sobre as regras e procedimentos para o licenciamento ambiental dessa atividade. Em relação às operações de dragagem em terminais portuários, atualmente está vigente a Resolução do CONAMA nº 454, de 2012, que estabelece as diretrizes gerais e os procedimentos referenciais para o gerenciamento do material a ser dragado em águas sob jurisdição nacional, revogando a anterior de 2004.

3. Legislação referente à Qualidade das Águas

Na década de 1980, o diploma legal que dispunha sobre classificação dos corpos de água era a Resolução do CONAMA nº 20, de 1986, que foi vigente por quase três décadas. Ela estabeleceu nove classes de qualidade para as águas doces, bem como para as águas salobras e salinas do Território Nacional, segundo os usos preponderantes a que as águas se destinam, sendo cinco classes para as águas doces (especial 1, 2, 3 e 4), duas para as salinas (5 e 6) e duas para as salobras (7 e 8).

Esse diploma sofreu revisões que representaram avanços significativos na avaliação da qualidade das águas brasileiras. A primeira alteração importante foi a retirada dos aspectos relacionados à recreação de contato primário (balneabilidade de praias de mar e rios e reservatórios) para serem tratados, de forma mais detalhada, na Resolução CONAMA nº 274, de 2000. Posteriormente, foi realizada a revisão de todas as outras classes e os seus outros usos, culminando na Resolução CONAMA nº 357, de 2005, que define classes de águas, seus usos e padrões de qualidade para os principais poluentes. Desse modo, no que se refere à qualidade das águas salinas e salobras, atualmente existem duas Resoluções do Conselho Nacional do Meio Ambiente que tratam especificamente desse tema.

3.1. Resolução CONAMA nº 274/2000 – Balneabilidade

Na primeira revisão tratou-se dos critérios da balneabilidade das praias que passou a ter uma norma específica: a Resolução do Conama nº 274, de 2000. Nessa nova resolução foram incluídos outros indicadores microbiológicos de poluição fecal, com critérios específicos que se basearam no Protocolo de Annapolis, que foi o precursor dos Guias da Organização Mundial da Saúde (OMS) publicados em 2003 e atualizados em 2021" (WHO, 2021).. Nessa nova versão foi incluído um valor máximo para os resultados da última amostra, o que trouxe mais segurança à saúde pública, uma vez que, se ultrapassado, não seria necessário outro valor elevado para que a praia fosse considerada imprópria, apenas na semana seguinte.

3.2. Resolução CONAMA nº 357/2005 – Classes de água

A segunda revisão foi iniciada em 2002 e concluída em março de 2005, com a publicação da Resolução CONAMA nº 357/05. Nessa resolução, para cada tipo de corpo de água é atribuída uma classificação, o sistema de classes de qualidade, que é a qualificação das águas doces, salobras e salinas, com base nos usos preponderantes. Essa revisão trouxe ganhos importantes em termos técnicos e institucionais para a gestão de recursos hídricos e o controle de poluição, entre eles, a utilização dos ensaios ecotoxicológicos e toxicológicos, como parâmetros de avaliação de água, promovendo uma abordagem mais abrangente para o controle da poluição. Os tradicionais parâmetros físico-químicos também foram, revisados inclusive com a inserção de novos, bem como a definição de novas classes para águas salinas e salobras. Assim, partir da publicação dessa resolução, ficaram estabelecidas 13 classes, sendo as mesmas cinco classes para águas doces somadas às quatro classes de águas salobras e salinas. Todas essas inovações ampliaram as possibilidades de gestão ambiental dos recursos hídricos e dos ecossistemas aquáticos.

No que se refere às águas salinas e salobras, os avanços foram, principalmente, a inclusão de padrões para os nutrientes, o que permite a identificação de condições de eutrofização do ambiente, e o estabelecimento de quatro categorias de classes de qualidade de águas (Especial, classes 1, 2 e 3) tanto para águas salinas quanto salobras, substituindo as duas classes anteriormente existentes, cujas características principais estão descritas no quadro a seguir:

Quadro 3 – **Características principais das Classes de Águas Salinas e Salobras.**

Classe	Características – Usos e restrições
Classe Especial	Classe mais restritiva para a preservação dos ambientes aquáticos em unidades de conservação de proteção integral e a preservação do equilíbrio natural das comunidades aquáticas
Classe 1	Recreação de contato primário/aquicultura Critérios para a não verificação de efeito tóxico crônico a organismos
Classe 2	Recreação de contato secundário Critérios para a não verificação de efeito tóxico agudo a organismos
Classe 3	Usos menos restritivos como a Navegação – poucos padrões

Os padrões estabelecidos para as classes citadas estão de acordo com os usos previstos para cada uma delas. Cabe ressaltar que de acordo com o Artigo 42, enquanto não forem aprovados os respectivos enquadramentos, que é o estabelecimento do nível de qualidade ou Classe a ser alcançado e/ou mantido em um segmento de corpo d'água ao longo do tempo, serão consideradas como Classe 1, exceto se as condições de qualidade atuais forem melhores, o que determinará a aplicação da classe mais rigorosa correspondente. Consequentemente, todas as águas salinas e salobras devem atender, no mínimo, aos padrões da respectiva Classe1.

4. Avaliação da Qualidade do Ambiente Marinho no estado De São Paulo

Em razão das características de ambiente de transição, a zona costeira paulista também engloba diversos ecossistemas como praias, costões, manguezais, estuários e lagunas (LAMPARELLI e MOURA, 1999) que são influenciados por essa condição e caracterizados por pulsos. Da mesma forma, as águas costeiras também são influenciadas por esses pulsos, principalmente nas regiões estuarinas. Tudo isso faz com que essas águas tenham qualidade muito variável, com alterações complexas, difíceis de serem mensuradas e interpretadas.

Na gestão das águas costeiras, a avaliação de sua qualidade para os seus diversos usos estabelecidos em legislação, é um instrumento muito importante. Ela depende do monitoramento da qualidade ambiental, por meio do qual é possível estabelecer um diagnóstico do seu estado atual como também tendências temporais e sua distribuição espacial, identificando regiões críticas. Nessas avaliações verifica-se se aquele corpo de água está compatível com os usos previstos por meio da comparação com padrões legais de qualidade de água, para verificar o seu atendimento. Dessa maneira é possível garantir esses usos e a proteção da saúde pública.

O litoral de São Paulo possui cerca de 880 km de extensão de linha de costa e abrange 16 municípios, com área total de 7.759 km^2. As três Unidades de Gerenciamento de Recursos Hídricos (UGRHI) que englobam os municípios do litoral são: Litoral Norte (UGRHI 3) com a proximidade da Serra do Mar e pequenas praias separadas por esporões, a Baixada Santista (UGRHI 7) com uma planície costeira mais ampliada, abrigando o estuário de Santos e São Vicente na porção central e longos trechos de praias no setor sul e, por fim, a região do Ribeira do Iguape/Litoral Sul (UGRHI 11) com a presença do sistema estuarino-lagunar de Iguape-Cananéia e de extensos manguezais. Elas possuem juntas mais de 300 praias compondo um litoral bastante frequentado pela população (LAMPARELLI e MOURA, 1999) (Figura 2).

Muitas atividades antrópicas estão presentes nessas regiões. Contudo, as pressões são diferenciadas em cada uma delas, seja pelo número de habitantes e urbanização, ou pelas atividades econômicas ali desenvolvidas, que vão de portos e grandes polos industriais até agricultura e turismo (SMA, 2012). Em razão disso, a região que sofre maior impacto é a Baixada Santista por abrigar mais de 80% da população residente dos municípios litorâneos, além do maior porto da América Latina, e um complexo industrial com siderúrgicas e indústria de fertilizantes. (CETESB, 2020)

FIGURA 2 – **Litoral de São Paulo, distribuição dos Municípios Costeiros e UGRHIs.**

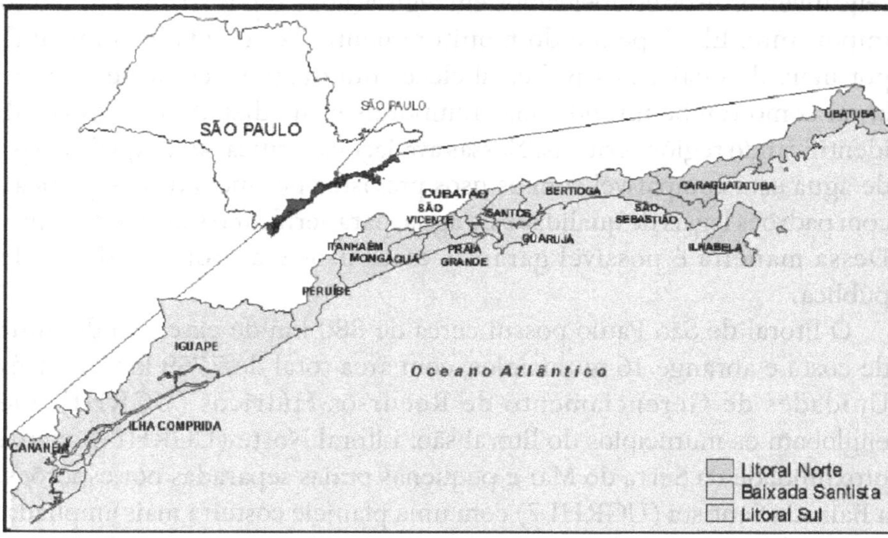

Fonte: CETESB, 2020.

Para a avaliação da qualidade dessas águas litorâneas, a CETESB desenvolve dois programas de monitoramento com metodologias e objetivos distintos. O programa de balneabilidade das praias paulistas, mais focado na proteção da saúde pública, e a rede de qualidade das águas costeiras voltada para um diagnóstico mais abrangente.

4.1. Programa de Balneabilidade das Praias Paulistas

A balneabilidade é a qualidade da água para fins de recreação de contato primário, que é entendido como contato prolongado com a água. Sua avaliação se baseia nas densidades de microrganismos indicadores de contaminação fecal, que dependendo dos valores obtidos vão classificar a praia como Própria ou Imprópria para esse uso específico.

O Programa de Balneabilidade é desenvolvido pela CETESB desde os anos 1970, inicialmente com as amostragens limitadas a algumas praias da Baixada Santista. Posteriormente, ao longo dos anos foi sendo estendido para todo o litoral, cobrindo, atualmente, 15 municípios. Em 2022, a rede de monitoramento da balneabilidade está constituída por 168 pontos de amostragem distribuídos por 151 praias, que somadas as sete da Ilha Anchieta totaliza 158 praias em 175 pontos (Tabela 1).

TABELA 1 – **Resumo da rede de monitoramento de balneabilidade em 2022.**

Município	Número Total de Praias	Praias Monitoradas	Pontos Balneabilidade
Litoral Norte	194	94	98
Baixada Santista	88	62	72
Litoral Sul	26	5	5
Total	**307**	**158**	**175**

Os locais a serem monitorados são definidos considerando os diversos fatores que influenciam na sua balneabilidade, como: a frequência de banhistas, a fisiografia da praia, o grau de urbanização e os riscos de poluição fecal que possam existir. Desse modo, as praias selecionadas possuem alta frequência de banhistas, além de ocorrência de adensamento urbano próximo que represente potencial fonte de poluição.

As amostras de água do mar são coletadas semanal ou mensalmente e, nos laboratórios da CETESB, são submetidas a análises microbiológicas para a quantificação do indicador de poluição fecal: o grupo de bactérias enterococos. Com base nos resultados da densidade dessas bactérias fecais a praia pode ser classificada como Própria ou Imprópria para o banho de mar.

Na avaliação da qualidade das praias, como o objetivo principal é a proteção da saúde pública, a divulgação dessa informação é muito importante e deve atingir o máximo de pessoas possível. Ela é feita semanalmente, e durante muitos anos se deu por meio de boletins, jornais e bandeiras nas praias, e depois na Internet. Essa informação sempre teve muita visibilidade e interesse por parte da população. Assim, melhorias nos canais de comunicação sempre foram objeto de vários estudos.

Nesse sentido, durante o verão de 2014, foi realizada uma pesquisa de opinião sobre o programa de balneabilidade entrevistando turistas e moradores em todo o litoral. Na época constatou-se que o site da CETESB foi o veículo de informação mais utilizado para o conhecimento da qualidade das águas das praias, seguido pelos jornais impressos. Nesse ano, a página da Qualidade das praias teve quase 1 milhão de acessos. Depois disso, por sugestão dos usuários das praias, a CETESB passou também a divulgar os resultados no Facebook e, a partir de 2018, por meio de aplicativo para telefones móveis, o que agilizou e expandiu de forma considerável o acesso a essa informação por parte da população.

Paralelamente ao programa de balneabilidade das praias outros estudos complementares foram desenvolvidos no sentido de aperfeiçoar o entendimento dos fatores que influenciam na qualidade das praias, embora valha a pena ressaltar que é notório que as chuvas desempenham um papel importante no comprometimento dessa qualidade. O primeiro foi um estudo epidemiológico para relacionar a qualidade da água do mar e os efeitos à saúde do banhista, e posteriormente a avaliação da qualidade microbiológica das areias das praias.

4.1.1. Estudo epidemiológico

No verão de 1999, foi realizado um estudo epidemiológico do tipo "coorte prospectiva" em cinco praias do litoral paulista, para verificar a correlação entre a qualidade da água do mar recreacionais e a ocorrência de sintomas de gastroenterite em banhistas. Para tanto, foram realizadas entrevistas com os frequentadores das praias sobre seu perfil e comportamento na praia. Simultaneamente, foram realizadas medições da qualidade sanitária da água do mar para a determinação dos seguintes indicadores microbiológicos: coliformes termotolerantes; *E.coli* e enterococos. Posteriormente, os entrevistados foram contatados por telefone para relatar eventual aparecimento de sintomas. Esse segundo contato foi possível com 72% das 23.235 pessoas que participaram do estudo. (LAMPARELLI *et al*, 2003).

A análise estatística dos resultados mostrou que existe uma correlação entre o aparecimento de sintomas de saúde e, o grau de exposição dos banhistas à água do mar e sua faixa etária, sendo as crianças o grupo mais sensível.

Além disso, as praias que permaneceram a maior parte do tempo classificadas como Impróprias, apresentaram maior número de banhistas com sintomas. E que os indicadores microbiológicos medidos apresentaram correlação com o aparecimento de sintomas gastrointestinais nos banhistas. (LAMPARELLI *et al*, 2015, VERHOUGSTRAETE *et al.* 2019).

4.1.2. Avaliação da Qualidade Microbiológica da Areia

Além da qualidade da água para o banho de mar, outra preocupação dos frequentadores das praias e dos pesquisadores da área de saúde pública é a qualidade da areia. A presença de animais domésticos na praia pode representar risco para a saúde dos banhistas, principalmente das crianças. Contudo, mesmo sem a presença de animais nas praias, esgotos domésticos não tratados ou com tratamento inadequado podem entrar em contato com as areias das praias por meio dos cursos de água que afluem ao mar. Estudos nacionais e internacionais apontam concentrações elevadas de microrganismos nas areias das praias. Assim, devido à possibilidade da presença de altas densidades de patógenos na areia, o contato prolongado em locais contaminados pode ser prejudicial à saúde dos banhistas.

Com o objetivo de avaliar a qualidade microbiológica das areias, a CETESB já realizou vários estudos sobre a presença de indicadores de poluição fecal e de outros microrganismos em areias das praias do Litoral Paulista. No passado, esses estudos foram esparsos, porém, desde 2009, a CETESB vem avaliando regularmente a qualidade das areias de algumas praias no período de alta temporada, a fim de compreender e identificar quais os fatores intervenientes nesse tipo de contaminação. (SATO *et al.*, 2005, PINTO *et al*, 2010).

Cabe ressaltar que no Brasil não existe padrão legal para a qualidade das areias, pois não foram realizados estudos epidemiológicos suficientes para a determinação dos riscos à saúde. A OMS recentemente propôs um valor de referência (WHO, 2021), mas são raros os países que contam com esse monitoramento. Além disso, existem muitas questões com relação à representatividade dos resultados obtidos nesse compartimento por se apresentar como um mosaico.

4.2.. Rede de Qualidade das Águas Costeiras

As águas costeiras, além de muito utilizadas para recreação de contato primário e secundário, também precisam ter sua qualidade mantida não só para garantir o lazer da população, mas também para a preservação da vida aquática e a manutenção da produtividade pesqueira, além de outros usos previstos.

Nos últimos anos, os empreendimentos no mar se multiplicaram, sejam emissários submarinos, terminais portuários, plataformas de exploração de petróleo, entre outros. Com isso o conhecimento sobre as condições ambientais dessas áreas foi ganhando força e relevância. Assim, o monitoramento se tornou cada vez mais um instrumento importante no licenciamento ambiental e sua metodologia para cada uso específico foi sendo construída ao longo dos anos. Dessa forma, o monitoramento adotado fornece subsídios tanto para garantir a qualidade requerida ao uso do recurso hídrico, como também para manter sua qualidade ambiental.

Com esse propósito, a Rede de Monitoramento das Águas Costeiras, pioneira no Brasil, foi constituída em 2010 com o objetivo de avaliar continuamente a qualidade das águas costeiras para os seus diversos usos. E esse foi o principal critério na seleção das áreas a serem avaliadas. (CETESB, 2020). Muitos dos locais selecionados encontram-se na foz dos principais rios litorâneos, cujo objetivo é detectar a influência de suas águas na região costeira, mas também estão contempladas áreas portuárias, áreas de maricultura, emissários submarinos, entre outros usos. Inclusive, mais recentemente, foi incluído o Parque Estadual Marinho da Laje de Santos, que é o primeiro e único parque marinho entre as Unidades de Conservação do Estado. Atualmente, a Rede Costeira conta com 69 pontos em 21 áreas, conforme a Tabela 2 (LAMPARELLI *et al* 2022).

TABELA 2 – **Resumo da Rede Costeira em 2021.**

UGHRU/Região	Município	Áreas Monitoradas	Pontos da Rede Costeira
3 Litoral Norte	Ubatuba	3	9
	Caraguatatuba	3	9
	São Sebastião	2	8
	Iihabela	–	–
7 Baixada Santista	Bertioga	2	6
	Guarujá	1	4
	Cubatão	1	3
	Santos	3	10
	São Vicente	1	3
	Praia Grande	1	4
	Mongaguá	–	–
	Itanhaém	1	3
	Peruíbe	1	4
11 Litoral Sul	Iguape	1	3
	Ilha Comprida	–	–
	Cananeia	1	3
	Total	**21**	**69**

As campanhas de amostragens são realizadas semestralmente, com a coleta de amostras de água em três profundidades e de sedimentos, que por serem um compartimento mais estável são importantes na caracterização do ambiente aquático. (ANA e CETESB, 2011). Em cada um desses compartimentos são analisadas cerca de 30 variáveis englobando as físico-químicas, além das variáveis microbiológicas, hidrobiológicas e ecotoxicológicas. Os resultados são integrados e são gerados Índices de qualidade de água como o Índice de Qualidade de Águas Costeiras – IQAC, e de sedimentos (CCME, 2001, CETESB, 2020) que facilitam a compreensão do estado de qualidade ambiental das áreas estudadas. Esses resultados são compilados e analisados em relatórios anuais que estão disponíveis no Site da CETESB.

Vale destacar que, como ainda não existem no Brasil, padrões de qualidade ambiental para os sedimentos marinhos, a CETESB utiliza valores de referência estabelecidos para o Litoral Paulista e os critérios definidos pelo conselho de meio ambiente do Canadá (CCME, 2002). No caso das dragagens utiliza-se a Resolução do Conama nº 454, de 2012, para a caracterização de sedimentos a serem dragados visando a avaliação da disposição dos mesmos em ambiente marinho. Essa resolução estabelece valores orientadores para alguns contaminantes, no entanto, é importante ressaltar que para os nutrientes essa resolução estabelece apenas valores de alerta, sendo muitas vezes, equivocadamente, utilizados como valores de referência de qualidade ambiental de sedimentos.

O monitoramento das águas costeiras e a geração de dados sobre sua qualidade têm sido extremamente úteis na avaliação de impacto ambiental de acidentes que ocorrem na região por fornecerem um diagnóstico anterior, o que permite compreender melhor a extensão do dano ambiental, como foi no caso do incêndio do terminal da Ultracargo no Porto de Santos em 2015, (CETESB, 2016 e LAMPARELLI *et al*, 2022). Da mesma forma, no licenciamento de grandes empreendimentos na região costeira como emissários submarinos e dragagens em terminais portuários (LAMPARELLI, 2012).

4.3. Emissários submarinos

A grande maioria dos emissários submarinos do Brasil encontra-se no estado de São Paulo, eles são parte componente dos Sistemas de Disposição Oceânica (SDO). Atualmente existem 10 sistemas de disposição oceânica em operação na costa paulista, sendo nove de esgotos domésticos e um industrial. (LAMPARELLI, 2007, FORTIS et al, 2009). No caso dos esgotos domésticos estes são coletados e encaminhados para uma estação de precondicionamento (EPC), na qual o efluente passa por um gradeamento, depois por peneiras finas, sendo submetido à cloração antes de seu lançamento no mar via emissário submarino composto de uma tubulação com seu trecho final de difusores. Nas EPCs é realizado apenas um tratamento preliminar, contando-se com a capacidade de diluição e autodepuração do mar.

Esses SDOs podem ser uma alternativa a ser considerada em algumas cidades litorâneas, principalmente quando não há disponibilidade de corpos de água para o lançamento de esgotos, desde que o projeto atenda às condicionantes ambientais para prevenir o impacto no ambiente marinho, como alternativas locacionais que apresentem distância da costa e profundidade adequadas, além de hidrodinâmica favoráveis à dispersão do efluente. Tudo isso deve ser avaliado em conjunto com o nível de tratamento prévio proposto.

Embora não exista uma legislação específica para o licenciamento e controle dos lançamentos de emissários submarinos, o que seria recomendável, a legislação ambiental existente tem sido instrumento importante para avaliação desses empreendimentos e da qualidade das águas marinhas.

A partir de 2002, por cerca de sete anos, a CETESB realizou o monitoramento de emissários submarinos no estado de São Paulo, cuja metodologia foi sendo desenvolvida ao longo dos anos. Em 2003 foi organizado um Wokshop internacional para discutir o licenciamento e o monitoramento ambiental desses SDOs que contou com a presença de especialistas de vários países que resultou numa publicação com capítulos referentes aso procedimentos adotados em cada um deles (LAMPARELLI e ORTIZ, 2007).

Os resultados dessas campanhas e do monitoramento atualmente realizado pelas operadoras, exigido no âmbito do licenciamento, mostraram quais áreas de influência do lançamento desses efluentes apresentavam algum tipo de alteração no ambiente marinho, que demandasse uma melhoria no tratamento prévio. (LAMPARELLI, 2007; LAMPARELLI *et al*, 2016).

Como consequência, foram estabelecidas algumas exigências de melhorias nos sistemas, que foram viabilizadas com reformas de várias EPCs, além da substituição de tubulações difusoras, o que favorece consideravelmente a dispersão do efluente na coluna de água, mitigando os possíveis impactos no ambiente marinho.

Conclusões. Desafios e Perspectivas

Todos esses programas de monitoramento permitem o melhor conhecimento da qualidade das águas costeiras, que, mesmo assim, ainda apresenta muitas lacunas. Desse modo, os desafios continuam a se apresentar como, por exemplo, uma sucessão de florações de microalgas potencialmente tóxicas a partir de 2016, que implicaram no início do monitoramento do fitoplâncton em alguns locais do litoral paulista, e ensejaram a criação de um grupo de trabalho Intersecretarial envolvendo as Secretarias de Estado da Saúde, de Infraestrutura e Meio Ambiente e da Agricultura e Abastecimento, para definir um plano de contingência para enfrentar essas situações que tem sérias implicações na saúde pública. Esse plano foi publicado em 2021 (Plano de contingência para gestão integrada de riscos associados a florações de microalgas tóxicas em águas litorâneas paulistas, 2021, Carvalho *et al.* 2022).

Ademais a qualidade das águas costeiras e do ambiente marinho também envolve questões globais como, por exemplo, poluição por lixo, principalmente por plásticos no mar, acidificação dos oceanos, aumento da temperatura e elevação do nível do mar, estes últimos decorrentes das mudanças climáticas. Considerando que os oceanos representam 70% da superfície do planeta e 97% da água superficial, sendo responsáveis pela produção de 50% do oxigênio da atmosfera e sua circulação, tendo papel importante nos padrões climáticos da Terra, a avaliação dessas alterações é central para o entendimento dessas questões.

Nos últimos anos, muitos esforços e iniciativas internacionais vêm acontecendo, mas cabe citar a Década das Nações Unidas da Ciência Oceânica, iniciada em 2021 que apoiará a agenda 2030, que reforçou a importância do oceano para a sustentabilidade, na qual o Objetivo de Desenvolvimento Sustentável ODS-14:VIDA NA ÁGUA é "conservar e promover o uso sustentável dos oceanos dos mares e dos recursos marinhos para o desenvolvimento sustentável" (BOMBANA *et.al.*, 2021, MMA,2015).

Considerando a magnitude das questões ambientais no ambiente marinho torna-se ainda mais importante a parceria entre instituições nacionais e internacionais. O problema do lixo no mar, por exemplo, tem sido tema de muitas dessas parcerias, uma delas com o Instituto Oceanográfico da Universidade de São Paulo, rendendo estudos que geraram produtos como o Plano estratégico de monitoramento e avaliação do lixo no mar do estado de São Paulo, o PEMALM (PEMALM, 2021). Além disso, a CETESB, enquanto Centro Regional da Convenção de Estocolmo participa da *Plastic Waste Partnership* (PWP) da Convenção da Basileia, uma parceria internacional com ênfase no resíduo plástico. Nessa temática a CETESB vem se capacitando e se preparando para o monitoramento dos microplásticos no ambiente costeiro tendo realizado em 2019 um Workshop Internacional com o apoio do Consulado Americano para apresentar e discutir as metodologias de avaliação da poluição por plásticos no mar. No nível nacional, o Ministério do Meio Ambiente publicou, em

2019, o "Plano Nacional de combate ao lixo no mar" que estabelece alguns eixos estruturantes para sua implementação. (MMA, 2019).

Assim sendo, os desafios que se apresentam acompanham a dimensão dos oceanos e precisam ser compreendidos para serem enfrentados. Nesse sentido, a CETESB vem buscando e construindo parcerias com outras instituições, que são fundamentais para o sucesso da gestão ambiental da zona costeira e, consequentemente, das águas costeiras.

Referências

AB'SABER, A. N. **Litoral do Brasil**. São Paulo: Metalivros, 2005. 287 p.

ANA (Brasil);CETESB. **Guia nacional de coleta de preservação de amostras**: água, sedimento, comunidades aquáticas e efluentes líquidos. Brasília, DF: ANA; São Paulo: CETESB, 2011. 327 p. Disponível em: http://www.cetesb.sp.gpv.br/userfiles/file/laboratorios/publicacoes/guia-nacional-coleta-2012.pdf. Acesso em:ago de 2017

BENJAMIN, H. M. Prefácio. *In*: **Desafios ambientais da zona costeira** GRANZIELA, M L, GONÇALVES A., MORE, R. (orgs) editora Essential Idea. São Paulo. 2014. 264 p

BOMBANA, B *et al*, Uso e Conservação do Oceano: Para Além do que se Vê. *In:* **Noções de Oceanografia** [recurso eletrônico] Joseph Harari (org) 2021 p 819--845.

BRASIL. [Constituição (1988)]. **Constituição da República Federativa do Brasil**. Organizado por Cláudio Brandão de Oliveira. Rio de Janeiro: Roma Victor, 2002. 320 p.

BRASIL. **Lei nº 7.661, de 16 de maio de 1988**. Institui o Plano Nacional de Gerenciamento Costeiro e dá outras providências. Disponível em http://www.planalto.gov.br/ccivil_03/leis/L7661.htm. Acesso em: mar.2017.

BRASIL. **Lei nº 8.617, de 4 de janeiro 1993**. Dispõe sobre o mar territorial, a zona contígua, a zona econômica exclusiva e a plataforma continental brasileiros e dá outras providências. Disponível em http://www.planalto.gov.br/ccivil_03/leis/L8617.htm. Acesso em: mar. 2017.

BRASIL. Ministério do Meio Ambiente. CONAMA. **Resolução nº 274, de 29 de novembro de 2000**. Dispõe sobre os critérios de balneabilidade em águas. Disponível em: http://www.mma.gov.br/port/conama legiabre.cfm?codlegi=272. Acesso em: fev. 2009.

BRASIL. **Decreto nº 5.300, de 7 de dezembro de 2004.** Regulamenta a Lei nº 7.661, de 16 de maio de 1988, que institui o Plano Nacional de Gerenciamento Costeiro – PNGC, dispõe sobre regras de uso e ocupação da zona costeira e estabelece critérios de gestão da orla marítima, e dá outras providências. Disponível em http://www.planalto.gov.br/ccivil_03/_ato2004-2006/2004/decreto/D5300.htm. Acesso em: mar.2017.

BRASIL. Ministério do Meio Ambiente. CONAMA. **Resolução nº 357, de 17 de março de 2005**. Dispõe sobre a classificação dos corpos de água e diretrizes ambientais para o seu enquadramento, bem como estabelece as condições e padrões de lançamento de efluentes, e dá outras providências. Disponível em: http://www.mma.gov.br/port/conama/legiabre.cfm?codlegi=459. Acesso em: jun. 2008.

BRASIL. Ministério do Meio Ambiente. CONAMA. **Resolução nº 413, de 20 de junho de 2009**. Dispõe sobre o licenciamento ambiental da aquicultura, e dá outras providências. Disponível em: http://www.mma.gov.br/port/conama/legiabre.cfm?codlegi=608. Acesso em: mar. 2017.

BRASIL. Ministério do Meio Ambiente. CONAMA. **Resolução nº 454, de 01 de novembro de 2012**. Estabelece as diretrizes gerais e os procedimentos referenciais para o gerenciamento do material a ser dragado em águas sob jurisdição nacional. Disponível em: http://www.mma.gov.br/port/conama/legiabre.cfm?codlegi=693. Acesso em: abr. 2017.

BRASIL. **Decreto nº 8.400, de 4 de fevereiro de 2015**. Estabelece os pontos apropriados para o traçado da Linha de Base do Brasil ao longo da costa brasileira continental e insular e dá outras providências. Disponível em: http://www.planalto.gov.br/ccivil_03/_Ato20152018/2015/Decreto/D8400.htm.Acesso em: mar. 2017.

CCME. Canadian water quality guidelines for the protection of aquatic life: CCME Water Quality Index 1.0, Technical Report. *In*: **Canadian environmental quality guidelines, 1999**. Canadian Council of Ministers of the Environment, Winnipeg. 2001.

CCME. Canadian sediment quality guidelines for the protection of aquacticlife: summary tables. Winnipeg, 2002. Disponível em :<http://www.ccme.ca/assets/pdf/sedqg_summary_table.pdf>. Acesso em: fev. 2009.

CARVALHO, M. C *et al.* Avaliação de microalgas e do estado trófico em águas litorâneas do Estado de São Paulo. *In*: SOUTO, R. D. (org.). **Gestão Ambiental e Sustentabilidade em Áreas Costeiras e Marinhas: Conceitos e Práticas**. v. 2. cap. 16. Rio de Janeiro: Raquel Dezidério Souto (Edição da autora), 2022. p. 329–349.

CETESB. **Qualidade das Águas Superficiais no estado de São Paulo Parte II 2015** (Série Relatórios). São Paulo: CETESB; 2016. Disponível em https://cetesb.sp.gov.br/aguasinteriores/wpcontent/uploads/sites/12/2013/11/Cetesb_QualidadeAguasSuperficiais2015_ParteII_29-09.pdf Acesso em: out 2022

CETESB. **Qualidade das Praias Litorâneas no estado de São Paulo 2019** (Série Relatórios). São Paulo: CETESB; 2020. Disponível em: https://cetesb.sp.gov.

br/praias/wp-content/uploads/sites/31/2020/09/Relatorio-da-Qualidade-das-Praias-Litoraneas-no-Estado-de-Sao-Paulo-2019.pdf. Acesso em:out 2022

CETESB **Qualidade das Águas Costeiras no estado de São Paulo 2019** (Série Relatórios). São Paulo: CETESB; 2020. Disponível em: https://cetesb.sp.gov.br/aguas-costeiras/wp-content/uploads/sites/2/2020/09/Relatorio-da-Qualidade-das-Aguas-Costeiras-no-Estado-de-Sao-Paulo-2019.pdf. Acesso em:out 2022

FORTIS, R. M. *et al.* Análise computacional comparativa da dispersão da pluma do efluente dos emissários submarinos do Tebar – Petrobrás. **Revista Brasileira de Recursos Hídricos.**, São Paulo v.12, p.117 – 132, jan/mar 2007.

IBGE. Diretoria de Geociências. **Atlas geográfico das zonas costeiras e oceânicas do Brasil**. Rio de Janeiro: IBGE, 2011.176p.

LAMPARELLI, C. C.; MOURA, D. O. (coords). **Mapeamento dos ecossistemas costeiros do estado de São Paulo.** São Paulo: SMA. 1999. PÁGINAS & LETRAS, v.1. p.108

LAMPARELLI, C. C. *et al.* A qualidade sanitária das águas das praias e sua correlação com a ocorrência de distúrbios gastrointestinais em banhistas. *In*: CONGRESSO BRASILEIRO DE PESQUISAS AMBIENTAIS E SAÚDE – CBPAS, 3. **Anais.** Santos, 2003.

LAMPARELLI, C. C. Commissioning and monitoring challenges regarding ocean outfalls: São Paulo State experience. *In*: **Submarine Outfalls: Design, Compliance and Environmental Monitoring**. 1. ed. São Paulo: Secretaria do Meio Ambiente do Estado de São Paulo, 2007, p. 12-23.

LAMPARELLI, C. C.; ORTIZ, J. P.(orgs) **Emissários submarinos: Projeto, avaliação de impacto ambiental e monitoramento**. São Paulo: Secretaria do Meio Ambiente, 2007, v.1. p.240.

LAMPARELLI, C. C. Monitoramento Ambiental das Atividades Portuárias *In*: **Agenda Ambiental do Porto de Santos**. 1. ed. Santos: Editora Universitária Leopoldianum, 2012, v.1, p. 61-161.

LAMPARELLI, C. C. *et al.* Are fecal indicator bacteria appropriate measures of recreational water risks in the tropics: A cohort study of beach goers in Brazil? **Water Research** (Oxford)., v.87, p.59 – 68, 2015.

LAMPARELLI, C. C. *et al.* Monitoring Sea Outfall Discharges in São Paulo Coast – Brazil. *In*: INTERNATIONAL SYMPOSIUM ON OUTFALL SYSTEM, 2016, Ottawa.

LAMPARELLI, C. C. *et al.* Monitoramento da qualidade das águas costeiras do estado de São Paulo: metodologia, aplicações e desafios. *In*: SOUTO, R.D. (org.). **Gestão Ambiental e Sustentabilidade em Áreas Costeiras e Marinhas: Conceitos e Práticas**. v. 2. cap. 20. Rio de Janeiro: Raquel Dezidério Souto (Edição da autora), 2022. p. 407–432. Disponível em: https://doi.org/10.5281/zenodo.6676424.

MMA. **Macrodiagnóstico da Zona Costeira e Marinha do Brasil.** Brasília: Ministério do Meio Ambiente, 2008. 242p.

MMA. **Panorama da conservação dos ecossistemas costeiros e marinhos no Brasil.** Brasília: Ministério do Meio Ambiente, 2010, 152 p. Disponível em: http://www.mma.gov.br/estruturas/205/_publicacao/205 _publicacao27072011042233.pdf. Acesso em: ago 2017

MMA. **Plano nacional de gerenciamento costeiro: 25 anos do gerenciamento costeiro no Brasil.** Brasília: MMA, 2015. 181p.

MMA. **Plano de Combate ao Lixo no Mar** [recurso eletrônico] / Ministério do Meio Ambiente, Secretaria de Qualidade Ambiental, Departamento de Gestão Ambiental Territorial, Coordenação-Geral de Gerenciamento Costeiro. Brasília, MMA 2019. 41 p.

ONU. Convenção das Nações Unidas para o Direito do Mar. 1982. Disponível em: http://www.un.org/depts/los/convention_agreements/convention_overview_convention.htm. Acesso em: mar. 2017.

PEMALM [recurso eletrônico]: Plano Estratégico de Monitoramento e Avaliação do Lixo no Mar do Estado de São Paulo / Instituições organizadoras Secretaria de Infraestrutura e Meio Ambiente . [et al.]; Turra A. (coord); São Paulo: PEMALM, 2021 72 p.

Plano de contingência para gestão integrada de riscos associados a florações de microalgas tóxicas em águas litorâneas paulistas – São Paulo: SP, 2021. 81p. (http://www.cvs.saude.sp.gov.br/up/Plano%20Contigencia%20%20Vers%C3%A3o%20R visada%20em%20Dezembro%20de%202021.pdf)

PINTO, K. C.; *et al.* Microbiological quality assessment of sand and water from three selected beaches of South Coast, São Paulo State, Brazil. **Water Science and Technology**., v.66, p.2475, 2012.

SATO, M. I. Z. *et al* Sanitary Quality of Sands from Marine Recreational Beaches of São Paulo, Brazil. **Brazilian Journal of Microbiology** (Impresso)., v.36, p.321 – 326, 2005.

SÃO PAULO (Estado). **Lei nº 10.019, de 3 de julho de 1998.** Dispõe sobre o Plano Estadual de Gerenciamento Costeiro. Disponível em: http://www.al.sp.gov.br/norma/?id=6838. Acesso em: mar. 2017.

SÃO PAULO (Estado). **Decreto nº 49.215, de 7 de dezembro de 2004**. Dispõe sobre o Zoneamento Ecológico-Econômico do Setor do Litoral Norte, prevê usos e atividades para as diferentes zonas, estabelece diretrizes, metas ambientais e sócio-econômicas e dá outras providências, nos termos estabelecidos pela Lei nº 10.019, de 3 de julho de 1998. Disponível em: http://www.al.sp.gov.br/norma/?id=52251. Acesso em: mar. 2017.

SÃO PAULO (Estado). **Decreto nº 53.525, de 8 de outubro de 2008**. Cria a Área de Proteção Ambiental Marinha do Litoral Norte e a Área de Relevante Interesse

Ecológico de São Sebastião, e dá providências correlatas. Disponível em: http://www.al.sp.gov.br/norma/?id=141552. Acesso em: mar. 2017.

SÃO PAULO (Estado). **Decreto nº 53.526, de 8 de outubro de 2008**. Cria a Área de Proteção Ambiental Marinha do Litoral Centro, e dá providências correlatas. Disponível em: http://www.al.sp.gov.br/norma/?id=141553. Acesso em: mar. 2017.

SÃO PAULO (Estado). **Decreto nº 53.527, de 8 de outubro de 2008.** Cria a Área de Proteção Ambiental Marinha do Litoral Sul e a Área de Relevante Interesse Ecológico do Guará, e dá providências correlatas. Disponível em: http://www.al.sp.gov.br/norma/?id=141554. Acesso em: mar. 2017.

SÃO PAULO (Estado). Secretaria do Meio Ambiente/Coordenadoria de Planejamento Ambiental. **Zona Costeira Paulista: Relatório de Qualidade Ambiental 2012.** Organização: Fabiano E. L. Figueiredo. São Paulo: SMA/CPLA, 2012. 148p.

SÃO PAULO (Estado). **Decreto nº 58.996, de 25 de março de 2013**. Dispõe sobre o Zoneamento Ecológico-Econômico do Setor da Baixada Santista e dá providências correlatas. Disponível em: http://www.al.sp.gov.br/norma/?id=169787. Acesso em: mar. 2017.

SÃO PAULO (Estado). **Decreto nº 62.243, de 1 de novembro de 2016.** Dispõe sobre as regras e procedimentos para o licenciamento ambiental da aquicultura, no Estado de São Paulo, e dá providências correlatas. Disponível em: http://www.al.sp.gov.br/norma/?id=179760. Acesso em: mar. 2017.

SÃO PAULO (Estado). **Decreto nº 62.913, de 8 de novembro de 2017**. Dispõe sobre o Zoneamento Ecológico-Econômico do Setor do Litoral Norte, e dá providências correlatas. Disponível em: https://www.al.sp.gov.br/norma/183921. Acesso em: dez. 2017.

SÃO PAULO (Estado). **Decreto nº 65.544, de 02 de março de 2021** Aprova o plano de manejo da Área de Proteção Ambiental Marinha do Litoral Centro, criada pelo Decreto nº 53.526, de 8 de outubro de 2008. Disponível em: https://www.al.sp.gov.br/repositorio/legislacao/decreto/2021/decreto-65544-02.03.2021.html. Acesso em: out. 2022.

SÃO PAULO (Estado). **Decreto nº 65.774, de 07 de junho de 2021** Aprova o plano de manejo da Área de Proteção Ambiental Marinha do Litoral Sul, criada pelo Decreto nº 53.527, de 8 de outubro de 2008. Disponível em: https://www.al.sp.gov.br/repositorio/legislacao/decreto/2021/decreto-65774-07.06.2021.html. Acesso em: out. 2022.

SÃO PAULO (Estado). **Decreto nº 66.823, de 07 de junho de 2022** Aprova o plano de manejo da Área de Proteção Ambiental Marinha do Litoral Norte, criada pelo Decreto nº 53.525, de 8 de outubro de 2008. Disponível em: https://www.al.sp.gov.br/repositorio/legislacao/decreto/2022/decreto-66823-07.06.2022.html. Acesso em: out. 2022.

VERHOUGSTRAETE, M. *et al.* A critical analysis of recreational water guidelines developed from temperate climate data and applied to the tropics. **Water Research.**, v.170, p.115294, 2020.

WHO. **Guidelines on recreational water quality. Volume 1: coastal and fresh waters. Geneva:** World Health Organization; 2021. 138-p Licence: CC BY-NC-SA 3.0 IGO

32. RIO PINHEIROS – PASSADO, PRESENTE E FUTURO

Nelson Menegon Junior
José Eduardo Bevilacqua

Introdução

O rio Pinheiros é um dos principais corpos hídricos existentes na cidade de São Paulo. No passado, o rio Pinheiros era formado pelo encontro das águas do rio Guarapiranga com o rio Grande, desaguando no rio Tietê, isto é, possuía suas nascentes situadas na Serra do Mar e sua foz no rio Tietê. A construção do barramento que deu origem à represa Billings, na década de 1920, fez com que o rio Pinheiros passasse também a desempenhar a função de interligação do rio Tietê com a represa Billings. Por meio do Canal Pinheiros e do sistema de bombeamento, instalado nas Usinas Elevatórias São Paulo (antiga Traição) e Pedreira, foi possível reverter as águas do rio Tietê para a represa Billings.

Com o crescimento populacional da Região Metropolitana de São Paulo – RMSP, o rio Pinheiros passou a receber significativa carga de poluentes por meio do lançamento dos esgotos domésticos não tratados em seus afluentes causando, a partir da década de 1960, um elevado nível de degradação da qualidade de suas águas.

Atualmente, o rio Pinheiros percorre 25 km e recolhe as águas de uma bacia de drenagem de 271 km^2, numa área onde vivem 3,3 milhões de pessoas. De sua foz, próximo à Estrutura do Retiro, até a Usina São Paulo, a calha do rio Pinheiros é denominada de Pinheiros Inferior e da Usina São Paulo até a Usina Pedreira, recebe a denominação de Pinheiros Superior.

Em 1992, a situação dos rios metropolitanos estava insustentável, tendo águas com aparência desagradável, devido à grande quantidade de lixo flutuante e maus odores, fazendo com que os paulistanos não aguentassem mais e fossem para a margem do Tietê reivindicar sua despoluição. O movimento levou à criação do Projeto Tietê, iniciativa para despoluir os rios da capital, inclusive o rio Pinheiros.

De acordo com a ciência, a água consiste numa das mais importantes substâncias encontradas em nosso planeta. É elemento essencial para a sobrevivência dos animais e dos vegetais, sendo imprescindível para inúmeras atividades dos seres humanos. Nas viagens interplanetárias, um dos desafios do ser humano é encontrar indícios da presença da molécula de água, uma vez que ela consiste num indicador da existência de vida.

Na Terra, a água possibilita a sobrevivência dos seres vivos, o equilíbrio e a conservação da biodiversidade, bem como a regulação do clima do planeta. Os seres humanos utilizam a água, principalmente, para as suas necessidades básicas de alimentação e higiene pessoal. No entanto, a água está presente em outras atividades humanas, tais como: **agricultura**, sendo indispensável para produção de alimentos por meio da irrigação das plantações; **industrial**, sendo utilizada nos processos industriais, podendo inclusive ser incorporada aos produtos e na limpeza dos ambientes; **recreação**; **aquicultura**; **geração de energia**; **navegação** e **contemplação paisagística**. Quando se associa um uso à água, agrega-se valor a esse bem e tem-se um recurso hídrico.

Proteger os recursos hídricos é preservar a nossa própria existência, uma vez que aproximadamente 70% do nosso corpo é composto por água. Ao cuidar da água bruta presente em nossos mananciais de abastecimento público, o ser humano está cuidando da sua própria saúde.

As principais ações para proteger os recursos hídricos são: legislações específicas de controle e fiscalização de fontes poluidoras, monitoramento de qualidade e quantidade de água; medidas de proteção de mananciais; reflorestamento de margens de corpos hídricos; dragagem; utilização de água de forma racional; educação ambiental entre outras.

O monitoramento da qualidade da água é um dos instrumentos da política nacional de recursos hídricos e deve ser utilizado como uma ferramenta na obtenção de dados e geração de informações, tanto para o diagnóstico quanto para o acompanhamento das medidas mitigadoras e compensatórias previstas nos programas de recuperação de qualidade das águas. Ao monitorar regularmente a qualidade das águas, fica mais fácil identificar problemas recorrentes durante as etapas de implantação. Assim, é possível não só corrigir os erros com mais agilidade, como também evitar que eles aconteçam novamente em programas futuros, minimizando as perdas. O monitoramento da qualidade das águas naturais permite acompanhar as alterações nas características físicas, químicas e biológicas da água, decorrentes de atividades antrópicas e de fenômenos naturais.

Para estabelecer uma rede de monitoramento, é necessária a seleção de três diretrizes básicas: **pontos de amostragem**, em locais específicos e georreferenciados; **parâmetros de qualidade**, para gerar informações que possam ser utilizadas para a definição das condições presentes de qualidade da água; e **frequência de monitoramento,** feita em intervalos regulares de tempo.

A caracterização da qualidade da água é determinada por diversos parâmetros, os quais representam suas características físicas, químicas e biológicas. Esses parâmetros são indicadores da qualidade da água e podem representar impurezas quando alcançam valores superiores aos estabelecidos para determinado uso.

A partir dos parâmetros individuais de qualidade de água, os órgãos ambientais fazem sua integração com vistas a calcular índices de qualidade, que são números que variam numa escala normalmente de zero a 100, com faixas de qualidade, indo da qualidade Péssima até a qualidade Ótima. Essa classificação tem a vantagem de facilitar a comunicação com a população, a imprensa e os tomadores de decisão.

O principal índice de qualidade da água utilizado pelas Unidades da Federação é o Índice de Qualidade das Águas (IQA), que foi desenvolvido para avaliar a qualidade da água bruta visando seu uso para o abastecimento público, após tratamento. Os parâmetros utilizados no cálculo do IQA são em sua maioria indicadores de contaminação causada pelo lançamento de esgotos domésticos.

Assim, o IQA reúne nove parâmetros, considerados mais representativos para a caracterização da qualidade das águas. São eles: *E. coli*, pH, demanda bioquímica de oxigênio, nitrogênio total, fósforo total, temperatura da água, turbidez, sólidos totais e oxigênio dissolvido.

1. Desenvolvimento do Monitoramento da CETESB

No estado de São Paulo, compete à CETESB desempenhar a atividade de monitoramento das águas superficiais. A rede básica iniciou sua operação em fins da década de 1970. O monitoramento da qualidade das águas superficiais em corpos de água doce, como rios e reservatórios, realizado pela CETESB, é constituído por duas redes de amostragem: uma manual e outra automática, que se encontram descritas no quadro a seguir, objetivando um diagnóstico dos usos múltiplos do recurso hídrico.

QUADRO – **Redes de monitoramento de água doce – 2021.**

Monitoramento CETESB	Objetivos	Início de Operação	Pontos	Frequência	Variáveis
Rede Básica	Fornecer um diagnóstico geral dos recursos hídricos no estado de São Paulo	1974	448	Trimestral	Físicas Químicas Biológicas
Monitoramento Automático	Controle de fontes poluidoras domésticas e industriais, bem como controle da qualidade da água destinada ao abastecimento público	1998	16	Horária	Físicas Químicas

O aperfeiçoamento sistemático da rede da CETESB atende a diversos objetivos inerentes ao monitoramento de qualidade das águas, destacando-se a necessidade de acompanhar o crescimento populacional, a diversificação das indústrias no Estado, programas de controle da poluição das águas e diagnóstico dos mananciais utilizados para o abastecimento público.

O processo de evolução do programa de monitoramento da CETESB está baseado na busca contínua de um melhor e mais eficiente diagnóstico dos recursos hídricos. Esse processo considera o avanço científico, os projetos do Governo do Estado, bem como as demandas das Agências Ambientais, das Prefeituras Municipais e dos Comitês das Bacias Hidrográficas.

2. Resultados Atuais da Qualidade das Águas do Rio Pinheiros

Para quantificar a poluição existente nos rios metropolitanos, é essencial a presença de redes de monitoramento que contemplem séries históricas de medição da qualidade de suas águas.

Ao longo do tempo, as redes de monitoramento podem passar por modificações, de forma a adaptar o plano de monitoramento às condições presentes de infraestrutura e recursos, implicando em ampliações ou reduções do número de pontos de amostragem, adequações das frequências de coletas e inclusão de novas variáveis de qualidade.

Dentro desse contexto, nas últimas décadas, o monitoramento do rio Pinheiros vem se adaptando aos programas de cunho governamental, a exemplo da implantação de redes coletoras, do Sistema de Flotação e, mais recentemente, do Programa Novo Rio Pinheiros, que tem o objetivo de revitalizar o rio Pinheiros por meio da ação de diversos órgãos públicos em parceria com a sociedade.

Desde o início da rede básica de monitoramento da qualidade das águas doces superficiais da CETESB, em fins da década de 1970, o rio Pinheiros já apresentava um ponto de amostragem, devido a sua importância em nível regional, uma vez que suas águas são bombeadas para o reservatório Billings em períodos de precipitações intensas para o controle de cheias na Região Metropolitana de São Paulo, além de servirem para diluição dos lançamentos urbanos.

É de fundamental importância conhecer a qualidade das águas do Rio Pinheiros. Portanto, desde o início da rede básica, houve uma evolução crescente do número de pontos de amostragem situados na bacia hidrográfica do rio Pinheiros, passando de um para 22 pontos de amostragem.

Atualmente, o rio Pinheiros é monitorado por meio de quatro pontos de amostragem distribuídos ao longo de sua calha principal e outros 18 pontos posicionados em todos os seus afluentes a céu aberto, além de contar com uma estação de monitoramento automático situada próxima à Usina Elevatória de Pedreira.

3. IQA – Rio Pinheiros

O ponto de amostragem situado próximo à Usina Elevatória de Pedreira é monitorado desde fins da década de 1970 e, portanto, tem-se uma evolução do IQA deste ponto ao longo deste período.

Na figura a seguir é mostrado o gráfico com a indicação do IQA anual para o período compreendido entre 1978 e 2021. Conforme já informado, o IQA é um número que varia numa escala de 0 a 100, sendo classificado na categoria Péssima, quando a classificação varia de 0 a 19; Ruim, de 20 a 36; Regular, de 37 a 51; Boa, de 52 a 79; e Ótima, de 80 a 100.

Figura: **IQA do rio Pinheiros – Usina Elevatória de Pedreira**

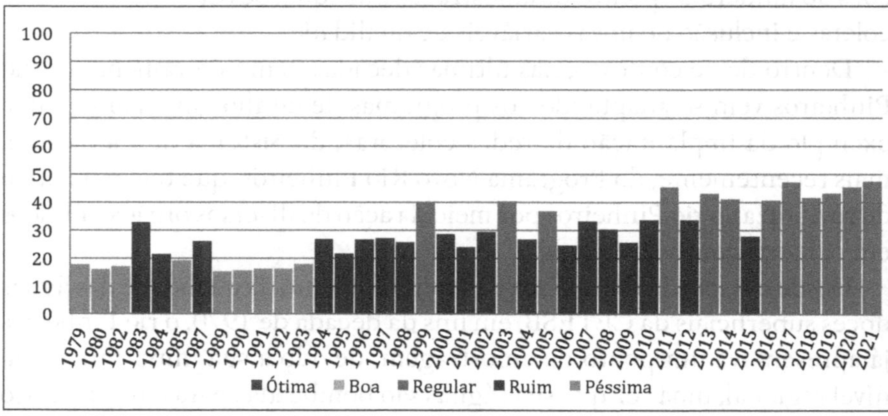

Desde 2016, a qualidade das águas do rio Pinheiros, próximo à Usina Elevatória de Pedreira, tem se mantido na qualidade Regular, sendo que, em 2021, se atingiu o recorde de toda a série histórica com uma nota de IQA igual a 47,5.

As intervenções adotadas pelos órgãos públicos estaduais ao longo das últimas décadas no saneamento da Região Metropolitana de São Paulo têm evidenciado a melhora na qualidade das águas do rio Pinheiros.

A partir de 2019, houve uma intensificação das ações de saneamento na bacia hidrográfica do rio Pinheiros ao longo de toda sua calha, que compreende o trecho inferior, indo da Usina Elevatória de Retiro até a Usina São Paulo e o trecho superior, indo da Usina São Paulo até a Usina Elevatória de Pedreira.

4. Programa Novo Pinheiros

A partir de 2019, o programa Novo Rio Pinheiros intensificou as ações de saneamento na bacia hidrográfica do rio Pinheiros, com o objetivo de revitalizar este importante rio da cidade de São Paulo, mediante a ação de diversos órgãos públicos em parceria com a sociedade. A meta até o fim do programa é reduzir o esgoto lançado em seus afluentes, melhorar a qualidade das águas e integrá-lo completamente à cidade.

A fim de acompanhar as medidas realizadas pelos órgãos públicos estaduais nos últimos anos, por meio do Programa Novo Pinheiros, a CETESB selecionou dois parâmetros de controle do monitoramento de água: a demanda bioquímica de oxigênio, que consiste numa medida indireta da concentração de matéria orgânica biodegradável presente na água, e o oxigênio dissolvido, cuja presença está associada com a vida aquática.

Para rios enquadrados na Classe 4, de acordo com o Decreto Estadual nº 10.755, de 1977, como é o caso do rio Pinheiros, cujas águas se destinam à harmonia paisagística e navegação, existe padrão de qualidade na legislação federal para o parâmetro oxigênio dissolvido, cujo limite é de 2 mg L^{-1} (CONAMA, 2005). No caso da demanda bioquímica de oxigênio, não existe um padrão legal, mas a CETESB adotou como valor de referência o limite de 30 mg L^{-1}.

Na figura a seguir, é apresentada a evolução dos parâmetros oxigênio dissolvido e demanda bioquímica de oxigênio no rio Pinheiros desde 2017.

FIGURA: **Parâmetros de Controle do Programa Novo Pinheiros.**

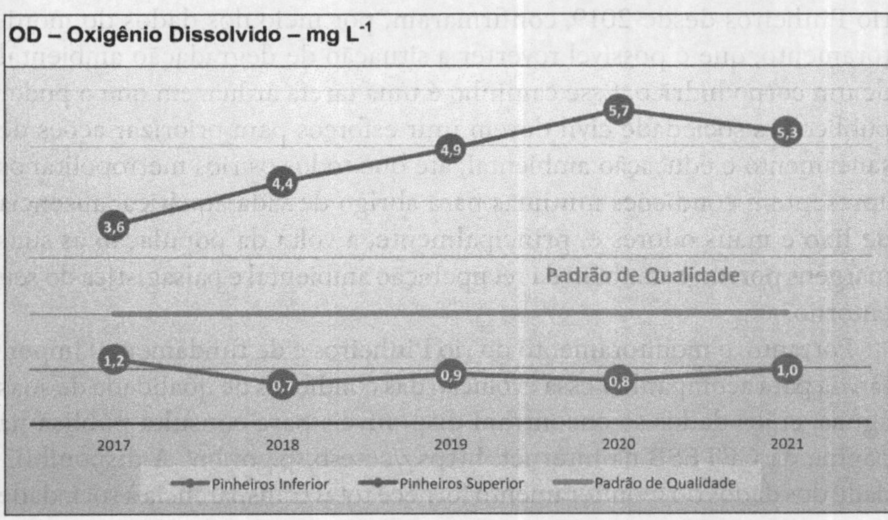

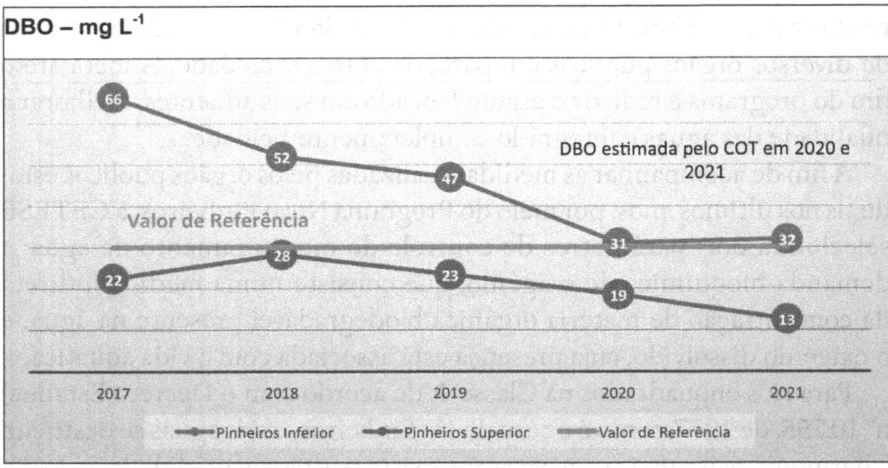

Os dados de monitoramento, obtidos para o oxigênio dissolvido, indicaram uma melhora significativa no trecho superior do rio Pinheiros, principalmente nos anos de 2019, 2020 e 2021. Os valores médios anuais da demanda bioquímica de oxigênio também mostraram uma melhora em toda extensão do rio Pinheiros neste mesmo período.

Conclusões

A intensificação das ações de saneamento, implementadas na bacia do rio Pinheiros desde 2019, confirmaram, por meio dos dados do monitoramento, que é possível reverter a situação de degradação ambiental de um corpo hídrico. Esse caminho é uma tarefa árdua, em que o poder público e a sociedade civil devem unir esforços para priorizar ações de saneamento e educação ambiental, até que todos os rios metropolitanos apresentem condições mínimas para abrigo de vida aquática, ausência de lixo e maus odores e, principalmente, a volta da população às suas margens por meio também da recuperação ambiental e paisagística do seu entorno.

Portanto, o monitoramento do rio Pinheiros é de fundamental importância para acompanhar essa evolução das condições de qualidade de suas águas, cujos dados se encontram disponíveis para consulta pública na página da CETESB na internet: https://cetesb.sp.gov.br/. A disponibilidade dos dados do monitoramento fornece total transparência à sociedade paulista sobre os impactos positivos advindos das ações de saneamento executadas na bacia de drenagem do rio Pinheiros.

A CETESB – Companhia Ambiental do Estado de São Paulo cumpre seu papel de acompanhar a evolução dos programas de saneamento desenvolvidos pelos órgãos de governo em conjunto com toda a população paulista.

Referências

ANA. Rede Nacional – **Redes de Monitoramento**. Disponível em: http://pnqa.ana.gov.br/rede-nacional-rede-monitoramento.aspx. Acesso em: 15 de ago. 2022. BRASIL.

CONAMA. Resolução nº 357, de 17 de março de 2005. **Dispõe sobre a classificação dos corpos de água e diretrizes ambientais para o seu enquadramento, bem como estabelece as condições e padrões de lançamento de efluentes, e dá outras providências.** Diário Oficial da União: República Federativa do Brasil: seção 1, Brasília, DF, ano 142, n. 53, p. 58-63, 18 mar. 2005.

São Paulo (Estado). **Decreto Estadual n.º 10.755,** de 22 de novembro de 1977.

V.

CONTROLE AMBIENTAL

33. ACIDENTES TECNOLÓGICOS NO ESTADO DE SÃO PAULO: UMA ANÁLISE A PARTIR DE ACIDENTES COM ÊNFASE NA PREVENÇÃO E RESPOSTA NO PERÍODO DE 1992-2022

Jorge Luiz Nobre Gouveia
Anderson Pioli
José Carlos de Moura Xavier

Introdução

Os avanços tecnológicos associados à industrialização trazem conforto à sociedade moderna. Somente por meio da utilização de produtos químicos, e a partir de suas reações, o homem consegue produzir medicamentos, alimentos, roupas, carros, casas, produtos de higiene, bem como purificar a água e produzir energia, itens essenciais à sua sobrevivência. Não há área ou setor que não utilize em seus processos ou produtos, algum insumo de origem química. Para atender às necessidades da sociedade, é necessária uma grande variedade de produtos químicos (HADDAD, 2017).

Muitos desses insumos apresentam propriedades que permitem classificá-los como corrosivos, inflamáveis, oxidantes ou tóxicos, entre outros. Reações químicas no armazenamento ou a perda de contenção podem possibilitar a liberação de energia e/ou de matéria, com a possibilidade de causar danos ao meio ambiente e a vida humana caracterizando o acidente tecnológico aqui tratado.

Historicamente, uma série de acidentes ocorreu em diferentes partes do mundo como resultado da intensa industrialização ocorrida ao longo do século 20 e do consequente aumento da complexidade das tecnologias desenvolvidas e empregadas. Entretanto, foi apenas após as amplas repercussões de grandes acidentes como aqueles ocorridos em Flixborough

(Reino Unido – 1974), Seveso (Itália – 1976) e Bhopal (Índia – 1984) que agências regulatórias e outros órgãos governamentais iniciaram as discussões a respeito do que atualmente se define como Gestão de Segurança (ALVES, 2021).

No Brasil, a primeira iniciativa como medida de resposta aos acidentes tecnológicos ocorreu no estado de São Paulo em 1978, em decorrência do acidente com o petroleiro Brazilian Marina quando, pela primeira vez, houve a participação do órgão ambiental paulista em um atendimento emergencial, trabalhando principalmente os aspectos corretivos do acidente.

Nos anos 1980, em meio à intensa discussão sobre os efeitos da poluição ordinária na população de Cubatão, ocorreram os primeiros passos para estruturar ações estaduais de prevenção da poluição acidental. Entre esses passos, estavam o domínio de técnicas de diagnóstico e de prognóstico de possíveis acidentes, a aplicação desse conhecimento em estudos piloto e sua adoção no licenciamento ambiental de empreendimentos que manipulavam substâncias químicas perigosas. A esse conjunto de técnicas se chamou Estudo de Análise de Risco (EAR), denominação equivalente a Avaliação Quantitativa de Risco (AQR).

Ainda nos anos de 1980, empreendimentos potencialmente modificadores do meio ambiente como oleodutos, gasodutos e unidades industriais passaram a ter de estudar seus impactos e propor formas de mitigar aqueles considerados negativos (CONAMA, 1986). No estado de São Paulo, o EAR passou a ser requerido pela Companhia Ambiental do Estado de São Paulo (CETESB) em conjunto com o Estudo de Impacto Ambiental (EIA) para determinados tipos de empreendimentos, de forma que, além dos aspectos relacionados aos impactos ambientais e à poluição crônica, também a prevenção de acidentes maiores fosse contemplada no processo de licenciamento (CETESB, 2014). Posteriormente o país começou a se preocupar ainda mais com o tema segurança relacionada à realização de atividades industriais associadas ao transporte, ao armazenamento, à manipulação e ao processamento de produtos químicos.

As lições aprendidas com os grandes acidentes ocorridos a partir da exposição de experiências pretéritas e o acúmulo de conhecimento, possibilitaram rearranjos técnicos-institucionais para estruturação de agências ambientais no âmbito nacional e internacional, o que acarretou o aumento da capacitação das equipes técnicas e, consequentemente, o melhor enfrentamento de situações de alta complexidade, resultante de acidentes tecnológicos. Notadamente no estado de São Paulo, observou-se a partir da década de 1990 uma mudança significativa das ferramentas utilizadas na prevenção de acidentes, na qualidade dos trabalhos e no tempo de resposta das equipes de emergência.

Este trabalho busca apresentar essa multiplicidade de alterações ocorridas no estado de São Paulo nesse período no tema prevenção, preparação e resposta aos acidentes tecnológicos, seus impactos ambientais e socioeconômicos.

1. Primórdios

Como já citado na Introdução, no Brasil a primeira iniciativa como medida corretiva de poluição por acidentes tecnológicos, ocorreu no estado de São Paulo, em decorrência do acidente com o petroleiro Brazilian Marina, do qual participaram especialistas da Guarda Costeira e da Agência de Proteção Ambiental dos Estados Unidos da América.

Esse evento desencadeou medidas governamentais para a prevenção destas ocorrências. Entre elas, foi instituído o Comitê de Defesa do Litoral (CODEL), pelo Decreto Estadual nº 11.762, de 22.06.1978, com o objetivo de coordenar a atuação de diversas entidades que pudessem cooperar com a proteção do meio ambiente no litoral do estado de São Paulo.

Após a ocorrência desse acidente, a CETESB criou o Setor de Atendimento a Emergências com a finalidade de intervir, no primeiro momento, nos acidentes envolvendo derrame de óleo no transporte aquaviário.

A partir de 1983 a CETESB passou a atender acidentes causados por outras tipologias como indústria, transporte rodoviário, armazenamento, entre outros.

Foi nesse ano que ocorreu um grande vazamento de solventes orgânicos clorados na empresa USA Chemicals Ltda, em Porto Feliz, SP. Os tanques utilizados para estocagem da empresa eram muito antigos e o acidente foi ocasionado por uma colisão de um caminhão contra a válvula de um dos tanques, causando o vazamento de aproximadamente 400 m^3 de uma mistura de solventes, entre eles o 1,1,2 tricloroetano, tetracloroetileno (HIRATA, 1990). O produto vazado atingiu a água subterrânea e até hoje esse local está inserido na relação de áreas contaminadas críticas da CETESB, em função do risco à saúde humana.

Outro importante acidente ocorrido na década de 1980 foi o da Vila São José, no município de Cubatão em 1984, envolvendo a ruptura de um duto de combustíveis da Petrobras. O produto vazado escoou pelas valas de drenagem existentes no local, depositando-se no mangue sob as casas da favela Socó.

Em decorrência deste vazamento, irrompeu um incêndio de grandes proporções atingindo a parte central do mangue, onde estava localizada a referida favela, ocasionando, além de danos materiais, grande número de vítimas fatais (SERPA, 1984).

Eventos como os de Porto Feliz e de Cubatão motivaram a CETESB a se organizar para lidar com a prevenção. O EAR, tratado em mais detalhes à frente, e a criação em 1986 de unidade organizacional (o atual Setor de Avaliação de Riscos Tecnológicos) ocuparam espaço relevante nessa organização.

Nos anos 1980 e 1990 são elaborados os primeiros guias que orientavam a elaboração do EAR e a avaliação do risco estimado (XAVIER e MINNITI, 2017). O desafio à época era internalizar essa ferramenta na estratégia de gerenciamento ambiental praticado pela CETESB e demonstrar a sua eficácia. Xavier e Minniti (2017) mostraram que o Programa de Gerenciamento de Riscos de Terminais e Dutos [Baixada Santista e Litoral Norte], iniciado em 1988 e atualmente na segunda revisão (denominado PGR III), cumpriu o objetivo da internalização. Já Poffo (2000) mostrou que as ações do PGR I, que se estenderam até a metade dos anos 1990, coincidem com a redução da frequência e da magnitude dos vazamentos no terminal de São Sebastião da Transpetro, evidenciando a eficácia da citada estratégia.

2. Prevenção

Xavier e Minniti (2017) destacam que os primeiros passos para estruturar ações estaduais de prevenção da poluição acidental ocorreram nos anos 1980. Entre eles estavam o domínio de técnicas de diagnóstico e de prognóstico de possíveis acidentes, a aplicação desse conhecimento em estudos piloto e sua internalização no licenciamento ambiental de empreendimentos que manipulavam substâncias químicas perigosas. Vamos saber um pouco mais sobre esses passos.

A busca pelas técnicas de diagnóstico e prognóstico passa por cursos com técnicos europeus e brasileiros entre 1986 e 1988. A "linha europeia" de gestão de risco seguida à época possibilitou a internalização dos conceitos de risco e do emprego de critérios quantitativos de risco nas decisões de ocupação do solo e de permissão da implantação de empreendimentos industriais (XAVIER e MINNITI, 2017). No final dos anos 1980, essas decisões eram praticadas na Inglaterra e na Holanda (ALE, 2005) (STALLEN, GEERTS e VRIJLING, 1996), já na vigência da Diretiva 82/501/CEE, da Comunidade Econômica Europeia, conhecida como Diretiva Seveso.

Os estudos piloto ocorreram entre 1987 e 1991 em seis indústrias de Cubatão (CETESB, 1987). Praticou-se a tomada de decisão quanto à necessidade de um EAR baseada em critério desenvolvido à época e o desenvolvimento do estudo, o qual contemplou as etapas: análise histórica de acidentes, formulação de hipóteses acidentais, simulações de efeitos físicos, análise de vulnerabilidade do entorno da unidade com foco no homem e corpos d'água e proposição de medidas de gerenciamento (CETESB, 1991).

O avanço dos passos citados ocorre concomitantemente à criação em 1986 de unidade organizacional na CETESB com o propósito de desenvolver o tema e internalizá-lo no licenciamento ambiental de indústrias químicas e petroquímicas, terminais de armazenamento de químicos, petróleo e seus derivados, bem como dutos (XAVIER e MINNITI, 2017).

O estabelecimento em agosto de 1988 do Programa de Gerenciamento de Riscos para Terminais de Granéis Líquidos e Dutos, posteriormente denominado Programa de Gerenciamento de Risco I (PGR I), foi passo fundamental na internalização das técnicas de análise de risco e sua associação com as ações de controle da poluição acidental na região litorânea do estado, cujos acidentes eram bastante frequentes e danosos nas décadas de 1970 e 1980 (XAVIER e MINNITI, 2017).

Dez terminais da Baixada Santista e um de São Sebastião, além da Petrobras, responsável por quatro sistemas de dutos, foram instados a apresentarem EARs. Os Estudos foram apresentados entre 1989 e 1992 (terminais da Baixada e de São Sebastião e a partir de 1993 dutos). Seguiram análises desses Estudos, pareceres com recomendações de modificações físicas nas instalações e de gerenciamento dos perigos e do risco, além de vistorias de acompanhamento da implantação das recomendações nos anos seguintes (XAVIER e MINNITI, 2017).

Os EARs foram elaborados a partir de termos de referência (TRs) que previam: (i) a formulação de hipóteses acidentais a partir da análise histórica de acidentes no empreendimento e em instalações similares, nacionais e internacionais, análise preliminar de risco (APR), análise por árvore de falhas (AAF) e análise por árvore de eventos (AAE); (ii) simulações de efeitos físicos; (iii) análise de vulnerabilidade; (iv) avaliação dos riscos e (v) gerenciamento dos riscos (XAVIER e MINNITI, 2017).

A "linha europeia" está presente nos TRs com o seu caráter quantitativo, evidente pelas técnicas recomendadas, como AAF, AAE e as simulações de efeitos físicos. Também se mencionam os indicadores risco individual (RI) e risco social (RS), típicos da estimativa quantitativa. Porém, não há nos TRs referência a critérios de tolerabilidade de risco. Igualmente interessante e aparentemente conflitante é a descrição do item referente ao gerenciamento de risco. Nele, menciona-se a elaboração de um programa de gerenciamento a partir da "análise de consequências e vulnerabilidade da área em estudo com o objetivo de reduzir frequências e consequências". Nesse momento, embora houvesse menção a indicadores de risco, a orientação dos TRs para o gerenciamento do risco baseava-se na abrangência dos efeitos físicos e não em risco (XAVIER e MINNITI, 2017).

2.1. Mudança de paradigma

Em concomitância com a consolidação técnica e organizacional da unidade responsável por abordar risco tecnológico na CETESB, desde o final dos anos 1980 e até 1996 foram propostos métodos para a tomada de decisão quanto à necessidade de um EAR (para apoiar decisão quanto ao licenciamento ambiental) e modificações nos TRs, entre elas a menção aos critérios de tolerabilidade de risco adotados na Holanda, Inglaterra e Dinamarca. Por anos, essa estratégia induziu a apresentação de EARs nos quais, na etapa de avaliação do risco, se comparava o risco estimado para o empreendimento com os critérios citados (XAVIER e MINNITI, 2017)

A norma CETESB P4261 (CETESB, 2003), elaborada entre 1998 e 1999 e vigente a partir de 2003, inova ao trazer pela primeira vez critérios de tolerabilidade de Risco Individual (RI) e Risco Social (RS) propostos para o estado de São Paulo. Além disso, contemplava na sua parte I critério para tomada de decisão quanto à necessidade de apresentação de EAR, elaborado a partir da estrutura presente em CETESB (1996), e na parte II termo de referência para a elaboração de EARs.

A revisão da norma de 2014 (CETESB, 2014) aumenta o caráter prescritivo iniciado na revisão de 2003, notadamente nas etapas quantitativas de estimativa dos efeitos físicos e avaliação de vulnerabilidade e de estimativa de frequências. O objetivo foi reduzir a variabilidade de resultados observada no período de vigência da revisão de 2003 (XAVIER e MINNITI, 2017).

3. Resposta

Durante as décadas de 1970, 1980 e até o início da década de 1990, a CETESB realizou mais de 1100 atendimentos a acidentes tecnológicos (SIEQ, 2022), participando efetivamente da resposta aos acidentes de forma operacional, ou seja, implementando ações de contenção, transferência e remoção de produtos. Muitos desses trabalhos foram executados pelos técnicos do órgão ambiental em razão do despreparo e da ausência de uma organização bem estruturada pelos causadores dos acidentes.

3.1. Mudança de paradigma

No início deste século, observa-se uma evolução significativa, tanto na resposta aos acidentes tecnológicos pelas empresas privadas, quanto na gestão da emergência por parte dos órgãos de fiscalização.

No caso da CETESB, a evolução se deu na gestão dos acidentes tecnológicos passando a atuar muito mais na coordenação com outros órgãos intervenientes do setor público e privado e no monitoramento ambiental. Tudo isso sem deixar de cumprir seu papel de controle e fiscalização, com a preocupação fundamental de preservar e recuperar a qualidade ambiental dos meios atingidos.

O trabalho braçal dá lugar para o trabalho de gestão da emergência, tornando a CETESB uma das maiores referências no atendimento a emergências químicas da América Latina.

A seguir são descritas algumas atividades que foram importantes para que a CETESB atingisse a sua excelência no atendimento emergencial aos acidentes tecnológicos:

Em reconhecimento ao seu trabalho, em 1992, a CETESB foi designada pela Organização Mundial da Saúde (OMS) e pela Organização Pan-Americana de Saúde (OPAS), como Centro Colaborador em Prevenção, Preparativos e Resposta às situações de Emergências Químicas para a América Latina, dada sua especialização na resposta a acidentes ambientais envolvendo produtos químicos (OPAS, 2010).

Nesse sentido, as ações de cooperação técnica da CETESB como centro de referência da OPAS foram no campo da capacitação onde passou a ser efetiva com a primeira edição do curso "Prevenção, Preparação e Resposta aos Acidentes Químicos" realizado na CETESB na cidade de São Paulo de 1999 a 2003 para os países latino-americanos (OPAS, 2010).

A OPAS contribuiu para fortalecer algumas das capacidades internas da CETESB na temática do atendimento a emergências químicas, proporcionando prestígio internacional não apenas na disseminação do conhecimento, mas também em apoio a alguns acidentes ocorridos na América Latina, como no Paraguai em 2003 e em Honduras em 2007.

É também na primeira década desse século que se percebe o protagonismo da vigilância sanitária para investigar exposições e agravos de grupos populacionais e trabalhadores expostos a substâncias químicas. Pode-se dizer que a partir da década de 1990 ficou evidente a presença da área de saúde acompanhando as possíveis inter-relações entre a saúde humana e a poluição ambiental e aqui mais especificamente os acidentes tecnológicos.

Em 2000 foi criada a Comissão Nacional de Segurança Química (CONASQ). A CETESB era membro permanente da CONASQ representando a Associação Brasileira das Entidades de Meio Ambiente (ABEMA). Seus principais objetivos eram a articulação institucional e o fomento de discussões sobre segurança química. A CONASQ foi descontinuada em 2019, no entanto, era um importante fórum nacional de debates e proposições com discussões sobre mecanismos de controle e fiscalização na gestão de substâncias químicas.

O Plano Nacional de Prevenção, Preparação e Resposta Rápida a Emergências Ambientais com Produtos Químicos Perigosos (P2R2) foi instituído em 2004 com o objetivo de prevenir a ocorrência de acidentes com produtos químicos perigosos e aprimorar o sistema de preparação e resposta a emergências químicas no País (PRESIDÊNCIA DA REPÚBLICA, 2004). Foi motivado pelo rompimento de uma barragem de rejeitos da indústria de papel ocorrida em 2003, na cidade de Cataguases, Zona da Mata de Minas Gerais. 900 mil m^3 de material orgânico constituído basicamente de lignina e sódio alcançaram a bacia hidrográfica do rio Paraíba do Sul, gerando mortandade de peixes e interrupção do abastecimento de água em municípios de Minas Gerais e do Rio de Janeiro (G1, 2015).

A CETESB participou ativamente da implantação dos grupos de trabalho do P2R2 no Estado de São Paulo e em diversos estados da Federação.

Em 2007 a CETESB desenvolveu o Sistema de Informações sobre Emergências Químicas (SIEQ), possibilitando ao usuário realizar sua própria consulta sobre os atendimentos às emergências químicas, realizados pela CETESB, desde 1978 até a presente data (SIEQ, 2022).

Essa ferramenta proporciona o levantamento dos acidentes tecnológicos, identificando áreas de alta incidência de acidentes, vulnerabilidades ambientais e sociais, bem como orientações de resposta a esses acidentes (Figura 1).

FIGURA 1 – **Acidentes tecnológicos atendidos pela CETESB em 2022 (SIEQ).**

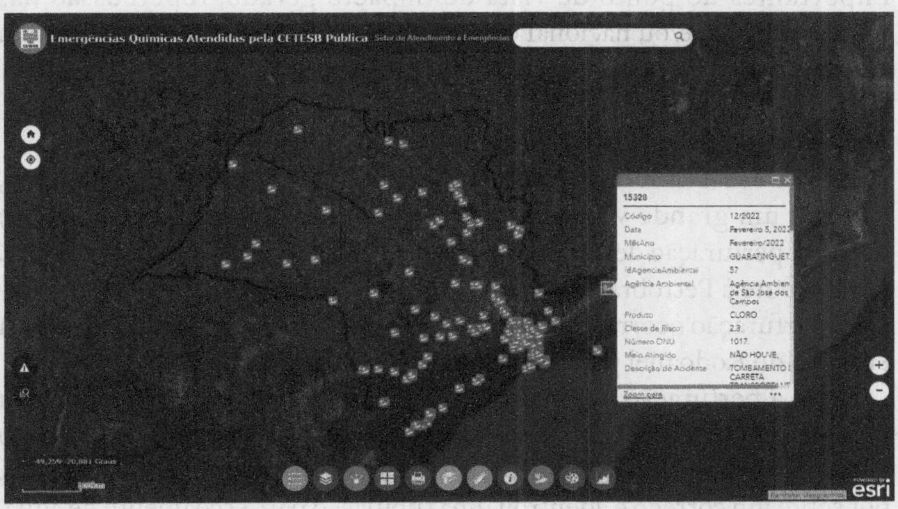

Também nesses últimos 30 anos, os técnicos da CETESB têm participado ativamente, como coordenadores ou membros dos Comitês Técnicos da Associação Brasileira de Normas Técnicas (ABNT) (ABNT,

2022). Entre os diversos comitês instituídos na ABNT, pode-se destacar ABNT/CB-010 – Comitê Brasileiro de Química e ABNT/CB-016 – Comitê Brasileiro de Transportes e Tráfego. Nesse último, a principal norma voltada à prevenção e resposta aos acidentes químicos é a Norma ABNT NBR 14064:2015, que estabelece requisitos e procedimentos operacionais mínimos a serem considerados nas ações de preparação e de resposta rápida aos acidentes envolvendo o Transporte Rodoviário de Produtos Perigosos.

Em 2014, a CETESB publica o "Manual de Atendimento a Emergências Químicas", com ilustrações e com conteúdo técnico sobre ações de prevenção, preparação e resposta às situações envolvendo substâncias perigosas, desde a fase inicial da ocorrência até o processo final de descontaminação e gerenciamento dos resíduos gerados.

4. Acidentes Tecnológicos Relevantes no estado de São Paulo

A seguir são apresentados alguns acidentes relevantes atendidos pela CETESB, no estado de São Paulo, a partir dos anos 2000, sejam eles importantes do ponto de vista de impacto gerado, repercussão nas mídias regional e/ou nacional ou mesmo por proporcionar mudanças em legislações ou procedimentos de segurança:

4.1. Vazamento de GLP em gasoduto

Por volta das 11h30min do dia 15.06.2001, no município de Barueri, ocorreu um grande vazamento de Gás Liquefeito de Petróleo (GLP) devido a perfuração de um gasoduto de 14 polegadas de diâmetro (35 cm), pertencente à Petrobras.

A perfuração ocorreu durante a realização de serviços com bate estaca em obra do Rodoanel para remanejamento dos dutos da Petrobras.

Com a perfuração ocorreu grande vazamento do gás, o qual formou uma densa nuvem na atmosfera. Dadas as variações do vento, o produto vazado espalhou-se por três áreas distintas: em direção às ruas próximas, por sobre um córrego e adentrou uma tubulação para escoamento de água, portanto confinada e com extensão aproximada de 100 metros, a qual atravessava a rodovia Castelo Branco.

Dada a possibilidade de ignição da nuvem de GLP e consequentes danos à comunidade, foram evacuadas aproximadamente 900 pessoas num raio de 500 metros do local do vazamento.

A estimativa final da quantidade vazada foi de 150 toneladas de GLP. A fase emergencial desse acidente se estendeu por cinco dias.

4.2. Incêndio no Terminal da empresa ULTRACARGO / TEQUIMAR

Um incêndio de grandes proporções iniciou-se por volta das 10h00min do dia 02.04.2015 no parque de tanques de inflamáveis da empresa ULTRACARGO, no bairro de Alemoa, Santos. Inicialmente eram quatro tanques cada qual com capacidade de 6.000 m³ envolvidos no incêndio.

Os órgãos de resposta envolvidos atuaram de forma integrada sob o comando do Corpo de Bombeiros que implantou o Sistema de Comando de Operações de Emergências (SICOE). A fumaça preta gerada pelo incêndio podia ser vista a quilômetros de distância.

São consideradas ações relevantes da CETESB nessa emergência, o monitoramento da atmosfera utilizando equipamentos portáteis de detecção, instalação de uma estação automática de medição da qualidade do ar severamente atingida no entorno do local do acidente e coletas de água e de organismos vivos do estuário para investigar a causa da mortandade de peixes.

Até o momento, este é considerado o maior incêndio tecnológico do país que perdurou por nove dias para ser debelado. No total, seis tanques de combustíveis foram atingidos onde se armazenava etanol, óleo diesel e gasolina.

4.3. Incêndio na empresa Localfrio.

Em 14.01.2016, ocorreu no bairro Vicente de Carvalho, Guarujá, um incêndio de grandes proporções envolvendo cerca de 85 contêineres na Localfrio, uma empresa da área de logística portuária.

O principal produto dos contêineres era o dicloroisocianurato de sódio, utilizado como agente de desinfecção para piscina. Outros produtos confirmados eram peróxidos orgânicos e nitrato de potássio.

Uma ação importante adotada pelo órgão ambiental foi o monitoramento das águas do estuário no entorno do acidente. A maior preocupação era com a nuvem tóxica gerada pelo incêndio.

A principal hipótese sobre a causa do acidente foi de que a água da chuva entrou em contato com o dicloroisocianurato de sódio e provocou uma reação exotérmica (liberação de calor) e gerou gás cloro para atmosfera (CAMEO, 2022).

4.4. Incêndio em galpão contendo fosfeto de alumínio em Santos

Por volta das 03h30min do dia 08.10.2018, um grave incêndio ocorreu em um galpão situado no bairro do Paquetá, em Santos. Durante o combate ao incêndio, foi percebida reação da água com frascos espalhados pelo local, ocasionando pequenas explosões e emissão de fumaça esbranquiçada, fatores estes que levaram à decisão de paralisação dos trabalhos de extinção do incêndio e retirada de bombeiros do local.

O produto contido nos frascos se tratava de fosfeto de alumínio utilizado no controle de pragas (fumigação), que reage violentamente com água liberando fosfina, uma substância química classificada como tóxica e inflamável.

Diante dos possíveis danos decorrentes da exposição ao produto e à fumaça tóxica, tanto por parte dos bombeiros como por parte da população evacuada, foi desencadeada, a partir da recomendação dada pela Secretaria Estadual de Saúde, uma ação emergencial no sentido de encaminhar a população envolvida (71 pessoas) na ocorrência para a Santa Casa de Misericórdia de Santos e todos os bombeiros (23) e brigadistas da Guarda Portuária (5) para o Hospital das Clínicas, em São Paulo. O atendimento emergencial durou três dias em razão do acompanhamento dos resíduos sólidos gerados que precisou de um trabalho minucioso em razão da forte reatividade química do fosfeto de alumínio com água.

4.5. Incêndio em indústria química em Barueri

Até a conclusão deste livro, o último acidente tecnológico de grande repercussão atendido pela CETESB, ocorreu em 26.08.2021, no Jardim Califórnia, Barueri.

O incêndio teve início na Empresa Química Araguaya, que armazenava diversos produtos químicos inflamáveis e se alastrou por toda a rua São João do Araguaia, atingindo diversas residências e duas empresas de reciclagem.

Dezenas de instituições atuaram integradamente sob o comando do Corpo de Bombeiros o qual implantou o SICOE. O incêndio produziu intensa e extensa fumaça negra cuja pluma se dirigiu para o quadrante sudeste do município. Na área externa, diversos escombros foram gerados devido à ruptura de muros que ladeavam as empresas, fiações e equipamentos elétricos queimados, automóveis completamente incendiados e edificações próximas receberam forte radiação térmica. A água de combate ao incêndio escorreu pela sarjeta da rua São João do Araguaia, alcançando as galerias de águas pluviais.

De acordo com informações prestadas pela Defesa Civil e pelo Corpo de Bombeiros, em função do acidente foram registrados cinco óbitos, sendo quatro deles envolvendo mãe e três filhos os quais foram encontrados carbonizados no interior de uma edificação adjacente às empresas. O outro óbito foi de uma senhora trabalhadora de uma das empresas recicladoras. Outras oito vítimas com queimaduras foram enviadas a tratamento médico e cerca de 50 pessoas foram evacuadas de suas residências.

5. Discussão

Eventos como os apresentados no item anterior mostraram elevado potencial para causar danos significativos ao ser humano, inclusive fatalidade. A baixa frequência com que ocorrem permite inferir que as ações de prevenção adotadas pela CETESB no licenciamento ambiental ou as ações corretivas ao longo dos eventos foram eficazes. As poucas fatalidades e os poucos danos significativos à saúde ratificam a manutenção da política de prevenção aperfeiçoada desde os anos 1990 e motiva sua ampliação para novos perigos e riscos.

Entre esses perigos estão aqueles relacionados às alterações do clima, tais como ocorrências envolvendo a perda de contenção de substância perigosa motivada por evento natural como chuva intensa e inundação, a utilização de hidrogênio em substituição a combustíveis fósseis ou a captura e o armazenamento de dióxido de carbono.

Campedel (2008), Cozzani et al. (2010) e Krausmann et al. (2011) mostraram o aumento na frequência de ocorrência de eventos na-tech, ou eventos tecnológicos causados por eventos naturais. Tanques e dutos são os equipamentos mais atingidos por esses eventos, derivados de petróleo são as substâncias mais vazadas. Inundações e terremotos são as causas naturais que predominam. No Brasil, Xavier e Sousa Junior (2022) identificaram 15 na-techs na região litorânea do estado de São Paulo no período de 1940 a 2015. Predominaram inundações como causa e resíduos de petróleo e derivados como substância vazada. O estudo também apontou tendência de aumento na frequência de ocorrência desses eventos.

Hidrogênio produzido a partir de energia elétrica solar, eólica ou de biomassa será opção para a descarbonização de setores industriais e do transporte. Seu armazenamento e transporte geram preocupação quanto aos perigos e risco inerentes. Azkarate et al. (2020) apontam o rápido crescimento e desenvolvimento das aplicações do hidrogênio e a necessidade de que o conhecimento sobre a segurança avance no mesmo passo em que ocorre o progresso tecnológico. Foram identificadas prioridades de conhecimento como (i) a física de um acidente envolvendo hidrogênio gasoso ou líquido, (ii) materiais utilizados no armazenamento e operação e (iii) segurança no transporte como o ferroviário, o marítimo e o rodoviário.

A captura de dióxido de carbono oriundo da queima de combustíveis fósseis e seu armazenamento em formações geológicas subterrâneas (cavernas) têm sido entendidos como opção na redução da emissão do gás para a atmosfera, porém esta apresenta perigos e impõe risco à comunidade e aos trabalhadores. Conhecer esses perigos e risco é essencial para gerenciá-los. Grant et al. (2017) discutem o risco associado ao transporte do gás comprimido em dutos e mostram que esse risco está associado às suas propriedades termodinâmicas e toxicológicas.

Esses perigos requerem estudos direcionados para o Brasil, de forma que se possam tomar decisões baseadas nos riscos tecnológicos, à saúde, ecológico e/ou econômico a eles associados. A localização de um novo empreendimento industrial, a ampliação de uma indústria existente, o armazenamento de hidrogênio próximo a áreas urbanas ou a escolha de tecnologia para armazenamento de dióxido de carbono são exemplos de decisões que certamente gestores privados e públicos enfrentarão em futuro breve. É preciso brevidade nos estudos para que as decisões possam ser tomadas com menor possibilidade de erro.

Conclusões

As ações de prevenção aos acidentes tecnológicos evoluíram no estado de São Paulo a partir do acidente com o petroleiro Brazilian Marina e, notadamente, a partir do início dos anos 1990. Guias, normas, manuais e outros documentos produzidos pelo Órgão Ambiental paulista vêm orientando essas ações, estabelecendo regras que objetivam reduzir a chance de ocorrência de acidentes que podem impactar o ambiente, ser humano inclusive, por parte de empreendimentos que manipulam substâncias perigosas. As já confirmadas alterações no clima do planeta adicionam desafios a essas ações, os quais precisam ser enfrentados com racionalidade e, principalmente, com antecipação.

Por outro lado, as ações de resposta devem ser vistas como uma conjunção de esforços intersetoriais e multiprofissionais, por meio de ação coordenada, planejada, com competências e responsabilidades devidamente caracterizadas. Nesse sentido, nos últimos vinte anos houve uma melhora contínua na conscientização e a participação das empresas responsáveis na resposta a esses acidentes. É inequívoco o aprimoramento e o empenho dessas empresas na aquisição de recursos que contribuem para um atendimento emergencial mais eficaz, tanto do ponto de vista técnico quanto aos cuidados com os aspectos ambientais.

No estado de São Paulo é também relevante nesses últimos trinta anos o envolvimento de órgãos de Defesa Civil, como Corpo de Bombeiros, de Meio Ambiente e de Assistência à Saúde, com atuação destacada nas consequências diretas geradas pelos desastres, tais como atendimento pré-hospitalar, suas implicações em termos de exposição, riscos à saúde dos grupos populacionais direta ou indiretamente afetados, contenção de incêndios, de vazamentos e isolamento da área.

Por fim, vale destacar que é importante que sejam resgatadas iniciativas no âmbito nacional como a restauração da CONASQ, um canal de comunicação envolvendo ministérios, a academia, o setor produtivo e a sociedade civil, que de forma colegiada podem contribuir na elaboração e proposição de estratégias e instrumentos que promovam a discussão sobre a segurança química no país, o que inclui os acidentes tecnológicos. Outra importante iniciativa em âmbito nacional seria a reativação do P2R2 para a promoção da prevenção e redução de riscos e a mitigação de impactos decorrentes de acidentes tecnológicos relacionados à atividade química.

Referências

ABNT. Associação Brasileira de Normas Técnicas. **Comitês Técnicos**, 2022. Disponivel em: <http://www.abnt.org.br/normalizacao/comites-tecnicos>. Acesso em: 08 set. 2022.

ALE, B. J. M. Tolerable or Acceptable: a Comparison of Risk Regulation in the United Kingdomand in the Netherlands. **Risk Analysis**, v.25, n.2, 2005. v.25, n.2, p. 231-241.

ALVES, D. T. S. **Construção do conhecimento de segurança operacional em Dutos de Transporte Através da Estruturação de um Banco Nacional de Dados de Falhas.** (Tese de doutorado) – Universidade Federal Fluminense. Niterói, p. 314. 2021.

AZKARATE, I. E. A. Buxton, UK. RR1159. **Research Report. Health and Safety Executive (HSE)**, 2018. Disponivel em: <https://www.hse.gov.uk/research/rrpdf/rr1159.PDF>. Acesso em: 25 set. 2022.

CAMEO. CAMEO Chemicals. **Chemical Datasheet DICHLOROISOCYANURIC ACID, DRY**, 2022. Disponivel em: <https://cameochemicals.noaa.gov/chemical/3152>. Acesso em: 19 set. 2022.

CAMPEDEL, M. **Analysis of Major Industrial Accidents Triggered by Natural Events Reported In the Principal Available Chemical Accident Databases.** EUR 23391 EN – 2008. Luxembourg: Office for Official Publications of the European Communities. Luxembourg. 2008.

CETESB. **"Avaliação e Prevenção de Acidentes Industriais Potencialmente Perigosos em Cubatão. Proposta de Projeto"**, São Paulo, 1987.

CETESB. **"Avaliação e Prevenção de Acidentes Industriais Potencialmente Perigosos em Cubatão"**, São Paulo, 1991.

CETESB. **Metodologia para a Classificação de Instalações Industriais quanto a Periculosidade**, São Paulo, 1996.

CETESB. **Manual de Orientação para a Elaboração de Estudos de Análise de Riscos. Norma P4.261**, São Paulo, 2003.

CETESB. **Risco de Acidente de Origem Tecnológica – Método para Decisão e Termos de Referência. Norma P4.261**, 2014. Disponivel em: <https://sistemasinter.cetesb.sp.gov.br/normas/11/2013/11/P4261.pdf>. Acesso em: 06 out. 2022.

CONAMA, M. D. M. A. Resoluções. **RESOLUÇÃO CONAMA Nº 001, de 23 de janeiro de 1986**, 1986. Disponivel em: <http://conama.mma.gov.br/?option=com_sisconama&task=arquivo.download&id=745>. Acesso em: 23 set. 2022.

COZZANI, V. E. A. Industrial accidents triggered by flood events: Analysis of past accidents. **Journal of Hazardous Materials**, v. 175, p. 501-509, 2010.

G1. G1.com. **Em Cataguases, barragem rompida foi desativada após acidente em 2003**, 2015. Disponivel em: <https://g1.globo.com/mg/zona-da-mata/noticia/2015/11/em-cataguases-barragem-rompida-foi-desativada-apos-acidente-em-2003.html>. Acesso em: 08 set. 2022.

GRANT, S. E. A. Overview of carbon capture and storage (CCS) projects at HSE's Buxton Laboratory. RR1121 Research Report. Health and Safety Executive (HSE). **International Association for Hydrogen Safety "Research Priorities Workshop**, 2017. Disponivel em: <https://www.hse.gov.uk/research/rrpdf/rr1121.PDF>. Acesso em: 25 set. 2022.

HADDAD, E. **Capacidade de resposta dos órgãos públicos aos acidentes ocorridos no transporte rodoviário de produtos perigosos na cidade de São Paulo.** (Dissertação de mestrado) – Universidade Nove de Julho – UNINOVE. São Paulo, p. 160. 2017.

HIRATA, R. C. A. **Amostradores de vapores do solo (AVS): Desenvolvimento de uma técnica para a detecção de águas subterrâneas contaminadas por solventes orgânicos voláteis: Estudo de caso de Porto Feliz - São Paulo.** (Dissertação de Mestrado).Instituto de Geociências da Universidade de São Paulo. São Paulo. 1990.

KRAUSMANN, E. E. A. Industrial accidents triggered by natural hazards: an emerging risk issue. **Natural Hazards and Earth System Sciences,** v. 11, p. 921-929, 2011.

OPAS. Brasília, Distrito Federal. **Rede dos Centros Colaboradores da OPAS/OMS no Brasil:** potencialidades e perspectivas, 2010. Disponivel em: <https://iris.paho.org/bitstream/handle/10665.2/3569/9788579670145_por.pdf?sequence=1&isAllowed=y>. Acesso em: 20 set. 2022.

POFFO, I. R. F. **Vazamentos de óleo no Litoral Norte do estado de São Paulo: análise histórica (1974 a 1999)**. Dissertação de Mestrado, Universidade de São Paulo – USP. São Paulo, p. 175. 2000.

PRESIDÊNCIA DA REPÚBLICA. Planalto.gov.br. **Presidência da República**, 03 jun. 2004. Disponivel em: <http://www.planalto.gov.br/ccivil_03/_ato2004-2006/2004/decreto/d5098.htm>. Acesso em: 08 set. 2022.

SERPA, R. R. **Operação Vila Socó**. CETESB. São Paulo, p. 7. 1984.

SIEQ, C. A. D. E. D. S. P.-. Emergências Químicas. **Sistema de Informações de Emergências Químicas da CETESB**, 2022. Disponivel em: <https://sistemasinter.cetesb.sp.gov.br/emergencia/relatorio.php>. Acesso em: 03 ago. 2022.

STALLEN, P. J. M.; GEERTS, R.; VRIJLING, H. K. "Three Conceptions of Quantified Societal Risk". **Risk Analysis**, v.16, n.5, 1996. p.635-644.

XAVIER, J. C. M. et al. Risco social e dutos. **Congresso ABRISCO 2019**, Associação Brasileira de Análise de Risco, Segurança de Processos e Confiabilidade (ABRISCO), 2019.

XAVIER, J. C. M.; MINNITI, V. M. M. Avaliação quantitativa de risco na gestão do risco tecnológico em São Paulo: uma perspectiva histórica a partir do olhar do Órgão Ambiental. **Congresso ABRISCO 2017**, Associação Brasileira de Análise de Risco, Segurança de Processos e Confiabilidade (ABRISCO), 2017.

XAVIER, J. C. M.; SOUSA JUNIOR, W. C. Na-tech events in the coastal region of São Paulo, Brazil: data and frequency. **Revista Internacional de Desastres Naturales, Accidentes e Infraestructura Civil**, v. 22, p. 41, 2022.

34. CÓDIGO DE BARRAS PELA RECICLAGEM! A CONTRIBUIÇÃO DO "PROJETO RECICLA" PARA A LOGÍSTICA REVERSA DE EMBALAGENS

Tiago Trentinella

Introdução

Seja por meio de *cookies*, seja por cadastro voluntário em programas de pontos, dados coletados por meios virtuais têm finalidades múltiplas: empresas os usam, por exemplo, para identificar hábitos de consumo. Assim, ofertas de produtos podem ser feitas de maneira mais eficaz. Governos, por sua vez, usam esses dados para, dentre outras atribuições, otimizar a arrecadação de tributos.

Se práticas comerciais e fiscais foram atualizadas por técnicas de coleta de dados, por que não usar a mesma fórmula para impulsionar a reciclagem no Brasil? Toda vez que uma compra é realizada, informações dessa operação são passadas do ponto de venda para as secretarias da fazenda dos estados para apuração da tributação correspondente. E se, além de aspectos fiscais, os bancos de dados governamentais fossem abastecidos com informações sobre as embalagens dos produtos?

Mecanismos para que essa operação seja realizada já existem. Sua implementação é a razão de ser do Projeto RECICLA. Em linhas gerais, a ideia é usar os códigos de barras e os números a eles associados, os GTINs, para que informações sobre o ciclo de vida dos produtos sejam coletadas e usadas para informar políticas públicas de resíduos. Em especial, para a otimizar a logística reversa prescrita na Política Nacional de Resíduos Sólidos, Lei 12.305, de 2 de agosto de 2010 (PNRS).

Este artigo vai descrever o Projeto RECICLA, indicando sua idealização, desenvolvimento e estágio atual. Será explicado o que são GS1, CNP, GTINs e código de barras, bem como a função que se propõe para eles na logística reversa de embalagens. A fundamentação jurídica desse novo sistema também será esclarecida.

1. O Projeto RECICLA

O Projeto RECICLA nasceu de um *insight* de Athos Comolatti, engenheiro egresso da Escola Politécnica da Universidade de São Paulo ("Poli-USP") e membro da Associação Amigos da Poli (AME JARDINS, 2022). Ele percebeu que detalhes de suas compras de supermercado ficavam armazenadas no banco de dados da Secretaria da Fazenda do Estado de São Paulo. Por meio do sistema da Nota Fiscal Paulista, como consumidor, ele podia ter acesso a informações sobre quantidade, preço e proprietário da marca de cada produto adquirido, bem como a data de cada operação, registrados em seu CPF. Cada item estava associado a um número, o qual é idêntico àquele localizado abaixo do código de barras respectivo.

Se o governo tem acesso a todos esses dados para finalidades fiscais, a mesma sistemática poderia ser utilizada para coletar dados sobre a reciclabilidade das embalagens dos produtos adquiridos. Comolatti levou a ideia ao Professor Eduardo Zancul, coordenador do InovaLab da Poli-USP. Zancul, por sua vez, convidou um grupo de alunos para desenvolver o projeto. Essa iniciativa foi batizada de Projeto RECICLA.

Inicialmente, cogitou-se o desenvolvimento de um aplicativo para a leitura do código de barras, de modo que se pudesse identificar onde o produto poderia ser coletado para a reciclagem. O dispositivo também seria usado para indicar a pegada ecológica de cada compra, sensibilizando o consumidor. O fundo patrimonial da Associação Amigos da Poli patrocinou o protótipo do aplicativo e o https://www.recicla.org.br/.

A iniciativa esbarrou, porém, na inexequível tarefa de catalogar, manualmente, milhões de itens para alimentar o aplicativo. Ademais, havia dúvidas se os responsáveis pelo produto ("proprietários da marca") se disporiam a ceder, voluntariamente e para essa finalidade, informações sobre a reciclabilidade das embalagens.

O que não se supunha, naquele momento inicial, era que cada número ligado aos códigos de barra era gerado e administrado por uma única entidade: a GS1 Brasil – Associação Brasileira de Automação ("GS1"). Outro ponto desconhecido à época era que a GS1 já estava envolvida em outras iniciativas de utilidade pública, incluindo o banco de dados utilizado pelas secretarias estaduais de fazenda para validação das operações comerciais.

O Projeto RECICLA, ainda uma entidade sem personalidade jurídica, levou à GS1 Brasil e à Companhia Ambiental do Estado de São Paulo (CETESB), presidida na época por Patrícia Faga Iglecias Lemos, a ideia de agregar a esse cadastro "os atributos das embalagens dos itens comerciais, e.g., material e peso, os quais podem ser utilizados para aprimoramento da Logística Reversa de Embalagens em curso no país e, em especial, no estado de São Paulo" (CETESB e GS1, 2021, p. 2).

Como consequência, a GS1 e a CETESB firmaram um termo de cooperação técnica, datado de 08 de dezembro de 2021, para o aprimoramento da logística reversa de embalagens por meio da utilização de padrões de identificação globais da GS1 (CETESB e GS1, 2021). O Município de Santo André e o Serviço Municipal de Saneamento Ambiental de Santo André (SEMASA) também aderiam à ideia do RECICLA por meio da celebração do Protocolo de Intenções, datado de 19 de abril de 2022, juntamente com a CETESB e a GS1 (MUNICÍPIO DE SANTO ANDRÉ, 2022).

Nesse documento, as partes indicaram sua disposição de seguir "tratativas sobre a melhor maneira de implementar um projeto piloto para testar e aperfeiçoar o uso dos números do código de barras ("GTINs") para identificar o dono da marca do produto, engajar a população por meio de ferramentas de gameficação, além de oferecer instrumentos de controle para titulares de serviços de limpeza pública e órgãos ambientais" (CETESB *et al.* 2022, p. 2).

2. GS1, códigos de barras e GTINs

A GS1 é uma organização sem fins lucrativos que desenvolve e mantém padrões de comunicação empresarial. Seu produto mais conhecido é o código de barras. Cada código de barras é associado a um número de identificação do produto, o *Global Trade Item Number* ("GTIN"). Ou seja, o GTIN é um número único que identifica um determinado produto internacionalmente. No Brasil, a GS1 é a entidade designada para atribuir os GTINs (CETESB e GS1, 2021, p. 1 e 2; GS1, 2022a).

Os GTINs brasileiros são gerados por meio do Cadastro Nacional de Produtos ("CNP") mantido pela GS1. O setor empresarial cadastra os produtos, atrelando-lhes características: proprietário da marca, modelo, cor, peso, etc. O comércio nas grandes redes varejistas demanda o CNP. Em outras palavras, sem código de barras, i.e., sem GTIN, não há acesso a grandes mercados consumidores (GS1, 2022b; GS1, 2022c).

Outro aspecto do GTIN é a sua relevância para a administração tributária. O Ajuste SINIEF 07/05, de 30 de setembro de 2005, que criou a nota fiscal eletrônica, tem o GTIN como número identificador do produto objeto de transação comercial. Nos termos da cláusula terceira, VIII, "os proprietários das marcas dos produtos que possuem GTIN devem disponibilizar para a administração tributária de sua unidade federada (...) as informações de seus produtos (...) necessárias para a alimentação do Cadastro Centralizado de GTIN (...);" (CONFAZ, 2005).

Além das questões da política fazendária, os padrões da GS1 também são utilizados em questões de saúde pública. O aplicativo NuRótulo, por exemplo, permite identificar produtos alimentícios que contenham, ou não, alergênicos, por meio do escâner de código de barras. Essa informação estará disponível ao consumidor somente se o proprietário da marca a inserir no CNP (GS1, 2022d).

Resoluções da Diretoria Colegiada da Agência Nacional de Vigilância Sanitária (Anvisa) impulsionam proprietários de marcas a alimentarem o CNP com esses dados. Primeiramente, a RDC nº 26, de 02 de julho de 2015, determina que informações sobre alergênicos constem do rótulo de produtos alimentícios. Ademais, a RDC nº 194, de 12 de dezembro de 2017, artigo 32, XVII, obriga que o GTIN instrua o processo de registro de produto alergênico industrializado (ANVISA, 2015; ANVISA, 2017).

Os padrões da GS1 ainda são usados para rastreamento de medicamentos (RDC nº 157, de 11 de maio de 2017), no recolhimento de alimentos e sua comunicação à Anvisa e aos consumidores (RDC nº 24, de 08 de junho de 2015), no monitoramento e controle de resíduos de agrotóxicos em produtos vegetais frescos (Instrução Normativa Conjunta Anvisa/SDA nº 2, de 07 de fevereiro de 2018), no Regulamento Técnico da Qualidade (RTQ) para Brinquedos (Portaria INMETRO nº 563, de 29 de dezembro de 2016) (GS1, 2018, p. 9).

3. O Projeto RECICLA na logística reversa de embalagens

A PNRS prescreve que o setor empresarial implemente a logística reversa de seus produtos em fase final de vida útil. Em 25 de novembro de 2015, a União, representada pelo Ministério do Meio Ambiente ("MMA"), e entidades representativas dos setores de alimentos, bebidas *et al.* celebraram um Acordo Setorial para regulamentar a logística reversa de embalagens em geral. Nesse instrumento, cláusula sétima, foi posta uma meta de "redução de no mínimo 22% das Embalagens dispostas em aterro" (MMA *et al.*, 2015, p. 18). A quantidade de embalagens sobre a qual a porcentagem é aplicada, nessa e em outras iniciativas semelhantes, é estimada.

A proposta do Projeto RECICLA é que essa estimativa dê lugar a dados coletados nos pontos de venda ligados ao sistema da nota fiscal eletrônica. Quando um código de barras é escaneado no caixa, elementos da operação comercial (e.g., produto, quantidade, preço, local da compra) são transmitidos para a secretaria da fazenda dos estados. A novidade será o envio de informações sobre peso e material da embalagem a um banco de dados específico.

A lógica é a seguinte: produtos, mais cedo ou mais tarde, serão resíduos (LINDHQVIST, 2000, p. 31 apud DEUTSCHLAND, pp. 4-5). Cada GTIN corresponde a um produto, que, por sua vez, é ligado a um proprietário de marca, i.e., CNPJ. Se o GTIN também carregasse as características das embalagens, seria possível entender os atributos e quantidade da matéria com potencial de chegar aos aterros municipais. Seria atribuída uma pegada ambiental maior, ou menor, a cada CNPJ, conforme a reciclabilidade dos itens comercializados.

Em um exemplo hipotético, a empresa fictícia ÁGUA comercializa bebidas em garrafas. O mercado fictício SUPER, conectado ao sistema da nota fiscal eletrônica, registra a venda de 10 garrafas da ÁGUA. Cada garrafa é feita de resina e pesa 10g. Assim, com cruzamento dos dados do CNP (peso e material) e da secretaria da fazenda (quantidade), será possível aferir que as 10 garrafas correspondem a 100g desse material, o qual, se não for reciclado, pode chegar a um aterro sanitário.

Se todos os produtos com GTIN tivessem informação sobre características das embalagens, seria possível ter uma apuração fidedigna da quantidade e qualidade dos resíduos a serem gerados. As definições de metas de logística reversa seriam baseadas nesse número. Assim, a abordagem *one-size-fits-all* vigente no sistema de logística reversa atual seria substituído por metas específicas, por CNPJ, conforme a reciclabilidade de cada item comercializado. Ademais, como o sistema seria totalmente virtual, não haveria a necessidade de qualquer alteração na rotulagem.

Para que isso seja realidade, cabe ao setor empresarial inserir as características das embalagens de seus produtos no CNP. Esse Cadastro se conectaria ao banco de dados das secretarias da fazenda para apuração da quantidade de itens comercializados. Balizados no Termo de Cooperação Técnica, CETESB e GS1 estão avaliando quais campos novos seriam abertos no CNP para que os proprietários de marca possam prover esses dados da forma mais eficaz. A ponta da secretaria da fazenda ainda está por ser endereçada.

Mutatis mutandis, esse é o mesmo processo que ocorre com o aplicativo NuRótulo. Foram as próprias empresas alimentícias que adicionaram no CNP informações sobre alergênicos. Assim, o aplicativo serve como uma ponte entre o consumidor e o Cadastro via leitura do código de barras.

Da mesma forma, outra aplicação do RECICLA seria conectar o CNP a consumidores por meio de uma plataforma digital, de modo a incentivá-los a participarem da logística reversa ou coleta seletiva. Na Nota Fiscal Paulista, todas as compras registradas em um CPF podem ser conferidas, GTIN por GTIN, em https://www.nfp.fazenda.sp.gov.br. Sistema semelhante, e.g., um aplicativo de celular, pode ser usado para visualizar, além de preço e itens adquiridos, indicadores ambientais de cada compra, apontando a qualidade e quantidade das embalagens. Além disso, os proprietários de marca podem indicar pontos de coleta voluntária ou cooperativas de catadores, além da respectiva pegada de carbono. Programas de pontos, tal qual a Nota Fiscal Paulista, poderiam oferecer vantagens àqueles que destinassem as embalagens em locais determinados.

Nesse novo contexto, cooperativas de catadores poderiam assumir um novo papel: o de registrar, idealmente via código de barras, a retirada das embalagens do sistema municipal de coleta e disposição de resíduos. O balanço entre a massa de embalagens registradas no ponto de venda e aqueles recuperados pelos catadores serviria como parâmetro de cumprimento da meta de um determinado proprietário de marca.

4. Fundamentos jurídicos

O ordenamento jurídico brasileiro oferece fundamentação legal para a implementação do Projeto RECICLA. Tanto a PNRS como o Código de Defesa do Consumidor, Lei nº 8.078, de 11 de setembro de 1990 ("CDC"), balizam essa afirmação.

É princípio da PNRS "o direito da sociedade à informação e ao controle social" (art. 6º, X). Esse dispositivo é corolário na Declaração do Rio de 1992: "Princípio 10: O melhor modo de tratar as questões ambientais é com a participação de todos os cidadãos interessados, em vários níveis. No plano nacional, toda pessoa deverá ter acesso adequado à informação sobre o ambiente de que dispõem as autoridades públicas, incluída a informação sobre os materiais e as atividades que oferecem perigo a suas comunidades (...)".

A publicidade de informações ambientais é um valor consolidado no Direito Ambiental brasileiro. EIA/RIMAs, elaborados para o licenciamento de atividades de impacto significativo, ficam disponíveis ao público. Em audiência pública, o empreendedor deve apresentar, especialmente às comunidades afetadas, os efeitos adversos de seu empreendimento. A única ressalva é feita ao sigilo industrial[1].

O Projeto RECICLA viabiliza mais transparência sobre a geração de resíduos de embalagens. Por meio do cruzamento de dados do CNP e das secretarias da fazenda, o gestor público terá mais evidências para a formulação e monitoramento de políticas públicas. Ao consumidor será oferecida uma ferramenta para que sua decisão de compra também considere indicadores ambientais. Nenhum sigilo industrial será quebrado uma vez que não se revela a fórmula dos produtos nem de suas embalagens.

Informar o consumidor sobre a qualidade ambiental dos produtos também é um dos objetivos da PNRS: "estímulo à rotulagem ambiental e ao consumo sustentável" (art. 7º, XV). A vantagem do RECICLA é a de prover mais informação sobre o ciclo de vida das embalagens sem demandar mais espaço no rótulo tradicional. Assim como o NuRótulo possibilita que alergênicos sejam sinalizados por meio do código de barras, características das embalagens serão destacadas ao consumidor de forma mais ilustrativa.

O direito à informação sobre produtos é um dos pilares, também, do CDC. A regulamentação desse direito pode ser feita por meio de decreto do Presidente da República. Foi o que ocorreu em 2003, quando se passou

[1] Para mais detalhes sobre EIA/RIMA e audiências públicas: Resolução CONAMA nº 1, de 23 de janeiro de 1986; Resolução CONAMA nº 9, de 03 de dezembro de 1987; e Resolução CONAMA nº 237, de 19 de dezembro de 1997, art. 3º).

a demandar que os rótulos apontassem a presença de ingredientes de origem transgênica.

O "T" preto em um triângulo amarelo, indicando organismos geneticamente modificados, decorre de obrigação imposta pelo Decreto nº 4.680, de 24 de abril de 2003. O artigo 1º esclarece o fundamento jurídico, ainda em vigor, dessa norma: "Este Decreto regulamenta o direito à informação, assegurado pela Lei nº 8.078, de 11 de setembro de 1990, quanto aos alimentos e ingredientes alimentares destinados ao consumo humano ou animal que contenham ou sejam produzidos a partir de organismos geneticamente modificados (...)".

A regulamentação pelo Poder Executivo também tem um papel relevante na PNRS. A logística reversa, por exemplo, somente será exigível se houver decreto, acordo setorial ou termo de compromisso detalhando sua implementação. Os próprios itens sujeitos à logística reversa podem ser definidos por meio de decreto (art. 33, §1º). É o Decreto nº 10.936, de 12 de janeiro de 2022, que organiza a "implementação ou o aprimoramento de sistema de logística reversa por meio de regulamento editado pelo Poder Executivo federal (...)" (art. 24). Antes dele, o Decreto nº 7.404, de 23 de dezembro de 2010, artigo 30, tinha essa mesma atribuição.

Sendo o Projeto RECICLA um instrumento acessório à logística reversa, o qual contribui para o princípio da informação prescrito no PNRS e no CDC, um decreto do Poder Executivo pode obrigar os proprietários de marca a inserir no CNP as características das embalagens de seus produtos. O banco de dados dedicado ao RECICLA somente será alimentado com material e massa de determinado produto ligado a um CNPJ. Não se revelará preço, nem quantidade de itens vendidos, nem segredos industriais. Assim, não se violam sigilos comerciais ou normas de proteção de dados.

Essa atribuição também é estendida ao Poder Executivo estadual uma vez que os estados também têm competência legislativa e administrativa sobre questões ambientais (Constituição Federal, art. 23, VI; art. 24, VI). Não por outro motivo, foram os estados que, antes da União, aprovaram leis sobre políticas de resíduos sólidos. A Política Estadual de Resíduos Sólidos de São Paulo, Lei nº 12.300, de 16 de março de 2006, por exemplo, tem por princípio "a garantia da sociedade ao direito à informação, pelo gerador, sobre o potencial de degradação ambiental dos produtos e o impacto na saúde pública" (art. 2º, VII).

Conclusões

O Projeto RECICLA é fruto de uma ideia desenvolvida por alunos da Poli-USP. Trata-se do uso de informações do CNP, por meio dos GTINS, para, aliado aos dados das secretarias estaduais da fazenda, projetar, de maneira fidedigna, a geração de resíduos de embalagens. Seu objetivo é orientar gestores públicos e consumidores e sua implementação está sendo estudada pela CETESB e GS1, além de ter despertado o interesse do Município de Santo André e da SEMASA.

O uso do CNP por governos e sociedade já é realidade. A nota fiscal eletrônica tem nos GTINs um pilar. Da mesma forma, a Nota Fiscal Paulista registra ao consumidor todas as operações de compra às quais seu CPF é associado. O aplicativo NuRótulo oferece, via leitura do código de barras, informações sobre alergênicos. O Projeto RECICLA aproveita esse caminho já trilhado para atribuir ao CNP informações de cunho ambiental: características das embalagens que, mais cedo ou mais tarde, se tornarão resíduos.

As aplicações do RECICLA são múltiplas. O poder público terá números acurados para formular políticas públicas. O consumidor terá uma ferramenta para compreender a pegada ambiental de suas compras. Sistemas de incentivo podem ser embarcados em aplicativos para fomentar que produtos em fim de vida útil sejam levados à rota de reciclagem. Cooperativas de catadores podem servir de pontos de coleta de dados para apuração de metas de logística reversa.

Tanto a PNRS quanto o CDC se fundamentam, dentre outros, no princípio da informação. A publicidade em questões ambientais é um valor para o Direito Ambiental brasileiro. O Projeto RECICLA se insere nesse contexto ao dar mais transparência sobre a geração de resíduos. A logística reversa é exigível quando regulamentada pelo Poder Executivo. Da mesma forma, os proprietários de marca podem ser obrigados, via decreto, a inserir dados sobre embalagens no CNP, associando-os a um determinado GTIN. Sigilos comerciais não serão violados uma vez que apenas massa e material da embalagem serão revelados.

Implementado, o Projeto RECICLA será pioneiro no mundo. Em nenhum país, os códigos de barra e o sistema tributário estão conectados para apurar a geração potencial de resíduos de embalagens. Ainda são necessários alguns passos para que isso se torne realidade. A coleta de dados por meios virtuais, que alterou hábitos de consumo e tributação, levará a gestão de resíduos a um novo patamar.

Referências

AME JARDINS. AME. São Paulo, SP, agosto, 2022, 1 p.

ANIVISA – Agência Nacional de Vigilância Sanitária. RDC nº 26, de 02 de julho de 2015. Disponível em: https://bvsms.saude.gov.br/bvs/saudelegis/anvisa/2015/rdc0026_26_06_2015.pdf. Acesso em: 09 out 2022.

_______________. RDC nº 194, de 12 de dezembro de 2017. Disponível em: https://bvsms.saude.gov.br/bvs/saudelegis/anvisa/2017/rdc0194_12_12_2017.pdf. Acesso em: 09 out 2022.

CETESB – Companhia Ambiental do Estado de São Paulo; GS1 BRASIL – Associação Brasileira de Automação. Termo de cooperação técnica que entre si celebram o GS1 Brasil e a CETESB – Companhia Ambiental do Estado de São Paulo, objetivando o aprimoramento do controle, quanto à responsabilidade compartilhada pelo ciclo de vida do produto e gestão de resíduos sólidos pós-consumo. Documento Digital CETESB nº 105438/2021-63. São Paulo, SP, 08 de dezembro de 2021, 8 p.

CETESB – Companhia Ambiental do Estado de São Paulo; GS1 BRASIL – Associação Brasileira de Automação; MUNICÍPIO DE SANTO ANDRÉ; SEMASA – Serviço Municipal de Saneamento Ambiental de Santo André. Protocolo de Intenções. São Paulo, SP, 22 de abril de 2022, 2p.

CONFAZ – Conselho Nacional de Política Fazendária. Ajuste SINIEF 07/05, de 30 de setembro de 2005. Disponível em: https://www.confaz.fazenda.gov.br/legislacao/ajustes/2005/AJ007_05. Acesso em: 09 out 2022.

DEUTSCHLAND, Bundesregierung der Bundesrepublik. Bericht der Bundesregierung über den Vollzug des Abfallgesetzes vom 27. August 1986. Deutscher Bundestag 11. Wahlperiode, Drucksache 11/756, 1 September 1987.

GS1 BRASIL – ASSOCIAÇÃO BRASILEIRA DE AUTOMAÇÃO. GS1 Brasil – Associação Brasileira de Automação. Brasília, DF, 31 de março de 2018. Disponível em: https://www.gov.br/agricultura/pt-br/assuntos/camaras-setoriais-tematicas/documentos/camaras-setoriais/animais-e-estimacao/2018/22aro/gs1-mapa.pdf. Acesso em: 09 out 2022.

_______________ (a). Institucional. GS1 Brasil. Disponível em: https://www.gs1br.org/sobre-a-gs1/Institucional/Paginas/default.aspx. Acesso em: 09 out 2022.

_______________ (b). Cadastro Nacional de Produtos. GS1 Brasil. Disponível em: https://www.gs1br.org/hub-de-dados/bancos-de-dados-de-produtos/cadastro-nacional-de-produtos. Acesso em: 09 out 2022.

_______________ (c). Cadastro Nacional de Produtos – Você cadastra, o varejo vende e o consumidor compra. GS1 Brasil. Disponível em: https://www.gs1br.org/hub-de-dados/bancos-de-dados-de-produtos/cadastro-nacional-de-produtos. Acesso em: 09 out 2022.

_______________ (d). NuRótulo APP Alergênicos. GS1 Brasil. Disponível em: https://www.gs1br.org/conteudo/cases/Paginas/NuR%C3%B3tulo---App-Alerg%C3%AAnicos.aspx. Acesso em: 09 out 2022.

LINDHQVIST, Thomas. **Extended Producer Responsibility in Cleaner Production Policy Principle to Promote Environmental Improvements of Product Systems**. Tese (doutorado). Lund University, The International Institute for Industrial Environmental Economics. 2000. Disponível em: https://lup.lub.lu.se/search/files/4433708/1002025.pdf. Acesso em: 13 out 2022.

MMA – MINISTÉRIO DO MEIO AMBIENTE; *et al.* Acordo Setorial para Implantação do Sistema de Logística Reversa de Embalagens em Geral. Brasília, DF, 25 de novembro de 2015, 21p. Disponível em: https://portal-api.sinir.gov.br/wp-content/uploads/2022/05/Acordo_embalagens.pdf. Acesso em: 12 out 2022.

MUNICÍPIO DE SANTO ANDRÉ. Semasa, Cetesb e USP assinam protocolo de intenções para fortalecer logística reversa e ampliar reciclagem em Santo André. Santo André, SP, 10 mai 2022. Disponível em: https://web.santoandre.sp.gov.br/portal/noticias/0/3/14856/semasa-cetesb-e-usp-assinam-protocolo-de-intencoes-para-fortalecer-logistica-reversa-e-ampliar-reciclagem-em-santo-andre. Acesso em: 12 out 2022.

35. CONTROLE DA POLUIÇÃO VEICULAR – ASPECTOS HISTÓRICOS E PERSPECTIVAS

CARLOS IBSEN VIANNA LACAVA
VANDERLEI BORSARI

Introdução

A poluição do ar é, segundo a Organização Mundial de Saúde (OMS), um dos impactos ambientais que mais compromete a saúde pública. Embora os índices de qualidade do ar nos últimos 30 anos indiquem uma melhoria na maior parte dos grandes centros urbanos no mundo, em decorrência das medidas de controle ambiental, estudos científicos evidenciam cada vez mais os malefícios da poluição sobre o corpo humano, mesmo em níveis anteriormente considerados baixos.

Em 2021, a OMS revisou novamente as diretrizes de qualidade do ar, tornando-as cada vez mais restritivas. Por essas novas diretrizes, estima-se que quase toda a população mundial (99%) esteja respirando níveis de poluição superiores aos recomendados pela OMS.

Os dados e estudos revelam que houve grandes avanços no controle da das fontes de emissão de poluentes, mas também que os desafios ainda são gigantescos para que os níveis atinjam patamares desejados de baixo impacto sobre a saúde pública.

Este artigo pretende, por meio de abordagem histórica simplificada, apresentar as principais medidas e ações que objetivaram reduzir as emissões provenientes de fontes veiculares de uso rodoviário no Brasil e no estado de São Paulo. Para facilitar a leitura e manter uma referência cronológica dos fatos, optou-se por agrupá-los em décadas, com ênfase nos últimos 30 anos.

1. Anos 70 e 80

O controle da poluição veicular no país se iniciou bem antes dos anos 90. O estado de São Paulo, por ter a maior frota de veículos do país, foi pioneiro em grande parte das iniciativas de controle da poluição veicular. O Decreto Estadual nº 8. 468, de 8 de setembro de 1976, que regulamentou a Lei Estadual nº 997, de 31 de maio de 1976, já previa em seu artigo nº 32 a fiscalização de fumaça em veículos diesel utilizando a Escala de Ringelmann, atividade que foi iniciada ainda na década de 70. Nessa época, o maior foco de controle recaía sobre as fontes industriais, ao mesmo tempo em que eram estabelecidos os primeiros padrões de qualidade do ar em nível federal e no estado de São Paulo.

Na mesma época foi instituída em São Paulo a Operação Inverno, período em que as condições climáticas se tornam desfavoráveis à dispersão dos poluentes, visando proteger a saúde da população contra os agravos causados por episódios agudos de poluição do ar. Até meados da década de 80, a Operação Inverno enfatizou ações de controle da poluição industrial, uma vez que essas fontes eram consideradas as principais responsáveis pelo problema da poluição atmosférica, com destaque para o município de Cubatão. Essas ações produziram reduções significativas das emissões industriais ainda na década de 80.

Em 1977 a CETESB inaugurou o primeiro laboratório público de emissão veicular, cujos estudos foram importantes para a elaboração das primeiras normas brasileiras para determinação de poluentes emitidos por escapamento de veículos. Destacam-se na década de 80, como medidas que influenciaram na emissão veicular, a introdução do etanol como combustível, a adição de etanol à gasolina e o início do programa federal de maior importância no controle das emissões veiculares, o Proconve – Programa de Controle da Poluição do Ar por Veículos Automotores.

A adição de etanol na gasolina de forma sistemática e regulamentada permitiu que fosse abandonado o acréscimo de chumbo tetraetila na gasolina. Além de ser eliminada a emissão de um elemento extremamente nocivo, essa medida foi crucial para que fosse posteriormente adotado o catalisador automotivo como forma de controle das emissões.

Em 1986 foi publicada a Resolução Conama nº 18 que criou o Proconve. Além de promover a redução da emissão de poluentes o Proconve teve também como objetivos: a indução do desenvolvimento tecnológico nacional; a melhoria dos combustíveis; a conscientização da população e a criação de programas de inspeção de veículos em uso. No final dos anos 80, a frota de veículos de passeio já apontava como responsável pela maior parcela das emissões na Região Metropolitana de São Paulo (RMSP), sobretudo para o poluente monóxido de carbono (CO).

FIGURA 1 – **Escala de Ringelmann.**

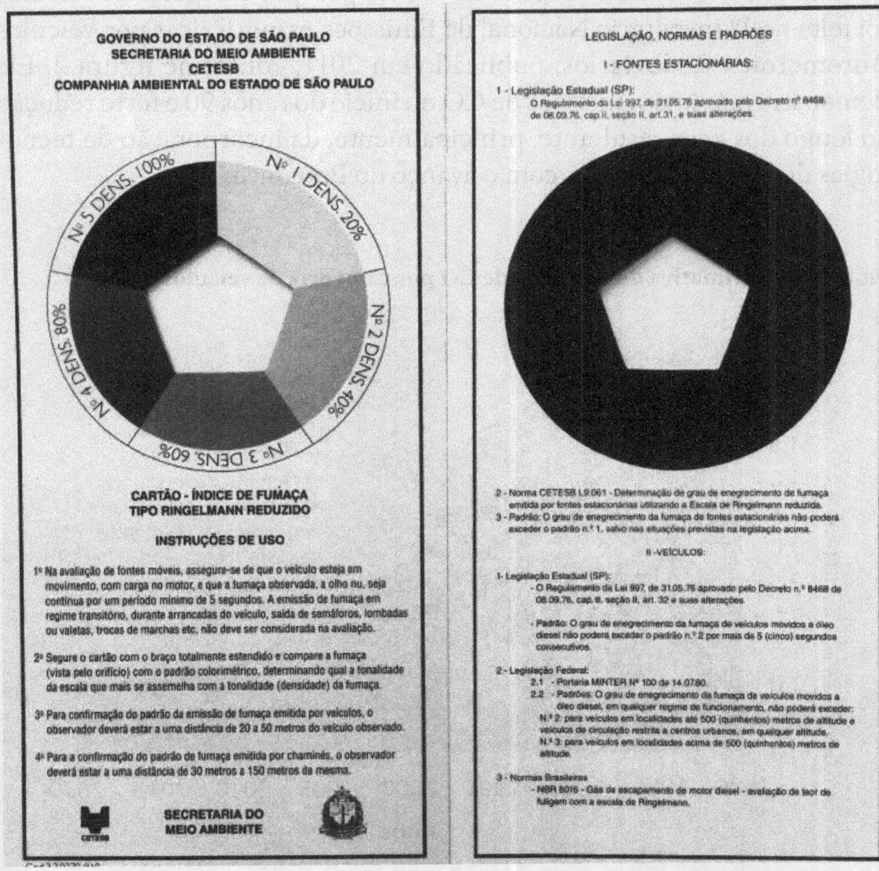

Fonte: Foto de Carlos Lacava.

2. Anos 90 a 2000

Os anos 90 trouxeram logo em seu início a promulgação da Resolução CONAMA nº 03/1990, que estabeleceu os Padrões Nacionais de Qualidade do Ar, que vigeram no país até o ano de 2018. Do ponto de vista das emissões veiculares, o forte crescimento da frota de veículos nos anos 90 gerou um aumento significativo na participação dos veículos como fontes de poluição atmosférica nos grandes centros urbanos. Destacava-se o monóxido de carbono, cuja principal fonte eram os veículos automotores leves a gasolina e etanol.

Estimativa de emissões totais de CO no país por categoria de veículos foi feita no 1º Inventário Nacional de Emissões Atmosféricas por Veículos Automotores Rodoviários, publicado em 2011, conforme figura 2. Ela demonstra máximas emissões de CO no início dos anos 90 e forte redução ao longo dos anos resultante, principalmente, da incorporação de tecnologias de controle exigidas com o avanço do Proconve.

FIGURA 2 – **Estimativa de emissões de CO por categoria de veículos.**

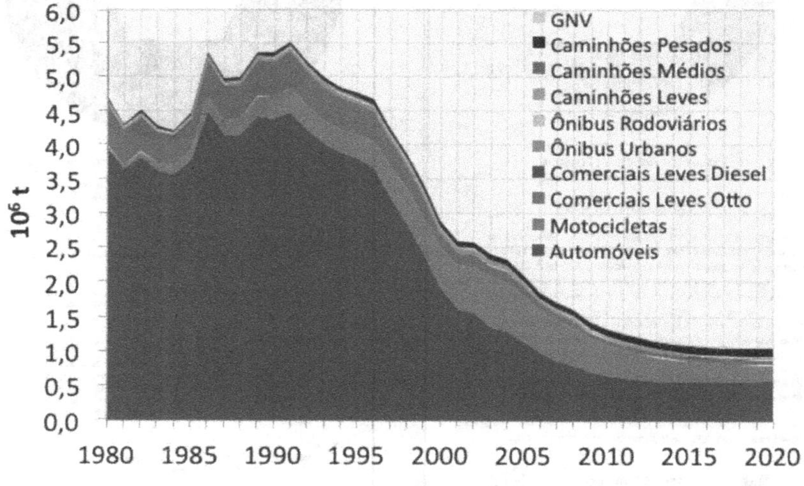

Fonte: Ministério do Meio Ambiente 2011

Na década de 90, o monóxido de carbono superava frequentemente os padrões ambientais, atingindo níveis de atenção e alerta previstos na legislação.

2.1. Rodízio de Veículos

Com os altos índices de poluição registrados pelas estações de monitoramento na RMSP e a responsabilidade recaindo sobre os veículos em circulação, a Secretaria Estadual de Meio Ambiente propôs o Rodízio de Veículos, cujo objetivo principal era reduzir picos de concentração de poluentes, especialmente por monóxido de carbono.

A primeira iniciativa de restrição de circulação de veículos, na forma de rodízio por placas, se deu de 28 de agosto a 1º de setembro de 1995, quando a Secretaria Estadual do Meio Ambiente convocou motoristas a não circularem com seus carros 1 dia por semana, ainda em caráter voluntário. No ano seguinte, o Governo do Estado implantou um rodízio de forma compulsória, abrangendo 9 municípios da RMSP, cuja restrição funcionava das 7h às 20h.

De caráter eminentemente ambiental e focado nos meses de inverno, o rodízio promovido pela Secretaria Estadual de Meio Ambiente funcionou até 1997. Em outubro de 1997, já com a iminência do fim da restrição imposta pelo Estado, o Município de São Paulo aprova uma Lei que institui de forma definitiva o Rodízio na capital, cujo objetivo principal foi a manutenção da redução do tráfego observada com as restrições. O rodízio de veículos na capital funciona até os dias de hoje, com restrições nos horários de pico de trânsito, das 07 às 10h e das 17 às 20h.

2.2. Proconve

Os anos 90 trouxeram as maiores reduções em termos absolutos nos fatores de emissões de poluentes emitidos pelos escapamentos dos veículos. No caso dos veículos leves, a primeira fase do Proconve (L1), exigida entre 1989 e 1991 estabeleceu um limite de 24 g/km de CO. A partir de 1997 (fase L3), o limite exigido de 2,0 g/km já representava menos de 10% do limite exigido na L1. Para atender os limites da L3, todos os veículos comercializados no país passaram a contar com catalisador no sistema de exaustão, principal dispositivo de controle de emissões de poluentes.

TABELA 1 – **Limites máximos de emissão para veículos leves até a fase L3 do PROCONVE.**

Fase	Resolução CONAMA	Período	CO (g/km)	HC (g/km)	NMHC (g/km)	NO_x (g/km)	RCHO (g/km) (1)	MP (g/km) (2)	Evaporativa (g/teste) (1)	CO-Marcha Lenta (% vol) (3)	Emissão de Abastecimento (mg/L) (1)
L1	18/86	1989-1991	24,0	2,10	n.a.	2,0	n.a.	n.a.	6,0	3,0	n.a.
L2	18/86	1992 - 1996	12,0	1,20	n.a.	1,4	0,15 [4]	n.a.	6,0	2,5	n.a.
L3	15/95 315/02	1997-2004 mai/2003	2,0	0,30	n.a.	0,6	0,03	0,05	6,0 2,0	0,5	n.a.

n.a. = não se aplica

(1) Apenas para veículos do ciclo Otto, exceto a GNV

(2) Apenas para veículos do ciclo diesel

(3) Para veículos do ciclo Otto

Fonte: CETESB 2022

A figura 3 ilustra as ultrapassagens do padrão e atenção por CO na RMSP registrados pela rede de monitoramento da CETESB de 1997 a 2010. Desde 2008 não houve mais registros de ultrapassagens do padrão desse poluente na RMSP.

FIGURA 3 – **Número de ultrapassagens dos níveis de padrão e atenção por CO na RMSP.**

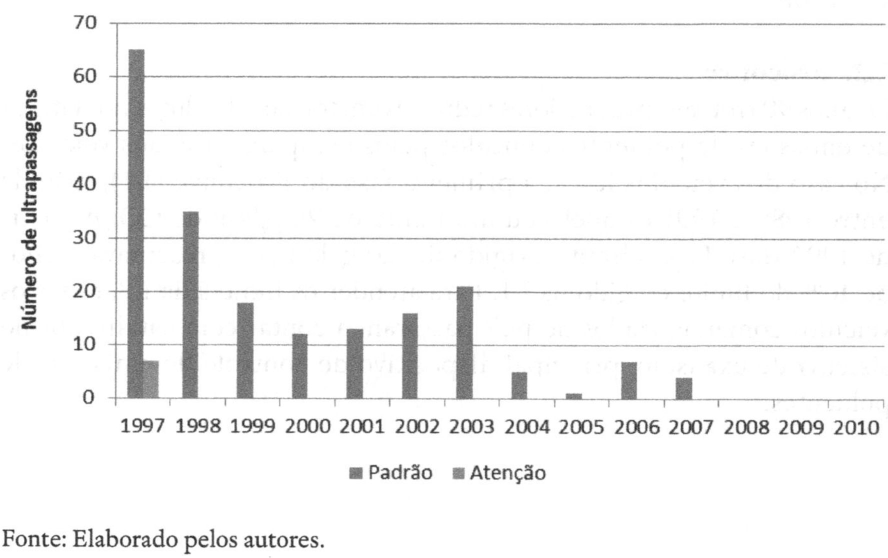

Fonte: Elaborado pelos autores.

2.3. Qualidade do combustível

Em 1990 o Conama adotou a adição de 22% de etanol anidro na gasolina, por recomendação do setor energético, embora desde 1979 já se praticasse ao menos 15% de adição. No óleo diesel, um dos principais parâmetros para classificação da qualidade é o teor do enxofre. Além de ser responsável pela produção e óxidos de enxofre durante a combustão, o enxofre é um indutor da formação de material particulado na forma de sulfatos. Até início dos anos 1990 o teor de enxofre admitido no diesel rodoviário era máximo de 13.000 ppm (mg/kg). Em 1997 ele era de 10.000 ppm em geral, e de 5.000 a 3.000 para o uso em regiões metropolitanas (DNC, 1997).

3. Anos 2000 a 2010

As ações de controle nos anos 90 reduziram significativamente os níveis de concentração de dióxido de enxofre (SO_2), fumaça preta e monóxido de carbono (CO) na atmosfera da RMSP. Por outro lado, avançava a necessidade de maior controle sobre o poluente ozônio (O_3) e o material particulado inalável (MP_{10}), poluentes de mais difícil controle e que se tornaram desafios na maior parte dos grandes centros urbanos no mundo. Por ser um poluente formado na atmosfera, o ozônio requeria maior controle sobre os precursores de sua formação, principalmente os óxidos de nitrogênio (NOx) e os hidrocarbonetos (HC).

Em 2000, o monitoramento da qualidade do ar foi estendido para outras regiões do estado de São Paulo, como Sorocaba, Campinas e São José dos Campos. Essa expansão permitiu um diagnóstico mais preciso do problema da poluição e deu suporte para novas políticas de controle ambiental no Estado.

3.1. Proconve e Promot

Nos anos 2000 a 2010 foram introduzidas novas fases do Proconve para veículos leves (L3, L4 e L5). A redução dos limites de emissões dos precursores de ozônio seguiu a mesma tendência que já havia sido obtida com o monóxido de carbono. Os limites para NO_x evoluíram para uma redução de mais de 90% e os limites de emissão dos hidrocarbonetos também sofreram redução significativa. Outra fonte importante de hidrocarbonetos nos veículos que sofreu processo de controle significativo foi a evaporação do combustível.

No caso dos veículos pesados, foi nos anos 2000 que a tecnologia de injeção eletrônica de diesel se consolidou em atendimento às exigências ambientais, principalmente da fase P5. Por outro lado, a fase P6, prevista para entrada em 2009 acabou não sendo atendida por falta de combustível adequado. O atendimento aos limites dependia do uso de tecnologias de controle que exigiam um diesel com teor de máximo de 50 ppm de enxofre que não foi disponibilizado.

O não cumprimento da fase P6 resultou, por meio de um acordo judicial, na antecipação em dois anos (de 2014 para 2012) da entrada da fase P7 e da fase L6 para veículos comerciais leves a diesel, o que de fato ocorreu. O acordo previu também que fosse disponibilizado, já em 2009 para frotas de ônibus urbanos, o diesel com concentração de 50 ppm de enxofre.

Foi, também, a partir dos anos 2000 que se viu um incremento significativo de motocicletas em resposta aos crescentes congestionamentos. Em 2002 foi introduzido o Programa de Controle da Poluição do Ar por Motociclos e Veículos Similares (Promot) por meio da Resolução Conama nº 297, que estabeleceu os limites para as fases M1 e M2.

3.2. Qualidade do combustível

Durante a década de 2000, houve um grande avanço nas especificações do óleo diesel de uso rodoviário, passando de 2.000 ppm no ano de 2000 para 500 ppm em 2006 nas áreas metropolitanas. A partir de 2009, o diesel com 50 ppm esteve disponível para frotas cativas e para regiões metropolitanas (juntamente com o diesel 500 ppm), mas permanecendo um diesel de 1.800 ppm para o interior.

A partir de 2005 o óleo diesel passou a receber uma mistura de biodiesel no teor de 2% ainda em caráter facultativo. Em 2008 a adição desse percentual passou a ser obrigatória e aumentou gradativamente até atingir 11% em 2019.

3.3. Fiscalização

Em 2009 houve um avanço na fiscalização de veículos diesel com a publicação do Decreto Estadual nº 54.487, de 2009, que incluiu no Decreto Estadual nº 8.468/1976 um artigo estabelecendo novo método para a fiscalização de veículos movidos a óleo diesel, por meio da medição de opacidade. O método consiste na medição da opacidade da fumaça de maneira instrumentada, utilizando-se do equipamento opacímetro e realizado com o veículo parado.

3.4. Inspeção Veicular

A inspeção ambiental veicular está prevista desde a implantação do Proconve na década de 80 e é ação reconhecidamente importante de controle das emissões veiculares. Objetiva manter os veículos com emissões similares às previstas para o veículo quando novo e cujas emissões foram aprovadas no processo de homologação.

Diferentemente da maior parte dos países desenvolvidos em que os programas de inspeção funcionam há muitos anos, no Brasil as iniciativas de implantação da inspeção veicular ambiental enfrentou e continua enfrentando muitas dificuldades. Um dos grandes entraves é a dissociação das inspeções ambiental e de segurança. Enquanto a inspeção ambiental teve sua responsabilidade atribuída aos Estados (exceção ao município de São Paulo), a inspeção dos itens de segurança é até hoje de exclusiva competência legislativa federal.

A Lei federal nº 9.503/97 que instituiu o Código de Trânsito Brasileiro (CTB), em seu artigo nº 104 determinou a obrigatoriedade da inspeção veicular, remetendo a regulamentação dos itens de segurança ao Contran e dos itens ambientais ao Conama. Em novembro de 2009 foi publicada a Resolução Conama nº 418, que regulamentou a inspeção ambiental de veículos, bem como estabeleceu critérios para a elaboração dos Planos de Controle da Poluição Veicular a serem elaborados pelos Estados. Nessa época, iniciativas de inspeção veicular ambiental já operavam no país no estado do Rio de Janeiro, iniciada em 1997 sob responsabilidade do Detran/RJ e integrada com itens de segurança, e no município de São Paulo iniciada em 2008 a partir de um processo licitatório vencido por um consórcio na década de 90. A inspeção ambiental do município de São Paulo foi descontinuada em 2014 e a do estado do Rio de Janeiro opera não mais diretamente pelo Detran, mas em centros de inspeção descentralizados e terceirizados.

4. Anos 2010 a 2020

Os anos 2000 produziram avanços significativos no controle de emissões, principalmente pelo Proconve. No entanto, se observou nesses anos no Brasil um crescimento econômico que se refletiu no aumento dos veículos em circulação no país, tanto de veículos de passeio, caminhões e motocicletas. Além do aumento da frota, também se observou uma deterioração das condições de tráfego nos centros urbanos. Congestionamentos trazem aumento significativo de consumo de combustíveis e de emissões de poluentes.

Os anos de 2010 a 2020 ampliaram significativamente a preocupação no mundo com as emissões dos chamados gases de efeito estufa (GEE). Houve um aumento grande no número de regulações e incentivos principalmente nos países da Europa, cujo principal foco é a descarbonização da frota, notadamente pela substituição dos veículos movidos a combustíveis fósseis. No Brasil, em que pese os compromissos assumidos nos acordos internacionais, ainda não há exigências específicas de redução das emissões de GEE para o setor automotivo.

4.1. Fiscalização

Os limites estabelecidos para os veículos pesados da fase P7, conforme já apontado, passaram a ser exigidos de veículos fabricados a partir de 2012. Para o atendimento desses limites, grande parte dos veículos pesados optaram por fazer uso de um sistema de controle denominado Sistema de Redução Catalítica Seletiva (SCR).

O sistema SCR é um sistema de pós-tratamento dos gases emitidos após a combustão. Consiste, basicamente, da injeção de um fluido a base de ureia, denominado ARLA32 que reage com os gases e, em conjunto com um catalisador, converte os poluentes como os óxidos de nitrogênio (NOx) em gases não poluentes. Ocorre que em função da necessidade de abastecimento de ARLA32 e o consequente custo adicional na operação dos veículos, surgiram meios para burlar o sistema, descumprindo a legislação e permitindo a emissão de poluentes muito acima dos limites preconizados para esses veículos.

Com o objetivo de coibir as desconformidades no uso do sistema SCR, foram instituídas medidas de fiscalização adotadas até os dias de hoje, que verificam o uso e a qualidade do ARLA32. Uma referência de procedimento de fiscalização está publicada na Norma Técnica CETESB L9.025, disponível para consulta na página de empresa.

4.2. Proconve e Promot

Em 2016 a CETESB apresentou ao Ibama propostas para a implantação de novas fases do Proconve e do Promot, buscando alinhar os padrões de emissão dos veículos com a legislação aplicada nos EUA no caso de veículos leves, e na Europa, para os veículos pesados e as motocicletas.

Depois de ampla discussão no âmbito do Conama, foram aprovadas as Resoluções Conama nº490 e nº492/2018 para veículos pesados (fase P8) e leves (fases L7 e L8), respectivamente, e a Resolução Conama nº493/2019 para motocicletas e veículos similares (fase M5).

A proposta aprovada para veículos leves contém uma mudança metodológica para aprovação nos processos de licenciamento dos veículos, deixando de ser por modelo de veículo e passando a ser pela média corporativa, ou seja, exige que o conjunto de veículos comercializados de uma empresa apresente uma média de emissão que atenda limites progressivamente mais restritivos. Assim, se induz à produção de veículos de emissão zero (como elétricos), que compensam a produção de veículos que sejam emissores.

Para os veículos leves, as fases L7 e L8 nos aproximam bastante da legislação dos EUA (com uma defasagem de cerca de 5 anos) e incluem: grande restrição nas emissões de poluentes pelo gás de escapamento; a inclusão do controle da emissão de vapores de combustível no momento de reabastecimento de combustível; um aumento de 100% na exigência de durabilidade das emissões e a necessidade de que sejam feitos, além dos ensaios laboratoriais, também ensaios de medição das emissões com o veículo rodando nas ruas. (CETESB, 2018).

Para os veículos pesados a fase P8, a ser atendida a partir de 2022/2023 é muito similar à fase EURO VI instituída pela comunidade europeia. Ela inclui uma restrição maior à emissão de gases e partículas pelo escapamento, especialmente do poluente NOx, o estabelecimento de medição em campo de tráfego real e a comprovação por parte dos fabricantes do atendimento aos limites de emissão ao longo da vida útil dos veículos (CETESB, 2018). É preciso lembrar, no entanto, que na Europa essa legislação entrou em vigor em 2013, ou seja, a defasagem da legislação brasileira é de quase dez anos, o que implica em uma frota de veículos de maior emissão em relação ao praticado na Europa, rodando e emitindo também por um tempo superior, considerando também que essa classe de veículos tem uma vida útil que pode ultrapassar 30 ou 40 anos.

Para as motocicletas, a fase M5 levará o Brasil a se aproximar dos requisitos que entraram em vigor em 2021 na Europa (CETESB, 2019). Trata-se de um passo importante no controle ambiental das emissões de poluentes por motocicletas.

4.3. Controle de GEE

Em 2018 o governo do estado de São Paulo, representado pela CETESB e pela Secretaria do Meio Ambiente, apresentou ao Ibama proposta de resolução Conama para estabelecer exigências inéditas de limitação na emissão de GEE por veículos automotores novos de uso rodoviário, incluindo motores a serem utilizados em veículos leves, pesados e motocicletas. A proposta a ser aprovada no âmbito do Proconve e do Promot, é baseada na metodologia "tanque-a-roda", ou seja, considera somente as emissões provenientes do veículo rodando.

A proposta CETESB foi colocada em consulta pública (Ibama, 2018) entre abril e maio de 2018, mas não avançou. Ela propunha o estabelecimento de limites de emissão de GEE para veículos novos a serem atendidos a partir do ano 2022. A contabilização seria corporativa, ou seja, cada fabricante ou importador deveria apresentar a média corporativa anual dos níveis de emissão de GEE ponderada pelas vendas dos veículos novos no período. Essa metodologia permite uma maior flexibilidade às empresas na criação de seu portfólio de modelos, podendo "compensar" a emissão maior de um modelo por meio de emissões menores de outros modelos.

4.4. Qualidade do combustível

A partir de 2011 passou a ser oferecido o diesel de 10 ppm de enxofre, descontinuando-se a comercialização do diesel de 50 ppm. Assim, o diesel de uso rodoviário passou a ser oferecido apenas nos teores 10 ppm, para uso pelos veículos a partir da fase P7 (embora não haja prejuízo de sua utilização em qualquer outro veículo), e 500 ppm que pode ser utilizado para abastecer os veículos mais antigos.

Em 2014 a gasolina automotiva passou a ser comercializada com um teor máximo de 50 ppm de enxofre. Tratou-se de um grande avanço em relação ao teor máximo permitido anteriormente de 800 ppm. Encontra-se em discussão a necessidade de que esse teor seja reduzido até um limite de 10 ppm para o atendimento aos veículos produzidos para a fase L8 do

Proconve a partir de 2025. Isso porque há indicações de que o enxofre seja um elemento envenenador do catalisador automotivo, reduzindo sua eficiência ao longo do tempo.

5. Anos 2020 a 2030

Passados mais de 40 anos do início do controle da poluição veicular, a década atual traz ainda muitos desafios. Se por um lado, as emissões dos poluentes regulamentados seguem em decréscimo ao longo dos anos, conforme estimativas do inventário de emissões para o estado de São Paulo, elaborado pela CETESB (figura 4), os níveis atuais da concentração de poluentes na atmosfera em muitas cidades do mundo, inclusive no Brasil, estão distantes de atender aos valores recomendados pela OMS para a proteção da saúde pública, principalmente em termos de material particulado e ozônio.

Um desafio ainda maior se apresenta para as próximas décadas no que diz respeito às emissões de GEE no setor de transportes. Os dados científicos produzidos nos últimos anos indicam que a situação do aquecimento global é mais grave do que se pensava. Neste sentido, deve haver nos próximos anos pressões ainda mais fortes de governos e da sociedade por soluções mais limpas. O movimento de descarbonização será certamente o principal norte para os maiores mercados de veículos no mundo nas próximas décadas.

Dois aspectos dificultam os resultados obtidos pelas ações de controle, um deles já citado é a falta de programas de inspeção veicular. Além de comprometer o controle de emissões de poluentes tóxicos regulamentados, a manutenção deficitária dos veículos em circulação resulta também em maior consumo de combustíveis e, consequentemente, maior emissão de GEE. Outro aspecto é a falta de programas mais abrangentes e efetivos de renovação de frota. Principalmente no caso dos caminhões, a idade média relativamente alta da frota e a permanência de veículos bastante antigos em circulação compromete os resultados ao longo dos anos, seja nas mudanças de fase para o caso dos veículos diesel, seja na velocidade com que tecnologias mais limpas vão sendo incorporadas a frota circulante.

FIGURA 4 – **Emissões estimadas de poluentes regulamentados e gases de efeito estufa para o estado de São Paulo.**

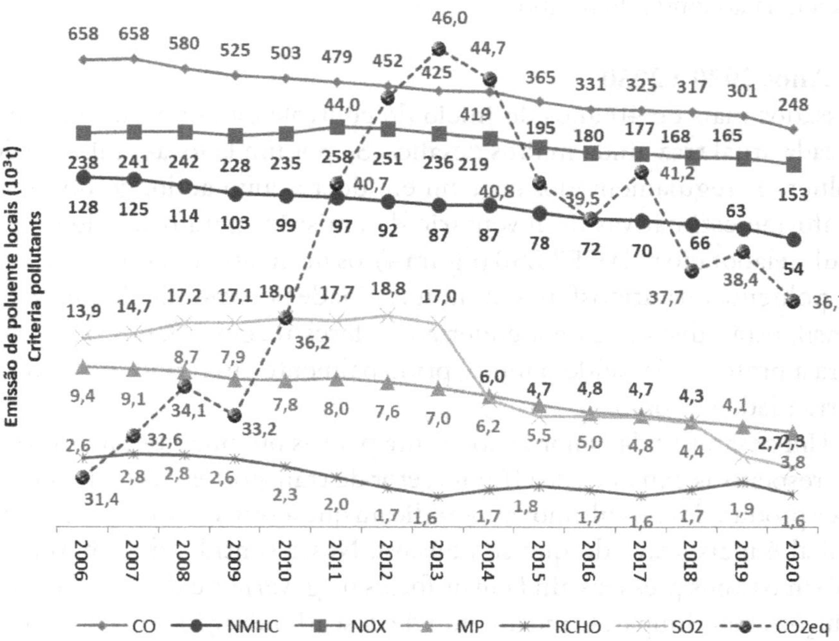

Fonte: CETESB 2022.

5.1. Proconve

Apesar do grande avanço obtido no controle das emissões veiculares, conforme já demonstrado, há ainda espaço para tecnologias que promovam mais reduções nos níveis de emissão.

Estão sendo gestadas, desde 2019, na Comunidade Europeia, as novas fases de controle para veículos pesados e leves. A expectativa era que a legislação estivesse pronta até 2022. Entre os principais avanços estão o de priorizar as medições em condições reais de uso. Apontam também para uma maior exigência de durabilidade e a inclusão de controle de emissão de vapores de combustível no reabastecimento (como já existe nos EUA e Brasil a partir de 2023). Também pretendem incluir, é claro, a redução nos limites de emissão de escapamento de forma severa, incluindo novos poluentes e/ou formas de medição, como limites para emissão de amônia, de óxido nitroso e metano. Esses dois últimos compostos são gases de efeito estufa, mas também atuam como precursores de poluentes, o primeiro como um destruidor do ozônio troposférico que nos protege da radiação ultravioleta, e o segundo como formador de ozônio ao nível do solo.

Nos EUA, o estado da California implantou em 2020 legislação que estabelece um controle mais rígido para veículos pesados. O foco é uma drástica redução de 90% no limite de NOx entre os anos de 2024 e 2031. Também foi determinado que as medições sejam feitas em um novo ciclo que solicita uma carga maior nos motores ensaiados e uma ampliação de quase o dobro na exigência de durabilidade que passa a ser de 800 mil milhas.

Embora a tendência aponte para uma rápida eletrificação dos veículos, precisamos ter em mente que muito provavelmente, por questões técnicas ou de utilização, ainda serão necessários veículos equipados com motores a combustão, mesmo que possivelmente em número pequeno e decrescente. Então o avanço da eletrificação, seja direta ou indiretamente por exigência de legislação, seja por adequação do mercado, deve ser acompanhado também pelo avanço nas exigências de controle de emissões.

5.2. Controle de GEE

A legislação brasileira deverá seguir a tendência observada nos países desenvolvidos e avançar nas exigências de controle. A disrupção ocasionada pela adoção da eletrificação veicular, em que toda uma tecnologia de controle que avança em complexidade e custo, repentinamente muda de forma radical para atingir os mesmos objetivos com custo menor, deve acontecer também no cenário brasileiro.

Ao poder público cabe regular adequadamente a questão, na forma de legislação que esteja alinhada com o correto avanço no controle ambiental, mas também deixando para a iniciativa privada a liberdade para que utilize a tecnologia que melhor lhe convier. Nesse aspecto, o Brasil tem grande vantagem em comparação com a maioria dos países do mundo, pois na rota da eletrificação tem uma das matrizes energéticas mais "limpas" do mundo, com grande parte da eletricidade sendo de origem hídrica e uma parcela crescente de origem solar e eólica. Além disso, o país tem um histórico de sucesso de utilização de biocombustíveis, especialmente o etanol.

Conclusões

Conforme apresentado neste artigo, o Brasil tem um histórico de sucesso em ações de controle da poluição veicular, onde se destacam o Proconve e o Promot. As ações de fiscalização e as parcerias com entidades ligadas ao transporte também renderam bons resultados. O conjunto dessas ações resultou em melhoria significativa da qualidade do ar, que foi registrada ao longo dos anos pelas redes de amostragem da qualidade do ar.

Como pontos negativos deve-se destacar a não implantação de programas de inspeção veicular, que certamente potencializariam ainda mais os benefícios do Proconve e Promot, assim como a lenta renovação de frota, principalmente de caminhões. O crescimento das frotas de veículos nos centros urbanos também compromete parte das ações de controle, seja pelo aumento do número de fontes, seja pela precarização das condições de tráfego.

A migração para tecnologias mais limpas de geração de energia, com destaque para a eletrificação dos veículos, conduzirá o país para a redução das emissões de gases de efeito estufa com ganhos significativos também na qualidade do ar.

Temos um cenário extremamente favorável para traçar uma rota de descarbonização no país, que sirva de exemplo a outras nações, no inevitável rumo à sustentabilidade e equilíbrio com o meio ambiente que nos é imprescindível.

Referências

CETESB – Companhia Ambiental do Estado de São Paulo. **Evolução e Futuro do Proconve. História e resultados dos 30 anos de política de controle das emissões dos veículos no Brasil. Elaborado pelo Setor de Avaliação de Emissões Veiculares** – ETHA da CETESB. São Paulo, 2017.

CETESB – Companhia Ambiental do Estado de São Paulo. **Emissões veiculares no estado de São Paulo 2020.** São Paulo, 2022. Disponível em: https://cetesb.sp.gov.br/veicular/relatorios-e-publicacoes/. Acesso em setembro 2022.

CETESB – Companhia Ambiental do Estado de São Paulo. **Fontes Móveis – Fumaça Preta. Perguntas frequentes.** São Paulo, 2022a. Disponível em: https://cetesb.sp.gov.br/fontes-moveis-fumaca-preta/#1548087073038-179564cf-ba11. Acesso em setembro 2022.

CETESB – Companhia Ambiental do Estado de São Paulo. **Conama aprova novas fases do Proconve.** Notícia de 21/12/2018. São Paulo, 2018. Disponível em:

https://cetesb.sp.gov.br/blog/2018/12/21/conama-aprova-novas-fases-do-proconve/. Acesso em setembro 2022.

CETESB – Companhia Ambiental do Estado de São Paulo. **Promot entra em nova fase.** Notícia de 29/05/2019. Disponível em: https://cetesb.sp.gov.br/blog/2019/05/29/promot-entra-em-nova-fase/. Acesso em setembro 2022.

CETESB – Companhia Ambiental do Estado de São Paulo. **Norma Técnica L9.025**, edição de outubro de 2021. Disponível em: https://cetesb.sp.gov.br/wp-content/uploads/2022/02/L9.025_Avaliacao-da-Qualidade-do-Agente-Redutor-Liquido-de-NOx-Automotivo-%E2%80%93-ARLA-32-%E2%80%93-1a-Edicao-%E2%80%93-outubro-2021.pdf. Acesso em outubro 2022.

MMA – Ministério do Meio Ambiente. **1º Inventário Nacional de Emissões Atmosféricas por Veículos Automotores Rodoviários.** Brasília, 2011.

IBAMA – Instituto Brasileiro do Meio Ambiente e dos Recursos Naturais Renováveis. **Consulta Pública sobre controle de emissões de gases de efeito estufa por veículos automotores novos.** Brasília, 2018. Disponível em: https://www.gov.br/ibama/pt-br/assuntos/notas/copy_of_notas/consulta-publica-sobre-controle-de-emissoes-de-gases-de-efeito-estufa-por-veiculos-automotores. Acesso em setembro 2022.

ICCT – International Council on Clean Transportation. **CO_2 emission standards for passenger cars and light-commercial vehicles in the European union.** 2019. Disponível em: https://theicct.org/publications/ldv-co2-stds-eu-2030-update-jan2019. Acesso em fevereiro 2022.

BORSARI, V.; PEREIRA BALES, M. Emissões Veiculares e Mudanças Climáticas: o controle da emissão de gases de efeito estufa para veículos leves. **Revista Ambiente**, São Paulo, v. 1, 2022. Disponível em: https://revista.cetesb.sp.gov.br/revista/article/view/183. Acesso em: 23 fev. 2023.

DNC – Departamento Nacional de Combustíveis. **Portaria DNC 32 de 08/08/1997.** Brasília, 1997. Disponível em: https://atosoficiais.com.br/anp/portaria-dnc-n-32-1997-. Acesso em setembro 2022.

Folha de São Paulo – **Caderno Cotidiano de 5 de agosto de 1996** – Disponível em https://noticias.uol.com.br/ultimas-noticias/redacao/1996/08/05/05081996-comeca-hoje-1-rodizio-da-historia.htm. Acesso em setembro de 2022.

36. EMISSÕES ATMOSFÉRICAS – DA HISTÓRIA RUMO A UM FUTURO MAIS SUSTENTÁVEL

Ligia Cristina Gonçalves de Siqueira
João Vicente de Assunção

Introdução

Vivemos desde a metade do último século mudanças acentuadas tanto no modo de vida, quanto nos padrões de consumo de nossa sociedade, as quais também transformaram a nossa relação com o meio ambiente. Da mesma forma que essa evolução ocorreu no mundo, assim também as instituições que têm a atribuição de zelar pela preservação e conservação ambientais, bem como da mitigação e reversão dos danos causados pelas atividades antropogênicas, também tiveram muitas alterações incorporadas na sua trajetória. A CETESB, considerada uma das Agências Ambientais mais importantes do Brasil, também passou por diversas etapas, desde a sua constituição até os dias atuais.

E falando desse início, constatamos que as preocupações com a poluição do ar, seu avanço e, principalmente, sua prevenção e controle, fazem parte das atividades da CETESB, desde então, como podemos observar, nesta história de sucesso que se descortinará a seguir.

1. A Origem da CETESB e as Primeiras de Ações de Controle da Poluição do Ar

A constituição da CETESB, com base em informações, constantes de publicações próprias (CETESB, 1994; CETESB, 2005 e CETESB, 2018), em linhas gerais, teve o seguinte cenário:

Em meados do século XX, o estado de São Paulo já tinha um estágio de desenvolvimento maior do que os outros estados da federação. Naquela época, a região da Grande São Paulo (GSP) despontava como uma das de maior nível de industrialização do Estado, porém teve um crescimento rápido e desordenado, com a instalação de indústrias de grande porte, sem preocupação com o meio ambiente, em especial, com a poluição atmosférica, um tema ainda desconhecido à época. Como essa prática era recorrente, tanto na cidade de São Paulo quanto nos municípios vizinhos, eram visíveis muitas chaminés emitindo também grandes quantidades de fumaça para atmosfera. E isso era considerado o símbolo do progresso, pois não havia ainda no cenário mundial o conceito de sustentabilidade, com o equilíbrio entre as dimensões econômicas, ambientais e sociais do desenvolvimento.

Além disso, o interior paulista, também já apresentava um rápido crescimento industrial, gerando problemas localizados, com a formação de polos industriais, com suas fontes de poluição do ar na maioria sem controle de emissões, causando episódios críticos de poluição atmosférica. Especificamente, a cidade de Cubatão e as do ABCM (Santo André, São Bernardo do Campo, São Caetano do Sul e Mauá), já possuíam nesta época um complexo industrial de grande importância, que era composto por indústrias de diversos segmentos.

Nas décadas de 1960 e 1970, os episódios agudos de poluição do ar, pelo lançamento em excesso de poluentes na atmosfera pelas indústrias, tanto na capital quanto nos municípios da região metropolitana, eram frequentes, o que levou a população a reclamações recorrentes em relação à percepção de odores, fumaça e poeiras, que causavam mal-estar e o crescimento da procura de atendimento médico-hospitalar. Foi neste cenário, no início dos anos 1960, criada a Comissão Intermunicipal de Controle da Poluição das Águas e do Ar (CICPAA), na qual participavam os municípios de Santo André, São Bernardo do Campo, São Caetano do Sul e Mauá (ABCM). Nesta época também foram iniciadas as medições de poluentes na atmosfera (taxas mensais de sulfatação, poeira sedimentável, corrosividade, fumaça e dióxido de enxofre), como medida básica de aferição da qualidade do ar. Já começava a se manifestar também uma expressiva contribuição de veículos automotores.

Em 1968, foi instituído o Fomento Estadual de Saneamento Básico (FESB) e, criado, em seguida, o Centro Tecnológico de Saneamento Básico (CETESB), cujas atribuições seriam direcionadas ao saneamento ambiental.

Em 1970, o controle da poluição das águas foi atribuído ao FESB e o controle da poluição do ar à Superintendência de Saneamento Ambiental (SUSAM), pertencente a Secretaria da Saúde, que já havia incorporado as atribuições da Comissão Intermunicipal de Controle de Poluição das Águas e do Ar (CICPAA).

Em 1972, foi intensificado o monitoramento da qualidade do ar na região da Grande São Paulo, para medição diária dos níveis de dióxido de enxofre (SO_2) e fumaça preta.

Em 1973, foi criada a CETESB – Companhia Estadual de Tecnologia e Saneamento Básico e de Controle de Poluição das Águas, que incorporava o Centro Tecnológico de Saneamento Básico (o antigo CETESB) e as atribuições do FESB.

Em 1975, a Diretoria de Controle de Poluição do Ar da SUSAM e as atribuições do controle da poluição do ar e do solo passaram a fazer parte da CETESB, que passou a se denominar CETESB – Companhia Estadual de Tecnologia de Saneamento Básico e Defesa do Meio Ambiente.

Em 1976, as atribuições legais como órgão de controle da poluição e de licenciamento são instituídas na CETESB, que passa a se denominar CETESB – Companhia de Tecnologia de Saneamento Ambiental.

Em 2009, a CETESB passou por novas mudanças e atribuições, passando a licenciar atividades envolvendo o corte de vegetação e intervenções em áreas de preservação permanente e ambientalmente protegidas, além das atividades de controle, fiscalização, monitoramento e licenciamento de atividades potencialmente poluidoras e de preservação e de recuperação da qualidade das águas, do ar e do solo, passando a se chamar CETESB – Companhia Ambiental do Estado de São Paulo.

Pode-se observar, no entanto, que embora a sigla CETESB inicial tenha sido mantida, essa companhia passou por alterações nas suas atribuições, que tiveram como objetivo adequar a empresa às novas realidades na preservação e controle ambientais de modo a atender as demandas da sociedade.

2. Os Primeiros Programas de Controle de Poluição do Ar do Estado de São Paulo para Fontes Estacionárias

2.1. A Operação Branca na Região Metropolitana de São Paulo

Entre 1975 e 1976, em face dos níveis preocupantes da poluição do ar, foi instituído e implementado o programa denominado "Operação Branca", com os principais objetivos de (CETESB, 2018):

- Realizar um inventário de emissões atmosféricas baseado no levantamento das fontes industriais de emissão da Região Metropolitana de São Paulo. Como resultado, após a realização de vistorias, foram inventariados 15 mil estabelecimentos, e com as informações coletadas foi formado um banco de dados, por tipo de atividade e por tipo de poluente.
  Na sequência, foram identificadas as empresas responsáveis por emissões significativas de material particulado e de óxidos de enxofre, destacando-se aquelas que queimavam óleo combustível com alto teor de enxofre, o que possibilitou a realização de dois importantes planos específicos para o controle desses poluentes na RMSP, que serão abordados mais adiante.
- Manter um canal de comunicação permanente para receber as reclamações da população, principalmente em relação aos efeitos da poluição do ar e gerenciar os conflitos ambientais, além de gerar subsídios para tomada de decisão quanto às ações corretivas.
- Estabelecer medidas de controle de poluição do ar, sendo adotado o chamado "Termo de Compromisso", pois não havia naquela época, uma legislação ambiental específica.
- Fiscalizar as emissões de fumaça preta provenientes de fontes estacionárias de combustão e da queima de resíduos sólidos ao ar livre. Como resultado, foram realizadas intimações e autuações, sendo observado o decréscimo das emissões oriundas dessas atividades poluidoras.

Desta operação resultou o primeiro inventário de fontes e emissões da Região Metropolitana de São Paulo (RMSP), que serviu de base para ações de controle da poluição do ar nos anos seguintes e as atividades relativas ao controle das emissões de fumaça preta por fontes estacionárias, da queima de resíduos ao ar livre e o atendimento às reclamações da população foram incorporadas às atividades da CETESB e continua sendo realizado até hoje.

2.2. O Programa de Controle das Emissões de Material Particulado na Grande São Paulo

Em 1976, segundo consta em CETESB (2018), foi realizado um programa para redução das emissões industriais de material particulado na RMSP, pois os dados do inventário realizado apontavam que uma quantidade de 422 t/dia de material particulado era emitida para a atmosfera, ultrapassando o padrão de qualidade do ar vigente para este poluente. Dessa forma, para que fossem adotadas medidas de controle de poluição do ar, foi realizado um trabalho de campo com autuações de todas as fontes emissoras de material particulado pertencente às categorias A e B, com base na classificação realizada pelo inventário de 1976, que correspondiam a 97% dessas emissões, sendo exigida a implantação de sistemas de controle de poluição do ar.

Esse programa pioneiro durou aproximadamente três anos (1976-1978) e, como resultado, a maioria das fontes consideradas teve os seus sistemas de controle de poluição do ar instalados e colocados em operação, sendo que essas ações de controle já ocorreram no âmbito Lei Estadual nº 997, de 31 de maio de 1976 regulamentada pelo Decreto nº 8.468, de 8 de setembro de 1976, e pela e a Lei nº 1817, de 1978, que abordava a questão do zoneamento industrial, importante aspecto em face da desorganização espacial das atividades industriais na região.

As reclamações da população contra fontes emissoras eram recebidas por canal específico e atendidas, o que acontece até os dias atuais.

2.3. O Programa de Controle das Emissões de Dióxido de Enxofre na Grande São Paulo

No início dos anos 1980, segundo informações de CETESB (2018), foi instituído um programa para redução das emissões de dióxido de enxofre (SO_2) na Região Metropolitana de São Paulo (RMSP), pois, conforme dados dos levantamentos industriais realizados, essas emissões eram elevadas, causando ultrapassagem dos valores dos padrões de qualidade do ar vigentes à época. Dessa forma, para a redução das emissões desse poluente, foi realizada a implantação do Programa de Controle das Emissões de Dióxido de Enxofre na Grande São Paulo.

Várias alternativas de controle foram consideradas, porém tinham limitações. A primeira foi a substituição do óleo BPF (baixo ponto de fulgor) por óleo BTE (baixo teor de enxofre), que já era realizada nos meses da Operação Inverno (maio a agosto); porém, não havia previsão de fornecimento desse produto ao longo do ano para a Região Metropolitana de São Paulo (RMSP), pois essa situação não tinha sido prevista na matriz energética vigente à época e o combustível mais limpo era escasso. A outra foi a redução do teor de enxofre do combustível, com a recuperação do enxofre realizada no processo produtivo das refinarias, o que não era realizado à época. Por fim, a medida de controle adotada foi a implantação de tecnologias, como os sistemas de controle para a redução de SO_2 constituídos por lavadores com soluções alcalinas, sendo a atuação da CETESB direcionada às fontes estacionárias de combustão, principalmente aquelas que queimavam combustível fóssil líquido, o óleo combustível industrial.

Ressalta-se que, durante esse programa, ainda apareceu uma alternativa com a substituição do uso de óleo combustível por energia elétrica, reduzindo significativamente as emissões das fontes de combustão e, algum tempo depois, teve início o uso de gás natural, substituindo o combustível líquido pelo gasoso, uma alternativa importante para a redução tanto das emissões de SO_2 como as de material particulado, proveniente dos processos de combustão.

Esse programa, também pioneiro, teve a duração de cerca de três anos e alcançou sucesso no controle de SO_2 em fontes estacionárias na Grande São Paulo, pois todas as fontes de queima de combustível e processos e operações industriais considerados tinham implantado medidas de controle para a redução desse poluente.

2.4. O Início da Operação Inverno

Em 1976, segundo informações da CETESB (2018), foi realizada a primeira Operação Inverno, com base nas informações obtidas pela Operação Branca. Essa operação era voltada à redução da emissão de poluentes atmosféricos entre os meses de maio a agosto, e que depois foi estendida até o final de setembro, pois neste período ocorrem as piores condições para a dispersão dos poluentes, e a situação da poluição do ar se agravava sobremaneira. Dessa forma, as empresas que realizavam a queima de óleo combustível nas regiões críticas de poluição de RMSP e Cubatão, eram obrigadas a utilizar óleo com baixo teor de enxofre (BTE), como forma de reduzir as emissões de SO_2, que era fornecido pela Petrobrás especificamente nesta época.

Nesse período, também, a CETESB intensificava as ações de controle sobre as empresas localizadas nas regiões onde havia essa operação, pois quando o padrão de qualidade do ar vigente era ultrapassado, deveriam ser adotadas medidas de controle específicas para os episódios críticos, como a redução da circulação de veículos e diminuição da produção industrial para reverter essa situação, bem como controle sobre a emissão de fumaça preta por veículos a diesel. Essas medidas eram tomadas com base legal consubstanciada na Lei Estadual nº 997/76 e no Decreto Estadual nº 8.468/76, para evitar episódios críticos de poluição ar, tendo sido instituídos três níveis de ação: Atenção, Alerta e Emergência, que eram declarados com base em dados de qualidade do ar e condições atmosféricas.

2.5. O Programa de Controle Ambiental de Cubatão e a Poluição do Ar

Segundo as informações contidas em CETESB (2018), desde o início da industrialização da Região de Cubatão, ocorrida entre as décadas de 1950 e 1960, a degradação ambiental ocorreu de maneira progressiva, com intensificação das operações industriais de alto potencial poluidor sem o controle das emissões atmosféricas, com a Serra do Mar no seu entorno e devido às características meteorológicas locais, que impedem a dispersão dos poluentes.

Na década de 1980, a região industrial de Cubatão foi considerada o lugar mais poluído do mundo, devido aos episódios agudos de poluição do ar, as notícias sobre nascimentos de crianças com anencefalia, entre outros, levando a região a ser conhecida como "Vale da Morte".

Esse estágio da poluição na região de Cubatão também foi responsável por uma grande degradação da vegetação nas encostas da Serra do Mar, localizada próxima do polo industrial, diminuindo a cobertura vegetal na região e contribuindo para processos erosivos, resultando em deslizamentos e escorregamentos do terreno.

Em 1983, foi dado início ao Programa de Controle e Recuperação da Qualidade Ambiental de Cubatão devido a grave situação encontrada e para a realização de ações de controle urgentes. Em 1984, as indústrias do polo industrial de Cubatão apresentaram os seus planos individuais de controle. Durante o período entre 1983 e 1984 foram realizados levantamentos industriais, sendo constatado que, de um total de 320 fontes de alto potencial poluidor, 230 fontes eram referentes à poluição do ar. Também nessa época, a maioria dos dados de emissão, considerando os 22 empreendimentos existentes, eram referentes aos seguintes poluentes: material particulado, dióxido de enxofre, óxidos de nitrogênio, amônia, hidrocarbonetos e fluoretos e foram obtidos por meio de amostragem em chaminé, realizadas pelas equipes da própria CETESB.

O programa de controle era dividido em fontes primárias e secundárias. Entre 1983 a 1989 foi realizado o programa de controle de emissões de fontes primárias, sendo que das 230 fontes de poluição do ar identificadas, neste período foram controladas 205 fontes, perfazendo cerca de 90% do total.

Em 1989, também teve início o plano de operação e manutenção dos sistemas de controle de poluição do ar implantados, para acompanhamento do funcionamento desses equipamentos.

De 1990 até 1994, teve início o programa de controle de fontes secundárias, consideradas como de menor potencial poluidor, mas que também tinham participação na degradação ambiental, tendo sido identificadas 263 fontes secundárias, e, destas, 163 se referiam a fontes de poluição do ar, para as quais também foram exigidas medidas de controle de emissões.

A partir de 1984, também foi desenvolvida a Operação Inverno na região, de maio a agosto, simultaneamente ao programa de controle de fontes, para evitar a ocorrência de episódios críticos de poluição do ar. Ressalta-se que, ao final de 1990, um grande número de ações também foi realizado com o objetivo de recuperar a vegetação das encostas da Serra do Mar, que sofreu degradação, o que ocorreu somente após a redução das concentrações das emissões atmosféricas na região. Uma dessas ações foi o uso de técnica de plantio desenvolvida pela CETESB, com sementes de espécies nativas da região.

Outro ponto importante desse programa, em relação à redução das emissões atmosféricas, foi o uso do conceito "bolha", uma limitação à implantação de empreendimentos que emitissem poluentes que fossem responsáveis pela saturação daquela área, de modo a evitar o aumento da concentração desse poluente na bacia aérea e também a proibição da emissão de poluentes considerados tóxicos. Quanto às ações de controle, a fiscalização e os plantões permanentes eram realizados por técnicos que teriam que ser residentes no município, o que daria maior rapidez no atendimento às ações corretivas e acidentes ocorridos (VASCONCELOS E ABREU, 1987).

2.6. O PROCOP – Programa de Controle da Poluição e o Controle das Emissões Atmosféricas no Estado de São Paulo

Em 1980, conforme CETESB (2018), foi criado o Programa de Controle de Poluição Industrial (PROCOP), que tinha por objetivo apoiar a execução de projetos relacionados à melhoria das condições ambientais no Estado de São Paulo, com recursos do Banco Mundial (BIRD) e com contrapartida do Governo do Estado de São Paulo, criando um fundo rotativo de caráter permanente para as futuras ações, com o retorno dos financiamentos concedidos. Esse programa tinha dois componentes: o Programa de Financiamento ao Controle (PFC), que concedia os financiamentos às empresas na implantação de projetos de controle da poluição e o Programa de Assistência Técnica (PAT), para a capacitação do corpo técnico. A estrutura organizacional do PROCOP era constituída de um Conselho de Orientação, Secretaria Executiva (com sede na CETESB), Agente Técnico (corpo técnico da CETESB), que realizava a análise técnica e financeira dos projetos, bem como a administração dos recursos, tendo como Agente Financeiro (inicialmente o BADESP e depois o BANESPA, existentes à época).

Na fase I do PROCOP, um dos objetivos era reduzir as emissões de material particulado, de maneira que, a partir de 1984, fossem mantidos por dez anos os padrões de qualidade do ar para este poluente. Em 1996, foi encerrada a Fase II, que era a segunda contratação de empréstimo do PROCOP junto ao Banco Mundial. Como resultado, os 23 projetos contratados, que correspondiam a 29% do total de projetos para controle de poluição do ar, utilizaram 35% dos recursos existentes, sendo o restante distribuído pelos outros meios receptores (água e solo). Esse programa teve importante contribuição para a redução das emissões atmosféricas no Estado de São Paulo.

3. A criação da Área de Apoio ao Controle de Poluição do Ar e o Monitoramento das Chaminés de Fontes Estacionárias

A partir da aprovação da legislação de controle da poluição ambiental estadual, em 1976, teve início na CETESB o controle chamado de preventivo, por meio de Licenças de Instalação e Licenças de Funcionamento, onde a equipe técnica fazia a análise da documentação que envolvia o licenciamento das fontes e a fiscalização, de maneira integrada, sem passar por equipes com formação específica, mas com apoio de equipe de análise de projetos.

Na década de 1980, teve início a formação de equipes técnicas divididas segundo meios receptores ambientais (ar, água e solo) dentro da Diretoria de Controle, para uma análise mais específica dos projetos, devido às complexidades encontradas, já naquela época.

Dessa forma, foram criadas áreas de apoio técnico, para onde os processos eram enviados para que técnicos elaborassem relatórios de modo a dar subsídios às ações de controle e ao licenciamento das fontes. A área de apoio ao controle de poluição do ar era responsável pela análise dos projetos de sistemas de tratamento dessas emissões e pela avaliação do desempenho de sistemas de controle implantados por meio de amostragem em chaminé, que era realizada pela própria CETESB desde a década de 1970, com expressiva atuação em Cubatão.

Ressalta-se a importância da área de apoio técnico ao controle da poluição do ar que a partir daí, esteve sempre presente em todos os momentos em que se faz necessária a atuação dentro de suas competências, seja na elaboração de cursos, normas, legislação, procedimentos, acompanhamento de monitoramento, entre outras atividades dentro desta temática, como veremos a seguir.

Em 1976, segundo CETESB (2005), foi criado o laboratório de tecnologias do ar, hoje conhecido como Laboratório de Amostragem em Chaminé.

A CETESB, a partir da década de 1980, passou a não realizar a amostragem em dutos e chaminés de fontes estacionárias, exceto em casos especiais, porém tem atuação no acompanhamento e validação dos resultados das medições realizadas por empresas terceirizadas, além da elaboração de normas e procedimentos para amostragem e seu acompanhamento.

Outra atribuição é a prestação do serviço de calibração de instrumentos e dispositivos utilizados para a realização da amostragem por terceiros, sendo este o único laboratório que realiza esse tipo de atividade dentro de um órgão ambiental. Encontra-se instalado nesse laboratório, um túnel de vento para a realização de serviços de velometria (Figuras 1 e 2).

Figura 1 – **Túnel de vento antigo (1993)**

Fonte: CETESB (1994).

Figura 2 – **Túnel de vento atual (2018).**

Fonte: Arquivo próprio.

4. A Atuação da Área de Apoio Técnico ao Controle da Poluição do Ar na CETESB

4.1. Participação Técnica no Cenário Normativo para o Controle e Monitoramento das Emissões Atmosféricas

Desde o início das atividades da área de apoio técnico ao controle de poluição do ar na CETESB, essa área vem contribuindo dentro desta temática na elaboração de legislação e normas, tanto estaduais, quanto nacionais, além das instruções técnicas e procedimentos internos, tanto próprias como em conjunto com outras entidades. Dentre os temas desenvolvidos em âmbito estadual e federal, podemos citar:

- **INCINERAÇÃO DE RESÍDUOS DE SAÚDE:** devido à grande quantidade de resíduos de saúde gerados que quando são descartados no meio ambiente de forma inadequada podem causar um sério risco de contaminação, a incineração surgiu como uma oportunidade de, além da redução do volume antes da disposição final em aterros, contribuir para a redução desse risco. Porém, a sua realização deve ter um regramento, pois envolve a emissão atmosférica de vários componentes, que também podem impactar o meio ambiente e a saúde. Em 1997, foram elaborados procedimentos (Norma E15011 – Procedimento para o Controle das Instalações de Sistemas de Incineração de Resíduos de Serviços de Saúde) e estabelecidos padrões de emissão específicos para incineração de resíduos de serviços de saúde.
- **PROCESSAMENTO DE CHUMBO:** no Estado de São Paulo há várias empresas que realizam a recuperação do chumbo de baterias automotivas, bem como outras que fabricam novas baterias tanto com sucata, quanto com lingotes de chumbo. Em 1999, de modo a evitar novos episódios críticos com esse poluente, foi elaborada uma instrução técnica para uso interno, específica para o licenciamento dessas atividades (IT 016 – Exigências Técnicas para Processamento de Chumbo), bem como foram determinados padrões de emissão e de qualidade do ar para processamento de chumbo. de forma a reduzir sua presença na atmosfera.
- **COPROCESSAMENTO EM INDÚSTRIA DE CIMENTO:** em 1997, foi estabelecido, primeiramente, um padrão de emissão de material particulado para a indústria de cimento e, depois, em 2003,

tendo em vista o advento do coprocessamento de resíduos nos fornos de cimento, após estudos e testes de queima, foram estabelecidos padrões de emissão para diversos poluentes emitidos pela queima de resíduos como substituição material ou energética a matérias primas, combustíveis e aditivos em fornos utilizados na fabricação do clínquer, que é a base para a fabricação do cimento (Norma Técnica P4.263 – Procedimento para Utilização de Resíduos em Fornos de Produção de Clínquer). Estes serviram como base para a Resolução CONAMA nº 264/1999, que foi substituída pela Resolução CONAMA nº 499/2020.

- **EMISSÕES DE FLUORETOS DAS INDÚSTRIAS CERÂMICAS:** após estudos específicos que identificaram a emissão de fluoretos pelo processamento industrial da fabricação de pisos cerâmicos, oriundo das matérias primas utilizadas, foram realizadas campanhas de amostragem em chaminé em vários empreendimentos dessa tipologia, que geraram subsídios, de modo que, em 2003, foi estabelecido um padrão de emissão e valores de referência na qualidade do ar para fluoretos para indústrias cerâmicas, de modo a reduzir as emissões e o impacto no meio ambiente por este tipo de indústria.
- **UNIDADES DE ARMAZENAMENTO E DISTRIBUIÇÃO DE COMBUSTÍVEIS:** o ozônio é um poluente secundário formado na atmosfera por reações fotoquímicas que envolvem as emissões compostos de nitrogênio (NOx), normalmente originadas por fontes de combustão e compostos orgânicos voláteis (COVs). No Estado de São Paulo vem sendo identificada, frequentemente, a ultrapassagem dos padrões de qualidade do ar pelo poluente ozônio em várias regiões, tornando-as saturadas. Porém, como ele se forma na atmosfera, não é possível que sejam estabelecidas medidas diretas de controle, sendo que as ações de redução na sua formação devem ser realizadas nos seus precursores, os NOx e COVs. Dessa forma, após estudos específicos em que as unidades de armazenamento de combustíveis se destacaram como uma das principais fontes de emissão de COVs, a partir de 2007 foram estabelecidos procedimentos internos para o seu licenciamento (IT025 – Licenciamento ambiental de unidades de armazenamento e distribuição de combustíveis).

Em 2021, também foram estabelecidas medidas de controle para fontes existentes no Plano setorial de controle de emissões de compostos orgânicos voláteis e semivoláteis provenientes de unidades de armazenamento, distribuição e comércio atacadista de combustíveis (DECISÃO DE DIRETORIA Nº119/2021/I/C, de 26/112021).

- **COMBUSTÍVEL DERIVADOS DE RESÍDUOS (CDR):** o aproveitamento térmico de resíduos devido ao seu poder calorífico é uma premissa de sustentabilidade, evitando que sejam descartados no ambiente, já que sua queima poderá contribuir para a redução do consumo de combustíveis. Em 2008, foram estabelecidas premissas para resíduos não perigosos da indústria têxtil, como aqueles oriundos do beneficiamento do algodão (piolho, caroço de algodão etc.); de fios e tecidos provenientes da tecelagem/acabamento da própria indústria, não contaminados com solventes etc., sendo que o aproveitamento energético desses resíduos ou mistura de resíduos pode ser aplicável a caldeiras que utilizam óleo combustível e/ou biomassa. Em 2020, foram discutidos critérios mais amplos para o uso do CDR, sendo publicada a Resolução SIMA nº 47/20.
- **INCINERAÇÃO DE RESÍDUOS URBANOS EM UREs – UNIDADES DE RECUPERAÇÃO DE ENERGIA:** a recuperação energética abrange métodos e processos que podem ser utilizados para aproveitar ou recuperar parte da energia existente em resíduos sólidos de forma mais sustentável, que iriam para disposição final sem serem utilizados com essa finalidade. No caso de uma URE (unidade de recuperação de energia) a partir da incineração de resíduos urbanos que tem poder calorífico, após serem removidos os materiais recicláveis, podem ser geradas energia térmica e elétrica. A energia térmica está associada a geração de gases quentes, que geram vapor numa caldeira de recuperação, que move as pás de uma turbina para a geração de energia elétrica. Em 2009, foram estabelecidos esses procedimentos, definidos padrões de emissão para essa atividade, que devem ser atendidos durante a queima desses resíduos e o uso de monitores contínuos em chaminés.
- **NORMAS E TERMO DE REFERÊNCIA PARA AMOSTRAGEM EM CHAMINÉ E EMISSÕES FUGITIVAS:** a partir da década de 1980 foram elaboradas normas técnicas da CETESB para

amostragem em dutos e chaminés de fontes estacionárias e acompanhamento do monitoramento realizado, incluindo também a norma de calibração dos equipamentos utilizados na amostragem de efluentes gasosos (Norma E16.030/2009). Destaca-se ainda que, desde 2009, foi elaborado um termo de referência para elaboração de plano de monitoramento de emissões atmosféricas em indústrias cítricas e, que, a partir de 2010, o termo de referência para a elaboração do Plano de Monitoramento de Emissões Atmosféricas – PMEA vem sendo utilizado para disciplinar os procedimentos relativos ao monitoramento de emissões em dutos e chaminés de fontes estacionárias em todo Estado de São Paulo.

Em 2021, o plano de monitoramento de emissões fugitivas passou a ser elaborado de acordo com o termo de referência para o Programa de Monitoramento e Redução de Emissões Fugitivas dos dispositivos e acessórios de tubulações (PMREF), com orientações técnicas para a realização do monitoramento dessas emissões e reparo dos dispositivos e acessórios, de modo a reduzir as emissões de compostos orgânicos voláteis e semivoláteis para a atmosfera, bem como a formação de ozônio troposférico (Anexo B da DECISÃO DE DIRETORIA Nº119/2021/I/C, de 26.11.2021).

- **PADRÕES DE EMISSÃO PARA FONTES ESTACIONÁRIAS NOVAS E EXISTENTES:** No âmbito federal, merece destaque a participação da área de apoio no desenvolvimento das seguintes resoluções:
- **Resolução CONAMA nº 264,** de 26/08/1999, que dispõe sobre o licenciamento de fornos rotativos de produção de clínquer, para atividades de coprocessamento de resíduos (DOU nº 54, de 20/03/2000), substituída pela Resolução CONAMA nº 499/2020.
- **Resolução CONAMA nº 382,** de 26/12/2006, que estabelece os limites máximos de emissão de poluentes atmosféricos para fontes fixas instaladas após 02 de janeiro de 2007 (DOU nº 1, de 02/01/2007).
- **Resolução CONAMA nº 436,** de 22/12/2011, que estabelece os limites máximos de emissão de poluentes atmosféricos para fontes fixas instaladas anteriores a 02 de janeiro de 2007 (DOU nº 47, de 26/12/2011).

– **NOVOS PADRÕES DE QUALIDADE DO AR, COMPENSAÇÃO E GERAÇÃO DE CRÉDITOS DE EMISSÃO E CLASSIFICAÇÃO DE MUNICÍPIOS NO ESTADO DE SÃO PAULO:** em 2013, segundo CETESB (2018), os antigos padrões de qualidade do ar vigentes desde 1976 foram substituídos por novos valores, tendo como referência aqueles da Organização Mundial de Saúde. Desta forma, a partir da publicação do Decreto Estadual nº 59.113/2013, foram estabelecidos novos padrões de qualidade do ar, em conjunto com metas a serem atingidas de maneira gradativa até chegar a um padrão final, com redução da poluição do ar ao longo do tempo, concomitante com a adoção de ações de controle tanto para fontes estacionárias quanto para as fontes móveis. Esse Decreto também disciplina o licenciamento de novas fontes e ampliações e estabelece o desenvolvimento de programas de controle tanto para fontes estacionárias existentes quanto para as emissões veiculares.

Ressalta-se que, com esse Decreto, o Estado de São Paulo passou a ter também uma nova diretriz em relação à gestão das áreas saturadas, que já estavam previstas no Decreto Estadual nº 8.468/76. Segundo essa legislação, havia um impedimento em relação a implantação de novos empreendimentos e ampliações nestas regiões consideradas saturadas, o que resultaria numa limitação ao seu crescimento, o que acabaria se tornando inviável com o aumento da população e a satisfação de suas necessidades.

Destacamos que, com a aplicação do conceito de desenvolvimento sustentável, o novo Decreto em vez de impedir a implantação de novos empreendimentos, introduziu critérios restritivos, a serem atendidos quando da solicitação do licenciamento de novos empreendimentos e ampliações, após uma análise prévia das estimativas de emissão realizadas. Dessa forma, a introdução de poluentes no ar ambiente de forma gradativa, permitiria a recomposição da atmosfera local, restaurando a capacidade de suporte do meio.

O Decreto também estabeleceu um novo conceito, o de compensação de emissões, ou seja, o empreendimento deve compensar 110% das emissões adicionadas (estimadas por estudos de emissão) adquirindo créditos de emissão gerados por outras fontes localizadas na mesma sub-região, do mesmo poluente que teve o seu valor ultrapassado. Os créditos de emissão são obtidos por aquelas empresas que promoveram a redução de determinado poluente de forma voluntária, em caráter permanente, e que constam do seu licenciamento, como a substituição de combustível líquido ou sólido por gasoso, implantação de tetos flutuantes substituindo tetos fixos em tanques, entre outros, desde que comprovado por métodos aceitos pela CETESB. Estabelece também que, nos empreendimentos, deverão ser implantados equipamentos e medidas de controle de emissões baseados na melhor tecnologia prática disponível.

Segundo o Decreto nº 59.113/2013, de acordo com os dados obtidos pela rede de monitoramento da qualidade do ar, é realizada a classificação dos municípios com base na medição da concentração dos poluentes considerados prioritários e que impactam a qualidade do ar local. No caso da implantação de novas fontes e ampliações localizadas num Município considerado como área saturada, segundo os critérios vigentes, isso resulta em exigências técnicas específicas no seu licenciamento para a redução da concentração dos poluentes e atendimento das linhas de corte, já citadas. A cada três anos, a partir de 2013, é publicada uma nova classificação dos Municípios, que é aprovada pelo Conselho Estadual de Meio Ambiente (CONSEMA), relativa à qualidade do ar observada, que serve para avaliar a eficácia das ações de controle adotadas neste período, para orientar as novas ações e estabelecer novas metas a serem cumpridas, de modo que a qualidade do ar se torne melhor até chegar ao padrão final.

- **GUIA DE MELHOR TECNOLOGIA PRÁTICA DISPONÍVEL (MTPD):** O Decreto Estadual nº 59.113/13 ainda estabelece que deverão ser implantados equipamentos de controle de poluição do ar e de processo que atendam os critérios de melhor tecnologia prática disponível em novos empreendimentos ou ampliações, critério este que também já existia no Decreto nº 8.468/76. Em 2017, para atender essas premissas, foi publicado um guia com orientação sobre as melhores tecnologias, bem como medidas de controle, tanto para equipamentos de controle, quanto para processos, que podem ser utilizadas pelos setores produtivos, para que as emissões atmosféricas das fontes atendam aos limites e padrões de emissão estabelecidos em legislação ou exigidos no licenciamento (Decisão de Diretoria nº 133/2017/C, de 26/04/2017).

- **PLANO DE REDUÇÃO DE EMISSÃO DE FONTES ESTACIONÁRIAS (PREFE):** O Decreto Estadual nº 59.113/13 estabelece que devem ser elaborados Planos de Redução da Emissão de Fontes Estacionárias (PREFE) visando à redução progressiva das emissões atmosféricas de fontes estacionárias existentes para atendimento dos Padrões de Qualidade do Ar. Em 2014, foi publicada a primeira versão do PREFE, e, como o Decreto também prevê a sua revisão e atualização, em 2021 foi publicada a sua segunda versão, contemplando novas estratégias para as ações de controle e também definindo uma nova região geográfica de controle em função dos resultados obtidos durante esse período (Decisão de Diretoria nº 118/2021/I/C, de 26//1/2021).

Desde a sua primeira publicação, foram incluídos anexos para dois setores específicos que devem implantar equipamentos e medidas de controle para as suas fontes de poluição do ar: o Setor das Unidades de Armazenamento, Distribuição e Comércio Atacadista de Combustíveis (anteriormente chamadas de bases de combustíveis) para a redução das emissões de compostos orgânicos voláteis e semivoláteis (Decisão de Diretoria nº 119/2021/I/C, de 26/11/2021) e o Setor das Indústrias de Pisos Cerâmicos e Mineração de Argila para a redução das emissões de material particulado (Decisão de Diretoria nº 120/2021/I/C, de 26/11/2021 – DOE 01/12/2021).

4.2. Capacitação e Transmissão do Conhecimento – Específicos em Controle da Poluição do Ar

A capacitação técnica dos funcionários sempre foi considerada importante desde o início da criação da empresa, seja nas atividades essenciais relacionadas ao controle e prevenção da poluição, manutenção da qualidade ambiental, bem como para a prestação de serviços à comunidade. Também importante é a transmissão dos conhecimentos adquiridos pelos técnicos para a própria sociedade, principalmente por meio de cursos, treinamentos e seminários (CETESB, 2018).

Desde o início dessas atividades, a temática do controle de poluição do ar vem fazendo parte da programação de cursos e treinamentos, seja para o público interno quanto para o público externo. Além disso, as atividades de coordenação e docência são exercidas pela área de apoio técnico ao controle de poluição do ar, de modo a contribuir para a capacitação interna dos técnicos e transferência de conhecimentos para a sociedade em geral.

Em relação à transmissão do conhecimento e da capacitação interna, vários cursos eram desenvolvidos na área de controle da poluição do ar, inclusive por consultores estrangeiros, com apoio do PROCOP, e de ventilação industrial. Dois cursos se destacaram pela sua continuidade de oferecimento: desde a década de 1980, o de Tecnologias de Controle de Poluição do Ar e, desde a o final de década de 2000, o de Estimativa de Emissão de Poluentes Atmosféricos, de modo a atender os aspectos preventivos e corretivos para atendimento à legislação vigente. Desde 2020, esses cursos que são presenciais, já contam com a sua versão digital, atingindo um público técnico cada vez maior, devido à utilização do ensino a distância na transmissão do conhecimento.

Em relação às publicações técnicas realizadas referentes ao controle de poluição de ar, merece destaque um livro pioneiro no tema chamado Engenharia de Ventilação Industrial, escrito pelos técnicos que atuavam na área de emissões atmosféricas, com a 1ª edição publicada em 1977 e a 2ª em 1988, cujos conceitos permanecem importantes até hoje. Em 2014, ocorreu outra participação relevante na elaboração da Agenda Ambiental do Porto de Santos, no capítulo sobre o controle das emissões atmosféricas em áreas portuárias.

Em relação aos trabalhos acadêmicos elaborados, podemos destacar as seguintes produções:

- Emissões de flúor nas indústrias de pisos cerâmicos dos municípios de Cordeirópolis e Santa Gertrudes – Situação e recomendações (2002).
- Avaliação do impacto das emissões de metais no coprocessamento de resíduos em fábricas de cimento (2005).
- Tratamento de compostos orgânicos odoríferos tóxicos por biorreatores (2011).
- Estudo das emissões de compostos orgânicos persistentes (POPs) tóxicos de formação não intencional provenientes da produção de carvão vegetal no Estado de São Paulo (2015).

Além disso, vários artigos técnicos sobre a temática do controle e monitoramento das emissões atmosféricas foram apresentados em eventos nacionais e internacionais.

4.3. Cooperação Técnica com Outras Instituições

Desde a antiga Secretaria Especial de Meio Ambiente (SEMA), dirigida pelo Professor Paulo Nogueira Neto, sempre houve cooperação técnica entre o nível federal e a CETESB, pois a relevância de conhecimentos adquiridos com a atuação no Estado de São Paulo era expressiva. Tanto no Ministério do Meio Ambiente, como também no CONAMA – Comissão Nacional de Meio Ambiente, tem sido importante a participação da CETESB, no que diz respeito às fontes estacionárias. Entre outros temas, no desenvolvimento dos Padrões de Emissão para fontes novas e de fontes existentes, bem como em relação a Padrões de Qualidade do Ar, poluentes orgânicos persistentes (POPs) em atendimento à Convenção de Estocolmo, onde a CETESB é o Centro Regional da Convenção para a América Latina e Caribe, e em relação ao mercúrio, em atendimento à Convenção de Minamata. Na década de 2010, também destacamos a participação da área de apoio técnico ao controle de poluição do ar, nas atividades de coordenação e docência e no acompanhamento de visitas técnicas referentes às principais tecnologias de controle de emissões atmosféricas para Poluentes Orgânicos Persistentes (POPs), durante o curso em cooperação com a Agência de Cooperação Internacional do Japão (JICA), para capacitação de técnicos de países da América Latina, de língua espanhola e inglesa, e da África de língua portuguesa, nessa temática.

A área de apoio às ações de controle referentes à poluição do ar também tem realizado prestação de serviços na forma de convênios com diversos estados do Brasil.

Dentre essa participação podemos destacar os seguintes trabalhos: em Salvador (BA), em conjunto com o antigo Centro de Recursos Ambientais (CRA), para levantamento industrial das empresas localizadas no polo de Aratu, e em Vitória (ES), em conjunto com o IEMA – Instituto Estadual de Meio Ambiente e Recursos Hídricos, para levantamento industrial e monitoramento de emissões atmosféricas, capacitação da equipe técnica, elaboração e acompanhamento do cumprimento de diretrizes e metas do Termo de Compromisso Ambiental (TCA), para redução das emissões das empresas localizadas no Complexo Industrial e Portuário de Tubarão.

Conclusões

Foi observado neste relato que, desde a sua origem, a temática relativa ao controle da poluição do ar vem sendo relevante em muitas das atividades exercidas pela CETESB. Esse olhar inovador, fez com que, já na década de 1980, fosse criada uma área de apoio técnico que, com as atividades desenvolvidas relacionadas ao controle e monitoramento das fontes estacionárias de poluição do ar, pudesse melhorar a tomada de decisão para que a melhoria da qualidade ambiental e de vida da população ocorresse de maneira efetiva.

Porém, não só a conservação do meio é importante, com os atendimentos aos padrões de emissão estabelecidos para os poluentes atmosféricos, como é necessário que haja uma preservação de recursos para as próximas gerações, com uma visão mais voltada às práticas de sustentabilidade.

Foi observada também a existência, ainda que restrita, de leis e normas que disciplinam o uso de resíduos nos processos de combustão em substituição energética aos combustíveis convencionais, ou uso do seu valor material em substituição a matérias-primas e insumos, mas é um passo dado em direção a processos mais sustentáveis e, neste caso, as bases técnicas são importantes, pois determinam como esses processos poderão ser realizados de maneira ambientalmente viável e suportável.

Finalizando, o apoio técnico para a análise e a elaboração de regramentos, sejam preventivos no licenciamento ou corretivos para a solução de problemas relacionados ao controle das emissões atmosféricas, serão cada vez mais relevantes para que resultem em ações de prevenção e controle mais assertivas, que cada vez mais promovam a melhoria ambiental e a sustentabilidade, pois o futuro já começou[1].

Referências

BRASIL. CONAMA. Resolução nº 264, de 26/08/1999. **Dispõe sobre o licenciamento de fornos rotativos de produção de clínquer, para atividades de coprocessamento de resíduos**. Publicada no Diário Oficial da União nº54, de 20.03.2000. Disponível em:< http://conama.mma.gov.br/?option=com_sisconama&task=arquivo.download&id=262> Acesso em: Observação: Essa Resolução foi revogada e substituída pela Resolução nº499, de 06/10/2022.

[1] Agradecimentos pelas contribuições na elaboração deste artigo: ao Prof. Dr. Eng. João Vicente de Assunção, pelos relatos de sua experiência técnica na CETESB, na coautoria desse artigo e revisão; ao Eng. Eduardo Luis Serpa e Eng.(ª) Maria Cecilia Pires, pelos relatos das experiências técnicas vividas e à Eng.(ª) Maria Cristina Poli, pela revisão. E a todos que, durante todos esses anos, participaram das atividades relacionadas ao Setor de Apoio ao Controle de Poluição do Ar escrevendo uma história de dedicação e competência.

Publicada no Diário Oficial da União nº194, de 08/10/2020. Disponível em:< http://conama.mma.gov.br/?option=com _sisconama&task= arquivo. Download & id = 798>. Acesso em: 01 out 2022.

BRASIL. CONAMA. Resolução nº 382, de 26/12/2006. **Estabelece os limites máximos de emissão de poluentes atmosféricos para fontes fixas instaladas após 02 de janeiro de 2007**. Publicada no Diário Oficial da União nº1, de 02.01.2007. Disponível em:< http://conama.mma.gov.br/?option= com_sisconama&task=arquivo.download&id=510>. Acesso em: 01 out 2022.

BRASIL. CONAMA. Resolução nº 436, de 22/12/2011. **Estabelece os limites máximos de emissão de poluentes atmosféricos para fontes fixas instaladas anteriores a 02 de janeiro de 2007**. Publicada no Diário Oficial da União nº47, de 26.12.2011. Disponível em: < http://conama. mma.gov.br/?option=com_sisconama&task=arquivo.download&id=640>. Acesso em: 01 out 2022.

CETESB. **A CETESB do século 21**. São Paulo: CETESB, 2005.

CETESB. **CETESB 25 anos: uma história passada a limpo**. São Paulo: CETESB, 1994.

CETESB. **CETESB 50 anos de histórias e estórias**. São Paulo: CETESB, 2018. Disponível em: https://cetesb.sp.gov.br/blog/2018/12/27/um-livro-com-50--anos-de-historia-e-estorias/. Acesso em: 01 out 2022.

CETESB. Decisão de Diretoria nº 001/99/C, de 04 de janeiro de 1999. **Instrução Técnica Nº 16 – Exigências Técnicas para Processamento de chumbo**. Disponível em: <https://cetesbnet2/wp-content/uploads/institucional/documentos/decisoes/1999/DD%20001-99-C%20-%20Instru%C3% A7%C3%A3o%20t%C3%A9cnica%20n%C2%BA16.pdf>. Acesso em: 01 out 2022.

CETESB. Decisão de Diretoria 011/2003/C, de 10 de março de 2003. **Padrão de emissão de fluoretos.** Publicada no Diário Oficial do Estado em 22/07/2003. Disponível em: < https://cetesbnet2/wp-content/uploads/institucional/documentos/decisoes/2003/DD%20011-03-C%20-%20Padr%C3%A3o%20de%20emiss%C3%A3o%20de%20fluoretos.pdf> Acesso em: 01 out 2022.

CETESB. Decisão de Diretoria 246/2009/P, de 6 de outubro de 2009. **Dispõe sobre a homologação da revisão da Norma Técnica E16.030-Dutos e chaminés de fontes estacionárias – Calibração dos equipamentos utilizados na amostragem de efluentes – versão julho/2009**. Disponível em:<https://cetesbnet2/wp-content/uploads/institucional/ documentos/decisoes/2009/DD%20246-09-P%20homologa%C3%A7%C3%A3o%20da%20Revis %C3%A3o%20da%20 Norma%20T%C3%A9cnica%20E16.030.pdf> Acesso em: 01 out 2022.

CETESB. Decisão de Diretoria 262/2009/P, de 20 de outubro de 2009. **Dispõe sobre a aprovação do Termo de Referência para Elaboração do Plano de Monitoramento de Emissões Atmosféricas da Indústria Cítrica.** Disponível em: < https://cetesbnet2/wp-content/uploads /institucional/documentos/decisoes/2009/DD%20262-09-P%20Aprova%C3% A7% C3%A3o%20do %20Termo%20 de%20Refer%C3%AAncia%20para%20Elabora%C3%A7%C3%A3o%20do%20Plano%20de%20Monitoramento%20de%20Emiss%C3%B5es%20Atmosf%C3%A9ricas%20da%20Ind%C3%BAstria%20C%C3%ADtrica.pdf> Acesso em: 01 out 2022.

CETESB. Decisão de Diretoria 010/2010/P, de 12 de janeiro de 2010. **Dispõe sobre o Monitoramento de Emissões de Fontes Fixas de Poluição do Ar no Estado de São Paulo – Termo de Referência para a Elaboração do Plano de Monitoramento de Emissões Atmosféricas (PMEA).** Publicado no Diário Oficial do Estado nº120 em 15/10/2010. Disponível em:< https://cetesbnet2/wp-content/uploads/institucional/documentos/decisoes/2010/DD%20010-10-%20Monitoramento%20de%20Emiss%C3%B5es%20de%20Fontes%20Fixas%20de%20Polui % C3%A7%C3%A3o%20do%20Ar%20-%20PMEA.pdf>. Acesso em: 01 out 2022.

CETESB. Decisão de Diretoria 133/2017/C, de 26 de abril de 2017. **Dispõe sobre Guia de Melhor Tecnologia Prática Disponível (MTPD) elaborados no âmbito do Plano de Redução de Emissões Atmosféricas – PREFE 2014**. Disponível em:< https://cetesbnet2/wp-content/uploads/institucional/documentos/decisoes/2017/DD%20133-2017-C%20-%20Guias%20 de%20Melhor%20Tecnologia%20Pr%C3%A1tica%20Dispon%C3%ADvel%20do%20PREFE%20 2014 %20(2)%20(3).pdf>. Acesso em: 01 out 2022.

CETESB. Decisão de Diretoria nº118/2021/I/C, de 26 de novembro de 2021. Dispõe sobre a aprovação do **Plano de Redução de Emissão de Fontes Estacionárias – PREFE 2021**. Publicada no Diário Oficial do estado nº 131 em 09/12/2021. Disponível em: < https://cetesbnet2/wp-content/uploads/institucional/documentos/decisoes/2021/DD%20118-2021-I-C%20-%20PREFE %202021.pdf> Acesso em: 01 out /10/2022.

CETESB. Decisão de Diretoria nº119/2021/I/C, de 26 de novembro de 2021. **Dispõe sobre Plano setorial de controle de emissões de compostos orgânicos voláteis e semivoláteis provenientes de unidades de armazenamento, distribuição e comércio atacadista de combustíveis**. Publicada no Diário Oficial do Estado, nº 131 de 07/12/2021. Disponível em:< https://cetesbnet2/wp-content/uploads/institucional/documentos/decisoes/2021/DD%20119-2021-I-C%20 -%20Plano% 20Setorial%20de%20Controle%20de%20Emiss%C3%B5es%20 Compostos% 20Org%C3%A2nicos.pdf>. Acesso em: 01 out 2022.

CETESB. Decisão de Diretoria nº120/2021/I/C, de 26 de novembro de 2021. **Dispõe sobre a ampliação da área de abrangência do Plano de Redução de Emissão de Fontes Estacionárias – Setor das Indústrias de Pisos Cerâmicos e Mineração de Argila**. Publicada no Diário Oficial do Estado nº 131 em 01/12/2021. Disponível em: < https://cetesbnet2/wp-content/ uploads/ institucional/documentos/decisoes/2021/DD%20120-2021-I-C%20-%20PREFE%20-%20 SETOR %20IND.%20PISOS%20CERAMICOS.pdf> Acesso em: 01 out 2022.

CETESB. Relatório de Diretoria 026/03/E, de 10 de dezembro de 2003. **Norma Técnica P4.263 – Procedimento para Utilização de Resíduos em Fornos de Produção de Clínquer**. Publicada no Diário Oficial da União Executivo, de 13/12/2003 – Republicada em 17/12/2003. Disponível em:< https://cetesbnet2/wp-content/uploads/institucional/documentos/decisoes/2003/DD%20 026-03-E% 20-%20Homologa%C3%A7%C3%A3o%20da%20norma%20 t%C3%A9cnica%20-%20P4.263.pdf> Acesso em: 01 out 2022.

CETESB. Relatório de Diretoria 011/97/E, de 15 de abril de 1997. **Padrão de emissão para Indústria de Cimento.**

CETESB. Decisão de Diretoria nº324/2014/P, de 5 de novembro de 2014. **Norma Técnica E15011 – Procedimento para o Controle das Instalações de Sistemas de Incineração de Resíduos de Serviços de Saúde (06/02/1997)**. Disponível em: < https://cetesbnet2/wp-content/uploads/ institucional/ documentos/normas-tecnicas-cetesb-vigentes/E15.011_Sistema%20 para%20 incinera %C3%A7%C3%A3o%20de%20res%C3%ADduos%20de%20 servi%C3%A7os%20de%20sa%C3% BAde.pdf.> Acesso em: 01 out 2022.

CETESB. **Padrões de emissão para incineração de resíduos de serviços de saúde.** Publicado no Diário Oficial do Estado em 04/03/1997.

CETESB. **Padrões de emissão e de qualidade do ar para processamento de chumbo**. Publicado no Diário Oficial do Estado em 03/02/1999.

CETESB. **IT 025 – Licenciamento ambiental de unidades de armazenamento e distribuição de combustíveis (instrução interna)**. Disponível em: <https://cetesbnet2/c/wp-content/uploads/ sites/4/2019/09/IT-025-Licenciamento-Ambiental-de-Bases-de-Distribui%C3%A7%C3%A3o-de-Combust% C3%ADveis-L%C3%ADquidos-vers%C3%A3o-5-Fevereiro-2009.pdf>. Acesso em: 01 out 2022.

CUNHA, I.A. da [et al.]. **Agenda Ambiental do Porto de Santos**. Santos: Editora Universitária Leopoldianum, 2014.

MESQUITA, F.A., GUIMARÃES, F.A. e NEFUSSI, N.. **Engenharia de Ventilação Industrial**. 2ª reimpressão. São Paulo: CETESB, 1988.

POLI, M.C. **Emissões de flúor nas indústrias de pisos cerâmicos dos municípios de Cordeirópolis e Santa Gertrudes – Situação e recomendações** do Curso de Especialização em Gestão Ambiental. Faculdade de Engenharia Mecânica/ UNICAMP. Campinas: Universidade Estadual de Campinas. Faculdade de Engenharia Mecânica, 2002 [Trabalho de Conclusão de Curso]. Disponível em:<https://cetesb.sp.gov.br/escolasuperior/wp-content/uploads/sites/30/2016/ 06/ Maria_Cristina_Poli.pdf>. Acesso em: 01 out 2022.

SÃO PAULO (Estado). Decreto nº 8.468, de 8 de setembro de 1976. **Aprova o Regulamento da Lei nº 997, de 31 de maio de 1976, que dispõe sobre a prevenção e o controle da poluição do meio ambiente**. São Paulo, 1976. Com alterações posteriores. Publicado originalmente no Diário Oficial [do] Estado de São Paulo, Poder Executivo, São Paulo, v. 86, n. 171, 9 set. 1976. p. 4-18. Disponível em: <https://www. al.sp.gov.br/norma/62153>. Acesso em: 01 out 2022.

SÃO PAULO (Estado). Lei nº 997, de 31 de maio de 1976. **Dispõe sobre o controle da poluição do meio ambiente**. São Paulo, 1976. Com alterações posteriores. Publicado originalmente no Diário Oficial [do] Estado de São Paulo, Poder Executivo, São Paulo, v. 86, n. 102, 1 jun. 1976. p. 1-2. Disponível em:<https://www.al.sp.gov.br/norma/46075>. Acesso em:.01 out 2022

SÃO PAULO (Estado). Decreto nº 59.113, de 23 de abril de 2013. **Estabelece novos padrões de qualidade do ar e dá providências correlatas**. Diário Oficial [do] Estado de São Paulo, Poder Executivo, São Paulo, 24 abr. 2013. Seção 1, p. 1. Disponível em: <https://www.al.sp.gov.br/repositorio/legislacao/ decreto/2013/decreto-59113-23.04.2013.html>. Acesso em: 01 out 2022.

SÃO PAULO (Estado). Conselho Estadual do Meio Ambiente. Deliberação nº 20, de 24 de setembro de 2019. **Aprova a Classificação da Qualidade do Ar – Relação de Municípios e Dados de Monitoramento – proposta pela Cetesb**. DOE, 26 set. 2019. v. 129, n. 183, Seção 1, p. 42-45. Disponível em: http://diariooficial.imprensaoficial. com.br/nav_v5/ index.asp?c= 4&e= 20190926 &p=1>. Acesso em: 17 out 2022.

SÃO PAULO (Estado). Resolução SMA-079/2009, de 4 de novembro de 2009. **Estabelece diretrizes e condições para a operação e o licenciamento da atividade de tratamento térmico de resíduos sólidos em Usinas de Recuperação de Energia – URE**. Publicada no Diário Oficial do Estado de 05/11/2009. Disponível em: < https://cetesb.sp.gov.br/proclima/wp-content/uploads/sites/36/2014/08/2009 _res_est_ sma_79.pdf> Acesso em: 01 out 2022.

SÃO PAULO (Estado). Resolução SIMA Nº 047, de 6 de agosto de 2020.**Estabelece diretrizes e condições para o licenciamento de unidades de preparo de Combustível Derivado de Resíduos Sólidos – CDR e da atividade de recuperação de energia proveniente do uso de CDR**. Publicada no Diário Oficial do Estado em 07/08/2020. Disponível em: http://www.mpsp.mp.br/portal/page/portal/cao_urbanismo_e_meio_ambiente/legislacao/ leg_ estadual/leg_est_resolucoes/Resol-SIMA-047-2020_Licenciamento_Unidades_Preparo_Combustivel_Derivado_ Residuos_ Solidos_ (CDR) _Revoga_Resol75-08.pdf. Acesso em: 01 out 2022.

SIQUEIRA, L.C.G. de. **Avaliação do impacto das emissões de metais no coprocessamento de resíduos em fábricas de cimento**. São Paulo: Universidade de São Paulo. Faculdade de Saúde Pública. Departamento de Saúde Ambiental, 2005 [Dissertação de Mestrado. Faculdade de Saúde Pública]. Disponível em: https://www.teses.usp.br/teses/disponiveis/6/6134/tde-10092008-144735/publico/LigiaSiqueira.pdf. >Acesso em: 01 out 2022.

SIQUEIRA, L.C.G. de. **Tratamento de compostos orgânicos odoríferos tóxicos por biorreatores da pós graduação.** São Paulo: Universidade de São Paulo. Faculdade de Saúde Pública. Departamento de Saúde Ambiental, 2011 [Tese de Doutorado. Faculdade de Saúde Pública]. Disponível em: < https://www.teses.usp.br/teses/ disponiveis/6/6134/tde-02122011-165409/publico/LigiaSiqueira.pdf>. Acesso em: 01 out 2022.

SIQUEIRA, L.C.G. de. **Estudo das emissões de compostos orgânicos persistentes (POPs) tóxicos de formação não intencional provenientes da produção de carvão vegetal no Estado de São Paulo.** São Paulo: Universidade de São Paulo. Faculdade de Saúde Pública. Departamento de Saúde Ambiental, 2015 [Relatório de pós doutorado]. Disponível em:< https://cetesb.sp.gov.br/ escolasuperior/wp-content/uploads/sites/30/2016/06/Ligia-Cristina.pdf>. Acesso em 01 out 2022.

VASCONCELOS, N.V. de; ABREU. R.M. **Situação do controle da poluição em Cubatão.** Ambiente – Revista CETESB de Tecnologia. São Paulo: CETESB, Volume 1, nº3, p. 128 – 131, 1987.

37. IMPLANTAÇÃO DE UM CAMPUS UNIVERSITÁRIO EM UMA ÁREA DEGRADADA

Osvaldo Shigueru Nakao

Fabiana Alves Cagnon

Introdução

O desenvolvimento de uma região necessariamente se apoia na Educação. A educação escolar brasileira está organizada em dois níveis de ensino: a educação básica e a educação superior. Os indicadores de desenvolvimento levam em conta o que ocorre nesses níveis, mas são inúmeros os exemplos em que se pode observar que principalmente com o aparecimento e a presença de cursos superiores direciona-se a economia, amplia-se a demanda por serviços, capacitam-se pessoas e o foco passa ser a qualidade que será sustentada pelo convívio com docentes e técnicos especializados, muitas vezes oriundos de outras regiões mais desenvolvidas.

São Paulo é a cidade mais populosa do país, tendo 12 milhões de habitantes e ocupando mais de 1.500 km^{2}divididos em cinco zonas que apresentam desigualdades que devem ser eliminadas. A Zona Leste, por exemplo, tem um Índice de Desenvolvimento Humano (IDH) muito baixo, a metade do valor médio da cidade.

Assim, a instalação de um campus universitário na Zona Leste da cidade de São Paulo teve o objetivo de promover uma melhoria efetiva e significativa nas condições socioeducacionais dessa região, que concentra a maior parcela da população do município, com os piores indicadores de qualidade de vida.

O diagnóstico do cenário ambiental identificado no local destinado à instalação do campus indicava a presença de gás metano sendo produzido no subsolo local, no âmbito do processo de licenciamento ambiental da área desde os primeiros estudos conduzidos em 2003.

Com a tarefa de instalar e de operar esse espaço, a Universidade de São Paulo – USP procurou cumprir essa missão imposta pelo governo do Estado com a responsabilidade e a qualidade que caracterizam suas ações. As dificuldades que surgiram desde a implementação das edificações propiciaram uma grande oportunidade de aprendizado no âmbito da gestão universitária. Houve resistências desde a ocupação da área até as soluções de engenharia adotadas para superar os problemas ambientais que foram diagnosticados.

Descreve-se, aqui, parte do que se planejou, implementou e organizou para a resolução dos problemas decorrentes e a definição dos procedimentos mais adequados na instalação de uma unidade universitária na Zona Leste de São Paulo, tendo-se como pressuposto as determinações da Cetesb, a respeito do gerenciamento de áreas contaminadas com o objetivo de compatibilizar as condições do meio ambiente local com o uso seguro.

1. A USP Leste e o processo de licenciamento ambiental

O Campus USP Área Capital-Leste (USP Leste), que atualmente abriga a Escola de Artes, Ciências e Humanidades da USP – EACH, foi instalado em terreno que fazia parte do Parque Ecológico do Tietê, criado em 30 de abril de 1976 por meio do Decreto n. 7.868 (SÃO PAULO, 1976a) e localiza-se parcialmente na Área de Proteção Ambiental (APA) da Várzea do Rio Tietê.

De acordo com o Decreto nº 47.710 de 18 de março de 2003 (SÃO PAULO, 2003), o governo do estado de São Paulo autorizou o uso em favor da Universidade de São Paulo de terreno de 1.240.578,00 m^2, pertencente ao Departamento de Águas e Energia Elétrica do Estado de São Paulo – DAEE, constituído de duas glebas: a Gleba 1 com 258.000 m^2 e a Gleba 2 com 982.578 m^2. A Gleba 1, para efeito de gerenciamento, foi subdividida em duas áreas contíguas, a área AI-01 (onde hoje se encontram instaladas as edificações da EACH) e a área AI-02, que se encontra cercada, com acesso restrito e sem uso. Outro terreno, de aproximadamente 42.000 m^2, anexo à área AI-02, foi cedido para o uso da USP pelo DAEE em 2012 (SÃO PAULO, 2012) e em 2014, esse mesmo terreno (que se convencionou denominar de AI-03) foi cedido para o uso da Companhia

Paulista de Trens Metropolitanos – CPTM, por meio de Autorização Provisória para implantação das obras da sua Linha 13 Jade.

A Gleba 1 foi utilizada no passado como área de disposição de sedimentos extraídos do leito do Rio Tietê constituindo-se em área degradada antes mesmo de o terreno ser cedido para a USP.

No Estado de São Paulo, a necessidade de licenciamento ambiental é uma imposição legal desde 1976 com a publicação da Lei Estadual nº 997 (SÃO PAULO, 1976c) e do Decreto Estadual nº 8.468 (SÃO PAULO, 1976b). Nos processos de licenciamento ambiental no Estado, é prerrogativa legal a condução de Estudo de Impacto Ambiental, que pode ser apresentado por meio de um Relatório de Avaliação Ambiental – RAP ou de um Relatório de Impacto sobre o Meio Ambiente – RIMA, ou ainda pode ser conduzido um Estudo Ambiental Simplificado – EAS. O potencial de impacto do empreendimento é determinante para a definição do estudo ambiental adequado, cuja prerrogativa de definição é da CETESB, órgão ambiental responsável pelo processo de licenciamento.

No caso da USP Leste, foi recomendada a elaboração de um RAP, o qual, após avaliação, deu subsídio para a aprovação da viabilidade do empreendimento e permitiu a concessão das Licenças Ambientais Prévia, de Instalação e de Operação, todas providas de exigências técnicas a serem atendidas em prazos pré-determinados.

De acordo com Nakao e Cagnon (2018), o caso da USP Leste é bastante particular, pois se trata de um empreendimento de baixo potencial de impacto, instalado em terreno já degradado, o que levou a USP a implantar uma série de medidas para promover o adequado gerenciamento ambiental para o uso seguro da área. Nesse contexto, a implantação do campus constituiu-se em um processo de recuperação de uma área por si mesma ambientalmente degradada.

As exigências técnicas em processos de licenciamento ambiental versam sobre o uso de recursos naturais como água de abastecimento, a presença de efluentes, a disposição de resíduos, a supressão de vegetação e, quando aplicável, a contaminação dos solos e das águas subterrâneas. Na USP Leste, as principais ações ambientais em andamento requeridas pela CETESB são aquelas voltadas ao gerenciamento da qualidade dos solos e das águas subterrâneas e a garantia do uso seguro em razão da geração de gás metano a partir da degradação de matéria orgânica presente no subsolo.

Em toda área com potencial de contaminação, mesmo que ainda não comprovada, deve-se conduzir uma série de procedimentos com o objetivo de avaliar se, de fato, a área está contaminada. Esses procedimentos são conduzidos dentro do que se denomina Gerenciamento de Áreas Contaminadas (GAC).

De acordo com o que preconiza a CETESB (2017a),

> o gerenciamento de áreas contaminadas (AC) visa reduzir para níveis aceitáveis os riscos a que estão sujeitos a população e o meio ambiente em decorrência de exposição às substâncias provenientes de áreas contaminadas, por meio de um conjunto de medidas que assegurem o conhecimento das características dessas áreas e dos riscos e danos decorrentes da contaminação, proporcionando os instrumentos necessários à tomada de decisão quanto às formas de intervenção mais adequadas (CETESB, 2017a, p. 14).

No estado de São Paulo, uma vez identificadas concentrações acima dos valores de referência estabelecidos pela agência ambiental (CETESB, 2021), ou se identificado o cenário de perigo para a vida (CETESB, 2017a), a área passa a fazer parte da "Relação de Áreas Contaminadas e Reabilitadas no Estado de São Paulo" (CETESB, 2022). Entretanto, mesmo não constando de tal publicação, antes sob o título "Cadastro de Áreas Contaminadas", a USP Leste foi acompanhada com muito cuidado desde 2003.

De acordo com a CETESB (2017a), "a Identificação de Perigo à Vida ou à Saúde da População, em decorrência da contaminação de uma área, conforme descritas no artigo 19 do Decreto SP nº 59.263/13[1], também determina a classificação da área como Área Contaminada com Risco Confirmado (ACRI) [...]" (CETESB, 2017a, p. 34). Em 2020, a USP Leste foi classificada como área contaminada e hoje figura em Cetesb (2022) como "Área Contaminada em Processo de Remediação (ACRe)", após terem sido realizadas as etapas de gerenciamento da "Avaliação preliminar/ Investigação confirmatória/ Investigação detalhada/ Avaliação de risco/ Projeto de remediação/ Remediação com monitoramento da eficiência e eficácia/ Reutilização" (CETESB, 2022, s/p).

[1] Cf. São Paulo (2013).

Nessa situação complexa que se apresentava, a responsabilidade assumida pela USP foi ímpar, exigindo um ineditismo nos procedimentos mais adequados com a correta alocação e controle dos recursos financeiros, humanos, técnicos e operacionais disponíveis, pois as ações ambientais em curso eram, na sua maioria, voltadas principalmente para a gestão do ambiente superficial.

Na USP, as responsabilidades e as competências para a gestão dos espaços físicos são divididas entre a Superintendência do Espaço Físico (SEF), a Superintendência de Gestão Ambiental (SGA) e as Prefeituras dos diversos campi da USP (PUSP).

A competência da SEF resume-se na elaboração das diretrizes de uso de solo, na elaboração e atualização de planos diretores físicos de campi e unidades da USP, na realização de estudos de viabilidade e laudos técnicos, nos projetos de espaços físicos, na análise e aprovação de projetos de edificações encaminhados por unidades ou órgãos da USP, bem como pela execução das obras sob sua responsabilidade, atendendo aos interesses e necessidades das Unidades e órgãos. A SEF colabora com a SGA e as diversas PUSP na criação de indicadores e metas complementares de sustentabilidade, considerando especificidades de ocupação e uso dos espaços físicos dos diversos campi da USP, no acompanhamento e nas avaliações anuais, visando estabelecer um processo de melhoria contínua dos espaços físicos. A SEF atualiza o Sistema de Georreferenciamento USP por meio de lançamento sistemático das intervenções realizadas pelas PUSP, bem como pela SEF e unidades aprovadas e auditadas pelo órgão de responsabilidade das unidades e produz relatórios periódicos para a SGA, informando as ações sob sua responsabilidade realizadas nos espaços físicos, no âmbito das políticas traçadas.

Compete à SGA coordenar o processo de elaboração das políticas de sustentabilidade no âmbito da USP, ouvindo a SEF e as PUSP e demais órgãos ou unidades da USP afins com a temática da sustentabilidade com relação às políticas de uso da água, de uso da energia, de resíduos, de sustentabilidade nas edificações, de áreas verdes, de preservação e reservas ecológicas, de mobilidade, de saúde ambiental, de educação ambiental, de redução de gases de efeito estufa, de manejo de fauna, de administração sustentável. A SGA propõe indicadores e metas de cada uma das políticas a serem alcançadas pela USP, acompanhando e avaliando anualmente a aplicação e os respectivos resultados do desenvolvimento destas políticas.

A SGA atua para incorporar processos, tecnologias e práticas sustentáveis, tendo em vista as políticas definidas, orientando e instruindo as PUSP, a SEF, as Unidades e demais órgãos da Universidade na sua aplicação e atendimento e produz relatórios anuais para a administração central da Universidade, com devolutivas às PUSP, à SEF e às unidades, destacando ações de ajuste necessárias.

Compete às PUSP desenvolver a gestão funcional urbana e rural, a operação e a manutenção dos espaços físicos dos campi da USP, propiciando os meios operacionais necessários para o funcionamento e a conservação das infraestruturas, dos sistemas e das áreas comuns dos campi, bem como de unidades e órgãos da universidade de acordo com a política de uso do solo e com os indicadores e metas de sustentabilidade preconizados pela Instituição. As PUSP colaboram com a SGA e a SEF na criação de indicadores e metas complementares de sustentabilidade considerando especificidades de ocupação e uso dos respectivos campi e no acompanhamento e avaliação anual, visando processo de melhoria contínua da qualidade de vida na USP informando à SEF as intervenções realizadas nos campi. As PUSP devem produzir relatórios periódicos para a SGA, informando as ações que foram realizadas sob sua responsabilidade nos respectivos campi no âmbito das políticas traçadas.

Na época, a intervenção exigia o projeto e a construção das edificações para a implementação de um futuro campus. As ações necessárias e os relacionamentos com os órgãos fiscalizadores do meio ambiente, com a agência ambiental e com a comunidade de alunos, professores e funcionários, ficaram centralizadas na SEF. A SGA atuou de forma efetiva principalmente de 2016 a 2018, dividindo as responsabilidades com a SEF, harmoniosamente. A PUSP da Área Capital-Leste foi criada apenas em 2016, com o campus já em funcionamento, e atualmente exerce plenamente suas competências.

Diante da insegurança que atingiu os alunos, professores e funcionários da EACH em função do desconhecimento em relação às reais condições do campus, a partir de 2014, intensificou-se o diálogo com a comunidade por meio da realização periódica de reuniões e palestras de esclarecimento, organizadas pela SEF, pelos técnicos e gestores do processo de licenciamento ambiental e pelos professores conhecedores do assunto. Os estudos realizados por pesquisadores interessados no tema e as contratações de empresas especializadas permitiram a disseminação de informações relevantes de forma clara e transparente. Neste período, digitalizaram-se as informações técnicas, como relatórios e pareceres do órgão ambiental, que foram disponibilizadas nas páginas da SEF, de forma a propiciar o acesso aos dados técnicos de forma mais rápida e ampla, inclusive para a comunidade externa.

A necessidade da USP em garantir a qualidade do subsolo e a saúde da comunidade de alunos, professores e funcionários foi excepcional e inédita visto que a atividade acadêmica não tem um potencial grande de contaminação e um campus da USP nunca havia sido iniciado em uma área como essa descrita. Essa situação inusitada foi vencida devido à liderança e ao apoio do Professor Marco Antonio Zago, reitor da USP de 2014 a 2018, período mais crítico da implementação do campus. Recorda-se que, neste período, a USP passava por graves dificuldades financeiras e a correta alocação e controle dos recursos precisou ser canalizada para atingir esses objetivos.

Desta maneira, os órgãos responsáveis pela gestão universitária conduziram (e conduzem até hoje) o processo de licenciamento ambiental e o gerenciamento de áreas contaminadas do Campus tendo como orientadores as normas técnicas e a legislação ambiental. A USP sempre agiu de posse de Licenças Ambientais válidas e em constante diálogo com os técnicos da Cetesb.

1.1. A interdição judicial

Em dezembro de 2013, quando se possuía a Licença Ambiental de Operação válida nº 2118 de 29 de novembro de 2012 (CETESB, 2012) e a SEF vinha conduzindo diversas das ações exigidas pela Cetesb, uma interdição judicial paralisou o funcionamento da EACH por aproximadamente 6 meses. A interdição considerou para tanto a morosidade da USP no equacionamento das exigências técnicas impostas pela Cetesb até aquele momento, em relação à instalação dos sistemas de ventilação de gases. Entretanto, aparentemente o que mais contribuiu para a deflagração do processo de interdição foi o fato de a direção da EACH ter autorizado, no período de 2010 a 2012, um aterro com material sem a devida documentação que comprovasse a sua origem e a sua qualidade (NAKAO; CAGNON, 2018) (Figura 1).

FIGURA 1 – **Levantamento aerofotográfico – disposição de material de aterro em 2011.**

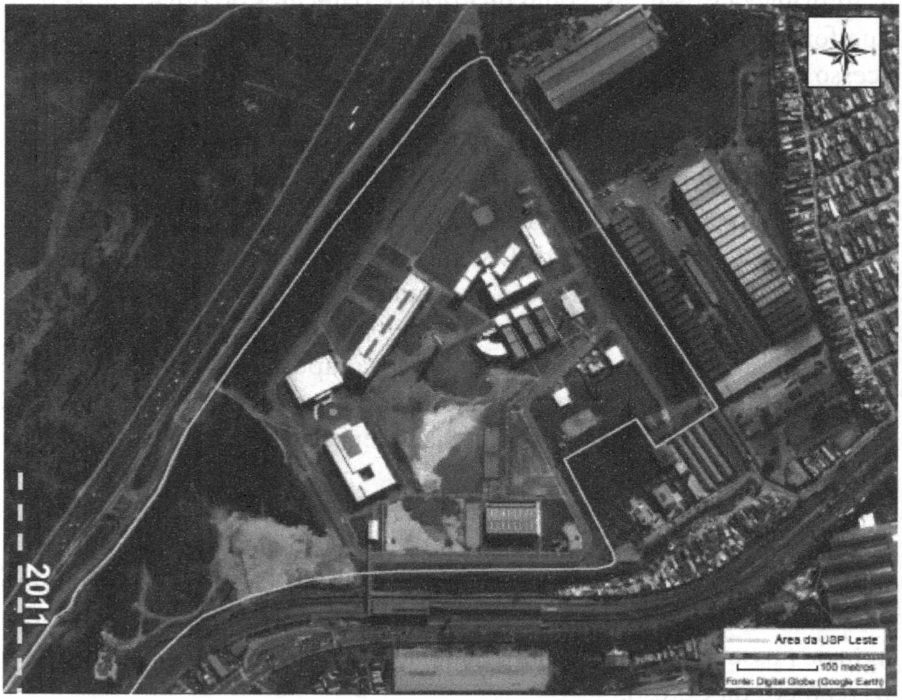

Fonte: Servmar, 2012.

A partir de janeiro de 2014, restringiu-se o acesso ao terreno AI-02 e à região central da área AI-01 até que se comprovasse a ausência de compostos com potencial de risco à saúde humana no material ali depositado. Foram providenciados o monitoramento da presença de gases em 230 poços multiníveis, uma detalhada avaliação da qualidade do material depositado (áreas AI-01 e AI-02), a instalação de sistemas de gases emergenciais e a instalação de mais 115 poços de monitoramento em dois níveis ("A" e "B").

Os 16 sistemas de ventilação de gases que estavam operando (WEBER, 2014), com alguns deles aproveitando dispositivos que haviam sido colocados quando da construção dos prédios em 2005 (tubos geomecânicos e colchões de brita), foram aprimorados para os atuais 20 sistemas que foram projetados pelos técnicos do Instituto de Pesquisas Tecnológicas – IPT (WEBER, 2021).

Em função dessas providências, a interdição do campus foi suspensa em 22 de julho de 2014. Ainda assim, diversos desdobramentos judiciais ocorreram a partir da Ação Civil Pública instaurada pela 2ª Vara do Fórum Central da Fazenda Pública da Capital (SÃO PAULO, 2013), requerida pelo Ministério Público do Estado de São Paulo, incluindo o ajuizamento de ações individuais, conforme apresentado por Nakao e Cagnon (2018).

2. Resultados

2.1. Meio físico e a qualidade dos solos e das águas subterrâneas na USP Leste

A região da USP Leste está regionalmente inserida na Bacia Sedimentar de São Paulo que é constituída por sedimentos terciários. De acordo com Conicelli (2014), litoestratigraficamente, este conjunto de sedimentos é reunido sob a denominação de Grupo Taubaté e subdividido em formações Resende, Tremembé e São Paulo. Constitui e recobre as extensas planícies de inundação do Rio Tietê e de seus principais tributários ocorrem os sedimentos aluviais quaternários.

No Campus USP Leste, os sedimentos quaternários foram recobertos por material de aterro proveniente das atividades de dragagem do leito do Rio Tietê. Estes sedimentos foram posteriormente recobertos por nova camada de material de aterro, depositados durante as atividades de terraplenagem para as obras de instalação dos edifícios da EACH, nos anos de 2004 e 2005. Finalmente, em meados de 2011, houve a deposição de uma terceira camada de aterro em parte do terreno (porção central da área AI-01 e AI-02), de origem desconhecida.

De acordo com o CONAM (2018), o material depositado nos anos de 2010 e 2011 tem predomínio de "...argila com matéria orgânica (raízes), de cor marrom escuro, marrom claro e marrom avermelhado/amarelado e pode ocorrer com a presença de entulho (concreto, cerâmica, manta asfáltica, plástico), de umidade e compactação moderadas" (CONAM, 2018, p. 103) e a segunda camada de aterro composta por material de dragagem do Rio Tietê caracteriza-se por ser um material argiloso, rico em matéria orgânica e entulho. Abaixo dessas unidades, ocorrem sedimentos aluvionares compostos principalmente por argilas orgânicas, com presença de matéria orgânica (raízes), ora plásticas, pouco compactas a compactas sobrepostas, ora materiais arenosos finos a arenosos grossos, sobrepostos à alteração de rochas do embasamento cristalino.

Hirata e Ferreira (2001) relatam que na região da Bacia Hidrográfica do Alto Tietê ocorrem dois sistemas: o aquífero (Cristalino), relacionado às rochas do embasamento, e o sedimentar, que tem como matriz os depósitos sedimentares.

A caracterização da qualidade dos solos e das águas subterrâneas teve início em 2004, antes da instalação das edificações da EACH. O primeiro trabalho desenvolvido na área foi aquele cujos resultados foram apresentados no Relatório Ambiental Preliminar – RAP de 2004.

Nesse estudo inicial, a presença de gás metano já havia sido identificada e deu-se início a uma sequência de estudos de investigação ambiental com o objetivo de se obter um diagnóstico ambiental preciso. Esses estudos foram feitos em etapas, por meio da contratação de serviço especializado e cujos escopos de trabalho foram, em sua maioria, elaborados por professores e funcionários da USP com a orientação dos técnicos da CETESB. Prioritariamente, as avaliações foram realizadas na área AI-01, face ao uso desta área, e depois foram estendidas para a parcela de solo não edificada (áreas AI-02 e AI-03).

Orientados pelas normas técnicas da CETESB e pela legislação ambiental brasileira, foram realizados estudos de investigação ambiental (preliminar, confirmatória e detalhada), estudos de avaliação de risco à saúde humana, modelos matemáticos de fluxo e transporte, hidroquímico e conceitual de contaminação.

Durante esses trabalhos, um volume expressivo de dados foi coletado, incluindo estudo geofísico de caminhamento elétrico, 2.240 sondagens com medições *em situ* de gases, 398 amostras de solo e análises químicas, instalação de 125 poços de monitoramento de água subterrânea, coleta e análises químicas de 125 amostras de água subterrânea, levantamento do uso e ocupação do solo e características do meio físico, estudo hidroquímico, modelos conceitual de contaminação e modelo matemático numérico de fluxo e de transporte (SERVMAR, 2005c, 2005a, 2005b, 2005d, 2014a, 2014b; IPT, 2011b; CONAM, 2018).

De acordo com os estudos realizados nos solos da USP Leste, os compostos identificados acima dos valores de referência da CETESB foram principalmente metais, dos quais chumbo em dois pontos (SERVMAR,

2014a, 2014b) e detecções pontuais de ferro, manganês, vanádio, alumínio e mercúrio. Algumas bifenilas policloradas conhecidas como PCBs foram detectadas em 4 amostras de solo na região central da AI-01 (SERVMAR, 2014a, 2014b; IPT, 2011b). Apenas na área AI-02 foram identificados também compostos orgânicos voláteis e semivoláteis, acima dos valores de referência em 4 pontos nos solos (CONAM, 2018). Na água subterrânea, foram identificados alguns metais acima dos valores de referência: alumínio, arsênio, bário, cobalto, ferro, manganês, níquel, chumbo, cromo, molibdênio e selênio.

Nas áreas AI-02 e AI-03 foi possível fazer um diagnóstico bastante preciso e detalhado da qualidade dos solos e das águas subterrâneas. As conclusões apontam para a ausência de riscos potenciais reais para o uso pretendido dessas áreas, que é o uso comercial para fins de expansão da USP (CONAM, 2018). Também para a área AI-01 (área edificada da USP Leste) as avaliações de risco conduzidas em 2007 e 2008, pela empresa Angel (ANGEL, 2007, 2008), em 2011 pelo IPT (IPT, 2011b, 2011c) e complementarmente em 2014 e 2018 (SERVMAR, 2014a, 2014b; CONAM, 2018) concluíram pela ausência de riscos carcinogênicos e não carcinogênicos, individuais e cumulativos, atuais e reais. Assim, conclui-se também que não existe nenhum tipo de impedimento para a execução de obras civis na área AI-01.

Simultaneamente às investigações e antes da finalização do diagnóstico completo da situação ambiental dos solos e da água subterrânea, foram tomadas medidas destinadas à gestão do cenário de risco potencial associado à presença de metano.

Em condições normais de temperatura e pressão, o gás metano (CAS nº 74-82-8) é um gás incolor e inodoro, mas inflamável e explosivo em ambiente fechado na presença de fonte de ignição (CETESB, 2020). O metano é gerado por bactérias metanogênicas, em condições anaeróbias, a partir da matéria orgânica. Ao apresentar faixa de inflamabilidade entre 5% e 15% em volume, as concentrações de gás metano em contato com o ar formam uma mistura inflamável na presença de uma fonte de ignição e, nesta condição, diz-se que é uma mistura ideal. As concentrações acima ou abaixo dessa faixa não propagam chama, uma vez que a quantidade de gás é muito pequena (mistura pobre) ou muito elevada (mistura rica) para queimar ou explodir (Figura 2).

Para que ocorra a inflamabilidade são necessários um ambiente confinado, um meio de ignição e uma concentração de gás metano em mistura ideal com o oxigênio. A faixa de inflamabilidade que varia de 5% do limite inferior de explosividade (LIE ou LEL) a 15% do limite superior de explosividade (LSE ou UEL) corresponde a concentrações de 50.000 ppm a 150.000 ppm, sendo que 1% corresponde a 10.000 ppm, ou seja, a partir de 5% tem-se 100% de explosividade potencial.

FIGURA 2 – **Faixa de Inflamabilidade – metano.**

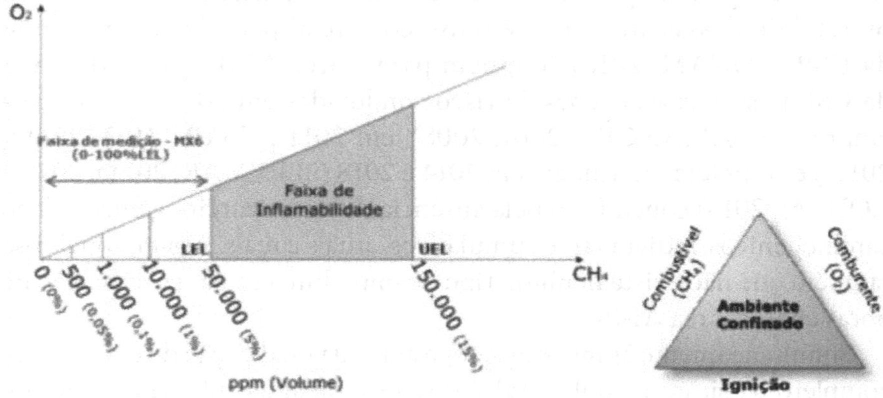

Fonte: WEBER, 2022.

Não existem normas técnicas ou padrões de referência nacionais para avaliar níveis seguros de gás metano no subsolo. As normas americanas publicadas pela ASTM (*American Standard Test Methodology*) são aquelas usualmente utilizadas quando se trata de identificação de gás metano no subsolo decorrente de deposição de resíduos orgânicos ou de ocorrência natural (NAKAO; CAGNON, 2018).

Considerando o potencial de risco de explosão associado à presença de metano, coube à USP a implementação de um conjunto eficiente de medidas que propiciasse o uso seguro do local. A CETESB, em seus pareceres técnicos, atesta que isto foi realizado.

Em 19 de janeiro de 2016, a CETESB declarou que:

> o risco potencial decorrente da existência de metano no subsolo está controlado, permitindo o uso seguro das edificações e demais instalações hoje existentes no Campus." "...os estudos conduzidos até o momento permitem concluir que os contaminantes identificados na área AI-01 apresentam-se em concentrações que não impõem um risco à saúde dos trabalhadores, alunos e demais usuários do Campus (CETESB, 2016, p. 11).

Além disso,

> Do ponto de vista do gerenciamento de áreas contaminadas, não há objeção a sua renovação. Recomenda-se, porém, que as exigências técnicas sejam revisadas, sendo sugerida a adoção das seguintes[...] (CETESB, 2017b, p. 27).

3. Medidas de gerenciamento ambiental para uso seguro

As medidas de engenharia adotadas tiveram como objetivo prevenir e evitar o acúmulo de gases gerados pela degradação da matéria orgânica existente, em função do potencial risco de explosividade.

O Instituto de Pesquisas Tecnológicas – IPT, ao ser contratado pela USP, propôs soluções para o cenário (IPT, 2007, 2011a, 2012, 2013) que resultaram na instalação de sistemas de ventilação forçada nas edificações, as quais, por sucção, induzem uma rede de fluxo de ar atmosférico no tapete de brita existente sob as lajes evitando o acúmulo do gás. As perfurações providenciadas nas vigas baldrames existentes permitiram conexão entre os vários "panos" de tapete de brita sob as lajes de piso que se encontram acima do lençol de água subterrânea e, mesmo estando em contato com o solo saturado, não se saturam por capilaridade devido à grande dimensão dos seus poros, e permitem um fluxo de ar pleno por eles.

Destaca-se o acerto do próprio processo construtivo adotado para o apoio das edificações que definiu a colocação de um colchão de brita abaixo da laje para permitir a ventilação dos gases que eventualmente atingissem a superfície. Em alguns casos, a ventilação obtida nesse processo tem o auxílio de tubos geomecânicos posicionados dentro desse colchão (NAKAO; CAGNON, 2018).

Os pontos de extração nas lajes são ligados aos exaustores por tubulações com válvulas que podem ser abertas ou fechadas de maneira a concentrar a sucção em alguns locais dos sistemas (WEBER, 2021). Os sistemas de ventilação instalados operam 24 horas por dia, 30 dias por mês e são monitorados diariamente por técnicos especializados. A Figura 3 apresenta o modelo conceitual dos sistemas de ventilação instalados na USP Leste.

FIGURA 3 – **Modelo Conceitual dos Sistemas de Ventilação Instalados na USP Leste.**

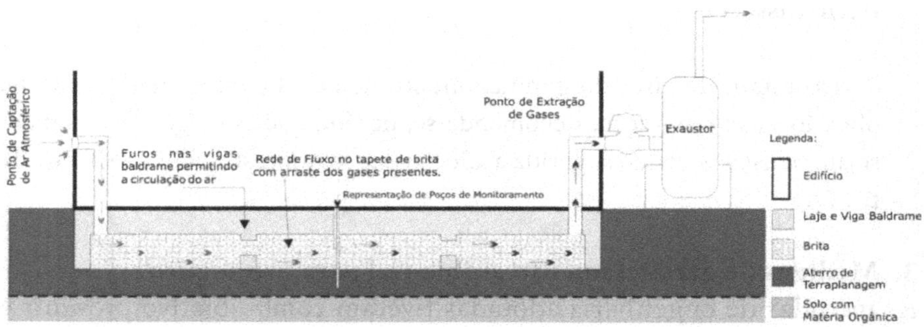

Fonte: WEBER, 2022.

Além da instalação dos equipamentos de engenharia, foram implementados:

- Programa de monitoramento de gases (poços e pontos na infraestrutura);
- Restrição de uso das águas subterrâneas;
- Plano de Ação;
- Cobertura de áreas não pavimentadas com solo limpo e plantio de gramíneas;
- Manutenção do tapete de grama sobre o solo não pavimentado;
- Elaboração de planilhas e relatórios de operação e monitoramento dos sistemas e poços;
- Planos de Contingência e Comunicação.

O programa de monitoramento inclui a medição semanal *in situ* de gases em uma rede de 289 poços instalados em duas profundidades (níveis "A" e "B"), em todos os edifícios do Campus. O nível "A" monitora a condição sublaje, ou seja, avalia a região abaixo da laje e potencialmente armazenadora dos gases produzidos nos litotipos ricos em matéria orgânica no subsolo, a aproximadamente 0,3 m de profundidade, e o nível "B" monitora as zonas produtoras de metano de 1,0 m a 1,5 m de profundidade. Monitoram-se concentrações de metano (CH_4), compostos orgânicos voláteis (VOC), dióxido de carbono (CO_2), monóxido de carbono (CO), oxigênio (O_2) e sulfeto de hidrogênio (H_2S), além de pressão e inflamabilidade (%). No período de abril de 2014 a junho de 2022, realizaram-se mais de 600.000 leituras.

Por meio desse monitoramento, é possível avaliar a eficácia e a eficiência dos sistemas de ventilação em operação.

Na Figura 4, é possível visualizar o gráfico elaborado com 42.635 medições de CH_4 em poços "A" no período de abril de 2014 a junho de 2022. Observa-se que apenas 0,02% (9 leituras) foram detectadas concentrações entre 5% e 15% em volume, ou seja, na faixa de inflamabilidade (LEL atingiu 100%). Nessas ocasiões são adotadas as ações propostas no documento Plano de Ação (WEBER, 2022). Dentre estas, faz-se o ajuste das válvulas do sistema de exaustão a fim de direcionar o fluxo da ventilação para o ponto detectado e o aumento do número de medições até que se constate a diminuição das concentrações. Nos restantes 99,8% foram detectadas concentrações de CH_4 abaixo de 1%.

FIGURA 4 – Concentração de CH_4 em todos os poços de monitoramento de gases na USP Leste – nível "A" – de abril de 2014 a junho de 2022.

Fonte: elaboração própria.

O gráfico apresentado na Figura 5 foi elaborado com 42.407 medições de CH_4 em todos os poços "B", no período de abril de 2014 a junho de 2022. Constata-se que no nível "B" 3,27% das concentrações detectadas estão entre 5% e 15% em volume, ou seja, na faixa de inflamabilidade (LEL atingiu 100%) e 3,09%, acima de 15%. Entretanto, foram detectadas 89,07% de concentrações de CH_4 abaixo de 1%.

FIGURA 5 – **Concentração de CH_4 em todos os poços de monitoramento de gases na USP Leste – nível "B" – de abril de 2014 a junho de 2022.**

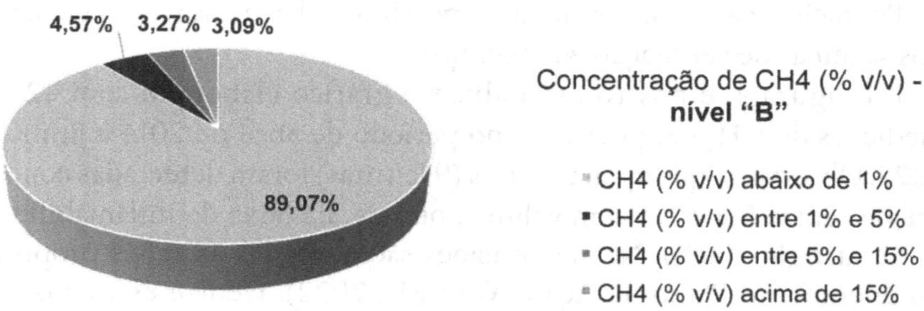

Fonte: elaboração própria.

No nível "A", em 6 (edifício de transportes, CAT2 – antiga incubadora, I3 – biblioteca, I5 –auditório, CAT1 e ginásio de esportes) dos 13 edifícios monitorados, não foram detectadas concentrações de CH_4, no período. Dos edifícios em que se detectaram concentrações positivas em "A", a maior parte das detecções ocorreram no Conjunto Laboratorial (31 detecções). Da mesma forma, no nível "B", das 4.957 detecções, 2.263 (45,65%) concentrações de metano detectadas se concentraram no Conjunto Laboratorial.

A Figura 6 ilustra o gráfico preparado com 7.017 medições de CH_4 em todos os poços "A" e o gráfico da Figura 7 foi elaborado com 7.015 medições de CH_4 em todos os poços "B", localizados no Conjunto Laboratorial.

Há várias observações que podem ser feitas a partir da leitura desses gráficos. As concentrações identificadas em "A", na faixa de inflamabilidade, somam apenas 7 leituras durante todo o período de monitoramento realizado de mais de 7 anos e nota-se que as concentrações de metano em "B" estão diminuindo significativamente ao longo do tempo.

FIGURA 6 – **Concentração de CH_4 em poços de monitoramento de gases no Edifício Conjunto Laboratorial – nível "A" – Período de abril de 2014 a junho de 2022.**

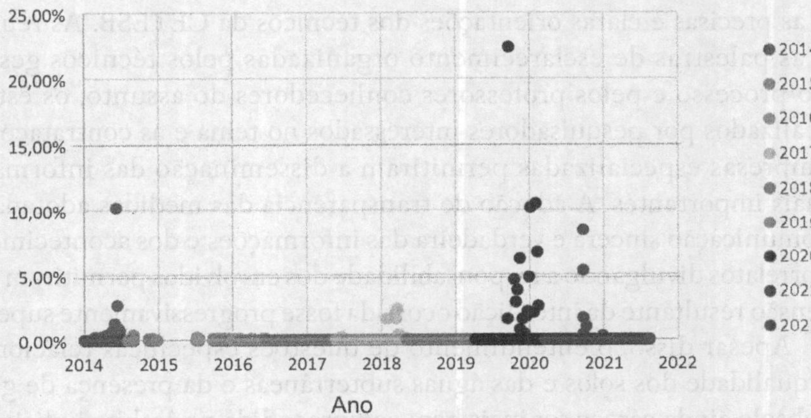

Fonte: elaboração própria.

FIGURA 7 – **Concentração de CH_4 em poços de monitoramento de gases no Edifício Conjunto Laboratorial – nível "B" – Período de abril de 2014 a junho de 2022.**

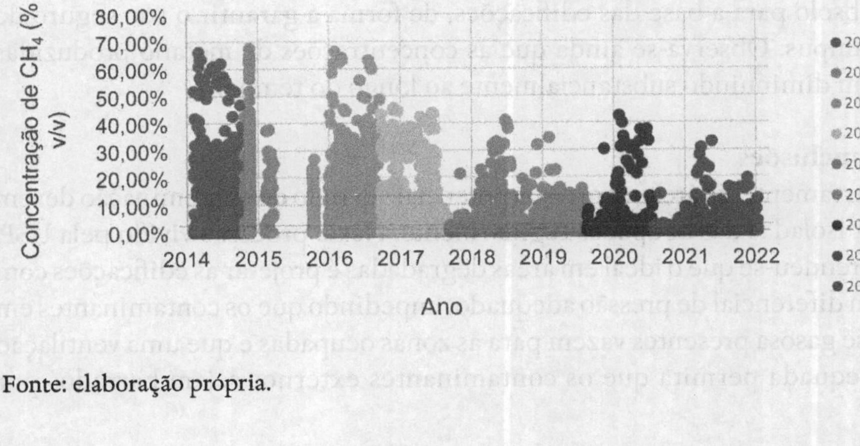

Fonte: elaboração própria.

4. Discussão

Pode-se acompanhar por uma linha do tempo todo o trabalho desenvolvido para a implementação do campus USP Leste (NAKAO; CAGNON, 2018). Os bons resultados acadêmicos obtidos pela EACH e o sucesso na modificação do entorno da área ocupada foram obtidos com as eficazes medidas de engenharia contratadas, com a gestão competente da Reitoria da USP compartilhada com funcionários, alunos e professores da EACH e as precisas e claras orientações dos técnicos da CETESB. As reuniões e as palestras de esclarecimento organizadas pelos técnicos gestores do processo e pelos professores conhecedores do assunto, os estudos realizados por pesquisadores interessados no tema e as contratações de empresas especializadas permitiram a disseminação das informações mais importantes. A adoção de transparência das medidas adotadas e a comunicação sincera e verdadeira das informações e dos acontecimentos correlatos divulgando a responsabilidade dos envolvidos permitiram que a tensão resultante da interdição ocorrida fosse progressivamente superada.

Apesar disso, o entendimento de questões específicas relacionadas à qualidade dos solos e das águas subterrâneas e da presença de gás no subsolo ainda carece ser mais bem compreendida no âmbito judicial face ao descompasso ocorrido entre a Cetesb, que havia autorizado a operação do campus por meio da Licença Ambiental de Operação nº 2118/2012 (CETESB, 2012) e permanecia válida no momento da interdição judicial em 2014 e o Ministério Público do Estado de São Paulo.

Os resultados obtidos por meio do monitoramento contínuo dos gases do subsolo permitem concluir que a operação dos sistemas de ventilação promove a devida exaustão dos gases que porventura possam migrar do subsolo para a base das edificações, de forma a garantir o uso seguro do Campus. Observa-se ainda que as concentrações de metano produzidas vêm diminuindo substancialmente ao longo do tempo.

Conclusões

Certamente, as áreas com risco potencial advindo de contaminação devem ser isoladas das ocupadas regularmente. Neste processo vivido pela USP, aprendeu-se que o ideal em áreas degradadas é projetar as edificações com um diferencial de pressão adequado, impedindo que os contaminantes em fase gasosa presentes vazem para as zonas ocupadas e que uma ventilação adequada permita que os contaminantes externos sejam barrados por sistemas de controle nas entradas não invadindo as áreas preservadas. A presença de fontes capazes de produzir gás metano deve ser considerada cuidadosamente pelos projetistas das edificações porque o controle de fontes é a maneira mais efetiva para se obter uma boa qualidade do ar no seu interior.

A instalação de um sistema de distribuição de ar sob o piso ou um sistema com fluxo de ar por deslocamento podem ser substituídos pela construção dos ambientes sob pilotis que é a solução que se recomenda para as futuras edificações na própria USP Leste.

Independentemente da qualidade e da eficiência do sistema, todos os equipamentos mecânicos ou que consomem energia requerem manutenção, limpeza e troca de filtro regulares. É necessário estudar com cuidado a rotina de manutenção, atualmente da competência da PUSP USP Leste.

Descreveu-se aqui o que a USP fez nessa excepcionalidade, com todos os desafios de edificar em uma área degradada, inovando e criando soluções inéditas com as competências da Cetesb e do IPT. Com a participação ativa de grande parte da comunidade de alunos, professores e dirigentes atingiram-se bons resultados com todos os erros e acertos, enfrentando muitas vezes a incompreensão leviana e a crítica mal-intencionada.

Com a carência de espaços adequados e a necessidade de novos investimentos na infraestrutura dos equipamentos urbanos como a realizada na USP Leste, a reparação e a revitalização socioambiental de áreas degradadas são soluções que não podem ser esquecidas. O presente caso merece ser lembrado como um exemplo de planejamento flexível e trabalho competente que exigiu conhecimento específico e atuação responsável de equipes multidisciplinares.

No futuro, ao se estabelecer um planejamento estratégico ordenando às ideias dos líderes da sociedade de forma a criar uma visão dos caminhos que se devem seguir para o desenvolvimento de uma região, dificilmente não se verá que a Educação, com a criação de escolas como a EACH, canalizará os esforços na direção pretendida.

Referências

ANGEL, 2007. **Análise de Risco RBCA – Tier 1** – USP Leste (R015/07-PR005/07). Angel Ambiental Ltda., de Março de 2007. Disponível em: http://www.sef.usp.br/usp-leste/acoes-ambientais. Acesso em: 30 set.2022.

ANGEL, 2008. **Avaliação de Risco à Saúde Humana – USP**. Campus Zona Leste/ SP (R086/08-SV073/08). São Paulo: Angel Ambiental Ltda., de 24 de Outubro de 2008. Disponível em: http://www.sef.usp.br/usp-leste/acoes-ambientais. Acesso em: 30 set. 2022.

CETESB. **Licença Ambiental Prévia** nº 00736 de 09 de junho de 2004. São Paulo: Cetesb, 09 de junho de 2004. Disponível em: https://www.sef.usp.br/wp-content/uploads/sites/52/2022/10/LAP-00736-2004.pdf Acesso em: 30 set. 2022.

CETESB. **Licença Ambiental de Operação** nº 2118 de 29 de novembro de 2012. São Paulo: Cetesb, 29 de novembro. 2012. Disponível em: https://sites.usp.br/sef/wp-content/uploads/sites/52/2015/03/LO-2118_2012-Licen%C3%A7a-Ambiental-de-Opera%C3%A7%C3%A3o-NOV-2012.pdf Acesso em: 30 set. 2022.

CETESB. PT CETESB nº010/16/CAAA – **Parecer Técnico Cetesb** nº 010/16/CAAA de 19 de janeiro de 2016. São Paulo: Cetesb, 19 de jan. 2016. Disponível em: http://www.sef.usp.br/wp-content/uploads/sites/52/2016/02/Carta-Cetesb-no-060-16-CLE-e-PT-Cetesb-no-010-2016-CAAA-18.02.2016.pdf. Acesso em: 30 set.2022.

CETESB – COMPANHIA DE TECNOLOGIA DE SANEAMENTO AMBIENTAL. Decisão de diretoria nº 038/2017, de 07 de fevereiro de 2017. **Dispõe sobre o procedimento para gerenciamento de áreas contaminadas.** São Paulo: Cetesb, 7 fev. 2017ª. Disponível em: https://cetesb.sp.gov.br/areas-contaminadas/. Acesso em 30 set. 2022.

CETESB. PT CETESB nº044/CAAA/17 – **Parecer Técnico Cetesb** nº 044/CAAA/17 de 28 de dezembro de 2017. São Paulo: Cetesb, 28 dez. 2017b. Disponível em: http://www.sef.usp.br/wp-content/uploads/sites/52/2018/01/CETESB-Lic-Amb-Renovacao-2426.pdf. Acesso em 30 set. 2022.

CETESB – COMPANHIA DE TECNOLOGIA DE SANEAMENTO AMBIENTAL. FIT – **Ficha de Informação Toxicológica – Metano**. São Paulo: Cetesb, jul. 2020. Disponível em: https://cetesb.sp.gov.br/laboratorios/wp-content/uploads/sites/24/2020/08/Metano.pdf/. Acesso em: 30 set. 2022.

CETESB – COMPANHIA DE TECNOLOGIA DE SANEAMENTO AMBIENTAL. Decisão de diretoria nº 125/2021/E, de 09 de dezembro de 2021. **Dispõe sobre a Aprovação da Atualização da Lista de Valores Orientadores para Solo e Água Subterrânea.** São Paulo: Cetesb, 9 dez. 2021. Disponível em: https://cetesb.sp.gov.br/areas-contaminadas/. Acesso em: 30 set. 2022.

CETESB – COMPANHIA DE TECNOLOGIA DE SANEAMENTO AMBIENTAL. **Relatório de Áreas Contaminadas e Reabilitadas no Estado de São Paulo.** São Paulo: Cetesb, 2022. Disponível em: https://mapas.infraestruturameioambiente.sp.gov.br/portal/apps/MapJournal/index.html?appid=28e7bb2238a443819447a8ec3ae4abe5. Acesso em: 30 set. 2022.

CONAM, 2018. **Investigação Ambiental Detalhada, Avaliação de Riscos Toxicológicos na Escola de Artes, Ciências e Humanidades da USP**. São Paulo: empresa Conam Consultoria Ambiental Ltda., de janeiro de 2017 (Proposta Técnica CO-1508-03d, contrato nº 11/2015). Disponível em: http://www.sef.usp.br/usp-leste/ventilacao-e-monitoramento-de-gases/. Acesso em: 30 set.2022.

CONICELLI, B.P., 2014. **Gestão das águas subterrâneas na Bacia Hidrográfica do Alto Tietê (SP)**. 2014. Tese (Doutorado em Hidrogeologia e Meio Ambiente) – Instituto de Geociências da Universidade de São Paulo, São Paulo, 2014.

HIRATA, R.; FERREIRA, L. M. R.. Os aquíferos da Bacia Hidrográfica do Alto Tietê: disponibilidade hídrica e vulnerabilidade à poluição. **Revista Brasileira de Geociências**, v. 31, n. 1, p. 43-50, 2001.

IPT- INSTITUTO DE PESQUISAS TECNOLÓGICAS DO ESTADO DE SÃO PAULO. **Avaliação e sugestões de aperfeiçoamento para alguns dos sistemas de ventilação de gás e vapor do subsolo de edifícios do Campus da USP Leste – Resultados Preliminares.** São Paulo: IPT/Cetae, de abril de 2007. 35 p. (Relatório Técnico 92353-205). Disponível em http://www.sef.usp.br/usp-leste/ventilacao-e-monitoramento-de-gases/. Acesso em: 30 set. 2022.

IPT- INSTITUTO DE PESQUISAS TECNOLÓGICAS DO ESTADO DE SÃO PAULO. **Detalhamento do Sistema de Ventilação do Subsolo de edifício "Módulo Inicial" da EACH-USP.** São Paulo: IPT/Cetac, de 28 de outubro de 2011ª. 63p. (Relatório Técnico 125011-205). Disponível em http://www.sef.usp.br/usp-leste/ventilacao-e-monitoramento-de-gases/. Acesso em: 30 set. 2022.

IPT- INSTITUTO DE PESQUISAS TECNOLÓGICAS DO ESTADO DE SÃO PAULO. **Avaliação de Risco à Saúde Humana- Gleba I – EACH – USP**. São Paulo: IPT/Cetac, de 15 de agosto de 2011b. 215 p. (Relatório Técnico 123582-205/11). Disponível em http://www.sef.usp.br/usp-leste/acoes-ambientais/. Acesso em: 30 set. 2022.

IPT- INSTITUTO DE PESQUISAS TECNOLÓGICAS DO ESTADO DE SÃO PAULO. **Investigação do subsolo da Gleba I do campus da EACH/USP para Avaliação de Risco à Saúde Humana e Complementação da investigação da área onde foi implantado o ginásio de esportes.** São Paulo: IPT/Cetac, de 15 de agosto de 2011c. 79 p. (Relatório Técnico 123530-205/11).

IPT- INSTITUTO DE PESQUISAS TECNOLÓGICAS DO ESTADO DE SÃO PAULO. Instituto de Pesquisas Tecnológicas do Estado de São Paulo. **Detalhamento do Sistema de Ventilação do Subsolo de edifício "Módulo Inicial" – Ensaio Piloto.** São Paulo: IPT/Cetac, de 28 de fevereiro de 2012. 50 p. (Relatório Técnico 126877-205). Disponível em: http://www.sef.usp.br/usp-leste/ventilacao-e-monitoramento-de-gases/. Acesso em: 30 set. 2022.

IPT – INSTITUTO DE PESQUISAS TECNOLÓGICAS DO ESTADO DE SÃO PAULO. **Detalhamento do sistema de ventilação do subsolo de edifícios do**

campus da EACH/USP. São Paulo: IPT/Cetac, de 29 de julho de 2013. 118 p. (Relatório Técnico 130991-205). Disponível em: http://www.sef.usp.br/usp-leste/ventilacao-e-monitoramento-de-gases/. Acesso em: 30 set. 2022.

NAKAO, O.S.; CAGNON, A. C. **Panorama das Ações Ambientais na USP Leste até 2017**. Jundiaí: Pacto Editorial, 2018. 83 p.

SÃO PAULO. **Decreto nº 7.868 de 30 de abril de 1976**. Declaram de utilidade pública, para fins de desapropriação, áreas de terra situadas em Municípios da região da Grande São Paulo, necessárias ao Departamento de Águas e Energia Elétrica do Estado de São Paulo, [1976ª]. Disponível em: https://www.al.sp.gov.br/repositorio/legislacao/decreto/1976/decreto-7868-30.04.1976.html Acesso em: 30 set. 2022.

SÃO PAULO. **Decreto nº 8.468 de 08 de setembro de 1976**. Aprova o Regulamento da Lei nº 997, de 31 de maio de 1976, que dispõe sobre a prevenção e o controle da poluição do meio ambiente, [1976b]. Disponível em: https://www.al.sp.gov.br/repositorio/legislacao/decreto/1976/decreto-8468-08.09.1976.html Acesso em: 30 set. 2022.

SÃO PAULO. **Lei nº 997 de 31 de maio de 1976**. Dispõe sobre o controle da poluição do meio ambiente, [1976c]. Disponível em: https://www.al.sp.gov.br/repositorio/legislacao/lei/1976/lei-997-31.05.1976.html Acesso em:30 set. 2022.

SÃO PAULO. **Decreto nº 47.710, de 18 de março de 2003**. Autoriza a permissão de uso em favor da Universidade de São Paulo – USP, de parte de área que especifica destinada à implantação do Campus daquela Universidade na Zona Leste da Capital, [2003]. Disponível em: https://www.al.sp.gov.br/repositorio/legislacao/decreto/2003/decreto-47710-18.03.2003.html Acesso em: 30 set. 2022

SÃO PAULO. **Decreto nº 57.972 de 13 de abril de 2012**. Autoriza a permissão de uso em favor da Universidade de São Paulo – USP, de parte de área que especifica destinada à ampliação do Campus daquela Universidade na Zona Leste da Capital, [2012]. Disponível em: https://www.al.sp.gov.br/repositorio/legislacao/decreto/2012/decreto-57972-13.04.2012.html Acesso em: 30 set. 2022

SÃO PAULO. **Decreto nº 59.263 de 05 de junho de 2013**. Dispõe sobre diretrizes e procedimentos para a proteção da qualidade do solo e gerenciamento de áreas contaminadas, e dá providências correlatas, [2013]. Disponível em: https://www.al.sp.gov.br/repositorio/legislacao/decreto/2013/decreto-59263-05.06.2013.html Acesso em: 30 set. 2022.

SÃO PAULO. Tribunal de Justiça do Estado de São Paulo, 2ª Vara do Fórum Central da Fazenda Pública da Capital. **Autos do Processo nº 1011905-69.2013.8.26.0053**. Requerida Universidade de São Paulo, Requerente Ministério Público do Estado de São Paulo. 2013. Disponível em: https://esaj.tjsp.jus.br/cpopg/show.do?processo.codigo=1H00060WU0000&processo.foro=53&processo.numero=1011905-69.2013.8.26.0053. Acesso em: 30 set.2022.

SERVMAR. **Relatório Preliminar – USP Zona Leste** (MA/1801/05/SNH). São Paulo: Servmar Serviços Técnicos Ambientais, 25 maio 2005ª, p. 50. Disponível em: http://www.sef.usp.br/usp-leste/acoes-ambientais/. Acesso em: 30 set. 2022.

SERVMAR. **Relatório Preliminar – USP Zona Leste – Fase I** (MA/2349/05/SNH). São Paulo: Servmar Serviços Técnicos Ambientais, 9 jun. 2005b, p. 50. Disponível em: http://www.sef.usp.br/usp-leste/acoes-ambientais/. Acesso em: 30 set. 2022.

SERVMAR. **Relatório de Diagnóstico Ambiental – USP Zona Leste** (MA/3134/05/SNH). São Paulo: Servmar Serviços Técnicos Ambientais, 26 out. 2005c, p. 446. Disponível em: http://www.sef.usp.br/usp-leste/acoes-ambientais/. Acesso em: 30 set.2022.

SERVMAR. **Relatório Complementar – USP Campus Leste** (MA/4221/06/ACH). São Paulo: Servmar Serviços Técnicos Ambientais, jan. 2006, p. 32. Disponível em: http://www.sef.usp.br/usp-leste/acoes-ambientais/. Acesso em: 30 set. 2022.

SERVMAR. **Relatório de Investigação Ambiental do Solo no campus da EACH/USP** (MA/11988/12/BLS), São Paulo: Servmar Serviços Técnicos Ambientais, fev. 2012, 239p. Disponível em: http://www.sef.usp.br/usp-leste/acoes-ambientais/. Acesso em: 30 set. 2022.

SERVMAR. **Relatório de Investigação Detalhada, Avaliação de Risco à Saúde Humana e Plano de Intervenção na AI-01 e Investigação Detalhada de Gases – Escola de Artes, Ciências e Humanidades da Universidade de São Paulo – USP Leste** (MA/12936/14/BLS). São Paulo: Servmar Serviços Técnicos Ambientais, fev. 2014ª, 3.157 p. Disponível em: http://www.sef.usp.br/usp-leste/acoes-ambientais/. Acesso em: 30 set. 2022.,

SERVMAR. **Complementação de Complementação da Avaliação de Risco à Saúde Humana na AI-01 – Escola de Artes, Ciências e Humanidades da Universidade de São Paulo – USP Leste** (R13226-14). São Paulo: Servmar Serviços Técnicos Ambientais, nov.2014ª, 94 p. Disponível em: http://www.sef.usp.br/usp-leste/acoes-ambientais/. Acesso em: 30 set.2022.

WEBER. **Instalação do Sistema de Exaustão de Gases do Solo sob os Edifícios, USP Leste.** São Paulo: Weber Ambiental, ago. 2014. Disponível em: http://www.sef.usp.br/usp-leste/ventilacao-e-monitoramento-de-gases. Acesso em: 30 set. 2022.

WEBER. ***As-Built* Completo dos Sistemas de Ventilação de Gases Instalados na USP LESTE** – VS.07, São Paulo/SP. São Paulo: Weber Ambiental, jul.2021. Disponível em: http://www.sef.usp.br/usp-leste/ventilacao-e-monitoramento-de-gases. Acesso em: 30 set. 2022.

WEBER. **Evolução do monitoramento de intrusão de Gases e da Operação do Sistema de Ventilação – 2º Trimestre/2022 (Abril a Junho), USP Leste.** São Paulo: Weber Ambiental, de maio de 2022. Disponível em: http://www.sef.usp.br/usp-leste/ventilacao-e-monitoramento-de-gases. Acesso em: 30 set. 2022.

38. LOGÍSTICA REVERSA NA POLÍTICA NACIONAL DE RESÍDUOS SÓLIDOS

LIA HELENA DEMANGE

Introdução – Da economia linear para a economia circular

O avanço científico que marcou o início da Modernidade possibilitou crescente conhecimento sobre os fenômenos naturais e esse conhecimento colocou-se a serviço de crescente dominação dos seres humanos sobre a natureza (FERRY, 2009).

Nesse contexto, o processo de industrialização intensificou a separação entre homem e natureza, pois a natureza passou a ser vista como mero reservatório de matérias-primas e posterior depósito de resíduos ao final do processo produtivo (OST, 1995, p. 10), o que caracteriza a denominada economia linear. A economia convencional sempre ignorou a existência de limites naturais ao mesmo tempo em que almejou a maximização de utilidades individuais. Dessa forma, "as políticas econômicas ficaram cegas para quaisquer condicionantes de ordem ecológica" (VEIGA, 2008, p. 51).

A persistência dessa forma de relação entre ser humano e natureza gerou um acúmulo de danos ambientais em todos os locais do globo onde ela prevaleceu. A proliferação de áreas contaminadas acompanha as zonas por onde passou a industrialização, deixando para as próximas gerações graves riscos à saúde e elevados custos de remediação e reabilitação. Lixões e aterros sanitários propagam-se na mesma velocidade do aumento do consumo, gerando demanda crescente pela ocupação de áreas cada vez mais extensas para depósito de resíduos, as quais precisarão ser controladas e monitoradas por muitas décadas, devido à contínua poluição que aportarão ao meio ambiente na forma de emissões de metano e percolação de chorume. A falta de saneamento básico, o desenfreado despejo de resíduos e efluentes não tratados nos cursos d'água e oceanos e a proliferação de produtos e embalagens descartáveis confeccionadas em materiais de alta durabilidade – como é o caso dos plásticos – gera a formação de "ilhas" de resíduos no meio dos oceanos, que chegam a dimensões comparáveis às de países inteiros (LEBETRON *et al.*, 2018). A disseminação do uso de materiais pela indústria, desacompanhada do necessário conhecimento sobre as consequências que tais materiais causam ao meio ambiente e à saúde, leva a descobertas tardias sobre a acumulação de substâncias nocivas nas cadeias tróficas, dentro dos organismos de diversas espécies (inclusive da espécie humana). Nesse sentido, podemos citar o exemplo dos PCBs[1] (bifenilas policloradas) e, mais recentemente, dos microplásticos[2].

A reiteração desse tipo de constatação pela ciência nos expõe os alarmantes níveis de degradação ambiental. O estado de ameaça gerado pela destruição da natureza promoveu uma religação entre sociedade e natureza, uma vez que os efeitos colaterais nocivos da destruição da natureza passaram a influenciar a dinâmica social, econômica e política. Assim, a sociedade deixou de ser autônoma em relação à natureza (BECK, 2011, p. 99).

[1] As bifenilas policloradas foram largamente utilizadas na indústria entre 1929 e 1970 devido às suas propriedades isolantes, sua estabilidade química e não inflamabilidade. Essas substâncias são poluentes orgânicos persistentes, assim classificadas substâncias tóxicas de alta periculosidade que não se decompõem facilmente, mantendo-se inalteradas por longos períodos de tempo. Apenas depois de cinquenta anos de uso intenso, essas substâncias foram banidas em diversos países por serem altamente nocivas à saúde (FIEDLER, 2007). A Convenção de Estocolmo, em seu Anexo A, proibiu a produção de PCBs, e estabeleceu prazo, para que os países signatários – dentro os quais, o Brasil – adote medidas para eliminar gradualmente o uso de equipamentos contendo PCB. Para atendimento a essas obrigações, muitos países precisam ainda inventariar, manipular, armazenar e descartar de forma ambientalmente adequada quantidades expressivas de óleo de PCB e equipamentos contaminados com PCB, devendo tomar diversas medidas protetivas para evitar a contaminação cruzada de óleos desprovidos de PCB em equipamentos contaminados com PCBs.

[2] Análises cada vez mais detalhadas apontam para o caráter onipresente de fragmentos, esferas, pedacinhos de filmes ou de fibras de plástico com até 5 milímetros de diâmetro ou extensão em todos os cantos do globo terrestre. Esse tipo de poluição tem efeitos ainda não totalmente entendidos e quantificados. Microplásticos foram identificados nos oceanos desde 1970 e já foram detectados em organismos de todos os níveis da cadeia alimentar (CHAVES, 2019).

As descobertas científicas sobre os desequilíbrios que o modo de produção e consumo capitalistas têm causado ao meio ambiente despertou a atenção da opinião pública para a necessidade de maiores esforços em prol da conservação ambiental, inclusive com restrições ao exercício de atividades econômicas.

Nesse contexto, as Convenções de Estocolmo e do Rio promoveram uma harmonização dos objetivos sociais, ambientais e econômicos do desenvolvimento. O conceito de sustentabilidade, daí resultante, adotou os seguintes objetivos ecológicos: "1) preservação do potencial da natureza para a produção de recursos renováveis; 2) limitação do uso de recursos não renováveis; 3) respeito e realce para a capacidade de autodepuração dos ecossistemas naturais" (VEIGA, 2008, p. 171). Algumas transições necessárias para a sustentabilidade envolveram a adoção de práticas econômicas que encorajam a cobrança de custos reais pelo uso dos recursos naturais e a adoção de tecnologias de menor impacto ambiental.

Essas premissas estão claramente representadas na Política Nacional de Resíduos Sólidos (PNRS) brasileira, que expressamente adota, em seu artigo 6º, os princípios do desenvolvimento sustentável, da prevenção e precaução, do poluidor-pagador e da ecoeficiência, mediante a compatibilização entre o fornecimento de bens e serviços e a redução do impacto ambiental e do consumo de recursos naturais a um nível, no mínimo, equivalente à capacidade de sustentação estimada do planeta.

À semelhança do que ocorre nos sistemas ecológicos, nos quais os resíduos de um processo se tornam matéria-prima para outro, os processos industriais passam a ser repensados para que haja menor geração de resíduos, para que os resíduos gerados sejam reutilizados quando possível ou reciclados (passando por alterações físicas e químicas), quando a sua reutilização for inviável. Mesmo aqueles resíduos não passíveis de reciclagem, mas que possuam poder calorífico, poderão gerar energia por meio de sua combustão em caldeiras (MANSOR *et al.*, 2013, p. 22). Por fim, o resíduo orgânico pode passar por um processo de compostagem e gerar composto para adubação.

O resíduo que antes era simplesmente aterrado passa, assim, a ter nova utilidade, voltando à cadeia produtiva após o uso, reduzindo a pressão sobre a extração de novos recursos naturais virgens para uso como matéria-prima. Da mesma forma, o aproveitamento máximo dos resíduos reduz a demanda por aterros sanitários, prologando a vida útil dos aterros existentes e, evitando os impactos ambientais que a implantação desses empreendimentos gera para a natureza e para a população do seu entorno.

O retorno desses resíduos à cadeia produtiva representa também o retorno de matéria-prima, ou seja, riqueza para a economia – riqueza esta que estava sendo enterrada no modelo econômico linear. O acesso a essa riqueza, no entanto, não se dá gratuitamente. Requer muito investimento, trabalho e mão-de-obra para realização da coleta seletiva, triagem, transporte e beneficiamento desses materiais, para que eles estejam aptos a serem reintroduzidos na economia como matérias-primas (MOTTA, 2006, p. 156). Além de gerar benefícios difusos para toda a sociedade, relacionados à redução de externalidades negativas geradas pela disposição final de resíduos, o reaproveitamento desses materiais gera também benefícios para o setor da reciclagem. O investimento na cadeia da reciclagem e reaproveitamento de resíduos geram muitos empregos e contribuem para a circulação de riquezas na economia.

Não por outra razão, a Política Nacional de Resíduos Sólidos (PNRS) reconhece o resíduo sólido reutilizável e reciclável como um bem econômico e de valor social, fonte geradora de trabalho, de renda e de cidadania, conforme lê-se no artigo 6º, VIII.

1. Responsabilidade compartilhada pelo ciclo de vida do produto

A responsabilidade compartilhada pelo ciclo de vida do produto deriva do conceito "do berço ao túmulo", adotado inicialmente pela legislação americana, por meio do *Resource Conservation and Recovery Act* (RCRA), de 1976. Segundo o conceito *cradle to grave,* ou "do berço ao túmulo", o gerador do resíduo possui a responsabilidade pelo gerenciamento de resíduos perigosos desde a sua geração, transporte, tratamento, armazenamento até a sua destinação final, cabendo à agência ambiental controlar o adequado gerenciamento desses resíduos (PLATER *et al.*, 2010). Essa determinação foi replicada em normas semelhantes de diversos outros países, inclusive na Política Nacional de Resíduos Sólidos (PNRS) brasileira.

No caso da responsabilidade compartilhada, a Política Nacional de Resíduos Sólidos distribui as obrigações relacionadas ao gerenciamento dos resíduos sólidos entre os atores envolvidos na cadeia de produção, comercialização e consumo de produtos e embalagens, bem como os titulares de serviços públicos de limpeza urbana e de manejo de resíduos sólidos disciplinados pela Lei de Saneamento Básico.

Essas obrigações são individualizadas, ou seja, cada um desses atores possui obrigações específicas à categoria em que se enquadram, e encadeadas, de modo que a obrigação de cada um desses atores guarda uma relação lógica e complementa as obrigações dos demais, a fim de que todo o ciclo do gerenciamento de resíduos seja contemplado.

Conforme lição de Patrícia Iglecias, a responsabilidade compartilhada contém exceção à regra geral de solidariedade da responsabilidade civil ambiental "apenas no âmbito respectivo de atuação dos gestores do risco" (LEMOS, 2012, p. 215). No entanto, caso algum dos responsáveis contrate terceiros para a prestação da sua obrigação legal, ele será solidariamente responsável por eventuais danos gerados por esses terceiros, conforme leitura dos art. 3º, III, e 14, §1º, da Lei nº 6.938/1981 em conjunto com o art. 27 da Lei nº 12.305/2010.

Os fabricantes, importadores, distribuidores e comerciantes dos produtos possuem a responsabilidade de colocar no mercado produtos reutilizáveis e recicláveis; reduzir a geração de resíduos na fabricação dos produtos e divulgar informações para evitar, reciclar e eliminar resíduos sólidos associados a seus produtos (art. 31 da Lei nº 12.305/2010). Essas obrigações aplicam-se em relação a quaisquer produtos colocados no mercado nacional.

Em relação aos produtos sujeitos à logística reversa pela legislação nacional, fabricantes, importadores, distribuidores e comerciantes dos produtos terão a obrigação adicional de propiciar o recolhimento dos resíduos pós-consumo e a sua destinação adequada.

Os fabricantes de embalagens, os fornecedores de materiais de embalagens e os comerciantes de embalagens, materiais de embalagens e produtos embalados têm a obrigação de utilizar materiais e fazer projetos que propiciem reutilização e reciclagem das embalagens, bem como adotar medidas para restringir o volume e peso das embalagens colocadas no mercado (art. 32 da Lei nº 12.305/2010).

Quando o local onde habita o consumidor dos produtos e embalagens for atendido por coleta seletiva ou por sistemas de logística reversa, o consumidor tem a obrigação de acondicionar adequadamente e de forma diferenciada os resíduos sólidos gerados e disponibilizar os resíduos sólidos reutilizáveis e recicláveis para coleta ou devolução (art. 35 da Lei nº 12.305/2010). O não atendimento a essa obrigação é passível de imposição de penalidade de advertência e multa em caso de reincidência, conforme estabelecido pelo art. 62, §2º e 3º do Decreto Federal nº 6.514/2008, apesar de essas penalidades dificilmente serem aplicadas.

O titular do serviço de limpeza pública e manejo de resíduos sólidos – o município ou o Estado em conjunto com os municípios em regiões metropolitanas, aglomerações urbanas e microrregiões (art. 8º da Lei nº 11.445/2007) – tem a obrigação de estabelecer sistema de coleta seletiva; reaproveitar os resíduos sólidos reutilizáveis e recicláveis; implantar sistema de compostagem para resíduos sólidos orgânicos; dar disposição final ambientalmente adequada aos rejeitos; articular com agentes econômicos e sociais medidas para viabilizar o retorno dos resíduos sujeitos à logística reversa; realizar as atividades definidas em acordo setorial ou termo de compromisso, mediante remuneração. Na execução dessas obrigações, o titular dos serviços públicos de limpeza urbana e de manejo de resíduos sólidos priorizará a organização e o funcionamento de cooperativas ou de outras formas de associação de catadores de materiais reutilizáveis e recicláveis formadas por pessoas físicas de baixa renda (art. 36 da Lei nº 12.305/2010).

Inserida no âmbito da responsabilidade compartilhada pelo ciclo de vida do produto, está a regulação da logística reversa, instrumento jurídico que abarca somente os produtos e embalagens determinados pela legislação. Note-se que, diferentemente da logística reversa, a responsabilidade compartilhada aplica-se a todos os produtos e embalagens colocados no mercado nacional. Dessa forma, conclui-se que a logística reversa é espécie inserida no gênero da responsabilidade compartilhada.

2. O regime legal da logística reversa e os resíduos abarcados

Conforme definição da Política Nacional de Resíduos Sólidos, a logística reversa é o conjunto de ações e procedimentos destinados a viabilizar a coleta e a restituição dos resíduos sólidos, após o uso pelo consumidor, ao setor empresarial para reaproveitamento ou outra destinação final ambientalmente adequada (art. 3º, XII e art. 33, PNRS).

Antes de ser disciplinada pela Política Nacional de Resíduos Sólidos, a obrigação de implantação de sistemas de retorno de produtos e embalagens já fora prevista em algumas normas setoriais.

A Lei nº 9.974/2002, que alterou a Lei nº 7.802, de 1989, estabeleceu que "as empresas produtoras e comercializadoras de agrotóxicos, seus componentes e afins, implementarão, em colaboração com o Poder

Público, programas educativos e mecanismos de controle e estímulo à devolução das embalagens vazias por parte dos usuários" (art. 19, Parágrafo único). Por esse meio foi também introduzido no art. 6º da mesma lei a obrigação aos usuários de agrotóxicos, de devolverem as embalagens vazias desses produtos nos estabelecimentos comerciais onde elas foram adquiridas.

O sistema de logística reversa de embalagens de agrotóxicos foi o primeiro a ser implantado no País e hoje em dia é um caso de referência internacional, atingindo a marca de coleta anual de 94% das embalagens primárias (que entram em contato com o produto) colocadas no mercado nacional, conforme dados divulgados pelo Instituto Nacional de Processamento de Embalagens Vazias (INPEV, 2022).

Outros resíduos para os quais foram implantados sistemas de logística reversa antes mesmo de a Política Nacional de Resíduos Sólidos ser publicada são:

- Óleo lubrificante usado ou contaminado, implantado pela Resolução CONAMA nº 362/2005;
- Pilhas, baterias portáteis e baterias chumbo-ácido, implantado pela Resolução CONAMA nº 401/2008;
- Pneus, implantado pela Resolução CONAMA nº 416/2009; e
- Embalagens de saneantes desinfestantes de uso profissional (substâncias utilizadas no controle de pragas urbanas), implantado pela Resolução RDC ANVISA nº 52/2009.

A primeira norma de caráter geral sobre o tema foi a Política Estadual de Resíduos Sólidos do Estado de São Paulo, aprovada por meio da Lei Estadual nº 12.300/2006. Sobre o tema, seu art. 53 estabelece:

> Artigo 53 – Os fabricantes, distribuidores ou importadores de produtos que, por suas características, exijam ou possam exigir sistemas especiais para acondicionamento, armazenamento, coleta, transporte, tratamento ou destinação final, de forma a evitar danos ao meio ambiente e à saúde pública, **mesmo após o consumo de seus resíduos desses itens**, são responsáveis pelo atendimento de exigências estabelecidas pelo órgão ambiental (grifos nossos).

O art. 19, Parágrafo único, do Decreto Estadual nº 54.645/2009, que regulamentou a Lei Estadual nº 12.300/2006, atribuiu à Secretaria do Meio Ambiente a competência para determinar a relação de produtos aos quais deveria aplicar-se a obrigação prevista no art. 53 da Lei Estadual nº 12.300/2006. Em cumprimento a essa determinação, foram editadas as Resoluções SMA nº 24/2010, 131/2010, 38/2011 e, por fim, a Resolução SMA nº 45/2015, vigente até hoje.

Cumpre notar que os setores cuja logística reversa foi implantada antes da Política Nacional de Resíduos Sólidos apresentam uma peculiaridade que os distingue daqueles que foram implantados por força da PNRS, como é o caso de lâmpadas, produtos eletroeletrônicos, embalagens em geral, medicamentos de uso humano vencidos ou em desuso e óleo comestível (incluído na listagem de produtos sujeitos à logística reversa no Estado de São Paulo desde a Resolução SMA nº 38/2011). Os setores cuja logística reversa foi implantada em decorrência da PNRS abrangem somente os resíduos gerados "após o uso pelo consumidor". Ao adotar definição que remete ao conceito de consumidor, a logística reversa estabelecida pela PNRS contempla somente o resíduo gerado por aquele que adquire o produto ou serviço para consumo próprio, excluindo-se aquele que utiliza o produto como insumo em processo produtivo, na prestação de serviço ou para recolocação no mercado (MORATO, 2008).

Essa sistemática é coerente com o contexto geral da Política Nacional de Resíduos Sólidos, que atribui a obrigação de elaborar e implantar um plano de gerenciamento de resíduos a todos estabelecimentos industriais e aos estabelecimentos comerciais e de prestação de serviços que gerem resíduos perigosos, ou cujos resíduos não sejam equiparados aos domiciliares pelo poder público municipal. Dessa forma, a PNRS atribui a esses geradores a responsabilidade pela correta destinação dos resíduos, bem como pelo custeio do seu gerenciamento, em claro atendimento ao princípio do poluidor-pagador (art. 20 da Lei nº 12.305/2010).

Ou seja, o gerenciamento de resíduos gerados em estabelecimentos industriais não é de responsabilidade do poder público, assim como também não o é o gerenciamento dos resíduos de estabelecimentos comerciais e de prestação de serviços, quando assim decidido pelo município.

Para os demais resíduos – os resíduos sólidos urbanos – a logística reversa também se reveste em instrumento de implantação do princípio do poluidor-pagador, transferindo a responsabilidade e o custo de recolhimento, transporte, triagem e destinação final do titular de limpeza urbana e manejo de resíduos sólidos (ou seja, do poder público) para as empresas que auferem lucro com a colocação daquele produto ou embalagem no mercado. Por essa razão, o *caput* do art. 33 da Lei Federal nº 12.305/2010 estabelece que o retorno dos produtos após o uso pelo consumidor deverá ocorrer "de forma independente do serviço público de limpeza urbana e de manejo dos resíduos sólidos". Pela mesma razão, o §7º do mesmo artigo prevê que se, por acordo setorial ou termo de compromisso firmado com o setor empresarial, o titular do serviço público de limpeza urbana encarregar-se de atividades de responsabilidade da cadeia produtiva, ele será devidamente remunerado, na forma previamente acordada entre as partes.

Dessa forma, a logística reversa busca internalizar no custo do produto as externalidades negativas que seus resíduos geram para a sociedade, seja por meio da coleta, transporte e disposição final do resíduo urbano, seja pelos danos ambientais resultantes do gerenciamento deficiente.

Cumpre, porém, notar que as normas setoriais que implantaram sistemas de logística reversa antes de 2010 não faziam essa diferenciação entre produtos e embalagens utilizados por consumidores ou por pessoas jurídicas que não se enquadram no conceito de consumidor. Para o setor de pneus, por exemplo, o fato de o produto ter sido consumido por pessoa física ou por uma pessoa jurídica que utiliza aquele produto na prestação de serviços de transporte é irrelevante: todo pneu inservível será objeto de devolução para o sistema de logística reversa. O mesmo se pode afirmar para o óleo lubrificante usado e contaminado gerado dentro de um empreendimento industrial, por exemplo.

As normas setoriais referentes à logística reversa de óleo lubrificante usado e contaminado, pilhas, baterias portáteis e baterias chumbo-ácido, pneus e embalagens de saneantes desinfestantes de uso profissional são anteriores à Política Nacional de Resíduos Sólidos, específicas àqueles setores e de hierarquia inferior à Política Nacional de Resíduos Sólidos, que é uma norma geral. Nesse caso, verificamos que a diferença de abrangência da aplicação de cada norma gera um conflito entre norma geral hierarquicamente superior e norma específica hierarquicamente inferior. Trata-se de um caso de antinomia real, ou antinomia insolúvel, de embate entre dois critérios "fortes" de solução de antinomia: a hierarquia e a especialidade. Nesse caso, não há critérios para a solução da antinomia (FERRAZ JR., 1994, p. 212), de modo que a solução é confiada à liberdade do intérprete da norma (BOBBIO, 1999, p. 100).

Segundo o ensinamento de Norberto Bobbio, diante de tais casos, o intérprete tem diante de si três alternativas para solução da antinomia: a eliminação de uma das normas, a eliminação de ambas as normas ou a conservação de ambas as normas. O autor destaca que a última alternativa é a mais adotada comumente pela jurisprudência, por causar menor perturbação ao ordenamento jurídico. Para tanto, no entanto, o intérprete deve demonstrar que tais normas não são incompatíveis, o que, muitas vezes, é feito por meio de uma pequena alteração no texto normativo (interpretação corretiva) (BOBBIO, 1999). Essa solução é aplicável ao caso em análise, pelas razões explicadas a seguir.

Em primeiro lugar, entendemos que a legislação setorial que implantou a logística reversa de embalagens de agrotóxicos, de óleo lubrificante usado e contaminado, pilhas, baterias portáteis e baterias chumbo-ácido, pneus e embalagens de saneantes desinfestantes de uso profissional foi recepcionada pela Política Nacional de Resíduos Sólidos. O Decreto Federal nº 7.404/2010, que regulamentou a Lei Federal nº 12.305/2010, determinava em seu art. 16 que os sistemas de logística reversa observassem as exigências específicas previstas em lei ou regulamento; normas estabelecidas pelos órgãos do Sistema Nacional do Meio Ambiente – SISNAMA, do Sistema Nacional de Vigilância Sanitária – SNVS, do Sistema Único de Atenção à Sanidade Agropecuária – SUASA e em outras normas aplicáveis; ou acordos setoriais e termos de compromisso. Da mesma forma, o Decreto Federal nº 10.936/2022, que o revogou, prevê em seu artigo 18 que sistemas de logística reversa serão implementados por meio de acordos setoriais, termos de compromisso ou regulamentos editados pelo Poder Público, o que abarca não somente regulamentos editados pelo Chefe do Poder Executivo (decretos), mas também atos normativos editados por órgãos do SISNAMA, SNVS e SUASA.

Além de os decretos citados admitirem a validade de normas editadas por órgãos públicos técnicos para instituírem a implantação de um sistema de logística reversa, também consideramos ser possível a conservação dessas normas setoriais uma vez que elas são compatíveis com a Política Nacional de Resíduos Sólidos ao definirem regras específicas para a logística reversa dos setores regulados.

A reforçar esse entendimento, está o acórdão da Apelação nº 0008582-82.2012.8.26.0126, TJSP, 1ª Câmara Reservada ao Meio Ambiente, Rel. Des. Ruy Alberto Leme Cavalheiro, j. 17/11/2016, v.u.[3]. No referido caso, o Tribunal de Justiça de São Paulo não admitiu a tese apresentada pela entidade gestora do sistema de logística reversa de pneus inservíveis (que representa os fabricantes de pneus), de que o art. 33 da Política Nacional de Resíduos Sólidos atribui aos fabricantes e importadores apenas a responsabilidade de dar destinação final ambientalmente adequada aos resíduos devolvidos pelos consumidores, não lhes obrigando a instalar pontos de coleta desses resíduos (o que, conforme alegado, seria responsabilidade dos comerciantes ou da Prefeitura). O Tribunal de Justiça de São Paulo decidiu que os fabricantes e importadores de pneus deveriam instalar ponto de coleta de pneus usados no município de Caraguatatuba, em atendimento ao art. 8º, § 1º, da Resolução CONAMA nº 416/2009[4], tendo em vista que tal município possui mais de 100 mil habitantes. Dessa forma, o colegiado reconheceu a vigência do dispositivo da Resolução CONAMA nº 416/2009, considerando-a regra específica do setor de pneus e adotando-a em detrimento daquela prevista na Política Nacional de Resíduos Sólidos para todos os setores. Tal interpretação harmoniza-se com a Política Nacional de Resíduos Sólidos, uma vez que subsistirá para os comerciantes de pneus a obrigação de recolhimento desses resíduos em

[3] "IMPLANTAÇÃO DE LOGÍSTICA REVERSA. FABRICANTES DE PNEUS. Não configurada nulidade da sentença, ilegitimidade passiva, perda do objeto ou impossibilidade jurídica do pedido. Comprovado que o município tem mais de 100 mil habitantes, é obrigação a implantação de pontos de coleta de pneus. Inteligência do artigo 8º, § 1º, da Resolução CONAMA nº 416/2009. A obrigação dos fabricantes não se limita ao recolhimento, abrangendo todas as medidas para implementar e operacionalizar o sistema de logística reversa. Aplicação do § 3º do artigo 33 da Lei nº 12.305/2010. Ausente imputação dessa responsabilidade ao titular de serviços públicos de limpeza urbana. Cabível a redução da multa diária. REJEITADAS AS PRELIMINARES, DÁ-SE PARCIAL PROVIMENTO AO APELO (TJSP, 1ª Câmara Reservada ao Meio Ambiente, Rel. Des. Ruy Alberto Leme Cavalheiro, j. 17/11/2016, v.u.).

[4] "Art. 8º Os fabricantes e os importadores de pneus novos, de forma compartilhada ou isoladamente, deverão implementar pontos de coleta de pneus usados, podendo envolver os pontos de comercialização de pneus, os municípios, borracheiros e outros.

§ 1º Os fabricantes e os importadores de pneus novos deverão implantar, nos municípios acima de 100.000 (cem mil) habitantes, pelo menos um ponto de coleta no prazo máximo de até 01 (um) ano, a partir da publicação desta Resolução.".

outros pontos de recebimento do município, bem como nos municípios que possuem menos de 100 mil habitantes e não seriam abarcados pela previsão do art. 8º, §1º, da Resolução CONAMA nº 416/2009.

Adotando o mesmo entendimento de que as normas setoriais anteriores à PNRS continuam vigentes, as Decisões de Diretoria CETESB nº 114/2019 e 127/2021, que regulamentaram o art. 4º, §3º, da Resolução SMA nº 45/2015, estabeleceram o seguinte item 1.6:

> 1.6. Para fins deste Procedimento, são considerados resíduos sujeitos à logística reversa:
>
> a) Os resíduos de produtos e embalagens pós-consumo de significativo impacto ambiental ou que componham a fração seca dos resíduos sólidos urbanos, conforme a relação constante do artigo 2º, parágrafo único da Resolução SMA nº 45, de 23 de junho de 2015 e item 1.2. desta Decisão de Diretoria. Esses resíduos são aqueles gerados pelo uso de produtos pelo consumidor final, assim definido aquele que adquire o produto ou serviço para consumo próprio, e não o utiliza como insumo em processo produtivo, na prestação de serviço ou para recolocação no mercado;
>
> b) Os resíduos que, mesmo não se enquadrando no item anterior, estão sujeitos à logística reversa por Resoluções do Conselho Nacional do Meio Ambiente (CONAMA) ou legislação específica.

Dessa forma, as Decisões de Diretoria CETESB nº 114/2019 e 127/2021 utilizaram o conceito de consumidor final para definir quais resíduos estariam sujeitos à logística reversa, estabelecendo também a obrigatoriedade de estabelecimento de sistemas de logística reversa para contemplarem o gerenciamento de resíduos não gerados por consumidores finais, mas contemplados pelos regulamentos setoriais relevantes.

3. Instrumentos de implantação da logística reversa

Conforme explicado anteriormente, os sistemas de logística reversa podem ser implantados por acordos setoriais, termos de compromisso ou regulamentos editados pelo Poder Público. De acordo com o art. 18 do Decreto Federal nº 10.936/2022, esses instrumentos devem estabelecer a estruturação da implementação do sistema de logística reversa; a operacionalização do sistema de logística reversa e do seu plano operativo; o financiamento do sistema de logística reversa; a governança para acompanhamento de performance; a entidade gestora do sistema; a forma de participação dos consumidores; obrigações dos fabricantes, dos importadores, dos distribuidores e dos comerciantes; os planos de comunicação e de educação ambiental; os objetivos, metas e cronograma; o monitoramento e avaliação do sistema; a viabilidade técnica e econômica; e a gestão de riscos e de resíduos perigosos.

Tanto os acordos setoriais quanto os termos de compromisso são atos negociais celebrados entre entidades representativas de fabricantes, importadores, distribuidores e comerciantes com o poder público. O procedimento de celebração dos acordos setoriais envolve a apresentação formal de proposta pelos representantes de fabricantes, importadores, distribuidores e comerciantes, seguido de consulta pública e oitiva de órgãos federais com competências relacionadas à matéria. Os termos de compromisso firmados em âmbito federal seguem procedimento semelhante, não requerendo, no entanto, a realização de consulta pública.

Os instrumentos (acordos setoriais, termos de compromisso e regulamentos) de âmbito nacional prevalecem sobre os firmados em âmbito regional, distrital ou estadual e estes, por sua vez, prevalecem sobre os de âmbito municipal.

O art. 19, Parágrafo único, do Decreto nº 10.936/2022 estabeleceu:

> Os instrumentos de que trata o art. 18 com menor abrangência geográfica:
> I – não alteram as obrigações dos fabricantes, dos importadores, dos distribuidores e dos comerciantes na forma prevista no art. 14; e
> II – devem ser compatíveis com as normas previstas em acordos setoriais, regulamentos e termos de compromisso estabelecidos com maior abrangência geográfica.

Quando o Decreto nº 10.936/2022 foi publicado, houve quem interpretasse que o art. 19, Parágrafo único, retirava dos Estados e Municípios a possibilidade de celebrar termos de compromisso de logística reversa que estabelecessem metas e obrigações distintas daquelas estabelecidas em acordos setoriais em nível federal.

Essa discussão refere-se a um possível conflito sobre a competência conferida aos entes políticos para editar normas em matéria ambiental. Nesse ponto, é importante lembrar que, na organização do Estado brasileiro, a repartição de competências entre entes federativos é estabelecida pela Constituição Federal e, consequentemente, cada ente federativo possui competências exclusivas (VASCONCELOS, 2014).

Assim, as disposições do Decreto nº 10.936/2022 devem ser interpretadas à luz do art. 24, VI e §1º da Constituição Federal, que estabelece a competência legislativa concorrente em matéria ambiental. Conforme esse dispositivo constitucional, a União estabelece normas gerais, os Estados suplementam normas federais e definem regras mais restritivas e os Municípios podem suplementar normas federais e estaduais.

A competência legislativa municipal é mais estreita do que a estadual, uma vez que, quanto à competência legislativa municipal, vige a interpretação dada pelo Tema 145 de Repercussão Geral do Supremo Tribunal Federal, que estabelece que "o município é competente para legislar sobre o meio ambiente com a União e o Estado, no limite do seu interesse local e desde que tal regramento seja harmônico com a disciplina estabelecida pelos demais entes federados" (Plenário do STF. RE 586224, Rel. Min. Luiz Fux, j. 05/03/2015, v.u.).

Esse precedente jurisprudencial já foi adotado pelo Tribunal de Justiça do Estado de São Paulo para decidir pela inconstitucionalidade de lei municipal que ampliava o rol de produtos sujeitos à logística reversa no âmbito municipal:

> Competência legislativa. Norma versando sobre proteção ao meio ambiente. Violação à repartição constitucional de competências legislativas. **Não observados os dois requisitos fixados pelo Eg. STF para a atuação legislativa do Município em questões ambientais** (Tema nº 145): **(i) o interesse local e (ii) a harmonia entre a lei municipal e as regras editadas pelos demais entes federativos.** A lei impugnada cria regras de nítido caráter geral, que não atendem a qualquer peculiaridade do Município de Ribeirão Preto. Usurpada competência da União para instituir regras gerais sobre a matéria (art. 24, VI e §1º da CF). Ademais, a norma está **em** manifesto **desacordo com Lei Federal nº 12.305/10 (Lei da Política Nacional de Resíduos Sólidos) e o Decreto Federal nº 7.407/10, *ampliando em exagero o rol de produtos sujeitos à logística reversa* e alterando significativamente o rígido procedimento instituído pelas normas federais** para ampliação desse rol. Não observados os requisitos para o exercício da competência legislativa suplementar do Município. Violação ao pacto federativo (art. 144 da CE). (TJSP, ADIN 2216245-44.2018.8.26.0000, Órgão Especial do Tribunal

de Justiça de São Paulo, Rel. Des. Evaristo dos Santos, j. 20/02/2019, v.u., grifos nossos).

Em outro caso, a corte paulista foi instada a manifestar-se a respeito da legalidade da Resolução SMA nº 45/2015 e da Decisão de Diretoria da CETESB nº 76/2018/C, que instituía o procedimento por meio do qual a logística reversa deveria ser inserida como condicionante de licenciamento ambiental estadual. Nessa ocasião, o Tribunal entendeu que as referidas normas atendiam ao exercício da competência supletiva do Estado em matéria ambiental e eram compatíveis com a Lei Federal nº 12.305/2010, razão pela qual o entendimento foi no sentido de que não havia qualquer vício de legalidade nas normas estaduais.

> RECURSOS DE APELAÇÃO DIREITO AMBIENTAL AÇÃO DECLARATÓRIA CUMULADA COM NULIDADE DE ATOS ADMINISTRATIVOS RESTRIÇÃO AMBIENTAL APLICÁVEL À LOGÍSTICA REVERSA DO SETOR FARMACÊUTICO **NORMATIZAÇÃO PAULISTA COMPATÍVEL COM A POLÍTICA NACIONAL DE RESÍDUOS SÓLIDOS.**
>
> 1. Trata-se de recurso de apelação interposto contra sentença que julgou improcedente pedido consistente na invalidação da implantação de logística reversa. Pretende a apelante a nulidade dos efeitos da Resolução SMA nº 45/2015 e da Decisão de Diretoria da CETESB nº 0/76/2018/C, sob o argumento de que ofendem o princípio da legalidade (art. 5º, inciso II da CF/88) e o princípio da legalidade administrativa (art. 37, "caput", da CF/88) ao extrapolarem os limites delineados na Lei federal nº 12.305/2010, que dispôs sobre a Política Nacional de Resíduos Sólidos.
>
> 2. **Ausência de vício de ilegalidade. Competência supletiva do Estado de São Paulo exercida por meio do órgão ambiental para dispor acerca da implantação de sistema de política reversa.** Compatibilidade dos atos normativos estaduais com a Lei Federal nº 12.305/2010. (TJSP, Apelação Cível 1048904-45.2018.8.26.0053, 1ª Câmara Reservada ao Meio Ambiente, Relator Des. Nogueira Diefenthaler, j. 05/11/2020, v.u., grifos nossos).

A partir das normas constitucionais que regem a competência normativa em matéria ambiental, bem como a partir dos precedentes jurisprudenciais analisados, concluímos que não se sustenta a interpretação de que o art. 19,

Parágrafo único, do Decreto nº 10.936/2022 teria o condão de impedir a celebração de termos de compromisso por Estados que impusessem obrigações específicas ou estabelecessem metas mais restritivas de logística reversa do que aquelas estabelecidas em instrumentos de abrangência federal.

Nessa mesma linha, o próprio art. 25 do Decreto nº 10.936/2022 prevê a hipótese de celebração de termo de compromisso para estabelecer compromissos e metas mais exigentes do que aqueles previstos em acordo setorial ou regulamento.

A Secretaria do Meio Ambiente e a CETESB – Companhia Ambiental do Estado de São Paulo foram pioneiras na adoção da estratégia de celebração de Termos de Compromisso de Logística Reversa no País. Com base na Resolução SMA nº 38/2011, foi realizado o reconhecimento de sistemas que já se encontravam em operação e foi construída uma proposta de conteúdo, condições e critérios mínimos para os TCLRs. O objetivo, nesse estágio, era a celebração de ao menos um TCLR por setor estabelecido pela Resolução SMA nº 38/2011.

No entanto, se por um lado diversas entidades e empresas assumiram importantes responsabilidades por meio de Termos de Compromisso firmados em âmbito estadual e de Acordos Setoriais firmados em âmbito federal, um grande número de empreendimentos não aderiu a estas iniciativas. Se tal situação permanecesse, as empresas mais proativas no cumprimento da norma ambiental sofreriam uma concorrência desleal em relação às empresas inadimplentes, tendo em vista que estariam suportando mais custos para colocar seus produtos no mercado paulista. Em última análise, a ausência de isonomia entre empresas do mesmo setor colocaria em risco a própria continuidade da política pública, tendo em vista que os sistemas de logística reversa em funcionamento poderiam se esvaziar com a saída das empresas participantes.

Em âmbito federal, a necessidade de isonomia foi atendida pelo Decreto nº 9.177/2017, cujo art. 2º equiparou as obrigações exigíveis de signatários e não signatários de acordo setorial ou termo de compromisso firmado com a União em relação à estruturação e implementação de sistemas de logística reversa. A previsão foi reproduzida no art. 28 do Decreto nº 10.936/2022, que revogou o Decreto nº 9.177/2017.

Em âmbito estadual, a Resolução SMA nº 45/2015 contribuiu para a garantia da isonomia, na medida em que determinou que a CETESB estabelecesse procedimento por meio do qual exigiria o cumprimento da obrigação de estruturação e implantação da logística reversa como condicionante para a emissão ou renovação da licença de operação de todos os empreendimentos enquadrados na obrigatoriedade.

A Resolução SMA nº 45/2015 estabeleceu que a CETESB deveria definir a progressividade das metas a serem exigidas, sendo que as metas quantitativas deveriam ser, no mínimo, equivalentes àquelas dos respectivos TCLRs, calculadas como um percentual, em peso, dos produtos ou embalagens colocados no mercado paulista no ano anterior ao da prestação de contas. Por fim, a Resolução SMA 45/2015 fez referência às penalidades aplicáveis às empresas que não cumprissem às exigências estabelecidas pela CETESB, em cumprimento ao estabelecido no citado art. 4º

Essa foi uma grande inovação na política ambiental nacional, pois foi a primeira vez no País que a logística reversa passou a ser condicionante de licenciamento. O principal objetivo dessa medida foi a utilização de um instrumento apto a exigir a obrigação legal definida pelas Políticas Nacional e Estadual de Resíduos Sólidos de forma isonômica entre empresas aderentes e não aderentes a Termos de Compromisso de Logística Reversa.

Para tanto, foi editada a Decisão de Diretoria CETESB nº 076/2018/C, substituída posteriormente pela Decisão de Diretoria nº 114/2019/P/C. Essas Decisões de Diretoria definiram formas de controle, linhas de corte e progressividade de metas quantitativas e geográficas para cada um dos setores abarcados pela obrigatoriedade da logística reversa no Estado.

As metas estabelecidas nessas normas foram definidas com base em leis e Resoluções CONAMA existentes, Acordos Setoriais e respectivos Editais de Chamamento e termos de compromisso celebrados em âmbito federal ou estadual. O Apêndice das Decisões de Diretoria disponibilizou o memorial de cálculo de cada uma das metas definidas.

A demonstração da logística reversa vem sendo exigida no licenciamento paulista desde 2018 para todas as empresas dos setores de agrotóxicos, pneus, lâmpadas, pilhas e baterias, óleo lubrificante e tintas imobiliárias, independentemente de seus tamanhos. Esses setores possuem regulamentações específicas (Resoluções CONAMA e a Lei Federal nº 9.974/2000), com exceção de lâmpadas, que possui um Acordo Setorial celebrado em nível federal.

Para os setores de eletroeletrônicos, medicamentos, filtros de óleo lubrificante, alimentos, bebidas, produtos de limpeza, higiene pessoal e cosméticos, essa exigência tem sido gradual nos últimos 4 anos, se iniciando pelos empreendimentos maiores. Todos os empreendimentos desses setores com mais de 10 (dez) mil m^2 foram convocados a demonstrarem o cumprimento da logística reversa desde 2018. Para os empreendimentos com mais de 1 (um) mil m^2, a exigência passou a ser realizada no momento da solicitação de novas licenças, desde 2020. Com a entrada em vigor da linha de corte de 2021 da Decisão de Diretoria CETESB nº 114/2019/P/C, a necessidade de demonstração de implantação de logística reversa recaiu sobre todas as empresas que estivessem solicitando novas licenças ambientais desses setores, independentemente de seu tamanho.

A vigência da Decisão de Diretoria CETESB nº 114/2019/P/C se encerrou em 2021. A partir de 1º de janeiro de 2022, iniciou-se a vigência da Decisão de Diretoria CETESB nº 127/2021/P, que manteve a sistemática das decisões de diretoria anteriores, atualizando as metas quantitativas e geográficas para os anos de 2022-2025, conforme novos Termos de Compromisso, Acordos Setoriais e regulamentos.

Como reflexo direto da incorporação da logística reversa como condicionante ao licenciamento ambiental estadual, o número de empresas aderentes a Planos de Logística Reversa recebidos pela CETESB apresentou grande incremento nos últimos anos, aumentando de 2.179 em dezembro/2018, para 5.412 em dezembro/2021.

Essa estratégia foi também adotada pelo Paraná, por meio da Resolução SEDEST nº 22/2021, que exige cumprimento da logística reversa para emissão/renovação de licenças ambientais para todos os setores; pelo Mato Grosso do Sul, por meio do Decreto nº 15.340/2019, e pelo Piauí, por meio do Decreto nº 20.498/2022, que exigem cumprimento da logística reversa para emissão/renovação de licenças ambientais para setores de embalagens em geral.

Conclusões

A logística reversa é um importante instrumento da Política Nacional de Resíduos Sólidos para viabilizar a adoção de uma economia cada vez mais circular, com melhor aproveitamento dos recursos naturais.

A logística reversa transfere para o setor privado custos que até então estavam sendo suportados pela sociedade, devido à presença de externalidades negativas da relação de produção e consumo.

Para que o instrumento seja eficaz e gere resultados robustos, é preciso que sejam utilizados mecanismos de fiscalização que garantam isonomia entre empresas de um mesmo setor econômico e que gerem consequências negativas para as empresas que não atendem à obrigação legal.

A inclusão da logística reversa como condicionante de licenciamento ambiental está despontando como uma estratégia eficaz para governos estaduais, que licenciam a maior parte dos fabricantes dos produtos e embalagens sujeitos à logística reversa. Dentro do espírito de cooperação entre órgãos ambientais integrantes do SISNAMA, tal estratégia deve ser complementada por ações de fiscalização de importadores pelo governo federal, bem como de distribuidores e comerciantes, pelos governos municipais.

Referências

BECK, U. **Sociedade de Risco**: rumo a uma outra modernidade. 2a. ed. São Paulo: Editora 34, 2011.

BOBBIO. N. **Teoria do Ordenamento Jurídico.** 10ª ed. Brasília : Editora Universidade de Brasília, 1999.

CHAVES, L. R. A ameaça dos microplásticos. **Pesquisa FAPESP**. Edição 281, jul./2019, disponível em https://revistapesquisa.fapesp.br/, último acesso em 02/11/2022.

FERRAZ JÚNIOR, T. S. **Introdução ao estudo de direito** : técnica, decisão, dominação. 2ª ed. São Paulo : Atlas, 1994.

FERRY, L. **A nova ordem ecológica:** a árvore, o animal e o homem. Rio de Janeiro: DIFEL, 2009.

FIEDLER, H. **Polychlorinated Biphenyls (PCBs)**: Uses and Environmental Releases, 2007. Disponível em http://www.chem.unep.ch/pops/POPs_Inc/proceedings/bangkok/FIEDLER1.html, acessado em 10/01/2013.

INPEV. Instituto Nacional de Processamento de Embalagens Vazias. **Sobre o Sistema**. Disponível em: < https://www.inpev.org.br/sistema-campo-limpo/sobre-sistema/>, acessado em 22/10/2022.

LEBRETON, L., *et al.* Evidence that the Great Pacific Garbage Patch is rapidly accumulating plastic. **Scientific Reports**, n. 8, 2018, disponível em <https://www.nature.com/articles/s41598-018-22939-w#citeas>, acesso em 21/10/2022.

LEITE, P. R. **Logística Reversa: Meio Ambiente e Competitividade**. São Paulo: Pearson Prentice Hall, 2005.

LEMOS, P. F. I. **Resíduos Sólidos e Responsabilidade Civil Pós-Consumo**. São Paulo: Editora Revista dos Tribunais, 2ª ed., 2012.

MACHADO, P. A. L. **Direito Ambiental Brasileiro**. 24. ed. São Paulo: Malheiros, 2016.

MANSOR, M. T. C. *et al.* **Resíduos sólidos**. 2ª ed. SÃO PAULO (Estado) Secretaria do Meio Ambiente. São Paulo: SMA, 2013. (Cadernos de Educação Ambiental, 6).

MORATO, A. C. **Pessoa jurídica consumidora**. São Paulo: Editora Revista dos Tribunais, 2008.

MOTTA, R. S. **Economia Ambiental**. Rio de Janeiro: Editora FGV, 2006.

OST, F. **A Natureza às Margens da Lei**. Lisboa: Instituto Piaget, 1995.

PLATER, Z. J. *et al.*, **Environmental Law and Policy**. 4th ed. New York : Aspen Publishers, 2010.

UNEP. **Draft practical manuals on extended producer responsibility and financing systems for environmentally sound management.** Conference of the Parties to the Basel Convention on the Control of Transboundary Movements of Hazardous Wastes and Their Disposal. 13th Meeting. Geneva, 24 April-5 May 2017. Disponível em: http://www.basel.int/Implementation/CountryLedInitiative/EnvironmentallySoundManagement/ESMToolkit/Practicalmanuals/tabid/5847/Default.aspx

VASCONCELOS, C. **Curso de direito constitucional**. 2ª ed. São Paulo: Saraiva, 2014.

VEIGA, J. E.. **Desenvolvimento sustentável**: o desafio do século XXI. 3ª ed. Rio de Janeiro: Garamond, 2008.

39. O GERENCIAMENTO DE ÁREAS CONTAMINADAS NO ESTADO DE SÃO PAULO – HISTÓRICO E DESAFIOS

ELTON GLOEDEN

FERNANDA ABREU TANURE

ANDRÉ SILVA OLIVEIRA

Introdução

O Gerenciamento de Áreas Contaminadas (GAC) é o conjunto de medidas que visa identificar e caracterizar as áreas contaminadas existentes em determinada região (um país, um Estado ou um Município), com o objetivo de implementar as medidas de intervenção necessárias para viabilizar o seu uso de forma segura.

A Secretaria de Infraestrutura e Meio Ambiente (SIMA) é a responsável pela manutenção do Cadastro de Áreas Contaminadas do Estado de São Paulo e por presidir o Fundo Estadual para Prevenção e Remediação de Áreas Contaminadas (FEPRAC), criado pela Lei Estadual nº 13.577, de 8 de julho de 2009, destinando-se à proteção do solo e das águas subterrâneas contra alterações prejudiciais às suas funções, bem como à identificação e à reabilitação de áreas contaminadas no Estado de São Paulo.

A CETESB – Companhia Ambiental do Estado de São Paulo (CETESB), empresa pública criada pelo Decreto Estadual nº 50.079, de 24.7.1968, tornou-se o órgão ambiental do estado de São Paulo por delegação legal, por meio da Lei Estadual nº 118, de 29.6.1973, cujas atribuições foram estabelecidas pela Lei Estadual nº 13.542, de 7.8.2009. Nestes termos, a CETESB é o órgão executor do GAC no estado de São Paulo, responsável pela atualização do Cadastro de Áreas Contaminadas e atuando como Secretária Executiva e Agente Técnico do FEPRAC.

A história do GAC no Estado de São Paulo iniciou-se na década de 1970 e, após 40 anos, mostra resultados expressivos, conforme se verifica no "Relatório de Áreas Contaminadas e Reabilitadas no Estado de São Paulo"[1].

Da análise do Cadastro de Áreas Contaminadas verifica-se forte tendência de crescimento do número de "Áreas Reabilitadas para o Uso Declarado", em que pouco mais da metade das áreas cadastradas (classificadas como Área Reabilitada – AR e Área em Monitoramento para Encerramento – AME) já estão aptas para o uso declarado, não sendo mais classificadas como "áreas contaminadas" (Figura 1).

Figura 1 – **Classificações das áreas no Cadastro de Áreas Contaminadas e Reabilitadas da CETESB (dados de setembro de 2022).**

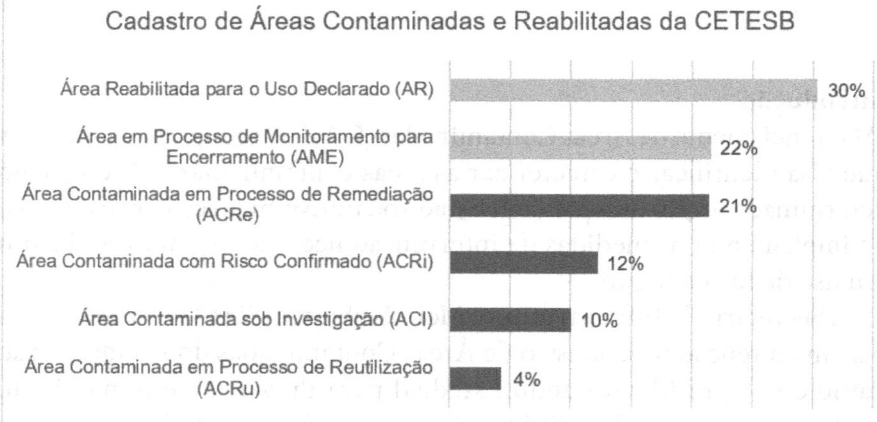

1. Histórico do Gerenciamento de Áreas Contaminadas no Estado de São Paulo

1.1. Final da década de 1970 e início da década de 1980

Os primeiros registros da ocorrência de áreas contaminadas no estado de São Paulo e no Brasil foram efetuados pela CETESB no final da década

[1] O Relatório é publicado na página eletrônica oficial da CETESB, com informações atualizadas em tempo real, encontra-se no link: https://mapas.infraestruturameioambiente.sp.gov.br/portal/apps/MapJournal/index.html?appid=28e7bb2238a443819447a8ec3ae4abe5

de 1970 e início da década de 1980, como, por exemplo, os casos de disposição inadequada de resíduos organoclorados na Baixada Santista, casos de atendimento emergencial em postos de combustíveis, como o caso ocorrido em 1984 em Vila Antonieta, em São Paulo – SP, e em depósito clandestino de solventes clorados usados, em 1983, em Porto Feliz – SP.

Naquela época, a CETESB não possuía procedimentos técnicos ou administrativos definidos para lidar com essa questão. Os casos eram atendidos por diferentes setores da CETESB, que não tinham como atribuição principal o assunto GAC, além das Agências Ambientais. Esses diferentes setores lidavam com o gerenciamento de resíduos sólidos, com a qualidade das águas subterrâneas, com a pesquisa sobre a qualidade dos solos e com o atendimento a emergências químicas.

Para avaliar os casos, a CETESB buscava informações sobre os procedimentos técnicos adotados em outros países, especialmente nos Estados Unidos da América.

Também não existiam nessa época empresas de consultoria especializadas no assunto GAC, o que dificultava o desenvolvimento dos trabalhos de investigação e remediação.

As primeiras empresas de consultoria a trabalharem com o GAC tinham outras áreas de atuação principais, como, por exemplo, a mineração, a construção civil e a extração de águas subterrâneas. Para realizar a investigação e remediação das áreas contaminadas, essas empresas de consultoria adaptavam as técnicas que utilizavam na sua rotina de trabalho.

A legislação existente sobre o assunto era limitada, sendo aplicados os artigos do Decreto Estadual nº 8.468/1976, ou seja, o artigo 2º e o inciso V do artigo 3º.

1.2. Final da década de 1980 e início da década de 1990

No final da década de 1980 e início da década de 1990, a CETESB identificou diversos casos importantes, como por exemplo, o aterro Mantovani, em Santo Antônio de Posse – SP, a Solvay em Santo André – SP e a Shell da Vila Carioca, em São Paulo – SP, além de inúmeros casos relacionados a vazamentos ocorridos em postos de combustíveis.

O acompanhamento desses casos propiciou o acúmulo de experiência e de conhecimento pelos técnicos da CETESB na questão do GAC.

Nesse momento ocorreu um marco importante na história do GAC no Estado de São Paulo, que foi o início do Projeto CETESB/GTZ

(Recuperação do Solo e das Águas Subterrâneas em Áreas de Disposição de Resíduos Industriais), em 1993. Para o desenvolvimento desse projeto, a CETESB firmou um acordo de apoio técnico e financeiro com a *Gesellschaft für Technische Zusammenarbeit* (GTZ), órgão do governo alemão.

Os objetivos principais do Projeto CETESB/GTZ foram a capacitação do corpo técnico da CETESB, a criação de uma estrutura administrativa específica na CETESB e a construção das bases para a elaboração de legislação específica sobre o assunto GAC.

No âmbito do Projeto CETESB/GTZ, iniciou-se a construção da metodologia de gerenciamento de áreas contaminadas, com base nos modelos existentes em outros países, como, por exemplo, os Estados Unidos da América, a Alemanha, a Holanda e Espanha (País Basco).

Concomitantemente ao avanço da CETESB, começaram a surgir empresas de consultoria especializadas, que introduziram técnicas de investigação e de remediação utilizadas à época em outros países.

1.3. Final da década de 1990 e início da década de 2000

O final da década de 1990 e início da década de 2000 foram marcados por ampla divulgação de casos na imprensa, como, por exemplo, os casos da Shell em Paulínia – SP, da Vila Carioca em São Paulo – SP, do Condomínio Residencial Barão de Mauá em Mauá – SP, da Solvay em Santo André – SP e do Aterro Mantovani em Santo Antônio de Posse – SP.

Além desses, diversos outros casos foram provocados por vazamentos em postos de combustíveis, quando houve um expressivo número de atendimentos emergenciais com situação de risco iminente como, por exemplo, em 1999, em que foram registrados 76 casos.

Esse período também foi marcado pela publicação, em 1999, da primeira edição do Manual de Gerenciamento de Áreas Contaminadas, produto do Projeto CETESB/GTZ, documento que apresenta uma metodologia de gerenciamento de áreas contaminadas, ou seja, a base técnica a ser adotada pela CETESB para a execução das etapas do GAC, que deflagrou várias ações importantes descritas a seguir.

No meio acadêmico, a metodologia de gerenciamento de áreas contaminadas desenvolvida pela CETESB foi objeto de estudo por meio da Tese de Doutoramento "Gerenciamento de Áreas Contaminadas na Bacia Hidrográfica do Reservatório Guarapiranga", publicada em 1999 e apresentada no Instituto de Geociências da Universidade de São Paulo (IGUSP).

Destaca-se que, em 2000, a CETESB implementou uma estrutura técnica e administrativa para o desenvolvimento do GAC, com a criação de uma área específica para a avaliação dos casos.

Também no ano 2000, a CETESB publicou duas Decisões de Diretoria, a 023/C/E/2000 e a 007/C/E/2000, apresentando, pela primeira vez, os procedimentos técnicos e administrativos para o GAC, com base no "Manual de Gerenciamento de Áreas Contaminadas".

Outra publicação importante ocorreu em 2001, com a produção do Relatório de Estabelecimento de Valores Orientadores para Solos e Águas Subterrâneas no Estado de São Paulo, cujo conteúdo apresenta as bases para a identificação de áreas contaminadas e para a implementação de ações preventivas, visando evitar o surgimento de áreas contaminadas. Esses valores orientadores foram atualizados pela CETESB em 2005, 2014 e 2016, sendo a mais recente atualizada em 2021, por meio da Decisão de Diretoria nº 125/2021/E.

Outro destaque nesse período foi o início, em 2002, da publicação da Relação de Áreas Contaminadas e Reabilitadas no Estado de São Paulo pela CETESB na sua página oficial eletrônica. Hoje, as informações são atualizadas em tempo real na página eletrônica oficial da CETESB.

No âmbito municipal, faz-se um destaque ao município de São Paulo, que criou em 2002 uma estrutura técnica e administrativa específica para acompanhar o GAC, ao instituir o Grupo Técnico de Áreas Contaminadas (GTAC) da Secretaria Municipal do Verde e do Meio Ambiente (SVMA).

Em 2003, houve a criação do Grupo Interinstitucional de Áreas Contaminadas (GIAC), formado por representantes da CETESB, do Ministério Público do Estado de São Paulo e da Secretaria do Verde e do Meio Ambiente do Município de São Paulo, com o objetivo de criar procedimentos entre as instituições para melhoria do GAC.

Entre os produtos dos trabalhos do GIAC destaca-se a publicação da Decisão CG nº 167/2005, da Corregedoria Geral de Justiça do Estado de São Paulo, decisão com caráter normativo, publicada no Diário Oficial do Estado de São Paulo em 2006, sobre a necessidade de averbação da contaminação e da reabilitação das respectivas áreas à margem do competente registro imobiliário.

Os trabalhos do GIAC também resultaram no estabelecimento de procedimentos administrativos entre a CETESB e a Secretaria do Verde e do Meio Ambiente do Município de São Paulo.

Nesse período fértil também foram criados vários dispositivos legais importantes, que passaram a ser aplicados no GAC, conforme descrição a seguir.

Na Lei Estadual nº 9.999/1998, que altera a Lei Estadual nº 9.472/1996, que disciplina o uso de áreas industriais, em seu artigo 1º, foi estabelecida a possibilidade de se admitir os usos residencial, comercial, de prestação de serviços e institucional quando se tratar de zona de uso predominantemente industrial (ZUPI) que tenha sofrido descaracterização significativa do uso industrial e não haja contaminação da área, mediante parecer técnico da CETESB, desde que o uso pretendido seja permitido pela legislação municipal.

Destaca-se que o artigo 1º da Lei Estadual nº 9.999/1998 foi o primeiro dispositivo legal a exigir investigação da presença de contaminação em uma área industrial, visando verificar a viabilidade de uma proposta de mudança de uso.

Com isso, a CETESB criou o parecer técnico de mudança de uso, para ser aplicado inicialmente nas ZUPI. Esse documento foi a base inicial do procedimento de reutilização de áreas reabilitadas atual, previsto no Decreto Estadual nº 59.263/2013.

Posteriormente, a aplicação do parecer técnico de mudança de uso foi ampliada, visando atender à demanda da requalificação urbanística ocorrida na capital, em virtude de alterações no tecido urbano-territorial pelo Plano Diretor do Município de São Paulo e pelo Plano Diretor Estratégico. Esses regramentos disciplinaram, a partir de 2002, o ordenamento do uso do solo, instituindo um novo zoneamento territorial urbano, com a exclusão de áreas industriais e sua transformação em áreas de uso misto e residencial, alterando assim, significativamente, a demanda por construções não industriais e a remodelação urbanística de várias regiões (tais como, a Vila Leopoldina, a Lapa de Baixo, o Butantã e outros tantos das zonas oeste, sul e leste da capital).

Esse fenômeno também está ocorrendo em outras regiões do estado de São Paulo, fruto da dinâmica do uso e ocupação de solo que, ao longo do tempo, tem provocado uma concentração e expansão do uso residencial, serviços e comercial nas cidades, para locais anteriormente utilizados como distritos industriais, promovendo o descomissionamento das indústrias ali existentes, por sua atividade se tornar incompatível com a proximidade de centros urbanos.

O parecer técnico para mudança de uso permitiu a recuperação e a reutilização de inúmeros terrenos pela iniciativa privada, que promoveu verdadeira revolução urbanística, inicialmente, na capital e, em um segundo momento, em todo o território do estado de São Paulo, conferindo segurança e garantia aos usuários de novos empreendimentos instalados em terrenos outrora ocupados por indústrias ou atividades comerciais e de serviços, agora reabilitados.

Outro dispositivo legal importante, publicado em 2000, foi a Resolução CONAMA nº 273/2000, que estabeleceu o licenciamento ambiental de postos revendedores, postos de abastecimento, instalações de sistemas retalhistas e postos flutuantes de combustíveis, além da necessidade de reforma das instalações existentes e de investigação e adoção de medidas de intervenção nas áreas contaminadas.

O estado de São Paulo, por meio da CETESB, cumpriu à risca a Resolução CONAMA nº 273/2000, convocando na época cerca de 8.500 empreendimentos para o licenciamento ambiental. Com efeito, a CETESB passou a licenciar os postos de combustível, atividade que até então só era objeto de atendimento corretivo, por ocasião de acidentes e reclamações em virtude de incômodo à população.

Como destacado anteriormente, a CETESB chegou a registrar 76 casos de atendimento emergencial em postos de combustíveis em 1999, com situação de risco iminente.

Os resultados dessas ações foram extremamente importantes do ponto de vista ambiental, uma vez que hoje a CETESB registra mais de 9.000 licenças de operação emitidas para postos de combustíveis no estado de São Paulo, os quais realizaram reformas em suas instalações, substituindo as antigas em estado precário, por novas instalações seguras e atualizadas.

Outro resultado importante foi a realização de investigação e adoção de medidas de intervenção em mais de 4.500 áreas contaminadas relativas a postos de combustíveis e a redução para zero no ano de 2020 do número de atendimentos a situações emergenciais, com riscos iminentes, em postos de combustível.

O Decreto Estadual nº 47.397/2002, que altera dispositivos do Decreto Estadual nº 8.468/1976, em seu artigo 69-A, estabeleceu a necessidade do equacionamento de eventual contaminação existente na área, antes do seu licenciamento ambiental.

Merece, também, destaque os artigos 5º, 6º e 7º do Decreto Estadual nº 47.400/2002, que regulamenta a Lei Estadual nº 9.509/1997, que institui o procedimento obrigatório de notificação de suspensão ou encerramento de atividade passível de licenciamento pela CETESB, tornando obrigatória a apresentação de plano de desativação e, se necessário, a recuperação da qualidade ambiental da área, visando propiciar a sua utilização futura de forma segura.

Tal procedimento, somado às ações preventivas preconizadas no licenciamento, constitui mais uma importante ferramenta na prevenção e controle de áreas contaminadas no estado de São Paulo.

Embora a evolução observada nos procedimentos técnicos, administrativos e legais tenha sido significativa nesse período, o objetivo principal da CETESB à época era a implementação de uma lei estadual específica sobre o GAC. Os esforços empreendidos pela CETESB nesse sentido foram recompensados, com a publicação do Projeto de Lei nº 168 de 2005, tramitado na Assembleia Legislativa do Estado de São Paulo.

1.4. Final da década de 2000 e início da década de 2010

O final da década de 2000 e início da década de 2010 foram marcados pela consolidação da estrutura técnica, administrativa e legal referente ao GAC.

Em 2007 foi publicada a Decisão de Diretoria da CETESB nº 103/2007/C/E, com a consolidação dos procedimentos técnicos e administrativos e a criação do Grupo Gestor de Áreas Contaminadas Críticas.

Finalmente, em 2009, foi publicada a Lei Estadual nº 13.577/2009 específica sobre o assunto de áreas contaminadas, grande marco na história do GAC no estado de São Paulo e no Brasil, coroando os esforços empreendidos pela CETESB nesse sentido.

A Lei Estadual nº 13.577/2009 unificou os procedimentos já criados na legislação ambiental sobre o GAC, como os procedimentos relacionados à prevenção da contaminação, à identificação, à investigação e à remediação de áreas contaminadas, à adoção de ações emergenciais, à desativação de empreendimentos, à reutilização de áreas contaminadas e à revitalização de regiões, ao cadastro de áreas contaminadas e reabilitadas, assim como à responsabilização e às infrações e penalidades.

O grande destaque da Lei nº 13.577/2009 foi a criação do Fundo Estadual para Prevenção e Remediação de Áreas Contaminadas (FEPRAC), a ser aplicado, principalmente nas "áreas contaminadas órfãs".

No mesmo ano, no âmbito federal, foi publicada a Resolução CONAMA nº 420/2009, nos moldes da Lei Estadual nº 13.577/2009.

Em 2011, foi criado o Departamento de Áreas Contaminadas da CETESB, aperfeiçoando a estrutura administrativa e técnica existente, que é semelhante à atual.

Em 2013, ocorreu outro grande marco na história do GAC, a publicação do Decreto Estadual nº 59.263/2013, que regulamenta a Lei Estadual nº 13.577/2009, cujo destaque foi a regulamentação do procedimento de reutilização de áreas contaminadas, consolidando a legislação existente.

Destaca-se que os procedimentos de desativação de atividades potencialmente geradoras de áreas contaminadas foram atualizados pelo Decreto Estadual nº 59.263/2013.

Em 2013, o parecer técnico de mudança de uso foi substituído pelo "Parecer Técnico sobre Plano de Intervenção para Reutilização", conforme estabelecido no Decreto Estadual nº 59.263/2013.

1.5. Final da década de 2010 e início da década de 2020

O final da década de 2010 foi marcado pela publicação da Decisão de Diretoria nº 038/2017/C e da Instrução Técnica nº 039/2017/C da CETESB em 2017, documentos esses que detalham e aperfeiçoam os procedimentos técnicos e administrativos existentes sobre o GAC.

Também em 2017 foram publicadas as Resoluções da Secretaria Estadual do Meio Ambiente nº 10 e nº 11, sendo que na primeira são apresentadas as "Atividades Potencialmente Geradoras de Áreas Contaminadas" e, na segunda, as "Regiões Prioritárias para a Identificação de Áreas Contaminadas".

Essas resoluções são a base para a identificação de áreas contaminadas e a realização do GAC em regiões onde há problemas de cunho regional provocados por elas.

Visando obter mais melhorias, atualmente, a CETESB está realizando uma revisão do Manual de Gerenciamento de Áreas Contaminadas[2], com

[2] https://cetesb.sp.gov.br/areas-contaminadas/documentacao/manual-de-gerenciamento-de-areas-contaminadas/

a participação dos setores envolvidos no assunto na Câmara Ambiental de Áreas Contaminadas, criada no início de 2020.

A criação da Câmara Ambiental de Áreas Contaminadas é outro marco importante na história do GAC, propiciando melhorias nos procedimentos existentes, por meio de ampla discussão entre os representantes dos vários setores envolvidos.

1.6. Situação atual do GAC no estado de São Paulo

Feita essa linha do tempo do GAC, como resultado atual da aplicação das leis e normas citadas temos que, de acordo com o Cadastro de Áreas Contaminadas, os dados de setembro de 2022 mostram um total de pouco mais de 50% das áreas cadastradas[3] em condições para o uso declarado (soma do número de Áreas Reabilitadas para Uso Declarado[4] e de Áreas em Processo de Monitoramento para Encerramento[5]).

Os outros quase 50% restantes são representadas pelas Áreas Contaminadas em Processo de Remediação[6] (aquelas áreas onde estão sendo aplicadas técnicas de remediação), Área Contaminada com Risco Confirmado[7] (aquelas áreas que onde está em execução ou foram realizadas a investigação detalhada e avaliação de risco), as Áreas Contaminadas sob Investigação[8] (aquelas áreas onde foi realizada somente a etapa de investigação confirmatória) e, finalmente, as Áreas Contaminadas em Processo de Reutilização[9] (aquelas onde a proposta de reutilização foi aprovada pela CETESB).

Outro destaque é a ação do Grupo Gestor de Áreas Contaminadas Críticas (GGAC), criado em 2007, por meio da Decisão de Diretoria nº 103/2007/C/E, que mantém uma agenda regular de reuniões e vem conseguindo bons resultados.

Como exemplo da atuação do GGAC, pode ser citada a reabilitação da área da Shell na Vila Carioca em São Paulo – SP e a implementação de medidas de intervenção, com a eliminação dos riscos iminentes e a

[3] Total de áreas cadastradas: 6.575.

[4] 1.995 áreas, representando 30% do total das áreas cadastradas.

[5] 1.414 áreas, representando 22% do total das áreas cadastradas.

[6] 1.419 áreas, representando 22% do total das áreas cadastradas.

[7] 805 áreas, representando 12% do total das áreas cadastradas

[8] 659 áreas, representando 10% do total das áreas cadastradas.

[9] 283 áreas, representando 4% do total das áreas cadastradas.

viabilização do uso de forma segura, na maior parte das áreas contaminadas críticas. Outros exemplos como esses são o Condomínio Residencial Barão de Mauá em Mauá – SP, o Shopping Center Norte em São Paulo – SP, o Aterro Mantovani em Santo Antônio de Posse – SP, o Bairro do Itatinga em São Sebastião – SP, a USP Leste em São Paulo – SP e várias áreas na região de Jurubatuba em São Paulo – SP.

É importante mencionar outros atores também responsáveis por parte do proveitoso resultado do GAC, como o papel desempenhado pelas consultorias ambientais, que evoluíram significativamente ao longo dos anos, disponibilizando técnicas de investigação e de remediação atualizadas e mais eficientes e eficazes.

2. Desafios identificados

Embora o GAC esteja sendo executado de maneira eficiente e eficaz, e as medidas preventivas, como o licenciamento ambiental, estejam funcionando adequadamente, ainda há desafios a serem vencidos, uma vez que o estado de São Paulo possui o maior parque industrial do país e muitas atividades industriais e comerciais com potencial de contaminação, sem contar com a possibilidade da ocorrência de acidentes, que são capazes de provocar o surgimento de novas áreas contaminadas. Dessa forma, é importante criar instrumentos ou procedimentos, ou mesmo continuar aperfeiçoando os existentes, visando viabilizar o atendimento a essas demandas.

Nos itens a seguir são descritos os desafios considerados importantes atualmente, para a continuidade do aperfeiçoamento do GAC.

2.1. Implementação de incentivos à reutilização de áreas contaminadas e revitalização de regiões degradadas

Um dos principais desafios é a necessidade de proporcionar condições adequadas para fomentar a reutilização de áreas contaminadas, assim como a revitalização de regiões degradadas pela presença dessas. Embora esses assuntos estejam contemplados no Decreto Estadual nº 59.263/2013 e na Instrução Técnica nº 039/2017/C da CETESB, ainda falta o estabelecimento, regulamentação e implementação de instrumentos ou de mecanismos necessários para efetivar essas ações, como por exemplo, a criação de incentivos, municipais, estaduais ou federais, na linha dos programas estaduais e federal dos Estados Unidos da América, conhecidos como Programas "Brownfields".

2.2. Criação de diretrizes e métricas para avaliação da sustentabilidade das medidas de intervenção

Apesar da Lei Estadual nº 13.577/2009 ter como objetivo garantir o uso sustentável do solo, o Decreto Estadual nº 59.263/2013 aborda de maneira limitada as medidas de intervenção de áreas contaminadas, apenas sob as perspectivas técnica e econômica, sem tratar da perspectiva ambiental e social, que são os demais pilares da sustentabilidade.

A viabilidade técnica e econômica de projetos de remediação é considerada desde os primórdios do GAC, por serem projetos custosos em sua maioria. Porém, percebe-se uma lacuna em tratar desses projetos sob a perspectiva social e ambiental.

Há, portanto, um desafio em criar diretrizes e métricas para incorporar a dimensão ambiental e social aos projetos de GAC, tornando o processo e os resultados sustentáveis, e capazes de serem justificados, quando não estiver somente a dimensão econômica em pauta nos processos decisórios.

2.3. O papel do FEPRAC na implementação de medidas de intervenção em áreas órfãs

O Fundo Estadual para Prevenção e Remediação de Áreas Contaminadas (FEPRAC), criado pela Lei Estadual nº 13.577, de 8.7.2009, vincula-se à Secretaria de Infraestrutura e Meio Ambiente, Gabinete do Secretário, destinando-se à proteção do solo e das águas subterrâneas contra alterações prejudiciais às suas funções, bem como à identificação e à reabilitação de áreas contaminadas no estado de São Paulo.

Sua regulamentação se deu por meio do Decreto Estadual nº 59.263/2013, a qual definiu uma estrutura de funcionamento para o FEPRAC no Capítulo V – Dos Instrumentos Econômicos.

Como instrumento de política pública o FEPRAC é imprescindível para que se identifique e reduza a níveis aceitáveis o risco existente em áreas contaminadas órfãs, tornando-as reabilitadas para o uso declarado, especialmente aquelas localizadas em áreas pouco valorizadas, sem interesse econômico suficiente para fazer frente aos custos elevados dos trabalhos de investigação e remediação.

Além das áreas órfãs, o FEPRAC tem relevância para financiar, a juros subsidiados, projetos em áreas contaminadas de elevado risco, geradas por pequenas empresas ou cujos responsáveis legais não dispõem imediatamente de recursos financeiros para implantar medidas emergenciais ou de intervenção definitivas.

A estrutura do FEPRAC compreende um Conselho de Orientação com 24 membros, presidido pelo Secretário de Infraestrutura e Meio Ambiente, uma Secretaria Executiva e Agente técnico, com funções exercidas pela CETESB e um Agente Financeiro, com funções exercidas pela Desenvolve SP. A Figura 2 ilustra a estrutura geral do FEPRAC, conforme estabelecido no artigo 72 do Decreto Estadual nº 59.263/2013.

FIGURA 2 – **Estrutura Geral do FEPRAC.**

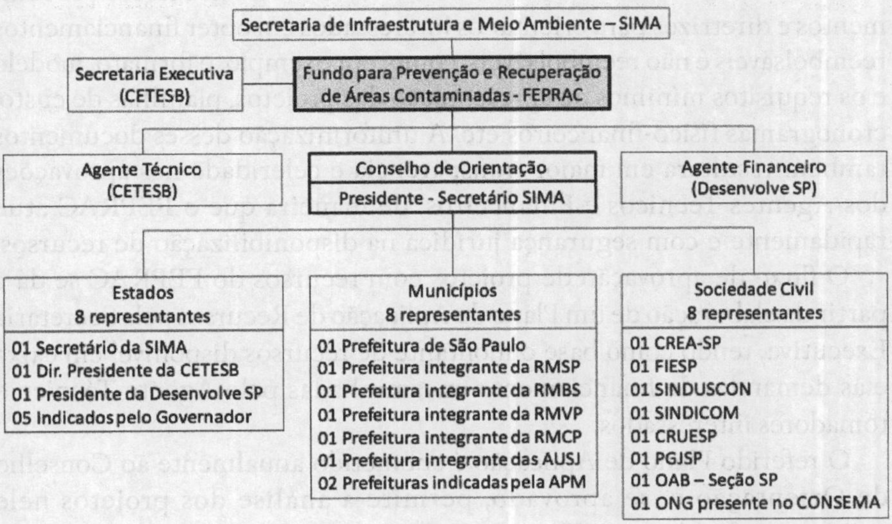

A operacionalização do fundo tomou forma a partir de 21.12.2017, com a assinatura do Contrato de Prestação de Serviços de Administração e Gestão dos Recursos do Fundo Estadual para Prevenção e Remediação de Áreas Contaminadas, o qual formalizou a Desenvolve SP como administradora e gestora dos recursos financeiros do FEPRAC.

Importante destacar que o contrato de prestação de serviços previu uma remuneração e ressarcimento à Desenvolve SP e à CETESB, pelas suas atuações como Agente Financeiro e Técnico, consistindo em 1,5% e 0,5% do patrimônio do FEPRAC respectivamente.

Posteriormente, ocorreu a aprovação do regimento interno do FEPRAC, em 25.8.2020, durante a 2ª Reunião Ordinária do Conselho de Orientação. O regimento interno estabeleceu as regras gerais de funcionamento do FEPRAC, ao tratar, em um nível operacional, da organização, composição, competências e atribuições do Conselho de Orientação e suas reuniões ordinárias.

Após os avanços significativos já obtidos com a assinatura do contrato de prestação de serviços e a aprovação do regimento interno do FEPRAC, entende-se que o próximo passo a ser tomado, no sentido de aumentar a organização e capacidade de financiamento do fundo, consiste na elaboração de um manual de operações.

O conteúdo de um documento como esse deve estabelecer procedimentos e diretrizes para orientar os interessados em obter financiamentos reembolsáveis e não reembolsáveis, como, por exemplo, o formato, modelo e os requisitos mínimos de apresentação dos projetos, planilhas de custo, cronogramas físico-financeiros etc. A uniformização desses documentos também resultará em maior transparência e celeridade nas aprovações dos Agentes Técnicos e Financeiros, de maneira que o FEPRAC atue rapidamente e com segurança jurídica na disponibilização de recursos.

O fluxo de aprovação de projetos com recursos do FEPRAC se dá a partir da elaboração de um Plano de Aplicação de Recursos pela Secretaria Executiva, tendo como base o montante de recursos disponível em caixa e as demandas de financiamento encaminhadas pelo Agente Técnico e tomadores interessados.

O referido Plano de Aplicação é submetido anualmente ao Conselho de Orientação e, se aprovado, permite a análise dos projetos nele previstos pelos Agentes Técnicos e Financeiros, ou seja, a CETESB e a Desenvolve SP.

Aprovados os projetos e modelos de financiamento, esses são executados e acompanhados pelos Agentes Técnicos e Financeiros, os quais podem liberar os recursos em parcelas, conforme ocorrer a execução das etapas do projeto e a entrega de relatórios parciais.

Dentre as receitas previstas em lei, até o momento o FEPRAC recebeu a maior parcela de recursos advindos de acordos e termos de compromisso com o Ministério Público, além de aportes realizados pela CETESB como parte do montante arrecadado com as multas aplicadas por infrações às disposições da Lei Estadual nº 13.577/2009.

O trabalho de obtenção de receitas para o FEPRAC se mostra um desafio de destaque, a ser constantemente observado, pois o funcionamento do fundo é favorecido quando há um aporte regular de recursos e com certa previsibilidade.

A Secretaria Executiva do FEPRAC utiliza de informações sobre as receitas e demandas para elaborar o Plano de Aplicação, com periodicidade anual definida no Decreto Estadual nº 59.263/2013, de forma que, quanto mais previsíveis ou regulares as receitas, mais efetiva poderá ser a avaliação e priorização de demandas de financiamento.

Outro desafio, também relacionado à receita, é a ampliação do montante de recursos acumulados no FEPRAC. Quando se compara o saldo em conta com o custo médio de projetos de investigação e remediação de áreas contaminadas, nota-se que atualmente não é possível viabilizar o financiamento de grandes projetos sem descapitalizar o fundo a ponto de prejudicar o seu planejamento.

Sendo assim, as ações futuras que podem melhorar o funcionamento do FEPRAC e fomentar o financiamento de novos projetos, consiste no detalhamento dos seus procedimentos em um manual de operações e a promoção e manutenção, se possível com certa regularidade e previsibilidade, das receitas previstas no artigo 68 do Decreto Estadual nº 59.263/2013.

3. A necessidade de tornar efetivo o processo de reutilização de áreas contaminadas como forma de promover a reparação de danos

A par das áreas órfãs, outro desafio é cumprir com a determinação constitucional de reparação dos danos sem inviabilizar a reabilitação para o uso seguro ou mesmo a reutilização das áreas contaminadas e, até mais que isso, utilizar a reutilização como forma de incentivo à promoção da reparação dos danos identificados.

3.1. A importância da diferenciação do GAC da obrigação da reparação dos danos

Nos últimos 10 anos, o Ministério Público do Estado de São Paulo (MPSP) vem instaurando inquéritos civis e ajuizando ações civis públicas visando à cobrança de indenização pelos supostos danos gerados por áreas contaminadas de seus responsáveis legais.

Nesse cenário, os responsáveis legais pelas áreas contaminadas se deparam com a obrigação de reabilitar a área contaminada para o uso declarado, conforme previsto na Resolução CONAMA nº 420/2009 e nas legislações estaduais vigentes no Estado de São Paulo, e de reparar os danos apontados pelo MPSP, no âmbito da responsabilidade civil.

A alegação do MPSP é de que o GAC, estabelecido pela Lei Estadual nº 13.577/2009 e pelo Decreto Estadual nº 59.263/2013, seria ilegal por não atender aos critérios da "reparação integral dos danos", e, por tal razão, a CETESB deveria passar a exigir a prévia e total descontaminação do ambiente dentro do GAC[10].

O Poder Judiciário[11], por sua vez, acertadamente tem mantido o entendimento de que as ações adotadas pela CETESB são suficientes e atendem às exigências da legislação em vigor e que não impõem a necessidade de recuperação integral de uma área contaminada no âmbito do GAC, mas sim a necessidade de reabilitação da área para o uso declarado.

Acaso a tese do MPSP vigorasse, seria necessário aguardar a "completa recuperação da área", ou seja, atingir as condições prístinas, com a aplicação de técnicas de remediação por tratamento[12], independentemente de ser possível, ou mesmo o pagamento da indenização dos danos irrecuperáveis, para que fosse possível promover qualquer tipo de uso nas áreas, ou seja, adotar o princípio da multifuncionalidade, considerado

[10] A CETESB também entende que a fórmula utilizada pelo MPSP para cálculo do valor de indenização para a recuperação dos danos, relacionados à qualidade das águas subterrâneas, é absolutamente incorreta, tal como consta do artigo "Considerações Técnicas e Jurídicas Sobre a Imprecisão do 'Método de Valoração da Água Subterrânea Impactada por Atividades Contaminantes no Estado de São Paulo'", Revista Síntese Direito Ambiental nº 176, agosto de 2020.

[11] Nesse sentido já foram emitidas sentenças de improcedência da ação nos processos nº 1096930-98.2016.8.26.0100, nº 1097379-56.2016.8.26.0100, nº 1039275-18.2016.8.26.0053 e nº 1051422-76.2016.8.26.0053. No agravo de instrumento nº 2102500-52.2019.8.26.0000, consignou-se que as medidas de reparação das áreas contaminadas previstas na Lei Estadual nº 13.577/09 e na Resolução CONAMA nº 420/2009 são presumivelmente adequadas e eficazes, não cabendo ao Poder Judiciário emitir juízo sobre o conteúdo dessas normas ou impor a sua complementação. Desta forma, a solução da controvérsia judicial não depende da análise sobre a "suficiência ou não das medidas exigidas pela CETESB para a reparação ambiental", mas sim da aferição de que as exigências formuladas pela agência ambiental atendem/cumprem as disposições previstas nos referidos diplomas legais.

[12] As medidas de remediação por tratamento são aquelas que proporcionam a redução da massa dos contaminantes nos compartimentos do meio ambiente até as metas de remediação.

inadequado, atualmente, por todos os países que possuem política de GAC. Agrava-se o fato de que o MPSP não aceita a utilização de medidas de controle de engenharia e de medidas de controle institucionais, assim como de medidas de remediação por contenção nos processos de GAC, contrariamente ao que preconiza o Decreto Estadual nº 59.263/2013.

Nesse hipotético cenário, em que os responsáveis legais não poderiam utilizar suas áreas até a completa recuperação dos danos, de maneira evidente, haveria um crescente número de áreas abandonadas ou processos de remediação inacabados.

Isso porque, com a impossibilidade de utilização da área, ocorreria uma perda de poder econômico, o que, associado ao pagamento de vultosa quantia para a execução da própria remediação, acarretaria ônus certamente não justificado, considerando a sua sustentabilidade e, talvez, não suportável para os responsáveis legais.

Além de haver uma desvalorização de áreas isoladas, bairros inteiros seriam prejudicados, caso a abordagem do MPSP fosse utilizada. Por exemplo, a reutilização de áreas contaminadas e a revitalização das amplas regiões historicamente industriais do Município de São Paulo – cujo zoneamento foi alterado no último Plano Diretor de modo a proporcionar uma forte tendência do mercado imobiliário em investir nessas regiões com finalidade residencial ou comercial, seriam inviabilizadas ou certamente não ocorreriam.

Bem ainda, o grau de esforço (considerando o gasto de energia e matéria) para a execução do projeto deve ser considerado quando da análise da sustentabilidade de um projeto de remediação. Assim, caso o objetivo seja a reparação integral de danos, mesmo que haja viabilidade técnica e econômica de um projeto como esse, o pilar ambiental da sustentabilidade certamente não seria contemplado, o que, em uma visão de toda a cadeia de atividades envolvidas, geraria mais riscos inaceitáveis ou danos aos bens a proteger.

A título de exemplo, pode se considerar o atingimento de padrões de potabilidade em água subterrânea em área industrial, uma vez que o esforço para alcançar a redução de concentrações a partir das metas de remediação até o nível de potabilidade não necessariamente justificaria tal ação.

Há de se considerar também que as concentrações do *background* natural de determinada área podem estar acima dos parâmetros de potabilidade, eis que este é um conceito estabelecido por uma normatização[13]. Tal como pode ocorrer com a avaliação da qualidade do solo[14].

Assim, ao invés de ser estabelecida uma agenda positiva, com a valorização das ações de reutilização de áreas contaminadas, a vinculação da utilização com a completa recuperação dos danos criaria um entrave à execução da própria remediação.

O procedimento de GAC atual, coordenado pela CETESB, dá segurança jurídica para que seja promovida a valorização das áreas mediante a reutilização de áreas contaminadas e a revitalização de antigas regiões industriais, ou mesmo a continuação da própria atividade produtiva. A Figura 3 demonstra um bom exemplo de revitalização da antiga área industrial no bairro da Móoca, na capital do estado de São Paulo, em que ocorreu a alteração para uso residencial em várias áreas contaminadas, cuja origem eram antigas indústrias.

3.2. A visão da CETESB

Para a CETESB, conforme previsto na legislação ambiental federal e estadual, deve haver dois procedimentos, o primeiro é o GAC e o segundo seria o procedimento de reparação dos danos gerados a partir de áreas contaminadas.

O procedimento de GAC, já consolidado na legislação ambiental federal (Resolução CONAMA nº 420/2009) e do estado de São Paulo (Lei Estadual nº 13.577/2009 e Decreto Estadual nº 59.263/2013), promove o desenvolvimento das etapas de investigação, avaliação de risco e implementação de medidas de intervenção, que possibilitem o uso seguro da área[15]. Essas ações devem ser realizadas por responsável técnico designado pelo responsável legal e avaliadas pela CETESB, órgão ambiental gerenciador do estado de São Paulo.

[13] Portaria GM/MS nº 888, de 4 de maio de 2021, que altera o Anexo XX da Portaria de Consolidação GM/MS nº 5, de 28 de setembro de 2017, para dispor sobre os procedimentos de controle e de vigilância da qualidade da água para consumo humano e seu padrão de potabilidade.

[14] Decisão de Diretoria nº 125/2021/E, que dispõe sobre a aprovação da atualização da Lista de Valores Orientadores para Solo e Água Subterrânea.

[15] Uso seguro se dá justamente em relação da forma de utilização da propriedade. Cada uso terá um nível de exigência proporcional, sempre tendo em foco os bens a proteger possivelmente atingidos.

FIGURA 3 – **Fotografias de satélite no bairro da Mooca em 2002, onde é possível verificar as atividades industriais (telhados industriais), e, em 2020, com predominância de uso residencial (prédios).**

Por sua vez, o procedimento para reparação dos danos gerados a partir de áreas contaminadas, previsto no §3º do artigo 225 da Constituição Federal de 1988 e no §1º do artigo 14 da Lei Federal nº 6.938/1981, a Política Nacional do Meio Ambiente, não está regulamentado ou descrito de forma detalhada na legislação ambiental federal ou estadual, havendo a necessidade, portanto, de amplos debates para embasar a sua elaboração.

Em função da complexidade e multidisciplinaridade do assunto, a CETESB entende que o fórum adequado para tais discussões é sua Câmara Ambiental da Conciliação ou mesmo a Câmara Ambiental de Áreas Contaminadas.

Esses canais de comunicação possibilitam a interação entre o governo e a sociedade civil, possibilitando a participação das diferentes partes envolvidas nos casos em discussão para o estabelecimento de novos procedimentos.

Preliminarmente, para que seja possível implementar esse procedimento, a CETESB entende ser necessário o estabelecimento de metodologias para identificação, caracterização e valoração de danos irreparáveis decorrentes de áreas contaminadas a ser aplicado, prioritariamente, após a finalização do GAC, uma vez que, finalizado esse ciclo podem existir informações suficientes para indicar a possibilidade de ocorrência de danos aos bens a proteger ou para a sua identificação, ou mesmo viabilizar a sua caracterização, informações essas que podem ser utilizadas para a realização da valoração dos danos identificados e caracterizados, com a consequente definição do valor da compensação pecuniária ou das formas de compensação "in natura" a serem aplicadas no âmbito da responsabilidade civil.

Os valores arrecados nesse procedimento devem ser revertidos ao FEPRAC, conforme previsto no Decreto Estadual nº 59.263/2013, para que mais áreas contaminadas possam ser reabilitadas e reutilizadas, procedendo à proteção ambiental e promovendo a valorização imobiliária do Estado.

Conclusões

A CETESB, nos últimos 40 anos, desenvolveu e vem aperfeiçoando o Procedimento para GAC no Estado de São Paulo, contribuindo também para o seu desenvolvimento no Brasil.

Os resultados da aplicação desses procedimentos propiciaram a reabilitação e reutilização de um número significativo de áreas contaminadas, estabelecendo as condições necessárias para o uso seguro e de forma sustentável. Essas ações, em muitos casos, também vêm contribuindo para a revitalização de regiões degradadas.

Entretanto, ainda existem desafios a serem enfrentados e o equacionamento desses desafios vai se dar a partir da mobilização de diversos setores da sociedade, cabendo à CETESB o gerenciamento do processo, com a participação efetiva dos órgãos responsáveis pela saúde, recursos hídricos e planejamento urbano, nos âmbitos estadual e municipal.

O contínuo sucesso do programa de GAC também depende do engajamento das empresas que apresentam potencial de contaminação, dos investidores, dos agentes financeiros, das empresas do setor imobiliário, da construção civil, das empresas de consultoria ambiental, das universidades, do poder público em todos os níveis (legislativo, executivo e judiciário) e da população em geral.

Em decorrência dessa mobilização e do gerenciamento adequado, os problemas atualmente existentes poderão ser solucionados ou mesmo transformados em ações de incentivo ao desenvolvimento econômico e à geração de empregos.

A criação do FEPRAC é de extrema relevância para uma nova etapa já em andamento, que é a reabilitação e reutilização das áreas órfãs e a consignação de crédito para os responsáveis legais que não possuem recursos suficientes para promover a reabilitação de suas áreas.

E, por fim, um terceiro passo seria a criação de um procedimento próprio, no âmbito do órgão ambiental, por meio de fóruns de discussão técnica, a exemplo das Câmaras Ambientais da CETESB, para o estabelecimento de metodologias para identificação, caracterização e valoração de danos irreparáveis decorrentes de áreas contaminadas a ser aplicado prioritariamente após a finalização do GAC, cujos valores seriam destinados ao FEPRAC.

40. RESULTADOS DA GESTÃO DE RESÍDUOS SÓLIDOS PELA IMPLANTAÇÃO DO SIGOR – SISTEMA ESTADUAL DE GERENCIAMENTO ONLINE DE RESÍDUOS SÓLIDOS

João Luiz Potenza

Lia Helena Monteiro de Lima Demange

Introdução

No estado de São Paulo, a Política de Resíduos Sólidos, instituída pela Lei nº 12.300/2006 (regulamentada por meio do Decreto nº 56.645/2009), definiu como instrumentos de planejamento e gestão de resíduos sólidos: os Planos Estadual e Regionais de Gerenciamento, o Sistema Declaratório Anual, o Inventário Estadual e o monitoramento dos indicadores de qualidade ambiental.

A Política Nacional de Resíduos Sólidos (PNRS), instituída pela Lei nº 12.305/2010 e regulamentada por meio do Decreto nº 10.936/2022, também estabeleceu os Planos Estaduais e Municipais, os Inventários e o Sistema Declaratório como instrumentos da Política. Com relação ao gerenciamento de resíduos sólidos, a PNRS possui como objetivos: a não geração, a redução, a reutilização, a reciclagem e o tratamento dos mesmos, nessa ordem de prioridade (artigo 9º).

A proposta de criação do SIGOR – Sistema Estadual de Gerenciamento Online de Resíduos surgiu de uma parceria do setor público e privado, entre a CETESB – Companhia Ambiental do Estado de São Paulo e SMA – Secretaria do Meio Ambiente, com o SindusconSP – Sindicato da Indústria da Construção Civil das Grandes Estruturas do Estado de São Paulo. O objetivo da parceria foi a conjugação de esforços para a consolidação do desenvolvimento sustentável neste setor, para ajudar o poder público a disciplinar e aprimorar dados e informações sobre resíduos, especialmente quanto à rastreabilidade desde a geração dos resíduos, transporte e destinação adequada para áreas licenciadas. O SindusconSP representa o setor da construção civil no Estado e conta com, aproximadamente, 2.000 (dois mil) associados, o que facilitou a implantação do SIGOR – Módulo de Resíduos da Construção Civil – SIGOR RCC.

A ideia de desenvolver um sistema com essa finalidade surgiu na Câmara Ambiental da Indústria da Construção da CETESB, onde percebeu-se a viabilidade da assinatura de um Convênio com o SindusconSP, que foi celebrado em fevereiro de 2012.

A parceria entre o setor público e privado na elaboração do SIGOR RCC permitiu o desenvolvimento de várias ações voltadas para a Educação Ambiental e para capacitação técnica no setor. Foram impressos pela SMA e pelo Sinduscon-SP uma série de gibis educativos "Ecogildo" e a realização em cópias em DVDs "Preservação do Meio Ambiente – Construção Civil", ambos desenvolvidos pelo SENAI. Foram elaborados também sete diferentes tipos de folhetos com orientações, a fim de detalhar cada etapa de gerenciamento de resíduos e, assim, auxiliar na capacitação técnica e na divulgação dessas informações.

O projeto-piloto do SIGOR RCC foi realizado no município de Santos, em novembro de 2013. Esse município foi escolhido devido ao empenho demonstrado na implantação da gestão dos resíduos da construção civil quando da criação do Programa Municipal de Gerenciamento de Resíduos Sólidos da Construção Civil (PMGRSCC), instituído pela Lei Complementar nº 792, de 14 de janeiro de 2013. O Grupo de Trabalho da SMA/CETESB/Sinduscon-SP organizou vários encontros técnicos para a realização de testes funcionais do SIGOR RCC, com a participação dos representantes das construtoras, transportadores e áreas de destinação de resíduos da construção civil, funcionários da SEMAM – Secretaria do Meio Ambiente de Santos e os técnicos da Agência Ambiental – CETESB de Santos. Esses testes foram importantes para correções de falhas, esclarecimentos de dúvidas e propostas de alterações do sistema.

Em 05 de junho de 2014, foi assinado o Decreto nº 60.520, que instituiu o Sistema Estadual de Gerenciamento Online de Resíduos Sólidos – SIGOR junto à Secretaria do Meio Ambiente. Esse marco legal foi muito importante para garantir a continuidade do projeto. O decreto prevê que o sistema será organizado por módulos, de acordo com as categorias dos resíduos sólidos previstas no artigo 6º da Lei nº 12.300, de 16 de março de 2006. Os módulos serão implantados progressivamente, iniciando-se pelo Módulo Construção Civil. O decreto estabelece que cada módulo deverá ser instituído por Resolução SMA a partir de uma proposta de um GT – Grupo de Trabalho. Caberá à SMA realizar ações de articulação e divulgação e à CETESB caberá implantar o sistema.

sigor online

sistema estadual de gerenciamento online de resíduos sólidos

Após o Decreto nº 60.520, foi publicada a Resolução SMA nº 81, de 06 de outubro de 2014 que estabelece diretrizes para implementação do SIGOR RCC – Módulo Construção Civil, gerenciado pela CETESB. Em 13 de abril de 2018 foi publicada a Resolução SMA nº 41, que estabelece diretrizes para a implementação do SIGOR Módulo Reciclagem, gerenciado pela SMA. Em 22 de março de 2021 foi publicada a Resolução SIMA nº 27, que estabelece diretrizes para a implementação do SIGOR MTR – Manifesto de Transporte de Resíduos, gerenciado pela CETESB. Está sendo elaborada a Resolução SIMA referente ao SIGOR LR – Módulo Logisítica Reversa.

Os módulos do SIGOR estão inseridos nos ODS – Objetivos de Desenvolvimento Sustentável: 11 Cidades e Comunidades Sustentáveis, 12 – Consumo e Produção Responsáveis e, 17 – Parcerias e Meios de Implementação.

OBJETIVOS DE DESENVOLVIMENTO SUSTENTÁVEL

11 CIDADES E COMUNIDADES SUSTENTÁVEIS

12 CONSUMO E PRODUÇÃO RESPONSÁVEIS

17 PARCERIAS E MEIOS DE IMPLEMENTAÇÃO

1. SIGOR RCC – Módulo Construção Civil

sigor online CONSTRUÇÃO CIVIL

sistema estadual de gerenciamento online de resíduos sólidos

Em 2002, como marco regulatório para os resíduos da construção civil, o Conselho Nacional do Meio Ambiente – CONAMA promulgou a Resolução nº 307, a fim de implementar diretrizes para a efetiva redução dos impactos ambientais gerados pelos resíduos oriundos da construção civil. Essa Resolução apresenta um modelo de gestão, no qual são definidas responsabilidades para os Geradores, Transportadores e Áreas de Destinação.

A construção civil é responsável pelo consumo de 20 a 50% dos recursos extraídos da natureza e a geração dos seus resíduos tem origem, em sua maior parte, no pequeno gerador, ou seja, estima-se que 70% dos resíduos da construção civil provêm de reformas, demolições e pequenas obras; e os outros 30% provêm da construção formal.

A deposição irregular dos Resíduos da Construção Civil – RCC nos terrenos baldios, margens de rios e ao longo das estradas é problema de saneamento no ambiente urbano, já que esses resíduos provocam a proliferação de vetores nocivos à saúde, enchentes, interdição parcial de vias e degradação do ambiente urbano.

Além dessas consequências, a remoção dos resíduos acumulados irregularmente gera custos elevados para os cofres públicos municipais e esses recursos poderiam ser remanejados para melhorias em outras áreas, como saúde e educação.

A redução do consumo e das perdas de matérias primas passa a ser um fator fundamental para a gestão das construtoras e a adequação a um mercado competitivo e exigente dos consumidores. Desta forma, além da adoção de projetos que minimizam e reduzem perdas, as obras reutilizam os Resídos da Construção Civil Classe A dentro do próprio canteiro, para enchimento de valas e aterrros, e aproveitam os Resíduos Classe B (madeira) para a confecção de sinalizações e construções de baias.

A reciclagem consiste no reaproveitamento dos resíduos após transformação, gerando assim o agregado reciclado. A reciclagem compreende uma ou duas etapas de classificação dos resíduos, britagem e peneiramento. A forma mais simples de utilização de agregado reciclado é a pavimentação de base, sub-base ou revestimento primário na forma de brita corrida.

A reutilização do resíduo na própria obra e/ou a utilização do agregado reciclado (beneficiado na própria obra ou adquirido de recicladoras) contribuem para a diminuição do uso dos recursos naturais, dos custos na obra e do volume dos resíduos para a destinação final.

O SIGOR RCC é uma excelente ferramenta de gestão para as prefeituras dos municípios e vai facilitar o maior controle do gerenciamento dos resíduos da construção civil, nas etapas de Geração, Transporte e Área de Destino, tendo como benefícios:

- Dados de todas as etapas da gestão dos resíduos;
- Facilidade ao acesso de informações;
- Agilidade na emissão e no controle de documentação – PGR – Plano de Gerenciamento de Resíduos da Construção Civil e no – CTR – Controle de Transporte de Resíduos;
- Desburocratização no controle da documentação;
- Rastreamento dos resíduos em todas as etapas;
- Regularização dos Transportadores;
- Emissão de relatórios com dados e indicadores atualizados; e
- Transparência para os órgãos ambientais.

O sistema também gera relatórios que poderão ser utilizados para o desenvolvimento de indicadores capazes de subsidiar o planejamento de municípios e, assim, direcionar os recursos financeiros para áreas ou setores da construção civil que necessitam de melhorias.

O SIGOR RCC tem custo zero para as prefeituras. Para que seja iniciada a implantação do sistema, o prefeito do município deve encaminhar um ofício para a CETESB, solicitando a adesão, declarando ter equipamento necessário e recursos humanos para operar o sistema e informando os dados do coordenador responsável no município. As prefeituras também receberão uma lista de pré-requisitos a serem atendidos para a implantação do sistema. Os treinamentos serão dados pelos técnicos da CETESB, sendo uma parte presencial e outra remota, tanto para os usuários das prefeituras como também para os técnicos das Agências Ambientais da CETESB, que terão papel fundamental no gerenciamento do sistema. O suporte técnico será dado pelo Fale Conosco inserido na página da internet. A adesão dos Geradores, Transportadores e Áreas de Destinação passará a ser obrigatória a partir da adesão da respectiva prefeitura do município, onde os municípios atuam respeitando as condições e prazos estipulados de comum acordo entre a CETESB e a Prefeitura.

Os usuários desse Módulo são: Gerador, Transportador, Área de Destino, Prefeitura e CETESB. O Gerador se cadastra, cadastra sua obra e preenche o PGR, que deverá ser validado pela prefeitura para ele estar autorizado a emitir CTRs. O Transportador se cadastra e deverá ser validado pela prefeitura para poder ser inserido na listagem do Sistema e selecionado pelo Gerador. A Área de Destino se cadastra no SIGOR RCC e uma notificação do cadastro realizado é enviada para a Agência Ambiental da CETESB responsável pelo seu licenciamento, para validação das informações. O tipo de resíduo que a área recebe e as validades das licenças são os principais itens a serem validados. Caso o empreendimento seja licenciado pela prefeitura, o mesmo procedimento para validação deverá ser adotado.

Requisitos para utilizar o sistema:

O Plano de Gerenciamento de Resíduos – PGR tem como objetivo estabelecer os procedimentos necessários para o manejo e a destinação ambientalmente adequados. No SIGOR RCC, o Gerador deverá elaborar esse documento e enviar, por meio do sistema, para a prefeitura analisar e validar o PGR de cada obra cadastrada no sistema, para que o Gerador possa emitir suas CTRs.

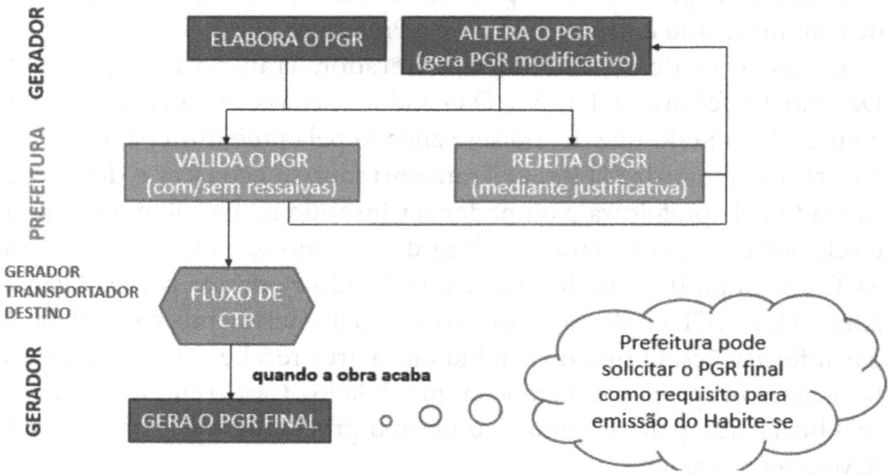

O sistema tem como princípio básico o controle da quantidade dos resíduos gerados em uma construção/demolição, até o seu destino final, previamente definido no PGR, respeitando as diretrizes ambientais e regulatórias. O Gerador deverá preencher o Controle de Transporte de Resíduos – CTR, no SIGOR RCC, indicando o tipo de resíduos, sua quantidade, o Transportador e a Área de Destino Final. O Transportador, ao receber o CTR, deverá dar o "aceite" e, só então, poderá retirar o resíduo no Gerador e transportá-lo para o destino indicado no CTR. O Destino Final, ao receber o resíduo, verificará se as informações incluídas no CTR estão corretas quanto ao tipo e quantidade dos resíduos e dará o "aceite" final, depois do qual o fluxo será considerado completo.

Um dos pontos fortes do Sistema é exigência de regularização dos Transportadores de Resíduos da Construção Civil, uma vez que, com o Sistema implantado, os Geradores só poderão contratar Transportadores cadastrados validados pela Prefeitura. A existência de transportadores que operam de forma ilegal frequentemente resulta em descarte irregular de resíduos, razão pela qual o uso do Sistema tem sido um fator relevante para a redução do descarte cladestino de resíduos da construção civil nos municípios atendidos.

Fluxo de CTR – Controle de Transporte de Resíduos

Até outubro de 2022, o SIGOR RCC foi implantado em 14 municípios do Estado de São Paulo: Bertioga, Bragança Paulista, Catanduva, Cubatão, Guarujá, Indaiatuba, Itapeva, Santo André, Santos, São Bernardo do Campo, São José do Rio Preto, São Vicente, Sertãozinho e Sorocaba. O Sistema conta atualmente com o cadastro de 1.765 Geradores, 1.701 obras, 1.549 PGRs, 249 Transportadores, 132 Áreas de Destino e 8.555 usuários. Desde o início da sua operação, já foram emitidos 34.958 CTRs.

A última versão desse Módulo é de 2017. Em 20 de agosto de 2021, a CETESB assinou um Termo de Doação com a empresa Green Plataforms, que prevê 10 anos de serviços destinados à manutenção, desenvolvimento e melhorias para o SIGOR RCC. Esse Termo proporcionou o desenvolvimento de uma nova versão do SIGOR RCC, disponibilizada para os usuários em 30 de outubro de 2022. Além disso, está em desenvolvimento um aplicativo para celular que irá agilizar e aumentar a eficiência para a emissão de CTRs pelo Gerador, aceite do Transportador e baixa das CTRs pela Área de Destino, o qual deve ser disponibilizado em 2023.

A página da internet do SIGOR RCC, disponível em https://cetesb.sp.gov.br/sigor/ tem todas as informações sobre esse Módulo.

2. SIGOR MTR – Módulo Manifesto de Transporte de Resíduos

A implantação do SIGOR MTR – Módulo Manifesto de Transporte de Resíduos vem sendo discutida com os representantes da ABETRE – Associação Brasileira de Empresas de Tratamento de Resíduos e Efluentes e os representantes da CETESB, desde 2015. Após a realização de várias reuniões entre os técnicos da ABETRE e os técnicos da CETESB, foi assinado um Acordo de Cooperação entre as duas entidades na COP 25 da Conferência das Nações Unidas sobre Mudança Climática, em dezembro de 2019. Esse documento, com vigência de 5 anos, têm como finalidade principal desenvolver e implantar o SIGOR MTR, firmando assim uma parceria do setor público e privado em benefício da sociedade.

Dando início aos trabalhos foi criado um grupo de trabalho, com mais de 30 técnicos, para discutir todas as regras de negócio necessárias ao desenvolvimento do sistema pela empresa contratada pela ABETRE. Esta etapa foi executada durante o ano de 2020, na pandemia de covid.

Em junho de 2020, o Ministério do Meio Ambiente, publicou a Portaria nº 280 que determinava que estados que não possuíssem sistema próprio de gerenciamento de resíduos, a partir de 01/01/2021, seriam obrigados a utilizarem o SINIR MTR, sistema federal. Em função desta portaria, CETESB lançou a página da internet do SIGOR MTR, link https://cetesb.sp.gov.br/sigor-mtr/, em 17/12/2020. Essa página contém todas informações necessárias para o usuário se cadastrar e operar o Sistema e já têm mais de 1.100.000 acessos. As empresas podem utilizar o Sistema sem nenhum custo financeiro.

Na página da internet foi elaborado o **Guia Rápido,** que têm todas as informações necessárias para o cadastro de empreendimentos, utilização do sistema, principais regras e obrigações de quem deve utilizar o SIGOR MTR, qual sistema utilizar, cadastro pré-existente na CETESB para Destinador e Armazenador Temporário, procedimentos para elaborar DMR – Declaração de Movimentação de Resíduos, Declaração Anual de Resíduos Sólidos e outros assuntos importantes.

Para facilitar a operação do sistema temos uma aba com três vídeos: Capacitação I – Implantação do Sistema; Capacitação II – Rotinas do MTR; e Capacitação III – Rotinas da DMR. Esses vídeos já tiveram mais de 45.000 visualizações, o que demonstra a sua utilidade para os usuários.

A CETESB disponibiliza também o **Manual de Integração Web Service do SIGOR MTR,** com o intuito de melhorar a usabilidade do sistema e dar mais agilidade às operações dos empreendedores.

O suporte técnico é dado por meio do Fale Conosco. O usuário pode entrar em contato com a equipe técnica do SIGOR MTR acessando o novo Sistema de Relacionamento com o cidadão SRC da CETESB, onde são respondidas as dúvidas e resolvidos os problemas.

O SIGOR MTR – Módulo Manifesto de Transporte de Resíduos têm o objetivo de controlar os resíduos gerados no Estado de São Paulo, desde sua origem até a destinação final, evitando seu encaminhamento para locais não licenciados ou autorizados. O Sistema passa a ser instrumento gerencial e de fiscalização, considerando que as informações nele contidas são de responsabilidade dos geradores, dos transportadores e destinadores de resíduos sólidos.

Os Geradores são pessoas físicas ou jurídicas, de direito público ou privado. Eles são os responsáveis por emitir o MTR no SIGOR, para cada remessa de resíduo para destinação adequada e licenciada. De acordo com artigo 2º da Portaria MMA nº 280/2020, a utilização do MTR é obrigatória para todos os geradores de resíduos sujeitos à elaboração de Plano de Gerenciamento de Resíduos Sólidos, conforme disposto no artigo 20 da Lei nº 12.305/2010. O documento MTR deve acompanhar cada carregamento, e conter, no mínimo, as seguintes informações: numeração sequencial; discriminação dos resíduos (denominação, quantidade, classe, estado físico, acondicionamento, etc...); e identificação do Gerador, do Transportador e do Destinador.

Os Transportadores são pessoas físicas ou jurídicas que realizam o transporte de resíduos sólidos. Cabe ao Transportador realizar o transporte dos resíduos em posse do devido MTR emitido pelo gerador até o Armazenador Temporário ou a Área de Destino e, apresentar o documento aos agentes de fiscalização, sempre que solicitado.

Destinadores são pessoas físicas ou jurídicas, de direito público ou privado, responsáveis pela destinação final (armazenamento, recuperação, reutilização, reciclagem, tratamento, eliminação e/ou disposição) ambientalmente adequada dos resíduos sólidos. As Unidades de Destinação deverão ser devidamente licenciadas pelo órgão ambiental competente.

O Destinador é responsável pela veracidade e exatidão das informações constantes do recebimento dos resíduos no MTR e do Certificado de Destinação Final – CDF por ele emitido assegurando ao gerador a destinação ambientalmente adequada dos resíduos sólidos recebidos. O documento CDF pode contemplar um ou mais carregamentos recebidos em determinado período, e deve conter, no mínimo, as seguintes informações: Numeração sequencial; Identificação do gerador: Discriminação dos diferentes tipos de resíduos, incluindo denominação, classe e estado físico, quantidades destinadas, tecnologias aplicadas, acondicionamentos etc.

Os Geradores, Destinadores e Transportadores de resíduos industriais ficam obrigados a elaborar o DMR – Declaração de Movimentação de Resíduos. Este documento deverá conter, no mínimo, as seguintes informações: Identificação do declarante; Discriminação dos resíduos, conforme a lei, resolução ou norma aplicável; Quantidades geradas, armazenadas, transportadas ou destinadas, segundo a atividade do declarante; Tecnologia de tratamento aplicada; e Identificação da origem ou destino dos diversos resíduos, segundo a atividade específica do declarante.

Resultados do SIGOR MTR até outubro de 2022:

84.135 empresas cadastradas

5.279.253 MTRs emitidos
12.000 MTRs média por dia

Mais de 100.000 Usuários

O SIGOR MTR ainda têm duas funcionalidades que estão sendo desenvolvidas: uma com a finalidade de gerenciar os CADRIs das empresas, bloqueando o sistema na emissão de MTRs quando os mesmos estiverem com suas quantidades zeradas; e outra verificando se a licença de operação das empresas está vigente. Se a licença estiver expirada, o sistema bloqueia a emissão de MTRs.

3. SIGOR LR – Módulo Logística Reversa

LOGÍSTICA REVERSA
sigor online
sistema estadual de gerenciamento online de resíduos sólidos

O SIGOR LR – Módulo Logística Reversa também foi criado graças a uma parceria entre setor público e privado. Após a publicação de um

Edital de Chamamento pela CETESB, foi assinado um Termo de Doação com a empresa Green Plataforms em 20 de agosto de 2021. Em 26/01/22 o sistema foi disponibilizado para que os usuários cadastrassem seus planos de logística reversa de 2022-2025, conforme a Decisão de Diretoria CETESB nº 127/2021/P, que estabeleceu que as empresas sujeitas à obrigação de implementação de sistemas de logística reversa deverão fornecer à CETESB as informações relativas aos seus sistemas por meio de cadastro no SIGOR LR – Módulo Logística Reversa.

A Logística Reversa é o conjunto de ações e procedimentos destinados a viabilizar a coleta e a restituição dos resíduos sólidos ao setor empresarial para reaproveitamento ou outra destinação final ambientalmente adequada, conforme definição da Política Nacional de Resíduos Sólidos. A Política Estadual de Resíduos Sólidos, de 2006, já disciplinava a responsabilidade de fabricantes, importadores e distribuidores sobre a destinação dos resíduos gerados após o consumo de seus produtos, razão pela qual a Secretaria de Meio Ambiente vinha discutindo o tema com esses agentes desde 2007.

Os primeiros resultados apareceram com os Termos de Compromisso de Logística Reversa – TCLRs assinados com o setor produtivo em 2012. Desde então, colocou-se em marcha um contínuo processo de discussão e aprimoramento de metas acordadas nesses documentos, reconhecidos pela Política Nacional de Resíduos Sólidos.

Em 2015, foi publicada a Resolução SMA nº 45, um marco normativo muito importante, pioneiro no País, que instituiu a inclusão da exigência da Logística Reversa no licenciamento ambiental. O procedimento por meio do qual a Logística Reversa foi incorporada no licenciamento ambiental foi estabelecido pela Decisão de Diretoria nº 76/2018/C, revogada pela Decisão de Diretoria nº 114/2019/P/C, a qual foi sucedida pela Decisão de Diretoria da CETESB nº 127/2021/P, para o período 2022-2025.

Na página da CETESB na *internet*, os usuários podem encontrar todos os TCLRs já assinados no Estado, assim como as "Orientações para a elaboração do Plano de Logística Reversa". Estão também disponíveis vídeos e manuais sobre como se cadastrar no SIGOR Logística Reversa.

A empresa obrigada a realizar a logística reversa ou a entidade gestora do sistema de logística reversa coletivo realiza seu cadastro no Sistema, ao final do qual é direcionada para a realização do cadastro de um plano de logística reversa ou de uma declaração da quantidade de embalagens colocadas no mercado paulista. Essa declaração somente poderá ser cadastrada por micro e pequenas empresas, microempreendedor individual ou cooperativas, que coloquem no mercado alimentos, bebidas, cosméticos, produtos de higiene pessoal ou de limpeza e que possuam área construída menor do que 500 m^2.

Os planos cadastrados podem ser individuais (representando apenas uma empresa obrigada a atender metas de logística reversa) ou coletivos. Nos planos coletivos, a entidade gestora do plano deverá incluir as informações de todas as empresas aderentes, de modo que não é necessário que cada empresa aderente se cadastre no SIGOR Logística Reversa. Todos os planos cadastrados devem incluir informações sobre as metas quantitativas e geográficas anuais, as quais devem atender aos patamares mínimos estabelecidos para aquele setor econômico na Decisão de Diretoria da CETESB nº 127/2021/P. Todos os planos devem também informar a forma de coleta de resíduos adotada e preencher os dados referentes aos operadores envolvidos na coleta, triagem, transporte e destinação final do resíduo. Os planos também devem apresentar informações sobre a divulgação do sistema de logística reversa para os consumidores, as quais devem atender, no mínimo, ao previsto no item 3.6 da Decisão de Diretoria nº 127/2021/P, além de outras definições estabelecidas no Termo de Compromisso de Logística Reversa ou ato normativo que regule a logística reversa daquele setor econômico.

O SIGOR Logística Reversa prevê também a inclusão de passivos de sistemas individuais e coletivos, referentes a metas quantitativas de anos anteriores que não foram atendidas pelo sistema de logística reversa. Esses passivos deverão ser atendidos no ano subsequente, conforme estabelecido pela Decisão de Diretoria nº 127/2021/P.

Em 2023, será disponibilizada aos usuários do SIGOR Logística Reversa a funcionalidade de cadastro de Relatórios Anuais de Resultados.

Atualmente, as agências da CETESB, responsáveis pelo licenciamento dos empreendimentos obrigados a implantarem a logística reversa, já conseguem realizar consulta no Sistema para avaliar, antes da emissão da licença de operação, se a empresa consta em sistema de logística reversa. Em caso negativo, a empresa fica sujeita à emissão de Parecer Desfavorável de Licença, além da imposição de outras penalidades cabíveis.

Até setembro/2022, 5.701 empresas aderentes a planos de logística reversa situadas no Estado de São Paulo já tinham sido cadastradas no SIGOR Logística Reversa.

Conclusões

As parcerias do setor público e privado confirmam a continuidade do SIGOR em todos os seus módulos. Para o SIGOR RCC e o SIGOR LR, o Termo de Doação firmado com a empresa Green Plataforms termina em agosto de 2031. Para o SIGOR MTR, o Acordo de Cooperação com a ABETRE termina em dezembro de 2023. Durante estes períodos, em ambos os casos, os módulos do SIGOR terão sua manutenção e o desenvolvimento de melhorias garantidos, sem ter que depender de recursos financeiros da CETESB

O SIGOR pode trazer muitos benefícios para a gestão dos resíduos. O aumento de agilidade e eficiência no gerenciamento de dados lançados pelos usuários no sistema contribui para maior celeridade da análise dos cadastros pela equipe técnica da CETESB, bem como eleva a qualidade da fiscalização ambiental, uma vez que o sistema permite o cruzamento automatizado de informações. A rastreabilidade e confiabilidade dos dados aumenta a certeza de que os resíduos estão sendo destinados para áreas de destino adequadas e licenciadas pelos órgãos ambientais, evitando, com isso, despejos clandestinos e geração de danos ambientais.

Referências

TAJIRI, C. A. H.; POTENZA, J. L. **Gerenciamento Online de Resíduos da Construção Civil**. SÃO PAULO (Estado) Secretaria do Meio Ambiente. São Paulo: SMA, 2014. (Série Cadernos de Educação Ambiental, 19).